中国精神文明年鉴

1995·1996

中国精神文明年鉴编辑委员会编

学习出版社

加强精神文明建設
造就社會主義新人

薄一波

一九九七年三月十日

精神文明
重在建设

祝賀中国精神文明年鉴出版

雷洁琼

精神文明责在领导
力在群众贵在落实

李岚清

一九九七年五月廿八日

《中国精神文明年鉴》编辑委员会

《中国精神文明年鉴》编辑部

撰稿、供稿、资料：（以姓氏笔画为序）

毛玉兰	邓庆方	邓锦纹	王金燕	王德友	卢昌宁
田　娟	江世虎	许永健	刘际幸	刘润华	刘盛华
艾金凤	艾常英	邱金昌	伍明恩	朱佩俊	陈　丹
陈爱莲	陈焕章	李尤斌	李　华	李　皓	李兴业
李永铭	李志伟	李洛川	李桂芳	李娅清	李锁强
李慧敏	吴　莉	吴玉玺	吴江皓	杨学仁	杨明德
杨家壁	杨黎星	安丰雷	张少斌	张永棠	张诗荣
张儒珍	罗志萍	林　娜	赵文才	洪秀丽	胡明学
卿　元	秦凤翔	秦汉沧	郭　军	郭梅松	徐仲韬
徐应荣	唐　岚	袁洪范	倪凌云	龚传芳	龚志梅
黄守勇	黄智武	阙宁南	谢　苏	董一平	谭小林
蔡世骥	戴严森				

火树银花不夜天（国庆焰火联欢晚会）

纪念抗日战争暨世界反法西斯战争胜利50周年

第四次世界妇女大会和'95北京非政府组织妇女论坛在北京举行

1	2	3
4	5	6

1. 江泽民等党和国家领导人及首都各界万余人向人民英雄纪念碑敬献花篮。
2. 来自海外的抗战将领亲属在天安门广场参加纪念活动。
3. 日本民间友好访华团团长、原日本战犯阳茂一行来华访问，图为他在平顶山殉难馆里为死难者书写挽联。

4. 陈慕华与联合国第四次世界妇女大会秘书长蒙盖拉夫人在主席台上。

5. 各国妇女代表进入会场。

6. 港澳妇女代表团在联欢会上高唱《歌唱祖国》。

4.孔繁森同志事迹报告会在京举行。

1	2	3
4	5	6

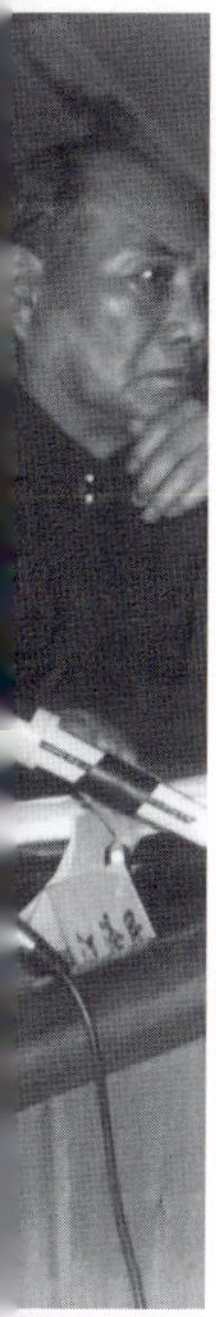

1. 江泽民总书记在中共十四届五中全会上讲话。

2. 江泽民在军以上干部学习《邓小平文选》座谈会上与学员交谈。

3. “我的祖国—京港学生交流营’95”在京举行。图为香港学生在倒计时钟前。

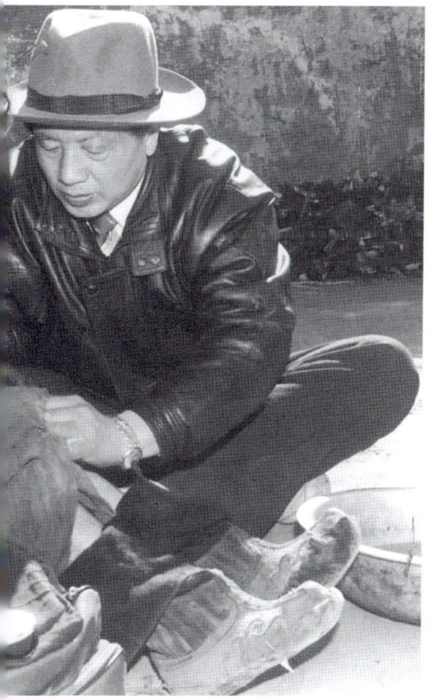

5. 孔繁森走遍了阿里高寒地区106个乡体察民情。图为他为孤寡老人卓玛治病。

6. 孔繁森在工作之余辅导由他收养的三个孤儿学文化。

1 | 2 | 3
4 | 5

1. 张家港市市委书记秦振华物质文明精神文明一起抓。这是他现场办公的情景。

2. 张家港市推行“建文明城　做文明人”的系统工程。图为商场女营业员在上岗前互相检查着装。

3. 农民杜玉凤家被评为张家港市的“五好家庭标兵户”，她儿子、儿媳是单位的“文明职工”，孙女是“文明学生”。

4. 马恩华情系工人，重视职工业余文化活动。全厂有300余名职工上了业余大学，涌现1000余名技术尖子。图为他和文艺骨干在一起。

5. 济南交警人人夸。这是交警护送中午放学的小学生通过十字路口。

志愿者　献爱心

1	2	3
4	5	

1. 中国青年志愿者授旗仪式在京举行，八支队伍分赴大别山、井冈山、三峡重点扶贫。

2. 天津南开区4000多个社区学雷锋志愿者服务小分队为5000多名军烈属、283名孤残老人实行承包服务。

3. 大连啤酒股份有限公司与44位百岁老人结亲。图为党委书记包玉仁和职工为106岁的王臻老人祝贺生日。

4. 湖南省军区司令部无线连学雷锋十年不断，对长沙市清塘地区所有的孤寡老人实行一条龙服务，被评为学雷锋先进集体。

5. 个体业者、大连双盛园餐饮公司董事长黄淑卿为7个老人提供生活费，最近又收养8个孤儿，几年来用于救灾、扶贫、捐赠的钱物已达80余万元。

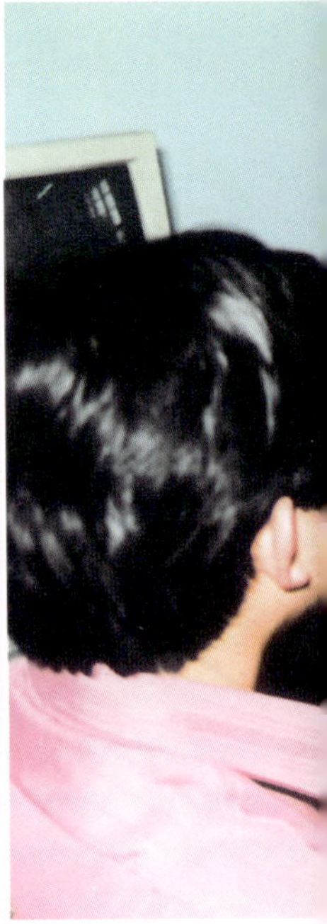

清華園

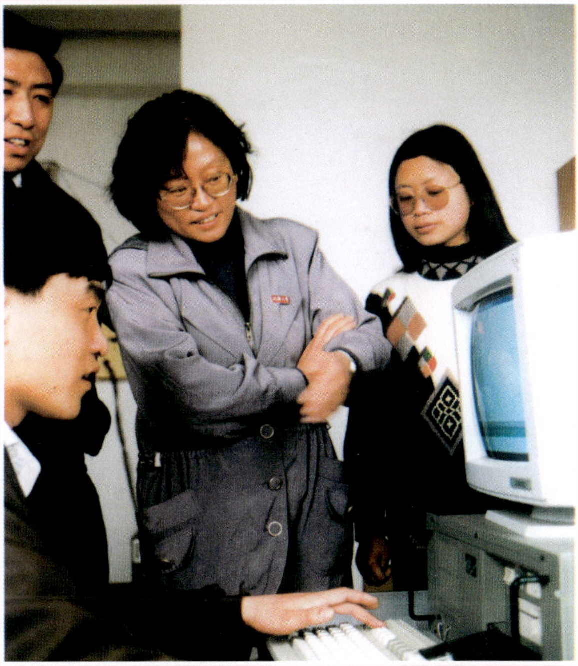

1. 中国科协主席朱光亚和钱学森、雷洁琼在一起。

2. 34岁的北京邮电大学教授杨义先在国内外学术刊物上发表100余篇论文，在国际上首次证明了哥伦布十大猜想中的第五大猜想及其他多种重要猜想，是我国最年轻的博士生导师。

3. 同济大学首位民主推举的校长吴启迪教授。

4. 中国实行学位制度十余年来，清华大学为国家培养硕士学位8000人、博士学位1000人，居全国首位。

5. 南京市北京东路小学的“娃娃电视台”正在演播。

2 3
5

1. 在北京举行的梅兰芳、周信芳诞辰100周年纪念活动中，周信芳之子周少麟、张君秋之子张学津合演《群英会》。
2. 著名作家余秋雨和妻子、黄梅戏表演艺术家马兰在一起。
3. 中国女排新主帅—朗平，凡是要求队员们做到的，她都要首先身体力行。
4. “中华跳绳王”—胡安民为孩子们传授跳法。
5. 巴马，世界第五长寿之乡。104岁的壮族老人黄凤兰能轻松地穿针引线。

1 | 2 | 3

4 | 5

丰富多采的生活

1. 在孔子故里举行的“孔子周游列国”专线旅游队伍，浩浩荡荡步出曲阜城门。

2. 受到人们欢迎的泰山风味“野菜宴”。

3. “脸谱大师”— 张少奎，他一生制作塑造数万件脸谱。

4. 在华东师大读中文的德国留学生利用课余时间站柜台练习中文，了解当地风土人情。

5. 109对新人按照中国传统习俗“一拜天地、二拜父母、三是互拜”的结婚仪式，欢快地参加了在广州举办的首届国际集体婚礼。

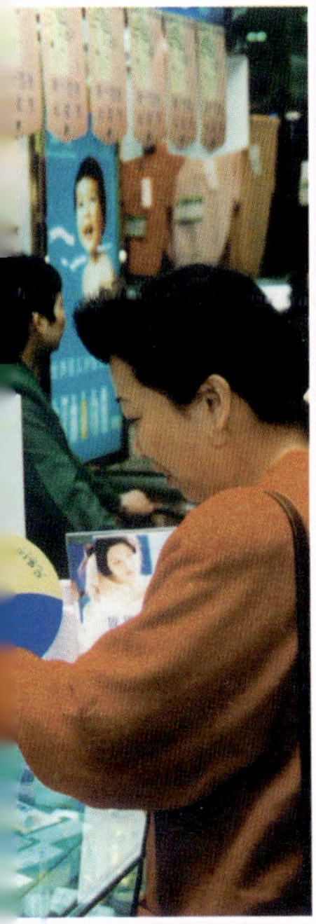

1	2	3
4	5	

1
——
2

1. 河北省白沟整顿文化市场，两万多盘、册非法音像制品、书刊付之一炬。

2. 广东省共青团开展禁毒宣传教育大行动。图为广州各界青少年代表1000多人在禁毒旗帜上签名。

编辑说明

一、《中国精神文明年鉴》(1995—1996)是全面记述1994—1995年期间我国各地区各行业有关思想道德建设、科学文化建设和精神文明建设活动的新情况、新经验、新人、新事、新问题、新著述的大型信息资料工具书。全书100多万字,包括彩色图片40幅,100多个统计表。

二、《中国精神文明年鉴》(1995—1996)以马克思列宁主义、毛泽东思想和邓小平建设有中国特色社会主义理论为指导,坚持"一个中心、两个基本点"的基本路线,紧紧围绕经济建设这个中心,贯彻实行"两手抓、两手都要硬"的方针,为加快改革开放和现代化建设步伐,夺取有中国特色社会主义事业的更大胜利服务。

三、本年鉴采用分类编辑法,由类目、分目、条目组成。条目是资料信息的基本单元,是年鉴的细胞。

四、《中国精神文明年鉴》(1995—1996)设以下类目:图片集锦、文献选载、专辑特写、大事记、思想道德建设、科学文化建设、精神文明建设活动、双文明单位巡礼、台港澳精神文明信息、海外华人在精神文明方面的贡献、国际交流活动、专题调查报告、有关精神文明的著述题录、有关精神文明的统计资料、附录。本书前有总目和分类详细目录,书末有英文要目,以备查考。

五、《中国精神文明年鉴》(1995—1996)是一部信息、资料、知识高度密集的全国性年刊。它为各级领导、各界人士了解我国精神文明建设新情况、新事物、新问题提供翔实资料；为教育、科学、文化等部门和企事业单位进行决策提供可靠信息；为科研工作者、教育工作者、宣传工作者、理论工作者提供全面丰富的资料和数据；为广大读者提供爱国主义、社会主义、集体主义和文化修养的生动教材；也为海外炎黄子孙和国外有关人士了解我国人民在思想道德建设和科学文化建设上的新奉献提供了难得的“案头资料信息库”。

六、本年鉴概述稿多由中央有关部委或省市自治区精神文明委（办）提供。新闻图片主要由新华社供给。涉及全面的统计数据，均以国家统计局提供的资料为准。其它资料多数已在全国数百种报刊上发表。附录中提供的“国外思想道德和科学文化信息”、“世界各国有关指标比较”，是为了便于比较、借鉴、吸收人类精神文明的财富，他山之石，可以攻玉。

七、《中国精神文明年鉴》（1995—1996）由年鉴编辑委员会编辑，学习出版社出版。它是在中央领导和许多老革命家、教育家、科学家以及中共中央宣传部的关怀下，由中央有关部委、科研院所、大专院校、新闻出版部门以及各省市区领导和广大作者共同努力所取得的成果。谨向关怀和参与这项工程的所有单位和同志表示衷心的感谢！

中国精神文明年鉴编辑委员会

1996年10月

总　目

目　录

4. 思想政治工作

5. 艰苦创业、反腐倡廉

6. 职业道德

7. 社会公德

8. 家庭美德

9. 对青少年的关心和教育

10. 养老、敬老与老有所为

11. 助残与残疾人的自强精神

12. 文明生活方式与移风易俗

13. 民主、法制、纪律教育

3. 社会科学

4. 文化和文学艺术

5. 新闻出版

6. 广播影视

7. 体育

8. 卫生

9. 美育与美学研究

10. 社会福利与社区服务

11. 环境保护

12. 人口与计划生育

13. 人才开发与人才管理

14. 旅游与闲暇生活

精神文明建设活动

1. 中央单位精神文明活动

2. 省、市、自治区精神文明活动

3. 企业文化活动

4. 校园文化活动

5. 军营文化活动

6. 家庭文化活动

7. 精神文明建设的理论研究

台港澳思想道德与科学文化信息

海外华人在精神文明方面的贡献

国际交流活动

专题调查报告

有关精神文明建设的统计资料

1. 主要社会统计指标

2. 人口与劳动力

3. 居民收入、消费、住房与生活服务

4. 劳动保险与社会福利

5. 教育

6. 科学研究

7. 卫生

8. 环境保护

9. 文化

10. 体育

11. 社会秩序与安全

附 录

文献选载

1. 把社会主义精神文明建设提到更加突出的地位

（《中共中央关于“九五”计划和2010年远景目标的建议》第37条）

制定“九五”计划和2010年远景目标，要把社会主义精神文明建设提到更加突出的地位。在建立社会主义市场经济体制过程中，在世界范围各种思想文化相互激荡的条件下，能否搞好社会主义精神文明建设，关系到我国社会主义的兴衰成败，关系到把一个什么样的中国带入21世纪。要形成有利于改革开放和社会主义现代化建设健康发展的舆论力量、价值观念、道德规范和文化条件，有力地抵御资本主义和封建腐朽思想的侵蚀，激发全国各族人民建设祖国的巨大热情，振奋艰苦创业精神。精神文明建设的根本任务是：培育有理想、有道德、有文化、有纪律的社会主义公民，提高全民族的思想道德素质和科学文化素质。特别要把提高青少年素质作为工作重点。

社会主义精神文明建设，必须着力抓好以下几个方面：

——坚持不懈地用邓小平建设有中国特色社会主义理论武装全党，教育干部和人民。要引导人们正确认识什么是社会主义、怎样建设社会主义，认识国家的命运和发展前途，在全社会形成共同理想和精神支柱。

——坚持不懈地加强艰苦奋斗的优良传统教育，倡导敬业创业精神。国家越发展，事业越兴旺，越要发扬勤俭建国、勤俭持家、勤俭办一切事业的精神，形成艰苦创业为荣、奢侈浪费为耻的社会风气。

——坚持不懈地加强道德建设和爱国主义、集体主义、社会主义思想教育，树立正确的世界观、人生观、价值观。社会主义道德建设的基本要求，是爱祖国、爱人民、爱劳动、爱科学、爱社会主义。要使“五爱”在社会生活的各个方面体现出来，引导人们正确处理国家、集体、个人三者利益的关系，发展平等、团结、友爱、互助的新型人际关系，并且建立和推广尊老爱幼、敬师爱生等良好的礼仪制度，加强直接关系社会稳定进步的社会公德、职业道德和家庭伦理道德教育，反对一切损人利己、损公肥私、金钱至上、以权谋私的思想和行为。

——坚持不懈地加强党风廉政建设，深入持久地开展反腐败斗争。坚持党委统一领导，党政齐抓共管。领导干部要以身作则，廉洁自律。严肃查处违纪违法案件，惩治腐败分子。建立健全防范干部滥用职权的监督制度，坚决纠正部门和行业不正之风，以优良的党风政风推动社会风气好转。

——坚持不懈地开展群众性精神文明建设活动。普遍进行创建文明家庭、文明单位、文明城市的活动，军民、警民、工农共建精神文明的活动，搞好社区文化、村镇文化、企业文化、校园文化的建设。拥军优属、拥政爱民。大力表彰和宣传各类先进典型，弘扬社会正气。破除陈规陋习，移风易俗，提倡科学、文明、健康的生活方式。

——坚持不懈地推进教育科学文化建设，全面提高整个中华民族的科学文化素质。要认真贯彻党的教育方针，培养德、智、体等全面发展的社会主义事业建设者和接班人。在全社会进行科学知识的普及教育，反对迷信。坚持“为人民服务，为社会主义服务”的方向和“百花齐放，百家争鸣”的方针，弘扬主旋律，提倡多样化，努力繁荣文艺创作。加强新闻、出版、广播、电视等方面的工作。坚持一手抓繁荣，一手抓管理，促进文化市场健康发展。继承和弘扬优良传统文化，加强中外文化交流，同时注意防止腐朽思想文化的渗透。加强社会科学研究，特别要加强对“九五”期间和21世纪初叶我国经济和社会发展以及改革开放中重大问题的研究。加强教育科学文化队伍建设。

社会主义精神文明建设，不单是思想文教部门的任务，而且是经济战线和一切部门的长期共同任务。要制定精神文明建设的规划，纳入经济和社会发展总体规划，并且建立必要的物质保障，逐年增加投入。从中央到基层的各级党组织，都必须贯彻重在建设的方针，加强和改进思想政治工作，加强对精神文明建设的领导。

2. 江泽民：领导干部一定要讲政治

（1995年9月27日）

建国前夕，毛泽东同志就提醒全党同志警惕资产阶级糖衣炮弹的袭击。进城后，我们党成为执政党，绝大多数同志经受住了考验，但是也出了刘青山、张子善这样的人。改革开放开始不久，邓小平同志就向全党打招呼，指出不过一两年时间，就有相当多的干部被腐蚀了。这股风来得很猛。如果我们党不严重注意，不坚决刹住这股风，那么，我们的党和国家确实要发生会不会“改变面貌”的问题，这不是危言耸听。邓小平同志这些话讲得很及时、很深刻。我们的大多数干部是好的，但也有一些干部，包括有的高级干部，把中央和邓小平同志的告诫当耳旁风，不注意学习和改造自己，结果走上腐化堕落的道路。前车之鉴，希望大家务必引以为戒。在反腐败问题上，今后的任务仍然很艰巨，决不能有丝毫的松懈。各级党委和政府要围绕经济建设这个中心，坚持两手抓，把反腐败斗争同做好改革、发展、稳定的工作结合起来。各级党政主要领导同志要对本地区、本部门的反腐败斗争负总责，首先把领导班子管好，一级抓一级，层层抓落实。对严重的违纪违法问题，都要一查到底。要立一条规矩：哪里有严重问题不查处，就追究那里领导的责任。

各级领导干部尤其是高级干部务必带头加强党性锻炼，在改造客观世界的同时努力改造主观世界，严以律己，防微杜渐。党员领导干部不论职务高低、党龄长短，如果放弃世界观的改造，背离为人民服务的宗旨，把党和人民赋予的权力作为谋取私利的手段，就会身败名裂。因此，一定要解决好世界观、人生观问题。我们的党员领导干部首先是高级干部，应该思想境界更高一些，坚持党的事业第一，坚持人民的利益第一，为国家、为民族奋不顾身地工作。有了这样的精神支柱，站得就高了，眼界就宽了，心胸就开阔了，对个人的名利待遇等等，就能够正确处理。只有这样，人生才有意义，生活才充实。领导干部首先要堂堂正正做人。做什么人？建议大家重读毛泽东同志的《纪念白求恩》。毛主席要求共产党员学习白求恩同志毫无自私自利之心的精神，做一个高尚的人，一个纯粹的人，一个有道德的人，一个脱离了低级趣味的人，一个有益于人民的人。在发展社会主义市场经济条件下，社会环境和战争年代大不一样了，毛主席这些话是不是过时了？没有过时，应该说更有现实性。各级领导同志更应该自重、自省、自警、自励，在各方面以身作则，树立好的榜样。要求别人做的，自己首先做到，禁止别人做的，自己坚决不做。有些事情群众能做，我们领导干部不能做。比如夜总会、高级舞厅等高消费娱乐场所，我看我们的领导干部还是不要去，要有这个自觉性。

各级党组织对领导干部要严格要求、严格管理、严格监督。现在有的干部职务升了，权力大了，对自己的要求却放松了；权力一大，直接监督他的人少了，利用他、为他抬轿子的人多了。如果自己不警惕，组织上又不及时教育和监督，就很容易出问题，甚至出大问题。因此，为了爱护干部，党组织要抓好对干部的经常教育、管理和监督。要加强党内监督，健全对领导干部自下而上、自上而下以及党委内部的监督制度，同时要拓宽党内外监督渠道，发挥群众监督和舆论监督的作用。各级党委不仅要管好干部的选拔任用，而且要管好干部的思想和作风。发现干部有了缺点、毛病，要及时指出，进行帮助，把问题消除在萌芽状态。每个领导干部特别是主要领导干部，要模范遵守党内各项规矩，参加组织生活，开展批评和自我批评，自觉接受党组织和群众的监督。我们的党员和干部，无论职位高低，无论从事何种工作，在党的纪律面前一律平等。在我们党内，决不允许存在超越于党组织和党的纪律之上、不接受监督的特殊人物。

我在这里还要强调一个问题。我们的高级干部，首先是省委书记、省长和部长，中央委员和中央政治局委员，一定要讲政治。我这里所说的政治，包括政治方向、政治立场、政治观点、政治纪律、政治鉴别力、政治敏锐性。在政治问题上，一定要头脑清醒这个问题，邓小平同志早就提醒过我们。1983年，他在十二届二中全会讲话中就指出：中央和地方各级党委要把加强整个思想战线的工作，郑重地提到重要议事日程。强调“在工作重心转到经济建设以后，全党要研究如何适应新的条件，加强党的思想工作，防止埋头经济工作、忽视思想工作的倾向”。1985年，他在党的全国代表会议上讲话时，又要求全党同志认真学习马克思主义理论，“防止一些同志，特别是一些新上来的中青年同志在日益复杂的斗争中迷失方向”。1986年，他在天津视察时又说：“改革，现代化科学技术，加上我们讲政治，威力就大多了。到什么时候都得讲政治”。邓小平同志是无产阶级大政治家，他最善于从政治上判断形势、分析问题，是我们学习的榜样。我们搞现代化建设，中心任务是发展经济，但是必须有政治保证，不讲政治、不讲政治纪律不行。这一点对高级干部尤其重要。西方敌对势力要“西化”、“分化”我们，要把他们那套“民主”、“自由”强加给我们，李登辉要搞“台独”，我们不讲政治行吗？不警惕不斗争行吗？树欲静而风不止，这是不依人们的意志为转移的。十四届四中全会提出高级干部要成为马克思主义政治家。这一点非常重要，但是有些同志还没有重视起来。我们的高级干部，绝大多数政治上是好的，是同中央保持一致的。但是有的干部，也确实存在邓小平同志所说的“在日益复杂的斗争中迷失方向”的问题。我们讲加强政治纪律，最基本的就是要遵守党章，按党章的规定去做。对党章的各项规定，所有党员都要遵守，高级干部更应该带头遵守。比如，党员义务第一条规定，党员要认真学习马列主义、毛泽东思想和邓小平同志建设有中国特色社会主义理论。你如果不学习，怎么当好领导，怎么提高思想政治水平，怎么把握政治方向，怎么提高政治辨别力？（摘自江泽民同志在十四届五中全会召集人会议上的讲话）

3. 江泽民：论物质文明建设和精神文明建设的关系

我们进行现代化建设，无疑要致力于发展生产力，把物质文明建设好。同时，必须把社会主义精神文明建设提到更加突出的地位。要把物质文明建设和精神文明建设作为统一的奋斗目标，始终不渝地坚持两手抓，两手都要硬。任何情况下，都不能以牺牲精神文明为代价去换取经济的一时发展。

改革开放以来，政治经济形势很好，精神文明建设也取得了很大进展。但是还存在一些亟待解决的问题，思想政治工作薄弱，拜金主义、享乐主义抬头，一些地方社会治安情况不好，一些腐败、丑恶现象又重新滋生蔓延。这些问题应该引起我们高度重视，采取切实有力措施加以解决。

社会主义精神文明建设要以马列主义、毛泽东思想和邓小平同志建设有中国特色社会主义理论为指导，大力发扬党的优良传统，弘扬中华民族优良的思想文化，加强爱国主义、集体主义和社会主义思想教育，培育有理想、有道德、有文化、有纪律的社会主义公民，吸收世界文明的一切优秀成果，提高全民族的思想道德素质和科学文化素质。要积极探索在社会主义市场经济条件下，搞好精神文明建设的新思路、新办法，逐步形成有利于社会主义现代化建设的舆论力量、价值观念、道德规范和文化条件。精神文明建设要同经济发展战略相适应，纳入国民经济和社会发展的总体规划。

这12个关系是在改革和发展的新形势下带有全局性的重大问题。随着实践的发展，认识会不断深化，还会出现新的矛盾和问题，各方面的关系也会发生变化，所采取的方针和政策也必然会有所调整。希望全党同志特别是高级干部都要来研究这些重大问题，解放思想，实事求是，加强调查研究，集中群众智慧，提高领导水平，找出解决办法，把我国现代化建设更好地推向前进。（摘自江泽民同志在党的十四届五中全会闭幕时的讲话）

4. 中共中央印发的《爱国主义教育实施纲要》

中华民族是富有爱国主义光荣传统的伟大民族。爱国主义是动员和鼓舞中国人民团结奋斗的一面旗帜，是推动我国社会历史前进的巨大力量，是各族人民共同的精神支柱。现在，我国人民在建设有中国特色社会主义理论和党的基本路线指引下，大力发展社会主义市场经济，努力建设富强、民主、文明的社会主义现代化国家。在新的历史条件下，继承和发扬爱国主义传统，对于振奋民族精神，凝聚全民族力量，团结全国各族人民，自力更生，艰苦创业，为中华民族的振兴而奋斗，具有十分重要的现实意义。各级党委和人民政府，各有关部门和人民团体，必须高度重视这项工作，并结合各自的工作特点积极开展爱国主义教育。

一、爱国主义教育的基本原则

1. 爱国主义教育必须以邓小平同志建设有中国特色社会主义理论和党的基本路线为指导，必须有利于促进社会主义现代化建设，必须有利于促进改革开放，必须有利于维护国家和民族的声誉、尊严、团结和利益，必须有利于促进祖国统一的事业。这是新时期爱国主义教育的基本指导思想。

2. 开展爱国主义教育的目的，是要振奋民族精神，增强民族凝聚力，树立民族自尊心和自豪感，巩固和发展最广泛的爱国统一战线，把人民群众的爱国热情引导和凝聚到建设有中国特色的社会主义伟大事业上来，引导和凝聚到为祖国的统一、繁荣和富强作贡献上来，做有理想、有道德、有文化、有纪律的社会主义公民，为实现四化、振兴中华的共同理想团结奋斗。

3. 爱国主义教育必须坚持重在建设的方针。要按照邓小平同志关于爱国主义的一系列重要论述，搞好爱国主义教育的理论建设、教材建设、制度建设和基地建设。把爱国主义教育贯穿于各项思想政治教育之中，作为社会主义精神文明建设的基础性工程，作为我国社会的主旋律，坚定不移、长期不懈地抓下去。

4. 爱国主义教育必须坚持对外开放的原则。爱国主义决不是狭隘的民族主义，我们既要继承和发扬中华民族的优秀成果，也要学习和吸收世界各国包括资本主义发达国家所创造的一切文明成果。只有这样，中国人民才能和各国人民一道，为促进世界和平和人类进步作出贡献。

5. 爱国主义教育必须突出时代特征。爱国主义是一个历史范畴，在社会发展的不同阶段、不同时期有不同的具体内涵。在当代中国，爱国主义与社会主义本质上是一致的。建设有中国特色的社会主义是新时期爱国主义的主题。邓小平同志指出："中国人民有自己的民族自尊心和自豪感，以热爱祖国、贡献全部力量建设社会主义祖国为最大光荣，以损害社会主义祖国利益、尊严和荣誉为最大耻辱。"这是对我国现阶段爱国主义特征最精辟的概括。爱国主义、集体主义和社会主义思想教育三位一体，有机地统一在建设有中国特色的社会主义的伟大实践之中。

二、爱国主义教育的主要内容

6. 爱国主义教育的素材非常广泛。从历史到现实，从物质文明到精神文明，从自然风光到物产资源，社会生活的各个领域都蕴藏着极为丰富的进行爱国主义教育的瑰宝。要善于运用国情资料，并注意挖掘和利用各种宝贵的教育资源，不断丰富爱国主义教育的内容。

7. 要进行中华民族悠久历史的教育。我国人民的爱国主义精神是在中华民族漫长的历史进程中产生和发展起来的。要通过中国历史特别是近代史、现代史的教育，使人们了解中华民族自强不息、百折不挠的发展历程，了解我国各族人民对人类文明的卓越贡献，了解我国历史上的重大事件和著名人物，了解中国人民反对外来侵略和压迫，反抗腐朽统治，争取民族独立和解放，前仆后继，浴血奋斗的精神和业绩，特别是了解中国共产党领导全国人民为建立新中国而英勇奋斗的崇高精神和光辉业绩。

8. 要进行中华民族优秀传统文化教育。中华民族在创造灿烂中华文明的过程中。形成了具有强大生命力的传统文化，其内容博大精深，不仅包括了哲学、社会科学、文学艺术、科学技术等方面的成就，而且蕴含着崇高的民族精神、民族气节和优良道德；不仅孕育了无数杰出的政治家、思想家、文艺家、科学家、教育家、军事家，而且留下了丰富的文物史迹、经典著作，这笔丰厚的文化遗产是进行爱国主义教育的宝贵资源。要正确使用祖国的语言文字，大力推广普通话。

9. 要进行党的基本路线和社会主义现代化建设成就的教育。党的基本路线和我国社会主义建设成就是进行爱国主义教育最现实、最生动的教材。要特别注意运用党的十一届三中全会以来改革开放和现代化建设的巨大成就与成功经验进行教育，使人民群众进一步坚定社会主义信念，坚持党的基本路线不动摇。

10. 要进行中国国情的教育。国情教育要放在整个世界环境的大背景下进行。要帮助人们系统地了解我国经济、政治、军事、外交以及社会、文化、人口、资源等方面的历史与现状，了解我国现代化建设的目标、步骤和宏伟前景，并从中国和世界其他不同类型国家的对比中，看到我国的优势和差距、有利条件和不利因素，增强使命感和社会责任感，更好地发扬艰苦奋斗、勤俭建国的创业精神。国情教育要同省情、市情、县情的教育结合进行。

11. 要进行社会主义民主和法制教育。我国的宪法和法律是广大人民意志和利益的体现，要通过广泛深入的民主和法制教育，帮助人们了解我国的政治制度、经济制度和其他各项制度。增强国家观念和主人翁责任感，养成遵纪守法的习惯，在正确行使宪法和法律规定的公民权利的同时，忠实履行宪法和法律规定的公民义务，坚持维护国家利益。

12. 要进行国防教育和国家安全教育。要根据新时期的特点，重视现代国防教育，增强全民的国防意识和国家安全意识，加强军政、军民团结，提高全民抵御外敌入侵、捍卫祖国独立、维护国家主权和领土完整的自觉性。教育全体人民同一切出卖祖国利益、损害祖国尊严、危害国家安全、分裂祖国的言行，进行坚决的斗争。

13. 要进行民族团结教育。中华民族是一个多民族的大家庭，不论是在内地还是在边疆，不论是在汉族地区还是在少数民族地区，都要加强马克思主义的民族观、宗教观和党的民族政策、宗教政策的教育,大力宣传各族人民为维护民族团结和祖国统一做出的不懈努力和历史贡献。在各族人民中牢固树立汉族离不开少数民族、少数民族离不开汉族的思想,自觉维护民族团结和祖国统一。

14. 要进行"和平统一、一国两制"方针的教育。要全面、正确地宣传党和政府在祖国统一问题上基本立场和方针政策,使人们了解祖国统一工作的进展情况和重点。要注意宣传港澳台同胞为祖国统一所做的贡献,宣传国外侨胞和海外归来人员爱国、爱乡的事迹。

三、爱国主义教育的重点是青少年

15. 爱国主义教育是全民教育,重点是广大青少年。学校、部队、乡村、街道、机关和企事业单位,尤其共青团、少先队等组织,都要把培养广大青少年的爱国主义感情,提高他们的爱国主义觉悟,引导他们树立正确的理想、信念和人生观、价值观作为思想政治教育的重要内容。在当前和今后一个时期,要抓好党的基本路线教育,中国近代史、现代史和基本国情的教育,中华民族传统美德和优秀传统文化教育。

16. 学校是对青少年进行教育的重要场所,要把爱国主义教育贯穿到幼儿园直至大学的教学、育人全过程中去,特别要发挥好课堂教学主渠道的作用。各省、自治区、直辖市教育部门要按照国家教委颁发的《中小学加强中国近代、现代史及国情教育的总体纲要》和《中学思想政治、中小学语文、历史、地理学科教育纲要》的要求,制定各学科(包括自然学科在内)爱国主义教育的分科计划,把爱国主义教育的内容分解、贯穿到各相关学科的课堂教学中去。各类大专院校都要积极创造条件,开设中国历史、文学、艺术、科技等内容的传统文化选修课,开设以爱国主义教育为主要内容的专题讲座。大、中、小学校都要积极开辟爱国主义教育的校外课堂,对学生进行直观、形象的教育。中学高年级和大专院校,要组织学生参加适当的生产劳动、社会实践和军事训练等活动,增强他们对工农兵的感情和对国家的责任感。广大教师在爱国主义教育中要身体力行,为青少年做出榜样。

17. 机关、企事业、乡村等基层单位直接负有培养社会主义"四有"新人的责任,要特别重视和加强对青年干部、职工、农民的爱国主义教育,把这项工作列为创建文明单位、文明村镇活动的重要内容。要教育广大青年牢固树立国家主人翁的责任感,把个人利益与国家的前途、命运联系起来,正确处理国家、集体、个人三者之间的利益关系,爱祖国、爱家乡、爱集体、爱岗位、立足本职,为国家多做贡献。

18. 城镇的街道居民委员会,农村的村民委员会,各级工会、共青团、妇联等人民团体,要重视发挥家庭在青少年教育中的特殊作用,把热爱祖国作为开展五好家庭、文明家庭活动和文明市(村)民教育的重要内容。

19. 要针对青少年的特点,注意运用影视、书刊、音乐、戏剧、美术、故事会等形式,为广大青少年提供丰富、生动的爱国主义教材。各地区和各有关部门要认真贯彻落实中央宣传部、国家教委、广播影视部、文化部《关于运用优秀影视片在全国中小学开展爱国主义教育的通知》(教基[1993]17号)并将这些优秀影视片纳入教学、教育计划,扎扎实实做好放映、观看、宣传、教育工作,坚持不懈地抓下去。企事业单位、乡村、部队也要利用优秀影视片,对青年职工、农民、战士进行爱国主义教育。

四、搞好爱国主义教育基地的建设

20. 各类博物馆、纪念馆、烈士纪念建筑物、革命战争中重要战役、战斗纪念设施、文物保护单位、历史遗迹、风景胜地和展示我国两个文明建设成果的重大建设工程、城乡先进单位是进行爱国主义教育的重要场所。各级党委宣传部门要遵照当地党委和人民政府提出的要求,会同教育行政部门、共青团组织和文化、文物、民政、园林等部门确定一批教育基地。城乡基层单位和共青团组织,要积极利用基地开展教育活动。学校应将这类教育活动列入德育工作计划。

21. 各级民政、文化、文物部门和各类专业博物馆、纪念馆,要继续贯彻落实1991年中央宣传部等部门联合下发的《关于充分运用文物进行爱国主义和革命传统教育的通知》,组织接待好青少年参观、瞻仰活动,提供必要的支持和帮助。确定为收费参观的教育基地,对学校组织在校师生参观要免收费用。各个展出单位都应建立和培养一支有较高素质的讲解队伍。

22. 被确定为教育基地的重大建设工程、城乡先进单位,要把对青少年进行爱国主义教育作为本单位应尽的光荣义务,主动、热情地配合有关单位,组织接待好青少年参观学习活动。

23. 各地的自然风光、文物古迹、名胜景点能够激起人们对祖国壮丽河山和悠久历史文化的热爱之情,要注意发挥这方面优势,寓爱国主义教育于游览观光之中。各旅游景点、自然保护区的导游讲解、文字说明、宣传材料都应包含爱国主义教育内容。各级旅游部门要特点别意树立导游人员的爱国主义宣传意识,加强这方面的教育和培训,充分发挥导游人员和旅游景点在爱国主义教育中的作用。

24. 在建设"万里边境文化长廊"中,要注意把文化工程建设和思想道德建设、爱国主义教育紧密联系起来,弘扬中华民族优秀文化传统,使之成为爱国主义教育的重要阵地。

25. 运用爱国主义教育基地开展活动,要精心设计周密组织,各级教育行政部门,共青团组织要和教育基地建立工作联系制度,共同研究制定活动计划。要根据教育对象不同的年龄层次、心理特点、知识水平和接受能力，科学安排活动内容，注意思想性和艺术性，力求富有吸引力和感染力。可以结合重要节日、纪念日，组织参观、瞻仰、祭扫活动；结合特定的教育主题，组织社会考察和社会实践活动；利用教育基地开展党、团组织生活和少先队活动；开展美化基地环境和维护设施的义务劳动；结合参观、瞻仰、考察，组织开展征文、主题演讲会、专题讲座、知识竞赛等教育活动。各类学校可在寒暑假利用基地举办"冬令营"、"夏令营"，还可以把有关的历史事件、英烈事迹、建设成就编入党课、团课和职工轮训教材、学校的乡土教材，贯穿到思想政治教育和课堂教学中去。

五、创造爱国主义教育的社会氛围

26．要使爱国主义思想成为社会的主旋律，必须创造一种浓郁的爱国主义氛围，使人们在社会日常生活的各个方面，都能随时随处受到爱国主义思想和精神的感染、熏陶。运用现代化的传播手段对群众进行爱国主义教育，是各级新闻出版和影视部门的神圣职责。报纸、刊物、广播、电视除开设专栏、专题刊登和播发爱国主义教育的文章外，还要积极运用各种新闻和文艺形式，宣传富有爱国主义精神的先进人物和先进事迹，宣传社会主义建设事业的成就和经验，宣传中华民族的奋斗历史、光荣传统和灿烂文化。要注意抓住有利于振奋民族精神的重大事件，形成爱国主义宣传的高潮。电视台在黄金时间应以播放反映主旋律的节目为主。调频立体声电台音乐节目，应以介绍优秀音乐作品特别是中国的优秀民族音乐作品为主。各地方电视台必须保证有一个频道完整转播中央电视台的第一套节目。要防止在商品广告和其他节目中出现有损国家尊严、贬抑本国产品的言辞和画面。

27．各级文化、影视主管部门要积极提倡和扶持弘扬爱国主义精神的各类文艺作品的创作，在评奖、宣传等方面加强引导。各级出版主管部门对爱国主义教育图书的出版要制订规划，针对不同读者群的年龄特点、文化层次和阅读需求有计划地组织出版教育读物。要特别注意组织出版反映爱国主义主题的政治理论类、文艺类、知识类、历史类、文化类读物。

28．各地党委和人民政府及有关部门、群众团体要注意利用重要法定节日、各民族传统节日对群众进行爱国主义教育。把组织节庆、纪念活动作为弘扬爱国主义精神、激发群众爱国主义热情的重要工作。特别是元旦、春节和"三八"、"五一"、"五四"、"六一"、"七一"、"八一"、"十一"等重要节日的庆祝活动要突出爱国主义的内容。组织节庆活动一定要坚持群众喜闻乐见、广泛参与的原则。以往一些行之有效的好做法，如重要节日的群众游园活动，各民族重要传统节日的群众性文化娱乐活动，要继续提倡并使之不断丰富、完善。各地要在继承优秀文化传统的同时，不断创造一些有助于形成爱国主义氛围的新的节庆活动形式。还可以挖掘和选择一些既有中国传统特色又符合当今群众、特别是青少年情趣的民族节目。总之，节庆活动既要让群众娱乐身心，又要使群众受到爱国主义教育。

六、提倡必要礼仪，增强爱国意识

29．进行爱国主义教育，需要提倡必要的礼仪，特别要提倡有助于培养对国旗、国歌、国徽崇敬感的必要礼仪，增强人们的爱国主义情感。

30．国旗是国家的象征和标志，任何组织和公民都要遵守《中华人民共和国国旗法》。凡属《国旗法》规定应当升挂国旗的单位和场所，必须依法严格执行升旗制度，凡属《国旗法》规定可以升挂国旗的单位和场所，要积极创造条件，升挂国旗。

31．应当大力提倡在县级以上地方党委和人民政府的重要会议室、重要会场，严肃、认真、规范地插挂国旗。全日制中小学，应根据国家教委《关于施行〈中华人民共和国国旗法〉严格中小学升降国旗制度的通知》，坚持升降国旗的制度。学校在开学典礼、毕业典礼、运动会等大型集体活动中提倡举行庄严、隆重升旗仪式。提倡各地组织年满18周岁的公民举行对国旗宣誓的成人仪式。有条件的大中城市，国庆节等重要节日可以在城市中心广场举行隆重升旗仪式。

32．唱国歌是公民表达爱国情感的一种神圣行为，在升国旗仪式和大型集会等活动中，要奏国歌，而且要提倡齐唱国歌。奏、唱国歌时应庄严肃立。在国际体育比赛的颁奖仪式上，升中国国旗、奏中国国歌时，运动员要面向国旗肃立，唱国歌。

33．根据《中华人民共和国国徽法》规定，县级以上各级人民代表大会常务委员会及其会议厅，县级以上各级人民政府，各级人民法院和专门人民法院及其审判庭，各级人民检察院和专门人民检察院，外交部及驻外使领馆，出入境口岸适当场所，应当悬挂国徽。乡镇人民政府也应悬挂国徽。

34．成年公民和小学三年级以上学生都应会唱国歌，并能理解国歌的内容和国旗、国徽的涵义。

七、大力宣传爱国先进典型

35．进行爱国主义教育必须加强典型宣传，发挥榜样的示范作用。中国历史上涌现过无数的著名爱国者、民族英雄、革命先烈、杰出人物，新中国成立以后又涌现出了许许多多的英雄模范人物，各种新闻传播媒介要经常对他们进行宣传介绍。要配合革命领袖、革命先烈、著名爱国者的纪念活动及时组织发表和播出纪念文章和歌颂、宣传他们事迹的文艺作品、文艺节目。提倡在大中小学的教室、图书馆、礼堂等场所，悬挂为中华民族的发展作出杰出贡献的领袖、先烈和名人的画像、诗词、格言。企事业单位和街道、乡村的文化站、俱乐部等公共活动场所也可以贴挂一些本地区、本行业、本单位、本部门著名劳动模范的画像、照片。

36．各级党政领导和宣传部门，要特别注意培养、发现和宣传改革开放以来各条战线涌现出的具有爱国主义精神、作出突出贡献的先进模范人物。使各类先进模范人物成为全社会的典范，成为群众特别是青少年崇敬、学习的榜样。

八、加强对爱国主义教育的领导

37．各级党委和人民政府要切实加强对爱国主义教育的领导，要把这一工作列入重要议事日程，动员社会各方面力量，齐心协力抓好落实。要重视发挥各民主党派在爱国主义教育中的重要作用。各地要依据本《纲要》制定出符合当地实际的爱国主义教育规划，并认真贯彻到实际工作中去。要加强检查指导，把组织开展教育活动情况，作为考核两个文明建设成效的重要标志之一。

38．各级党政机关要带头加强对全体工作人员特别是领导干部的爱国主义教育。领导干部必须以身作则，做出表率。宣传、教育、文化、民政、旅游、园林等部门以及工会、共青团、妇联等人民团体，直接担负着对群众进行爱国主义教育的责任。要依据本《纲要》，结合各自的工作特点，制定出爱国主义教育的具体实施细则，并切实抓好落实。人民解放军按本《纲要》总的要求，结合部队实际，制定规划。

39．外事、侨务、对外宣传和主管港、澳、台事务工作的部门，要为海外侨胞、港澳台同胞和其他旅居海外的中国公民提供有关祖国建设成就、国家方针政策、民族历史文化以及优秀文艺作品等文字、图片资料和录音、录像资料，鼓励和引导他们关心祖国、热爱祖国。

40．各级党委宣传部门要在党委和政府统一领导下，切实担负起协调、指导的责任。要帮助有关部门建立工作联系，明确任务，抓好落实。要协同各方面的力量，形成爱国主义教育的合力。要注意调查研究，实实在在地开展各种生动活泼的教育活动，多做实事，注重实效，力戒形式主义。要不断总结和推广开展爱国主义教育的典型经验，对工作出色的单位和个人应予以表彰、奖励。

5. 中共中央、国务院《关于加速科学技术进步的决定》

（1995年5月6日）

科学技术是第一生产力，是经济和社会发展的首要推动力量，是国家强盛的决定性因素。为大幅度提高社会生产力，增强综合国力，提高人民生活水平，确保我国现代化建设三步走战略目标的顺利实现，必须大力发展科学技术，加速全社会的科技进步。为此，中共中央、国务院特作如下决定。

一、全面落实科学技术是第一生产力的思想

（1）邓小平同志关于科技工作的一系列论述，是建设有中国特色社会主义理论的重要组成部分，是我国新时期科技工作的指导思想。十一届三中全会以来，党中央、国务院制定了一系列科技工作的方针政策。我国积极、全面地推进科技体制改革，全方位、多渠道开展国际科技合作与交流，在改革开放中形成了新时期科技发展的战略部署，科技工作发生了历史性的变化。科技体制正在向适应社会主义市场经济体制和科技自身发展规律的新体制转变，科技与经济结合的新机制正在形成。科技工作的战略重点已转向国民经济建设，为促进经济和社会发展、增强综合国力、提高人民生活水平做出了突出贡献。取得了大批高水平的科技成果，科技队伍不断壮大，科技实力显著增强。全党、全国人民对经济建设必须依靠科学技术的认识不断提高。很多地方和部门实施了依靠科技振兴经济的发展战略。国民经济建设正逐步转向依靠科技进步的轨道。实践证明，党中央、国务院关于科技工作的方针、政策和战略部署是正确的，科技体制改革的实践是成功的，科技工作的成效是显著的。从总体上看，我国已初步具备了支撑经济和社会发展、参与国际经济竞争的科技实力，为加速全社会科技进步奠定了坚实的基础。

同时应该看到，科学技术是第一生产力的思想尚未得到全面落实；在体制、机制以及思想观念等方面还存在许多阻碍科技与经济结合的不利因素；多数企业还缺乏依靠科技进步的内在动力；科技成果转化率和科技进步贡献率较低；旧体制下形成的科技系统结构不合理、机构重复设置、力量分散的状况依然存在；全社会多元化的科技投入体系还未形成，投入过低的状况尚未改观。这些前进中的困难和问题，严重地制约着科技与经济的发展，必须予以高度重视，认真加以解决。

（2）从现在起到21世纪中叶，是实现我国现代化建设三步走战略目标的关键历史时期。这一时期，科学技术的迅猛发展，必将对经济、社会产生巨大推动作用，也将给人类的生产、生活方式带来革命性的变化。科学技术实力已经成为决定国家综合国力强

弱和国际地位高低的重要因素。

社会主义市场经济体制的确立，将为科技进步创造更为有利的环境和条件，也将对科技进步提出新的、更高的要求。实现国民经济持续、快速、健康发展，必须依靠科技进步解决好产业结构不合理、技术水平落后、劳动生产率低、经济增长质量不高等问题。面对国际经济、科技竞争的严峻挑战和人口多、底子薄、人均资源相对短缺的国情，加速国民经济增长从外延型向效益型的战略转变已迫在眉睫。实现这一战略转变必须依靠科技进步，大力解放和发展第一生产力，加速科技成果向现实生产力的转化，切实把经济建设转移到依靠科技进步和提高劳动者素质的轨道上来。为此，中共中央、国务院决定，坚定不移地实施科教兴国的战略。

(3)科教兴国，是指全面落实科学技术是第一生产力的思想，坚持教育为本，把科技和教育摆在经济、社会发展的重要位置，增强国家的科技实力及向现实生产力转化的能力，提高全民族的科技文化素质，把经济建设转移到依靠科技进步和提高劳动者素质的轨道上来，加速实现国家的繁荣强盛。

实施科教兴国战略，是全面落实科学技术是第一生产力思想的战略决策，是保证国民经济持续、快速、健康发展的根本措施，是实现社会主义现代化宏伟目标的必然抉择，也是中华民族振兴的必由之路。十一届三中全会以后，党的工作重点转移到以经济建设为中心，实施科教兴国战略，是这一转移的进一步深化和向更高阶段的发展，必将使生产力产生新的飞跃。

(4)实现科技生产力的新解放和大发展，必须深化科技体制改革，充分发挥广大科技人员的积极性、创造性，动员全社会的力量，全面推进科技进步。到2000年的目标是：初步建立适应社会主义市场经济体制和科技自身发展规律的科技体制。在工农业科学研究与技术开发、基础性研究、高技术研究等方面取得重大进展。科技进步对经济发展的贡献率有显著提高。经济建设、社会发展基本转向依靠科技进步和提高劳动者素质的轨道。到2010年达到以下战略目标：使基本建立的新型科技体制更加巩固和完善，实现科技与经济的有机结合。繁荣科技事业，培养、造就一支高水平的科学技术队伍。全民族科技文化素质有显著提高。重大学科和高技术的一些领域的科技实力接近或达到国际先进水平。大幅度提高自主创新能力，掌握重要产业的关键技术和系统设计技术。主要领域的生产技术接近或达到发达国家下世纪初的水平，一些新兴产业的生产技术达到国际先进水平。为建成社会主义现代化强国奠定坚实的基础。

(5)我国科技工作的基本方针是：坚持科学技术是第一生产力的思想，经济建设必须依靠科学技术，科学技术工作必须面向经济建设，努力攀登科学技术高峰。

在实际工作中，要把握好以下原则：

——经济和社会发展要以科技进步为主要推动力，科技工作要把解决经济和社会发展中的重大问题作为首要任务。从战略目标、政策、体制、规划、计划等方面体现科技与经济的有机结合。

——以改革作为科技发展的动力，在发展中深化科技体制改革。在政府宏观调控下，充分发挥市场机制对科技进步的推动作用。

——坚持自主研究开发与引进国外先进技术相结合，大力推动科技成果向现实生产力的转化。

——坚持长远目标和近期目标相结合，合理部署技术开发及推广、应用研究和基础研究工作。

——根据世界科技发展趋势和我国国情，科技发展要坚持有限目标，突出重点，集中力量，攻克关键，勇于创新。

——尊重知识、尊重人才，创造人尽其才、人才辈出的社会环境。在科研工作中，切实发扬学术民主，实现重大决策的民主化、科学化。

——坚持研究开发与群众性科技活动相结合，研究开发与科技普及、推广相结合，科技与教育相结合。

二、大力推进农业和农村科技进步

(6)在人口不断增加的情况下，保障全国人民丰衣足食，使农业和农村经济不断跃上新台阶，根本出路在于依靠科技进步。必须始终把科技进步摆在农业和农村经济发展的优先地位，把农业科技摆在科技工作的突出位置，推动传统农业向高产、优质、高效的现代农业转变，使我国农业科技率先跃居世界先进水平。

要着重抓好我国现有农业先进技术的组装配套，并有选择地引进一批国外、境外的优良品种、先进技术和管理经验，加速推广应用。大力提高农业技术成果的转化率和规模效益。到本世纪末，科技进步对农业的贡献率提高到50%，为实现粮食、棉花、油料等主要农产品的生产目标，并满足肉、蛋、奶、菜等副食供应提供技术保障。

要继续推进农科教结合，全面普及农业科技知识，采用多种方式培养农业技术人才，进一步加强农业技术推广工作，稳定农业技术推广队伍，发展技工贸一体化的农村社会化服务体系。各级政府要切实改善农业技术推广人员的工作和生活条件。

(7)切实加强农业科学研究与技术开发。集中优势力量，在动、植物新品种选育、病虫害与自然灾害的综合防治、区域综合发展、农产品加工及综合利用、农业生态环境保护等对农业发展有重大影响的关键技术领域，力求取得重大突破。加速畜牧、水产养殖综合技术，特别是开辟新饲料资源技术的开发。开发并推广节水灌溉和科学施肥等技术。重视林业、水利、气象等领域的科学研究和技术开发。要十分重视生物技术等现代高技术的研究开发及在农业上的应用，加强农业基础性研究，为建设现代农业奠定坚实的理论基础和技术基础。

(8)依靠科技进步,促进农村经济全面发展。努力提高乡镇企业技术水平和科学管理水平,引导其向技术密集、集约经营的方向发展。运用各类先进技术开创新的产业领域,为转移农村剩余劳动力广开渠道,推动农村工业化和小城镇建设。

要进一步加强科技扶贫工作。大力支持贫困地区发展科技和教育。帮助贫困地区培养技术人才,推广先进适用技术。引导贫困地区人民依靠科技开发当地资源,加快脱贫致富的步伐。发达地区也要在技术、信息、人才、资金等方面加大对贫困地区的支援。

三、依靠科技进步提高工业增长的质量和效益

(9)我国工业发展正在进入提高增长质量和效益的关键时期。提高工业增长质量和效益,实现工业现代化,根本途径在于推进科技进步。搞好国有大中型企业,调整产业结构,提高劳动生产率和经济效益,加快产品的更新换代,提高产品质量和市场竞争力,必须把科技进步作为关键措施。

技术创新是企业科技进步的源泉,是现代产业发展的动力。要推动科研院所、高等学校和企业合作开发先进技术。技术引进要与国内研究开发统筹安排、有机结合,在注重引进关键技术的基础上,加强技术创新,增强自主研究开发能力。产业关键技术及工艺开发、装备研制,要逐步实现以国内为主,真正使民族工业的发展建立在以自主创新为主的基础上。

(10)大力推进企业科技进步,促进企业逐步成为技术开发的主体。要把增强企业应用先进技术的活力,提高技术创新能力作为现代企业制度建设的重要内容。激励企业广泛吸纳国内外先进技术及新思想、新知识,面向市场需求,不断开发新产品、新技术和新工艺,采用先进的管理方法、组织形式,科学地组织生产、销售和服务。要加强企业职工在职技术培训,广泛开展群众性技术革新活动。

继续推动产、学、研三结合,鼓励科研院所、高等学校的科技力量以多种形式进入企业或企业集团,参与企业的技术改造和技术开发,以及合作建立中试基地、工程技术开发中心等,加快先进技术在企业中的推广应用。

(11)提高工业增长的质量和效益,必须重点围绕基础产业、支柱产业和重大工程建设组织开展科技攻关,解决共性、关键性、基础性技术难题。重点开发推广电子信息技术、先进制造技术、节能降耗技术、清洁生产和环保技术等共性技术。

要使科研机构、高等学校的科技力量有效地参与引进技术的论证、评估,消化吸收和创新,参与重大工程的论证、前期研究和关键技术的研究开发。

(12)逐步建立现代化的信息网络,加快国民经济信息化的进程。扩大先进的电子信息技术在生产、管理、服务等领域的应用,努力解决交通、通信、商贸、财税、金融、保险、社会服务等领域的信息化、现代化的关键技术问题。大力推动与科技进步密切相关的信息、咨询等第三产业的发展。

四、发展高技术及其产业

(13)高技术产业是国际经济和科技竞争的重要阵地。发展高科技、实现产业化,是带动产业结构升级、大幅度提高劳动生产率和经济效益的根本途径。国家产业政策和发展规划要把发展高技术产业摆到优先位置,在财税、信贷和采购等政策上给予重点扶持。要努力提高国产高技术产品的性能、质量和市场竞争力,提高高技术产业的规模效益和在国民经济中的比重,使一些高技术产业逐步成为国民经济的支柱产业。

大中型企业要与科研院所、高等学校密切结合,共同开发市场前景广阔的高技术产品。鼓励科研院所、高等学校创办各种形式的高技术企业。民营科技企业是发展我国高技术产业的一支有生力量,要继续鼓励和引导其健康发展。

国家高新技术产业开发区是培育和发展高技术产业的重要基地,国家视其项目适当给予优惠政策。要建立良好的管理和运行机制,区内企业要率先建立现代企业制度。要重点塑造一批自主开发能力和市场竞争力较强、具有较大经济规模、掌握知识产权、跨地区、跨行业的大型高技术企业和企业集团。

(14)高技术研究与开发是现代经济发展的先导,是高技术产业发展的源泉。发展高技术要紧密结合国民经济和国防建设的需要,把握世界高技术发展的趋势,坚持有限目标,突出重点,把提高自主创新能力和经济竞争力、掌握知识产权、实现产业化作为主要目标。国家继续组织实施高技术研究发展计划,遴选一批重点课题,组织以中青年人才为骨干的精锐队伍,加强集成,协同攻关,力求取得重大突破和创新。要在电子信息、生物、新材料、新能源、航天、海洋等重要领域接近或达到世界先进水平,在世界高技术的若干重要领域占一席之地。

(15)要充分发挥高技术对发展国防事业,特别是对发展武器装备的先导作用。加强国防科技的预先研究,集中力量,协同攻关,保证重点武器装备研制。继续全面贯彻军民结合的方针,注重发挥军民两用技术,促进军工技术向民用领域转移。

五、推动社会发展领域的科技进步

(16)全面实施《中国21世纪议程》。依靠科学技术,控制人口增长,提高人口素质,合理开发利用资源,保护生态环境,实现经济和社会的持续、协调发展。要切实加强社会发展领域的科学研究与技术开发。抓好一批环境、生态、资源的保护、治理与综合利用等示范性工程,建立一批以科技引导社会发展的综合实验区。

(17)在人口、资源、环境、医药卫生等社会发展的重点领域,抓好一批综合性、关键性的重大科技项

目和研究开发基地。加强计划生育、重大疾病诊断和防治的新技术、新方法的研究。加速建立新医药、中医药和医疗器械自主研究开发体系。到下世纪初，使严重危害人民健康的主要疾病的发病率明显降低。

加强国土资源、海洋资源开发和综合利用等科技问题的研究。坚持经济、环境、社会效益相统一，实现环境保护和资源的持续利用。加强防灾减灾、社会安全、城市建设、劳动保护、文化和体育等领域的科技工作。建立食物和营养安全与质量检查、监督体系。不断提高全国人民的身体素质。

大力开发、推广清洁能源技术、清洁生产技术、污染治理技术及其装备。依靠科技进步，推动医药、环保、资源综合利用、住宅、流通与社会服务等产业的发展。

六、切实加强基础性研究

(18)基础性研究是人类文明进步的动力，是科技与经济发展的源泉和后盾，是新技术、新发明的先导，也是培养和造就科技人才的摇篮。基础性研究的使命是探索自然界的规律、追求新的发现和发明、积累科学知识、创立新的学说，为认识世界、改造世界提供理论和方法。基础性研究的重大突破，将带动新兴产业群的崛起，引起经济和社会的重大变革。

在当前一个时期，基础性研究要把国家目标放在重要位置，把为国民经济和社会发展提供动力作为中心任务，重点解决未来经济和社会发展的基础理论和技术问题，创立新的技术和方法。要注重发展新兴带头学科、边缘交叉学科和应用基础学科。支持自然科学与社会科学的合理结合，重视软科学研究及应用。

(19)基础性研究要按照“有所赶、有所不赶”的原则，瞄准国家目标和世界科学前沿，大胆探索、勇于创新，努力攀登科学高峰。根据国力、财力的可能，突出重点，选择具有一定优势、对国民经济和社会发展有重大带动作用的课题，集中力量，重点攻克。国家继续通过自然科学基金、国家重点基础性研究计划以及各种专项基金，加强对基础性研究的支持。不断增加投入，逐步提高基础性研究经费占研究和开发经费的比例。基础性研究要同人才培养有机结合。注重发挥高等学校在基础性研究中的作用。鼓励科研院所与高等学校的研究工作相互结合，研究人员和教学人员可相互兼职。有应用前景的基础性研究要与高技术研究、技术开发工作相衔接。重视支持科学家特别是优秀青年学科带头人自选课题的研究。创造学术民主的良好氛围，鼓励科学家探索新的科学规律，创立新颖的学术观点。

(20)加强科研基础设施的建设。在现有国家重点科研机构、重点实验室的基础上，建设一批开放的科研基地。努力提高科研仪器、装备的现代化水平和自主研制开发能力。重视科技信息的有效利用和传播，加强科技图书、资料和数据库的建设。要有计划地建立全国科技信息资源传输的设施，建设连接全国科研机构、高等学校的科教信息网络，实现科技信息共享和交流的现代化。

七、深化科技体制改革，建立适应社会主义市场经济体制和科技自身发展规律的新型科技体制

(21)科技体制改革是一场解放科技生产力的广泛而深刻的革命。今后，深化科技体制改革的重点是，调整科技系统的结构，分流人才。要真正从体制上解决科研机构重复设置、力量分散、科技与经济脱节的状况，加强企业技术开发力量，促进科技与经济的有机结合。

到本世纪末，要初步建立适应社会主义市场经济体制和科技自身发展规律的新型科技体制。形成布局合理的科技系统结构、富有活力的运行机制、全社会多元化的科技投入体系和科学的研究院所管理制度。建立起包括企业技术开发机构、精干的独立科研机构、重点高等学校、农村技术服务体系、民营科技企业在内的全社会科技进步体系。各类科技力量合理配置，科学分工，优势互补，有机结合。

(22)按照“稳住一头，放开一片”的方针，优化科技系统结构，分流人才。

要在深化经济体制改革中，增强企业依靠科技进步的活力和动力。大中型企业要普遍建立、健全技术开发机构，与科研院所、高等学校开展多种形式的合作，大力增强技术开发能力，逐步成为技术开发的主体。同时，要建立、健全为中小型企业提供技术、信息服务的生产力促进中心等技术服务机构。

放开、搞活与经济建设密切相关的技术开发和技术服务机构，使其以多种形式、多种渠道与经济结合。这些机构运行要以市场机制为主，除按照竞争机制承担政府研究开发任务外，主要按照市场需求进行研究开发、技术服务、技术承包和科技成果商品化、产业化活动。要使绝大多数技术开发和技术服务机构逐步由事业法人转变成企业法人。

要鼓励和引导这些机构直接进入大中型企业或企业集团，成为企业的技术开发机构。有的可以整建制转型为科技企业，或通过联营、参股、控股等形式组建科技企业集团，或通过兼并、承包企业以及股份制、与企业合建等方式转变为企业集团。根据区域经济发展的需要，鼓励部门、行业和地方科技力量的结合，为地方经济发展服务。有的可吸收国外投资，组建中外合作、合资企业。有的也可以其他形式走自负盈亏、自主发展的道路。

以政府投入为主，稳住少数重点科研院所和高等学校的科研机构，从事基础性研究、有关国家整体利益和长远利益的应用研究、高技术研究，社会公益性研究和重大科技攻关活动。“稳住一头”的工作，要在深化改革中有重点、分层次地进行。在开放和竞争的动态过程中，保持一支精干的、高水平的科研队

伍。要从科研任务、经费、设备、基地、科研人员的工作和生活条件等多方面，切实加强对"稳住一头"工作的支持。

按照上述原则，由政府财政支持的科研院所要进一步精减，合理分流人员，保持一支精干的高水平的科研队伍。要推动科研院所与高等学校多种形式的结合。通过优化组合，逐步在基础性研究、应用研究、高技术研究、社会公益性研究的重点领域中，形成若干个对国内外开放的科研基地，聚集优秀人才，成为高水平的国家研究中心。行业和地方也要根据各自的需要，通过科技机构的优化组合、人才分流，保持精干的科技力量从事具有共性、长远性的研究开发工作。

调整结构、分流人才是深化科技体制改革的关键步骤。各部门、各地方要在国家宏观政策指导下，根据各自的实际情况，确定结构调整、人才分流的方案和实施步骤。要充分调动广大科技人员的积极性、创造性，审时度势、因势利导，试点先行，积极稳妥地推进。要与经济体制改革相配套，加快建立健全社会保障制度，完善国家和集体的知识形态的无形资产管理制度，为人才分流创造有利的社会环境。在改革的过渡时期内，国家将继续对"放开"的科研机构给予政策性扶持，以利于发挥科技整体力量的作用。

(23)进一步改革科技拨款机制，促进科学技术工作新型运行机制的建立。与经济建设直接相关的科技活动要按市场机制运行。进一步加快技术市场和信息市场建设，并逐步与国际市场接轨。发展各种技术中介机构和交易场所，培养职业技术经纪人队伍，建立技术供需的双向信息渠道和网络。

要在科技工作的运行和管理中引入竞争机制。国家以及行业、地方的科研任务实行公平竞争，通过公开招标，择优选择承担单位。科研人员的招聘、职务晋升也要通过公开竞争来进行，形成公平竞争、协同合作、合理流动、人尽其才的科技人才管理制度。要建立、完善重点科研机构、国家重点实验室的定期评估制度，适时调整专业、学科和机构的设置，形成优胜劣汰的竞争机制。

(24)建立科学的科研院所管理制度，使科研院所成为享有充分自主权、实行科学管理的法人。建立政事分离、责权明确的组织管理制度；优化组织结构和专业结构；建立"开放、流动、竞争、协作"的新型科研机制；建立固定与流动岗位相结合，专职与兼职相结合的人事制度；建立科技人员的收入与经济效益或工作业绩挂钩的分配制度；有条件的科研院所，可试行理事会领导、由科技人员代表组成的监事会监督、院所长负责的新型管理制度。

(25)建立适应社会主义市场经济体制的宏观科技管理体系。在深化改革中要理顺关系，改变科技工作多头管理、力量分散的状况。各级科技管理部门要转变职能，加强宏观调控，强化间接管理和协调、服务职能，与经济综合部门加强协调、密切合作，对科技工作进行统一规划、统一部署。

(26)加强科技立法和执法工作。制定和完善与《中华人民共和国科学技术进步法》相配套的各种法律、法规。强化科技法律、法规的实施。依法保护知识产权，保护科研机构、科技人员、发明创造者的合法权益不受侵犯。依法惩处各种形式的侵犯知识产权的违法行为，打击各种假冒科技之名、危害人民利益的违法活动，反对各种伪科学活动，使科技工作沿着法制的轨道有序地进行。

八、建设高水平的科技队伍，提高全民族科技文化素质

(27)科技人才是第一生产力的开拓者，是社会主义现代化建设的骨干力量。为适应社会主义现代化建设的需要，提高经济、科技在国际上的竞争力，必须充分发挥现有科技人员的作用，培养、造就千百万年轻一代科学技术人才，建设一支跨世纪的宏大科技队伍。

加速培养优秀科技人才是一项十分紧迫的战略任务。要选拔、培养一批跨世纪的青年学术带头人和工程技术带头人，放手让他们担负重任。要培养具有现代科技知识和经营管理才干，能率领企业参与国内外市场竞争的新一代企业家。培养科技人才，教育是基础。要认真贯彻《中国教育改革和发展纲要》，充分发挥高等教育及其他各类教育在培养科技人才方面的主渠道作用，造就大批德才兼备的科技后备力量。要注重从工人、农民中选拔、培养科技人才及各类专业技术能手。重视妇女和少数民族科技人才的培养、使用。

大力弘扬优秀科技人员的拼搏奉献精神和成就，树立科学家、技术专家崇高的社会形象，使科技工作成为受人尊敬、令人羡慕的职业。随着经济的发展，要不断改善科技人员的工作和生活条件，使其收入和住房水平逐步提高。改进和完善科技奖励制度，加大对作出突出贡献的科技人员奖励的力度。

要鼓励留居海外的科技人才回国工作。国家对他们实行来去自由、往返方便的政策。欢迎他们以多种形式为祖国现代化建设贡献力量。

(28)科技界在社会主义精神文明建设中要率先垂范，为全国的精神文明建设做出贡献。要坚持党的基本路线，大力弘扬爱国主义精神，求实创新精神，拼搏奉献精神，团结协作精神。要树立良好的科学道德风范。坚决反对科研工作中的弄虚作假行为，纠正研究课题评审、成果鉴定、科技奖励中的不正之风。鼓励科技工作者崇尚科学、追求真理，用知识报效祖国、服务人民。

(29)加强科学技术的宣传和普及工作。提高全民族的科技文化素质是推进科技进步、实现社会主义现代化的必要前提，是民族强盛的基础。宣传和普及科技知识是社会主义精神文明建设的重要任务。科技、宣传、教育等部门都要认真贯彻落实《中共中央、国务院关于加强科学技术普及工作的若干意见》(中发[1994]11号)，通过各种宣传媒介和舆论工

具、设施场所,以群众喜闻乐见的形式,在广大人民群众中大力普及科技知识科学思想和科学方法,进行辨证唯物主义和历史唯物主义的教育。用科学战胜迷信、愚昧和贫穷,把人民的生产、生活导入文明、科学的轨道。

九、多渠道、多层次地增加科技投入

(30)科技投入是科技进步的必要条件,是实施科教兴国战略的基本保证。必须采取有力措施,调整投资结构,鼓励、引导全社会多渠道、多层次地增加科技投入,尽快扭转我国科技投入过低的局面,提高各项科技经费的使用效益。到2000年全社会研究开发经费占国内生产总值的比例达到1.5%。

(31)增大财政科技投入。中央和地方每年财政科技投入的增长速度要高于财政收入的年增长速度,一些经济较发达地区,科技投入的增长幅度要更大一些。同时,中央和地方每年都要在基建拨款中安排一定数量的专项资金用于重点科研基地和重大科技工程的建设。要加大对农业科学研究、基础性研究、高技术研究的投入力度,并有计划、有重点地改善科研单位的工作条件。

(32)运用经济杠杆和政策手段,引导、鼓励各类企业增加科技投入,使其逐步成为科技投入的主体。在各项投入中增加用于科技的投入比重。各级政府、各部门在用于农业综合开发、重点建设项目经费中,要划出一定数量的资金,用于解决相应的科技问题。与技术引进、技术改造经费相配套,要拿出一定数量的资金用于技术创新工作。

(33)继续拓宽科技金融资金渠道,大幅度增加科技贷款规模。在国家信贷计划中增加科技贷款比例,进一步扩大商业科技贷款规模。国家政策性银行要增加科技信贷规模,对综合性的高技术重大工程项目给予重点支持。金融机构要支持科技事业的发展。发展科技风险投资事业,建立科技风险投资机制。积极吸收海内外资金支持科技事业。

(34)对科技活动、科技成果转化和高技术产业发展继续给予必要的政策扶持。经过批准,在一定范围内,对技术转让、技术开发等活动,由国家给予扶持。不断完善并认真执行国务院有关推动科技进步的各项优惠政策。

十、进一步扩大对外开放,广泛开展国际科技合作与交流

(35)国际科技合作与交流是我国对外开放政策的重要组成部分。在国家外交政策的指导下,根据我国科技和经济发展的需要,按照平等互利、成果共享、保护知识产权、尊重国际惯例的原则,以双边、多边、官方、民间等多种形式,积极开展多渠道、多层次、全方位的国际合作与交流。

国际科技合作与交流要把推动经济、社会各领域的科技进步,为经济建设服务作为首要目标。针对国民经济和社会发展的需要,重点加强在先进生产技术、高技术领域中的科技合作,积极吸收国外先进技术成果。继续推动技贸结合,扩大科研机构和科技企业外贸自主权。鼓励科研机构、高新技术产业开发区、高技术企业与外贸企业合作,大力推动我国高技术及其产品出口。国家对高技术及产品的出口给予信贷、出口退税等政策性支持。

积极引进国外先进技术和智力,欢迎国外专家来华工作或开展科技交流。鼓励高技术企业和有实力的科研单位在国外、境外创办分支机构,开展技术贸易。

(36)在基础性研究领域广泛开展国际学术交流,拓宽与世界各国及国际学术组织交流的渠道,扩大交流的范围。在一些重要领域可与国外科研机构或企业共建科研基地。要为科技人员,特别是中青年科技人员开展国际合作研究及出国进修、短期访问和参加国际学术交流等科技活动创造条件,鼓励他们在世界科学的前沿博采众长,提高学术水平。

十一、切实加强党和政府对科技工作的领导

(37)领导广大人民群众实施科教兴国战略,是新时期各级党委和政府的神圣职责。各级领导干部,特别是党、政主要领导干部,要带头学习现代科学技术知识,增强科技意识,善于用科学的态度、科学的思想和方法处理问题,提高驾驭现代经济建设和科技发展的能力。各级党委和政府要切实加强对科技工作的领导,把科技工作摆在重要的议事日程。国务院和省级政府每年要至少召开两次会议专门研究科技工作,切实解决科技工作中的实际问题。各级党、政主要领导干部要在战略上把握好科技与经济的有机结合,真正把推动科技进步作为经济和社会发展的关键。党委和政府对经济建设和社会发展的重要决策,要广泛听取科学家和有关专家们的意见,实现决策的科学化、民主化,这要成为坚持民主集中制的一项重要制度。各级党政领导要对落实各项科技政策、措施的情况经常进行督促检查。

(38)加强科技机构的基层党组织建设。科研机构、高技术企业都要建立健全党的基层组织,发挥共产党员的先锋模范作用。努力做好广大科技人员的思想政治工作,从政治上关心中青年科技人员的成长,注意从他们中培养和发展党员。要把德才兼备、具有管理和领导才能的中青年科技人员,选拔到各级领导岗位。

(39)为了加强全国科技工作的宏观决策与管理,设立国家科技领导小组。国家科学技术委员会作为主管全国科技工作的综合职能部门,要进一步加强对全国科技工作的宏观管理和综合协调。

(40)推进科学技术进步是全党全国人民的一项历史性任务,各地区、各部门及社会各界要团结协

作，共同努力，为实施科教兴国的战略做出贡献。要充分发挥各民主党派和各级科协、学术组织、工会、共青团、妇联等群众团体以及新闻媒介在推动科技进步中的重要作用，在全社会形成尊重知识、尊重人才的社会风尚，在全国上下形成推动科技进步的热潮。广大科技工作者要走在科教兴国的前列，担当起解放和发展科技第一生产力的重任，为祖国的繁荣昌盛贡献智慧和力量。

各地区、各部门要根据本决定的精神，结合各自的具体情况，制订和完善推进科技进步的具体措施和考核办法，努力推进全社会的科技进步。

6. 中共中央《关于加强党的建设几个重大问题的决定》

（1994年9月28日中国共产党第十四届中央委员会第四次全体会议通过）

中国共产党第十四届中央委员会第四次全体会议分析了国内外形势和党的状况，就加强党的建设的几个重大问题作出如下决定。

一、党的建设面临的形势和任务

（一）我国正在进行伟大而艰巨的改革开放和社会主义现代化建设。当今世界发生大转折，各种政治力量的斗争错综复杂，以经济和科技为基础的综合国力较量日趋激烈，我们正面临着难得的发展机遇，也面临着严峻的挑战。进一步解放思想，抓住机遇，加快改革开放和现代化建设的步伐，建立社会主义市场经济体制，必将有力地推动我国的社会生产力、综合国力和人民物质文化生活水平再上新的台阶，从而保证我国能够取得更加主动的地位，胜利地跨入21世纪。

中国共产党是领导和团结全国各族人民建设有中国特色社会主义伟大事业的核心力量。我们党作为执政党，肩负着历史的重任，经受着时代的考验，必须加强自身建设，不断提高领导水平和执政水平。

（二）十一届三中全会以来，党的建设取得巨大成绩。

——在思想建设方面，坚持解放思想、实事求是，勇于探索、勇于创新，在实践中检验真理和发展真理，重新确立和发展了马克思主义的思想路线。

——在理论建设方面，把马克思主义基本原理同当代中国实际和时代特征结合起来，继承和发展了毛泽东思想，创立了建设有中国特色社会主义理论这一当代中国的马克思主义。

——在政治建设方面，制定和执行以经济建设为中心、坚持四项基本原则、坚持改革开放的基本路线，增强了在这条路线基础上的全党团结。

——在组织建设方面，恢复和逐步健全民主集中制，废除实际存在的干部领导职务终身制，推进干部队伍和各级领导班子的革命化、年轻化、知识化、专业化，完成了第二代中央领导集体和第三代中央领导集体的交接，巩固和发展了党的队伍和组织。

——在作风建设方面，恢复和发扬党的优良传统和作风，大力倡导求真务实，坚持不懈地开展党风建设、廉政建设和反腐败斗争，得到了人民群众的拥护和支持。

16年来我国在各方面取得的举世瞩目的伟大胜利，都是在党的领导下取得的。邓小平同志对建设有中国特色社会主义理论的创立做出了历史性的重大贡献。实践证明，中国共产党不愧为我国社会主义现代化事业的坚强领导核心，是无负于人民重托和希望的执政党。

（三）1992年邓小平同志视察南方的重要谈话和党的十四大，开创了我国改革开放和现代化建设的新阶段。十四大确立邓小平同志建设有中国特色社会主义理论在全党的指导地位，提出用这一理论武装全党，宣告坚持党的基本路线一百年不动摇；确定建立社会主义市场经济体制的改革目标，指明实现这一目标的途径；制定两个文明一起抓，在本世纪末实现小康的战略规划；阐明了加强党的建设和改善党的领导的历史性任务和指导原则。

十四大以后，党为落实上述各项任务进行了多方面富有成效的工作。出版《邓小平文选》第三卷，全党认真学习和研究建设有中国特色社会主义理论；三中全会通过关于建立社会主义市场经济体制若干问题的决定，有力地推动着改革开放的进程；采取切实有效的措施，保持国民经济持续、快速、健康发展；加强宣传思想工作，积极推进社会主义精神文明建设；加大反腐败斗争的力度，取得阶断性成果。党对民主和法制建设，对教育工作、统战工作、民族工作以及其他各项工作，也都作出了部署。现在，各方面的大政方针已定。以经济建设为中心，发展社会主义市场经济，发展社会主义民主政治，发展社会主义精神文明，都要求强有力的党的领导，进一步加强党的建设。

（四）党的建设是同党的政治路线紧密联系在一

起的。党的正确的政治路线是确立正确的组织路线的前提，组织路线为政治路线的实现提供组织保证。这是我们党一条基本的历史经验。民主革命时期，以毛泽东同志为核心的第一代中央领导集体，把马克思主义基本原理与中国革命实际结合起来，集中全党智慧，创立了毛泽东思想，制定了正确的政治路线和组织路线。在旧中国小生产十分广大、经济文化非常落后的社会里，在长期被敌人分割的农村根据地和白色恐怖下的城市，建设起一支团结统一、纪律严明、英勇善战的工人阶级先锋队，这在世界政治史上是罕见的壮举，毛泽东同志豪迈地称之为“伟大的工程”。

在新的历史时期，以邓小平同志为核心的第二代中央领导集体，坚持和发展了这条基本历史经验，集中全党智慧，创立了在中国这样经济文化比较落后的大国建设、巩固和发展社会主义的科学理论，确立了正确的政治路线，同时紧密联系这条政治路线开展党的建设。邓小平同志建设有中国特色社会主义理论，包含着内容丰富的党的建设理论。关于坚持和改善党的领导，使党成为领导社会主义现代化建设的坚强核心；关于解放思想，实事求是，坚持正确的思想路线；关于纠正长期“左”的错误，反对资产阶级自由化，要警惕右，但主要是防止“左”，提高坚持党的基本路线的坚定性；关于进行党的领导制度改革，完善党规党法，实现党内生活民主化制度化；关于坚持和健全民主集中制，增强党的团结统一；关于实行干部队伍“四化”方针，造就朝气蓬勃的领导干部队伍；关于从严治党，反对腐败，加强党的纪律性等方面的思想，都是党的建设理论的重要发展，为加强党的建设指明了方向。在当代世界风云变幻的条件下，在当代中国改革开放和现代化建设的伟大变革中，把党建设成为用建设有中国特色社会主义理论武装起来、全心全意为人民服务、思想上政治上组织上完全巩固、能够经受住各种风险、始终走在时代前列的马克思主义政党，这是以邓小平同志为核心的第二代中央领导集体开创的、以江泽民同志为核心的第三代中央领导集体正在领导全党继续进行的新的伟大的工程。

（五）党必须善于在改革开放的新形势下认识自己、加强自己、提高自己，认真研究和解决在自身建设中出现的新矛盾新问题。改革开放给党的建设注入了新的活力，同时党的建设也遇到了许多复杂情况。我们党已有5400多万党员，教育和管理的任务比过去任何时候都更加繁重。面对新情况，我们的工作还不适应。一些地方和单位党不管党、治党不严，纪律松弛、组织涣散，思想上组织上作风上存在着种种不容忽视的问题。特别是某些消极因素和腐败现象在党内滋长蔓延，严重侵蚀着党员和干部队伍。对此，全党必须引起高度警觉和重视，严肃认真、扎扎实实地加以解决。

要继续把党的思想建设放在首要地位，推动全党对建设有中国特色社会主义理论的学习不断向广度和深度发展。要围绕什么是社会主义、怎样建设社会主义这个基本问题，联系实际，把握理论的科学体系，统一全党思想，坚持党的基本路线一百年不动摇。

要继续抓好党的作风建设，把反腐败斗争深入持久地进行下去。要深刻认识执政党的党风是关系党的生死存亡的问题。要在党员领导干部廉洁自律、查处违法违纪案件、纠正不正之风等方面不断取得新的进展，逐步建立健全有效的监督约束机制，进一步发扬艰苦奋斗的优良传统，密切党同人民群众的联系。

党的思想建设、组织建设和作风建设是相辅相成的整体。当前，在全面贯彻落实中央关于思想建设和作风建设部署的同时，加强党的组织建设已经成为突出的环节。为此，特别要提出和解决组织建设方面的三个问题：

——必须进一步坚持和健全民主集中制，特别要注重制度建设，以完备的制度保障党内民主，维护中央权威，保证全党在重大问题上的统一行动。

——必须进一步巩固和加强数以百万计的党的基层组织，使之成为能够团结和带领群众进行改革开放和现代化建设的战斗堡垒。

——必须进一步培养和锻炼数以万计的党的中高级领导干部，特别是培养和选拔大批德才兼备的年轻干部，形成坚定地走建设有中国特色社会主义道路、善于研究新情况、解决新问题、干练而充满活力的领导层。

全党要在江泽民同志为核心的第三代中央领导集体的领导下，继续聚精会神抓党的建设，努力把党的建设提高到新的水平。

二、坚持和健全民主集中制

（六）民主集中制是我们党的根本组织制度和领导制度。党创造性地运用民主集中制原则，制定正确规范党内政治生活、处理党内关系的基本准则和具体制度，形成了党在组织建设上的鲜明特征。党在全国执政以后，把这种制度运用于政权建设，在国家机构中实行民主集中制的原则。

民主集中制是民主基础上的集中和集中指导下的民主相结合的制度，是马克思主义认识论和群众路线在党的生活和组织建设中的运用。民主集中制的民主，就是党员和党组织的意愿、主张的充分表达和积极性创造性的充分发挥；民主集中制的集中，就是全党意志、智慧的凝聚和行动的一致。实行这种制度，就是要努力造成又有集中又有民主，又有纪律又有自由，又有统一意志又有个人心情舒畅、生动活泼的政治局面。

党在长期实践中，积累了贯彻民主集中制的成功经验，也有包括“文化大革命”期间民主集中制遭到严重破坏，给党和国家造成巨大灾难的沉痛教训。民主集中制贯彻得好不好，关系到党的事业的兴衰成败。十一届三中全会以来，党在恢复和健全民主集中制方面做了大量工作，党内政治生活日益正常和活跃，为不断开创社会主义现代化建设新局面提供了组织保证。历史经验告诉我们，民主集中制是科学的合理的有效率的制度，它有利于体现人民群众的根本利益和愿望，有利于党的路线方针政策的正确制定和执行，发生失误也能得到有效的纠正；制度建设更带有根本性、全局性、稳定性和长期性，必须进一步健全和完善民主集中制的一系列制度，使之不因领导人的改变而改变，不因领导人的看法和注意力的改变而改变；必须提高全党特别是领导干部执行民主集中制的自觉性，反对违背和否定这一制度的各种错误倾向，防止个人专断和极端民主化。

当前，我国正在进行一场广泛而深刻的社会变革，更要求我们党坚持和健全民主集中制，而决不能削弱和放弃民主集中制。这里要特别指出，社会主义市场经济体制是同社会主义基本制度结合在一起的，是要使市场在国家宏观调控下对资源配置起基础性作用。建立社会主义市场经济体制，需要调动一切积极因素，发挥全党全国人民的主动性和创造力；需要统筹规划、协调配套、有秩序有步骤地进行；需要在实践中不断认识和运用客观规律；需要以完备的法制来规范和保障。这一切都离不开党和国家按照民主集中制实行的正确领导。以为实行社会主义市场经济就可以不要党和国家领导制度中的民主集中制，或者以为坚持民主集中制就是回到计划经济的老路上去，都是不对的。现在，我们党执行民主集中制总体上是好的，但还有不少问题。民主不够和集中不够都不同程度地存在。有的地方和部门对中央的某些决策执行得不够有力，甚至有令不行，有禁不止。民主科学决策制度在有些方面还不够完善。鉴于这种状况，当前要在全党特别是领导干部中切实加强民主集中制的教育，健全贯彻民主集中制的各项具体制度，完善党内政治生活的各项准则。

（七）发展党内民主，充分发挥全党的积极性。没有民主就没有社会主义，就没有社会主义现代化。社会主义民主的实质是人民当家作主，这种最广泛的人民民主同资产阶级民主有本质区别，也完全不同于不讲纪律和秩序的无政府主义。发扬党内民主必然推进人民民主，这也是建设社会主义民主政治的一条重要途径。发展党内民主是多层次、多方面、多途径的。党内民主要以实现党的纲领为目的，以引导、保护、发挥积极性为出发点，紧密结合党组织的职能和党员的权利、义务而展开。要鼓励党员解放思想，实事求是，勇于探索，敢讲真话。从党的中央委员会到每一个支部，从领导机关的决策到在党的会议和党的报刊上参加政策问题的讨论，从党内选举到对领导干部进行评议、监督，都要充分发扬民主。

决策民主化是发展党内民主的重要内容，也是实现决策科学化的前提。要建立健全领导、专家、群众相结合的决策机制，逐步完善民主科学决策制度。党的领导机关和领导干部要发扬民主作风，坚持从群众中来，到群众中去，集中起来，坚持下去的群众路线，充分尊重群众的首创精神，及时总结来自基层和实践的丰富经验。要倾听各方面的意见，包括反对的意见。党的上级组织作出同下级组织有关的重要决定，要听取下级组织的意见。

发展党内民主必须切实保障各级党组织和党员的民主权利。要疏通和拓宽党内民主渠道，使党员对党内事务有更多的了解和参与。要把党的方针政策、指示决议，及时传达给下级党组织和党员。有些重要事情应该在党内先讨论，让党员早知道。党章规定的党员的各项权利，任何组织和个人都不得侵犯。要制定党员权利保障条例。明确党员正确行使权利的原则和保障党员行使权利的措施。

（八）加强民主基础上的集中，有力地执行党的路线方针政策。民主和集中是相辅相成、内在统一的。没有民主，就没有正确的集中。没有集中，就不能形成正确的路线方针政策，不能形成全党的统一意志。集中，就要集中正确的意见，使之成为多数人的共识，形成正确的决策，并坚决付诸实施。

我国是幅员辽阔、人口众多的发展中国家，我们党面临着艰巨复杂的改革和建设任务。只有维护中央的权威，才能增强党的凝聚力和战斗力；才能保证国家统一、民族团结和社会稳定；才能保障改革开放和现代化建设的顺利进行，逐步实现各族人民的共同富裕，实现社会主义物质文明与精神文明的共同发展。这是全党和全国人民的最高利益所在。党章规定，党员个人服从党的组织，少数服从多数，下级组织服从上级组织，全党各个组织和全体党员服从党的全国代表大会和中央委员会。“四个服从”最重要的是全党服从中央。党的历史表明，必须有一个在实践中形成的坚强的中央领导集体，在这个领导集体中必须有一个核心。如果没有这样的领导集体和核心，党的事业就不能胜利。这是坚持民主集中制的一个重大问题。

维护中央的权威，就是要保证中央的政令畅通，决定了的事情各方都要认真去办。在党的基本路线和总方针、总政策、总目标以及关系全局的重大问题上，全党必须与中央保持一致。各级党组织和全体党员要模范地遵守国家的宪法和法律。各地、各部门要牢固树立全局观念，坚决贯彻执行中央的决议、决定，结合实际创造性地工作，重大问题要请示报告。

在中央的统一领导下，充分发挥地方的积极性，是我们一贯坚持的重要指导原则。发挥地方的积极性应当是贯彻中央精神与立足本地实际相结合，对当地人民负责与对全国人民负责相统一。强调维护中央权威，决不是把应该赋予地方的权力收上来，而是要在合理划分中央与地方职责和权限的基础上，充分发挥两个积极性。

中央各部门要正确行使中央赋予的职责和权限，根据改革的要求，切实转变职能，正确处理部门利益与全局利益的关系，加强和改进宏观调控和宏观管理，更好地为地方为基层服务。

(九)坚持和完善集体领导和个人分工负责相结合的制度。凡属方针政策性的大事,凡属全局性的问题,凡属重要干部的推荐、任免和奖惩,都要由中央或地方党委集体决定。重大问题的决定,要充分酝酿、协商和讨论,并按照少数服从多数的原则表决。对集体的决定,任何个人无权改变,个人或少数人有不同意见允许保留,但必须无条件服从,并在行动上积极执行。

集体领导和个人分工负责,二者不可偏废。要提倡领导干部敢于负责的精神,反对遇事推诿、互相扯皮和无人负责。党的委员会成员既要根据集体的决定和分工,切实履行自己的职责,又要关心全局工作,积极参与集体领导。在党的委员会内部,书记和委员是平等的。书记在集体领导中负有主要责任,应当成为执行民主集中制的表率。党委成员要互相信任,互相支持,互相谅解,互相补充,包括互相帮助克服缺点和错误,不断增强领导班子的团结。

中央和地方国家机关、人民团体中的党组或党员负责干部,要自觉接受中央和地方党的领导。重大问题要提请党委讨论决定,并在国家机关和人民团体中同多方商量,按照法定程序或章程办理。党必须在宪法和法律的范围内活动,又要善于组织、协调各方面的力量,充分发挥各个组织的作用,实行正确的领导。

要在总结经验的基础上,制定中央和地方党委工作条例,进一步明确和规范党委会及其常委会的职责范围、议事规则、决策程序。要完善党代表大会制度,进一步发挥党的中央和地方各级委员会全体会议的作用。

(十)加强和健全党内监督,严肃党的纪律。党内监督的实质是党从人民利益出发,按照从严治党的要求进行自我约束和自我完善。主要是监督党的组织和党员是否正确地贯彻执行党的路线方针政策,是否正确地运用人民赋予的权力,是否严格地遵守民主集中制的各项制度。党内监督的重点是党的各级领导机关和领导干部。在发展社会主义市场经济的条件下,要特别注意防范在党员干部中发生违法违纪行为。党员无论从事何种职业,担负何种领导职务,都要严格遵守党的纪律,自觉接受党组织和群众和监督。坚持在纪律面前人人平等,对违纪党员要严肃查处。

批评和自我批评是实行党内监督的有力武器。要坚持和健全组织生活会制度、党员领导干部民主生活会制度,开展谈心活动,从团结的愿望出发,认真进行批评和自我批评,分清是非,团结同志,克服缺点,改进工作。

要完善党内监督制度,制定党内监督条例。要充分发挥各级纪律检查机关在党内监督中的作用。要把党内监督同群众监督、舆论监督、民主党派和无党派人士的监督结合起来,把自上而下和自下而上的监督结合起来,逐步形成强有力的监督体系,以保证党的肌体的健康和各项任务的顺利完成。

三、加强和改进党的基层组织建设

(十一)党的基层组织是党的全部工作和战斗力的基础,担负着直接联系群众、宣传群众、组织群众、团结群众,把党的路线方针政策落实到基层的重要责任。改革的推进、经济的发展和社会的稳定,都要依靠基层党组织战斗堡垒作用和广大党员先锋模范作用的充分发挥。必须下大功夫把党的基层组织建设好。放松基层党组织建设,削弱基层党组织作用,是错误的和有害的。

在改革开放和现代化建设中,基层党组织团结带领群众开拓创新,艰苦奋斗,创造了新的业绩。许许多多共产党员在急、难、险、重的任务面前和关键时刻,冲在前面,舍己为人,展现了工人阶级先锋战士的优良品质和时代风范。与此同时,基层党组织建设也面临许多新情况新问题。随着多种经济成分的发展、利益关系的调整和经营形式的多样化,需要改进基层党组织的工作;各种新建立的经济组织和社会组织日益增多,需要从实际出发建立党的组织,开展党的活动;大批劳动力在产业间转移和地区间流动,需要采取有效措施管理好流动中的党员;消极腐败现象侵蚀着党组织的肌体,需要加强对党员的教育和管理,坚持党的宗旨,保持工人阶级先锋队的本色。按照新形势的要求,党的基层组织建设还存在许多不适应的地方。特别要指出,目前有一部分基层党组织软弱涣散,有的甚至处于瘫痪状态;有些基层干部作风不正,脱离群众;一些党员不起模范作用。这些问题的存在,同领导机关放松基层党组织建设工作是分不开的。必须引起高度重视,认真加以解决。

(十二)党的基层组织建设的指导方针是:第一,必须紧紧围绕党的基本路线,为党的中心任务服务,用完成本单位任务的实际效果来检验基层党组织的工作。第二,必须用改革的精神研究新情况、解决新问题,运用已有的成功经验并进行革新和创造,改进基层党组织的活动内容和工作方式。第三,必须严格党内生活,严肃党的纪律,弘扬正气,反对歪风,保持党员队伍的先进性和纯洁性,增强基层党组织解决自身矛盾的能力。第四,必须立足于经常性工作,常抓不懈,既要制定切实可行的长期规划,又要抓紧解决当前的突出问题。

各级党委都要健全抓好基层党组织建设的责任制。中央有关部门和省、自治区、直辖市党委要经常进行调查研究,分类指导,作出工作部署,认真督促检查。加强农村基层党组织建设,关键在县委。加强城市基层党组织建设,责任主要在市委。要把基层党组织建设工作做得好不好,作为考核市、县委和市、县委书记工作实绩的一个重要依据。

(十三)基层党组织要结合各自特点做好工作,努力成为团结带领群众进行改革和建设的战斗堡垒。

农村乡(镇)党委和村党支部要认真贯彻执行党

的农村政策，在深化农村改革，全面发展农村经济，建设精神文明，带领农民群众奔小康、实现共同富裕和共同进步中发挥核心领导作用。村党支部建设要着重抓好四项工作：一是建设一个好的支部领导班子，特别是选一个认真贯彻党的路线方针政策、公正廉洁、年富力强、能带领群众致富的支部书记。二是确定一条符合本地实际的发展路子，稳定和完善以家庭联产承包为主的责任制和统分结合的双层经营体制，兴办各种经济实体，逐步壮大集体经济实力，在生产发展的基础上增加农民收入。三是做好思想政治工作，普及科学文化知识，教育党员发挥先锋模范作用，提高农民的素质，抵制和摆脱封建迷信等愚昧落后观念和资产阶级腐朽思想的影响，用爱国主义、集体主义、社会主义思想和健康、文明、进步的风尚占领农村阵地。四是加强以党支部为核心的村级组织配套建设，并同基层民主法制建设和社会治安综合治理结合起来，建立健全民主监督制度和村规民约，调动农民群众当家作主的积极性。对处于软弱涣散和瘫痪状态的党支部，各地要派出专门力量进行整顿，当务之急是整顿好领导班子，解决存在的突出问题，要力争在三年内分期分批完成这项任务。

国有企业要充分发挥党组织的政治核心作用，坚持和完善厂长（经理）负责制，全心全意依靠工人阶级。国有企业党组织要按照党章规定的职责和国家的有关法律法规，开展工作。要把保证搞好企业改革、转换经营机制、提高经济效益作为党组织工作的出发点和落脚点。认真总结党组织参与企业重大决策，保证监督党和国家方针政策贯彻执行的经验，使其不断丰富和完善。加强和改进思想政治工作，提高职工队伍素质，教育党员以模范行动影响和带动职工群众，同心同德办好企业。国有企业建立现代企业制度，要坚持发挥党组织的政治核心作用，在实践中积极探索，逐步完善企业领导制度，改进和加强党的工作。在其他各种所有制的企业中，都要加强党的工作。没有党组织的，要积极创造条件建立党的组织，采取适应各自特点的工作方法和活动方式，开展党的活动。

学校党的建设要围绕学校的改革和发展，加强和改进德育工作，培养有理想、有道德、有文化、有纪律的社会主义事业的建设者和接班人来进行。教育、科技、文化、卫生等单位的基层党组织要认真贯彻党的知识分子政策，加强党对知识分子的工作。党和国家机关中党的基层组织要紧密结合本单位的业务工作，抓好思想政治工作，加强对党员和领导干部的监督。街道和其他基层党组织，也要按照各自的不同情况，制定加强和改进自身建设的具体措施。

从事党务工作和思想政治工作的基层干部处在第一线，条件艰苦，任务繁重。要在他们中提倡任劳任怨、为党为人民作奉献的精神，又要支持他们的工作，关心他们的思想和生活，帮助他们解决实际困难。

（十四）以提高素质、增强党性为目标，加强和改进党员教育和管理工作。从现在起，用三年的时间，在全体党员中有计划、有步骤地开展一次建设有中国特色社会主义理论和党章的学习活动。学习要联系当前的形势和任务，联系党员的思想和工作实际，着重解决好三个问题：第一，树立共产主义理想，坚定走有中国特色社会主义道路的信念，提高坚持党的基本理论和基本路线的自觉性，模范执行党的各项政策。第二，坚持全心全意为人民服务的宗旨，密切联系群众，廉洁奉公，遵纪守法，自觉抵制拜金主义、个人主义和腐朽生活方式的侵蚀。第三，按照党章规定认真履行义务，正确行使权利，在改革和建设中建功立业。中央各部门和省、自治区、直辖市党委要根据上述要求，结合实际作出部署。

把党员教育同改进党员管理结合起来。要大力表彰先进的基层党组织和优秀党员，妥善处置不合格党员，坚决清除腐败分子。党的组织部门要制定有效管理流动党员的措施。要按照坚持标准、保证质量、改善结构、慎重发展的方针发展党员，不断增加党的新鲜血液。加强在生产、工作第一线发展党员的工作，重视培养和吸收青年和妇女中的优秀分子入党。共青团要进一步做好推荐优秀团员作党的发展对象的工作。

四、培养和选拔德才兼备的领导干部

（十五）培养和选拔德才兼备的领导干部是关系全局的重大问题。坚持党的基本理论和基本路线不动摇，保持党和国家的长治久安，不断把改革开放和现代化建设事业推向前进，关键在于我们党，首先在于县以上党政领导干部。建设有中国特色社会主义的全新事业和错综复杂的国际环境，对各级领导干部提出了新的更高要求。同时，新老干部的交替与合作是永无完结的历史过程。这些年大批经过长期革命斗争锻炼的老干部退出领导岗位，建国后成长起来的干部逐渐成为各级领导班子的主体。但是，一些领导班子素质不高、年轻干部偏少的问题仍然比较突出。这给我们党提出两项重大而紧迫的战略任务：一是必须全面提高现有领导干部的素质，把各极领导班子建设成为坚决贯彻党的基本路线、全心全意为人民服务、具有领导现代化建设能力的坚强领导集体；二是必须抓紧培养和选拔优秀年轻干部，努力造就大批能够跨世纪担当重任的领导人才。

（十六）高级干部特别是省部以上党政主要领导干部的领导水平，尤其是政治水平如何，关系到党和国家的前途命运。这些干部不仅要努力成为有知识、懂业务、胜任本职工作的内行，而且首先要努力成为忠诚于马克思主义、坚持走有中国特色社会主义道路、会治党治国的政治家。他们应该具有坚定的政治信念，始终保持清醒的头脑，自觉坚持党的基本理论和基本路线，经得起各种风浪的考验；他们应该具有开阔的眼界，熟悉国情，了解世界，解放思想，实事求是，务实创新，开拓前进；他们应该具有宽阔的胸襟，讲党性，顾大局，模范执行民主集中制，公道正派，任人唯贤，善于团结同志一道工作；他们应该具有较强的领导能力，讲究领导艺术，审时度势，驾驭全局，善于协调各方面的力量；他们应该具有优良的作风，廉洁勤政，艰苦奋斗，深入实际，调查研究，谦虚谨慎，联系群众，真心诚意为人民谋利益。我们不仅要按照这样的要求提高现有高级干部的水平，而且要按照这样的要求培养和选拔接班人。

（十七）切实加强对县以上党政领导干部特别是年轻干部的培养教育。育人是用人的基础，只着眼于用人，忽视育人，是短视的。务必把培养教育干部作为一项事关全局的基础性工作坚持不懈地抓下去。要组织县以上党政领导干部认真学习马克思列宁主义、毛泽东思想，中心内容是学习和掌握邓小平同志建设有中国特色社会主义理论。同时，努力学习社会主义市场经济理论和基本知识，现代科学技术知识和法律知识，世界历史、中国历史特别是近现代史和中共党史。通过学习和实践，树立正确的世界观、人生观，更加自觉地坚持党的基本路线，增强工作中的原则性、系统性、预见性和创造性。坚决克服忙于事务和应酬，忽视和放松学习的倾向。要根据不同领导职务的不同要求，制定切实可行的教育和培训规划，分期分批对县以上党政领导干部进行培训，并对学习情况认真考核，把考核结果作为使用领导干部的重要依据之一。积极推进党校和各类干部学校的教育改革，更好地为培养德才兼备的领导干部服务。

要根据党政领导干部的成长规律，采取多种形式，放手让他们在实践中锻炼。对有发展潜力的年轻干部，要加紧培养。对缺乏全面领导工作经验的，要及早放到一定层次的关键领导岗位压担子；对缺乏基层工作经验的，要放下去任职锻炼。要鼓励、引导和安排年轻干部到基层去、到群众中去、到改革和建设的第一线去，特别是到条件艰苦或情况复杂的环境中去，经受考验。

（十八）高度重视人才的发现和使用，抓紧选拔大批优秀年轻干部。要结合新的历史条件，全面正确地贯彻干部队伍“四化”方针和德才兼备原则。衡量干部的德和才，应该主要看贯彻执行党的基本路线的实绩，选人用人要注意社会公论。要破除论资排辈、求全责备、迁就照顾等陈旧观念，不拘一格选拔人才。要广开进贤之路，搞五湖四海，避免只在党政机关或周围熟悉的少数人中选干部，反对任人唯亲。对那些在改革开放和现代化建设中政绩突出、群众信任的优秀干部特别是年轻干部，要大胆提拔，委以重任。对那些思想品质不好、弄虚作假、伸手要官的人决不能提拔。要重视各级党政领导班子主要负责人的选拔培养，加强女干部、少数民族干部和非党干部的选拔培养工作。严格执行干部离退休制度，认真做好离退休干部工作。

（十九）加快党政领导干部选拔任用等重要制度的改革。要坚持党管干部的原则，改进党管干部的方法，继续扩大民主、完善考核、推进交流、加强监督，逐步形成优秀人才能够脱颖而出、富有生机与活力的用人机制。

扩大选拔任用领导干部工作中的民主。无论选任还是委任、聘任领导干部，都要走群众路线，通过民主推荐、民意测验或民主评议，让群众更多地参与。同时，认真进行组织考察，由党委集体讨论决定。多数群众不拥护的，不应提拔。

完善领导干部考核制度，并与升降、奖惩制度相衔接。要全面考核干部的德、能、勤、绩，注重考核工作实绩，坚持领导与群众相结合的考核方法。有关部门要根据不同领导职务的不同特点，制定科学的考核体系和标准，对工作实绩进行全面考核和准确评价。根据考核结果实施升降奖惩，对不胜任现职的要果断调整。要使干部能上能下形成制度。

认真推行领导干部交流制度，并同回避制度和各级领导班子的任期制度结合起来。要有计划、有步骤地在上下级机关之间、地区之间、地区与部门之间、党政之间以及经济比较发达与相对落后地区之间进行干部交流，使他们在多种环境和岗位经受锻炼，增长才干。要加大省部级干部交流力度，继续推进地市县级干部交流，同时注意领导班子相对稳定。各级党委对领导干部的交流要统筹规划，周密安排，认真做好思想政治工作，严格执行党的纪律，坚决克服干部调不出、派不进的不良倾向。

切实加强对选拔任用领导干部工作的监督检查，坚决防止和纠正用人上的不正之风。要制定和实行党政领导干部选拔任用工作条例，使选拔任用干部的工作规范化、制度化。对那些不遵守党的原则，违反组织人事纪律，在用人问题上搞不正之风的，要严肃处理。

要认真推行国家公务员制度。对近年来一些地方在一定范围试行委任干部任期制、聘任制、试用制以及公开推荐与考试考核相结合选拔领导干部等，要认真研究和总结，使其不断完善。

（二十）各级党委（党组）都要从自己的实际出发，制定具体措施，认真贯彻执行本决定。中国人民解放军党的建设工作，由中央军委按照本决定精神和军队的特点作出部署。

全会号召，全党同志紧密地团结在以江泽民同志为核心的党中央周围，在邓小平同志建设有中国特色社会主义理论和党的基本路线指引下，进一步加强和改进党的建设，增强党的凝聚力和战斗力，团结和带领全国各族人民，为建设有中国特色社会主义的伟大事业努力奋斗！

7. 中办、国办转发中宣部、国家经贸委《关于加强和改进企业思想政治工作的若干意见》

一、建立现代企业制度，发展社会主义市场经济，迫切要求加强和改进企业的思想政治工作

(1)我国改革开放和社会主义现代化建设已进入了新的发展阶段。今后15年是承前启后、继往开来的重要时期，坚持以经济建设为中心，发展社会主义市场经济，发展社会主义民主和法制，发展社会主义精神文明，全面实现现代化建设的第二步战略目标，为下世纪中叶基本实现现代化奠定坚实基础，是全党和全国各族人民的伟大历史使命。

国有企业改革是经济体制改革的中心环节。以公有制为主体的现代企业制度是社会主义市场经济体制的基础。搞好国有企业特别是国有大中型企业是增强我国经济实力和巩固社会主义制度的关键所在。充分发扬党的优良传统和政治优势，加强和改进思想政治工作，对深化企业改革，建立现代企业制度，顺利实现党的十四届五中全会提出的跨世纪的奋斗目标，积极推进建设有中国特色社会主义的伟大事业，具有十分重要的意义。

(2)经济体制从传统的计划经济体制向社会主义市场经济体制转变，经济增长方式从粗放型向集约型转变，是一场深刻的变革。新的实践迫切要求思想政治工作为企业改革和发展提供更强有力的思想保证和精神动力，改革的深入，需要进一步引导职工解放思想，统一认识，把握机遇，施展才干，锲而不舍地克服前进中的困难和问题；经济的发展，需要进一步激励职工振奋精神，团结拼搏，艰苦创业，更好地发挥积极性、主动性和创造性；社会的稳定，需要进一步帮助职工坚定信念，理顺情绪，抵制消极倾向的影响，增强主人翁责任感。所有这些，都表明了新形势下加强思想政治工作的极端重要性。"政治工作是一切经济工作的生命线"，思想政治工作既是现代企业管理的重要组成部分，又是做好企业全部工作的有力保证。任何忽视、削弱思想政治工作的观点和做法都是错误的。

(3)党的十一届三中全会以来，思想政治工作在为经济建设服务，保证党和国家方针、政策的贯彻执行，推动企业改革深化，促进企业全面发展方面发挥了不可替代的重要作用，积累了许多宝贵的经验。但是，从总体上看，目前企业思想政治工作还不适应形势发展的要求，工作中程度不同地存在着针对性不强、方式方法不新、政工队伍不稳、物质保障不足等问题，一些地方、部门和企业还出现了忽视、削弱思想政治工作的倾向，对此必须引起高度重视。

现在，中央关于宣传思想工作的方针、原则、任务和基本思路十分明确，做好企业思想政治工作具有极为有利的条件。要紧紧围绕全党全国工作的大局，认真落实江泽民同志提出的"以科学的理论武装人，以正确的舆论引导人，以高尚的精神塑造人，以优秀的作品鼓舞人"的重要任务，积极探索，扎实工作，在加强中改进，以改进求加强，努力把企业思想政治工作提高到一个新的水平。

二、以邓小平同志建设有中国特色社会主义理论作为企业思想政治工作的根本指针

(4)加强和改进新形势下的企业思想政治工作，必须以马列主义、毛泽东思想特别是邓小平同志建设有中国特色社会主义理论为根本指针，邓小平同志关于新时期思想政治工作的一系列重要论述，科学地阐明了在改革开放和发展社会主义市场经济条件下做好思想政治工作的基本原则和方法，是建设有中国特色社会主义理论的重要内容，要坚持以这一理论和党的基本路线为指导，保持思想政治工作正确的方向。

(5)坚持解放思想、实事求是，一切从实际出发。要根据不断变化的客观情况，研究企业思想政治工作的规律，以改革的精神开拓创新，开展思想政治工作要联系企业和职工思想实际，不回避热点、难点问题，说真话，讲真理，力戒空洞无物的说教，增强吸引力和说服力。

(6)坚持以经济建设为中心，为经济建设服务。企业思想政治工作要紧密结合改革开放和生产经营来展开。贯穿改革开放的全过程和生产经营的各个环节。要强化服务意识，增强服务本领，保证转换经营机制，建立现代企业制度的顺利进行，促进企业生产的发展和效益的提高。

(7)坚持以培育"四有"新人为目标，提高职工队伍素质。职工素质的高低与企业的兴衰成败有着直接的关系。企业思想政治工作的着力点要放在教育人、培养人上，不断提高职工的思想道德素质，努力造就一支适应社会主义市场经济要求的有理想、有道德、有文化、有纪律的职工队伍。

(8)坚持群众路线，全心全意依靠工人阶级。职

工是企业的主人，是改革和发展的主力，也是精神文明建设的主体。要在政治上保证职工群众的主人翁地位，相信群众，依靠群众，尊重群众意愿，关心群众生活，动员广大职工主动参加企业管理，积极参与思想政治工作，齐心协力办好企业。

(9)坚持重在建设，以立为本。要把企业思想政治工作作为系统工程来抓，认真搞好思想建设、制度建设、阵地建设和队伍建设。工作一定要有目标、有规划、有措施、有要求、有考核，真正落到实处。

(10)坚持加强党的建设，发挥基层党组织的战斗堡垒作用。企业党组织要根据形势发展变化的要求，采取有效措施，切实抓好基层党组织的建设，为做好企业思想政治工作提供强有力的组织保证。

(11)坚持领导干部以身作则，身教重于言教。思想政治工作要靠真理的力量，也要靠人格的力量。各级领导干部要勤政廉洁，公道正派，严于律己，率先垂范，要求群众做到的，自己首先做到，以模范的行动影响人、带动人。

三、适应建立社会主义市场经济体制的要求，拓展和充实企业思想政治工作的内容

(12)必须按照建立现代企业制度和发展社会主义市场经济的客观需要，及时拓展和充实思想教育的内容。要积极倡导和弘扬有利于改革开放和现代化建设事业的时代精神，坚决批评和反对不利于改革开放和现代化建设事业的错误思想，帮助职工树立正确的世界观、人生观、价值观。

(13)深入进行以党的基本理论、基本路线为核心内容的社会主义教育。要认真落实用邓小平同志建设有中国特色社会主义理论武装党员、教育职工的战略任务，引导大家正确认识社会主义的本质，提高执行党的“一个中心、两个基本点”的基本路线的自觉性。对不同层次人员的学习和教育，应有不同的要求。企业领导人员要着重研读《邓小平文选》，并把《邓小平同志建设有中国特色社会主义理论学习纲要》作为重要辅助材料，纳入学习计划；全体党员应按照党的十四届四中全会《决定》的要求参加轮训；职工群众要努力学习和掌握这一理论的基本观点。要注意普及社会主义市场经济的基本知识，把学习理论与解决实际问题结合起来，帮助职工进一步树立与建立现代企业制度、发展社会主义市场经济相适应的新观念，坚定不移地走具有中国特色社会主义的发展道路。

(14)广泛开展以知我中华、兴我中华为中心内容的爱国主义教育。要认真贯彻《爱国主义教育实施纲要》，突出中国近代史、现代史和基本国情的教育，增强广大职工特别是青年职工的民族自豪感和历史责任感。教育要结合企业实际，鼓励职工将爱国家、爱企业、爱本职工作与实现自己的理想联系起来，把振兴中华的热情转化为勤奋工作、搞好生产的动力，更好地报效国家。

(15)切实抓好以热爱集体、奉献社会为主要内容的集体主义教育。要以社会主义的集体主义价值观为尺度，教育职工正确处理社会主义市场经济条件下个人利益、集体利益和国家利益的关系，防止和克服极端个人主义、本位主义思想的影响。要强化职业道德教育，把工人阶级的优良传统、中华民族的传统美德同社会主义道德的基本要求结合起来，努力形成“为人民服务、对社会负责”的良好职业道德风尚。各行业、企业都要进一步确立和完善职业道德规范。反对那些以权谋私和见利忘义的做法，在激烈的市场竞争中保持和提高企业的信誉。

(16)大力加强新时期创业精神教育。要宣传和弘扬江泽民同志倡导的新时期64字创业精神，引导职工正确认识改革发展与艰苦奋斗、自力更生与对外开放、物质报酬与劳动付出的关系，自觉抵制拜金主义、享乐主义等腐朽思想的侵蚀，使艰苦奋斗、勤俭建国、励精图治、无私奉献的思想深入人心，要鼓励职工学文化、学科技、学管理，在工作岗位上积极进取，用自己的聪明才智和诚实劳动去创造美好的生活。

(17)认真搞好形势政策教育。要围绕党和国家的中心工作，配合重大改革政策和措施的出台，及时进行国内外形势的宣传教育，不断增强职工的全局观念和大局意识。要注意向职工介绍企业面临的形势、改革与发展的具体目标、有利条件和不利因素，使大家明确进一步努力的方向。

(18)坚持推进社会主义民主和法制教育。要有计划地抓好普法工作，促使广大职工自觉学法、懂法，遵纪守法。企业领导人员要增强民主和法制意识，发扬民主，依法管理，依法经营。职工群众要增强权利和义务观念，自觉参与企业的民主管理和监督，敢于同违法乱纪行为作斗争，善于运用法律维护自己的权益。

(19)思想政治工作涉及面广、具体内容多，企业应从自己的实际出发，善于把基础性教育的内容渗透、融合到企业的中心工作之中，灵活确定一定时期的教育重点和实施步骤。正确处理集中教育和随机教育的关系，做到统筹兼顾，合理安排。

四、在继承的基础上创新，努力改进企业思想政治工作的方式方法

(20)改革开放以来，企业思想政治工作的环境、对象、任务、内容和渠道发生了很大变化，要在继承过去好传统、好作风、好方法的基础上，不断研究新情况，总结新经验，探索新路子，进一步改进创新。要尊重人、理解人、关心人，把灌输引导与自我教育结合起来，使思想政治工作做得更加贴近实际、贴近群众、贴近生活，情理交融，亲切可信，为广大职工所欢

迎和接受。

(21)以活动为载体，增强思想政治工作的吸引力。要根据企业和职工的需要，积极开展为企业中心工作服务的主题活动、满足职工精神需求的文化娱乐活动以及其他社会公益活动，为职工提供参与和奉献的机会。通过丰富多彩的活动，使职工的才能得到发挥、精神得到充实、思想受到熏陶。组织活动要注意生动性，也要注意思想性，防止形式主义。

(22)树立先进典型，发挥思想政治工作的导向作用。要注意发现、培养和宣传各个层次、各个方面的先进典型，用他们的先进事迹和高尚精神影响职工，使大家学有榜样、赶有目标，形成一种激励人们奋发向上的好风气。树立典型必须为群众所公认，把先进性与广泛性结合起来，既不求全责备，也不夸大提高。

(23)加强企业文化建设，拓宽思想政治工作的渠道。要借鉴和吸收企业文化建设的有益成果，确立与整个社会的正确价值导向相符合的企业价值目标，培育富有时代特征和鲜明个性的企业精神，塑造良好的职工形象和企业形象，使思想政治工作与企业生产、经营、管理结合得更加紧密。

(24)运用各种传播工具和文化教育设施，扩大思想政治工作的影响。企业在用好党报、党刊的同时，应根据自己的实际条件，充分利用各种宣传手段和传播工具，精心营造团结和谐、健康向上的舆论氛围。要办好企业党校、政校和职工教育中心，把系统的思想政治教育纳入职工岗前和岗位培训之中，并注意发挥俱乐部、图书馆、运动场等文化场所的作用。

(25)注重制度建设，把思想引导与行为规范结合起来。要根据企业两个文明建设的发展目标和实际进程，制定思想政治工作的总体规划和年度计划，建立健全相应的规章制度，把党和国家倡导的先进思想、价值观念和具体要求融于规章制度之中，使思想政治工作有章可循。通过切实可行、便于操作的制度规范，把思想引导与利益调节、精神鼓励与物质奖励统一起来，加强考核，严格奖惩，使职工逐步养成良好的职业习惯和正确的行为方式。

五、充分发挥党组织的政治核心作用，逐步建立与现代企业制度相适应的思想政治工作管理体制和运行机制

(26)认真贯彻党的十四届四中全会、五中全会精神，按照“充分发挥党组织的政治核心作用，坚持和完善厂长(经理)负责制，全心全意依靠工人阶级”的原则，从抓好基层党组织建设入手，逐步建立与社会主义市场经济体制和现代企业制度相适应、目标明确、责权分明、关系协调、渠道畅通的企业思想政治工作管理体制和运行机制。形成党委统一领导、党政共同负责、党政工团齐抓共管，以专职政工人员为骨干，职工群众广泛参与的思想政治工作的生动局面。

(27)企业党组织要切实加强对思想政治工作的领导。其主要职责是，主持制定思想政治工作的总体规划：年度计划和重要制度，并组织实施；参与企业重大问题的决策，保证监督党和国家方针、政策在企业贯彻执行；坚持“党管干部”原则，适应现代企业制度特点，依法参与企业人事管理工作。抓好行政业务人员队伍特别是领导班子的思想作风建设；支持行政领导行使职权，动员职工完成改革和生产经营等各项任务，发挥党支部的战斗堡垒作用和党员的先锋模范作用，发动党员做群众工作，掌握思想动态，对职工(包括临时工、农民工)进行思想政治教育；支持职工代表大会开展工作，领导工会、共青团做思想政治工作，搞好政工队伍建设。

(28)企业行政领导在思想政治工作中的主要职责是，参与思想政治工作重大问题的决策；在领导生产经营和管理工作的过程中，重视并带头做好思想政治工作，与党组织共同抓好各级行政领导班子的思想作风建设；检查督促行政管理部门、行政业务人员做思想政治工作；健全民主管理，加强班组建设，支持职工代表大会开展工作，保障职工民主权利；为思想政治工作提供必要的物质条件。

(29)企业工会、共青团组织要发挥各自的优势，担负起思想政治工作的责任。工会要协助党政领导抓好班组思想建设、组织职工参加民主管理和民主监督，维护职工的合法权益，增强企业的凝聚力，共青团组织要根据青年职工的特点开展工作，团结和带领青年在企业各项工作中发挥“突击队”作用。

(30)企业政工机构应本着精干、高效、协调的原则，根据实际需要设置。大型企业党的工作机构原则上应分设组织、宣传、办公室等工作部门，中小型企业可以分设也可以设立综合性的党的工作部门，进行现代企业制度试点的单位，要正确处理党的委员会、工会、职工代表大会与董事会、股东代表大会、监事会的关系，在实践中逐步探索有效结合的工作方式，合理设置政工机构。企业党的工作机构的重大变动，应报上级党组织批准。

(31)做好企业思想政治工作，必须保持一支政治强、业务精、作风正的专职政工队伍。企业党组织和行政领导要采取有力措施，按照稳定队伍、优化结构、提高素质的思路，加强政工队伍建设，专职政工人员的数量，原则上仍按职工总数1%左右的比例掌握，特殊行业的企业可以略高于这一比例。应注意选拔一批德才兼备的中青年骨干充实政工队伍，并逐步实行专职政工人员和行政业务人员岗位轮换制度。要关心政工人员的培养和使用，帮助他们解决工作上、生活上的实际问题。专职政工人员的待遇应与同级行政业务人员相一致。

(32)思想政治工作具有广泛的群众性，应调动企业行政业务人员、党团员、班组长、老工人、劳动模

范做思想政治工作的积极性，有计划地培养和建设一支专兼结合、充满活力的思想政治工作队伍。要认真听取社会各界有识之士和专家学者对思想政治工作的意见。重视发挥职工思想政治工作研究会等团体的作用。

(33)思想政治工作要有必要的投入。要把思想政治工作所需的日常经费列入企业财务计划，并根据企业的发展，不断加强宣传文化设施的建设。

六、各级党委和政府要切实加强对企业思想政治工作的领导

(34)各级党委和政府要始终不渝地坚持两手抓，两手都要硬，把企业思想政治工作列入重要议事日程，制定措施，抓好落实，国务院有关部委，也要加强对企业思想政治工作的指导。要把思想政治工作的成效，作为考核企业党政领导政绩的一个重要标准，大力表彰和奖励在思想政治工作方面做出突出贡献的优秀企业、先进个人，通过有效的组织保证和政策引导，促进企业物质文明和精神文明建设协调发展。

(35)各级党委和政府主管企业思想政治工作的部门，负有领导、协调企业思想政治工作的责任。要深入实际，加强调查研究，及时发现、总结和推广经验，对不同类型的企业实行分类指导，支持企业创造性地开展工作。要完善有关政策，继续做好企业政工人员专业职务评聘工作。

(36)企业思想政治工作与社会各方面的工作有着广泛的联系，需要全社会的配合和支持。政府有关部门和各群众团体，要积极配合党组织做好企业思想政治工作。新闻、出版、文化等部门，要热情宣传工人阶级在改革和建设中的重大贡献，讴歌他们当中的先进人物和先进事迹，为企业思想政治工作创造良好的社会环境。

8. 中办、国办转发中宣部、农业部《关于深入开展农村社会主义精神文明建设活动的若干意见》

一、加强社会主义精神文明建设是党在农村的一项十分重要的战略任务

(1)我国农村人口占绝大多数，农业、农村、农民问题始终是中国革命和建设的根本问题。没有农村的稳定和全面进步，就没有整个社会的稳定和全面进步；没有农民的小康，就没有全国人民的小康；没有农业的现代化，就没有整个国民经济的现代化。加强农村的社会主义精神文明建设，对于促进农村改革的深化、经济的发展和社会的全面进步，顺利推进建设有中国特色社会主义的伟大事业，具有极为重要的作用。

(2)党的十一届三中全会以来，我国农村发生了历史性的深刻变化。改革开放不断深入，经济建设取得巨大成就，社会面貌明显改观，精神文明水平逐步提高，亿万农民解放思想、更新观念，民主法制意识增强，科学文化素质提高。在农村经济发展和社会进步过程中也存在一些突出问题，主要是部分农民思想观念和科学文化素质与农村现代化建设的要求不相适应，一些地方治安秩序混乱，社会风气不好，封建迷信蔓延。我们必须在抓好物质文明建设的同时，抓好精神文明建设。农村改革越深入，市场经济越发展，就越要加强社会主义精神文明建设。

(3)在建立社会主义市场经济体制的新形势下，加强农村精神文明建设，必须坚持以邓小平同志建设有中国特色社会主义理论为根本指针，坚持党的基本路线，按照近年来中央关于加强农业、农村工作和精神文明建设的一系列重要部署，以培养有理想、有道德、有文化、有纪律的社会主义新型农民为根本目标，坚持重在建设，持之以恒，贵在落实，务求实效，不断提高农民思想道德和科学文化素质，为农村现代化建设提供思想保证、精神动力和智力支持。

二、坚持不懈地对农民进行思想教育

(4)农村精神文明建设，最根本的是要加强对农民的思想教育。要紧紧围绕经济建设这个中心，坚持从农村、农民的实际出发，区别对象，讲究方法，着力解决亿万农民的精神支柱和精神动力问题，把他们的积极性、创造性凝聚到建设社会主义新农村的伟大事业上来。

(5)用邓小平同志建设有中国特色社会主义理论武装党员、教育干部和农民。这是思想教育的首要任务。县(市)、乡(镇)领导干部要认真学习《邓小平文选》，并把《邓小平同志建设有中国特色社会主义理论学习纲要》作为重要辅助材料。学习这一理论，重在把握理论体系，领会精神实质，掌握立场、观点、

方法，提高解决实际问题的能力。要在每年的农闲时间，对基层干部和党员进行培训。要在干部和农民中广泛普及社会主义市场经济知识，大力宣传改革开放中涌现出来的各类先进典型。要经常进行形势教育，促进农民不断解放思想、更新观念，发展社会主义市场经济。

(6)深入宣传党的基本路线和农村基本政策。着重增强广大农村干部以经济建设为中心的思想观念，强化改革开放意识，坚持党的基本路线一百年不动摇。要紧密结合农村改革开放和经济建设的实际，重点宣传稳定和完善农村基本经营制度，坚持实行以家庭联产承包为主的责任制和统分结合的双层经营体制，大力发展各种形式的一体化经济组织，在确保粮食稳定增产的同时，积极发展多种经营，强化科教兴农，保护耕地和粮田，鼓励和引导乡镇企业健康发展等农村基本政策，以及近年来中央提出的一系列政策措施。要针对贯彻落实中存在的问题，及时做好宣传、解释工作，消除农民群众的疑虑，促进政策落实，用政策的力量调动和保护亿万农民的积极性。

(7)唱响爱国主义、集体主义和社会主义主旋律。引导农民坚持共同富裕的发展方向，认清国家富强、集体发展是增进农民利益的可靠保障，提高他们维护国家、集体利益的自觉性。要教育农民富了不忘国家、不忘社会，正确处理国家、集体、个人三者利益关系，自觉履行缴粮纳税、报名参军等各项义务，激励农民爱家乡、爱集体，为发展集体经济、改变家乡面貌作贡献。

(8)大力弘扬新时期创业精神。要使农民认识到参与市场竞争，改变落后面貌，实现小康目标，关键要靠艰苦创业。要广泛宣传具有鲜明时代特征的艰苦创业先进典型，动员和激励广大农民解放思想、实事求是、艰苦奋斗、自强不息，努力改变生产条件，发展农业生产，保障市场供给，提高生活水平。提倡勤俭建国、勤俭持家、勤俭办一切事业。

(9)加强唯物论、无神论基本常识和其他科学知识的宣传。在发展农村教育、提高农民文化水平的基础上，利用多种形式，宣传科教兴农，宣传科学知识、科学方法和科学思想，引导农民破除迷信、崇尚科学，树立与现代文明相适应的思想观念。要稳定农村科技队伍，发挥科技示范村、户的作用，组织各种形式的科技下乡活动，动员专家、学者、科技人员深入农村普及科学技术，帮助农民掌握科学生产、文明生活的实用知识。

三、把农村道德建设提高到一个新水平

(10)把道德建设作为农村精神文明建设的重要内容和基础性工作认真抓好。要加大道德建设的力度，发挥我国人民讲道德的传统优势，适应发展社会主义市场经济的要求，引导农民讲文明、讲礼貌、讲信誉、见义勇为、助人为乐，逐步在农村形成和谐的人际关系、良好的社会秩序和健康的社会风气。

(11)加强农民道德规范建设。道德规范建设要注重建章立制。在广泛征求农民群众意见的基础上，逐步形成明确具体的家庭美德、职业道德和社会公德规范。通过组织编写简明扼要的道德教育通俗读本等形式，加强道德规范的宣传，使之家喻户晓、深入人心。要注意发挥红白理事会、道德评议会等群众自治组织的作用，运用舆论和社会的力量，增强道德规范的约束力。

(12)开展各种形式的道德建设活动。家庭美德建设，要从孝敬父母抓起，开展评选好儿女、好婆媳、好夫妻等项活动，提倡尊老敬老、夫妻互敬互爱、科学育儿教子的社会风气。职业道德建设，应通过广泛开展信得过单位、信得过产品、信得过摊点等各项评比表彰活动，引导人们诚实守信、公平竞争。社会公德建设，应大力提倡互助互济，深入开展学雷锋活动，动员和组织党团员、青少年为鳏寡老人、军烈属及其他贫困农户提供各种帮助，形成邻里互助、团结友爱的风尚。

(13)把道德建设和法制宣传教育结合起来。要在农村基层干部和农民中深入持久地开展法制宣传教育，针对农村实际，普及法律法规常识，增强农民的守法观念和依法保护自身合法权益的意识。加强典型案例宣传，用生动具体的事例对农民进行教育。农村干部和执法人员要带头学法用法，提高依法办事的自觉性。要建立健全并充分发挥村规民约的作用，逐步实现村级规范化、民主化管理。深入细致地做好民事调解中的思想工作，及时化解各种纠纷，防止矛盾激化。

(14)移风易俗，树立新风。这是转变农村社会风气、提高农民道德水准的一项长期重要的任务。要教育党团员不参与并反对封建迷信和封建宗族活动，严格区分宗教信仰与封建迷信活动的界限，坚决遏止封建迷信蔓延、宗族势力抬头的不良风气。禁止党政干部参神拜庙、求卦问卜、大办丧事。要通过行政和法律手段，取缔求神问卜等封建迷信活动。要重视对婚嫁丧葬、节日及祭祀等民事活动的引导，实行婚事丧事简办，推进殡葬改革，反对赌博等社会丑恶现象，提倡科学、健康、文明的生活方式，逐步改善农村社会风气。要深入持久地开展计划生育这一基本国策的宣传教育，提倡晚婚晚育、优生优育，帮助农民树立正确的生育观，促进计划生育工作的开展。

四、积极推动农村文化的发展和繁荣

(15)发展和繁荣农村文化，是实现小康目标的内在要求，是广大农民的迫切愿望，必须提到精神文明建设的重要日程。要采取有力措施，加强阵地、队伍、设施建设，改变农村文化生活贫乏的状况，满足农民日益增长的文化生活需求，用丰富多采、健康向上的文化占领农村阵地。

(16)切实解决电影、戏剧下乡问题。要组织力量，每年拍摄一批反映农村生活、质量较高的影视作

品。要巩固农村电影发行放映队伍，增加电影放映点，在条件允许和农民自愿的情况下，采取多种办法，解决电影放映所需经费问题，保证农民能够经常看上电影。积极组织各级各类文艺团体送戏下乡，支持、鼓励他们深入农村演出。

(17)把倡导和组织农民读书，作为提高农民素质的重要措施来抓。要组织好图书报刊的出版发行和阅读使用。定期评选优秀农村读物、优秀图书代销点、优秀农村图书发行员和先进农村书店，并给予表彰和奖励。各级宣传文化部门、农业部门和共青团组织要做好工作，确保“万村书库工程”的实施。

(18)抓好农村广播电视设施和群众文化工作网络建设。要健全农村广播网，采取国家、集体、个人分别负担的原则，尽快解决广播到村入户的问题。逐步完善电视差转设施，提高农村电视覆盖率，解决偏远地区农民看电视难问题。积极推广一些地方创造的文化经济结合、以工补文，建立农村宣传文化中心等方面的经验，健全农村群众文化网络，在今后3年，做到县县有文化馆、图书馆，多数乡(镇)有文化站或文化中心。各级群众艺术馆、文化馆、图书馆要加强对农村基层文化工作的指导。

(19)开展各种健康有益的文化体育活动。精心组织农村传统节日活动以及群众喜闻乐见的花会、灯会、社火等文化活动，并利用文艺汇演、书画展览、体育比赛等多种形式，为农民参与文化体育活动创造条件，推动农村群众性文化体育活动的开展。

(20)加强农村文化市场的管理。坚持一手抓繁荣、一手抓管理，持续不断地“扫黄打非”。宣传、文化、广播、出版、工商、公安等部门要依法加强对农村图书发行、录像放映以及各种娱乐场所和文艺表演团体的管理，打击非法经营活动。

五、扎实开展创建文明家庭、文明村镇和文明乡镇企业活动

(21)以创建文明家庭、文明村镇和文明乡镇企业为主要内容的农村群众性创建精神文明活动，是吸引亿万农民参与改造环境、转变风气和建设文明生活的重要途径。开展形式多样的创建活动，要围绕和服务于经济建设，并同为群众办实事结合起来，调动农民参与精神文明建设活动的积极性，在实践中培养人们的文明习惯，营造文明的社会环境。

(22)广泛开展创建文明家庭活动。群众性精神文明建设，要从优化家庭这个社会细胞做起。近年来各地开展的“评三户”、“新风户”、“十星级文明户”等活动，是农民自我教育、自我管理的好方法，要认真总结经验，使之不断完善，并适应农民对丰富家庭文化、美化家庭环境等多方面的追求，进一步丰富文明家庭活动的内容，拓展创建文明家庭活动的途径。

(23)不断提高文明村和文明集镇建设水平。创建文明村活动，是在农村坚持两个文明一起抓的一种重要形式，可操作性强，在实践中行之有效，应继续开展下去。要把文明村建设和各地已经开展的小康村建设结合起来，将农村经济发展、基层组织建设、环境卫生治理、计划生育落实、文化教育工作、社会治安秩序等各个方面，作为创建文明村的重要内容。要重点抓大村、示范村，并根据经济发展水平，建设一批高标准文明村，通过典型引路，稳步推进文明村建设。文明集镇建设，主要是通过抓环境治理和集镇管理，逐步达到环境优美，秩序良好。每个县至少每年抓出一、二个水平较高的文明集镇。在经济比较发达的地区，要适应农村城市化的趋势，逐步引进城市管理机制，提高文明集镇建设水平。

(24)下力量抓好文明乡镇企业创建活动。乡镇企业是农村经济的重要支柱，是塑造社会主义新型农民的大学校，要扎扎实实、卓有成效地把创建文明乡镇企业活动开展起来。创建文明乡镇企业，应着力改善经营管理，提高产品质量，杜绝假冒伪劣，防止环境污染，全面提高职工素质，树立良好的企业形象。

(25)继续开展各种形式的共建精神文明活动。各地在实践中创造的军民共建、警民共建、村企共建等形式的共建精神文明活动，有利于密切军民、警民、工农关系，提高区域文明水平，要坚持开展下去。各有关方面都要把与农村开展共建活动、推动“两个文明”建设，作为自己义不容辞的责任，为提高农村社会文明水平作出贡献。

六、加强对农村精神文明建设活动的领导

(26)各级党委、政府都要切实加强对农村精神文明建设活动的领导。要充分认识精神文明建设在整个农村工作中的地位和作用，切实提到重要议事日程。要经常进行研究，定期作出部署，增加物质投入，加强组织协调。特别是县(市)委，要牢固树立两手抓、两手都要硬的思想，在部署农村工作时要坚持两个文明建设的任务一起下达，并做到两个文明建设的任务一起检查落实。机关干部下乡进村，要把搞好农村精神文明建设作为自己的重要职责。

(27)充分发挥乡(镇)党委和农村党支部在精神文明建设中的领导作用。乡(镇)党委对农村两个文明建设负有重要责任，要把提高农民素质、转变社会风气的任务抓在手上，制订规划，真抓实干，狠抓落实。农村党支部要善于从本村实际出发，抓住主要矛盾，扎实解决具体问题，逐步提高精神文明水平。要切实加强各级农村党组织的自身建设，抓好干部的教育和管理，使他们牢固树立为人民服务的思想，关心群众疾苦，防止以权谋私，发挥模范带头作用。要注意发挥村民自治组织、群众团体以及老干部、老党员、复员转业军人和乡村教师在农村精神文明建设中的重要作用。

(28)党委和政府有关部门都要对农村精神文明建设切实负起责任。农村精神文明建设是综合性、系

统性很强的一项工作，宣传、文化、公安、司法、教育、体育、卫生等党政有关部门，以及共青团、妇联、科协等群众组织，要在各级党委、政府的统一领导下，充分发挥各自优势，加大工作力度，做到齐抓共管，形成合力，共同推进农村精神文明建设。

(29)农村精神文明建设要因地制宜、分类指导。我国农村发展很不平衡，农村精神文明建设要坚持从本地区经济发展水平、文化教育状况、群众风俗习惯出发，针对不同对象，确定工作目标，提出具体任务，选择适当方法。要努力避免简单化、片面性，防止形式主义，注重精神文明建设的实际效果。

(30)加强调查研究，探索新时期农村精神文明建设的新途径。加强农村精神文明建设，必须适应新形势，研究新情况，解决新问题，深入开展调查研究，准确把握发展农村市场经济过程中的突出矛盾和农民群众迫切要求解决的问题，鼓励各级干部发扬求实创新精神，总结新经验，探索新路子，开创新局面。

1994—1995 年精神文明建设活动大事记

1994 年

1 月

2 日 我国首家“中国地球科学家数据库”在兰州建成。

3 日 新华社报道：我国又有 57 个县（市）、乡（镇）获得“中国民间艺术之乡”荣誉称号。

5 日 中宣部、国家新闻出版署在南京联合召开全国报纸周末版座谈会，强调主旋律与多样化的统一。

9 日 1993 年茅以升科技教育基金奖颁发，37 位科技人员获奖。

11 日 女运动员王军霞获 1993 年杰西·欧文斯奖。

△ “全国教育系统邓小平建设有中国特色社会主义理论研究中心”在京成立。

15 日 新华社报道：到 1993 年底，我国已有 1149 名女性获得博士学位。

18 日 新华社报道：最高人民检察院依法行使审判监督职权，对以权谋私并被宣告无罪的魏国范、阎长春依法予以纠正，重新确认犯有受贿罪，应受法律制裁。

20 日 为纪念邓颖超诞辰 90 周年，邓颖超铜像在北京第一实验小学落成。2 月 2 日，《邓颖超文集》、《忆邓大姐》发行。2 月 4 日，天津邓颖超纪念馆落成。

21 日 新华社报道：国务院日前同意建设部、国家文物局关于第三批国家历史文化名城的报告，正定、新绛、海康等 37 座城市跻身历史文化名城行列。

△ 国务院决定中科院学部委员改称中科院院士。

21～24 日 全国党员教育工作会议在北京举行。会议提出加强改进党员教育，提高党员素质。

22 日 南京军区在杭州集会纪念“硬骨头六连”命名 30 周年，同日，“硬骨头六连”展览馆在杭州开馆。

24—29 日 全国宣传思想工作会议在北京举行。会议提出要服从和服务于全党工作大局，全面落实宣传思想战线任务，并讨论了 1994 年宣传思想工作。

26 日 为缅怀“法王”八思八爱国业绩，西藏萨迦寺修复元朝国师经堂竣工。

29 日 第四次全国希望工程工作会议在北京召开。会议提出 1994 年救助失学少年突破百万，树立本世纪末解决贫困失学的新目标。34 个单位、68 名个人获得首届“希望工程建设奖”。

30 日 首届国家图书奖在人民大会堂颁奖。135 种图书分别获国家图书奖荣誉奖、国家图书奖、国家图书奖提名奖。

31 日 我国第六次国家自然科学奖评审结果揭晓，52 项优秀成果获奖，181 位科学工作者榜上有名。

2 月

1 日 团中央在河南省宁陵县召开命名大会，授予徐洪刚等 4 人为“见义勇为青年英雄”称号。

4 日 我国科技人员成功地在室温条件下实现了固体表面原子的操纵和移植工作，使我国在纳米科技这一尖端领域走在国际科技前沿。

5 日 江泽民在会见见义勇为的英雄战士徐洪刚等 20 名来自全国的双拥模范时指出，要发扬我们党和军队的优良传统，弘扬我们民族的传统美德，形成良好的社会风尚。

△ 1993 年全国十大考古新发现评选在京揭晓。

8 日 我国新型运载火箭“长征三号甲”在西昌卫星发射中

心首次发射成功，把“实践四号”卫星和模拟星送入预定轨道。“实践四号”卫星连续向地面发回一系列科学数据。

13日 我国选手黄志红在日本前桥举行的国际室内田径赛中夺得女子铅球冠军。

21日 国家863重点攻关项目——北京自由电子激光装置成功地实现了饱和振荡，在北京通过技术鉴定。

△ 新华社报道：新发现的湖南澧县城头山古城遗址第2期发掘工程春节前结束。此次发掘收获重大，出土的动植物遗存种类之多，超过河姆渡遗址。

22日 我国第一座国际海事卫星地面站在北京通过部级工程验收。

23日 全国妇联在’94“三八”节新闻发布会上表彰了一批“双学双比”、“巾帼建功”和“三八绿色奖章”、“三八绿色优质工程”的先进集体和个人。

25～28日 全军纪检工作会议在京召开。会议分析总结军队1993年贯彻反腐倡廉工作部署以来的情况和经验，部署1994年军队加强党风廉政建设的工作。

25～3月1日 中纪委第三次全体会议在京举行。会议研究部署了1994年深入持久的开展反腐败斗争。

26日 中宣部、总政治部、共青团在京举行“徐洪刚见义勇为先进群体事迹报告会”。

△ 由中国财贸工会、团中央青工部等单位举办的第二届全国十佳营业员评选活动揭晓。牛玉霞等十人获十佳营业员称号。

27日 “为科学家、教育家、老干部献爱心”青年志愿者行动在北京拉开帷幕。

28日 新华社报道：江泽民签署命令，颁发《中国人民解放军绿化条例》，自公布之日起施行。

3 月

1日 胡锦涛在中央党校开学典礼上强调要加强党的思想理论建设，不断提高思想水平和领导水平。

△ 国家教育发展研究中心在北京召开邓小平教育思想研讨会。

△ 国家文物局局长张德勤宣布：秦始皇兵马俑2号从葬坑正式开始考古发掘。

1、3日 新华社报道：中科院古脊椎动物与古人类研究所三峡文物考察队最近在长江三峡淹没区发现旧石器化石点40余处；四川省文物考古研究所还在半都县发现了面积约3.5万平方米的古墓群，这是三峡文物保护工作开展以来最大的一次考古新发现。

2日 中宣部和交通部联合在北京举办“包起帆新时期创业精神报告会”。包起帆是上海港务局科技专家、全国劳动模范。

4～7日 全国党校工作会议在北京举行。江泽民同与会同志座谈时指出，全党一定要重视和加强学习，要从领导干部做起，来一个脚踏实地、讲求实效的学习竞赛。

6日 新华社报道：团中央等部门决定实施“中国青年志愿者‘一助一’长期服务计划”。

7日 国务院召开第三次专题研究部署反腐败工作会议。李鹏在会上强调要把改革发展与反腐败结合起来，政府系统的反腐败斗争在新的一年要取得新的阶段性成果。

△ 全国检察机关查办大案要案工作在北京召开电话会议，会议要求反腐败要敢于硬碰硬，善于硬碰硬。

10日 《人民日报》报道：国务院最近公布了第三批国家重点风景名胜区35处，加上1982年和1988年公布的两批，我国国家重点风景名胜区增至119处。

11日 全国绿化委员会作出新部署，强调全民义务植树要强化管理，逐步做到规范化、基地化、科学化、制度化。

12日 大型文献纪录片《王震将军》，大型画册《王震》和纪念专辑《尊师重教的典范——王震同志》的发行座谈会在北京举行。

20—22日 全国计划生育工作会议在京举行。会议确认：1993年我国人口出生率为19‰，抑制了人口过快增长的势头，使我国跨入了低出生率国家行列，但我国人口出生的绝对数仍很大，不容乐观。22日，中共中央、国务院召开计划生育工作座谈会，江泽民发表重要讲话，强调要坚持不懈地抓紧抓好计划生育工作，党政第一把手应亲自抓这项工作，在建立社会主义市场经济体制条件下，控制人口增长属于政府调控的职能。

24日 湖北江陵张家山汉墓经专家考证，墓主为西汉大数学家张苍。这项成果不仅解决了悬疑的考古难题，而且为我国数学史添加了重要一页。

24—25日 国务院部分部委纠风工作座谈会在北京举行。尉健行在会上强调要抓好四个环节深入纠风工作。

25日 中央国家机关开展“四个一爱心志愿活动”，即为革命老区和贫困地区失学儿童自愿捐助一元钱、一件衣、一个文具、一本书。

25日 《人民日报》报道：江泽民、李鹏为黄帝陵题词“中华文明、源远流长”，“发扬中华文化、振奋民族精神”，已分别刻制成碑，保留在黄帝陵碑廊中。

28日 团中央、全国绿化委、林业部最近决定，组织动员北京、河北、河南、山西四省（市）团员青年，开展以建设“青字号太行山绿色工程”为主要形式的造林绿化活动。

4 月

1日 江泽民在与全军第一期军以上干部学习《邓小平文选》第三卷轮训班学员座谈时强调，要用建设有中国特色社会主义理论武装全军，把学习成果运用到实际工作中去。

△ 新华社报道：国家教委、国家体委、共青团中央决定，在全国各族青少年中开展“到阳光下，

到操场上，到大自然中去陶冶身心”的活动，以促使青少年强健体魄、陶冶情操。

4日 新华社报道：黑龙江省康复医院近日创造了仅用7天时间将16岁的植物人姜义促醒的世界纪录。

△ 我国1994年2月8日发射的“实践四号”空间探测卫星经过2个多月的安全运行，星上服务系统工作全部正常，用于空间环境探测与环境效应研究的全部有效载荷均取得了重要数据。

△《人民日报》报道：文化部第四届文华奖评奖结果日前在京揭晓。浙江省小百花越剧团的《西厢记》等3个戏曲获得文华奖大奖。《一夜皇妃》等25个剧目获“文华新剧目奖”和“文华新节目奖”。

△《人民日报》报道：著名考古学家贾兰坡最近完成的对河北阳原县小长梁遗址的石器发掘研究，证实人类起源的地点在亚洲，人类起源的时间至少应往前推至距今四五百万年前。

6日 《人民日报》报道：中科院发育生物学研究所与江苏农学院合作的“山羊连续细胞核移植”已经顺利完成。这是世界上首次获得的连续细胞核移植山羊，从而使我国跻身该领域研究的国际先进行列。

△《人民日报》报道：四川师范学院生物学教授汤泽生等人在观察小麦叶片的超微结构中，首次发现了叶绿体吞噬线粒体的现象。这为认识植物细胞内的细胞器、细胞器与细胞器之间的吞噬现象过程和机理提供了重要的根据，也为探明细胞器的起源提供了重要的线索和思路。

7日 《邓小平建设有中国特色社会主义理论研究系统》在京通过专家鉴定。

△ 共青团等联合发出通知，决定1994年在全国范围内开展以爱国主义为主题，以向青年提供高品位的思想文化精品为主要内容的“三评一展”活动。“三评一展”是：评选“中国青年优秀图书奖”、“中国青年优秀歌曲奖”、“中国青年优秀影视奖”和举办“’94中国青年文化精品展”。

8日 第三期省部级主要领导干部学习《邓小平文选》第三卷理论研讨班在京举办。

△ 由江泽民题字的“青年文明号”活动在全国拉开序幕，这是“跨世纪青年文明工程”的重要组成部分。当天，团中央、中国民航总局联合向“青年文明号”先行示范单位的四个先进集体颁发了标牌。

6—8日 全国体委主任会议在京举行。会议的主要议题是讨论和修改《全民健身计划》与《奥运争光计划》。何振梁在会上宣布：将国际奥委会设立的“奥林匹克百年纪念奖”授予栗树彬。授予王军霞等115名运动员和马俊仁等97名教练员体育运动荣誉奖章。

8日 新华社报道：由江泽民同志倡议编写的《现代科学技术基础知识》（干部选读）公开发行。

△ 国务院办公厅转发农业部关于实施“绿色证书工程”的意见，要求各地政府把这项工程作为科教兴农的一项重大举措，结合实际情况，认真实施。目前试点县已有8万多农民获这项技术资格证书。

11日 “’94全国十大杰出职工”评选揭晓。十杰为：包起帆、郭玲华、冯长根、余国印、孙春明、侯振清、鲁冠球、陶建幸、姜健、王振华。

15日 中纪委常委会会议1994年1月28日通过的《中国共产党纪律检查机关案件检查工作条例》公布，1994年5月1日起施行。

△ 中宣部召开首都主要新闻单位负责人及部分编辑记者座谈会，强调加强新闻队伍职业道德建设。25日，中宣部发出通知，要求各地党委宣传部门和新闻单位坚持不懈地抓好新闻队伍职业道德建设。

17—21日 中国职工思想政治工作研究会第八次年会在四川德阳市召开，强调企业领导要坚持两手抓，有针对性地做好企业思想政治工作。54家1991—1993年度全国思想政治工作优秀企业和100名1991—1993年度全国优秀企业思想政治工作者受到表彰。

18日 中美两国科学家在世界上首次圆满地实现了“航天—航空—地面”遥感平台三位一体的立体实时观测。

19日 新华社报道：中宣部、海关总署、国家版权局等7部门最近联合发出通知，要求加强对激光唱盘、激光视盘复制工作的管理，严肃查处盗版行为。

21日 “中国大陆助孤救孤社会福利计划”在全国全面展开。江泽民、李鹏、乔石分别为“救孤计划”题词。

△ 团中央等单位评选“中国青年科技创业奖”。

△ 共青团中央、公安部在北京联合举行授牌仪式，授予北京市公安局宣武分局牛街派出所、吉林省吉林市公安交警支部的船营大队二中队、上海市公安局静安分局巡警大队二分队、湖北省武汉市公安局汉阳分局翠微派出所孔军巡逻分队、云南省西双版纳傣族自治州麻木树公安边防工作站等5个青年集体公安系统首批“青年文明号”荣誉称号，并向他们颁发了由江泽民题写的“青年文明号”牌匾。

22日 由商务印书馆出版发行的《汉译世界学术名著丛书》第7辑共40种于1994年陆续与读者见面，加上已于1992年问世的前6辑260种，总数可达300种。

23日 卫生部、人事部召开表彰大会，将首枚“白求恩奖章”授予山西省长治市人民医院妇产科主任赵雪芳、李鹏为此题词“救死扶伤，无私奉献”。

26日 新华社报道：全国总工会新近一项统计表明，我国职工平均接受教育时间11.46年。职工中初中以上文化程度达94%，比1986年上升8个百分点。

27日 广州军区集会纪念“南海前哨钢八连”命名30周年。

广州军区党委给钢八连记一等功，江泽民、刘华清、张震分别为“南海前哨钢八连”题词。

25、27日 团中央、铁道部先后在北京南站和京九铁路颖河青年桥群施工现场，举行了全国铁路系统“青年文明号”命名授牌仪式，济南铁路局徐州列车段265/266次列车、京九铁路颖河青年桥群、哈尔滨铁路局三棵树机务段东方红(3)114号机车、郑州铁路局西安站共青团候车室、乌鲁木齐铁路局红光养路工区、柳州南站甲班三调和铁十七局三处泰和赣江特大桥7个典型获得了这一荣誉。

29日 1993年电影政府奖在京揭晓。《凤凰琴》获最佳故事片奖，李保田获最佳男演员奖，潘虹获最佳女演员奖。共有15部电影分获各项奖。

5 月

2日 第九届全国戏曲电视剧“天安奖”在宁波揭晓，获得一等奖的剧目有：京剧《北国情》、越剧《琥珀泪》。

△ 世界首例转基因水稻在安徽省合肥市问世。

3日 共青团中央决定，授予刘立华等40名团干部“全国优秀共青团干部”称号，授予杨光等40名团员“全国优秀共青团员”称号。

4日 中国青年志愿者授旗仪式在京举行，乔石、丁关根为八支青年志愿者服务队授旗，乔石在授旗仪式上讲话，希望更多的青年参加到志愿者的行列中来，由团中央推出的中国青年志愿者行动旨在倡导团结友爱、助人为乐、见义勇为、无私奉献的精神。

5日 共青团中央和建设部在北京授予北京市10路公共汽车4702号车组等6个单位全国公交系统“青年文明号”称号。

6日 中宣部、团中央在北京举行《邓小平著作选读(青年读本)》出版座谈会。

8、10日 首届全国优秀发明企业家评选8日在北京揭晓，10日举行颁奖大会。10名优秀发明企业家为：台震林、伍尚魁、陈肇兆、周志文、赵国欣、张振英、梁克诚、葛亮明、詹庆富、李冬绮。

9日 以《我是中国人》一书为主要读本的“中华魂”全国大型主题读书活动在各地拉开序幕。这是一次以对广大读者，特别是青少年读者进行中华民族传统美德教育为宗旨的读书活动。

10日 《汉语大词典》编纂出版庆功会在人大会堂举行。江泽民、李鹏到会祝贺并题词。江泽民、李鹏的题词分别是：“发扬中华民族优秀文化，建设社会主义精神文明”、“继往开来，源远流长”。该书共13卷，收词语共37.5万余条，约5000万字，是千余名专家学者18年艰苦努力的结果。

12—16日 国务院召开第十次全国民政会议。会议表彰了一批民政工作先进集体和个人，授予12位同志“孺子牛”称号。李鹏与民政会议代表座谈时指出，民政部门要始终坚持维护群众切身利益，保障群众基本权益。

13日 纪念焦裕禄同志逝世30周年大会在河南举行，胡锦涛代表党中央参加会议，并发表讲话指出，认真学习和弘扬焦裕禄精神是时代的要求和人民的呼唤。14日，焦裕禄纪念馆落成暨焦裕禄铜像揭幕仪式同时在河南省兰考县焦裕禄烈士陵园举行。

14日 新华社报道：我国首次评选出经济实业界的创业骄子——中国500名企业创业者。

15日 第三届全国“美好家庭”评选揭晓，共有30户家庭获得此届“美好家庭”荣誉称号，其中3户金奖，7户获银奖。

15—20日 我国中学生代表队在塞浦路斯举行的第10届世界中学生运动会上夺得13枚金牌，与意大利队并列第一，还夺得8枚银牌和3枚铜牌。

18日 《人民日报》报道：我国推出一项深化环境保护工作的重要措施——建立中国环境标志产品制度。中国环境标志产品认证委员会成立。

18—21日 全国中小学爱国主义教育现场会在上海举行。会议提出要抓好基础工程，优化育人环境，让爱国主义思想和精神扎根新一代。

20—21日 北京知识产权国际研讨会举行，肖扬在会上强调中国要加强对知识产权的保护。

24日 新闻出版署召开“以优秀的作品鼓舞人”为题的座谈会，纪念毛泽东《在延安文艺座谈会上的讲话》发表52周年。

26日 龙华烈士陵园在上海举行奠基仪式，邓小平、陈云分别题写园名和馆名，江泽民为烈士纪念碑题词。同日，上海人民英雄纪念塔揭幕，江泽民题写塔名。

28日 1993年度最佳邮票评选结果揭晓，获最佳邮票奖的是1993—17《毛泽东同志诞生一百周年》(J)。

30日 新华社报道：江泽民为跨世纪中国少年雏鹰行动题词“自学、自理、自护、自强、自律，做社会主义事业的合格建设者和接班人”。

31日 江泽民在省部级领导干部第四期理论研讨班结业会上发表讲话时强调，努力在全党造成浓厚的学习理论的空气。

6 月

2日 国务院新闻办公室在北京发表《中国妇女的状况》白皮书。

3日 兰州铁路局在宁夏设立的中卫固沙林场获’94“全球500佳环境保护奖”。

3—8日 中国工程院成立大会和中国科学院第七次院士大会在北京同时举行。江泽民、李鹏发表重要讲话。中国工程院是全国工程技术界的最高荣誉性、咨询性学术机构，首批96名院士已产生。

5日 首届中国妇女与环境会议在京召开，会议发表“中国妇女环境宣言”，并授予100名同志“妇女环保100佳”荣誉称号。

7—10日 中直机关思想政治工作会议在北京举行。胡锦涛同出席会议的同志座谈时指出，加强和改进思想政治工作关键在领导。

8日 江泽民同正军职以上领导干部学习《邓小平文选》第三卷第二期轮训班学员座谈时强调，要结合新形势新任务学好理论。

9日 1993年度陈嘉庚奖举行颁奖仪式，吴文俊、唐敖庆等7位科学家分获数理科学、化学等项奖。

10日 中国家庭文化研究会于9日在北京成立。会议推举陈慕华为名誉主席，徐帷诚为会长。

△ 中华全国总工会作出决定，向天津静海县技术开发研究所所长李春先等49人颁发"全国职工自学成才奖"；授予抚顺石化公司石油一厂等50个单位"全国职工读书自学活动先进单位"称号；授予肖纪农等25人"全国职工读书自学活动优秀组织者"称号。

12日 中国职工思想政治工作研究会通报了对527家全国思想政治工作优秀企业复审的情况：决定保留首钢等524家优秀企业的称号。撤销福建漳州糖厂、金陵石化公司炼油厂、石家庄铁路分局"全国思想政治工作优秀企业"称号。

14—17日 党中央、国务院主持召开全国教育工作会议，江泽民发表重要讲话，李鹏作主题报告。会议要求全党、全社会积极行动起来，努力为繁荣我国的教育事业作出贡献。

16日 国务院新闻办公室发表《中国知识产权保护状况》白皮书。

△ 用计算机改造我国传统印刷业，汉字信息处理系统工程完成。

17日 公安部发出通知，要求各地公安机关加强对歌舞厅、卡拉OK厅、夜总会、咖啡厅、音乐茶座等公共娱乐场所的治安管理，坚决查处以各种形式进行的色情活动。

21日 人民空军集体纪念"英雄营"命名30周年，江泽民、刘华清、张震为"英雄营"题词。

△ 中国科协优秀建议奖第二届评奖揭晓，共评出一等奖10项，二等奖20项，"尊重优秀建议伯乐奖"3项。

△ 由新闻出版署和光明日报社联合主办的全国性读书类大报《中华读书报》创刊。

23日 中组部、中宣部等联合主办的现代科技基础知识讲座在人民大会堂开讲。

23—24日 中共中央组织部在北京召开"先富地区农村基层党组织负责人扶贫座谈会"，座谈会指出"要想富，关键要有个好支部。"

24日 《人民日报》报道：中国共产党1993年新发展党员176万，全国党员总数已达5400万名，基层党组织增加到334万个。

△《四库全书存目丛书》首册由北京大学出版社出版。

25日 李岚清近日致信国家教委艺术教育委员会会议，强调美育是教育中不可缺少的重要部分。

7 月

2日 中国宗教界和平委员会在北京成立，赵朴初任主席。

3日 我国运用"长征二号丁"运载火箭成功地发射了一颗科学探测与技术试验卫星。18日上午11时35分，卫星顺利返回四川省中部预定地区，卫星上仪器完好。这是我国发射的第十六颗返回式科学探测与技术试验卫星。

△ 空军表彰精神文明建设先进单位和个人。共有43个先进单位和个人被记功，树为标兵和被授予荣誉称号。

△ 由中组部、中央统战部和中央党校联合举办的新形势下民族宗教问题研讨班在京举行。李瑞环、胡锦涛同研讨班的全体学员进行座谈时指出，没有民族团结就没有国家统一。

5日 国务院作出关于进一步加强知识产权保护工作的决定。

6日 《人民日报》报道：新闻出版署决定拨款100万元，用于广东、广西、湖南、福建、江西等五省的秋季课本印刷发行工作，让灾区孩子秋季课前有书。

△《人民日报》报道：我国著名作曲家杜鸣心教授日前获得法国轩尼诗公司授与的1994年轩尼诗创意和成就奖。他是继谢晋之后该奖的又一位获得者。

7日 新华社报道：中央军委最近颁布命令，授予空军某雷达团甘巴拉雷达站"甘巴拉英雄雷达站"和89医院外二科"勇攀创伤医学高峰的先进科"荣誉称号。20日，授予海军潜艇基地第十一艇员队"水下先锋艇"和第二炮兵某部排长曾蛟"爱军习武标兵"荣誉称号，给兰州军区测绘大队集体和广州军区体育工作队游泳教练王林记一等功。

7—8日 中宣部在京召开1993年度精神文明建设"五个一工程"工作会议。8日，1993年度"五个一工程"组织工作奖和入选作品在京揭晓。北京、山西等10个省市的党委宣传部获组织工作奖；《旮旯胡同》等15部戏剧、《凤凰琴》等8部电影、《北京人在纽约》等21部电视剧（片）、《中国有个毛泽东》等20部图书及《论毛泽东的现代化观》等20篇文章获奖。9日，中宣部在京召开精神文明建设"五个一工程"座谈会。中宣部长丁关根在座谈时指出，"五个一工程"要高标准、上水平，多出精品、多出人才。"

14日 中共锦州市委书记张鸣岐在抗洪抢险中以身殉职。胡锦涛受江泽民、李鹏委托和朱镕基分别打电话表示悼念。

15日 新华社报道：中共中央办公厅、国务院办公厅日前就转发《国务院纠正行业不正之风办公室关于清理党政机关及其工作人员利用职权无偿占用企业钱物的实施意见》向各地区、各部门发出通知。

15日 新华社报道：中科院盐湖研究所的科研人员在对可可西里无人区出土的9件人工打制石器鉴定后得出结论：可可西里无人区在2万年前的旧石器时代

晚期有人类活动。

16日 中国扶贫基金会在京召开"扶贫行动"大会，海内外各界人士慷慨捐资捐物用于扶贫。会上，中国扶贫基金会向海内外发出倡议书，呼吁向全国8000万尚未解决温饱的群众伸出援助之手。

△ 第三届国际合唱节在北京开幕。

17—22日 苏梅克—列维9号彗星的21块碎片相继撞击木星，我国8个天文观测站捕捉到彗木相撞重要信息，为开展天体相撞研究提供了珍贵资料。

18—19日 中宣部召开建设有中国特色社会主义理论研究基地工作交流会，会议交流了五个研究基地的工作情况，讨论了下一阶段研究任务和课题。

19日 新华社报道，国务院近日召开有关部门负责人会议，决定建立知识产权办公会议制度，负责研究协调我国关于知识产权的有关问题。

20日 《人民日报》报道：云南省考古人员最近在滇西腾冲县境内发现一处古代文化遗址群，初步认定为新石器时代晚期过渡到青铜器时代中期的村落遗迹，距今已4000年。

20日 新华社报道：江泽民、李鹏、乔石、刘华清分别为甲午战争博物馆和甲午战争100周年题词。

21日 我国"长征三号"运载火箭在西昌卫星发射中心成功地把亚太通信卫星公司的"亚太一号"通信卫星准确送入预定轨道。

21—24日 全国农村精神文明建设座谈会在河南省林州市举行，会议总结交流了各地农村精神文明建设的经验、体会。

22日 全国双拥模范城（县）命名大会在京举行，会上授予136个市（区）县为全国双拥模范城（县），刘华清讲了话，江泽民等会见会议代表并讲话。

△ 299名中小学生获首届宋庆龄奖学金，颁奖大会在上海举行，中国福利会主席黄华等在会上讲话。

25日 《人民日报》报道：陕西考古工作者最近在秦始皇陵东上焦村已发掘的8座陪葬墓的研究中，发现了秦始皇公子、公主被肢解的尸骨，他们是秦末宫廷政治斗争的牺牲品，成为历史的见证。

26日 新华社报道：我国著名考古专家、秦陵博物馆馆长袁仲一经过20年的研究查证，日前终于从已出土的7000余件秦俑的腋窝处和衣裙下，查找到宫欬等85位秦俑作者的姓名，揭开了这一千古之谜。

△《中国教育报》报道：中国学位与研究生教育学会在京成立。

28日 新华社报道：考古工作者最近在雅鲁藏布江流域的高原南部和东部一带，发现了一批西藏远古时代的石棺墓葬。

29日 全国边境文化长廊建设现场会在延吉召开。吉林省珲春市等16个地区和单位受到文化部的表彰和嘉奖。

△ 国家教委、民委等在京联合召开纪念内地西藏班办学10周年座谈会。李岚清在发言中指出，今后还要一如既往地支持西藏发展教育事业，各地各部门对办内地西藏班要有长远的安排和计划。

30日 新华社报道：中国老教授协会第三届代表大会近日在京举行。李鹏为大会题词："献计献策，报国有门。"

8　月

1日 中国科学探险协会欧德力探险队成功登上了长江之源——各拉丹冬雪山顶峰。这是中国人首次征服这座世界著名高峰。

△ 新华社报道：最近发现的赣北陈家墩聚落遗址出土的上百件测量、掘井工具以及汲水器具，是中国最早的测量工具。

3—4日 李岚清在河北主持召开了减轻中小学生过重课业负担、全面提高教育质量座谈会，提出中小学生课业负担过重，难度再大也要尽力解决。

5日 江泽民会见"学科前沿与国家自然科学基金会优先资助领域战略国际研讨会"的部分境外科学家，并同他们进行了亲切的交谈。

△ 新华社报道：《邓小平的历程——一个伟人和他的一个世纪》，日前由解放军文艺出版社出版发行。薄一波题写书名。

△ 新华社报道：我国卫星专家在最近发射的第16颗返回式卫星上试验了全姿态捕获卫星新技术并获得了成功。

△ 中共中央组织部发出通知，要求在新形势下，切实加强以公有制成分为主的股份制企业中党的工作。

6日 青年科技人员黄培劲攻克了杂交水稻制种中"花期花时不遇"和"产量不高不稳"的世界性难题，使大面积制种亩产提高了150公斤。

8—12日 中纪委、监察部在吉林市召开全国纪检监察法规工作座谈会，会议提出反腐败斗争要逐步纳入法制轨道。

9日 由国家计生委宣教司和《中国人口报》社联合举办的全国计划生育"县主任百杰"评选在北京揭晓。100名在计划生育工作中做出突出贡献的县级计生委主任荣获"县主任百杰"称号。

△ 布达拉宫维修竣工庆祝大会在拉萨举行。李铁映代表党中央、国务院专程参加庆典，并发表讲话。大会向有功人员颁发了"布达拉宫维修工程奖章"，宣读了表彰131名有功人员的决定。

10日 周恩来纪念馆在新疆石河子落成。

11日 中国科学院现代地球科学研究中心在北京成立。

14日 新华社报道：任之恭、杨振宁等50位海内外知名科学家，最近联名倡议设立中华国际交流科学基金会。

15日 第三届中国国际民间艺术节在京开幕。李瑞环等出席了开幕式并观看了演出。16个国家的400多位民间艺术家参加了本届艺术节。

△ 新华社报道：在锦州市抗洪救险中以身殉职的张鸣岐、杨晔、张秀和三位同志近日被授予“革命烈士”称号。日前，辽宁省委决定，命名张鸣岐同志为“党的优秀领导干部”。

17日 纪念甲午战争100周年学术研讨会在京举行，刘华清在会上讲话时强调，要坚持开展爱国主义教育，在全民族中牢固树立国防观念，进一步增强民族凝聚力，推动我国现代化建设。

△ 新华社报道：第四届中国新闻奖近日揭晓。共有160件作品获奖。

18—28日 第四届中国艺术节在兰州举行。艺术节中正式演出了32台中外剧目。

19日 为期3天的邓小平理论与广东改革开放研讨会在广州闭会。同日，《邓小平同志您好》摄影展在京举行，共展出邓小平同志参加革命后各个时期的照片110幅。22日，邓小平著作研究系统电脑软件和《邓小平文选》第三卷英文版出版发行。23日，《再造中华辉煌——邓小平纪事》出版。

△ 新华社报道：全国总工会日前发出通知，要求全国各族职工开展“学先进，比贡献，创一流，增效益”活动，以优异成绩迎接全国劳模大会的召开。

21日 敦煌文物保护研究陈列中心落成。日本前首相竹下登、日中友协会会长平山郁夫和李铁映出席了竣工典礼。

22日 香港求是科技基金会在京举行颁奖仪式，奖励吴文俊、邓稼先等10位科学家。李鹏到会讲了话。

△ 建国以来首次全国性民办教师评选——“健风杯”全国十佳优秀民办教师评选在京揭晓。张广森等30位优秀民办教师受到表彰和奖励。李岚清致信祝贺。

△ 国家计生委和全国妇联联合作出决定，授予北京市副市长何鲁丽等100名计划生育女工作者“全国计划生育优秀女工作者”称号。全国妇联同时决定，授予其中10名有突出成绩者“全国三八红旗手”称号。

23—28日 第2届中国长春电影节举行。《重庆谈判》第四部电影获奖，王学圻、潘虹分获最佳男女主角奖；舒适、曹熙分获最佳男女配角奖；张笑天获最佳编剧奖。

25日 李鹏签署国务院令，发布《音像制品管理条例》，自1994年10月1日起施行。

△ 国务院发布《关于中国教育改革和发展纲要的实施意见》，要求各地组织实施。

28日 我国“长征2号E”捆绑式运载火箭成功地发射美国休斯公司为澳大利亚制造的“澳普图司B3”通信卫星。这是长征系列运载火箭第35次发射。

30日 军事科学院研制开发的《邓小平建设有中国特色社会主义理论研究信息系统》在北京通过专家鉴定。

△ 新华社报道：我国航天事业36年来共发射42颗人造卫星，我国航天技术已进入世界航天强国的行列。

31日 第五届中国十杰青年评选在北京揭晓，他们是：王永良、王富龙、张少鸿、李玉虎、姜伟、郭宝印、徐洪刚、谢世梅、谢军、崔桂亮。

△ 中共中央发出《关于进一步加强和改进学校德育教育工作的若干意见》。

9 月

1日 ’94中国国际儿童艺术节在京举行。

△ 国家教委、中国残联在京举行座谈会，提出认真实施《残疾人教育条例》，发展残疾人教育。

4—10日 第六届远南残疾人运动会在北京举行。有42个国家和地区的代表队参赛，共打破或超过98项次残疾人运动世界纪录。中国选手共获得298枚金牌、238枚银牌、148枚铜牌，52项次超世界纪录，名次列奖牌榜首。

6日 最高人民检察院发出通知，要求各级检察机关严厉打击走私、制作、贩卖、传播淫秽物品和非法出版物。

△ 第五届“冰心图书、新作、艺术奖”颁奖大会在人民大会堂举行。

7日 首都各界人士在京隆重集会，纪念《为人民服务》发表50周年。8日，首都纪念毛泽东《为人民服务》发表暨张思德牺牲50周年大会在京举行，江泽民、刘华清、张震题了词。

△ 第十一届中国戏剧“梅花奖”暨首届“二度梅”颁奖。李仙花等获奖。

9日 全国“三育人”（教书育人、管理育人、服务育人）先进个人和优秀教育工会工作者表彰大会在北京召开。全国教育工会授予刘本双等97人全国“三育人”先进个人，授予李福瑞等102人“全国优秀教育工会工作者”称号。

△ 第八届全国发明展览会在青岛举行。

10日 邓小平大型图片展览在京举行，有近400幅珍贵图片突出地表现了邓小平同志的丰功伟绩。17日，《邓小平：领一代风骚的伟人》大型画册出版。23日，《巨人之声——邓小平原始讲话录音》出版，它包括1978年3月至1985年9月的10次讲话。

11日 中央国家机关工委在京召开各部门党组学习中心组理论学习经验交流会，李鹏要求高级干部不断提高决策能力和领导艺术。

△ “’93半月谈思想政治工作创新奖”在京揭晓，本次共评出10名“特等奖”和37名“创新奖”获得者。

13日 《光辉的历程》画册首发式和纪念人民代表大会成立40周年书画展在京举行，乔石等为书画展题词。

15日 首都各界代表在京隆重集会，纪念人民代表大会成立40周年，乔石发表讲话，江泽民、李鹏、乔石分别题了词。

15日 团中央、国家科委联合作出决定，表彰1993年度优秀

"青年星火带头人"，徐长元等10人当选。同时受表彰的还有51个活动组织先进单位。

16日 我国科学家赵玉芬、曹培生最近首次在世界上发现并证明了磷酰化氨基酸是生命起源的种子。

22日 新华社报道，全国总工会和国家经贸委最近联合发出《关于加强社会主义职业道德建设的意见》。

22—26日 全国农村教育综合改革工作会议在唐山举行。李岚清在会上指出，要进一步改革和发展农村教育。国家教委表彰全国农村教改先进单位。

23日 中央党校庆祝新疆民族干部班创办40周年，胡锦涛在会上强调，要大力加强培养少数民族干部。

△ 自8月25日开班的全国大中城市宣传部长研讨班在京结束，丁关根在研讨班上指出，宣传思想战线要牢固树立大局观念。

△ 国家教委发出《关于贯彻〈爱国主义教育实施纲要〉的通知》。

△ 马高亚洲杯"建国45周年体坛四十五英杰"评选揭晓，吴传玉、郑凤荣等获奖。

24日 展示新中国45年来社会发展巨大成就的中国社会发展成就展览会在京开幕。25、27日，江泽民、乔石和李鹏等领导同志先后参观了展览会。

△《共和国领袖的故事》丛书出版，毛泽东手书5幅卷轴发行。

25—28日 中国共产党第十四届中央委员会第四次全体会议在京举行。全会由中央政治局主持，江泽民作了重要讲话。会议集中讨论了党的建设问题，作出《中共中央关于加强党的建设几个重大问题的决定》，并增选黄菊为中央政治局委员，决定增补吴邦国、姜春云为中央书记处书记。

26日 新华社报道：敦煌研究院专家几年的考古研究证实，目前已在100多座石窟内发现有"复层壁画"。

10 月

4日 庆祝中华人民共和国成立45周年大型文艺晚会《祖国万岁》在北京工人体育馆举行。

5—8日 孔子诞辰2545周年纪念会与国际儒学研讨会暨国际儒学联合会成立大会在北京举行，来自世界各地近30个国家和地区的学者出席了会议。

6日 经国务院批准，由国家财政拨专款设立的"国家杰出青年科学基金"正式起动。

8日 共青团中央、全国少工委组织的首届全国"十佳少先队辅导员"及百名"少先队热心支持者"评选活动揭晓，黄美英等获得"十佳少先队辅导员"称号。

8—17日 第六届全国书市在武汉举行。书市期间，订货逾2.2亿元，销售额突破2000万元。

10日 由中国扶贫基金会、《半月谈》杂志社主办的首批十大"扶贫状元"评选活动揭晓，江苏省江阴市华西村党委书记吴仁宝等十人当选。

11日 《人民日报》全文刊登1994年3月我国政府向联合国提交的《中华人民共和国执行〈提高妇女地位内罗毕前瞻性战略〉国家报告》。

△ 第十四届全国电视剧"飞天奖"评选结果在北京揭晓。《大潮汐》等9部电视剧、戏曲片获奖；王志文、左翎分获优秀男女主角奖；肖荣生、普超英分获优秀男女配角奖；李纬、裴艳玲获表演荣誉奖。

△ 中药专家莫以贤教授研究小组采用现代生物技术从海洋动物和高山植物中提取抗癌药物获得成功。

11—17日 "臧克家文学生涯65年"展览在北京举行。中国作协等单位在北京召开了臧克家文学创作研讨会。

12—28日 钱伟长率历史文化名城考察团对苏州等四个历史文化名城进行考察，他强调名城保护要纳入法制轨道。

14日 中宣部和国家教委在北京举行新时期创业精神报告会。陕西延安地区山村小学教师王思明介绍了他艰苦创业的事迹。

△ 秦始皇兵马俑2号坑发掘现场正式向中外人士开放。李铁映为开放典礼剪彩。

15日 第十二届大众电视金鹰奖在京揭晓。《北京人在纽约》等9部电视剧、戏曲片获奖。姜文、王姬分获最佳男女主角奖，六小龄童和刘蓓分获男女配角奖。

17日 全国公安机关严打整治工作会议和纪委书记会议在北京举行，任建新在会上要求各级党委、政府进一步采取有效措施，将严打整治斗争引向深入。

20日 福建省厦门市举行纪念爱国华侨领袖陈嘉庚先生诞辰120周年大会，李岚清代表党中央、国务院在会上发表讲话，并参加集美大学校牌揭幕典礼。

20日 《人民日报》报道：国家教委主任朱开轩近日在全国部分省市"普九"工作汇报会上宣布：北京、上海、天津三个直辖市率先实现普及九年义务教育。会上还提出了我国普及九年义务教育的目标和步骤。

△ 邓小平大型图片展览在香港会议展览中心展出。

21日 霍英东教育基金会第四届高等院校青年教师基金及青年教师奖颁奖仪式在京举行。230名青年教师获此项奖，杨尚昆、霍英东等出席了颁奖仪式。

25日 李硕勋烈士纪念馆在四川高县开馆，江泽民、邓小平、李瑞环、刘华清分别题词。

29日 新华社报道：卫生部长殷大奎日前在黄山开幕的全国寄生虫病防治工作会议上宣布：我国已经在全国范围内基本消灭丝虫病。

30日 新华社报道：国务院最近决定，授予我国文化界、电影界老前辈夏衍"国家有杰出贡献的电影艺术家"称号。当天，李铁映代表党中央、国务院前往医院看望夏衍，并向他致贺。

11　月

1 日　全国冶金系统党建暨劳模表彰大会在北京举行。授予王振华等 481 名同志全国冶金系统劳动模范称号，授予朱静等 21 名同志全国冶金系统先进工作者称号。吴邦国在会上指出加强党建，领导工作一定要到位。

2 日　《邓小平文选》第一卷、第二卷第二版由人民出版社出版，即日起在全国发行。当日，中共中央办公厅转发中宣部和中组部关于学习《邓小平文选》第一、二卷的通知，要求切实加强对学习的领导，结合实际，抓好落实。10 日，电子版《邓小平文选》问世。

5—11 日　第三届中国金鸡百花电影节在长沙举行。8 日，第十四届中国电影金鸡奖和第十七届《大众电影》百花奖评选揭晓。《凤凰琴》获"双奖"的最佳故事片奖；李保田、潘虹分获"双奖"的最佳男女主角奖。

△　第二届"中国青年科学家奖"在北京揭晓。王诗宬等 10 人获奖。

9 日　新闻出版署发出通知要求加强挂历出版销售管理，并对 12 种违反出版规定的挂历进行了严肃处理。

△　中组部发出《关于坚决防止和纠正选拔任用干部工作中不正之风的通知》。

10 日　第四届"文华奖"在北京颁奖。《西厢记》、《山歌情》、《大河谣》三部地方戏曲获得本届文华大奖。另有 25 个剧目、节目荣获"文华新剧目奖"、"文华新节目奖"，72 名艺术家荣获文华各单项奖。

11 日　中宣部、新闻出版署在京举行表彰大会，表彰了人民文学出版社等 15 家优秀出版单位。

△　首届"曹禺戏剧文学奖"在人民大会堂颁奖。《山歌情》、《大河谣》等 14 部作品获奖。

13 日　由团中央和中国青年企业家协会联合举办的第四届"全国杰出(优秀)青年企业家"评选活动揭晓。被评为杰出青年企业家的是：王林祥、王峰、冯绍怀、孙金龙、吴志剑、吴应禄、赵志全、陈志怀、郑万河、曾庆荣。另有 89 人被评为优秀青年企业家。

13—15 日　第二届全国乡镇企业表彰会在京召开。1000 名乡镇企业家受到表彰，其中 10 名获中国乡镇企业功勋殊荣，100 名荣膺全国优秀乡镇企业家称号；并表彰了 1000 家最佳经济效益乡镇企业、190 个乡镇企业供销系统先进集体和 661 名先进个人。

15 日　全国老龄宣传工作会议在昆明举行，会议提出全社会要高度重视人口老龄化问题，为老龄事业发展创造良好的舆论环境。

△　邓小平题名的"邓宝珊将军纪念亭"在甘肃省天水市南郭寺森林公园落成。

18 日　《邓小平大型图片展》在澳门展览中心展出，澳督韦奇立等参加开幕仪式。

21—24 日　全国党史研究室主任会议、中共党史学会第四届理事会议在北京举行，胡锦涛在会上强调要十分重视党史工作，以史鉴今，以史育人。

23 日　中宣部、总政治部发出通报，表彰军民共建精神文明先进单位。

24 日　著名京剧表演艺术家叶盛兰 80 周年诞辰纪念活动在京举行。

26 日　新华社报道：我国迄今保存最完好的隋唐宫殿遗址，最近在陕西省麟游县被发掘出来。

30 日　我国新研制的"东方红三号"通信卫星由"长征三号甲"运载火箭送入太空，卫星顺利进入地球同步转移轨道。

12　月

1 日　新华社报道：中纪委等单位联合发出通知，要求采取有力措施，保护执纪执法办案人员的合法权利，保证反腐败斗争顺利进行。

2 日　新华社报道：国务院纠风办、国务院外事办发出通知，要求严格控制各类学会、协会等单位组织公费出国（境）考察、培训，坚决持久地刹住假借名义用公费变相出国（境）旅游的不正之风。

△　新华社报道：中央办公厅、国务院办公厅近日联合发出《关于加强和改进书报刊影视音像市场管理的通知》。

3 日　新华社报道：我国卫星通信事业发展迅速，目前已开通了近 8000 条国际线路，可直接或间接与世界 48 个国家和地区通信联系。

5 日　中国青年志愿者协会在北京成立，胡锦涛向大会致贺信，荣毅仁出席大会并讲话。

△　中共中央、国务院发布《关于加强科学技术普及工作的若干意见》。

△　全国第二次消灭脊髓灰质实验化免疫日活动在全国各地展开。李鹏总理等到接种点为 4 岁以下的儿童喂服疫苗。

9 日　中共中央举办法律知识讲座，江泽民、乔石、李瑞环、刘华清、胡锦涛等听取第一讲。江泽民在讲座开始前讲话指出，各级领导干部必须学习和掌握法律知识。

11 日　西藏自治区党委宣传部、自治区团委命名江孜宗山抗英遗址、山南烈士陵园为首批"西藏青少年爱国主义教育基地"。

14 日　由中宣部、中央党校、中央文献研究室等联合在北京召开学习《邓小平文选》和建设有中国特色社会主义理论研讨会。

17 日　首届全国优秀中青年图书编辑奖评选揭晓，解放军文艺出版社董保存等 105 位中青年图书编辑获奖。

18 日　由共青团中央、国家科委、中国科协联合开展的首届"全国青年科技标兵"评选活动揭晓，贺福初等 100 名青年获"全国青年科技标兵"荣誉称号。

19 日　新华社报道：1994 年

中国红十字会向遭受洪水灾害的22省灾区提供了从境内外募集的总计1.65亿元款物的援助，灾区550万群众受益。

△ 中央军委隆重举行《聂荣臻传》出版发行暨纪念聂荣臻诞辰95周年座谈会。

20日 梅兰芳、周信芳先生诞辰100周年纪念活动在京正式拉开帷幕，江泽民、李瑞环等出席了当晚的纪念演出开幕式。21日晚，盛大的纪念梅兰芳、周信芳诞辰100周年京剧演出在京开幕。24日，首都戏剧界知名人士200人举行缅怀梅兰芳、周信芳座谈会。

21日 第四届中国新闻奖和第二届范长江新闻奖颁奖大会在京举行。160篇作品获中国新闻奖，其中一等奖16篇，二等奖49篇，三等奖95篇。徐福铎等11名记者获范长江新闻奖，丁帮英等30人获提名奖。

△ 第八届中国图书奖在京揭晓。《毛泽东之路书系》等91种1993年出版的图书获奖。

△ 湖南师范大学出版社出版的《鲁迅语录》，以长77.5厘米，宽54.5厘米之巨在'94首届广东文学节展出，吉尼斯世界纪录中国总部为该社授予了"最大出版物"证书。

22日 中组部下发《关于进一步整顿软弱涣散和瘫痪状态党支部的意见》。

22—24日 全国软科学工作会议在北京举行。23日，中国软科学研究会在北京成立。

22—26日 全国跨世纪青年人才群英会在京举行，胡锦涛出席并讲话。江泽民、李鹏、乔石、李瑞环等会见与会代表。

23日 《胡乔木回忆毛泽东》、《胡乔木文集》第三卷由人民出版社出版。

25日 全面记述毛泽东军事活动的编年体著作《毛泽东军事活动纪事》出版。

27日 《人民日报》报道：近年来，以"银河"仿真系列计算机为代表，我国计算机仿真高技术在国防和国民经济建设中的应用已达到当今国际先进水平，创效益近10亿元。

28日 全总表彰全国职业道德标兵，决定授予朱莲香等10名同志"全国职业道德标兵"称号；授予刘媛媛等20名同志"全国职业道德先进个人"称号。

1995年

1 月

1日 "'95中国民俗风情游"在京隆重开幕。国务院副总理钱其琛、全国人大副委员长陈慕华出席了开幕式。

10日 北京天文台台长李启斌宣布：北京天文台兴隆观测站在银河系外发现一个比2000亿个太阳还要亮的类星体，这是中国天文学家第一次发现这种看起来像恒星的神秘天体。

△ 中纪委、监察部在北京召开新闻工作座谈会，提出加强反腐败新闻舆论力度。

12日 何梁何利基金首届颁奖大会在人民大会堂举行。钱学森等4位著名科学家获何梁何利基金优秀奖，陈景润等20位著名科学家获何梁何利基金奖。李鹏等出席大会并为24位科学家颁奖。

15日 贵州省在遵义市集会纪念遵义会议60周年。17日，北京举行了纪念遵义会议60周年座谈会，胡锦涛在会上讲了话，江泽民、李鹏、李瑞环、朱镕基、刘华清等出席。

△ 中宣部、国家教委与《人民日报》联合举办的"百部爱国主义影视片知识竞赛"颁奖。

16日 国家教委召开全国教育工作电话会议，强调落实基础教育和基本扫除青壮年文盲为1995年工作的"重中之重"。

△ 国务院召开知识产权执法新闻发布会，强调当前执法重点是查处音像制品、计算机软件和书刊的盗印盗版。

17日 西藏自治区在布达拉宫举行大会，庆祝布达拉宫新近被联合国教科文组织列入《世界文化遗产名录》。

17—21日 全国新闻出版局长会议在京举行。于友先指出，出版物是特殊商品，不能交给市场去调节，要进一步加强和改进出版工作。

18日 《人民日报》报道：香港知名实业家邵逸夫先生第八次向内地教育界捐赠巨款仪式，日前在香港举行。

△ 由300多位中国科学院院士、中国工程院院士参加投票，评选出1994年中国十大科技新闻。

△ '94中华环保世纪行活动总结会在京举行。1995年这项活动继续进行，并以"珍惜自然资源"为主题。

20日 中美联合考古队在河南省商丘地区连续发现仰韶时期墓葬。

△ 希望工程第三次社会监督日新闻发布会在京举行。会议宣布希望工程5年救助失学儿童百万名，接受海外捐款3亿多元。

△ 中央社会治安综合治理委员会在京召开全体会议，提出要加大社会治安综合治理力度，最大限度预防和减少违法犯罪。

20—23日 中纪委第5次全体会议在京举行，会议回顾总结中纪委三次全会以来反腐败斗争进行情况，研究部署1995年深入开展反腐败斗争的工作，并发表了全体会议公报。23日，江泽民发表了重要讲话。

21日 内蒙古发现辽代女贵族墓壁画。

2 月

1日 中央台办、国务院台办负责人就江泽民春节前夕关于台湾问题的重要讲话发表谈话，希望台湾当局以大局为重，共同开创两岸关系新局面。2日、3日，台盟、台联、政协祖国统一联谊会、中国侨联等就江泽民关于台湾问题的重要讲话召开座谈会，一致认为江泽民的讲话体现了中国共产党和中国政府解决台湾问题，实现祖国统一的决心和诚意。

6、15日 《我的父亲邓小平》法文版和英文版分别在法国、美国出版发行。

6日 由中宣部等单位联合组织的建国以来首次“送书下乡”活动在川南珙县巡场镇拉开帷幕。这次活动共展出各类图书3000多种。

7日 总政治部发出通知，要求全军深入开展学雷锋、学苏宁、学徐洪刚活动。

12日 精神文明建设的优秀作品《新三字经》由广东教育出版社出版。

13日 国家教委召开减轻中小学生过重课业负担、加强各项竞赛活动管理座谈会。

14日 国家教委宣布列入1994年度《跨世纪优秀人才计划》的高校年轻新秀名单，北京大学张继平、清华大学杨卫等77人入选。他们的平均年龄为38岁。

14日 “中国12亿人口日”大会在京召开，邹家华在会上发表讲话，强调要高度重视人口和计划生育问题。

15日 国务院在京召开第三次反腐败工作会议，李鹏在会上强调，反腐败斗争是关系党和国家前途命运的大事。

19日 《人民日报》报道：1994年全国十大考古新发现日前在京评选揭晓。三峡工程淹没区考古、汤山旧石器时代地点等入选。

21日 中国十大杰出女性评选活动揭晓。她们是：岳喜翠、牛玉琴、叶叔华、刘志华、罗玲、韩玉玲、桂桑、赵雪芳、朱莲香、游景玉。

22日 新华社报道：陕西省考古研究所日前在咸阳平原上发掘出北周武帝和皇后合葬的孝陵，这是北周5个帝陵的首次发现，为北周史提供了重要的实物资料。

24日 空军领导机关表彰10个学雷锋先进单位和10名学雷锋标兵。

25日 三峡工程文物保护规划工作会议发布：三峡库区发现文物点1208处，其中地面文物441处，地下文物767处。

△ 为西藏选派干部工作会议在京召开，近期将选派1000名领导骨干和专业技术骨干进藏工作。

26日 第四届中国青年科技奖在北京颁奖，100名优秀科研人员获得证书和奖杯。

27日 李岚清在北京举行的部分教育工作者座谈会上讲话时强调，一定要解决中小学生课业负担过重的问题，让少年儿童生动活泼、主动地得到全面发展。

3 月

1日 陈俊生在全国绿化委员会第14次全体（扩大）会议上要求各地继续加快造林步伐。国务院决定，表彰一批先进省、地、市、县、乡、村。

2日 国家统计局最新统计表明，1994年我国人口增长速度稳中有降。全年人口出生率为17.7‰，死亡率为6.49‰，自然增长率为11.21‰。

9日 国务院办公厅发出《关于进一步做好知识产权保护工作的通知》。

10日 首次“五个一工程”作品征文在京颁奖。杨志今、薛若邻等9人分别获得征文一、二、三等奖。

△ 《邓小平论祖国统一》一书出版。

12日 由中国藏学研究中心出版的藏文《中华大藏经·丹珠尔》对勘本第一部在人民大会堂举行首发式。《大藏经》是由《甘珠尔》、《丹珠尔》两大部分组成的具有百科全书性质的巨著。

18日 中国队在马尼拉举行的亚洲女垒锦标赛中夺得冠军，从而实现了“三连冠”。

△ 《中华全景百卷书》出版。

20日 1994年全国十佳运动员评选揭晓。他们是：莫慧兰、王涛、王军霞、李小双、乐靖宜、王义夫、钟焕娣、郑海霞、谈舒萍、戴国宏。莫慧兰同时获得“彪马体育之星”最高荣誉奖。

△ 中国青少年发展基金会推出了向贫困山区学校捐赠图书的“希望书库”。冰心任编委会主任委员。

22日 民政部、总政治部授予韩素云“优秀军人妻子”荣誉称号命名大会在南宁举行，并向韩素云颁发荣誉证书和授予二级英模奖章。

23日 弘扬爱国精神，传播中华文明的丛书《中华人物故事全书》由中国少年儿童出版社出版。

30日 《人民日报》报道：民政部近日确定李大钊烈士陵园等100处烈士纪念建筑物为民政部第一批爱国主义教育基地。

31日 《中国古籍善本书目》编纂完成。

4 月

1日 外文出版社出版的《小平您好》大型摄影画册（汉英文版）出版发行。《邓小平大型图片展览》在美国旧金山中华文化中心开幕。

△ 全国“青年文明号”命名授牌大会在人民大会堂举行，福州市公安局交警支队鼓楼大队五四岗等509个优秀青年集体荣获“青年文明号”称号。

3日 江泽民、丁关根和首都1000多名观众出席在京举行的纪念民族音乐家刘天华诞辰100周年音乐会。

4日 北京市公安局、公安部政治部在京举行崔大庆、甘雷同志命名表彰大会。5日，甘雷光荣入党。11日，北京市中级人民法院召开宣判会，将杀害崔大庆烈士的凶手于根柱押赴刑场，执行枪决。25日，新华社报道：共青团中央授予崔大庆等11位同志为“见义勇为英雄”和“全国新长征突击手”称号。

5日 上海龙华烈士陵园正式开放。邓小平为龙华烈士陵园题写了园名,江泽民、陈云分别题词、题写馆名。

7日 新华社报道:中纪委、监察部日前作出决定,追授勇斗歹徒壮烈牺牲的四川省武隆县巷口镇纪委书记杜家华为"全国优秀纪检干部"。四川省政府召开表彰会,追认杜家华同志为革命烈士并追记一等功。

7日 《人民日报》发表向孔繁森同志学习的社论。14、15日,中组部、中宣部、解放军总政治部先后发出了关于开展向孔繁森同志学习活动的通知。24日,孔繁森被追认为全国先进工作者。30日,江泽民向全党全国发出了向孔繁森同志学习的号召。在京的各中央直属机关、国家机关及解放军三总部先后分别举行孔繁森事迹报告会。

10日 第12届(1994年度)中国戏剧"梅花奖"评奖在京揭晓,陈霖苍等20名演员获奖,黑龙江的白淑贤成为第二次获该奖的人。

12日 十三世嘉雅活佛转世灵童洛桑巴旦曲杰旺秀坐床典礼在西宁藏传佛教圣地塔尔寺的九间殿广场举行。从当天起,洛桑巴旦曲杰旺秀正式成为塔尔寺第十四世嘉雅活佛。

14日 1994年度国家杰出青年科学基金资助证书颁发仪式及座谈会在京举行。陈永川等49位青年学者首次获得资助。

△ 《中国教育报》报道:国家教委、民政部、中国残联日前决定通报表彰在1994年发展特殊教育,特别是残疾儿童少年义务教育方面取得显著成绩的197个县、市、区。

△ 《科技日报》报道:经过中外考古专家近10年的研究,溧阳上黄"第三纪古生物裂隙堆积"之谜被揭开,证明高级灵长类的祖先在中国。

17日 首都举行《马关条约》签订100周年座谈会,吴学谦主持座谈会。座谈会回顾了百年来中华民族经历的兴衰荣辱,展望两岸关系发展和祖国统一大业的前景。

22日 《毛泽东在七大的报告和讲话集》出版,并在全国各地陆续发行。23日,延安党政军领导和各界群众2000多人在杨家岭集会,纪念七大召开50周年。

25日 《科技日报》报道:我国首架超音速无人驾驶飞机日前在兰州试飞成功,标志着我国无人驾驶飞机的研制跨入了世界先进行列。

28日 新华社报道:中宣部、新闻出版署近日联合推荐18种重点书目,作为"纪念中国抗日战争暨世界反法西斯战争胜利50周年重点图书"。

29日 庆祝"五一"国际劳动节暨全国劳动模范和先进工作者表彰大会在北京举行,江泽民发表重要讲话。会上,邹家华宣读了《国务院关于表彰全国劳动模范和先进工作者的决定》。同日,国务院决定授予郭玉明等2157名同志全国劳动模范荣誉称号,授予罗玲等716名同志全国先进工作者荣誉称号。

5月

2日 卫生部等单位在京联合召开"全社会都来关注消除碘缺乏危害"座谈会,彭珮云强调全社会都来关心消除碘缺乏危害。4日,中国关心下一代工作委员会等在京联合召开'95消除碘缺乏危害宣传日座谈会。5日,以"1995年基本实现全民食盐加碘"为主题的防治碘缺乏病宣传日活动在全国各地展开。

4日 北京举行18岁成人仪式,李岚清出席仪式并讲话。

6日 《中共中央国务院关于加速科学技术进步的决定》发布。

△ 中国北极科学考察队胜利抵达北极点,获取大量科研数据和样品,为北极科学研究积累了珍贵资料。

6—11日 全国农村文化暨文化先进县工作会议在湖北举行。34个文化先进县受到文化部的表彰。

8日 中央主要新闻单位首次各专栏、各节目的评选在京揭晓。《焦点访谈》、《今日谈》、《午间半小时》等节目获奖。

10日 首都第五次"全国助残日"座谈会在京举行。同日,中宣部、中直机关等20几个部委发表了"一助一,送温暖"助残扶贫倡议书。12日,彭珮云代表国务院看望残疾人贫困户。

11日 《人民日报》报道:我国首台载人磁悬浮列车近日在国防科技大学研制成功。我国成为世界上第六个研制成功磁悬浮列车的国家。

12日 首都举行孔繁森文集、画册及挂图出版座谈会,胡锦涛为《领导干部的楷模——孔繁森》一书作了序言。

△ 全国妇联、农业部联合在人民大会堂举行首届全国优秀女乡镇企业家表彰会,表彰112名优秀女乡镇企业家和10名女乡镇企业家标兵。

15日 奥林匹克勋章授勋仪式在人大会堂举行。国际奥委会主席萨马兰奇向霍英东、粟树彬、郑凤荣授勋。

△ 第五届文华奖在京颁奖。《三醉酒》、《旮旯胡同》等6个剧目获大奖。

16日 由中宣部等单位联合主办的优秀残疾人事迹报告会在京举行。同日,李瑞环会见优秀残疾人代表,对他们自强不息的精神表示敬意。

△ 中央国家机关精神文明建设及综合治理工作会议在京举行。

17日 全国劳模报告团首场报告会在京举行,尉健行出席报告会。

18日 《人民日报》报道:今年1至3月,全国各级检察机关共立案侦查贪污贿赂等经济犯罪案件11818件,向人民法院提起公诉上述各类案犯5741人,为国家和集体挽回直接经济损失4亿余元。

△ 为纪念世界反法西斯战争和中国抗日战争胜利50周年,文化部举办"重走长征路"活动。

△ 四川绵阳发现大型西汉木椁墓,出土木胎马车方阵、植物种子等。

21日 中宣部、国家教委等联合发出《关于向全国中小学推荐百种爱国主义教育图书的通知》。

22—25日 全军思想政治建设座谈会在京举行,会议部署了进一步落实江泽民的重要指示,强调把思想政治建设摆在全军各项建设首位。

23日 国家科委正式发布《中华人民共和国第6号科学技术白皮书》。

24日 中央办公厅、国务院办公厅发出《关于党政机关县(处)级以上领导干部收入申报的规定》的通知。

25日 新华社报道:中共中央近日发出关于印发《邓小平同志建设有中国特色社会主义理论学习纲要》的通知。25、26、29日,《邓小平同志建设有中国特色社会主义理论学习纲要》、《邓小平建设有中国特色社会主义论述专题摘编》(新编本)和《邓小平建设有中国特色社会主义理论新探》(电工版本)先后出版发行。

26—30日 全国科学技术大会在京举行。江泽民、李鹏等党和国家领导人出席了开幕式并发表重要讲话,号召全国人民投身于实施科教兴国战略的伟大事业中。

29日 新华社报道:中纪委近日发出关于《关于国有企业领导干部廉洁自律"四条规定"的实施和处理意见》的通知,要求各地各部门遵照执行。

△ 新华社报道:中组部最近发出通知,要求组织党员干部学习收看录像片《领导干部的楷模——孔繁森》。

6 月

1日 新华社报道:国务院、中央军委授予中华人民共和国红其拉甫边防检查站"模范边防检查站"荣誉称号。李鹏总理和中央军委主席江泽民签署了这项命令。

1—4日 中国少年先锋队第三次全国代表大会在京举行,胡锦涛代表中共中央、国务院向大会致祝词。会议通过了工作报告和关于《中国少年先锋队章程修正案》的决议,选举产生了第三届全国工作委员会,表彰了150个先进集体,向1500个雏鹰大队奖授了大队旗,向1000名优秀少先队员颁发了一级雏鹰奖章,表彰了150名全国优秀少先队辅导员。

4日 林则徐铜像在福州落成。

5日 国家环保局、国家教委在京联合召开全国环境教育表彰大会。

△ 武汉市大兴路小学红领巾环境观测站获得1995年度"全球500佳"光荣称号。

6—9日 全国扶贫开发工作会议在京举行。国务院要求从1995年起,必须以每年解决1000万以上贫困人口温饱问题的速度,推进扶贫开发。

7日 文化部发出《关于加强音像市场管理,进一步做好知识产权保护工作的通知》。

△ 我军第一部比较完整、系统的大型烈士传丛书《解放军烈士传》出版。

8日 老一代女新闻工作者表彰会在京召开。有70多位新闻工龄50年以上的老大姐受表彰。

11日 新华社报道:我军参加过抗战的老红军、老八路,目前健在的尚有近5万名,其中受到各级领导机关表彰的达3500多名。

12日 中国科协设立的青年科学家论坛在京成立。宋健、吴阶平等担任顾问。

13日 为期40天的全国出版社社长、总编、书店经理培训班结业。标志着我国出版发行业持证上岗制度开始实施。

△ 由首都青年记协组织的走出贫困的脚步声"大型采访活动"拉开帷幕。

13日 中共中央举行《陈云文选》(1—3卷)、《陈云》画册出版发行暨纪念陈云同志诞辰90周年座谈会。

14日 首都大学生《黄河大合唱》万人演唱会在京举行。胡锦涛等领导同志出席了演唱会。

14—17日 全国纪检监察机关执法监察工作会议在京举行,尉健行在会上强调,要严查大案要案狠刹公款吃喝玩乐歪风。

15日 新华社报道:国务院办公厅最近转发人事部等四部委《关于培养跨世纪学术和技术带头人的意见》,要求各地认真贯彻执行。

△ 由文化部等单位主办的纪念徐悲鸿诞辰100周年活动在京开幕。14日,江泽民、乔石等参观徐悲鸿纪念画展。16日,首都文艺界纪念徐悲鸿诞辰100周年纪念大会在人民大会堂举行。

21日 《人民日报》报道:先秦大型铁质半月古币,最近在西安被发现,不仅填补了先秦无铁币的空白,而且将钱币铸造的历史提前了一个世纪。

△《人民日报》报道:大型图书《英藏敦煌文献》1—14卷最近在四川出版。

23日 国家禁毒委员会全体会议在京举行。

25日 全国检察长座谈会在福州举行,全国各级检察机关坚持"严格执法,狠抓办案"的工作方针,把查办大案要案特别是领导干部犯罪的要案作为反腐败斗争的重中之重,查办了一批在全国有影响、震动大的要案、难案、串案、窝案。

27日 中央军委在京举行《八路军》卷、《新四军》卷出版座谈会,刘华清在会上讲话。

28日 《中国人民解放军第一野战军史》出版首发式在京举行。刘华清出席首发式,并代表中央军委表示祝贺。

△ 中央组织部作出关于追授孔繁森同志模范共产党员、优秀领导干部"称号的决定。

△ 新华社报道:"第5届中国新闻奖"评选近日揭晓,150件作品获奖。

△《全民健身计划纲要》实

施动员大会在京举行。李铁映在会上讲话时对实施纲要提出五点要求。

29日 中央政法委、中央综治委向交通部并转山东烟台港公安局发出慰问信，表彰5月23日在烟台市追捕持枪歹徒中牺牲的顾正泽、王德利、孙国明、牟彦峰四名干警。

△《人民日报》报道：中国联合国教科文组织和国家文物局联合在京举行世界遗产证书颁发仪式，西藏布达拉宫、承德避暑山庄等被列入《世界遗产名录》。

30日 中组部在京召开优秀县（市）委书记表彰大会，表彰了100名有突出贡献的县委书记，江泽民在会上发表重要讲话。

7 月

3日 中国科技馆、中国科协等单位决定以筹资方式在中国科技馆内为我国历代杰出的科学家、发明家建立雕像群。

4日 新华社报道：中共中央决定，由中纪委对陈希同同志的问题进行审查。同日，新华社报道，中纪委及有关部门，对原中共北京市委常委，北京市副市长王宝森的经济犯罪问题进行了深入调查，现已查明，王宝森在任职期间，滥用职权，大肆侵吞、挥霍、挪用公款，腐化堕落，是一个犯有严重经济罪行的腐败分子。经中共中央批准，中纪委决定，开除王宝森的党籍。同日，北京市人大常委会决定，撤销王宝森的北京市副市长职务。同日，北京市委召开区县局党员领导干部大会，尉健行在会上传达了关于王宝森主要违法犯罪事实查处情况和中央决定对陈希同同志的问题进行审查的通报。

6日 《邓小平论新时期党风廉政建设》（增订本）出版。

7日 新华社报道：在纪念抗日战争胜利50周年之际，中央军委发布命令，授予北京军区和济南军区10名老红军、老八路红星功勋荣誉章或独立功勋荣誉章。至此，全军参加过抗日战争的老红军、老八路已有57394人分别获得这两种功勋荣誉章。

9日 第六届（1994年度）孙冶方经济科学奖颁奖大会在京举行。6部著作、14篇论文获奖。

10日 全国科技兴县工作现场会在山东淄博举行。我国已有166个县（市）被评为科技工作先进县。

10—13日 第五次全国高校党建工作会议在北京举行。11日，李鹏会见与会代表，提出通过改革发展高教事业。13日，李岚清在会上强调加强高校思想组织作风建设。

13日 《邓小平新时期执政党建设论述（专题摘编）》出版。

17日 新华社报道：民政部、总政治部日前作出决定，授予广东省汕头市潮阳井都镇妇女姚慈贤"爱国拥军模范"荣誉称号，并号召全国军民学习姚慈贤。25日，民政部、总政治部授予姚慈贤"爱国拥军模范"荣誉称号命名大会在广东省汕头市举行。

18日 解放军总政治部在京举行《中国抗日战争纪实》丛书发行仪式，江泽民题写书名，刘华清，张震等出席发行仪式。

20日 全国青少年"热爱祖国，做'四有'新人"读书教育活动表彰大会在京举行。

△ 有关爱国主义和国情教育的大型史料图书《旧中国大博览》由科普出版社出版。

25日 中宣部等联合举行报告会，强调要认真学习《邓小平同志建设有中国特色社会主义理论学习纲要》，深入研读邓小平著作。

△《人民日报》报道：在秦始皇陵附近，最近发掘出一处大型陵寝建筑遗址，它是继兵马俑、铜车马之后的又一重大发现。

26日 中宣部、公安部、国家民委在京联合举办赛尔江烈士英雄事迹报告会，国家民委在会上宣布追授赛尔江"全国民族团结进步模范"称号。27日，中宣部等举行公安系统英雄事迹座谈会。同日，陈慕华会见了赛尔江烈士和崔大庆烈士的妻子。

26—28日 中国科协第二届青年学术年会在京举行。26日上午，江泽民接见与会代表，勉励他们为科教兴国奉献聪明才智。28日，人事部邀请与会的部分海外留学人员代表座谈，同日，会议向海内外华人青年倡议积极投身科教兴国伟业。

30日 中纪委、监察部近日在京召开中央和国家机关落实两项规定检查动员会，决定派出11个检查组赴50个中央和国家机关单位，对贯彻、落实中央纪委第五次全会和国务院反腐败工作会议精神的情况进行督促检查。

△ 中国青年女排获得第八届世界青年女排锦标赛冠军。

△ 中国女篮在第16届亚洲女篮锦标赛中，第四次蝉联冠军。

31日 《中国教育报》报道：国家教委等7部门最近共同颁发了《少年儿童校外教育机构工作规程》。

8 月

1日 为纪念红军长征经过冕宁暨彝海结盟60周年而建造的"彝海结盟纪念碑"落成。江泽民题写碑名。

1—31日 文化部在全国开展"全国文化市场集中执法期"行动，打击文化市场中的违法经营活动。

2日 《人民日报》报道：原湖北省副省长陈水文利用公款参与假借法人名义购买和炒卖法人股票，违反了领导干部廉洁自律有关规定。近日经党中央、国务院批准，中央纪委、监察部分别决定给予陈水文撤销其中共湖北省委委员、省政府党组成员和副省长职务的处分。7月28日，湖北省人大常委会作出决定，撤销陈水文湖北省副省长职务。

5日 中国九段棋手马晓春在东京获得第八届世界围棋锦标赛冠军。这是中国棋手首次获得这项赛事的冠军。

6日 新华社报道：人事部近日发布《国家公务员奖励暂行规

定》,自发布之日起施行。

7日 新华社报道:国务院近日全文印发《中国妇女发展纲要》(1995—2000年),并发出通知,要求各省、自治区、直辖市人民政府,国务院各部委、各直属机构认真贯彻执行。

7日 北京、上海两市和铁道部、国内贸易部等五部委与光明日报社确定了窗口行业禁用的50句“服务忌语”,以净化服务用语,提高服务质量。

△ 展现中国1894年至1994年政治、军事、经济、文化和社会生活等各方面历史变迁的《图片中国百年史》一书由山东画报出版社出版。

10日 全国慈善工作经验交流会在上海首次召开。

13日 上海淞沪抗战纪念馆在宝山友谊公园奠基。

14日 我国宗教界纪念世界反法西斯战争和中国抗日战争胜利50周年座谈会在全国政协礼堂举行,赵朴初代表中国宗教界宣读《中国宗教界和平文告》。

△ 新华社报道:解放军总政治部发出通知,要求全军各有关部门在纪念抗战胜利50周年期间开展走访慰问抗战老战士活动。15日,新华社报道:解放军三总部、北京军区及驻京大单位许多参加过抗战的老干部纷纷到卢沟桥、焦庄户、潘家峪和八路军总部所在地等抗战纪念地,向年轻官兵讲述抗战历史。兰州、成都、沈阳和东北三省、济南、南京、广州军区等以不同形式纪念抗日战争和世界反法西斯战争胜利50周年。

17日 《中国教育报》报道:国家教委召开主任办公会,专题研究扫盲工作,朱开轩提出整个教育战线都要重视扫盲,进一步推动扫盲工作。

18日 新华社报道:孔繁森小学校在西藏阿里命名。李岚清为该校题词。同日,由中国人民革命军事博物馆捐赠给孔繁森小学的孔繁森塑像捐赠仪式在京举行。

19日 《中国教育报》报道:国家教委发出《贯彻〈全民健身计划〉意见》的通知,要求各地结合实际贯彻落实。

20日 由中央政策研究室和中央组织部共同召开的“学习邓小平新时期执政党建设理论”座谈会在京举行,会议强调要建立一支过硬的政法队伍。

21—23日 全国农村题材文艺创作会议在长春召开。会议提出要强化精品意识,使农村题材的文艺创作迈上新台阶。

22日 新华社报道:全国边境广播电视建设工作会议在乌鲁木齐结束。会议透露,我国边境地区广播电视网初具规模,会议还表彰了18个先进单位和32名先进个人。

23日 国务院新闻办公室发表《中国的计划生育》白皮书。

24日 《续修四库全书》出版座谈会在京举行。首批40册已由上海古籍出版社影印出版,共包括232种书。

25日 “中国警界女十杰”评选揭晓,十杰为:李玉芬、张雅君、格日乐、袁玲、杨学琼、辛彩霞、王思琴、刘玉琴、倪宝蓉、林玉琴。

27日 新华社报道:第五届中国电影表演艺术学会奖颁奖大会在乌鲁木齐市举行。潘虹、周里京等20名演员获得本届学会奖;田华、谢芳等9人获得本届学会特别奖;阿比江·阿不都拉获学会鼓励奖。

△ 北京市教育局、北京圆明园学院和首都15所重点中学在人民大会堂为来自15个革命老区的60名学生举行开学欢迎仪式。圆明园学院为这60名学生的总监护人。

29日 江泽民签署主席令,发布《大气污染防治法》和《体育法》,二个法分别于8月29日和10月1日起施行。

30日 《健康报》报道:我国青年博士徐砺新在世界上首次获得被认为与肝细胞生长调控及癌变有关的新基因的全长编码信息序列。8月中旬,该序列被国际基因数据库正式收录。这是目前中国人发现的人类自然基因首次进入世界基因库。

31日 新华社报道:《邓小平文选》(全三卷)线装本已由线装书局出版,并于9月1日起在全国发行。

9月

1日 西藏各族各界3万多人在拉萨隆重集会,庆祝西藏自治区成立30周年。中共中央、全国人大常委会、国务院、全国政协、中央军委发去贺电。以吴邦国为团长的中央代表团出席大会。1日下午,中央代表团参观布达拉宫并慰问了驻藏部队和武警、公安政法战线的代表。2日,中央代表团向西藏宗教界赠送贺幛、礼品并发放布施。3日,中央代表团副团长王兆国等同西藏民族、宗教界爱国人士座谈。

△ 九三学社纪念建社50周年大会在京举行,乔石出席大会并宣读中共中央的贺词,江泽民、李鹏、乔石、李瑞环分别为九三学社建社50周年题词。

△ 中央统战部邀请海内外抗日将领、爱国人士及亲属在京举行纪念抗日战争胜利50周年座谈会,李瑞环等亲切会见与会人员。同日,延安各界集会纪念抗战胜利50周年。同日,新四军“苏南抗战胜利纪念碑”落成。4、5日,香港、澳门各界庆祝抗战胜利50周年。

△ 《今日世界妇女》图片展在北京开幕,李鹏为展览题名。

2日 首都隆重举办纪念抗日战争暨世界反法西斯战争胜利50周年大型文艺晚会《光明赞》,江泽民、李鹏、乔石、李瑞环、朱镕基、刘华清、胡锦涛、荣毅仁观看演出,100名抗日老战士和首都各界代表及外国友人约万人参加了晚会。

3日 首都各界在人民大会堂隆重举行抗日战争暨世界反法西斯战争胜利50周年大会。李鹏主持会议,江泽民发表重要讲话。同日,首都各界向人民英雄纪念碑敬献花篮。

4—15日 联合国第四次世

界妇女大会在北京举行。会议选举中国全国人大常委会副委员长、世妇会中国政府代表团团长陈慕华任大会主席。会议以"以行动谋求平等、发展与和平"为主题,以"教育、健康、就业"为次主题。197个国家和地区的代表以及国际组织、非政府组织的代表就消灭贫困、制止战争、制止对妇女施行暴力、消除男女不平等等问题展开了热烈的辩论,取得了较为一致的意见。会议通过了《北京宣言》和《行动纲领》,敦促各国政府作出政治承诺,用行动消除对妇女的一切歧视,实现平等、发展与和平的崇高目标。出席世妇会人数达1.76万人。8日,'95非政府组织妇女论坛在北京怀柔闭幕。有3万余人参加了非政府组织妇女论坛。

6日 中宣部、国家教委在北京举行田沛发优秀事迹报告会。12日,李鹏将自己的1500元稿费捐赠给田沛发,并题词:教书育人,辛勤耕耘。同日,李岚清也将刚收到的1400元稿费委托国家教委转交田沛发。田沛发是贵州松桃苗族自治县格老村小学的校长、民办教师。

△ 八路军东渡黄河出师抗日纪念碑在陕西省韩城市芝川镇落成。

8日 《人民日报》报道:国家教委宣布:我国已有1050个县级行政区基本扫除了青壮年文盲,北京、上海等已基本上完成了扫除青壮年文盲的任务。

10日 全国科教兴市工作会议在呼和浩特市举行。

△ 庆祝教师节暨全国优秀教师、优秀教育工作者表彰大会在天津举行。国家教委和人事部联合表彰全国近6000名优秀教师和优秀教育工作者。

△ "孔繁森同志纪念馆"在山东省聊城开馆,江泽民题写馆名,乔石参观了展览。

11日 《人民日报》报道:首届中国少儿歌曲电视大赛近日揭晓,李延龙、倪雅丰和王博分获三个年龄组的大奖。另有一等奖6名、二等奖13名、三等奖44名。

△ 湘西百所希望小学落成庆典在吉首市举行,李瑞环出席庆典并为百所希望小学落成揭幕。

12日 新华社报道:国家教委、人事部在教师节期间联合表彰高校优秀思想政治工作者,清华大学党委书记方惠坚等30名政工干部,分别被授予全国教育系统劳动模范或全国优秀教育工作者称号。

13日 由我国政府主办的、建国以来规模最大的"中国居住环境建设成就展"在京开幕。14日,江泽民参观了展览,他要求各级政府把改善人民群众的居住环境作为重要工作来抓。15日,李鹏参观了展览,并希望各级政府继续关注学校教职员工的住房问题。17日,李瑞环参观了展览。

16日 香港求是科技基金会在北大举行"杰出科学家奖"、"杰出青年学者奖"和"杰出科技成就集体奖"颁奖仪式。宋健出席并为获奖者颁奖。

18日 第六届中国十杰青年评选揭晓,十杰是:吕有珍、吕树文、许永楠、孙广信、孙玉胜、张思民、陈肇雄、秋云、曹建明、葛健。张兴民等20位青年获第六届"中国十大杰出青年"提名奖。

△ 河南省隆重纪念抗日爱国将领、民族英雄吉鸿昌将军诞辰100周年,并举行"吉鸿昌将军纪念馆"揭幕仪式。江泽民为纪念馆题写馆名,李鹏、乔石、李瑞环、刘华清也分别题词。

20—24日 第二届北京国际儿童图书博览会在中国人民革命军事博物馆举行。博览会展出了十几个国家以及台湾、香港地区的近万种儿童读物、音像制品以及妇女读物。

24日 《人民日报》报道:国家教委决定,在东北师大建立国家基础教育实验中心,这是我国第一个专门从事基础教育研究的国家实验室。

24日 中央统战部、全国人大民委等在京举行庆祝新疆维吾尔自治区成立40周年座谈会。王兆国代表中央统战部等向新疆各族人民祝贺节日。

25日 新华社报道:《万里文选》已出版,10月1日起在全国各地发行。

25—28日 中国共产党第十四届中央委员会第五次全体会议在京举行。全会由中央政治局主持,江泽民总书记作重要讲话。会议审议并通过《中共中央关于制定国民经济和社会发展"九五"计划和2010年远景目标的建议》,李鹏就《建议》草案作说明;会议审议并通过中纪委《关于陈希同同志问题的审查报告》,决定撤销他的中央政治局委员、中央委员职务。

29日—10月2日 新疆维吾尔自治区劳动模范、先进工作者暨民族团结进步模范单位及个人表彰大会在乌鲁木齐市举行。姜春云等出席并向先进集体和个人颁奖。

10 月

2日 新华社报道:浙江医师陈理森最近获得了联合国颁发的"发明创新科技之星奖",这是我国医学界唯一获此殊荣的农村医师。

△ 中国队获得第十届亚洲女子足球锦标赛冠军,荣获该赛事"五连冠"称号。中国队的赵利红被评为本届锦标赛的最佳运动员,范运杰被评为最佳后卫,施桂红以射中10个球高居射手榜榜首,孙庆梅获精神文明奖。

5日 中宣部等单位在京联合举办学习五中全会精神报告会。曾培炎在会上作题为《中共中央关于制定国民经济和社会发展"九五"计划和2010年远景目标的建议》的主要特点和基本精神的报告。

9日 第四届全国"十佳少先队员"评选揭晓,黄思路、孙岩、杨叶、何蓉、洪炜、古力、华卉、包八斤、车亮、孟娜当选。10日,1995年度全国"星星火矩"奖章评选活动在北京揭晓,田桂荣等400位同志荣获全国"星星火矩"奖章。13日,李岚清等与"十佳少先队员”座谈时勉励少年儿童做德、智、体全面发展的一代新人。

△ 第二届全国十大“扶贫状元”评选揭晓。他们是：韩正卿、褚庆观、胡光周、张永明、孙广信、沈炳麟、范兆春、林占熹、王耀、马宁。另外陈济生、张永平、胡国文、郭有恒获“扶贫贡献奖”。

△ 中国关心下一代工委会在京举行全国关心下一代工作先进集体、先进个人表彰大会，表彰了118个先进集体和515名先进个人，向王平等9位老同志颁发“中国关心下一代荣誉奖章”，并授予“中国关心下一代工作特别荣誉称号”。

11日 第三届中国残疾人事业好新闻奖颁奖大会在京举行。彭珮云、邓朴方以及中宣部、国务院新闻办等部门的负责人出席大会并为获奖作者颁奖。这次获奖的作品（节目）共有167件，其中两个获特等奖、20件获一等奖，其余二等奖46件、三等奖99件。

11—13日 全国社会发展科技工作会议在京举行。宋健发表讲话，邓楠作工作报告。国家科委正式推出“社会发展科技计划”。

12日 全国十大“杰出青年星火带头人”评选在北京揭晓。姚雪峰、赵发所、张坚、徐建军、杜政峰、李明焱、杨桂生、甘建华、赵思、吕道升入选。18日，姜春云在全国杰出青年星火带头人科教兴农汇报座谈会上提出，科教兴农关键是提高人的素质。

12—17日 第二届中国曲艺节在河南平顶山市举行。江泽民、李鹏等为曲艺节题词。中国曲协决定，将牡丹奖作为中国曲艺节的常设奖，奖给参加曲艺节的优秀节目。参加本次曲艺节的128个节目获得牡丹奖，26个单位获得组织奖。

14日 新华社报道：贵州省坚持“四个面向”培养少数民族干部，为边远山区输送“永久牌”的乡镇干部，被中组部、国家教委肯定，称之为培养少数民族干部的“贵州模式”，并在全国进行推广。

16日 公安部在济南召开全国公安机关学习济南交警先进经验现场会，并授予济南市公安局交警支队“模范交警支队”荣誉称号。江泽民为济南交警支队题词。

16日 国家教委师范教育司和中国科协青少年部联合在北京召开全国师范院校实施“园丁科技教育行动”大会。

18—22日 全国精神文明建设经验交流会在江苏省张家港市举行，丁关根在会上强调要认真贯彻五中全会精神，进一步加强精神文明建设。

△ 纪念世界电影诞生100周年暨中国电影诞生90周年大型电影音乐会《世纪之光》在京举行。

19日 95年度何梁何利基金颁奖大会在京举行。黄昆、唐敖庆等4位著名科学家获得“何梁何利基金科学与技术成就奖”；谷超豪等40位著名科学家获得“何梁何利基金科学与技术进步奖”。

22日 第四届中国“金鸡”“百花”电影节及颁奖典礼在京举行。《被告山杠爷》夺得本届电影节“金鸡奖”、“百花奖”的最佳故事片奖，李仁堂获双奖的最佳男主角奖。“金鸡奖”的各项得主分别是：最佳导演处女作：范元、宁海强；最佳剧本：范元、毕必成（已故）；最佳导演：黄建新、杨亚洲；最佳女主角：艾丽娅；最佳男配角空缺；最佳女配角：剧雪；最佳美术：杨钢；最佳合拍故事片：《背靠背，脸对脸》。“百花奖”的得主分别是：最佳故事片《留村察看》、《一个独生女的故事》；最佳女演员：沈丹萍；最佳合拍故事片：《天与地》；最佳男、女配角：谢园、李媛媛。

23—24日 中宣部在上海召开1994年度精神文明建设“五个一工程”工作会议暨颁奖大会，丁关根、李铁映等出席会议并讲话。电影《被告山杠爷》、电视连续剧《三国演义》、话剧《鸣岐书记》等120种影、视、戏剧、图书及理论文章获奖。

24日 首都各界在京举行纪念台湾光复50周年纪念大会，李瑞环主持会议，李鹏发表重要讲话。20、23日，在京专家学者和在京台胞举行纪念台湾回归祖国和台湾光复50周年座谈会，批驳“台独”。27日，新华社报道：台湾民众在台湾光复50周年的日子里纷纷举行各种活动，纪念台湾回归祖国怀抱这一光辉历史事件。

26日 新华社报道：新版马列著作最近由人民出版社出版，这批著作总计约835万字，反映了马克思主义经典著作编译和研究工作的最新成果。27日，中宣部等单位在京召开新编马列著作出版座谈会。

26—30日 全国特殊教育“八五”工作总结会议在湖南举行。会议提出了“九五”期间我国特教发展和改革的思路，到2000年，大多数残疾儿童将接受义务教育。

29日 中宣部、新闻出版署联合组织召开的全国少儿出版社重点少儿读物出版规划会议在广西北海市结束。会议提出要为跨世纪少年儿童提供精品读物。

11月

3日 全国总工会和全国职业道德建设领导小组在北京举行表彰会，表彰’95全国职业道德十佳标兵和十佳单位。获得“全国职业道德十佳标兵”荣誉称号的是：张高津、郭和平、赵克华、李福德、樊连珍、胡荣华、刘锡杰、赵润生、张中民、周启美。获得“全国职业道德建设十佳单位”荣誉称号的是：大连港务局、中国工商银行济南市分行、石家庄市邮政局石长押运班、长春国际贸易中心、广州白天鹅宾馆、哈尔滨铁路局哈尔滨站、郑州亚细亚商场、北京市公用局液化石油汽公司第一管理所呼家楼站、无锡太极实业股份有限公司、上海振华汽车服务有限公司。

5日 邹韬奋百年诞辰纪念大会在京举行。江泽民、李鹏分别为大会题词，李鹏在会上讲了话。同日，《韬奋全集》由上海人民出版社出版。第二届韬奋新闻奖和第四届韬奋出版奖在京颁奖。共有10人获新闻奖；31人获提名奖；12人获出版奖。15日，邹韬奋塑像揭幕仪式在上海举行。

6—9日 全国企业思想政治工作座谈会在太原市举行。会议提出：思想政治工作要适应新形势，为实现"两个转变"提供有力的思想保证和精神动力。22日，中央办公厅、国务院办公厅就转发《中央宣传部、国家经贸委关于加强和改进企业思想政治工作的若干意见》发出通知，要求各地从实际出发，认真贯彻落实。

9日 首都干部群众为北京市副市长李润五送行，朱镕基、尉健行、李锡铭、孙孚凌等向李润五遗体送别。李鹏、李铁映、罗干、王兆国等同志，也以不同方式对李润五的逝世表示哀悼，对他的亲属表示慰问。江泽民近日在北京考察期间，高度赞扬了李润五同志为人民服务的精神。李润五是2日在市政府研究工作时，因心脏病突发逝世的，享年56岁。

9日 孔繁森事迹展在京开幕，胡锦涛、姜春云等出席，尉健行讲话。

10日 '94曹禺戏剧文学奖颁奖仪式在京举行。《同船过渡》、《徐洪刚》等10部话剧、戏曲剧目获奖。

15日 《新闻出版报》报道：中宣部、新闻出版署最近发出了《关于禁止"买卖版号"的通知》。

15—17日 共青团十三届四中全会在京举行，会议审议通过《关于团结带领广大团员青年为实现跨世纪宏伟目标艰苦创业的决定》、《跨世纪青年人才工程实施纲要》和团十三届中央委员，候补委员卸职递补事宜等。

17—24日 首届中国京剧艺术节在天津举行。李瑞环出席开幕式并会见京剧艺术家，《曹操与杨修》等11部京剧分获程长庚奖。《赵氏孤儿》获优秀传统戏示范演出奖。

20日 解放军总政治部在京举行爱国奉献优秀干部事迹报告会。张万年会见报告团全体成员。

△ 中华慈善总会第一次全国会员代表会议在京召开。赵朴初出席会议，并为中华慈善总会创始人以及创始会员颁发了荣誉证书。

21日 第四次全国人民群众见义勇为与犯罪分子作斗争先进分子表彰大会在京召开。

22日 《人民日报》报道：江泽民、李鹏最近分别为《农民思想政治教育读本》和《农民实用技术教育读本》题写书名并作序。两个《读本》首发式在京举行，姜春云出席首发式并讲话。

△《新闻出版报》报道：日前，中宣部、农业部、文化部等八部门联合下发了《关于组织开展文化下乡活动的通知》。

24日 《科技日报》报道：11月上旬，我国著名杂交水稻专家、中国工程院院士袁隆平在加拿大领取了联合国粮农组织设立的"粮食安全保障荣誉奖章"，这是他第五次荣获国际大奖。

25日 首届孺子牛金球奖在京颁奖，全国35名高等院校教师和30名中小学教师获奖。

26日 《四库全书存目丛书》首批百册的首发式暨专家鉴评会在人大会堂举行。

26—29日 全国专利工作会议在京举行。会议透露，截至10月底，我国专利申请已突破50万件大关，专利授权总量超过26万件。29日，第四届中国专利发明创造奖在京颁发，共有75项发明获此殊荣。

29日 新华社报道：中共中央办公厅、国务院办公厅最近发出通知，转发了《中央宣传部、农业部关于深入开展农村社会主义精神文明建设活动的若干意见》。

△ 西昌卫星发射中心用"长征二号"捆绑式运载火箭成功地将"亚洲2号"卫星送入太空。

30日 全国首届无偿献血先进城市暨第四届无偿献血奖杯颁奖大会在北京举行，26个城市分获金、银、铜质奖励状，79人获无偿献血金杯奖。

12 月

1日 国防部命名"海空雄鹰团"30周年纪念大会在浙江省台州市海军航空兵某部举行。江泽民、刘华清等题词祝贺。

△《国歌》创作60周年纪念座谈会在京举行。4日，首次大型专场国歌纪念音乐会在人大会堂举行。江泽民为音乐会题词并与李鹏、乔石等出席音乐会。

6日 团中央、全国学联在京举行"中国大学生跨世纪发展奖学金"颁奖大会，100名大学生受到表彰。

8日 首都老同志和各界青年在京集会，纪念"一二·九"运动60周年和"一二·一"运动50周年。胡锦涛等出席大会，并作重要讲话。

△ 第十一世班禅坐床典礼在日喀则扎什伦布寺隆重举行。国务院代表李铁映等主持庆典并宣读《国务院对西藏自治区人民政府〈关于举行第十一世班禅额尔德尼坐床典礼的请示〉的批复》，向第十一世班禅坚赞诺布颁授金册、金印，还宣读了国家主席江泽民为扎什伦布寺题赠的匾文。7日下午，李铁映会见藏传佛教界的高僧大德代表。

△ 全国第五届"群星奖"评选活动在南昌揭晓。共有163个作品分获金、银、铜和优秀奖；另有部分作品获创作和表演奖；15个单位获组织奖。颁奖晚会于当日在江西艺术剧院举行。

△ 第13届大众电视"金鹰奖"颁奖典礼在海口举行，鲍国安、王馥荔分获最佳男女主角奖；陈强、杨昆分获最佳男女配角奖。《三国演义》等9部电视剧分别被评为最佳长篇、中篇电视连续剧，最佳单本剧、电视戏曲片、儿童电视剧，最佳合拍电视剧。

9日 第三届全国少儿电视节目"金童奖"颁奖大会在中央电视台举行。48个节目获奖，其中《动画大观》获特别奖，《跨世纪的公民》等9个节目获一等奖，《大风车》等17个优秀栏目获栏目奖。李岚清为获奖代表颁奖。

△ "中大杯"第五届全国优秀青年读物颁奖大会在京举行。分获39种图书一、二等奖的作

者、责编和出版社的代表上台颁奖。徐惟诚等到会讲话。

11—14日 全国档案工作暨表彰先进会议在京举行，胡锦涛在会上讲话并会见与会代表。中央档案馆馆长王刚在会上作了报告。国家档案局、人事部授予60个单位“全国档案系统先进集体”荣誉称号、40名“全国档案系统先进工作者”荣誉称号、127个档案部门“全国档案工作先进集体”称号、184名“全国模范档案工作者”称号。

11—14日 全国组织工作座谈会在京举行，会议提出明年工作的重点要加强县以上领导班子思想政治建设，全面提高领导干部素质。13日，胡锦涛在会上讲话强调，办好中国的事情“关键在党”、“关键在人”。

12日 《人民日报》报道：全国妇联、国家教委在北京举行第三届“巾帼扫盲奖”颁奖会，授予沈可心等102名先进个人和湖北省妇联等30个先进集体“巾帼扫盲奖”荣誉称号。陈慕华出席颁奖会。

△ 由外交部主办的“邓小平外交思想研讨会”在京举行，江泽民发表重要讲话。

△ 世界首株太空双岐杆菌在我国选育成功并通过国家高技术航天领域专家委员的验收和菌种鉴定，被正式命名为新大地NC—8太空双岐杆菌。

△ 第四届全国少数民族题材戏剧剧本“孔雀奖”在京颁奖。共有36部戏分获金、银、铜和特别奖。

15日 新华社报道：甘肃张掖大佛与藏经殿的夹墙内，最近发现佛经6000多卷。这是继莫高窟藏经洞之后，我国目前发现数量最多、最完整的佛教文献。

16日 《中国教育报》报道：国家科委近日透露：1995年国家自然科学奖、发明奖、科技进步奖评选揭晓：三类分别评出获奖项目58项、116项、474项。25日，国家科技奖励评审委员会在京成立，宋健任主任。

△ 卫生部确定的11部重点中医古籍之一《黄帝内经太素》，最近研究整理完成，并通过了国家中医药管理局的鉴定。

△ 国家水稻工程技术研究中心在湖南建立。袁隆平任主任。

△ 中国民主建国会成立50周年纪念大会在京举行，胡锦涛出席大会并宣读中共中央贺词，孙起孟在会上发表讲话。会上，民建中央授予98位同志为“全国优秀会员”称号，50个基层单位“全国先进集体”称号，江泽民、李鹏、乔石、李瑞环分别题词祝贺。

19日 我国科学家与美国科学家合作，首次在世界上获得水稻白叶枯病广谱抗性基因XQ21的克隆。

20日 国家教委在京召开高校人文社会科学研究成果表彰会，300多名教师获奖，李岚清到会并讲话。

21日 国家科委举行的’95中国科技论文统计信息发布会透露：1994年，我国科技人员在国际上发表期刊论文和会议论文共24584篇，首次进入世界第10位。

△ 《中国教育报》报道：国家教委颁布试行《中国普通高等学校德育大纲》。

△ 《人民日报》报道：《中国传统道德》出版座谈会在京举行，李岚清在会上讲了话。江泽民、李鹏分别为该书题词。

△ 第九届中国图书奖颁奖大会在京举行，88种图书获奖。

23日 “德敏学习成才奖”首次颁奖大会在京举行，150名残疾人获奖。

25日 国家语委在京召开纪念文字改革和现代汉语规范化工作40周年纪念大会，李岚清出席并讲话，胡昭广等五人受到表彰。

26—29日 全国科技出版工作会议在京举行。第七届全国优秀科技图书奖颁发，共有129种书分获一、二、三等奖。

27日 纪念世界电影诞生100周年、中国电影诞生90周年大会在京举行，江泽民、李鹏等会见电影工作者并合影留念。28日，“中国电影世纪奖”在京颁奖，45位老电影艺术家获奖，10部优秀影片受到表彰。当晚，纪念电影“双周年”大型文艺晚会《创造永恒》在京举行。

△ 新华社报道：国务院新闻办公室发布《中国人权事业的进展》白皮书。

28日 新华社报道：中央纪委、监察部日前决定，授予因公殉职的中共江苏省纪委副书记李奎顺同志全国纪检监察系统先进工作者称号。

△ 西昌卫星发射中心用“长征二号”捆绑式运载火箭成功地将美国“艾科斯达一号”通信卫星送入太空。

△ 第五届多党合作和政治协商制度好新闻评选在京揭晓。59件作品分获一、二、三等奖。

29日 《文艺报》报道：全国首届“侯宝林金像奖”电视相声大奖赛近日在京落幕，崔立君创作的《求学心切》和相声演员杨义、陈寒柏分获创作、表演金像奖；刘立新、王平等分获创作、表演银像奖、铜像奖和优秀奖。

专辑特写

高扬时代主旋律

——1995 年精神文明建设回顾

新华社记者 张宿堂 冯瑛冰

“力度加大，重点突出，实实在在，效果明显”，这是人们对 1995 年社会主义精神文明建设的概括。

（一）

1995 年，以江泽民同志为核心的党中央，进一步强调社会主义精神文明建设的重大意义，明确提出：精神文明建设的成败关乎社会主义的兴衰成败，关乎把一个什么样的中国带入 21 世纪。认识的深化，促进了社会主义精神文明建设力度的增强。这一年党中央先后召开全国宣传部长会议、精神文明建设经验交流会等；中办、国办先后发出通知，部署加强企业思想政治工作和农村社会主义精神文明建设。各级各地也都迅速行动起来。

这一年里，各省部党委（党组）建立的理论学习中心组，在继续深入学习邓小平同志建设有中国特色社会主义理论过程中，紧紧围绕什么是社会主义、怎样建设社会主义这个首要的基本理论问题，向着掌握理论的科学体系深入；紧紧结合社会主义现代化建设的实际，向着认清中国发展大局深入；紧紧联系历史大转折中的思想实际，向着树立正确的世界观、人生观、价值观深入，进一步落实党中央提出的以理论武装全党的战略部署。

发现和讴歌生活中涌现的模范人物的事迹和精神，是精神文明建设的重要方面，是以高尚的精神塑造人的有效方法。1995 年，先进模范人物宣传数量大大增加。从“世界屋脊的屋脊”西藏阿里，走来一位巨人——孔繁森。这位齐鲁大地哺育的七尺男儿，把自己的一腔热血洒在了雪域高原。他的身上，集中体现了新时期优秀党员干部的崇高精神境界。他的事迹，撼动了千百万人的心灵。从年初到岁末，一个向孔繁森学习的热潮在全国掀起，形成了继 60 年代学雷锋、焦裕禄活动以来又一个高潮。无数的人们为他精神的力量、人格的力量而深深折服。一个个热血青年在他的精神感召下奔赴西藏，奔赴祖国最需要的地方。

继“领导干部的楷模”孔繁森之后，“好军嫂”韩素云、“英雄民警”赛尔江、“乡村优秀教师”田沛发、“廉洁奉公好干部”李润五、“优秀企业家”马恩华……一个个令人景仰的名字不断出现在人们面前，一个个光彩夺目的英雄形象矗立在人们心中。

此外，全国劳模大会的召开，对百名优秀县委书记事迹的宣传，“热爱祖国，自强不息”巡回报告演出团轰动 20 个省市，“警民同心万里情”汇报演讲团踏遍祖国的山山水水，以及各地相继推出的不计其数的英雄模范人物等等，都集中体现了对时代主旋律的弘扬。

（二）

回眸去年一年的精神文明建设，人们的一个突出感受是：精神文明建设更加务实，更加贴近人们的日常生活。

山东济南工商银行自1994年下半年开始，倡导文明服务用语，将那些态度生硬的口头语等规定为90句“服务禁语”。1995年8月被新闻单位传播开来后，在全社会引发了一场“树立良好职业道德”的大讨论，也在全国引发了一次“树立良好职业道德”的大行动。

还是在泉城，济南交警大队严整警容风纪，规范交通指挥动作，文明公正执法，热情周到地为民服务，在城市的大街小巷刮起一股新风，吹暖了人心，也吹起全国交警“严格执法，热情服务”的热潮。

通过这两个典型，人们看到了精神文明建设由小见大、从小到大的效应，它并不是空洞的口号，并不是高不可及的难事。从我做起、从身边点滴的小事做起，这正是精神文明建设的基石。

随着社会公德、职业道德的广泛宣传，各地纷纷从日常言行着手，开展“争创文明”的活动。全国服务行业普遍开展了“50句服务忌语”活动；上海在进行“上海市民素质大讨论”的同时，开展了培养文明习惯的遵守“七不”规范活动；北京发动市民讨论“首都文明市民公约”，对市民的文明素质提出更高要求。此外，广东《新三字经》的广为发行和“18岁成人仪式”的风靡全国，也反映出全社会对精神文明的强烈呼唤。

张家港人抓“物质”用“精神”引导，抓“精神”用“物质”保证，两个文明建设互相促进、协调发展。经各新闻媒介广泛宣传介绍，中宣部和国务院办公厅联合在这里召开全国精神文明建设经验交流会，其典型经验迅速传遍神州大地，并开花结果。

1995年，对爱国主义精神的弘扬成为全社会奏响的时代强音。这一年，是世界人民反法西斯战争和中国人民抗日战争胜利50周年。结合各类纪念活动，对全民族进行爱国主义教育掀起一个又一个高潮。在七、八、九3个月里，广大人民群众尤其是青少年全面、系统地了解中华民族的耻辱史、抗争史，身心受到了一次深刻的洗礼。

（三）

精神文明重在建设，这是党中央提出的方针，也是人民群众的共同愿望。

作为精神文明建设的一个重要方面，文艺创作在1995年也上了一个新台阶。

为繁荣社会主义文艺创作、丰富人民群众的精神文化生活，江泽民总书记提出，要抓好电影、长篇小说、少儿作品这“三大件”的创作与生产。在隆重纪念世界电影诞生100周年和中国电影诞生90周年大会上，江泽民总书记发表重要讲话，要求全国电影工作者进一步振奋精神，解放思想，增强历史责任感。这一年，《警魂》、《天地人心》、《天网》、《弹道无痕》、《红樱桃》、《绝境逢生》等一批反映时代主旋律、反映世界反法西斯和中国人民抗战胜利、具有较高艺术水准的影片受到社会的普遍好评。

上海美术电影制片厂开展我国第一部百集动画系列片《自古英雄出少年》，塑造中国自己的动画英雄形象。《多思年华》、《我的妈妈在西藏》、《无声的歌》等作品则从不同的侧面展示少年儿童纯真的世界。浙江人民美术出版社推出《中华少年奇才》，以优秀的卡通艺术教育青少年。江泽民总书记和李鹏总理分别给他们写信，予以肯定和鼓励。年底，中央电视台宣布启动“六个一百”工程：创作一百首新儿歌、一百集童话剧、一百集动画片、一百集人物系列片、一百集科普系列片、一百集游戏节目，以更好地培育“祖国的花朵”们。

“五个一工程”精品迭出，从电影的《被告山杠爷》，到电视剧的《三国演义》、《年轮》、《伟人周恩来》，从戏剧的《鸣岐书记》、《乡里乡亲》，到图书、文章的《我们的母亲叫中国》、《百年风云丛书》、《中国共产党的伟大理论旗帜》、《社会主义市场经济在广东的成功实践》等等，不仅思想内容上进一步弘扬主旋律，艺术形式上也不断推陈出新，使之更具观赏性、可读性。

文化扶贫和文化下乡活动如火如荼地展开，活跃了广大农民的精神生活，有力地推动了农村社会主义精神文明建设。

回首1995年的精神文明建设，人们真切地看到，它与物质文明建设交相辉映，显示出欣欣向荣的蓬勃景象。

张家港市坚持两手抓　切实加强精神文明建设的调查报告

刘云山

6月30日至7月10日，我们去苏南地区调查研究，重点考察了张家港市坚持两手抓，高度重视并切实加强社会主义精神文明建设的情况和经验。在张家港，先后考察了市区、港区、保税区和10个镇、27个基层单位；多次与市、镇、街、村和企业的干部进行了座谈，并同江苏省委、苏州市委的领导同志交换了意见。总的印象是，张家港市自觉坚持“两手抓”方针，高度重视社会主义精神文明建设，两个文明相互促进，协调发展，是一个具有较高文明水准的城市。可以说，我们在张家港市看到了有中国特色社会主义现代化的雏形，看到了邓小平同志建设有中国特色社会主义理论的成功实践和生动验证。张家港市坚持两手抓，高度重视并切实加强精神文明建设的做法和经验，值得全国各地学习和借鉴。

一、基本情况

张家港市是一个县级市，隶属江苏省苏州市。原为沙洲县，1986年撤县建市，以境内长江航道天然良港——张家港命名。全市总面积999平方公里，辖26个镇、436个行政村，总人口82万。市区面积12平方公里，常住人口近10万。境内拥有年吞吐能力1500万吨的国际贸易商港张家港和全国唯一的内河港型保税区——张家港保税区。

该市虽地处苏南，但原来发展水平并不高，经济结构以单一农业为主，在苏南地区是比较落后的县，被称为“边角料”、“苏南的苏北”。建市以来，特别是邓小平同志视察南方重要谈话发表以来，该市发扬“团结拼搏、负重奋进、自加压力、敢于争先”的张家港精神，奋力争先，两个文明建设都取得了显著成绩。

(一)经济建设突飞猛进

——综合经济实力明显增强，人民生活水平不断提高。1994年，全市国民生产总值152.5亿元，与1991年的32亿元相比，三年翻了两番；人均国民生产总值1.8万元，折合2214美元；财政收入10.4亿元，近三年平均年增长36.3%；城镇职工年人均收入5826元，农民年人均收入3631元。

——工业发展上规模、上档次，科技含量显著增加。去年全市工业总值500亿元，销售收入437亿元，利税总额28.6亿元；科技进步对经济增长的贡献份额达57%；去年全市26个镇中利税超亿元的镇有10个；在国家统计局最新公布的中国500家最大乡镇企业中，该市占47家。

——农业投入逐年加大，基础地位愈加稳固。近年来随着经济增长，全市每年用于农业的投入都在5000万元以上，去年全市稻、棉、油单产均获苏州市辖各县市第一，其中水稻单产全省第一。

——外向型经济发展迅速。全市外资累计到帐13.5亿美元；目前有“三资”企业1466家，去年外贸产品供货值150.3亿元，其中自营出口创汇4.7亿美元。

(二)精神文明建设和各项社会事业成绩卓著

——党的基本理论和基本路线日益深入人心，成为改革开放和社会主义现代化建设的强大精神动力。全市广大干部群众认真学习、深刻领会邓小平同志建设有中国特色社会主义理论，在小平同志南方重要谈话发表后、党的十四大召开后、《邓小平文选》三卷出版后、《邓小平同志建设有中国特色社会主义理论学习纲要》印发后，掀起了四次学习热潮。他们特别注意理论联系实际，在指导实践上下功夫，并用生动的实验验证邓小平同志建设有中国特色社会主义理论，因此，他们对这一理论充满感情。调查中，许多人深有感触地说：“小平同志的理论改变了张家港一代人的观念”。

——爱国主义、集体主义、社会主义的主旋律日益唱响，为改革开放和社会主义现代化建设提供了有力的思想保证和良好的舆论环境。张家港集体经济占整个经济份额的90%以上，市委领导清醒地认识到，爱国主义、集体主义、社会主义思想是发展集体经济的重要保证。集体经济的发展壮大，又使教育更具说服力。他们紧密联系实际，把教育具体化，开展了“爱国家、爱港城、爱单位、爱岗位”四爱教育，市民思想道德素质明显提高，干部群众情绪饱满、精神昂扬、充满朝气，“团结拼搏、负重奋进、自加压力、敢于争先”的张家港精神蔚然成风。

——群众性精神文明创建活动日益系统化、规范化，成为两个文明建设有机结合并落实到基层的有效形式。张家港市委特别重视群众性精神文明建设活动，形成全方位、多层次、系列化的格局。全市有省级文明单位6个，苏州市级文明单位46个，本市级文明单位537个。1994年在苏州市开展的农业丰收杯、多种经营致富杯、工业振兴杯、外贸创汇杯、精神文明新风杯“五杯”竞赛活动中，夺得五只金杯。

——群众业余文化生活日益丰富多彩。全市专业文化队伍稳定，投入有保障，锡剧《巧云》获中宣部“五个一工程”奖；从70年代开始，张家港率先走出了一条以工养文、以工助文，以工兴文的发展农村文化事业的新路子。目前，镇镇建有多功能活动中心、影剧院、万册图书馆、文艺宣传队、有线广播站。

——基础设施日益完善，硬件软件逐步配套。随着经济的发展，张家港把精神文明建设的硬件建设作为为民办实事的重要内容来落实。10年前，张家港创办了全国第一个县办大学——沙洲工学院；近两年，全市用于改善办学条件的经费达1.13亿元，为教师住房建设投入3000万元；文化事业投入2300多万元。1994年，各镇用于体育设施建设经费达1000多万元。张家港还创办了设施先进的电视台、有线电视台、有线广播电台和张家港市报。他们还投入大量资金用于道路、水电、通讯、绿化等基础建设，从城区到乡镇，干净整洁，环境优美，赏心悦目，秩序井然。

近几年来，张家港先后有12个方面的工作获得了全国先进称号，即全国基础教育先进市、平原绿化先进市、体育先进市、计划生育工作先进市、文化工作先进市、科技先进市、民兵工作先进市、民政工作先进市、基层宗教工作先进市、林业建设标准示范先进市、国家级卫生城市、全国城市综合整治优秀城市。

二、主要经验

张家港市坚持两手抓，高度重视并切实加强社会主义精神文明建设的经验是多方面的，概括起来主要有以下五条：

第一、坚持“一把手抓两手”，让一把手承担起精神文明建设的责任。

“坚持两手抓，必须第一把手亲自抓；两手都要硬，必须第一把手过得硬。只有一把手过得硬，一把手抓两手，才能有效克服‘两张皮’的现象和一手硬、一手软的问题。”张家港市委书记秦振华这段独到的见解已经成为张家港市绝大部分党政一把手的共识，成为一把手们常挂在嘴边的“名言”。他们认为，就经济抓经济，是不懂经济的表现，也抓不好经济，一手硬、一手软，其结果必然是两手都硬不起来。只有坚持两个文明一起抓，才能达到内增凝聚力，外增吸引力，提高向心力，发展生产力的目的。

一把手抓两手在张家港已经成为一种制度。市委要求各级领导班子的一把手要对精神文明建设负总责，对具体工作统筹安排，班子内部明确分工，落实责任，千斤担子大家挑，年终奖金与工作实绩挂钩。调查中，我们接触到了十几个局、镇、厂、村的一把手，他们对精神文明建设工作都十分熟悉，都能谈出一些独到的见解和落实两手抓的具体措施。塘桥镇党委书记介绍了八个“不能”，即：工作规划无精神文明建设内容不能定；综合性会议无精神文明建设内容不能开；年度工作任务无精神文明建设内容不能下；文明素质不高的人不能入党、入团，不能提拔重用；精神文明建设指标完不成的单位年终奖金不能兑现，不能评为先进单位；文明水准不高的企业不能批准组建集团公司；因公出国人员文明素质审查不过关不能批；不重视精神文明建设的领导干部不能继续任职。从而保证在各项工作中做到两手齐抓、两手并重，确保两个文明建设同步进行，协调发展。

张家港市委认为，一把手要两手硬，首先必须自身硬，领导干部、共产党员要在精神文明建设中以身作则。他们坚持把班子建设、干部队伍建设作为重要的战略任务来抓，凡是要求群众做到的，自己首先要做到。他们在干部以身作则问题上采取了一系列硬措施，对干部严格要求。市委倡导集体企业干部年终承包奖一般不得高于职工平均工资的3倍。仅此一项，全市企业干部每年就比合同规定少拿3000多万元；为防止乡镇企业管理层出现“家族化”现象，他们制定了亲属回避制度；对干部购房严格审查，凡副局级以上领导干部的购房，由纪检监察部门逐一检查，对查出的问题，按规定严肃处理。

一把手抓两手，带动了整个班子的两手硬。市委每年都要组织四套班子和镇、厂、系统党委一把手，研究加强精神文明建设问题，做到“四个同时”（两个文明建设同时制定规划，同时明确要求，同时组织落实，同时进行考核）、“五个到位”（认识、工作、措施、资金、人员到位）。班子内部人人都有两手抓的意识，人人都有两手抓的责任。不仅做党务工作的领导重视精神文明建设，行政领导也有很强的两手抓意识。

“一把手抓两手”，不仅仅是解决了对加强精神文明建设的认识问题，更重要的是掌握了一种社会主义现代化建设所必需的领导方法和工作方法。江泽民同志所要求的“把两手抓做为我们领导现代化建设的重要领导方法和领导艺术”，在张家港得到了很好的体现。

第二、把精神文明建设的着力点放在塑造一种精神上，为物质文明建设提供强大的精神动力。

张家港市认为，社会主义精神文明建设就是要着力塑造一种精神，用这种精神凝聚全体党员，凝聚人民群众，振奋人们的精神，提高人们的觉悟，为改革开放和社会主义现代化建设提供强大的精神动力。他们把精神文明建设的各项工作集中聚集在塑造和弘扬一种精神上，这是张家港加强精神文明建设的一条重要经验。他们在邓小平建设有中国特色社会主义理论和党的基本路线的指引下，在带领群众创业的过程中，提炼了“团结拼搏、负重奋进、自加压力、敢于争先”的张家港精神，这是中华民族传统美德和改革开放时代精神的结合，是江泽民同志倡导的新时期64字创业精神的生动体现。

他们以弘扬张家港精神为重点，采取多种形式，加强思想道德建设。常年不断地开展“我为港城添光彩”为主要内容的主题教育活动，广泛开展文明市民教育，先后编印下发了《文明市民读本》、文明市民守则。通过文明市民形象大讨论、知识竞赛、文艺演唱等丰富多彩的教育形式，不断提高市民的文明意识，逐步形成了在家庭讲伦理道德，争当新风户；在外讲社会公德，争当文明市民；在单位讲职业道德，争当文明职工的良好氛围。全市干部群众的思想道德素质不断提高。

在调查中我们随处都可以感受到生机勃勃、奋发向上的精神力量。从市委领导到基层干部乃至普通群众，几乎都能讲述张家港精神的内容。调查中，我们随意走进一户市民家庭，一个正在练字的三年级小学生信手写下了张家港精神的四句话。可见，这一精神已家喻户晓，深入人心。张家港精神的塑造和弘扬，在全市干部群众中树立起一个强大的精神支柱。

第三、以活动为抓手，吸引群众广泛参与，使精神文明建设保持旺盛的生命力。

张家港市领导认为，精神文明建设必须有抓手，有了抓手才能使精神文明建设落到实处。开展群众性精神文明建设活动就是很好的抓手。同时,开展精神文明建设活动必须吸引群众参与,只有群众广泛参与了,精神文明建设才有持久旺盛的生力。他们认真探索群众性精神文明建设活动的规律,不断提高活动的水平,形成了参与面广、吸引力大、效果明显的生动局面。

一是设计系列化的活动项目,努力造成人人参与的局面。他们开展了四个层次的系列活动,即以个人和家庭为对象的评选文明职工、文明市民、文明家庭、新风户等活动;以基层单位为对象的创建文明单位活动;以"窗口"行业为重点的"满意"活动;以党政机关和领导干部为对象的"新风杯"、"公仆杯"竞赛活动。从机关到基层,从城市到农村,从单位到家庭,从个体到群体,人人置身其中,既有压力,又有动力。

二是讲求实际效果,增强活动的吸引力。要让群众参与,活动必须有吸引力。如他们针对农民家庭荣誉感强的特点,在农村开展评选文明新风户活动,把新风户的标准定为"十要"、"十没有",具体实在,便于对照,90%以上的农户经过努力都能评上。评上的红榜公布,送牌上门;落选的要采取帮教措施,促其转化改正。同时,把新风户评选与实行各项优惠政策结合起来,使新风户既获得荣誉又享受实惠,落选户既不光彩又有压力,弘扬了正气,打击了歪风,提高了群众的参与热情,促进了良好社会风气的形成。干部群众反映,文明新风户"牌子小,威力大",许多原来难以解决的问题得到顺利解决。我们在调查中听到不少干部群众说,谁家要是没有文明新风户的牌子,娶媳妇都会有困难。这也从一个侧面反映出群众性创建活动的效果和影响。

三是培养活动的"领头雁",发挥典型的示范带动作用。张家港市在开展群众性精神文明建设活动中,特别强调培育典型群体,改小马拉大车为群马拉大车。他们实施了"610"工程,即在厂、村、校、店、街、区等6个方面各树立10个高标准的文明示范点。全市有500多个单位参加了文明示范点的创建,各创建单位按照"两个文明建设成效显著,内外环境整洁优美,可以全天候开放"的总要求积极创建,各类示范点都有具体标准,如文明示范小区的标准规定为"八化",即道路硬化、四周绿化、房屋整洁化、环境美化、家庭净化、社区文明健康化、服务社会化、精神文明建设活动系列化。全市广大群众从这些"大盆景"中受到教育、鞭策,学有榜样,赶有目标,在全社会形成了一个积极参与精神文明建设、争做贡献、争当先进的局面。

第四、精神文明建设要有投入,软件硬件一起抓,为精神文明建设提供必要的物质条件。

张家港干部群众不仅在物质文明建设上自加压力,敢争一流,而且在精神文明建设上也向全国先进看齐,坚持高标准,舍得投入,坚持软件硬件一起抓。他们认为,一流的硬件建设才能创造理想的育人环境。他们在重视抓好思想道德教育的同时,不断加大资金投入,花大力办好事,办实事,加强精神文明硬件建设,使硬件建设与软件建设协调发展,产生良好的综合效应。

在这方面,他们的做法是:第一,统一认识,把精神文明的硬件建设列入经济社会发展总体规划。几年来,市委、市政府在讨论制定全年工作目标任务时,把加强精神文明的硬件建设列入重要议事日程,作为为民办实事的重要项目来抓,每年确定精神文明硬件建设的重点项目,明确责任部门,统一做好规划,精心组织实施。3年来,全市规划的30个重点项目都如期完成,共投入20多亿元,在市区先后建设了一流的中小学、幼儿园、展览馆、文化馆、体育场、游泳池、公园、敬老院等,为精神文明建设水平的提高奠定了物质基础。第二,多渠道筹措资金。张家港市除了财政舍得投入外,还动员社会力量,发动群众,建立基金,以工助文,保证了每年在精神文明硬件建设的投入上都能有较大的增加。如1991年以来,文化事业投入达2300多万元,环境保护投资达4000多万元。第三,集中财力,建设样板工程。他们在资金的使用上保证重点,建设了电视塔、体育中心等标准较高的、起到样板作用的文化设施。张家港的经验证明,精神文明建设不能光靠精神来建设,不能光喊口号,没有物质做保证,精神文明建设最终也建设不好。

第五、健全完善精神文明建设的领导机制和运行机制,从根本上保证两手抓方针的落实。

张家港市加强精神文明建设,之所以在短时期内取得比较突出的成绩,并能保持下来,稳步前进,重要的一点就是把精神文明建设活动的内容与现代管理手段和方式紧密结合,建立了一套有效的领导机制和运行机制,走上了良性运行的轨道。

在加强精神文明建设中,张家港以强化管理为手段,逐步健全完善了五项运行机制。一是目标责任制。每年年初,由市委制定精神文明建设的总体规划,明确指标、任务,各镇、各部门、各单位据此制定自己争创目标和具体措施,送市委、市政府审定后,签订目标责任书,由市文明办存档备案,年终再考核评比。二是分工负责制。各单位由一把手对精神文明建设负总责,领导班子成员明确分工,落实责任,责任人的精神文明创建实绩同经济报酬挂钩。三是协调管理制。由市精神文明建设委员会对涉及各个方面的精神文明建设任务进行协调,保证各项任务的完成。四是检查考核制。目前,该市已建立了一套比较规范的检查考核制度,每年再根据新形势、新要求进行修订。五是监督奖惩制。为了保证精神文明建设活动顺利进行,该市逐步建立了群众监督、舆论监督、职能部门监督制度。在加强监督的同时,进一步建立健全奖惩制度，全市建立了对各镇、各部门、各单位精神文明建设的百分考核制，并在年终考核中与报酬、奖金挂钩，促进齐抓共管，做到"层层有人抓、事事有人管、项项有指标、限时达要求"，推进两个文明建设的顺利进行。

张家港市两个文明建设协调发展取得的成绩，引起了社会广泛关注。江泽民、李鹏、乔石、荣毅仁、宋平、田纪云、李岚清、李铁映、吴邦国、温家宝等党和国家领导人都曾视察张家港，对他们的工作给予了充分肯定和鼓励。今年5月13日，江泽民总书记在视察张家港时反复强调，张家港取得的成绩是"干出来的，说是说不出来的"，是"贯彻执行'一个中心，两个基本点，坚持小平同志建设有中国特色社会主义理论的成果"，充分肯定了"张家港十分注意两个文明一起抓"的经验，并亲笔题写了"团结拼搏、负重奋进、自加压力、敢于争先"的张家港精神。

今年3月，江苏省委在张家港市召开了"以经济建设为中心，两个文明一起抓经验交流现场会"，总结推广了张家港经验，号召全省向张家港学习。这次会议反响强烈，目前，全省出现了学习张家港的热潮。

我们在张家港实地考察虽然时间短，但留下了非常深刻的印象。我们认为，张家港的经验是丰富的，全面的，也是过得硬的，是邓小平同志建设有中国特色社会主义理论的生动实践。张家港市高度重视并切实加强精神文明建设、两个文明建设协调发展的做法和经验值得全国各地学习和借鉴。在全国宣传、推广张家港的经验，有利于使广大干部群众更好地学习、理解邓小平同志建设有中国特色社会主义理论，增强贯彻执行党的"一个中心、两个基本点"的基本路线的自觉性；有利于在广大干部群众中进一步弘扬江泽民同志倡导的64字创业精神，激发投身建设有中国特色社会主义宏伟事业的热情；有利于引导和激励各级领导干部加深对"坚持两手抓、两手都要硬"方针的理解，在实际工作中切实加强社会主义精神文明建设，推动社会全面进步。

（原载《时事报告》1995年第10期）

领导干部的楷模——孔繁森

新华社记者　人民日报记者
西藏日报记者　大众日报记者

也许，岁月能改变山河，但历史将不断证明，有一种精神永远不会失落。崇高、忠诚和无私，将超越时空，成为人类永恒的追求。

也许，时间会冲淡记忆，但人们绝不会忘记，20世纪90年代，有这样一位共产党员，他的理想，他的信念，他的人格，他的情操，使千万人的心灵为之震撼。

他，就是原中共阿里地委书记孔繁森。他把自己的一腔热血洒在西藏高原。

两次进藏，历时十载。在党的召唤面前，在人生的选择中，他的精神境界一次次得到升华

1993年4月4日，孔繁森告别拉萨赴阿里上任。

越野车载着他，向西急驶而去。车窗外，油画般的高原景色一幕幕掠过：清澈的拉萨河，奔腾的雅鲁藏布江，高耸的雪山，明镜般的湖水……孔繁森热爱西藏的山山水水，但此时却顾不上欣赏这高原美景。伸向远方的莽莽苍苍的路，多么像人生之路。回顾过去的路，思谋未来的路，他的心早已飞向了阿里。

孔繁森先后两次进藏，这时已在高原工作6年。按说，他现在应该东进返乡。然而，他却接受了一项更艰巨的任务，驱车向西，奔赴自然条件更恶劣的地区，挑起阿里地委书记的重担。

号称"世界屋脊"的西藏高原，高寒缺氧，气候恶劣，而阿里又是西藏最艰苦的地区。那里平均海拔4500米，空气中的含氧量不足海平面的一半，最低气温零下40多摄氏度。民主改革前，野蛮的封建农奴制严重束缚了当地生产力的发展，藏族群众的生产与生活长期处于原始状态。民主改革后特别是党的十一届三中全会以来，阿里发生了巨大变化，但由于历史和自然的原因，当地的经济发展仍比其他地区缓慢，群众生活仍比较贫困。那里更需要像孔繁森这样年富力强的优秀干部。自治区领导同志征求孔繁森的意见时，他坚决而干脆地回答："我是党的干部，服从组织安排。"

像这样的工作调动，孔繁森经历过多次。每一次，他都把党和人民的需要作为自己的唯一选择。

孔繁森1944年出生在山东聊城一个贫苦的农民家庭。在党的培养教育下，他参军、入党，后来转业到地方工作。1979年，国家要从内地抽调一批干部到西藏工作，当时担任中共聊城地委宣传部副部长的孔繁森欣然赴藏。他并非不知道西藏天高地远，并非

不知道那里生活艰苦，并非不知道远离家乡和亲人意味着什么。但他更清楚地知道，这是祖国和人民的需要，这是党的召唤。

从踏上西藏高原那天起，孔繁森就暗下决心：把自己的一切献给祖国这块神圣的土地，献给勤劳、勇敢的藏族人民。孔繁森进藏本来是作为日喀则地委宣传部副部长选调的，报到后，区党委见他年轻体壮、意气风发，决定改派他到海拔 4700 多米的岗巴县担任县委副书记。征询他的意见，回答仍很痛快："我年纪轻，没问题，大不了多喘几口粗气。"那时，党的十一届三中全会刚刚开过，为了在农牧区推广家庭联产承包责任制，带领群众脱贫致富，他亲自到一个乡试点，又把经验在全县推广。在岗巴三年，他几乎跑遍了全县的乡村牧区，每到一地就访贫问苦，宣传党的政策，和群众一起收割、打场、挖泥塘，与当地群众结下了深厚的情谊。有一次，他骑马下乡，从马背上摔下来，昏迷不醒。当地的藏族群众抬着他走了 30 里山路，把他送到医院抢救。当他从昏迷中醒来时，看到很多藏族群众守护在身边。1981 年，孔繁森奉调回山东离开岗巴时，藏族同胞依依不舍地含泪为他送行。

在西藏工作 3 年，孔繁森深深爱上了这片壮丽、神奇的高原，深深爱上了这里的藏族人民。同时，他也深深感受到当地群众要求改变贫穷面貌的迫切愿望。回到山东后，他曾表示："我这条命，是藏族老百姓给捡回来的。如果有机会，我愿再次踏上那片令人终生难忘的土地，去工作，去奋斗！"

光阴似箭。1988 年，工作几经调动的孔繁森已担任聊城地区行署副专员。这时，又一次严峻的考验摆在他面前。

这一年，山东省在选派进藏干部时，认为孔繁森政治上成熟，又有在西藏工作的经验，便准备让他带队。组织上问他有什么困难，他还是那句话："我是党的干部，服从组织安排。"其实，孔繁森心里很清楚，家里确有不少困难：自己的身体状况不如从前了；年近九旬的老母，生活已不能自理；三个孩子尚未成年，需要有人照看；妻子动过几次大手术，体弱多病。自己一走，全家的生活重担又要压在妻子一人肩上。他不会忘记第一次进藏时家里的情景，里里外外都是妻子操劳。有一次，她去刨地瓜，五岁的儿子没人照看，掉进地窖里爬不上来……孔繁森觉得对不起妻子，对不起孩子。

一天，孔繁森对妻子王庆芝说："我带你和孩子们到北京玩几天吧！"妻子感到很奇怪：别说是去北京，就是在聊城，繁森也从来没闲空陪自己和孩子们出过门，这一次是怎么了？带着疑惑的心情，王庆芝和孩子们跟着他到了北京，游览了天安门和长城。途中，孔繁森话里有话地对妻子说："到了北京，就等于走遍了全国。以后我无论走到哪里就像到北京一样，你和孩子们别牵挂。"听了这番话，王庆芝似乎有了某种预感。从北京回到聊城后，孔繁森一直在想怎样对妻子开口。一天夜里，他终于鼓起勇气说："庆芝，组织上又安排我进藏了……"话还没说完，王庆芝的眼泪已像断了线的珠子滚落下来。看着妻子难过的样子，孔繁森的心里也一阵阵发酸。他动情地说：

"庆芝，我欠你的太多太多了！等从西藏回来，我一定会加倍地补偿。"

"你就放心去吧"，王庆芝抽泣着说，"一个人出门在外，好好保重身子。"那些日子里，王庆芝一边为丈夫收拾行装，一边悄悄地抹泪。

要走了，孔繁森默默地站在母亲面前，用手轻轻梳理着母亲那稀疏的白发，然后贴在老人的耳朵旁，声音颤抖地说：

"娘，儿又要出远门了，到很远很远的地方去，要翻好几座山，过好多条河。"

"不去不行吗?"年迈的母亲抚摸着他的头舍不得地问。

"不行啊，娘，咱是党的人。"孔繁森的声音哽咽了。

"那就去吧，公家的事误了不行。多带些衣服、干粮，路上可别喝冷水……"

想到也许这是同年迈多病的老母亲的最后一面，孔繁森再也抑制不住内心的感情，"扑通"跪在母亲面前："自古忠孝不能两全，娘，您要多保重!"说完，流着眼泪给母亲深深磕了一个头。

无情未必真豪杰。为了党的事业，孔繁森把对家乡、对亲人的爱深深地埋在心底，把博大无私的爱献给了祖国和人民。

1988 年，孔繁森第二次进藏后任拉萨市副市长，分管文教、卫生和民政工作。任职期间，他跑遍了全市 8 个县区的所有公办学校和一半以上乡办、村办小学，为发展少数民族教育事业殚精竭虑。1991 年，一次车祸把他摔成了严重的脑震荡，颅骨骨折，高烧昏迷。住院治疗期间，一天，他得知一所学校发生了问题时，便不顾高烧未退、眼睛充血，骑着自行车赶到学校现场处理。在他和全市教育工作者的共同努力下，拉萨的适龄儿童入学率从 45%提高到 80%。

这一次，听说孔繁森要延长在藏时间到阿里工作，有的同志劝他：你是山东的干部，已经先后两次进藏，该吃的苦也吃了。凭你的政绩和能力，回去一定可以干得更好、进步得更快。听了这话，孔繁森的神情顿时严肃起来："怎么能说我是山东的干部呢？我们共产党员无论在哪里工作都是党的干部。越是边远贫穷的地方，越需要我们为之去拼搏、奋斗、付出，否则，就有愧于党，有愧于群众。"

从拉萨到阿里地委、行署所在地狮泉河镇，将近 2000 公里坎坷不平的路程。孔繁森离开拉萨两天后，进入阿里地区措勤县境。藏北大草原那雄浑、壮美的景色展现在他面前：远方，绵延起伏的雪山在蓝天的映衬下格外壮丽，广袤无垠的草原一直伸展到遥远的天际。近旁，一座座用石块垒成的玛尼堆披挂着祈祷吉祥的五彩经幡，一堆堆高寒地带特有的红柳丛在阳光下像火一样耀眼。天空，时而白云朵朵，时而乌云密布；原野，时而大雪纷飞，时而风沙弥漫……

孔繁森是一个感情丰富、兴趣广泛的人，喜爱读书、写诗和摄影。眼前这一切，使他激动不已。为了祖国西南边陲这神圣的土地，多少先辈曾在这里奋斗拼搏、流血牺牲。如今，党把自己派到这里，这是多么光荣而又艰巨的使命。一种崇高的责任感和神圣的使命感在他心中油然而生。

进入阿里地界，孔繁森的调查研究也开始了。当天夜里，他风尘仆仆地到达措勤县委所在地。第二天上午，他不顾旅途劳累，召集县委、县政府的干部开会，听取汇报，并结合贯彻党的十四大会议精神，商讨如何发挥当地优势，探索适应社会主义市场经济体制的发展途径。随后，他又去看望和慰问驻当地的武警部队官兵。

经过对沿途措勤、改则和革吉三个县的实地调查，孔繁森透过这些地方贫困落后的现状，看到了当地蕴藏的巨大优势，即：丰富的畜产品和矿产品资源。他兴奋地对同行的同志说："随着社会主义市场经济体制的建立，我国的经济必将进入一个新的快速发展时期，对原材料的需求将进一步增长。这对有着丰富资源的阿里来说，无疑是一个极好的发展契机。我们一定要抓住这个有利时机，加快阿里经济发展的步伐。"

为了寻找阿里的发展优势，全地区106个乡，他跑了98个，雪域高原上留下了他的深深足迹。风雪中，他把自己的毛衣脱给一位藏族老阿妈……

孔繁森到阿里后，40多封请求调离的报告摆在了他面前。这对人才奇缺的阿里来说，无疑是雪上加霜。

重重心事加上高山反应，使孔繁森彻夜难眠。他索性把住在近旁的地委秘书长叫了过来。没有电，两人就借着手电筒微弱的光亮聊了起来。

孔繁森说："要求调走的那些同志在阿里工作了多年，这本身就是一种奉献。现在，他们申请调离，主要是对阿里的前途缺乏信心。我看，问题的关键是要找到阿里发展的突破口。小平同志说过，发展是硬道理。只要我们用发展这个硬道理来凝聚人心，调动干部们的积极性，为他们提供施展才干的舞台，就一定能把阿里的经济和各项事业搞上去。"

这一夜，他俩谈地区的工作，谈当地的优势，谈阿里的未来，越谈越兴奋。电池用完了再换上一节，炉火不旺了再添上几块焦炭，一直到曙光初露。

4月25日，孔繁森主持召开地委、行署联席会议。他给大家布置的第一项工作就是：解放思想，转变观念，在原有基础上进一步寻找阿里发展的优势，从困难中寻找光明的前途。

会后，孔繁森和地委、行署其他领导成员分头带队到基层调查研究。

到阿里赴任前，孔繁森已把自治区的各有关部门跑了个遍，将阿里地区的自然概况和历年来经济统计数字都抄在笔记本上。为了进一步摸清阿里的情况，他一个县、一个区、一个乡地跑。从措勤到札达，从普兰到日土，实地考察，求计问策，寻找带领群众脱贫致富的路子。在阿里不到两年的时间里，从南方的边境口岸到藏北大草原，从斑公湖到喜马拉雅山谷地，全地区106个乡，他跑了98个，行程8万多公里。

阿里地广人稀，面积30.5万平方公里，相当于两个山东省，而人口只有6万多。有时，开着越野车在空旷的荒野上奔波一天也看不到一户人家、一顶帐篷。饿了，他们就吃口风干的牛羊肉；渴了，就喝口山上流下来的雪水。旅途虽然艰苦，但孔繁森却风趣地对随行的同志说："高原上的水绝对没有污染，是世界上最优质的矿泉水，等开发出来得用美元来买呢！"他那乐观的情绪，常常感染着周围的同志。

有经验的人都知道，在高原生活，一场严重的感冒有时也会夺去一个人的生命。而孔繁森恰恰一到阿里就感冒了，咳嗽不止。为了不耽误工作，他就大剂量地服药。病情重了，就一边输液，一边工作。一个多月下来，体重减轻了14公斤。由于过度劳累，他的直肠纤维瘤复发，鲜血浸透内裤，可他一直瞒着别人。等大家都入睡后，他才把内裤换下，悄悄洗干净。

在广泛深入调查研究的基础上，阿里经济发展的思路在孔繁森的脑海中渐渐清晰起来。在地委、行署联席会议上，孔繁森列举了阿里发展的六大优势：畜产品优势、矿产品优势、旅游优势、边贸优势、政策优势、人口少的优势。

"率领群众致富，是我们的天职。每一个党员干部，都应当与人民同甘苦、共命运。这样，我们党才有威信，国家才有希望。阿里虽说偏僻落后，但发展潜力也很大。关键是要带领群众真抓实干。我有信心和全地区人民同舟共济、艰苦创业，共同建设一个文明、富裕的新阿里。"

孔繁森激情满怀的讲话，使在场的干部热血沸腾。

艰难困苦，对于弱者来说是可怕的，而对于坚强的共产党人来说，则往往是一种无声的召唤。沧海横流，方显英雄本色。

1994年初，正当孔繁森带领全地区人民为实现阿里发展的宏伟蓝图而奋斗时，一场罕见的特大暴风雪席卷了阿里高原。

漫天大雪，吞没了农田、牧场和村庄。凛冽的寒风，把各县受灾的消息传到狮泉河。

"立即行动起来！到灾区去，到群众中去，组织抗灾，恢复生产，重建家园。"在孔繁森的带领下，地委、行署迅速组织了十多个工作组分赴各灾区。厚厚的积雪封死了道路，他们就用铁锹挖，用汽车碾。大家只有一个信念：尽快把党和政府的关怀送到灾区。

在革吉县和改则县，孔繁森目睹了暴风雪给牧民造成的严重危害：大片大片的牧草被冰雪覆盖，成群成群的牲畜因冻饿而死，许多群众陷入缺衣少粮的困境。

孔繁森的心在颤抖！

他挨家挨户地走访灾民，分发救济粮和救济款。风雪中，他高声地鼓励大家："有党和政府在，再大的灾害也压不垮我们。我们一定能帮助大家渡过难关！"

2月26日，孔繁森来到受灾最严重的革吉县亚热区曲仓乡。这里海拔5800米，是阿里最高的一个牧业点。乡党委书记嘎玛钦尧愁眉不展地说："大雪连续下了一个星期，最深的地方没到膝盖。全乡有8人被冻伤，牲畜大部分死亡。"

孔繁森心情沉重地把全乡每户牧民的损失情况一一记在笔记本上，然后用坚定的语气对嘎玛钦尧说："现在的首要任务是保护人。先保人，再保畜，一定要把群众的情绪稳住，团结起来同灾害作斗争，尽量把损失减少到最低限度。"

雪花在凛冽的寒风中狂飞乱舞。一会儿功夫，大家都变成了雪人。人们穿着大衣，还是感到阵阵发冷。脸、手和脚都被冻得失去了知觉。孔繁森看到一位藏族老阿妈把外衣脱给了在风雪中哀嚎的小羊羔，自己却在零下20多摄氏度的严寒中冻得瑟瑟发抖，他的眼睛湿润了。他用手捂住脸，强忍着不让泪水流出来，猛地转身回到越野车上脱下自己的一套毛衣毛裤，递给那位老阿妈。老阿妈伸出已经冻僵的双手，接过那还带着体温的毛衣，嘴唇颤抖着久久说不出一句话。

顶风冒雪，孔繁森背着他每次下乡都随身携带的小药箱，走村串户，慰问受灾群众，给被冻伤的牧民们看病。他早年在部队医院当过兵，粗通医术。来西藏工作后，为了解决当地缺医少药的困难，他做了大量工作。每次下乡前，他都要买上几百块钱的药，为农牧民看病治病。一次，有位70多岁的藏族老人肺病发作，浓痰堵塞了咽喉，危在旦夕。当时，没有其他医疗器械可用，孔繁森就将听诊器的胶管伸进老人嘴里，又对着胶管将痰一口一口地吸出来，然后又为老人打针服药，直到转危为安。

雪越下越大，风越刮越紧。长时间的高山反应，持续不断的超负荷工作，使孔繁森本来就带病的身体更加虚弱。他感到眼前阵阵发黑，身上不住地冒虚汗，但还是坚持着给冻伤的牧民一一做了检查。尔后，又把解决曲仓乡受灾牧民的搬迁、转场和买牛的资金及口粮、油料等问题一一研究落实，直忙到凌晨2时多，才躺下休息。

夜，很深很深了。狂风仍在不停地呼啸。奔波劳累了一天的孔繁森躺在帐篷里，剧烈的头疼使他怎么也睡不着。凌晨3时许，他感到心跳加快，胸闷气短，天旋地转。有高原生活经验和医学常识的孔繁森，预感到死神正向自己逼近……

对孔繁森来说，生与死早已置之度外。在赴藏前，他就请人写过"是七尺男儿生能舍己，作千秋鬼雄死不还乡"的条幅。进西藏后，他又写下了"青山处处埋忠骨，一腔热血洒高原"的豪迈誓言。让他放心不下的，是那远在家乡的老母亲和妻子、儿女。昏昏沉沉中，他默念着亲人的名字……想着，想着，泪水挂满了脸颊。他强支起虚弱的身体，打开手电筒，在笔记本上给同行的小梁写下了这样的交代：

小梁：

不知为什么我头痛得怎么也睡不着。人有旦夕祸福。万一我发生了不幸，千万不能让我母亲和家属、孩子知道。请你每月以我的名义给我家写一封平安信。我在哪里发生不幸，就把我埋在哪里……

这一夜，孔繁森终于挺过来了。他，没有倒下。

经过两个月的艰苦奋战，阿里地区的各族干部群众在地委和行署的领导下，终于战胜了雪灾，全地区没有冻死、饿死一个人。但这场雪灾毕竟也给阿里造成了严重的经济损失。雪灾和连续几年的旱灾、风灾，使孔繁森深深感到：光靠救济不能从根本上消除自然灾害的威胁，只有尽快建立起抗灾防灾基地，才能使群众具有抵御自然灾害的能力。他在地委、行署联席会议上提出了这一想法，得到大家一致赞同。

这一年7月，孔繁森在北京参加中央召开的第三次西藏工作会议后，没有立即返回，他要利用这个机会当面向中央有关部门的负责同志陈述想法，争取支持。当时，他母亲正卧病在床，水米不进，家里几次催他回去，可为了阿里地区6万多群众，他只好在心里默默地为母亲祈祷、祝福。

七八月份的北京，正是酷暑季节，孔繁森顶着似火的烈日，一个部委一个部委地汇报灾情。中午实在热得不行，就到有空调的商店里避一避。饿了，就在附近的小摊上吃碗面条。次数多了，随行的同志难免有些抱怨：在摊上吃，既不卫生，也太简单，而且有失地委书记的身份。孔繁森很动感情地说："想想灾区那些还在饿肚子的群众，大鱼大肉咱能吃得下吗！"

在北京的20多天里，孔繁森先后跑了10多个部门，每到一处，他都把纪录阿里灾情的录像带放给有关同志看，一边放一边讲灾区群众的困难，说那里条件的艰苦，谈建设防灾抗灾基地对阿里的特殊意义，人们无不为他的一片赤诚所感动。

阿里的灾情引起有关负责同志的重视，破例为阿里解决了一大笔救灾款和项目资金。资金落实后，孔繁森的心情却久久不能平静。他知道，西藏和平解放40多年来，中央对西藏的财政补贴和基本建设投资累计达200多亿元。这次西藏工作会议上，又确定了总投资23.8亿元的62个援藏项目。他感到肩上的担子更重了：中央对西藏这样关心和支持，如果自己做不好工作，怎能对得起党，对得起藏族群众？

返回阿里后，孔繁森向地委和行署干部迅速传达了中央第三次西藏工作会议和自治区党委四届六次全会的精神。他说："中央关心西藏，全国人民支援西藏，我们怎么办？"他和地委、行署一班人提出，要以"新的精神面貌，新的思维方式，新的工作思路，新的行动姿态，抓住机遇，加快发展，努力开创阿里工作新局面"。

在孔繁森等地委、行署一班人的带领下，阿里的经济有了较快发展。1994年，全地区国民生产总值超过1.8亿元，比1993年增长37.5%；国民收入超过1.1亿元，比上年增长6.87%。一幅全面振兴阿里经济的宏伟蓝图，正在这雪域高原上成为现实：

——2000千瓦的朗久地热电厂重新发电，高原的夜晚不再漆黑，明亮的灯光同天上的星星交相辉映；

——年产值可达上亿元的山羊绒梳绒厂和鱼骨粉加工厂、硼矿脱水厂、水泥厂等相继在空旷的荒原上拔地而起，隆隆的机器轰鸣声打破了千年的沉寂；

——随着普兰、什布奇口岸的开通，至边境强拉山口公路的竣工，阿里高原向世界进一步敞开了开放的大门……

三个藏族孤儿，900毫升鲜血。他向人民奉献的是比血还浓的炽热情感，是博大、深沉和无私的爱

摆在记者面前的，是解放军西藏军区总医院血库一张献血证明，上面写着：

兹有孔繁森同志于1993年曾先后三次来我库自愿献血900毫升，已按医院规定付给献血营养费九佰元整。

在这张献血证明的背后，是一个催人泪下的故事——

1992年，拉萨市墨竹工卡等县发生地震。当时在拉萨任副市长的孔繁森立即赶赴灾区。在羊日岗乡的地震废墟上，三个失去父母、无家可归的藏族孤儿曲尼、曲印和贡桑哭喊着扑到他的怀里。孔繁森抚慰着三个孩子：党，就是你们的亲人。一定会让你们有饭吃，有衣穿，有房子住，还要送你们上学。他嘱咐当地干部务必要安置好这三个孩子。孔繁森紧张地忙于救灾，也一直牵挂着三个孩子。不久，他再次来到羊日岗乡，决定亲自承担起抚养这三个孤儿的责任。

一个人孤身在外，又要工作，又要带孩子，辛苦和劳累可想而知。晚上，工作了一天的孔繁森回到家，先要给孩子们做好饭菜，然后再教他们读书认字。夜里，就和孩子们挤在同一张床上。那时，曲尼12岁，曲印7岁，贡桑只有5岁，睡觉时经常把尿撒在床上，他就不厌其烦地换洗床单。节假日，只要有空，他总要带孩子们去商店、逛公园，给他们买衣物，陪他们玩，就像对待他自己的亲生儿女一样。

一天深夜，曲印突然肚子疼得"唉哟，唉哟"叫个不停。孔繁森从睡梦中被吵醒，他爬起来给曲印吃了药，可还是不行。孔繁森着急了，背起孩子直奔医院，整整忙了一夜，直到第二天早上才疲惫不堪地回来。

看到孔繁森一人抚养三个孩子负担太重，拉萨市市长洛桑顿珠领走了曲尼。

生活条件变了，曲印和贡桑吃东西也开始挑剔起来。孔繁森觉察到孩子的这一细微变化，就对办公室的小崔说：

"我想请你把孩子们带回羊日岗乡去看一看。"

"他们的父母都不在了，看个啥呀？"小崔不解地问。

"让孩子们走一走家乡的土路，看一看家乡的山水，再过几天家乡父老乡亲的生活。"说着，孔繁森把曲印和贡桑喊了过来，他抚摸着兄妹俩的头语重心长地说："记住，永远别忘了自己的家乡，将来长大了，好好建设自己的家乡。"

兄妹俩回家乡生活了5天，回来后好象长大了许多。

尽管孔繁森自己的家庭负担比较重，但每次下乡，他总要把钱分给那些生活贫困的藏族群众，往往刚过半个月，工资就花得所剩无几，有时连交伙食费的钱都不够了。收养孤儿后，经济上更加拮据。过去他一个人，生活上能凑合就凑合，可他不能让孩子们受委屈。

1993年春的一天，孔繁森悄悄来到西藏军区总医院血库，要求献血。护士看着他那已经斑白的鬓角，婉言劝道："您这么大年纪了，不适合献血。"

孔繁森连忙恳求道："我家里孩子多，负担重，急需要钱。请帮个忙吧！"

护士见孔繁森如此恳切，只好同意他的请求。

殷红的鲜血，从孔繁森的体内缓缓流进针管。这是一位共产党员的鲜血，是从一位日夜操劳的领导干部的血管里流出来的血！

孔繁森生活极其节俭，经常吃的是白饭就榨菜，工作一忙，开水泡馒头和方便面也是常有的事。他穿的许多内衣打着补丁，连块香皂都舍不得买。每次去拉萨回阿里，他总要买上一些价格低廉的生活日用品，因为有地区差价，这样可以省点钱。孔繁森对自己，就是这样节俭、吝啬，而对他人、对藏族同胞，却是那么慷慨大方。在西藏工作的近10年时间，他几乎没有往家里寄过钱，省下的工资，大部分花在藏族群众身上。为此，他曾多次流露出对家人的内疚之情。但为了帮助那些有困难的藏族同胞，他只好委屈自己的家人。

孔繁森是清贫的，同时也是富有的。他拥有人世间最美好的心灵，最丰富的情感，最高尚的精神境界。

"太阳和月亮有着同一个母亲，她的名字叫光明；汉族和藏族拥有同一个母亲，她的名字叫中国"——这是孔繁森非常喜爱的一首歌。他曾多次对人这样讲，每当看到藏族的老人，就会想到自己的父母；每当看到藏族的孩子，就仿佛见到自己的儿女。在拉萨

当副市长期间，全市56所敬老院和社会福利院，他走访过48所，把党和政府的关怀、温暖送到孤寡老人和孩子们的心田。

在拉萨市堆龙德庆县桑达乡敬老院里，有个叫琼宗的老人，至今保存着孔繁森送给她的一双棉鞋。老人永远不会忘记那个隆冬的早晨，孔繁森副市长冒着寒风来到敬老院，发现老人的鞋子破了，脚被冻得又红又肿，便心疼地把老人的双脚抱在自己的怀里。第二天，他又托人给老人送去了一双新棉鞋。不久，他又给敬老院的老人们送去了半导体收音机。接过孔繁森自己掏钱买的收音机，老人们的眼睛湿润了。一个叫旺姆的老人激动地对孔繁森说："还是新社会好哇！要是在解放前，像您这样的崩布拉(当官的)连见都见不到呀！"离开敬老院时，老人们自动站成一排，依依不舍地为他送行。

有一次，孔繁森到拉萨市林周县阿朗乡敬老院看望孤寡老人。走进一个房间，他看到一位藏族老阿爸的脚因烫伤溃烂发炎了，便打开随身携带的药箱，为老人擦洗涂药，然后用纱布把脚裹好，还把自己穿的灰色风衣脱下来披在老人身上。临走时，他又掏出身上仅有的30多块钱塞到老人手里。老人感动得直掉眼泪，口中不住地念叨："活菩萨，活菩萨！"

孔繁森在阿里工作时，一天，他到噶尔县门士区检查工作，看到草滩上有几间土坯房，听说那儿住着两位孤寡老人，便走了过去。他推开门，借着火塘的光亮，看见一位藏族老阿妈有气无力地靠在墙上。"阿妈啦，党派我看您老人家来了！"说着，他随手摸了摸放在地上的口袋，糌粑不多了；又摇了摇一旁的酥油茶壶，也快空了。原来，政府给老人的这个月的生活费已经花光了。孔繁森马上掏出200元钱给随行的同志："快去给老人买些茶叶、食盐、酥油和大米来。"说着，他又转身走进另一位孤寡老人的家，只见老人病着躺在一张破羊皮上。孔繁森心情沉重地对区里的干部说："马上请医生来给老人看看病，另外再买块床垫来，要厚，要暖和。"从那以后，只要有人去噶尔县，孔繁森必定要托人给这两位孤寡老人捎些钱、粮食和衣物。

没人能说得清，像这样的事孔繁森做了多少件。有人说，他做的好事就像盛开的邦锦花，洒满草原。也许在有些人看来，这些事太普通，太平凡了。然而，就像那奔腾浩荡的雅鲁藏布江，最初的源头不过是阿里高原上的一条小溪，正是这点点滴滴的平凡小事，铸就了一个共产党员品格的崇高和伟大。

"冰山愈冷情愈热，耿耿忠心照雪山。"正如孔繁森在一首诗中所写，他把自己一颗火热的心献给了西藏高原，献给了党的事业。他对藏族同胞的爱、对祖国人民的爱，就像高原上的蓝天一样，那样的纯洁，那样的深沉，那样的博大。他始终在努力实践着自己最喜爱的那句名言："一个人爱的最高境界是爱别人，一个共产党员爱的最高境界是爱人民。"

令人痛惜的意外事情发生了。

1994年11月29日，孔繁森在去新疆塔城考察边贸的途中，在一场车祸中不幸殉职，时年50岁。噩耗传到阿里，传到拉萨，传到山东，人们简直不敢相信。

"出师未捷身先死，常使英雄泪满襟。"

人们在料理孔繁森的后事时，看到两件令人心碎的遗物：一是他仅有的钱款——八元六角；一是他的"绝笔"——去世前4天写的关于发展阿里经济的12条建议。

这就是孔繁森留下的遗产，这就是一个共产党员的高尚情怀！

雪山含悲，江河呜咽。

许多人站在孔繁森的遗像前泣不成声，泪如雨下。数不清的哈达敬献在他的灵前，堆得像洁白的雪山。

在阿里，在拉萨，在聊城……成千上万的人在呼唤着同一个名字——孔繁森。

"波拉，波拉(爷爷)！您不能走，我们舍不得您哪！"孔繁森收养的两个藏族孤儿，捧着他的遗像哭干了眼泪，哭哑了喉咙。

"孔书记，我的好书记，让我替您去死吧！"孔繁森身边的一位工作人员双膝跪地，两手深深插进墓穴的黄土，嚎啕大哭，悲痛欲绝。

一位藏族老人匍匐在孔繁森的灵前，大声哭喊："孔书记，您不该去呀！您对阿里恩重如山，我们不能没有您啊！"

阿里的一个画家虔诚地跪在孔繁森的遗像前，一边落泪，一边为他画像。画了一夜，也哭了一夜。当画稿完成后，他将画笔折成两截……

"一尘不染，两袖清风，视名利安危淡似狮泉河水。二离桑梓，独恋雪域，置民族团结重如冈底斯山。"

——一幅幅低垂的挽联，诉说着人们的巨大悲痛，倾吐着人们的无限哀思和崇敬之情。

就像那许许多多把自己的青春、热血和生命都献给了西藏高原的先辈那样，党和人民的好儿子孔繁森，也把他那高大的身躯融入这片壮丽、神奇的土地，在无数人的心中树起一座不朽的丰碑。

思想道德建设

1. 理论学习与研究

江泽民强调紧密联系全党工作大局深入学习好《邓小平文选》第三卷　中共中央总书记、国家主席、中央军委主席江泽民1994年4月1日在同全军第一期军以上干部学习《邓小平文选》第三卷轮训班学员座谈时强调，用建设有中国特色社会主义理论武装全军是一项长期的战略任务，要把学习成果运用到实际工作中去，提高在大局下行动的自觉性。他指出，深入学好《邓小平文选》第三卷，要坚持不懈地抓下去。很重要的一条，是要结合学习十一届三中全会以来的重要文献，学习党中央、中央军委的重大决策，这样，既有利于加深对小平同志的重要思想和基本理论观点的理解，又有利于加深对党的方针政策的认识。江泽民强调，深入学习《邓小平文选》第三卷，要紧密联系全党工作大局，提高在大局下行动的自觉性。江泽民强调，深入学习《邓小平文选》第三卷，要努力提高领导班子的整体素质，促进部队的全面建设。

刘华清与军区领导座谈深入学好《邓小平文选》第三卷　1994年4月26日，中央政治局常委、中央军委副主席刘华清在京与参加中央党校第三期省部主要领导干部理论研究班的6位军区司令员、政委，围绕如何进一步深入学好《邓小平文选》第三卷，用邓小平同志建设有中国特色社会主义理论和新时期军队建设的思想，指导部队全面建设问题进行了座谈。在座谈中，几个军区的领导畅谈了近20天来集中学习《邓小平文选》第三卷的体会。刘华清在座谈中指出，认真学好《邓小平文选》第三卷，用邓小平同志建设有中国特色社会主义理论和新时期军队建设的思想武装全军指战员的头脑，是全军长期的战略任务，一定要坚持不懈地抓好。刘华清强调，要深入学习《邓小平文选》第三卷，一定要理论联系实际，高级干部尤其要兢兢业业，身先士卒，抓好部队的各项工作，为推进全国的改革开放和现代化建设，为维护社会稳定作出积极贡献。

省部级主要领导干部参加《邓小平文选》第三卷理论研讨班学习　从1993年10月、11月，到1994年4月、5月，来自全国各省、自治区、直辖市、中央和国家机关、解放军总部和各大兵种、大军区的主要负责人以及思想理论界的部分负责同志和专家学者共175人，分四批在中央党校集中研讨邓小平原著，系统了解基本观点，努力把握精神实质。他们结合改革开放和社会主义现代化建设的实践，以及自己的工作和思想实际，边读书、边思考，并随着客观情况的发展，围绕一些重要的理论问题和实际问题进行交流、研讨。通过学习、研讨，大家有一个共同感受，就是：高级干部带头学习和运用邓小平建设有中国特色社会主义理论，不仅可以大大提高自己的领导水平，加强工作的原则性、系统性、预见性和创造性，减少和避免大的失误，还可以带动各级领导干部和广大党员学习这一理论，促进全党马克思主义理论水平的不断提高，使这一理论成为团结凝聚全党、全国人民，推动改革开放和现代化建设的巨大力量。研讨班期间，江泽民总书记先后三次同大家座谈，并发表了重要讲话。把这么多高级干部集中起来学习理论、研讨问题，这本身就是党的建设史上的一件大事，显示了党中央的远见卓识和用邓小平建设有中国特色社会主义理论武装全党的决心，标志着中国共产党人理论思维的进一步成熟。

全军官兵深入学习《邓小平文选》第三卷 1994年以来，全军官兵以《邓小平文选》第三卷为教材，一个群众性学习邓小平著作的活动正在广大官兵中热烈开展。全军多次组织高级干部学习《邓小平文选》研讨班，研讨邓小平建设有中国特色社会主义理论。在基层，各级党委和政治机关把组织学习《邓小平文选》作为新时期部队思想政治工作的基础工程，部队中出现了学理论的热潮。为使这种学习热情持久地保持下去，各部队采取多种形式，帮助大家了解邓小平同志领导改革开放的光辉实践和创立建设有中国特色社会主义理论的杰出贡献。各单位还注意通过基层官兵的工作、学习、生活实际，帮助大家明确个人成长进步与学习革命理论的关系，懂得邓小平同志的著作是宝贵的精神财富。由于这一学习教育具有较强的现实针对性，有力地促进了官兵思想观念、精神面貌的变化和部队建设。

全国广大党员干部深入学习《邓小平文选》第三卷 《邓小平文选》第三卷出版以后，全国共举办厅（局）级干部理论学习班385期，培训领导干部1.5万多人；举办县处级干部理论学习班2904期，19.3万名干部参加了系统学习。在学习中，各地还总结了不少促进学习的好经验。如江西省向县处级以上领导干部每人发一本读书笔记，要求将结合工作、思想实际学习《邓小平文选》第三卷的体会写出来，定期组织批阅、交流并通报全省。在《江西日报》开辟领导干部读书笔记专栏，刊发介绍一些好的读书笔记。河北省开展对1700名县处级以上干部学习建设有中国特色社会主义理论的考试考核活动，促进了各级干部和广大党员的理论学习。辽宁、吉林、湖南、山西、甘肃、陕西、新疆等省（区）在强调主要读原著的同时，编写了适合不同类型、不同层次党员干部学习的教材。中央领导亲自抓，地方党委领导带头学，广大党员潜心学，是全党学习邓小平同志建设有中国特色社会主义理论的一个特点。另一个特点是密切结合新的形势和任务，认真贯彻理论联系实际的方针，坚持学理论与研究现实问题相结合的方法，针对改革和建设，努力寻求正确答案。全国各级干部和广大党员通过学习和培训，进一步解放了思想，提高了认识，增强了贯彻执行党的基本路线的自觉性和主动性，加快了改革开放的步伐，促进了经济建设的蓬勃发展。

郑必坚强调理论武装要向广度和深度发展 1995年10月上旬，在人事部召开的邓小平人才思想研讨会上，中宣部常务副部长郑必坚提出，为了实现"九五"计划和2010年远景目标，在继续认真学习和掌握邓小平建设有中国特色社会主义理论科学体系时，要按照理论联系实际的原则，认真学习和掌握这一理论关于各个重要领域的一系列思想观点和方针政策，这是理论武装向广度和深度发展的一项事关重大，亟待开拓的历史性课题。郑必坚强调，当前干部特别是各级领导干部的理论学习，要以《邓小平同志建设有中国特色社会主义理论学习纲要》为重要辅助材料，紧紧围绕首要的基本理论问题，向着掌握理论的科学体系深入；要密切结合社会主义现代化建设的实际，向着认清中国发展大局，解决现实问题深入；要紧密联系历史大转折中的思想实际，向着加强世界观、人生观、价值观的建设深入。郑必坚说，这次人事部召开研讨会，联系人事工作实际，系统学习和研究邓小平同志关于社会主义建设人才理论，这是推动理论武装工作深入发展的重要举措，值得提倡。

王兆国阐述邓小平新时期统战思想 邓小平同志关于新时期统战思想是什么？王兆国从12个方面作了阐述。这12个方面是：统一战线的性质，统一战线的地位，统一战线的任务，统一战线的对象和范围，民主党派，知识分子，原工商业者，非公有制经济，民族问题，宗教问题，人民政协问题，祖国统一问题。王兆国概括说，邓小平同志新时期统一战线思想，体现了马克思主义的立场、观点和方法。其核心和实质有三个基本方面，即解放思想、实事求是，广泛的爱国主义大团结和充分发扬社会主义民主。

学习《邓小平文选》和建设有中国特色社会主义理论研讨会 学习《邓小平文选》和建设有中国特色社会主义理论研讨会1994年12月14日—17日在人民大会堂举行。这次研讨会是经中央批准，由中央宣传部、中央党校、中央文献研究室、中国社会科学院、国家教委、解放军总政治部联合召开的。参加会议的有来自全国各地的专家、学者和有关部门的同志250多人。刘华清、荣毅仁、李岚清、李铁映、薄一波、胡绳等出席会议。胡锦涛在会上讲话时指出，党的十四大以来，学习、研究、宣传邓小平同志建设有中国特色社会主义理论出现了令人鼓舞的新局面。各级党委要进一步加强领导，推动这一理论的学习、研究、宣传不断向广度和深度发展。李岚清在闭幕式上讲话指出，理论学习、研究、宣传三个方面相辅相成，相互促进。各级党的宣传部门，各个研究基地等，都要在党委的统一领导下密切配合，努力把学习、研究和宣传邓小平建设有中国特色社会主义理论的工作引向深入。在为期4天的研讨会上，与会者集中研讨了以下四方面内容：1.建设有中国特色社会主义的基本理论。与会者一致认为：邓小平同志建设有中国特色社会主义理论，第一次比较系统地初步回答了中国如何建设社会主义、如何巩固和发展社会主义的一系列基本问题，提出了一系列创造性的新思想和新观点，是在社会主义新的历史时期对马列主义、毛泽东思想的创造性发展，是当代中国的马克思主义。2. 社会主义市场经济理论。与会学者认为，市场经济可以和社会主义相容，实现市场经济能够更快更好地实现社会主义的本质要求。邓小平同志对社会主义本质的概括和关于社会主义也要实行市场经济的理论，是将马克思主义普遍真理与中国具体实践相结合所作出的两个重大创造。3. 精神文明建设理论。与会同志认为，任何时代的文明发展，都离不开物质文明和精神文明的协调发展。只有两个文明同步发展，才能为改革开放和现代化伟大实践提供强有力思想保证、精神动力和智力支持。“两手抓、两手都要硬”，这是改革开放以来抓好两个文明建设的基本经验。上海、广东、山东的省委宣传部负责人分别结合本地应用建设有中国特色社会主义理论的实际，作了大会专题发言。上海的同志特别提出建设有中国特色社会主义一定要交出两份答卷：一份是经济建设，一份是精神文明。4. 党的建设理论。邓小平同志的党建理论，对执政党的建设进行了全面探索，回答和解决了在改革开放和现代化建设新时期执政党建设的一系列重大理论问题和实践问题，极大地丰富了马克思主义党建学说，内容博大精深。今天，当中国共产党人把当代中国的马克思主义——邓小平建设有中国特色社会主义理论作为自己的精神支柱时，中华民族再造辉煌的日子一定是为期不远的。

邓小平发展战略思想与跨世纪远景目标理论研讨会 中共中央党校建设有中国特色社会主义理论研究中心 1995 年 11 月 7 日召开“邓小平发展战略思想与跨世纪远景目标理论研讨会”。与会同志认为，邓小平同志建设有中国特色社会主义理论，科学地回答了当代中国社会发展的一系列基本问题。与会同志把邓小平同志的发展战略思想与跨世纪的远景目标联系起来，认真学习党的十四届五中全会文件，认识到《建议》是邓小平建设有中国特色社会主义理论特别是其中的发展战略理论的运用和体现，又从总结历史和规划未来中使这个理论进一步丰富和具体化，增添了许多新的内容，系统地发挥了邓小平理论在正确处理现代化经济建设中的各种重大关系的原则。江泽民同志讲的 12 条，是具有很强理论性、基础性的文献。《讲话》坚持了邓小平同志辩证发展观，充满着马克思主义辩证法的光辉。郑必坚等有关部门、单位的负责同志和近百名专家学者出席了研讨会。

邓小平改革思想研讨会 由中国历史唯物主义学会等 21 家单位共同发起的邓小平改革思想研讨会于 1994 年 6 月上旬在安徽贵池市召开。80 多位专家学者和企业领导人与会，并提交论文 60 多篇。主要讨论了以下问题。1. 关于邓小平改革思想的科学体系，包括如下内容：(1) 改革理论的提出及其现实依据；(2) 改革的性质和意义；(3) 改革的方向和衡量标准；(4) 改革的对象和任务及改革的目标和范围；(5) 改革的原则和方法。2. 关于邓小平改革思想的哲学基础。与会代表认为，邓小平改革思想的哲学基础是辩证唯物主义和历史唯物主义，他关于改革的一系列观点与论述，主要包括三个方面：(1) 实事求是的唯物主义。(2) 以生产力标准为基石的唯物史观。(3) 唯物辩证法的思维方法。(4) 坚持“两点论”、“两条腿走路”、“两手抓”等。也有学者从思维特色的角度，对邓小平改革思想的哲学基础进行了如下归纳：(1) 实事求是，注重实践，讲求实效。(2) 矛盾普遍性和特殊性的辩证论。(3) 全面的系统性思维。(4) 高瞻远瞩，恢宏广阔的战略思维。(5) 独立思考，创新求异的开拓性创造性思维。(6) “从群众中来，到群众中去”的认识方法等等。

全国邓小平理论与中华腾飞学术研讨会 1994 年 8 月，百余名学者在重庆出席了由中国毛泽东思想理论与实践研究会等 21 个单位举办的“全国邓小平理论与中华腾飞学术研讨会”。与会者就以下三个方面达成了共识：共识之一，早日实现中华腾飞是邓小平一生的宿愿。大家畅谈了邓小平 90 年的革命奋斗生涯，从 1920 年 9 月赴法国勤工俭学，到 1992 年初的南方视察，邓小平的一生，无不是为中国革命和建设奋斗的一生。所以，学者们说，“邓小平是中华腾飞的梦想变为现实的总设计师，功在当代，福荫后世”。共识之二，伟大的理论指导伟大的实践，建设有中国特色社会主义理论为中华民族指出了腾飞之路。与会学者从不同的角度对邓小平建设有中国特色社会主义理论与中华腾飞的关系作了深入探讨。大家认为：邓小平建设有中国特色社会主义理论总结了中华民族在中国共产党领导下取得的经验，阐明了实现中华腾飞的先决条件是解放思想，腾飞的根本标志是生产力的发展，腾飞的主要手段是改革开放，腾飞的政治保证是四项基本原则，腾飞的政治环境是社会稳定，腾飞的部署是“三步走”。共识之三：学好邓小平建设有中国特色社会主义理论，武装头脑，促进中华民族早日腾飞！”与会学者一致认为，正确的理论可以引导国家和民族走向成功和辉煌，建设有中国特色社会主义理论的形成与创立，标志着我们党更加成熟。

邓小平哲学思想研讨会 中国辩证唯物主义研究会等单位联合发起的“邓小平哲学思想与中国特色社会主义理论暨全国第九次社会主义社会辩证法研讨会”1994 年 9 月上旬在广州举行。会议收到学术论文 60 余篇，来自全国各地 100 多位理论和实际工作者围绕邓小平哲学思想与建设有中国特色社会主义这个主题进行了讨论。讨论的主要观点有：1. 邓小平哲学思想的地位和作用。大家一致认为，邓小平哲学思想是马克思主义基本原理与当代中国实际紧密结合的哲学总结和辩证概括，是建设有中国特色社会主义理论的精髓。2. 邓小平哲学思想体系的基本框架。与会者有三种不同的概括。一种观点认为，坚持解放思想与实事求是的统一，是建设有中国特色社会主义的精髓和基础；三个有利于成为建设有中国特色社会主义理论的基石；坚持“两点论”和“重点论”、共性与个性的统一，体现了唯物辩证法的全面性；坚持主体能动性和客观可能性的统一，指导现代化建设的伟大实践。第二种观点认为，邓小平哲学思想体系的内涵极为丰富，根本的有四个方面：中心论；动力论；合力论；全面发展论。第三种观点认为，邓小平哲学思想的基本框架是：以中国广大人民群众利益、意志和愿望为出发点，以当代中国实际和时代特征为逻辑起点，以生产力是社会发展的最终决定因素为基本原则。3. 邓小平哲学思想的核心问题。主要有四种看法：一是认为解放思想、实事求是是邓小平哲学思想的基础和核心。二是认为邓小平的社会主义本质观，是在最根本问题上对科学社会主义的重大突破，因而成为邓小平哲学思想的核心所在。三是认为大力发展社会生产力，才是邓小平哲学思想的核心。四是认为实践的观点，实践的标准是邓小平哲学思想中最为核心的思想。

邓小平建党思想研讨会综述

1994年9月，中央党校党建部召开了邓小平建党思想研讨会，与会的70多位专家提出，要用改革的精神学习邓小平建党思想，用改革的精神来建设党。会议主要讨论了以下三个问题：1. 邓小平建党思想的历史地位。与会者认为，邓小平建党思想是马列主义、毛泽东思想中的党建基本原理同当代中国共产党建设的具体实践相结合的产物，是当代中国的马克思主义建党理论，是现阶段执政党建设的指针，是加强和改进党的建设的强大思想武器。2. 邓小平执政党建设思想的理论体系。这个体系概括为十个方面：(1)新时期执政党建设的指导思想是建设有中国特色的社会主义理论；(2)党的建设必须紧密围绕党的基本路线进行，以“三个有利于”作为衡量党的工作的客观标准；(3)恢复和系统地确立了解放思想、实事求是的思想路线；(4)坚持党的领导，必须改善党的领导，消除领导体制中的弊端；(5)坚持民主集中制；(6)强调从制度上建设党，改革党和国家的领导制度；(7)提出干部队伍建设的“四化”方针和德才兼备原则；(8)重视党的基层组织建设，发挥基层党组织和党员在经济建设中的带头作用。(9)反对腐败，坚持两手抓，两手都要硬；(10)按照“独立自主、完全平等、互相尊重、互不干涉内部事务”的四项原则正确处理与外国政党的关系。3. 研究邓小平建党思想的方法。强调把握邓小平在研究和解决党的建设理论和实践问题上的方法论，要善于总结经验，坚持解放思想，实事求是的思想方法等应成为研究邓小平建党思想的基本方法。

邓小平外交思想研讨会在京举行 邓小平外交思想研讨会“1995年12月12日在人民大会堂举行。江泽民同志在开幕式上指出，邓小平同志的外交思想是他建设有中国特色社会主义理论的重要组成部分，是我国外交工作的指导思想。邓小平外交思想是毛泽东、周恩来外交思想的继承和发展。邓小平同志在提出建设有中国特色社会主义理论的同时，确定了我国新时期的国际战略和外交路线。并明确指出：我国外交的主要目标：一是反对霸权主义，维护世界和平；二是增进国际合作，促进共同发展。钱其琛在讲话中指出，新时期的外交实践证明，邓小平同志的外交思想是英明正确和富有远见的。在新的历史时期，我们要学习邓小平同志解放思想、实事求是的思想路线；要学习邓小平同志的创新精神；要学习邓小平同志坚持发扬爱国主义和国际主义相结合的思想；要学习邓小平同志沉着冷静、处惊不变、原则坚定、策略灵活的外交风格，进一步做好外交工作。

邓小平社会主义市场经济思想研讨会在深圳举行 在邓小平同志视察南方谈话两周年之际，百余名专家、学者聚会深圳，研讨邓小平社会主义市场经济思想。这次研讨会是由中国市场经济研究会、广东省社科联及中共深圳市委共同发起召开的。中国市场经济研究会会长王珏主持会议，田纪云副委员长到会并发表讲话，国务院副总理李岚清致电祝贺。与会专家学者围绕着深刻领会和认真贯彻小平同志的社会主义市场经济思想进行了热烈的讨论。李岚清在发给研讨会的贺电中说，希望这次研讨会有助于深入学习、领会小平同志建设有中国特色的社会主义理论，更好地贯彻党的十四届三中全会通过的决定，在深化改革、促进发展方面发挥积极作用。田纪云在讲话中说，改革开放15年来，我们国家之所以取得巨大成就，就是因为党的十一届三中全会以来，在小平同志建设具有中国特色社会主义理论的指引下，贯彻改革开放、放权搞活的结果。他指出，我们应该沿着小平同志指引的航向，向社会主义市场经济转变，为建设有中国特色的社会主义而努力。

邓小平理论与广东改革开放研讨会在广州召开 为期3天的邓小平理论与广东改革开放研讨会1994年8月19日在广州闭幕。参加研讨会的广东省350名理论及实际工作者普遍认为：广东15年来改革开放取得的巨大成就，就是邓小平同志建设有中国特色社会主义理论的成功实践。与会者对四个方面的问题进行了研讨：邓小平理论与科学社会主义的新发展，邓小平市场经济理论与广东的市场导向改革，邓小平对外开放理论与广东的对外开放，邓小平“两手抓、两手都要硬”的理论与广东精神文明建设。

提交会议的论文有100多篇。

邓小平建设有中国特色社会主义理论与上海改革开放理论研讨会 邓小平建设有中国特色社会主义理论与上海改革开放理论研讨会1994年11月24日在上海举行。这次研讨会围绕“邓小平建设有中国特色社会主义理论与上海改革开放”这一主题，从90年代上海的经济发展、改革开放和浦东开发开放；上海率先建立社会主义市场经济的运行机制等方面，展开深入讨论。上海市委副书记陈至立在讲话中指出，邓小平同志对上海的工作十分关心，并对上海的工作作了一系列重要指示。上海取得的成就，是正确的科学理论指导的结果，充分体现了邓小平建设有中国特色社会主义理论的巨大威力。

邓小平经济思想研讨会举行 国家体改委、中央党校等单位于1995年1月24日至25日在北京联合召开了邓小平的经济思想研讨会。国务委员李铁映专门为这次会议提交了书面发言。李铁映指出，学习、研究邓小平的经济思想，要把重点放在准确理解邓小平同志的一系列理论观点的科学内涵和内在联系上；要把学习、研究邓小平同志的经济思想与解决经济生活中存在的实际问题结合起来学；要真正掌握邓小平同志的经济思想，还必须领会掌握中央的大政方针和政策。

中央宣传部、团中央举行《邓小平著作选读（青年读本）》出版座谈会 《邓小平著作选读（青年读本）》一书，由中国青年出版社出版发行。1994年5月6日，中共中央宣传部、共青团中央在人民大会堂举行该书出版发行座谈会。该书由中宣部和团中央联合选编，所有篇目均选自1978—1992年邓小平同志已公开发表的著作，共54篇，约19万字。中宣部常务副部长郑必坚在座谈会上讲话。他说，青年学习邓小平建设有中国特色社会主义理论，最重要的就是怎样正确地观察当代中国的基本问题，怎样科学地认识当代中国的马克思主义。而这两个问题，实质上正是我们中国青年所未能很好解决的根本性问题。通过学习该书，将有助于我们青年树立正确的人生观、世界观。

“邓小平建设有中国特色社会主义理论研究系统”建成 “邓小平建设有中国特色社会主义理论研究系统”已经建成。1994年1月11日，总后党委成员在学习《邓小平文选》第三卷时正式使用了这一系统。这一系统是总后勤部、后勤指挥学院为配合学习《邓小平文选》第三卷和系统学习邓小平同志建设有中国特色社会主义理论推出的重大微机科研成果，是继“毛泽东思想研究系统”之后研制成功的又一智能软件系统。系统按理论总论、理论体系、原著解说、原著统计分析、新时期重要文献、新时期大事纪要6大部分、50个分题近200万字进行了科学归纳分类，总体结构一目了然。系统还可按体裁、内容、篇名、主题词、论点等各种方法进行检索。

中共十四届四中全会作出加强党的建设的决定 中共十四届四中全会1994年9月28日在北京举行，会议集中讨论了党的建设问题，作出《中共中央关于加强党的建设几个重大问题的决定》。全会在强调加强组织建设的同时，要继续坚持把思想建设放在首要地位。会议认为，《决定》是在新形势下加强党的建设的纲领性文件。我们党肩负着历史的重任，必须认真研究和解决在自身建设中遇到的新矛盾新问题，努力把党建设成为用建设有中国特色社会主义理论武装起来、全心全意为人民服务、思想上政治上组织上完全巩固、能够经受住各种风险、始终走在时代前列的马克思主义政党。这是以邓小平同志为核心的第二代中央领导集体开创的、以江泽民为核心的第三代中央领导集体正在领导全党继续进行的伟大的工程。

江泽民要求全党牢记党的根本宗旨和工作路线 1994年1月29日至2月3日，江泽民总书记在山西考察时指出，处处关心群众，事事依靠群众，一切为了群众，是我们党的根本宗旨和工作路线，也是我们党的鲜明特点和政治优势。时代越前进，事业越发展，各级领导干部和广大党员，越要牢记人民是真正英雄和胜利之本这个历史真理，越要诚心诚意为人民谋利益，这样我们的建设有中国特色的社会主义事业就会蓬勃发展。

胡锦涛强调认真学习邓小平新时期党建理论 胡锦涛1994年11月29日在中央党校第17期省部级干部进修班毕业典礼上讲话时强调，邓小平同志建设有中国特色社会主义理论，为新形势下加强党的建设指明了方向。我们必须认真学习深刻领会小平同志关于新时期执政党建设的理论，用以指导工作。胡锦涛指出，实现新时期党的建设的目标，首要的任务就是用邓小平同志建设有中国特色社会主义理论武装全党，这是全面实施加强党的建设必须解决的一个根本问题。各级党委务必把这项根本大计抓紧抓好，不能有丝毫懈怠。

中共中央发出关于印发《邓小平同志建设有中国特色社会主义理论学习纲要》的通知 中共中央1995年5月下旬发出关于印发《邓小平同志建设有中国特色社会主义理论学习纲要》的通知。这一《纲要》是中央宣传部为配合学习《邓小平文选》一、二、三卷组织编写的。中央认为，《纲要》比较全面、准确地反映了《邓小平文选》的思想，有助于更好地理解建设有中国特色社会主义理论的科学体系。中央同意印发这个《纲要》，作为全党县处级以上领导干部学习《邓小平文选》和建设有中国特色社会主义理论的重要辅助材料，也可供广大党员和干部、群众阅读。《通知》说，各级党委要进一步贯彻《中共中央关于学习〈邓小平文选〉第三卷的决定》，组织干部认真深入研读邓小平同志的原著，把《纲要》的学习纳入建设有中国特色社会主义理论的学习计划。通过学习，掌握建设有中国特色社会主义理论的精神实质，增强坚持党的基本路线的自觉性和坚定性，更好地服从和服务于全党全国工作的大局，紧密团结在以江泽民同志为核心的党中央周围，为建设有中国特色社会主义的宏伟事业努力奋斗。

中直机关召开部委理论学习经验交流会 中直机关工委1995年7月28日召开中直机关部委中心组理论学习经验交流会，以进一步推动中直机关领导干部深入学习邓小平建设有中国特色社会主义理论。会上，中央办公厅、团中央的领导介绍了他们中心组近年来开展理论学习的经验和体会。中直机关工委常务副书记顾云飞在会上总结说，各部委的主要领导同志对理论学习非常重视，亲自抓中心组学习；各中心组成员坚持把主要精力放在钻研原著、掌握精神实质、把握重点上，注重理论联系实际，学以致用。顾云飞还就中心组的学习提出了四点要求：充分认识领导干部学理论的重要性，进一步增强学习的紧迫感和自觉性；努力掌握建设有中国特色社会主义理论的科学体系，在创造性地开展工作和自觉地改造世界观、人生观上狠下功夫；加强部委中心组学习的制度化、规范化建设，切实提高学习效果；充分发挥机关党委的作用，为部委中心组做好服务工作。

学理论学党章活动在全党逐步展开 党的十四届四中全会以来，一个以提高素质，增强党性为目标，以建设有中国特色社会主义理论和党章为内容的党员学习活动正在各地有计划有步骤地展开，取得了初步成效。全国各地和中直、中央国家机关、铁道、民航系统，在深入调查研究的基础上，都制定了党员学习活动三年规划或实施方案。北京、山东、湖北、陕西等多数省、自治区和直辖市成立了专门抓党员学习活动的领导机构。吉林、内蒙古、四川等地注重抓好学习骨干培训，建立理论学习辅导队伍。福建、浙江等地从党校、讲师团抽调骨干组成宣讲团，深入到基层党校，给学习骨干讲课，解答基层党员学习中遇到的问题。江苏、河北等地抓了不同类型的试点，以点带面，推动学习活动的开展。上海、河南、天津等地还配合学习，开展学习先进人物、知识竞赛等活动，通过灵活多样的形式，促进党员学习活动的深入开展，收到了效果。中共中央组织部指出，当前，在党员中开展的学理论、学党章活动势头不错，取得了一定成绩和经验。但是，按照中央的要求，还有相当差距。领导干部要高度重视，带头学好，把党员学习活动不断引向深入。

中共十四届五中全会召开 中国共产党第十四届中央委员会第五次全体会议，于1995年9月28日在北京举行。会议由中央政治局主持，江泽民同志作了重要讲话。全会审议并通过《中共中央关于制定国民经济和社会发展“九五”计划和2010年远景目标的建议》，李鹏就《建议》草案作说明。全会高度评价了改革开放以来特别是“八五”期间我国社会主义现代化建设取得的伟大历史性成就。会议提出了“九五”时期国民经济和社会发展的主要奋斗目标是：全面完成现代化建设的第二步战略部署，2000年，实现人均国民生产总值比1980年翻两番；基本消除贫困现象，人民生活达到小康水平；加快现代企业制度建设，初步建立社会主义市场经济体制。2010年的主要奋斗目标是：实现国民生产总值比2000年翻一番，使人民的小康生活更加富裕，形成比较完善的社会主义市场经济体制。全会强调，要继续按照十四届四中全会关于党的建设的部署，全面加强党的思想建设、组织建设和作风建设，努力提高党的执政水平和领导水平，不断增强党的凝聚力和战斗力。全会号召，全党同志和全国各族人民，在以江泽民同志为核心的党中央领导下，更加紧密地团结起来，高举建设有中国特色社会主义的伟大旗帜，为实现国民经济和社会发展“九五”计划和2010年远景目标，为把我国建设成富强、民主、文明的社会主义现代化国家而奋斗！

丁关根强调认真贯彻五中全会精神进一步加强社会主义精神文明建设 党的十四届五中全会，规划了我国今后15年国民经济和社会发展的宏伟蓝图，对社会主义精神文明建设提出了新的要求。对此，丁关根强调指出，我们要认真学习五中全会精神，采取切实有力措施，进一步加强精神文明建设。丁关根从以下10个方面进行了阐述：1. 把社会主义精神文明建设提到更加突出的地位；2. 紧紧抓住培育“四有”新人这一根本任务；3. 坚持精神文明建设重在建设的方针；4. 加强思想道德教育，大力弘扬时代精神；5. 充分依靠群众，广泛吸引群众参与；6. 多出精品，把最好的精神食粮贡献给人民；7. 形成有利于精神文明建设的舆论氛围；8. 狠狠地抓，一天不放松地抓，从具体事件抓起；9. 全社会共同来做，齐抓共管，形成合力；10. 加强领导，守土有责。

纪念恩格斯逝世100周年理论研讨会召开 社会科学界90余位专家、学者1995年8月2日在中央党校召开理论研讨会，纪念恩格斯逝世100周年。中国科学社会主义学会会长江流说，纪念恩格斯，缅怀他对人类进步事业的丰功伟绩，继承他和马克思留下的宝贵理论财富，是为了在新的历史条件下，更加坚定地坚持马克思主义，更好地继承和发展马克思主义，把我国的改革开放和社会主义现代化建设事业推向前进。中央编译局副局长韦建桦在会上介绍了新版马克思恩格斯全集、选集的出版情况，社科界有关专家、学者发了言。

首都纪念毛泽东《为人民服务》发表50周年 1994年9月7日，为纪念毛泽东《为人民服务》发表50周年，首都各界人士在人民大会堂隆重集会。与会者畅谈了半个世纪以来这篇辉煌著作在我们党的历史上产生的深刻影响，探讨了如何在新形势下使为人民服务的精神继续发扬光大。中宣部常务副部长郑必坚在讲话中说，50年来，《为人民服务》始终保持着它不朽的生命力和不可磨灭的革命锋芒。这种精神、思想和风格，从毛泽东到邓小平是一以贯之的，是不断发扬光大的。继承和发展了毛泽东思想的建设有中国特色的社会主义理论，就是新时期为人民服务的科学理论。现在的任务是，旗帜鲜明地强化“为人民服务”精神的宣传，密切结合今天的伟大实践，结合我们共产党人特别是领导干部身体力行的生动事迹，结合对各种腐败丑恶现象的有力斗争，而使这种宣传取得越来越大的效果。中国延安精神研究会会长马文瑞指出，《为人民服务》的精神培育了一代又一代中国共产党人。他们从中吸取力量，坚持正确的人生道路。它的精神再过50年、100年也不会过时。今天，重新深入学习和认真实践毛泽东同志全心全意为人民服务的思想，对于我们坚持党的宗旨，继承和发扬党的优良传统和作风，弘扬延安精神，促进改革开放和社会主义现代化事业的发展，有着十分重要的现实意义和深远的历史意义。

陈云生平与思想研讨会召开 陈云生平与思想研讨会于1995年6月12日在京召开，来自全国各地的理论界和实际工作部门的专家学者100多人参加了研讨会。代表们从陈云同志的光辉一生及其经济思想、党建思想和思想方法论等方面畅谈和交流了研究心得。代表们认为，陈云同志的一生同党和国家的历史息息相关；他的思想丰富而深刻，是取之不尽的宝库；他的作风凝聚着我们党和中华民族的优秀传统，值得大力提倡和学习。研讨会共收到论文近500篇。论文选题范围广泛，内容丰富，质量较高，基本上涵盖了陈云生平和思想研究的主要方面，反映了学术界、理论界在陈云生平和思想研究上取得的最新成果。

中央宣传部和中央组织部联合召开省部党委中心组理论学习经验交流会 由中宣部、中组部联合召开的省部党委中心组理论学习经验交流会，1995年6月20至23日在广西南宁举行。在为期4天的会上，来自全国30个省区市党委宣传部、组织部的负责同志，中央和国家机关、解放军系统的有关负责同志，交流了省部党委中心组理论学习的情况和经验，研究了如何进一步加强和改进学习，推动用邓小平建设有中国特色社会主义理论武装全党，特别是武装各级领导干部工作进一步深入的问题。

各地加强党委党组理论学习中心组建设 加强党委（党组）中心组建设，是推进党的高级干部带头学习邓小平建设有中国特色社会主义理论的有效形式。目前，这一活动正扎扎实实地进行，并向广度和深度拓展。自1995年6月中宣部和中组部在广西南宁召开省部党委（党组）中心组理论学习经验交流会以来，各地各部门纷纷采取措施积极贯彻会议精神，许多省部党委（党组）中心组按照中央的《通知》要求，以研读原著为主，以《纲要》为重要辅助材料，进行了认真的学习讨论。普遍结合本地区、本部门实际，采取有效措施，全面加强党委中心组建设。在健全完善组织机构的基础上，加强制度化、规范化建设。各地普遍把完善和提高市（地）、县两级和省直厅局级中心组的学习作为一项重要任务，并加强了学习的检查和考核活动，把对党委中心组学习的检查，作为考核领导班子的重要指标。

全国建立五个理论研究基地 党中央决定在中央党校、国家教委、中国社会科学院、解放军国防大学和上海社会科学院组建的建设有中国特色社会主义理论研究基地，已经全部建立。1994年7月18日至19日，中宣部召开了五个理论研究基地工作交流会。建立五个研究基地的目的和意义就是要更好地担负起学习、研究、宣传建设有中国特色社会主义理论的任务，为用这一理论武装全党服务。

2. 爱国主义教育

首都纪念抗日战争和世界反法西斯战争胜利50周年 1995年9月3日下午，首都各界在人民大会堂隆重举行纪念抗日战争暨世界反法西斯战争胜利50周年大会。党和国家领导人江泽民、李鹏、乔石、李瑞环、朱镕基、刘华清、胡锦涛、荣毅仁出席了大会。中共中央总书记、国家主席、中央军委主席江泽民发表长篇重要讲话。他强调指出，中国共产党及其领导的人民抗日力量，是中华民族抗日战争的中流砥柱。这是以毛泽东同志为主要代表的中国共产党人，以马克思主义的理论创造、正确的战略指导和牺牲奋斗的辉煌业绩写下的历史结论。团结起来，在邓小平同志建设有中国特色社会主义理论和党的基本路线指引下，自立更生，艰苦奋斗，励精图治，一心一意把我们的经济建设和综合国力搞上去，中国就将以新的姿态胜利地跨入21世纪，阔步走向现代化。他说，中国共产党和中国政府，决心用一切手段维护祖国的主权和领土完整。会议开始前，近100名抗战老战士，穿着整齐的服装，佩带着功勋章，容光焕发地登上主席台。此刻，万人礼堂华灯齐放，党和国家领导人和全体与会人员起立，向为抗日战争胜利作出卓越贡献的抗战老战士致以崇高的敬意。老将军肖克代表抗战老战士讲话。全国人大常委会副委员长、民革中央主席李沛瑶代表各民主党派中央、全国工商联和无党派人士讲话。共青团中央第一书记李克强代表各人民团体讲话。在大会主席台上就座的还有曾担任中央领导职务的老同志、抗战老战士代表、中央党政军群机关主要负责同志、在京上将军官、北京市主要负责同志、各民主党派负责人、无党派人士代表和全国工商联负责人等。参加大会的有：在京的原中顾委委员，中共中央委员和候补中央委员，中纪委委员，全国人大常委会委员，全国政协常委，中央、国家机关干部，部队、武警官兵，各民主党派、无党派及工商联人士，在京外国专家，北京市各界代表，来京参加中央各部门纪念抗日战争胜利50周年座谈会代表、外国驻华使节和武官等万余人。

中央宣传部和统战部就《爱国主义教育实施纲要》征求党外人士意见 中共中央宣传部、统战部1994年4月12日在京召开座谈会，就《爱国主义教育实施纲要》征求民主党派和无党派人士意见。中宣部常务副部长徐惟诚、中央统战部副部长刘延东主持了座谈会。在座谈会上先后发言的有：台盟中央主席蔡子民、民革中央副主席沈求我、九三学社中央副主席金开诚、民进中央副主席楚庄、民盟中央副主席吴修平、全国工商联副主席胡德平、民建中央副主席朱元成、致公党中央副主席陆榕树、农工民主党中央副主席宋金升。他们在发言中认为，爱国主义是一条凝聚全国各族人民的精神纽带，是整个社会主义精神文明建设的基础性工程。在建设有中国特色的社会主义这个历史进程中，迫切要求人们继承和发扬爱国主义精神。他们指出，近年来，在一些人中间，爱国主义觉悟有所降低，拜金主义、崇洋媚外等错误思想比较严重，尤其是在一些青少年中，不了解近、现代史和国情的现象比较普遍。这种状况，使加强爱国主义教育显得更加重要。《纲要》包括了爱国主义教育的各个方面，具有操作性强，教育方法、渠道多样化等特点，希望早日发布实施，并能得到贯彻执行。他们在座谈中建议，爱国主义教育要立足于青少年，同时要面向全社会；各级党政干部应以身作则，作出表率。他们希望爱国主义教育与人生观、世界观教育结合起来，与艰苦奋斗、艰苦创业的精神教育和职业道德教育结合起来，以推动整个精神文明建设。他们表示，民主党派和工商联愿为爱国主义教育工作贡献自己的力量。

刘云山就落实《爱国主义教育实施纲要》答记者问 中共中央印发的《爱国主义教育实施纲要》公开发表后，在社会上引起强烈反响，受到普遍关注。人民日报、新华社、中央人民广播电台、中央电视台的记者就学习、贯彻《纲要》精神，加强爱国主义教育的有关问题，联合采访了中央宣传部副部长刘云山同志。他说，拟定《纲要》是贯彻落实党中央关于加强爱国主义教育指示精神的一项重要措施。爱国主义历来是动员和鼓舞中国人民团结奋斗的一面旗帜，是推动我国社会历史前进的巨大力量，是全国各族人民共同的精神支柱。党中央历来非常重视爱国主义教育。为了进一步动员全党全社会力量，切实把这项任务落到实处，中宣部按照党中央的指示精神，将爱国主义教育作为宣传思想工作的一项重点工作来抓，并拟定了《爱国主义教育实施纲要》。力求体现四个特点：一是时代特征鲜明，二是操作性强，三是着眼于建立长期教育的机制，四是有可行性。为了贯彻落实《纲要》，目前要做好以下几项工作。一是认真学习，深入宣传；二是制定规划，抓好实施；三是以点带面，加强引导；四是逐步深入，持之以恒；五是加强领导，齐抓共管。

中央宣传部等向全国中小学推荐百种爱国主义教育图书 为了深入贯彻落实《中共中央关于进一步加强和改进学校德育工作的若干意见》和《爱国主义教育实施纲要》，进一步加强对中小学生阅读课外图书的指导，中宣部、国家教委、文化部、新闻出版署和共青团中央1995年5月下旬发出《关于向全国中小学推荐百种爱国主义教育图书的通知》，要求各地有关部门和中小学要充分运用这批图书，结合本地实际，精心组织，认真开展读书活动。

这次推荐的图书是从新中国成立以来各地出版的优秀图书中，经专家评委会认真评选，在广泛征求意见的基础上确定的。推荐图书以爱国主义教育为主要内容，体裁多样，适合不同年级和年龄段的中小学生阅读。《通知》指出，阅读百种爱国主义教育图书、观看百部爱国主义影片和学唱百首爱国主义歌曲，是对中小学生进行爱国主义教育的重要途径，做好这方面工作对培养学生爱国主义情感，增强民族自尊心、自豪感，引导他们树立正确的理想、信念和人生观、价值观，把他们培养成有理想、有道德、有文化、有纪律的社会主义新人，具有十分重要的意义。各地宣传、教育、文化、出版部门和共青团组织务必高度重视这项工作，从当地实际出发，组织一些重点活动，切实抓出成效。

武警国旗护卫队把爱国主义火种播撒神州大地 武警国旗护卫队从在天安门广场执行升降旗任务的第一天起，就坚持把国旗哨位作为传播爱国主义思想的神圣课堂。他们依托广场，“辐射”全国，高奏起爱国主义的主旋律。庄严的国旗升旗仪式，已经成为首都北京一个新的景观。每天清晨，成千上万的群众赶来这里接受爱国主义的熏陶，感悟中华民族的自豪。现居香港的原国民党一位将军，曾7次回内地。他说，每次都要来看升国旗，共产党为什么能打败国民党，我从这里终于领悟到了。为了使讲解入耳入脑，国旗护卫队的官兵不止一次地向国旗的设计者曾联松、第一面国旗的缝制者赵文瑞、《歌唱祖国》的作者王莘、开国大典的国旗卫士李元普等求教。为了使天安门广场成为爱国主义教育的基地，他们与天安门管委会联手，组织“一条龙”系列教育和服务，即在广场观看升国旗；到营区听讲国旗和参观荣誉室；登天安门城楼、瞻仰人民英雄纪念碑和毛主席遗容，使教育更具鲜明特色。尽管他们的勤务十分繁重，仍把播撒爱国火种作为自己份内之事，每年，他们都以军训形式为北京市和外地的中小学校培训数百名小升旗手。1994年9月1日学校开学，他们派出65名战士到28所学校作升国旗示范。他们还开展了30多次“国旗一日”活动，许多中小学生在护卫队不仅参加升降国旗仪式，而且体验国旗卫士的生活，深受学校的赞赏。为了满足天南海北大量不能来京听讲解的学生和群众的要求，国旗护卫队免费邮寄出上万份长达数万字的《人民英雄纪念碑史话》、《天安门史话》、《国旗史话》等宣讲材料。1994年6月，国旗护卫队向全国青少年发出倡议，开展“爱国旗、学英模、赞祖国”的读书活动。这一活动得到了团中央及全国少工委的高度赞扬和大力支持。

百部爱国主义影视片主题曲晚会在京举行 百部爱国主义影视片主题曲晚会——《金曲颂中华》1994年9月18日晚在中国剧院举行。中共中央政治局常委、中央军委副主席刘华清，中共中央政治局常委、书记处书记胡锦涛，中共中央政治局委员、书记处书记丁关根，中共中央政治局委员、国务院副总理李岚清，中共中央政治局委员、国务委员李铁映和首都数百名观众一起观看了演出。

以爱国主义为主旋律的这台晚会是由中共中央宣传部、国家教委、文化部、广播电影电视部、解放军总政治部、共青团中央和北京市委联合主办的。来自首都和山东、广东专业文艺团体的新老演员，业余合唱团的工人、农民、老干部和少年演员分别表演了各具特色的合唱、舞蹈节目。一首首广为流传的历史歌曲，使晚会的气氛始终热烈而欢快。晚会在全场高唱《歌唱祖国》的歌声中结束。

我国第一个《爱国主义教育资料信息库》研制成功 我国第一个《爱国主义教育资料信息库》由总参谋部政治部和陆军参谋学院研制成功。中宣部、总参、总政等部门的领导同志和有关专家1995年11月观看了这一成果的演示，对这项运用高科技手段进行爱国主义教育的成果给予了高度评价。这个信息库700余万字，25000多个条目，1300余幅图片及大量声像动画资料，既再现了中华民族上下5000年爱国主义光荣传统孕育发展的历史轨迹，又涵盖了我国各地区、各民族物质文明和精神文明建设与发展的主要情况；既全面系统地介绍了我国的爱国主义理论和实践，又反映了国外值得借鉴的爱国教育经验。它采用大容量、大范围的全文检索系统，可按目录“菜单”查询，也可按字词或逻辑组合任意检索所需的文、图、声、像等资料。这项成果不仅可以为党政军各级机关开展爱国主义教育提供依据，也可以为科研人员提供爱国主义教育与研究的理论参考。

全国中小学生爱国主义教育现场会在沪召开 1994年5月18日中宣部、国家教委、广播电视部、文化部、团中央在上海联合召开了全国中小学爱国主义教育现场会。来自全国各地的200位代表和中共上海市委、市政府、广电部、文化部、团中央等有关部门负责人出席了会议。国务院副总理李岚清给大会发了贺电，中宣部副部长刘云山主持开幕式，国家教委副主任柳斌作了工作报告。1991年根据江泽民同志关于对青少年加强“两史一情”和爱国主义教育的指示，国家教委制定了《中国近代史、现代史和国情教育总体纲要》及思想、政治、语文、历史、地理等四学科的教育纲要，并修订、编写了教学大纲和教材，制定了实施方案。近年来，全国各地利用博物馆、纪念馆、历史遗址、革命旧址、烈士陵园、风景名胜以及现代化建设成就等作为永久性的爱国主义教育基地，还开展了100部爱国主义影片的展映，开展了升国旗等活动来强化青少年的爱国主义情感和民族意识，形成了系列化的爱国主义教育网络，把爱国主义教育提高到了一个新水平。大会对各地的作法做了充分的肯定和表彰，并做了经验推广。

首都中小学举行不同寻常的升旗仪式 1994年9月1日，北京市各中小学举行了与往年不同的升国旗仪式。数以千计的干部、职工、解放军和武警战士，医务工作者和其他市民与中小学生共同举行仪式，一起向徐徐升起的五星红旗行注目礼。在北京丁香小学内，北京同仁医院300余名医务工作者与丁香小学的孩子们组成整齐的方阵，许多双仰视的眼睛是湿润润的。丁香小学的这面国旗是1949年毛泽东主席在天安门城楼亲手升起的那一面。国歌奏响，林业部全体机关干部职工与一七一中学的师生们一起向国旗注目；北京广播器材厂的职工和五路通小学的师生们一起向国旗行注目礼；武警某部战士与六郎庄小学的师生们一起向国旗注目……在与中小学生共同举行的升旗仪式中还有杨成武、马文瑞、傅崇碧、方强、王光美、林丽韫、柴泽民、韩怀志、高振普等老将军老同志。一些学生的家长也应邀或自愿站在肃立的队伍里。北京复兴门外一小一位家长抑制不住内心的激动说：参加这样的仪式，感受太特别了。

中共北京市委印发《北京市爱国主义教育规划要点》 中共北京市委1995年9月初发出通知，向全市基层单位印发《北京市爱国主义教育规划要点》。《规划要点》的指导思想部分中提出，首都的爱国主义教育要坚持以邓小平同志建设有中国特色社会主义理论为指导，坚持重在建设的方针，坚持对外开放的原则，突出时代特征；同时要明确树立和增强首都意识，即为党政军首脑机关开展工作服务，为日益扩大的国际交往服务，为国家教育、科技和文化发展服务，为市民的工作和生活服务的服务意识，社会主义精神文明建设的首善意识，带头服从国家大局的全局意识等。青少年教育和基地建设部分中提出，要把爱国主义教育同人生观、价值观教育紧密结合起来，同中华民族传统美德、社会公德教育有机结合起来，从学校、社会和家庭三个教育环节入手，使爱国主义教育能够系统地、全方位地贯穿于青少年的成长过程之中。理论建设部分中提出，要认真学习研究马克思主义关于爱国主义的论著，特别是学习邓小平同志关于爱国主义的一系列重要论述，认真总结本市的好经验、好做法，积极探索爱国主义教育的科学规律和有效方法。文化建设部分中提出，充分运用文化艺术，加强形象、生动、直观的爱国主义教育，创造爱国主义教育的浓郁文化氛围。舆论环境建设部分中提出，要充分利用大众传媒营造浓郁的爱国主义舆论氛围。制度建设部分中提出，要加强爱国主义礼仪的学习、宣传和普及，对升挂国旗、唱国歌、悬挂国徽和张贴地图等也提出了要求。组织领导部分中提出，全市要加强对各级党政机关工作人员的爱国主义教育，领导干部尤其要带头身体力行、以身作则，做出表率。要树立和推广一批爱国主义的先进个人和集体。各基层单位要制定贯彻实施的具体细则。

海南广泛开展爱国主义教育活动 1995年3月1日，由中共海南省委宣传部审定、海南出版社出版、省新华书店发行的3本爱国主义读物《我爱你，祖国》、《我爱你，海南》、《100部优秀爱国主义影视片主题歌选编》在海口举行首发式。这3本书从不同的侧面和角度，讲历史、讲传统、讲民族精神，把爱祖国、爱家乡、爱共产党、爱社会主义的思想有机地结合起来。省委宣传部、省教育厅、省总工会、团省委、省新闻出版局和省直机关工委6家单位围绕3本书于1995年3—9月，在全省范围内联合举办了“我爱祖国、我爱海南”的读书竞赛活动和爱国主义影视片主题歌歌咏比赛。全省19个市、县和驻琼部队及省直机关有关单位的41万人参与了这项活动。

陕西省爱国主义教育生动活泼 1995年1月，陕西省确定了以黄帝陵、秦始皇兵马俑博物馆为代表的21个历史文物点和以延安革命纪念馆、八路军西安办事处为代表的28个革命文物点，作为全省爱国主义教育基地。以博物馆、纪念馆为依托，努力建设“第二课堂”，是利用文物进行爱国主义教育的一个有效方式。省里下发了《关于在全省认真开展爱国主义教育的通知》等文件，又在延安召开了全省博物馆、纪念馆社会主义教育基地建设工作会议，把教育活动纳入全省开展的“创佳评差”竞赛之中，变“软任务”为硬指标。据统计，全省已有20多所较著名的博物馆和纪念馆被市、地、县（区）确定为“教育基地单位”，与200多所各类大、中、小学校，30多个厂、矿、部队正式签定了教育基地协议书和共建协议书，一批宣讲人员被聘为各类学校的校外辅导员。近5年来全省各博物馆共接待参观者达1500万人次，把爱国主义教育搞得生动活泼，富有成效。

科技界加强爱国主义教育 为推动科技界爱国主义教育的活动，《中国科学报》于1994年11月25日率先发表了雨果《致巴特雷上尉的信》及——《一篇爱国主义的好教材》的评论员文章后，社会上反响强烈，《光明日报》、《科技日报》等10余家报纸随后相继刊登或转载了这封信，在全国掀起了一个利用历史事实进行爱国主义教育的高潮。国务委员、国家科委主任宋健接受了《中国科学报》记者采访。现将宋健同志的谈话摘录如下：1. 维克多·雨果的信，的确使我再一次感受到这位大文豪内心深处所蕴藏的那种慑人心魄的正义力量，同时也使人重新回顾中国的历史教训，将国耻铭记于心。我想中国的科技工作者们都应当读一读这篇不朽的名作，这是一篇进行爱国主义教育的极好材料。2. 在科技界广泛地进行爱国主义教育是提高全国科技工作者素质和加强精神文明建设的基础性工程，也是当前进行社会主义思想教育的核心内容，有助于引导科技工作者牢固树立正确的理想、信念、人生观和价值观，从而增强对国家、民族和人民的责任感。3. 我们应当特别注重研究和公布近年来中国科学技术领域的重大事件，使全国人民都了解自己国家科学技术的巨大进步和在祖国建设中的重要作用，感受现代科学技术带来的恩惠，激发热爱祖国的激情和迎接挑战的决心。“以史为鉴”温故而知新，中国科学技术的发展历程中充满了历代科学家们的爱国主义热忱和英雄业绩。中国的知识分子具有爱国主义的光荣传统，我们希望青年科技工作者能学习历史，了解历史，特别是鸦片战争以来的中国近代史，牢记中华民族各族人民的痛苦和英勇斗争的经历。进行爱国主义教育应重在鼓励他们为祖国的强盛、为人民的幸福而学习，而研究，而实践，不断提高中国的科技水平。要关心和爱护青年，为他们创造更好的工作环境，使他们有机会在科学研究、技术创新中增长才干，做出成绩，从而增强他们作为中国科技工作者的自豪感、荣誉感，使他们切身感到祖国母亲的关怀和期盼，集中全身心的力量投身到祖国科技发展的伟大事业之中。

爱国主义和反法西斯教育的重要基地——南京纪念馆 地处当年"南京大屠杀"十几处集体屠杀遗址之一的江东门的这座纪念馆是1985年8月15日建成开馆的。1937年12月13日，侵华日军攻占南京，在此后的几个星期对南京手无寸铁的人民进行了令人发指的疯狂屠杀，死难者达30万人。纪念馆以大量照片、实物等史料，有力地揭露和控诉了侵华日军的法西斯暴行，它以震惊中外的"南京大屠杀"这一历史教材教育人们认识侵略战争的残酷性，激励人们不忘国耻，发奋自强，昭示后人以史为鉴，维护世界和平。10年来，纪念馆共接待国内观众400多万人次，海外同胞、侨胞15万人次，来自50多个国家的外国观众70余万人次，其中日本各界观众14余万人次。此外，纪念馆还在国内外举办巡展、报告会、演讲会，观众达50万人次。1995年，该馆被授予"全国青少年教育基地"称号。

江西重视爱国主义教育基地建设 近年来，江西省共投资2000多万元，修复和兴建爱国主义教育基地2000余处，其中121处重点基地接待参观者达300多万人次。1990年到1995年，江西省宣传、教育、党史和文化等部门为加大爱国主义教育力度，从基地建设入手，丰富新时期的爱国主义教育内容，省党史委对革命先烈战斗过的旧居旧址进行了普查，将其中1258处的有关内容编写成书，教育后来人。其中九江市多方集资，先后建立了革命烈士纪念塔10处、烈士陵园13处、革命遗址纪念碑52处。从80年代起，江西就注重保存和修复历史名人旧址遗迹。在文天祥、王安石等历史名人纪念馆的陈列中，突出宣传爱国主义精神，展示历史英雄人物坚贞不屈的爱国主义思想光辉。

被评为1993年全国10个优秀社会教育基地之一的井冈山革命博物馆，经常与学校一道组织"学传统、爱祖国"夏令营。吉安、九江等地举办了"党史旅游"爱国主义教育活动，江西省井冈山精神研究会还先后举办了两次全国规模的学术讨论会。

纪念爱国救国殉国的烈士马骏 1995年9月12日，是共产党员、回族烈士马骏同志诞辰100周年。马骏生于黑龙江省宁安县一个农民家庭，1915年就读于当时北方著名的南开学校。1919年北京爆发"五四"运动，马骏等骨干提出"外争国权，内惩国贼"的口号。"联合全国学生毅然抵制日本，且杀尽卖国贼以自救亡"；宣誓要："（一）誓保国土；（二）誓挽国权；（三）誓雪国耻；（四）誓除国贼；（五）誓共安危；（六）誓同终始。"正是由于有马骏这样的爱国者，经过不屈的斗争，终于迫使北洋政府未敢在"巴黎和约"上签字。1919年8月，济南镇守使马良屠杀了回族爱国团体的3位领导人。北洋政府不仅不予惩治，反而拘捕了声援山东惨案到总统府门前请愿的京津济学生代表。马骏闻讯后愤怒地斥马良为"回族中的败类"，遂率赴京代表三四千人再抵总统府，在天安门前宣传、讲演爱国思想，与军警对峙达三天三夜。在被捕前，他郑重宣布："吾人死为国死，死为争国不亡而死，死后惟愿全国父老以及后之来者，万不可把国忘了。将来如得幸福有日，则吾人虽死之日，犹生之年，死亦瞑目于地下矣。"在死亡面前如此严辞，俨然一首新的《正气歌》。作为一个爱国主义者和共产主义者，马骏随时准备以自己的鲜血和生命去殉自己的祖国和信仰。1927年，在国民党背叛革命，到处都在屠杀共产党人和革命群众的危险局势下，马骏受党的派遣，义无反顾，迅速由苏联归国，担任中共北京市委的领导工作，着手党组织的恢复与重建。不幸于1927年12月被捕，1928年2月，惨遭军阀杀害。刑前大义凛然，一身正气。作为一个爱国主义者和共产主义者，马骏具有高尚的品德、坦白的襟怀。他的英雄气概、坚定意志和大无畏的牺牲精神，无疑是一代青年的典范和楷模。

3. 民族团结与宗教

中共中央国务院召开第三次西藏工作座谈会 1994年7月20日至23日，中共中央、国务院在北京召开了第三次西藏工作座谈会。会议的主要任务是：以邓小平同志建设有中国特色社会主义理论和党的基本路线为指导，围绕西藏的发展和稳定两件大事，研究新情况，解决新问题，进一步明确加强西藏工作的指导思想，落实加快发展和维护稳定的各项措施，努力开创西藏工作的新局面。江泽民、李鹏、李瑞环在会上作了重要讲话。江泽民同志指出，中央对西藏工作始终是十分关心和重视的，在西藏革命和建设的每一个重要历史阶段，都及时作出重要决策。在中央的正确领导下，西藏广大干部群众和驻藏官兵团结奋斗，使西藏发生了由农奴制到社会主义制度的翻天覆地的变化，取得了历史上从未有过的巨大进步。党的十一届三中全会以后，中央两次召开西藏工作座谈会，制定了一系列有利于西藏发展的特殊政策和灵活措施，对促进西藏的改革开放和现代化建设起了重大作用。从现在起到本世纪末，是西藏经济社会发展的关键时期。要以这次西藏工作座谈会为契机，在邓小平同志建设有中国特色社会主义理论和党的基本路线指引下，在全国人民支持下，依靠藏族人民和其他各族人民，抓住机遇，迎接挑战，深化改革，扩大开放，坚持以经济建设为中心，抓好发展和稳定两件大事，确保西藏经济的发展，确保社会的全面进步和长治久安，确保人民生活水平的不断提高。这次会议制定了《关于加快西藏发展、维护社会稳定的意见》，落实了 62 个援藏建设项目，这些建设项目包括能源、交通、邮电、农牧林水粮油加工和社会发展等方面。

江泽民、李鹏在民族团结进步表彰大会上发表讲话 在建国 45 周年前夕，国务院第二次全国民族团结进步表彰大会于 1994 年 9 月 29 日上午在人民大会堂隆重举行。江泽民、李鹏、乔石、李瑞环、朱镕基、刘华清、胡锦涛、荣毅仁等领导同志出席大会。这次大会是根据党中央、国务院的决定召开的，是一次表彰先进、促进全国各民族大团结的盛会。江泽民总书记、李鹏总理在大会上作了重要讲话。他们代表党中央、国务院向受到表彰的模范单位和个人表示热烈祝贺，向所有为民族团结进步事业做出贡献的人们表示崇高的敬意。江泽民在讲话中指出，在我们祖国的大家庭里，各民族人民亲密无间、互助合作，共同建设伟大的社会主义事业，各个领域都取得了举世瞩目的成就。56 个民族的代表欢聚在这里，这本身就是我们中华民族团结和睦、兴旺发达的象征。他强调，各级党委和政府要切实加强领导，把民族团结进步事业继续推向前进。每个共产党员和领导干部，都要做民族团结进步的模范。李鹏在会上作了题为《在建设有中国特色社会主义的伟大事业中不断促进民族团结和进步》的讲话。他指出，我们国家正处在一个重要的历史发展时期。实现社会主义现代化的宏伟目标，需要各族人民团结奋斗，同时也把各族人民更加紧密地凝聚在一起。江泽民、李鹏等领导同志还向获得民族团结进步先进集体和个人的代表颁发了奖牌和奖状。大会由国务委员兼国家民委主任司马义·艾买提主持。

江泽民接见噶玛巴活佛 1994 年 10 月 1 日晚，江泽民主席在天安门城楼接见十七世噶玛巴活佛。年仅 10 岁的噶玛巴把洁白的哈达献给江泽民。江泽民接过后，向活佛回赠了一条哈达，噶玛巴双手接过，虔诚地说道：“我到北京来，中央很重视，我感到过得很愉快。衷心感谢中央领导对我的关心。”江泽民说，“希望活佛好好学习，健康成长，长大后为西藏的繁荣幸福做贡献。”他还嘱咐活佛的经师土旦桑布要把噶玛巴培养成爱国爱教的活佛。”扎西德勒(吉祥如意)!”江泽民用藏语向活佛表示祝愿。身穿僧袍的噶玛巴活佛连连点头，接着双手合十，说道：“中华人民共和国万岁！”藏传佛教噶举派十七世噶玛巴是建国以来由国务院宗教事务局批准的第一位转世活佛。据了解，活佛转世制度是由噶举派创立的。这个教派目前在世界上 80 余个国家和地区拥有信徒。1954 年，十六世噶玛巴活佛曾与达赖、班禅一起来京，受到毛泽东、朱德和周恩来等人的接见。十七世噶玛巴于 1992 年被批准坐床。这是他首次来内地参观。

李瑞环与全国宗教团体领导人座谈 中共中央政治局常委、全国政协主席李瑞环 1994 年元月 29 日下午在中南海会见了全国宗教团体领导人，并与他们进行了座谈。座谈会上，中共中央统战部副部长李德洙汇报了前不久在海南召开的全国宗教团体领导人研讨会的有关情况。这次研讨会的主题是研讨宗教如何与社会主义社会相适应。与会者从理论与实践相结合的角度，深入探讨了宗教与社会主义社会相适应的历史必然性和可行性，并就如何使宗教与社会主义社会相适应提出了一些建设性的意见和建议。座谈中，全国政协副主席、中国佛教协会会长赵朴初，全国政协副主席、中国基督教三自爱国会主席、中国基督教协会会长丁光训，中国天主教主教团主席、中国天主教爱国会主席宗怀德，中国伊斯兰教协会会长安士伟，中国道教协会副会长谢忠信等先后发言，就进一步做好新时期的宗教工作以及关于宗教与社会主义社会相适应等问题发表了意见。李瑞环说，当前，我国宗教工作的形势是好的。在过去的 1 年里，各级党和政府组织以及宗教管理部门认真贯彻执行党的宗教政策，取得了显著成绩。宗教界同党和政府密切合作，团结广大信教群众，为促进两个文明建设、维护社会稳定、推进祖国统一大业、扩大对久交往等做了大量的工作。全国人民正在以邓小平同志建设有中国特色社会主义理论为指导，建立社会主义市场经济新体制，宗教工作面临着新的形势。各级党政部门要深入学习、正确理解和切实贯彻党的宗教政策，帮助爱国宗教团体和人士解决各种实际困难和问题，搞好对宗教事务的依法管理。宗教界要积极协助党和政府贯彻宗教政策，团结引导信教群众参加改革开放和现代化建设，要加强自身建设，提高素质，研究如何找准位置，发挥特有的作用，以不断适应蓬勃发展的新形势。参加座谈会的宗教团体领导人还有帕巴拉·格列朗杰、嘉木样·洛桑久美·图丹却吉尼玛、明旸、刀述仁、傅元天、黎遇航、闵智亭、沈遐熙等。司马义·艾买提、王兆国以及有关部门负责同志出席座谈会。

首都少数民族人士座谈民族团结事业 为迎接国庆 45 周年和第二次全国民族团结进步表彰大会的召开，首都各界少数民族知名人士于 1994 年 9 月 8 日在钓鱼台国宾馆聚集一堂，座谈新时期我国民族关系的大好形势，为民族团结进步事业献计献策。中共中央政治局常委、全国政协主席李瑞环出席了座谈会，并发表重要讲话。他希望大家在邓小平同志建设有中国特色社会主义理论的指引下，在以江泽民同志为核心的党中央领导下，为进一步巩固和建设我国平等、团结、互助的民族大家庭，为促进各民族的共同繁荣，为实现我国现代化建设的宏伟目标，做出新的更大的贡献。国务委员兼国家民委主任司马义·艾买提也在座谈会上讲了话。国务委员兼国务院秘书长罗干主持了座谈会。布赫、王兆国、赛福鼎·艾则孜、廖汉生，以及国家民委和首都各界近30个民族的200多位知名人士出席了座谈会。

布达拉宫维修工程竣工庆典隆重举行 1994年8月9日，布达拉宫维修工程竣工庆祝大会隆重举行。中共中央政治局委员、国务委员李铁映在庆典上讲话，赞扬布达拉宫维修工程是民族团结的颂歌，文物保护的典范。他希望西藏各族人民在邓小平同志建设有中国特色社会主义理论和党的基本路线指引下，在以江泽民同志为核心的党中央领导下，齐心协力，共同奋斗。他相信，一个团结、富裕、文明的社会主义新西藏，一定会屹立在世界屋脊之上。全国政协副主席阿沛·阿旺晋美向大会发来贺电，衷心祝愿雄伟的布达拉宫在西藏各族人民走向团结、富裕、文明的幸福大道上更加光彩夺目、辉煌永驻。国务院宗教局等也发来贺电。中央和国务院有关部门负责人、西藏自治区领导同志以及各族各界群众1500余人，出席了庆祝大会。

8月10日下午在拉萨隆重表彰布达拉宫维修工程有功人员。受党中央、国务院委托，前来拉萨祝贺布达拉宫维修工程竣工庆典的中共中央政治局委员、国务委员李铁映参加了表彰大会，并宣布了嘉奖布达拉宫维修工程有功人员的决定。10日，在工程中涌现出的126名有功人员受到了嘉奖，每人被授予“布达拉宫维修工程奖章”一枚。

国务院批准国家民委“三定”方案 1994年6月6日报道，国务院最近批准了国家民委职能配置、内设机构和人员编制方案。根据方案的要求，国家民委将进一步强化宏观管理职能，贯彻执行党中央、国务院关于民族工作的路线、方针、政策和国家关于民族问题的法规，加强调查研究、综合协调、监督检查工作，当好党中央、国务院在民族工作方面的参谋和助手。根据方案的要求，国家民委的主要职责是：制订有关民族问题的政策、法规，开展民族政策、法规的宣传教育工作，检查民族政策、法规的执行情况；指导、监督有关民族区域自治制度的建设和民族区域自治法的贯彻实施；协调民族关系，办理有关保障少数民族各项权利的事宜；参与制订有关民族地区国民经济和社会发展的中长期规划和年度计划，会同有关部门研究制订民族地区改革开放、发展经济的特殊政策和措施，参与有关少数民族和民族地区的专项贷款、专项资金的分配和使用管理，会同有关部门推进和协调经济发达地区与民族地区的对口支援，会同有关部门做好民族地区的扶贫工作；研究民族理论和民族政策，组织协调对全国民族问题的综合调查研究；参与研究制订发展少数民族和民族地区教育、文化、科技、卫生、体育等事业的方针、政策和规划，管理所属民族院校和文化事业单位，管理全国少数民族语言文字工作和民族古籍整理工作，指导少数民族语言文字的翻译和编辑出版工作；协助组织、人事部门做好少数民族干部的培养、教育和使用工作，联系少数民族干部；研究世界民族情况、开展有关少数民族的对外宣传工作，参与办理涉及联合国反对种族歧视等国际条约的有关事务；管理有关的涉外事务，办理居住国外的少数民族同胞回国探亲、旅游、定居和组织接待国内少数民族学习、参观、考察等事宜；指导各省、自治区、直辖市民族事务委员会的业务工作，加强同民族自治地方的联系；举办国务院交办的其他事项。

纪念《中华人民共和国民族区域自治法》颁布10周年 《中华人民共和国民族区域自治法》颁布10年来，各民族自治区的立法工作取得进展。西藏自治区认真学习宣传，积极组织实施，取得了明显成效。西藏自治区人大及其常委会从西藏实际出发，加快立法步伐。《中华人民共和国民族区域自治法》颁布10年来、西藏已制定地方性法规和有关法律问题的决议、决定51件、规章或规章性文件100余件，切实保障了西藏人民当家作主的权利，推动了各项事业蓬勃发展，保持了社会稳定。

宁夏回族自治区各级国家机关和各族人民，认真实施民族区域自治法，取得喜人成果。依据宪法和民族区域自治法的规定，宁夏积极开展了民族立法工作。《选举法》细则规定回族和其他少数民族的代表比例应略高于其人口比例，为回族和其他少数民族充分行使管理本民族内部事务和地方国家事务的权利提供了组织保障。

广西壮族自治区加大民族立法力度，《民族区域自治法》的颁布实施，加快了广西境内自治县自治条例制定工作步伐。1980年以来，全自治区制定地方性法规88件，包括财政经济、政权建设、政法、教科文卫、社会保障5大类。

14个省（市）和中央、国家机关选派干部对口援藏 1995年2月25日在北京召开的为西藏选派干部工作会议上透露，首批承担分片负责任务的14个省（市）和中央、国家机关29个部委近期将选派1000名左右领导骨干和专业技术骨干进藏，以进一步加强西藏的干部队伍建设，促进经济发展和社会进步。首批承担分片负责任务的14个省（市）主要对口支援西藏的44个重点县，根据要求，这批选派进藏干部要有较强的组织领导能力，其中县处级以下干部年龄一般在36—40

岁以下，县处级以上干部年龄一般在45岁以下。定期轮换的时间原则上为5年，但也可能根据各省（市）情况，在10年之内分二批或三批轮换。又据1995年7月11日新华社报道，来自全国14个省市的500多名首批援藏干部，已陆续到西藏44个重点受援县赴岗，开展工作。这次援藏干部到岗后，不顾高山反应，立即深入到乡村，调查情况，寻找当地经济发展的优势和突破口。援藏干部在西藏得到了广大藏族干部群众的关心和爱护。白朗县把最好的住房留给援藏干部。亚东县委书记次仁塔杰对援藏干部在政治上爱护，工作上信任，生活上关心。援藏干部、老进藏干部和藏族群众一致认为，这次的对口援藏办法确实好。选调进藏干部采取适当集中的办法，由内地一个地区对口支援西藏一个县，使援藏干部能够充分发挥内地的优势，互补短长，使重点受援县先行发展起来，能起到示范和辐射作用。

民族理论研究座谈会在京召开 1994年12月30日报道，为了加强社会主义市场经济条件下民族理论研究，中共中央统战部民族宗教局、国家民委政策研究室、中国社会科学院民族研究所、中央民族大学联合召开首次民族理论研究座谈会。20多位专家、学者和民族工作部门的负责同志出席。会议的中心议题为如何开创民族理论研究新局面。代表们就民族理论研究的现状，影响民族理论研究的相关因素以及如何解放思想，深化民族理论研究等问题，开展了热烈的讨论。

“中国各民族大团结”纪念章发行 人民日报1994年9月22日报道，由国务院第二次全国民族团结进步表彰大会筹备办公室发行、上海造币厂铸造、中国民族国际信托投资公司北京大来民族金行总经销的“中国各民族大团结”纪念章近日在北京发行。此次发行的纪念章分为金、银、铜（镀金）3种。纪念章正面图案为象征民族团结的牡丹花和天安门，背面图案为李鹏总理为大会的题词并配以富有民族传统风格的龙凤呈祥图案。

中央民族大学彝学研究所成立 国内第一个研究彝学的专门机构——中央民族大学彝学研究所于1994年7月正式成立。彝族有悠久的历史和灿烂的文化，历史上一直是西南地区人口最多的一个少数民族。彝学以彝族历史与文化为研究对象。广义的彝学包括对彝语支诸民族历史与文化的研究。彝族悠久的历史与深邃的文化吸引了国内外大批学者，彝学已经成为一门世界性学科。中央民族大学彝学研究所的成立，对推动彝学研究的进一步发展、弘扬优秀民族文化，促进彝族地区的经济文化建设将发挥积极作用。

全国民委工作会议在京召开

全国民委工作会议1994年元月27日在北京召开，王光英、程思远、布赫、王兆国等出席了会议。国务委员兼国家民委主任司马义·艾买提作了报告。他说，近年来，我国的民族工作在改革开放中不断前进，取得了很大成就。1992年中央民族工作会议以后，各民族地区大大加快了经济建设与改革开放的步伐，经济建设有了飞速发展。在各级民族工作部门的帮助下，民族地区乡镇企业得到了很大发展，民族地区扶贫工作取得了显著成效，两年共有近25万人摆脱了贫困。在经济发展的基础上，民族地区的各项社会事业有了巨大进步，社会主义新型民族关系得到进一步巩固和发展，各族人民更加热爱统一的多民族的祖国，更自觉地为中华民族振兴而努力奋斗。同时，民族法制建设有了很大进展，许多法律法规出台施行，民族关系、民族工作正逐步被纳入法制化轨道。司马义·艾买提强调，民族工作者要认真学习《邓小平文选》第三卷，用建设有中国特色社会主义理论武装头脑，要认真研究建立社会主义市场经济体制中少数民族和民族地区的新情况、新问题，大力促进少数民族地区经济发展和改革开放，为各民族团结进步，不断做出新贡献。

民族文化宫建宫35周年

1994年10月8日，民族文化宫举行隆重的宫庆茶话会，与会的国务委员兼国家民委主任司马义·艾买提等领导同志和各界来宾，同民族文化宫的各族职工欢聚一堂，共同庆祝民族文化宫建宫35周年。民族文化宫是建国10周年落成的首都十大建筑之一。35年来，平均每年接待来自民族地区和在京的各族干部群众30余万人次；安排演出民族歌舞等文艺节目近30场次，最多时达120多场；举办过近50个兄弟民族的传统文化及经济建设成就展览；接待了100多个国家和地区的外宾、港澳台同胞和侨胞。现在展览馆馆藏民族文物4万余件，图书馆藏书53万余册，并与全国573个民族系统图书馆建立了联系，形成了网络。现民族文化宫设有展览馆、中国民族图书馆、中国民族音像出版社、民族画苑、民族友谊商贸公司、民族文化宫宾馆、民族文化宫展览公司等7个企、事业管理单位。

我国涌现一大批少数民族作家和诗人 据西藏日报1994年7月5日报道，我国少数民族文学在改革开放中呈现出空前繁荣景象，一大批少数民族作家、诗人走上文坛，数以千计的少数民族文学作品不断问世，极大地丰富了祖国文学园地。少数民族作家已成为祖国文学界一支重要的创作力量。目前，全国55个少数民族中已有53个民族出现了一批思想、艺术水准高，在国内外享有一定声誉的作家和作品。由于历史、文化、地域诸多因素影响，直到20世纪中叶，我国大多数少数民族还没有书面文学，有些口耳相传的民间文学未能保存下来。改革开放给少数民族文学带来春天，近10多年中，我国30多个少数民族填补了本民族书面文学创作的空白，53个民族有了本民族的作家。大批少数民族作家的涌现，形成了民族文学作家群。目前，中国作家协会会员中，有少数民族作家430多人；中国少数民族作家协会的会员已达2000余人。更可喜的是，人口较少的仫佬、景颇、水、达斡尔等族都出现了自己的作家群。民族成分较多的云南省，白、彝、纳西、傣等20多个民族中，现在都有了自己的民族作家。

数百名少数民族飞行员护卫蓝天建功勋 1994年11月12日报道，我国已有近30个少数民族有了自己的飞行员。他们分别来自壮、苗、回、藏等少数民族。这些飞行员能驾驶包括歼击机、强击机、轰炸机在内的各种飞机。他们中有100多人已经走上了空军航空兵部队的师、团领导岗位。“彝族之鹰”杨国祥驾驶飞机成功地完成了投掷我国第一枚氢弹的壮举，并编写出具有国际先进水平的《强击机操典》。苗族飞行员吴朝安，曾5次摘取军区空军组织的某型歼击机空、地靶实弹射击比赛的桂冠，还创造了空军曲线空靶30发实弹射击全部命中目标的最高纪录。许多少数民族飞行员获得了崇高的荣誉，他们中有的被选为全国人大代表、有的被团中央授予“全国新长征突击手”、“卫国为民青年英雄”称号，有10多名同志被树为空军优秀飞行员标兵，还有3名同志是中国飞行员最高荣誉——“功勋飞行员”金质荣誉勋章的获得者。

中华民族团结发展促进会成立 中华民族团结发展促进会1994年6月2日在北京人民大会堂宣布成立，并向全国15个少数民族地区捐款142万元。由国家民委主管的中华民族团结发展促进会，以促进中华民族团结，发展中华民族经济、科学技术和文化事业为宗旨。

靠人才致富的民族村 据人民日报1994年5月6日报道，北京房山周口店地区的新街村以前是个穷得出了名的回民村。1993年这个村的农村经济总收入却达到1.17亿元，跨入了亿元村行列。8年前，新街村投产4年的水泥厂因光靠一帮“撂锄杆”的人经营，产出的水泥产品质量差、销售不出。村农工商公司高薪请来4位退休工人，生产、技术、经营管理全部交给他们管理，结果仅1个月时间，水泥产量、质量都达到标准要求，水泥销售市场也随之不断扩大，企业获得较高的经济效益。1992年，新街村又请来几名高级工程师，成立了化工研究所，经过1年努力，现已研究出十几项科研成果，年创收达500万元。新街村热情招揽人才，更注重大胆重用和备加关怀人才。如今受聘的30多名技术人员不但工资高、奖金多，而且工作环境宽松、生活条件舒适。由于新街村重视人才，以科技为先导，以农业为基础，以水泥机械、化工商贸为两翼，全村经济迅速腾飞起来。

青海采取措施发展民族教育 据西藏日报1994年2月28日报道，青海推出了一系列加快发展民族教育的新措施，青海是个多民族聚居的省份，藏、回、土、撒拉、蒙古等少数民族人口占全省总人口的42%。目前，全省有各级各类民族学校1598所，少数民族在校生25万人。但是，民族教育的现状仍然不能满足民族地区社会经济发展对人才的需求。为改变教育滞后制约经济建设的局面，青海省政府新推出一系列加强民族教育的措施。省、州、县、乡各级共同努力，在牧区6个民族自治州集中力量办好6所重点民族高中，30所重点民族初中和191所重点民族小学，各级地方财政和教育部门在经费、师资和设备等方面给予适当倾斜。

6个民族自治州的民族师范学校和省上几所大专院校要采取多种方式加快培养民族中小学师资。各级政府要根据本地实际制定特殊政策，提高教师的工资待遇，改善教师的工作和生活条件，努力解决好教师住房、医疗保健、退休安置、家属“农转非”以及子女就业等问题，在艰苦牧区州县工作15年以上的骨干汉族教师，其子女参加高考，可享受少数民族考生的一些优惠待遇。

在办学经费方面给予倾斜，省财政每年拿出600万元重点用于民族基础教育，对中小学民族文字教材实行免费供应，成立青海省民族教育基金会，吸收省内外，海内外资金，扶持青海民族教育。

采取特殊措施，提高少数民族女童入学率，回族、撒拉族地区要办好女子学校和女童班，对家庭困难的学生减免杂费，允许带弟妹上学，允许迟来早退，开办早晚班或半日制班等，方便女童上学。

在大中专院校招生中，适当增加边远落后少数民族地区的定向推荐、保送和自费生指标。从1994年起，青海南部3个州的民族师范各选送10名优秀毕业生到青海师大、青海师专和青海民族师专学习，学成后回到本地任民族中学教师。根据国家有关法律，制定省及各州、县民族教育工作条例，使民族教育走上依法治教的轨道，把民族教育列入各级政府主要负责人的任期目标，作为考核政绩的一项重要内容。

全国民族团结进步先进个人土家族企业家李传贵 人民日报1994年10月21日报道，30多年前，土家族汉子李传贵情系军营，以军人的忠诚荣获全国青年积极分子称号；30多年后，他潇洒走市场，以企业家的胆识，使湖北建始烟厂从危难中崛起，连续5年以35%的速度发展，驶上调整发展的快车道。建始是全国优质白肋烟出口基地和全国烟叶生产先进县，烟草成为这里山区少数民族地区的致富之源。1989年李传贵上任时，上半年产品积压4万件，企业负债4000万。这是一次充满挑战与机遇的选择！他跑遍全国许多城市，调查烟草市场，寻求摆脱困境的对策。他开发的"苗家"牌香烟，以质量取胜，不仅使建烟甩掉了建厂20年来所有的债务包袱，每年还上交财政产品税以1000万的数额递增，成为全县主要财源和经济支柱，并带动了50多个卫星企业的发展。1992年国务院发展研究中心、国家统计局发来祝贺建烟"列入中国500家最大工业企业及行业50家排列序列"的电报，李传贵任厂长刚好3年。3年跻身全国最大工业企业500强而成"鄂西独秀"，并保持了年均35%递增速度。1994年6月下旬，李传贵接到省政府驻京办事处发来的传真：建烟"豪门"获北京第五届亚太地区国际贸易博览会金奖，这无疑是一张国际市场的入场券。从军营到市场，从"苗家"到"豪门"，从土家山寨到国际市场，李传贵在他人生的旅途上拼搏奉献。

全国民族团结先进个人、高级畜牧师张永祥 1960年，24岁的张永祥从内蒙古农牧学院畜牧系毕业，志愿到祖国最需要的地方去，没有回到自己的故乡河南，而是被分配到了哲盟畜牧局。30多年来，张永祥几乎走遍了哲里木的每一块土地。几十年，他为了工作、事业，兢兢业业，忠心耿耿，只讲付出，不求索取。1987年5月，他的"科尔沁细毛羊"新品种培育的科研成果，被自治区科委授予二等奖；1987年，荣获哲盟委、行署"百名先进科技人员"奖；1988年、1990年两次荣获农业部"全国农牧渔业丰收奖"二等奖；1990年8月他参加培育的科尔沁牛新品种被自治区政府授予一等奖；1992年12月，又被盟行署授予"科学进步一等奖"。1983年3月，他被盟委、行署评为"先进工作者"；1992年，被哲盟党委、行署授予"民族团结先进个人称号"；1993年，自治区党委、政府授予他"全区民族团结先进个人称号"；1994年，他又被国务院授予"全国民族团结先进个人称号"。

真禅法师向慈善基金会捐赠20万元 中国佛教协会副会长、上海市佛教协会会长、玉佛寺方丈真禅法师，1994年5月17日向上海市慈善基金会捐款20万元。10万元用于扶贫济困，10万元用于充实"真禅法师残疾儿童基金"，开展残疾儿童医疗康复和教育。真禅法师于1988年建立了"真禅法师残疾儿童基金"，已先后向上海市儿童福利院捐款65万元，还创办了开展特殊教育的"真禅学校"。

我国第一大卧佛面世 在广东省三水市，有一座正在开发的占地5万多亩的森林公园，园内层峦叠翠，水绕山环，风景如画。由全国著名人体科学研究专家张廷金先生筹建的三水中华养生文化庄园，就坐落在森林公园内。中华养生文化庄园的首期工程——第一大卧佛不久前在这里举行了开光典礼。据悉，国内享有盛誉的卧佛甚多，有供于北京西山十方普觉寺铸于元代的铜体卧佛，有北京法源寺的明代木雕卧佛，也有从国外迎来的上海玉佛寺的玉质卧佛、福州西禅寺的白王卧佛等。在众多的卧佛中，其雕像也不乏巨制。如四川安岳卧佛身长7.3米，甘肃张掖卧佛34米，四川潼马卧佛36米，台湾新竹以玻璃纤维雕塑的卧佛全长45米，而三水卧佛身长108米，为世界第一大卧佛。大佛位于森林公园的天仙岩。天仙岩自西北向东南上高下低延伸，天然造化，外型酷似一座自然"佛山"。将天仙岩依山就势稍加雕凿，便灿然成就一座卧佛大像。新落成的大佛，雕塑样式取中国古代盛唐风范，根据佛经要求严格设计，"卧佛"形象已超出宗教意义而上升为民族文化色彩浓厚的艺术造型。

西藏纪念班禅大师圆寂5周年 第十世班禅额尔德尼·确吉坚赞大师于1989年1月28日在他的驻锡地西藏日喀则德钦颇章圆寂，1994年正是大师圆寂5周年。在西藏各界人士纪念班禅大师圆寂5周年座谈会上，全国人大常委会副委员长帕巴拉·格烈朗杰回顾大师的一生时说：班禅大师无论在西藏和平解放前后，还是在社会主义建设和改革开放的各个时期，为西藏的繁荣、进步和发展建立了不可磨灭的功勋。他一贯坚持西藏是中国不可分割的一部分，西藏人民只有在中国共产党的领导下，走社会主义道路，才是唯一光明的选择。1月20日，西藏宗教界人士聚集在自治区统战部礼堂，回顾大师生前对西藏僧尼的教诲，纷纷表示：一定要发扬大师爱国、爱教的精神，不辜负大师生前的期望。班禅大师的第二故乡，后藏日喀则地区的群众也举行各种活动纪念大师圆寂5周年。班禅大师主寺——扎什伦布寺的喇嘛们每天行祈祷等佛事活动，表达对大师的深情怀念。

中国宗教界和平委员会在京成立 由我国宗教界知名人士组成的中国宗教界和平委员会1994年7月2日在北京宣告成立，中国佛教协会会长赵朴初任主席，副主席由中国基督教三自爱国会主席、中国基督教协会会长丁光训，中国伊斯兰教协会会长安士伟，中国天主教爱国会主席、中国天主教主教团主席宗怀德，中国佛教协会副会长明旸，中国基督教协会副会长韩文藻，中国道教协会会长傅元天担任，秘书长为韩文藻(兼)。由39人组成的中国宗教界和平委员会是中国宗教界与世界上有关宗教和平组织相联系的组织。其宗旨是加强我国各宗教团体及其信徒维护和参与世界和平事业，发展同世界各宗教和平组织及有关人士友好往来，共同促进和维护世界和平。

第十一世班禅坐床典礼隆重举行 第十一世班禅坐床典礼1995年12月8日在日喀则扎什伦布寺庄严而隆重地举行。国务院代表、国务委员李铁映和特派专员、西藏自治区人民政府主席江村罗布，特派专员、国务院宗教事务局局长叶小文负责主持和督察坐床典礼。参加坐床仪式的全国人大常委会副委员长帕巴拉·格列朗杰、西藏自治区党委书记陈奎元，以及扎寺民管会名誉主任生钦·洛桑坚赞、第十一世班禅的经师波米·强巴洛珠和十一世班禅的父母分坐两侧。藏传佛教界高僧大德代表向坐在法床上的第十一世班禅行礼，敬献哈达。随后，在“拉让”的日光殿举行了第十一世班禅的坐床曲礼。李铁映和第十一世班禅并排而坐，大殿内充满了祥和的气氛。在典礼上，李铁映代表国务院向第十一世班禅颁授金册，宣读册文，向第十一世班禅颁授金印，金印上镌刻着汉、藏“班禅额尔德尼之印”两种文字。接着，李铁映宣读了国家主席江泽民题赠第十一世班禅额尔德尼驻锡地扎寺的金字匾“护国利民”的匾文。扎寺民管会名誉主任生钦、主任喇麻·次仁恭敬地接过匾文，并把金印、金册捧至法座前的供桌上。

4. 思想政治工作

江泽民强调充分发挥党的宣传思想工作政治优势　中共中央总书记江泽民于 1995 年 1 月 19 日在中南海与出席全国宣传部长会议的同志座谈时发表了重要讲话，他充分肯定了 1994 年宣传思想工作取得的成绩后指出，1995 年宣传思想工作的基本要求是：全面贯彻党的十四大和十四届三中、四中全会精神，贯彻 1994 年全国宣传思想工作会议精神，坚持以邓小平同志建设有中国特色社会主义理论为根本指针，以科学的理论武装人，以正确的舆论引导人，以高尚的精神塑造人，以优秀的作品鼓舞人，巩固已有成果，加强薄弱环节，提高工作水平，充分发挥党的宣传思想工作的政治优势，努力为改革和建设提供有力的思想保证和良好的舆论环境。江泽民指出，中央提出用邓小平同志建设有中国特色社会主义理论武装全党，这是一项根本任务，是一件大事。学习要深化，研究要深化，宣传要深化。关键是要在认真学习邓小平同志原著基础上，全面正确地掌握这一理论的科学体系，领会精神实质。要坚持理论联系实际，把学习这一理论同宣传党的路线方针政策结合起来，同回答和解决改革和发展中的新问题结合起来，要努力把大家的思想和行动统一到建设有中国特色社会主义理论上来，贯彻到行动中去。江泽民说，中央提出的“抓住机遇、深化改革、扩大开放、促进发展、保持稳定”这个全党全国的工作大局，是我们党领导改革开放和现代化建设历史经验的科学总结，不仅当前要强调，而且是要长期坚持的指导方针。最根本的是处理好改革、发展、稳定的关系，目的是为了更好地集中力量把经济建设搞上去。宣传思想战线上的同志们要不断总结这方面的成功经验，深化这方面的宣传，引导全党同志自觉关心、维护和服从大局，牢固树立全国一盘棋的思想，把全国人民凝聚到建设有中国特色社会主义的伟大事业上来。江泽民指出，在整个现代化建设过程中，始终要发扬艰苦奋斗、自力更生精神。要加强爱国主义、集体主义、社会主义教育，要把这种宣传教育坚持下去，搞得更好。要坚持一手抓繁荣，一手抓管理的方针，促进文化市场健康发展。江泽民强调，现在各方面的大政方针已定，关键在真抓实干。他希望各级党委进一步加强对宣传思想工作的领导，并切实重视宣传思想工作队伍的建设，不断提高这支队伍的政治业务水平。

江泽民为《农民思想政治教育读本》作序　江泽民指出，在革命战争年代，我国广大农民曾经为推翻三座大山，取得中国新民主主义革命的胜利，做出了伟大的贡献。新中国成立后，在社会主义革命和社会主义建设中，广大农民同样贡献了巨大的力量。十一届三中全会以来，广大农民在推进改革开放和现代化建设中，又做出了新的重大贡献。我国的农民阶级同工人阶级是天然的同盟者，他们同工人群众一起，在中国共产党的领导下，始终起着我国革命、建设和改革的主力军作用，同时也是我国人民民主专政的国家政权的重要基础。任何时候我们都必须充分信任和依靠农民群众，倾听他们的呼声和要求，尊重他们的首创精神，发挥他们的积极性、创造性，这是我们把农业和整个国民经济搞上去的一个最大的力量源泉。我们党正确处理同农民的关系，始终把广大农民群众团结在党的周围，靠的是什么？就是靠党的正确路线方针政策，靠不断地给农民群众看得见的物质利益，靠对农民的坚强有力的组织工作和服务工作，还靠加强对农民的教育。当前有些农村地区社会风气、社会治安状况不好，封建迷信、封建宗族活动重新滋长甚至泛滥起来。出现这些现象的原因是多方面的，其中一个重要原因，就是这些年来，我们在工作中对农民的教育有些放松了。这就提出了一个重要任务，在改革开放和现代化建设过程中，我们仍然要重视对农民的教育问题。江泽民还指出，教育农民要紧紧结合新的形势，结合农民群众的思想实际以及他们的自身要求来进行，目的是帮助他们提高思想素质，更好地促进农村的改革和建设。要加强对农民的教育就要编一些教材。江泽民还进一步指出，从当前农村的情况来看，在对农民群众进行邓小平同志建设有中国特色社会主义理论和党的基本路线教育的基础上，还要抓好这样几方面的教育：一是加强爱国主义教育。二是加强集体主义教育。三是加强社会主义市场经济的基本知识教育，以及普及科学常识，反对封建迷信、封建宗族活动的教育。四是加强富了不忘国家、不忘社会而应多为国家为社会做贡献的教育。五是加强勤俭持家、艰苦奋斗的教育。富起来了，生活条件当然要改善，但要符合艰苦奋斗的精神，把更多的钱用在扩大再生产上。江泽民同志认为《农民思想政治教育读本》，可以作为各地对农民进行思想政治教育的教材。还强调指出："对农民进行思想政治教育，是摆在农村各级党组织面前的一项重要而紧迫的任务，各地都要予以高度重视。"

胡锦涛指出加强和改进思想政治工作关键在领导 中共中央政治局常委、书记处书记胡锦涛10日上午在中南海怀仁堂同出席中直机关思想政治工作会议的同志座谈时强调，新时期思想政治工作最根本的任务，就是用邓小平同志建设有中国特色社会主义的理论教育广大党员、干部和群众。切实抓好这件事，是思想政治工作最重要的加强和改进，也是思想政治工作水平最有效的提高。机关思想政治工作同机关党的建设紧紧相连，把各级党组织建设得更加坚强，富有战斗力，充分发挥党的优势，就会带动整个机关的思想政治工作，促进机关的各项建设。加强和改进思想政治工作，关键在于领导。中直机关各部门主要领导同志要带头重视，身体力行，切实加强对机关思想政治工作的领导。各单位要把思想政治工作列入工作计划和议事日程，深入研究，检查督促。机关党组织要担负起做好经常性思想政治工作的责任，通过各种有效的活动，积极开展思想政治工作。机关领导同志和党组织要全面关心机关政工干部队伍的成长，从事思想政治工作的同志要进一步增强责任感，继续发扬无私奉献、积极进取的精神，兢兢业业做好工作，推动机关工作进一步开创新的局面。

丁关根强调努力做好新形势下的宣传思想工作 中共中央政治局委员、书记处书记、中宣部部长丁关根于1995年9月20日，他在给中央直属机关和中央国家机关部级领导干部上党课时强调，做好新形势下的宣传思想工作，是深化改革、扩大开放、促进经济发展、维护团结稳定、推动社会进步的需要，是加强和改善党的领导、坚持党的基本路线一百年不动摇的需要。我们要坚持以邓小平同志建设有中国特色社会主义理论为根本指针，以科学的理论武装人，以正确的舆论引导人，以高尚的精神塑造人，以优秀的作品鼓舞人，把握导向，提高质量，多出精品，加强管理，建设队伍，团结、稳定、鼓劲、务实，促进宣传文化事业繁荣健康发展，更好地为人民服务，为社会主义服务，为全党全国工作大局服务。丁关根说，做好新形势下的宣传思想工作，最重要的是自觉与党中央保持一致，坚决贯彻中央精神，维护中央权威，把干部群众的思想统一到中央精神和工作部署上来。丁关根强调，做好宣传思想工作，关键是建设一支政治强、业务精、作风正的宣传思想工作队伍。

中宣部、农业部提出深入开展农村精神文明建设活动的若干意见 《中央宣传部、农业部关于深入开展农村社会主义精神文明建设活动的若干意见》中强调：农村精神文明建设，最根本的是要加强对农民的思想教育。要紧紧围绕经济建设这个中心，坚持从农村、农民的实际出发，区别对象，讲究方法，着力解决亿万农民的精神支柱和精神动力问题，把他们的积极性、创造性凝聚到建设社会主义新农村的伟大事业上来。用邓小平同志建设有中国特色社会主义理论武装党员、教育干部和农民，这是思想教育的首要任务。深入宣传党的基本路线和农村基本政策，用政策的力量调动和保护亿万农民的积极性。唱响爱国主义、集体主义和社会主义主旋律。引导农村坚持共同富裕的发展方向，要教育农民富了不忘国家、不忘社会。激励农民爱家乡、爱集体，为发展集体经济、改变家乡面貌作贡献。大力弘扬新时期创业精神，提倡勤俭建国、勤俭持家、勤俭办一切事业。加强唯物论、无神论基本常识和其他科学知识的宣传，帮助农民掌握科学生产、文明生活的实用知识。

中国职工思想政治工作研究会第8次年会 中国职工思想政治工作研究会第八次年会1994年4月17—21日在四川德阳市召开。年会指出1994年和今后一段时间里，政研会的工作是：第一，着眼改革、发展、稳定的大局，联系企业和职工思想的实际，大力加强调查研究和信息服务工作。第二，继续围绕社会主义市场经济条件下思想政治工作如何探索新路，深入开展多项专题、多种形式的研讨活动。第三，面向基层，联系实际，开拓为政工部门、政工干部服务的途径。政研会要发扬"政工之家"、"政工之友"的传统和求真、务实的作风。第四，办好政工报刊，加大宣传份质，进一步优化思想政治工作的舆论环境。第五，进一步改进评优办法，精心做好表彰先进的组织、宣传工作和优秀研究成果的推广应用工作。

河南党员电化教育网络化 近年来，河南各地党员电化教育事业发展迅速，形成了省、地、县、乡、村5级网络，并日益巩固，不断完善提高，累计投入已超过亿元。焦作市建起了全国第一家市地级党员电教大楼，南阳地委办起了全国第一家党员教育电视台。省、地、县3级党委组织部每年制作较高质量的党员电教片200多部，向基层下发各类电视录像教材4万多盘。省委组织部摄制的《农村支部书记的榜样——史来贺》，被全国不少地方当作培训农村基层干部的教材，反映林县人民新时期艰苦创业精神的《再塑丰碑》获全国党员电教片评比一等奖，被中央组织部转发全国各地，韩国、日本等国外宾还请求把它带回去，让更多的人了解河南，了解中国。河南全省基层党组织年播放各类党员电教片70多万场次，收看的党员和要求入党的积极分子达2000多万人次。党员群众普遍反映，电化教育形象生动，易懂、易记，效果好。一是有效地服务了党的基本路线的贯彻，增强了新时期党员的党性观念，促进了先锋模范作用的发挥。二是促进了党的基层组织建设。三是提高了党员带头致富和带领群众致富的能力，全省近三分之一的农民党员掌握了一至两门致富技术。

全国民航思想政治工作会议在北京召开 1994年8月12日结束的全国民航思想政治工作会议提出，要以务实的态度，创新的精神，努力探索在新形势下符合党的基本路线的思想工作新路子、新方法，吸引群众广泛参与，把思想政治工作渗透到干部职工的日常工作、生产和生活的各个领域中去。民航总局局长陈光毅谈到结合民航特点做好政治思想工作时指出，民航作为"窗口"行业，要求干部职工的言行举止要树立和维护我国改革开放的形象；从民航总体上是服务性行业说，要培养职工的崇高的职业道德和乐于奉献的精神，搞好优质服务；民航又是高科技、高投入、高风险的行业，要求树立整体观念、大民航意识，要有很高的素质；民航又有点多、面广、线长的特点，在发展社会主义市场经济条件下，必须积极抵御各种腐朽思想的侵蚀。中央国家机关工委、中组部、中宣部等部门的代表参加了大会。大会表彰了10个"思想政治工作先进单位"和10名"优秀思想政治工作者"。

孔繁森事迹展览耀京华 孔繁森事迹展览自1995年11月10日在北京的中国革命博物馆开展以来，平均每天都有几千人次参观。特别是领导干部来参观的更多，仅中央国家机关、部队系统和北京市的各级干部就达几万人。孔繁森事迹展览深深打动着人们的心。有的人边听讲解边作记录，有的人边看展览边掉眼泪。许多领导干部参观展览后说，展览把孔繁森同志的光辉形象更鲜明和生动地显现在我们面前，使我们受到强大的震撼。作为领导干部应该好好学习孔繁森同志的公仆精神，要时刻牢记自己来自人民，无论职位高低都是人民的公仆，要尽职尽责为人民服务。一位参观者在留言簿上写道："您用热血谱写了激昂的乐章，您虽然长眠在西藏的高原，但却用您的精神竖起一座丰碑，一座永远耸立在人民心中的不倒的丰碑！"

第六、第七届《半月谈》思想政治工作创新奖颁奖 第六、第七届半月谈思想政治工作创新奖分别于1994年9月和1995年8月在北京颁奖，并接受了由江泽民总书记题词的奖状、奖杯和金质奖章。"创新奖"评委会两届各评出47名获奖者，其中10名获特等奖。第六届获特等奖的是：江苏华西集团总公司董事长、华西村党委书记吴仁宝，辽宁抚顺钢厂党委书记、抚钢股份有限公司副董事长戴华，解放军某部教导员张继东，青岛国货股份有限公司董事长兼总经理姜玉玲（女），江苏吴江市副市长、原盛泽镇党委书记吴海标，广西半宙制药集团公司董事长、总经理、党委书记梁卫（壮族），天津市市政工程局党委副书记刘长顺，黑龙江哈尔滨话剧院党委书记刘庆义，中山大学马克思主义理论教学研究部主任、教授张孝宜（女），新疆阿克苏地区石油公司经理关英奎。第七届获特等奖的是：辽宁丹东化学纤维工业（集团）公司党委书记、总经理安福江，江苏张家港市委书记秦振华，广西玉柴机器股份有限公司董事长兼首席执行总裁王建明，浙江新昌中学校长、党支部书记陈国阳，湖北黄石华新水泥股份有限公司董事长、总经理傅本一，安徽合肥美菱集团公司董事长、总经理张巨声，广州新大新公司党委书记郭峻海，山东师范大学党委副书记、副研究员宫志峰，上海市梅龙镇（集团）公司总经理党委副书记王邦煜，北京市市政工程总公司党委书记王建明。

5. 艰苦创业、反腐倡廉

江泽民强调思想政治建设是拒腐防变的根本措施 中共中央总书记江泽民，在1995年元月24日的中纪委五次全会上发表重要讲话。强调在改革开放和发展社会主义市场经济的新形势下，加强全党的思想政治建设，提高广大干部和党员的思想政治素质，这对于保持我们党的先进性、纯洁性，防止和抵制腐朽思想文化影响的侵蚀，有效地进行反腐败斗争，是极为重要的，各级党委务必高度重视。

改革开放是一场新的革命。这场革命是建设有中国特色社会主义的强大动力，也给党的建设注入了新的活力。在改革和开放的过程中，腐朽的思想文化影响也会乘机而入，侵蚀党的肌体，使腐败现象滋生蔓延。在这种情况下，更要注重加强党的思想政治建设。思想政治建设是我们党提高自身凝聚力、战斗力的一条十分重要的经验，也是我们党始终保持工人阶级先锋队性质、坚持拒腐防变的一项根本性措施。在改革开放条件下反对腐败，必须把集中惩处和打击违法犯罪、加强法制建设、加强思想政治建设都努力做好，使三个方面的工作有机地结合起来，相互促进，以利于把这场斗争不断引向深入，保证改革开放和现代化建设的顺利进行。

加强思想政治建设，提高干部和党员队伍的思想政治素质，最根本的是解决好世界观和人生观问题。无论过去、现在和将来，对每一个干部和党员来说，都是首要的问题。为了解决这个问题，最重要的是引导和组织广大党员干部深入学习马列主义、毛泽东思想，特别是深入学习邓小平同志建设有中国特色社会主义理论，用以武装头脑和指导各项工作。在这个理论指导下，结合反腐败斗争的实际，要着重抓好共产主义理想和信念教育，全心全意为人民服务宗旨教育，艰苦奋斗、勤俭节约教育。

要帮助干部和党员认识和处理好三个关系：一是改革创新与继承优良传统的关系。二是对外开放中吸收和抵制的关系。三是允许一部分人先富起来与共同富裕的关系。

立党为公，清正廉洁，是我们党受到人民群众拥护、领导人民夺取革命和建设事业胜利的奥秘所在。在执政条件下，共产党员坚持全心全意为人民服务的宗旨，坚持廉洁奉公，最重要的是正确认误和对待手中的权力。干部手中掌握的权力是群众赋予的，只能用来为人民谋利益，决不能用来为个人或小团体捞取好处。党员干部特别是领导干部一定要树立马克思主义的群众观点，经常深入到群众中去，切实改进思想作风和工作作风。

我们党是靠艰苦奋斗不断发展壮大起来的。过去干革命需要艰苦奋斗，今天搞社会主义现代化同样需要艰苦奋斗。古往今来，一个国家、一个民族，如果不提倡艰苦奋斗、勤俭建国，人们只想在前人创造的物质文明成果上坐享其成，贪图享乐，不图进取，这样的国家，这样的民族，是没有不走向衰落的。我们目前生产力水平还不高，人均国民生产总值还比较低，还有8000多万人的温饱问题没有解决。我们所有的领导干部、所有的部门和单位，都要坚持勤俭办一切事业。

江泽民最后强调，各级领导干部能否以身作则，加强党风建设和廉政建设，推动反腐败斗争的深入发展至关重要。领导干部在反腐败斗争中以身作则，首先要做到廉洁自律。县(处)级以上领导干部要严格执行中央提出的廉洁自律的规定，按照规定对照检查自己。对违反规定拒不作纠正的，对顶风违纪的，要严肃处理。领导干部以身作则，还必须带头维护党纪国法的严肃性，切实负起领导者的责任。各级领导干部不仅要对本地区本部门本单位的各项工作全面负责，也要对反腐败和廉政建设全面负责。对违纪违法的人和事，要积极主动地配合司法部门、纪检监察部门查处，决不能搞“官官相护”，搞地方保护主义和部门保护主义。

李鹏指出经济越发展越要坚定不移地反腐败 国务院1995年2月15日在京召开反腐败工作会议。国务院总理李鹏在会议上强调指出，反腐败斗争是关系党和国家前途命运的大事，是在建设有中国特色社会主义的全过程中的一项长期任务，改革越深入，社会主义市场经济越发展，越要坚定不移地反对腐败。李鹏着重讲了四个方面的问题：正确估价反腐败斗争的形势，进一步提高各级领导干部的思想认识；采取切实有效的措施，认真抓好反腐败工作的落实；要标本兼治，进行综合治理；切实加强领导，廉政勤政一起抓。他提出领导干部廉洁自律、查办违纪案件、纠正部门和行业不正之风这三项任务，对每一项任务都提出了新的内容和要求。在领导干部廉洁自律方面，中央又在住房建房、使用小汽车、不准用公款参加高消费娱乐活动和宴请等四个方面作出了补充规定。在查办违纪案件方面，要继续重要查办领导机关、执法部门、经济管理部门中的违法违纪案件，重点查办县(处)级以上领导干部的案件，注意查处金融、证券、基建、房地产、土地批租等发案率较高、大案要案较多的领域中的案件。不论涉及到什么人，都要一查到底，严肃执法执纪，绝不手软。在纠正部门和行业不正之风方面，清理乱收费、公款出国(境)旅游、无偿占用企业钱物，以及机关与所办经济实体脱钩和行政性收费、罚没收入实行收支两条线等工作，要继续狠抓落实。要在全国范围内，集中狠刹公路上乱设卡、乱收费、乱罚款，中小学乱收费，向农民乱收费、乱摊派这三股不正之风。

马恩华——杰出的社会主义企业家 保定一棉集团公司董事长、总经理兼党委书记马恩华是一位杰出的社会主义企业家。1984年10月，47岁的马恩华出任保定一棉厂厂长时，这个厂正处在频临倒闭的关口，全厂11万纱锭、1500台布机中，有1/3停转，质量低劣的棉布堆满仓库，工资发不出去，职工情绪低落，上千名职工交了请调报告。马恩华到任后，带领全厂职工全身心地进行改革、创造，经过10年奋斗，使这个厂的面貌发生了根本变化。1994年，企业实现利润3628万元，名列全国同行业榜首。主要经济指标连续7年稳居全国同行业十强。企业固定资产净值相当于1984年的10倍，等于每年为国家增加一个厂。马恩华为了搞活这个厂，首先充分运用了市场竞争的机制，把1200多名富余人员组织成明星实业公司，从事第三产业，使非生产经营性的资产向生产性的资产转化，大厂也可以轻装上阵，搞好本身的纺织业生产。1988年，马恩华预见原棉可能紧缺，提出集中资金抓原料，由于有这个决策，仅此一项，该厂就降低成本3000多万元。1990年，马恩华观察市场的变化，预计下半年高厚支织物紧俏，决定增加生产，果然该厂这类产品成了“抢手货”。马恩华深信市场信息对企业经营决策的重要性，为此建立了联接东北、华北、华南、西北和外贸五大市场的信息网络。这是该厂能在市场风浪中取胜的重要保证。作为国有大企业的厂长，马恩华是维护国家利益和执行国家政策的模范。1989年，在棉价暴涨成本增加的时候，市政府给保棉一厂承包任务是实现利税指标3200万元。厂的几位领导建议马恩华向上级说明困难，把指标往下压压。马恩华没有这样做，他说：“国有企业是国民经济的支柱，应该为国家多做贡献，有困难我们自己克服。”他把市里下达的利税指标接下来，通过内部挖潜，消化涨价因素。这一年，该厂实现利税5172万元。对违反政策的事，马恩华坚决不干，一次，有一批非正常渠道的棉花，价格每吨便宜100元，有人问马恩华要不要买，马恩华毫不含糊地顶了回去。他说：“我们的精明要用在市场竞争中，不要去钻国家的空子。”马恩华当厂长，一心一意为人民办事，从来不为个人打算。他为自己“约法三章”：一是不利用职权谋私，二是不贪图享受，三是不为亲戚朋友开方便之门。马恩华真是按照这三条来处理公私关系的。他儿子参军复员回来要安排工作，他坚决不让他儿子进保定一棉，让他服从组织分配。女儿要留在爸爸身边工作，他也坚决反对。有个远房亲戚想倒卖棉纱赚钱，一次他怀揣数千元来找马恩华，告诉马恩华说：“只要每月供应我10吨棉纱，好处还在后头。”马恩华二话没说，就把这位亲戚“轰”出了门。马恩华的内弟在老家办纺织厂，早就与保棉一厂有业务关系，为了“避嫌”，马恩华不顾老伴的责怪，下令停止了对内弟的棉纱供应。马恩华对职工生活非常关心，上任以来，先后投资5000多万元盖起36栋宿舍楼，基建部门计划给领导专门盖一栋楼，图纸到了马恩华那里被卡住了。他建议在分房条例中明文规定：干部和工人一样排队分房，劳模加分，干部不加分。马恩华曾3次让房，长期住在离厂2.5公里的旧房里，直到1990年才搬进两间半一套的单元房，邻居都是普通工人。马恩华当厂长后，仍和以前一样骑自行车上下班，风雨无阻。厂办要给他派车他始终不同意。一次技术科的科长腿摔伤了，骑自行车上下班困难，马恩华关照办公室每天派车接送。马恩华常说，“人心都是肉长的。只有厂长的心贴近工人，工人的心才能贴近国家。”心底无私天地宽。从马恩华身上，人们看到了一个共产党人的品格，一个社会主义企业家的胸怀，以及它所蕴涵的巨大精神力量。

李国安转战大漠打井找水

李国安是北京军区给水工程团团长。他任团长5年，率领给水团转战160万公里，打出的水，可解决128万城市人口或256万农村人口用水，可养500万头牛和羊。他们在被视为无水的沙漠戈壁找到了水，在矿化度很高的地区找到了饮用水，在北纬40度以北开创了我国冬季成井的先例，成井率高达95%；这一切，均被专家称为水利史上的奇迹。

李国安为了找水付出了艰辛的劳动。1994年4月，李国安患恶性“胶质细胞瘤”，手术后还未痊愈，就拖着重病之躯，腰扎15厘米宽的“钢围腰”，忍受着常人难以忍受的痛苦，奔波4个多月，长驱2.48万公里，终于搞清楚了8000里边防线上的水源分布，为彻底解决边疆缺水问题提供了可靠的依据。而李国安在考察途中为了在溃烂的伤口上涂药竟用完了40盒药水，扔掉了十多条沾满脓血的短裤。

白音查干，蒙语意为水草肥美的地方。可是近年来每年高达3700毫米的蒸发量和只有36毫米的降水量，使得方圆100里唯一的浅水井枯竭，连牧民和边防派出所也被迫搬走。从1990年起，李国安就多次带领工程技术人员在这片沉寂的戈壁滩上测探。盛夏，50多摄氏度的高温把胶底鞋底烤变了形；冬季，零下40多摄氏度的严寒冻得矿泉水都砸不开。井架终于竖起来了，劳累过度的李国安却被那场大病击倒了。官兵们昼夜奋战，终于打出了一眼甜水井，解决了边防军民饮水难的问题。呼和浩特的市民们心里清楚这样一笔帐：在呼市的饮用水中，每4碗就有一碗是李国安和他的战友们打出来的。1995年李国安当选为呼和浩特评选的首届十佳市民。

李国安为了找水，顾不上妻儿老母。他当团长后，与妻子在一起生活的时间总共不到6个月。1993年腊月二十九，妻子带着儿子赶到部队，想和14年没在家过春节的丈夫一起过个团圆年。谁知丈夫除夕夜上了呼市金川开发区打井工地，初一深夜才回到家。

李国安每年掌握着数百万元的审批权，每次外出却是以馒头干和矿泉水充饥，最多时一次带了5公斤馒头干。而李国安近几年帮助团里官兵的款项，竟有11000多元。1995年，水利部奖给李国家1万元，可他又补上了1000元，全部捐给了“希望工程”和军区幼儿园。钮茂生部长得知后，特地追加了1万元，并专门规定，不能挪作他用。直到这时，他才还清了多年来欠下的7000元债。他常说，有首歌唱得好，什么也不说，祖国知道我……

1995年，北京军区作出学习李国安的决定；水利部号召全国水利职工学习这位“穿军装的水利战士”。他的名字写进了内蒙古自治区的政府工作报告；他的事迹，被内蒙古京剧团改编成京剧，连演38场，教育和感染了成千上万观众。

牛玉琴10年苦战治荒沙

牛玉琴是陕西省靖边县东坑乡金鸡沙村人，1985年春，牛玉琴和丈夫张加旺承包了村北1万亩荒沙，承包期为15年。从此牛玉琴便把自己的命运和万亩荒沙拴在了一起。

整治1万亩荒沙，总投资得2万元。牛玉琴从乡里贷款，向亲朋筹借。不懂技术，学着干；人手不够，花钱雇。当第一批树苗和草籽插进沙地里时，牛玉琴的家已是债台高筑了。正在这节骨眼上，牛玉琴的丈夫加旺患骨癌去世。有人劝她：“把林子卖了吧，全家过几天安稳日子。”牛玉琴摇摇头：“这可是为子孙造福的事，加旺死了，娃娃们还活着咧。”为了表示决心，她从自己和丈夫的名字中各取一个字命名这块荒地叫“加玉林场”。她领着公婆和3个儿子，不分春夏秋冬，在距家15里外的荒沙滩上植树种草。一个坑2

尺多深,每人每天要挖100多个坑,栽100多株树苗。春季,沙漠上特有的大风暴又来了。一夜间,6000多亩幼林被刮得东倒西歪,许多树被连根拔起,看着这幅惨状,她和一家老小索性把铺盖搬到林地里临时搭起的窝棚中,没日没夜地趴在沙窝子里,硬是把树苗一棵一棵地扶直、补齐了。

10年过去了,林场已扩大到17000亩。1992年至1993年,牛玉琴用林场和卖羊绒等收入的2万元在村里盖起了一所有8间校舍的小学。方圆5里的60余名儿童得以就近入学。而牛玉琴一家依然住在老屋里,依然每天吃着黄米饭和乔面饸饹,依然背着7000元债务。但牛玉琴无怨无悔,她说,我后半辈子还要种树,我唯一的心愿就是让毛乌素沙漠全都变成绿色家园。1993年10月15日,牛玉琴从泰国诗琳通公主手中接过了联合国粮农组织颁发的"拉奥博士奖"。该奖是授予那些在改造人类生态环境方面有突出贡献的人。1994年,牛玉琴又被评为陕西省劳动模范。1995年9月,在北京举行的联合国第四次世界妇女大会期间,中央电视台根据她的事迹编写成电视连续剧向全国播放。

在山洞中奉献40年的大校群体 川西北深山中,有一个空气动力研究试验基地。当年一群群青春焕发的科技人员响应党的号召来到这里。如今,40年过去了,他们成为专业技术大校。他们虽已两鬓染霜,但建成了名扬四海的空气动力研究试验基地。1994年5月,一座大型跨声速风洞隆重奠基,它主要用于高性能航空航天器的吹风试验,设计能力达到当今国际先进水平。风洞设计专家陶祖贤是这座风洞的总设计师。这位风洞设计专家积几十年实践经验,根据"实用、可靠、经济、关键部分要先进"的设计思想,与设计人员苦战3年,如期完成了设计任务。这座先进的风洞,将对我国研制新一代航空航天器发挥重要作用。飞行力学专家、如今已是技术少将的蔡金狮开始研究飞行系统辩识理论时,没有人相信他能成功,因为这是我国空气动力学领域的处女地。他整整钻研了20年,才找到系统辩识理论与空气动力学的"结合点",为我国"飞行器系统辩识学"的建立做出了创造性贡献。张涵信和李松波也在解决超高音速动态中捕获激波信号问题上分别提出差分格式和耗散格式的理论,而恽起麟则独立编著了我国第一部《实验空气动力学》专著。面对世界空气动力学的制高点,他们把有限的生命融入了无限的登攀之中,朝着"世界一流"的目标奋斗。尾族是危及飞行安全的一种非正常飞行状态。世界发达国家在解决了飞机的飞行速度之后,迅速将研究的重点转向尾旋。许光明和张守言,旷天金等人瞄准这一制高点,终于利用模型自由飞手段成功地进行了某歼教机和某歼击机的尾旋试验,为飞行员掌握尾旋操纵技术打开了希望之门。与此同时,沈礼敏研制成功风洞尾旋试验装置。蔡金狮将多项试验技术综合起来,成功地形成了我国第一个飞机尾旋预测系统。这些空气动力学专家们的默默奉献结出了丰硕的成果。到1995年10月,基地已经具备风洞试验、理论计算、模型自由飞试验三大空气动力学研究手段,建成风洞41座,其中低速风洞、激波风洞、电弧风洞以及自由飞弹道靶都属亚洲之最。

田沛发30年艰辛奉献山区教育事业 田沛发是贵州松桃苗族自治县牛郎镇格老村小学的校长、教师。30年来,他把全部心血奉献给了山区的教育事业。1966年初,仅读到初中二年级的田沛发作为全村文化水平最高的人,被群众推荐当了民办教师。他借一间民房作校舍,用木方搭成课桌,学生自带凳子,沉寂多年的山村又传出了朗朗读书声。如今的格老村小学发展成为有六个年级的完小。这些年经田沛发亲手教过的700多名苗家子女,升入初中、高中的近100人,有12人考上大、中专学校,毕业后成了教师、工程师和医生。全村246户苗家,家家都有了"文化人"。

田沛发当民办教师初期,除了队里每年记工分外,没有领到1分钱工资。70年代国家每月补贴5元钱,80年代中期工资才加到30元。而他家里有9口人吃饭,全靠妻子一人里里外外操劳,生活的艰难可想而知,但他从未因此耽误学生一节课。他说:"为了让苗家孩子有文化,就是吃一辈子苦,我也心甘情愿!"为了办好山村教育,他还让大儿子也走上这条清贫的路。1989年夏,眼看就要开学,6个年级6个班的课,只靠田沛发和另外3个民办教师哪能行?他心急如焚,写信把学校面临的困境告诉中学毕业后在广东打工的大儿子田金定。金定接信后毅然放弃每月600多元的收入,回村当起月工资仅有50元的代课教师。

学校门前有一条小溪,每遇山洪猛涨时,田沛发早晚都要带着全校老师接送学生过河,30年从不间断;山村缺医少药,田沛发在教书之余自学中医中药知识,上山采药,免费为娃娃和乡亲们治病。1991年至1995年,田沛发还为家庭困难的学生交学费和书费上千元。田沛发的心血没有白费。到1994年的10年来,全村适龄儿童入学率上升到80%以上,最高时达92%,全村青壮年基本扫除了文盲,达到了无盲村的标准。田沛发多次被评为地、县先进教育工作者、劳动模范和优秀教师。1991年,他光荣地加入了中国共产党。

1994年10月15日,以曾经劳改5年的田先成为首的7名歹徒窜进学校,进行打砸。当田沛发赶到学校时,只见几名歹徒用脚疯狂地踢打学校保管室的门,一间教室的门已被砸破,窗户上的钢筋被撬弯,教室里的桌凳被砸得七零八落。"学校是公共财产,不准你们乱砸!"田沛发怒不可遏,迅速冲进教室,将两名打红了眼的家伙奋力拉了出来,然后用身子堵住了门。“砍他！”随着田先成一声吼叫，一名歹徒手举菜刀，凶狠地朝田沛发头上砍去，田沛发顿时血肉模糊。紧接着，另一名歹徒又在他头上和背上重重地砍了两刀。田沛发身负重伤，仍艰难地向村里挣扎地走了几十米，拼命呼喊“有人砸学校了，快抓坏了啦……”便昏倒在校园边。就在田沛发与歹徒搏斗的时刻，田金定迅速赶到学校，大声喝道：“不许乱来！”赤手空拳和歹徒们拼打起来。正当他紧紧抱住一名歹徒往学校外面拖时，其余歹徒蜂拥而上，刀子、棍子不停地在他身上乱砍、乱打，田金定也倒在血泊中。村民、学生们闻讯后，迅速从四面八方赶来，歹徒们仓皇逃窜。乡亲们把奄奄一息的田家父子抬上担架，以最快的速度送到牛郎镇医院抢救。年仅27岁的田金定因伤势太重，再也没有醒来。田沛发整整昏迷了3天3夜，经医务人员的全力抢救，终于醒了过来，当田沛发得知大儿子已牺牲后，他忍住悲痛向村干部请求：“让我三儿金州回来代他大哥上课吧！”5天后，金州风尘仆仆地赶到牛郎镇医院，当他看到阿爸身上缠满了纱布时，顿时泣不成声。当天晚上，金州从大嫂那里要来大哥的备课本、教科书和参考资料，第二天一早就走进了课堂。

1995年教师节前夕，贵州省委、省政府作出决定，号召全省广大共产党员和干部群众向田沛发学习。国家教委、人事部授予田沛发“全国教育系统劳动模范”称号，颁发人民教师奖章，1995年9月12日，李鹏总理将自己的1500元稿费捐赠给田沛发，并书赠题词：“教书育人，辛勤耕耘”。

261医院由三座破庙发展为综合医院 由三座破庙起家而被国防部命名为“艰苦奋斗的261医院”是50年代创建的。老一代医务人员在条件和设备十分简陋的情况下，自己采药制药，造福病人，做出突出成绩。在改革开放的新形势下，新一代医务人员继承和发扬破庙起家的革命精神，自力更生，勤俭办院，创造良好的医疗和生活环境，建起了一栋栋崭新的医疗大楼。条件好了，医院艰苦奋斗的优良传统不丢。营建中，他们精打细算，自己动手安装锅炉，改建暖气管道，累计节约资金230余万元。为改善医疗设备，他们既舍得投资添置新仪器，又注意发挥老设备的作用，旧仪器只要能使用，就决不更新。有一台抗日战争时期缴获的显微镜一直用了40多年，一台苏式电冰箱也使用了30年。261医院还重视培育医务人员攻克医学堡垒的敬业精神。近年来，医院每年都要推出30余项新业务、新技术，建成了享誉海内外的癔瘫针灸中心、全军知名的精神病专科和神经内、外科，有37项成果分别获得国家、军队科技进步奖，针刺治疗癔瘫研究为国际领先水平。

舍生忘死的革新家张贞泉 54岁的张贞泉是吉林省吉化公司化肥厂的工人技师。他从入厂至今一直都是维修工。他凭练就的一身高超技艺，经手检修的设备，保证一次开车成功。车间有7台大功率日本引进的溶液泵，是合成气系统的“心脏”。但溶液泵一到关键时刻就出毛病，不仅造成全系统停车，还连带公司内5个生产单位停车，停一次车就要损失十几万元，张贞泉很心疼。为了彻底解决这一难题，他开始了长达5年的攻关。张贞泉把报废了的机械密封件反复查阅，并到现场观察测量，研究损坏的原因，几个月下来，张贞泉累瘦了，嗓子也哑了。有人劝张贞泉“你连洋文都看不懂，修不好就算了。”有一股犟劲儿的张贞泉回答说：“只要它是人造的，就应该能修！”经过400多个日夜的奋力拼搏，张贞泉终于查到了病根，攻下了这道难关。现在，机械密封件一年也不坏，再不用买进口备件了。不仅减少停车所造成的损失，光备件费一年就节省16万元。5年中，张贞泉给溶液泵做了3次“大手术”，如今这7只“洋老虎”被彻底制服了。检修一次运转一年，实现了安全、稳定、长周期的生产目标。张贞泉在30多年的革新征途上，多次面临名与利，甚至生与死的考验，他都交了满意的答卷。一次，合成汽车间脱碳塔上距地面30米处的一个法兰”出了问题，2.4兆帕的压力把煤气混着炽热的钾碱液喷出十几米远，气流的呼啸声响彻厂区上空。弥漫四周的易燃易爆气体，遇到一点火花就会发生爆炸。停车检修，一小时就要损失十几万元。这时张贞泉挺身而出说，我是共产党员，这个风险应该由我来冒。他戴好面具，毫不犹豫地冲了上去。张贞泉在塔上娴熟地注胶、加压。堵了两次，都没有成功，第三次，刺耳的呼啸声骤然停止了，张贞泉带压堵漏成功了。当他从塔上下来时，一双手已被滚烫的碱液烫得满是水泡。张贞泉在革新的道路上付出了很多的心血和艰辛，使他获得了吉林市劳模、吉林省特等劳模、全国化工系统劳模等一系列光荣称号。1995年，他又被评为全国劳模。人们称他为新时期的王案伦。人们给他算了一笔帐，仅改革开放以来，他搞成大的革新项目就有30多项，为工厂创经济效益785万多元。如果加上公司关联单位因减少停车造成的损失，张贞泉创造的经济效益高达几千万元。

生也献身死也献身的部队女科学家吴蔚 共产党员、部队女科学家吴蔚活着把自己的生命献给科学事业，而且立下遗嘱，死后把自己的遗体献给科学事业，这是彻底无私的献身精神！才华出众的吴蔚，26岁时就与丈夫王世椿（有机化学专家）合著出版了当时国内磺胺类化学最早的专著《磺酰胺类之研究及制造法》。之后，她潜心钻研，在面临自己的科研就要出成果时，根据军事医学特殊需要，几次更改研究内容。她服从组织安排，不计个人得失，以更大热情投入新的研究领域，并有新的建树。吴蔚在她生命最后的10年，心脏发生了严重病变，几次被推上手术台。她说：“机器是要老化的，要紧的是报废前加快运转，多出产品”。在抱病工作最后的10年中，她领导筹建了免疫研究室，选定了当时国际免疫学界关注、国内尚属首创的人淋巴细胞表面结合羊红细胞受体(SRBC)的研究，很快带领同事证明了在人淋巴细胞表面和人血清中均有SRBC受体存在。在国际会议讲坛上，在巴黎凯旋门前，吴蔚的成果代表祖国受到国际同行们的高度评价。就在她的研究不断取得新成果时，她的病也不断加重，治疗周期也越来越频繁，当她第八次入院时，医生规定她绝对不能动脑筋和看书，这对吴蔚来说无疑比病痛还要痛苦。他说：“一个科学工作者，不学习就会失去科学生命，与死了是一样的。于是，她置死于不顾，乘生命最后的烛光，靠着手术安装上的心脏起搏器，带病坚持研究，带出了10名博士、硕士研究生，编写了3大部学术著作。她亲手建立并为之付出最后力量的免疫研究室，获得了一项国家科技进步二等奖和7项军队科技进步一等奖。当她已知自己生命只剩下最后时日，便写下遗书：“生命的帷幕即将落下……我只想谈谈我最后的愿望。我一生忙忙碌碌，不敢有半点的放松自己，但贡献甚少，把我的遗体留在医院，给青年同志作为学习的材料，让我作最后一点贡献……”，她还在遗书中写道：“我的前半生生活艰辛，解放后薪金逐年增多，但需赡养家庭的老人，接济生活艰难的亲戚，多年来积蓄为数不多，拟捐献研究所，为奖掖青年同志研究之用，杯水车薪，聊表心意”。病榻上的吴蔚和她的老伴将靠工资省下来积蓄的2万元人民币献给了党组织。吴蔚临终前还对给她治病的医生说：“我请求慈爱的医生们，停止你们对我的艰苦工作，把精力献给那些更有生存价值的病人……”。在吴蔚离开人们而去时，吴蔚的学生为老师整理遗物时，除了一套第一次出访买的灰色西装已磨出毛边外，没有一件价值100元以上的衣服，学生们都不禁掉下了眼泪。吴蔚家里用的桌椅家具，还是1958年营房处统一配发的，30多年著书学习，桌子被磨掉了油漆，又磨亮了掉漆的木头，家里用的冰箱是处理的次品。连平时烧菜倒油还要用勺子量的吴蔚从1966年到1978年却坚持每月交纳80元党费。一位保存吴蔚心脏的医生说：“吴教授奉献了一生，最后连她自己最宝贵的器官都舍不得带走，这让我亲眼看到了什么是科学家的献身精神”。吴蔚离开了，但留下的不仅仅是一生的积蓄，而是对科学事业的执著，不仅仅是宝贵的器官，而是不朽的生命。

中央纪委作出领导干部廉洁自律“五条规定”实施意见和补充规定 经中纪委批准，中央纪律检查委员会第三次会议重申和提出的党政机关县(处)级以上领导干部廉洁自律“五条规定”(“新五条规定”)，是县(处)级以上领导干部必须遵守的行为规范。为保证“新五条规定”的贯彻执行，正确处理违反“新五条规定”的行为，特制定本实施意见：

(一)“新五条规定”适用于党政机关县(处)级以上领导干部，即党的机关、人大机关、行政机关、政协机关、审判机关、检查机关中副县处以上领导干部，包括已到退(离)休年龄，尚未办理退(离)休手续的上述干部。(二)党政机关的县(处)级以上领导干部，都要按照《关于对照领导干部廉洁自律规定开好的民主生活会的通知》的要求，对照“新五条”的规定，进行检查。(三)1992年7月1日以来，违反中央有关规定，购买供县(处)级以上领导干部乘坐的进口豪华小轿车，以及追求享受，更换进口豪华小轿车的，必须在现有车辆范围内换乘其他符合规定的车辆。(四)违反国务院关于住房改革的规定，利用职权以低于当地房价评审机构依据省、自治区、直辖市人民政府审查批准的公有住宅出售方案审定的价格购买住房的，必须如数交清少付的房价款。(五)党政机关领导干部在国内公务活动中，大吃大喝，追求豪华奢侈，公宿违反中央规定以及超过省、自治区、直辖市政府制定或批准的当地接待标准的，应作出检查。(六)利用本人及家庭成员婚丧嫁娶以及工作调动、过生日、迁新居等机会大操大办，挥霍浪费的，应作出检查。(七)借用公款供个人营利活动或非法活动的，所借用的公款必须立即归还并按银行同期货款利率付息，所获利润和非法所得，予以没收，上缴国库，并给予党纪政纪处分。(八)自查中的问题凡构成贪污、受贿、挪用公款等错误的，按有关规定处理；触犯刑律的移送司法机关处理。(九)各省、自治区、直辖市、中直机关和中央国家机关各部委可根据实际情况和本实施意见制定具体实施办法，报中央纪委备案。(十)本实施意见由中央纪律检查委员会负责解释。

中央纪委发出《关于国有企业领导干部廉洁自律“四条规定”的实施和处理意见》 经中央批准，中央纪律检查委员会第五次全体会议提出的国有企业领导干部廉洁自律四条规定，是推动反腐败斗争深入进行，促进党风廉政勤政建设的重要举措。为正确贯彻执行“四条规定”，特制定本实施和处理意见。(一)“四条规定”的实用范围是：国有大型、特大型企业中层以上领导干部；国营中小型企业负责人；国有资产占控股地位或主导地位的公司由政府主管部门委派或者招聘的领导干部、企业职工代表大会选举产生并报政府主管部门批准的领导干部、企业党组织的领导干部。包括上述人员中已到退(离)休年龄，尚未办手续的干部。事业单位领导干部的廉洁自律，原规定按照党政机关县(处)级以上领导干部廉洁自律规定执行的，仍按原规定执行；国家全额预算管理的事业单位的领导干部廉洁自律，也按照党政机关县(处)级以上领导干部廉洁自律的规定执行；其他事业单位领导干部廉洁自律，适用国有企业领导廉洁自律“四条规定”及本实施和处理意见。(二)企业领导干部参照中央纪委、中央组织部《关于对照领导干部廉洁自律规定开好专题民主生活会的通知》,对照“四条规定”进行自查自纠,重点检查中央经委第三次会议以来的情况。各级党的组织和企业主管部门,对企业领导干部召开专题民主生活会自查自纠的情况要进行监督检查。(三)不准把经营、管理活动中收取的折扣、中介费、礼金据为己有。(四)不准违反规定领取兼职职务的工资、奖金。(五)不准个人私自经商办企业。(六)不准利用职权为家属及亲友经商办企业提供各种便利条件。(七)不准违反规定多占住房。(八)不准用公款购买、建造超标准住宅。(九)不准在企业非政策性亏损、拖欠职工工资期间购买小汽车。(十)不准购买进口豪华小轿车。

中央纪委关于陈希同问题的审查报告　中共十四届五中全会审议并通过了中央纪律检查委员会《关于陈希同同志问题的审查报告》。陈希同同志在担任北京市委书记、市长期间,严重失职,对原北京市委常委、副市长王宝森的违法犯罪活动负有重大责任;腐化堕落,生活奢糜;利用职权,为亲属等人谋取非法利益;利用职务和公务之便,收受贵重物品。其所犯错误是严重的。全会决定撤销他的中央政治局委员、中央委员会委员的职务,并建议依照法律程序,罢免其全国人大代表职务。鉴于他在经济方面的问题有些还没有完全查清,决定对他的问题继续进行审查。

中央组织部通知坚决防止和纠正选拔任用干部中的不正之风　1994年11月,中组部发出《关于坚决防止和纠正选拔任用干部工作中不正之风的通知》,进一步认真贯彻落实党的十四届四中全会精神。通知主要内容如下:1.坚持任人唯贤,反对任人唯亲。选拔任用干部必须坚持干部队伍“四化”方针和德才兼备的原则,注重社会公论,注重实绩。2.坚持干部职务安排由组织决定的原则,刹住拉关系、走后门、伸手要官的恶劣风气。3.选拔任用干部必须充分发扬民主,走群众路线,不准个人或少数人说了算。4.增强保密观念,严格保守人事机密。5.加强组织人事部门作风建设,坚决防止和抵制违反组织人事纪律的行为。6.深化干部人事制度建设,加强制度建设。结合建立社会主义市场经济体制,认真总结干部人事管理工作的成功经验,继续大胆进行新的探索,不断深化干部人事制度改革。

人事部规定严格工作纪律狠刹行业歪风　为了加强廉政建设,人事部特制定了《关于人事部门廉政建设的规定》,《规定》强调,人事部门的公务员能否清正廉洁,秉公办事,直接关系到党和政府的威信和形象。考试录(聘)用工作人员要认真贯彻公平、平等、竞争择优的原则,做到政策、报考条件公开,考试办法、成绩公开和录(聘)用结果公开。在全面考核的基础上,按德才兼备的原则,择优录(聘)用。调配工作要严格按政策规定、条件和程序办理。不准在办理人员调动中安插亲友;办理进京和进大中城市的人员调动、解决夫妻分居、“农转非”不得违反规定,不得突破指标限额,不得以权谋私。安置军队转业干部,要严格按有关政策规定、办事程序、年度分配计划办理。安置工作必须通过正常的组织渠道进行;不得借工作之便安置不符合条件的亲友;不得接受馈赠。机关、事业单位劳动工资计划的编制和下达,招干、专项增资指标的分配,要严格按规定程序办事,并经集体讨论作出决定。不准事先许愿,个人说了算。严禁利用各种计划指标准为个人或小集体捞取好处。

最高人民检察院公布《奖励举报有功人员暂行办法》　1994年6月17日最高人民检察院公布了《奖励举报有功人员暂行办法》。奖励对象是向最高人民检察院举报贪污、贿赂等经济犯罪和“侵权”、渎职等法纪犯罪的大案要案线索,经侦查属实,被举报人被依法追究刑事责任的有功人员和单位。向地方各级检察院举报的有功人员和单位,由当地检察院予以奖励。为此,最高人民检察院决定建立举报奖励基金,向社会筹集资金,做好举报奖励工作,为反腐倡廉作贡献。检察机关自1988年开展举报工作6年来共受理举报169万余件,其中贪污、贿赂线索122万件。在立案侦查的案件中来自群众举报的约占80%。最高人民检察院决定对13名举报大案要案的有功人员予以奖励,奖金最高的3万元,最低的3000元。

李润五鞠躬尽瘁为人民　北京市副市长李润五同志1995年11月8日在与市委领导同志一齐研究工作时心脏病突然发作与世长辞了。江泽民总书记对他的评价是:“李润五同志兢兢业业工作,诚心诚意为广大市民服务,是一个优秀党员、优秀干部。”李润五当市长时,被称为“全天候市长”,他的工作时间远远超过8小时,早上8时上班,他在7时15分就到达机关,晚上直到8—9时才回家,每天工作时间不少于14小时。有时夜间在外地开会,早上赶回北京接着上班。所以,他的“工作年龄”超过了“生理年龄”,如果按每个工作日8小时计算,他为社会至少多奉献了20年。李润五常说:“我不是什么官,我是来给老百姓解决问题的。活一天就要给老百姓干一天的事。”他当区长时,发现一户居民的房子漏雨,马上找房管局的人把房子修好;发现一个老太太冬天没有煤烧,自己蹬着平板车把煤球送到她家里。他跑遍了东城区54条大街、778条胡同,察看了1500多个公共厕所,为老百姓解决了许许多多的难题。当副市长时仍然兢兢业业地为人民工作。一次,北京门头沟区一个小煤窑渗水,15个农民被堵在矿井中,生命垂危,李润五得知后，当晚赶到事故现场，指挥救出这些被困农民。北京焦化厂煤气罐发生泄漏，需要带气带压检修，李润五赶赴现场指挥抢修。这时煤气罐随时都有起火爆炸的可能，李润五把生死置于度外，站在焊接工人旁边一步也不挪动，直到排除险情。他这样的行动使在旁的干部和工人感动得流泪。李润五主张“少说空话，多干实事”。他在东城区当区长时能把这个区里有多少居委会、联防队、甚至有多少垃圾筒的数字都记得准确，并能倒背如流。当副市长时经常到基层调查，为掌握第一手资料，他随身带一个统计资料本，上面记录着全市每天主要生产情况的数字，人们称他为“活地图”、“数据库”、“总调度”。在北京工业的各条战线，在改革的关键问题上，企业的干部和职工遇到难题时，李润五就会立即出现他们的面前。许多厂长、经理说，李润五对企业的了解不亚于我们这些厂领导。我们的甘苦、喜忧都装在他心里。他走了，我们心里像少了个主心骨。李润五为官清廉，有口皆碑。组织上给李润五配备的汽车，他从不让家属坐，就是顺路搭乘也不行。他的女儿大学毕业时要求爸爸帮助联系到大公司去工作，李润五却说：“你应该服从分配。现在国有大中型企业很需要大学生，你应该去。”结果她女儿被分到北京热电厂，在艰苦的高炉上工作。李润五下基层时实行“三不”政策，即不通知对方，不让准备客饭，一般不带秘书。他是农民出身，这些年，他的“官”越做越大，手里的权也越来越大，然而他从不忘记自己是劳动人民的儿子，始终保持艰苦朴素的本色。作为一个副市长，一家三代人长期挤在一套三室没有厅的住房里，直到最近才搬到较宽的新居。李润五是个鞠躬尽瘁为人民的好干部。

为人民献身的好书记张鸣岐 1994年7月14日凌晨两点左右，锦州市委书记张鸣岐，在抗洪抢险中光荣殉职。7月13日晚，他从锦州市赶到汛情严重的凌海市，组织部署抗洪抢险工作完毕，大凌河尤山子段大堤决口，他又匆匆赶去，组织群众安全脱险。至7月14日凌晨2点左右，当张鸣岐准备返回走时，洪水已漫过来了，身边的工作人员说：“等水下去了再走吧！”张书记说：“我不能被洪水困在这里，外面有好多事等着我处理。”紧接着汹涌的洪水漫堤而过，洪峰像从天而降，张鸣岐等不幸被洪水冲走。至7月16日凌晨，张鸣岐的遗体才在洪水中找到。当人们看到身穿雨衣，脚踩水靴，满身是泥泞的张书记时停止呼吸时，在场的人失声痛哭，锦州市300万人民群众听到噩耗，为失去了一位好干部而万分痛惜。

在锦州仅工作7个多月的张鸣岐给人民留下了深深的怀念。锦州人民没有忘记，他创造性地把党的政策、方针同锦州市的实际相结合起来，为推动全市改革、发展和稳定鞠躬尽瘁。锦州人民不会忘记，半年多来，他用大部分时间深入基层，极力倡导务实苦干的作风，哪里最艰苦最危险，就出现在哪里，用自己的行动实践了为人民服务终身的诺言。

廉洁勤政的当家人——全国劳模丁玉华 1990年12月，丁玉华从荣成经委跨入山东轮胎厂，正值全国轮胎市场大萧条，市场疲软、资金短缺、费用上升、债务困扰、产销两难，内忧外患，重担落在新任厂长丁玉华肩上。针对当时企业管理混乱的现状，他在全厂实行加强“劳动纪律”、“工艺纪律”、“设备管理”三部曲的管理模式。始终突出从严治厂的思想，严格奖惩，不管什么人，包括他本人在内，谁违反厂纪和规章制度，就严格按规定处理。他带头自律，他吃住在厂，每天休息5小时左右，经常带头到生产第一线参加劳动。在他的带领下，经过3年的努力，企业终于走出困境。自1991年以后，产值和利税均以50%以上的速度递增，获同行十强殊荣。企业晋升为国有大型一类、国家二级企业，多次被评为山东省经济效益排头兵和省、市工业明星企业。

丁玉华身兼4职，威海市化学工业公司经理、党委书记，山东威海橡胶工业集团公司总经理，山东轮胎厂厂长，经常有人来找他求助，他说：“凡是这些人来找我办不合理事的，我坚决不能办”。不仅自己严以律己，而且还十分重视廉洁治厂。实行了“领导干部值班制度”，厂级领导每周一轮换，吃住在厂，车间主任、书记同工人一起三班运转，现场指挥生产，使全厂“工人三班倒，班班见领导”。对干部和职工中的腐败、渎职行为，不论是谁，不论职位高低，有没有靠山，一视同仁，铁面无私。有人说他“六亲不认”，可全厂4000多名干部、职工为有这样一位廉洁勤政、克己奉公的带头人感到自豪。

中央纪委通报三起顶风违纪案 中共中央纪律检查委员会通报了三起顶风违纪的案件：广东省建设委员会培训中心党支部书记、代理主任陈开权，于1994年4月5日至5月16日组织三批共92人赴新加坡、马来西亚、泰国、香港“参观学习”，花费公款293.5万元，该中心盈利54.3万元。陈开权以组团出境考察为名牟利，受到撤销培训中心党支部书记、代理主任职务的处分，责令出国人员的费用全部自理，培训中心收入的54.3万元上缴财政。广西防城港市公安局副局长刘芳，1994年1月13日为儿子大操大办婚事，租用大小汽车5辆，婚宴50桌，收礼金60140元。受留党察看1年、撤销行政职务处分。湖北省恩施市长黄振益，于1993年11月动用市直机关和家乡的大量人力物力为其母大办丧事，动用公车68辆，前往吊唁送礼者779人，共收礼金19060元。根据黄振益所犯错误事实，给予党内严重警告、行政记大过处分，并追缴各单位用公款送的礼金和礼物。

中央纪委决定开除王宝森党籍 据新华社北京1995年7月4

日消息，中纪委及有关部门遵照中央指示，对原中共北京市委常委、北京市副市长王宝森的经济犯罪问题进行了深入调查，现已查明，王宝森贪污公款25万多元人民币、2万美元；挪用公款1亿多元人民币、2500多万美元，供其弟、姘妇及其他关系密切的人进行营利活动，造成1300多万美元的损失；挥霍大量公款，营造豪华别墅，购买高级公寓，长期包租宾馆客房，作为享乐场所；违法批贷巨额资金，造成大量资金流失；道德败坏，生活糜烂。经中共中央批准，中纪委决定开除王宝森的党籍。中纪委负责人指出，王宝森罪行严重，给党和国家造成极其恶劣的影响，死有余辜。王宝森问题的揭露和查处表明，我们党有决心、有能力清除党内腐败分子，我们的社会主义制度能够清除自己肌体内出现的腐败现象。北京市人大常委会于1995年7月4日撤销王宝森的副市长职务。

沈太福贪污行贿被处决，李效时因受贿贪污被判刑20年 最高人民法院1994年4月11日下午举行严惩重大贪污、贿赂犯罪分子新闻发布会，副院长刘家琛宣布：经最高人民法院核准，北京市长城机电科技产业公司总裁沈太福因犯有贪污罪和行贿罪，当天上午被押赴刑场，依法处决。原国家科委副主任李效时因犯受贿罪和贪污罪，被依法终审判处有期徒刑20年，剥夺政治权利4年。刘家琛还透露，人民法院还受理了由检察机关提起公诉的、与沈太福非法集资活动有关的11人受贿、玩忽职守案，并已交付审判。刘家琛在讲话时指出，轰动全国的北京市长城机电科技产业公司非法集资活动在党和政府关注下，各有关部门投入大量的人力、物力、财力，尽最大努力维护了广大出资者的利益。这一非法集资活动已得到妥善处理，与此有关的各罪案，也将陆续审结。中纪委和监察部分别作出决定，开除李效时的党籍，撤销其国家科委副主任的职务。

6. 职业道德

朱镕基要求建设高度文明的金融队伍 1995年10月31日，朱镕基副总理在中南海会见了全国金融系统优质文明服务先进代表，他鼓励代表们弘扬自己的作风，把金融队伍真正建成有高度精神文明、党和人民可以信赖的队伍。他还指出，很多群众对包括金融系统在内的许多行业的职业道德、行业作风有不少意见，影响了党和政府的威信，造成了严重的经济损失。并赞扬了金融系统开展优质文明服务活动抓到点子上了，很有意义。朱镕基对全国金融系统提出两点要求：一是大力开展优质文明服务活动，坚持微笑服务，礼貌待人，杜绝不文明语言，规范化服务，使顾客方便，放心。二是严格按照国家的金融法规办事，保证国家金融资产的安全，保护国家整体利益。他还希望金融系统的广大职工树正气、斗歪风，开展优质文明服务，树立公正廉洁的良好风气，在两个文明建设中，取得更大的成绩。

尉健行强调纠风要在深入上下功夫 1994年3月24至25日，尉健行同志主持召开了国务院部分部委纠风工作座谈会。他指出，纠正部门和行业不正之风是深入、持久、更有成效地开展反腐败斗争的三项工作之一，它直接关系到广大人民群众的切身利益，关系到党和政府的形象，关系到改革、发展和稳定的全局，各部门、各行业都要从这样的高度给予纠风工作以充分的认识、重视。巩固取得的成果，在深入上多下功夫，取得纠风工作的更大成效。

第三届“岗位学雷锋、行业树新风”座谈会在京举行 旨在学习、宣传先进典型、推广新鲜经验，以推动学雷锋活动深入开展的全国第三次“岗位学雷锋、行业树新风”座谈会1994年3月4日在北京举行。上海普陀区中山北路房管所工人徐虎等12位个人和集体代表在会上介绍了他们坚持岗位学雷锋、全心全意为人民服务的事迹。自1991年3月由中宣部、团中央等单位联合召开第一次“岗位学雷锋、行业树新风”座谈会，提出把“岗位学雷锋、行业树新风”作为今后一个时期学雷锋活动的基本主题以来，推动了群众性精神文明建设活动的开展，创造了一些好经验，涌现出一批先进典型。这次座谈会上介绍经验的如“辛苦我一人，方便千万家”的房管所水电工徐虎、“发扬雷锋精神，全心全意为千家万户服务”的长春绿园新区粮店主任马秋芝、“把一切奉献给人民”的山西长治市人民医院妇产科医生赵雪芳等，都有一个共同特点，即在各自平凡的岗位上，扎扎实实、兢兢业业努力实践雷锋精神的本质——为人民服务。中宣部副部长刘云山在会上指出，开展学雷锋活动，在社会主义市场经济体制条件下，更为重要。宣传舆论部门要加大力度，形成合力，多侧面、多角度宣传先进典型，使各行各业树立新风，让英雄模范成为人们关注、敬重、羡慕的“明星”。

济南交警规范执勤文明上岗见成效 1995年8月的济南，气温高达30多摄氏度，马路表面的温度有50摄氏度，岗台上的交通警察尽管衣服已经湿透，却仍精神抖擞，腰扎武装带，手戴白手套，身体站得笔直，手势准确有力。济南人称这是“济南一大景观”。1994年以前，济南交警因为在执勤中程度不同地存在着指挥不规范，风气不大正的现象。1995年初，市公安局便在整顿交通秩序的同时，花大气力强化交警队伍的自身建设。他们经过一番大练基本功，4月26日，以崭新的面貌出现在济南街头。交通岗亭上挂起了“有困难找警察”的牌子，安了报警钟，添了服务箱。开始，人们以为换了队伍？担心好事难久，可是，这大热的天，火炉样的马路上交警风采依旧。人们还看到，他们一天三班岗6小时下来，要做2500多个规范动作。26岁的民警黄强为劝阻一位老人不要骑车逆行，一边敬礼一边解释，一连敬了35个礼，旁观的群众感动得鼓起掌来。他们规范执勤、文明管理，市民看在眼里，喜在心上。交警的模范行为感染和影响着人们，人们理解、支持他们，没几天，济南的交通秩序明显改善。他们制定了21项廉政措施及制度，增设群众意见箱47个，聘请廉政监督员183个，建立便民措施14项，60多句文明用语，基本实现无吃拿要卡问题和“冷、硬、横”现象。近一年来，他们共规劝引导违法占道店、点7000多个，交通事故结案率达95.8%。为群众办好事约3万件（次），收到表扬信365封，镜匾、锦旗108面，320多名干警受到报纸、电台、电视台表扬。1995年入夏以来，济南社会各界人士自发慰问交警100多人次。1995年10月初，山东省委、省政府作出了学习济南交警的《决定》。

公安部召开学习济南交警先进经验现场会 1995年10月16至17日，公安部在济南召开全国公安机关学习济南交警先进经验现场会。江泽民总书记为济南交警支队题词：严格执法，热情服务。公安部作出决定，在全国公安机关开展向济南交警支队学习的活动；公安部长签署命令：授予山东省济南市公安局交警支队“模范交警支队”荣誉称号。公安部在决定中提出，要学习济南交警支队敢于揭露矛盾、正视差距、争创一流的勇气和魄力，牢固树立抓好队伍建设和业务工作的决心和信心；学习他们高度的政治责任感和党员干部以身作则的表率作用；学习他们热爱人民，爱岗敬业、文明执法的职业道德，努力塑造新时代人民警察的良好形象；学习他们锐意改革的进取精神和求真务实的优良作风，坚持依法从严治警，推动队伍的正规化建设。公安部要求全国各级公安机关、各警种都要以济南交警支队为榜样，切实抓出成效来，全面开创队伍建设和公安工作的新局面。

济南工商银行规范用语优质服务 山东省济南市工商银行于1993年开始提出“服务立行”“服务兴行”，从服务用语的所谓小事做起，为抓好全行的文明优质服务用语打下了思想基础。1995年5月该行提出了《关于进一步推广文明用语、服务禁语的意见》。《意见》规定了文明用语26句，服务禁语90句。服务用语除了“请”、“您好”、“对不起”等常用文明语以外，还有具有银行特点的用语，如“请出示一下您的证件好吗?”、“请收好您的存单”等。该行制定的90句服务禁语，包括储蓄专业11种状态下33句，会计专业10种状态下24句，出纳专业11种状态下33句，其核心是不能用“不”字当头。比如顾客询问时禁止说“不会”、“我不知道”、“不归我管”等。从而使各专业工作人员在各种工作状态下的服务语言达到规范化。对违规的工作人员则视情节给予批评、经济处罚和下岗培训等处理。1995年该行存款增加41.5亿元，比上年增长近40%。创建行以来最高水平。1995年有50人次受到登报表扬，收到400多封信件表扬，20多个岗位被省、市评为文明服务先进集体，120余人次被评为各级文明服务标兵。济南工行的代表还出席了1995年10月31日在北京召开的“全国金融系统优质服务先进事迹报告会”，在会上介绍了他们的先进事迹。

“百城万店无假货”活动拉开帷幕 中宣部、国内贸易部组织开展“百城万店无假货”活动开始启动。1995年12月20日，由21个市30家大型商业零售企业发出倡议，希望全国商业（服务）企业迅速行动起来，积极参加“百城万店无假货”活动。这一活动旨在贯彻党的十四届五中全会精神，从不卖假货这个最基本的、也是群众反映非常强烈的问题入手，加强商业职业道德建设，保护广大消费者的合法权益，净化行业风气，树立商业（服务）企业的良好形象，带动社会风气不断好转，具有十分重要的意义。30家大型商业零售企业，提出了5条倡议，要求各商业（服务）企业的领导和广大职工，要以高度的事业心和政治责任感，自觉坚持“诚信、公平、情义、服务”的职业道德标准，坚决与损害消费者利益的制假售假行为作斗争；提出要加强联营柜台的管理和整顿，对商品质量差、经营作风不好的联营柜台一律予以清退。要实行服务员挂牌上岗，自觉接受各种社会监督，30家企业表示，决心动员全体职工从我做起，严格要求、互促互比，争做先进，为逐步建立行之有效的防止假冒伪劣商品运作机制，保证商品流通市场健康发展，做出应有的贡献。

全国十大商场联合倡议提高服务水平 上海第一百货商店股份有限公司、北京百货大楼股份有限公司等全国十大商场，于1995年12月1日向全国零售商业同行联合发出倡议：积极开展“从消费者需要出发，提高服务水平活动。”倡议书主要内容为：第一，更新服务观念，树立“以顾客为中心”的经营指导思想。以“一切从顾客的需要出发，一切让顾客满意”作为服务工作的出发点，不断适应消费者的需求变化，调整服务方式；第二，依法经营，维护消费者权益；第三，规范服务，树立良好的商业风范；第四，改进进货方式，拓展售后服务领域；第五，加强引厂进店管理。第六，坚持服务培训，提高全员素质。其宗旨在于搞好服务，促进经济繁荣。

全总推广无锡职业道德教育经验 江苏无锡市过去一直为“窗口”行业服务质量差、假冒伪劣产品流进市场、某些执法人员“吃、拿、卡”等不良现象所困惑。80年代后期，无锡市委、市政府按照党中央关于精神文明贵在坚持、重在建设的要求,委托市总工会主抓职业道德建设。他们先从服务行业的文明礼貌用语抓起,逐步发展到制订各行各业的职业道德规范;开展一系列职业道德达标竞赛活动,在全市形成了一个各级领导干部带头,人人关心、人人参与的小气候。无锡市各行各业的职工,人人都有一册本行业或本岗位的职业道德规范手册。全市形成12大类、34个行业、3000多个工种岗位职业道德规范体系。全市还有1500多名监督员、1200余门监督电话、遍布城乡的消费者(用户)监督委员会及新闻媒介起着监督作用。8年多的不懈努力,全市职业道德教育取得丰硕成果,已评出100多家市级"信得过"单位和4家全国、省级"信得过"单位。良好的社会风气和职工精神面貌,有力地促进了无锡经济的健康持续发展。1995年秋,中华全国总工会向全国工矿企业发出通知,推广无锡抓职业道德教育的经验,把精神文明建设活动更好地落实到各行各业的具体工作中去。

全国职业道德"双十佳"评出 1995年"全国职业道德十佳标兵"、"全国职业道德建设十佳单位"于1995年11月初见报。全国职业道德十佳标兵是:张高津(女)(天津),郭和平(湖北),赵克华(安徽),李福德(四川),樊连珍(女)(山西),胡荣华(浙江),刘锡杰(福建),赵润生(陕西),张中民(甘肃)和周启美(女)(云南)。"全国职业道德建设十佳单位是:大连港务局,中国工商银行济南市分行,石家庄市邮政局石长押运班,长春国际贸易中心,广州白天鹅宾馆,哈尔滨铁路局哈尔滨站,郑州亚细亚商场,北京市公用局液化石油气公司第一管理所呼家楼站,无锡太极实业股份有限公司和上海振华汽车服务有限公司。同时授予北京市第二实验小学副校长李烈(女)等58名同志为"全国职业道德先进个人"称号;授予北京市王府井百货大楼(集团)公司家电部等46个单位(集体)为"全国职业道德建设先进单位"称号。今年当选的十佳标兵和先进个人的共同特点是,有着全心全意为人民服务的高尚品质,爱岗敬业,刻苦学习业务技能,秉公办事,勇于同不良现象作斗争,团结助人,无私奉献,在本职岗位上作出了显著成绩。当选的十佳单位和先进单位的共同特点是,领导班子十分重视自身和职工的职业道德建设和教育,制定完整的岗位职业道德规范,职工有较高的职业道德素质,讲求质量、信誉和优质服务,有良好的企业形象,较强的企业凝聚力,为改革开放和社会主义现代化建设作出了突出贡献。这项活动是全国总工会与国家经贸委联合组成的全国职工职业道德建设领导小组主持开展的,旨在为适应发展市场经济的需要,提高广大职工的职业道德素质,建设"四有"职工队伍,促进社会风气的好转,进一步推动职业道德建设广泛开展。

第二届全国十佳营业员获证书 1994年2月26日,在北京人民大会堂,党和国家领导人尉健行、陈慕华、王光英等给第二届全国十佳营业员颁发证书。他们是:北京百货大楼营业员刘淑琴;吉林省长春市百货大楼营业员牛玉霞;山东省梁山县供销社水泊商场营业员马敏;江西省高安县大城供销社营业员范春生;四川省大竹县石桥铺区粮店营业员李玉琴;上海市黄浦区大观园浴室修脚师郑芬芬;天津市华联商厦百货商场营业员张高津;山西省太原市粮油公司大众粮店主任、营业员郝桂兰;北京北太平庄商场水产组营业员王淑贞;江苏常州市供销社中联贸易公司商场钟表柜营业员包文霞。这十佳,来自基层第一线。他们长期立足于各自工作岗位,勤勤恳恳无私奉献。在都市,他们为"一团火"精神增添时代光彩,在乡村,他们敬业爱业创业,全心全意为人民服务。这次活动是由全总财贸工会、团中央青工部、全国妇联宣传部、国内贸易部中国商报社共同举办的。

民航公布优质服务单位"排行榜" 中国民航总局于1995年3月31日,在深圳召开了全国民航服务工作会议,会上公布了1994年民航优质服务单位"排行榜"。根据政府检查和旅客评价的综合评审,在"94民航服务质量上台阶活动中,东方航空公司、厦门航空公司和西南航空公司在16家参评航空公司中获得优质服务单位的前三名;深圳黄田机场、杭州笕桥机场和南京大校场机场在参评的17个机场中获得前三名。此外,四个单项奖的得主是:东方航空公司获"最佳客舱服务"奖、桂林奇峰岭机场获"最佳地面服务"奖、北京航空公司获"最佳售票服务"奖、厦门航空公司获"最佳货运服务"奖。

《中华职业道德教育丛书》出版 社会主义市场经济体制的逐步完善呼唤高水平的职业道德规范,中宣部为此组织编写出版了《中华职业道德教育丛书》,以加强职业道德教育。这套丛书着重阐述在建立社会主义市场经济体制下,各行业职业道德教育的原则、内容和方法,同时确定了适合各行业自身特点的职业道德规范。丛书受到有关行业的热烈欢迎,不少书已是第三次印刷。中宣部1995年6月27日在北京召开了《中华职业道德教育丛书》座谈讨论会。中宣部副部长翟泰丰等参加了座谈会。

爱岗敬业的新时代矿工侯振清 开滦赵各庄矿回柱工侯振清,被评为首届全国十大杰出职工,他从1974年到1994年,在井下干了20年,他的工作是夜班回柱。这工作又苦又脏又险又累。矿上有句顺口溜:"下井不到采区,上班不上夜班,夜班不干回柱",他没听这个,都怕苦谁干回柱!他不但干回柱,还爱上了这一行。几次调动机会他都放弃了。一次是1989年秋,矿上保送他到煤院深造,可当时正处在改进回柱法的攻坚战,他不愿离开岗位。1991年,好伙伴几次找他"干股",不掏分文,开汽配经营部赚大钱,他谢绝。他说,我是全国劳模,井下的活,要全身心地干,出了事故,没法交代,职工跟我干,收入少了,也无法交代!为了矿上,他仅从1985年到1993年底,义务献工1.3万多小时,比定额多回柱9.7万多棵。侯振清为了当好新时代的矿工,他努力钻研文化和专业技术,啃完了初中和高中的全部课程,啃完了《力学》、《测量》、《通风》、《采煤方法》等十几种科技书籍,1992年被中国统配煤矿总工司命名为高级工人技师。侯振清当了劳模,当选为八届全国人大代表,他说:"我和工友们永远是实实在在的'铁哥们儿',我要永远做一个爱业敬业的新时代矿工"。

优秀仓库保管员谭菊香 湖南维尼纶厂仓库保管员谭菊香工作兢兢业业,一丝不苟,在平凡的岗位上做出了不平凡的事迹,1994年3月8日,被全国总工会授予"全国先进女职工"光荣称号。谭菊香当仓库保管10多年,兢兢业业,从未出过差错,她管理的物资多达2300多种,她对每种配件的数量、规格、堆放的货架、层次、位号了如指掌。为了避免配件日久生锈,她坚持定期不定期地擦试涂油。多年来,经她保管的数万个大小配件,无一生锈或变质变型的。谭菊香一心为社会主义企业,一心为集体,在零配件入库时从数量、质量上严格把关,有个别贪钱财的人以次充正品或数量不够以虚充实,都逃不过谭菊香的眼睛,有人以"好处"或用威胁的手法来拉她、吓她,都在她面前打了败仗。1993年9月的一次退回原厂家的不合格多孔板,就为厂里挽回直接经济损失23.4万元。谭菊香当保管员15年,进货10万余件(次),从没有为数量不符或质量不合格的配件开过一次"绿灯"。她说:"只要我在岗位上,说什么也不能让国家利益受损失!"

刘玲英热血护金库 浙江省云和县云和镇信用社局村分社女职工刘玲英誓死护金库的英雄事迹,震撼着云和县以至整个浙江大地。1993年12月22日上午11时,一个20多岁的歹徒带着匕首,突然闯进了局村信用社。歹徒先是威逼玲英交出保险柜的钥匙,玲英迅速锁上办公桌抽屉,斩钉截铁地回答:"我没有保险箱的钥匙,这里也没有库款。"歹徒恼怒地用左手扼住玲英的颈部,右手掏出匕首顶住她的腰部:"不交钥匙,就戳死你。"匕首顿时刺进了她的右腰,鲜血直涌。她顽强地说:"告诉你没有就没有!"歹徒又将匕首刺向玲英的右眼,她顿感钻心般的疼痛,歹徒再一次地以死威逼,玲英就是不交钥匙。歹徒举起匕首在玲英的脸上、身上乱刺,倾刻,玲英成了一个血人。歹徒以为她已死,扑向金库,不料血泊中的刘玲英拚尽全力呼喊:"抓……凶……手!"惊恐万状的歹徒抢走了500元现金后逃离现场。玲英被送往医院,经3个小时的手术,缝合伤口103针,全身31处刀伤,右眼球被剜出,视神经全部被割断。当领导从医生手中接过一串沾满血迹的钥匙时,都感动得流下了热泪。次日天亮时,看护她的人,还听至半昏迷中的玲英微弱的声音:"钱和钥匙没有放好……我要回去上班。"身负重伤的玲英睡了6个昼夜,终于醒过来了。刘玲英从18岁开始在信用社工作了13年,13年来他一直勤勤恳恳,忠于职守,不谋私利,为县农行先进工作者。此次,全国总工会授予她"全国先进女职工"光荣称号,省总、团省委、丽水地区、云和县以及农行系统分别授予她各种光荣称号,并号召广大职工向她学习。刘玲英表示:保卫国家财产是我的职责,感谢党和人民给我第二次生命,虽然我失去了一只右眼,但我还可以为人民服务。

护士长金贞顺爱岗敬业 230医院外一科护士长金贞顺,20年来爱岗敬业,倾心为患者,荣获"学雷锋荣誉章"和一等军功章。她热爱护理工作,痴心不变。在国外经商的大叔、二叔及哥哥多次劝她出国,她都以没考虑好而婉言谢绝。国内办有公司的公公看重她能干,又懂外语,要她转业"干公司",她又以脱军装自己不能作主而推辞。可她对待病人她倾注着全身心的爱。金贞顺有一句名言:对病人,要像妈妈般的慈爱,儿女样的尊敬,姐姐式的细心。每当患者入院或手术前,金贞顺都要和大家一起,认真研究护理方案。一位患了骨癌的某部排长,对生活失去信心,金贞顺给他讲保尔·柯察金,讲张海迪和史光柱的事迹,还把他的女朋友请来做工作。生活上,金贞顺隔三差五地给他做风味小吃,并一口一口地喂。排长拉着金贞顺的手泪流满面地说:"我要走了,让我最后叫你一声姐姐吧!"患有腰椎骨折合并截瘫的战士王玉民,大便拉不下来,金贞顺蹲到床前,一点一点地抠了两小时,硬把大便抠干净。为了更好地干好护理工作,她利用休闲时间,啃完了《外科学》、《内科学》、《创伤外科护理学》等300余册医学护理图书资料,写下了70多万字的读书笔记,先后在军内外省级以上护理杂志发表27篇,其中2篇获军队医疗护理论文奖。她还研究出直肠扩张器,恢复截瘫病人的排便功能,效果良好。她还研制了折叠式小儿石膏床、电动石膏刀等3项医疗器械,获得军队科技进步奖。

义诊专家张兴惠 享受国务院专家教授特殊津贴的山东省济宁脉管炎医院院长张兴惠,经过近30年的潜心探索,攻克了被世界称之为"二号癌"的脉管炎。他的新法治疗脉管炎,在国际、国内获得多项大奖。近10年来,他先后收治中外患者8万人次,治愈率达98%以上,但从没收过一分钱的挂号费、专家门诊费、会诊费和出诊费,人称他"义诊专家"。他常说:"一个医生没有良好的医德，无论医术多高明，也不是一个称职的医生。”他从没因病人没钱而将患者拒之门外，而是对患者采取减、缓、免的收费方法，使患者能得到及时治疗，几年来，张院长免收老少边穷地区和灾区患者医疗费累计100多万元。为了救治患者，他在济宁设了30多个家庭病房，外地患者就诊不便，他又在北京、上海、广州、武汉、沈阳和哈尔滨等20多个大中城市设立分院。张兴惠年过半百，但他每年都有一半的时间在外地巡诊。从未收过一分钱的服务费。他多次出国讲学，外国脉管炎患者把这位中国专家视为救星，登门拜访者都身带“红包”，以表心意。张教授声明：“我外出讲学，免费为患者服务，钱，一分也不能收。”

7. 社会公德

江泽民、李鹏、乔石为助孤活动题词 为救助孤儿，筹建西藏那曲儿童福利院，解决贫困地区儿童福利院资金短缺问题，中国社会服务促进会、北京市社会福利慈善协会等单位于1994年联合举办了救助孤儿百日慈善募捐活动。中央领导同志为这次助孤活动题了词，江泽民总书记的题词是：“全社会都来关心孤儿的成长”。李鹏总理的题词是：“全社会都要关心孤儿成长”。乔石委员长的题词是：“发扬人道主义精神，全社会共同关心和帮助孤儿健康成长”。

那曲地区是西藏最贫困的地区之一。加上前几年的自然灾害，造成许多孤儿无人抚养，处境艰难，急需建一个孤儿院。同时，京郊贫困地区的儿童福利院也面临资金短缺的困难。

这次百日慈善募捐活动的所有收入将捐给西藏那曲地区修建孤儿院，并资助北京贫困地区的儿童福利院。

第四次见义勇为表彰大会在京召开 第四次全国人民群众见义勇为与犯罪分子作斗争先进分子表彰大会于1995年11月21日在人民大会堂隆重召开。中宣部、公安部和中华见义勇为基金会在会上授予孙斌权等75人、追授原振家等15人为“全国见义勇为先进分子”荣誉称号；全国妇联授予刘秋虹等7位同志，追授刘玉荣同志全国“三八”红旗手荣誉称号；徐洪刚等10名特邀代表受到大会表彰。中共中央书记处书记、中央政法委书记任建新在会上代表党中央、国务院向受表彰的同志表示祝贺，向在维护社会治安秩序斗争中英勇牺牲的烈士亲属表示慰问。这次受到表彰的90名见义勇为先进分子和10名特邀代表，是近两年来全国涌现出的成千上万的见义勇为与犯罪分子作斗争英雄人物中的突出代表。他们中有扶危济困、舍己救人的农民，有公而忘私奋不顾身的工人，有正气凛然、勇斗邪恶的干部、教师，有急公好义、无私奉献的白发老人，也有青年学生。其中共产党员和共青团员占51.1%，女性公民占11.1%，少数民族同胞占12.2%；年龄最大的83岁，最小的16岁；有15名勇士在斗争中壮烈牺牲，45人光荣负伤。

首届无偿献血颁奖大会在京举行 全国首届无偿献血颁将大会于1995年11月29日在北京举行，26个城市分别获金、银、铜质奖励状，179人获无偿献血金杯奖。国务委员彭佩云、全国政协副主席钱正英出席会议。

无偿献血先进城市奖励状是中国红十字会和卫生部为表彰在无偿献血组织工作中成绩突出、无偿献血人次占全市供血人次10%以上的城市而设立的。获得本届金质奖励状的城市为上海市、白山市、通化市、辽源市、大庆市、本溪市、唐山市。无偿献血金杯奖是中国红十字会和卫生部为表彰那些为我国无偿献血事业的发展创出不平凡的业绩的无偿献血者设立的，是目前我国对无偿献血者的最高荣誉奖。会议指出，我国无偿献血比例仅为全部用血量的7%左右，目前临床用血主要还是来自卖血和有偿献血，这不但与精神文明建设格格不入，更会直接影响受血者的生命安全。此次受到表彰的先进城市和个人，为我国逐步取消有偿供血、全面实现无偿献血作出了积极贡献。

全国大中学生开展’95新春爱心行动 为期1个月的中国大中学生“’95新春爱心行动”于1995年1月15日起在各地展开。年轻的志愿者喊出的口号是：和冬阳比温暖，用服务树形象。这次爱心行动，是中国大中学生志愿服务队利用寒假组织的一次大规模志愿服务活动。主要内容包括大学生铁路春运服务，科技文化服务和中学生社区服务。据统计，全国30个省、自治区、直辖市的近1000所大学，上万所中学的50万志愿者将举行多种形式的服务活动。活动期间，全国50多所院校的大学会志愿者协会的代表汇聚北京大学，交流开展志愿者活动的经验，并在京参加志愿服务活动。

民警崔大庆擒凶犯英勇牺牲 1995年3月10日，北京市公安局丰台分局查处一起因流氓斗殴而杀人的案件。11月凌晨4时许，丰台镇派出所副所长崔大庆与甘雷和其他几名民警到达知情人家时，发现有一男一女，形迹可疑，便命令二人一起到派出所询问。这时，那个男的突然从褥子下抽出一把手枪，夺路而逃，已经下楼的崔大庆和甘雷听到其他民警的喊声后立即上楼接应，在二楼与案犯相遇。案犯开枪击中崔大庆头部和甘雷左臂。负伤的甘雷紧紧抱住案犯不放，将其压在身下，在其他民警的协助下将案犯擒获。崔大庆因伤重经抢救无效英勇牺牲，年仅36岁。案件发生后，国务委员、国务院秘书长罗干向崔大庆同志的家属和甘雷表示慰问。北京市市长李其炎、公安部副部长蒋先进及北京市公安局、丰台区的领导先后看望了崔大庆的家属和受伤住院的甘雷。北京市政府第51次常务会议上，追认崔大庆同志为革命烈士。并且做出深入开展向崔大庆烈士和同时英勇负伤的甘雷学习的活动的决定。公安部发出命令，追授崔大庆、授予甘雷一级英模称号。

许昌警民共擒歹徒，数百名群众救助勇士 1994年6月5日上午，河南省许昌市化工公司的青年女工曾彦军和3岁的女儿游罢西湖公园，正推车回家。行至一小巷时，一名歹徒突然窜出将她打倒，夺过山地车和手提包飞驰而去。曾彦军抱着女儿大声呼救。这时，许昌地铁公安处民警宋毅夫、许昌市公安局魏都分局户籍沙莉恰巧路过这里，沙莉连忙跳下自行车横在道路中央，阻挡歹徒逃窜，而宋毅夫则猛蹬自行车，向迎面驶来的歹徒飞撞过去，歹徒应声倒地，正当宋、沙2人弯腰对歹徒搜身的一刹那，歹徒忽地从腰间拔出一把匕首向沙莉刺来，将她右肘划开了一个18个锯齿的口子，歹徒接着又向宋的腹部连刺两刀，鲜血染红了他们的衣服，但他们只有一个信念：决不能让歹徒逃窜！沙莉大呼："抓歹徒！我们是公安局的！"听到喊声，家住附近的工人王跃林夺门而出，捡起一个土块向歹徒砸去。附近居民田本堂、王大凯及身患冠心病的67岁的老人郭学等人也跑过来，大家一齐将歹徒捆住。此时宋毅夫再也支持不住，昏倒在地。一辆奥迪轿车驶来，司机弄清情况后，立即将宋毅夫送到医院。宋失血过多，急需输血！而他的血型又为AB型，医院恰恰无此型血。紧急救援信号发向全市10多个单位，不到半小时，300多名公安干警、职工、群众从四面八方赶来献血。市保险公司免费为宋毅夫办了终身人身安全保险。

许昌市委、市政府向全市人民发出了《向警民勇擒歹徒英雄群体学习的决定》，共青团许昌市委授予勇斗歹徒的宋毅夫、沙莉"新长征突击手"称号。

青年教师王建哲救护学生英勇献身 内蒙古翁牛特旗梧桐花镇双岭学校年仅28岁的教师王建哲，为了保护学生们的安全，献出了自己宝贵的生命。1995年6月1日，镇中心总校组织全镇各校学生在老西窝铺举行庆"六·一"的活动。上午9时30分，庆祝活动开始，王建哲在双岭学校代表队尾部的彩绸队左侧指挥。彩绸队的孩子一边表演一边随着鼓乐队通过了去铅矿的岔道口，沿公路右侧向北行进。突然，一辆面包车迎面驶来，王建哲大喊一声："同学们，再往右靠一靠！"谁也没料到，失控的面包车竟嘶叫着向彩绸队扑来。王老师急挥双手示意司机停车。可是，车并没有减速。在这危急关头，他毫不犹豫地冲上前去，张开双臂往右边猛推学生。一排、两排、三排……10多名学生转危为安了。但就在他把第三排学生推到安全区的一刹那，飞快的面色车撞入彩绸队，将王建哲撞出5米多远，车轮又从他的腰部、肩胛无情的碾轧过去。在去医院的途中，王建哲苏醒过来，当他知道出了车祸后，急切地问："学生们咋样？"在旗医院，王建哲终因脾、肝粉碎，多处重伤而牺牲。

王建哲老师就这样走了，他短暂的一生却谱满了爱与奉献的旋律。这旋律将在梧桐花人民心中永远回荡。

七旬老人义务看护烈士墓47年 1995年的清明节，湖北省枣阳市平林镇宋集村78岁的农民柴国义来到村头的烈士墓前，献上他亲手扎的一个花圈。他精心看护这座烈士墓已47年。1948年，国民党残余部队纠集土匪对随枣解放区进行扫荡，年仅19岁的干部刘树贵为掩护群众转移壮烈牺牲。柴国义冒险将烈士的遗体背回，找来一副棺材将烈士掩埋在村头，并发誓一定将烈士墓当亲人坟一样看护。几十年来，柴国义在默默地实践着自己的承诺。他经常为烈士扫墓培土，除草栽花，每年清明都要扎花圈祭扫。发现有人在墓前放牛放羊，或挖沙取土，便耐心劝阻。1993年当地政府兴建的水库灌区渠道要经过烈士墓，柴国义四处奔波，带头捐款倡导开展捐款迁墓活动。他将烈士的遗骨葬在新建墓中，在他的建议下，镇里有关部门还在墓碑上刻下了烈士的生平和事迹简介。

工人顾同庆两代人义务赡养烈士母亲43年 黑龙江省鸡西矿务局工人顾同庆和儿子顾灵增一家两代人义务赡养一位烈士母亲长达43年。顾同庆是曾参加过解放战争的老退伍军人。1947年攻打四平的战役中，年仅18岁的战友于天海英勇牺牲。托他代为照顾老母亲。1952年，顾同庆退伍回地方办的第一件事，就是将烈士的母亲刘文英从辽宁省宽甸县接到自己的山东老家。结婚成家后，他和妻子一道孝敬和照料老人。1958年他一家来到鸡西市，虽然工资微薄，但他想方设法让老人吃好，穿暖。1983年顾同庆临终前将照顾刘文英的任务交给儿子顾灵增，顾灵增和妻子牢记父亲的嘱托，尽全力赡养老人。他们总是为老人做可口的饭菜，而自己和孩子则能省就省。老人不慎摔成骨折，瘫在床上，他们天天给老人端水送饭，轮流照顾。直到1995年，刘文英老人过完90岁的生日后，才无疾而终。

8. 家庭美德

我国广泛开展"国际家庭年"活动 1989年12月8日，联合国大会通过决议宣布1994年为"国际家庭年"。我国政府积极支持联合国的这一活动，赞同活动的宗旨和原则，并于1993年2月成立了"国际家庭年"中国协调委员会，主席由黄启璪担任。中国协调委员会还就“国际家庭年”活动作出了具体安排:1994年5月,在首都北京举行群众性的咨询、宣传活动。宣传与家庭有关的法律、法规,举行家庭文化艺术表演。5月15日晚,由广播电影电视部在中央电视台展播近年来中央台和地方台摄制的家庭文化专题节目。各地也因地制宜举行小型多样的家庭文化艺术表演;召开家庭文化理论研讨会。总结和交流近几年来开展家庭文化活动的经验,评选第三届“美好家庭”,于5月13日宣布评选结果。经过群众投票和专家评审,有30户家庭获得这届“美好家庭”荣誉称号,其中3户获得金奖,7户获得银奖。由《中国老年》杂志社等单位举办的迎新敬老招待会1月8日在京举行,从而拉开了’94国际家庭年系列活动的序幕。

’95国际家庭日座谈会在京举行 1995年5月15日,’95国际家庭日座谈会在全国妇联举行。国际家庭年中国协调委员会成员单位的委员和代表20余人参加了座谈会。会议回顾了1994年我国为响应联合国的有关倡议,围绕“国际家庭年”展开的一系列以“家庭和睦与进步”为主题的活动情况,总结了我国紧紧抓住“国际家庭年”这一契机,积极落实有关家庭建设的各项工作。与会者一致认为,家庭问题是人类社会永恒的主题,重视家庭问题有助于社会问题的解决,家庭文明进步是促进社会发展的重要组成部分,也是我国建设社会主义精神文明,发展社会主义市场经济的内在要求。搞好“国际家庭年”后续行动是符合我国国情的。

第三届全国“美好家庭”评选揭晓 为了推动我国家庭文化建设,促进家庭和睦与进步,由全国妇联、中央电视台联合主办的第三届全国“美好家庭”(恩威杯)评选活动,于1994年5月13日揭晓。经过群众投票和专家评审,获得这届“美好家庭”荣誉称号的共有30户家庭,其中获金奖的有3户,它们是:上海市长宁区长宁路李吉友,他们夫妇4年前从高薪聘请的单位第二次“退休”,建立了无偿为癌症病人服务的上海长宁区康复俱乐部;天津市静海县李春先,他身残志不残,从研制新拐杖到研制成功无能源动力微型收割机,他的发明浸透着他妻子的心血;广东省深圳市沙头角镇陈观玉,他从南洋回国后,与教师李桂胜结婚,他们照料过镇上上百名孤寡老人,为各类事业捐款30余万元。河北的李玉林、黑龙江的徐维成、江苏的宗荷琴、济南的毕长江、国防科技大学的唐玉华、河南的刘志华、青海的马艳梅等7户家庭荣获银奖。1994年5月13日在北京人民大会堂举行了颁奖大会,全国人大常委会副委员长、全国妇联主席陈慕华讲了话。全国人大常委会副委员长雷洁琼、中宣部常务副部长徐惟诚和有关部门负责人出席了会议并向获奖者颁发了奖杯、证书。这次评选是我国开展“国际家庭年”活动的重要内容之一,旨在推动家庭文化建设,用美好的家庭楷模引导人们追求文明、健康、科学的生活方式。

第四届全国家庭问题学术研讨会在广州召开 由广东《家庭》杂志社发起主办的“第四届全国家庭问题学术研讨会”,于1994年4月在广州召开。来自全国各地及日本、香港等国家和地区的专家学者参加了会议。会议围绕“市场经济与中国婚姻家庭”这一主题,就如何建立与社会主义市场经济相适应的家庭伦理道德等问题,进行了讨论。

与会者认为,社会主义市场经济的发展,使家庭伦理文化发生了巨大的变化。这种变化主要表现在:随着人们个性的解放,自我意识的增强,自由恋爱、自主婚姻不仅普及于城镇,而且在广大农村流行起来;男女平等、夫妻平等、家庭成员一律平等的观念深入人心;注意爱情在婚姻中应有的位置,追求爱情生活成为包括老年人在内的一切成年人的基本需求;正确对待离婚问题,文明离婚、友好分手的风气正在形成;夫妻及家庭成员之间相互尊重彼此的权利,人们在家庭生活和社交生活中的自由度逐渐增高等。有的学者认为,这种变化还表现在家庭伦理文化的多元化倾向,即打破了原有的一统天下的格局,呈现在“家庭伦理评价多标准、家庭伦理关系多取向、家庭伦理规范多层性”的局面。

有的学者说,与此同时出现的一些现象也应引起注意,如金钱成了一些人婚配的唯一标准,一些腐朽颓废现象死灰复燃,家庭成员人际关系淡化,遗弃老人现象比较严重等,已成为困扰社会的问题。处在市场经济机制孕育中的家庭伦理文化的出路何在是与会者十分关心的问题。

与会者提出,要适应市场经济的发展,建立现代中国家庭伦理文化。首先,中国现代家庭伦理文化建设的基点必须放在市场经济的基础上,把市场经济发展的客观要求,提炼成现代伦理意识。其次,要科学地认识、对待中国传统家庭伦理文化和包括西方在内的外来家庭伦理文化,扬长避短,取其精华,去其糟粕,在建构多层次的现代家庭伦理文化中,找出人的社会本性对人的自然本性的最佳约束点。第三,要注意家庭伦理文化的法制化。市场经济本质上是一种法制化经济。现代家庭伦理文化的重构,也必须寻求法制的支持,以保证家庭伦理文化的生长。家庭伦理文化的法制化包括这样的内容:依据家庭伦理生活中出现或可能出现的严重问题,尽快制定和完善各种法律、法规;家庭伦理规范和法律规范尽可能重叠;加强社会对家庭伦理生活的监督等。第四,加强对社会成员的道德教育,提高家庭成员的自我修养和素质,增强家庭成员的自律性,使他们成为文明、自律的人,从而保障家庭伦理生活的文明化。

与会者还指出,我国婚姻家庭关系呈现的向主体化转换的趋势,其社会作用和进步意义在于,这种婚姻家庭关系富有创造精神和自我价值。尤其是妇女在婚姻关系主体化的发展中,地位将有更大的改善,成为主要受益者。从这个意义上说,在市场经济条件下,我国婚姻家庭关系的现代化趋势,是妇女改善在婚姻家庭和社会生活中的地位,实现真正的夫妻平等、男女平等的一次历史性转折。

大城市“丁克夫妇”逾百万对

随着社会大变革的激流,原有的家庭结构也发生了令人惊异的变化。近年来,一种崭新的家庭模式——“丁克夫妇”在我国各个城市中悄然兴起。“丁克家庭”是英文译音,特指双收入、无小孩的夫妻。这种家庭模式,几十年来在西方国家十分盛行。当它开始于中国这片古老的土地上出现,其发展是令人瞩目的。据国家有关部门统计,1986年,在广州有生育能力而不愿生育的夫妇有3万对,而1989年猛增至10万对;北京市1984年以来结婚的夫妇中,约有20%自愿不育,多达近10万人;上海市1979年至1989年10年间,113万男女登记结婚,有16.48万对夫妇至今没有生育,占结婚男女总数的14.5%。1994年,全国各大城市的“丁克夫妇”总数已突破100万对,其中干部、知识分子占7成以上,他们已构成现代中国城市生活中的一个特殊群体。

家政学重返大上海 许多年前被视为太太学的家政学,如今随着生活质量的提高,又以温和的姿态重返大上海。据了解,在1994年,已有数百名学员自费参加了上海市现代家政礼仪进修学校的家政培训。这些学员绝大多数是女性,她们来自不同的职业群体,年龄跨度从16岁到65岁。对于他们中的许多人来说,家政学原先只是一个陌生的名词,而她们之所以报名参加学校的培训,也往往是出于一份好奇心。但通过学习,她们不仅对现代家政学有了比较全面的了解,而且在塑造个性气质、搞好家庭建设、甚至于在日常工作方面也得到了潜移默化的帮助。不学不知道,越学越有味道,这是学员们对家政学的共同感受。为此,她们非常乐意将自己的切身体会告诉周围的人,并动员更多的人接受培训。

作为运用社会力量兴办的学校,上海市现代家政礼仪进修学校主课程设置方面是相当全面和系统的。在所开设的20门课程中,不仅包括了科学美容、艺术插花、夫妻关系、子女教育、社交礼仪等富有现代气息的课程。因此,学校不仅吸引了自费参加培训的学员,也吸引了一些学校和企事业单位前来接洽,希望学校能组织教师前往,以讲座的形式讲授现代家政学。

楷模背后的楷模——孔繁森的妻子王庆芝 王庆芝与孔繁森结婚26年来,两人在一块儿生活竟不到5年。孔繁森第一次进藏时,农村还是靠工分吃饭。王庆芝自己的身体又不好,为了养活78岁的母亲、75岁的父亲和3个最大才8岁的孩子,一天工也不敢拉。常常是晚上八九点钟,她拖着散了架的身体回到家,3个孩子哇哇哭着冲上来,满院子的猪羊叫着围过来。这些都不算难,最难的是队里分东西。人家都是全家出动,她呢?只自己一个女人,又累又急。村民说,庆芝在家为闺女时,没大受苦。嫁给繁森后,变了,什么苦都能吃。王庆芝听了禁不住放声恸哭:“家里还有6张嘴等着吃饭啊!”怨归怨,王庆芝还是觉得这罪受得值,因为“没分繁森的心”。

作为一位地级干部的夫人,王庆芝也算是聊城地面上一名响当当的人物。但她从没有这种优越感,也从不利用自己的身份沾一点便宜。王庆芝随丈夫到北京,她想去游长城。孔繁森征求她的意见:“是不是就别用公家的车了?”王庆芝冲丈夫一笑:“你就把心放肚里吧。你的光,咱不沾。”她果然乘公共汽车逛了北京的名胜。

她的两个孩子参加工作时,孔繁森都不在家。许多人劝她,这可是孩子一辈子的大事。繁森的权,你不用白不用。但她依旧坚守着这个信条:繁森的权,我不能用……

孔繁森是高大的,王庆芝同样是高大的!

上海145名百岁老人都拥有一个和睦的家庭 据上海市老龄科研中心政策与实践室提供的数据,截止1994年9月30日的统计,上海已有145名百岁老人,其中男性20人,女性125人。据了解,这些百岁老人绝大多数都是与家人同住,而且拥有一个和睦幸福的家庭。子孙的孝心是老人长寿的重要保证。而老人性格开朗,心地善良,乐于助人,人际关系良好,爱劳动和坚持体育运动,则是长寿的内在因素。

经上海市老龄科研中心证实,生于1887年7月11日的陈惠贞老人,是目前上海最年长的老人。她性情温和、心地善良。即使在十年浩劫中,面对着来自各方面的冲击,老人也始终保持着如水的心境。当时,陈惠贞在海外的子孙们来信嘱咐她千万要看开些,尤其不要计较身外之物,并表示老人所需要的日常开支,儿孙们自会从国外寄来。小辈们的一片孝心更加使老人如沐春风,老人泰然自若,温和依旧。如今,陈惠贞可谓是儿孙满堂。一家五代聚在一起,扳着手指点点人数,也足足需要三双半手。为了能很容易地看到孩子们念书、嬉闹的境头,她执意不肯搬进朝南的房间。此外,电视荧屏里的七彩世界,便是老人晚年最大的消遣。

首届中华“蓝宝石婚佳侣”评选揭晓 10对在人生道路上风雨同舟45载的夫妇,于1994年10月14日荣获“首届中华蓝宝石婚佳侣”殊荣,这是献给国际家庭年的一份厚礼。

国际上对婚姻历程往往以某种物质的存续时间和价值命名,婚龄满45年为蓝宝石婚。历时1年的这一评选活动,引起社会热烈反响。陈慕华副委员长曾挥毫赞道:“人生风雨如磐,岁月同舟相伴”。被评出的10对佳侣中有外交家、艺术家、科学家、机关干部、新闻和医务工作者，也有普通工人、农民和少数民族代表。

9. 对青少年的关心和教育

江泽民为“青年文明号”及“雏鹰行动”题词 江泽民总书记于1994年4月8日为“青年文明号”题词，对全国各条战线的广大青年在共青团中央及有关部委的领导下积极开展创建“青年文明号”活动予以鼓励。“青年文明号”是指在生产、经营、管理和服务工作中体现高度职业文明，创建一流工作成绩的青年集体、青年岗位和青年工程。这一活动将在全国城乡工业、交通运输、基建、邮电通讯、商业、饮食服务、旅游、卫生、金融、税务、工商、公安等行业广泛展开，重点是社会“窗口”行业。团中央联合民航总局、铁道部、公安部、建设部、国内贸易部等十几个部委在4、5、6月份对创建“青年文明号”单位现场授牌，示范启动，全面推进，通过1—2年的时间，使乡镇到各级地方以及每个行业，企事业单位都有“青年文明号”，将此项活动深入、持久地开展下去，使职业文明意识深入广大团员青年心里，体现在每日的工作中。

在1994年“六一”国际儿童节到来之际，江泽民总书记为“跨世纪中国少年雏鹰行动”题词，勉励广大少年儿童要“自学、自理、自护、自强、自律，做社会主义事业的合格建设者和接班人”。“跨世纪中国少年雏鹰行动”是共青团中央、全国少工委，为适应新时期少年儿童教育工作，培养一代跨世纪社会主义事业建设者和接班人，本着服务教育，服务少年，致力发展的原则而开展的一项跨世纪的人才工程。其宗旨和目标是帮助广大少年儿童，学会生存、自理自律；学会服务，乐于助人；学会创造，追求真知，为成为我国21世纪的生力军打下良好的基础。

我国儿童发展状况全面改善

我国实施《九十年代中国儿童发展规划纲要》中期目标达标工作取得突破性进展。截至1995年底已有6项发展指标提前达标，这使我国儿童发展状况得到全面改善。我国已提前达标的6项目标包括：儿童的“四苗”，即卡介苗、脊髓灰质炎、百白破、麻疹的疫苗接种率均在80%以上；儿童麻疹发病率和死亡率与开展计划免疫前相比，发病倒数降低了96.41%，死亡率倒数降低了97.47%；控制儿童腹泻的口服补液疗法推广率，全国城乡均在80%以上；儿童营养不良率比1990年下降了23.82%。儿童发展规划实现的另两项目标是：我国已于1991年12月批准了《儿童权力公约》，并于1992年制定了《九十年代中国儿童生存、保护和发展工作》，同时，各地区也相应制定了本地区的儿童发展规划。我国的小学入学率已由1990年的97.83%提高到1994年的98.70%，男女童小学入学率缩小差异39.13%；小学巩固率由1990年的71.04%提高到1994年的81.08%，男女童小学巩固率缩小差异59.83%。

李岚清高度赞扬首都青年记者希望行 首都新闻界规模最大、参加人数最多、影响最广的“首都青年记者希望行”大型采访、调研活动，历时两个多月于1995年2月已圆满完成各项任务。这项活动所取得的成果受到了国务院领导同志的高度赞扬。中共中央政治局委员、国务院副总理李岚清在听取“首都青年记者希望行”总结汇报后指出，感谢青年记者同志们对我国贫困地区教育事业的关心和支持，此行也正如你们感受的那样，也是对青年记者健康成长的有益锻炼。所提建议也很值得我们大家重视。在谈到“希望工程”捐款时，李岚清说，这是来自千千万万热心助学者的奉献，一分一厘都必须用于助学上。“希望工程”的重点是帮助那些连义务教育都上不起的孩子上学。

“中国省市县福利院孤儿助学项目”实施 由国际世界宣明会与中国社会服务促进会合作推出的“中国省市县福利院孤儿助学项目”于1994年4月1日起正式实施。中国政府始终坚定地实行社会福利制度，孤残儿童一直得到政府和社会的妥善抚养。截至1993年底，全国城乡共有收养孤老孤儿及残疾人为主的福利院43318个，其中在城市由国家投资兴办的福利院有1185个，收养6至18岁的孤儿8064名。近几年，由于供养经费偏低，教育费用上涨等原因，出现孤儿读书难问题。为解决这一问题，各地在加大财政投入的同时，动员和组织社会各界大力支持，并接受海外援助。国际世界宣明会与中国社会服务促进会合作的孤儿助学项目，将通过宣明会的援款改善国内412个社会福利院的8000名6至18岁孤儿的就学状况。他们每年拨款500万元，以用于这些孤儿就学经费不足及生活费用补贴。

我国《未成年工特殊保护规定》出台 为维护未成年工的合法权益，更好贯彻实施《劳动法》，1995年2月劳动部颁发了《未成年工特殊保护规定》。未成年工是指年满16周岁，未满18周岁的劳动者。对其进行特殊保护是针对未成年工处于生长发育期的特点，以及接受义务教育的需要，采取的特殊劳动保护措施。《未成年工特殊保护规定》明确规定了用人单位不得安排未成年工从事的工种。同时规定未成年工患有某种疾病或具有某些生理缺陷（非残疾型）时，用人单位不得安排其从事《体力劳动强度分级》国家标准中第三级以上体力劳动强度的作业等5个类型的工作。用人单位要定期对未成年工进行健康检查，应根据未成年工的健康检查结果安排其从事适合的劳动，对不能胜任原劳动岗位的，应根据医务部门的证明，予以减轻劳动量或安排其他劳动。

全国青年文明号监委会在京成立 全国“青年文明号”监察委员会于1995年12月25日在北京宣布成立。监委会将由开展创建活动的20个部委、12家首都新闻单位的有关负责人共同组成，依据章程对全国“青年文明号”开展监督检查。目前，被授于的全国“青年文明号”509个，省级“青年文明号”近1200个，地市级“青年文明号”近万个。首批命名的509个全国“青年文明号”将于近期接受检查，各行业和共青团组织将联手行动。团中央书记处书记孙金龙在会上讲话，要求深化“青年文明号”活动必须管理上水平，创建进规范、着力抓建功、携手打名牌。他指出：要充分发挥行业部委的政策优势、管理优势、组织优势等特殊优势，发挥行业主导作用，使创建“青年文明号”活动成为政府行为和企业行为。

“中国大学生跨世纪发展奖学金”颁奖 1995年是“一二·九”运动60周年，“一二·一”运动50周年。共青团中央、全国学联在人民大会堂举行“中国大学生跨世纪发展奖学金”颁奖大会，向100名德智体全面发展，并在学术、科技、实践、品德等方面做出优异成绩的优秀大学生颁发奖学金。中国大学生跨世纪发展奖学金是团中央、全国学联实施“跨世纪青年人才工程”的一项重要举措，旨在鼓励和扶持优秀大学生的成长，树立青年学生中的先进典型，推动更多的优秀学生脱颖而出。

第三次全国少代会召开 中国少年先锋队第三次全国代表大会于1995年6月2日在北京开幕。来自全国56个民族的550名少先队员和辅导员代表参加了会议。中共中央政治局常委、书记处书记胡锦涛代表中共中央、国务院向大会致祝词，他希望广大少年儿童从小做起，从现在做起，从每一件事做起，努力做到德、智、体等方面全面发展，成为跨世纪的社会主义事业合格建设者和接班人。丁关根、李岚清、尉健行、温家宝、陈慕华、王光英、布赫、迟浩田、彭珮云、罗干、王兆国、钱伟长等参加了开幕式。团中央第一书记李克强在会上发表了《肩负起为培养跨世纪人才打基础的神圣责任》的致词。会上，少先队员代表宣读了《中国少年跨世纪宣言》，56名身着民族服装的少先队员肩并肩，高举右手，以红领巾的名义庄严宣誓。参加这次代表大会的有全国十佳少先队员，有在“雏鹰行动”中取得成绩的优秀少先队员和优秀少先队集体代表，还有为红领巾事业做出贡献的辅导员代表。共青团中央书记处全体同志、国家教委和中央、国家有关部委、解放军总政治部、武警总部，有关人民团体、北京市委、市政府的负责同志以及长期关心少年儿童成长、支持少先队工作的各界人士也出席了开幕式。

“希望工程”实施6年救助失学儿童百万 全国希望工程实施6年来，着眼管理工作的制度化、法制化、现代化建设，对各级实施机构进行严格的监察和审计，使此项事业得以健康发展。希望工程自1989年10月30日实施至1995年底，全国各级实施机构已接受海内外捐款6.92亿元，捐款支出累计3.96亿元；已资助失学儿童125万余名，资助建设希望小学2000余所，为5400余名大中学生提供了“希望工程特别奖学金”。在取得显著成效的同时，希望工程实施机构自身管理也进一步得到加强。1995年作为“希望工程管理年”，中国青少年发展基金会和地方各级工作机构采取了3项重要措施：集中整顿一些地方地县级基金设立过多、管理分散的问题；在省级全面布点并投入使用计算机信息系统技术的基础上，开展了百万受助生的调查复核工作，提高了管理质量和效率；修订并正式颁行《希望工程实施管理细则》，进一步明确了实施操作规范，保证了此项事业稳定有序的发展。希望工程监察委员会1994年底成立，先后组织监察巡视员分赴22个省、自治区、直辖市开展了广泛深入的巡视检查；主动联系、协同审计部门加强财务收支的审计监督；根据群众来信查处了10个违纪问题，从而保护了希望工程的良好形象。监委会郑重宣布：希望工程管理是严格认真的，各级实施机构的工作是值得信赖的。为便于社会各界人士反映、查询问题，加强公众监督，设立了希望工程信访室。

全国青少年宫事业健康发展 1995年12月在杭州召开的全国青少年宫协会第二次全体会议宣布：从1996年起到本世纪末，全国青少年宫协会将以1000个地、市、县青少年宫（青少年活动中心）为阵地、以微机、外语、财会、法律等为内容，以培养100万跨世纪人才为目标，开展“千宫百万”青少年现代知识技能培训竞赛行动。据统计，目前全国团员青少年活动阵地固定资产总值已突破60亿元，县级以上青少年宫有1100多家，基本形成了以全国青少年活动营地和中心城市大宫为龙头，省、地、县青少年宫三级联网，乡镇、企业、院校活动中心和基层青年三家协调发展的建设布局。青少年宫作为共青团重要的育人基地和工作载体，不但具有鲜明的宗旨和教育、培训、娱乐等一体化的独特功能，而且拥有场所、设施、师资等诸多优势和条件，是我国社会文化教育事业不可替代的有机组成部分。在为期4天的会议上，团中央和文化部分别授予63个单位和81名个人“全国先进青少年宫”和“全国优秀青少年宫工作者”荣誉称号。讨论通过了《全国青少年宫协会章程》。

北京举行 18 岁成人仪式 1995 年 5 月 4 日上午，北京市 1000 多名 18 岁的中学生代表参加了在人民大会堂举行的成人仪式。中共中央政治局委员、国务院副总理李岚清出席仪式并作了重要讲话。伴随着雄壮的国歌声，成人仪式正式开始。全体年满 18 岁的中学生在团中央书记处常务书记刘鹏带领下，面向国旗庄严宣誓，要以火红青春建设锦绣中华。中共北京市委副书记李志坚代表市委、市政府宣读“成人祝词”。团中央第一书记李克强代表团中央、全国青联、全国学联、全国少工委致词。出席仪式的领导和来宾向中学生们颁发了“成人纪念卡”，“见义勇为青年英雄”甘雷作为英模代表宣读了“成人寄语”，学生家长代表宣读了《致 18 岁儿女的一封信》，18 岁成人代表朗诵了配乐诗《18 岁畅想曲》。

太原少年科技城落成 1995 年 6 月 1 日，山西太原少年科技城落成试展。少年科技城坐落于太原市中心汾河东岸。建筑面积 17520 平方米。该城以一组同心圆构成的圆型建筑为主体，辅以放射状的裙楼，整体外型如一枚飞欲升空的长征 2 号飞型捆绑火箭。科技城是一座集科技教育、智力启迪与游乐服务为一体的综合性科普活动场所，有航空地质、电子电讯、军事航天、光电声学、城市建筑、环幕影厅以及少儿科技交流活动、培训中心等 9 层 100 余间展厅。科技城的兴建得到了社会各界的大力支持。共青团中央捐赠人民币 10 万元，太原市 61 个团队组织捐款 10 余万元，社会义赠 150 余万，人民子弟兵驻晋部队捐赠 500 万元。老一辈无产阶级革命家薄一波题写了“少年科技城”的城名。共青团中央第一书记李克强致电祝贺该城试展。中共山西省委书记胡富国、省长孙文盛与万名少儿一道参观了科技城。

大连设立 100 万元红领巾奖励基金 1995 年 5 月 28 日下午，大连市 46 万少先队员得到了一份儿童节珍贵礼物：100 万元红领巾奖励基金。这份重礼，是团大连市委、少工委与大连宝利行皇宫娱乐有限公司共同设立的。团大连市委书记、市少工委主任刘晓滨说，这项奖励基金将用于支持全市的少先队工作，奖励在少先队教育工作中涌现出来的先进集体和先进个人，为正在开展的少先队“雏鹰行动”进一步普及和深化提供物质保证。在此间同时举行的奖励基金首次颁奖仪式上，辽宁省人大副主任毕锡桢、副省长高国珠、大连市委副书记林庆民等省市领导为大连市荣获全国一级雏鹰奖章的 4 名少先队员和 5 个全国雏鹰少先大队颁发了荣誉证书和奖品。

我国首家孤儿基金会在杭州成立 1994 年初，《杭州日报》社牵头发动了一场民间援孤捐款活动，社会各界捐款 80 多万元，有 50 多人次的孤儿被认养。在此基础上，由杭州二十几家企事业单位联合发起，成立了我国首家孤儿基金会。

第四届全国“十佳少先队员”评选揭晓 第四届全国“十佳少先队员”评选于 1995 年 10 月 9 日在北京揭晓。他们是：品学兼优、全面发展的福建省福州市师范二附小的黄思路；身残志坚、奋发成才的吉林省长春市南关区西马路小学的孙岩；刻苦钻研、学业突出的上海市大同中学的杨叶；身处逆境、自强自立的湖北省荆沙市张家三巷小学的何蓉；勤于实践、立志兴农的浙江省临安县交口中心小学的洪炜；棋艺高超、为国争光的四川省重庆市沙坪坝区新立小学的古力；意志坚强、兴趣广泛的北京市海淀区群英小学的华卉；临危不惧，机智勇敢的内蒙古通辽市哈日干吐苏木中心小学的包八斤；热爱科学、勇于创造的黑龙江省哈尔滨市经纬小学的车亮；充满爱心、助人为乐的辽宁省鞍山市朝阳小学的孟娜。

首届“十佳少先队辅导员”评选揭晓 在中国少年先锋队建队 45 周年之际，由共青团中央、全国少工委组织的首届全国“十佳少先队辅导员”及 100 名“少先队热心支持者”评选活动于 1994 年 10 月 7 日揭晓。获得全国“十佳少先队辅导员”称号的是：黄美英、颜凤岭、刘义福、万缨、鲁颖、赵日贵、华耀国、包淑华、柯有棣、翁士明。他们中有的在德育工作和科技辅导中成绩突出，有的是扎根基层、长期从事育人工作的大队辅导员和少数民族辅导员及市县总辅导员。

“中国十大杰出青年”评选揭晓 1995 年度的“中国十大杰出青年”评选揭晓。他们分布在科技、教育、企业、医疗卫生、新闻、军队等领域，他们是：云南省工商联副会长吕有珍、哈尔滨市糖尿病研究所所长吕树文、南京军区 32407 部队坦克车长许永楠、新疆广汇企业集团董事长孙广信、中央电视台新闻采访部主任孙玉胜、深圳海王集团股份有限公司董事长张思民、中国科学院计算所机译中心主任陈肇雄、武汉市“秋云倾心热线”志愿者协会会长秋云、华东政治学院国际法学主任曹建明、内蒙古青柏制衣有限公司总经理葛健。由中华全国青年联合会、中国青少年发展基金会及首都十大新闻单位联合举办的“中国十大杰出青年”评选活动历时 6 载，此前已评选出全国各行各业的 50 名杰出青年。这次评选出的十大杰出青年具有广泛的代表性、典型性和鲜明的时代特点，在改革开放和社会主义现代化建设中，从平凡的岗位做起，争创一流，取得了可喜成绩，深受广大群众尤其是各族青年的好评。

宋庆龄基金会积极推动少儿文教福利事业发展 宋庆龄基金会在 1994—1995 年间，陆续推出《宋庆龄儿童科学公园规划》、《宋庆龄女童助学计划》、《少年儿童反烟行动》3 个重要项目，以期进一步推动少年儿童身心健康成长的事业。1992年至1993年，宋庆龄基金会共募集款物折合人民币740余万元，主要用于少年儿童文教福利事业。两年来，宋庆龄基金会通过所属实体，不断地为孩子们创造更多的活动场所，提供更好的精神食粮；继续援助老少边穷地区发展教育，开展了“城乡孩子手拉手，共同走向新世纪——送一本好图书，交一个好朋友”的活动；开办了以“独生子女幼儿阶段教育”为主题的幼儿师资培训班。此外，该基金会与日本蚂蚁蟋蟀学校合作，举办了“中日儿童草原探险夏令营”，对当前教育思想和教育模式的改革产生了积极的推动作用。

空军为救助失学女童的“春蕾计划”捐款 空军驻京部队为失学女童献爱心的“春蕾计划”捐款仪式于1995年7月12日上午在全国妇联举行。全国人大常委会副委员长、中国儿童少年基金会会长陈慕华参加了捐赠仪式，并向空军驻京部队颁发了捐款证书，赠送了“爱心洒春蕾”锦旗。“春蕾计划”是中国儿童少年基金会为让更多的失学女童重返校园而实施的一项资助计划，自5月中旬以来，空军驻京部队共有2.8万余名官兵为“春蕾计划”捐了款，捐款总额达128万余元，是迄今为止捐献最多的一个单位。据基金会介绍，这笔捐款将在新疆、西藏各开办10个女童班，可使1000余名失学女童重返校园。

夏春盛捐资设青少年奖励基金 全国优秀青年企业家、深圳黄金灯饰有限公司总裁夏春盛，27岁，于1991年独闯深圳，创办黄金灯饰有限公司。经过3年多的开拓、拼搏，他成功地创造了自己的灯饰名牌，发展了民族灯饰工业。1995年12月，他以独特的方式举行了深圳黄金灯饰总汇开业仪式：向深圳青少年基金会捐资200万元，设立“深圳黄金灯饰青少年奖励基金”。

首都举行“净化文化市场，维护青少年权益”座谈会 1995年12月28日在北京举行的“净化文化市场，维护青少年权益”座谈会上，部分专家学者、教师和家长再次强烈呼吁，遏制各类黄毒尤其是电子黄毒的蔓延，维护青少年权益，优化青少年成长环境。与会者从当前引人注目的“电子黄毒”现象出发，围绕文化市场中不良图书、音像制品对青少年身心的毒害、对青少年合法权益的侵害等进行了座谈。中国政法大学教授郭翔指出，“扫黄”是预防青少年犯罪的重要环节，国内外的研究资料都表明，色情和暴力文化是青少年犯罪的重要诱因。北京大学教授康树华建议要依法治理文化市场，严厉打击制黄、贩黄以及走私活动，把好电影、电视的进口审查关，制定法规。团中央书记处书记周强在座谈会上说，党和政府历来十分重视青少年的健康成长，高度重视对未成年人的保护。目前，全国已有29个省、市、自治区制定了地方未成年人保护法规，22个省、市、自治区成立了地方未成年人保护委员会。《一位母亲的呼吁》，实际上反映了千千万万母亲的心声，反映了广大人民群众的共同愿望。保护青少年是全社会的责任，净化文化市场、优化青少年成长的社会环境更需要全社会的共同行动。当前，需要加大对制黄，贩黄行为的打击力度，防止以罚代刑，对犯罪分子要保持震慑势头。座谈会由团中央和北京团市委联合召开。

《公安机关办理未成年人违法犯罪案件的规定》出台 作为建国以来第一部较全面地规定了公安机关办理未成年人案件的公安部门规章，《公安机关办理未成年人违法犯罪案件的规定》于1995年10月27日起施行。该《规定》充分考虑到未成年人在生长发育阶段的身心特点及其在权利能力、行为能力和对法律认知能力等方面的特殊性，作出了由专人办案、主动提供法律帮助、严格限制采取行政处罚和刑事强制措施的条件、尽量缩短羁押时间等一系列区别于一般程序的规定。这一《规定》对进一步做好违法犯罪未成年人的教育挽救工作，预防和减少未成年人违法犯罪，以及健全我国公安机关办案程序，丰富和完善少年司法制度将起到积极作用。

我国首批少年“法官”结业 我国首批204名少年“法官”学员于1994年7月在武汉荣华法官学校结业。结业前夕，全国人大常委、内务司法委员会副主任朱光专程到武汉荣华少年法官学校考察。他说：“荣华少年法官学校是一个创造，是加强青少年法制教育的一种极好形式，它的成功经验值得推广。”《中华人民共和国未成年人保护法》颁布实施后，武汉市荣华街共建文明学校工作领导小组抓住这个有利时机，会同硚口区法院于当年5月成立了武汉荣华少年法官学校。首批学员经过两年的学习和实践，自身素质有了一定的提高，收到了社会、学校、家庭、学生四满意的效果。

10. 养老、敬老与老有所为

国务院颁布《农村五保供养工作条例》 为保障农村五保对象的正常生活，健全农村的社会保障制度，国务院于1994年1月23日发布并开始实施《农村五保供养工作条例》。条例规定五保供养所需经费和实物，应当从村提留或者乡统筹费中列支。五保供养的内容有五方面：供给粮油和燃料；供给服装、被褥等用品和零用钱；供给符合基本条件的住房；及时治疗疾病，对生活不能自理者有人照料；妥善办理丧葬事宜。五保供养的形式实行集中或分散供养。具备条件的乡、民族乡、镇人民政府应兴办敬老院，集中供养五保对象。五保对象入院自愿，出院自由。实行分散供养的，应由乡、民族乡、镇人民政府或者农村集体经济组织，受委托的抚养人和五保对象3方签订五保供养协议。

中华安老互助村在京开办 经国家民政部批准的“中华安老工程”开始启动。首家“中华安老互助村”在京开办。由退休老人创办的“香山怡乐老人之家”，收住了30多位老人；在北郊立水桥联办的“康寿老人疗养院”近200张床位开始接收寄托老人。其他有关安老、助老、养生保健、社区服务等十多个项目也在进行中。

中华安老互助村是接受中华慈善总会领导的民间公益团体，是由一批离退休老人和老年工作者遵循江泽民主席的“提倡社会互助，促进精神文明建设”和李鹏总理的“为民解愁，为国分忧”的指示精神发起创办的，是致力于实施国家民政部批准的“中华安老工程”的慈善福利事业和社区服务业单位。

中华安老互助村的发起和创建得到国家有关领导同志和全国人大代表、全国政协委员及社会各界知名人士的关心和支持。1995年全国政协八届三次会议以0095号提案支持安老互助村建立康寿社区的内容，提请北京市人民政府研究。市政府答复是一件好事，应予以支持。同年3月中央电视台《夕阳红》栏目连续七周对安老互助村作了系列报道。12月，北京市社区服务领导小组根据国家民政部等十四个部委文件精神，首批发给中华安老互助村“社区服务证书”。

中华安老互助村的宗旨是：自立自强，发挥余热，互助共济，养生保健，各尽所能，重在参与，人人受益，美在奉献，促进五个“有所”（养、为、医、学、乐）全面实现，减轻国家负担，辅助家庭养老，利国利民利老人。“安老互助村”的出现，适应社会老龄化的需要，其意义重大：1. 推动社会保障事业的发展，开拓自助型养老之路，减轻国家、集体、家庭、子女的负担。2. 为老人们创造一个良好的生活环境，帮助老人们摆脱孤独感、失落感，有利于老人的身心健康，也有利于老年人继续发挥光和热。3. 为老年学各学科的研究和发展，以及养生保健、延年益寿抗衰老的研究和普及工作，提供了极大的方便。4. 为我国以及世界范围内制定老龄化对策提供经验和借鉴。

北京12万古稀老人享受特殊照顾 北京市现有80余万退休人员。市各级领导十分关心他们。1993年，尽管市财政比较紧张，退休费用统筹基金有限，但市政府仍然为全市退休职工增发了生活补助费。到1994年，本市参加退休费用社会统筹的国有企业，月人均退休费达到199.50元，退休人员人均退休费最低水平已达160.15元。现在，全市各基层工会的广大贴心人服务队员无偿地照顾着9700多名孤寡退休老职工。已有12万名70岁以上的退休老职工拿到了优待证。

辽宁盖州市推行“养老保证书”制度 辽宁盖州市老龄工作办公室、盖州市民政局1994年在全市即将新婚的青年中推行“养老保证书”制度，即在他们办理结婚登记手续的时候，帮助他们签订赡养老人保证书。各乡镇统一印制“养老保证书”，由民政助理代办、司法部门出具公证，在登记青年双方自愿的情况下签订，保证书一式3份，新婚夫妇、村委会、乡老龄办各保存1份。

广州成立首家“以商养老”尊老康乐协会 广州首家“以商养老”的民办老人福利事业社团——广州尊老康乐协会，于1994年9月28日宣布成立。为筹集老龄事业的资金，在市有关部门大力支持下，这家新社团已取得令人瞩目的开拓性工作：兴办了广州尊老房地产开发实业总公司和广州尊老工贸实业公司，并与社会上热心老人福利事业的单位成立了10家公司、征用了25万平方米的土地。更喜人的是，筹建多时的广州寿星世界大厦已确定在石井镇黄金围地段兴建。这座可容纳600老人，为老人提供住、食、娱乐、康复等综合服务的大厦正力争尽早动工，两年建成。广东省、广州市领导高祀仁、黄伟宁、伍亮、郭向阳等在会上勉励这个新社团大胆走新路，力创新成绩。

山东省8万五保老人晚年生活得到保障 山东省五保事业发展迅速，现在，全省敬老院已由1979年的325所发展到1995年已有4499所，供养五保老人8万多人。该省各级党委、政府重视五保供养和敬老院工作，各乡镇政府拨出专款建设敬老院，大部分县市实行乡镇供养统筹，使五保老人的生活从根本上得到保障。

牡丹江市对市直企业老红军实行国家机关待遇管理 牡丹江市委、市政府为加强对企业老红军服务管理工作，决定从1995年1月1日起，对市直企业老红军执行国家机关享受副厅级离休干部工资标准和公费医疗制度，归市财政列支。以后机关离休干部遇有增资机会，老红军仍按机关的有关规定执行。具体生活待遇落实及服务管理，由原所在企业主管理部门负责。

天津市河北区建立320个老年知心站 天津市河北区先后建立起320个老年知心站。1994年1至5月，共接待老年31045人次，化解了许多家庭矛盾。针对社会上老年人孤寂现象以及老年人合法权益受到侵犯等社会问题，河北区一方面调整知心站的工作范围，推出了变坐等接待为主动上门的“聊天员”制度；另一方面，在偏远地区增加建站数量，1995年一季度就在较偏远的新区建立知心站78个。

武汉市蔡甸区全部孤寡老人入福利院安度晚年 1994年11月，湖北省武汉市蔡甸区蔡甸镇社会福利院又迎来一批孤寡老人。至此，这个区的755位60岁以上的孤寡老人全部进入了福利院，统一由政府供养。近年来，武汉蔡甸区各级政府把抓农村孤寡老人的供养工作当作为群众办实事、办好事的重要内容，采取县里拨一点，乡镇村补一点，群众集资凑一点的办法，兴建了老年福利院20所，以改变孤寡老人分散供养难的状况。为了给孤寡老人创造舒适安心的生活环境，蔡甸区所属的各福利院还走上“以工补院”、“以农补院”之路，通过发展院办实业增强经济实力，使福利院的生活条件明显改善。使全院的孤寡老人的供养费逐年提高。

大连市给2000名离退休职工颁发“敬老优待证” 大连市高龄离退休职工“敬老优待证”首发式1995年6月在大连机车车辆厂体育馆举行。这是该市政府、市总工会等12个部门为深入实施“敬老认亲工程”，让高龄离退休职工分享经济建设和改革开放成果的举措。持证老人将享受5项免费待遇、4项优惠待遇和4项优先待遇。即：免费参观博物馆、纪念馆、展览馆；免费进各公园游玩，年节可携带1名家属；免费到体育馆观看市级比赛；免费使用公园（广场）电源进行医疗体育活动；免费使用公共厕所。在公共浴池洗澡、理发馆理发半价；乘坐公共汽车、电车购起价票；参观旅游景点半价；到对外开放的影剧院（场）、文化宫（俱乐部）观看电影、戏剧、文化节目半价。在各医院、卫生所挂号、就诊、划价、付款、取药优先；购火车、轮船、飞机票和进站、进港、进机场优先；交房租和煤、水、电费优先；在粮站购粮优先。市区退管会为所有70周岁以上高龄离退休职工办理“敬老优待证”。

杭州常青村有部“敬老车” 在杭州江干区四季青乡常青村，有一部进口的马自达面包车，是专供村里老年人和村老龄委给老人办事用的，被当地群众称为“敬老车”。这部车是1992年由村老龄委筹集资金购买的。村里哪位老人生了病，这辆车招之即来。几年来，接送老人到余杭、桐乡、富阳、慈溪等地看病就达百余人次。

空军武汉基地“老战士报告团”演讲10年不衰 1986年，空军武汉基地干休所的10名离休老干部自动走在一起，以“高扬时代主旋律、做党的报告员”为宗旨，成立了“老干部报告团”。他们深入到院校、厂矿、企业、机关，为宣传党的路线方针政策，弘扬爱国主认精神而呐喊。他们先后写出167份讲稿，计820万字。他们的足迹遍及10多个省市，报告1400多场，听众达92万多人次。武汉市委、武汉大学、空军雷达学院等50多个单位聘请他们为“党的报告员”、“思想品德教授”、“思想政治教育顾问”、“政治辅导员”等。老战士的报告，激励了一批又一批的青年人。13000余封信件飞到了报告团成员手中，青年大学生们称他们为“开启思想的钥匙，塑造灵魂的良师”。报告团还应邀到10多所监狱、劳改劳教单位作道德、理想、前途的报告，给失足者颓废的生命燃起新的火焰。一批劳教劳改人员在老战士们的鼓舞下，戴罪立功，受到减刑、立功、提前释放等奖励。

南京万名老人闯市场 几年来，南京愈来愈多的老年人冲破传统的“养老”观念，利用自身的特长及多年的积蓄闯市场。据不完全统计，1994年1至10月份，约有万余名老人在他们亲手创办的各类经济实体中大显身手，既使自己晚年生活得到充实，也逐步走上小康富裕之路。利用自己一技之长与别人“合资”创办实体是不少老人的做法。瑞金路有座金陵康复门诊，就是3位退休老中医集资创办的。他们本来就是志同道合的老朋友，晚年的事业又丰富了他们的生活，自己生活也开始向小康迈进。相当多的老人更注重投资那些风险小的服务实体。如出租家庭用品公司、“家庭小包饭”、专送小学生的“护导班”、公用传呼电话等本小利微项目，但大部分都能盈利赚钱。至于不投资也能获利的项目更是一些缺乏经济基础的老人想做的事。秦淮区一位70岁退休教师，联络海外学生在南京创办了一家合资企业，自已也当上占有股份的“执行董事”了。

江西省湖新乡敬老院40多位老人走上致富之路 江西省湖新乡光荣敬老院40多名老人，大搞“顶树腰果底养殖，种养加工一起上”，走上了致富之路。这个敬老院的老人们，从1982年开始，自由组合，量力而行，组成农业、养猪、养鹅、养鱼、种菜、种果、护林、后勤8个生产小组，在院15亩耕地、1500亩山地上实行分工负责的定人定岗工作，把各组效益与经济利益直接挂钩，坚持实施综合立体开发，10多年不间断。1994年，他们已有松脂林900亩，松树林400亩；13亩果树进入盛产期，年产果1万多公斤；50亩油茶、油桐也全部挂果；5亩茶叶，年产干茶75公斤。去年1993年，他们又拥有了一家年产值5000多元的碾米厂，还饲养了3头母猪，繁育40头猪仔猪；饲养57头肉猪，现已出栏30多头；在2.5亩水面养鱼，产鲜鱼500多公斤；出笼家禽500多只。粮食、蔬菜也自给有余。1993年经济总收入达12万元，人均创收3000多元。

桂林市老科技登台唱“新戏” 桂林市老年科技工作者协会围绕当地经济建设需要，采取自愿组合、专业组分项目或分课题、个人独挡一面等多种形式，积极组织离退休科技人员为城市建设、工矿企业、农业生产献策出力，取得良好社会效益和经济效益。1993年，该协会组织离退休科技人员深入工厂进行调查，了解到有10多个急待解决的技术难点和攻关项目，回来后就分组进行分析论证，及时交出了成果。化工组开展了为市城建局策划的城市煤气管道工程进行可行性论证，为恭城县糖厂编制"中性蔗汁澄清剂"的试验方案等9项咨询服务活动；农业组参加了"901"优质米良种试验推广工作，撰写了20多篇科普文章；机械组派人到桂林、黄石、青岛、昆明等地去积极推广"橡胶机械上加大张装置"新技术，推动了当地企业技术改造。高级农艺师谭承裕带领80多名农业校毕业实习生，到临桂县会仙乡推广农业实用科学技术，使这个乡的农业产值比上年增长了67.8%。

商丘有支老年巡逻队 商丘县民安巡逻队是1991年初，在退休老工人石登高的倡议下组成的。队员均为离退休职工，年龄一般都在60多岁，他们不管白天黑夜，刮风下雨，常年坚持义务巡逻，配合公安、打击犯罪和开展法制宣传便民利民活动。3年里，这支巡逻队由组建时7人发展到50多人。他们共抓获各类违法犯罪分子34人，向公安机关报警410多起，调解民事纠份1750起，为民排忧解难3200多起，普法宣传20多场。

5名教师办老年书屋 山东菏泽市一中的袁鹏飞、朱明月等5名离退休教师，自愿组合，自献图书，于1993年6月份创办了"菏泽老年书屋"，每日购、租、阅书报刊者近100人，丰富了老年人的文化生活。袁、朱等5名教师，1993年3月份告别了奋斗几十年的三尺讲台。他们了解到：许多离退的老同志文化生活贫乏，大部分时间无所事事。自己在半辈子的教学生涯中积攒了近5000本图书，要是办个书屋，既方便老年人阅读，又有点收入，增添生活趣味。于是，袁鹏飞把这个想法同4位教师一说，他们也乐意把自己的藏书贡献出来，之后又将此愿望向学校领导汇报，得到校方的大力支持，把学校邻街的两间房让给他们。5位老师除集书外，还集资1万元，订阅10多种报刊杂志、购置了1000册新书，开始了他们的新生活。

八旬老翁杨栋庭35年擒贼不懈受赞扬 "全国健康老人"四川省乐山井研周坡85岁的老人杨栋庭，35年来共捕扒年2500多名，声名远扬。因为他见义勇为，有些被送劳教、劳改的违法分子获释后采取各种手段报复他及其家人。一次，他家喂的猪和鸡一夜之间被人毒死，还有一次，被他送进拘留所的违法人员钟某某竟骑着摩托车要碾死他，但他都以一身正气，大义凛然，和歹徒斗争。如今一些地方的群众还将他的事迹编成民歌广为传唱。

八旬夫妇喜获专利 年近八旬的湖南长沙电机厂退休职工熊嗣声、涂锦端夫妇，经过30年长期亲身尝试，发明的"保健大蒜"喜获国家专利。涂锦端过去因长期吸烟而患有严重的支气管炎症，1993年还发现患有肺癌；熊嗣声也先后患有冠心病、胃炎及动脉硬化等疾病。在多方求医未愈的情况下，熊嗣声于1964年从报上得知大蒜能治多种疾病，便独自试验，把大蒜捣碎成蒜泥，按一定的比例配以辣椒油、黑豆粉等混合，经净化、检验、包装后而成现在的"保健大蒜"。据专利局有关部门鉴定，认为它"具有营养丰富、防病健身、杀菌消炎、治疗多种疾病的积极效果，具有广泛的开发价值"。两位老人长期坚持吃"保健大蒜"后，熊嗣声的冠心病诸疾痊愈了，涂锦端的肺癌经医院检查证明也神奇地消失了。目前夫妻俩鹤发童颜，容光焕发。如今二老自筹资金办了长沙锦康保健食品厂，生产"保健大蒜"，昂然地走进市场的大世界。

古稀夫妇送信2000封 在彭浦镇大陈宅，住着一对年逾古稀的夫妇，男的叫姚建荣，女的叫颜阿二。5年多来，他们共为村民转送信件2000多封。几年前，子女们都成家立业，住进了新楼房，而这对夫妇仍住在老式平房里。这里不仅是生产队聚集开会、张贴告示、通知的集散场所，也是全村百十来户人家的书信交汇中转站，每天从邮局送来的报纸杂志、汇款书信，都由姚建荣夫妇逐户转发。为了把信件及时送到收件人手里，姚建荣夫妇不管刮风下雨，坚持做到信件不过夜。

4位古稀老人创办一所学校 4位老人，平均年龄73岁，凭着他们一份古道热肠和坚定信念，创办了瑞安第一所培养财经专业人才的民办学校并已走过10年的创业路。亮出"瑞安市财经职业学校"牌子时，仅有从市工商联借来的2000元，但4位老人的热心令人感动，教委10天内就批复同意创建，城关镇小学以低租金提供教室。应聘的文化课教师均系现职教师。学校一打出报名广告，立即在社会上引起强烈反响。第一期开设3个班，招了195名学生。招生数逐年增加，1994年秋季开设8个班，招生近500人。1988年，市教委批准该校成绩合格学生可获得职业高中毕业证书和珠算技术等级证书，1992年劳动部门又将该校列入招工分配指标，使毕业学生获得就业机会。学校越办越红火，也越来越正规。据统计，该校10年来累计报读4870人次，已向社会输送毕（结）业生1026人，并有92人评上中、初级财会专业职称。

何维玖默默资助烈士遗孀12年 1994年7月14日晨，在江苏省淮安市社会福利院安度晚年的洪白玉老太得知上海一离休干部何维玖病逝噩耗后，失声痛哭："天哪！这么好的人为啥不能长命百岁啊！"其实，这两位老人非亲非故，素不相识。原来他们之间有一段鲜为人知的故事。年近8旬的洪老太是抗日烈士丁澄的遗孀。1940年秋，淮安建立抗日民主政权，丁澄任十一区区长，率领抗日武装积极开展敌后斗争，次年11月被国民党和土匪残酷杀害，年仅25岁。当时，何维玖还是个十几岁的小姑娘，她为丁澄的英勇抗日事迹所激励，毅然投身革命，成为一名坚定的抗日民主战士。1982年，在上海工作的何维玖，从《淮安报》上一篇文章中了解到丁澄夫人还健在时，便定期给丁澄夫人以一定的经济补助。12年来，她向洪老太汇款46次，计人民币1080元。

八旬女红军吴志坚无私奉献40年 82岁的红军女战士吴志坚坚持扶贫济困、奉献社会40年。1995年，她又将刚刚补发的1万元抚恤金，全部捐献给第四次世界妇女大会中国组委会。1955年，吴志坚领到由供给制改为薪金制的第一笔薪金后，得知革命老区陕西韩城县办剧团缺少资金，便把400元薪金全部寄了去。1983年吴志坚在离休后的第一年，曾不留性名向南京几所小学分别寄书1200多册。前几年，她听说陕西老家发生旱灾，当即把仅有4000元钱全部寄给了家乡。吴志坚一次又一次为社会作贡献，为他人谋幸福，自己却过着十分俭朴的生活。她和保姆自己动手在院子里开垦了一小块菜地，栽上蔬菜，俩人每月伙食费仅有150元左右。

九旬老太李怀英捐款万余资助建桥 1995年5月11日，江苏省射阳县洋马乡张同村三组93岁的李怀英老人将自己30多年的积蓄，捐给乡里撤渡建桥，被传为美谈。李怀英老太太早年丧夫，平时她省吃俭用，辛勤养育4个儿女，如今，儿女们在党的富民政策指引下，个个都走上了致富路，对老母百般孝顺。当李怀英听说乡里要撤渡建桥，但资金紧张的情况后，立即将自己几十年积攒的1.2万元，让儿子杨书群送到乡政府。

窦毓棠老有所为填补了一项国家空白 窦毓棠教授早年毕业于哈尔滨工业大学，曾主持和完成过国家机械部下达的矿山和轧钢设备的电气工程设计项目100多项，其中有12项获国家、部省级科技进步一、二、三等奖。窦毓棠教授从岗位上退下来后，在矿山机械厂老干部处的组织下，经过4年的实验研究，发明了具有国际领先水平的我国第一台钢丝绳无损探伤仪。以往，我国由于检测技术落后，在使用单位潜伏着因钢丝绳强度损耗而发生灾难性事故的隐患，或因不合理更换造成的70%钢丝绳提前退役的巨大浪费。进口的检测仪器昂贵、笨重，检测准确率低，相比之下，窦毓棠教授发明的无损探伤仪，以其独创的漏磁场交链放大原理和技术上的突破，解决了真正定量检测钢丝绳内部各种损伤程度的世界性难题。经国家专利局检索及有关专家的评议认为，其各项指标均超过国外同类产品，居于国际领先水平。这一发明，为工农业及各使用单位提供了安全可靠的保证。减少了事故发生，提高了社会效益和经济效益。

两老翁义务出黑板报10年不辍 河北省青龙满族自治县离休干部田玉奇、田玉林老哥儿俩，不要1分钱，定期为本村出黑板报，坚持了10多年，受到村民的赞誉。1983年田玉奇、田玉林相继从县文化局和政府办公室离休回到家乡。他们充分发挥自己的特长，承包了村里两块黑板报。从自费订阅的10多种报刊上，编选出政策问答、农村致富经验等30多项丰富多采的内容，工工整整的抄录在黑板上。每两周一期，重要内容还要出增刊或连载。

北京军区"离退休医协"为民解难 以北京军区离退休的600余名医学专家和技术骨干组成的医务工作者协会所建立的12支专家医疗队，实行体检、治疗、追访"一条龙"服务，连续7年为华北地区2500个单位的100万人次进行诊病治疗，建立医疗保健档案，并为地方城镇医院培训医务人员6000余名。他们发扬部队为民爱民的光荣传统，全心全意为患者排忧解难。这支"离退休医协"于1995年12月初被北京市授予社会团体先进集团称号。

11. 助残与残疾人的自强精神

优秀残疾人报告会在京举行 "热爱祖国、自强不息——优秀残疾人报告会"1995年5月在北京人民大会堂举行。优秀残疾人代表催人奋进的演讲在万余名听众心中引起强烈的共鸣。报告会前。全国政协主席李瑞环接见了优秀残疾人代表孙淑君、边建新和李志军，对他们在生活中展示出的自强不息精神给予了热情鼓励。报告会后，国务院残疾人工作协调委员会主任彭佩云发表讲话，她认为残疾人同样是两个文明的创造者。他呼吁全社会应更加理解，尊重、关心、帮助残疾人，支持残疾人事业。报告会上，获"1994年国际杰出残疾人士奖"的沈阳市皇姑区启智幼儿园创办者孙淑君介绍了自己凭着坚强的毅力和不屈的个性，创建专门培养弱智儿童幼儿园的动人事迹；远南残运会首枚金牌获得者边建新报告了自己在爱的气氛中成长为一个轮椅举重世界冠军的艰辛与骄傲；解放军某部盲人军医李志军介绍了自己克服疾残带来的困难，努力探索按摩疗法的事迹。

10年来有百余万残疾患者康复 我国残疾人事业，10年来发生了巨大变化，有103万白内障患者、5万聋儿、36万儿麻患者得到康复；5000多个社区康复站帮助残疾人恢复补偿功能，培训提高了劳动技能；特殊教育学校由319所增加到1263所，普通学校创设5000多个特教班，盲、聋、弱智儿童在校学生增长7倍；残疾人福利企业达5万多个，残疾职工已占全国职工总数1%，一批省市县开始依法在社会各单位按比例安排残疾人就业；残疾人艺术团和残疾人运动员在国际交往和重大赛事中取得了显著成绩。10

年来中国残疾人福利基金会共接受海内外捐款人民币2.29亿元，用于各地残疾人康复、教育、劳动就业1亿多元，向“中华见义勇为基金会”和“中国青年志愿者行动”各捐款50万元，表达对他们扶持社会正义、倡导社会新风这一崇高事业的支持。

我国首所残疾人大学在烟台开学 我国第一所残疾人大学——山东烟台永康残疾人大学于1995年10月开学。这所学校由烟台永康集团公司投资1.8亿元兴建，学制2年。学校根据残疾人学习和就业的特殊性、因材施教，开设中医按摩、工艺美术设计、法律、财会、美术、计算机应用等专业，盲、聋、哑、肢残学生兼收，面向海内外招生。学生的学费低于同等普通高校。

苏州市残疾人事业蓬勃发展 江苏省苏州市残联依靠社会力量，采取多层次、多渠道安置残疾人就业，积极开展残疾人康复、教育等工作，取得明显的社会效益和经济效益。全市各级党委、政府和有关部门切实关心和帮助解决残疾人的实际困难。1994年各级领导走访残疾人特困户1000户，送去慰问金10万元，各地“红领巾助残”、“志愿者行动”，社区服务站为残疾人办实事3000余件。1994年六一节，市民政局、市残联、市妇联、《苏州日报》等14家单位发起“献一份爱心、认养一名残疾孤儿”活动，有6个单位认养了19名残疾孤儿。苏州竹辉家俱城将价值6万元的家俱捐赠给市区的贫困残疾人；市残联为残疾儿童捐献100部“智多星”专用收音机；许多机关、企业都积极伸出支援之手。为政府分忧，为残疾人解愁是市残联在工作中一贯坚持的原则。1994年一年，苏州市康复工作已累计完成白内障复明手术8683例，儿麻后遗症矫治手术1674例，聋儿语训34例，低视力康复223例，全市提前一年，超额135%完成“八五”计划纲要的总任务。此外特殊教育事业也发展迅速，现已有特教学校11所，特教班49个，在校生1089人，随班就读的残疾学生2237人，残疾儿童入学率达93%。苏州市还多层次、多渠道、多形式安置残疾人就业。截至1994年，全市各级残联举办经济实体191家，产值近7亿元，创利税8500多万元，直接安置残疾人就业589人，用于发展残疾人事业的资金达137万元。

海军105舰助残20年 海军105舰是一艘具有光荣历史革命传统的战舰，邓小平同志曾两次登舰视察，并为该舰题词：“要建立起一支强大的、具有现代化战斗能力的海军”。1994年4月15日，当这艘新型导弹驱逐舰下水巡航时，与该舰携手走过20个春秋的青岛盲校12名盲童作代表组成的特殊乐队在军港为官兵送行，以表达他们对105舰水兵们的敬爱之情。20年前，海军105舰与青岛盲校结成共建对子，水兵们始终把盲童当成自己的亲弟妹，生活上、精神上给盲童们无微不至的关怀，使一批批忧心忡忡的盲童踏进校门、一批批毕业生满怀信心走向社会，并且成为生活的强者。“全国三八红旗手”、“新长征突击手”岳玲7岁时双目失明，初到盲校时整天坐在床上抱头痛哭。水兵聂长安和战友们给她讲世界著名女盲人作家海伦·凯特的事迹，讲激励一代人奋发向上的保尔·柯察金的故事。已经成长为日照市城关医院副院长的岳玲动情地说：“105舰水兵对我们的关心教育，犹如甘露和春风，滋润温暖了我的心；又像一团火，照亮了我前进的路。”为了帮助盲童，水兵们专门设立节约箱，用卖牙膏皮、废报纸积攒起的钱买了一台“珍珠牌”洗衣机送给盲校；为了启迪盲童，水兵们把他们一批批带上军舰，拉着他们的手摸舰舷、大炮、舷窗。从郑成功讲到邓世昌，从南沙岛讲到青岛港。每逢寒暑假，水兵们就会来到盲校，帮助盲童们收拾行李，并一一把他们送到火车、轮船上；开学前夕，水兵们又提前去盲校教室和宿舍做卫生，再从车站、码头将返校的盲童接回学校。天长日久，盲童们能从话语和脚步声中准确辨别水兵的姓名。105舰还有一条执行了20年的“舰规”：舰在外值行任务时，凡回青岛出差，休假的同志，都要自觉到盲校去做好事和看望盲童，真正做到“人走情不断。”

武汉建设残疾人“康丽城” 武汉市有残疾人34万，他们在生活，工作、学习中常常遇到许多不便，理解、关心、帮助残疾人已经成为社会各界广泛关注的问题。1993年，由武汉残联，市聋人协会、市盲人协会联合发出的尽早兴建武汉市残疾人福利设施群——“康丽城”的倡议，立即得到中国残联和社会有关部门的大力支持，引起了广大残疾人朋友的普遍赞誉和国际伤残人有关机构的良好的反映。台湾残障青年励进会和日本“太阳之家”都表示了极浓厚的合作意向。“康丽城”是由武汉市残联领导并负责修建的融残疾人医疗康复，职业培训、文体娱乐、国际交流等服务项目为一体的综合性福利设施群，占地7658平方米，“康丽城”位居四通八达的黄孝河路北端，背倚汉口新火车站，北衔天河国际机场，东联长江公路大桥，是一座立足武汉、面向全国，连接海外，具有多功能、多项目、多视角的残疾人福利设施群。

南京兴建我国首座盲人植物园 由南京爱德基金会和日本东京绿化中国基金会捐款筹建的这座盲人植物园，位于梅花山脚，占地1公顷，园内分为花果类、药用植物类等七大区。花木以香型植物为主。高度不超过80厘米，以方便盲人嗅闻和触摸。园内设有休息室和一个大水池，供盲人触模一种植物后洗手，再辨认另一种。每种花木都挂有盲文说明标牌。

无手书法家郑阶平 郑阶平

是个没有双手，甚至也没有前臂的残疾人。1994年，他才34岁，但是他的作品却在中国美术的最高殿堂——中国美术馆展出，从而成为第一个走进中国美术馆的残疾青年艺术家。郑阶平3岁时就因电击双手臂，肘关节以下全都截断，由于自幼好强，在学龄前他就用嘴咬住笔杆，弄断了一根根铅笔；用两只断臂紧夹着笔，使伤口缝合处一次次流血。1975年，15岁的郑阶平开始用断臂夹住毛笔练字，因为没有手，妈妈帮她磨墨。郑阶平练字初期，坚持每天五点钟起床，真的做到了"闻鸡起舞"。他在艰难的学习之余，坚持听讲座，临字帖、拜老师，坚持不懈的潜心研习。1976年和1977年，他的书法作品先后在上海市徐汇区美术书法展和上海市中小学生书法展上被社会和专家们热情肯定。书法界老前辈对这个身残志坚的少年予以了很大的关注。书法界多位名家先后为他执教，找他谈心。他参加全国性书法竞赛，在2万多篇稿件中获得了优秀奖。1983年，他又获上海市职工书法二等奖。1984年，这个刻苦钻研书法艺术的残疾青年参加了在美国举办的第三届残疾人奥运会，打破了世界残疾人跳远纪录，还获得乒乓球铜牌和游泳第5名。1989年，他的个人书法展在上海美术馆展出。江泽民主席1987年在上海工作期间，曾给郑阶平题词："闻道有蚤莫，行道有易难，然能自强不息，则其至一也。"这位靠毅力读完中学和业余大学的青年书法家，以其在本职工作——上海淮海中学图书馆馆长和书法教师的岗位上的奋力拼搏，又被评为上海市"新长征突击手"。

我国第一部残疾人诗文集出版 一本全面系统反映中国当代残疾人文学创作整体水平的诗文集《地平线的呼唤》由长春出版社出版。中国残联主席邓朴方为这本诗文集题词："做生活强者，唱时代新歌"；著名作家冰心老人担任该书总顾问。诗坛泰斗艾青、臧克家、公木、著名作家端木蕻良、吴祖光、刘绍棠、严文井、苏叔阳、韩静霆及沈醉先生均为该书顾问，著名的残疾人女作家张海迪题写了书名。这本诗文集选录了40位残疾人的作品，共32万字。既有蜚声海内外的著名作家的力作，又有刚刚起步的文学青年很有思想深度和艺术表现力的习作。作者中既有史铁生、史光柱、新凤霞、王占君、陈丹妮、沈东子等知名人物，也有只能用口衔笔进行文学创作的女青年张莉等一大批新人。这个诗文集是一部多层次、多角度、多题材、大容量、全方位的残疾人文学作品选本。

15岁的助残模范余润波 湖南省岳阳市郊区一中初三学生余润波1995年才15岁，可他9年如一日帮助同窗乡里李伟的动人事迹为当地人赞不绝口。1989年余润波被市教委评为"学雷锋标兵"；1990年被评为"岳阳市十佳少年"；1992年被评为"全国助残模范"；1993年又被评为"全省十佳少年"。余润波和李伟同是岳阳市郊区铁炉村人，从小要好。李伟因5岁时患病致残，右手失去活动能力，两条腿又细又弯站不直，走路无人帮助便会摔跤，说话也含糊不清，余润波却能从他的言情动作中体会其意。9年前，李伟见余润波上学前班，嚷着也要上学。李伟的妈妈认为他右手不能握笔，行动又不方便，特别是胆量特小，连汽车喇叭声也可把他惊倒在地，上学是不可能的。小润波知道母子俩的心思，主动说："让伟哥上学吧，您放心，我背他！"李伟妈说："读书不是一天两天，你哪能天天背他？"润波说："雷锋叔叔一辈子帮助别人，有的人甚至都不认识，何况我和伟哥是好朋友呢？让我来试试吧！"就这样，从上学前班的第一天起，余润波就挑起了照顾李伟的重担。李伟家后来建房搬迁，两家距离有2里路，中间还隔着一个山头，小润波每天提前出发绕两里路把李伟背到学校，放学后又背送回家。别看润波岁数小，心可特别细，上厕所，看电影，润波背他去，就连课间10分钟，也背他到室外活动活动，呼吸呼吸新鲜空气。上学放学接送李伟，晴天还好一点，李伟还时不时能下地拐几下，让润波喘口气；一遇到下雨下雪，小润波就要费九牛二虎之力了，因而小润波经常是累得汗流夹背，还常常搞得浑身泥水凉透全身。有时，李伟由于疾病不能上学，润波就在课堂上帮李伟记笔记，放学后再去帮助李伟复习。余润波的父母先是菜农，后因土地征收，父亲又大病一场，只能闲在家里。60多岁的爷爷虽有风湿病，为赚几个油盐减轻经济负担，也重操旧业上街为人理发，可其家境十分困难。小润波的父亲对别人说："我们的日子虽过得紧，还是支持润娃照顾李伟，谁家没有生老病痛啊！"邻居们盛赞润波从小帮助李伟，风雨无阻，他父母善良热心。面对接踵而来的荣誉，余润波说："荣誉不能养活人，帮助伟哥是我应该做的，只要他继续读书，我就继续背他。"

陈梁悦明女士爱心献盲校 香港盲人辅导会总干事陈梁悦明女士从1987年得知广州市教育局要建立一所盲人学校起，十年来热情相助，四处奔波，不仅使设在广州沙河的这所盲校初具现代化的设施，使广州的失明人士和盲童有了一个接受良好教育的场所，而且她自己出钱资助有困难的盲童读书，并带动了她周围的许多朋友、同事纷纷为盲童献出颗颗爱心。广州盲校的学生由衷感谢陈梁悦明女士的义举，亲切地称她为"香港阿姨"。陈女士多年从事盲人的辅导康复和教育事业，对盲人的处境有着深切的了解和同情。广州盲校建校初期，他主动向有关方面介绍香港盲人教育近百年的丰富的经验，从办盲校的构思和设计，到教师的培训，她都积极参与，提供资料和建议。为了使广州盲校与世界水平看齐，她还专门请来国际知名的英联邦盲人协会教育顾问施惠和先生，对盲校的课程内容和师资培训提出许多具体意见。同时，她还联络有关建筑师和盲校负责人，到香港参观盲校和辅导会，让他们对盲校的内部设施和辅助教具，仪器等有一个直观的了解。陈女士和施先生的许多意见均被广州方面采纳。1989年盲校建成后，陈女士首先为盲校在国际上申请了一笔钱，用来进口盲人专用的写字板、书包、盲人打字机等学习用具和教学设备，价值10万港元，给盲校教学带来很大帮助。经陈女士安排，香港、广州两地盲校的老师还分别进行了互访和参观。盲人打字机是盲校学生重要的学习工具，目前只有美国一家工厂可以生产，每台价格在6000港元以上，广州盲校的20多台盲人打字机都是陈女士找人赞助买来的。如今，她还在积极联系香港社会名流和爱国人士进行赞助，力争让广州盲校的学生每人都有1台这样的打字机。近期，她以个人名义在荷兰申请了一笔基金，用来资助13名盲童读书。通过她的介绍。已有50名盲童重新获得了受教育的机会。1994年，陈女士所在的香港盲人辅导会和香港“快活谷狮子会”联合举办了一项“光明活动”的筹款行动，计划筹款1000万港元，以帮助香港、内地以及亚太地区的盲人，给他们带来光明。在已筹得的款项中，经陈女士的推动，特拨出10万港元，作为一笔基金存入银行，每年约1.5万元人民币的利息，资助10名广州盲校的学生读书，长久解决一些盲童的生活费问题。

残疾青年赵端品建厂助残 安徽省濉溪县刘桥镇自幼双腿致残的青年赵端品身残志坚，拼搏致富，曾被全国个协、国家工商局和团中央联合评选为“全国先进青年个体劳动者”。1995年2月，赵端品投资18万元的灯泡厂一期工程投产；5月，二期工程完工，新工人陆续进厂，至此，赵端品已先后安排140名残疾人就业，受到了社会舆论的广泛赞誉。赵端品致富后一直打算办个适合残疾人工作的企业，由于种种原因，此梦未圆。1994年底，当他了解到海洋捕渔业用的小灯泡在市场上供不应求而且很适合残疾人制作的信息后，立即赶到江苏南通和无锡等地实地考察，并一次拿出省吃俭用的9.7万元订购了设备，聘请了12位技师。当人们得知赵端品办的灯泡厂要把所有残疾人招收为工人时，不少人劝他少招些，以免影响产量和经济效益。他却认为只要有更多的残疾人进厂工作而能达到自食其力，哪怕一年少挣十万八万元钱算不了什么。灯泡厂第一批招收的工人中，残疾人占65名，他们在技师的指导下边干边学，短短两个多月就生产110多万只灯泡，并且全部销售一空，产品还打入了东南亚和西欧等国外市场。在第二批招收的新工人中，残疾人有75名。由于就业，不少残疾人感受到了自身的价值，生活中重新扬起了风帆，从心里感到满意和高兴。赵端品经过多年努力，终于实现了办工厂扶残助残的初衷。

邵阳市残疾人业余体校成绩斐然 湖南省邵阳市残疾人业余体校是全国唯一的一所残疾人业余体校。这所体校成立一年多来，经该校训练的运动员在全国性比赛中共夺得金牌10枚，银牌5枚，铜牌3枚，另有5人破10项全国纪录，2人超3项世界纪录。1994年第六届远南残疾人运动会上，这所体校有12名运动员为国家队队员参赛，并取得良好成绩。

孙淑君等5人获国际“杰出伤残人士奖” 1995年3月5日，在深圳举行的国际扶轮社港澳区第34届年会，把1994年度中国地区“杰出伤残人士奖”颁发给王延，孙淑君、籍雅琴、吕世明、丁铁军五位大陆残疾人，以表彰他们克服自身障碍，在个人成就上的卓越表现，及其对社会作出的贡献。扶轮社港澳区总监郑慕智先生、香港金钟扶轮社社长潘家风先生与获奖者一一亲切握手。中国残联主席邓朴方热情致词，他说：“今天受到表彰的5位朋友，是内地5000万残疾人的代表……他们有一个共同点，就是自强不息，奋力拼搏，为社会贡献自己的一份力量。”邓朴方将一个纪念座、一份奖状、和1万元港币奖金分别授予五位获奖者。

残疾青年孙辉民高科技领域显身手 陕西省西安市新航电子技术公司经理孙辉民出生才8个月就因小儿麻痹落下了一条跛腿，可他对命运不公正的抗争却从小至今从未停止过。当年，他两次参加高考，成绩都超过录取线却被拒之门外；此后，他不仅自己在计算机领域中创造了令全国同行瞠目的一连串成绩，而且创办了陕西省首家福利企业高新技术产业公司——新航电子技术公司，并占有西安市高新技术序列的一席之地。肢残志不残的孙辉民虽然未能进入正规院校，但他自学不息，顽强拼搏。电大毕业时，尽管他怀揣优秀学员证书和毕业设计优秀奖状，寻找工作时却一再受到冷遇，但他从未气馁。1984年元月，当他作为CEC电脑电气技术有限公司软件编绎骨干受到邓小平同志接见时，还是一名月工资26元的临时工。邓小平同志的勉励，坚定了孙辉民的信念：残疾人不能只从事简单的体力劳动，在高科技领域内也要有所作为。从那时起，为残疾人高层次就业闯出路子，便成为他孜孜追求的梦。以后的几年，孙辉民凭借着自己的才智和执著，接连荣获国家科学技术进步三等奖、航天工业科学技术进步二等奖、邮电科学研究院嘉奖、研究所三等成果奖并创汇121万港元。1992年9月，孙辉民毅然迈出了集资创办残疾人高新技术福利企业的坚实一步。1993年5月，国务院机关事务管理局准备编写一套中央国家机关房地产管理信息系统软件，国家统计局计算中心，北京中关村博士生公司和孙辉民创办的新航公司3家竞相投标。面对两家大公司的竞争，孙辉民和他的同事们以快速、高效、准确的成绩令对手大为惊讶。由新航公司编制的这套软件，已在国务院直属部委中使用。此后，他们又相继完成《新航财务软件》《企业成套技术资料管理系统》《土木试验数据处理系统》等软件的编制工作，大大提高了机关工作人员和科研人员的办事效率。比如，《土木试验数据处理系统》投入使用，使过去一个高级工程技术人员需两天完成的任务，现在一个普通高中生两个小时即可完成。编写软件极耗费心血，孙辉民带着他的伙伴常常是通宵达旦地干。仅有12人且残疾职工占60%的这家小企业，开业第一年就创利润20万元。1994年，为了促进兄弟福利企业的管理水平，新航公司一次就捐献30套新航财务软件，总价值达15万元，还免费培训操作人员。1995年初，孙辉民在深圳创办了分公司，并把编制软件的触角伸向了《股票分析》《资产评估》等领域，产品销往上海、北京、辽宁等10多个省市。十年圆了一个梦，孙辉民自强不息的拼搏精神体现了一个残疾青年的健全心灵。

残疾教师阎成米和他的船头学校 江苏省泗洪县临淮镇二河村船头小学教师阎成米在洪泽湖水面以残疾之躯坚持船头教学31年，继1991年被评为全国教育系统劳动模范之后，1995年再次被评为全国劳动模范。当年，17岁的阎成米在走上讲台前的那天晚上，曾怀着激动的心情，奋笔写下了这样的话："燃我青春之火，去焚烧二河村没有文化的历史；沥我青春之血去洗涮乡亲们因为不识字而被人耻笑的耻辱！"阎成米是跛着萎缩的右腿走上教学船的，在离临淮码头约10公里的洪泽湖水面上，四周一片汪洋。一条小船的座舱里，挤着几十名学生。阎成米白天对全日制学生实施教学，夜晚还要为村里办扫盲夜校，备课和批改作业全靠"开夜车"。一年四季，他就娲居在那条小小的船上。水上生活使他多次险遭不测，至于其它辛酸苦辣就说不完了。生活的异常艰苦使当年与他同期下湖的20多名教师纷纷"返回大陆"，原有的10多个船头小学，也只剩下阎成米仍在正常开班。据不完全统计，31年来，光是他破例收教的客籍渔家子弟就达300多名。据推算，31年煤油少说也用了1000多公斤；接送孩子们用的小木筏子，夜校学生用的纸、墨、薄本……，也都是阎成米用自己的钱买的。阎成米成年累月生活在湖面上，随他而居的妻子不适应潮湿的环境落下风湿性关节炎。不少亲友规劝他，也有人动员他到岸上工作，可他"痴心不改"他指着学生说："我走了，谁来教他们？"阎成米的孩子在10公里外的陆地上读中学，十分想念父母，一次他央求爸爸："你把教学船往中学那边移一移行吗？移一移我回家就方便多啦！"阎成米眼睛湿润着说："爸爸的船一往那边移，人家的孩子来我这儿上学就很困难了，要多想想大家呀……"

轮椅上的举重冠军边建欣

边建欣是个内蒙古姑娘，刚刚20岁。由于儿麻后遗症，不满1岁就双腿致残，她的生活就是在轮椅上度过的。1995年9月5日，边建欣在远南残运会上以77.5公斤的绝对优势一举夺得44公斤级比赛的金牌，并且打破了世界纪录，成为第六届残运会首枚金牌得主，使全国5000万残疾人为之振奋，国人为之骄傲，举重，历来被视为身强力壮大力士的运动项目。边建欣不仅身有残疾，体重也只有40.3公斤，显得十分娇小。包钢业余体校举重教练李伟朴独具慧眼地收下了她。在李伟朴教练的严格训练下，边建欣在摸杠不到一年的时间里，就以优秀的成绩成为举重"李家军"队伍中的皎皎者。为了备战远南残运会，边建欣每天要承受2万公斤的运动量训练。由于是高强度训练，建欣常常练得脸发白，睡不好也吃不下，有时吃了又吐，吐了再吃，但她从未叫过苦，硬是咬着牙挺了过来。李伟朴教练说：他自己也常被边建欣刻苦训练，自强不息的精神所感动。1995年4月，边建欣参加了澳大利亚墨尔本残疾人举重世界锦标赛，她力挫群雄，一举夺得40公斤级的3枚金牌，打破了3项世界纪录。国际残奥举重委员会主席，国际轮椅联合会主席竟6次走下贵宾席向边建欣祝贺，并亲吻了她。

倒长双脚的陈艮朝步行全国

湖南郴州市青年陈艮朝双脚先天倒长，行动艰难。可就是这样一个残疾人，肩背行囊，手扶铁杖历时4年零3个月，经历14个省、市、自治区，行程2.5万公里，残疾的双脚踏遍了半个中国，以奋斗精神实现了他步行全国的目的。1990年1月，在湖南团省委、省残联的支持下，他肩背行囊，冒着大雨开始了征程。在途经广西十万大山时，因断粮他误食野草中毒，口吐白沫，人事不省，幸遇猎人被救；在穿行蒙古沙漠时，他被风沙围困，断粮、断水10多天，最终一步步爬了出来；在翻越六盘山时，他立足未稳，摔下深谷，幸好摔在松土层上才得以活命；其它如与狼同行，与蛇共卧也是间或有之。陈艮朝沿途为需要帮助的人们修理家电、看望残疾朋友，给他们送去一份份情爱，许多学校请他去讲演、座谈。他的话经常被学生们的掌声打断。

郝锦荣以一片爱心回报社会

山西省介休市残疾人郝锦荣用高尚的情操、无私的奉献，赢得了党和群众的信任。他先后当选为介休市政协委员，市人大代表，省八届人大代表，全国个协常务理事，两次受到江泽民、李鹏等党和国家领导人的亲切接见。郝锦荣自3岁时患小儿麻痹落下后遗症后，双腿肌肉萎缩，行走十分困难，可他身残志坚，经过7年苦练，学得一手修理钟表的好手艺。1982年春，在介休市，他开办了一个"锦荣钟表服务部"。开业的第二天，他贴出了这样一份广告："凡在我部拨快慢，换表门、擦水汽、上螺丝、换电池、接表带一律不收费；解放军、公安干警、孤寡老人、残疾人实行全免费；节日期间免费修表3天。”他还制作发放了4000张“拥军优属免费服务卡”以方便军人、军属。到1994年，他累计为群众义务修表3万余人次，免收配件费和修理费5万多元。这期间，他还先后为中国少儿基金会，希望工程、南方水灾区、中国残疾人基金会等社会福利事业捐款近万元。虽然按国家规定残疾人开店可以免税，但作为“全国先进个体劳动者”的郝锦荣每个月的第一个工作日他总是亲自将税款送到税务所。12年来他已累计交纳各种税款达3700多元。1990年还获得“全国纳税模范户”称号。从1990年开始，连续五年来，他每年拿出四五百元为附近的12所学校和看守所订阅《山西法制报》《民主与法制》《环海时报》等报刊。

残腿职工李正信荣获“首都劳动奖章” 北京市第三社会福利院年近五旬的李正信从16岁起在收养他的福利院里一干就是30多年，先后当过鞋匠、电工、维修工，架子工，还站过柜台，养过鱼，又从事洗衣缝补等服务保障工作，1994年“五一”节前夕荣获了“首都劳动奖章”。李正信所在的第三社会福利院是个以康复医疗为主的精神病院，院内养护着460多名精神病患者。病人们每天换下来堆成小山似的脏乱衣服、被套、床单、尿垫都要经过李正信负责的洗缝班清洗。据最近三年统计，李正信和他带领的几名康复后的精神病患者，共洗涤衣物550多件，缝补40多件，加工制作床上用品10件。不仅为福利院节省了大量资金，还解决了供应的急需。不难想象，带领几个精神病康复者工作时的酸甜苦辣。第三福利院职工有口皆碑，李正信以院为家，“家”里的事，他样样钉是钉、铆是铆，从来没有半点马虎。有朋友为他在一家企业谋到一份收入丰厚的星期天加班的活儿，他谢绝了朋友的好意，节假日依然坚守在本职岗位上，默默为福利院这个大“家”作出一个共产党员的奉献。

踏遍青山的“拐杖郎中”刘序森 湖南省沅陵县中草药医院负责人，残疾青年刘序森虽然因小儿麻痹后遗症留下了肢体残疾，但执着的追求和坚韧的毅力驱使他硬是拄着拐杖爬山涉水，走村串巷，探查中草药资源，培植药材基地，足迹踏遍了沅陵县的巍巍群山，村民们亲切地称他为“拐杖郎中”。1987年，他考进了湖南省中等卫生专业学校，毕业后在乡卫生院当医生，后又主动来到沅陵县中草药医院，负责中草药开发研制工作。经过调查、走访，刘序森针对沅陵县地处山区，中草药资源丰富，开发价值高，市场前景广的特点，提出了“药材开发立足本县，辐射全省，放眼沿海”的构想。他一边拖着残疾的身体爬群山，越险滩，访药农，查资源，一边用学到的知识指导农户采集、种植中草药并进行粗加工，使不少药农增加了收入，有的还走上了致富之路。刘序森还自费购千余元的专业书籍，订阅十余种专业报刊，记了8万多字的学习笔记，收集整理了上千条药材开发信息，为农民种植户编印了数十册药材种植高产技术资料。为了拓展中草药市场，近两年来，他克服了常人难以想象的困难，行程两万多里，签订了近三百万元的购销合同，使沅陵山区的中药材走出山门，走向海内外。

全国农村青年星火带头人何彦生 甘肃省敦煌市肃州乡瑰家桥村32岁的何彦生双眼平均视力仅为0.03，是个医学上称为“弱视”的残疾人。由于他在事业上的顽强拼搏，1990年被酒泉地委评为“全区优秀青年”；1991年又被团中央授予“全国农村青年星火带头人”称号；1995年再次被评为酒泉地区“十佳青年”之一。高中毕业的何彦生1981年回乡后在村里担任团支部书记，把青年工作搞得红红火火，在群众中很有威信。1988年春节刚过，在团市委和民政局的支持下，为了开辟一条残疾人就业的门路，何彦生怀揣着从信用社贷来的5000元钱，去中原几家福利工厂考查。他提着一大袋干粮，外出一个月，跑了几个省，回来一算帐，除车票外，连吃带住仅花了130多元钱！当年9月，敦煌市第一家社会福利厂——丝路春社会福利厂在一间库房里诞生了。五年里，丝路春社会福利厂累计生产药物鞋垫70余万双，劳保手套20万双，创产值90万元，利税8万元。1994年5月，何彦生又瞄准市场行情，投资10万元，办起了福来德快印店，经营打字、复印、承做名片等业务。开业半年就净赚1.6万元，其优良快捷的服务已经在酒泉市声名远扬。丝路春富了，何彦生也有了名气，但他关心残疾人的初衷始终不变。几年来，这个福利厂先后安排了38名残疾人就业，他们有的成了生产骨干，有的成了致富能手。何彦生本人更是不时解囊帮助困难职工，少则几十，多则上千。丝路春社会福利厂对残疾职工有一条特殊规定：只要是残疾职工，每月工资比常人增加20%的补贴。所以工作虽然苦点，累点，残疾人都乐意在这儿干，他们说因为何彦生在他们心中播下了自强不息和爱的火种。

独臂画家、雕刻家孙洪发 辽宁省宽甸满族自治县振江乡西江村残疾青年农民画家孙洪发雕刻的工艺品在1995年丹东市第二届东方丝绸节产品展销会上倍受外商欢迎。其中一只由2700多只甲虫经过高温防、腐处理，粘贴而成的“龙耳荧翠瓶”由于溢彩流光，如瓷似陶，瓶底座上雕刻着110多个栩栩如生的人物而被称为巧夺天工之笔，外商们给予了极高的评价。孙洪发虽然左手伤残，可他酷爱美术，始终追求自己有朝一日成为画家，雕刻家的理想，为拜师学艺，他不知熬过多少不眠之夜，数不清爬过多少山，淌过多少河。曾有人讥笑他：“一个残疾人还想作画？”他却横下一条心，锲而不舍……终于，一张张年画，农民画飞出了他的笔端。他先后创作了《鸿福满堂》、《福富有余喜迎门》、《龙飞凤舞》等16幅作品，分别在辽宁，吉林、陕西等省区美术出版社出版。其中《连年福》在全国发行高达110万张，《十二子接福》印数达17万张，年画《双鱼吉庆》在美国威尔明顿市展出并被收藏。1990年开始，孙洪发又致力于工艺品雕刻。经过苦心琢磨、反复试验和精雕细刻，他创作出一系列龙腾瓶、高级装饰箱、珍珠盒等工艺制品。然而孙洪发并没有满足，探索中他发现甲虫在阳光反射下有7种自然光泽。于是他用一只手捕捉了上千只甲虫，又花了300多元钱从孩子们手中买下了3万多只甲虫，反复研究甲虫的高温防腐处理，终于成功地制成了绚丽多彩、独具特色的甲虫仿古花瓶。

区镇烽身残志坚攀高峰 广州电焊机厂综合车间副主任区镇烽是一个下肢严重残疾，完全靠双拐代步的残疾青年。他以强烈的自立、自强的信念，坚持刻苦自学无线电技术，并把学到的知识与生产实践结合起来，进行技术革新，作出了突出贡献，被广州团市委授予"广州新长征突出手"。1988年，区镇烽根据国家关于停止生产耗能交流电焊机产品，推广节能产品的要求，与技术人员一起设计节能电焊机。他克服一个又一个困难，终于成功地设计、试制了易装配、性能好、符合国家节能要求的BX1—125交流焊机，投产后深受用户欢迎。近几年来，他又与有关技术人员一起攻关，先后研制投产了BX1—300等高质量的交流焊机，还在生产过程中对绝缘、噪音等问题进行了技术改造，收到良好的效果。他和同事们设计的ZX5—400可控硅焊机控制板，荣获广州市经委，市总工会、团市委、市科协合办的"五小"成果鼓励奖。对于下肢严重残疾的区镇烽来说，每干一件工作都要比健全人付出更多的艰辛。平常，他除了保质保量完成厂交给的各项生产任务外，还积极配合销售部门搞好产品的售后服务，经常登门到用户单位调试、维修产品，征求用户对本厂产品的使用和改进意见，并根据用户反映提高产品质量，使工厂产品深受用户欢迎。

残疾人林启明的青山恋 浙江省景宁县大漈村40岁的农民林启明是个身高只有1.39米，体重只有35公斤，左手三指连体；不能分开，也不能伸、握的残疾人。虽然身体的残疾给他的生活和生产带来了诸多不便，但是，自1984年以来，他用坚强的毅力，10年的时间治理荒山，营造林场，取得了令人信服的成果。1994年8月，林启明的一片276亩速生杉木林活树拍卖时，竞买者出价18万元以上，一时成为景宁县的热门话题。由于身弱力薄，别人干一天的活，他要两天；别人挑100斤还快步如飞，他挑50斤肥料上山已是步履艰难，但林启明没有被困难吓倒，他执着的追求和顽强的拼搏精神与日俱增，连续拼搏了5个冬秋，把人生与青山融成一体，终于栽下了近8万株速生丰产杉木。林启明治理荒山成功之后，又在县民政局的支持下，走上了一条林畜并举之路：于1993年购进15只母羊，精心护养，一年之间就发展到46头。羊多了，肥料也增多了，他的杉木苗也加快了成长。

残疾青年吴耀军自学考取博士生 江苏省丹阳市访仙乡残疾青年吴耀军，通过顽强自学，于1989年考取硕士研究生，毕业后任江苏省华东船舶工业学院基础部高等数学助教。1993年12月，他以优良成绩被南京航空航天大学录取为测试计量技术及仪器专业博士生，并于1994年初入学就读，成为江苏省第一个自学考取的就读博士学位的残疾青年。

李志新创办残疾人文化艺术中心 北京市残疾人福利企业家李志新先生投资200万元兴建的"淼淼文化艺术中心"于1995年9月26日在北京地坛公园东门落成。由个人出资创办文化艺术中心，这在全国还是首创。李志新先生创办这个"中心"旨在弘扬华夏文化，展示当代中国残疾人群体风采，培养、扶植残疾人艺术人才，进行残疾人之间的文艺交流及学术研讨，以便让残疾人艺术家与其它艺术家一起，共同支撑中华民族五千年灿烂的艺术殿堂。"中心"开放以来，已数次为有造诣的艺术家举办展览无偿提供展厅，为数位残疾人画家无偿提供画室。

老伤残军人秦德君的最后奉献 秦德君是吉林省盘石县二道岗乡敬老院的一位老伤残军人。老人解放战争初期参军，1948年在著名的黑山狙击战中受伤，造成股骨萎缩，被评定为二等乙级伤残军人。几十年来，老人从不居功自傲，不把荣誉当资本，不向组织提要求，生活节俭，朴素，深受人们尊敬。1995年5月27日，秦德君老人在生命弥留之际，把一沓人民币颤抖地交到病榻前的院长手里，断断续续地说："我快不行了，我的一生是共产党给的。我在院里呆了这么多年，天天有人侍候，我感谢党，感谢大家。这笔钱是我平日积攒下来的伤残抚恤金，一共是3700元，我把它交给敬老院，作为对集体的最后奉献吧！"说完这番话后的第三天，老人就安祥地闭上了双眼。秦德君老人的举动，深深地感动了在场的每一个人：老人留下的不仅仅是钱，更珍贵的是他对党和人民的深切眷恋。

12. 文明生活方式与移风易俗

春节期间的上海文化消费 1995年上海市民春节文化娱乐出现了新趋势。一连6天假期使外出旅游成为一大热门。现在市民旅游消费意识已从经济实惠型转向舒适享受型，普遍要求飞来飞去。其中还约有1000余市民自费出境，主要目的地是港澳及东南亚。"上海人喜欢图新鲜"沪上第一家开设在嵩山路上的上海皇宫保龄球馆，春节期间天天"满堂红"，馆内的24条球道条条客满，虽然玩一局需花40元，但从初一到初五每天下午直至凌晨2点玩者不断，"年轻人崇尚轻松随意"。随着"春之声"圆舞曲的优美旋律，近1000平方米光亮如镜的冰场上，数百名青年人正轻松自由地滑行……上海冰宫成了节日里年轻人最喜欢的去处。

百万妇女为上海增绿添美 1994年3月12日，上海市百万妇女"增绿添美献爱心"活动拉开帷幕，市妇联号召全市妇女积极行动起来，为上海增一点绿，添一点美。市妇联要求各级妇女组织抓好"三个一百"示范活动，即在市区设立100个"示范护绿岗"，在农村建立100个"示范护林队"，在全市女个体劳动者中，结合100个文明摊店建设，树立100个"绿化美化示范摊店"。市妇联还将和有关部门联合开展"百佳屋顶、百佳路段、百佳商店、百佳里弄、百佳村"的绿化五个百佳评比活动。

南京兴起家庭科研所 名不见经传的华洋新科技研究所1994年元月成了古城南京的一个热门话题。这家由科技人员下海创办的个体研究所有一个新奇的称呼：家庭科研所。"华洋"的主人是一位退休的高级工程师，1年来，他带着儿子研制出双层电脑转桌，电脑防毒卡等近10种新产品，慕名前来洽谈转让成果者络绎不绝。眼下，南京有一批科研人员办起了家庭科研所，其中经工商部门登记注册的就有四五十家。

20万"压岁钱"添一所希望小学 《中国少年报》"手拉手"小记者采访团的20名小团员，1994年5月上旬带着全国小朋友捐赠的20万元压岁钱，来到刘邓大军当年战斗过的地方——河南省光山县砖桥乡陈乡村，参加全国第二所"手拉手"希望小学的奠基活动。"手拉手"活动是由《中国少年报》发起的，全国各地的小朋友为此纷纷捐出自己的压岁钱救助农村失学少年。全国第一所"手拉手"希望小学就建在河北省西柏坡。作为全国小朋友的代表，这20位来自北京、广州、上海、深圳等地的小记者在光山县先后参观、采访了革命旧地和破旧的陈乡村小学，并向当地小伙们赠送了一批学习用具。上海的小记者郑凯波还代表普陀区潭子湾路一小800名小学生又捐款3300元为希望小学图书馆购书，还有校服、红领巾、信封、邮票等，让上海——大别山的小朋友永远"手拉手"。

张志军富了不忘村民文化生活 在辽宁西部的喀喇沁左翼蒙古族自治县南哨镇白音爱里村，有个文体娱乐中心户，户主张志军无偿为乡亲们提供文体娱乐场地和设施，丰富了村民文化生活，受到村民称赞。张志军家1994年前后靠粮米加工和生产空心水泥砖走上致富道路。他看到本村有些人劳动之余没事干，尤其是一到腊月、正月农闲时节，聚到一起斗牌，打扑克、搓麻将，闹得夫妻反目、家庭不和，就思谋着建一处文体误乐场地，丰富村民文化生活。于是，他便在1994年春天翻建旧房盖小楼时，将一楼的140平方米设计成了台球、乒乓球、棋类和图书阅览4个活动室，还在门前自留地里立起了一副标准的秋千架和两副篮球架，乡亲们在劳作之余，来这里荡秋千、打球、下棋、看图书，各得其乐。1995年农历正月二十一和二十二，张志军还承办了"白音爱里村首届那达慕大会"，全村有150多名队员上场参战，几千名群众前来观看、助威，将小村的文化活动推向高潮。茶余饭后，人们便不约而同地来这里消遣，不仅娱乐了身心，还增长了知识。

送父上学 甘肃省泾川县罗汉洞乡农民罗碎牛为了让两个儿子读完高中，大学，一家人节衣缩食，卖牛、卖树、卖房子。1993年，儿子双双毕业走上工作岗位。老罗松了一口气，却忽然觉得供儿子上学，误了自己的前程，萌发了上学的念头。两个儿子得知父亲的心愿，积极帮助老人选择了农函大园艺专业，每人每月拿出50元钱供父亲学习。1995年老罗学完最后几门课程就能拿到大专毕业证书。

村民梁伟夫办科技书屋 辽宁省铁岭县镇西堡镇村民梁伟夫自办书屋，无偿为乡亲们传播科技知识11载。1984年，梁伟夫卖掉家中肥猪，把挣来的1000余元用于买书，又请人做了7套书橱，腾出房屋办起书屋。11年来，他年年买书，累计已花掉7000多元钱，藏书达万册。这个小小的农民书屋，由于适应当地的文化需要，每年借阅量达3万人次，已成为农民发家致富的好帮手，受到人们称赞。

汽车城告别垃圾箱 有"汽车城"之称的长春一汽集团公司居民生活区内，昔日街道两侧随处可见的垃圾箱，如今已成为难得一见的稀有"景观"，一种新型的压缩式后装垃圾车正悄悄走进人们的生活。每天下午5时10分，一辆辆蓝白相间的垃圾车开进居民生活区，随着车上音响播放的悦耳的《渴望》主题曲，手提垃圾桶、垃圾袋的居民们纷纷走出楼门将垃圾抛入敞开的车箱后部，装足一定数量后，环卫工人就启动开关，把这些垃圾卷入封闭的车箱内部充分压缩，腾出后部空间，3分钟内一栋楼的垃圾清理完毕，垃圾车又开向下一栋楼，位于长春市东南部的"汽车城"有居民20万人，1991年初，"汽车城"开始试用压缩式后装垃圾车，每辆垃圾车可清运25到31栋住宅楼、1700—2000户居民的生活垃圾，而且具有快捷、方便、无二次污染等特点。现在"汽车城"已拥有32辆压缩式后装垃圾车,在标准住宅区开通了24条运输线。800余个垃圾箱告别“汽车城”。

双周免费星期音乐会 1994年2月开始在上海音乐厅举办的“双周免费星期音乐会”,赢得了越来越多的听众,并引起全国文化界人士和新闻媒体的浓厚兴趣。中央电视台《东方时空》摄制组专程来沪进行现场采访,拍摄。

在这个音乐会上,共有上海乐团、上海民族乐团、上海交响乐团、上海芭蕾舞团、上海音乐学院、上海音协表演艺术委员会等单位演出了近100个各种风格的大中小型古今中外的器乐,歌舞节目,观众达1万多人次,每次音乐会都由一位音乐家结合节目进行现场讲解,深受大中学生们的欢迎。

前来演出的美国著名羽管键琴演奏家乔忆丝·林道芙惊奇地说:“没想到你们的音乐普及工作搞得那么出色,能拥有如此众多的年轻音乐知音,这真令人感到幸福!”

佳节送礼重风雅 1995年春节期间,在边城乌鲁木齐购置年货人流的大街上,一处处书店构成了吸引众多男女老少簇拥观赏和竞相购买的红火场景,成为历年春节罕见的新气象。在乌鲁木齐市新华书店一排排开架书柜前留连着稠密的人群,几个收银台前排起了长蛇阵,销售量最大的是少儿类图书,主要有《新编儿童识字词典》、《世界名著》、《名人传记》、《新编十万个为什么》、《世界史知识》等礼仪包装大部头套书和丛书。在街头巷尾一些个体书摊网点也是生意火爆,不少畅销的老年和少儿图书一时告罄。这些图书是作为新年礼物送给亲朋好友的。

传统孝道赋新意 随着市场经济的发展,山东龙口的农民走上了市场经济的主战场,他们或经商或务工,整日在外奔波,根本没有精力和时间照顾家中老人,事实逼着他们从另外一个角度想问题,这就是寻求社会代养,让服侍老人这类的家务劳动社会化。74岁的老人马德山,身患半身不遂,儿女都在厂里上班,不用说守候病床,就连一日三餐也难保及时,1991年9月,儿女们几经协商,决计将老人送进东江镇敬老院。儿女们每年交给敬老院2500元的代养金,每周到院里看望一次,逢年过节还将老人接回家中团聚,老人住进敬老院后,院里给他配上了轮椅,吃、喝、拉、撒、睡样样照顾得细致入微。病重时,服务人员24小时在床边看护。老人生活十分愉快,儿女们也减少了后顾之忧,在他们影响下四邻八乡的农民纷纷到敬老院挖门子,要求进院,龙口市的一些有远见的企业家,目光投向社会代养这一新行业。农民企业家刘兆仁,计划投资100万元,建一处敬老院、老年公寓、残疾人康复中心三位一体的社会保障设施。其中的敬老院无偿供五保老人使用,而老年公寓则用来开展社会代养业务。1994年4月份,一期工程已交付使用,收养五保老人31名,第二期工程结束后,可再容纳代养老人30名。

西安农村姑娘追求“保险嫁妆” “怀揣保险证,喜进婆家门”,已成为陕西省西安市农村姑娘们追求的新时尚。1994年来,随着经济的发展、观念的更新和农村保险业务的开展,许多姑娘认识到,花那么多钱置办嫁妆还不如买几份人身保险来得实惠,于是越来越多的农家女把眼光瞄向了保险。蓝田县安村乡23岁的姑娘余晓燕没有用家里给她的钱置办嫁妆,而是到人保公司买了幸福婚姻保险,幸福养老金保险和人身意外伤害保险,并带着这份奇特的嫁妆高高兴兴地进了婆家。消息传开引起强烈反响,众多的姑娘们纷纷效仿。此后该乡又有近300名姑娘出嫁时怀揣保险证,进了婆家门。户县涝店乡姑娘刘云,不仅为自己办了幸福养老金保险,而且还为未过门的嫂子办了两份保险。她说,咱以后养老就指望这个保险了。

南京青年婚礼出现新变化 南京市青年人1994年追求“婚礼新潮”人数日益增多。一是不再操办结婚酒席。开始崇尚各种新颖、高雅及简朴随意的婚礼,如家庭舞会婚礼、旅游婚礼、郊外篝火婚宴等。二是婚礼纪念照趋向高档化。青年人对过去千篇一律的婚纱照开始失去兴趣。转而追求油画照、黑白艺术照及各种创意婚礼照片。三是愈来愈多的婚礼不一定选择“吉祥日”举行。有人选择对方的生日,或首次约会的日子。四是新娘的婚装跳出了“红色”框框,追求“时装婚服”。新人身穿白色及其他素雅颜色婚礼服的已很普遍。五是把洞房搬进宾馆。一些结婚新人讨厌传统的“闹洞房”节目,另一些住房条件不佳的新人则借此避免家中局促带来尴尬。同时,享受一下宾馆式“浪漫情调”。

郑州集体婚礼别开生面 1994年12月28日上午8时,在“婚礼进行曲”中,沿着事先准备好的红地毯,走上刚刚落成的环形三层立交桥上的58对新人,都认为这一刻他们是世界上最幸运,最幸福的人。这是团郑州市委为他们的终生大事安排的难忘的典礼。在一个城市里,同时修建4座立交桥和1座高架桥,并且保证180天的工期,在城建史上是少有的,对改善城市环境的作用也是少有的。因此,“四桥一路”成了郑州市的一件大事。上万名青年通过青年突击队、志愿者活动等形式参与了建桥工作,不少年轻人为此推迟了婚期,更有不少人在建桥中相识相爱,当团市委提出在这座全市人民关注的立交桥上举办集体婚礼时,受到了青年人的齐声叫好。除了建桥参与者以外,还有不少其他战线的年轻人加入进来,他们说,这样比摆酒席,请朋友有意义得多。团市委的安排也十分周到:少先队员献花,市委领导证婚,双双签名摄影留念，进入彩虹般的模拟洞房……加上围观的行人，婚礼热闹非凡，一时成为郑州市街谈巷议的佳话。

石家庄婚礼车队遇红灯 1994年元旦前一段时间，石家庄街头经常可以看到长蛇阵似的婚礼车队，从车牌照看既有地方的又有公安和武警的，还有一些挂着黑牌的外企车，明眼人一看就知道是公车私用，群众对此反映强烈，意见很大，不少人通过市长公开电话等渠道要求刹一刹这股公车私用、大讲排场的不正之风。石家庄市委、市政府对此非常重视，责令有关部门立即采取措施。元月7日，市纪委、监察局、公安局组成5个小分队突击检查，查出13个结婚车队，共用车73部，其中公车49部，为此，石家庄市委办公厅、市政府办公厅联合制定了《关于严禁用公车办婚事的暂行规定》，与7日的检查结果一并于1月11日在《石家庄日报》公布，《规定》指出，对动用公车办婚事的派车人和司机分别罚缴违反规定性车辆磨损费，浪费材料费500元，并追究其党纪政纪责任，扣罚司机半年奖金扣吊驾驶执照半年，同时规定奖励举报者。有关部门参照《规定》对7日查出的责任者进行了处理。

下山口村禁赌禁出文明村 广西阳朔县白沙镇下山口村，只有32户人家。过去，村里政治思想工作没跟上，一些农户错误地认为，搞承包就是搞单干，谁也管不着谁。群众的集体观点淡化了，人心散了，赌风兴起且越刮越猛。随之，家庭纠纷四起，小偷小摸、乱砍滥伐时有发生，生产一落千丈，1981年至1995年全村一年有几个月无米下锅的农户达60%，一些家庭也因赌博而拆散。面对混乱的村风，村干部进行了认真分析。他们认识到，村民要脱贫，须从禁赌起。他们首先统一了思想，随即进行有针对性的工作，村委会利用大小会议、黑板报、家庭教育的形式，大讲赌博的危害性，发动全村人起来狠抓狠刹赌风。他们制定了村规民约，打印成文，发到各家各户。推行三包责任制，即村委会包户主，户主包全家，大人包小孩，不管谁违反，一律严肃处理。同时加强对村民的法制教育。由于两手齐抓，终于刹住了赌风，到1994年中，全村7年无一人参赌，无盗窃案件发生，无违法犯罪。村民安居乐业了，生产上去了，贫困帽子也扔掉了，全村人均有粮突破500公斤，人均纯收入1200元。在开展评“三户”的活动中，全村32户，户户挂上了“遵纪守法户”的牌匾，其中10户被升级为“五好家庭户”，1户成为“双文明户”。村委会也捧回了自治区人民政府授予的“优秀村委会”的大红牌匾。

13. 民主、法制、纪律教育

乔石和外国记者谈我国法制 1995年1月6日全国人大常委会委员长乔石在北京人民大会堂就中国立法工作接受德国《商报》驻京记者彼得·塞德利茨的采访。乔石委员长说，为了适应社会主义市场经济的发展，八届人大常委会制订了立法规划，加快了立法进程，提出要在本届任期内大体形成社会主义市场经济法律体系的框架。一年多来，全国人大及其常委会已经制订了31件法律和15件有关法律问题的补充规定，其中有关市场经济的有21件。全国人大及其常委会在重视经济立法的同时，始终十分重视政治方面的立法，积极促进社会主义民主的发展。1982年制定的新宪法，充分体现了对公民基本权利和保障，体现了国家领导制度的改革。全国人大及其常委会还制定了全国人民代表大会组织法、地方各级人大和地方各级人民政府组织法、全国人大和地方各级人大选举法、国务院组织法、人民法院组织法、人民检察院组织法等，把宪法关于国家机构的原则规定用具体法律固定下来。全国人大及其常委会制定的民法通则、刑法、刑事诉讼法、集会、游行示威法等法律，对于保障公民的人身权利、财产权利和政治权利，起了重大作用。在保障公民中的特殊群体的合法权益方面，又先后制定了归侨侨眷权益保护法、残疾人保障法、未成年人保护法、妇女权益保护法等。特别是中国只用了很短时间，就通过立法建立了行政诉讼和国家赔偿制度，在促进民主政治制度的建设、保障公民的合法权益方面，迈出了新的步伐。关于我国执法方面的情况乔石委员长说，全国人大及其常委会高度重视法律制定后的贯彻实施，努力加强对执法工作的监督。我们还专门组织全国人大代表和常委会组织人员到各地检查法律执行情况。1994年下半年，全国人大常委会组织8个组分别到8个省检查了农业法和反不正当竞争法、消费者权益保护法、产品质量法、惩治生产销售伪劣产品犯罪的决定的执行情况，效果很好。乔石指出，改革开放16年来，中国十分重视立法工作，过去那种法律很不完备的状况有了很大改变，有法可依的问题解决得比较好。今后，我们在继续重视立法的同时，将把严格执法放在重要位置来抓，认真解决目前某些地方存在的有法不依、执法不严的问题。

全国政法各部门“八五”成就显著 公安：1991年至1995年10月全国公安机关共破获各类刑事案件785.8万起，共查处各类治安案件1290.1万起。1991年至1995年6月全国公安民警因公牺牲1300人，因公负伤35196人。1991年至1995年10月，公安边防部门共查获走私案件7589起，缉获走私船4965艘，抓获走私分子11000多人，缉私总值人民币51亿余元；查获私渡港澳台人员12584人。1991年至1994年全国公安机关共缴获海洛因、鸦片、大麻等毒品29120公斤；缴获企图走私出境的制毒化学品230.6吨。1995年1至9月全国公安机关共缴获海洛因、鸦片、大麻等毒品3814公斤；缴获企图走私出境的制毒化学品52吨。“八五”期间公安交通管理部门共换发“九二”式号牌2598.8万辆；共撤销公安交通检查站5000个；取消交通事故风险抵押金2项；治理公路“三乱”明察暗访10次，行程2万多公里；完成有关交通管理方面的科技攻关项目9个专题，3个课题；制定各项标准33个；制定部门规章7件。初步统计，“八五”期间公安消防部门共出动火警近70万次；出动警力1070万人次；出动消防车163万辆次；抢救5.5万人；通过扑救大火，保护财产总价值700亿元。“八五”期间，全国已建立公安本科院校4所、高等专科学校13所、中等警察学校76所、在校人数已达4.5万人，“八五”期间共培养各类公安专门人才14.9万人。全国公安机关认真抓好成人学历教育和在职民警培训，公安队伍中大专以上学历的民警已由1991年的16.8%上升到1994年2月的22.8%。队伍的变化、业务素质和执法水平有了进一步提高。八年来，城市巡警建设稳步、健康发展。截至1995年底，已有171个城市建立了这一制度，巡逻警力已达5.5万人。

检察：全国已有28个省级检察院、292个分、州、市检察院、1283个县区检察院成立反贪污贿赂局。1995年11月10日，最高人民检察院反贪污贿赂总局正式成立。1991年至1995年10月全国检察机关在查办各类经济犯罪中，共立案302692件，结案277303件，查处涉案人317201名，有力打击了经济犯罪活动，为国家换回经济损失1045228.77万元。5年来，全国检察机关反贪贿斗争取得重大进展，1991年至1995年10月，在查办贪污、贿赂、挪用公款犯罪中，共立案244595件，结果225914件，查处涉案人256716名，挽回直接经济损失812044.23万元。

法院： 全国法院1991年至1995年10月，共受理刑事案件2141480件，结案2105748件。其中受理一审经济犯罪案件186872件，结案182433件，为国家和集体挽回经济损失9376403.29万元。1991年至1995年10月，全国法院共受理一审民事案件10471350件，结案10303546件。全国法院在1991年至1995年10月当中，共受理行政案件154962件、结案147474件。受理告诉申诉案件27761538件。在司法行政方面：全国从事律师工作人员共89717人，有律师事务所6820个。1991年至1995年6月，全国律师共办理非诉讼案件133219件；代理诉讼案件255503件。1991年至1995年9月，全国100多万个调解委员会共调解民间纠纷30179987起，其中防止矛盾激化594440起。1990年至1995年6月，全国监狱犯人参加文化补习获得毕业证、结出证共有1028185人次。参加技术教育获证1021619人次。劳教人员参加扫盲班学习5万人次，获技术等级证书13.2万多人次。劳教人员改好率为80%左右。“八五”期间，全国公证机关共办理各种公证4180多万件。司协局与22个国家签订了27个司法协助条约和引渡条约，与30个国家和地区建立了文书送达的条约关系，办理我国与国外相互司法协助请求共计1965件。

我国“八五”立法喜获丰收

“八五”期间，我国的立法工作成绩斐然，出台了一大批适应社会主义市场经济需要的法律、法规，维护和促进了社会主义市场经济体制的确立和发展，加快了社会主义法制建设的进程。全国人大及其常委会“八五”期间把立法工作放在各项工作的首位。从1991年1月1日到1995年10月31日，共审议通过109件法律和有关法律问题的决定，占改革开放17年来立法总和的1/3强。其中，在1995年2月28日八届全国人大常委会第12次会议上，就一次通过了7部法律，创建国以来全国人大常委会会议一次通过法律数最多的记录。与此同时，国家制定了171件行政性法规，地方人大及其常委会只审议通过了2300件地方性法规。加大加快立法步伐，提高立法质量，全国人大及其常委会首先明确了立法思想，即以邓小平同志有特色社会主义理论和党的基本格线为指导，以宪法为依据，以有利于改革开放事业和人民群众利益为出发点，积极推进社会主义现代化建设事业的发展。据此指导思想，八届全国人大常委会制定了5年立法规划。我国在立法中始终将经济立法工作放在首要地位。1991年1月1日至1995年10月30日，全国人大及其常委会通过的法律中，属于规范市场经济方面的法律有32件，既有新出台的法律，也有对过去制定的法律中不适应社会主义市场经济发展要求的内容的修改和废止。除经济立法外，全国人大及其常委会还抓紧制定了其他许多法律和有关法律问题的决定，内容涉及保护公民权利、健全国家机构组织、发展社会事业、加强精神文明建设、打击刑事犯罪和惩治腐败等各个方面。

“二五”普法教育效果显著

1995年岁末，与国家“八五”计划同步实施的全国“二五”普法规划已划上圆满的句号。5年辛勤耕耘，在党中央、全国人大、国务院和各级党委、人大、政府的领导监督下，经过各级普法主管机关和专业法学习主管部门的努力，“二五”普法规划所确定的各项任务基本完成，取得了较好效果。第一，公民的宪法观念进一步增强。“二五”期间，90%以上的领导干部学习了《中华人民共和国宪法讲话》，宪法宣传在各地基本形成制度。每年12月开展的宪法宣传月、宣传周、宣传日活动和宪法知识竞赛、演讲、文艺演出、征文等多种形式宣传宪法，增强了公民的宪法观念，提高了公民维护宪法尊严的自觉性；第二，公民的法律意识有较大提高。越来越多的人懂得了运用法律手段处理各种经济、民事关系,履行法定义务的自觉性也有所提高,民主意识不断增强;第三,各级领导干部学法用法的自觉性明显增强,依法管理经济、社会事务的意识有新提高。在学法基础上,越来越多的领导干部开始自觉地运用法律手段处理和指导工作,传统的、习惯的单纯行政命令、长官意志的领导方式开始向依法决策、依法行政、依法管理、依法办事的新的领导方式转变;第四,专业法学习扎实有效,各专业部门通过学习专业法,加强了行业法制建设,强化了执法检查力度,行政执法水平有所提高,推动了行业管理逐步走上规范化、法制化轨道;第五,青少年法制教育有了新进展,学校法制教育课得到进一步加强。科学、系统化的教育模式日趋完善;第六,依法治理工作取得可喜成绩。北京、辽宁、山东已经全面开展依法治省(市)工作,全国45%的市(地),49%县(市区),近50%的行政村开展了依法治理活动,一个以基层依法治理为基础、行业依法治理为支柱,各层次依法治理纵横结合的全国性依法治理网络已初步形成;第七,随着法制建设的发展和法制宣传工作的逐步深入,全社会的法制文化气氛已初步形成。从整体上看,"二五"普法进展顺利,发展健康,效果明显。但的确也存在一些问题。特别是在当前建立社会主义市场经济、全面加强法制建设的形势下,法制宣传工作在许多方面有待加强。第一,要继续提高领导干部对法制宣传工作重要性的认识、纠正普法工作"说起来重要,做起来次要,忙起来不要"的认识和做法,使普法工作真正摆上领导议事日程;第二,要注意解决好工作发展不平衡问题,努力消除一些企业、农村存在的"死角";第三,某些部门和某些地区的法律实施状况不好,对普法工作产生了严重的负面效应。有法不依、执法不严、违法不究的现象的存在,以言代法、以情代法、以权代法、徇私枉法问题的时有发生,引起了广大群众的强烈不满,挫伤了人民群众学法的积极性。

国务院大力推进市场经济立法 1994年,国务院提请全国人大及其常委会审议法律草案12件,发布行政法规38件。立法工作的明显特点是,继续突出经济立法,正确处理改革、发展与稳定的关系,优先安排有关建立和完善社会主义市场经济体制的立法项目,力求立法进程与改革进程相适应,为改革开放、经济发展和社会进步提供法制保障。1994年度国务院提请审议的法律草案和发布的行政法规主要有以下几个方面:在加强宏观调控、维护市场经济秩序、促进对外贸易方面,提请审议了《中国人民银行法》、《商业银行法》、《审计法》、《城市房地产管理法》、《广告法》等重要法律草案,发布了《公司登记管理条例》、《关于股份有限公司境外募集股份及上市的特别规定》、《个人所得税法实施条例》、《结汇、售汇及付汇管理暂行规定》、《国有企业财产监督管理条例》、《非贸易非经营性外汇财务管理暂行规定》、《外资金融机构管理条例》、《进口商品经营管理暂行办法》等行政法规。在保护公民权利和维护社会稳定方面,提请审议了《人民警察法》、《监狱法》、《关于修改治安管理处罚条例的决定》等法律草案,发布了《国家安全法实施细则》、《外国人入境出境管理法实施细则(修订)》、《公民出境入境管理法实施细则(修订)》、《行政复议条例(修订)》等行政法规。在推进和加强社会保障方面,提请审议了《劳动法》草案,发布了《关于职工工作时间的规定》、《农村五保供养工作条例》等行政法规。在保护资源、环境,促进工农业和交通运输业发展等方面,发布了《矿产资源法实施细则》、《矿产资源补偿费征收管理规定》、《乡镇煤矿管理条例》、《煤炭生产许可证管理办法》、《基本农田保护条例》、《自然保护区条例》、《气象条例》、《地震监测和地震观测环境保护条例》、《种畜禽管理条例》、《铁路旅客运输责任赔偿办法》等行政法规。在保障科技、教育、文化、医疗卫生发展方面,提请审议了《教育法》、《出版法》两部法律草案,发布了《教学成果奖励条例》、《残疾人教育条例》、《音像制品管理条例》、《医疗机构管理条例》、《食盐加碘消除碘缺乏危害管理条例》等行政法规。

政协提案受到各承办单位的重视和采纳 自1995年政协八届三次会议以来,全国政协提案委员会先后收到政协委员、民主党派和专门委员会提出的提案2377件,比1994年多238件,经审查立案2177件,已有2144件提案办复,比1994年提高了近一个百分点。这些提案涉及国家政治、经济和社会生活的各个方面。1995年是我国完成"八五"计划的最后一年,也是研究制定"九五"计划的重要一年。在这一年里,全国政协委员和各民主党派积极围绕国家的大政方针,发挥优势,参政议政,先后就加强农业基础地位,搞好国有企业的改革和发展、加强宏观调控、抑制通货膨胀、提高国民经济整体素质、以及大力发展科教事业,加强社会主义精神文明建设和民主法制建设等方面提出了很多很有价值的提案,不仅提案数量有所增加、质量也明显提高,许多提案得到了有关部门的重视或采纳。在这些提案中,有关经济建设方面的为887件,有关科教卫体方面的为618件,有关政治法律、统战工作和人事福利方面的为672件。在办理这些提案中,各承办单位结合自己的工作实际,都进行了认真的研究和答复,对重点提案还进行了重点办理,如《加快西线南水北调前期工作的建议》、《加快开发金沙江水能源的几点建议》、《关于建立约束机制,防止盲目引进的建议》,以及《关于加强爱国主义教育、设置以青少年为对象的电视台的建议》和《关于安全生产立法的建议案》等多项提案,均得到了承办单位的认真研究和办理。此外,委员们在反腐倡廉、社会治安、教育投入、民族、宗教等方面提出了很多提案,也得到了承办单位的高度重视。

中国妇女参政议政能力不断增强 在1995年7月28日北京召开的“大力培养妇女干部——妇女参政议政”座谈会上,连续五届为中共中央委员和全国人大代表的林丽韫说,全国人大女代表人数已从1954年第一届的147名,增加到1993年八届全国人大的626名。这些女代表在立法及国家和社会事物管理中发挥了重要作用。她们尤其对普法教育、卫生、生态环境、妇女儿童和残疾人权益保护、社会治安和社会风气等问题,积极提出立法和政策建议,努力促进这些方面的进步和发展。女代表们还经常提供基层调查情况,为政府立法、改善工作及维护妇女权益提出有价值的议案,其中国务院有关对女职工生育予以社会补偿的规定就是根据女人大代表的议案作出的。《妇女权益保障法》等一些法律的制定,就是在女代表的提议和参与下实现的。据统计,在八届全国人大常委会155名组成人员中,有女委员17名,女副委员长2名,妇女人数比39年前增加15名。全国政协常委、政协妇女青年法制委员会常务副主任关涛说,政协女委员都是来自各民主党派、各人民团体和各方面的代表人物和知名人士,有较高的知识水平和丰富的政治经验,参政议政的水平都很高。关于治理国有大型企业周边环境的规定和《企业法》实施细则都是经政协女委员提案制定的。此外,女委员们还就少年儿童保护、打击拐卖妇女儿童犯罪和取缔卖淫嫖娼活动进行了广泛的调查,提出多份报告,为相关法律的出台提供了可靠依据。

司法部首次表彰三项“十佳” 由司法部组织的第一届全国十佳律师、十佳公证员、十佳基层法律工作者评选活动揭晓,1995年12月26日在人民大会堂隆重举行颁奖大会。荣获第一届全国十佳律师称号的是:马军、张斌生、秦希燕、高宗泽、央金、董新发、岳成、王松敏、肖微、王海云;荣获十佳公证员称号的是:傅增敏、周玉兰、司景兰、左燕芹、季德胜、吴兴富、朱文君、王红英、刘金忠、吴清武;荣获十佳基层法律工作者称号的是:陈富林、王文巨、韩子平、范云、赵华、高士学、任志贤、侯殿录、何协舫、林雀。国务委员、中央政法委副书记罗干、司法部部长肖扬等领导同志向三个十佳颁发了奖牌和证书。

公安部、全国妇联等单位联合召开打击拐卖妇女儿童工作会议 在1995年3月28日召开的打击拐卖妇女儿童工作会议上,公安部副部长白景富指出,1995年公安机关打拐工作总要求是:继续坚持严打方针,下大决心,加大工作力度,打击与解救并重,集中行动与日常工作相结合,实行综合治理,争取打拐工作取得更大成绩。这次会议介绍,1993年至今的两年中,各级公安机关坚持不懈地开展打击拐卖妇女儿童犯罪活动的斗争,取得了显著的成绩。两年共破获拐卖人口案件33143起,抓获人贩子49839名;查获拐卖妇女儿童犯罪团伙6688个,成员21905名;解救被拐卖妇女儿童27482名,其中儿童2731名;初步遏制了拐卖人口犯罪发展蔓延的势头。1993年全国拐卖人口发案比1992年下降9%,1994年比1993年又下降27.3%。白景富在会上说,当前拐卖人口犯罪活动仍然比较严重,突出的情况一是犯罪活动更加狡诈、凶残;二是结伙犯罪突出、活动更加隐蔽;三是盗抢拐卖婴幼儿犯罪突出;四是犯罪分子拐卖妇女到东南沿海一带强迫卖淫的案件增多;五是非法劳务市场或车站码头等场外交易成为拐卖妇女的重要场所。全国妇联副主席书记处书记刘海荣在会上说,这次召开的“打拐”专项会议是我国政府保障妇女权益所采取的一个实际步骤,也是迎接第四次世界妇女大会、净化社会环境的一个重要举措。希望各级妇联进一步增强责任感,深入调查研究,为打拐提供决策依据,增强妇女的法制观念和抵制犯罪的能力,加强农村妇联基层建设,配合公安部门搞好被拐卖妇女、儿童的解救和安置工作。

具有中国特色的社会主义监狱制度日臻完善 建国40多年来,我国已成功地收押和改造罪犯逾千万,使他们中的绝大多数重新做人。我国现有685所监狱,在押罪犯128.6万名。从1983年“严打”直到1994年底,全国监狱新收押罪犯384万余人,狱内发案率下降到0.053%,罪犯脱逃率下降到0.127%;罪犯改好率保持在90%以上;罪犯刑满后犯罪率一直保持在6%—8%,大大低于西方国家的重新犯罪率。自监狱创办特殊学校以来,累计已有141万人次获得各级文化毕业、结业证书,其中脱盲41万人次,获大专以上毕业、结业证的2.9万人次;累计有116万人次获得各类技术等级证书。我国监狱历来坚持严格管理、文明管理与人道主义相结合,充分保障罪犯的正当权利。我国开展罪犯心理矫治工作的已有157所监狱,占监狱总数的22.9%,接受心理咨询的罪犯达1.7041万人。1994年,全国获减刑、假释的罪犯有28.2万人,占在押犯总数的21.96%。

武汉大学社会弱者权利保护中心为弱者服务 在市场经济条件下,社会竞争日趋激烈,当妇女、未成年人、残疾人的合法权益受到侵害时,常常是投诉无门;有些人还因经济困难请不起律师,被侵害的权益得不到应有的保护。1992年5月成立的“武汉大学社会弱者权利保护中心”,便是帮助这些人打官司,免费提供咨询和诉讼代理服务的。该中心下设4个部:妇女权利部、未成年人权利部、残疾人权利部和行政诉讼部。找到“中心”寻求代理诉讼的都是一些很棘手的案件,但中心一直负责到底。用他们的话来说，就是要为弱者讨个公道，维护法律尊严。“武汉大学社会弱者权利保护中心”的正义之举，赢得了社会各界的高度赞扬和肯定。全国人大常委会副委员长李沛瑶亲笔为“中心”题词。共青团湖北省委将“中心”命名为“青年志愿者活动基地”和“青年志愿者活动示范点。”

全军法制工作会议强调加强军事立法执法依法治军 经中央军委批准，全军法制工作会议于1994年3月3日至6日在北京举行。中央军委副主席刘华清、张震和军委委员张万年、于永波、傅全有会见了与会代表。刘华清说，军事法制工作成绩很大，今后的任务还很重，希望大家继续努力。他强调，加强军事立法和执法，实现依法治军。国务委员兼国防部长、军委委员迟浩田到会讲话，他说，依法治军是邓小平同志新时期军队建设思想的重要组成部分，要把深入学习贯彻这一思想摆在全军法制建设的首位，与学习贯彻军委主席江泽民的有关指示精神结合起来。今后一个时期的军事法制建设，主要有6个方面的任务：必须切实把军事法制建设摆到国防和军队建设全局的重要位置，做到“一手抓建设，一手抓法制”，二者同步发展；必须制订一整套完备的军事法律，使国防和军队建设的各个领域、各个方面、各个环节有法可依；必须建立能够保证军事法律顺利实施的运行机制，充分发挥军事法律在国防和军队建设中的引导、推进和保障作用；必须大力加强司法、执法、法律监督检查工作，真正做到有法可依、执法必严、违法必究；必须在全军广泛深入开展法制宣传教育，提高官兵守法、执法的自觉性；必须加强法制机构和法制干部队伍建设，使其与担负的任务相适应。迟浩田要求切实加强领导，把军委关于军事法制建设的要求落到实处，把军事立法工作列入党委议事日程，统一组织力量，务求取得成果；遵循正确立法的原则，确保各项军事法律、法规的贯彻落实。这次全军法制工作会议是我军历史上第一次全军性的法制工作会议，会议认真贯彻党中央、全国人大关于加强立法工作的要求和军委依法治军的方针，着重研究了适应建立社会主义市场经济体制和军队建设的形势下，加快军事立法步伐，开创军事法制建设新局面等问题。

人大代表、政协委员呼吁加强语言文字的法制规范 1994年3月16日下午，国家语言文字工作委员会邀请部分人大代表、政协委员就目前我国语言文字规范化问题举行座谈。许嘉璐、张志公、马大猷等30多位代表和委员出席了座谈会。全国人大常委会委员许嘉璐在会上强调说：“市场经济越发展，对语言文字规范化的要求将会越高。目前社会用字的混乱状况，必然会拖经济建设的后腿。”全国人大常委会委员杨纪珂在看完反映社会用字混乱的实况录象后，激动地说：“没有统一规范的语言文字，难以实现国家完全的现代化。”如何解决愈演愈烈的社会用字混乱问题，许多代表和委员认为，除了加强宣传语言文字规范化对促进民族团结、社会安定以及加强国际交往的重要意义外，根本还在于制定符合我国国情的规范化、标准化的国家语言文字基本法。

我国知识产权保护法规基本完善 1994年5月9日国务院副总理李岚清在中南海会见国际许可贸易工作者协会1994年大会部分代表时说，中国保护产权的法律制度日益完善，这对许可贸易的发展提供了有力的法律保障。同日国际许可贸易工作者协会1994年国际大会在北京开幕，最高人民法院院长任建新指出，中国对知识产权及其它无形财产权保护的法律制度已基本完善。随着改革开放政策的贯彻施行，80年代以来我国的技术市场和许可贸易也有了较快发展。据统计，1993年国内技术贸易合同总金额达207亿元，比上年增长37.4%；对外技术贸易合同总金额达82.57亿美元。在技术引进的方式上，我国已逐步由以成套设备进口为主，转向以产品设计、工艺技术和制造技术为核心内容的许可贸易、技术服务、顾问咨询等各种方式，在我国机械工业的技术引进中，采用许可贸易的已占65%。任建新指出，目前中国对《专利法》和《商标法》的修订已经完成，进一步扩大了对专利权和商标权的保护范围，加强了保护力度。中国已经加入了《伯尔尼公约》和《世界版权公约》，因而对著作权的保护也基本上与国际惯例接轨。对商业秘密的保护，在1993年实施《反不正当竞争法》中作了规定。在中国的一些省市，如北京市、广东省、上海市、海南省、福建省、深圳市的人民法院，相继设立了知识产权审判庭。这对许可贸易和技术转让在中国的顺利发展是一个有力保障。

宋健就知识产权白皮书发表讲话 国务委员兼国家科委主任宋健1994年6月16日就当天国务院新闻办公室发表《中国知识产权保护状况》的目的、意义及中国保护知识产权的基本立场等问题发表了讲话。宋健说，知识产权制度是保护科学技术和文化艺术成果的重要法则制，也是国际发展科技、经济、文化合作与交流的环境条件之一。为了使国际社会全面了解我国保护知识产权的基本状况，了解我国所奉行的原则立场和承担的国际义务以及所采取的重要措施，并在广大社会公众中进一步树立保护知识产权的法律意识，国务院新闻办公室发表了《中国知识产权保护状况》白皮书，系统地介绍了中国知识产权保护方面的指导思想。它的发表必将对进一步加强我国的知识产权保护工作起到积极作用。宋健指出，我国保护知识产权的基本立场归纳起来，一是把保护知识产权作为改革开放政策和社会主义法制的重要组成部分，加强知识产权的立法步伐，逐步完善相关的法律体系；二是在保护范围和保护水平上走国际化道路，向国际规范靠拢；三是进一步加强法律实施监督，保障各项知识产权法律制度切实得以贯彻执行。基于这种立场，改革开放以来，为了加速现代化建设和建立社会主义市场经济体制并与世界规范接轨，中国高度重视知识产权立法工作，特别是进入90年代以来，我国适应知识产权国际保护潮流，使我国知识产权制度全面与国际规范接轨，修订了专利法、商标法。在著作权保护方面，我国著作权法及其实施条例明确规定保护作者的著作权以及与其相关的权益，把计算机软件纳入著作权保护范围。加入有关国际公约后，国务院于1992年9月颁布了《实施国际著作权条约的规定》，对保护外国作品著作权人依国际条约享有权利作了具体规定，完全可以说，中国的知识产权法律体系不仅已基本建立，而且在保护范围和保护水平上达到了国际标准。宋健最后指出，随着中国知识产权制度的建立和完善，中国已成为保护知识产权国际社会中的重要一员。中国在建立和完善自己的知识产权立法的同时，也将认真地履行自己的国际义务，向知识产权保护的国际标准靠拢，在国际合作中发挥自己的作用。

我国民主党派作用进一步增强 我国各民主党派在参加国家政权、参与国家事务的管理方面有了新的进展，民主监督作用得到进一步发挥。第八届全国人大第一次会议的2978名代表中，非中共人士835人，其中民主党派、无党派人士572人，占全体代表的19.21%；在领导机构中，有9人担任副委员长，49人担任常委。第八届全国政协2097名委员中，有民主党派、无党派人士1259人，占60.5%；在领导机构中，有13人担任副主席，187人担任常委。在政府和司法机关，民主党派、无党派人士中有1人担任国家副主席，1人担任最高法院副院长，1人担任最高检察院副检察长，20人担任国务院部委、直属局的领导职务，18人担任省（区、市）负责人，5人担任计划单列市副市长，114人担任厅局级领导职务，157人担任副市（州）长或副专员，1341人担任县（区）领导职务，4623人担任政府部门正副处长。这些民主党派成员和无党派人士担任政府及司法机关领导职务后，有职、有权、有责，在各自的岗位上发挥了重要作用。各民主党派在直接参与管理国家事务的同时，民主监督作用也进一步加强。到1995年2月，有21人被聘为监察部特邀监察员，18人被聘为最高人民检察院特约检察员，13人被聘为国家审计署特约审计员，3人被聘为国家督学。国务院组织的清理整顿公司检查和每年一度的税收、财务、物价大检查，都请民主党派人士参加。在全国各地也活跃着一支几千人的特约监察员、检察员、审计员、教育督导员、廉政监督员的队伍。1994年中，各民主党派中央有关负责同志参与了《反贪污法》、《行政诉讼法》、《检察官法》等法律法规的起草和修改工作，配合政府开展对《教师法》、《审计法》等法律执行情况的检察。在反腐败斗争中，中共中央及时向民主党派沟通情况，听取意见。同时，中纪委、监察部两次组织反腐败工作检查组，邀请了40位民主党派负责人、无党派人士参加，其中还有10人担任检查组组长。检查组先后到中央各部委和省、自治区、直辖市，对反腐败斗争情况督促检查。各民主党派中央还派人参加了对文化音像市场管理、"扫黄打非"以及社会关注的热点问题的检查督促工作。

保护妇女权益法律体系初步形成 1994年11月14日全国人大内务司法委员会和国务院妇女儿童工作委员会在人民大会堂联合召开贯彻实施《妇女权益保障法》经验交流暨表彰会。全国人大内务司法委员会主任委员孟连崑向大会提交了题为《进一步动员起来为妇女权益保障法的贯彻实施而不懈努力》的报告。报告指出，《妇女权益保障法》自1992年10月1日实施以来，多数省、自治区、直辖市出台了实施办法，建立了妇女儿童工作委员会，并加强执法和工作监督，一个保护妇女权益的有机的法律体系已经初步形成。表现在一是妇女参政状况有一定改善，政治地位有一定提高。截至1993年底，全国妇女干部已达1189万人，占干部队伍总数的32.16%，比1992年增加59万人。全国党、政、群县处级以上干部中，妇女干部占总数的9.57%，比1992年增加近5000名。1992年到1993年，我国省级人民代表大会代表中，妇女代表占21.6%，比换届选举前增加1.6%。二是妇女干部队伍结构也有可喜变化。1993年同1992年相比，在企事业单位从事专业技术工作的女性增加47万多人，其中具有高级职称的增加4.2万人。三是妇女的劳动权益进一步得到重视和落实。政府劳动部门注意贯彻男女平等的原则，努力安置女性待业人员；女性就业前培训和在职培训得到重视，下岗女职工的再就业问题有所缓解；一些地方建立了生育基金统筹制度；"三资"企业和乡镇企业对女职工劳动保护不力的现象引起了重视。分配住房、筹资建房、出售福利房等方面不平等问题，开始着手纠正。四是妇女的文化素质进一步提高。教育部门努力提高适龄女性儿童少年的入学率，减少辍学率和失学现象。五是严惩残害妇女犯罪，整治社会丑恶现象。各地公安司法机关依法严厉打击了一大批拐卖妇女、严重侵犯妇女人身权利的刑事犯罪分子，同时开展专项斗争，加强综合治理，查禁卖淫嫖娼、取缔色情服务，净化社会风气，妇女的财产和婚姻家庭权益进一步得到维护，较为突出的农村妇女责任田、口粮田、宅基地以及离婚妇女的房屋所有权和居住权等权益，也在地方立法中作出了明确具体的保护规定，并制定了违犯规定的惩罚条款。

莱西成为村民自治示范市

山东省莱西市从抓法制教育入手，加强村级组织建设，深化依法治市。1994年在国家民政部门对村民自治工作的检查验收中，该市22个乡镇百分之百达到示范乡镇标准，成为全国第一个村民自治示范市。3年来莱西市从狠抓"依法建制、以制治村、民主管理"工作入手，发动农民群众参与社会事务管理和监督，提高村级工作规范化水平，探索了一条依法治村的新路子。在依法治村中，他们重点抓了村、乡、镇干部的法制教育、民主意识教育、公仆观念教育，先后推广总结了20个示范村典型、十几个示范乡镇典型。在推动面上的依法治村工作上，他们注重实效，依据有关法律法规，按照社会服务的需要规定农村自治组织的职能、强化监督的约束机制。这些农村自治组织把工作重点放在解决群众普遍关心的"热点"、"难点"问题上，在法律、政策、生产方面为村民提供了优质服务。莱西市村民自治活动的开展，产生了巨大的社会效益和经济效益，给广大农村带来了新的生机和活力：过去被称为农村工作"三大难"的集资提留、粮油征购和计划生育问题变得不难了，许多后进村一跃而变成先进村。此外由于完善了村民自治、村民议事等制度，规范了决策程序，使村民管理政务的积极性空前高涨，对村里的工作和牵扯群众利益的问题，村民们主动出谋划策，大大提高了村级组织的决策水平。3年来，全市无刑事案件、无村民犯罪、无重大治安事故的"三无"村庄达到90%以上。全市"遵纪守法户"、"双文明户"、"五好家庭"达到17.2万户，占全市总户数的96.5%。该市已连续3年被评为全省精神文明建设先进市。

吉林错案追究制发挥作用

错案责任追究制在吉林省各级人民法院实行7年来，审判人员执法水平得到整体提高。据统计，1994年全省各类案件二审改判率比1993年下降两个百分点；1995年1至9月比1994年同期下降两个百分点。在1988年，该省各基层法院相继制定和实行了内部对审判案件中发生错误裁决结果或违法办案的责任人，按岗位责任、人事管理、纪律等规定予以追究并处罚的制度。1994年12月，省法院制定并下发了《吉林省各级人民法院错案责任追究制度》，使这项工作开始走上规范化轨道。在实行错案责任追究制中，这个省各级法院坚持制度面前人人平等和教育与处罚相结合的原则，不论院长、审判委员会委员、庭长或会议庭成员，一经发现错案，便逐人逐级追究。自1988年以来，全省各级法院共追究不同程度近1000件，占审理案件总数的0.08‰。

西藏民主法制建设成绩显著

地处"世界屋脊"的西藏自治区成立30年来，民主法制建设取得显著成绩。1965年9月1日，经过平息叛乱和民主改革的西藏人民迎来了自治区成立的大喜日子。西藏自治区的成立，彻底废除了极端腐朽、黑暗的农奴制度，100万农奴彻底翻身解放、真正获得了人身自由和政治权利。西藏一步跨入了社会主义社会。这一历史的跨越标志着西藏革命和建设事业进入了一个崭新的历史阶段，西藏人民确立了国家主人翁的地位。当家作主以后的西藏人民政治热情不断高涨，通过选举自已的代表参与和管理国家事务的权利。1988年自治区第五届人民代表大会代表选举时，参选率已达93.88%。第六届人代会选举时，全区已进入加快改革开放，建立社会主义市场经济体制新时期，广大人民群众的主人翁责任感明显增强。全面贯彻落实民族区域自治法和党的民族区域自治政策，是西藏民主法制建设的突出特点。30年来，西藏依据宪法和民族区域自治法赋予的权利，先后制定了一系列有利于西藏社会发展和人民生活提高的地方性法规和带有法规性质的决议、决定90多件。在自治区各级人民代表中，藏族和其他少数民族代表都占80%以上。自治区人大常委会主任和自治区主席，都由藏族公民担任。一代藏族干部正在茁壮成长，并在各条战线发挥着自己的才能。据统计，藏族和其他少数民族干部在全区干部总数中所占比例已达65%以上。在旧西藏处在社会最底层的藏族妇女，也走上了领导岗位。1986年妇女干部已占全区干部总数的30%以上，现有县级以上妇女干部270多人。此外，藏医藏药、藏学藏剧等民族文化得到进一步挖掘和发展。现自治区发行20多种藏文报刊，在农牧区基本实现了电影藏语化。在内地20多个省市开办了西藏中学和西藏班。人民群众的宗教信仰受到尊重，正常的宗教活动得到法律保护。结合西藏具体实际情况，积极开展立法工作是西藏民主法制建设的又一特点。改革开放以来，他们突出以法律引导经济发展，把立法的重点转移到促进经济建设上来，共制定农牧业、环保基础建设和保护方面的法规120余件，并努力使这些法规具有实用性、稳定性和可操作性。特别是他们制定了《西藏自治区对外国人来藏登山管理条例》更是引起世人注目，对规范外国人来华登山活动和保护以珠穆朗玛峰为主的各种山峰资源和防止环境污染起到了很大的作用。严格执法是加强民主法制建设的关键一环。自治区成立以来，十分重视执法队伍的建设和发展。到1995年9月1日，全区已拥有一支政治素质和业务素质都比较高的执法队伍，涌现出一批人民群众信赖、严格执法、无私奉献的警官、检察官、人民法官和其他执法人员。1995年1月12日，昌都地区在围歼持枪杀人犯的战斗中，英勇牺牲的洛桑泽仁、尼玛扎西、洛松益西等就是其中的典型代表。30年来，全区执法机关本着有法可依、有法必依、执法必严、违法必究的原则，充分发挥各自职能，有效地保护了各项法律法规的实施，为维护祖国统一和社会治安稳定，促进西藏改革开放和经济建设的顺利发展提供了有力保证。

石狮法院为8000名“打工仔”、“外来妹”讨回公道 福建省石狮市法院充分发挥审判职能作用，积极做好劳动报酬纠纷案件的审理和劳资矛盾的疏导工作。1991年至1994年受理劳动报酬纠纷案1004件，全部审结完毕，为十几个省籍的8000名“打工仔”、“外来妹”讨回了公道。石狮市是改革开放中崛起的商贸城市。全市现有人员27万，而外来常驻人员有22万，其中17万系“打工族”。由于身居异乡，人地生疏，文化知识偏低，一些打工者时常受到雇主或包工头的不公平对待。这给社会稳定和经济发展带来诸多不利因素。对此，石狮市法院从1991年开始，便把审理劳动报酬纠纷案件，维护打工人员的合法权益当作一项重要任务。他们根据打工人员文化低、生活困窘、流动性大，对官司拖不起、等不得的特点，制定了快速、简便的审理方式。实行立案、受理、执行“三优先”，规定一般案件当天受理审结，当天执行；复杂案件7天内审结执行完毕。1994年3月，112名四川省和江西省民工集体到法院起诉包工头王某拒付劳动报酬，并在法院门口搭帐篷，准备“安营扎寨”，讨不回公道不罢休。法院当即受理并传讯被告人王某，经当庭查实，责令王某为112名民工结清了全部工资。在石狮法院已审结的1004件劳动报酬纠纷案中，原告大多是外地的“打工仔”、“外来妹”，而被告都是当地的个体、私营或外资企业的业主和包工头。原告与被告之间未按有关规定签订劳动合同，雇佣期限、工资额度、工作条件及生活待遇、劳动报酬给付方式等，均凭双方约定，随意性极大。发生纠纷后双方各执一词较难审断。标的数额大的1000元左右，小的只有30元钱，针对这一情况，石狮法院从维护劳动者的合法权益出发，坚持秉公执法，不论标的数额大小，不论处理困难多大，不论当事人口诉或状诉，均及时立案处理。石狮市法院在认真做好案件审理的同时，还积极与劳动、工会等部门配合，大张旗鼓地开展劳动法规的宣传教育活动。首先结合审判活动，组织个体、私营或外资企业的业主或包工头、参加庭审旁听，以案讲法，促使他们认真履行法律规定的权利和义务；其次通过报纸、广播、电视等新闻媒介，宣传普及有关法律常识，为10万名“打工仔”、“外来妹”提供法律咨询和法律服务，提高他们的自我保护意识；三是及时向政府有关部门提出司法建议，对违法违纪现象突出的个体、私营企业、“三资”企业及建筑、饮食服务行业，加强经常性的劳动法纪监督检查，努力减少和预防劳动纠纷的发生。

14.“五爱”之花

国庆日的升旗仪式 1995年10月1日清晨6点10分，中华人民共和国46周年国庆日的升旗仪式开始举行。在庄严的国歌声中，在近30万双眼睛的凝视中，国旗护卫队升旗手牛文斌将国旗抛展在晨风中。五星红旗冉冉升起。国旗护卫队员威武庄严的仪容，饱满昂扬的精神，加上国歌声、威严的“敬礼”口令，把广场上的人群带入了一种神圣的氛围之中。升旗手牛文斌曾向人述说了自己的体会，他拿出了10多双在甩旗训练中磨破的白手套说，升旗时，不论在什么样的气候条件下，都要求旗手抛旗时将长5米、宽3.3米的旗体顺风展开。所以外面刮大风、下大雨时，别的战士可以往屋里跑，升旗手却必须抱着国旗上训练场。护卫队副队长王金耀谈了他的升旗感受：“虽然对我们来说，每次升旗的程序是相同的，但我们知道广场上深情注视我们的眼睛每天都不相同。我们护卫队官兵的共同信念是，只要一走出天安门城楼，你便不属于你自己，而是伟大祖国象征的一个组成部分。”升旗仪式上，将近30万人观礼的磅礴气势和国旗护卫队“护卫国旗，重于生命”的誓言和行为，有如一团爱国主义的浩然正气盘桓在广场上空，让人感到胜似红日初升，彩霞满天。

国旗卫士陶维革 陶维革是湖北省黄冈人，1984年10月参军，翌年成为天安门国旗班升旗手。直到1990年3月复员以前，他每天在天安门广场守旗、值勤。1985年，陶维革突然得了胃病，当时正值新老兵交替期间，人手比较紧，是国旗鼓励他每天站6班岗。这年冬季的一天，他在国旗下站岗时，突然腹部剧烈疼痛，他咬紧牙关坚持着，豆大的汗珠滴在军服上，他一直坚守岗位，直到换岗。下岗了，他拖着疲惫的身体走着走着，眼一花就昏倒在地。战友们急忙把他送到医院，经诊断是十二指肠溃疡急性穿孔。医生说：“再晚一会儿就有生命危险了，真不知他是怎样挺过来的?”小陶说：“要不是为国旗站岗，我恐怕早就坚持不住了。”手术后，小陶留下了后遗症，不能再当国旗卫士了，他含着眼泪说，“最使我遗憾和苦恼的，就是不能再为国旗站岗了。”

1990年3月，他退役回湖北到黄冈地区交通局食堂工作。1992年开始出现贫血症状，1995年元月被诊断患血癌。元月18日病危时，他仍心系国旗，并口述一封信给《人民日报》记者，希望能替他向国旗敬个礼。1995年10月1日，身染重病的陶维革实现了他重返天安门广场再向国旗敬个礼的夙愿。他激动地说：“没有国旗就没有我的今天，能再次在天安门广场亲眼看到战友们升旗时的威武军姿，作为一个老兵，我感到非常欣慰。”

好军嫂韩素云 韩素云是山东省汶上县南旺镇十里闸东村人，初中文化程度。1984年，她与倪效武订亲。同年底，倪效武应征入伍来到了广西边防前线。为了使倪效武在部队安心服役，韩素云不顾世俗的偏见，毅然搬进了效武家。从这开始，她担负起了服侍80多岁的奶奶，护理体弱多病的公婆，照看痴呆的小叔和一对正在上学的双胞胎姑妹以及耕种10亩责任田的重任。4年后，他们结了婚。1987年冬，效武87岁的奶奶离世了。已有7个月身孕的素云硬是拦住公婆没让效武回来，自己冒着严寒，将奶奶送上了山。5年过去了，在素云熬尽心血的支撑下，倪家的日子渐渐宽裕起来。然而，就在这时，由于长期过度劳累，积劳成疾，素云患上了人称“新癌症”的股骨头缺血性坏死症。在疾病折磨、行动不便的情况下，素云依旧不断向效武发出报平安的家信。在她的身上，体现了爱国家、爱军队、爱亲人的完美统一。在部队的教育和韩素云的支持下，倪效武自1983年12月入伍以后，先后15次受到上级表彰和被评为标兵排长、优秀教练员、优秀共产党员。在将近4年的时间里，他一直没有回家探亲。直到1992年倪效武邀请韩素云来部队探亲，才知道妻子的病情。倪效武心急如焚，他先后带着妻子到济南、郑州、南宁等7家医院求医。为这，他变卖了家中所有值钱的东西，还负债2000多元。韩素云的事迹传到了广州中医院第一附属医院，1994年元月28日，骨科教授袁洁亲自主刀，手术取得圆满成功。但要治愈韩素云的病，仍需花费10万元左右人民币。人民爱戴好军嫂，社会各界人士踊跃捐款，祝愿韩素云早日康复。1994年韩素云被中共山东省委、省政府授予“模范军属”称号。1995年1月，韩素云又被授予山东省首届“关心国防建设新闻人物”称号，同年，她被评为“全国劳动模范”。

抓斗大王包起帆 包起帆是我国第一位装卸工出身的国家级专家，现任上海港南浦港务公司副经理、高级工程师。1968年他在上海港木材装卸公司当工人时，怀着改善工人劳动条件的热望，开始研制抓斗技术。10多年来，他和同事一起，发明创造了70多项高效安全的装卸工具和先进的装卸工艺，先后获得40多项发明和科技奖及9项国际发明奖，被誉为“抓斗大王”。1992年10月在41届布鲁塞尔尤利卡世界发明博览会上，被授予比利时“军官勋章”。他把自己和同事们发明创造的新型抓斗、工索具技术推广到全国200多个港口和冶金、矿山、建筑、林场等单位使用，获得了高达4亿多元的经济效益。包起帆先后被评为上海市劳动模范、全国劳动模范、全国优秀科技工作者，并荣获1994年度“全国五一劳动奖章”。

勇于开拓创新的经营管理者陶建幸 陶建幸是江苏省春兰（集团）公司党委书记兼总经理、高级工程师，被选为中共泰州市委常委，是江苏省有突出贡献的中青年专家。春兰公司的前身是泰州冷气设备厂，陶建幸1985年出任该厂厂长。当时，企业固定资产仅280万元，工业产值1250万元。陶建幸上任后，迅速调整产品结构，果断甩掉小批量、多品种、低档产品，集中力量开发高起点、高品质、适应市场需要的空调系列产品。在没有国家1分钱投资的情况下，走自我发展，自我积累的道路，1993年创造产值30亿元，利税3.5亿元；人均劳动生产率达200万元。春兰牌空调器在全国市场占有率达35%以上。1994年更上一层楼，各项指标都有大的发展。短短的9年时间，春兰公司从一个小型国有企业，发展成为国家级大型企业，中国最大的空调生产基地。1993年4月28日，春兰公司新建的春兰空调器厂正式开车运转。这是陶建幸动手设计的，除节省设计投资费400万元外，还节省总投资约5000万元，并缩短设计工期数月，赢得了时间，当年收回全部投资7000万元。到1994年，陶建幸先后救活和发展了6个濒临倒闭的企业，解决了数百名失业职工的就业问题。1994年，他被评为“全国十大杰出职工”。

重视科技的企业家胡春良 1994年刚刚33岁的胡春良，已经当了9年的厂长。是他，依靠科技的力量，使一个濒临倒闭的县办小厂成为当地同行业的排头兵，并用两年时间捧回了全国医药博览会环丙沙星同类产品中的金奖，使东方制药厂一举成为全国最大的头孢三嗪、环丙沙星药品生产基地。1992年，河南东方制药厂筹建时，时任周口地区化学制药厂厂长的胡春良经过深入的市场调查和科学论证，果断决定上科技含量高、高附加值、市场前景广阔、国际上新研制出来而国内众多制药厂家无力开发生产的环丙沙星项目，在资金十分困难的情况下，他用150万元买回了环丙沙星的生产工艺。他用自己独特的“立体交叉施工法”，创下了当年立项、当年施工、当年建成投产、当年见效的奇迹。其主导产品环丙沙星投放市场以后，以其高效、广谱、低毒、价格适中而迅速占领了全国70%的市场。胡春良抓住机遇，趁势而上，又于1995年初投资3800万元新上了“八五”高科技攻关项目“头孢三嗪”。该产品原料药及其系列产品，今后相当长一个时期将主导国内外抗生素医药市场。

产品质量是企业的生命。胡春良从选定环丙沙星高科技产品项目的那天起，就确立了“以质量求生存，以质量求发展，创造最佳效益”的兴厂立业之路。在生产工艺上，他大胆选择了目前世界上先进的GMP标准，建立了质量责任制，将产品的各项质量指标分解到车间、班组和个人，并相应完善了配套的考核办法，在全厂推行以“质量一票否决权”为中心的奖惩制，形成了车间、班组、个人三位一体的“一条龙”产品质量保障体系。胡春良又大胆决策，在医药界率先加入中国人民保险公司产品质量保险，使产品质量合格率始终保持100%。1994年，全厂实现产值3.6亿元，利税达4068万元，人均产值利税居全省同行业第一位。

拣煤女工纪凤贤　纪凤贤是辽宁阜新矿务局海州露天煤矿手选三场的一名拣煤女工。拣煤工干活的工具是铁锹、筛子、二齿铁钩、土篮子4大件。她每天要从那由露天煤矿坑下排翻到矸子山上的煤矸石中，用手拣煤块，用铁筛筛煤面儿，用双手挎土篮。一土篮煤至少25公斤，每人一次挎两篮，一个来回走30米，1天要走200个来回。1982年纪凤贤高中毕业刚开始拣煤时，为多拣点煤，干脆跪在地上拣煤筛煤。半个月下来，她双腿患了风湿症。病愈上班后，班里的姐妹们怕她影响任务，都不愿收留她。为此，她流泪了。“我就不信比别人差！我一定要干出个样子来！”从此她埋头苦干，每天早来晚走，脏活累活抢着干。到年底她拣的煤最多，质量最好，被公司评为先进工作者。

纪凤贤爱煤、爱矸子山。12年中，她有过6次下山做轻闲工作的机会，可都被她放弃了。就连她怀孕7个月时，还爬上煤矸石车上去干活。硬是被姐妹们拽了下来。她休产假期间，工巧民主选举班长，40多位姐妹们，一致选她当班长。1994年，公司成立医院急需一批女同志，想去的人太多了，劳模先进可以优先选用。大家议论着：凤贤这次该下山了。可是纪凤贤不为所动，仍然没有离开令她梦魂萦绕的矸子山。从1990年到1994年间，纪凤贤累计献工520多个，共拣回煤炭1.3万吨。创产值90多万元。她先后被评为市劳模、优秀共产党员、“三八”红旗手、市十大女杰和全国优秀女职工。1994年5月，她走上了拣煤队党支部书记的岗位。

殡葬行业的“铁人”王军友

王军友是黑龙江省牡丹江市殡葬管理处处长，曾先后被评为全国殡葬事业先进个人，省级精神文明建设标兵。他所领导的牡丹江市殡仪馆被民政部授予全国殡葬事业先进单位。1994年5月，民政部授予他“孺子牛奖”。王军友1983年任殡葬管理处处长时，牡丹江市的火化率只在40%左右，如今已达到95%以上，市区的火化率连续6年保持在100%。为扩大服务范围，他先后创办了七八个殡葬服务经济实体，每年盈利在20万元以上。殡仪馆的固定资产由1983年的50万元增加到2500万元。成为黑龙江省殡葬行业的一面红旗。王军友由于长时期劳累，身患多种疾病，但他一直勤勤恳恳地工作，多次昏倒在工作岗位上。仅近几年内，他拒收各种形式的回扣和馈赠就达5万元之多；按规定获得的2万元承包奖金，他分文未取；上级两次嘉奖他长工资，他都让给了一线职工；他为25名职工解决住房困难，自己却是最后一个搬进新居。

钢城女工程师白雪洁谱写正气歌　白雪洁是辽宁省鞍山轧钢厂的女工程师。1994年4月12日，她在去婆婆家的路上，看见一个穷凶极恶的歹徒挥舞着菜刀，疯狂地朝一个不满10岁的小男孩砍去。白雪洁奋不顾身地冲上去，推开歹徒，拉起孩子就跑。她边跑边安慰孩子，“别怕，阿姨领你去医院。”歹徒举着菜刀从后面追了上来。危急之中，白雪洁不慎被树根绊倒了。歹徒猛扑上来，举起锋利的菜刀朝白雪洁砍去，气急败坏地吼叫：“谁叫你多管闲事，今天我连你一块砍死！”在这万分危急的时刻，身高只有1.52米的白雪洁，以弱小的身躯挡住歹徒的屠刀，奋力保护孩子，将自己的生死置之度外。她的右手被歹徒连砍五六刀，虎口被砍开了，手背被砍烂了，血流如注。当歹徒再次举刀要砍时，白雪洁艰难地用左手护住孩子，锋利的菜刀又砍断了她左手3个手指，疼痛难忍。白雪洁以惊人的毅力从地上爬起来，奋力把孩子从自己身边推开并急切地喊道：“快！，快往楼洞里跑！”歹徒看到孩子跑掉了，更加疯狂地向白雪洁头部和脚上乱砍乱剁，罪恶的屠刀在白雪洁身上留下30多处血肉模糊的伤痕，她倒在血泊中。就在歹徒继续肆虐的危急时刻，延寿派出所的两位民警闻讯赶来，将歹徒擒获，并在群众的帮助下将白雪洁和已经休克的孩子火速送往玄山医院。经过医护人员连续21个小时的紧张抢救，白雪洁得救了，孩子也得救了。

白雪洁的英雄事迹，在鞍山市乃至全国产生了强烈的感召效应。人们以各种方式表达对英雄的敬意。轧钢厂的领导动情地告诉大家，白雪洁的英雄行为不是偶然的。在1992年的夏天，白雪洁就救助过因交通事故致伤的父子俩，并拦截汽车将他们送往医院，1994年4月14日，辽宁省委、省政府和鞍山市委、市政府分别作出向白雪洁学习的决定，并授予她“见义勇为英雄”称号。共青团中央和全国妇联也分别授予白雪洁荣誉称号。

孙春明一人脏换来万户洁

孙春明是四川重庆市的养护管理处疏浚工，他以“宁愿一人脏，换来万户洁”的崇高精神，15年来在平凡的岗位上做出了不平凡的成绩。孙春明说，下水道的酸甜苦辣，我品尝得那么多、那么深刻，我愿将一生献给疏浚事业。他用自己的青春和工作实践，实践了自己的誓言。长期的疏浚工作使他患上严重的风湿病、皮肤病，但为了保证下水道畅通，他仍带病坚持工作。有人劝他不要那么傻，遇到危险、脏、苦的活要顾惜自己。他说，工作现场只有这么几个工友，总不能把危险推给别人，我不上谁上。他过去在管道抢险中一贯是这样，当上全国劳模以后，仍然是这样。到1995年的15年中，他没有休息过元旦、春节，还利用业余时间为群众、社会单位、学校幼儿园疏沟180多次，义务劳动工作日达350多天。1994年4月，孙春明被评为1994年度“全国十大杰出职工”。

45年如一日的“马恒昌小组” 1949年伴随着解放战争的隆隆炮声，齐齐哈尔第二机床厂的机械加工小组，为支援前线，倡议开展了“红五月”劳动竞赛。他们一马当先，在1949年4月28日获得了“生产竞赛模范班”的红旗，并以第一任组长马恒昌的名字命名为“马恒昌小组”。

45年来，尽管组长已经更替了17任，但马恒昌小组的精神却一代一代传了下来。一次，厂里急需完成一批加速器里的皮带轮的加工任务，加工量大，难度较高。马恒昌小组主动承担了这批零件的加工，组员刘清费不计较奖金的多少，主动承担难度大的加工任务，保证了全组任务如期完成。90年代这一茬新组员，面临着新技术革命的挑战和激烈的市场竞争。为了鼓励组员争当岗位“状元”，马恒昌小组开展了“结包教保学技术对子”活动，增强了组员对高新技术产品生产的适应性。在他们的带动下，工厂也连续两年在关键工序和岗位上开展了“结对子”活动，使全厂职工的技术水平大大提高。

45年来，马恒昌小组用诚心和爱心造就了一批批具有时代追求的新型组员：有359人成为企业的优秀技术工人和干部，有11人被评为省级以上劳动模范，有2人荣获五一劳动奖章，有3人当选为全国人大代表，113人入党或入团。

“太行七贤”苦修路 油盆村是全国重点贫困县河北省灵寿县最穷的山村。多年来山里没有路，唯一通道是山溪在乱石堆中冲出的一条弯弯曲曲的小沟。1993年8月，共产党员赵安明把崔风亮、吴书亮、赵安江、赵五月、赵六月、魏海军6人找到一起商量，决定修出一条路，造福子孙后代。大家决心一下，便倾囊拿出多年积攒的10余万元血汗钱，开山造路。这条路有近1/3的路段要在峭壁间穿行。遇到断崖，必须将绳系在腰间，悬坐空中，一钎一钎去凿。有一道花岗岩石壁，一钎下去，只留下一个白点；一炮炸开，也只能炸掉脸盆大的一块。他们奋战了一个多月，还是没能拿下来。这时，原先凑足的12万元已告罄。为了继续修通这条路，赵安明毅然卖掉了盖房用的木料，崔风亮拿出了为儿子结婚用的积蓄，吴书亮一天跑了3家亲友去借钱……耗时9月，全路修通，长10余公里，赵安明等7人共用去20多万元，动用土石方6万余立方米，修建桥涵9座。从1994年5月10日公路修通至10月中旬，往来的机动车辆已达500多车次，直接经济效益30多万元。他们对来往的车辆却分文不取。有人说，“你们花了钱，出了力，对来往车辆收费，也说得通嘛。”可是他们却说，“看到村里因为没有路而受苦受穷，我们心里一直不安生，为了让乡亲们过上好日子，我们这辈子砸锅卖铁也得把路修通，不能把帐再留给孩子了。”

“农膜大王”曹志强 曹志强是吉林省白山市喜丰塑料股份有限公司的董事长。1981年，26岁的曹志强当上生产副厂长，当时企业亏损8万多元，产品无销路，工厂长期停产。曹志强带领科技人员跑遍大江南北，调查研究市场，引进了人参专用膜，无滴防老化大棚膜等专利产品的生产工艺。新产品投放市场后，曹志强又深入农民中间进行试验，他每天两趟钻大棚，测温度，查苗情。第一批蔬菜下架，产量比聚乙烯农膜高出30%，提前15天上市，收益提高52.3%，一个棚收入1万多元。市场很快打开了，“喜丰”农膜遍销全国20多个省，产销量一跃居为全国之首。为了增加农膜覆盖面积，曹志强研究生产了宽幅农膜，1989年，4米拉幅无滴农膜投放市场，填补了国内空白，当年实现利税400多万元。几年中，曹志强把一个濒临倒闭的小厂发展成为拥有1200多名员工的大型塑料股份有限公司，年产值由1989年的2136万元发展到1994年的1.5亿元，年生产各种塑料制品2.8万吨，成为全国最大农膜生产厂家，同时创下同类产品质量及科技水平全国第一、农膜产销量全国第一的佳绩。同时“喜丰”跻身于全国同行业十强之列。曹志强也被誉为“农膜大王”，并被评为1994年度全省特等劳动模范。1994年9月，曹志强光荣出席了在北京召开的第二次民族团结进步表彰大会。

爱军习武标兵曾蛟 曾蛟是四川省奉节县人，1982年入伍，1984年入党，中尉军衔。他入伍以后，自觉服从部队建设的需要，干一行，爱一行，专一行。当工兵时，他不怕苦累，成为团队过硬的施工能手和技术骨干。改为导弹兵后，他刻苦钻研导弹发射技术，以惊人的毅力，苦练硬功，熟练地掌握了8种专业25个号位的操作技能，能够精确地默画出某型号导弹控制系统电器设备原理图和技术参数。他先后17次参加旅以上单位组织的比武竞赛和军事表演，夺得14项第一名。为提高训练质量，他积极探索，顽强攻关，成功地研制出导弹控制系统电路插件测试仪，参与研制了实装操作基本功训练台，编写出近10万字的《控制系统常见故障排除定位手册》和3万多字的《临射状态下故障现象及处置方法》，撰写了10篇有价值的专业论文，解决了许多训练发射的技术难题，为提高部队战斗力做出了显著成绩。在一次执行某型号导弹实弹发射任务时，他担任中心控制室操纵员，参与排除故障22起，准确无误地完成了各项发射指令，为创造该型号导弹发射史上最佳精度，保证导弹发射圆满成功做出了突出贡献。他先后多次被上级树为“军事训练标兵”，荣立一等功、二等功各一次，三等功两次。1994年，中央军委颁布命令，授予曾蛟“爱军习武标兵”荣誉称号。

志在大西北的冯敏 冯敏是解放军国际关系学院1993年毕业的一名女大学生。她立志于在大西北建功立业，用美好的青春年华书写新时代的乐章。冯敏所在部队处于黄风笼罩的茫茫戈壁，但她不畏艰难，从报到的那一天起，一面努力适应环境，一面熟悉业务。她不仅很快就能独立执行业务，而且还能熟练使用微机，是大家公认的"快手"。已经担任英语翻译的冯敏，每天至少要读一小时专业书，听一小时英语广播。为了完成繁重的工作任务，她曾连续加班200多小时。由冯敏倡导并和战友一起开办的"西部军营"广播站已开播了近100期，使紧张单调的军营生活充满了活力。多才多艺的冯敏还主持文艺晚会，把欢乐带给战友。她还以自己的一片爱心温暖着别人，从生病的战友到驻地附近的孤寡老人和维吾尔族群众，都对她给予的关心和付出的爱念念不忘。在1993年9月到1994年5月不到1年的时间里，冯敏因工作有佳绩而"四喜盈门"——受部队嘉奖一次；被兰州军区评为"先进妇女代表"；被新疆军区评为"岗位学雷锋先进个人"；作为军中唯一特邀代表出席了共青团新疆维吾尔自治区第八次代表大会。

"火眼金睛"喻军　喻军是湖南省湘潭市公安局刑侦支队副队长。他从1986年入警以来，抓获扒手多达3800余人次，最多的一次他1人就抓了13个扒手。1992年8月他担任副支队长后，带领队员共破获各类刑事案件120余起，抓获各类违法犯罪人员800余人，为国家和人民群众挽回经济损失400多万元。1994年还只有34岁的喻军，先后两次荣立三等功，一次二等功，被评为湘潭市优秀共产党员、湖南省劳动模范、全国公安战线二级英模、湖南十大杰出民警、全国优秀军转干部。喻军入警后刻苦学习，不断实践，练就了一双"火眼金睛"，成为扒贼的克星。一次，一家电影院放映新片，购票厅内非常拥挤。突然，盯梢已久的喻军猛吼一声："扒到钱的都自觉站出来！"话音刚落，一下子8个扒手乖乖站成一列，跟着他到公安局"报到"去了。喻军于1982年担任副支队长后，带领30名特警队员战斗在刑侦最前线。一次，3名犯罪分子在一处民宅持枪抢劫，将炸药绑在被害人身上引爆后逃跑。喻军立即指挥特警队员围捕，追到火车站，一名罪犯分子无路可逃，被当场击毙，另两名犯罪分子落入法网。这起震惊湘潭的恶性爆炸抢劫案很快破获了。喻军抓的罪犯多，自然"冤家"也多。但是，他没有被邪恶所吓倒。1994年夏天，他在抓两个行窃的罪犯时，一个罪犯突然转身朝他重击两拳，并欲夺枪。喻军一个前扑，抱紧歹徒的后腿，歹徒操起枪柄猛砸喻军头部，顿时他血流满面，一下昏厥过去。但顽强的意志使他很快清醒过来，他边追边喊："抓抢劫犯！"过路的群众赶来挡住歹徒的去路。喻军使出全身力气猛扑上去把枪夺回来，开枪击中了一个夺路而逃的歹徒。歹徒抓获了，而喻军也因失血过多晕了过去。喻军常说："有罪犯，就得有抓罪犯的人。我们公安干警不抓，谁抓！"

"正义之神"申公元　1994年初，申公元当上了临汾市公安局局长。上任伊始，一封封举报信像雪片似的向他飞来。申公元被惊呆了，他实在没有想到，那些地痞、流氓竟把一个好端端的临汾祸害得如此不堪。他下定决心，一定要把这股邪气打下去。1994年4月，临汾市公安局成立专门指挥机构，决定在临汾市西郊的金殿镇打第一仗。金殿镇是当地流氓马旭宁、马旭辉兄弟2人长期盘踞的地方，人称"河西二马"的犯罪团伙长期横行乡里，无恶不做。公安干警们进驻金殿镇后，起初取证十分困难，受害人因害怕报复而不敢言。在申公元的带领下，公安人员做了大量的工作，打消群众顾虑，在不到1个月时间里，先后有200多名群众诉说"二马"的罪恶，查清了马氏兄弟及其同伙的犯罪事实40多起。很快，"河西二马"及17名帮凶落入法网。首战告捷，临汾百姓奔走相告。在广大群众的支持下，申公元及他的战友们将"老狐狸"吴临斌、"独眼龙"买青虎、"黑市长"安小根等8个在临汾市称霸一方的流氓犯罪团伙的"首脑"人物及200多名骨干成员捉拿归案，并收缴了一大批枪支弹药和其他犯罪工具。古城临汾的治安状况很快好转。

但申公元的工作也遇到了很大的阻力。有一次，一位有来头的说情者把电话直接打到申公元的办公室，要求对一个已被抓获的流氓团伙成员"高抬贵手"。申公元义正严辞地说："这几个犯罪分子伤天害理，无恶不作，如果对他们宽容，就是我当局长的失职，对不起临汾的老百姓！"申公元又召开党委会，统一思想认识，要求全体干警坚持依法办案，坚决顶住来自各方面的干扰，对犯罪分子决不手软。看到公安干警们能真正为民除害，老百姓送来了一面面锦旗。人民把申公元称为临汾的"正义之神"、"平阳硬汉"。

"爱国拥军模范"张月好　71岁的张月好是山西省襄汾县东徐村人。1963年她把二儿子振山送入部队后，随后又相继把5个儿子送到了部队。实行联产承包责任制后，男人就是一个家庭的主要劳力，但张月好又把7个孙子送到部队。若再加上1995年入伍的孙女赵留芳，她家入伍的人数已达14个！1979年元旦刚过，80岁高龄的婆婆肝病恶化，卧床不起。几乎是婆婆病倒的同时，丈夫也被医院诊断为晚期直肠癌。张月好的心几乎要被撕碎了。但这位刚强的老人，此刻有着一个谁也改变不了的主意：家里就是塌下了天，也决不让守边防的娃儿们分心！不久，婆婆和丈夫先后去世，安葬完毕后，张月好擦干脸上的泪水对亲友说："你们谁也不能把家里事告诉在部队的娃儿们。"然后，她又请人给在部队的孩子们写信报平安，让他们别惦家。张月好在部队的13个儿孙都很争气，其中7人入党，6人入团，人人立功受奖。这些年来，张月好以一个军属的身份，一次次深入到军营做工作。儿孙在的部队她去，儿孙不在的部队她也去。为了进一步激发人们的爱国拥军热情，张月好不顾自己年老体弱，处处率先垂范。已71岁的她仍坚持种着1亩责任田，并总是第一个向村委会交公粮。村里和乡里每次都劝她免交，可她总是那句话："俺是军属，俺不带头交公粮，娃儿们在部队吃啥？"省里授予她"模范军属"荣誉称号，奖给她一头骡子，她把骡子牵到大街上，对乡亲们说："往后这头骡子就是大伙的，谁用谁来牵，军属优先。俺就是让所有的人感到拥军光荣！"她被县里评为"军属标兵"，获得400元奖金，她又把钱全部捐给村里的小学。1987年，张月好光荣出席了全军妇女先进集体和先进个人表彰大会，受到了邓小平、李先念等党和国家领导人的接见。1995年12月9日，山西省委、省政府、省军区联合做出关于开展向张月好同志学习的决定。

心系祖国教书育人的冯长根

冯长根是北京理工大学力学工程系教授，我国最年轻的博士生导师之一。他1975年进入北京工业学院（现为北京理工大学）学习，1978年经全国统一考试后，成为我国改革开放后最早的出国研究生之一。他1979年赴英国，就读于利兹大学化学院物理化学系。1982年，29岁的冯长根与导师合作发表了第一篇学术论文，结束了当时在这个领域内争论的一个问题。1983年底，冯长根完成了博士论文，他用工工整整的中英两种文字写道："本论文献给我的祖国——中华人民共和国"。1983年底，冯长根回国后在教师岗位上勤奋工作，教书育人，12年来年年超负荷工作。他的主要科研成果表现在"热爆炸（热自燃）及其理论"的研究中，处于国际领先水平，他于1988年出版的《热爆炸理论》，是国内这一领域的第一部专著。1990年至1994年，他组织和参加了多项科研及国家"八五"攻关项目。他还编写了4部教材，发表学术论文100多篇，其中35篇用英文发表在国际性学术刊物或会议刊物上，已被国外专家引用70篇次以上。1994年，他被评为"全国十大杰出职工"。

全国"侨界十杰"榜首吴孟超

吴孟超是第二军医大学肝胆外科专家、中国科学院院士。1956年，从马来西亚归来的吴孟超带头向中国肝脏外科这片荒芜的处女地发起冲击。几十年过去了，中国肝脏外科跃入了国际肝胆外科领域的领先行列，而吴孟超也由一名年轻的外科医生成为硕果累累、桃李满天下的第二军医大学副校长。吴孟超并以其精湛的技艺，博得"神刀"的称誉。1994年3月31日，72岁的吴孟超又走上了手术台，与助手为病人做胆囊摘除手术，仅仅用了12分钟，就将一个比拳头还大的恶性肿瘤取了出来。吴孟超不仅刀法娴熟，而且视病人为亲人。一次，一位姓徐的外地老人患肝癌已至晚期，因多方求医致使家中一贫如洗。吴孟超得知后，将他"请"进病房，并为他实施了手术。手术后，吴教授便来到病床前，像哄孩子一样劝他进食，拿起勺子给他喂稀饭。吴孟超作为教育家，在粉碎"四人帮"后的十几年中，甘为人梯，共为我国培养肝胆外科专业硕士、博士、博士后研究生近50名。如今他领导的肝胆外科研究队伍，已由最初的三人小组，一跃发展为世界一流的科技群体，而作为我国肝脏外科的开拓者和奠基人的吴孟超也奉献给人类200篇学术论文、20部科学专著。1994年6月8日，吴孟超在第七次中国科学院院士大会上荣膺"陈嘉庚医学科学奖"，成为全军和全国医学界这一殊荣的唯一获得者。同期，他在全国侨联举行的表彰大会上，被授予"侨界十杰"光荣称号。

卧床37年的"编外教师"李兴田 李兴田是河南省原阳县陡门乡刘庄村人，1958年，17岁的李兴田小学尚未毕业就患上了严重的关节炎，无情的病魔使他全身瘫痪，躺在床上连头都不能摆动。1992年，躺在床上的李兴田开始教侄子认字。六七百口人的刘庄，没有小学，更没有学前班。村里人听说李兴田在家"教学"，就纷纷把没人管的孩子送到这唯一的"学校"。李兴田把粉笔和充当黑板擦的海绵压在手边的褥子下，通过一个简易的小黑板向层次不同的孩子们进行启蒙教育。头部不能摆动，他就用一面小圆镜通过折射来观察孩子们的一举一动。从1992年到1995年的3年间，李兴田送走的孩子已有人上到四年级。这些孩子学会了学前班的全部课程，最多的识800个字，能熟练掌握数学文字题的加减运算，许多人成为班上的学习尖子。到1995年，李兴田教过的学生已有90多名，现在仍有54名在他床前就读。李兴田的病很严重，关节的疼痛和胃病不断地折磨着他。乡亲们为了表达谢意，有时也带些饼干、酒、水果等来看他，他绝不让留下一丁点。他说："我爹娘在时，对我的病也是干瞪眼没办法，是政府减轻了我的痛苦。只要有孩子来上课，我一定坚持到最后，直到闭上双眼。"

"孺子牛"韩淑珍 韩淑珍是河北省固安县光荣院院长。1962年，28岁的韩淑珍到光荣院工作。她以院为家，视孤老为父母，为他（她）们献出了青春的年华。到1994年的32年里她没在家过一个春节。光荣院建院以来收养了103位老人，经她亲手伺候去世的有69位，这69位老人的平均寿命达到79.8岁。张素珍大妈半身不遂，大小便失禁，臀部和两条腿上的肉溃烂。韩淑珍和她同睡一房，每天晚上为老人擦洗两次。就这样，韩淑珍整整伺候了张大妈8年。刘玉华大妈得了肝炎，后期腹水，被医院判为"死刑"。韩淑珍翻山越岭往返五六百里，找来良药，使刘大妈又增添了两岁的寿命。她还用自己几年积蓄购置了缝纫机，为老人缝缝补补。韩淑珍一心扑在工作上，却无暇顾及自己的半身不遂的老母和3个年幼的孩子。当她唯一的女儿出嫁时，因为照顾病人，没顾上给女儿做一件衣服，准备一床被褥。无休止的劳碌奔波，长时间的过度操劳，韩淑珍得了心脏病、糖尿病、高血压、关节炎、骨质增生等疾病。院里的老人们说："她比亲闺女还亲"。韩淑珍把一生的爱献给了孤老，人民也给了她荣誉。她曾被授予河北省拥军优属模范和民政系统劳动模范称号。1994 年 5 月，她被民政部授予最高荣誉奖——"孺子牛"奖。

为民解愁的"青年精英"刘太生 刘太生是山西省曲沃县里村乡民政助理员。10 年来，他为孤寡老人、伤残特困户、优抚对象送温暖、帮脱贫，在平凡的岗位上无私奉献着。10 年中，他 39 次受到各级政府和有关部门的表彰。曾被授予"全国民政系统劳动模范"、"三晋青年精英"和"全国拥军优属模范"称号。1994 年 5 月，民政部授予他"孺子牛"奖。1984 年，他一上任就走遍全乡，对需要帮助的对象逐一登记造册，制定扶持计划。对全乡 443 户优抚对象，他按农时将化肥、地膜、种子、农药等送货上门，十年如一日。为帮助民政对象脱贫致富，他牵线搭桥在全乡建立起以"种、养、加"为主体的十大双抚基地，帮助 1000 多户民政对象发展生产，使大部分贫困户摆脱了贫困。在里村乡先后办起了团球厂、炼铁厂和服装厂等福利企业；帮助敬老院办起了鞋厂和果园；建立了扶贫储金会；为残疾人、老人和贫困户解决了就业和生产、生活上的困难。

阿吉·沙吾提——草原群众的贴心人 阿吉·沙吾提是新疆博乐市乌图布拉格乡民政办公室副主任，曾多次被州、市、县评为优秀党员和民族团结模范，自治区民政系统先进个人。当地群众亲切地称他为"博尔塔拉群众的凯力比达西"(意思是草原群众的贴心人)。1984 年阿吉担任乡民政助理员后，带着干粮骑上马，挨村挨户了解情况，用了 20 多天的时间才跑完全乡，为 81 户扶贫户解决承包地 2550 亩，解决了价值 9000 元的农药和化肥，对牧区 26 户扶贫户采取扶贫羊承包方法扶贫。1986 年，乌乡成立敬老院，他又积极开展多种经营以院养院，使院民供养标准达 800 元以上。他还先后办起"双扶"服务站和博乐地区第一家福利砖瓦厂，不但弥补了经费不足的困难，还安置了一批残疾人和待业青年就业。1994 年 5 月 16 日，阿吉·沙吾提被民政部授予最高荣誉奖——"孺子牛"奖。

马胜武——回族土族山乡送暖人 马胜武是青海省大通回族土族自治县药草乡的民政助理员。药草乡地处山区，是个典型的贫困乡。马胜武自 1986 年到任后，走遍全乡沟沟坎坎。他了解到许多人的贫困是由于不会计划生产而造成的，于是亲自帮助这些人安排生产和生活，从兑换种籽到配方使用化肥；从田间管理到秋收打碾，他样样都关心。并有重点地使用扶贫资金，把有限的扶贫资金用在刀刃上。经过几年的努力，全乡 45 户扶贫户全部脱贫，特困户由原来的 45 户减少到 10 户。几年来，由于他的辛勤工作，药草乡的民政工作件件落实，项项领先，当地群众亲切地称他为"乡上的白顶帽"(因马胜武经常头戴一顶白帽子)，他也连续 5 年被省、市、县评为先进工作者。1994 年 5 月 16 日马胜武还被民政部授予最高荣誉奖——"孺子牛"奖。

"学雷锋标兵"克然木·依明

克然木·依明是新疆和田县罕艾日克乡尤喀空村的维吾尔族民兵连长、全国民兵学雷锋标兵。他在勤劳致富后，先后捐资上百万元办学校，修大桥，建医院，接济生活困难的乡亲。1981 年，克然木·依明承包了 10 亩荒地搞多种经营，同时还养鸡、养羊。积攒资金后，又买汽车跑运输。短短 4 年，他成为闻名和田地区的种植、养殖和运输专业户，年平均收入达 10 万多元。克然木·依明致富后，主动帮助村里的 23 家贫困户，指导他们科学种地、养畜。他还买来 1 台拖拉机，以每月 150 元工钱雇请了驾驶员，无偿为贫困户运肥、耕地、播种。村里有 3 个丧失劳动力的孤寡老人，他把他们接到家中居住，赡养老人安度晚年。

1986 年，克然木·依明又拿出 5 万元为村里兴建了一所小学。新疆维吾尔自治区授予他"支教模范"荣誉称号。之后，克然木·依明又捐资 5 万元为村里兴建一所中学。1994 年，克然木·依明再拿出 13 万元，为村里建成了一所医院。自治区卫生厅闻讯后，决定赠送心电图、X 光等价值数十万元的药品和医疗器械。医院一建成，克然木·依明就拿出 2 万元，作为生活困难的患者的医疗基金。克然木·依明致富不忘乡亲，致力建设家乡，赢得了党和人民给予的荣誉。近几年来，他先后被国防部、总政治部、团中央树为"民兵模范"、"学雷锋标兵"、"新长征突击手"，光荣地出席了全军英模表彰大会，还被选为第七届全国人大代表。1994 年 3 月，他赴北京参加了全国民兵学雷锋座谈会。

教育、科学、文化建设

1. 教育

《中华人民共和国教育法》颁布实施 1995年3月18日，八届人大三次会议通过了《中华人民共和国教育法》，江泽民主席签署主席令，颁布实施。“教育法”共十章八十四条，包括：总则、教育基本制度、学校及其他教育机构、教师及其他教育工作者、受教育者、教育与社会、教育投入与条件保障、教育对外交流与合作、法律责任、附则。“教育法”自1995年9月1日起施行。1995年3月24日，中宣部、国家教委等五单位联合发出《关于学习宣传和贯彻实施〈中华人民共和国教育法〉的通知》。“教育法”在全国人民心中产生了极大反响。全国政协副主席钱伟长、吴阶平等先后分别就宣传、学习和贯彻实施“教育法”撰文。

国家教委颁布高校及中学德育大纲 为在新形势下进一步加强和改进学校德育工作，逐步促进德育工作走向科学化、序列化、制度化，国家教委于1995年春、1995年12月分别颁布了《中国普通高等学校德育大纲》和《中学德育大纲》。“大纲”规定了国家对大、中学校德育工作和学生品德的基本要求，是学校对学生进行品德教育的基本依据，也是各级教育行政部门对大、中学校德育工作进行督导评估的基本标准。国家教委指出，各级教育部门领导和大、中学校的教职员工都要熟悉“大纲”的基本要求，并据此开展德育工作，同时要采取多种方式，从理论与实践的结合上提高德育骨干队伍的水平，增强贯彻实施“大纲”的自觉性。

李岚清强调全面提高学生素质 1995年7月30日，李岚清在深圳考察教育工作时强调，各级各类学校都要坚持正确的办学方向，着眼于学生全面素质的提高。他说，党中央、国务院提出了“科教兴国”的战略，意义重大。培养人才是现代化建设的首要问题，学校担负着主要责任。光有智育是不行的，必须德智体全面发展，德育特别是爱国主义教育、中华民族传统美德教育非常重要。现在学生身体状况令人担忧，中小学生课业负担过重等问题要引起高度重视。必须认真研究和改进教材和教学方法；有条件的地方，要重视外语和计算机教学，注意提高学生的学习兴趣，培养学生能够适合社会的需要，为社会做贡献。

《中学生日常行为规范》正式颁发 1994年3月，国家教委正式颁布实施《中学生日常行为规范》。1988年国家教委颁布了《中学生日常行为规范》的试行稿，经过5年多的实践，在提高广大中学生思想道德素质、形成良好校风和学风等方面，取得了明显成效。因此，国家教委在试行稿的基础上进行修订，正式颁发了《中学生日常行为规范》。“规范”共5项40条，按照由自我到他人，由学校到家庭、社会生活的顺序排列。核心内容是指导学生学会正确处理个人与他人、个人与集体、个人与社会的关系；懂得中学生的责任与义务；学会如何生活。“规范”的许多要求是中华民族传统美德在中学生日常行为方面的具体体现。国家教委要求，各地教育行政部门和学校要把贯彻实施“规范”列入重要议事日程，并把贯彻实施的情况作为各级教育行政部门的督导检查和学校教育质量综合评估的一项重要内容。

《少年儿童校外教育机构工作规程》出台 1995年7月，国家教委、文化部、国家体委、全国总工会、共青团中央、全国妇联、中国科协七单位联合颁发了《少年儿童校外教育机构工作规程》。规程指出：少年儿童校外教育机构是指少年宫、少年之家（站）、儿童少年活动中心、农村儿童文化园、儿童乐园、少年儿童图书馆（室）、少年科技馆、少年儿童艺术馆、少年儿童业余艺校、少年儿童野外营地、少年儿童劳动基地和以少年儿童为服务对象的青少年宫、青少年活动中心、青少年科技中心（馆、站）、妇女儿童活动中心中的少年儿童活动部分等。“规程”强调，校外教育机构基本任务是通过多种形式向少年儿童进行爱祖国、爱人民、爱劳动、爱科学、爱社会主义为基本内容的思想品德教育；普及科学技术、文化艺术、体育卫生、劳动技术等方面的知识；培养他们多方面的兴趣、爱好和特长；培养他们独立思考、动手动脑、勇于实践和创新的精神，促进少年儿童全面发展，健康成长。

国家教委、共青团中央表彰全国三好学生 为了全面贯彻教育方针，激励广大青年学生健康成长，国家教委、团中央于1995年11月24日表彰了成绩优异，事迹突出的207名三好学生、93名优秀学生干部和200个先进班集体，并授予清华大学孙勤芳等10名同学为“全国三好学生标兵”、北京大学戚立峰等3名同学为“全国优秀学生干部标兵”、同济大学桥梁工程系桥梁专业92班等10个班为“全国先进班集体标兵”荣誉称号。

团中央等提出深入开展“手拉手”互助活动 1995年8月，共青团中共、国家教委、文化扶贫委员会和少工委四单位对深入开展“手拉手”互助活动提出意见，指出“手拉手”互助活动是引导少年儿童参与社会实践、认识国情、进行爱国主义教育的一项教育活动，是帮助少年儿童在团结互助、奉献爱心中体验服务的乐趣，培养集体主义精神的有效载体。为把这项活动广泛、深入、持久地开展下去，提出以下意见：1．要发挥城市的主导作用。2．要发挥县级团队组织及学校的协调引导作用。3．要通过丰富多彩的教育活动，推动“手拉手”活动的发展。4．要本着自愿、简便、易行、有效的原则开展此项活动。

千名乡村女教师获“希望工程园丁奖” 1995年9月8日，中国青少年发展基金会授予来自592个贫困县的乡村小学的千名优秀女教师第三届“希望工程园丁奖”，每块奖牌携刻着获得者姓名。同时，每人还获得一辆由深圳中华自行车集团有限公司捐赠的山地自行车。

沈阳铁路师范学校坚持“三师”铸造师魂 沈阳铁路师范学校是培养小学教师的中等师范学校，10年来，该校针对师范学校的特点，坚持开展“铸造师魂，树立师德、锻炼师能”的“三师”建设，已培养出的720多名教师，大都成为当地教育和教学骨干，受到用人单位好评。截至1994年底的调查统计，这些毕业生中有51%的人荣获各种奖励，有40.8%的人担任了教导主任、团干部和大队辅导员。

上海市中心竖立尊师重教纪念碑 1995年9月，上海第一座大型公益事业纪念碑——上海尊师重教纪念碑在市中心静安公园落成。此碑是根据上海市教育发展基金接受捐赠办法的规定建造，主碑上部为“烛光”雕塑，正面刻有碑名和纪念碑文；副碑上一本打开的书，上面镌刻着自上海市教育发展基金建立以来捐赠额在10万元以上的企事业单位和1万元以上的个人名单。首批碑上留名的有179家单位和13名捐资助教人士。

首届“优秀农村中学生发展奖励基金”颁奖 全国首届“优秀农村中学生发展奖励基金（华联奖金）”颁奖仪式于1995年11月8日在成都举行。天津市王艳等91名农村中学生分别获奖。此项奖是共青团中央、全国学联在安徽芜湖华联集团支持下，于1994年11月设立的。自1995年起每年颁发一次，连续颁发5年。每年奖励农村中学生100名，奖金1000元。

首届“中国大学生跨世纪发展奖学金”颁奖 1995年3月由团中央、中华全国学联联合设立的“中国大学生跨世纪发展奖学金”是实施“跨世纪青年人才工程”的一项重要举措，旨在鼓励和扶持优秀大学生的成长，树立青年学生中的先进典型，推动更多的优秀学生脱颖而出。该奖金每年颁发一次，每次从全国选拔100名优秀大学生（含博士生、硕士生），分不同等级给予奖励。首届颁奖大会于1995年12月6日在人民大会堂举行，共有100名德智体全面发展、在学术、科技、实践、品德等方面做出优异成绩的大学生获此殊荣。

全国高校首届人文社会科学研究优秀成果颁奖会 1995年12月20日在人民大会堂举行了全国高校首届人文社会科学研究成果颁奖大会，498项优秀研究成果获奖。其中一等奖103项，二等奖395项（三等奖空缺），评奖的获奖面覆盖23个学科，30个省、市、自治区和113所高校，展现了党的十一届三中全会以来我国高校人文社会科学研究事业取得的巨大成就。该奖将作为国家教委三大奖之一，每三年评选一次。

我国实行博士后制度10年博士后人员达4000余人 庆祝中国实行博士后制度10周年大会1995年10月4日在北京国际会议中心举行。党和国家领导人江泽民、李鹏、乔石、李瑞环为庆祝活动题了词。10年来，我国已在212个单位设立了428个博士后流动站，其中高等学校322个，科研机构106个；设立博士后流动站的学科涉及理学、工学、农学、医学、经济学、法学、教育学、文学、历史学9大学科门类的54个一级学科；博士后人员总数已达4091人，其中在站人数2070人，出站人数2021人，进站人员的平均年龄为31岁。博士后制度为中国培养和造就了一大批高水平的年轻科技人才和新的学科带头人。在已出站的2000多名博士后研究人员中，绝大多数一出站即被单位聘任为高级专业技术职务，许多人直接或很快被晋升为教授、研究员，有的已成为新的学科和技术带头人。仅据1993年的调查，在国家教委实施的“跨世纪人才计划”中，在中科院青年科学家奖获得者中，在国家自然科学基金优秀中青年人才专项基金人选中，博士后人员约占20%左右。

我国自学考试培育大专、中专毕业生百万余人 全国高等教育自学考试委员会座谈会于1994年2月1日在北京举行。据大会统计，截至1993年底经全国考委批准开考的大专以上的专业共142个，中专专业80个。大专毕业生共约90多万人，中专毕业生约10.4万多人。合计毕业生总人数百万余人。我国自学考试13年来，开辟了一条自学成才的道路，自学考试已成为中国高等教育的有机组成部分。委托广东省考委在香港设立的自学考试点，于1994年4月开始，接受港澳台同胞、海外侨胞参加考试。

“青蕾计划”使5万女童进人学校 从1995年5月15日开始的中国儿童少年基金会亿万爱心献春蕾’95行动大会上获悉：1994年度该基金会共接受各界热心人士捐赠折合人民币1847.5万元，其中捐款622.4万元，分别比1993年度增加148.2%和119.2%。春蕾女童班在1992—1993年4省区14个试点班的基础上扩展到全国23个省区，兴办春蕾班1166个，救助失学、辍学女童5万余名，提前一年完成1994—1995年度行动的目标。

海南农垦中学列为“中国名校” 海南省农垦中学经过9年不寻常的奋斗，1995年5月被国家教委列为“中国名校”。10年前这所学校校舍破旧，设备简陋，教师队伍不稳定。面对这一状况，校长赖瑞光四处求援，逐步新建了教学大楼、科学馆、体育馆、学生宿舍等设施，以及94套教工住宅，办学条件大为改善，逐步使学校具有较高的现代化水平，赖瑞光也因其办校成绩出色，被评为教育系统全国劳动模范。

北京民办高校首批毕业生获国家文凭 北京市高等教育自学考试创建15周年暨国家文凭考试毕业证书颁发大会1995年11月13日在北京举行。国务院副总理李岚清出席大会并向北京市民办高校首批获国家承认文凭的323名毕业生代表颁发了毕业证书。我国自学考试制度于80年代初创建，北京市是首批实施这项制度的4个试点城市之一，并已发展到10万人报考的规模。

内地援藏办学成绩斐然 1994年7月29日，由国家教委、国家民委、中央统战部和西藏自治区人民政府联合召开了“纪念内地西藏班办学10周年座谈会”。会议认为，由于历史和自然条件的原因，特别是人才方面的原因，使西藏的发展与内地相比还有一定的差距。因此，帮助西藏发展各项事业，必须从全局战略高度来考虑。西藏的繁荣和稳定，首先离不开发展西藏的教育事业。举办的内地西藏班是加快西藏教育事业的发展，培养现代化建设人才的有效途径。内地援藏办学10年，截至1994年暑期，已经从西藏区内招收10批共13000名小学毕业生到内地参加初中预科、初中学习。现内地西藏班的初中、高中、中师、大专、中专、本科等各级各类在校生共11000人，这些学生分布在全国26个省、市、自治区的140余所省、部属学校和普通中学，1992年至1994年已有2000余名各类毕业生返回西藏参加社会主义建设，有600多名学生进入高等院校深造。西藏自治区人民政府曾派团考察内地西藏班。

新疆大学培养3万余名各民族专门人才 新疆大学是一所具有光荣历史传统的高等学校，1935年其前身新疆学院一经成立，即由著名共产党人俞秀松院长制定了“以民族为形式，以马列主义为内容”的教育方针。不仅开创了新疆高等教育发展的历史，而且使之成为传播马克思主义真理的重要基地。60年来，尤其是改革开放以来，新疆大学的教学、科研、对外学术交流以及学校建设事业蓬勃发展，学校面貌焕然一新，成为新疆重要的人才培养基地和科研基地。从全国解放到1995年的46年间，新疆大学已累计为国家培养了3万多名各民族专门建设人才。

冯德全教授“零岁方案”传四方 “零岁方案”是武汉大学智力开发中心顾问冯德全教授经18年研究、实验取得的研究成果，它为促进婴幼儿全面发展、充分发展和具有个性的发展开辟了广阔的前景，是人脑生长期素质教育、终生教育的奠基工程。方案的特点是：零岁起步，玩学统一，化难为易，游戏中学，教在有心，学在无意，不分学科，不讲系统，不管深浅，不求甚解，全面接触，使婴幼儿在人脑迅速生长发育的最佳时期，获得各类知识的印象和兴趣，开发其巨大潜能。方案设计了15个教育区和109项早期教育参考活动，在国内外已有近60万函授学员。在冯教授组建的武汉儿童发展研究中心的指导下，数以万计的家长运用“零岁方案”对孩子进行早期智力开发，取得了显著效果。许多接受“零岁方案”施教的儿童，学龄前就已学完小学全部课程，并在各类比赛中获奖。国内外百余家新闻单位予以报道并加赞誉。

天津教育世家受表彰 1995年9月，天津市从400多个三代以上从教的教育世家中评选出10

个优秀教师世家，并授予他们“津门十佳教师世家”称号，每户奖金1万元。天津市还汇集他们的事迹出版了《教坛风流》，摄制了每户一集的系列电视片《世代园丁》。

昆明建成全国最大的园丁小区 1995年教师节前夕，昆明市举行了隆重的园丁小区落成典礼，昆明市棕树营小学校长彭萍安从西山区房屋开发公司总经理沈培义手中接过了象征园丁住宅的金钥匙。昆明市园丁小区分别建在新迎小区和白马小区之内，共占地约150亩，建筑面积14.957万平方米。小区内外配套设施完善，环境优美，是我国当时已建成的最大园丁小区。据介绍，1994—1995年度，昆明市共建教职工住房22万平方米，近3000套，是过去8年平均数的5倍，使城镇教职工家庭人均居住面积从1993年的8.8平方米增至10平方米，比全市城镇居民人均住房面积高12.4%。为了真正体现党和国家对教育的重视，昆明市采取了免收市、区两级的一切费用，并适当给房屋开发公司多划拨些土地，用商品房出售的收益来弥补园丁区建设费用的办法，使园丁小区住房价格控制在每平方米800元，而教师个人仅承担每平方米300元左右，此举深受广大教职工欢迎。

吉林中小学开展中华民族传统美德教育 1994年12月，吉林省委宣传部和吉林省教委在辽源市召开现场会，总结推广1994年以来辽源市在中小学中开展中华民族传统美德教育活动的经验。吉林省辽源市从改革学校德育教育内容出发，编辑出版了《中华民族传统美德故事丛书》。以这套丛书为教材，在全市中小学中有针对性地开展了传统美德教育。他们在传统美德与其它德育的结合上、在学科渗透上、在与现代文明的结合上、并在教育内容的结合与渗透、教育方法的探讨、教育工作的组织管理方面探索出了有效途径，引起了社会的关注。吉林省委抓住这个典型，在省内大力推广。省政府成立了“吉林省中华民族传统美德教育委员会”，指导全省传统美德教育工作的开展。

6名见义勇为师生受表彰

1995年11月21日，由中宣部、公安部和中华见义勇为基金会联合召开的第四次全国人民群众见义勇为与犯罪分子作斗争先进分子表彰大会在人民大会堂隆重举行。共有90人被授予和追授为“全国见义勇为先进分子”，其中有4名教师、2名学生。他们分别是：鞍山市轧钢厂教育科教师白雪洁（女）、山东临沂市兰山区第一职业中学教师郝永才、山东泰安医学院附属医院教授刘来村、海南省琼台师范学校学生符慧芳（女）、青海民族学院九三级大专班学生韩孝军等6人。

黄素琴毁家兴特教 1987年8月，辽宁省盖州市城关乡中心小学校长黄素琴，接受了创办盖州市聋哑学校的任务。当时一无校舍，二无资金，她在子女的支持下，把第一批78名聋哑孩子迎进了自己的家门，又把自家收入捐献作为办学经费。一年后聋哑学校才正式成立，可黄素琴却提前一年让聋哑孩子受到了教育。6年后的1991年，50岁的黄素琴又接受创办一所弱智儿童的育智学校的任务。这次同样碰到无校舍、无资金、无师资的困难。她又把学校办到了自己家里。此外还把40头生猪卖掉，得款作为教学经费，使68名弱智儿童提前入学。黄素琴近几年来曾两次荣获全国教育系统劳动模范，省、市劳动模范和辽宁省“十大女杰”的光荣称号。1994年3月19日，中残联、劳动部、国家教委的考察组来到育智学校考察，给予黄素琴以及她所创办的学校以高度评价。

甘为“人梯”的陆寅初教授

1995年元月19日，58岁的力学教授、博士导师、享受政府特殊津贴的陆寅初倒在写字台前，因心脏病突发去逝。此前他刚刚完成国家高技术航天领域关于智能结构研究的立项报告，正在率领一批人向国内尚属空白的智能工程结构领域冲击。从1978年以来，陆寅初在从事断裂力学、损伤力学、材料本构关系和复合材料力学的教学和科研中取得一系列重大成果。他主持完成的10项重大课题先后获国防工委科技进步奖。其中“宇航压力容器断裂研究”达到国际先进水平，为我国的航天航空界制定宇航压力容器断裂控制规范打下了基础，1987年获国防科工委科技进步一等奖。他率领研究生开展的“含化学反应的粘弹性损伤本构关系”研究，在1992年的鉴定会上，被专家誉为“在理论上属国防首创”，开辟了这一领域的新天地。

陆寅初先后发表了近百篇学术论文，其中40多篇在国防学术会议上交流。他还在1988年应邀参加了被誉为“力学界的奥运会”的4年召开一次的国际理论与应用力学大会，并入选交流了《蠕变损伤条件下的裂纹端部场》、《纤维增强复合材料微裂纹损伤理论》两篇论文，令国外同行权威人士刮目相看。

1991年1月，国务院学位委员会和国家教委隆重表彰了一批“做出突出贡献的中国博士、硕士学位获得者”，陆寅初的学生中有两人获此殊荣，他被誉为“人梯导师”。

退休教师景崇灿全心全意创民办高中 1989年9月，宁夏第一家民办高中——伊信中学成立，校长兼创建人就是年已70岁的退休教师景崇灿。近6年中，这所中学由当初的1个班40人扩展到8个班400人，向社会输送合格毕业生近千名。在教学中，景崇灿注重用人格力量感化学生，时时处处关心、爱护他们。为了学校的发展，她不顾折磨她10年的胆结石病痛，坚持工作，直至1995年2月住进医院，诊断结果是胆囊癌已到了晚期。残酷的事实更激发了她的斗志，她要利用生命的最后时间为学生和学校多做一些事。住院期间，她仍然在病床上批阅学生的周记。6月份，她不愿在病床上空耗生命，便拖着病体又上班了。几天的劳累使她再一次住进了医院，这一次，她永远地离开了自己眷恋的教育事业，留给人们一位人民教师的崇高形象。

河南省委书记李长春心系特困生 李长春同志1990年从辽宁省调到河南，先任省长后任省委书记的四年中，关心特困学生、救助失学儿童、支持希望工程的事迹，在中原大地传为佳话。1990年8月李长春来到商城县余集乡龙河村特困户夏学凤家走访，得知夏学凤12岁的女儿只读了两年书便因家庭困难而辍学，深感忧虑和歉疚。他对随行的县委、县政府负责同志说："不能让老区人民的子女成为新一代的文盲。"回到县城，他掏钱为夏学凤的女儿购买了书包和其他学习用品，请人送去，希望她尽快复学。结束大别山近10个县的考察返回信阳市，他不顾旅途劳累，提笔给当时的商城县委书记写信，希望他们在解决适龄儿童入学和普及农村小学教育方面闯出新路子，拿出好办法。回到郑州后，又从省长基金中拨出10万元给商城，用于救助失学儿童。在省长的关怀下，县里对全县适龄儿童入学情况进行全面调查，使614名未入学儿童和567名中途辍学的学生走进了教室。李长春多次救助一些家庭经济困难的小学生、中学生和大学生，让他们重新走进课堂，并完成了学业。

不倦求索、勇挑重担的归国留学人员 童真教授是中共华南理工大学党委委员、材料科学研究所副所长、博士研究生导师，亦为国际学术界有知名度的年轻学者。1982年10月，童真被挑选为新中国第一批由政府派遣的出国留学研究生，成为日本大阪大学高分子学家藤田博教授的第一位中国留学生。仅过半年，他就要求考试，考试结果令大阪大学大为震惊：指定科目全考优秀，物理化学得了满分，为大阪大学第一人。他还于1985年3月在大阪加入了中国共产党。1989年，童真博士婉谢了几家公司的聘请，举家回国工作，奔跑于北京、广州、大连等地，去争取科研课题和科研经费，在华南理工大开创了高分子物理化学基础研究新领域。1991年6月，童真关于"两种异性高聚物和溶液剂组成三元溶液的相对平衡"等系列论文获1991年度广东省自然科学一等奖，被专家认定是该领域的重要突破。1991年，他被国家教委、人事部评为"全国有突出贡献的回国留学人员"，受到江泽民、李鹏等党和国家领导人的接见。1994年，他被选为国家教委跨世纪优秀人才。

2. 科学技术

江泽民在全国科学技术大会上作重要讲话 1995年5月26日，江泽民同志在全国科学技术大会开幕式上作了重要讲话。全文共分四部分：一是全面落实科技是第一生产力的思想。它是国内外形势发展的需要，是我国社会主义现代化建设的一项十分艰巨和紧迫的任务。二是加速科技进步需要把握的几个重要问题。讲话中指出了"五个结合"，即：科技与经济的结合；近期目标与长远目标的结合；自主研究开发与引进国外先进技术的结合；市场机制与宏观管理的结合；自然科学与社会科学的结合。三是培养和造就大批德才兼备的科技人才。实施科教兴国的战略，关键是人才。要加速培养优秀科技人才，创造人尽其才、才尽其用的社会环境，不断改善他们的工作和生活条件，充分调动他们的积极性和创造性。培养和造就科技人才要注意德才兼备。要坚持党的基本路线，大力弘扬爱国主义精神、求实创新精神、拼搏奉献精神、团结协作精神。这四种精神，是我国数代科技工作者崇高品质的结晶，也是科技事业繁荣的重要保证，要作为科技界精神文明建设的重要内容发扬光大。四是加强党对科技工作的领导。党的领导是实施科教兴国战略的政治保证。抓好科技进步的关键在于各级党委和政府。各级领导干部要高瞻远瞩，统揽全局，把握时代发展的潮流。要把决策的科学化、民主化作为实施民主集中制的重要内容。

李鹏为《农民实用技术教育读本》作序 李鹏指出，中国农民勤劳勇敢、朴实智慧，为我国社会主义经济建设做出了巨大贡献。农业的发展为我国国民经济的持续、健康、快速发展做出了重要的贡献。但是，许多因素制约着我国农业的继续发展，必须依靠科教兴农，使农业的增长转到依靠科技进步和提高农民素质的轨道上来。李鹏还指出："作为一个现代农民，应该更多地掌握一些基本的农业科技知识，武装自己的头脑，变'种田靠经验'为'种田靠科技'、'致富靠科技'"。他希望广大农民积极响应党和政府的号召，多学一些科技知识，多掌握几门实用技术，为致富奔小康，同时也为国家经济发展多做点贡献。李鹏认为《农民实用技术教育读本》，是适应提高农民的科技文化素质、提高农民科学种田水平的需要而编写的。他要求各地领导和广大干部要在抓好农民思想政治教育的同时，把科学技术普及作为对农民教育的重要内容，积极引导农民学习科技知识，在农村形成人人学科学、人人用科学的良好风尚；一定要利用各种形式有计划有组织地对农民开展科技培训，对于一些有条件的农村，可以开办农民技术学校和专题培训班，使之成为科学技术学习和传播的阵地。

院士联名建议加强我国生命科学人才培养 21世纪，生命科学在自然科学发展中将发挥关键的和带动性的作用。然而我国生物学教育现状却令人担忧。根据对全国42所综合大学与师范院校的历时两年的调查研究,发现存在以下主要矛盾亟待解决:其一,生物学系教师年龄与知识结构老化,优秀青年人才向西方发达国家大量流失,师资队伍梯队结构不合理,不适应当代生命科学的迅速发展;其二,教育经费严重不足是困扰高校生物学系的普遍问题;其三,高考取消生物学考试带来严重后果。就此,71位院士于1994年8月联名提出"加强生命科学人才培养,迎接21世纪"的建议,供党中央和国务院参考:第一,各级领导带头,提高全社会对生命科学重要性的认识;第二,在增加高等教育经费总投入的同时,向生命科学作适当倾斜;第三,积极培养生命科学新的学术带头人与教学研究骨干,充实高校生物学教师队伍;第四,加强科研部门与高等学校的联合;第五,加强中学生物学教育、扭转轻视中学生物学教学的现状。院士们殷切期望,经过不懈的努力,我国将以生命科学人才辈出的大好局面进入21世纪。

中科院50个国家重点实验室参与国际竞争 1994年11月初,国家有关部门从全国156个国家重点实验室中选出5个优秀实验室,作为开放研究课题专项拨款试点。其中生物大分子、材料疲劳与断裂、红外物理、大气数值模拟4个实验室属中科院系统。他们是中科院50个国家重点实验室争创世界先进水平、积极参与国际科技竞争的突出代表。中科院的国家重点实验室根据其科研实力强、专业齐全的特点,在选择发展方向上,坚持必须是国际前沿学术问题,必须能在国际科技领域参与竞争。近海及大洋环流数值模拟是世界新兴学科,大气数值模拟实验室从成立之初就瞄准了这一领域攻关。现在,其模拟能力在许多方面已经超过国际同类研究水平。1994年8月,第三世界科学院考查选中该室所在的大气物理所,作为国际优秀科学研究中心的候选单位。红外物理实验室在国际前沿热门课题方面获得重大进展,并努力在科学交叉领域培植新的生长点。该室在低维结构红外光电物理研究、红外物理与导电聚合物研究等领域也取得了国内外首创的成果。生物大分子实验室开创了酶分子变性失活比较动力学方面,居国际领先水平。近两年来,中科院的国家重点实验室创造了十几项国际先进水平的成果。基础性研究参与国际竞争,必须学习借鉴国外先进学术思想和先进科学手段,这是国家重点实验室提高科研起点的作法之一。而论文国际化也是这些重点实验室走向世界参与竞争的重要方式。

我国科技论文总数进入世界前10名 我国1994年在国际上发表的科技论文总数达到24584篇,数量排序首次进入世界前10名。从最能反映基础研究水平的《科学论文索引》(SCI)收录论文看,1994年世界论文增长率为5.1%,我国则已达到8.3%,超过世界增长率。据国家科委和中国科技信息研究所对中国科技论文的统计与分析,1994年我国平均每4篇论文就有1篇被国际所引用,其中苏州医学院陈子兴教授发表于国际著名刊物《Blood》(《血液》)上有关治疗白血病的论文被多次引用,使他成为单篇论文被引用次数最多的个人。说明我国科学技术成果在国际上受重视的程度越来越大。统计资料还表明,我国高校发表的国际论文数占全国总数的63.7%以上,国内论文数则占58.8%,为近几年的最高点。1994年我国科技人员在国内期刊上共发表论文107492篇,比上一年增长5.4%,其中北京为第一位,其次是江苏、上海、湖北、四川和陕西。发表论文数最多的学科依次为临床医学、机械仪表、农学、地学、化工和基础医学。

863计划国家CIMS(计算机集成制造系统)工程研究中心荣获'94 CIMS应用与开发大学领先奖 建在清华大学内的国家CIMS工程研究中心荣获1994年CIMS应用与开发"大学领先奖",授奖仪式于11月14日在美国底特律举行。美国制造工程师学会(SME)为了推动CIMS技术在国际上的开发与应用,于1985年设立了两项大奖,一项是"大学领先奖",另一项是"工业领先奖",后者主要授予公司企业,前者旨在表彰CIMS技术应用开发与人才培养方面成绩突出的大学。评奖在世界范围内进行,每年各评出一名。国家CIMS工程研究中心是国家"863"计划的重点建设项目,由清华大学为主承担建设任务。该中心1992年底建成,1993年3月通过了国家科委组织的鉴定和验收,其水平与欧洲和美国的几个CIMS中心的水平相当。该中心所取得的成果和经验,已在国内的十多家工厂得到推广,并取得显著经济效益,为提高我国制造业的自动化水平作出了贡献。CIMS中心的教师们还结合实际的研究和开发工作,培养了一大批掌握CIMS最高技术成果的高水平的博士生、硕士生和本科生,为国家造就了众多的跨世纪人才。

我国在制造领域获国际大奖 北京第一机床厂CIMS工程荣获1995年度"工业领先奖",这是我国在制造领域取得的又一重要突破。这项大奖是为了推动CIMS技术在国际上的开发与应用,由在国际制造业具有权威性的美国制造工程师协会(SME)设立的,"工业领先奖"用来奖励那些在制造业中采用计算机集成制造系统技术(CIMS)取得明显效益和突出成果的企业。SME每年在世界范围评选出大学领先奖和工业领先奖各1名,这是在制造领域具有全球影响的国际性奖励。北京第一机床厂是自1981年以来在美国以外企业中首次获此奖项,它同时还获得了联合国工业发展组织 1994—1995 年度“可持续工业发展奖”。这是我国“863”重点攻关项目 CIMS 工程取得的丰硕成果。

彗木相撞观测成果博得国际好评 从 1994 年 12 月 15 日结束的全国彗星与木星撞击学术讨论会上获悉，我国科学家在 1994 年 7 月 17 日至 22 日的彗木相撞观测中，以独特的方法直接测到彗星碎块撞击的精确时刻，获得对 P_2 彗核撞击时刻的唯一测定结果，独立记录到一些爆炸事件，得到了外国同行的证实，引起国际天文学界的重视和好评，为国际天文事业做出了宝贵的贡献。我国天文学家分别在北京、上海、南京、云南四大天文台和乌鲁木齐天文站等 11 个光学射电观测站点观测记录了彗木相撞的过程，获得了极其珍贵的观测资料。国际上彗星各碎块撞击时刻的最精确测量是由伽利略飞船得到的，另外十几次撞击时刻是从撞击引起的羽毛状物出现的时刻推算出来的，而我国是通过观测木星卫星反射的撞击火光绘出时刻的，同伽利略飞船观测到的撞击时刻一样是最直接的，这是对 P_2 这一彗核撞击时刻的唯一测定结果。这次彗木碰撞所产生的火光之强烈，撞击抛射物的规模之大，以及暗斑存在的持续时间之长都出乎天文学家的预料。许多学者呼吁：尽快制定出我国搜索和监测近地小天体的计划，以加强对小天体撞击地球的预测和预防。

“曙光—1000”计算机系统研制成功 十项技术位居国内第一，堪称中国高性能计算机之最的“曙光—1000”，1995 年在国家智能计算机研究开发中心研制成功。它标志着我国大规模并行处理技术迈进世界先进行列，成为我国高性能计算机方面的一个里程碑。“曙光—1000”的峰值速度高达每秒 25 亿次，实际运算速度高达每秒 15.8 亿次浮点运算，内存容量达 1024 兆字节，创中国高性能计算机之最，它是一个效率高、稳定可靠、使用方便的系统。主要技术特色有：可扩展性好，连接网络可扩展，计算能力可扩充，输入输出能力可扩充，硬件可扩展，系统软件也可扩展等等，它突破了一大批大规模并行处理的关键技术，使我国成为世界上少数几个能研制和生产大规模并行计算机系统的国家之一。它在整体上达到 90 年代前期的国际先进水平，某些技术达到了当时的国际领先水平。

我国制成载人磁悬浮列车 新华社 1995 年 5 月 11 日报道：我国第一台载人磁悬浮列车在国防科技大学研制成功。我国是继德国、日本、英国、前苏联、韩国之后，第六个研制成功磁悬浮列车的国家。这种列车被誉为 21 世纪的新型交通工具。这台单转向架磁悬浮列车，长 3.36 米，宽 3 米，轨距为 2 米，车上安装了 4 组 8 只悬浮、导向电磁铁，由 4 套控制系统进行控制，可乘坐 20 多人，该列车的理论设计时速可高达 500 多公里。

自力更生建造的秦山核电站竣工验收 我国自行设计、建造和管理的第一座核电站——秦山核电站，于 1995 年 7 月 13 日正式通过国家工程竣工验收。秦山 30 万千瓦核电站工程于 1985 年正式开工建设，1991 年 12 月并网发电，至今已累计发电逾 50 亿千瓦时，日前，该电站已成功地完成了首炉第一批燃料组件的更换，重新进入稳定满功率运行。李鹏总理在给中国核工业总公司和秦山核电公司的信中说，秦山核电站的建设成功是全国大力协同的结晶，是我国核工业和平利用核能的重大进展，核工业系统科技工作者及广大职工充分发挥自己的聪明才智，把依靠自己的力量与引进国外先进技术和设备相结合，通过秦山、大亚湾核电工程的实践，锻炼了队伍，掌握了技术，积累了经验，为核电更大的发展奠定了基础。他要求核工业系统再接再厉，抓好核电站的安全稳定运行，为我国的核电发展做出新的贡献。吴邦国在验收大会上说，秦山核电站的建成，使我国成为世界上为数不多的能够自行设计建造核电站的国家之一，在我国核电发展和核能和平利用史上具有里程碑的意义，是我国高科技转化为生产力的成功典型。

中国科技馆决定为我国杰出科学家树碑塑像 1995 年 7 月，中国科技馆、《中国科协报》社、北京中大艺术研究所等单位决定，以筹资方式在中国科技馆内的公共场所为我国历代杰出的科学家、发明家建立雕像群，以唤起人们对科学家的仰慕和崇敬。首批入选的古代科学家有：李冰、蔡伦、张衡、祖冲之、毕昇、沈括、宋应星、李时珍、徐光启；近现代科学家有：詹天佑、侯德榜、竺可桢、郭沫若、李四光、周培源、茅以升。塑像材质采用青铜和汉白玉或花岗岩。雕像工程的科技顾问是中国科协副主席孙大通，中科院院士、著名声学家汪德昭；艺术顾问是中国美术家协会副主席古元，中央美术学院院长靳尚谊。

第二届中国青年科学家奖揭晓 第二届中国青年科学家奖评奖活动于 1994 年 11 月 7 日在京揭晓，荣获本届中国青年科学家奖的是，数学：王诗宬（北京大学数学系教授）；物理学：杨卫（清华大学工程力学系教授）；化学：白春礼（中国科学院化学研究所研究员）；天文学：武向平（中国科学院北京天文台副研究员）；地球科学：穆穆（中国科学院大气物理研究所研究员）；生命科学：王志新（中国科学院生物物理研究所研究员）、陈竺（上海第二军医大学附属瑞金医院、上海血液学研究所研究员）；技术科学：陈肇雄（中国科学院计算所研究员）、郭雷（中国科学院系统研究所研究员）；管理科学：陈玉祥（机械工业部科技与质量监督司教授）。获得本奖提名的有：袁亚湘（数学）、王牧（物理学）、甘为群（天文学）、张毅刚（地球科学）、张爱民（生命科学)、朱明(技术科学)、席西民(管理科学)。该奖由团中央、全国青联和中国青少年发展基金会联合举办,国家自然科学基金会协办,指在对自然科学领域里取得重大科技成果的青年科学家进行表彰,宣传和物质奖励,以激励中国青年科技工作者在科技领域里跟踪和赶超世界先进水平,取得新的突破。该奖评审活动每两年举办一次,获奖者可得到3万元人民币的奖金。

我国科学家确认雅鲁藏布江大峡谷为世界第一大峡谷 我国科学家首次确认雅鲁藏布江大峡谷是地球上最深的峡谷,深达5382米,为世界第一大峡谷。这项成果是中国科学院地理学家杨逸畴、大气物理学家高登义、植物学家李渤生于1994年4月一致推出的,并得到国际第四纪研究联合会主席、中国科学院院士刘东生教授的赞同和支持。过去被称为世界第一大峡谷的深达2133米的美国科罗拉多大峡谷,深达3240米的秘鲁科尔卡大峡谷将退居次要地位。切开喜马拉雅山脉的雅鲁藏布江大峡谷,平均深度在5000米以上,最深的地方为5382米,最窄处在纲朗附近,仅为74米,一般宽在80至200米之间,大峡谷从米林县派区算起,朝东围绕南迦巴瓦峰作马蹄形弯曲后,又向南延伸到墨脱县的希浪附近,全长370公里。

我国小麦科学的奠基人金善宝 1994年7月2日,是我国小麦科学的奠基人、中国科学院最年长的院士,百岁老人金善宝先生的生日。1895年7月2日,金善宝出生于浙江省诸暨县,1920年以优异的成绩毕业于南京高等师范农业专修科,并留校任皇城小麦试验场技术员。在试验场工作的六年里,他认真搜集小麦地方品种,严格进行品种试验,从中选出了深受当地农民欢迎的"姜堰黄皮"、"武进无芒"等优良品种。他还以顽强的毅力先后对我国790多个县进行小麦资源的搜集工作,这是我国小麦史上第一次最广泛的小麦种质资源的搜集工作。1934年,他和助手们一道又鉴评出一批优良的地方小麦良种,并在生产上进行推广,在此基础上,金善宝教授撰写了我国第一部小麦专著《实用小麦论》,填补了当时我国小麦研究领域著作的空白。1939年,他和助手们从国外引进的3000多份小麦品种资源中,成功地选育出适合我国长江中下游地区栽培的优良小麦品种,其中"南京2419"小麦直到1983年,长江流域麦区的种植面积仍达百万亩左右,成为中国小麦育种史上的一个里程碑。早在1928年到40年代,金善宝先生还在中国小麦分类研究方面发表了《中国小麦分类之初步》、《中国小麦的区域》等论文,在国内均属首次,引起国内外学者的广泛重视。1949年后,他正式主持组成中国小麦分类研究组,先后从全国2000多个县搜集到小麦种质资源5544份,及时为我国乃至全世界抢救、保护了一大批珍贵的财富。在几年的小麦分类研究中,他还首先发现中国云南省小麦在分类上具有特殊性,在世界已有的小麦分类学文献中还未见报道过,很难找到与它相匹配的植物学分类地位。经过多方研究,他把这个"云南小麦"定为普通小麦的一个亚种。这一重要发现和定名,得到了前苏联等国家科学家的一致肯定,对世界小麦分类研究是个重要贡献。在他的大力倡导下,1963年中国农科院在南京正式成立了小麦品种研究室。从1960年至今,他和助手们先后改造和育成了"南京2419"、"京红1—9号"、"京春6082"、"中7712"、"中7709"、"中7706"、"中8502"、"W3077"等产量高、品质好、抗病害的优良品种。金善宝老先生除在科研上有重大成就外,还从事农业教育达27年之久,先后担任过杭州农学院教师、浙江大学农学院副教授、中央大学农学院教授、江南大学农艺系教授、南京大学农学院院长、南京农学院院长,为国家培养了一大批科技英才。

与新学科一起成长的孙昌璞 列在"首届长春市十大杰出青年"之首的孙昌璞是东北师范大学物理系31岁的教授。他作为国际著名物理学家、诺贝尔奖获得者杨振宁教授在国内培养的第一位博士研究生,于1992年10月应邀到杨教授亲手创建的纽约州立大学理论物理研究所从事研究工作。激动之余,想得更多的是责任,感到更沉重的是压力。"与新学科一起成长!"杨教授经常给孙昌璞讲的这句话几乎成了他的座右铭。短短的9个月里,孙昌璞完成了9篇高质量的科研论文,得到了杨教授和国际同行的高度评价。杨振宁称孙昌璞为"理论物理界极有希望的新人"、"是非常优秀的年轻物理学家"。由于孙昌璞的优异工作,杨教授破例延长了他的工作期。位于费城的德雷克塞尔大学还邀请他访问该校;国际会议"量子不可积性"邀请他作为大会组委,在组委成员中他是最年轻的。几年来,孙昌璞在国内外重要刊物上发表论文70余篇,在量子论中的拓扑几何效应、李代数表示论在物理学中的应用、杨—巴克斯特系统的量子群理论等方面的研究成果已达到世界先进水平。他提出并发展了量子体系演化的高级绝热近似方法,把传统的量子绝热理论向前推进了一步。在量子群研究分支—q变形物理方面出现的"贝—付—麦—孙表示",是由4位首次提出q变形玻色子概念的学者名字命名的。其中有"孙"就是孙昌璞。他提出的q变形玻色子概念的这篇论文,已经成为一篇开创性文献,其中的概念已在国际上引用了130多次。他先后获得了霍英东青年教师(科研)奖,国家教委科技进步一等奖和三等奖,中国青年科技奖。

棉花博士翟学军 翟学军于1990年以全优成绩通过各科考核和论文答辩,获前苏联塔什干农学院副博士学位。在留学期间,利用回国休假机会,到外贸部门考察，发现我国由于棉绒品级低致使纺织品出口价低利薄。他提出从培育中长绒棉新品种入手彻底扭转这种局面，河北省外贸部门极力支持，和省农科院棉花所建立了国内首家中长绒棉育种课题组，翟学军担任课题第一主持人。他一边在国外学习，一边主持国内科研。回国后与课题组共同努力，培育出丰产、耐病的中长绒棉新品系140，为改变我国棉花品质差、产量低的状况作出了贡献。他担任河北省农林科学院棉花研究所所长，大刀阔斧改革研究所机制，建立了30多个试验示范基地，大力推广新技术、新品种。与省棉麻公司合作建立棉花良种加工车间，开始了科研、生产、推广、销售良性循环，使多年捉襟见肘的棉花研究所走出了困境。

刘付璆科技扶贫结硕果 1990年，湖北省农科院研究员，55岁的刘付璆被派往英山担任科技副县长。他上任的第二天，就把整个身心融进了崇山峻岭，边指导茶农制茶，边考察当地的茶叶生产。一天他攀缘十多里小道，来到占家河乡花尖山茶场。发现这里自然条件良好，茶叶芽肥叶厚。可惜由于制茶工艺落后，致使茶农守着金山而身受贫穷。当刘付璆了解到全县像这样的茶场有100多处时，便形成了开拓英山名优茶的想法，亲自挂帅，成立了“名优茶研制攻关小组”。经过几日夜苦战，终于制出了样品，命名为“天堂云雾茶”，随即夺得湖北省陆羽杯茶叶评比第一名。为了让更多的茶农掌握名优茶的制作技术，两年的时间，刘付璆培训茶农6000人次，培育出350多名制茶高手，名茶技术普及到320个茶场，全县兴起了“名茶热”。1991年，“天堂云雾茶”产量达到5000公斤，为全县茶农增收690万元，1992年英山的“天堂云雾茶”达到了2万多公斤，茶叶均价大幅度提高，最高卖到了600元人民币一斤。在短短的两年时间里这种新茶叶就完成了从研制到普及的全过程，令来到这里的专家们惊讶。

我国农业土壤学的奠基人侯光炯 西南农业大学教授侯光炯是著名土壤学家，第一、二、三、五、六、七届全国人大代表，1956年当选为中科院学部委员，今为科学院院士。自70年代开始，他主动下到农村蹲点，至今近20年。侯光炯从30年代大学毕业后，为实现科学救国的理想，侯光炯远涉重洋，考察了欧美十几个国家，如饥似渴地吸吮着人类科学文化的养分，立志走一条中国式的土壤学研究道路。回国后，进行了“土壤粘韧率和粘韧曲线测定法”等一系列划时代的研究，为中国农业土壤学奠定了后来发展的基础。新中国成立后，侯光炯焕发出空前的创造热情，从50年代云南西双版纳的橡胶宜林地，到近年来遍及半个中国的半旱式水稻栽培，从“土壤肥力生物热力学”到“自然免耕法”等等，取得了一系列重要成就。文革期间在下放劳动过程中，他对事业和人生有了新的感悟，决心把自己投入到大自然的怀抱、融汇于千百万农民之中，决定扎根川南沃土，在那里创办了世界上唯一的自然免耕法研究所，建立了中国第一个生态农业博物馆。在这期间，他白天下地开展试验，带学生外出实习，夜深人静他在灯下清理自己的思路，为了调查研究，年近九旬的老人，竟靠乘公共汽车，走遍了宁县的近20个乡镇。70年代，侯光炯曾被四川华西医大诊断为晚期胃癌，专家们要他立即动手术，但他执意不从，他给四川省委写信说：“中国的农业土壤科学有许多事情要做，我需要的是走路爬山的劳动力。”后来组织上送他到上海治疗，他仍坚持不做手术，用从民间学到的一些治癌良方，凭借坚强的意志与死神顽强抗争，癌症竟奇迹般地从他身上消失。1991年，侯光炯因水稻半旱式栽培技术的巨大经济效益获得了四川省政府10万元的重奖，而他却把这笔奖金悉数捐给了生态农业博物馆。1993年，在四川省“巴蜀十大英才”评选中，侯光炯再一次名列榜首。

献身煤矿事业的归侨苏成益 苏成益祖籍福建，解放前全家定居于缅甸伊洛瓦底河畔的仁安羌。仁安羌在缅语中就叫石油河。小时候他听老师说，祖国的石油、煤炭比这里多得多，于是，年轻的苏成益于1943年便背着家人只身回到了他向往的祖国，读完大学到位于黄土高原的大同煤矿工作，跟着老工长下井、打眼、放炮，一天三班和工人同吃同住同劳动。21年的井下作业，使苏成益得了矽肺病，但他仍然坚持在施工第一线。党的十三届三中全会后，苏成益入了党，工作更加勤奋。为了提高矿井工作效率，他大胆革新试验，终于在云岗矿试用成功，使每工效率比国家规定提高了26%，还创造了斜井月进成巷的全省新纪录。苏成益奋发的精神和突出的工作成绩，使他当选为省、市劳动模范、矿山标兵。1994年6月，他被中国侨联授予“侨界十杰”光荣称号。如今，年过花甲的苏成益还担任山西省政协常委、山西省侨联主席，可他仍像老矿工一样，办完兼职工作后又马不停蹄回到平朔。人们说，苏成益就是一块闪闪发亮的乌金。

生命在科研中延伸的邹元国 优秀共产党员、荣获南京市政府重奖的科技功臣、40岁的邹元国，是南京市红十字血液中心主管技师。1986年底，因肾脏病变，肾功能衰退患尿毒症，医务人员把他从死亡线上救了回来，又做了异体肾脏移植手术，给了他重新工作的机会。医生告诫他，移植肾一般只能存活3至5年，一定要特别注意保养。邹元国认为：生命的意义不能用时间长短来衡量，而在于对生活的创造。邹元国出院后调到成分输血科当科长，他一边忙科里工作，一边进行血液制品课题研究，用一年半时间，完成了“复钙法制备ABO定型血清”的科研项目，使标准血清的产量提高三倍多，解决了南京地区标准血清供不应求的矛盾，每年还为病人节省医疗费10万元。这一成果荣获南京市科学进步二等奖。随后的三年里，邹元国又先后完成了“白膜回浆法制备浓缩血小板”等5项科研成果。1987年至1991年期间，他先后住了8次医院，开了9刀，许多案头工作，都是躺在病床上完成的。他说：“我的时间比别人少，只有抓紧分分秒秒，才能使生命实现最大价值”。1991年9月，邹元国的“SAGM红细胞保存液”研究正处在关键时刻，他体内的异体移植肾出现了严重排斥反应，药物已无法控制，并出现肾功能衰竭先兆，医生要求他立即停止工作，卧床休养。邹元国明白移植肾再次坏死将危及生命，但是，手中的试验一旦停止，就会前功尽弃。想到这项研究国内尚是空白，不能半途而废，他一连20天，钻进实验室连续试验，终于攻克了最后难关。这一成果打开了红细胞在人体外只能存活1天的医学禁区，使红细胞存活期达到42天。试验成功了，但邹元国却倒下了，医生再次操刀，把又坏死的肾脏摘下来。再次失去肾功能的邹元国，只能依靠两天一次血透、每月一次输血维持生命。他不能饮水，实在渴了，只能用水滋润一下嗓子，他的生理发生了一系列变化，已无法正常上班，领导让他上自由班，亲友们劝他休息，可是邹元国却认为，科研工作给自己人生带来了无穷乐趣，科研已成为生命继续的支撑点。1993年初，邹元国又开始研制“白细胞过滤器”，这是一个难度很大的课题，美国某科研机构忙了三年多，尚未成功。白细胞在一般条件下，离开人体6小时即死亡，目前医学界尚无办法将献血者献出的血浆里的白细胞过滤掉，只好将带有死亡的或者带病毒的白细胞的血浆输给病人，往往导致输血反应。邹元国研制的“白细胞过滤器”可以把献血者血浆里的白细胞过滤掉，从而提高输血的质量和安全性。1994年5月，邹元国在完成实验室全部工作后，开始临床试验，第一例试验病人就是他本人。他在每月例行一次的输血时，输入了经过“白细胞过滤器”过滤的血液，感觉良好。邹元国就是在用输血维持生命的状况下研究出了一系列重大成果，并且还在继续他的研究，“让自己的生命在科研工作中延伸”。

向蘑菇云挑战的程天民 50年代初，程天民大学毕业后留在解放军第三军医大病理学系工作，一次偶然的机遇，使他从此走上了从事防原子医学研究的道路。1964年，我国第一颗原子弹爆炸，打破了国际上两霸的核垄断，程天民想到核战争对人类的危害，毅然向部队首长请缨：我国不能没有核武器，也不能没有防核医学研究。为了减少我军在未来战争中的伤亡，希望利用核试验场条件，从事防原医学研究。当他得到领导的支持，便奔赴大西北的戈壁沙滩，开始了长期而又艰苦的探索。向蘑菇云挑战并非易事。我国防原医学研究起步晚，研究手段简陋落后。没有资料、资金，完全凭借核试验现场作为实验条件，其艰苦危险程度可想而知。30个寒冬酷暑，程天民先后14次奔赴核试验现场。每次核试验，虽说是在绝对保障参试人员生命安全的条件下进行的，但有时为了获取真实的现场资料和数据，程天民把个人安危置之度外，有几次爆炸烟云尚未散尽，他就直驶爆炸区，从动物支离破碎的皮肉和令人生畏的血液中查验伤情，检测辐射剂量，观察动物在不同距离、不同当量核武器损伤后的临床病理变化。从而推算在不同距离和不同防护条件下，核武器对人体造成的伤害程度，为保存自己和医治核损伤寻找最佳措施。辛劳的汗水换来一个又一个引人注目的成果：他和同事们完成的“烧冲复合伤病理变化”、“放烧复合伤病理学研究”，填补了国内外空白，分别获得了全军科技成果一等奖；他和同事们30年的奋斗结晶“放烧和烧冲复合伤病理学研究”，获得了1993年度国家科技进步一等奖。与此同时，他当年因陋就简在戈壁滩创办的第一个“核试验动物效应”展览馆，至今仍是人们接受防原医学知识教育的理想场所。他参加总结并负责两个专题撰写的《我国核试验技术资料汇编》，当年被周总理称为“国宝”；他以本国核试验资料和防原医学研究成果为主要依据主编的《核武器损伤及其防护》、《防原医学》、《创伤战伤病理学》三部专著，均为我国防原医学第一教科书，其中两部在国内外公开发行。这些高水平的研究成果，不仅为临床诊治核武器、核事故以及许多爆炸事故造成的复合伤，提供了可靠的病理学依据，更重要的是为我国建立完整的核防护理论体系，为我军构筑防护核损伤的安全屏障，作出了卓越贡献。其研究的广度和深度，均处于国内外领先地位。美国和英国剑桥的“世界名人传记中心”，分别把他列为“十年中最受崇敬的人”，并载入了《世界名人录》。他三次立功，多次受奖，1993年，当选为全国第八届政协委员。1994年3月18日，他又从庄严的北京人民大会堂主席台上，捧回了国家科技进步一等奖的奖状和证书，并受到了江泽民主席、李鹏总理等党和国家领导人的亲切接见。

航天骄子张庆伟 33岁的张庆伟在航天领域工作不满6年，以出色的成绩被国务院学位委员会和国家教委授予“做出突出贡献的中国硕士学位获得者”的荣誉称号，年仅30岁就享受着政府特殊津贴。1993年，他代表全国青年科技工作者在国务院、中央军委授予钱学森“国家杰出贡献科学家”荣誉称号和“一级英雄模范”奖章仪式上作了发言。他的一系列成果先后获四项部级科技进步奖和全国第三届青年科技奖。1988年夏季，美国政府同意用中国的“长征三号”运载火箭发射美国休斯公司制造的“亚洲一号”通讯卫星。用中国人的火箭发射外国人的卫星，这是几代航天人的夙愿，是对中国航天技术能否进入世界商业卫星发射市场的真正的考验。这一年，27 岁的张庆伟揣着西北工业大学飞机系控制理论及应用方向硕士学位证书来到中国运载火箭技术研究院总体设计部。同年，中国火箭研究院召开了一个重要的听证会，航天界权威济济一堂，张庆伟悄然坐在后排。一位老专家认为：星箭分离时，如果能设法使火箭整体起旋，就可以带动卫星旋转后再分离，不过卫星的入轨精度要求极高。张庆伟脱口说道："可以用计算机建立一个数学模型。"这样，领导信任地把这项任务交给了他，把他从"预备队"一下子拉到了激烈的"火线"上。正式接受任务，张庆伟一头钻进计算机房，夜以继日的苦干，1989 年 4 月，一份 100 多页的星箭起旋分离方案问世了。1989 年 11 月，张庆伟随中国运载火箭技术研究院代表团来到洛杉矶与休斯公司进行最后谈判。谈判期间，张庆伟用流利的英语作了答辩，并用计算机当场算出数据。终于在 1989 年 12 月，休斯公司通知此方案通过。不久，年仅 31 岁的张庆伟被任命为副总设计师，成为中国航天界最年轻的副总设计师。在整个设计过程中，他每天至少工作十几个小时。他通过计算机仿真研究，只用 3 个月就解决了助推器分离过程分析这个复杂的难题，并且试验一次成功。接着，张庆伟又投身"星箭分离地面试验"课题的研究。他制定了试验方案，解决了失重环境条件下的星箭分离，完成大尺寸、大质量试验模型的设计，节省了课题经费，获取了许多宝贵的试验数据，确保了试验的成功，为与外星协调创造了条件。1994 年 8 月 28 日，张庆伟和同事们研制的"长二捆"火箭将"澳星 B"准确地送入预定轨道。

大型画册《院士风采》出版 由中国科学院和浙江科学技术出版社共同组织出版的大型画册《院士风采——中国优秀科学家肖像手迹集》1995 年 6 月 30 日正式出版。同一天，部分著名科学家和社会各界知名人士在北京举行了《院士风采》出版座谈会。

《院士风采》的作者、青年摄影家侯艺兵及出版者们，走进科学家的实验室和书斋，经过多年艰苦努力，为我国当代杰出的 291 位科学家拍摄肖像，并征集每一位院士亲笔题写的他们所喜爱的一句或一段人生格言，汇编成这本具有重大意义的大型肖像、手迹画册。

《中国科技专家传略》问世 由中国科学技术协会主编、中国科学技术出版社出版的《中国科技专家传略》大型文献史书，于 1994 年 6 月正式出版发行。该书以文献性、学术性、思想性、可读性为特色，涉及到科学技术的各个领域和众多学科，该传略分工学、农学、医学和理学四编，并按分支学科归为 30 卷。日前已出版了《林业卷》、《养殖卷》、《化学卷》、《力学卷》、《预防医学卷》等 8 卷。主要收录了 1920 年前出生的杰出科技专家 1500 多名。

乌兰牧骑式的青海科普工作队 青海省活跃着一支乌兰牧骑式的科普工作队，这个队只有 13 名队员，包括汉、藏、蒙 3 个民族，其中有工程师、农艺师、畜牧师和美工师职称的 11 人。这个队的宗旨是用科学驱除愚昧，用满腔热情帮助少数民族兄弟告别贫困。科普队成立 9 年来跑遍了青海各地，行程达 28 万公里。每当各少数民族群众举办庙会、花儿会、赛马会时，科普队毫无例外地赶去举行科普宣传活动，9 年来共举办 40 多次，受教育的群众超过 100 万人次。科普队还与省广播电台联合开办了藏语"空中科普队"节目，被藏族农牧民称为电波送来的"吉祥哈达"。青海省贫困人口大部分分布在少数民族地区，文盲率很高，科普队大力开展科技扶贫，先后在贫困的少数民族地区建立了 5 个科技示范点，联系了 1000 多个科技示范户，队里的农牧业科技人员，常年巡回在农村牧区，进行跟踪技术服务，还帮助特困户种上了"温饱田"，使他们很快摆脱了贫困。1991 年以来，科普队连续 3 年为下赛巴村调去良种 3.5 万公斤，化肥 10 多吨，赠送价值 5000 多元的农药和药械，根据农时，派农业科技人员到这个村举办培训班。到 1993 年，这个藏族小山村，青稞平均亩产达 215 公斤，比原亩产增产 79.4 公斤，土豆平均亩产达 1600 公斤，比原亩产增长 1100 公斤，仁春才仁活佛感谢地说："科普队送来的科学真经真管用"。科普工作队的工作得到了党和政府的高度评价，先后被国务院、青海省评为民族团结进步先进集体。

定州市涌现 8 万名科技大嫂 河北省定州市 8 万多名农村妇女，在市场经济的海洋里大显身手，学科技、闯市场、奔小康，被人们称为"科技大嫂"，年创经济效益 2.3 亿元，人均创利近 3000 元。定州市有 50 多万妇女，大部分生活在农村。随着农村经济的迅速发展，市委、市政府认识到，农村奔小康，广大妇女越来越成为一支重要的生力军，于是以全面提高妇女素质为宗旨，开展了大规模的扫盲和技术培训活动。各乡镇、村街都相继开办了扫盲夜校班，从中小学抽调 1700 多名师生做"扫盲先生"，帮助妇女学文化，目前全市妇女非文盲率达 95%以上。在脱盲教育的同时，还培训妇女 8.5 万人次，其中有 95%的妇女掌握了一至两门的实用技术。

3. 社会科学

江泽民会见全国软科学工作会议代表提出要加快发展软科学 中共中央总书记、国家主席江泽民会见全国软科学工作会议代表，向他们表示热烈的祝贺和亲切的问候。江泽民说："当前，随着世界科学技术的发展，作为当代科学技术的一个重要组成部分，软科学也得到了迅速的发展。要加快中国的软科学的发展，科技工作者不仅要有自然科学、工程技术和社会科学等多方面的知识，更重要的是要以邓小平同志建设有中国特色社会主义理论为指导。”“十几年来，我国软科学工作者适应改革开放和建立社会主义市场经济体制的现实需要，积极开拓，勇于进取，逐步形成和发展了科技咨询产业、应用型软科学研究和基础研究三个层次的格局，基本形成了全国软科学研究的工作体系和管理体系，密切结合我国社会主义现代化建设的实际组织跨行业、跨地区、多学科、大规模的软科学研究，为促进决策民主化、科学化和制度化，为改革开放和现代化建设事业作出了重要贡献。”江泽民主席“希望软科学工作者们深入实际，为国民经济建设和社会发展作出更多的贡献。”

首届全国青年优秀社会科学成果评审颁奖 1994年12月8日，在北京人民大会堂，由中国社会科学院与共青团中央联合举办了第一届全国青年优秀社会科学成果评审颁奖活动。参加这次评审活动的有2560人，共收论文2664篇(部)，经资格审查选出合格论文1743篇。其内容为探讨现实问题的1026篇，人文科学方面的717篇，评奖组委会和秘书处按论文性质、内容分为8个学科片，设33个学科小组进行评审，结果获奖论文82篇，其中一等奖3篇，二等奖12篇。从这次活动来看共有下列几个特点：第一，参评者具有广泛性，2560人中来自全国社科研究部门和大专院校的占51.3%，来自中央和地方实际工作部门的占48.7%。有21位旅居海外的华人学者和留学生。第二，参评者的高层次性，参评者中具有硕士和博士学位的占40%以上，具有高级职称的占20%。第三，关注、研究现实问题的兴趣浓厚。中国社会科学院院长胡绳说，这次活动是对全国的青年社会科学成果所作的一次全面检阅。这次活动在我国目前社会科学研究面临重重困难的情况下举办，具有发现人才，振兴社科研究的作用。

3000位社科学者投身百县市调查 1988年4月，中国社会科学院向全国社会科学界发出了“开展县情市情调查”的倡议，得到各省、市、自治区社会科学院及部分高校、党校、政府部门研究机构的响应和支持，同年8月，调查活动正式开始。参加这次调查的近3000名学者走出书斋，深入基层，坚持严肃认真的科学态度，从实地调查到专著定稿，始终贯彻“真实、准确、深刻”的方针。在他们的努力下已经取得了大量成果，作为这次调查直接成果的《中国国情丛书——百县市经济社会调查》自1991年问世以来，已出版64卷，得到很高声誉，而储存调查数据的大型数据库已在社科院社会学所建成，并开始投入使用，该书已成为各地政府制定方针政策的重要参考和一些社会科学工作者研究的重要资料。这次调查在全国除台湾以外的各省、市、自治区选定100个不同类型、不同发展程度的县、市作为调查对象，对经济、社会、政治、文化、科教以至思想观念等诸多方面的历史和现状进行了全面系统的调查。如此巨大规模的全面调查，是建国以来少有的几次大型调查之一。

《胡乔木回忆毛泽东》、《胡乔木文集》第三卷同时出版 《胡乔木回忆毛泽东》、《胡乔木文集》第三卷是在毛泽东同志诞辰101周年之际，由人民出版社出版的。中国社会科学院、中央文献研究室、中央党史研究室、当代中国研究所1994年12月23日上午在人民大会堂召开了这两部著作出版的座谈会。中共中央政治局常委朱镕基出席座谈会并讲了话。座谈会由王忍之主持，宋任穷、李德生、黄华和中央有关部门负责人、首都理论界、党史界的研究人员和胡乔木同志生前好友及亲属一百多人出席了座谈会。李政道博士为这两本著作的出版发来电文表示祝贺，并表达了对胡乔木同志的景仰和思念。胡绳、郑必坚、叶子龙、林默涵、龚育之、郑惠、石仲泉、马洪、邓力群等先后在会上发言，畅谈了他们阅读后的心得和感想。与会同志认为：胡乔木同志长时间在毛泽东同志身边工作，建国以后，又长期担负着思想宣传战线的领导工作。他一生为党在理论、历史、新闻、文艺、教育、语言文字等诸多方面的事业做出了卓越贡献，他的道德、文章、作风、品格、学识等都是我们的楷模。这两部著作的出版，是党史界、思想理论界的一件重要事情，对党的思想文化宣传工作有着深远的意义。与会者还认为：《胡乔木回忆毛泽东》是一部系统地反映40年代毛泽东重要的思想和活动的党史著作，该书为研究毛泽东思想提供了三条重要思路：一是要注重对具体政策的研究；二是要注重对国际形势的研究；三是要注意对延安整风和确立毛泽东思想的指导地位对我们党的事业的意义的研究。历史地研究这些问题，对于我们今天正确认识邓小平同志建设有中国特色社会主义理论的特点和价值、深刻理解党的十四大确立这个理论在全党的指导地位，提出用这个理论武装全党的战略任务的重要意义，是大有教益的。出席座谈会的同志指出：第三卷文集同前两卷一样，都体现了胡乔木同志为党和人民事业竭智尽忠的高尚品格和辛勤劳作，体现了他孜孜追求真理的科学精神和思想成果，值得我们长久地纪念和学习。

《胡绳文集1979—1994》出版

中国社会科学出版社1994年出版了《胡绳文集1979—1994》，该文集是胡绳同志近15年来所进行的学术研究成果的总结。大体上包括：1.关于中国社会主义建设的现实问题、关于中国的现状与前途问题。2.对于社会科学研究方面的重要问题所进行的细密、周到的阐释、析疑。3.有关中国近现代史的文章和讲话等。文集对中国革命道路问题作了大量的探讨,对于毛泽东探索中国建设道路过程中的功过,作出了历史的评价。就运用资本主义的文明成果来建设社会主义的问题,文集中指出一个为人们不大熟悉的马克思主义观点:即社会主义社会和资本主义社会除了对立的关系之外,还有一种继承关系。文集的作者还对邓小平同志的建设有中国特色的社会主义理论和党的基本路线,做了大量深入浅出的论述,把研究工作推进到了一个新的高度。这本文集所收入的多篇关于中国近现代史的文章和讲话,大都具有重要的学术内容,并且体现出作者赋予学术论题以特有的思想性的个人风格。把现实、历史和理论有机地结合为一体,构成了作者收入这部文集中的一系列文章和讲演的突出特色。人们从这部文集中,可以得到多方面的启迪和教益,加深认识我国社会主义现代化建设和改革开放事业所具有的深厚的历史内涵和坚实的理论依据,更好地学习和领会邓小平的建设有中国特色的社会主义理论,更自觉地贯彻执行党在现阶段的基本路线和基本政策。

全国德育学科年会召开 全国50余位德育专家学者1994年11月聚集曲阜,参加中国教育学会教育学研究会德育专业委员会第七届学术年会。与会的专家学者立足于我国德育理论与德育实践的现状,面对急剧变革的社会现实,围绕"传统道德与德育的批判继承"、"德育学科建设"等问题,展开了深入的研讨。与会者一致认为,继承传统道德与德育的精华,既是社会稳定与发展的需要,也是建构新的德育文化的需要。我们正在进行的有中国特色的社会主义现代化,不可能割断中国的历史,脱离国情。在急剧变革的社会中,传统的维系与科学的弘扬对维护社会稳定具有不容忽视的作用。新的德育文化建设固然以对传统的扬弃为重要特征,但尤为重要的是科学的继承。传统道德与德育的精华是我国赖以建构新的德育文化体系的基础。究竟怎样认识德育学的学科性质,与会者有两种观点。一种观点认为它是一门以理论为基础的应用学科,另一种观点认为德育学是具有多种性质、多种功能的学科群,不同的具体学科有着不同的性质与功能。

人民大学建立文科基础学科基地 国家文件基础学科基地,是国家教委为培养少而精的高水平文科基础学科教学和科研人才,促进高校人文社会科学学科发展而设立的。按照扶强保重、合理布局的原则,批准确定全国30所高校的22个中国语言文字学学科,20个历史学科、7个哲学学科为国家文科基础学科基地。人民大学的中文、历史、哲学学科同时被确定为国家基地。人民大学的新举措是:举办文史哲强化班作为基地建设的"实验田",在课程方面突出加强文艺理论,以明清史为重点的中国古代史、中国近现代史、马克思主义哲学、伦理学、中外哲学史、科学技术哲学诸学科的建设,并跨系、跨专业组建"中国传统文化与现代化研究"、"中外文明比较研究"等新的学科群,同时努力增强原有学科群的学术实力。从1995年9月起,每年都将有30名来自全国各地的优秀高中毕业生,免试推荐进入该校文史哲强化班学习,其中品学兼优者,将在8年内连续读完学士、硕士、博士学位课程。该校安排著名教授讲授基础课,从本科三年级起实行导师制,进入研究生阶段的学生由导师为核心组成的指导小组,负责培养指导,以严格科学的淘汰制保证1/3左右的强化班学生,最终获得博士学位。同时其中文、史、哲三系每年也各自招收至少30名本科生。他们并计划在基地建设周期5年内,使40岁以下教师中博士占80%以上。

河北省发布施行社会科学奖励办法 全国第一个地方性政府制订的《河北省社会科学奖励办法》,1995年10月由河北省政府发布施行。该办法规定:省级社会科学的奖励分为省长特别奖和一、二、三等奖。奖励范围为正式出版的社会科学专著、译著、教材、古籍整理出版物、通俗读物等。省政府授权省社会科学界联合会具体负责社会科学奖励的管理工作,省人事厅还就社科优秀成果奖与工资奖挂钩问题发出通知。通知规定:获全国"五个一工程"入选作品奖和获省社科优秀成果一等奖者,可高套两档职务工资;获省社科二等奖者,可高套一档职务工资。该办法首次把社会科学的奖励工作纳入了法制轨道。

中国人民大学召开社会科学现状及其发展对策座谈会 中国人民大学就哲学社会科学目前的境况、应有地位以及发展对策等问题举行了座谈会。与会学者认为,在我国,社会科学以及人文学科的发展,长期以来没有得到应有的重视,国家在作科学发展规划时,有重自然科学轻社会科学的倾向,如1991年自然科学的经费是11.3亿元,而社会科学则只有3000多万元。哲学社会科学现正处于一个低谷期。与会学者认为,社会科学的作用,并不亚于自然科学。甚至在一定历史时期,社会科学比自然科学更重要,成为后者得以发展的前提条件。例如真理标准的讨论,对"左"倾路线的批判,都是新时期自然科学得以迅速发展的前提,甚至"科学技术是第一生产力"这一论断,也主要是由社会科学进行论证的,社会科学的进步直接促进着社会的发展;反之社会科学的混乱,则有可能导致社会的混乱。对社会科学重视不够而导致社会科学和自然科学的失衡,在社会变革时期是尤其危险的,忽视社会科学,不仅会使社会科学的许多专业萎缩,甚至断档,造成难以弥补的损失，更严重的会使中国人不了解中华民族的文化、历史、社会。从而导致价值紊乱、道德滑坡、权威失落、角色倒错。这样就谈不上社会的全面进步，也很难培养出众多的社会主义“四有”新人，也就会制约经济的快速增长。鉴于上述原因，专家们建议：1. 设立社会科学学部委员制，表示国家对社会科学与自然科学同等看待，以便与国际有关方面进行对等交流。2. 较大幅度增加对社会科学的投入。3. 设立国家社会科学委员会或成立社联，以加强对社会科学研究工作的组织和规划。4. 为社会科学的发展创立一个较为宽松的政治环境。

“走向21世纪的哲学和哲学系”学术讨论会 1994年5月4日至5日，北京大学哲学系召开了“走向21世纪的哲学和哲学系”学术讨论会。与会学者们指出：自第二次世界大战结束后，由于殖民体系的瓦解，并随着亚太地区人民政治上的独立、经济的发展，世界文化出现了新的格局，“西方文化为中心”的局面正朝着在全球意识下的多元化的方向发展。尤其是相当一部分西方学者随着西方文明弊端的日益暴露，逐渐把目光转向东方文化与哲学，以期寻求补救之方。亚太地区文化上妄自菲薄，丧失自信的心理日渐消除，开始以新的视角与方法来重新研究东方文化的历史意义和现实价值，由此而掀起了东方文化热。不仅如此，放眼未来，亚太地区将成为世界发展的中心地带、随着中国现代化的迅速发展，其在亚太乃至世界的地位，将发生根本性的转变。中国文化根于传统的复兴已提上议事日程，他们认为，就中国文化而言，20世纪是“批判与启蒙”的世纪，21世纪则将是“创造与振兴”的世纪。中国文化将要重新担负起精神创造的责任。在这样的时刻，对于西方哲学来说，应以中国人的眼光来解读，以中国文化为参照来理解西方哲学，在西方哲学中所发现的价值首先是以它对中国哲学和文化的价值作为标准，区别良莠，判别是非，去伪存真，改造西方哲学的异己成份，吸收其合理因素和优秀成果。这是创造宏伟博大的中国现代文明的一个不可缺少的步骤。同时，要用中国话来说外国的道理，按中国人的思想和语言来理解西方哲学概念，创造出为大家所喜闻乐见的语言形式。当前世界人文社会科学学术界最为热门的研究课题之一是在东亚模式现代化的过程中，儒、道、释思想究竟起了什么样的作用，不少新数学、物理学理论与佛道思想的启发有密切关系，这些都要求人们更自觉地用现代意识来看待和研究东方哲学。另外，还面对社会变迁民族精神的迷失、价值体系解体、民众文化素质低落，社会行为无序的现实课题。由此可见，我们面临着重建民族精神，重建价值体系的历史重任。在上述这样一种文化背景下，哲学在未来的文化行程中必将大有可为。

邓乐群著文论“当代炎黄文化热的兴起及其时代意义” 《当代思潮》1994年第6期，刊载了邓乐群《当代炎黄文化热的兴起及其时代意义》一文。文章说，当代中国炎黄文化热呈现出持久不衰的强劲势头，尤其是近十多年来，“炎黄子孙”这一称谓已成为海内外华人寻根认同、团结奋进的精神纽带。中华文明多元一体格局的历史形成，经历了血缘认同、政治认同与文化认同的由浅入深的发展过程，而炎黄传说在这一历史进程中，起着血缘纽带、政治纽带和文化纽带的聚合作用。炎黄二帝实际上已成为中华文明的人格象征。作者认为，我国历史上曾出现过两次炎黄文化热，第一次是西汉初期，第二次出现于国权沦丧、民族危急的近现代之际。抗日时期，各族人民同仇敌忾，炎黄二帝又成为全国各族人民统一团结、联合抗日的强大精神纽带。近年来又兴起了炎黄文化热潮，其原因主要有三点：一是我国的建设成就极大地激发了各族人民的民族自豪感和自信心；二是国运昌则侨运强，长期以来因祖国落后而备受种种压抑的海外华人终于扬眉吐气，为祖国的崛起而感到由衷高兴。“炎黄子孙”这一称谓也就不胫而走，成为海内外华人寻根认同、团结奋进的时代强音，三是香港、澳门的即将回归祖国，如强劲东风，加速了炎黄文化热的高涨。当代中国加强炎黄文化研究不仅有利巩固民族团结，促进祖国的四化大业，同时还有着更为深广的社会意义。它是中华民族再凝聚的时代需要，这一点已得到海内外爱国华人的普遍认同。

《求是》文章谈江泽民号召“要学一点伦理学” 1995年初江泽民同志提出“要学一点伦理学”。《求是》杂志发表评论员文章，对这一问题进行阐述。文章说，伦理学是一门关于道德的科学。一个民族、一个国家的道德状况如何，是关系到这个民族和国家能否长治久安和社会进步的大问题。社会要安定，需要人们在一定的社会规范条件下有序地生活。除了建立和健全各种法律法规，更需要完善伦理道德。学一点伦理学，就是要使我们在新时期认识和掌握社会主义道德发展的规律，建立和完善适应我国社会发展的道德规范体系，为我国的社会主义市场经济的发展提供一个良好的道德环境，实现社会进步和国家的长治久安。学一点伦理学，就是要正确运用伦理学的科学方法，使社会主义的道德建设步入科学的轨道，使人们懂得在我国现阶段的道德现状是什么样，应该继承和扬弃什么样的传统伦理观念，应该树立什么样的新道德观念，使人们的道德观念和道德实践适应社会主义新型经济关系发展的要求。我国是社会主义国家，理所当然要把社会主义道德规范体系作为社会的主旋律，社会主义道德规范体系的概述是集体主义原则，即国家、集体和个人利益相结合，整体利益高于个体利益，以及贯彻这一集体主义原则的爱祖国、爱人民、爱劳动、爱科学、爱社会主义的"五爱"精神。中国传统伦理和西方伦理中固然有许多精华，但占主导地位的儒家宗法观念和西方伦理的利己主义同社会主义道德是不相容的。大量的事实证明，资产阶级个人主义的道德原则以及由它派生和继承的种种剥削阶级的腐朽观念在社会上流行，正是"道德滑坡"的重要原因，它有害于社会主义市场经济的建立和发展。1995年对孔繁森同志先进事迹的宣传在全国人民心灵中引起了强烈的震撼。从孔繁森先进事迹的宣传报道中得出这样的认识：我国虽然处在社会主义初级阶段，搞社会主义市场经济，但仍有必要在全社会提倡共产主义道德；广大人民群众呼唤孔繁森式的有道德的人物。我们要在邓小平同志建设有中国特色社会主义理论的指导下，认真贯彻落实江泽民同志关于学一点伦理学的指示精神，搞好社会主义道德建设，为中国的社会主义现代化事业做出新的贡献。

海峡两岸"孙逸仙思想与伦理社会之重构"学术研讨会 由中国社会科学院哲学研究所、武汉大学哲学系、台湾孙文学术思想研究交流基金会，以及台湾师范大学三民主义研究所联合主办的"海峡两岸孙逸仙思想与伦理社会之重构学术研讨会"，于1995年2月25日至27日在武汉举行。海峡两岸共63位学者与会，收到论文40余篇。这次研讨会对孙逸仙思想，尤其是他的伦理思想进行了深入的讨论。在此基础上，学者们就其思想与伦理社会之重构各抒己见，提出了许多新颖独到的见解。三民主义是孙先生政治思想的最重要内容。台湾学者认为三民主义是承继历史而来的新道统，它在民权中求民主，在民生中求正义，是立国的精神。大陆学者认为孙中山的三民主义思想有一个从旧到新的过程，就内容来看既包含有社会主义理想的因素，也包含有传统大同理想社会的成份。但它是不是承继历史而来的新道统，是不是立国精神的根本所在，对此大陆学者有不同看法。中山先生的文化观概括起来就是开放、创造，对人自身和中华民族抱着终极关怀的精神。从物质文明与心性文明，从科学精神与人文精神，从民主政治与伦理社会整合的层面，给我们许多启示。在伦理道德的继承与创造上，大陆学者认为孙先生对于传统的伦理道德范畴、规范等，注意剔除其中的封建因素，注入近代民生主义的精神和内容，把忠孝仁义等加以改造，使之适应具有中国特色的社会实践的需要。有的学者认为，在孙先生丰富的伦理思想中，"互助"是其根本原则，"平等"是最高目的，"替众人服务"是核心内容；道德理论和道德实践相统一，每一思想中都贯彻着爱国、爱民、爱人类的精神。有的学者进一步认为孙中山的理想社会与理想人格是一致的，立国在于立人，人是目的，救国济世乃至于人自身的拯救，在于培养千千万万具有健全人格的人。在两岸关系与伦理社会之重构的问题上，大多数学者认为中国文化的认同是走向统一的基础，而中国文化是重建未来伦理社会的重要依据，中山先生的思想则是其中最重要的中介之一。要建构一个新的伦理社会，必须发扬孙先生厘正礼俗、去旧更新和勇于实践的精神，把平等的相互性真正确立为新时期道德体系的主导原则，并以重建人格理想为通往未来伦理社会的桥梁。

海峡两岸"哲学与伦理"第三届学术会 台湾辅仁大学主办的海峡两岸第三届"哲学与伦理"讨论会于1995年9月29日至10月4日在辅大野声楼谷欣厅举行，与会学者百余人，宣读论文30多篇。大陆学者16位赴会，宣读论文16篇。辅仁大学名誉校长罗光总主教在开幕式上致词，指出台湾青年现在比较缺乏传统的伦理教育，认为民族必须有传统伦理，传统伦理必须真正实行。辅仁大学从1995年开始，开设伦理学为全校公共必修课。辅仁大学校长李震教授作《从孔孟学说看宗教与伦理》的主题演讲，认为宗教自古都在为伦理教育服务，都是劝善的，是社会的安定力量。3天11场次的学术会。引起关注的是青年伦理问题，包括师生的伦理关系问题。两岸学者一致认为，必须吸取中外的优秀伦理传统，加以改造，用于现代。曾春海与林火旺教授提出了台湾伦理危机的问题，他们说，过去穷的时候，开着门，在门外睡，睡得很香。现在住进自己的楼房，加上三道铁门，还睡不踏实。林教授对自由、民主也提出异议。他说，现代人倡导自由，台湾青年奉行"只要我喜欢，有何不可以"的信条，做自己愿意做的事，而不是做自己应该做的事。这里似乎并没有违反人性，却可能违背社会伦理道德。两岸学者在研讨会上逐渐达成共识：在经济发展的同时，应该加强伦理教育，提高全社会的道德水平，才能使经济在正常秩序中高速发展，才能使人们都能在融洽的社会关系中幸福地生活。

长城研究走向世界 由中外知名人士和著名学者：中国的黄华、韩天石、季羡林、侯仁之、吴良镛、罗哲文、段文杰，英国的李约瑟，日本的平山郁夫、清水正夫等倡议发起的"长城国际学术研讨会"在北京召开。参加会议的有中国（包括香港、台湾）、日本、韩国、泰国、美国、英国、法国、德国、瑞士、匈牙利等国的专家学者和有关单位代表近100名。该会议以"长城的历史地位、现实意义、国际影响和保护维修"为主题展开了探讨。与会学者认为：在长城出现以前，中国古老的民族便有"封树"、"土墉"、"壕沟"等防卫措施，欧洲和其他地方也在大体相同时期出现了"防栅"。这说明长城的修建，并非某个历史人物突发奇想而生造出来的。长城集中了古代人类防卫设施的精华，具有的防卫功能十分完备，体现了古代人类安全防卫的共同需要，这是它所反映的共性。但它的万里之长，控扼的地幅宽广和它坚固耐蚀，特别是把屯垦与戍守结合起来，生产、生活、战斗三位一体，使大量驻守在万里防线上的军队，能够长期坚持，形成了古代最完善的战略设防，显示了长城的民族特性。与会学者认为：不能把长城只了解为阻挡外侵者的壁垒，它同时又是一条团结多民族人民的河流。从构筑长城和屯田戍边、交通网络的开辟与马市贸易的相辅相成等方面看，长城确实发挥了播撒封建文明，促进北疆经济开发，孕育"塞上明珠"的生命线作用。可以说：它属于中国人民，也为全人类所共有。它反映了中华民族"防人掠，守己土，求安宁"的修建动机；也反映了人类爱和平、恶战争，喜安宁，厌掠夺的美好愿望。万里长城所以对中国和世界人民具有特殊的魅力，原因就在于此。这次会议促进了长城学的发展和趋向完善，与会学者对长城学的性质、产生的背景，研究的对象范围，长城学与其他相关学科的关系，长城学的分类和研究方法，作了较为系统的论述。在关于长城的保护与维修方面，与会学者提出了全面保护，重点维修的原则。

《学术研究》载文论："和"的文化意蕴及其时代价值 《学术研究》1995 年第 1 期上刊登了曾庆榴、陈创生著《"和"的文化意蕴及其现代价值》一文。作者认为，在传统文化中，"和"是一个寓意极为丰富、深邃的范畴。"和"是一种思维方法、行为方法，也是人追求向往的一种境界。1."和"——传统文化的主旋律：作为一种远古意识，"和"首先是古人对天象生态的和谐存在状态及协调运行状态观察认识的结果。它由此发端，凝结成思维和哲理，衍绎派生成易学、阴阳五行之学、中庸之学等等，并渗透贯串于诗书礼乐以及各经各史的理义之中。全部华夏文化，可以说是围绕"和"而展开的。从人与自然的关系方面展开"和"的意义的，是老庄为代表的道家思想。在医学、养生等方面，"和"的理义也被广泛运用着。2."和"的文化意蕴：第一，"和而不同"，赋予"和"以兼容、化合而非简单凑合的含意，使"和"的行为更具原则性和深刻性。第二，"中则和"，进一步涉及到矛盾的转化，出现了"中"与"度"的问题。第三，"和为贵"。"中则和"的思想具体化为一种解决矛盾的操作方法，是强调对立面的协调、渗透，而不刻意于矛盾的紧张对峙与互荡激溢。第四，"和实生物"。说明"和"是物之所生必不可少的前提，这一思想与现代耗散结构理论关于只有随时能与外界交换物质和能量，系统的内部格局才得以演化，系统才充满生机和活力的思想是一致的。当然"和"的文化构成，同时也包裹了多少忽视了主体对客体的探求与改造，同时由于缺乏必要的"分"析，这又难于使认识从经验提升为科学，强调"执中"、"适度"却忽略"极"的价值。3."和"文化的现代价值。"和"的文化所触及的人自身、人与自然、人与社会，人与人关系的一系列问题，正是现代化建设中社会协调发展所必须解决的问题。第一，天人之和——社会与自然的协调。第二，人人之和——社会强力的合理释放，在冲突中保持一种必要的弹性和合理的张力，缓冲社会的震荡，提供一种相对平和宽松的氛围，营造有利于推动现代化建设的良好环境。第三，工具理性与价值理性的和谐共洽——现代化品格的铸塑与呈现。第四，和平共处——处理国家之间关系的新思考；"一国两制"——和平兴邦的必由之路。现代化时期，是人类极不协调而又必须致力于协调的时期。"和"——这一体现着东方智慧的文化，已远远超出了古代的文化范畴，而具有更为深广、更为现实的政治、经济、文化意蕴。新的历史承载，要求新的思想空间。

全国首届价值转化工程学术研讨会 《学术研究》1994 年第 1 期，发表了张有才《"全国首届价值转化工程学术研讨会"综述》的文章。文章指出该研讨会是因 36 岁的青年学者黄锦奎所著《现代点石成金术——价值转化工程》一书的出版，在全国理论学术界引起较大反响，而由广东省社科联、《学术研究》杂志社等单位发起于 1993 年 12 月上旬在深圳召开的。文章说：与会学者几乎一致认为《价值转化工程》充分利用国内外现有的研究成果，吸取其中精华，把价值理论从哲学领域延伸扩展到经济学、社会学等多学科领域，从原理论向应用领域和技术领域深化，形成了一个跨学科的、综合性的，并兼有理论的启示性和应用的可操作性的学科新体系，是一部有创造性的优秀学术成果。从学科的角度看，这本书及其所提出的"价值转化"的学术新命题，已不仅是一个哲学领域的问题，它代表着一个新的学科问世。价值转化工程，就是要用辩证唯物主义的观点，研究价值转化的特点与规律，并应用它有效地改造客观事物，以最小的代价促进客观事物的价值转化，创造更多的物质财富与精神财富，以满足人类日益增长的物质文化需要的一门现代软技术。社会主义市场经济，从某种程度上可以说是如何将有限的资源达到最优化的配置、如何以最小的投入获取最大的产出的理性经济。因此，从价值学、价值资源学、价值转化学等新视角去研究价值转化问题，不失为发挥理论指导实践功能的一种新思维、新思想。

宋健提出"繁荣决策科学，发展咨询产业" 1994 年 12 月 24 日，宋健在全国软科学工作会议上发表题为《繁荣决策科学，发展咨询产业》的讲话指出：自 1986 年 7 月召开第一次软科学工作座谈会以来，我国软科学事业有了较大发展，截至 1992 年底全国已拥有专门从事软科学研究的机构近 1000 个，人员近 3 万人，仅 1991、1992 两年，就完成软科学课题近 4000 项，投入研究经费 1.7

亿元，取得了一大批针对性、科学性、操作性较强的研究成果，很多研究成果已被各级政府决策者采纳，产生了可观的经济效益和社会效益。进一步开展软科学或决策科学的研究，应该注意下列基本原则：第一，科学界要学习中国历史和世界历史，特别是近代史和现代史，研究历史经验。第二，决策科学化、民主化是党的群众路线在现时代的体现，是民主集中制这项现代领导工作制度的新发展。第三，软科学研究工作要密切联系社会主义经济建设的实际，解决实际问题。他强调，要大力推动我国咨询产业的发展，不能停留在一般地论述软科学的重要意义上，要把软科学研究与建立社会主义市场经济体制有机结合起来，把工作重点逐步转到培育和发展科技咨询产业上来。在本世纪末形成与社会主义市场经济相适应的现代咨询产业体系，同时软科学工作和咨询产业要为我国改革与发展服务。繁荣软科学事业，发展咨询产业，是时代赋予我们的历史使命。我们希望更多的科技工作者、经济工作者和社会各界的同志们积极参与，团结奋斗，开拓进取，在这一崭新的领域内为我国的社会主义现代化建设事业做出应有的贡献。

甲午战争国际学术讨论会举行　在中日甲午战争100周年之际，中共山东省委宣传部、中国史学会、山东省社会科学院和社科联以及威海市政府联合举办的“甲午战争100周年国际学术讨论会”于1994年9月7日在威海市举行。来自海峡两岸和日本、韩国、美国、德国、加拿大等国家的专家、学者150余人出席了会议。与会专家指出甲午战争是中国近代历史发展的一个重要转折点，它给中国人民带来了巨大的灾难，但也从另一方面促使了中华民族的进一步觉醒，它留给人们的教训是沉痛的，至今仍有深刻的启迪意义。它是一部内容丰富的历史教科书，是中华民族进行爱国主义教育的生动教材。

民间资助史学研究获得成果　《人民日报》1995年2月1日刊登了木子所撰文章，介绍了民间资助史学研究的情况。该文称，近年来，在中国史学会和中国社科出版社的支持下，一批有志于东方历史研究的中青年学者通过努力开辟财源，在几年的时间内，得到了关心历史研究的社会人士的资助，筹措了资金，设立了在中国史学会东方历史研究中心管理下的“东方历史研究出版基金”，胡绳为基金题了词，为保证资金资助项目的质量，设立了由周一良、戴逸、齐世荣等知名史学家组成的评审委员会，向全国公开征集高水平史学专著书稿。1994年经过评选，准备出版第一批共6部著作，目前已出版了5种。专家学者们认为这批有较高质量的史学著作的出版，其意义不仅在于填补了若干史学研究的空白，达到了深层次的研究水平，更在于他们开创了一条采用民间设立基金资助、兴办学术研究的新路，将会对史学工作者和研究事业起到促进作用和积极影响。

世界知识出版社出版《社会科学千万个为什么》　《人民日报》1995年5月20日刊登，张国强所撰《青少年的良师益友》一文，介绍了《社会科学千万个为什么》大型丛书。文章指出，该丛书凝聚了编纂和出版者多年执著研究的夙愿和心血。其内容涉及哲学、逻辑、思维技巧、美学、心理学、宗教、法学、政治、经济、军事、教育、文化、社会学、国际关系、公共关系、语言文字、文学、艺术、历史、民族、民俗、地理和旅游等23个门类，主要面向中等文化程度以上的青少年和大、中学生。为解决他们遇事总喜欢问个“为什么”的问题。该丛书在选题上切实把握新颖性、可靠性、知识性和趣味性相结合的原则，并尽可能体现出各门学科完整的体系，以畅达明快、准确鲜明、深入浅出的风格，使读者既感到亲切，又能获得广博系统的知识。是帮助青少年叩开科学殿堂的良师益友，因此深受广大青少年读者的喜爱。

史学巨著《中国通史》、《中国史稿》出齐　经历了三四十年编纂历程的《中国通史》的最后一卷即10卷本的第8卷（第9、第10卷先前已出）和《中国史稿》第7卷，于1994年第4季度由人民出版社出齐，这两部里程碑式的史学巨著终于同读者见面。《中国通史》的前4卷原为老一辈马克思主义史学家范文澜的学术著作。1940年，他在延安任马列学院历史研究室主任时开始撰写《中国通史简编》，1941至1942年《简编》的上册和中册先后出版，这是我国第一部用马克思主义观点系统地叙述中国通史的著作。新中国成立后范文澜对《简编》实际上进行了增订重写，至1965年，修订本4册，陆续出齐。在40多年的时间里这部书一直是各阶层人士学习中国历史的一部主要书籍。1969年范文澜因病逝世。为完成其未竟之业，由近代史研究所研究员蔡美彪主持，与所内外有关学者专家合作，开始编著第5册（隋唐）至第10册，从1978年开始出版，与范文澜所著前四册，一起定名为《中国通史》。1955年7月，在第一届人大二次会议期间，毛泽东向郭沫若提出了为县团级干部编写一部中国历史书的要求，次年2月由郭沫若主持，成立了由陈寅恪、陈垣、范文澜、翦伯赞、尹达、刘大年等著名史学家参加的中国历史教科书编辑委员会编审小组，负责写稿和审稿工作。1957年初，中国科学院历史研究所第一、二、三所分工负责，承担起了《中国史稿》的编写任务。此书在郭沫若指导下由众多的学者专家集体撰写，并经历了“文化大革命”的风风雨雨，至1976年，包括经过修订的第一册在内的各册陆续出版。通史代表一个国家历史研究的最高水平。《中国通史》和《中国史稿》彻底否定了旧史书以帝王将相为主人的观点，突出了劳动人民是历史主人的重大意义。资料丰富、解说严谨，文字简练纯熟，是这两部通史的又一显著特征。这两部书都十分注重集思广益，广泛吸收最新研究成果。称得上是内容丰富、学术质量颇高的通史巨著。

《中国青年发展报告》面世 由单光鼐研究员、陆建华副研究员主编，全国二十几位学者联合完成的《中国青年发展报告》于1995年上半年由辽宁人民出版社出版。书中指出：改革开放以来的十几年，是中国青年人口素质发展的一个高峰阶段，青年的社会地位呈上升趋势，青年人在社会变迁和整个社会经济发展中所起的重要作用为人们普遍承认。这表现在青年劳动力的价值不断提高，在高新技术产业中甚至成为主力军。在市场经济的价值规律引导下，青年人在经济竞争上优势日益显著。80年代以来培养出的大批青年科技人员在科研领域中迅速得到提拔，已挑起大梁。在文学、艺术领域青年人才辈出，尤其是在近几年急速扩展的大众传媒、市井文化中青年人正在接近于主导地位。同时青年人还是商品市场上的宠儿和商品经济最重要的服务对象。由于社会对青年的吸纳能力不断增强，青年人对社会现状的满意度在逐步上升，也由于成年人的价值体系的不断变革，开始学会尊重和理解青年人的价值观念。还由于我国经济持续高速的发展提供给当代青年大量经济发展和社会参与的机会，使他们有了一显身手的更为广阔的空间，从而导致偏离主流文化的思潮日益消退，因此出现了一个耐人寻味的变化，即代际冲突趋于缓和。这部书是对我国青年发展状况从综合、系统的角度作出准确的描述和分析的第一次成果。中国社会科学院社会学所所长陆学艺称赞该报告"填补了我国青年研究领域的一项空白"。

《当代中国农民问题研究丛书》出版 由我国著名农业经济学家王贵宸任编委会主任的《当代中国农民问题研究丛书》，最近已由贵州人民出版社出版，该丛书共9册，包括《农民与土地》、《中国农民收入问题研究》、《农民与农村组织建设》、《中国农民就业新探索》、《中国农民与农村经济发展》、《农民与城市化》、《农民与工业化》、《传统农民向现代农民转化》、《中国农村现代化与农民》等。该丛书在对党的十一届三中全会以来所实行的适合农村实际的一系列方针政策，在对农村改革和建设方面取得的举世公认的成就进行总结的基础上，对农村随着我国经济体制改革进程的加速所出现的若干新情况、新问题以及农民、农业和农村发展与影响农业、农村经济等重大问题进行了系统的分析、研究和探索，提出了一些新见解。如该丛书指出民主革命时期，农民的核心问题是土地问题，而如今则是就业、发展和增加收入的问题。指出农村剩余劳动力将逐步实行就地转移和城市转移并重，应处理好工农关系、城乡关系的观点，并特别指出我国工业化发展已具备转入工业和农业平等发展阶段，以及多层次地发展城市化和政府必须进行宏观调控的观点。该丛书还指出农业为人类社会除提供农产品之外还提供美好的环境，农业是地球上最大的人工生态系统，是最大的社会公益部门，因此，农业是人类生存和国民经济的基础，因而客观地要求人们必须加强这个基础。这个观点可以说是理论上的一种进步。该丛书还引用了大量数字资料，有些还与国外进行比较，具有较大信息量，对一般读者和研究者都有较高的参考价值。

科坛怪杰、多栖学者吴学谋 吴学谋广西柳州人，1952年考入武大数学系，他研读的范围很广：数、理、化、文、史、哲、无所不窥。大学期间就在国内外刊物上发表了不少论文，一些国际知名学者来信竟称他为教授。然而他生活却很清贫，没有几件可以换洗的衣服，算是能吃饱肚子，浩瀚的书海则是他倾心的王国。毕业后，因"政治错误"下放劳动六年，但劳动时很卖力，在"教育革命"时，大学办"废品展览"，他成了头号"废品"，但又被劳动群众评为头号劳动标兵。多年来他经历了无数坎坷，在生机与危机四伏的风风雨雨中苦苦求索、身历万劫，坦然置之，他读万卷书、行万里路，到处找同行、觅知音、育桃李、求援助。现代科学技术发展的大趋势是辩证综合与整体化，是方法论的现代化以及数学化或计算机化，是对具有伤残信息、模糊因素的超繁琐动态大系统的新研究，在这种新形势的感召下，吴学谋提出了泛系方法论的研究新方向，泛系（Pansytem）中英文均为吴学谋所创，意为广义的系统、广义的关系或它们的种种复合，就是一种几乎处处存在的多层怪网。吴学谋用泛系概念和泛系方法，筹创了数学临近转化论与电磁介质动力学等价论。作为武汉数学工程研究所研究员，他又被聘为兰州大学、华中理工大学等20多个组织或单位的教授或研究员。1984年成为首批国家级突出贡献中青年科学家之一，并列选为世界著名数学家。

4. 文化和文学艺术

江泽民谈振兴民族艺术 在纪念京剧艺术大师梅兰芳、周信芳诞辰100周年之际，1994年12月27日，中共中央总书记、国家主席江泽民，中共中央政治局常委、全国政协主席李瑞环与部分在京戏曲艺术家和专家在中南海怀仁堂进行座谈。江泽民在座谈会上发表了重要讲话。他说，京剧是我们民族艺术的瑰宝。新中国成立以后，梅兰芳、周信芳等一代京剧艺术家，继往开来，推陈出新，使京剧艺术适应时代的进步、社会的发展和人民的需要，焕发了新的活力。江泽民在讲话中高度评价了梅兰芳、周信芳深挚的爱国主义精神、自觉的奉献精神和强烈的革新进取精神。他说,我们纪念梅兰芳、周信芳,就是要通过研究两位大师的艺术成就,进一步总结这些年京剧和戏曲工作的经验,发扬成绩,弥补不足,做好振兴京剧、振兴戏曲、振兴民族艺术这篇文章。江泽民指出,为了实现振兴民族艺术的历史任务,首先需要有一个明确的指导思想。党中央制定了文艺工作的一整套方针政策。要认真学习马列主义毛泽东思想和邓小平同志建设有中国特色的社会主义理论,学习毛泽东文艺思想和《邓小平论文艺》,认真贯彻党中央关于社会主义精神文明建设,关于文艺工作的方针政策,从而坚定信念,明确目标,坚持不懈地致力于振兴和发展我们的民族艺术。江泽民说,振兴京剧和民族艺术,需要有一大批立志献身这一事业的优秀人才。我们要有战略眼光,努力造就21世纪的京剧人才、民族艺术人才。要办好戏曲和艺术院校。各级党委和政府特别是文化部门,要关心民族艺术工作者,努力改善他们的工作和生活条件,使他们能够专心致志地从事创作和演出。要在全社会造成一种尊重民族艺术、尊重民族艺术家的好风气。他还说,振兴京剧和戏曲的重要标志是好戏迭出。要做到好戏迭出,必须大力抓好创作和演出。我们要弘扬主旋律,提倡多样化,特别要提倡和鼓励创作出一批反映社会主义现代化建设时代风貌,鼓舞人们奋发向上的作品,把最美的精神食粮献给人民。他希望广大的民族艺术工作者积极投身于改革开放和现代化建设的生活中去,熟悉生活,了解人民,积累素材,激发灵感,努力创作出雅俗共赏、为群众喜闻乐见、具有艺术感染力的作品。江泽民特别指出,京剧和其它民族艺术,是长期积累和发展起来的精神产品,具有教育人、陶冶人、愉悦人的作用,而不是一般意义的以盈利为目的的商品。这就要求我们的艺术家们在创作和演出的时候,一定要想到观众,一定要在思想内容和艺术上下功夫,既有思想性,又有艺术性、观赏性。否则就谈不上社会效益和经济效益。在社会主义市场经济的条件下,京剧和其它民族艺术表演团体在管理体制上要进行改革,增强民族艺术的活力,建立一种民族艺术自我发展的新机制。在改革中,对那些代表国家水平、在中国戏曲史上占有重要地位的剧种和剧团要加以保护。江泽民最后强调,振兴京剧和民族艺术的工作,要坚持和加强党的领导。

中国作协举行纪念《在延安文艺座谈会上的讲话》发表53周年座谈会 在毛泽东同志《在延安文艺座谈会上的讲话》发表53周年之际,中国作协于1995年5月23日举行座谈会。与会者一致认为,53年的实践充分证明了《讲话》的基本思想和精神的伟大力量。《讲话》精神指引着中国的革命文艺取得了丰硕的成就。与会者还热烈地讨论了江总书记给参加万里采风的艺术家的信。江泽民在信中指出,社会生活是文艺创作的唯一源泉,深入生活是繁荣文艺的重要途径。作家们对此深有感触,大家结合自己的创作实践,肯定了深入生活对于创作的重要性。与会者表示,文艺工作者只有走出去、走下去,深入生活、深入群众,从人民群众的改革和建设的伟大实践中汲取丰富的思想营养,才能创作出无愧于时代的优秀作品。

邓小平大型图片展览在中国革命博物馆举办 由文化部等单位联合举办的邓小平大型图片展览于1994年9月10日在中国革命博物馆举办。展览由"在革命战争年代"、"探索建设社会主义的道路"、"改革开放和现代化建设的总设计师"、"为了世界的和平与发展"、"生活情趣"、"小平,您好"等六部分组成,形象地反映了邓小平同志在民主革命、社会主义革命和建设时期的辉煌经历,突出地表现了邓小平同志作为第二代中央领导集体的核心,以非凡的政治勇气和理论勇气,带领全国各族人民开创了中国社会主义事业发展的新时期,开辟了改革开放和现代化建设的新阶段,生动地展示了邓小平同志在中国和国际政治舞台上作为一代伟人的气魄、风采和伟大功绩。

首都隆重集会纪念孔子诞辰2545周年 1994年10月5日,孔子诞辰2545周年纪念与国际学术研讨会暨国际儒学联合会成立大会在北京隆重开幕。20多个国家以及海峡两岸的专家、学者和社会贤达近千人参加了纪念大会。中共中央政治局常委、全国政协主席、孔子诞辰2545周年纪念大会主席李瑞环莅会并讲话。他说,纪念孔子诞辰2545周年并举办儒学学术研讨会是一件很有意义的事。孔子是中国伟大的思想家、教育家,他创立的儒学是中国传统文化的支柱,是中华民族的骄傲。当代炎黄子孙有责任用科学方法对儒学加以总结,赋于其时代意义,并把儒学研究提高到一个新的水平,为现实服务。在国际儒学联合会成立大会上,新加坡内阁资政李光耀先生当选为国际儒学联合会名誉理事长,中国孔子基金会名誉会长谷牧先生当选为会长,韩国成均馆馆长崔根德先生当选为理事长。大会还就国际儒学联合会章程及其有关事项做出了决定。在同期举行的国际学术研讨会上,与会者围绕"21世纪儒学瞻望"这一总题目展开了讨论。各国学者们就儒学的价值观与21世纪新人,儒学与21世纪教育科技,儒学与21世纪社会管理,儒学与21世纪地球生存环境,儒学与21世纪公共道德,儒学与21世纪家庭伦理,儒学同西方文化的交流与融合,儒学与世界三大宗教,儒学在未来世界文化构成中的位置等问题进行了热烈讨论。这次纪念活动是继1989年孔子诞辰2540周年纪念会后又一次国际性儒学盛会。纪念活动于10月8日结束。

中国作协推荐抗战文学名作百篇 中国作协、中国文联同十个部委文联、作协合作，在毛泽东同志《在延安文艺座谈会上的讲话》发表53周年之际，公布了向全国读者推荐的抗战文学名作百篇。这些优秀文学作品产生于抗日烽火之中，表现了中国人民浴血抗战的英勇斗争精神。推荐的百篇作品，包括长篇小说7部、中篇小说39部、散文报告文学33篇和85首诗歌。其中有人们熟悉的《吕梁英雄传》、《新儿女英雄传》、《四世同堂》等，也有鲜为当今青年所知的如张爱萍的诗歌《抗日钢枪队》、韩先楚的报告文学《大池村歼敌记》、谢挺宇的小说《去国》、萧乾的特写《进军莱茵》等。多数为解放区、敌后根据地、国统区、沦陷区作者的作品，也有少量为海外华人的作品。这些在当时产生过很大影响，具有较高思想性和艺术性的优秀作品，是进行爱国主义和革命传统教育的生动教材。

首届中国优秀传记文学作品评选揭晓 为繁荣传记文学创作，中国传记文学学会举办的首届(1990—1994年)中国优秀传记文学作品奖评选在京揭晓。获奖作品有《我的父亲邓小平》(毛毛)、《心灵的历程》(刘白羽)、《蔡廷锴》(贺朗)、《陶铸传》(郑笑枫、舒玲)、《庄世平传》(廖琪)、《郑振铎传》(陈福康)、《傅抱石传》(胡志亮)、《一代才女林徽因》(林杉)、《湘赣苏维埃主席谭余保》(刘健安)、《袁世海》(袁世海、袁菁)、《风流才女——石评梅传》(柯兴)、《烹饪大师》(徐光荣)等12部。评委会专家认为，这些作品多为数年、甚至数十年收集积累、艰苦创作而成的。作品史料翔实，内容充实，视野开阔，笔力雄健，从不同的角度反映了主人公独特的人生经历、丰富的感情世界和历史贡献。

百名文艺家万里采风 为了创作出更多反映时代精神、鼓舞人们奋发向上的优秀作品，中国文联组织开展了"百名文艺家万里采风"活动。1995年5月22日，在毛泽东同志《在延安文艺座谈会上的讲话》发表53周年前夕，中国文联在人民大会堂举行了隆重的出发式，为来自全国参加"万里风采"活动的文艺家送行。中共中央总书记、国家主席江泽民十分关心这一活动，在外地亲笔给参加采风的文艺家写信，鼓励大家积极深入群众，深入基层，坚持"两为"方向和"双百"方针，弘扬主旋律，提倡多样化，创作出无愧于伟大时代、为人民喜闻乐见的文艺精品。5月23日，140余位文艺家组成18个团队从北京出发，分赴湖北、河南、山东、山西、辽宁、吉林、海南、河北、四川、陕西、甘肃、上海等13个省市，深入到石油、煤炭、水利、电力、地质、有色金属等系统的工矿企业以及三峡工地、上海浦东开发区、延安、山东孔繁森的家乡等地参观访问、体验生活。参加这次采风的文艺家中，既有六七十岁的为我国文艺事业做出重大贡献的老一辈文艺家，也有年富力强活跃在文坛上的中青年文艺家。大家表示：时代变化了，但文艺家深入生活不能变。一定要落实江总书记的指示，努力繁荣社会主义文艺，把最好的精神食粮献给人民。

文化部第四、五届文华奖揭晓 获得第四届文华奖大奖的剧目是浙江省小百花越剧团的《西厢记》、江西省赣南采茶戏剧团的《山歌情》、福建省泉州市高甲戏剧团的《大河谣》。获"文华新剧目奖"的共有24个剧目，其中包括吉林省吉剧团的《一夜皇妃》等15个戏曲剧目，上海青年话剧院的《OK，股票》等6台话剧，广东歌舞剧院舞剧团的舞剧《南越王》以及北京市儿童艺术剧团的《山那边儿》等2台儿童剧。获"文华新节目奖"的只有武汉歌舞剧院的《楚韵》。此外，还译出"文华剧作奖"14个，"文华导演奖"12个，"文华编导奖"1个，"文华音乐创作奖"8个，"文华舞台美术设计奖"7个，"文华表演奖"30名。获文化部第五届文华大奖的剧目是：吉林省双阳县评剧团的评剧《三醉酒》、黑龙江省龙江剧实验剧院的龙江剧《木兰传奇》、北京人民艺术剧院的话剧《旮旯胡同》、湖北省武汉话剧院的《同船过渡》、湖北省宜昌市歌舞剧团的土家族婚俗系列舞蹈剧《土里巴人》和黑龙江省歌舞剧院的音乐剧《鹰》。获本届文化新剧目奖的是：豫剧《红果红了》、话剧《结伴同行》、歌剧《徐福》、舞剧《三峡情祭》、儿童剧《开天辟地人之初》等23个剧目。新疆维吾尔自治区歌舞团的歌舞《天山彩虹》和甘肃省敦煌艺术剧院的《敦煌古乐》获文华新节目奖。另外，12个剧目的编剧获文华剧作奖。9个剧目的导演获文华导演奖。2个节目的编导获文华编导奖。9个剧(节)目的作曲获文华音乐创作奖。8个剧(节)目的舞美获文华舞台美术设计奖。30位演员获文华表演奖，已经去世的甘肃敦煌艺术剧院席臻贯获得发掘古典音乐奖。吉林、湖北、福建等20个文化厅(局)、总政文化部和三家院团获文华组织奖。中宣部副部长、文化部部长刘忠德在颁奖大会上总结第五届文华奖评选的特点为：第一是好戏迭出，呈现出普遍繁荣的局面。第二是主旋律和现代题材的作品占了比较大的比重。第三是雅俗共赏、多样化的作品有了较大提高。第四是获奖剧目演出场次多，久演不衰的剧目有所增加。文华奖作为文化部设立的舞台艺术政府奖，自1991年设立以来，在艺术界乃至整个社会都具有较大的影响。

首届中国京剧艺术节在天津举行 规模宏大的首届中国京剧艺术节于1995年11月17日至24日在天津举行。艺术节开幕前，中共中央政治局常委、全国政协主席李瑞环会见了前来参加艺术节的著名京剧表演艺术家、部分海外来宾、京剧节评委会委员、参加演出的剧团团长。李瑞环说，党中央对振兴京剧非常重视，明确了方针，提出了要求，给予了许多支持。京剧界要抓继承、抓质量、多出戏、出好戏。他希望全社会都要为振兴京剧做贡献，要通过这届艺术节出现齐心合力振兴京剧的好局面。这次举办的首届京剧艺术节，是继1990年举办的徽班进京200周年纪念大会和梅兰芳、周信芳诞辰100周年纪念活动之后，又一振兴京剧的重大措施，是落实江泽民同志《弘扬民族艺术，振兴民族精神》讲话精神的一项重要活动。为表彰对振兴京剧做出突出成绩的单位和个人，艺术节期间评出了首届金菊奖，共有12位个人和10个单位获得此项奖励。

《中国京剧音配像精粹》发行座谈会在京召开 为弘扬民族优秀文化，振兴京剧艺术，《中国京剧音配像精粹》发行座谈会于1995年10月31日在京召开。中共中央政治局常委、全国政协主席李瑞环参加了座谈会并发表了重要讲话。他说，京剧是中国戏曲艺术的代表，是中华民族文化的瑰宝，是世界文化宝库中的珍品。我们要以弘扬民族优秀文化为己任，坚韧不拔，努力工作，把振兴京剧艺术的好事办好。京剧音配像工作是李瑞环同志1985年在天津工作时提出的。去年，他重提此事，请一些著名老京剧艺术家操办。经过一年时间，配制了50部名家名剧。全国人大常委会副委员长、中国京剧艺术基金会会长王光英也在会上讲话。全国政协副主席万国权，中宣部副部长、文化部部长刘忠德等出席了座谈会。著名京剧艺术家张君秋、马少波、迟金声、苏移、孙毓敏、叶少兰等先后在座谈会上发言。

《孔繁森之歌》文艺晚会在京举行 1995年6月30日晚，《孔繁森之歌》专题文艺晚会在中南海怀仁堂举行。党和国家领导人江泽民、李鹏、乔石、朱镕基、胡锦涛等同志与首都各界干部群众一起观看了演出。晚会上，文艺工作者用多种文艺形式，歌颂了孔繁森同志的革命情怀、坚强的党性和无私的奉献精神，表达了各族人民对孔繁森同志的深切怀念和崇高敬意，这些节目受到了观众的热烈欢迎。

首都隆重举办大型文艺晚会《光明赞》 为纪念抗日战争暨世界反法西斯战争胜利50周年，1995年9月2日晚，在北京人民大会堂隆重举办大型文艺晚会《光明赞》。党和国家领导人江泽民、李鹏、乔石、李瑞环、朱镕基、刘华清、胡锦涛、荣毅仁观看了演出。大型文艺晚会《光明赞》由《记忆》、《血印》、《丰碑》、《光明》四个部分，25个节目组成。晚会以弘扬爱国主义精神为主旋律，艺术地表现了抗日战争和世界反法西斯战争的胜利，是和平民主力量的胜利，是人类进步事业的胜利；体现了中国的抗日战争是在中国共产党倡导的抗日民族统一战线旗帜下的一次全民族的抗战，是世界反法西斯战争不可分割的重要组成部分，中国共产党及其领导下的抗日根据地军民是全民族团结抗战的中流砥柱；讴歌了在新的历史时期，全国各族人民继承和发扬爱国主义传统，同心同德为建设有中国特色社会主义而奋斗的精神风貌，艺术地再现了中华民族巨大的凝聚力和崇高的民族精神。

夏衍被授予国家有杰出贡献的电影艺术家称号 1994年10月31日，中共中央政治局委员、国务委员李铁映来到北京医院，在祝贺夏公95岁华诞的仪式上，宣布了国务院授予夏衍同志"国家有杰出贡献的电影艺术家"称号这一决定，并代表江泽民总书记、李鹏总理等向夏衍表示衷心问候。夏公坐在轮椅上面对前来祝贺的人们说："尽管我年纪已经大了，但我仍然要奋斗到最后时刻，这是我青年时就树立的理想：要一生报效祖国和人民。"10月28日，纪念夏衍同志从事革命文艺工作65周年报告会在人民大会堂举行。广电部电影局局长滕进贤、著名导演桑弧、著名演员于蓝、中国影评学会主席罗艺军、北影厂副厂长马秉煜先后作了专题报告。他们分别从不同的方面，总结了夏衍同志的崇高品德、艺术成就。他们指出，夏衍是时代的儿子，是世纪的同龄人，他的一生都在响应时代的召唤。他的多方面成就，是中国文艺、文化界的宝贵财富。全国12个大城市还举办了"夏衍电影回顾展"的纪念活动。夏衍同志于1995年2月6日在北京逝世，享年95岁。

首都隆重举行国歌纪念音乐会 以弘扬爱国主义为主旋律的中华人民共和国国歌纪念音乐会，1995年12月4日晚在人民大会堂隆重举行。中共中央总书记、国家主席、中央军委主席江泽民为这次纪念音乐会题词："热爱祖国，建设祖国，保卫祖国，赞美祖国。"江泽民还同李鹏、乔石、朱镕基、胡锦涛等党和国家领导人出席了音乐会。诞生于中华民族危难存亡之秋由田汉作词、聂耳作曲的《义勇军进行曲》，已在中国大地上整整唱响60周年。它以极大的感召力与凝聚力，激励着中国人民走过争取民族自由、解放和建设祖国的伟大历程。1949年新中国成立之际，《义勇军进行曲》被中国人民政治协商会议第一届全体会议选定为代国歌。后在第五届全国人民代表大会第五次会议上，被正式确定为中华人民共和国国歌。由中宣部、文化部和解放军总政治部主办，中国文联等单位承办的这台纪念音乐会，分《热爱祖国》、《建设祖国》、《保卫祖国》、《赞美祖国》四章、共28个节目组成。这台规模宏大、气势磅礴的音乐会，表达了全国各族人民对伟大祖国的挚爱之情，歌颂了祖国壮丽的河山和中华民族不屈不挠、拼搏奋进的精神风貌。特别表现了在新的历史时期，我国各族人民紧密团结在以江泽民同志为核心的党中央周围，同心同德建设有中国特色的社会主义的坚强决心和改革开放给中国大地带来的大好春光。

江泽民出席刘天华作品音乐会 为了纪念我国近现代中国民

族音乐的奠基者之一、中国现代音乐界的一代宗师刘天华诞辰100周年，文化部和中国音乐家协会主办了纪念活动。刘天华不仅是一位作曲家，还是一位演奏家、教育家。在短暂的一生中，他创作和整理了大量的二胡和琵琶独奏曲，其中大多数已成为我国民族音乐的经典之作。他为民族音乐教学开创了一条新的道路，是民族乐器的革新者，是我国采用科学方法整理记录民族音乐的创始人。1995年4月3日，中央民族乐团在北京音乐厅举行了"纪念民族音乐家刘天华诞辰100周年音乐会"。中共中央总书记、国家主席江泽民，中共中央政治局委员、书记处书记丁关根等出席了音乐会。

首届"中国青年优秀歌曲奖"评选揭晓 由共青团中央、文化部、广播电影电视部、新闻出版署联合开展的以爱国主义为主题，以正确引导青年文化生活为目的的首届"中国青年优秀歌曲奖"评选活动揭晓。《党啊，亲爱的妈妈》、《我的祖国》、《太阳最红、毛主席最亲》、《英雄赞歌》、《在希望的田野上》等30首建国以来创作的优秀歌曲荣获"中国青年优秀歌曲奖"。团中央等四部委要求基层团组织，以获奖歌曲为主要内容，通过开展多种形式的群众性演唱活动，对青少年进行生动的爱国主义教育，促进跨世纪一代新人的健康成长。这次评选活动自1994年4月开评以来，受到社会各界人士广泛关注，得到了基层团组织和团员青年的积极参与和热情支持，回收选票10万多张。30首优秀歌曲的评选，是在青年广泛开展演唱、鉴赏活动的基础上，采取青年投票与专家评审相结合的办法产生的。

广东《新三字经》谱成歌曲广为传唱 《新三字经》是中共广东省委宣传部，为了适应新时期少年儿童社会主义思想道德教育的需要组织编写的。这本书以邓小平同志建设有中国特色社会主义的理论为指导，把中华民族传统美德、社会主义道德规范和现代文明修养融于一体，把思想性、教育性、知识性和可读性有机结合起来，是一本对青少年进行爱国主义、集体主义和社会主义教育的好教材。《新三字经》1994年初出版后，引起社会强烈反响，出现了学习、诵读的热潮。为了进一步普及推广《新三字经》，中共广东省委宣传部向社会公开征集《新三字经》歌曲，使学习《新三字经》再涌热潮，很快收到了省内外应征稿件近300件。经专家评委会评选，最后选出15件入选作品，并将入选作品结集录制成音像制品。这些歌曲较好地体现了《新三字经》的思想内容和总体精神，突出了少年儿童的特点。

首都隆重纪念徐悲鸿诞辰100周年 首都举行的纪念我国杰出的美术家、教育家徐悲鸿诞辰100周年纪念活动，受到了党和国家的高度重视与各界人士的关注。中共中央总书记、国家主席江泽民在参观徐悲鸿100周年纪念展时指出，徐悲鸿先生在绘画上之所以取得巨大成就，在于他肯下苦功夫，具有铁杵磨成针的追求、探索精神，这是值得我们学习的。1995年6月15日纪念展开幕。6月16日上午，首都文艺界人士500多人聚会人民大会堂，纪念徐悲鸿诞辰100周年。6月15日至17日，海内外专家学者70余人在北京和平宾馆，就徐悲鸿的创作道路、艺术成就、艺术思想和艺术教育思想进行了研讨交流。徐悲鸿1895年7月19日生于江苏省宜兴县，1955年9月26日病逝于北京。

梁斌文艺活动60周年研讨会在津举行 梁斌文艺活动60周年研讨会于1994年4月在天津市举行。贺敬之、林默涵、魏巍等文艺界著名人士及梁斌的战友等出席。梁斌是20年代投身革命的老同志，1927年加入中国共产党。从1934年起，在从事革命斗争的同时坚持文学创作。他的平原三部曲《红旗谱》、《播火记》、《烽烟图》是反映我国人民革命斗争的史诗式作品；是代表新中国社会主义文学成就的丰碑，充溢其间的民族正气和革命精神薰陶着一代又一代的后来者。与会者高度评价了梁斌同志的革命精神，高尚品格和杰出成就。80高龄的梁斌致词说，要感谢党、人民和生活。如果没有中国共产党的指引，没有人民的哺育和波澜壮阔的革命斗争生活，就没有我的文学创作。

著名书法家李铎书《孙子兵法》碑拓在京展出 在纪念抗日战争胜利50周年之际。著名书法家李铎手书的《孙子兵法》碑拓，在北京中国人民革命军事博物馆展出。《孙子兵法》是中国古代一部深具哲理的军事著作，被视为"兵学圣典"。为弘扬中华优秀传统文化，李铎手书《孙子兵法》长卷，共计158张，总长220余米，是中国现代书法史上的一部巨制。在这部倾注了书法艺术家智慧和心血的长卷中，兵法与书法相映成辉，相得益彰。全书6000多字，字体、风格、气势完全一致，浑然天成。启功先生赞曰："猿臂伸来录异书，淋漓点画古藤粗，鸿都门下中朗笔，视此豪情逊不如。"《孙子兵法》石刻拓片是由河南洛阳镌苑碑林张弘等人制作的，一式两套，分别珍存于军事博物馆和洛阳镌苑碑林。李铎是湖南醴陵人，家乡解放后参军到中南军政大学。现为军事博物馆研究员、中国书法家协会副主席。他的作品古拙沉稳、苍劲凝重、雍容大度、舒展流畅，为许多国家博物馆、纪念馆珍藏，并应邀到日本、东南亚国家参展。近年来，李铎不仅在书艺上刻意求新，而且在书法理论、书法教育等方面做了许多有益的工作。

张玉明创作百米长卷《巾帼撷英图》 画家张玉明笔耕八个寒暑，呕心沥血，创作出表现中国古代妇女题材的第一长卷《巾帼撷英图》。在这幅宽1米、长100米的画卷上，荟集了中国古代历史上从炼五彩石补天的上古女神女娲，到女革命家秋瑾等108位最杰出的女性代表人物。他们中有政治家14位，军事家29位，文学家25位，科学家9位，书画家3位，舞蹈家5位，以及贤母、侠女、义女、医生、佛学家等。尤其珍贵的是在这108位人物中，有53位是过去画家从未画过的。我国是具有数千年历史的世界文明古国。在中华民族的辉煌史上，涌现出无数可歌可泣的巾帼英烈。她们与须眉烈士一样，如星汉灿烂，熠熠生辉。但是自汉唐以来，虽然记述烈女的传记不绝于史，但荟集巾帼之绘画长卷却不曾问世。为了使人物忠于史实，他曾跑遍北京大多数图书馆、博物馆，先后去全国21个省市搜集素材、摄影、写生，保证了所画人物在造型、服饰等方面符合历史真实。在创作技法上，张先生借鉴古今，工而不僵，活而不散，以工兼写，格调清新雅致，色彩丽而不俗，使长卷人物鲜活灵动。

“中国民间艺术一绝”大展在京举行 由文化部主办的“中国民间艺术一绝”大展，1994年10月11日至21日在中国美术馆举办。这是建国以来最大规模的全国性民间艺术展览。参展作品有刺绣、剪纸、木版年画、傩面具、木雕、石雕、玉雕、陶瓷、乐器、皮影、编织、风筝、唐卡等近百种共500余件。它们是由有关专家、学者从全国各地文化部门选送的1万余件作品中精选而出的，代表了我国民间艺术的现实水平。这次大展采用平面、立体展示与艺术家现场制作表演相结合的形式，充分反映了中华民族民间文化艺术的博大内涵。

1994年十大考古新发现 1994年全国十大考古新发现在京评选揭晓。这十大考古新发现是从1994年全国近400项考古发掘项目中评选出来的。1. 三峡工程淹没区考古调查。加上新发现的文物点300余处，三峡工程淹没区地下文物点的总数已达769处，共有18家科研单位和大学参加发掘工作，发掘遗址、墓葬、窑址等200余处，出土各类文物1万余件。2. 汤山旧石器时代地点。由北京大学考古学系和江苏南京市博物馆于江苏南京市江宁县汤山镇雷公山葫芦洞清理出1枚猿人牙齿化石，发掘及拣选出古动物化石4000余件，不仅填补了中国猿人地域分布上的空白，也为研究中国人类的演化、发展等增添了新的宝贵资料。3. 八里岗新石器时代聚落遗址。发现中国目前所知时代最早的新石器时代排房式建筑基址30余座，对中国古代建筑史及史前聚落面貌的探索研究极为难得。它们多为分间长排房，每套房面积相若，陶器、古器等仍散布在部分室内。由北京大学考古学系和南阳地区文化研究所在河南邓州市白庄村八里岗发掘。4. 尉迟寺新石器时代聚落遗址。由中国社会科学院考古研究所在安徽蒙城县毕集村尉迟寺8次大规模发掘，共清理出大汶口文化时期房屋墓址引间、墓葬156座，获得陶、石、骨等类文化遗物万件，填补了大汶口文化发现30多年来聚落研究的空白。5. 辉县孟庄遗址。遗址座落于河南辉县孟庄镇东侧，由河南省文物研究所发掘，面积达25万平方米。共发现龙山文化、夏及商代3个时期的三叠城，其中夏代城址在中原地区尚属首次发现，对研究夏、商文化的关系具有重要意义。6. 滕州前掌大商周贵族墓地。由中国社会科学院考古研究所在山东滕州市前掌大遗址共发掘出商周之际薛国贵族墓11座，出土青铜器、玉器等文物近千件，卣、壶、罍中封存有清澈透明的液体，可能是当时的酒，亦较为难得。7. 永城汉梁孝王寝园。这是中国目前发掘的唯一一处保存完整的汉代寝园建筑基址，规模大，等级高。寝园位于河南永城县芒砀山汉梁王陵区，由河南省文物研究所等单位发掘。8. 西安隋灞桥遗址。经陕西考古研究所发掘，证实古灞桥始建于隋朝，废弃于元，为中国已知时代最早、规模最宏伟、桥面跨度最长的一座大型多孔石拱桥，在桥拱腹中还清理出瓷器等一批隋至元各时期的填充物。9. 麟游隋仁寿宫、唐九成宫37号殿址。为隋、唐离宫仁寿宫及九成宫中部偏东的一座宫殿基址，初建于隋，约毁于唐开成元年（公元836年），至今保存完整，雕饰精美，不仅填补了中国建筑史上隋代宫殿建筑的空白，对复原隋代建筑也有重要的参考价值。殿址由中国社会科学院考古研究所在陕西麟游县城全部揭露。10. 阿鲁科尔沁旗宝山辽贵族墓。这是辽代早期契丹贵族墓，共两座，时代基本相同。其中1号墓为已知时代最早的有纪年的契丹贵族墓。墓地位于内蒙古阿鲁科尔沁旗东沙布日台乡宝山南麓，堪称辽早期绘画艺术宝库。由内蒙古文物考古研究所、阿鲁科尔沁旗文物管理所进行抢救性发掘。这次评选活动是由国家文物局委托中国文物报社组织的。

布达拉宫、避暑山庄等列入世界遗产名录 1995年6月29日，中国联合国教科文组织全国委员会和国家文物局，在人民大会堂举行了隆重的世界遗产证书颁发仪式。我国西藏布达拉宫，河北承德避暑山庄及周围寺庙，山东曲阜的孔庙、孔林、孔府，湖北武当山古建筑群等4处被批准列入《世界遗产名录》。1972年11月，联合国教科文组织在巴黎通过了《保护世界文化和自然遗产公约》，随后成立了一个国际合作机构——世界遗产委员会，负责审定各成员国提名的文化和自然遗产，将那些具有突出意义和普遍价值，并保存完整的遗产列入《世界遗产名录》。我国于1985年正式加入公约组织。1987年12月，长城、北京故宫、敦煌莫高窟等作为我国推荐的首批文化遗产被列入名录。1994年12月，西藏的布达拉宫、河北承德避暑山庄及周围寺庙等被批准作为世界文化遗产。截至1995年为止，我国共有世界文化遗产14项。

西藏努力建设社会主义新文化 西藏精神文明建设紧紧围绕西藏的发展和稳定这个中心，努力建设社会主义新文化。在艺术方面，区直三个艺术团体，1994年创排上演了一批新节目、新歌曲和一台大型节目，演出536场，其中下乡演出88场，大型话剧《布达拉宫风云》获第二届西南话剧节16项奖，完成了参加“维也纳艺术节”和出访瑞典的组团工作，开展了“商演”尝试，收集整理出版了《中国戏曲志·西藏卷》。电影发行和译制工作取得了突破性进展，1994年发行首轮片1000多部(次)，组织调进二轮片近500部，译制节目26个，转录拷贝500多个，译制片《痴情鸳鸯》获全国少数民族电影译制“腾龙奖”。完成了“中国社会发展成就展览”，接收全国各地无偿捐赠图书38万册。西藏出版部门全面推行目标管理制，发行部门全面实行经营总承包制。1994年出版图书74种，教材473种，总印数达300多万册。其中《甘露本草明镜》获中国民族图书奖一等奖，《西藏王臣记》获三等奖。西藏文化管理市场走上法制化、规范化轨道，加强了书报刊影视音像市场管理，印发了《中华人民共和国文化市场稽查证》，制定了《文化经营许可证制度》、《西藏文化市场管理暂行条例》等。一年来，西藏举办了14项政府和民间文化交流项目，派团(组)14起127人(次)，到10多个国家和地区演出、展出20余场。

上海文化市场建设取得可喜成绩 近年来，上海文化市场得到了迅速、健康、有序的发展，建立了包括演出、娱乐、音像、电影、书刊、文物和美术市场在内的综合性文化市场体系。其中，娱乐市场从无到有，发展迅猛，每天参与活动的达12万人次。演出市场活跃，电影市场制止了滑坡。“阳春白雪”的高雅艺术引人注目，国内及国际高规格的艺术团体频频光顾上海，跨国性大型文化活动此伏彼起，有力地向世界展示了上海文化形象。作为繁荣文化市场的一项系统工程，上海文化设施建设规划正在一步步实施和兑现。三、五年内将先后落成的项目有上海大剧院、东方音乐厅、上海书城、八万人体育场以及经改建的上海美术馆、博物馆、图书馆等。上海文化市场的活跃繁荣，与各文艺院团积极进行转换机制的改革有极大的关联。自1993年以来，艺术表演团体先后推行了全员聘任制，在人事制度、分配方式和经营管理等方面，引进竞争与激励机制，有效地调动了广大文艺工作者的积极性。

徐东村农民出资800万元扶持高雅艺术 1995年6月23日上午，在公证人员的公证下，武汉市徐东村与武汉东团联合建立“武汉交响乐发展基金”。徐东村出资800万元，资助武汉乐团的创作、排练、演出及设施、设备更新、奖励优秀作品和人才，支持有影响的交响乐艺术活动，为期五年。徐东村是武汉市洪山区和平乡著名的亿元村。近年来，村办企业迅猛发展，已成为拥有17个企业的农村经济集团，集体积累日益壮大，农民收入不断增加。吹小号出身的村委会主任徐世祥说，财富来自社会，应回归社会，出资扶持高雅艺术是我们对社会的回报。同时，富足后的农民也渴望高层次的文化享受，希望组建一支农民管乐队。与乐队联姻后，乐队将定期为村民组织演出活动，并协助村里组建、培训一支农民管乐队，使农民的梦想成真。组建于50年代初的武汉乐团，是活跃于国内音乐舞台的大型音乐表演团体，具有雄厚的创作、演奏实力，曾演出过贝多芬、莫扎特、柴可夫斯基等世界著名音乐大师作品专场音乐会。近年来，该团大力普及交响音乐，繁荣高雅艺术。但由于目前交响乐演出市场有待进一步发育，资金短缺已成为制约该团发展的“瓶颈”。该团团长闵道容信心十足地称，建立交响乐发展基金，使武汉乐团如虎添翼。五年内，武汉乐团力争整体实力达到国内一流水平。

中国新舞蹈艺术先驱吴晓邦逝世 中国新舞蹈艺术运动的先驱者、杰出的舞蹈艺术家、理论家和教育家吴晓邦于1995年7月8日在北京逝世。吴先生出生于江苏太仓市，早年三次东渡日本，学习音乐和舞蹈。回国后投身新舞蹈运动，开办中国第一所现代舞蹈学校。新中国成立后，历任中央民族歌舞团团长，中国舞蹈研究会主席、中国舞蹈家协会主席等职，著有不少舞蹈著作，并培养出一大批舞蹈人材。

常州市表彰“十佳、百优”藏书家庭 为鼓励广大市民爱书读书，营造高尚的家庭文化氛围，常州市开展了为期三个月的“十佳藏书家庭”的评选活动。评选公告发表后，报名参评的共有274户，其中有企业干部、工人、营业员、医生、离退休军官、教师，还有农民、个体户、中学生。新华书店组织16位同志，分8路对参评户挨家走访，察看家庭藏书情况。经综合打分、认真评论，选出“十佳藏书家庭”，同时推出百户优秀藏书家庭，名单在《常州日报》公布，并隆重颁奖。这次参评家庭共藏书39.74万册，户均1451册。这些家庭藏书品味高雅，还有一批罕见的古籍善本。

云南田头自行车演出队 一支来自昭通地区歌舞团的“自行车演出队”，一路骑车到田头地角，为农民演出，深受农民欢迎。烈日当头，歌声缭绕山谷，舞姿映照池水。1994年以来的一年半中，共为农民演出148场。白天活跃在田头地角，入夜吃住在农舍村庄。

启功教授辛勤耕耘笔耕不辍

1994年2月5日上午，300年前郑板桥的作品和当代书画大师启功先生的作品在北京师范大学出版社同时展出，令人领略了中国文化一脉相承、绵延不绝的神奇魅力。《启功絮语》是启动教授亲自选定和书写的诗集，全书收入诗词作品148首，全部由启功先生用小字行楷书写，诗书并美，珠联璧合。虽然已80高龄，诸病缠身，启动先生仍笔耕不辍。这天同时展出的《启功韵语》、《启功书画留影册》、《启功论书札记》、《诗文声律论稿》等数十种著作，都是启功先生辛勤耕耘的成果。

张守祥——中国蜡像创作第一人 1994年12月，中国伟人蜡像展正式开幕。走进北京蜡像馆，仿佛进入了5000年历史的画卷。人们看到一座座神形兼备、栩栩如生的伟人蜡像，无不惊叹张守祥的精湛技艺和卓越成就。许多观众在留言簿上盛赞他的蜡像是"中国一绝"，"炎黄子孙的骄傲"！张守祥为了实现蜡像创作神形兼备的目标，第一个提出了艺术性、科学性和技术性相结合的蜡像制作要素，完成了6项创作成果。在化学配方、蜡像栽毛、汗毛孔及皮肤纹理制作、染色技术、蜡像雕塑技术、黄种人体质形态学的运用等方面都居世界领先地位。他往往为一个人物肖像考证，一连数月查找资料，反复推敲。为了制作毛泽东、周恩来、朱德、刘少奇、邓小平等新中国巨人的蜡像，张守祥曾闭门三年潜心研究。对于未来，张守祥表示将推出新中国十大元师蜡像和外国名人等新作。

微雕艺术家王士成 1995年的早春二月，南昌市举办了微雕艺术家王士成的艺术作品展。展出的200余件作品，只是他近万件作品中的一部分。人们看到了在三个火柴盒大小的锦盒里装着60片象牙薄片，上面刻写着120回《红楼梦》全文，共1035000余字，每字平均0.2平方毫米。在50倍的显微镜下，可以清晰地看到书法艺术的刚柔顿挫被王士成出神入化地再现出来。微雕《红楼梦》全书，是王士成花去2000个日日夜夜完成的。王士成年幼因家境贫寒，只读完初中就弃学务工务农，但他坚持自学，舞文弄墨不辍。一次，他看到了著名微雕艺术家王梦石的作品，惊叹之余便以刀代笔，临摹名帖不止，寒暑易节二十几度，终于达到了得心应手、炉火纯青的境界。近年来他的力作还有：在柄长170毫米，弧长280毫米的象牙扇上微雕的唐诗、宋词、元曲各300首，共55000字，还有在毛笔竹杆上及其它天然材料上微雕的《金刚经》、《孙子兵法》、《滕王阁序》等历代名著名篇。

神州砚圣方见尘 海口举办的'95中国著名书画家现场挥毫及示范展览活动中，来自安徽的我国著名砚雕大师方见尘，现场泼墨挥毫的"仕女图"备受收藏家们的青睐。方见尘是位极富个性的艺术家。他的砚雕作品《出水烘月》1985年在全国工艺美展上被列为四大名砚之首。他的砚作《新安揽胜》、《大佛砚》、《黄岳奇观》等被誉为国宝。日本一家博物馆以7万美元购藏他的砚作《八百里黄山图》。他主张作品形美意美，寻求素养的完善，植根于民族的土壤，展现现代人的情趣。方见尘认为，中国的艺术家没有必要在乎西方授予什么头衔和什么大奖，载入什么名人大辞典，而应该十分虔诚地献身于艺术和人民。真正的艺术家都是忘我的艺术工作者，不会为虚名所累。

音乐家张鲁胸有正气格自高

1995年盛夏酷暑的7月，全国著名歌唱家王昆、吴雁泽、于淑珍、远征、卢秀梅等汇集石家庄，专程参与演唱张鲁的音乐作品。音乐会高潮迭起，盛况空前。会后，主持人按照惯例付给每位歌唱家出场费，可是没有一个人收。他们异口同声地说："我们是为了艺术，为了友情而来的！"这固然表现了这些歌唱家的高尚品格，也从另一个侧面体现了人们对张鲁的人品和威望的肯定。张鲁自幼受到民族音乐的薰陶，1938年在地下党组织的帮助下，来到革命圣地延安，进入鲁迅艺术学院。从此，他一面潜心音乐创作，一面参加革命斗争。当年他创作的《中国共产党怎么样》、《李大妈》等作品，由于具有鲜明的时代精神和民族风格，很快唱遍了各个解放区。1945年，党的七大召开前夕，张鲁与马可、瞿维、焕之、向隅集体创作了歌剧《白毛女》。这是一部思想深刻的新型音乐作品，其中影响最广的《北风吹》、《扎红头绳》等就是出自张鲁的手笔。解放战争期间，张鲁随军转战华北。这一时期，他与焕之、李群共同创作的《秦洛正》在解放区引起了轰动。抗美援朝时，他创作的《王大妈要和平》，唱遍了千家万户，获得了全国歌曲比赛一等奖。进入新时期，张鲁已经年逾花甲，但仍以高昂的激情为社会主义事业讴歌。他创作的《亲爱的共产党》、《家乡的山啊家乡的水》，深受群众欢迎。沧桑巨变的五十年，张鲁共创作了1600多首歌曲，始终和时代同忧患共欢乐，忠实地表达着人民的感情和希望。回顾自己走过的创作道路，张鲁认为，中国音乐的发展不能独立于世界潮流之外，但是它的根在民族里，在生活里。谈到作曲家的素养，张鲁说，成为一个优秀的作曲家，需要多方面的修养，但最重要的是涵养正气。南宋大诗人陆游诗云："谁能养气塞天地，吐出自足成虹霓。"张鲁把它作为座右铭。

中外名人广告公司等单位倡议营造健康广告文化 北京中外名人广告公司和广西黑五类食品集团于1995年12月发出《关于促进健康广告文化建设的倡议书》。广告文化作为文化建设的一个方面，是社会主义两个文明建设的重要组成部分。富有竞争力的广告，来自健康的广告文化氛围，需要全社会特别是有强烈民族责任感的企业家、广告人与传播界来共同营造。他们为此倡议：自觉抵制虚假的、庸俗的、粗糙的广告，提高广告的文化品质，使之既通俗化、大众化，又具知识化、艺术化。同时，要在广告的创意、制作、发布每一环节上，让强烈的社会使命感和民族责任感贯穿其中，体现健康的文化内涵，使“群众”在接受广告信息的同时，获得视觉上、听觉上美的享受，获得一种健康文化的熏陶，获得一种科学知识的积累。采取有力措施，使传媒与企业的广告活动，成为文化建设的一种重要形式。应给商品注入一种健康的、民族的文化，让商品成为健康文化的载体，通过广告这一文化传播手段，反映我们民族的文化观、审美观、道德观、消费意识及现代观念。在提高产品质量，参与国际竞争能力的同时，在广告传播中培养民族自信心和“中国精神”，从而在全社会兴起一种振兴国货，扶植国货，热爱国货的意识，从而鞭策我们的企业在吸收国外先进技术的过程中，促进国货品质的提高，促进国民经济水平的提高，促进综合国力的增强。

5. 新闻出版

中央宣传部要求抓好新闻队伍职业道德建设 中共中央宣传部于1994年4月发出通知，要求各地党委宣传部门和新闻单位坚持不懈地抓好新闻队伍职业道德建设。通知说，少数新闻工作者经不住金钱的诱惑，为北京市长城机电科技产业公司非法集资活动编写虚假新闻，蒙骗群众，严重扰乱了经济秩序，损害了国家和人民的利益，败坏了党的新闻事业的声誉。要结合长城公司非法集资案中少数新闻记者违法犯罪的反面典型，深入开展新闻职业道德教育，加强新闻队伍建设。通知要求各地党委宣传部门和新闻单位认真贯彻全国宣传思想工作会议精神，结合实际进行检查。对做得好的要表彰；对继续搞“有偿新闻”的要严肃查处。要结合长城公司非法集资活动中少数记者违法犯罪的事实，组织新闻工作者认真进行讨论，从中引出教训。新闻单位要根据本单位的工作特点，制定相应的规章制度，严格自律，并自觉接受社会监督。要大力倡导新闻工作者深入实际，深入群众，发扬密切联系群众和艰苦奋斗的作风。大力表彰深入基层，清正廉洁，遵纪守法，为改革开放和现代化建设作出突出贡献的集体和个人。

全国报纸理论宣传研究会暨首届年会 1994年4月6日至11日，全国报纸理论宣传研究会在成都成立，并举行首届年会。与会者按照江泽民在全国宣传思想工作会上讲话精神，总结、交流了报纸理论宣传的经验教训，一致认为，改进和加强报纸理论宣传工作，要在文章和社论、评论这三个“强项”上下功夫。当前，应着重解决三个主要问题：一是要旗帜鲜明，全面准确地宣传党的理论、路线、方针、政策，防止片面性；二是要切合实际，回答现实生活中出现的各种思想问题和实际问题；三是要讲究宣传艺术，把报纸理论搞得生动活泼，引人入胜。来自全国50多家中央和地方党报的60多位理论宣传工作者出席了会议。

《中国新闻工作者职业道德准则》 中华全国新闻工作者协会第四届第二次全体会议修订的这个《准则》共8条：1. 全心全意为人民服务。2. 以社会效益为最高准则。3. 遵守法律和纪律。4. 维护新闻的真实性。5. 坚持客观公平的原则。6. 保持廉洁奉公的作风。7. 发扬团结协作精神。8. 增进同各国新闻界的友谊与合作。新闻工作者要适应新形势的需要，努力宣传马列主义、毛泽东思想和邓小平建设有中国特色社会主义理论，宣传党和政府的方针政策，报道新闻和传播信息，反映并引导社会舆论，充分发挥党和人民的耳目喉舌作用，推进社会主义市场经济、社会主义民主法制和社会主义精神文明建设，为实现我国的社会主义现代化宏伟目标而努力奋斗。

《关于办好周末版的十条意见》 针对少数报纸的“周末版”在舆论导向、内容格调和新闻真实性等方面出现的一些问题，1994年4月，中宣部、新闻出版署联合发出文件对进一步办好“周末版”提出十条意见：1.“周末版”是报纸的一个组成部分，必须坚持以邓小平同志建设有中国特色社会主义理论为根本指针，坚持党的基本路线，坚持解放思想、实事求是，把握正确的舆论导向。不得刊登违反党的基本路线、方针、政策和国家法律、法规的内容。2.“周末版”有着广泛的读者，是重要的宣传思想阵地，要坚持为人民服务、为社会主义服务的方向，坚持团结、稳定、鼓劲，正面宣传为主的方针。要充分发挥贴近群众、贴近生活、贴近实际的优势，不断丰富内容，提高质量。把社会效益放在第一位。3. 讲究宣传艺术，采用生动活泼的方式，用格调高雅、文明健康的内容引导和教育群众。要弘扬主旋律，坚持主旋律与多样化的统一，大力宣传爱国主义、集体主义和社会主义思想，积极倡导在社会主义市场经济条件下坚持正确的人生观和文明健康的生活方式，反对拜金主义、极端个人主义和腐朽的生活方式。不允许刊登淫秽、色情和渲染凶杀、暴力等有害读者身心健康的内容。对群众关心的热点、难点，要善于引导，做好工作。4.“周末版”应坚持已确定的并经新闻出版行政管理部门批准的办报宗旨和分工范围，努力办出自己的特色，不得擅自改变和超越办报宗旨与分工范围。5.“周末版”要坚持新闻真实性的原则，杜绝任何形式的虚假报道。要加强新闻性，防止杂志化。6.“周末版”要努力传播科学知识，严禁宣扬封建迷信和伪科学。7.“周末版”应遵守新闻宣传的有关规定，拿不准的问题要及时请示。严禁泄露党和国家的机密。不得擅自转载境外媒体的新闻、文章。8. 严格出版秩序。“周末版”的出版应遵守新闻出版署《关于加强报纸出版“周末版"管理的通知》和《关于报纸应遵守办报宗旨严格出版秩序的通知》等文件的有关规定。9. 要建立健全责任制。"周末版"实行总编辑负责制。报社总编辑要对"周末版"刊登的稿件(包括广告)严格把关,不得以任何方式出让报纸的终审权(包括请报贩看大样、承包给个人等)。严格禁止"有偿新闻"。10."周末版"违反规定的,由新闻出版行政管理部门依照有关规定进行处罚。

省级党报总编辑研讨班 由中宣部于1995年2月15至25日在京举办的这次研讨班,主要议题是:以邓小平建设有中国特色社会主义理论为根本指针,根据中央总的工作精神和宣传思想工作的指导思想、方针、原则,着重讨论在新形势下如何进一步办好省级党报,落实中央提出的"以正确的舆论引导人"的任务,使新闻工作更好地为人民、为社会主义、为全党全国工作大局服务。讨论中,与会总编们就省级党报的地位和作用、发挥党报的优势、改进党报的宣传等问题,进行了认真研讨。大家认为,党报是党的事业的重要组成部分,是党同人民群众密切联系的桥梁和纽带。以邓小平建设有中国特色社会主义理论指导整个新闻工作,坚持党的基本路线,正确宣传中央精神,坚决维护中央权威,保证中央政令畅通,在思想上、政治上、行动上自觉与中央保持一致,这是党报的基本职责。党报要办成更有权威性和指导性、更有感召力和影响力的报纸,办成拥有广大读者、深受群众喜爱的报纸。多级党报一定要在以江泽民同志为核心的党中央领导下,团结进取,扎实工作,集中精力,把报纸办得好些,更好些。研讨班期间,中央及有关部门负责人向总编们作了专题报告。

全国晚报总编辑研讨班 由中宣部于1995年11月26日至28日在南京举办的这次研讨班,主要议题是:根据党的十四届五中全会精神和中央对新闻宣传工作的要求,着重研讨如何进一步提高晚报宣传工作的水平,落实中央提出的"以正确的舆论引导人"的任务。参加研讨班的100多名晚报总编辑,以邓小平建设有中国特色社会主义的理论为指针,认真学习了党中央关于进一步做好新闻舆论工作的意见,密切结合晚报工作实际,就新闻舆论工作如何把握导向、提高质量、多出精品、加强管理、建设队伍,特别是就如何进一步处理好坚持正确导向与发挥晚报特色、坚持原则性与增强可读性、社会效益与经济效益、坚持正面宣传为主与加强舆论监督、事业发展与队伍建设五个方面的关系问题进行了认真讨论。

全国新闻教育工作座谈会 由中宣部、国家教委和中国新闻教育学会联合召开的此次会议,1994年7月5日至7日在呼和浩特市举行。中国人民大学、复旦大学、武汉大学等16所高校新闻院(系)的新闻教育专家,围绕如何在新形势下,培养合格新闻人才等问题进行了广泛深入的探讨。会议提出,90年代的高校新闻教育,应当着眼于为党和国家培养适应新形势的合格新闻专业人才。合格的新闻专业人才,要有较高的政治素质、扎实的新闻理论基础和敏锐的社会观察力,应当具备会讲一门外语、会操作电脑等能力。广播电视记者还要会采制音响、摄像、制作节目等。会议认为,当前高校新闻教育应着重做好五方面工作:一是坚持以邓小平建设有中国特色社会主义理论教育学生。二是改进新闻理论教育,要在邓小平建设有中国特色社会主义理论指导下,结合国内外新闻工作实践来丰富、充实、发展新闻理论,建立有中国特色社会主义新闻理论体系。三是要加强新闻职业道德教育,培养学生的社会责任感和敬业精神。四是改革教学内容,更加丰富和充实学生的知识。五是加大新闻实践教学的力度。

首都集会纪念邹韬奋百年诞辰 1995年11月5日,首都各界200多人在人民大会堂隆重集会,纪念我国现代史上卓越的文化战士、伟大的爱国者、杰出的出版家和新闻记者邹韬奋诞辰100周年。江泽民、李鹏为纪念大会题词,李鹏、丁关根等出席纪念大会并发表了讲话。江泽民的题词是:继承和弘扬韬奋真诚为人民服务的精神,李鹏的题词是:韬奋同志是新闻出版战线上的典范。李鹏在讲话中说,我们隆重集会缅怀邹韬奋同志的光辉一生,追忆他所经历的不平凡道路,继承并发扬他的革命精神,对于推进社会主义新闻出版事业的发展,坚持为人民服务、为社会主义服务的方向,具有重要的现实意义。丁关根在讲话中说,韬奋同志是我国新闻出版工作者的楷模。纪念韬奋同志,就要学习他坚定的革命信念和炽热的爱国主义精神,学习他全心全意为人民服务、为读者服务的奉献精神,学习他的高尚情操和优良品质。我们一定要在以江泽民同志为核心的党中央领导下,坚持邓小平同志建设有中国特色社会主义的理论和党的基本路线,认真贯彻党的十四届五中全会精神,认真落实以科学的理论武装人、以正确的舆论引导人、以高尚的精神塑造人、以优秀的作品鼓舞人的任务,进一步加强社会主义精神文明建设,为深化改革,扩大开放,推进社会主义现代化建设和实现跨世纪的宏伟目标,提供有力的思想保证和良好的舆论环境。这是我们对韬奋同志最好的纪念和最好的学习。纪念会上,与会者对《韬奋全集》正式出版发行表示祝贺。

1994—1995年新闻奖 1. 第4届中国新闻奖,于1994年12月21日颁奖。《加强和改善宏观调控,积极促进改革与发展》(人民日报)等16件作品获一等奖;49件作品获二等奖;95件作品获三等奖。2. 第5届中国新闻于1995年6月29日评出,《公仆·旗帜·丰碑》(锦州有线电视台)获特别奖;《六百勇士斗死神 雷场放飞和平鸽》(解放军报)、《上下一心打好今年改革攻坚战》(人民日报)、《扬州经验的特殊导向意义》(新华日报)等18件作品获一等奖;《昔日伐木建功　今朝栽树"还债"》(工人日报)等54件作品获二等奖;77件作品获三等奖。3.第2届范长江新闻奖,于1994年12月21日颁奖,获奖者11人,他们是:徐福锋(哲里木报)、端木来娣(新华社)、江永红(解放军报)、张建星(天津日报)、魏斌(中央电视台)、刘振英(中央电台)、阿不力孜·阿不都热依木(新疆电台)、张建伟(中国青年报)、邬志豪(上海电视台)、詹国枢(经济日报)、于宁(人民日报)、唐湘岳(光明日报)等30人获提名奖。4.第2届韬奋新闻奖,于1995年11月5日颁奖,获奖者是李德民(人民日报)、张攻非(新民晚报)、宁丽君(宝鸡日报)、张万象(新华社)、白玛卓嘎(西藏电台)、李向明(中央电台)、丁士群(北京日报)、李东生(中央电视台)、李洪波(经济日报)、余碧君(广东电台)等10人,另有31人获提名奖。

全国首次新闻性名专栏、名节目评选揭晓　1995年5月8日在京揭晓的10个名专栏、名节目出自中央7家主要新闻单位:《焦点访谈》(中央电视台)、《今日谈》《人民论坛》(人民日报)、《每周经济观察》(经济日报)、《今日话题》(光明日报)、《午间半小时》(中央电台)、《东方时空》(中央电视台)、《求实篇》(中青报)、《新闻纵横》(中央电台)、《职工明星谱》(工人日报)。其特点是:坚持正确导向,紧紧围绕大局,为改革和建设提供了良好的舆论支持;坚持弘扬主旋律,以健康向上的格调引导群众投身于社会主义现代化建设事业;贴近群众,贴近生活,贴近实际,以饱满的激情反映社会现实;在体现自身特点的同时,形成了自己的风格。

全国百佳新闻工作者颁奖会举行　由中华全国新闻工作者协会主办的首届"全国百佳新闻工作者"颁奖会,1995年3月25日在北京举行。程思远、布赫、钱正英等向获得"百佳"荣誉的记者、编辑和评论员们颁发了奖牌和证书。获得"百佳"称号的新闻工作者中有不辞辛劳、日夜奔波在改革开放和现代化建设第一线的记者,有长期兢兢业业工作、默默奉献的编辑、有勤于思考、经常发表有见解评论的评论员,也有受到群众喜爱的节目主持人,这批"百佳"新闻工作者,是千万个战斗在新闻战线上敬业爱岗的代表,讲究职业道德的标兵。会上"百佳"代表班明丽、杨长源发了言。中国记协主席吴冷西讲了话,他希望广大新闻工作者向获得"百佳"荣誉的新闻工作者学习。

新版马列著作出版　由中共中央马克思恩格斯列宁斯大林著作编译局编译的新版马列著作——《马克思恩格斯全集》中文第2版首批第1、11、30卷和《马克思恩格斯选集》中文第2版、《列宁选集》中文第3版,1995年10月由人民出版社出版。新编马列著作的出版是我国马列著作编译出版工作的又一新成果,是中国共产党思想理论建设的又一件大事,对帮助广大干部、群众更好地学习马列主义基本原理,更好地理解、掌握邓小平建设有中国特色的社会主义理论,具有十分重要的意义。新版《马恩全集》的编译工作是一项跨世纪的宏伟工程,预计每年出2至3卷,下个世纪20年代出齐。

《邓小平文选》第一、二卷的第二版及第三卷英文版出版发行　由人民出版社出版的《邓小平文选》第一、二卷第二版,1994年11月2日出版发行。这次修订出版的《邓小平文选》第一、二卷,连同1993年出版的第三卷,构成了一套完整的邓小平同志著作集。这三卷文选集中了邓小平同志在中国革命和社会主义建设的各个历史时期的主要著作,包括政治、经济、文化、军事、外交、党建等各个方面的内容。《邓小平文选》第三卷英文版,已由外文出版社出版。这本文选共收入了作者1982年9月到1992年2月间的讲话、谈话等119篇。《邓小平文选》英文版的出版发行,将使国际社会完整地了解邓小平同志建设有中国特色社会主义理论的形成和发展,有助于国际社会正确了解中国当前形势以及今后发展趋势,了解中国对当代重要国际问题的基本立场。

《邓小平同志建设有中国特色社会主义理论学习纲要》出版发行　中共中央宣传部组织编写的《邓小平同志建设有中国特色社会主义理论学习纲要》,1995年5月25日由学习出版社出版。该书共分三部分:第一部分是邓小平同志建设有中国特色社会主义理论是当代中国的马克思主义;第二部分是邓小平同志建设有中国特色社会主义理论科学体系的主要内容,共16章;第三部分是用邓小平同志建设有中国特色社会主义理论武装全党,坚持党的基本路线一百年不动摇。中共中央发出了关于印发《邓小平同志建设有中国特色社会主义理论学习纲要》的通知。

《陈云文选》1—3卷及《陈云》画册出版发行　1995年6月13日,中共中央在人民大会堂举行《陈云文选》(1—3卷)、《陈云》画册出版发行暨纪念陈云同志诞辰90周年座谈会。江泽民、李鹏、乔石、朱镕基、刘华清、荣毅仁等党和国家领导人出席。江泽民在座谈会上说,新版《陈云文选》三卷本,集中了陈云同志的思想和观点,是他长期从事领导工作丰富经验的理论概括,对于推进社会主义物质文明和精神文明建设,加强党的建设,都具有重要指导意义。《陈云》画册生动地再现了他的经历、工作和生活。这两部书同时出版发行,是我们党和国家生活中的一件大事,也是我们对陈云同志最好的纪念。经过增补和修订的《陈云文选》1—3卷,收入了作者在中国新民主主义革命、社会主义革命和社会主义建设的各个历史时期的主要著作共

190篇、70多万字，是陈云同志比较完整的著作选集。《陈云》画册收入了近500幅珍贵照片，此外还选用了几篇手迹。

上海出版精神文明建设系列读物 1994年国庆期间出版发行的，反映上海精神文明建设的系列出版物——上海精神文明建设文集、上海精神文明建设摄影画册和上海精神文明建设录像片，引起社会关注。近年来，上海市委、市政府为实现邓小平关于要上海交出经济建设和精神文明建设两份满意的答卷和江泽民对上海精神文明建设要走在全国前列的要求，做了大量工作，积累了许多新鲜经验。这套出版物系统地、全面地反映了上海精神文明建设的成就和经验。

《汉语大词典》编纂出版庆功会 1994年5月10日，《汉语大词典》编纂出版庆功会在人民大会堂隆重举行。江泽民、李鹏等党和国家领导人在会前亲切会见了全体与会人员，向他们表示祝贺和感谢，并合影留念。江泽民即席发表讲话：《汉语大词典》的出版是全国文化界、学术界、教育界、出版界的一项丰硕成果，我衷心地向所有参加编纂出版这部词典的同志表示祝贺，感谢你们为祖国文化建设做出了这一有历史意义的贡献。江泽民指出，中国有5000年的灿烂文化，汉语又是世界上最重要的、使用最多的语言之一，这部大词典的编纂出版，无疑是我国文化发达的一个象征。江泽民在高度赞扬了参加辞书编纂工作的同志勇于奉献、团结协作的精神后，殷切期望他们再接再厉，编出更多的高质量辞书，为更好地满足广大群众日益增长的文化需要服务，为促进祖国的两个文明建设服务。

18种孤善本中医古籍出版 我国当代大型线装古籍系列丛书《中医古籍孤本大全》和《中国中医研究院图书馆馆藏本》丛书，已有18种孤善本出版发行。江泽民为《中医古籍孤本大全》题写了书名。这项弘扬中华民族文化遗产的重大文化工程，是中国中医研究院图书馆自20世纪70年代末开始的。他们对全国24个省（市）、自治区的公共图书馆、大学图书馆和科学研究单位图书馆进行了大规模的调查，共收集到中医典籍12124种，各个时期的不同版本37000余种。在此基础上再筛选出版本精良、内容翔实，有学术研究和临床实用价值的珍品300余种，包括精刻善本、名医手稿、名家批校本、手绘本草图、经络图等。内容涉及中医、中药、针灸、气功、养生、保健诸方面。这套丛书采用了影印技术，力求保持原书风貌，具有永久保存价值。

首届图书出版奖评出 1．首届国家图书奖：1994年1月评出，135种图书获奖，其中，《中国大百科全书》(74卷)等8种图书获荣誉奖；《宋庆龄——20世纪的伟大女性》等45种图书获国家图书奖；《中国共产党七十年图集（上、下）》等82种图书获国家图书奖提名奖。获奖图书从1980年到1992年间出版的50余万种新书中评出，其特点是：(1)学术质量高，印制精良。(2)获奖图书中的大型骨干工程，对于中华民族的科学文化事业的发展作出了重大贡献，且围绕着这些大工程的进行，集中了一批国内有关学科的专家学者，培养了一批年轻的学术骨干，形成了一支支质量上乘的出版队伍。(3)获奖图书贯穿了为经济建设、改革开放、建设有中国特色的社会主义服务的主线。获奖图书的内容包罗万象，出版单位遍及全国。参与评奖的不仅有第一流的专家，也广泛征求了读者意见。2．首届奋发文明进步图书奖：1994年9月评出，《中国手语》、《把一切献给党》、《轮椅上的梦》等15种图书获一等奖；《中国残疾名人辞典》等25种图书获二等奖；37种图书获提名奖。3．中国青年优秀图书奖：1994年12月评出，《我的父亲邓小平》、《毛泽东之路》、《周恩来传》、《地球上的红飘带》等100种图书获奖；《世界之瑰宝、民族之骄傲》等60种图书获提名奖。4．首届全国社科期刊奖：1995年12月6日评出，《考古》、《半月谈》、《演讲与口才》、《知音》等21种期刊获奖，获奖期刊能够把握正确导向，自觉服务大局，内容健康向上，编校质量较高。5．首届全国优秀中青年图书编辑奖：1994年举办的这次评选活动，评出了105名优秀中青年编辑，平均年龄39岁，平均编龄12年，来自32家中央级出版社和65家地方出版社。通过这次评选，将有力地促进跨世纪编辑人才的培养；实现出版工作由数量增长向优质高效阶段转移。6．第4届韬奋出版奖：1995年11月5日颁发，获奖者是，孙绳武（人民文学出版社）、莎阿达提·伊敏（新疆教育出版社）、黎章民（人民音乐出版社）、马守良（浙江省出版工作者协会）、王为珍（山东省出版社）、王秀清（大庆市新华书店）、鲍克怡（上海辞书出版社）、刘强（德州市新华书店）、沈世鸣（重庆出版社）、蔡盛林（农业出版社）、杨坚（岳麓书社）、徐柏容（百花文艺出版社）。

金盾出版社经验受欢迎 1994年12月19日至20日，中宣部、新闻出版署，中国出版协会、中国书刊发行业协会在京联合举办金盾出版社经验研讨会。在全国农村图书市场日趋萎缩的情况下，金盾出版的图书却走俏全国，平均每种书印刷3.1次，每种书销量平均15万册，再版率达60%，令出版发行界同仁惊叹。与会者对“金盾现象”进行了研讨。他们认为，金盾出版社是近几年出版发行改革中出现的一个成熟的典型。通过解剖这个典型，可以把我国出版发行的成果连接起来，凝聚起来，从而实现“整体推进，重点突破”的进一步深化出版发行改革的构想。与会者认为，“金盾现象”给人启示之一是坚持正确的出版方向才能实现“优质、高效”；启示之二是加大购销形式改革的力度才能适应经济发展需求；启示之三是不忘九亿农民开拓农村市场。与会者提出，图书的编、印、发是一个完整的生产流程，研究图书发行体制改革，不能将视野局限于一个环节。我们必须运用系统工程的方法，把与发行体制改革有关的出版社经营管理体制的改革、政府宏观管理体制的改革、出版物市场秩序的整治和营建等问题统盘考虑，同步推进。

首都新闻媒体全方位多侧面宣传张家港精神 1995年10月，中央主要新闻媒体纷纷推出关于张家港市两个文明建设经验的连续报道，对江泽民肯定的“团结拼搏，负重前进，自加压力，敢于争先”的张家港精神进行了全方位、多侧面的宣传。首都各大报在重要位置对中宣部和国务院办公厅在张家港市召开的全国精神文明建设经验交流会作了突出报道。10月18日，人民日报发表题为《伟大理论的成功实践——学习张家港市坚持两手抓的经验》的评论员文章，对张家港市两个文明一起抓的成就和经验作了总体评介。接着，该报连续刊登长篇纪实通讯，从领导管理、资金投入、精神动力等方面多角度、立体式地介绍了该市两个文明建设的实绩，并配发了《赞“一把手”坚持两手抓》、《精神文明建设要舍得投入》、《赞“自加压力”》3篇评论，深入论证了张家港经验。10月28日，该报在第八版推出了题为《我是张家港人……》的整版图片，从张家港普通人的日常生活入手，展现了他们崭新的精神面貌。新华社连续播发专题通讯，全面介绍了张家港市在经济建设和精神文明建设方面取得的巨大成就，同时还着重报道了张家港市委书记秦振华能抓敢拼的领导艺术和胆略。中央广播电台在《新闻和报纸摘要》节目中先后播出了4篇千字以上的通讯，介绍张家港的经验和做法。中央电视台不仅在《新闻联播》中推出“张家港奇迹”系列报道，同时还制作了两期题为“走进张家港”的《焦点访谈》节目。《光明日报》在头版开辟了“张家港专题报道”栏目，连续刊出4篇专题通讯，侧重总结张家港市两个文明建设成就的经验，并把它们归纳为“一把手抓两手的新思路”、“精神文明也能出生产力”等。10月31日，该报又发表了《论张家港精神》的长篇评论，对张家港精神的特征和实质以及给予人们的启示进行了较透彻的分析。该报还刊出了《今日张家港》图片专版和“张家港的故事”速写栏目，使读者得以一睹张家港两个文明建设的风采。经济日报推出了“来自张家港的报告”一组6篇文章，多角度、多侧面地介绍了张家港两个文明建设的成就及经验。之后，又推出一个整版，以“学习张家港精神、建设两个文明”为主题，介绍了济南市紧抓“窗口”行业职业道德建设、唐山市每月评选“学雷锋十佳事迹”等精神文明建设的新举措。中国青年报、工人日报也分别推出重头文章，浓墨重彩地宣传张家港两个文明建设的辉煌成就。中青报推出的见闻特写，采录了许多朝气蓬勃的特写镜头。工人日报从张家港人的精神面貌入手，深入报道了张家港职工素质转变的历程。

河南教育出版社出书育人 河南教育出版社以“出书育人”为宗旨，努力为读者奉献高品位的精神食粮，受到社会各界的好评。近年来，该社反对拜金主义的侵袭，牢记出版工作者的神圣使命，坚持出版工作的正确方向，一次次地退回那些能赚钱但有害精神文明的书稿。他们一不卖书号，二不出格调不高的书。已出版的2000多种3.5亿多册图书都是这样把关的，在教育读物、学术著作和各种工具书中有200余种先后获得各种奖励。该社为了扶持学术著作的出版，已补贴出版费700多万元。为填补一些散失的科技史料，他们投资400万计划出版10大门类、50卷、总计5000多万字的《中国科学技术典籍通汇》。500多万字的《数学卷》已陆续出版；并将共计100册的《中国传统文化知识丛书》列入出版计划。

记协授予杨晔光荣称号 1994年7月13日，在锦州市遭受巨大洪峰袭击的紧要关头，杨晔奔赴抢险第一线，报道抗洪现场，不幸以身殉职。杨晔在危急的时刻忠于职守，奋不顾身，奉献了宝贵生命，体现了新闻工作者的高贵品质和自我牺牲精神，是全体新闻工作者的学习榜样。8月22日，中华全国新闻工作者协会作出决定，授予锦州有线电视台记者杨晔“忠于职守英勇献身的优秀新闻工作者”称号。

刻苦钻研开拓创新的端木来娣 新华通讯社国内部编辑室主任端木来娣是荣获第二届范长江新闻奖的唯一女性。她的敬业精神突出表现在对港澳台报道的刻苦钻研、开拓创新上。1993年12月，中英关于香港选举问题谈判破裂。她认真思考及时写出述评《英方蓄意将中英谈判推上绝路》和评论《英方一意孤行意欲何为?》成为我国新闻界首次评述中英谈判的稿件，各报纷纷转载，在海内外引起强烈的反响。在对台报道中，她以高度的政治敏感，抓住不少新闻事件运用多种形式作了准确及时的报道。综述《李登辉连续发表分裂祖国言论，引起两岸中国人的严重关注》，产生了良好的效应。这方面的作品，许多被评为新华社的好稿。端木来娣具有高度的历史责任感，“不管干什么事情，都要干好”是她做人的准则。在首批大陆记者赴台采访中，她担任采访团的副团长。仅仅一周的采访活动。她先后写了20万字，其中包括21篇通稿，12篇参考消息专题报道，10多篇社内外报刊约稿及14万字的《访台手记》。在负责“汪辜会谈”报道的不到10天里，她撰写了30篇稿件。

张建伟富有创造激情 第二届范长江新闻奖获得者、中国青年报记者张建伟是一个严格自我要求和不懈努力的榜样。他在坚持正确报道方面的基础上，努力把握青年特点和时代脉搏，年年独辟蹊径，出奇制胜。他的创新意识和以深度见长的报道模式，倍受新闻界特别是广大青年记者的推崇。参加新闻工作前后，他就满怀历史的责任感认真学习无产阶级的新闻理论，深入研究新闻前辈的经验，归纳出《写什么和怎样写20条》用来规范自己的新闻实践。从1991年起，他连续4年参加全国人大、政协“两会”报道。1991年，他在《两会大观》中，以《改革——主旋律》等系列报道，把会议主要内容和时代背景融为一体，强化了现场新闻的深度和广度，引起了同行的关注。次年，在新的“两会”报道中，他写的《两会主旋律》、《高层攻关行动》、《尺子？……尺子……尺子！》系列报道，进一步完善了他提出的“会议深度报道”形式。1993年，当许多记者借鉴他的经验开展“两会”报道时，他又有了新的突破。他以“信息版块”形式，运用现场新闻、背景新闻、分析述评等，使报道呈现出“集束强度”，给人以全新的感受和更大的效应。1994年，他又新招迭出。他开设的“两会走笔”专栏，《我的两会情结》等多篇充满现场实感和情趣盎然的“随笔式报道”，为他的会议报道再添光彩。张建伟的求精创新精神，张建伟作品的新鲜感、时代感、吸引了许多同行去研究、探讨。“张建伟模式”，张建伟的“全息摄影式报道”成为新闻院系学习、议论的新鲜话题。知名度高了，工作条件好了，张建伟深入生活、艰苦奋斗的工作作风依然不变。第一是现场，第二是现场，第三还是现场，是他定下的采访工作的铁律。南方一个企业的老板注意到张建伟的影响力，向他提出，每月在中央级报刊上为企业发一篇报道。给他一套四室一厅住房和每月4000元的薪水。张建伟的回答是：“对不起，我从不写这样的稿子。”

江永红深入生活有的放矢 《解放军报》记者江永红，是全军最年轻的高级记者，虽然已是大校军衔，战友们却亲切地称他“大兵记者”。这位出生于明末著名文学流派“竟陵派”之乡——天门的新闻战士，是军报上前线采访最多、写头条新闻最多、获新闻奖最多的记者。他的艰苦拼搏精神，来自对社会主义新闻事业的热爱，对党和人民事业的深情。他每年平均有200天外出采访，常常冒着生命危险深入战地、边防。云南老山前线17个一线阵地，他去过13个。在著名的腊拉口子等“生死线”上，多次险遭不测。一个春节，他和战士们一起蹲在又闷又热的猫耳洞里，连续撰写并发表50多篇报道，其中用于一版头条9篇。他写的战地通讯有10多篇分别被4家出版社收入5本书中；他写的20多万字的战地报告，《解放军文艺》为之出了专号。江永红的成名之作是他担任记者约一年采写的《蓝军司令》系列报道。“蓝军司令”作为模拟敌军的指挥官，无情地向军事领域“红军必胜”的“左”的模式挑战，找到了战术、战役训练的突破口，从而在全军掀起了“蓝军司令”热，促进了军事领域的思想解放。多年的实践磨炼，使江永红形成了思想敏锐，勇于革新，文风轻松活泼，实在而深刻的风格。他善于用士兵的语言写出士兵想说而未说的话。他写的关于军地两用人才的长篇报告《军营升起的新星》，出版后发行10万册，被评为全军优秀图书。他长于思考，对军事问题每有独到见解，受到有关领导的重视和采纳，军训专家戏称为“半个军训部长”。由于其突出的贡献，江永红曾荣立二等功一次，三等功二次，1991年被评为全国优秀新闻工作者，1995年被评选为第二届范长江新闻奖获得者。

范春歌万里征程谱新篇 范春歌进入新闻战线后，就立下了为党的新闻事业献身的壮志。在《武汉晚报》工作的这些年月，她一次又一次地身背行囊，跋涉远行，投入火热的生活，精心采访写作。她以清新、活泼的风格写下了许多为群众喜闻乐见的新闻作品，并且屡屡获奖。她的首次远行采访始于1989年6月。二个月里，她骑着自行车途经四川、甘肃、宁夏、内蒙的54个县市，全程4075公里，在翻越海拔3400多米的二郎山时，突遇暴风雨，在人迹罕至的崎岖山路上她推车奔走数十公里。远涉乌兰布赫戈壁时，烈风扑面，口鼻灌砂，一连数日全仗干粮充饥，因干渴至极，几乎倒于荒漠。1992年7月，范春歌又背上背包，只身赴西藏林芝、泽当、那曲、日喀则、山南等地区采访。在高原缺氧、交通不便，生活不便等女性难以克服的条件下，她深入群众之中，报道了“世界屋脊”的巨变、藏族同胞的精神风貌及雪域的风土人情，再现了援藏鄂籍同志的业绩。1994年7月，范春歌孤身进行了“中国陆疆万里大扫描”采访。这是她10年新闻生涯的第三次远行。她从丹东始发，沿祖国陆上边疆西行，途经9个省（自治区），行期5个月，计程2万余公里，一路几次面临不测之灾，困难是出乎预料的。然而她以惊人的毅力完成了任务，写出了大量新闻作品，成为全国晚报界声誉日隆的女记者，并且被推选为湖北省人大代表、武汉市政协委员及市新长征突击手。

敬业、爱业的记者徐福锋 获得第二届范长江新闻奖的“草原记者”徐福锋，生在草原、长在草原，大学毕业后又回到内蒙古哲里木报社当记者。他是一个具有炽热的敬业、爱业精神，强烈的历史使命感和社会责任感的新闻战士。在26年的新闻实践中，他勇于拼搏，乐于吃苦，不怕受累、冒险，坚持在风雪草原，追寻新闻信息，先后采编了近千万字的稿件，向社会推出了20多个重大典型，并且获得国家级奖励5次，自治区级奖励7次。他的许多作品在社会上产生很大反响，尤其是《她的中国心》发表后，社会反响更加强烈。中宣部、文化部和国家教委等为此专门召开作品研讨会。《人民日报》、《新华文摘》、《求是》等百余家报刊纷纷转载；中宣部、国家教委还联合发出通知，将这篇作品作为生动的爱国主义教材向全国推荐。这篇作品还陆续被改编成影、视、舞、剧等多种文艺形式，并被收入《高校写作范例》、《作品赏析》和《中国当代文学作品选》等书中。徐福锋的成就源于他崇高的奉献精神，每一篇作品的面世，都凝聚着他艰苦的劳动。在采访边疆税务人员的先进事迹时，他冒着零下40℃的严寒，踏着齐腰深的积雪，赶往“死亡地带”。人们称赞他是第一个来到这里“不怕死的记者”。

方汉奇以读书、著书为乐 方汉奇，《中国大百全书》新闻出版卷介绍他为“中国新闻史学家”、“全国一级优秀新闻工作者”，一项项国家级成就奖列在他的名下。入名《剑桥国际名人传记辞典》和美国《1993年名人全录》也是国内新闻学界第一人。问起他怎样取得这样不凡的业绩，方教授说，学问都是书中来的。他最高兴的是有充分的时间读书，最苦恼的是没时间读书。有人问他，您最爱做什么？他爽朗地回答：“读书、著书。”方教授的家里垒起座座书山。“文革”时还因读过2000种书而挨批斗。为了写作《中国近代报刊史》他不知翻阅了多少书籍，光摘录卡片就有几万张。这本书涉及近代500家报刊，1500余名报人，订正先前报刊史学研究中的失误200多处。他曾以翔实的史料，确认了邵飘萍的共产党员身份，解决了新闻史和中共党史中的悬案。他还根据古籍和文献资料，考证出原藏敦煌石窟的唐代“进奏院状”是现存世界上最早的报纸，被誉为“新闻史学研究中的重大突破。”

6. 广播影视

李铁映与全国广播影视工作会议代表座谈 1995年2月24日，李铁映与参加全国广播电影电视工作会议的部分代表座谈时指出，改革开放以来，我国的广播影视事业有了很大发展，工作有很大进步。广播影视越来越成为国家政治生活、文化艺术生活、经济生活及社会生活离不开的重要的现代传播媒介，影响力比过去大大增加了。他说，广播影视工作要认真按照中央总的工作精神和宣传思想工作的基本要求，在深入上下功夫，扎实工作，狠抓落实。要始终把正确引导舆论放在广播影视工作的首位，努力多出弘扬时代主旋律、催人奋进的优秀广播影视作品，与此同时，要加强管理，促进广播影视事业的繁荣健康发展。一手抓繁荣、一手抓管理，是我们必须坚持的工作方针。广播影视部门要加强同文化、新闻出版等部门的协调配合，切实加强对影视、音像市场的管理。李铁映强调指出，各级党委、政府一定要有很强的政治意识、大局意识、责任意识，重视和加强对广播影视工作的领导，把这项工作紧紧抓在手里，列入经常的议事日程，及时提出要求，加强监督检查。同时，要关心帮助解决广播影视工作中的实际困难。当前，一是要切实落实好已出台的文化经济政策，并随着国家财力的增长，逐步增加对广播影视事业的投入；二是要把完整转播好中央广播电视节目作为一项严肃的政治任务加以落实。为了解决中央广播电视覆盖方面的困难，按照分级覆盖、分级负责的原则，凡需要由地方财政承担的，各级党委、政府要从思想上、经费上采取措施积极予以支持和保证。

1994—1995年广播影视大奖

1. 首届全国广播电视“百优双十佳”金话筒奖：1994年6月11日评出，100位广播电视节目主持人被评为优秀节目主持人，其中广播和电视各有10名节目主持人获金话筒奖，获广播“十佳”的是雅坤、傅成励、曹山、锋锋、娜仁托娅、方舟、王伟、陈明、文涛、钟钢；获电视“十佳”者为敬一丹、杨澜、倪萍、鞠萍、高丽萍、叶惠贤、丛薇、刘冰、芳芳、小叶。2.’93电影政府奖、’94电影华表奖：(1)’93电影政府奖于1994年4月29日评出，最佳故事片《凤凰琴》、最佳儿童片《燃烧的雪花》、最佳合拍片《股疯》、最佳美术片《三只小狐狸——收西瓜》、最佳科教片《防治堤坝白蚁》、最佳纪录片《中国出了个毛泽东》。最佳编剧是《凤凰琴》编剧桔生、刘醒龙、卜炎贵。最佳导演麦丽丝、最佳男女演员为李保田、潘虹。(2)’94电影华表奖于1995年5月23日颁发。最佳故事片《被告山杠爷》。毕必成、范元获最佳故事片编剧奖。张建亚获最佳导演奖。李仁堂、艾丽娅分获最佳男女演员奖。最佳纪录片、美术片、儿童片奖空缺。新设立的三个奖项的得主是：最佳电影技术奖《二嫫》，最佳制片管理奖王明辉，最佳戏曲片奖《花木兰传奇》。最佳科教片《智力工程——消除碘缺乏症》。最佳合拍片《二嫫》。3. 第17、18届《大众电影》百花奖：(1)第17届“百花奖”于1994年11月8日评出，《凤凰琴》、《重庆谈判》、《炮兵少校》为最佳故事片。李保田、潘虹为最佳男女演员。孙飞虎、丁嘉莉为最佳男女配角。《狮王争霸》为最佳合拍片。(2)第18届“百花奖”于1995年10月22日评出，《被告山杠爷》、《留村察看》、《一个独生女的故事》获最佳故事片奖。李仁堂、沈丹萍分获最佳男女演员奖。谢园、李媛媛分获最佳男女配角奖。《天与地》获最佳合拍片奖。4. 第14、15届中国电影金鸡奖：(1)第14届“金鸡奖”于1994年11月8日评出，《凤凰琴》、《水中影》、《第13片绿叶》、《鹿女》、《国际女郎》分获最佳故事片、纪录片、科教片、美术片、译制片奖。桔生、刘醒龙、卜炎贵获最佳编剧奖。何平获最佳导演奖。李保田、潘虹为最佳男女主角。方子哥为最佳男配角。最佳儿童片奖和最佳女配角奖空缺。(2)第15届“金鸡奖”于1995年10月22日评出，《被告山杠爷》、《往事歌谣》、《果实蝇》、《大森林的小故事之一——白色的蛋》、《花木兰传奇》分获最佳故事片、纪录片、科教片、美术片、戏曲片奖。范元、毕必成获最佳编剧奖。黄建新、杨亚洲获最佳导演奖。李仁堂、艾丽娅分获最佳男女主角奖。杨艳获最佳女配角奖。5. 第12、13届大众电视金鹰奖:(1)第12届"金鹰奖"于1994年10月15日评出,最佳长篇连续剧《北京人在纽约》、《情满珠江》、《潮起潮落》。最佳中篇连续剧《过把瘾》、《代号4991》。最佳单剧《一个姑娘三个兵》。最佳儿童剧《猴娃》。最佳戏曲片《玉堂春》。最佳合拍剧《戏说慈禧》。姜文、王姬分获最佳男女主角奖。六小龄童、刘蓓分获最佳男女配角奖。(2)第13届"金鹰奖"于1995年12月8日颁奖。《三国演义》、《年轮》、《东方商人》获最佳长篇剧奖。《九·一八大案纪实》、《士兵今年十八九》获最佳中篇剧奖。《军嫂》、《孟丽君》、《我的妈妈在西藏》、《戏说乾隆·续集》分别被评为最佳单本剧、戏曲片、儿童片、合拍片奖。鲍国安、王馥荔分获最佳男女主角奖。陈强、杨昆分获最佳男女配角奖。6. 第14、15届电视剧"飞天奖":(1)第14届"飞天奖"于1994年10月初评出。短、中、长篇电视剧一等奖分别为《一个医生的故事》、《豫东之战》和《大潮汐》、《情满珠江》。《只要你过得比我好》、《嗨,中学生(二)》分获长、短篇少儿题材电视剧一等奖。《钟馗》、《大上海出租车》分别获长篇戏曲电视剧和短剧一等奖。王志文、左翎分获优秀男女主角奖,肖荣生、普超英分获优秀男女配角奖。(2)第15届"飞天奖"于1995年11月15日评出。《三国演义》、《沟里人》分获长、中篇连续剧一等奖。《鸳鸯绣》获长篇戏曲剧一等奖。鲍国安获优秀男主角奖。多布吉、范艳华分获优秀男女配角奖。优秀女主角、儿童剧一等奖等奖项空缺。

中央人民广播电台加大精神文明宣传力度 1994年,中央人民广播电台在整体宣传中加大了精神文明宣传的力度。1. 在"新闻和报纸摘要"节目中加大对典型人物的宣传报道,如系列报道"中华英模"大力宣传各条战线的英雄模范和先进人物。听众称之为重塑灵魂的大工程,具有战略意义。2. 结合重大重要节日,向听众进行爱国主义、集体主义、高尚道德情操的教育,如"439播音室"播出上海港先进劳模包起帆报告的系列录音、"女企业家风采录"、"巾帼英雄"报告录音,"午间半小时"开设的"英模之声"专栏等。3. 抓重大社会热点,在专题节目中进行热线直播,如"法制园地"、"科技、知识、生活"等节目中对反暴利和执行新税法的大量宣传报道,通过热线电话请有关专家回答听众关心的问题,提倡公平竞争,讲究经营道德,让听众明白依法纳税是公民应尽的职责。4. 加强言论,从更深层次上进行精神文明宣传,如《少应酬多办事》、《呼唤高尚情操》、《青年志愿者活动的启示》、《文化场馆的困境和出路》、《从中小学教师的呼声谈起》等多篇述评,对及时准确传达中央精神,加强精神文明建设起到了激励、鞭策、鼓舞人心的作用。

安徽人民广播电台注重精神文明宣传 安徽省电台从1994年3月1日起,在新闻节目中开办"精神文明之歌"专题报道,主要介绍在改革开放、经济建设和精神文明建设中致力改革、艰苦创业、勤奋学习、顽强拚搏、嫉恶如仇、见义勇为、精通业务、文明服务、助人为乐、品德高尚、克己奉公、无私奉献的先进人物的感人事迹,以及全省各地加强精神文明建设的活动和措施。这个栏目的开办,得到了安徽省委的充分肯定。

中宣部召开繁荣电影、长篇小说和少儿作品座谈会 中共中央宣传部关于繁荣电影、长篇小说和少儿作品(简称"三大件")座谈会于1995年10月25日在上海召开。会议提出,要把"三大件"的创作和生产放在特别重要的位置,采取切实有效的措施,尽快拿出一批高质量的作品,努力推动"三大件"的繁荣和发展,让人民群众满意,为青少年的健康成长提供良好的精神营养。与会代表回顾了半年多来各地加强"三大件"创作生产的情况和做法。会议强调,要按照中央的指示精神和党的十四届五中全会关于加强精神文明建设的要求,在现有的基础上,进一步加大"三大件"创作生产力度,狠抓落实,做出成效。要处理好三个方面的关系:一是普遍繁荣与精品生产的关系。重点突出"三大件"的精品生产,把精品生产建立在普遍繁荣的基础上,通过精品的生产进一步推动普遍的繁荣。二是思想性与艺术性的关系。实现思想性与艺术性的统一与完善结合,并为人民群众所喜闻乐见。三是加强领导与具体服务的关系。把宏观指导和具体服务相结合,帮助创作者选准题材,引导他们开掘主题,鼓励他们创造性的艺术表现,支持并同他们一道不断地磨炼提高作品的思想艺术质量。同时还要特别注意抓好制定规划、突出重点、加强引导、加强协作这四个环节,并加大对精品的宣传力度。中宣部、广电部、新闻出版署等有关部委领导和全国各省、市、自治区党委宣传部的负责人及文艺界代表参加了座谈会。

中国电影世纪奖在京颁奖 为纪念世界电影诞生100周年和中国电影诞生90周年而特设的中国电影世纪奖,1995年12月28日在京颁发。45位从影30年的电影艺术家获此殊荣。10部优秀影片受到表彰。郑正秋、蔡楚生、孙瑜等15位导演,金焰、袁牧之、赵丹等15名男演员,阮玲玉、胡蝶、周璇等15位女演员获"中国电影世纪奖"。《神女》、《马路天使》、《一江春水向东流》等10部影片被评为"中国电影90年优秀影片"。

首届珠海"海峡两岸暨香港电影节" 1994年6月14日至19日在珠海举办的首届珠海电影节,第一次把海峡两岸和香港的优秀影片汇集在一起，进行艺术交流，组织竞赛评奖。对弘扬中华民族优秀文化，促进相互间的理解与沟通起到积极作用。电影节期间，除开展影片评审活动外，珠海市各电影院都组织了参展影片的映出活动；有关艺术家和新闻界人士还开展了形式多样的交流联谊活动。珠海电影节是经广电部批准的一个永久性国家级电影节。它的宗旨是弘扬中华民族的优秀文化传统，促进海峡两岸及香港地区电影事业的发展和繁荣，并以"团结、交流、创新、繁荣"为口号。

中央电视台重视精神文明宣传 1995年，中央电视台增强了社会主义精神文明宣传力度。《焦点访谈》、《焦点时刻》、《新闻联播》中的许多节目给人留下了深刻的印象：《穷在深山有远亲》报道辽宁辽阳市县级以上干部帮助山区困难户脱贫致富，受到农民的欢迎；《情暖童心》报道深圳市群众帮助一个被母亲推下汽车险些丧命而负伤的儿童的感人事迹；《给孤儿一个家》报道北京丰台区一家小厂收养福利院20名孤儿，供养他们到17岁；《有权不谋私》报道陕西渭南地区建立党政干部个人事项需报告的廉政建设制度等。广州市大学生张雪峰放弃城市优越生活自愿到山区任教的事迹，经中央电视台报道后，引起强烈反响，许多青年捐款捐物支持山区教育事业。

北京电视台资助农村儿童看戏 北京电视台"北京您早"节目为北京儿童艺术剧团出资20万元，支持儿艺为北京13个区县儿童演出百场儿童剧。"让农村儿童看上一场戏"活动的倡议者徐惟诚说，中国有近4亿少年儿童，很多孩子一辈子看不上一场戏，送戏下乡活动是一件很好的文化扶贫工程。他希望能形成一种企业赞助文化的机制。

唐山有线电视成为精神文明龙头工程 唐山市有线电视台靠摄制贴近生活、贴近群众、生动活泼、寓教于乐的节目和为群众提供高水平服务，赢得了观众很高的评价，1994年开办仅一年，即被市委、市政府授予"精神文明建设龙头工程"称号。节目播出是电视管理工作的核心，为此，唐山有线电视台建立了严格的播出管理制度。他们制定多种措施，确保节目播出质量。为了保证中央及上级声音传送到群众之中，他们除按规定在专门频道转播中央、省、市台新闻节目外，还占用自办节目频道，让出黄金时间予以转播。在把好节目播出关的同时，他们努力摄制优秀节目丰富荧屏。该台创办的专题新闻栏目《黄金时刻》，关注群众生活问题，1994年获全国广播电视节目二等奖。《我的家系列展播节目》，用寻常百姓身边事，宣扬改革开放环境下正确的人生观、价值观和人际关系，给大众生活起了很好导向作用。《健康热线》、《MTV热线》等节目也受到观众好评。

我国第一家边疆电视台开播

我国第一家边疆电视台凭祥电视台于1995年10月开播。凭祥地处友谊关下，是我国南大门边陲古镇。由南宁地委、行署创办开播的凭祥电视台，是广西壮族自治区地、市电视台中设备功率最大的电视台。它的开播，极大地方便了边疆人民的生活。

扬声55载　知音遍天下

1995年12月30日，中央人民广播电台迎来了辉煌的55岁生日。几十年来，在党和政府的领导和关怀下，广播事业有了很大的发展，建成了全国范围的广播宣传系统，全国共有广播电台1107座，拥有各种收听工具5亿台(只)。中央人民广播电台也由初创时期，每天播音两小时，发展到今天拥有7套节目，每天播音128小时，包括对全国的广播和5种少数民族语言广播，以及对珠江三角洲和港台地区的广播，在全国统一的广播宣传网中，一直起着主导作用。1994年，中央人民广播电台对一、二、三套节目进行了全面改造、调整和充实，以崭新的面貌出现在听众面前，使节目布局更趋合理，各具特色，各有侧重，各有其服务对象。真正实现了整点有新闻，半点有信息，重要节目主持人直播。

《中华之剑》在国际禁毒日播出 由国家禁毒委员会、公安部、中央电视台联合摄制的大型禁毒纪实电视片《中华之剑》，于国际禁毒日开始在中央电视台一套节目播出。这部电视片以翔实丰富的内容，大量珍贵的资料，宣传了党和政府的禁毒立场和决心，揭示了毒品对个人、家庭和社会的严重危害，如实反映了各级禁毒机构等职能部门在禁毒执法、禁吸戒毒方面的情况，热情讴歌了在禁毒第一线的公安干警、武警官兵和海关人员不畏艰险，不怕牺牲，无私奉献的高贵品质。

文化扶贫委员会扶持新县建成15座电视差转台 河南省新县地处大别山腹地，曾是鄂豫皖革命根据地的首府。在革命战争年代，有5万多人献出了宝贵的生命，涌现出许世友、李德生等一大批我军高级将领，是全国的12个"将军县"之一。由于地处山区，这个县的电视事业发展遇到困难。此前，全县仅有一座电视差转台，电视节目覆盖率仅13%。为解决广大农民收看电视难的问题，中国文化扶贫委员会决定拨专款予以扶持，信阳地区和新县也密切配合，集中资金，统一购置设备，在15个乡镇建成了电视差转台。差转台建成后，可以任选7套卫星节目中的一套进行转播，使中央电视台节目覆盖率提高到60.5%，新增收视人口近20万。

新中国第一代播音艺术家齐越逝世 我国著名的老新闻工作者齐越于1994年11月7日逝世。齐越是新中国第一位男播音员。他从1947年加入陕北新华广播电台从事播音工作起，无论是在解放战争中，还是在社会主义建设的岁月里，都以他那醇厚的声音，饱满的热情、旺盛的创作精神，播送了一篇又一篇新闻、特写、评论。他那庄重深沉、坚定豪迈、准确生动、饱含感情的“齐越风格”，给听众留下了难忘的记忆。

国家大事的记录者刘振英 中央人民广播电台时政部主任刘振英担任时政记者20多年。这些年他参与了几乎所有的重大政治活动的报道，为共和国许多重大历史事件的见证人和记录者。他撰写过国庆、“五一”节焰火晚会和其它重要集会、游行的实况转播稿，起草过毛泽东主席、刘少奇主席和宋庆龄国家名誉主席的追悼大会实况转播稿及治丧报道稿件；完成了他所承担的悼念周总理的宣传报道任务。他成功地采访写作了有100万人参加的粉碎“四人帮”天安门广场庆祝集会现场广播稿；准确及时地抢发了具有重大历史意义的党的十一届三中全会的新闻公报。在全国新闻界，他是连续采访报道党的“九大”到“十四大”，以及五届至八届全国人大历次会议的第一人，每次大会发稿都在50篇以上，并多次受到表扬奖励。刘振英还多次采访党和国家领导人的视察活动和重大政治活动，仅改革开放以来，就同新华社、人民日报等新闻单位记者合作采写的有分量的头版头条消息达百篇之多。他还先后采访了100多个国家领导人的访华活动，并作了准确及时的报道。他曾随党和国家领导人出访五大洲几十个国家，运用各种新闻体裁采写新闻作品数百篇，受到有关领导的肯定和听众的赞扬。时政新闻具有很强的政治性、政策性，他高度的组织性、纪律性和保密观念深受领导和同行的好评。刘振英勤奋刻苦、谦虚好学，在近30年的记者生涯中用创造性的劳动为时政报道开拓了一条新路。

敬一丹和她的《一丹话题》 《一丹话题》这个每周8分钟一次的节目在中央电视台播出后，即以其独特的风格和引人的魅力为观众瞩目。《一丹话题》作为集采、编、播于一身的主持人的节目，内容很广，上至国家大政方针，下至百姓衣食住行，谈商潮中人们的彷徨心理，中学生的失学，教师的流失，寂寞的博物馆，产品的伪劣等等，而且都不是一些轻松随意的话题。但是荧屏中的敬一丹端庄大方、坦诚质朴地将所见所闻和自己的看法向观众娓娓道来，就象与老朋友进行心灵的对话。敬一丹用她真挚的爱心和崇高的责任感，敏锐的视角和深刻的思辩，架设着一座通向人们心灵的桥梁。《一丹话题》除配有一个摄像组外，选题、撰稿、编辑、主持，甚至每一个字幕设计都一人完成。同时，敬一丹还主持《经济半小时》，任评论组长，有时从早上到编辑机房，一直干到晚上才出来。实践使敬一丹的才华得到充分展现，主持风格日趋成熟，每年都有节目在全国获奖。

邬志豪敬业创业精神 谈起上海电视台新闻中心的记者邬志豪，人们都称赞他是一位勤奋高产的记者，全能多艺的记者，得奖最多、得奖层次最高、得奖面最广的记者。人们的赞誉是对他敬业、创业精神的写照。邬志豪担任记者的10年间，拍了近4000条电视新闻，其中20%被中央电视台选用。他负责城建、交通、邮电等行业的宣传报道，每天扛着几十斤重的摄像机跑来跑去、爬上爬下，最多时，一天从早上到深夜拍了6条新闻。他长于拍摄，善于编写，对电视新闻的各种技艺运用自如，干得生龙活虎，总是千方百计选取最佳形式，表现新意，留住生活的瞬间，摄取时代的风采。上海南浦大桥通车典礼时，记者云集，人如潮涌。邬志豪没有着重反映通车的热烈场面，而是把镜头对准了三个典型：一位盲人看不见壮丽大桥的全貌，用脚步丈量桥面，用手抚摸钢缆；一位老太太在桥上拍照留念，娓娓而谈，回忆对比上海的巨变；一位已故的主桥设计师的妻子，满怀悲喜交加的深情参观大桥、怀念亡夫的镜头。不满3分钟的新闻，突破了一般的格局，用强烈现场实感，给观众以震撼人心的感受。这篇报道被评为中国新闻一等奖。邬志豪的起点不高，他进入上海电视台工作时，只是初中毕业，然而他见缝插针、刻苦自学，十年过去，他肩负起了记者重任，一年后他拍摄的电视新闻就几乎是年年在全国获奖。仅1991—1993年就有9条新闻12次在全国获奖。在获得第二届范长江奖之前，他已被评为“上海市新长征突击手”、“上海十佳记者”、上海“三学状元”、上海“建设功臣”等光荣称号。

艰苦朴素追求一流的魏斌 中央电视台社教中心纪录片组组长魏斌，从16岁走上新闻工作岗位，20多年来一直保持着大别山区人民艰苦奋斗的本色，以“追求一流”的理想醉心电视事业。他不停地奔走，不断地历险，不息地创作。在中央电视台工作的10多年里，他主持创作了7部纪录片。7部作品全都获得国家级奖励，有的还获取国际奖。其中《望长城》大型电视系列片获全国专题片特等奖，评论界称为“里程碑式的作品”。他在工作中能吃苦耐劳是大家公认的。在拍摄《中国瑶族》时，他曾和广西电视台的创作伙伴一道，爬山2000多公里，走遍了广东、广西、云南、贵州、湖南等5省10多个县20多个瑶族支系居住的崇山峻岭，在云南麻栗坡瑶山，为了真实地记录瑶族婚俗，他们背着摄影器材，跟着迎亲队伍走了40多公里。《中国瑶族》以其艰苦卓绝的拍摄，全面生动的内容，深刻的影像人类学观点受到好评，并且获奖。他组织拍摄的《望长城》是中央电视台规模最大的电视系列片之一。其表现手法是开创性的，摄制组的工作作风和献身精神也让国内外同行折服。为了寻求拍摄的新角度，把每个镜头都拍出新意，魏斌多次置生命危险于不顾，在嘉峪关用热气球拍摄时，他被急速升起的热气球系留绳带上空中，险些摔死。他创作的纪录片，解说词都由自己撰写，总是从难着手，从严要求，大多数作品都有较高的文化品味。

7. 体　育

《中华人民共和国体育法》颁布施行　1995年8月29日八届全国人大常委会第15次会议全票通过《中华人民共和国体育法》,自1995年10月1日起施行。这是新中国成立以来的第一部体育大法。《体育法》共有8章56条,分别为:总则、社会体育、学校体育、竞技体育、体育社会团体、保障条件、法律责任、附则。《体育法》明确规定了国家发展体育事业的目的、任务、基本方针和重大原则、措施,明确规定了国家与社会在发展体育事业中的责任;突出了群众体育,确立了全民健身的基础地位,为公民参加体育运动的权利提供了法律保障,也为群众体育与竞技体育的协调发展提供了依据;明确规定了国家机关、企业事业组织、社会团体和公民个人在体育社会关系中的行为准则,申明应当保护什么、禁止什么、奖励什么、惩罚什么。《体育法》是体育法制工作中的一项基本建设,将为今后的体育立法奠定坚实的基础。

《全民健身计划纲要》颁布实施　《全民健身计划纲要》经国务院批准,于1995年6月28日正式颁布实施。《纲要》分为面临的形势、目标和任务、对象和重点、对策和措施、实施步骤5个部分。到2010年的奋斗目标是:努力实现体育与国民经济和社会事业的协调发展,全面提高中华民族的体质与健康水平,基本建成具有中国特色的全民健身体系。到本世纪末,经常参加体育活动的人数应有所增长,人民体质明显增强,群众参加体育活动的时间、体育消费额等逐步加大,群众体育健身活动的环境和条件有较大的改善。到本世纪末,初步建立适应社会主义市场经济体制的全民健身管理体制。全民健身计划以全国人民为实施对象,以青少年和儿童为重点。坚持以群众体育与竞技体育协调发展的方针,普遍增强人民体质。推广简便易行和适合不同年龄、性别、职业特点与体质状况的体育健身方法。《纲要》采取整体规划,分期、分阶段实施的方式进行。1995——2000年为第一期工程;2001——2010年为第二期工程。

江泽民为中国女排腾飞馆题写馆名　1994年3月6日,全国排球界和漳州群众在漳州排球训练基地隆重集会,为江泽民总书记题写馆名的"中国女排腾飞馆"竣工剪彩。漳州基地是1973年开始筹建的,20年来已逐步扩建成为国家级的全天候排球训练、教学和科研基地,被中国女排誉为"娘家"和"摇篮"。中国女排腾飞馆是为激励全国女排健儿发扬中国女排的顽强拼搏精神,力争早日再度腾飞而建立的。

李铁映强调体育要加大改革开放力度　1995年10月22日,中共中央政治局委员、国务委员李铁映在于南京召开的第三届全国城市运动会组委会第一次全体会议上指出,体育战线今年有两件历史性大事,6月份颁发的《全民健身计划纲要》具有长远的指导意义,体现了党和政府对人民群众身体健康的关心;8月份颁布的《体育法》是体育战线的基本法。这两件事,加上近年来体育战线取得的优异成绩,可以说我国体育事业已进入新的历史发展时期。李铁映强调,要实现《全民健身计划纲要》和《奥运争光计划》,贯彻实施《体育法》,根本问题是要加大体育工作的改革开放力度,通过改革建立与社会主义市场经济相适应的体育体制。群众体育运动发展到全民健身运动,象征着群众体育发展到一个新的历史阶段。要将所有的体育场馆、设施向社会开放、为群众服务,体育只有向社会提供更多、更好的不同层次和多种形式的服务,才能丰富体育的内容,提高体育的质量。实施全民健身计划后,更多的人需要掌握体育技能。体育运动学校培养人才要面向社会,一方面满足人民群众的需要,另一方面也为体育工作者施展才华提供更加广阔的天地。今后在国家举办一些大型的、重要的体育比赛的同时,也要鼓励社会各方面举办各种形式的群众体育活动,动员群众广泛参与,使更多的群众在参与的同时,获得身心健康,促进社会繁荣、安定。李铁映最后要求体育战线的同志们,要坚决反对和抵制体育战线的不良倾向,要保持体育作为优秀文化的纯洁性,要与不良风气作坚决斗争,带好体育队伍,为提高人民的身体素质,使体育走向新的更加繁荣的新世纪而奋斗。

伍绍祖说运动员出成绩不能放松思想教育　国家体委主任伍绍祖于1995年5月30日在世界职业围棋赛庆功会上强调指出,运动员出成绩时不能放松必要的思想教育。要使他们树立祖国和人民的培养意识,任何时候都不能丢掉爱国主义和集体主义精神。著名棋手马晓春九段和聂卫平九段在这届比赛中双双进入决赛,马晓春为中国赢得第一个职业围棋的世界冠军。伍绍祖代表国家体委和全国体总向马晓春和聂卫平表示祝贺。他希望棋类工作者能以马晓春夺冠为契机,开创出我国棋类运动的新局面。

第43届世乒赛圆满成功　1995年5月1日至14日,第43届世界乒乓球锦标赛在天津市体育馆举行,鲜艳的五星红旗七次升起。这是我国自1961年举办了第26届世乒赛后,时隔34年,第二次举办世界最高水平的"乒乓大战"。100多个国家和地区的600多名运动员为争夺男女团体、男女单打、男女双打、混合双打的7座金杯,进行了14天的激烈角逐。中国队包揽了全部金杯。尤其不易的是，中国男队卧薪尝胆 6 年，终于战胜三连冠的瑞典队，夺得了阔别三届的斯韦思林杯。5 月 1 日晚在天津体育馆举行了气势雄伟的开幕式。党和国家领导人江泽民、李瑞环等出席了开幕式。江泽民主席宣布世乒赛开幕。5 月 14 日晚在体育馆举行了闭幕式，国务院总理李鹏、国际乒联主席哈马隆德出席闭幕式并讲话。国际奥委会主席萨马兰奇出席观看了比赛。5 月 25 日下午，江泽民、李鹏、李瑞环等党和国家领导人在人民大会堂会见了中国乒乓球代表团。江总书记在祝贺中国代表团取得球技上和精神上的双丰收后，指出：你们这种锐意进取、为国争光的精神和经验，是个宝贵财富。我们正在从事建设有中国特色社会主义的宏伟事业，各行各业都要有为国争光、奋发图强、力争上游的精神。有了这样的精神，才会克服困难，勇往直前。江泽民希望乒乓健儿继续勤学苦练，精益求精，为全社会的精神文明建设、为促进乒乓球运动的发展，为增进各国各地区运动员及人民之间的了解和友谊作出新的更大的贡献。

北京举办第 6 届远南地区残疾人运动会　第 6 届远东及南太平洋地区残疾人运动会于 1994 年 9 月 5 日至 10 日在北京举行。这是我国首次承办的国际性残疾人运动会。9 月 4 日晚在北京工人体育场隆重举行了开幕式，党和国家领导人李鹏、乔石、李瑞环、朱镕基、刘华清、胡锦涛、荣毅仁及各国贵宾出席，李鹏总理宣布开幕。9 月 10 日下午在北京中华民族园举行了闭幕式。本届运动会创造了 98 项世界纪录，是远南运动会史上的最好成绩。中国残疾人体育代表团夺得 298 枚金牌，超过 36 项世界纪录，为祖国和人民赢得了荣誉。9 月 11 日晚在北京人民大会堂为他们举行了庆功大会。中共中央政治局常委、全国政协主席、本届运动会组委会名誉主席李瑞环出席大会。国务委员李铁映致贺辞，他充分肯定此届残疾人运动会高扬了一面顽强不屈的旗帜，创造了生命的奇迹，高奏了一曲人道主义的凯歌，书写了人类友爱的篇章。

我国参加第 12 届亚运会获双丰收　1994 年 10 月 2 日至 16 日，历史上规模最大的第 12 届亚运会在日本广岛举行。42 个国家和地区的 7000 多名运动员、教练员和官员参加了这次亚洲体育盛会。中国体育代表团在 337 枚金牌的角逐中，夺得了 137 枚金牌，超过了获得第二、三名的韩国（63 枚）和日本（59 枚）的总和。同时夺得 92 枚银牌和 60 枚铜牌，实现了金牌总数、奖牌总数和团体总分第一的目标，获得比赛成绩、精神文明双丰收。表明中国不但是亚洲体育强国，而且正在努力向世界体育强国的方向迈进。

我军在首届世军会上获优异成绩　1995 年 9 月 7 日至 16 日，第一届世界军人运动会在意大利罗马举行。中国人民解放军体育代表团在这届盛会上以 13 枚金牌、21 枚银牌、15 枚铜牌的优异成绩，位居第 3。1995 年 10 月 5 日下午，我军体育代表团在北京京西宾馆受到了中央军委副主席刘华清、张震、张万年、迟浩田等首长的亲切接见。解放军三总部通令奖励了取得优异成绩的个人和集体。

世界大学生冬运会中国队成绩斐然　第 17 届世界大学生冬运会于 1995 年 2 月 18 至 25 日在西班牙哈卡市举行。40 个国家和地区的近千名运动员参加比赛。我国派出 43 名运动员参加了短道速滑等 5 大项 20 小项的角逐。经过 8 天的激烈争夺，中国代表团共夺得 3 枚金牌、4 枚银牌和 3 枚铜牌，在奖牌榜上列第五位。表现出色的是短道速滑选手，中国队所获的 10 枚奖牌中，除 1 枚铜牌来自男子花样滑冰外，其余皆为短道速滑选手夺得。中国选手还多次打破短道速滑的世界大学生冬运会纪录。

第 5 届民运会在昆明举行

1995 年 11 月 5 日至 12 日，全国第 5 届少数民族传统体育运动会在昆明市举行。包括台湾省在内的 33 个代表团参加了此届民族盛会。参赛的 3000 多名运动员、教练员来自全国 56 个民族，是历届民运会中规模最大的一次。本届民运会设有竞赛和表演项目两大类。竞赛项目有抢花炮、珍珠球、木球、民族式摔跤、秋千、武术、射弩、龙舟、赛马、打陀螺、毽球等 11 项；表演项目有 134 项。党和国家领导人对本届民运会非常重视。江泽民为民运会题词："发展民族体育运动，促进两个文明建设"。李鹏的题词是："发展民族体育，建设伟大祖国"。

第 3 届城运会在江苏举行

第 3 届全国城市运动会于 1995 年 10 月 22 日至 30 日在江苏省的南京、苏州等 6 个城市进行。参赛的 49 个城市 3300 多名青少年运动员参加了 16 个项目的角逐。本届城运会首次将全国青少年运动会与城市运动会合并举行。国家体委强调，本届运动会要淡化金牌意识，把着眼点放在提高竞技水平、选拔培养跨世纪体育人才上。为此，决定本届城运会不排名次，不统计奖牌总数和团体总分，不公布代表团成绩。国家体委还发出紧急通知，禁止滥发奖金，禁止哄抬奖金数额和待遇标准，以免助长运动队伍的拜金主义倾向。通过全体与会人员的共同努力，本届运动会开得隆重、热烈、精彩、圆满，其特点是：1. 推动了举办城市的两个文明建设；2. 竞技场内运动员的竞争与场外全民的积极参与交相辉映，推动了全民健身运动的广泛开展；3. 与前两届相比，本次城运会水平最高、成绩最好，涌现了一批很有希望的后备人才；4. 显示了承办单位很高的组织管理水平。党和国家领导人为城运会题了词。江泽民总书记的题词是："发展城市体育事业，提高中华民族素质"。李鹏总理的题词是："发展城市体育，增强市民体质”。

首届世界龙舟锦标赛在岳阳举行 由中国龙舟协会和岳阳市政府共同承办的首届世界龙舟锦标赛，于1995年6月14日至18日在湖南岳阳的南湖赛场举行。近10年来，发源于我国的龙舟运动迅速发展，走出亚洲，走向世界，于1994年成功举行了亚洲龙舟赛后，又取得了此届世界锦标赛的举办权。这次规模空前的龙舟盛会，集中了包括中国在内的14个国家和地区的37支代表队，近千名运动员参赛。经过激烈角逐，中国队包揽了本次比赛8个项目的金牌，并名列团体总分榜首。获得团体总分第二、三名的代表队是加拿大队和新西兰队。

中央九部委要求全国各地广泛持久做广播操 国家体委、教委、广电部、卫生部、全国总工会、共青团中央、全国妇联、解放军总参谋部、总政治部于1995年6月30日联合发出《关于坚持开展广播体操活动的通知》，并在7月18日举行的新闻发布会上宣布了中央人民广播电台从7月20日起恢复播放《广播体操节目》的消息。“通知”要求，各地区、各部门的机关、部队、厂矿、企事业单位和学校要把坚持在工间和课间开展广播体操活动作为贯彻全民健身计划的具体行动，采取积极有效的措施，调动和激发群众的锻炼热情，把广播体操活动经常、广泛、持久地开展下去。

济南军区体育活动有声有色 济南军区是全国群众体育活动的先进单位。自1990年下半年以来的四年时间里，军区先后投入大量资金用于体育活动的开展，购置了篮球架2500副，乒乓球台3500个，台球桌2600个，健身器材1万余件，修建灯光球场300个，足球场130个，羽毛球、排球、军体训练场近4000个，丰富了官兵的业余文化生活，走在了全民健身计划的前列。军区领导始终将体育活动作为部队军事训练的重要组成部分，作为一项任务认真落实到每一个连队每一名战士。在众多训练项目当中，最单调的要数五公里武装越野比赛。部队的武装越野与普通的田径长跑不一样，每名战士必须全副武装，背起10多公斤的枪和背包，以连队为单位，集体进行。为了不让一名战友掉队，队里成绩最好的队员往往要替体质差的背起几支枪，在规定时间内跑完全程。为了让每名战士都能达到新军标，部队采取了强化训练措施，早一次，晚一次，天天跑万米，使得战士的体质大大增强。部队领导还注意到利用现有的条件，所处的环境，将训练和娱乐结合起来，靠山的部队练爬山，傍海的部队练游泳。

’95中国反兴奋剂大会在京召开 1995年3月1日，国家体委在京召开’95中国反兴奋剂大会，重申了我国一贯反兴奋剂的立场。国家体委主任伍绍祖说：“我们的原则是：即使查不出也不用，别人用我们也不用，宁可不拿金牌也不用。”国家体委副主任袁伟民作了加大反兴奋剂斗争力度，把反兴奋剂工作引向深入的报告。他说，我国的反兴奋剂工作已经取得了一定的成绩。但是，服用兴奋剂问题还远没有从根本上彻底解决。去年在比赛中我国有31名运动员被查出服用违禁药物。今后体育界要把反兴奋剂工作作为反腐败斗争的重点，当作纠正行业不正之风的大事来抓紧抓好。国家体委副主任徐寅生作了关于《禁止在体育运动中使用兴奋剂的暂行规定》的说明。国际奥委会主席萨马兰奇于1995年8月24日，回答记者的提问时说，中国政府反对服用兴奋剂的态度是严肃的，斗争是坚决的，措施是有力的。

霍英东等被授予奥林匹克勋章 1995年5月15日下午，国际奥委会主席萨马兰奇先生在北京主持授勋仪式，向霍英东、栗树彬和郑凤荣授予奥林匹克勋章。霍英东，现任全国政协副主席，还担任国际足联执委、世界象棋联合会主席等体育职务。十年前，他建立的霍英东体育基金会，为推动中国奥林匹克运动的发展做出了卓有成效的贡献，并在中国资助建设了许多体育馆。栗树彬，曾任全国总工会体育部部长、国家体委副主任、中国奥委会副主席等职，为开创中国的登山运动，在中国职工中开展群体运动，为奥林匹克运动在中国的普及作出了贡献。郑凤荣，现任中国田协副主席、中华体总副秘书长，她是著名的跳高运动员，在1957年打破女子跳高世界纪录，成为中国田径运动员和中国女运动员中打破世界纪录的第一人。

“建国45周年体坛45英杰”评出 在建国45周年前夕，中国体育报、中央电视台、国家体委宣传司、中国体育记者协会联合主办马高亚洲杯(香港马高亚洲有限公司独家赞助)“建国45周年体坛45英杰”评选活动，1994年9月23日在北京人民大会堂举行揭晓颁奖仪式。45年来，中国体育事业取得了令人瞩目的成就。截至1993年底，我国运动员共获得世界冠军775个，并破超世界纪录725项次。这是我国几代运动员前赴后继、为国拼搏的结果。由21万余张选票产生出来的“体坛45英杰”是(排名不分先后)：吴传玉、郑凤荣、陈镜开、容国团、戚烈云、穆祥雄、陈家全、罗致焕、王富洲、李淑兰、邱钟惠、徐寅生、李富荣、张燮林、侯加昌、潘多、陈肖霞、朱建华、徐永久、李宁、马燕红、高敏、聂卫平、吴数德、许海峰、郭跃华、赵剑华、李玲蔚、郎平、孙晋芳、容志行、高凤莲、栾菊杰、张小冬、赵长军、黄志红、王军霞、曲云霞、郑海霞、叶乔波、林莉、庄泳、乐靖宜、谢军、邓亚萍。

’94全国十佳运动员评选揭晓 1994年中国体坛成就巨大，由此全国十佳运动员的评选活动在全国和海内外引起了很大反响，主办单位收到全国各地56万余张选票，较往年多出近5万张。1995年3月20日在北京长城饭店举行了隆重的1994年全国十名最佳运动员“彪马杯”评选活动揭晓暨颁奖典礼。当选1994年全国十名最佳运动员的是：莫慧兰（体操，557326票）、王涛（乒乓球，524712票）、王军霞（田径，471837票）、李小双（体操，439820票）、乐靖宜（游泳，417627票）、王义夫（射击，393735票）、钟焕娣（田径，383726票）、郑海霞（篮球，372127票）、谈舒萍（跳水，366753票）、戴国宏（游泳，347651票）。位居榜首的莫慧兰同时获得“彪马体育之星”最高荣誉奖。他们的教练刘桂成（体操）、李晓东（乒乓球）、马俊仁（田径）、黄玉斌（体操）、张恒（射击）、罗为信（田径）、陈道宏（篮球）、张广仁（跳水）、鲁永明（游泳）也受到主办单位的表彰。这次评选活动是由首都20家新闻单位联合主办的。华基泰集团有限公司独家赞助，这是该公司连续3年赞助十佳评选活动。

’95全国十佳运动员评选揭晓 由首都20家新闻单位联合主办、康威体育用品有限公司独家赞助的1995年全国“十佳”运动员“康威杯”评选活动，于1996年3月11日在北京揭晓。活动收到全国各地近25万张选票。根据票数多少，当选的运动员是：邓亚萍（乒乓球，248492票）、李小双（体操，247556票）、孔令辉（乒乓球，245278票）、叶钊颖（羽毛球，244788票）、马晓春（围棋，244788票）、范志毅（足球，244522票）、陈露（花样滑冰，243069票）、刘黎敏（游泳，238857票）、莫慧兰（体操，236776票）、张祥森（举重，235715票）。位居“十佳”榜首的邓亚萍同时获得“康威体育之星”最高荣誉奖。为培养“十佳”运动员作出突出贡献的教练同时受到表彰，他们是：张燮林、黄玉斌、尹霄、李玲蔚、徐根宝、李明珠、赵戈、袁紫娟、覃小川。

’94国内十大体育新闻 （1）中国在第12届亚运会上蝉联金牌总数、奖牌总数和总分3项第一；（2）第六届远东及南太平洋地区残疾人运动会在北京成功举办；（3）全民健身计划与奥运争光计划被确定为中国体育两大战略；（4）中国足球全面走向市场，首次实行主客场制的甲A联赛向境内外实行电视有偿转播，球员转会制出台；（5）中国选手在第7届世界游泳锦标赛上夺得12枚金牌，创5项世界纪录，得到国际泳联确认；（6）中国男篮首次进入世界八强；（7）中国女排、中国羽毛球队成绩滑坡，引起国人关注；（8）王军霞荣膺欧文斯奖；（9）国家体委召开反兴奋剂大会，有关协会认真执行“严令禁止、严格检查、严肃处理”的方针；（10）中国男子体操队11年后再夺世界团体冠军。

’95国内十大体育新闻 由中国体育报、中央电视台和江苏苏钢集团有限公司联合主办的’95中国、国际“双十大”体育新闻，于1995年12月27日揭晓。中国十大体育新闻是：（1）10月1日起《中华人民共和国体育法》正式实行，中国体育进入法制化轨道。（2）6月20日《全民健身计划纲要》颁布实施，全国各地掀起健身热潮。（3）5月第43届世界乒乓球锦标赛在天津举行，中国选手包揽全部7项冠军。（4）中国足球全面走向职业化。甲A联赛球市火爆，“十冠王”辽宁队降组。（5）2月郎平听从祖国召唤出任中国女排主教练。11月中国女排夺得世界杯第3名。（6）3月11日陈露获得世界女子单人滑金牌，成为中国第一个花样滑冰世界冠军。（7）5月和8月，马晓春连夺“东洋证券杯”和“富士通杯”围棋赛世界冠军。（8）5月中国队首夺标志世界羽毛球最高水平的“苏迪曼杯”团体赛冠军。（9）11月世界举重锦标赛在广州举行，中国男队获团体总分第一名，取得历史性突破。（10）12月王怡武在世界短池赛上为中国首夺世界游泳赛男子第1枚金牌。

郎平为重振女排雄风回国执教 1995年2月9日新华社北京发出消息，国家体委有关人士透露，身在美国的郎平即将出任中国女排主教练。当时，郎平回国执教所遇到的各种障碍在各方面共同努力下已全部排除。其中最大的困难是，她已同包括美国新墨西哥州立大学等在内的一些单位签定了多项合同，如果毁约，必须承担相应的、数额很大的违约金。这一巨额资金得到了全国政协委员、一向支持祖国体育事业的香港实业家朱树豪先生的解囊相助。他写信给国家体委副主任袁伟民，表示作为政协委员、中国人民的一分子，有义务有责任帮助郎平回来。我们盼望中国女排尽快走出低谷，重振雄风。朱先生的这一义举受到了国家体委和中国排协领导人的高度赞赏。2月10日国家体委领导正式批准郎平为新一届中国女排主教练。2月11日上午，这项决定正式向全国发布。2月15日晚郎平乘机回到祖国，挑起了重振女排雄风的重任。中国女排新军于3月底正式组成，在郎平的指挥下，投入到紧张的正规训练和一系列国际、洲际大赛中，并出色完成了郎平年初提出的目标任务。一是1995年10月，中国女排赴曼谷参加亚洲锦标赛，接连击败日本队和韩国队，取得冠军，并获得参加第七届世界杯赛资格；二是1995年11月在日本举行的第七届世界杯赛中，8胜3负，夺得第3名，获得了1996年亚特兰大奥运会的第一批入场券。特别是同日本、克罗地亚队的比赛，在先负两局的情况下，又能连扳3局，反败为胜，对这支新军来说实属不易。郎平终于不负众望，短短8个月，便带领中国女排走出了低谷！郎平回国执教究竟挣多少钱？这个问题从一开始就受人关注。1994年她同香港八百伴集团签约，出任多国籍女排明星队队员兼主教练，月薪为1.5万美元；1995年又在美国签订了多项合同，年收入也在10万美元以上。而回国后的月薪是人民币：工资335元，津贴144元。郎平说：

“要是为了钱，为了工资，我就不回来了！”

邓亚萍苦练成才 1995年5月，邓亚萍在天津举办的第43届世乒赛上，参与夺得女团冠军，与乔红一起夺得女双冠军，个人夺得女单冠军。国际奥委会主席萨马兰奇特地为她颁奖祝贺。邓亚萍从1983年10岁起到1995年世乒赛的12年间，在国内外重大比赛中101次夺冠。其中包括11项世界冠军、奥运会冠军，被誉为世界乒坛奇才。邓亚萍的这些成就是她以坚韧不拔的意志，克服了个矮的先天不足，长期刻苦的训练而取得的。她的父亲邓大松是乒乓球教练，母亲是位乒乓球爱好者。邓亚萍4岁半时就被“严厉”的父亲拉到训练场上，小亚萍个子矮，垫上凳子还是嫌低，没办法握直拍只好横拍练球。有时没空台，父亲让她捡球，一百一千一万捡个不停，晚上回家仍要练球，她也从不叫苦。逢有乒乓比赛，父亲总带她去看，她一看几小时不觉累。她稍大些，父亲就为她设计又快又狠又准的训练打法。最难的是有几年天天要对付父母和比她大9岁的哥哥的车轮战。5年后，她被选入省体工队集训，仅半月就因个矮、臂短，而被“请”出。父亲鼓励她要刻苦训练，立志打败省队，她“降级”加入父亲执教的市集训队。为了弥补先天的不足，她每天要在腿上绑沙袋和大队友们一起跑3000米；夏天无论多热，冬天无论多冷，她都咬紧牙刻苦练球。她经常缠着大姐姐们赛球，总不肯服输，直到打赢。1986年，邓亚萍13岁时，顶替省队一位有病的运动员，参加郑州举行的全国乒乓球锦标赛，出人意料地击败世界冠军耿丽娟，接着又杀败许多国手。全中国乃至全世界乒坛为之哗然。邓亚萍从此登上中国和世界乒坛，充分展示了她的才华，为祖国争得了荣誉。邓亚萍献身乒乓事业的意志是十分感人的。在43届世乒赛前的紧张训练时刻，她遇到了极不愉快的感情纠葛，她的男朋友这时背着她另交上女友，她知道后仍以参加世乒赛为重，极力克制了情感上的烦恼，毅然与男友分了手。而且打起精神，全身心地投入了赛前的刻苦训练，并以高昂的斗志参赛，终于在世乒赛上取得了优异的成绩，为祖国争得了荣誉。

叶乔波为国争光 叶乔波于1994年2月23日上午，在挪威举行的第17届冬奥会上，拖着伤腿，顽强拼搏，在1000米速滑大赛中，获得第3名。她二十年如一日，不畏艰难，屡创佳绩，在124次大赛中，获133枚奖牌。3次荣立一等功，3次被评为“全国十佳运动员”。中央军委主席江泽民签发命令，授予她“体坛尖兵”荣誉称号。她还出席了党的十四次全国代表大会。然而叶乔波并不满足，决心在世界最高级别的冬奥会上再攀高峰，为国争光。可是她在长期超负荷的大赛中曾经跌伤的左膝越来越疼，膝关节绞锁常常卡死在一定角度上不能打弯。她只得利用挪威夏训的机会，在当地医院做手术。术后第三天她就下地练习走路，第四天就练习骑自行车，第五天就扛着20公斤的杠铃练蹲起。疯狂式的训练，使叶乔波的运动机能得到恢复和提高，心跳由每分钟180次达到209次，过大的运动量，使她的膝伤加重了，又疼又肿，膝盖两侧经常鼓着乒乓球大小的两个包。1994年2月19日，第17届冬奥会在挪威利勒哈默尔海盗滑冰馆举行女子500米速滑大赛，叶乔波用尽了力，可她那条腿麻木了，好似失控了，随着身体在飘。计分牌40秒42，第13名。但她下定决心：“只要我的腿不断，我一定要在1000米比赛中滑出个精神来，给中国人争口气！”在2月23日上午，紧张的比赛又开始了，当叶乔波张着嘴冲过终点线的时候，双手抱着剧烈疼痛的膝盖，再也支持不住了。记分牌上显示出叶乔波的成绩：第3名。她为中国队夺得了冬奥会上第1枚奖牌。叶乔波站在领奖台上，中国奥委会主席何振梁前来颁奖，叶乔波哭着说：“对不起，何主席，我没有完成任务。”何振梁说：“不要哭，乔波。你用伤痛的身躯，第一个托起了五星红旗，祖国人民感谢你！”《人民日报》于1994年5月3日在一版发表了介绍叶乔波事迹的长篇通讯和评论员文章。

王涛、邓亚萍分居国际乒联排名男女首位 国际乒联在1995年9月6日公布世界优秀乒乓球运动员排名，列前15位选手是：男子：1. 王涛（中国），2. 孔令辉（中国），3. 塞弗（比利时），4. 瓦尔德内尔（瑞典），5. 金泽洙（韩国），6. 刘国梁（中国），7. 加蒂安（法国），8. 罗斯科普夫（德国），9. 普里莫拉茨（克罗地亚），10. 丁松（中国），11. 马文革（中国），12. 佩·卡尔松（瑞典），13. 黄文冠（加拿大），14. 约·佩尔森（瑞典），15. 刘南奎（韩国）。女子：1. 邓亚萍（中国），2. 乔红（中国），3. 刘伟（中国），4. 齐宝华（香港），5. 耿丽娟（加拿大），6. 王晨（中国），7. 陈静（中国台北），8. 王楠（中国），9. 小山智丽（日本），10. 陈子荷（中国），11. 杨影（中国），12. 乔云萍（中国），13. 施捷（德国），14. 井浚泓（新加坡），15. 李菊（中国）。

叶江川——中国国际象棋史上第一位棋王 1994年10月20—26日，中国国际象棋协会、交通银行南京分行和中国体育报联合主办首届中国国际象棋棋王赛。我国12名国际象棋高手在南京进行了7天的激烈角逐。在最后一轮的决赛中，两位国际特级大师叶江川、叶荣光经过50多个回合的激战，叶江川技高一筹夺得冠军，从而成为中国国际象棋史上第一位棋王。

我国第一个围棋世界冠军马晓春 在1995年第六届“东洋证券杯”世界职业围棋大赛半决赛中，聂卫平和马晓春分别战胜日本和韩国选手，进入决赛。5月24日在汉城，聂、马进行最后的较量，马晓春终以3比1战胜聂卫平而摘取桂冠，成为我国围棋史上的第一位世界冠军。时隔70余天，8月5日马晓春在日本战胜最后一个对手——日本人眼里最强大的棋手小林光一，又夺得第八届“富士通杯”桂冠。中国棋手一年之内夺得两个世界冠军，标志着中国围棋界一个新的里程碑。马晓春，1964年8月26日生，浙江嵊县人，9岁开始学棋，1982年我国正式实行段位制时被定为七段，1983年升为九段。

8. 卫生

总书记心系人民健康 1995年12月16日晚7时，中央电视台“新闻联播”，一则关于哈尔滨市牲猪屠宰市场管理混乱、个体屠宰点卫生条件极差的报道，引起了江泽民总书记的忧虑。晚8时30分，黑龙江省委书记岳岐峰接到总书记从北京打来的电话。总书记心情沉重地说：“这样不卫生的肉老百姓怎么吃？吃了能不生病？我们共产党人要对人民负责，这件事一定要下决心抓好。”总书记就牲猪屠宰与人民健康的关系，国内生猪屠宰市场“一把刀”和“多把刀”的关系讲了自己的意见，最后指示：“黑龙江要以这件报道为契机，探索出适合中国国情的牲猪屠宰市场管理办法和运行机制，走在前面，拿出经验。”岳岐峰同志接到江总书记的电话一夜未睡好觉，深感责任重大。17日上午8时和中午12时岳岐峰先后主持召开了省委常委（扩大）会和黑龙江省14个地市委书记、有关厅负责人会议，传达江总书记的电话精神，同时讲了几点意见。并说：“我们的干部都要向江总书记学习，对人民负责，把这件事抓好。”下午3时30分，哈尔滨市委书记索长有主持召开市委常委（扩大）会，在传达完江总书记的电话精神和省委部署后，又根据哈尔滨市的实际情况，提出贯彻落实意见。晚8时多，市政府会议室里，市长汪光焘主持会议，具体研究部署了江总书记指示精神的落实问题。

江泽民会见红十字会代表 1994年4月23日，中共中央总书记、国家主席、中国红十字会名誉会长江泽民，在中南海会见了中国红十字会第六次全国会员代表大会代表，并代表党中央、国务院向会议表示热烈的祝贺，向辛勤工作在红十字战线上的干部和2000万会员，表示亲切的问候和崇高的敬意。江泽民指出，中国红十字会作为国际性从事人道主义工作的社会救助团体，按照国际红十字会与红新月运动的基本原则，为人民做了大量的好事，为国家的发展做出了不少贡献，以实际行动赢得了广大群众的尊敬和支持。他希望各级政府和社会各界都要积极支持红十字会工作，红十字会各级组织和广大会员努力宣传和贯彻《中华人民共和国红十字会法》，注意借鉴国外的经验，紧密结合我国实际，解放思想，实事求是，开拓进取，勤奋工作，为开创有中国特色的红十字事业的新局面，为促进世界和平与人类进步事业做出更大的贡献。

陈敏章强调职业道德是卫生行业基本建设 卫生部部长陈敏章1994年8月24日在山东省卫生系统职业道德建设工作会议上指出：职业道德是卫生行业的基本建设。因为医疗卫生工作关系到人民群众的生命安危、家庭的幸福，所以，职业道德建设应抓紧不放。不仅要治标，而且要治本。职业道德建设就是治本。抓好职业道德建设，“要抓两头”：一头抓典型模范人物，特别是医德高尚的老医务工作者，要弘扬他们的精神。要善于发现和宣传典型，以带动整个行业；另一头是抓重点人群的教育，特别是年轻一代，包括卫校、专科、大学的学生。除了系统的理论教育外，还要请优秀的医务工作者以自己的亲身感受讲医务人员的价值，使良好医德医风一代一代，发扬光大。

地方病防治造福亿万农民 鼠疫、布氏杆菌病、克山病、大骨节病、碘缺病、地方性氟中毒与砷中毒和血吸虫病分布在全国2833个县（市、旗）中的2413个县（市、旗），占85%，病区人口达5亿多。新中国成立后，曾专门成立了中共中央地方病和血吸虫病防治领导小组，由各级主要领导亲自负责，领导病区人民同地方病展开了积极的斗争。血吸虫病曾在我国南方12省、市、区的386个县、市中流行，感染者1200万。解放后，经过30多年的努力，已有4个县、市、区彻底消灭了血吸虫病，68.2%的县市达到消灭或基本消灭标准，使两亿人口免除了病魔威胁。通过大面积灭鼠、兴修水利、植树造林、平整土地，大幅度降低了鼠密度，在已判定的17个鼠疫疫区省市中，已有9个至今未发生人间鼠疫流行，并已多年未检出动物鼠疫流行。在广大碘缺乏病区，以食盐加碘为主的综合防治措施得到普遍推行，全国地方性甲状腺患病人数已由防治前的3500万下降到702万，地方性克汀病新患发生率也大幅度下降。45年来，严重危害广大农民健康的地氟病、克山病、大骨节病与布氏杆菌病防治亦已取得显著成绩，其中饮水改灶降氟措施已使3000余万地氟病病区人民受益，克山病、大骨节病已基本无新患者发生，已列入地方病防治内容的地方性砷中毒防治，又将为60万病区农民造福。

我国已有15位护士获“南丁格尔奖” 在'94“5·12”国际护士节到来之际，我国已有15名护理人员荣获南丁格尔奖章和证书。南丁格尔奖是红十字国际委员会为纪念世界护理教育的奠基人、英国护士弗劳伦斯·南丁格尔于1912年设立的，两年评选一次，每次全世界获奖者不超过50

名。此奖专门用来奖励那些“在战时或平时，为伤、病、残人员，或是为健康受到威胁的人员服务而建立了优异功绩的各国护理人员”。南丁格尔奖章代表了国际护理界的最高荣誉。

9亿农民健康教育启动 围绕初级卫生保健内容，以农村主要卫生问题为重点，以音像制品为教材，利用大众传媒向农民传播卫生知识的一个大规模的农民健康教育行动于1995年3月底，在全国广大农村展开。全国大多省、市已成立了领导小组，13个县作为试点县。湖北省农牧业厅成立了“行动”领导小组，厅科教处结合实施“绿色证书”工程抓试点，能源办结合能源试点推广改水改厕和沼气利用技术等。农民对此反映甚好，体会到健康教育与实际结合能为奔小康服务。山西省在开展“行动”中层层培训，务求实效。黑龙江、天津、内蒙古、甘肃、上海、广西等省、市、区，均开展了各具特色的相关活动，广大农民十分欢迎。

我国农村86%的人口喝上清洁水 我国农村改水受益人口占农村总人口的86%，比“八五”计划提高了20%。到1995年12月底，上海农村改水受益人口已达556万，占农村人口的99.1%，在全国率先实现了农村自来水化。山西省各级水利、地病、爱卫部门紧密配合，把3个部门的改水经费集中统筹安排，做到“三水合一”、“一水多利”，使有限的资金发挥了最大的效益，农村改水受益人口已达1905.16万人，占全省农村人口总数的84.55%，自来水普及率达69.64%。

白求恩式的好医生赵雪芳 赵雪芳是山西省长治市人民医院妇产科主任，1963年毕业于山西医学院。30多年来，她治疗了2万多病人，没发生过一例差错，挽救了上千名垂危患者的生命。她身患膀胱癌、直肠癌，一次次战胜死亡的威胁，把自己无私地奉献给了人民群众。赵雪芳所接触的每一个病人，特别是对疑难病患者，一定要把病情搞得清清楚楚，对危重病人她都要亲自安置，精心治疗，细心护理。30多年来，她没有节假日，没有星期天和上下班之分。在回乡料理母亲的丧事时，她为300多位山乡姐妹作了检查，并利用乡卫生院的简陋设备，为6名妇女做了手术。在自己接受膀胱癌手术的前一天，她还为两名患者分别做了子宫肌瘤手术和剖腹产手术。术后月余的一天上午，在家里输液时得知一位孕妇在手术台上大出血，她立刻给自己拔下针头，前往手术室抢救，使患者转危为安，而赵雪芳回家时连楼梯都不上去了。1991年12月，她又被确诊为直肠癌，在接受第二次手术前，接连几天，她每天要上两台手术。她以惊人的毅力，又一次战胜病魔站起来之后，仅1994年春节休假期间的6天中，她就抢救了4名危在旦夕的患者。赵雪芳以对人民满腔热情，技术上精益求精的精神。她言传身教，带出了长治市人民医院妇产科一支阵容整齐的医疗梯队。中共山西省委授予赵雪芳“人民的好医生”的光荣称号。卫生部和人事部于1994年4月23日在人民大会堂召开表彰大会，授予赵雪芳“白求恩奖章”，这是建国以来卫生系统向先进个人颁发的第一枚白求恩奖章。同时，全国妇联授予赵雪芳“巾帼建功标兵”称号。国务院总理李鹏为赵雪芳题词：“救死扶伤，无私奉献”。国务委员彭珮云在会上讲话说，赵雪芳的事迹体现了伟大的白求恩精神，要在全国卫生系统、在全社会大力倡导这种精神。

一军医大南方医院涉外病房惠侨楼是一片净土 中国人民解放军第一军医大学南方医院惠侨楼是一所名扬四海的涉外病房，地处广州白云山下繁华闹市。到这里住院治病的来自各种不同生活方式的外国政要、富商巨贾、殷实华侨及珠江三角洲的“大腕”。这里的白衣天使们在经济大潮的冲击下一尘不染，在医疗活动中从未领受一次“涉外好处”，也没接过一个“红包”，有一次惠侨楼收到病人送给工作人员的12万港币，大家的回答是：“不能收，收了，就谈不上有什么国格和人格了。”加拿大一位富翁太太由其小儿子陪同来惠侨楼住院，母子俩都喜欢一位护士，出院后，他们委托广东旅行社给她寄来了出国签证通知书，但这位护士没有动心，认为国外虽然富有，但没有祖国温暖。惠侨楼的医护人员人品高尚，具有良好的医风。一位女病人在医生按摩推拿时，突然提出让医生带她到家里去按摩，这医生当即严肃地表示拒绝。惠侨楼的医生护士们在海外人面前展示了美好形象，他们个个彬彬有礼，面带笑容，尽心尽力地对待患者。住院的大多是特护病人，要求苛刻，工作繁琐，印尼一位将军夫人在这里做肾移植手术，她有洁癖，每天要求用新洁尔冲洗三四次，而且洗澡时不用淋浴器，要用手淋，手术后值班护士每天24小时为她作生活护理，连周末休息也放弃了，使病人十分感激。这里的教授专家在岗位上平易近人、不摆架子，和大家一样工作，遇到危重病人，24小时随时抢救，一位患癌症的印尼华侨说：“在国外看病，很难看到教授，可这里的教授每天查房，许多一般医生做的事，他们都亲自动手，真让人感动。惠侨楼有一句口号：“患者第一，尽心尽责”，只要患者有一线希望，他们甘当百分风险。美国埃索勘采公司副总裁谢蒂夫人在广州登机回国时，突然昏倒，惠侨楼迅速组成抢救小组，确诊后，果断采取显微纤维支气管镜肺灌手术，在场的美国医生不放心请示世界一流专家，回答是治疗完全正确，很快谢蒂夫人病情得到控制。印尼大学生张丽娜曾被印尼、加拿大著名医生确诊为三脑室肿瘤，断言无法切除，活不到两年，惠侨楼的医生经过会诊，否定了上述诊断，通过两次手术，张丽娜安然重返校园。惠侨楼凭着优良的医德医术赢得了信誉，吸引了64个国家、地区的患者来此查体看病。

孙茂芳爱心献人民 北京军区总医院内6科政治协理员孙茂芳，从1964年穿上军装的那天起，就以弘扬雷锋精神为己任。他每到一个科室，头一件事就是发动群众开展学雷锋活动，建立学雷锋小组。在他的模范行动影响下，全科人员把病人当亲人，服务质量明显提高。他所在的科曾被评为北京市精神文明建设先进单位，荣立了集体三等功。住在南门仓二巷的王大妈是孙茂芳照顾时间最长的一位孤老。有一次，王妈妈摔了一跤，造成多处骨折，两年多时间吃、喝、拉、撒全在床上，后来又大小便失禁。为防止发生褥疮，换洗方便，孙茂芳从家里拿来四条床单，两床被套给老人替换着用。1990年10月，90岁的王妈妈的病情日渐加重，她把孙茂芳叫到跟前说："过去我把上帝、圣母看成救星，现在我才真正懂得，救星就是共产党，亲人就是解放军！"老人有10间私房、一笔存款。她把全部财产交孙茂芳全权处理。孙茂芳说："大娘，我照顾您是应该的，做的都是那些平凡的事，您不必放在心上。您的房子我一个瓦片不能要，您的钱我一分不能收，您把病养好了，就是我的最大心愿。"孙茂芳在医院工作的21年中，仅医院附近的东西仓南街，经常受到他照顾的孤老就有5位，在医院门诊、住院时得到他帮助的患者就更多了。孙茂芳把帮助别人活得舒心、幸福，当成是自己最大的心愿。他说："战争年代架'人桥'，消灭敌人；建设时期架'人桥'，通向四化。"

京郊农民卫生保健领先全国 《新民晚报》1995年2月21日报道：京郊农村13项初级卫生保健指标均提前6年达到国家要求的2000年实现人人保健标准，农民卫生状况居全国第一。京郊农村基础免疫"四苗"单苗接种率已达到99.7%，农村三级医疗预防保健网进一步巩固和加强，村卫生室覆盖率达到100%，农民们基本实现了小病不出村，大病不出卫生院。在日常生活中，95%的农民饮用安全自来水，80%的农民用上了卫生厕所。由于卫生保健程度高，京郊农民现在的人均期望寿命已达73.79岁。

我国进一步加强卫生法制建设 由国家发布的卫生法律已有6部，即《食品卫生法》、《药品管理法》、《国境卫生检疫法》、《传染病防治法》、《红十字法》和《母婴保健法》。在全国各行业中，卫生行业的立法是最多的。根据国家的法律授权，由国务院发布的卫生行政法规近20个。卫生部还根据职责和法律法规制定了一系列卫生行政规章。各省、自治区、直辖市还制定了地方卫生法规和规章。据悉，《医师法》、《职业病防治法》、《初级卫生保健法》等也都在制定之中。

高柏良为3000余患者实行信诊 高柏良是中国人民解放军102医院著名精神医学专家、优秀共产党员。近20年来，他为全国各地3000多名患者实行信诊12000多次，并为患者购药、寄药500多次，经对968例患者信诊调查，证实总有效率达80%。高柏良的信诊被人们誉为是一所不设病床的医院，给边远山区和行动不便的病人带来福音。高柏良坚持有信必复，有求必应。为了摸清患者病情，一次诊断往往要通上好几封信，最多的达30封。高柏良还将病人注册登记建立档案，有些病人住在偏僻山区，买不齐药，他就代买邮寄。75岁高龄的高柏良已从医52年，他不仅创造了许多优秀的医学成果，而且培养了三代医学人才。

百个城市进入全国卫生城市行列 据1994年全国爱国卫生运动委员会对山东、江苏、广东等省30个城市进行抽查暗访，结果表明创建卫生城市成果的巩固工作普遍受到重视，全国城市整体卫生水平显著提高，100个城市进入了全国卫生城市的行列，其中13个城市登上国家卫生城市台阶。依法管理、综合整治在创建卫生城市工作中发挥了重要作用，已有十几个城市通过人大立法，开始建立一个有效的监督管理体系，如建立巡警制、群众监督网、群众热线投诉等新形式，保证了创建卫生城市工作的健康发展。1995年全国城市卫生检查评比，被命名为国家卫生城市的是：泸州、泰安、胶州、濮阳、杭州、中山、淄博、萧山、莱芜和赤峰。这10个城市的市长获得国家卫生城市市长奖。

镇江、九江医疗改革试点初见成效 国家职工医疗制度改革试点城市江苏省镇江市及江西省九江市，已按照试点方案实施。各级医疗单位采取了一系列有效措施，积极配合这项改革。国务委员彭珮云专程前往镇江、九江考察，对两个试点启动以来取得的初步成效给予了肯定。镇江、九江两市经国务院批准，自1994年12月开始社会统筹医疗基金与个人医疗帐户相结合的社会保险制度后，受到了广大职工的拥护。截止1995年1月10日，两市各单位的参保率分别到73.8%和86.92%；企事业单位尤其是小单位，抗风险能力差的企事业单位，感到职工的基本医疗有了保障。

空军总医院加强医德医风建设 解放军空军总医院一手抓医德医风，一手抓优质服务，医务人员把像白求恩那样全心全意为病人服务，当作自己应尽的责任。空军某特级飞行员患晚期恶性淋巴癌，医院补贴数万元医疗费为他做了外周干细胞移植等治疗后，身体完全康复，重返蓝天，该院还为部队提供预防、保健、医疗、康复一体化服务，一年多来先后组织82批医疗队下海岛、上高山、进戈壁、赴边防，为官兵防病治病6602人次，与12个防治体系部队建立挂钩帮带责任制，同时还与空军第五飞行学院共建河西走廊空军医疗中心，仅1994年一年医院为部队官兵补贴医疗费达

476.64万元。与此同时，该院持之以恒地狠抓职业道德教育，健全了一整套医德医风内外约束监督机制，坚持每月检查测评监督，形成规范化管理。把医德医风与调级、晋职、评先进挂钩；发现不良苗头，及时教育，严肃处理，实行奖优罚劣。拒收“红包”已成为全院人员自觉的行动。一位身患腰椎间盘突出症的河南病人，新医正骨科刘世杰副主任为其做手法治疗后，他即刻行走自如。病人千恩万谢，悄悄留下1000元，刘世杰发现后想方设法退给了病人。据不完全统计，一年多来全院拒收礼金2.61万元。该院连续3年夺得全军白求恩优质服务流动杯，3次被空军评为先进单位。最近，又顺利通过全军3级甲等医院检查评审。

天津卫生系统狠刹行业不正之风 天津市卫生局重新修订了《医德医风奖惩规定》，在奖励方面，设立了医务人员廉洁奖、医德高尚奖等。1993年，全系统树立了医德高尚百面红旗，将172名优秀医务工作者的事迹编写出版两部书，广为宣传。在惩治方面，提出了对收受患者“红包”和贵重物品者，给予“收一罚十”的处罚。1994年上半年查实有5人收受“红包”，均按规定进行处罚。一名手术医生收了600元，结果对其作了停职检查一周、扣发三个月奖金、罚款6000元的处罚。天津市卫生局调查发现，“以物充药”多发生在少数社会办医单位和较小的医疗单位，就做出相应规定：凡以物充药者，除没收非法所得，还吊销行医许可证，取缔医疗点；医疗点的负责人不得到其他社会办医机构任职。1993年对社会办医、联合办医点进行大检查，取缔了不合格的190个办医点；1994年5月又进行第二次大检查，查封了4个办医点。为了依法管理，天津市卫生局1994年上半年还草拟了《社会办医管理条例》，报市人大常委会审议。天津市卫生系统大力治理乱收费问题，他们在各医疗单位自查的基础上，组织互查，共自查收费项目4133项，发现超标准收费10项，违纪金额87万元，均按有关规定进行了处理。1994年，他们组织力量对15所医院进行重点抽查表明，对已经公布取消的不合理收费项目没有“回潮”现象，执行情况良好。

解放军成都医专千名女学员扎根西藏 解放军成都医专1994年毕业学员300多人，其中，80%以上来自大中城市，51%是独生子女，他们深深懂得爱我中华，必爱我每一方土地，自愿申请、坚决要求到西藏去工作的有200多人，已获批准的有100多名女学员。加上历届毕业赴藏的学员共有1100多人，他们大都成为在藏部队医疗卫生骨干。有200多人完成近300项科研课题，460多人评上中级职称，97人分别被提升为主治医师、护士长、药剂师、检验师，并有80%以上的同志立功受奖或被评为各类先进标兵。该校护士班毕业的胡静蓉，在本职工作岗位上刻苦学习，锐意进取，又以优异成绩考回了该校护士大专班，在1991年毕业前夕，她又坚决要求回西藏工作。

我国妇幼保健成就令国际瞩目 1995年9月2日上午，我国妇女代表在NGO妇女健康与发展论坛的大会议室里发言说，早在50年代初，我国就创立了新法接生并在全世界首创了对旧接生婆的助产教育培训活动；60年代中期，我国培养了一代农民养得起用得上的赤脚医生，成为世界卫生组织提倡和推广的好经验。我国政府历来重视妇女的健康状况，全国现已建起完整的妇幼卫生——计划生育服务网络，已建立了374所省市级的妇幼保健院、2000多个妇幼保健所(站)、35家儿童医院，县级以上的1.7万家综合医院中都设有妇产科、儿科和计划生育科，还有2000多个计划生育服务站设在乡镇。全国妇幼卫生专业人员已达25万，在农村有36万女乡医和42万接生员。此外，有10个国家级的业务指导中心，全国6个大区以6所部属大学为龙头，承担着区域性的妇幼卫生和计划生育的技术指导和培训工作；在法律保障方面，全国人大及其常委会颁发了《未成年人保护法》、《妇女权益保障法》、《中华人民共和国母婴保健法》，通过了《世界儿童权利公约》，并正在实施《90年代中国儿童发展规划纲要》。在这个论坛上，一些发展中国家的代表称赞说：只要中国政府想要做的事，不论多么困难，都能做到。

我国民族医药事业长足发展

自1984年以来，我国民族医药事业取得了历史性的发展，民族医院从76所增加到121所，床位从2597张发展到6090张，民族医药人员从6752人增加到10442人；西藏、内蒙古、新疆分别建立了高等藏医、蒙医、维医院校和一些中等民族医药专科学校；还相继建立了一批民族医药科研机构，获得各级民族医药科研成果283项，其中省部级以上成果32项；民族药生产也已逐步实现了机械化，能生产藏药350个品种、蒙药300个品种、维药192个品种。卫生部确定，“九五”期间实施“316”工程，即在全国筛选30个民族的医、教、研究机构，进行重点建设；培养100名民族医药临床和技术骨干作为学科带头人；确定60个民族药网点，推动民族药材的生产、采购、加工制剂和销售。此外，国家中医药管理局“九五”计划人才培养工程中，将列入培养300名民族医临床专科专病技术骨干的内容，还将从现有名、老民族医药专家中确定30名作为继承、抢救的对象。

鞍钢50万职工不再吃“大锅药” 从1995年11月初开始，鞍钢职工及家属看病、住院个人不花钱的现象已成为历史。为此，鞍钢沉重的医疗负担将逐年减轻。预计，每年医药费将节省5000万元以上。(仅1994年，鞍钢全公司医疗费用支出高达2.62亿元)。鞍钢目前实施的医疗保险制度，主要是建立职工医疗保险基金和统筹医疗基金。基金来源由用人单位与职工个人共同缴纳，用人单位按在职职工上年度工资总额的10%和离退休人员离退休费总额的10%缴纳。在职职工按本人上年工资总额的1%缴纳。医疗保险金，按月平均由用人单位在其工资中代扣。职工离退休后个人不再缴纳医疗保险费。医疗保险基金分为个人医疗账和统筹医疗基金两部分。鞍钢各单位缴纳医疗保险基金的50%和职工个人缴纳的医疗保险金，一并记入职工个人医疗帐户。医疗保险基金的其余部分进入统筹医疗基金。职工就医时的医疗费用，先从个人医疗帐户支付。个人医疗帐户不足付时，再由职工自付。按年度计算，职工在个人医疗帐户之外自付的医疗费用，超过本人上年工资总额5%以上部分，主要由统筹医疗基金支付，个人仍要负担一定比例。职工个人医疗帐户本金和利息为职工个人所有，可以结转使用和继承。

潍坊糖尿病医院重医德树新风 山东潍坊开发区糖尿病医院发扬革命的人道主义精神，从1995年9月底开始，开展了对来自全国各地的离退休干部职工和教师实行4个月疗程免费看病、半费用药活动，至11月底，来自全国各地的1000多名患者已经享受到了这一优惠待遇。潍坊糖尿病医院自1993年创办以来自制中成药"胰活生"，治疗糖尿病比较有效，取得了新加坡政府的认证，并批准在新加坡开办了治疗中心。这家医院从创办以来一直本着"急患者所急，想患者所想，全心全意为病人服务"的宗旨，既重视经济效益，又重视社会效益，每年教师节、老人节、风筝节等期间进行义诊，免费看病。

卫生系统61名英模进京受奖 在北京人民大会堂受到党中央、国务院表彰的2873名模范先进人物中有61名来自卫生系统的优秀医务工作者。获全国先进工作者称号的医务卫生工作者大部分是改革开放以来，积极投身国家经济建设和改革，在卫生工作的各个领域做出了突出贡献的先进人物。他们当中有在科研、教学第一线艰苦奋斗、刻苦攻关取得突出成绩的专家、教授、科研人员；有开拓进取，锐意改革的管理干部，有长年坚守在临床第一线，为广大患者无私奉献的医生、护士；有数十年如一日，奋战在基层为人民健康操劳的防疫战士；还有为发展祖国传统医药事业做出突出贡献的医师和科技人员。荣获全国先进工作者称号山西省长治市人民医院副院长赵雪芳抱病到京，为全国人民关心的好军嫂韩素云精心治疗，独创"血管束植入术"的广州中医药大学第一附属医院骨科教授袁洁被评为先进工作者。

9. 美育与美学研究

李岚清谈必须重视学校美育与艺术教育 由国家教委主办的全国各省、自治区、直辖市和计划单列市教委主任美育学习班1995年6月6日在北京开学。国务院副总理李岚清致信学习班说，美育是贯彻德、智、体等全面发展教育方针的重要方面，是对青少年进行全面素质教育的重要内容，为了贯彻落实《中国教育改革与发展纲要》，全面贯彻教育方针，培养面向21世纪全面发展的优秀建设人才，就必须重视和加强学校美育与艺术教育，将艺术教育作为由应试教育向素质教育转轨的重要途径之一。李岚清指出，要达到此目的，各省市教委负责同志对美育和艺术教育重要性的认识与办好艺术教育事业的决心则是十分重要的。他希望学员们认真学习美育和艺术教育理论，进一步提高对美育和艺术教育重要性的认识，了解中外艺术教育发展的新形势，交流艺术教育工作情况和经验，探讨一些既能少花钱又能把艺术教育办好的办法和途径，为开拓学校美育与艺术教育工作的新局面做出贡献。这次学习班为期七天，将由美育、艺术教育方面的专家授课。学员们还将参观北京市的学校艺术教育，观看大学生的演出。

200万盆鲜花装扮京城 北京园林工人用200多万盆鲜花，把首都北京装扮得五彩缤纷，绚丽多彩，迎接国庆46周年。从城区到郊区，从广场到大街小巷，到处是红花绿叶，姹紫嫣红，一派生机。由20余万盆鲜花组成的8组大型造景花坛，占去了天安门广场总面积的12.8%，把天安门广场装点得更加美丽。东西长安街、机场高速公路、二环路和三环路等城市干道两侧，到处树木葱茏，绿地片片，鲜花盛开；立交桥边，街心公园，绿树鲜花让人赏心悦目，还有那些坐落在路口、立交桥头、机关大院门口等处的花篮花坛，都给北京增添了热闹祥和的气氛。

第二届全国城市雕塑艺术展 第二届全国城市雕塑艺术展览1994年6月25日至7月7日在北京中国美术馆举办，通过作品照片、设计模型、雕塑局部等方式展示了我国城市雕塑的优秀作品，是继1984年首届全国城市雕塑设计方案展览十年后的汇报展。这十年间，雕塑艺术家们用才智和汗水创作出2000多件城市雕塑，用自己的作品装点祖国，把艺术的美留在天地间。展览秘书长、中央美术学院雕塑系教授司徒兆光说，本届展览旨在总结十年经验和成绩，突出改革开放新时期的时代特色，以庄重、优美、新颖的展出效果力求在整体设计上表现出城市雕塑的多学科性和综合性的环境艺术特点。展出作品无论在题材、内容、风格、形式上，还是在材料的制作运用方面，都基本上反映了我国城市雕塑的发展现状。近年我国城市雕塑创作的题材和内容广泛多样，这次展出的127件作品包括了纪念性雕塑、装饰性雕塑和园林小品等我国城市雕塑的主要题材和内容。纪念性的有牡丹江市的《八女投江纪念碑》(于津源、张德华、曹春生、司徒兆光、孙家钵作)，伊犁市的《林则徐充军伊犁》(李维祀作)等；装饰性的有铜陵市的《四嬉铜人》(王立平作)，兰州市的《绿色希望》(王志刚、王铁成作)等；园林小品有北京的《斗牛》(叶如璋作)，铜陵市的《春晓》(仲兆乃作)等。现在很多有历史意义的事件都有了纪念性雕塑，既美化了环境，又起到了教育人民的作用。而占城市雕塑大多数的装饰性雕塑和园林小品则从多方面美化和丰富人们的生活。这些年我国城市雕塑艺术的风格和形式更是多种多样，百花齐放。传统的、现代的、具体的、抽象的、写实的、变形的都有发展，都有其优秀作品。至于雕塑材料的使用，除传统的花岗岩、汉白玉、铸铜外，显示一个国家工业水平的现代材料如锻不锈钢、锻铜、锻钛等近年也广为雕塑家采用，使我国城市雕塑的品种更加多样化。当然，我国的城市雕塑也存在一些问题，主要是有的城市建设的决策人急于求成，仓促上马，以致出现了少量粗制滥造的或与整体环境不协调的雕塑。因此，各地城市雕塑建设的决策者和创作者应严格遵从艺术规律，创作和建造反映我国艺术水平、经得起时间考验的城市雕塑，为我们和后人创造更美好的生活环境。

把杭州装扮得更美 杭州是我国七大古都之一，建城已有2200多年历史。市内古迹甚多，全国重点保护的文物有5处，省、市级重点保护文物55处。历届杭州市委、市政府领导班子都把保护历史文化名城和西湖风景名胜作为重要的职责，放在突出的位置上。市政府编制的《杭州历史文化名城保护与建设规划》(草案)中，将“三面云山一面城”和“倚江带湖”作为城市环境格局加以重点保护。旧城遗址和中山路(南宋御街)、中河、东河、古运河的保护，使后人还能看到“南宋临安城”的面目。对临湖的建筑物，严格控制其密度、高度、体量、体形及色彩，使湖滨层楼错落有致。杭州市现有街道办事处31个，其中与古建筑、名人故居有关的占一半。如唐代白居易的“圣塘闸”和宋代苏东坡的“望湖楼”。杭州市园林文物管理局和这些街道建立了联系，就地发展了一批文物骨干，组成义务文保通讯员和义务消防员队伍。在建设江城路立交桥时，在地下发现古吴越国钱王所筑的海塘(即历史上著名的“钱氏捍海塘”)，市政府当即决定停止施工，进行考古发掘，尽管由于停工造成损失达30万元，但却保护了海塘古迹。上城区在旧城改造中，发现马坡巷内有清代名人龚自珍的故居，就动员10多家居民搬迁，并要求旁边正在施工的一幢住宅降低高度。现在的龚自珍纪念馆，小桥水榭，古朴幽雅，具有旧式书香世家与官宦宅第兼备的清代建筑特色。近年来，杭州陆续修复了明代古建筑茅宅、白衣寺、胡雪岩故居、凤山水城门，全面整修了六和塔、灵隐寺、西泠印社、凤凰寺、于谦故居、吴山宝成寺、求是书院，兴建了丝绸、茶叶、南宋官窑、良渚文化等博物馆和章太炎、李叔同、马一浮等名人纪念馆。为使人文景观和自然景观相得益彰，湖滨路一带，拆除了那些有碍观瞻的建筑，代之以草坪、花坛、香樟、垂柳。10年中，共拆除各类环湖旧建筑3.49万平方米，搬迁单位59个，迁置居民589户，新增绿地40多万平方米。为使湖水终年清澈，10年内共疏浚挖泥760万平方米，建成全长3177米的钱塘江引水工程，景区内迁出了27家有污染的工厂，完成了环湖单位的烟尘改造。如今，西湖水质的透明度已从原来的32厘米提高到62.5厘米。在城市人口不断增加的今天，西湖景点不仅没有减少，反而还更多了。西湖十景之一的“曲院风荷”，原来只有半亩面积，一片墙和一座碑亭，现已建成“风荷”、“滨湖密林”两景区，规划面积达426亩，成为杭州最大的公园之一。“虎跑梦泉”、“龙井问茶”、“满陇桂雨”、“云栖行径”、“九溪烟树”、“阮墩环碧”、“吴山天风”、“黄龙吐翠”、“玉皇飞云”、“宝石流霞”，这西湖新十景，给游客增添了不少知识和乐趣。杭州市委、市政府把保护历史文化名城作为培养后人的爱国主义精神的重要内容来抓，政府先后发布了一系列文物和环境保护方面的政策、法规，现在着手制订《西湖环境保护条例》。从湖边的花草树木、湖中的藻类鱼类，到西湖的水环境，大气环境，再到西湖风景区的整个大环境，都被纳入严密的监测网络之中。

北京中国驻颜美容学院成立

我国第一所全日制3年期高等美容学府——北京中国驻颜美容学院，经国家行政教育主管部门审查论证并批准，于1994年12月4日在京成立。这所学院的宗旨是弘扬中华民族传统驻颜文化，培养全面掌握中国驻颜科学、西方现代美容科学以及与其相关学科的高等专业人才。1995年招收第一批学生入校。“中国驻颜”这一概念是我国著名青年中医针灸学者张春彦在总结我国的传统养颜驻容理论及实际经验的基础上，于90年代初首次提出的。同时，他还科学地概括、整理和创立了中国驻颜术及中国驻颜学，在国内外产生了广泛影响。他还出任了这所学院的常务院长。另据《人民日报》1995年7月9日报道，经北京中国驻颜美容学院专家学术委员会组织的严格考核评定，我国第一个高等美容教育师资人才库，在北京正式宣告成立，入选者均是活跃在京城的美容教学骨干。

蔡仪美学基金理事会成立

蔡仪是我国著名的马克思主义美学家。为了推动马克思主义美学的发展，经中国社会科学院批准，蔡仪美学基金理事会已于1995

年2月成立并开展工作。该基金将用于奖励和资助马克思主义美学的学术研究。

《中国教育学刊》载文论美育的智力开发功能 关于美育对学生智力的开发功能，曲阜师范大学韩延明在《中国教育学刊》1995年第3期上提出，主要体现在6个方面：1. 发展和提高学生的感受力。感受力，心理学上称之为感知觉能力，美育有助于人的感知觉能力的提高，进而扩大和深化学生对于客观世界的认识。2. 发展和提高学生的观察力。观察是一种有目的、有计划、有思维活动参加的高级形式的知觉过程，而美育正是培养、发展和提高学生观察力的重要途径。3. 发展和提高学生的记忆力。美育可以利用其显著的直观性、感受性特点，借助艺术手段培养和训练学生对具体事物的形象记忆。4. 发展和提高学生的想象力。在美育过程中，无论是让学生领略自然美，还是欣赏艺术美，抑或理解社会美，都能够"随风潜入夜，润物细无声"地诱导和激发他们的丰富想象力，进而全面开发和提高他们的智力。5. 发展和提高学生的思维力。美育有助于发展学生的形象思维力和创造性思维力。6. 发展和提高学生的创造力。美育通常是人们新颖活泼的独创精神的"契机"，从世界科技史来看，那些惠及全球的科学成果，正是创造者艺术素质与科学素质相统一、审美追求与科学追求相结合的"产儿"。总之，美育对学生的全面发展教育具有重要的融汇与促进作用。

一门新兴学科——生态美学

南京《社会科学》1994年第12期刊登了李欣复著《论生态美学》一文，文章说：生态美学是伴随着生态危机所激发起的全球环保与绿色运动而发展起来的一门新兴学科。它以研究地球生态环境美为主要任务与对象，是环境美学的核心组成部分，其构成内容包括自然生态、社会物质生产生态和精神文化生产生态三大层次系统，目前属草创时期，需要进行学科的基本建设。生态美学以研究地球生态环境平衡和谐发展所具有的审美价值为主要内容和任务。文章说：为达到建设未来的生态文明社会的伟大目标，在审美创造上必须相应地引出下列三大原则和方法：1. 道法自然的原则与方法；2. 返朴归真的原则与方法；3. 适度节制的原则与方法。生态美学的内容包括：第一，基本原理部分，阐明生态平衡对于人类具有最高美学价值的内涵、原因和形态表现；第二，主干理论部分，说明物质生产与精神文化生产必须适应人天合一协调发展、以维护生态平衡，才能取得审美价值的道理与原因的科学论证；最后是方法技术与形式理论。

郭因与绿色美学 《安徽大学学报》1994年第3期介绍，我国著名美学家郭因倡导绿色美学，他将美学的研究范围扩大到人与自然、人与人、人自身三大关系的广阔层面，提出"大文化大美学"的概念，他解释，提大文化大美学的目的是强调其广面涵盖。大文化大美学的主旨是美化两个世界，追求三大和谐，走绿色道路，奔红色目标。1988年，他明确提出"绿色文化与绿色美学"概念。在他看来，绿色象征着蓬勃的生机、旺盛的活力、绵延的生命；象征着理解、宽容、善意、友爱、和平与美好，正可作为大文化大美学的一个象征。郭因倡导绿色美学，目的是想为人类构建一个理想的"和谐世界"。他首先为绿色美学的基本观点和基本内容作了一个明确的界定：绿色美学以最有利于人类生存和发展的人类先进文明与崇高审美理想去建设与化育人类的主客观世界，追求人与自然、人与人、人自身的三大动态和谐，走一条绿色文明的社会主义道路，从而有效地奔向与达到全人类共同幸福、最好地生存和发展的共产主义目标。

史弘的《市场经济下的美学沉思》 此文发表于《文艺评论》1994年第4期上，主要论点是：面对社会经济的巨大变革，美学应义不容辞地参与时代的改革，发挥其特有的功能，建立新时期的高尚文化，提高大众文化素质，重构审美价值。在市场经济下，美学的功用主要是：1. 对功利的制衡作用。市场经济是以利益最大化为基本原则的，其自身发展动力就是不断追求物质利益，功利性极强。在汲汲于功利的社会中，需要一种对功利的制衡力量，除了道德、法律的约束外，美可以起到一种有效的平衡，美是人的心理和精神上的食粮；美是医治社会疾病的良药。美感的基本品质，具有健康、高尚、积极、向上的走向。2. 对趣味的提升作用。提升大众的审美趣味的方法，一方面要注重传统的审美文化的现代化更新，改变审美观念，适当变换艺术形式与手法，使高雅的阳春白雪能吸引更多的欣赏者。另一方面，要努力提高通俗艺术的审美品味，增加其真善美的内蕴力量，不使其仅流于消遣、娱乐、取笑、调侃、打斗的层面，通俗不等于低俗。严肃艺术与通俗艺术互补其短、各显其长，对重构现代的审美文化，确立新的审美趣味，不失为积极的发展方向。3. 对生存质量的优化作用。在市场经济中，生存如斗争，其生存质量并不令人满意，物质上的富足，生活上的享受，并没有给人们带来精神上的宽慰。精神的沙漠化、情感的淡漠化，迫使人们开始寻找能慰藉灵魂的"精神家园"，审美活动是对人类生存质量优化的馈赠。陶冶情操、净化心灵是美的特质，关怀感性生命，是美的着眼点，给人类建立一个美好而健康的精神家园，是美的使命。美的科学，是补偿与满足的科学，它虽不能变革世界，但可以变革那可能变革世界的人们的精神与灵性。

滕守尧论《美育——教育现代化的关键》 此文发表在《北京大学学报》1995年第2期上，该文说，当今世界各国的教育经由灌输式、园丁式，发展到综合式或融合式。这种融合(综合)式教育,包含着各科的融合、教学中本国语和外国语的融合、美学与其他各科的融合三种含义。而真正的美育则是将美学原则渗透于各科教学后形成的教育,这种教育是兼顾知识和发展,旨在提高学生整体素质的融合式教育。具体说,学校内各科教学,都把"美学法则"作为其灵魂,各科教学的"肌体"一旦有了美的灵魂,就按照美的规律运转起来,这种"运转"有四大特征:对话性、形象性、活动性、表演性,其总的指归是将所传授的知识转换成种种艺术的形象和活动。这种以"审美活动"为中心的融合式教学,提高了学生的素质,对教师的素质亦有了更高的要求。这种教学已不单纯是一种科学,它已经成为一种艺术,把普通的教育转化成美的教育。

张法、王一川谈审美文化 "审美文化"这个概念的出现,暗示了美学转型的一种动向。为了使审美文化获得初步的理论雏型,中国人民大学的张法和北师大的王一川在《求是学刊》1994 年第 3 期上撰文指出:审美文化理论可以从三方面来论述。第一,从哲学的基点转向文化的基点,以前的美学理论作为哲学一个部分,是从哲学体系中推演出来的。今天的美学作为审美文化理论,就把基点放在文化上。过去的美学家需要有高度的哲学素养,今天的美学家则需敏锐而深刻地洞悉当代文化状况。第二是从一种绝对普遍性美学到具体历史性的美学,与传统哲学追求绝对真理相一致,美学也以美的本质为核心来追求一种审美的普遍性,从文化出发的美学看到审美的多元性、历史性、难以通约性。今天的美学实际可能做的就是站在现实基础上,面向未来,回答中国的审美文化的问题。既要认识今天中华审美文化的规律,又要从理想的高度去探索它的未来发展及其与人类文化精神的汇通。第三就是由思辨性到可操作性。今天的美学应主要放在文化设计上,注重具体的可操作性。这种美学尽管会体现出注重具体、实际效果、日常生活形式等修辞学倾向,即讲究生活的"美化"或审美的生活化,但它也需要加强独立而不媚俗或趋时的形而上探索,保持一种清醒的理性精神或批判精神,并且力求在共同形式法则的继承、创新上时有建树。这样,可以形成形而上、共同形式法则和部门操作三方面之间的张力格局,这是美学健康发展所需要的。

市场美学 1994 年第 5 期《社会科学》刊载了李欣复《市场美学略论》一文,文章说:市场是现代人进行审美活动的主要场所和通道之一,市场发育越健全,包含的审美活动内容和范围便越多和越广,研究美学不研究市场美学,就象研究经济不研究市场经济一样,是不完整和缺乏现实感及生命力的。什么是市场美学?顾名思义,它是现代人围绕市场这个中心展开的一切审美活动的总称,因而也可称为市场实践行为美学。凡为市场需要而进行的各类商品的设计、生产、展销中的审美活动及在市场进行的审美消费鉴赏活动,都属市场美学范畴。所以,它的包容性极大,流通性极强,是一种流动的美学。与此相应,将它作为自己研究对象而抽取出一定概念、范畴、命题,组成并建立特定的美学理论,便是学科分类意义上的市场美学。通过商品形态与价值交换表现出来的形象感性活动,市场美学是实践的、流动的、活生生的;通过理论概念形态表现出来的抽象理性活动,市场美学是思辨的、静态的、枯燥的,两相结合,就是完全意义上的市场美学。流动的市场美学作为一种群体性实践行为美学,面向最广大的观赏者,从审美主体身份上说,是真正彻底和完全意义上的平民美学。在其范围内,不论何种产品的美,都是向全球所有公民开放的。平民性、开放性作为她的两个基本特征是统一结合的。

高连峻论审美文化对市场经济的促进作用 审美文化作为人类文化的最高层次,它是一种高生产力因素,因而一种促进市场经济健康发展的驱动力。这是高连峻在《社会科学战线》1994 年第 2 期上论《审美文化与市场经济》一文的论点。该文说审美文化对市场经济的促进作用,比较集中而明显地体现在商品上。商品是市场经济的核心,商品按照传统的经济学观点,具有交换价值和使用价值,就商品对人的心理作用来说,它还具有审美价值。我们平常说的物美、价廉、实用就是这三种价值的反映。商品的审美价值是商品的交换价值和使用价值的增殖因素,失去了审美价值,商品就会滞销,就得削价,其物品就可能弃之不用,而有些物品使用价值消失了,但其审美价值却可永存。审美文化可以使商品具有和谐性、愉悦性,反映人们追求自由发展的意识,使商品多样化、新颖化、个性化,满足人们求新、求变化的审美需要,增强商品的竞争力。随着人们生活水平和审美意识的提高,商品的审美价值将是市场竞争的最有活力的因素。单调、粗糙、伪劣商品必然要在竞争中败下来。审美文化对市场经济的促进作用,还体现在服务上、生产上、管理上、人际关系上、人的素质上。

审美文化倾斜现象 《中国人民大学学报》1994 年第 4 期转载了成复旺的文章,认为我国的审美文化的现实状况是倾斜的,一方面是追求感官愉悦的大众审美文化的畸形发展,另一方面却是追求精神价值的高雅艺术的严重萎缩。大众审美文化带有一种明显的、甚至是自觉的思想倾向:否定一切人生意义的关怀,嘲笑一切高尚的追求,它认为所有这样的关怀和追求都是"活得太累",都是"假清高",都是"玩儿深沉"。在它看来,痛快的活着就是一切,其余都是扯淡。这种审美文化的倾斜,其实就是人生的倾斜,是人生偏离了它的意义、向着吃喝玩乐的倾斜，这种倾斜就是文化中的人文精神的失落。当然，在市场经济条件下，人的人生观念、价值观念会发生、而且也需要发生相应的变化，如独立意识、竞争意识的加强，讲究功利、注重实际等，但从根本上说，从长远来看，这种变化只能是人的整体的文化状态的提高，而不会走向仅以吃喝玩乐为能事的意义虚无、价值虚无。诚然，在改革开放以前的一个很长的时期里，在总的价值观念上，过分偏重道德、贬低现实的利益；在审美文化上，过分强调它的教育功能和政治意义，而轻视它的愉乐功能、轻视它作为身心休息的意义。现在的文化倾斜就是对以往倾斜的反抗，但这是一种荒谬的反抗，它那否定一切人生意义的关怀、嘲笑一切高尚的追求的思想倾向不仅是庸俗的，甚至是丑恶的。我们应该正视这个问题，坚信：人类绝不会听任灵魂的沦丧，绝不会淹没在财富和金钱中而不能自拔，他们一定能够在新的条件下、在更高的水平上把自己高尚的灵魂再现出来。

10. 社会福利与社区服务

民政部表彰全国社区志愿服务先进集体和先进个人 1994年11月，民政部、中国社会工作者协会作出决定，命名北京市宣武区天桥街道邻里互助协会等38个单位为全国社区志愿服务先进集体；姚金兰等70人为全国优秀社区服务志愿者。这批被表彰的先进单位和个人，长期坚持为人民服务、为社会服务的方向，想人民群众之所想，急人民群众之所急；他们的服务工作体现了无私奉献的精神，事迹感人、成效显著；他们所做的工作对本地区的社会稳定和精神文明建设起到了积极作用，他们在人民群众中享有良好的声誉。

华人社区社会工作教育发展研讨会在京举行 1994年4月24日至25日，由亚洲及太平洋地区社会工作教育协会和中国社会工作教育协会(筹)共同主办的华人社区社会工作教育发展研讨会在北京举行。来自高等学校社会学系、民政学校和工青妇系统的社会工作教育工作者，以及美国、新加坡、香港、台湾等地的社会工作学者100余人参加了会议。社会教育工作如何适应建立社会主义市场经济体制的新形势，使之更好地为经济和社会的发展服务是这次研讨会的重点议题。

首届全国十大“扶贫状元”评选揭晓 由中国扶贫基金会、《半月谈》杂志社主办的首届全国十大“扶贫状元”评选活动在京揭晓。这次评选活动得到了党和国家领导人与国务院扶贫开发领导小组的支持。国务院总理李鹏、全国人大常委会委员长乔石分别为这次活动题了词。李鹏的题词是：“扶持贫困，共同富裕”，乔石的题词是：“全社会参与坚持开发扶贫走向共同富裕”。此次评选出的十大扶贫状元是在全国扶贫开发事业中涌现出的有突出的贡献者。他们是：江苏省江阴市华西村党委书记吴仁宝，山东省牟平县新牟里村党支部书记常宗琳，河南省农牧厅高级农艺师梁长俭，陕西省渭南市五里铺村党支部书记雷仁义，河北省涉县西戎镇西戎村党支部书记刘金鱼，山东省淄博市柳杭村党支部书记朱洪俊，四川省军区后勤部仓库助理员龙成祥，辽宁省农业科学院副院长李庆文，甘肃省扶贫基金会会长葛士英，香港浸会学院理学院院长、振华科技扶贫奖励基金创始人吴清辉。

第2届全国十大“扶贫状元”评定 由中国扶贫基金会和半月谈杂志社联合主办的全国第二届十大“扶贫状元”评选在京揭晓。他们是：甘肃省政协副主席韩正卿、山东省枣庄市山亭区区委书记诸庆观、河南省巩义市小关镇党委书记胡光周、湖北省鄂州市建材设计院院长张永明、新疆广汇企业集团董事长孙广信、香港大业织造厂有限公司董事长孙炳麟、深圳市经济合作发展基金管委会办公室主任范兆春、福建农业大学教授林占熹、甘肃甘南军分区尕海牧场副场长王耀、民盟吉林省委副主席马宁(女)。第二届全国十大“扶贫状元”是经全国23个省、市、自治区和国家教委、国家科委、农业部、中央统战部、民盟中央、团中央、解放军总政治部推选出的44名候选人中，经过初评，评委会审议和无记名投票中选拔出来的。

中国省市县福利院孤儿助学项目实施 中国社会服务促进会会长阎明复与国际世界宣明会副总裁倪贡明于1994年1月17日在北京签订了《中国省市县福利院孤儿助学项目》协议书。根据这项协议，国际世界宣明会将与中国社会服务促进会长期合作，从1994年开始，3年为一周期，每年国际世界宣明会向中方提供500万元(人民币)，用于资助我国412所社会福利院中的8000名6至18岁的孤残儿童上学，以补充原有教育经费的不足。为保证项目的落实，双方将共同组成项目工作委员会及建立相应的办事机构，负责项目的实施和监督。此次签订的孤儿助学项目协议，是近年来国际世界宣明会同我国进行的较大的合作项目之一。

第十次全国民政会授予12人“孺子牛奖” 第十次全国民政会议于1994年5月16日至21日在北京召开。民政部副部长杨衍银宣读了民政部《关于表彰全国民政工作先进县(市、区、旗)和全优乡镇(街道)的决定》；人事部副部长程连昌宣读了民政部、人事部《关于表彰全国民政系统先进工作者和劳动模范的决定》；民政部副部长阎明复宣读了民政部

《关于授予韩淑珍等12名同志民政部最高荣誉奖——“孺子牛奖”的决定》。十二名被授予“孺子牛奖”的同志是：韩淑珍（女）、杨凤岐、徐升莲（女）、祁连忠、陈建平、刘乃兰（女）、王军友、魏成光、刘爱珍（女）、阿吉·沙吾提（维吾尔族）、刘太生、马胜武（回族）。国务委员李贵鲜等领导同志向获奖者颁奖。

全国福利企业500强排定 1994年4月，民政部公布了1993年全国福利企业500强排序结果。其中江苏151家，占全国500强企业的30.2%，名列全国各省、市、自治区榜首，充分显示了江苏福利企业的实力和在全国的位置，不仅数量上名列前茅，在实力上亦占绝对优势。它们当中，销售额最高达4.6亿元，最低为520万元，利税额最高为3043万元，最低为100万元；人均利税额最高达70.7万元。这些企业中既有闻名全国的明星企业，也有名不见经传的新兴企业；既有民政直属企业，也有乡村、街道和厂矿办的福利企业。

湘潭社区服务规范有序 湖南省湘潭市是一个中等工业城市。自1985年以来的10年中，努力开展社区服务活动，一开始就把社区服务作为给群众办实事，加强城市管理和深化改革的突破口，纳入了政府工作议事日程，列入了民政部门工作计划，常抓不懈。全市基本形成以市社区服务中心为龙头，区、街道、居委会为主体，小型分散的服务设施为依托，立足民政对象，面向社会广大群众的老人服务、残疾人服务、青少年服务、儿童服务、家庭服务、便民商务、文化娱乐、医疗保健、综合治理、民俗改革等十大服务系列，拥有上千个服务网点，上万名社区工作者。该市社区服务工作迅速发展并取得良好成绩的原因：一是各级领导的重视，建立了组织机构，加强对社区服务指导，实行了一整套社区服务目标管理制度和考核制度；二是实行优惠政策，对社区服务予以扶植；三是注意协调各部门关系，为社区服务创造良好环境；四是选送得力骨干，打牢基础；五是多渠道筹资，增加对社区服务资金投入。

响水县2000名干部结对帮扶贫困户 江苏省响水县民政部门努力探索新形势下扶贫工作的新举措，积极实施扶贫攻坚计划，在小尖镇开展党员干部百人结对帮扶活动试点的基础上，组织县、乡、村三级干部2000多名，采取结对帮扶办法，努力使贫困对象尽快摆脱贫困。为使结对帮扶工作扎实有效地开展起来，县、乡都成立了专门班子，同时要求广大党员干部充分认识扶贫工作已进入攻坚阶段的现实。全县共筹集资金66万元，户均扶持310元。县、乡政府与帮扶干部都签订了责任状，确保帮扶户年内人均增收100元以上，达到一年解决温饱，二年摆脱贫困。包扶干部经过深入调查研究，因人因户制宜，选准扶持项目，搞好项目论证，采取长期、短期扶持项目相结合的办法。长期扶持项目主要有果树栽植、浅水藕种植、中药材栽植等；短期扶持项目主要有家禽、家畜养殖，柴、草、柳加工编织等。1994年6月，人员、资金、项目已全部落实到位，加快了全县脱贫致富奔小康的步伐。

杨金花自费创办残疾人康复疗养院 湖北省劳动模范、共产党员杨金花，积极扶残助残，自费创办了全省第一家残疾人康复疗养院。今年37岁的杨金花，1971年参加工作，在湖北省黄岗地区精神病院当护理员。1988年到1990年在湖北省黄梅县自费创办了古塔精神病院，为鄂豫皖毗邻地区治疗精神病患者1000多人次，临床治愈率达91%。1991年调任黄岗地区福利院副院长后，对残疾人事业更是矢志不移。1993年6月，她自费投资60万元，在黄州科技开发区兴建了一幢集办公、商场、旅社、精神病人娱乐室和病房于一体的1500平方米的残疾人康复疗养院。到1994年2月，疗养院已接受41名残疾人在这里进行康复治疗。

陈增华照顾烈属30年矢志不渝 山东省胶南市张家楼镇中草泊村妇女陈增华悉心照顾本村烈属丁德兰老人30年如一日，先后被山东省政府授予敬老爱幼先进个人；被青岛市评为优秀母亲，荣获大地奖；被青岛市政府、驻青部队授予拥军优属先进个人称号。丁德兰老人的丈夫在抗美援朝战场上壮烈牺牲，在她悲痛欲绝的时候，刚满6个月的儿子又因病夭折。从此丁德兰开始了孤身生活。随着岁月流逝和沉重精神打击，丁德兰身患多种疾病，日子十分艰难。陈增华勇敢地担负起侍候老人的重担，向烈属老人倾注了女儿般的情和爱。31年过去了，陈增华的4个女儿已有3个出嫁。女儿们在母亲的影响下，都象对待亲人一样照顾丁德兰老人，使这位72岁的老人生活得很幸福。

全国劳模、“孺子牛奖”获得者杨凤岐 杨凤岐是河南省林州市石板岩乡民政所长，自1980年走上工作岗位，到1994年14年如一日，俯首甘为孺子牛，致力于为优抚对象和当地群众服务。石板岩乡地处“红旗渠精神”和“扁担精神”的发祥地林县，村民大多散居在平均海拔高度约1400米山顶悬崖之上，人均不足3分耕地。前几年，那里的人们一直流传着这样一句话：“抬头一线天，抬脚就上山，走的是羊肠道，上的是石和崖。”恶劣的自然条件，带给人们的只能是贫穷。杨凤岐上任之后，为了全面掌握群众的生产生活情况，用了40多天的时间，徒步1500多华里，走遍了山乡的每一个村庄，串遍了每一家农户。他把全乡1830个贫困户和所有烈、军、残等优抚对象的生产生活情况登记注册，建立了档案卡片。谁家有困难，哪里有问题，他都了如指掌。披着星星去、戴着星星归成了家常便饭。患病的老伴得不到他的照顾，在1988年9月去世了。他承受着老年丧妻的沉重打击，继续为石板岩乡的福利企业东奔西走。他带领群众共同努力，使石板岩乡的福利企业近年共创产值720万元，实现利润60万元，极大地改善了石板岩乡群众的生活状况，1490户贫困户通过福利企业的扶助，开始摆脱贫困；全乡烈、军属和五保户都得到了较好的生活保证。

司春玉22年如一日照顾16位孤寡老人 山东省成武县汶上镇长李庄村共产党员、民兵连长司春玉22年如一日，义务照顾16位与他非亲非故的孤寡老人。从1972年到现在的22年中，司春玉帮这16位孤寡老人拆洗被褥、打水买面、请医抓药。下雪为他们扫雪，下雨为他们垫院。逢年过节，他都买上礼品去看望他们，大年三十，他总是为老人包好饺子，贴好春联，扫净院子，挑满水缸。每年还给老人每人做一身新衣服。这些年，先后有6位老人去世，司春玉都像亲儿子一样为他们送终。长李庄村拉上高压电的时候，家家安上电灯，唯独5位孤寡老人因没钱安不上。每到晚上，全村一片通明，可孤寡老人家里却点着昏暗的油灯。司春玉和妻子商量，在生活并不宽裕的情况下，一下拿出1000多元，给老人安上了电灯。司春玉无私奉献，助人为乐的精神，多次受到党和政府的褒奖。他先后20多次被省、地、县评为优秀党员和模范民兵干部、学雷锋标兵，1993年被济南军区授予“学雷锋荣誉奖章”。1994年8月被省政府、省军区授予“雷锋式的好民兵”荣誉称号。

全国优秀社区服务志愿者刘品强 刘品强是鞍钢机械制造公司铸钢厂的一名普通工人、共产党员，他十几年如一日，心系企业，情系社会，不为名利，为国分忧。他在努力工作之余，义务照顾和抚养了14位孤寡老人、军烈属、残疾人和孤儿，先后为4位老人送终。十多年来，他先后被各级党政组织分别授予先进工作者、精神文明先进个人、学雷锋标兵、全国优秀社区服务志愿者等光荣称号。1995年2月19日，刘品强同志因患肺癌医治无效，不幸逝世，年仅37岁。他的事迹在鞍山引起强烈反响，一股学习刘品强热潮在鞍钢掀起，“刘品强现象”成为钢城的热点。

无锡“残疾人小康工程”显效

无锡县为逐步缩小残疾人收入与社会平均水平之间的差距，使残疾人事业与当地经济建设、社会事业同步发展、达到全社会共同富裕的目的，1993年，在调查论证的基础上，制定了残疾人小康水平的目标体系、量化指标，率先在全国提出并实施“残疾人小康工程”，作为全县2000年奋斗目标之一。无锡县依托县残疾人工作协调委员会建立“指挥中心”，在政府统一领导下，协调和组织“残疾人小康工程”的实施，并重点把握三个环节。一是强化政府的主导作用，体现政府行为；二是强化各部门职能作用，实行目标管理；三是强化残联自身建设，增强组织活力。在具体实施中，县里把残疾人的就业、教育、康复、享受社会保障等方面作为重点。他们首先发挥全县福利企业数量多、发展快、实力强的优势，依托福利企业为残疾人提供多方面的保障。目前，全县300多家福利企业年创利税3亿多元，安置残疾人1.5万多人，较好地解决了残疾职工住房、医疗康复、养老保险等问题，为“残疾人小康工程”作出了突出贡献。县里建立了残疾人基金制度，并多渠道筹措资金，增加对残疾人事业的投入。县里还针对不同对象，分别制定优惠政策，给予残疾人特别照顾。两年来，该县有劳动能力的残疾人就业率和残疾儿童入学率均达95%以上，1300多名残疾人得到康复，残疾职工的人均收入达1900多元，残疾人居住楼房比例达84.4%，80%的残疾人拥有彩电等高档家电，98%的残疾职工认为在社会生活中能平等参与，不受歧视。

全国聋儿早期康复教育大专班首期结业 为了解决聋儿康复专业人才匮乏，适应聋儿康复事业长远发展，中国聋儿康复研究中心、南京师范大学、爱德基金会等单位通力合作，于1993年共同举办了首届“全国聋儿早期康复教育大专班”。学员经过两年的刻苦学习，于1995年9月毕业并走向第一线。为保证人才质量，中国聋儿康复中心、南京师范大学制定了教育课程，并聘请有高深理论基础和丰富教学及实践经验的专家、教师任教。大专班毕业典礼上，全国政协委员、阳光早教中心主任林佳楣及有关专家向首期45名毕业学员表示祝贺，并观看学员们毕业实践表演。

十城市创建社区服务示范区

北京西城区、上海长宁区、天津和平区、重庆渝中区等十城市城区有关领导新近聚会昆明市盘龙区，在深入探讨社会主义市场经济条件下如何发展民政经济、壮大社区服务业等问题时，提出开展创建社区服务示范城区竞赛活动，以进一步推进城市社会保障工作。社区服务是城市社会保障的重要形式。包括南京秦淮区、西安碑林区、武汉江汉区、沈阳沈河区、哈尔滨道里区在内的十城市城区与会代表交流了发展社区服务，促进社会保障的实践经验，主要体现在：社区服务纳入了社会发展规划和政府工作目标，充分发挥出社区的整体效能，使广大群众最大限度地从中受益；在服务规模和范围上不断扩大，软、硬件建设有突破性进展；社区服务与市场经济接轨，并向第三产业转化，经济效益和社会效益同步发展。十城市城区确定，创建社区服务示范城区，坚持民政为市场经济发展服务的方针，以建立和完善社会保障制度为重点，以发展壮大民政经济为突破口，使创建活动在为改革、发展、稳定的大局服务中做出新贡献。

11. 环境保护

全国人大常委会通过修改大气污染防治法决定 全国人大常委会关于修改《中华人民共和国大气污染防治法》的决定，已由第八届全国人民代表大会常务委员会第15次会议于1995年8月29日通过，国家主席江泽民发布54号令宣布施行。这是我国各级环保部门翘首以待的一件大事，也是加强我国法制建设的重要举措。自1987年我国大气污染防治法首次颁布实施以来，我国大气污染防治工作已纳入法制轨道，该法的实施对推动大气污染防治起了极大推动作用，成效显著。进入90年代后，随着我国经济的高速发展和社会主义市场经济体制的建立，大气污染防治法中的部分法律条款已不适应当前环境管理工作的客观要求。修改后的大气法具有很强的针对性，贯彻了“治本”方针，体现了运用法律形式对我国21世纪可持续发展战略相关部分所作出的确认和保障，它将有力地促进调整产业结构、转变消费方式和粗放经营模式，不仅推动大气污染的综合防治，也将有力地促进企业合理利用资源、能源，提高经济效益、社会效益和环境效益，提高广大居民的消费质量。除对大气污染防治法有关法律条款结合我国当前经济发展情况作了必要修改外，还增加了一些新的法律条款，如建立对严重污染大气的落后生产工艺和设备实行淘汰制度，规定了违反者所应负的法律责任和处罚措施，体现了把防治大气污染融于生产、销售、进口、使用、转让等经济运行全过程之中的思路；用法律形式确认和推广清洁煤的生产和使用政策；规定划出酸雨控制区和二氧化硫危害比较严重的地区采取二氧化硫控制措施等。

我国重点城市环境质量稳定 1993年全国37个重点城市环境综合整治定量考核结果，经国家环保局组织审定，于1994年9月22日公布。按考核城市环境质量、工业污染控制、城市基础设施建设三方面综合得分，37个城市的平均得分为71.65分，较之1992年的70.57分提高了1.08分。1993年与1992年相比增分的城市有27个，其中增加5分以上的有9个。1993年城市环境综合整治定量考核工作开展较好的城市工作各有特色。许多城市在城市发展的同时加快综合整治步伐，使城市环境面貌得到相当大的改善。如上海1993年城市环境综合整治的投资规模达到32亿元，其中重大工程有：苏州河污水合流工程，焦化总厂“三联供”煤气工程，黄埔江上游大中型禽畜饲养场的废水工程(35个)，工业污染实际投资9亿元，搬迁工厂30家，完成污染控制项目343个，新增废水处理能力18万吨/日，废气治理能力3000万立方米/日，增加烟尘、粉尘去除量91万吨/年，治理固定噪声源107个。

’94中国环保产业百强企业揭晓 1994年10月29日，持续了4个多月的中国环保产业百强企业的评价活动在京结束，评出了以北京朝阳重型机器厂为首的100家企业为’94中国环保产业的百强企业。这次评价活动在中国环保产业界尚属首次，调查评价活动得到国家环保局、国家统计局的批准，也得到了企业的积极响应。它进一步摸清了我国环保产业的家底和发展水平，为国家有关部门提供了可靠的决策依据。1994年12月4日—6日，共青团中央、国家环保局、全国青联、中华环保基金会，又在北京表彰了在企业环保工作上有卓越贡献的北京天坛傢俱公司经理张乐新等100名企业家，授予他们“中国青年优秀环保企业家”的荣誉称号。加上1994年6月5日表彰的“妇女环保百佳”，这就构成了1994年中国环保事业上的“三百强”图画。

宁夏中卫固沙林场喜获“全球500佳” 1994年联合国“全球500佳”评选揭晓，宁夏中卫固沙林场榜上有名，这是1994年我国唯一入选的单位。林场场长张克智在伦敦接受了联合国环境规划署授予的全球环境保护最高奖。中卫固沙林场获此殊荣，主要是他们40多年来致力于防风固沙、改善生态环境成绩显著，为确保包兰铁路的畅通做出了卓越贡献。他们在长期的治沙实践中，创造了“麦草方格固沙法”，锁住了疯狂的“黄龙”，在沙丘高、流动性强的腾格里河沙漠东南前沿筑起了“绿色长城”，建立了“五带一体”的治沙防护体系，有效地固定了流沙。与40年前相比，林场所在地风沙天数由330天减到了122天，植被覆盖率由不足1%增至42.4%，植物物种数增至453种，黑鹳、大天鹅等146种野生动物相继在林地出现。在绿色屏障保护下，1633.8公顷沙地变为良田，14万公顷沙地和盐碱地成为绿洲，建成了我国第一个具有荒漠生态特征的自然保护区和独具特色的沙漠旅游区。中卫固沙林场的治沙经验和模式，向全世界展示出了一个通过人工生态系统改造沙漠的成功范例，被外国专家誉为“世界首位”的治沙工程。这项工程曾先后获铁道部科技进步一等奖，林业部重大工程建设一等奖，国家科委科技进步特等奖。

我国大陆78%的海岸筑起绿色长城 从林业部获悉，1994年我国人工造林面积已达5亿亩，居世界第一位。特别是沿海防护林体系建设工程，自从1988年实施以来，六年共完成造林面积3000多万亩，走在全国海防林建设前列的福建、海南、青岛三省市分别在占各自93%、94%和95%的大陆海岸线上建成了基干林带，并于1994—1995年封闭合拢。这样，在我国1.8万公里长的大陆海岸线上，就建成大陆海岸基干林带1.4万多公里，使78%的大陆海岸大大缓解了台风、海啸、暴雨的灾害，使4800万亩农田得到保护，1/2的沿海平原实现了农田林网化，1/3的沿海山区消灭了宜林荒山，明显改善了沿海地区的生态环境和投资环境。

"江南沙漠"披上绿装 在距江西省南昌市仅40多公里的地方，有一片绵延几十公里，面积达12万多亩的"江南沙漠"。秋冬季节风沙弥漫，春夏流沙随雨水俱下，淹没良田。中国科学院兰州沙漠研究所，从1988年起，在风沙危害最严重的江西新建县厚田乡建立了亚热带风沙化土壤综合开发南昌试验站，进行了有关南昌地区风沙化土地形成，现在风沙地貌的发育特征，风沙活动规律等多方面的研究，初步掌握了风沙化土地特性和变化规律，到1994年，他们与当地群众一起摸索并积累了一套行之有效的技术措施，使果木和其它植物的成活率平均达91%以上，使这片过去寸草不生的土地披上了绿装。治沙的成果使当地农民纷纷要求承包治理沙地。现已种植果树达3000亩，湿地松10000多亩，全乡人均年收入超过500元。同时植树治沙还改善了那片地区的生态环境，每年被风沙吞食的土地从原来的50—60亩减少到10余亩，夏季平均气温下降2摄氏度，降水量增加200多毫米。有关专家认为，这一成果不仅在我国南方3000万亩风沙化土地开发治理中可以推广应用，而且对整个亚热带各国的风沙化土地治理都有推广价值，从而引起国内外的广泛关注。

美监测卫星发现洪湖是世界污染最轻的淡水湖 据中国环境报报道，近年来美国监测卫星在太空发现，世界上受污染最轻的淡水湖是中国湖北省的洪湖。洪湖湖面1986年也曾出现过10多公里长的污染带，但发现后及时采取了治理措施，现在洪湖沿岸没有工厂，生活污水和工业废水的排污口都不准直接排向湖内，湖水清澈，团团水草历历可见，湖区到处是网箱养鱼，洪湖湖水可直接饮用。

威海市一民间组织兴建中华环保金铭榜 为使对我国环保事业做出卓越贡献的知名人士、科学家、环境保护与治理的艰苦创业者，以及为环保事业捐赠巨资无私奉献的各界人士名刻千秋，增强人们的环保意识，1994年经国家环保局批准，威海市民间绿色协会出资兴建中华环保金铭榜。该榜矗立在威海市卧龙山环保塔景园内，由白色花岗岩精雕而成，榜两边为象征中华民族的龙柱华表，榜高4.8米，宽5.2米，由王丙乾副委员长题名。榜上镌刻的功臣包括：联合国环境规划署金质奖章获得者、荣获联合国环境规划署"全球500佳"称号的单位和个人，著名的环保科学家和业绩卓著的环保工作者，以及为环保事业捐赠1万美元以上的台、港、澳同胞和海外侨胞等各界人士。

西藏全力保护喜马拉雅山山区环境 西藏高原平均海拔4000米以上，这里众多的自然景观、迷人的冰山雪峰，吸引着全球登山探险家和旅游者。登山和旅游活动给西藏带来显著的社会、经济效益；同时，也给高山环境造成影响。西藏各级政府及登山协会对这一问题给予了充分的重视。1994年7月1日，西藏第一部地方性涉外法规《西藏自治区对外国人来藏登山管理条例》正式实施，这一条例对进山人员明确规定了保护环境的责任和义务。使高原国际登山运动走上了法制化的轨道，也为山区环境保护奠定了基础。为了保护喜马拉雅山区优美的环境，西藏登山协会在登山活动最为集中的珠穆朗玛峰、希夏邦玛峰大本营建立了厕所和垃圾圈，每年派出卫生清扫队清理山区的垃圾。他们还在通往几座高峰的路线上修筑了公路和桥梁，方便了旅游和登山活动，促进了对高山环境的管理和保护工作。中外专家认为，今天的世界屋脊仍是一片净土。

新疆两项治沙成果受联合国奖励 使新疆塔里木盆地再度披绿的两项治沙成果1995年获联合国奖励，标志着我国荒漠化治理已走在世界前列。"盐碱地沙地引洪灌溉大面积恢复红柳造林技术"和"策勒流沙治理研究"，由中国科学院新疆生物土壤沙漠研究所试验完成。位于塔克拉玛干沙漠南缘的策勒、干田、民丰、伽师4县，人工培植的70万亩红柳郁郁成林，4.9万亩流沙地成为溢彩飘香的果园。因流沙入侵被迫三迁县城的策勒县，是新疆流沙治理的重点地区，科研人员在当地各族农牧民的配合下，建立了由拦沙河、灌草带、人工灌木片林和窄带多带式防沙林网组成的绿色屏障，拦腰斩断入侵的三大"沙龙"，成功地将黄沙逼退4公里，一度失去的3000亩农田重新回到了农民手中。

滇池跨世纪治理工程拉开序幕 云南滇池治理工程第一阶段工程——西园隧道工程于1994年元月24日正式开工。滇池是我国第六大淡水湖泊，是昆明繁衍发展的摇篮。但是随着昆明社会经济的发展，人口激增和城市的扩大，滇池水体污染日益加重。加之滇池位于昆明市区下游，而出水口在西南部的特殊地理条件，城市污水由滇池北部进入，形成池北部水污染严重，南部水污染较轻，致使汛期排走的是南部清水，形成蓄污排佳的恶性循环。滇池的严重污染引起了国务院和云南省政府的高度重视。1993年省政府召开了治理滇池的现场办公会，决定从1993年起，用18个月的时间，投资30亿元，分三个阶段完成滇池的根本治理，第一期项目于1995年年底建成投入使用。

山西治理炼焦污染动真碰硬

山西是全国焦炭生产的重要基

地，全省焦炭年总产量达4025万吨，但环境污染和生态环境破坏严重。特别是一些乡镇企业和农民只顾眼前利益，到处随意建造土焦池，空中烟尘弥漫，地下污水横流，群众的生活和健康受到严重影响，不少地方的癌症发病率直线上升。

面对这一严峻形势，山西省委、省政府果断决定：宁可暂时在经济上受点损失，也要把环境保护好，坚决采取一系列措施，动真碰硬，治理炼焦污染：一是坚决取缔土焦和落后炉型，并将其纳入城市环保目标责任制中，作为对产焦区政府和企业领导的主要考核内容，奖罚分明。二是依靠科技进步，控制污染源头。全省明确提出"焦炉环保化、工序机械化"的要求，减少企业数量，扩大企业规模、依靠科技进步、提高产品档次的路子，从根本和源头上控制污染。全省还组织了大批专家学者，开发研制新焦炉，解决了从土焦到大机焦过渡资金短缺的难题，企业推广使用后可减少污染70%，产品附加值也大大提高。

1990—1995年以来，山西共取缔污染严重的小土焦池1.2万余座，改造落后的萍火炉5000余座，一批现代化炼焦炉拔地而起，从而使炼焦业综合经济效益增长60%，污染下降50%，走出了一条经济与环境协调发展的道路。

郴州摧毁土法炼砷 砷是一种剧毒物质。湖南郴州地区所辖的11个县市、30多个乡镇到处都有土法炼砷点，共年产砒霜3500多吨，致使周围农田的稻谷、油茶中含砷量大大超标。在土法炼砷的地方，草木不生，农作物减产，家禽家畜时常成批中毒死亡，从事炼砷的村民砷中毒事件时有发生。为保护郴州地区的生态环境，1994年郴州地区各级领导，采取行动坚决取缔土法炼砷，许多县（市）委书记、县（市）长深入乡镇做工作，带领干部群众强制捣毁土砷灶2725个，不少地方为改变过去土法炼砷的陋习，还制定了村规民约，规定今后世世代代不准搞土法炼砷。同时采取监督与疏导相结合的管理办法，集中办砷制品厂、安装环保设施，避免砷对人和环境造成危害。

山东栖霞出现生态农业村

养猪积粪——粪生沼气——沼液浇地——地肥粮丰——粮多喂猪。这是山东省栖霞县中桥镇吕家庄村形成的高效农业循环链，1995年全村350亩小麦，没施一斤化肥，亩产达550公斤。

吕家庄素有养猪传统，村里过去形成的斤猪斤料奖励政策一直延续至今，现在村里还建起良种仔猪繁育场，每年为群众提供"长白"、"烟台黑"等良种仔猪500多头。1994年这个村存栏生猪1200头，出栏生猪2400多头，养猪户均纯收入4000元。养猪业的兴起，促进了沼气业的发展，全村建起210个沼气池，村民们一年有10个月做饭不用烧草，照明不用电，家家不见炊烟起，户户但闻饭莱香。

同时，猪粪尿经过沼气池发酵，变成优质肥料，全村每年生产沼气液3600多吨，相当于25吨标准化肥。吕家庄村已经成为养猪村、沼气村、吨粮村、双千元村、烟台市生态农业示范村。

中国环境伦理学研究会成立

中国环境伦理学研究会于1994年9月初在北京成立。它是中国伦理学会下设的环境伦理学工作者的学术性群众组织。研究会由环境伦理学的学术研究、教学和实践工作者组成，旨在开展我国环境伦理学的学术研究和实践活动，把它作为精神文明建设和德育建设的一部分，为提高我国人民群众的环境意识和道德水平，为保护环境加速我国社会主义现代化建设服务。

滦河流域人民同心保水质

滦河发源于河北丰宁县坝上高原，全长877公里，流经河北、天津的14个市县。1983年9月，引滦入津工程竣工，滦河成为天津市的供水水源。

丰宁县地处燕山北麓，由于地理位置的原因，这里的改革开放起步较晚，是全国和河北省的重点贫困县，在加速发展经济的同时，丰宁人民没有忘记保护滦河的重任。全县先后关闭了污染较大的皮毛、化肥、电镀等十家企业，减少税收近1亿元。放弃了一批基础条件好、开发潜力大、市场前景广阔的工业项目。丰宁县具有丰富的金矿资源，每年金矿粉达到17600两，为了避免黄金冶炼给滦河水源造成威胁，他们只卖金矿粉，不搞获利丰厚的黄金加工。

为了严格控制滦河上游的水源污染，承德市下属各县关停并转了100多家污染严重的企业，并投入近9000万元限期治理了82个污染项目。这些措施有效地保护了滦河上游水质。同时，承德地区人民投入大量人力、物力植树种草，绿化荒山，闸水修坝，实施小流域综合治理，在改善生态环境、涵养水源，使滦河上游发生了巨大变化，昔日的荒山秃岭呈现出"远山松林戴帽，近岭果树缠腰，河川长满水稻"的新面貌。1994年7月，滦河流域发生了罕见的洪灾，但没有洪水下山。

引滦工程使天津人民结束了喝苦水的时代。饮水思源，天津人民深知上游人民为保护水源作出的牺牲和奉献。在滦河上游发生自然灾害的时候，天津人民捐献衣物60万件，帮助上游人民度过难关，重建家园。天津市环保局在滦河源头调查发现，两个贫困乡还没有通电。便想办法筹集了20万元和价值10万元的器材，使这两乡用上了电，加快了脱贫的步伐。市环保局还多次牵线搭桥，促成了两地的经济合作，并落实联合办厂资金320万元，达成合作意向60多项。天津市各有关部门还多次邀请专家到滦河上游考察，为当地经济发展献计献策；在源头举办夏令营、培训班等活动，让天津人民更多地了解滦河，理解上游人民的牺牲和贡献。

得耳布尔林业局36年无森林火灾 内蒙古大兴安岭林管局得耳布尔林业局在提高预防和扑救的综合控制能力上下功夫，依靠林、地、铁、电和航空护林五大系统的力量，有效地控制森林火灾的发生，到1995年为止，实现了连续36年无森林火灾。

将军夫人离休十余年营造树林11片 在北戴河天津工人疗养院的一个山坡地上，生长着一片郁郁葱葱的松树林，一位老人长年累月地在这片松树林中劳作，她就是已故原工程兵副司令员唐哲明将军的夫人、北戴河天津工人疗养院离休干部张剑峰同志。张剑峰1927年参加中国共产党，全国解放后，调到天津市总工会工作，1958年起担任北戴河天津工人疗养院党支部书记兼副院长。从1985年离休时起，她便拿起锄头开始了自己营造绿色的行动，她以愚公移山的精神和毅力，开垦出6亩多山坡地，栽下大大小小11片树林，仅成材树木就有3000多棵。有人提议，为她的松林竖碑，她坚决不同意，并且说："只要荒坡地上长满了树，就啥都有了。"

一对夫妇12年绿化荒山800亩 北京密云水库内湖东侧的群山之中，深印着一对年轻夫妇杨凤军和彭金兰的创业足迹。1984年，他们来到离家35公里的荒无人烟的深山安家落户，承包了800亩荒山。他俩住窝棚、喝生水、点油灯、睡冷炕，过上了"原始生活"。经过12年的艰辛劳作，他们终于依靠自己的双手，使800亩荒山绿树成荫，果鲜花艳，一棵棵栽植的16万株杨、槐树先后成材，1600余株板栗树已经结果。

军人鏖战老风口 在新疆阿尔泰山和准噶尔盆地北部之间，有一个地方叫老风口，它是乌鲁木齐市通往塔城市和邻国哈萨克斯坦的咽喉要道。但这里常年风雪肆虐，风力一般都在七、八级以上，最高可达11～12级。为改善这里的自然环境，1991年新疆维吾尔族自治区批准了"治理老风口风区防风建设工程"后，驻守在巴尔鲁克山下的部队党委，就把"综合治理老风口、改造自然环境"的计划列入了支援地方建设的议事日程，经过一年的准备和布置，1993年4月15日，300多名官兵挥戈上阵，赢得了"绿化工作王牌军"的美誉。据老风口治理工程部门统计，从"绿化工程"实施两年以来，该部官兵共挖运土方30000立方米，植树3000亩、12万株，成活率达91.5%，是所有植树单位中质量最好、效率最高的单位。1994年托里县林业局将一面"自然灾害中的绿色和平使者"的锦旗送到了团部，感谢老风口官兵在环境治理中作出的贡献。据老风口风害雪害研究站测定，林带保护下的公路，风速已从3年前的30～40米/秒降至25～35米/秒，日差温度降低约达1～3℃，空气湿度提高了1.1%。两年多来老风口附近的一些乡的农牧业减少损失约共70万余元。一些复员转业的官兵还从千里外寄来了新树种，令驻地人民感动不已。

索南达杰为保护生态环境英勇献身 青海玉树藏族自治州治多县县委副书记索南达杰，为开发当地丰富的自然资源，第12次率领工作组于1994年1月进入平均海拔5000米以上的可可西里腹地考察巡视。考察期间与一伙来自青海东部化隆、湟中以至川、浙等地的采金、盗猎狂徒相遇，经过激烈搏斗，抓获了犯罪分子，收缴了他们的枪枝、弹药、车辆和残杀的国家一级保护动物藏羚羊等。1月18日在押解七名罪犯返回途中，有两名歹徒因肺气肿命在垂危，被送往格尔木市医院抢救，其余5名歹徒趁人们忙乱之际突然向巡查组袭击开枪，枪战中1名歹徒被击毙，其余4名歹徒逃窜，索南达杰同志为执法献身。青海玉树藏族自治州数万名干部、群众，于1994年元月28日至2月7日，为悼念执法献身的索南达杰同志举行了藏民族最隆重的葬礼。青海省政府也作出决定，授予索南达杰同志为"党的优秀领导干部"的称号，并派出由省政法委、省府及有关部门的人员奔赴发案地，查清事实，追捕逃犯。

千余吨韩国化工废料被押运出境 1993年10月3日，卸于南京市上元门港货场的1288吨(6440桶)的所谓"其他燃料油"的化工原料，经江苏省商检局抽检发现，这批货物完全是有毒有害的化工废物，南京新生圩海关依法将其查封。洋垃圾闯入国门，引起了国务院领导的重视，批示要将其安全、全部退运出境，并追查责任。通过外交途径与韩国方面交涉，韩方对此表示歉意，终于在1994年3月2日，在上海安全局和国家环保局官员押送下退运出境。关于该事件的责任问题，经南京港务管理局向南京市中级人民法院提起民事诉讼后，法院经过调查核实，于1994年6月6日和7月7日进行了两次开庭审理，终于在1995年2月2日判处韩国赔偿499万元。1994年9月6日，国家环保局和海关总署在南京召开表彰大会，江苏省环保局、南京市环保局、江苏省商检局、南京新生圩海关等12个单位，在查获、封存和退运韩国进口废料中，严格执法，有力制止了危险废物的非法转移，严密地控制了污染扩散，为维护我国环境权益作出了贡献，受到表彰和奖励。

12. 人口与计划生育

江泽民强调引导农民少生快富奔小康 1994年3月22日和1995年3月18日，中共中央、国务院连续在第四次、第五次在全国人代会期间召开计划生育工作座谈会。江泽民、李鹏、乔石、李瑞环、朱镕基、刘华清、胡锦涛等出席了这两次座谈会。江泽民、李鹏发表了重要讲话。江泽民强调,人口控制属于政府调控职能,不能由市场调节。对计划生育工作,党、政第一把手必须亲自抓,负总责。领导重视,贵在自觉,贵在务实,贵在持久,要坚持不懈地抓紧抓好计划生育工作,为实现控制人口增长计划,促进经济和社会发展做出新的贡献。在建立社会主义市场经济体制的新形势下,人口与计划生育工作面临许多新情况和新问题。人口形势仍不容乐观,任何时候对计划生育工作都不能有丝毫松懈。各级党委和政府特别是党、政一把手,一定要从全局的、战略的高度,更加深刻地认识解决人口问题的重要性和紧迫性。江泽民强调指出,我国计划生育工作的重点和难点都在农村,要充分发挥基层党组织的领导核心作用和共产党员的先锋模范作用,引导农民少生快富,文明奔小康。

李鹏强调计生工作“三个不变”和“三结合” 国务院总理李鹏于1994年3月22日和1995年3月18日,分别在中共中央、国务院召开的两次计划生育工作座谈会上发表的重要讲话中指出,计划生育工作的重点和难点在农村。要十分重视并抓好流动人口的计划生育工作。要把计划生育工作和脱贫致富、精神文明建设密切结合起来。加强宣传教育、使计划生育工作成为广大人民群众的自觉行动,更好地促进人口、社会和经济建设的协调发展。实践证明,中央提出的要坚持现行计划生育政策不变;既定的人口控制目标不变;党、政一把手亲自抓,负总责不变。这“三个不变”的要求和“既要抓紧又要抓好计划生育工作”的指导方针是完全正确的。李鹏说,近年来,一些地方创造的把计划生育工作同发展农村经济相结合;同帮助群众勤劳致富奔小康相结合;同建设文明幸福家庭相结合的“三结合”经验很好,是对计划生育工作的一项改革和新的发展,要充分肯定。希望各地在推广“三结合”方面继续探索,创造新的经验。李鹏在《关于制定国民经济和社会发展“九五”计划和2010年远景目标建议的说明》中指出,十几亿人口是我们考虑社会经济发展问题的一个基本出发点。逐步把人口自然增长率降下来,到2000年和2010年分别把人口控制在13亿以内和14亿以内,是顺利实现《建议》提出的奋斗目标的一个重要条件。实现上述控制人口的目标,难度是很大的,但是必须努力做到。

彭珮云说计生工作需长期艰苦奋斗 国务委员、国家计生委主任彭珮云于1994年10月27日,在全国计划生育工作先进集体先进个人电话表彰会上的讲话中指出,90年代我国人口出生率已经降到20‰以下,我国妇女总和生育率已达到更替水平,这是全党、全国人民共同努力的结果。彭珮云指出:我们必须清醒地看到,我国人口基数和每年出生人口的绝对数都很大;目前的低生育水平还很不稳定,现行计划生育政策与农民的生育意愿仍有一定的差距,计划生育工作以宣传教育为主、避孕为主、经常性工作为主的“三为主”方针在许多地区还没有完全得到落实;由于社会经济发展水平和工作基础不同,地区之间工作不平衡的现象还比较严重;在改革开放和建立社会主义市场经济体制的新形势下,人口与计划生育工作又面临许多新情况和新问题。计划生育工作已经取得显著成绩的地区和目前工作难度还比较大的地区,都要有长期艰苦奋斗的思想准备。彭珮云还从全球人口的宏观形势,分析了我国努力控制人口数量、提高人口质量、改善人口结构的重要意义。她强调,要在新的历史条件下,更好地服从和服务于经济建设这个中心,努力拓宽工作领域,提高管理和服务水平,努力实现生产、生活、生育的有机结合,积极引导广大群众走少生、快富、文明奔小康的道路,促进人口与经济社会的协调发展。

钱正英强调政协要把人口问题列为参政议政的重要内容 1994年4月30日至5月3日,全国政协人口问题研究组与北京、河北、江苏、河南、山东、四川等10个省、自治区、直辖市政协,在河北省承德市联合召开农村人口形势研讨会。参加会议的还有民革和农工民主党的代表。全国政协副主席钱正英在会上强调,计划生育在农村工作中具有特殊重要性,搞好农村计划生育对当前和今后农村现代化,都是十分重要的。要把农村的人口控制工作纳入农村改革、发展和稳定的大局中。做好贫困地区的计划生育工作,既是加快脱贫致富的重要措施,也是防止已脱贫人口因为多生育又回到贫困状态的一个重要方面。钱正英指出,政协把人口问题列为参政议政的重要内容,是十分必要的。政协要根据自己的特点,发挥自己的优势,在解决农村人口问题的过程中,做出应有的贡献。

《中国计划生育工作纲要(1995—2000)》颁布实施 国家计生委为了实现我国社会主义现代化建设的目标,促进计划生育工作持续健康发展,特制定此纲要。国务院在批转《纲要》的通知中指出,实行计划生育是我国的基本国策,也是一项长期、艰巨的战略任务。90年代是我国改革开放和社会主义现代化建设的关键时期,能否有效地控制人口增长,直接关系到国民经济和社会发展战略目标的实现。各地、各部门要牢固树立人口与经济、社会、资源、环境协调发展的观念,从实际出发,互相配合,共同努力,扎扎实实地抓紧抓好计划生育工作,努力实现《纲要》提出的各项要求。《中国人口报》于1995年2月10日刊登了《纲要》全文。《纲要》分为10部分。其中规定,计划生育工作的主要目标是:到2000年,人口自然增长率降到10‰以下;到1995年末,全国总人口(不包括台湾)控制在12.3亿以内;

到2000年，控制在13亿以内。《纲要》指出，在严格控制人口增长，把人口规模控制在合理范围内的同时，人口素质有比较明显的提高。逐步形成具有中国特色的、适应社会主义市场经济需要的人口与计划生育工作机制。为了实现上述目标，在工作中要切实遵循以下原则：坚持政府第一把手亲自抓、负总责。把人口与计划生育工作纳入国民经济和社会发展的总体规划，使人口与经济、社会发展相协调。全面贯彻执行现行的计划生育政策。计划生育工作要服从和服务于经济建设这个中心。坚持国家指导与群众自愿相结合。计划生育必须依靠科技进步。坚持从实际出发，实行分类指导的工作方法。

《中华人民共和国人口与发展报告》 “国际人口与发展大会”，于1994年9月5日至13日在埃及开罗召开，我国政府向大会提供了一份正式文件：《中华人民共和国人口与发展报告》。报告除前言外，共有五章。在阐明中国人口与社会经济发展的规划与措施中指出，80年代初，中国制定了社会主义现代化建设分三步走的战略部署。90年代，中国面临着发展经济和控制人口增长的双重任务。中国政府控制人口增长的目标为：1991年到2000年平均年人口自然增长率控制在12.5‰以内，到2000年全国大陆总人口力争控制在13亿以内，人口自然增长率降到10‰以下。总和生育率要从1990年的2.3降到2.0以下。基本上完成人口再生产向低出生、低死亡、低增长的现代化类型的转变。为实现中国2000年人口与社会经济协调发展的目标，在继续大力发展经济的同时，要继续执行计划生育和环境保护两项基本国策。完善与推行有利于人口与社会经济协调发展的政策，采取综合措施有效地控制人口增长，保护自然生态环境。报告中还强调指出，中国政府认为，在解决人口问题，加强国际合作中应当考虑到以下基本原则：必须把人口与发展问题紧密地结合。必须充分尊重各国在解决人口问题方面所制定的政策和选择的目标。要正确处理好个人的基本权利和社会责任的关系。进一步促进国际合作，共同为解决人口问题作出努力。报告中最后表示，中国政府将一如既往地同国际社会各成员一道为这次会议的成功和稳定全球人口作出自己的贡献。

《中国的计划生育》白皮书 国务院新闻办公室于1995年8月23日发表《中国的计划生育》白皮书，以翔实的材料和大量的事实，对中国如何迎接人口问题的挑战、中国实行计划生育的政策和措施、中国实行计划生育的成效等方面的情况，作了全面、详尽、系统的介绍，对国外有些人对中国计划生育的攻击进行了批驳。白皮书共分符合国情的战略决策、造福于民的社会事业、国家指导与群众自愿相结合、赢得人民的共识、满足育龄群众生殖保健的需要、在改革和发展中走向完善和保护人权的正确选择等七部分，强调中国将一如既往地继续与世界各国协调行动，通力合作，为贯彻落实《国际人口和发展大会行动纲领》，稳定全球人口，为人类更加美好的未来作出积极的贡献。

“中国12亿人口日”大会在京召开 1995年2月15日零时，我国第12亿个公民已降临神州大地。为进一步唤起全党全民对人口问题的高度重视，中央八个部门和北京市政府14日在人民大会堂联合召开“中国十二亿人口日”大会，以增强人们计划生育工作的紧迫感，从而实现到本世纪末将我国总人口控制在13亿以内的战略目标。据统计，1994年我国人口出生率为17.7‰，死亡率为6.49‰，自然增长率为11.21‰。全年出生人口2104万，死亡人口771万，年末全国总人口为119850万人。根据国家统计局测算，2月15日是我国第12亿个公民出生日。这个推迟9年到来的“12亿人口日”是我国人口发展史上的一件大事，它既表明我国实行计划生育，控制人口过快增长取得了显著的成就；同时也标志着我国的人口形势依然不容乐观，必须继续坚定不移地贯彻执行计划生育基本国策。

全国少生快富模范家庭代表座谈会在京召开 应国家计生委邀请来京出席全国少生快富模范家庭代表座谈会的50多名代表，于1994年7月2日上午在中南海，向党和国家领导人汇报了他们积极响应号召，坚持实行计划生育、努力生产致富的体会。吉林东丰县南屯基乡永兴村五组的计划生育中心服务户长席文艳，满族，只有一个男孩，她靠栽种树苗，成了村里致富带头人，年收入由1万增加到5万元。湖北省京山县石龙乡倒灌溪村的农民祝吉栋1980年响应党的号召实行计划生育，10多年间挖秃了40把十字镐，栽种了10万株杉树，把荒山变成了林海，被誉为绿化荒山的强人。他在座谈会上建议：以全国少生快富模范家庭代表座谈会的名义，向全国农村千千万万个家庭发出倡议，在全国农民家庭之间比致富、比实行计划生育的自觉性，得到了许多代表的赞同。

山东经济社会发展得益于人口控制 1995年，山东省生产总值达到5000亿元，按可比价格计比“八五”初期增长1.16倍。全省城镇居民人均生活费和农民人均纯收入达到4000元和970元。全省社会保障网络覆盖面达90%。党的十一届三中全会以来，山东省以“人均水平”评价干部工作的实绩，极大地调动了广大干部抓好计划生育工作的自觉性，使全省的人口控制与经济社会发展处于同步水平。1995年，山东的人口出生率已控制到9.82‰，自然增长率已控制到3.35‰。妇女总和生育率1995年已降至1.1个。按1970年的山东妇女生育水平推算，1971—1995年的25年中，全省少生了4100多万人。山东近25

年少生人口为社会所节省的4920亿元抚养费，恰为1995年全省生产总值总和；而"八五"时期由于计划生育率和晚婚率的提高，山东省实际出生的人口比计划还少出生330万，又正好是全国"八五"时期少出生人数1300万的1/4。1949年，山东人口4549万，占全国总人口的8.4%，而今山东人口8700万，占全国总人口的7.2%，人口增长速度已低于全国平均水平。

我国计划生育保险事业兴旺发达 计划生育与保险事业的结合，始于80年代中期，至80年代末逐步全面推广。经过10多年的努力，现已覆盖了全国所有的省、市、自治区，并且由最初的独生子女及二女户父母的养老保险及母婴安康保险，发展到独生子女两全保险、独生子女教育及婚嫁金保险、独生子女养老保险、计划生育手术平安保险、计划生育干部养老保险等。据中国人民保险公司统计，至1995年6月底，独生子女两全保险参加人数累计已达1311万多人，金额累计为206亿多元；独生子女教育和婚嫁金保险参加人数累计达1008万人，金额累计为340.82亿元。"养老基金会"是计划生育户父母养老保险的主要形式之一。北京市顺义县自1000年3月建立独生子女父母养老基金会后，至1995年1月，已有34500户参加，占总户数的78%，人口出生也由1990年的8651人降到1994年的4229人，计划生育率则由1990年的95.9%，上升到1994年的99.8%。

吉林带领群众少生快富文明奔小康 在1995年3月18日召开的中央计划生育座谈会上，吉林省省长高严在汇报本省计划生育工作情况时，着重汇报了如何带领群众少生快富文明奔小康走"三结合"之路的做法和成果。吉林省1994年全年国民生产总值增长14.1%，连续9年完成国家下达的人口计划。吉林省把计划生育"三结合"纳入农村经济社会发展规划，各级党委、政府列入重要工作日程。省委、省政府作出了《关于在全省农村进一步深入开展计划生育工作"三结合"活动的决定》。省政府与市、州政府签订实施"三结合"目标责任书。协调相关部门制定倾斜政策，扶持群众少生快富。深入基层检查指导，办实事，解决实际问题。吉林省走计划生育"三结合"之路，一是促进了全省经济的发展。1994年全省涌现出少生、快富、文明村5220个。全省走"三结合"之路直接和间接创造产值近11亿元，农村育龄家庭户均年增收300元左右；二是提高了广大群众实行计划生育的自觉性，1994年出生人数比国家下达计划少生10万多人；三是提高了妇女的家庭和社会地位。全省出现38万多个以妇女为主的各类专业户，涌现出少生、快富、文明"女状元"12940多人；四是促进了农村社会主义精神文明建设，广大育龄妇女追求新的精神文化生活，逐渐改变了婚育领域和家庭生活中的不文明、不科学、不卫生的陋习；五是进一步密切了党群干群关系。98%的市、县计生委被当地政府评为先进单位。

威海农村人口大面积负增长 1994年山东省威海市有1140个村的人口出现负增长，占威海市农村村总数的41%。在全国率先推行计划生育的威海市，农村人口自然增长率一直保持着较低水平。1994年威海市的人口自然增长率为2.3‰，而同期农业总产值比1993年增长为16%，农村人均收入2050元，全市农村呈现出人口、社会、经济协调发展的新景象。人口数量持续低增长，促进了威海农村经济的快速发展，农民特别是农村妇女的高就业率和高收入，影响和改变了人们的生育观念。威海市农村妇女就业率接近90%，农村妇女劳动力支撑起了全市农业生产和村级工副业生产的"半边天"。近几年，威海市计划生育部门把主要精力由控制人口数量转向提高人口素质。2768个村全部建立了人口学校和优生优育技术服务网络。

湖南人口出生率降幅全国第一 湖南省的计划生育工作排名由80年代全国二类省市区的后进位置，跃到二类省市区先进行列。全省人口总数已由全国第6位退居第7位。1990年全省人口出生率为23.93‰，高于全国平均水平4个千分点；1994年则为13.87‰，低于全国平均数2个千分点。4年之间人口出生率下降了10.06个千分点。国务院委员彭珮云在全国人口形势分析会上，表扬湖南近4年人口出生率下降幅度为全国第一位。"八五"期间，湖南的人口出生率在大幅度下降之后得到了稳定，近3年一直保持在15‰左右。在出生率降下来之后，湖南的计划生育工作水平也有了较大提高，全省初步建立起了经常性工作的基础，摆脱了单纯靠集中突击活动的被动局面，1994年已有40%的县市区基本实现了计划生育的经常性工作为主。1994年是湖南省人口控制效果最好的一年，也是采取计划生育补救措施最少的一年，干群关系最好的一年。

全军开展计划生育工作"三个结合" 几年来，全军所属部队结合本部实际，围绕部队建设中心，探索计划生育工作新路子，相继创造出许多新的经验和做法，逐渐形成新时期部队计划生育工作新思路。沈阳军区、济南军区通过强化基层规范化管理，把计划生育工作纳入部队全面建设之中，促进军委提出的"按纲建连"方针的落实；北京军区实施"佳家工程"、兰州军区提出"我爱我家"活动，使计划生育同每个军人的家庭幸福连接在一起，深受官兵欢迎；南京、广州、成都军区针对部队实际，在政治教育中加大计划生育宣传力度，引导官兵树立正确人生观、婚恋观；武警部队全面开展"国策兴家强队"活动，寻找基本国策与军队建设、军心民意的共振点，收到可喜效果。在总结、提炼基层部队成功经验，借鉴、学习全国各省、市走“三个结合”道路具体做法的基础上，1995年2月，中央军委正式提出军队计划生育工作“三个结合”：“计划生育工作与部队全面建设相结合、与干部战士成长进步相结合、与建立文明幸福家庭相结合”，擂响了军队全面开展计划生育工作“三个结合”的进军鼓，在军营上下产生巨大感召力；全军在广西召开了新形势下军队计划生育工作研讨会，如何更好地开展军队计划生育工作“三个结合”成为会议中心议题；济南军区先在全区范围内开展计划生育工作“三个结合”调查，紧接着又召开了军区计划生育工作“三个结合”专题研讨会；广州军区已把“三个结合”的内容，正式列入部队政治教育之中，并在广西军区抓了计划生育工作“三个结合”的试点；南京、成都军区，海、空军等各大单位相继举办计划生育干部培训班，探讨落实“三结合”的具体措施。

黑龙江省30多万干部学习人口理论 黑龙江省自1991年开始，已有30多万各级党委学习中心组成员、计划生育专职干部参加马列主义人口理论的读书答卷活动，培训不同层次人口理论骨干5万多人。面对建立社会主义市场经济的新体制，省委、省政府决定，首先用马克思主义人口理论和毛泽东、邓小平同志有关人口与计划生育的论述，把各级领导班子武装起来，形成共识，提高组织者、管理者和指挥者的理论思维能力。在学习中坚持做到学习人口理论同学习邓小平同志建设有中国特色的社会主义理论结合，同研究新情况、新问题、解决计生工作实际困难结合，同制定本地人口发展战略和人口控制模式结合。一位乡党委书记说，我虽然抓了10多年计划生育工作，现在我才懂得，抓现在就意味着未来，抓分母就意味着抓分子，抓人口控制就意味着抓发展经济。

江西计生婚育学校逾2000所 江西省计划生育婚育学校已发展到2027所，专兼职教师有10500人，绝大多数计划生育学校配备了彩电、录放机等现代化教学设备，普遍实行教材、教学规范化，对不同年龄、不同职业、不同婚育状况的群众分期分批进行教育，实现了一条龙教育服务体系，入校人数达到220余万人次。

“三优科普知识展览”在京举办 在第五个“世界人口日”之际，向人们介绍优生、优育、优教为内容的“三优科普知识展览”，在北京中山公园展出。国家计生委副主任杨魁孚、联合国人口基金会驻华代表处主任闫·豪伟先生为展览会剪彩并讲了话。杨魁孚说，联合国确定的“世界人口日”，是提醒人们树立人口意识的日子。控制人口过快增长，改善生存条件，保护生态环境，促进经济和社会事业的发展，是人类的共同利益和愿望。杨魁孚称赞举办“三优科普知识展览”是一件具有重要意义的事情。闫·豪伟先生宣读了在“世界人口日”的祝辞。这次展览是由中国计划生育宣教中心、黑龙江省计生宣教中心和中国第一机械集团公司联合举办的。

表彰全国计划生育工作先进单位和个人 国家计生委和人事部，于1994年10月27日在京召开全国计划生育工作先进集体、计划生育系统劳动模范和先进工作者电话表彰会。在计划生育工作中作出突出贡献的160个计划生育工作先进集体和59名全国计划生育系统劳动模范、先进工作者，受到了国家计生委和人事部的嘉奖。朱德祯等331名优秀计划生育工作者受到国家计生委的表彰。国务委员、国家计生委主任彭珮云到会并代表国务院向受表彰的单位和个人表示热烈祝贺。

计划生育县主任百杰揭晓 1994年2月，由国家计生委宣教司和中国人口报社联合开展全国计划生育“县主任百杰”评选宣传活动，经推荐、评选，确定了百名英杰人物。《中国人口报》于1994年8月10日公布了“全国计划生育‘县主任百杰’光荣榜”。此次评为“县主任百杰”的100人中，有在计生战线工作几十年的老主任，也有一批中青年后起之秀；有积极为党委、政府出谋划策的“高参”，也有团结计生委一班人努力工作的“好班长”；有多年扛红旗的老先进单位的主任，也有在困难中奋起追上的“拓荒人”；有战胜癌症、接受命运挑战的生活强者，也有放弃优越工作条件而不愿卸去“第一难”重担的老实人。他们当中许多人多次被评为全国或省级劳动模范、先进工作者、三八红旗手。他们所工作的单位也都是先进单位。

表彰百名全国计划生育优秀女工作者 国家计生委、全国妇联作出决定：授予北京市副市长何鲁丽等100位同志“全国计划生育优秀女工作者”称号。她们当中有10名同时获全国妇联授予的全国“三八”红旗手荣誉称号。我国计划生育战线和基层妇女工作岗位上，活跃着一大批女同志。计划生育系统30万大军中女性达15万。她们是计划生育工作的中坚力量，为我国计划生育事业做出了积极的贡献。受到表彰的百名计划生育优秀女工作者中，有在领导岗位上恪尽职守的女市长、女县长，也有在基层特别是在农村第一线默默奉献的女专干、女中心户长；有各级计生委、妇联的女主任，也有从事计划生育、妇幼保健的女医师。她们当中有副省级领导干部1人，厅局级领导干部4人，乡村基层计划生育女工作者40人。平均年龄45岁，大专以上文化程度40人。除汉族外，还有7个少数民族10人受表彰。

首届中国人口科学优秀成果奖评选揭晓 首届中国人口科学优秀成果奖，经过近一年的筹划、准备，已于1993年11月18日揭晓。这次共评出一等奖35项，其中专著12项、论文15项、报告及其它8项；二等奖75项，其中专著25项、论文33项、报告及其它17项；优秀奖111项。这次参加评选的人员都是中国人口学会会员。参评的作品都是自1990年1月至1993年6月30日，在报刊杂志上公开发表过或由出版社出版的论著；送交省、部级以上，并得到认可的报告；以及译文译著、计算机软件、工具书、教材、图谱等。

首届马寅初人口科学奖学金获得者评出 首届马寅初人口科学奖学金获得者名单于1994年12月29日在北京大学评定。他们是：本科生李雪梅（中国人民大学人口学系）；硕士生钱俐（复旦大学人口研究所）、任强（北京大学人口研究所）、张本波（北京大学人口研究所）、潘祖光（浙医大人口研究所）、林祎（中国人民大学人口研究所）、宋健（中国人民大学人口研究所）、郭洪伟（北京经济学院人口与经济研究所）；博士生楚军红（北京大学人口研究所）、谢晋宇（南开大学人口与发展研究所）、王维国（东北财经大学人口研究所）。马寅初人口科学奖学金，由北京大学人口研究所设立，此奖每年评审颁发一次。

晋豫人情系独生女 1994年3月12日凌晨，山西省晋城市西尚庄乡道头村一间民房突然起火，在那里打工的河南省商丘县农民王高升夫妇被烧死。三岁的独生女小王生被烧成重伤，生命危在旦夕。晋城市委、市政府领导高度重视小王生的伤情，亲自过问抢救工作，研究制订治疗方案，带头捐钱捐物，在三个星期里捐款3万多元。晋城人民抢救小王生的消息传到河南，省委书记李长春指示，要求商丘学习晋城干群的精神风貌，共同谱写“爱的奉献”之歌。河南省委、省政府办公厅联名向晋城人民致谢；商丘县委、县政府当即决定尽快把小王生接回家乡治疗。4月1日，商丘地委副书记庄敬山和商丘县委副书记马培敬等赶到晋城市，于4月4日晚上，把小王生接回家乡。是夜10时许，商丘县领导和各界群众，在县医院门口亲切迎接小王生的归来，并把她送入早已准备好的一间无菌特殊病房。抢救小组立即组织医生治疗。小王生需要输血，大家义务献血。小王生治病需钱，干部和群众踊跃捐款，到4月下旬，商丘县小王生募捐委员会已收到社会各界捐款6.5万元。县里还为小王生建立了“小王生生活和就学基金会”，决心把小王生抚育成人，培养成有用之材。

我国人口科学抓住新课题

为加强我国人口科学研究，抓住新课题，攀登新高度，1994年1月20日至23日，中国人口学会在北京召开第六次全国人口科学讨论会暨会员代表大会。会议期间，与会者围绕社会主义市场经济条件下的人口问题和人口科学研究这一中心论题，分别就社会主义市场经济与人口控制、生育率的变化与社会经济发展、人口的流动和迁移、人口科学发展的现状和前景、人口老龄化与老年社会保险、人口素质与人口死亡率、人口和计划生育统计等专题进行了热烈而认真的讨论。

“计划生育丈夫有责”征文活动结束 《中国人口报》与《中国妇女报》联合举办的“计划生育丈夫有责”征文活动，到1994年3月7日截止，这项活动进行了9个多月，在此期间，两报共收到来自全国各地的稿件上千份。来稿中人们从不同角度剖析了生育领域中的“重男轻女”现象，而这是一个尚未被重视的“误区”。这个问题的深入讨论，对保障妇女合法权益，实现真正的男女平等具有重要意义。征文作者们认为，当前大力提倡“计划生育丈夫有责”，不仅是非常及时的、必要的，也是计划生育工作稳定、深入发展所必需的。如果说，实行计划生育20多年间经历了一个从不自觉到比较自觉和自觉的艰苦过程的话，那么今后计划生育工作的重点则将从妇女为主转移到“男人多承担义务”方面了。这里不仅有一个进一步解放思想的问题，还存在一个在生育领域实现真正男女平等的问题。因为在夫妻之间，只有达到“计划生育丈夫有责”的共识，并付诸实施，才算男女在婚姻和生育领域中实现了事实上的平等。特别是在当前男性优势的传统背景下，男子积极参与计划生育的意识和行为，是社会文明和进步的象征。

从数据看计划生育与国情

1995年2月15日，中国总人口已到12亿。近几年，每年的出生人数都在2100万左右，每年净增人口1400万左右。中国总人口约占世界的22%，耕地只占世界的7%，耕地面积只有国土的10%。美国人均耕地是中国的9倍，中国的人口数量却相当于美国的5倍。中国平原和丘陵面积占总土地面积的21.9%，适宜居住的湿润、半湿润地区只占47%。中国人均林地、草地、淡水资源分别只及世界平均水平的1/9、1/3和1/4。中国每年新增加的国民收入约有1/4用于新增加人口的消费。中国的粮食产量居世界第一，粮食单产大大高于世界平均水平，但由于人口多，1993年粮食人均占有量只有387.3公斤。中国每年有2000万人进入劳动年龄，农村剩余劳动力已达1.2亿。

全国各地人口预期寿命排行榜 根据全国第四次人口普查资料分析预测，全国各地人口平均预期寿命排序是：1.上海78.19岁；2.广东76.62岁；3.海南76.2岁；4.北京75.73岁；5.江苏75.40岁；6.浙江75.39岁；7.天津74.49岁；8.河北74.28岁；9.山东73.53岁；10.福建73.29岁；11.河南73.14岁；12.辽宁72.57岁；13.安徽72.57岁；14.山西71.48岁；15.广西70.83岁；16.吉林70.11岁；17.黑龙江70.05岁；18.湖北70.04岁；19.陕西

69.91岁；20.宁夏69.70岁；21.湖南69.48岁；22.江西69岁；23.四川68.87岁；24.甘肃68.83岁；25.内蒙68.27岁；26.贵州66.96岁；27.新疆66.32岁；28.云南66.04岁；29.青海63.17岁；30.西藏62.21；台湾暂缺。

"中国长寿之王"龚来发逝世 1993年10月22日被中国老龄委授予"中国长寿之王"桂冠的龚来发，生于1848年3月，仡佬族，文盲，终身未婚，身高1.4米，体重30公斤。他半岁时丧父，因家庭贫穷，母亲把他抱给大包岭村的向家当儿子。现在赡养他的已是向家第七代人。龚来发一生务农，不喝酒，不抽烟，每天只吃两餐，每餐一小碗大米和玉米做的混合饭。老人住的地方，风景秀丽，空气清新。龚来发老人因患急性黄疸性肝炎，经多方抢救医治无效，于1995年3月12日在贵州省务川仡佬族苗族自治县偏僻的茅天镇去世，终年147岁。

我国人口增长将面临三大高峰 《中国人口报》1995年1月6日报道，中国国情研究小组新近写出的《关于农村长期发展几个问题的系统研究》报告中揭示：全国人口三大高峰下世纪初相继来临并彼此叠加。这三大高峰的特点是：1.总人口增长高峰：全国总人口到2000年可能突破13亿(其中农村人口约10亿)，而到2030年，按目前的生育水平计算，全国总人口将达16.3亿至17亿。2.老年人口增长高峰：2024年将达到最高峰，60岁以上老人总数将突破3亿(其中农村2.6亿)，相当于2025年所有发达国家的人口总和，到时筹集几亿老人的社会福利费用，安排老年人生活，将成为最棘手的社会难题之一。3.劳动年龄人口增长高峰：2006年，农村劳动年龄(15—59岁)人口为6.6亿，实际劳动供给人口5.9亿，而届时农村总劳动力需求量仅为2.79亿，实际潜在失业人口3.1亿，几亿农村潜在失业大军将是未来中国农村改革与发展的危机所在。以上结论是十几位专家以大量的经济统计、人口普查、资源考察、环境监督数据为依据，使用各种数学模型等科学方法进行定量分析后得出的。

13. 人才开发与人才管理

邓小平人事人才思想研讨会在京召开 由国家人事部举办的"邓小平人事人才思想研讨会"，于1995年10月10日至12日在北京召开。来自全国各省、自治区、直辖市的人事部门负责同志及人事理论学家学者共100余人参加了研讨会。研讨会旨在贯彻落实中共十四届五中全会精神，强调要用邓小平人事人才思想作为新时期人事工作的理论依据和行动指南，更好地安排1996年人事工作和制定人事事业发展长期规划。国务委员李贵鲜在研讨会上作了重要讲话。他指出，邓小平同志建设有中国特色社会主义理论是一个完整的思想体系，包含有许多方面的内容，有关人事人才的论述是这个思想体系的重要组成部分之一。邓小平同志对干部人事制度改革、选人用人的原则和标准、人才的发现、培养和使用、加强领导班子建设和接班人选拔，加强干部队伍的管理和监督等方面有许多重要论述。这些论述相互联系，构成了邓小平人事人才理论的科学体系。深化人事制度改革，要以邓小平人事人才理论为指导，用邓小平人事人才理论武装广大人事工作者的头脑。会议收到论文65篇，其中8篇获优秀论文奖。

我国专门人才学的发展现状 据《中国人才》1994年7月报道：1980—1993年间，我国学者出版的专门人才学著作有：科技人才学10种，管理人才学10种，军事人才学9种，教育人才学6种，女性人才学5种，青年人才学4种，文学人才学4种，医学人才学2种，体育人才学2种。从著作数量看，我国专门人才学发展较有成绩的学科是科技人才学、领导与管理人才学、军事人才学、教育人才学、女性人才学；其次是青年人才学、文学人才学、企业与经济人才学。从学科成熟度看，当前我国发展成熟的专门人才学科还不多。根据按照一般标准的综合评估，目前各专门人才学科的成熟度大体上依次为：科技人才学＞女性人才学＞教育人才学＞军事人才学＞文艺人才学。以上五门学科是较成熟的。专门人才学的发展，主要存在以下问题：1.尚未开垦的领域很多。比如社会科学人才学、政治人才学、法律人才学、外交人才学、商贸人才学、农业人才学、交通运输人才学、艺术人才学、新闻出版人才学、情报人才学、智囊人才学、道德人才学、宗教人才学、语言人才学，等等。2.功夫下得不够，基础工作欠缺。即在对专门人才实际素材的挖掘整理方面所下功夫不够。3.理论创新不够，或者说对专门人才成长的特殊规律揭示不够。4.缺乏专门人才学生成的条件和机制。

十人荣获"中华技能大奖" 1995年11月10日，劳动部、国家经贸委、全国总工会、共青团中央联合表彰了从全国1000万技术工人中产生的全国十名"中华技能大奖"获得者和百名"全国技术能手"。十名"中华技能大奖"获得者是：上海新江机器厂车工赵阿狗、天津市电缆总厂电工李津来、河北省保定天威集团有限公司焊工孟宪章、吉林化工股份有限公司钳工张贞泉、武汉钢铁公司针控厂仪表厂刘渝兴、福州市福州大酒店厨师强木根、湖北蒲圻纺织总厂布机挡车工张艺霞、胜利石油管理局监盘采油厂采油一矿采油工王为民、上海市工业设备安装公司一分公司起重安装工季国安、北京荣宝斋木版水印工王玉良。

国家教委总结交流培养跨世纪人才经验 1995年11月25日，国家教委在东北大学举行跨世纪优秀人才计划座谈会，118名跨世纪优秀人才计划入选者和他们所在的学校以及国家教委有关方面负责人参加会议。会上总结交流了高校培养新一代跨世纪学术和技术带头人的经验、机制和作法，探讨入选者后期管理办法。多年来，国家教委把选拔和培养跨世纪学术和技术人才作为一项战略任务来抓，自1986年起，先后设立了博士点科研基金、优秀年轻教师基金和留学回国人员科研启动基金，选拔、资助、扶持了一大批年轻人。1993年和1994年，国家教委组织实施了跨世纪优秀人才计划，在全国高校的农业、能源、材料、生物技术、交通运输、医药卫生和化工等8个学科领域中，分两批选出118名优秀年轻教师，投入2000万元给予资助。旨在为培养跨世纪学术科技带头人创造条件，为我国培养高层次人才和开展高水平科研打下基础。据1994年统计，首批入选的42名优秀教师承担了130多项科研课题(已完成48项)、发表论文200多篇，获省部级以上奖13项，从其它渠道获得1000多万元科研经费。此外，他们还承担着繁忙的教学任务，培养了250余名研究生。为加强对跨世纪优秀人才的管理，国家教委制定了《跨世纪优秀人才计划后续管理办法》，对计划入选者实行为期六年的后期管理。前三年为基金资助期，国家教委直接考核、评估、拨款，并对优秀者追加资助。后三年由学校向教委报告入选者的情况，对成绩突出者，学校给予奖励。座谈会上，跨世纪优秀人才计划入选者向全国高校年轻教师发出倡议书，号召广大青年教师以主人翁姿态和高度责任感，以老一辈科学家为榜样，团结起来，为我国的科教事业添砖加瓦，努力实现有价值的人生。

加快培育和发展人才市场的若干对策 郑亨钰在《中国人才》1994年第1期撰文提出培育和发展人才市场的七条对策：1. 抓紧建立和完善人才流动和人才市场管理的法规体系。2. 加快人才管理体制改革，促进人才合理流动。3. 进一步加强人才流动社会化服务体系建设。4. 尽快建立人才市场信息网络系统，并逐步实现微机管理自动化。5. 不断强化和拓展人才市场的服务功能。6. 切实加强对人才市场的宏观调控。7. 加快推进社会保障制度改革，逐步改变企事业单位办社会的状况。

全国专家工作会议提出“百千万工程” 1994年7月12—15日，人事部在京召开全国专家工作暨造就跨世纪学术和技术带头人工作会议。人事部部长宋德福作了题为《认真贯彻‘尊重知识、尊重人才’的方针，努力造就一批跨世纪学术和技术带头人》的讲话，提出了旨在造就跨世纪学术和技术带头人的“百千万工程”，即到2000年，要造就出100名45岁左右能够进入世界科技前沿，在世界科技界享有盛誉的学术和技术带头人；造就出1000名45岁以下，具有国内先进水平，保持学科优势的学术和技术带头人；培养出10000名30—45岁之间，在各自的学科领域里，有较高学术造诣、成绩显著、起骨干作用的年轻优秀人才。为了做好这项具有战略意义的工作，他要求人事工作部门发挥职能优势，密切与各方面合作，围绕造就跨世纪人才这一重要工作任务，统筹规划，形成合力，并着重做好人才资源的开发利用；改革“统包统分”的单一模式，尊重人才的择业自主权；调整专业技术人员队伍宏观布局；实行分类分级管理，完善专业技术职务聘任制度；逐步建立人才科学评价机制；做好有突出贡献的中青年专家的选拔管理工作；进一步健全博士后制度；采取多种形式，吸引海外优秀人才和留学人员为国服务；搞好继续教育，不断提高专业技术队伍素质；进一步解决好专业技术人员的生活待遇等十个方面的工作。

我国考试录用工作成绩显著

我国干部人事制度改革的重要举措——考试录用制度近几年全面实行以来，取得了显著的成绩。我国考试录用工作从1989年开始，经历了两个发展阶段。第一阶段从1989年到1992年，按照中组部、人事部《国家行政机关补充工作人员实行考试办法的通知》精神，各地、各部门大胆实践，积极探索出了一条机关补员考试的路子。据初步统计，国务院61个工作部门，地方29个省、市、自治区不同程度地开展了考录工作，其中19个省在省地县三级展开，10个省在省直或地市展开。国务院51个工作部门先后参加了人事部组织的5次公开招考，从7000多考生中录用716人，地方各级机关通过考试补充工作人员6.7万人，报考人数达44万人。第二阶段从1994年开始，在《国家公务员暂行条例》和《国家公务员录用暂行规定》颁布后，展开了国家公务员的录用考试。1995年8月，首届中央国家行政机关公务员录用考试在北京举行，拉开了公务员考试录用工作的序幕，国务院30个部门参加了这次公开招考。

杨纪珂的出人才10项对策

中国致公党中央常务副主席杨纪珂在其《出人才的十项配套对策》一文中提出：1. 一言堂下难出人才，对策在于广开言路；2. 铁饭碗里难出人才，对策在于不包分配；3. 文献丛中难出人才，对策在于扎根社会；4. 象牙塔内难出人才，对策在于交叉融合；5. 八股科举难出人才，对策在于不拘一格；6. 论资排辈难出人才，对策在于颖脱贤能；7. 填鸭灌输难出人才，对策在于诱导觅食；8. 墨守成规难出人才，对策在于改革开拓；9. 闭关自守难出人才，对策在于中西合璧；10. 笼络禁锢难出人才，对策在于市场流通。

中国科学院实施“百人计划”

为了进一步推进跨世纪人才工

程，加快人才培养，特别是学术带头人的培养步伐，中国科学院决定从1994年开始实施“百人计划”，公开招聘选拔一批优秀人才。“百人计划”的目标是，到本世纪末，选拔100位左右的优秀人才。每年根据学科发展的需要和条件的许可，选拔10—15位。“百人计划”的选人以科学(工程)中心、开放实验室、青年实验室等为主要基地，以重点加强和发展的学科(工程)为需要，因事设岗，按需培养带头人。选拔的人员经过重点支持和强化培养，在较短时间内要能成为学术带头人，要能指挥和带领科技人员在国际前沿拼搏和出色完成重大科研任务。因此，被选拔的人才应具有高学位、高水平、高素质，并且年龄在45岁以下。

中国科学院新增59名院士

1995年11月，中科院新增院士59名，从而使中科院院士达579名。全国各省、市、自治区除新疆、西藏、海南外都已拥有院士。新增选的院士分布于全国16个部门和14省市的32个研究机构与22所高等院校。他们平均年龄60.2岁，其中60岁以下的35名，占59.3%，使中科院院士的平均年龄由原来的71.1岁降到69.9岁。新增选院士中最年轻的是37岁的香港大学化学系教授支志明。他也是港澳地区的第一位中科院院士。

30位杰出医药学家当选中国工程院院士 我国30位对医药科技事业做出卓越贡献的杰出医药专家，当选为中国工程院医药与卫生工程学部首批院士。基于医药学是一个广阔的领域，人体疾病控制是一大系统工程的考虑，特在中国工程院专门筹建了医药与卫生工程学部。这次医药与卫生工程学部遴选出的30名首批院士，年龄最长者81岁，年龄最轻者56岁。

中国医科院实施跨世纪科学家计划 中国医学科学院暨中国协和医科大学实施培养跨世纪科学家计划，加速人才的培养，近两年晋升了27名45岁以下的教授，68名35岁以下的副教授。该院校教授副教授平均年龄分别降至60岁和50岁以下。该院校约有1500名正副教授，大多是具有良好科研素质、经验丰富的老专家。但到本世纪末，教授中约有1/3退出医疗、教学和科研第一线，另有1/3接近或达到离退休年龄。因此，优化学术队伍的年龄结构尤为迫切。从1994年起，该院校开始实施培养跨世纪科学家计划，每年选拔50名优秀青年人才破格晋升高级职务。到本世纪末计划培养500名50岁左右的学术骨干及学科带头人。

全国跨世纪青年人才群英会在京举行 120位杰出青年云集首都北京，出席了“全国跨世纪青年人才群英会”。江泽民、李鹏、李瑞环、朱镕基、刘华清、胡锦涛等党和国家领导人会见了与会同志，这说明中央领导同志对人才问题，特别是跨世纪人才问题的重视和关注。胡锦涛同志在会上指出，建设有中国特色社会主义的事业是前无古人的创造性事业，是一个伟大的系统工程。为了把这个历史大业不断坚持和发展下去，我们不仅需要建设一支能够跨世纪担当重任的党政领导干部队伍，而且需要建设一支适应发展社会主义市场经济要求的企业家队伍，一支具有世界先进水平的科技专家和其他各类专门人才队伍。所有这些都要求我们立足于整个青年一代的教育和培养，在实践中造就各个领域、各个层次的青年人才，形成规模宏大、素质较高、门类齐全的青年人才大军。

上海开设首家涉外人才市场

1995年1月20日，我国首家面向外商，为海外企业、“三资企业”提供人才交流信息服务的现代化人才市场正式在上海投入运行。由上海市对外服务公司的涉外人才市场，全部实行电脑化管理，拥有全国第一流的计算机网络，以电脑联营进行人才信息管理，配以大屏幕显示招聘信息，使涉外人才交流供需直接见面，变原来的集市性人才交流为固定的全天候人才交流。

山西注重培养青年科技人才

事业留人，资金助人，待遇感人。山西省积极为青年科技人员创造成才环境，有计划、有目的地推荐、扶持、奖励科技新人，使一大批优秀中青年专家脱颖而出，成为科技兴晋的骨干力量。1994年5月，省委、省政府提出了跨世纪人才培养方案——实施“曙光工程”；即用15年左右的时间，在全省理、工、农、医及交叉学科和高新技术学科等领域，培养和造就出上百名25岁——45岁的青年进入该学科国际前沿或国家前列；培养上千名处于国家先进水平的优秀科技专家；培养上万名有坚实理论基础、丰富科技知识、熟练实践技能、处于科技经济工作第一线的行家里手。省委、省政府本着“管理、培养、使用、关心”的方针，制定了一系列有效措施，鼓励青年科技人才多出成果：省政府拨款200万元，设立了山西青年科技奖专项基金。用于每两年开展一次山西省青年科学家奖和青年科技奖评选。基金会设立了学术著作论文出版基金，资助青年科技人员出版学术著作和学术论文。省科委每年拿出40万元资助青年科技人员进行重点学科研究。山西省大力提高中青年专家的待遇，每年为1000多科技人员解决配偶子女“农转非”问题，在住房、子女就业、入党等方面向知识分子进行政策倾斜。

大同供电公司培养跨世纪技术人才 大同供电公司从战略高度出发，将培养大批跨世纪技术干部队伍的“人才工程”作为全盘工作中的重中之重。在“人才工程”中，公司坚持“选、育、管、提”四个字。选，就是选好苗子，对每年分配的30多名大专毕业生，先分到基层锻炼一年，再到各专业轮流实习一年，经考核答辩，择优上岗；对青年业务骨干，每年选拔10多人，送往大专院校深造；另外，公司还鼓励年轻职工上电大、夜大，充实公司的“人才库”。育，就是精心“育苗”，公司在人才培养教育上，采取先培训后上岗，培养和任用相结合的方针，使年轻干部提高水平，增长才干。据统计，近几年全公司年轻干部培养成才率，合格率均在95%以上。管，就是坚持党管干部的原则，对后备干部与在职干部一样严格要求。提，就是提拔重用，做到大胆使用，不拘一格。这些年公司提拔的数百名年轻技术干部，绝大多数都能独当一面。人才战略的实施使得公司大批年富力强的技术干部不断成长，“人才库”不断得到充实。公司后备干部均达到大专文化水平，35岁以下的400多名技术干部全部具备了初、中级技术职称，公司各级领导班子和关键岗位干部都保持了合理的年龄梯次结构。

浙江大学启动“511人才工程” 浙江大学于1995年4月正式启动“511人才工程”，并投入100万元作为青年人才培养的启动资金。“511人才工程”，即争取在15年内，遴选培养出50名国内公认、具有一定国际影响的杰出专家；培养出100名左右富有开拓创新的跨世纪青年学术带头人和技术带头人；培养出约1000名具有博士或硕士学位的新一代学术、技术骨干。

北京建设大学积极为老少边穷地区育人 我国贫困地区人才缺乏严重影响了经济发展。扶贫先扶智，治穷先治愚。为帮助贫困地区彻底拔掉穷根，北京建设大学积极为老、少、边、穷地区培养人才，开展教育和科技服务，受到了基层的热烈欢迎。目前，在该校就读的有新疆、内蒙古、宁夏、青海、黑龙江等省区的学生300多名。学校千方百计为学生解决困难。为了革命老区发展教育，北京建设大学1990年与山东联合创建办学基地。先后开设了国际贸易、市场营销、财务与审计、企业管理、工业与民用建筑、建筑等专业。几年来总共为当地培养了近500名大专生，支援了最缺人才的部门和单位。这个办学基地已初具规模，根据地方教育发展的要求，北京建设大学将其无偿地移交给聊城地区教育部门，改名为聊城建设进修大学。

人事部与天津等市组建区域性人才市场 1994年9月7日，“人事部与天津、沈阳、上海市组建区域性人才市场新闻发布会”在北京召开，宣布人事部将与天津、沈阳、上海三市人民政府共同组建中国北方人才市场、中国沈阳人才市场、中国上海人才市场。人事部副部长张汉夫在会上指出，建立区域性人才市场是培育和发展人才市场的一项新举措，是实现2000年之前，在全国范围内，初步形成功能完善、机制健全、法规配套、指导及时、服务周到的人才市场体系这一目标的重要措施。区域性人才市场的建立，将发挥其人才集散地和信息中心的作用，打破人才地区分割，促进人才跨地区流动。区域性人才市场将与省、地、县和部门人才市场相互补充、相互促进、协调发展，逐步形成完整的人才市场体系。张汉夫副部长在讲话中说明了区域性人才市场的特点：在管理上，由人事部与三市人民政府共同组成管理委员会，以地方管理为主；在功能上，立足本地，面向区域，辐射全国，并与国际人才市场接轨；在运行方式上，建立跨地区人才信息联网，举办跨地区人才交流活动，吸收各类用人单位为市场会员，制定区域人才流动政策。据悉，我国首批三个区域人才市场将于近期内陆续开业。今后还将考虑在其他大的经济协作区的中心城市再筹建几个区域性人才市场，争取在三五年内，建立较为完善的区域性人才市场网络，为建立我国人才市场体系奠定基础。

46年培养近百万高等医学人才 1949年，我国仅有44所高等医学院校，在校生不足两万人。但据1994年统计，普遍高等医学院校已达140所，培养医学门类专科生25万余人，本科生64万余人、硕士3.4万余人、博士3200余人。医学教育的层次结构和专业结构也趋向合理。目前医学和药学本科专业已有9个门类、37种，专业点达537个。在办学层次上，除有5年制本科教育和硕士、博士研究生教育外，还设有培养农村基层实用型社区医学人才的3年专科教育。从1987年，部分医科大学开始试办7年制医学教育，注重加强学生自然科学和人文社会科学基础及医学实践能力，以适应21世纪的需要。

人事部首批资助20位留学回国人员 重点资助优秀留学回国人员开展科技活动是加速培养跨世纪学术和技术带头人的重要举措，也是落实“科教兴国”战略的具体体现。为此，人事部于1995年11月14日，在全国人事系统留学回国人员工作会上，以每人10万元人民币，资助20位具有跨世纪学术和技术带头人能力和有培养前途的优秀留学回国人员。受到资助的20位留学回国人员是：孙方臻、梁惊涛、李卫、赵彗玲（女）、匡尚富、张玉卓、王田苗、于全、谢从华、钱渊（女）、李培林、陈剑平、张跃东、朱兵、苏山舞（女）、何中虎、张改平、范圣弟、蒋开喜、徐建国。他们的平均年龄为36岁。

《九十年代的中国人才资源》出版 由国家人事部综合计划司主持、20多个部委和省市人事部门参与编写的《九十年代的中国人才资源》一书，已由中国人事出版社公开出版发行。该书是一部全面反映我国专业技术人才资源开发现状和90年代发展趋势的专题性研究与规划书籍。全书分：全国规划篇，国家部门、行业规划篇，省市、地区规划篇，企业规划篇。该书内容充实，资料、数据丰富，实用性强，许多分析和预测数据在我国还是首次公开发表。是各级政府和有关部门制定人才开发政策和中长期规划的重要参考书，也是高等院校、科研单位及一切热心于人力资源开发研究工作的专家、学者的重要参考书。

《当代中国杰出妇女》丛书出版 以介绍中国女性崭新形象的《中国当代杰出妇女》丛书于1995年8月在京出版。这套集中反映中国党政军及科技、教育等各界妇女事迹的丛书，全部采用纪实写法，中英文对照，这在中国出版界尚属首次。丛书共8卷，首批推出的有《雷洁琼》、《今日女部长》、《中国女将军》、《中国女院士》4本。读者从中可以看到当代中国杰出妇女成长的广阔道路，看到她们的风采风范和"自尊、自信、自立、自强"的精神。丛书由辽宁人民出版社出版。

我国人才市场发展趋势 近年来，我国人才市场发展十分迅速，市场活动日趋活跃，各类人才交流机构纷纷建立，各种招聘活动此起彼伏，据统计，截止到1994年底，全国已有各类人才交流机构3700余家，已挂牌的人才市场1500多家，1993—1994两年共举办各类招聘活动近4000次，实现人才流动100多万人。人才市场已逐步在人才资源配置方面发挥了主导作用。展望未来，我国人才市场的发展将呈现出以下趋势：1.人才市场在人才流动和经济建设中将发挥重要作用。人们的市场观念进一步加强，无论是个人求职、择业，还是单位招聘、择人，都把人才市场放在首位。同时，将逐步形成以各级政府人才人事部门建立的人才市场为主体，区域性市场为辐射，其它部门、行业及民办人才市场为补充的市场网络体系。人才市场将向标准化、规范化方向发展，并逐步与国际市场接轨。2.人才市场的法律建设将得到加强。法规建设的着眼点将由人才流动转到人才市场管理上。3.市场主体到位的步伐进一步加快。人才市场建设工作将纵深发展，把毕业生推向市场的力度将加大。围绕现代企业制度的建立、事业单位人事制度改革的发展和公务员制度的推行，再次就业市场将进一步完善。4.人才信息建设工作取得突破。各类报刊、电台、电视，以及计算机网络都将进一步扩大宣传内容、宣传范围和社会影响。5.人才交流机构服务质量不断提高，服务领域不断拓宽，竞争更为激烈，产业化趋势日渐明显。

企业家队伍管理工作面临四大转变 1.由行政化向市场化转变。企业家不同于党政干部，因而不能用行政化的手段管理企业家，应由计划体制转为企业家流动升迁的市场机制，真正做到机会均等、双向选择、优胜劣汰。2.由官本位向职业化转变。企业家应以经营管理企业为专门职业。消除官本位意识，建立新的激励机制，引导鼓励他们以经营管理企业为其终身职业倾向。3.由控制向引导转变。传统观念认为，管理就是控制。其实高明的管理者应善于引导，改堵为疏。4.由直接管理向间接管理转变。政府职能转移到宏观把握、间接管理的轨道上，政府的职责在于能否为企业家提供一个成长的环境、发展的机会、锻炼的舞台。

14. 旅游与闲暇生活

总书记和群众在一起游览世界公园 北京世界公园荟萃了五大洲40多个国家的100多个名胜景观，是北京的又一新的旅游点。1993年10月，江泽民为"世界公园"题写了园名。1994年6月1日下午4时25分，中共中央总书记江泽民在北京市负责人陪同下，兴致勃勃地来到世界公园，登上意大利台地园，听取了丰台区委书记李英威对公园情况的介绍。他高兴地说："1991年4月我们在这里植树时，公园还未动工，没想到你们建得这么快、这么好。"李英威说："去年10月25日公园正式开园，已接待中外游客近300万人次。"江泽民说："这公园建得好，可以使人增加国际知识、地理知识和历史知识。"近旁的游人们争相和江泽民握手问候；几位外国旅游者也高兴地鼓掌。江泽民用英语向他们问好。正在游玩的丰台区第五小学的少先队员们飞奔而来，给江泽民等同志戴上了红领巾。江泽民说："孩子们，今天是六一儿童节，祝你们节日愉快！"并和围拢来的一群孩子合影留念。

钱其琛指出发展旅游业要有特色 中共中央政治局委员、国务院副总理钱其琛在考察张家界国家森林公园、韶山、岳阳市等地时，多次强调，发展旅游一定要有特色。湖南要因地制宜开发一些独特的旅游项目。如张家界国家森林公园，其特点就在于它是完全的自然景观，是未经人工雕塑粉饰，新发掘出来的，要大力宣传它的独特性。还要根据不同游客的需要，设置不同的游览路线和项目，既要从当地实际出发办出特色，又要切实解决交通不便、自然保护以及优质服务等方面的问题。

全国旅游行业推出爱国主义教育新举措 国家旅游局于1994年11月15日制定的《全国旅游行业贯彻爱国主义教育实施纲要细则》有6条30款，其主要内容是：1.旅游行业开展爱国主义教育的指导思想和主要任务；2.加强爱国主义教育基地的建设和宣传出版物的编写；3.加强对导游人员和涉外工作人员的教育和培养；4.加强对因公出国人员和自费出境旅游者的爱国主义教育；5.注意针对性，提倡必要礼仪；6.加强对爱国主义教育的领导。国家旅游局强调，要注重实效，不断总结和推广先进经验，对工作出色的单位和个人，要予以表彰奖励。

全国旅游行业开展创建“青年文明号”活动 1994年6月28日，共青团中央、国家旅游局在《中国旅游报》上联合发出通知，决定从1994年起，在全国旅游行业青年中开展创造“青年文明号”的活动，旨在组织和引导旅游行业广大青年立足本职岗位诚实劳动，文明从业，规范服务，树立适应社会主义市场经济要求的敬业意识、创业精神和质量、效益、安全、竞争、服务观念，全面提高旅游行业青年的服务质量和服务技能，展现当代旅游行业青年职工的精神风貌，为建立社会主义市场经济体制、推动社会主义物质文明和精神文明建设做出积极贡献。北京丽都假日饭店是团中央、国家旅游局确定的创建“青年文明号”试点单位，开展了卓有成效的丰富多采的创建活动，全国旅游系统有45个青年集体荣获了“青年文明号”称号，获得了国家旅游局的嘉奖。

我国森林旅游业突飞猛进 自1982年9月张家界国家森林公园建立以来至1994年7月，经林业部批准建立的森林公园已有300多处，经营总面积4300多万亩，修建旅游服务设施20多万平方米。有10多个省、市、区成立了森林旅行社(旅游公司)一些森林旅游专线已经形成，接待中外游客2亿多人次，总收入6亿多元，直接创汇1000多万美元，取得了明显的社会效益和经济效益。我国拥有丰富的森林旅游资源。全国4200多个国有林场中，位于名山大川，拥有历史文化遗址的风景林场就达600多个；500余处森林和野生动物类型自然保护区内，还有许多鲜为人知的自然景观。近10年来，国家、地方和各级林业部门投入数亿元建设资金，建成千岛湖、流溪河、武当山、嵩山等一大批各具特色的森林公园和旅游景点。推动了森林旅游业的硬件建设。1994年上半年全国森林公园接待的游客比1993年增加了30%。

三位老人单车万里游神州 为义务宣传将在北京召开的第四次世界妇女大会，平均年龄68岁的三位老人张玉桢、梁作舟、楚锡魁，骑自行车万里游神州，于日前飞抵拉萨。这三位老人分别来自上海、唐山和青岛，发起人是上海63岁的离休干部张玉桢女士，她曾四度单车游神州。三位老人于4月10日相约从上海出发，途经江苏、浙江、安徽、江西、湖北、湖南和四川等省市。当他们准备沿川藏公路骑车入藏时，得知公路已断，于是不得不乘坐飞机。

中国十大风景名胜评选10周年 中国十大风景名胜评选10周年纪念大会于1995年10月26日在黄山召开。1985年，经国家旅游局批准，由《中国旅游报》组织举办了全国十大风景名胜评选活动。通过全国各地旅游工作者和旅游爱好者投票，评选出中国长城、桂林山水、杭州西湖、北京故宫、苏州园林、安徽黄山、长江三峡、台湾日月潭、承德避暑山庄、秦陵兵马俑等10处风景区(点)为中国十大风景名胜。这项活动对推动我国旅游景点的建设和管理，提高风景点的知名度起到了积极作用。10年来，这些风景名胜旅游区发展迅速，年均接待旅游者都在100万人次以上，成为当地旅游业发展的龙头，促进了当地经济的振兴。

'95旅游新闻笔会评选揭晓 中国旅游报刊协会和中央电视台无锡太湖影视城联合举办'95旅游新闻笔会评奖揭晓。评出人民日报海外版刘国昌的《旅游文化新篇章》、新华日报江克宇的《无锡人造景观成功的启示》为一等奖；李光辉的《无锡再造新城》、潘杏英的《电视旅游联姻，自是生机无限》、藏礼淦的《寻觅‘永恒’的浪漫之旅》为二等奖；周衍的《阿黛尔的‘三国梦’》、丑运洲的《洋洋大观，别开生面》、刘晓华的《‘东方好莱坞’——太湖影视城》之一、之二、之三、冯海青的《涿州两空城给人的启示》为三等奖。

面向21世纪旅游教育研讨会 “面向21世纪的旅游教育研讨会暨第二届全国旅游学研讨会”于1995年11月在青岛召开，全国50余所高校、科研机构和出版机构的代表参加了这次会议。与会者一致认为，未来的旅游业将呈现高速发展、多元经营、六要素综合化等趋势，需要大量复合型、开拓型、一专多能型人才。现行的教学目标、培养方向、教学体系等已难以满足旅游业和旅游人才市场的需求，必须面向未来，加强改革力度，全面调整教学、师资结构，以确保旅游教育的超前性和兼容性。代表们根据旅游业兼跨文、史、经、地理、管理的综合性特征，结合目前的教学大纲和人才培养目标，逐条分析了专业课、专业基础课、公共课的教材、课时，一致认为，必须培养出基础知识牢固、实际操作能力强、善于经营管理的人才。根据这一共识，与会院校将提出新编教材大纲，经专家评定后合作编写。

全国旅游论文、导游、调酒师大赛 1995年3月3—5日，“国旅杯”全国旅游论文大赛研讨会在北京召开，论文主题是“中国旅游业加速与国际市场接轨”。为了促进中国旅游业积极参与国际旅游市场竞争，北京第二外国语学院和《中国旅游报》社联合举办了这次论文大赛。先后收到21个省市自治区的论文近70篇。国内旅游界十几位著名专家组成的专家委员会，以无记名投票方式，评出二等奖4名，优秀奖6名及佳作奖若干名。很多论文紧扣“接轨”这个“中心”，以国际旅游先进标准，惯例为参照，针对我国的旅游现状和存在的问题，考虑到中国的历史文化背景，对旅游理论和实践问题进行了比较深入的探讨，提出了不少深刻的见解。1995年3月19日，“石艺杯”全国国内旅游导游大赛发奖大会在北京颐和园举行。全国人大常委会副委员长、中国国内旅游协会名誉会长陈慕华，国家旅游局局长刘毅，全国政协常委、中国国内旅游协会名誉会长王郁昭等到会并分别为获得“最佳导游员”和“十佳导游员”称号的参赛选手颁发了奖杯、奖牌和证书。上海的朱志高夺得“最佳导游员”的桂冠，荣获“十佳导游员”称号的还有福建吴巧凌，湖南郭鹏，安徽胡淑华、魏小兵，河南陈健光，四川廖荣隆，广东饶志军、何小丰，河南刘艳红等。

1995年4月，在北京举行了以“提高、发展、创新”为宗旨的“首届全国旅游行业调酒师大赛”。比赛内容包括笔试、口试和实际操作三部分，从调酒知识、旅游知识、文化知识和时事知识以及实际动手操作能力等方面对选手进行全方位的考核。经过4天的激烈角逐，广州白天鹅宾馆的莫永杰、佛山市佛山宾馆的吴国强、北京长城饭店的李珉分别获得本次大赛的前三名。

全国旅游行业涌现大批先进人物 国家旅游局、中国财贸工会决定在全国旅游行业表彰303名事迹突出、成绩卓著的劳动模范、先进工作者。其中田忠义等102人被授予全国旅游行业部级劳动模范的光荣称号；刘谦等201人被授予全国旅游行业先进工作者的光荣称号。他们在改革开放以来，为我国旅游业迅速发展，为增进我国人民与世界人民的友谊，创汇增收，满足人民群众日益增长的精神文化需求作出了贡献。

旅阿华侨牛宝成女士荣获“中国旅游教育杰出贡献奖” 年逾古稀的旅居阿根廷的爱国华侨牛宝成女士，是一位造诣很深的医生。从1986年至1993年，已先后5次捐款共达10万美元赞助中国的旅游教育事业。她的捐款已全部用于在天津旅游管理干部学院设立“牛宝成奖学基金”、北京第二外国语学院设立“牛宝成奖励基金”及教师出国培训等4个项目。为答谢和表彰牛宝成女士的爱国之举，国家旅游局局长刘毅特邀牛宝成女士于1993年年底至1994年1月下旬携其爱子回国访问和疗养。1993年12月30日，国家旅游局在北京昆仑饭店举行仪式，向牛宝成女士颁发“中华人民共和国国家旅游局旅游教育杰出贡献奖”。

旅游业劳模严正萍艰苦创新业 1989年严正萍来到河北省秦皇岛市担任了老龙头景区主任。她边工作、边学习、边作规划，先后学习了10门文博专业课程，又查阅了有关的历史记载，并数次登门求教于专家，大胆提出了修复龙武营及守备署等历史文物景点的设想，经多次汇报，得到了市、区领导的重视和支持。这座建筑面积达6000多平方米的明代兵营群落在100天的时间里复建完毕，巨龙之首重新跃出海面。严正萍经过考察和分析，还提出了具有浓郁民族特色的大型仿古表演和老龙头海会的设想。这两项活动的实施赋于了老景点新的生命和风采，产生了轰动效应，每年有近200万中外游客前来观光，使老龙头的名字传遍了世界各地。严正萍多次被评为市、省和国家旅游系统劳动模范；老龙头景区多次被评为市、省和国家旅游系统的先进单位。

双休日天津各种培训班层出不穷 实行双休日以来，天津市外语、成人高考补习、微机操作、程序设计、硬件维修、厨师、室内外装璜设计、现代工程预算、健身健美、影视表演等培训班层出不穷，这是天津市出现的一个新气象。1995年天津参加成人高考的人数达到5.4万人，比1994年增长30%多。经注册的各类培训学校已近60多所。全市最大的计算机图书世界，周末两天前来购书者每天3000多人，超过平日两倍多。五天工作制使读书热、求知热升温，南开大学管理学专家陈炳富说：“这是一种必然现象。市场经济是人才的竞争，如果不及时补充提高自己，就会在竞争中吃苦头。”

学生双休日去社会课堂 上海市静安区石门二路街道办事处，为丰富中小学生“双休日”生活，为学生们建立了20个社会实践基地。通过大量的社会实践，使学生们对本市的科研事业、工商经济及城市建设等发展状况有感性认识，同时也为实现“教育社会化、社会教育化”的目标作出了偿试。为学生们提供社会实践基地的20家企事业单位有专人负责这项工作，同时建立学生参加劳动的考核制度，定期向学校公布。此外，这些单位还将会同街道社区教育委员会，每年对工作出色的基地进行表彰。

“南东”社区双休日活动健康有趣 上海黄浦区南京东路街道有居民7万，如何使大家过上健康有趣的“双休日”？街道陆续推出“街道搭台，各方唱戏”的系列活动，在社区内奏响了有声有色的双休日交响曲。第一是体育活动。1995年5月6日第一个双休日，街道在承新居委召开现场会。该居委200多人组成的12支队伍，有三口之家队、文明楼队、外来妹队、下岗职工队、婆媳队等，表演内容健康有趣。“全民健身”活动推开后，居委每周一个小活动，街道每月一次大活动。第二是文艺。南东文化站下属老年合唱队、京剧队、沪剧队、越剧队、话剧队、粤剧队、曲艺队、乐队及“南苑艺术团”，由街道组织上街宣传，为居民、为中小学生演出。第三是科普。南京“家庭防火活动中心”结合“备灾、救灾、抗灾”，进行实地演习，对居民进行防灾科普教育。并着重普及“防火十法”、“灭火十招”、“逃生十法”知识。街道还以“身边的科学”，对居民进行煤气使用、家电使用的科普教育。第四是家庭文化活动。将集邮、字画、根雕、鱼骨工艺、易拉罐面具、家庭装潢、插花、烹饪等各种爱好者组织起来，在双休日交流品评作品。街道图书馆开展家庭读书活动。第五是社区服务，居民及社区单位、共建部队参加的“结对包户”活动，延伸到双休日，帮困济贫对子已有200多对，每日开展一次结对包户主题活动。

武钢做好“双休日”大文章

1994年底，武汉钢铁公司在武汉率先实行5天工作制。刚实行的头几个月，打麻将赌博等不良情况剧增，直接影响了企业的生产经营。此种状况引起了武钢领导的高度警觉。一周休息两天，加上职工年休假和节假日，几乎占了一年的1/3。对这1/3时间是放任不管，还是有效引导、利用？武钢各级领导形成了共识：像安排生产一样谋划“双休日”职工的文化生活。电讯厂为搞好周末活动，对全厂70%职工进行了周末活动需求问卷调查。每周举办的“轻松周末大家乐”，由各车间轮流组织、互相竞争，周周有特色。每周举办活动，厂党政工团领导与职工同娱乐。港埠公司的文化活动，做到有组织、有计划、有场地、有队伍，而且对每次活动的实际效果进行评议，以利改进。

精神文明建设活动

1. 中央单位精神文明活动

全国精神文明建设经验交流会在张家港召开 由中共中央宣传部和国务院办公厅主办的全国精神文明建设经验交流会于1995年10月18日在江苏省张家港市召开。参加会议的代表有各省、自治区、直辖市精神文明建设委员会和宣传部的负责同志、政府秘书长以及文明办主任。这次会议是以邓小平同志建设有中国特色社会主义理论和党的基本路线为指导，贯彻党的十四届五中全会精神，总结推广张家港市重视精神文明建设、促进两个文明协调发展的经验，交流全国各地精神文明建设的经验，研究在社会主义市场经济条件下，如何进一步加强精神文明建设的问题。会议期间有10多个单位介绍了他们近几年来精神文明建设的新进展、新成果。中共中央政治局委员、中宣部部长丁关根出席了这次会议，并作了重要讲话。

全国政协加大对精神文明建设视察的力度 1995年全国政协组织17个视察团424名委员分赴17个省、市、自治区，就精神文明建设、社会治安、物价、民族地区和老区经济发展等方面情况进行视察，共提出视察报告16份，有些建议已被中央有关部门采纳实施。全国政协主席、副主席以及部分委员到中西部地区进行视察，了解当地人民生产生活情况，研究开发和发展大西北战略，提出许多重要的意见，并办了一些利国利民的实事。李瑞环主席视察新疆和田，对当地人民长年喝涝坝水的问题非常关心。他身体力行并积极倡导社会各界捐资打井，帮助和田群众喝上了清洁卫生的自来水。新疆部分地区人民的饮水困难得到中共中央、国务院的亲切关怀和当地党委、政府的高度重视，370万农牧民的饮水问题正逐步得到解决。全国政协常委会还根据委员们的意见，努力改进视察方式和组团办法，不断提高视察实效。应一些部门的邀请，还开展了专项视察活动。如应北京铁路局邀请组织委员就铁路路风进行视察等。

中央组织部召开优秀县(市)委书记表彰会 1995年6月30日，中共中央组织部在中南海怀仁堂召开大会，表彰在社会主义现代化建设中做出优异成绩的100名优秀县(市)委书记。中共中央总书记江泽民在会上发表重要讲话。他强调，为了更好地发挥党的领导核心作用，党必须在新形势下不断加强自身建设，努力提高执政水平和领导水平。县以上各级领导同志，要按照中共十四届四中全会的要求锻炼和提高自己，努力成为新时期合格的领导干部。尤其要在坚持正确的政治方向、增强全局观念、加强理论学习、全心全意为人民服务等方面有一个大的进步。江泽民号召全党在党中央领导下，在邓小平同志建设有中国特色社会主义理论和党的基本路线指引下，万众一心，励精图治，扎实工作，艰苦创业，为胜利实现我国现代化建设的第二步和第三步战略目标而努力奋斗。大会由胡锦涛主持。会上宣读了《中共中央组织部关于表彰优秀县(市)委书记的决定》。并向受表彰的书记们颁发了荣誉证书。这次评出的优秀县(市)委书记，来自全国30个省区市，具有广泛的代表性。这些同志在领导岗位上认真执行党的基本路线和抓住机遇、深化改革、扩大开放、促进发展、保持稳定的指导方针，依靠县(市)委领导集体的智慧和力量，充分发挥基层党组织的战斗堡垒作用和广大党员的先锋模范作用，团结和带领群众艰苦奋斗，为兴一方经济、富一方群众、建一方文明、保一方平安而努力工作，做出了突出的成绩，赢得了人民群众的称赞。

第四届“五个一工程”揭晓 由中宣部组织实施的第四届“五个一工程”于1995年10月揭晓。这次评选的是1994年度的优秀作品，共申报作品426种，入选120种。参评单位除30个省、自治区、直辖市外，又增加了中央党校、中国文联、解放军总政治部等15个中央单位。

这次入选的作品在质量上又有新的提高。图书和理论文章更加注重选题的理论价值和实践意义。各地把研究邓小平建设有中国特色社会主义理论同本地区实践结合起来，使理论研究更具现实指导意义。如《邓小平理论和实践研究丛书》、《论邓小平人民民主专政思想》等专著，对邓小平建设有中国特色社会主义理论的研究有进一步发展。在入选的28篇理论文章中，论述毛泽东思想和邓小平建设有中国特色社会主义的基本观点以及论述社会主义市场经济理论和精神文明建设理论问题的文章就达26篇。

入选的文学艺术作品更加着力反映现实生活，在思想性和艺术性的结合方面有新的突破。如全面反映抗日战争的系列长篇《长城万里图》，不仅是进行爱国主义的好教材，而且具有较高的文学价值和文献价值。入选的电影、电视剧（片）、戏剧作品中，深入社会生活、热情讴歌改革开放、反映时代特征的作品就达70%以上。同时精品意识也有所加强，例如电影《绝境逢生》、电视剧《三国演义》、话剧《同船过渡》等，艺术上都达到了很高水准。

这次入选作品的覆盖面明显扩大，一些先进地区继续保持向上态势，而一些经济文化较后进的地区，如西藏、新疆、海南等省区也实现了“零的突破”。江西、江苏等省还另外设立了自己的“五个一”、“七个一”工程，使精神文明建设具有更广泛的群众基础。

全国总工会组织全国劳模巡回报告团 1995年“五一”国际劳动节期间，党中央、国务院在京隆重召开了全国劳模大会，对各行各业涌现出的近3000名劳动模范和先进工作者进行了表彰。随后全国总工会组织了全国劳模报告团，由38位全国劳模和先进工作者参加。报告团于1995年5月17日在人民大会堂举行首场报告后，分6路奔赴全国各地。劳模报告团所到之处都受到热烈欢迎。广大干部群众踊跃参加报告会，不少听众为劳模的动人事迹和朴实无华的思想风貌感动得流下了热泪。这次巡回报告历时一个多月，共在29个省、自治区、直辖市的38座城市作报告60场，直接听众14万人，通过电视直播收看的达数百万人。

全国总工会开展持久的“送温暖工程” 全国总工会从1995年开始，将节日期间的送温暖活动拓展为持久而多层次的“送温暖工程”，使排忧解难形成经常化、制度化，受到亿万职工的欢迎。在建立扶贫帮困机制，促进职工扶贫面的扩大方面，全国总工会重新调整了扶贫计划，聚集并启用职工扶贫资金1亿多元，共扶持困难职工家庭160多万户，已有40多万户脱贫。在帮助困难企业扭亏增盈方面，据25个省市总工会不完全统计，到1994年底，由工会组织帮扶的5150家亏损企业，已有近3000家实现了减亏或扭亏增盈。各级工会协助政府扩大门路，为失业职工再就业创造条件。职工互助互济活动不断扩展。至1995年11月，全国基层单位职工互助储金会有13万个，储金总额7亿余元，对困难职工救急济难发挥了重要作用。

中华慈善总会召开全国代表大会 中华慈善总会第一次全国会员代表会议于1995年11月20日在北京召开。来自海内外9个中华慈善总会创始人、39个创始会员（个人及单位）、20多个省市的42个团体会员以及社会各界近200人参加了大会。

中华慈善总会是中国慈善事业中断40年之后，在改革开放中新建的全国性慈善组织，是由热心慈善事业的各界人士自愿组成的公益性社团法人。其宗旨是：发扬人道主义精神，弘扬中华民族扶贫济困的传统美德，帮助社会上不幸的个人和困难群体，开展多种形式的社会救助工作。

中华慈善总会自1994年登记注册以来，不断建立健全组织与管理，发展地方团体会员，指出助孤计划和安老工程，开展国际交流与合作，得到海内外各界人士的广泛支持。一年来，已筹募的款、物合计人民币2600多万元。

全国人大常委会副委员长雷洁琼、王光英、程思远，全国政协副主席赵朴初出席了大会，并为中华慈善总会创始人以及创始会员颁发了荣誉证书。

政协八届委员会文史资料工作取得重大收获 八届政协以来，全国政协和地方政协的委员构成有了新的变化，越来越多的党政领导同志和专家学者参加了政协工作，文史资料工作的范围、任务和某些功能也随之发生了变化。客观地反映和总结社会主义建设时期的历史经验教训，已成为新时期人民政协文史资料工作的一项新任务。（一）全国政协于1995年11月在北京召开了政协全国文史资料工作座谈会，总结交流了近年来文史资料工作的新经验；着重研究了中华人民共和国建国后文史资料的征集出版工作；明确了文史工作前进的方向。会议表彰了96位优秀政协文史工作者，向42位在文史战线工作30年以上的老同志颁发了荣誉证书、为112种优秀文史资料图书的征编单位颁了奖。（二）认真抓好《中华文史资料文库》。在全国政协和各省、自治区、直辖市政协文史工作部门通力合作下，《文库》3000万字书稿全部发排，10

月底陆续出书，11月10日文史和学习委员会在京举行了《中华文史资料文库》首发式。《文库》的出版既是对30多年文史资料工作成果的总结和检阅，也是奉献给社会的一分宝贵精神财富。（三）举办政协文史资料图书回顾展，人民政协文史资料工作创建36年来，业已出版文史资料选辑11600多辑、专题资料4400多种，共计16亿多字。（四）积极推进港澳地区的文史资料工作，让人们了解港澳的真实历史，弘扬爱国主义精神，从而增强中华民族的凝聚力。（五）举办了政协文史干部培训班，讲授文史专业课和相关学科业务课11讲，围绕文史工作面临的若干问题进行了专题讨论。通过学习，学员们增强了做好文史资料工作的责任感和使命感。

共青团“服务万村行动”启动

“服务万村行动”是共青团依靠社会力量，调动社会资源，开发式扶贫的重要举措。1995年7月中旬，全国百家城市企业“服务万村行动”示范启动现场会在革命老区河北赞皇举行。会上，华北制药集团等12家城市企业与赞皇县的对口贫困村举行了厂村挂钩结对互助仪式，12家企业向对口村赠送了一批生产物资和生活用品，签定了服务意向书，以此为标志，全国城市企业参与共青团“服务万村行动”正式启动。厂村挂钩，工农携手，推动农村经济发展，是“服务万村行动”的主要内容。它采取一厂对一村的对口支持，在科技、信息、经营、资金、劳务等方面提供帮助和支持，探索一条工农携手发展农村经济和加强农村基层团组织建设的新路子。

首批全国“青年文明号”命名授牌 “青年文明号”是指在生产、经营、管理和服务中体现高度职业文明、创造一流工作成绩的优秀青年集体。创建“青年文明号”活动是共青团跨世纪青年文明工程的重要组成部分，得到了党和政府的高度重视，江泽民总书记亲笔题写了“青年文明号”。从1994年到1995年3月的一年中，有近100万青年集体、近1000万青年参加了创建活动。1995年4月1日由共青团中央、公安部、铁道部、建设部、国内贸易部、邮电部、民航总局、国家旅游局、国家工商局和中国个协联合召开的首批全国“青年文明号”命名授牌大会在北京人民大会堂隆重举行。福州市公安局交警队鼓楼大队“五四”岗等509个优秀青年集体荣获“青年文明号”称号。在大会上，9位代表介绍了他们创建“青年文明号”的先进事迹。他们的事迹生动地展示了“青年文明号”的时代风采。

第六届“中国十大杰出青年”评选揭晓 1995年9月18日，由中华全国青年联合会、中国青少年发展基金会及首都十大新闻单位联合主办的第六届“中国十大杰出青年”评选揭晓。他们分布在科技、教育、企业、医疗卫生、新闻、部队等领域，具有广泛的代表性、典型性和鲜明的时代特点。在改革开放和社会主义现代化建设中，他们刻苦钻研，诚实劳动，艰苦奋斗，争创一流，取得了可喜成绩，赢得了人们的赞誉，深受广大群众尤其是各族青年的好评。这十大杰出青年是：云南省工商联副会长吕有珍、哈尔滨市糖尿病研究所所长吕树文、南京军区32407部队坦克车长许永楠、新疆广汇企业集团董事长孙广信、中央电视台评论部主任孙玉胜、深圳海王集团股份有限公司董事长张思民、中国科学院计算所机译中心主任陈肇雄、武汉市“秋云倾心热线”志愿者协会会长秋云、华东政法学院国际法系主任曹建明、内蒙古青松制衣有限公司总经理葛健。

中国青年志愿者协会在京成立 1994年12月5日，是联合国“国际志愿人员日”。这一天，由共青团中央等单位发起的中国青年志愿者协会成立大会在北京举行。中共中央政治局常委、书记处书记胡锦涛向大会发了贺信，国家副主席荣毅仁出席大会并讲话。

中国青年志愿者协会是在中国青年志愿者行动已经实施了一年的基础上成立的。一年来，全国有1000多万青年加入到志愿者行列，组建各种志愿服务队几十万支，围绕帮孤助残、扫盲支教、科技扶贫、社区服务、城镇发展、社会治安、抢险救灾等方面，深入基层、社区和家庭，开展了形式多样的志愿服务，有15万服务对象得到青年志愿者的定期服务。中国青年志愿者协会的成立，将推动青年志愿者服务的机制建设，逐步将青年志愿者行动纳入经常化、规模化、制度化和社会化的轨道。会议通过了《中国青年志愿者协会章程》，宣读了《中国志愿者宣言》，选举了协会理事、常务理事，刘鹏当选为协会理事长。

中国人口福利基金会等共同发起的“幸福工程”正式启动 1995年2月28日，“幸福工程”创立大会暨捐赠仪式在北京人民大会堂举行。在会上，王光美宣布“幸福工程”正式启动，她呼吁全社会都来关心贫困母亲，向她们献出一片爱心。在捐赠仪式上，天津市绿天使有限公司总经理常达正向“幸福工程”捐赠人民币100万元，辽宁省大连市中心户长景玉红以个人名义捐赠2万元。组委会办公室宣读了已收到的个人捐款名单。

“幸福工程”是由中国人口福利基金会、中国计划生育协会和中国人口报社于1994年初共同发起的。其宗旨是帮助农村贫困母亲提高文化和身体素质，积极参与发展经济，以提高经济和社会地位，走少生、快富、文明、奔小康的道路。这个倡议得到全国妇联等10个有关部门的支持，1995年1月18日正式成立由各界人士组成的“幸福工程组织工作委员会，特邀宋平、谷牧、陈慕华、彭珮云、钱正英为组委会名誉顾问，聘请王光美任组委会主任，还请了19位各届名人、专家、教授任顾问。

1995年4月，首批“幸福工程”资助项目启动，400个家庭的贫困母亲得到贷款资助，她们利用这笔资助的资金开办的养殖和种植开发项目已初见成效。

“中国十大女杰”揭晓 由全国妇联发起，广电部、劳动部、人事部等20个单位联合举办的中国十大杰出女性评选活动于1995年2月21日在北京揭晓。获“中国十大女杰”荣誉称号的是：功勋飞行员、我国唯一的女飞行副师长岳喜翠；治沙造林上万亩的陕西榆林地区农民牛玉琴；著名天文学家、上海天文台研究员叶叔华；带领群众致富的乡镇企业家、河南省京华实业公司总经理刘志华；主持、参与首都70多座立交桥建设的首都桥梁设计大师罗玲；全国侨界杰出小学校长、海口市特级教师韩玉玲；登山运动健将、西藏登山队女队副队长桂桑；人民的好医生、山西省长治市人民医院医生赵雪芳；铁路“活雷锋”、哈尔滨火车站值班员朱莲香；优秀仿真专家、珠海企业家游景玉。“中国十大女杰”候选人共51名，来自汉、满、维吾尔、藏、土5个民族。其中年龄最大的68岁，最小的18岁。具有大专以上学历的40人，占候选人总数的78%。除10人被授予中国“十大女杰”称号外，其他41名候选人被授予中国“十大女杰”提名奖称号。

国家教委、团中央等组织“星星火炬”传递活动 为了让广大少年儿童充分了解反法西斯斗争的历史和中国人民英勇抗战的民族团结精神，国家教委、共青团中央、全国妇联、中国关心下一代工作委员会等十家单位组织开展了“弘扬民族精神，从小热爱祖国”少年儿童手拉手“星星火炬”传递活动。这次活动的传递物是一面印有少先队“星星火炬”标志的红旗和一本有中央领导题词的纪念册。各地在“星星火炬”旗帜到达期间，组织各种纪念活动，在旗帜上由少年儿童代表签名留念。1995年5月8日，是德国法西斯投降纪念日，“星星火炬”传递活动这一天在海拉尔市、西安市、嘉兴市、三明市4个城市同时举行集会，拉开了百万少年儿童“星星火炬”传递活动的帷幕。火炬在近40天的时间里，分4条路线传到全国40个城市，于1995年8月15日日本法西斯投降纪念日这一天，有百万少年儿童签名的“星星火炬”旗帜，献给了中国革命博物馆和中国人民抗日战争纪念馆作为纪念。

文化部举办“重走长征路”活动 为纪念世界反法西斯战争和中国抗日战争胜利50周年，纪念中国工农红军中央红军长征胜利到达陕北60周年，文化部在1995年5月至8月举办了“重走长征路”系列文化活动。旨在宣传长征精神的这次系列活动由四部分组成：一是由来自中央歌舞团、东方歌舞团、中央民族乐团等的27名中青年优秀演员组成“重走长征路”慰问演出团，赴长征沿途主要省份江西、贵州、四川、陕西进行慰问演出；二是邀请首都各大新闻单位组成“重走长征路”记者采访团，与慰问团同行，报道此次活动情况及宣传长征沿途省份改革开放的重大成果；三是由赞助此次活动的北京东方蓝得玛高科技发展公司派人组成科技扶贫小组，随团对老区人民进行科技扶贫活动；四是慰问演出团返京后，由中央电视台组织“重走长征路”电视专题晚会。此项活动聘请杨成武、马文瑞同志为顾问，并受到江西、贵州等省的高度重视。

民政部、总政治部授予姚慈贤“爱国拥军模范”称号 姚慈贤是广东省汕头市一位农村妇女，在特区经济高速发展的10年间，她先后将4个儿子送到部队服役，自己含辛茹苦，勤俭持家，全力支持儿子在部队建功立业。1995年7月25日，民政部、总政治部在广东省汕头市举行授予姚慈贤“爱国拥军模范”称号命名大会。会上宣布了民政部、总政治部授予姚慈贤“爱国拥军模范”荣誉称号的命令；并给姚慈贤颁发荣誉证书和奖章。总政治部副主任周子玉在会上讲话说，姚慈贤是近年来继韩素云之后涌现出来的又一个有重大影响的爱国拥军典型，是千千万万个军人母亲的楷模。广泛开展向姚慈贤同志学习的活动，对于弘扬爱国主义的时代主旋律，增强全民国防观念，推动社会主义精神文明建设，对于做好新形势下双拥工作，促进部队现代化建设，都将产生积极影响。

解放军总参授予刘连江“模范基层干部”称号 1995年7月，解放军总参谋长张万年签署命令，授予刘连江“模范基层干部”荣誉称号。命令指出，刘连江是新形势下基层建设中涌现出来的一个突出典型，是广大基层干部的杰出代表。广大官兵特别是基层干部要向刘连江同志学习，学习他“以站为家爱基层”的献身精神、“艰苦奋斗干事业”的进取精神、“身不离兵带好兵”的负责精神、“敬业奉献无怨悔”的忘我精神，为加强部队基层建设做出贡献。刘连江是中国人民解放军装甲兵某研究所北方试验站站长，他从北京理工大学毕业分配到驻京部队工作后，志愿要求到大兴安岭深处的边陲小站，艰苦创业11年。他情系边关，以站为家，忠于职守，竭心尽力，把试验站建成了坚强战斗集体。组织上曾3次调他回京，他每次都谢绝，直至病倒在工作岗位上。

中央军委要求全军继承和发扬南泥湾精神 1995年1月，中央军委发出通知，批转总后勤部制定的《关于进一步发展军队农副业生产的意见》。通知要求全军继承和发扬南泥湾精神，自力更生、艰苦奋斗，抓好部队农副业生产，不断提高补助生活能力，为部队革命化、现代化、正规化建设作出更大贡献。《通知》指出，在发展社会主义市场经济的新形势下，下大力抓好部队的农副业生产，对于增强部队凝聚力、提高战斗力具有重要的意义。各级党委和领导机关一定要把发展农副业生产作为新时期加强部队建设的一项长期任务，切实加强领导，认真制定规划，采取有力措施，保证健康发展，扎扎实实地为部队特别是驻边远艰苦地区的基层单位解决农副业生产中的实际问题。

全军爱兵带兵模范事迹报告会举行 经中央军委批准，由解放军总政治部组织的全军爱兵带兵模范事迹报告会，1994年8月18日在北京举行。这次报告会的目的是通过对这些先进典型的广泛宣传，在全军进一步形成干部爱护战士、战士尊重干部、官兵团结一心的浓厚空气。报告团由全军各大单位推荐的13名先进典型组成。在1994年8月18日的首场报告会上，兰州军区某部教导员赵守昌等5人，介绍了他们知兵用真心，爱兵动真情，带兵下真功，满腔热情地关心爱护战士，以高度负责的精神培养教育战士，用良好的自身形象影响带动战士的事迹，赢得一阵阵热烈的掌声。解放军三总部和驻京各大单位政治部的领导，驻京部队1000多名指战员参加了报告会。

武警总部为蒋世昆追记一等功 1995年10月12日，武警总部党委作出决定，给舍身救战士光荣牺牲的蒋世昆同志追记一等功并追认为革命烈士。武警总部号召武警部队全体官兵向蒋世昆烈士学习，为保卫国家安全，维护社会稳定作出更大的贡献。蒋世昆同志是武警广东总队汕头市支队代理教导员。1995年4月4日上午，他带领3名战士在教导队营房台上清理杂物，两名战士在合力清理天台护栏上一根长8米近100斤重的旧避雷针时，不慎将避雷针凌空的一端接近3米外的万伏高压电线，眼看一场意外就要发生，战士生命受到严重威胁。正在清理杂物的蒋世昆毫不犹豫冲上去，用力一掌将两名战士推开。两名战士得救了，而强大电流却通过蒋世昆全身，经抢救无效，蒋世昆壮烈牺牲。

全军开展"争创先进部队、争当优秀士兵"活动 中央军委在1995年4月重新颁发《军队基层建设纲要》时，根据部队建设的发展需要，确定在全军基层单位统一开展"争创先进部队、争当优秀士兵"活动。在"双争"活动中，全军部队把全面落实军委主席江泽民提出的"政治合格、军事过硬、作风优良、纪律严明、保障有力"的总要求，建设过硬连队、培养优秀士兵做为基本落脚点，教育引导士兵在各自的岗位上争当训练尖子、技术能手、工作模范和行业标兵。"双争"活动的广泛开展，绿色军营形成了学先进、赶先进、争第一、夺红旗的热烈氛围，部队基层建设出现新的局面。"双争"活动在社会上和士兵家庭中引起了很大反响。许多士兵家长纷纷写信鼓励子女在部队好好干，努力当上优秀士兵。

万村书库工程进展顺利 为了帮助农民掌握科学文化知识，陶冶情操，增加收入，活跃农村文化生活，改善农村社会风气，文化扶贫委员会、新闻出版署、共青团中央、四川省委宣传部、农民日报社于1994年11月正式启动实施"万村书库"工程。这一工程实施后，在社会上激起了强烈反响，海内外各界也对这一活动给予极大关注。中央有关部门都明确要求各地予以高度重视，抓实、抓紧、抓好，共青团中央利用假期组织大批大学生深入农村，开展"农村文化使者行"活动，帮助农民读好、用好"万村书库"工程图书。五家主办单位还于1995年初在全国范围组织开展了读书征文竞赛活动，并成立了读书征文竞赛活动指导委员会。到1995年5月，全国已有2万多个村建起了"万村书库"工程图书室，200多万册农村通俗、实用书籍送到了农民手中。

国家重点工程创建"青年文明号"誓师大会在三峡工地举行 1995年10月16日，由团中央、国家计委、建设部联合组织的国家重点工程创建"青年文明号"活动誓师大会在长江三峡工地隆重召开。奋战在三峡工地上的25支青年突击队的3000名突击队员在"青年文明号"大旗下庄严宣誓，决心以实际行动响应党中央号召，在国家重点建设中做出新的贡献。目前，在国家重点建设工程施工队伍中，青年占80%以上，且绝大部分处于生产建设第一线。创建"青年文明号"活动是共青团中央组织实施的跨世纪青年文明工程活动。国家重点建设工程创建"青年文明号"活动，以青年突击队为基本组织形式，以争先创优为基本手段，以效益、质量、安全为标准。在创建过程中，通过组织拜师学技、岗位练兵、技术比武、推广先进操作等多种形式的岗位训练活动，大力普及标准化作业技术，不断提高青工的技术技能水平。一年多来，全国已有近百万个青年集体、近1200万青年参加到这一活动中。

中华炎黄文化研究会开展爱国主义活动 中华炎黄文化研究会为纪念中国抗日战争和世界反法西斯战争胜利50周年，与山东省华夏文化促进会，于1995年5月10日至13日在山东曲阜联合举办"爱国主义与传统文化"学术研讨会。到会专家学者结合抗日战争，就弘扬优秀传统文化以进行爱国主义教育，从理论与实践相结合上，作了专题探讨。6月20日，该会又联合黄埔军校同学会、中华爱国工程联合会等单位，邀请当年参加抗日战争的老将军、老同志、知名人士、原国民党高级将领以及抗日将领的亲属等，在人民大会堂举行纪念抗日战争胜利50周年座谈会。大家在发言中，追忆战火弥漫的往日，重品全面抗战胜利的喜悦；对于李登辉挟洋自重，分裂祖国的言行，纷纷严厉谴责，强调要进一步弘扬以民族大义为重的爱国主义，促进祖国的统一。该会还先后在河北涿鹿、河南濮阳举行了“炎黄蚩三祖文化”、“龙文化与中华民族”学术讨论会。该会还与人民日报出版社合作出版了20分册的《炎黄文化漫游》丛书，这是一套普及读物，基本上包括传统文化的各个领域。为纪念中国工农红军长征胜利60周年，该会与福建福日集团联合摄制了12集电视专题片《长征·世纪丰碑》的首集《长征纪事》，于10月8日在人民大会堂举行首映式。中共中央常委、军委副主席刘华清、军委副主席张震、迟浩田以及近百名参加过长征的老红军出席了首映式。

2. 省、市、自治区精神文明活动

北京办文明市民学校345所

据首都精神文明办1995年6月公布，全市八城区已开办文明市民学校345所，听课者达2万人次。这些文明市民学校主要由街道办事处和居民委员会主办，教学内容结合国家的形势与政策，开展市情、社会公德、法律、法规、科普知识等教育，采取以课堂为主，结合文化艺术、健身娱乐等开展多种形式的活动。几年来，文明市民学校吸引了大量的居委会干部、离退休人员、学生、个体工商户和外来人口，在提高市民文化素质、增强市民法制观念，促进社会安定、家庭和睦，提高市民自我管理水平方面发挥了重要作用，被群众誉为“没有围墙的学校”。

北京三里屯街道双文明建设创佳绩 北京市三里屯街道区位优势突出，辖区内有著名的北京工人体育馆、涉外宾馆、饭店、公寓，外国驻华使馆、商社众多，迎宾线纵贯街道中心。近几年，三里屯把发展经济的落脚点放在城市管理和服务上，一批适合区位特色的服务项目应运而生。随着街道经济的快速发展，造福辖区百姓的社区服务项目蓬勃兴起。据统计，近5年，街道拿出965万元，兴办群众文化、少儿教育、尊老助残、便民服务网点549个，整修街道、开展绿化美化，已建成5个“文明小区”。通过建立优秀教师、见义勇为奖励基金，街道尊师重教、拥军优属、见义勇为蔚成风气。1995年岁末，三里屯街双喜临门：民政部命名三里屯街为“全国最佳街道”；街道经济创收近5亿元，创利税2900多万元，均列全市各街道之首。

天津街头新建100座书亭

天津有960万人口，过去全市共有书报亭100余个，加上有固定经营设施的书店，也不过300余个，平均每万人占有0.3个，这与改革开放、发展经济、提高人们科学文化素质的要求很不适应。此外，市区繁华地带摆地摊卖书报刊的现象时有所见，无证照经营和出售非法出版物的问题也时有发生。1994年，市委、市政府继建成天津市图书批发交易市场后，决定拨款200万元，在市区繁华地段新建100个书报刊亭，作为1994年为全市人民办成的20件实事之一。1995年新年之际，工程完成。在天津市新闻出版局的统一管理下，这些书报刊亭组织经营有一定文化品位、符合广大群众需要的书报刊，对方便读者购买，满足群众精神文化需求，创造优美、整洁、文明的社会环境，增强城市的文化氛围，发挥着良好的作用。

上海精神文明建设上新台阶

中共上海市委和市人民政府非常重视精神文明建设，1991年12月，市委全会通过了《中共上海市委关于当前加强社会主义精神文明建设的若干实施意见》，认为精神文明既是上海建成“三个中心”和“龙头”的题中应有之义，也是实现经济目标不可缺少的思想保证、智力支持和精神动力。从1993年起，全市群众性精神文明建设工作采用新的组织办法，像组织大工程一样，一项一项列出来，然后实施目标管理，责任到具体部门。1993年，市委、市政府还以迎接东亚运动会和纪念“南京路上好八连”30周年为契机，深入开展职业道德和社会公德教育，提倡以一流的质量、一流的服务、一流的效率，树立上海人改革开放的良好形象，从而带动了各行各业的工作。历时一年的“上海人形象大讨论”，在上海各界人士中产生了深远的影响。市委、市政府还组织专人坚持不懈的研究、制定、落实各类文化经济政策，借助于财政、税收、价格等经济杠杆，促进了精神文明建设健康发展。80年代开始，他们在全市范围内坚持10年开展了创建文明单位活动，到1994年4月全市先后有652家获市级文明单位最高荣誉称号，其中39家是“六连冠”。

上海市深入开展“七不”活动

为了认真贯彻1995年3月市精神文明建设大会的精神，落实新三年精神文明建设的规划，上海市决定从抓市民素质的提高开始，推进精神文明建设的深入。1995年6月，市文明委发出《在全市开展“大家从我做起，遵守‘七不’规范”的通知》，要求市民做到“不随地吐痰、不乱扔垃圾、不破坏绿化、不损坏公物、不乱穿马路、不在公共场所吸烟、不说粗话脏话”。上海市广大市民纷纷行动起来，积极投身到这一活动中。对进入上海的飞机、轮船和列车，他们也抓紧对进沪外来人员进行“七不”规范宣传，有的还印制成宣传卡发给进沪旅客。在“七不”规范活动中，上海的文明单位、文明楼院、文明小区、文明“窗口”、文明标志区率先行动，成为“七不”规范活动的领头羊。交警、巡警、市政市容、爱卫会、卫生局、园林局、绿化办、环卫局等职能部门则加强了监督管理和执法力度，开展了专项治理。由少先队员组成的小小市容监察队的“小小黑猫警长”活跃在大街小巷，积极维护市容环境卫生。一些地区加强了对薄弱环节的整顿,收到了明显效果。他们以抓"七不"活动为突破口,加强社会公德、职业道德、家庭美德建设。由于充分运用了各种宣传舆论工具,形成了良好的社会舆论氛围,"十百千万工程"(即10个文明标志区域、100个文明小区、1000个文明单位、10000个文明"窗口"在年底做到"七不"规范)目标在1995年底顺利实现,"七不"规范已成为上海市民的行为规范。

河北开展学习马恩华活动 在新时期怎样做一个优秀的社会主义企业家?保定一棉纺织集团公司经理马恩华交上了一份圆满的答卷。1995年11月,为了在全省推动学习马恩华的活动,中共河北省委、省政府做出了《关于向杰出的社会主义企业家马恩华同志学习的决定》,要求把学习马恩华同学习孔繁森结合起来,以马恩华为榜样,树立正确的世界观、人生观、价值观,团结奋进,扎实工作,千方百计搞好国营大中型企业,搞好现代化建设,加快经济建设步伐。保定市是马恩华工作多年的地方,在这个市的许多工厂、机关,都可以看到学习马恩华事迹的墙报、标语,许多干部群众自发组织了学习马恩华的座谈会、演讲会。在河北省国有大中型企业的厂长、经理中,马恩华的事迹引起了强烈的反响。他们联系实际学习马恩华的治厂经验,表示在国有大中型企业的爬坡时期,一定要像马恩华一样知难而上,勇挑重担,一心一意把企业搞上去,努力促进经济腾飞。

石家庄开展"百家窗口创文明"竞赛活动 1994年初,石家庄市人民商场推出了12项优质服务项目,随后各大商场纷纷仿效,掀起了文明经商服务热潮。市委和市政府抓住时机,及时组织了以"满意在省会,奉献在岗位,和谐在家庭"为主题,以解放路一条街、火车站、汽车站、5个集贸市场、5个影剧院和舞厅、8个大型商场、9个宾馆饭店、10个生活小区等40个窗口为重点部位,以解放路一条街160多家单位为依托,扩展到邮政、电信、电力、金融、卫生、交通等233家单位"百家窗口创文明"竞赛活动。为了搞好创建活动,全市各大窗口单位狠抓了硬、软件建设,在40个重点参赛单位中,有13个单位共投资7000多万元,进行环境改造。各窗口单位还纷纷强化业务培训,提高人员素质。市委和市政府还成立了创建文明城市指挥部,加强对窗口单位的督促检查。1994年6月和12月份,两次深入到参赛部门检查,摸清情况,分类排队,向主管部门通报情况,限期整改。1995年4月,市委、市政府再次同百家窗口单位签订了1995年创建目标责任状。通过"百家窗口创文明"活动,全市两个文明建设得到进一步发展。

内蒙表彰冒死保卫国家财产的英雄群体 1995年5月,内蒙古工商银行鄂伦春自治旗大杨树第五储蓄所冒死保卫国家财产英雄群体命名表彰暨事迹报告会,在呼和浩特举行。自治区党委、政府授予大杨树第五储蓄所集体一等功,授予陈达等3人一等功,追认吴晓梅为烈士、追记一等功,并号召全区人民向他们学习。

1994年12月23日晌午时分,吴晓梅(女)、德铁梅(女)、陈达、孙占岭正为储户办理取款手续。一歹徒突然闯进来,狂叫"快把钱扔出来,不然打死你们",并开枪击中正打电话的陈达右臂。陈达忍痛拨通报警电话。孙占岭去按联防警报铃时被击中头部昏倒。吴晓梅站起身接着去按警报铃,也被击中头部倒地。德铁梅抱起钱箱向身后锅炉室转移时,子弹擦过头顶。歹徒见4人宁死不屈,柜台边门落锁踹不开,便抢去储户刚取出的4000元惊慌逃走。在4人的英勇保护下,国家的近10万元现金分文无损。歹徒在案发96小时后被抓获。

大连市全面提高市民公德素质 大连市从1988年开始,用3年时间在全市职工中进行了职业道德基础建设,培训职工58万人,提高了从业人员的职业道德素质。从1991年开始,在全市广泛开展了"净化语言、文明用语"的宣传教育活动,引导市民向粗话、脏话"宣战",在"窗口"行业普及文明服务用语。从1994年底开始,市委、市政府又提出用3年时间对全市16至60周岁的市民普遍进行一次社会公德基本常识的培训,力求全面提高市民的公德素质。到1995年10月为止,全市城乡有100多万市民受到培训,有20多万人通过社会公德知识的统一考试。在抓好道德常识培训的同时,他们还注重用道德规范约束市民的行为,从具体事情抓起,从身边的小事做起,培养市民养成文明习惯。几年来,全市先后开展了"学守则、讲道德、文明在大连"活动、评选"好婆婆、好媳妇"活动、"居民道德评议会"活动、"大连人都要文明乘车"活动、"文明用语"活动、"爱护每寸绿地"活动,每一项活动都从最基本的文明行业抓起,改变人们不良的旧习惯,树立新的文明习惯。经过几年的努力,全市第四个精神文明建设规划规定的各项任务已基本完成,目前又正在着手编制与"九五"计划相配套的第五个精神文明建设规划。

雷锋精神在辽沈大地开花结果 1995年3月,在英雄雷锋离开他生活、成长的辽沈大地33年后的今天,雷锋精神已在辽沈这片广袤的土地上开花结果。据雷锋纪念馆馆长张淑英介绍,雷锋纪念馆自1965年8月开馆以来,从来没有冷清过,已累计接待观众1300多万人次。在青年志愿者活动中,抚顺钢铁厂团委向青年们发出了"义务家教"的号召,全厂青年积极响应。已有100多人对特困户、残疾人、劳模的子女进行义务家教。在雷锋曾经工作过的鞍钢,已成立5年多的雷锋基金会,先后资助国内8个集体和54人次,留下了一串串美丽动人的故事。一些得到雷锋基金会资助的人，又把温暖送给他人。曾受雷锋基金会长期资助的原长春邮电学院学生李立新，参加工作领到第一个月工资后，便拿出60元钱交给雷锋基金会。他说："雷锋基金会帮我完成了学业，今后，我每月要从工资中拿出10元钱捐给基金会。"

抚顺学雷锋典型带头树新风

辽宁省抚顺市是当年雷锋战斗生活过的地方，在那里，一大批学雷锋典型在改革开放和商品经济大潮中经受住了考验，成为抚顺两个文明建设的带头人。省学雷锋模范、年近古稀的"特殊万元户"胡玉萍倡导成立了顺城区西戈联社"双拥"活动站，定期开展拥军优属活动。为了给活动站提供经费，她不顾年老体弱，养了25头猪。1993年"八一"前夕，她挑了一头最大的猪送到市武警支队五中队慰问官兵。1994年元旦，她又给雷锋生前所在团送去6头猪。挖掘机厂学雷锋标兵、铸铁车间工人李艳丽身小体弱，孩子有残疾。她多次放弃家里帮他调换工作机会，谢绝组织另行安排轻工作的照顾，一心扑在苦脏累差的翻砂岗位上，并在省行业技术比赛中获得了第一名的好成绩，被破格晋升为工人技师。1994年初，她又申请到了更苦更累的铸钢车间工作，职工们称赞她是专拣重担挑的女强人。

吉林城乡读书活动方兴未艾

1994年5月至1995年5月，吉林省委宣传部、省文化厅、省军区政治部、团省委等14个部门共同发起了读书活动，以落实江泽民提出的"以科学的理论武装人，以正确的舆论引导人，以高尚的精神塑造人，以优秀的作品鼓舞人"的讲话精神，通过读好书提高人们的思想道德水平和科学文化素质，树立正确的世界观、人生观、价值观。他们成立了省、市、县三级读书指导委员会，推荐了220种优秀图书，形成了覆盖全省的读书网。十几家出版社为这次活动捐赠了8万元的图书和资金。一年多来，全省涌现各类群众性读书组织2000多个，拥有读者20余万人。各地还结合实际，组织开展了为广大群众喜闻乐见、小型多样的各类读书活动。仅1994年全省共有50多万人参加读书活动，全省多读书读好书有奖征文活动收到应征文章就达3万多篇。

黑龙江垦区大力弘扬北大荒精神 黑龙江垦区开发历史长，老干部、老转复官兵、老劳模(三老)多，这"三老"是开发建设北大荒的骨干。为了激励广大青年发扬"艰苦奋斗、勇于开拓、顾全大局、无私奉献"的北大荒精神，争做新一代北大荒人，垦区领导机关充分利用"三老"这种精神资源，开展了以"学传统、建功业，争做新一代北大荒人"为主题的教育活动，组织20多万青少年采访老垦荒战士，编写、讲述北大荒人故事4万多个，并将优秀故事编辑成册，发至各中小学校作教材。他们还与宣传部门配合，组织了优秀北大荒青年事迹报告团，近10万人听了报告。通过北大荒精神教育，净化了广大青年的心灵，提高了青年的政治素质。仅1994年，全垦区有2000多名青年受到农场级以上奖励，其中36名受到团中央、团省委的表彰。有1300名青年加入了中国共产党，1万名青年加入了共青团。1995年夏，黑龙江农垦总局党委下发了《进一步加强北大荒精神教育的若干意见》，把北大荒精神教育工作纳入垦区精神文明建设总体规划和年度工作目标之中。

哈尔滨市开展学习好工人于明祥活动 1995年，哈尔滨市开展了学习好工人于明祥的活动。于明祥是中国第一汽车集团哈尔滨汽车齿轮厂的管道维修工。1994年2月11日，他放弃春节假日休息，在为工厂维修暖气设备时，由于意外事故不幸以身殉职。于明祥参加工作24年，他在平凡的工作岗位上，以雷锋为榜样，恪尽职守，勤于奉献，始终如一，深受全厂职工的爱戴。他用自己质朴无华的行动，留下了闪光的人生足迹，展现了工人阶级先锋战士的优秀品质。1995年初，市委、市政府组织开展了"学习身边于明祥，评选于明祥式好工人"活动。据不完全统计，有2600余家企事业单位近100万职工参加了这项活动，使于明祥精神在全市广大工人群众中不断发扬光大。

山西请先进人物给省领导讲课 1995年10月27日，山西省委中心学习组请了4名在本职岗位上默默无闻、尽心竭力为民办事的先进人物作报告。翼城县委书记耿根喜，十几年来，几上几下，他讲述了自己如何在工作中实践"清清白白做人，兢兢业业为民"的座右铭，过好权力关、群众关、名利关的体会。平定县理家庄村党支部书记王铁锁，掏出心来为公，在群众中享有很高的威信。在他的领导下，这个贫瘠山村实现了人均收入1400元的目标。他的为官之道是：当干部不仅要能吃苦，还要能吃亏；不仅能受罪，还要能受气。阳城县神南村党支部书记李揪呆，叙述了他和村民们凭着犟劲打江山，凭着拼命刨穷根，凭着人心换人心，把一个"除了贫穷什么都没有"的山村，变成了拥有1000多万元固定资产的富裕村，而他自己每月只拿人均工资的60%。他说，当支书说难也不难，就看你能不能耐得清贫吃大苦，宁亏自己不亏公。省长孙文盛说，听了四位同志的报告，我体会到，共产党的领导干部必须牢固树立为人民服务的思想，必须有自我牺牲的精神，必须发扬自立更生、艰苦奋斗的精神，必须坚持改革开放。从现在开始，各级领导首先要管好自己，像四位同志那样，树立正确的世界观、人生观、价值观，诚实做人，扎实做事，务实为民。

济南交警为警徽添光彩

1995年初的一天，济南交通警察支队的全体干警看了3个小时特别的录像。录像纪录的是市区所有岗亭的干警执勤的实况。不看不清醒，一看吓一跳。看到自己在岗位上有的衣冠不整，有的动作不到位，有的脱岗偷懒，有的纠正违章态度粗暴，交警们羞愧地低下了头。

为了改变这种状况，济南交警支队决心以规范化指挥为突破口，狠抓内强素质，外树形象的活动。他们组织37名一线执勤骨干赴京、津取经，把好经验带回济南。经过一番大练基本功，全队干警素质普遍提高，4月26日，他们以崭新的面貌出现在济南街头：指挥动作规范；纠正违章是先敬礼，再说话，态度和蔼；对一般违章不再罚款，而是实行自我教育，让违章者手拿写有"请不要违章"的小黄旗，在路口执勤半小时；交通岗亭上挂起了"有困难找交警"的牌子，安了报时钟，添了服务箱等。从此以后，他们也的确认真执行了自己的诺言。据不完全统计，1995年1—9月，济南交警共为群众做好事14800余次，扶老携幼13700人次，送还拾物341件，送还迷路儿童87人次，救死扶伤210人次，引路寻亲860人次。干警训练后新的形象也拍成了录像，大家看到自己英姿飒爽的身影，听到群众的赞扬，一种职业荣誉感油然而生。

为了使交警形象持之以恒，他们建章立制，严格内务管理，保证规范文明执勤的长久性。如为了杜绝交警中存在的乱训人、乱扣车、乱罚款以及吃拿卡要等问题，他们制定了21项廉政措施及各种规章制度，促进廉政建设和警风警纪整顿。支队建立巡查制度，领导不定期上路察访，坚决取缔非法检查点和收费站；并规定，除无牌、无证、酒后开车和交通肇事车辆外，一律不能扣车。为了增加透明度，支队对上岗人员一律实行挂牌服务，向社会公布了9部监督电话，公开接受群众评议监督。对群众举报的问题，支队派专人调查落实，做到件件有结果。同时，从社会各界聘请了590名义务监督员，对廉政执勤、依法行政、文明服务、岗勤面貌进行评议、监督，根据评议结果，给予交警适当的奖惩，约束和规范交警的勤务活动。

济南交警支队的领导深深地认识到，要使文明规范执勤不滑坡，关键是领导不能滑坡，真抓严管不放松；凡要求交警做到的，干部先要做到。支队党委推出了"1122"工作制，即支队机关处室1/3人员、1/3的时间到路口、路段执勤；大队干部2/3人员、2/3时间要工作在马路上。逢年过节和天气恶劣的时候，从支队到大队机关的干部都要主动替换交警上岗。苦练基本功时，各级领导带头学、带头练，先考核、先达标。在首次考核副处级以上干部时，取得了平均95分以上的好成绩。支队领导一直坚持每天早晨6点以前上路查勤，明查暗访，督促示范，解决问题。

交警的行为感染和影响了人们，促进了人们的相互尊重和理解。1995年上半年，济南行人、非机动车、机动车遵章率分别比1994年同期提高了2.3%、2%和3%。1—9月，全市道路交通事故起数、死亡和经济损失三项指标分别比上年同期下降34.9%、30.2%和36.2%。济南交通秩序明显好转，汽车在市区跑得快了，人们心情也舒畅了。一些单位还自发地在马路两边挂起了"向交警学习"、"向交警致敬"、"感谢您、泉城交警"等标语、横幅。济南一位老人写了一首打油诗：火天火地交通岗，千车万车喇叭响，泉城交警献爱心，四面八方都敬仰。

交警的新形象也赢得了应得的荣誉。全支队有20多个岗组获省、市级文明集体单位，180余人获省、市级文明服务标兵等称号，经七纬十二岗被公安部和团中央命名为"青年文明号"。山东省委书记赵志浩看望了执勤的交警，要求全省各行业、各部门，首先是窗口单位，要向济南交警学习，爱岗敬业。公安部号召各级公安机关、各警种，要以济南交警为榜样，创造性地学习他们的先进经验，切实抓出成效。

济南工行从文明用语到文明行动 从1994年下半年起，济南工商银行加强了对职工的职业道德教育。他们从文明用语抓起，在全行倡导26句文明服务用语，规定90句"服务禁语"。要求职工不向顾客说"不"，多向顾客说"请"。并结合银行特色，增加有关文明用语，如"请出示一下您的证件好吗"，"请收好您的存单"等。同时，分别规定了储蓄、会计、出纳人员在解答客户询问、办理业务、机器出现故障等不同状态下的服务禁语。如顾客询问时禁止说"不会"、"我不知道"等；业务忙碌时禁止说"下班不办了"、"怎么不早点来"等，使各专业工作人员在各种工作状态下服务语言达到规范化。优质的服务态度，带来了业务的兴旺。1995年1—7月，该行各项存款增加25亿元，其中储蓄存款增加13亿元，创建行以来最高水平。为了保证文明服务用语规定的落实，行里制定了有关监督奖惩制度。到1995年8月初，全行已评出并奖励了一批"服务明星"，另有7名职工因服务用语不当被扣发奖金。

1995年年初，济南市一位老人拿着一张2角的残破人民币要求更换，跑了6家储蓄所，均遭到拒绝。他带着气走进了第7家储蓄所——工商银行济南分行大观园储蓄所。储蓄所的郑群英热情地接待了他，并按规定为他更换了2角新币。这位老人立即把这个储蓄所作为他的储蓄单位。其实，在大观园储蓄所，给顾客换钱是常事。有一次，一个生意人提来一大袋子零散钱币，所里抽了6个同志加班两小时，才把这1万多元点清。正是从服务客户、方便客户的细小之处做起，大观园储蓄所乃至济南工行取得了客户的信赖。

说惯了冷、硬、顶的语言，一下子改说文明语言并不容易。这不仅仅是说话方式的改变，更是对顾客态度的转变。没有对顾客的尊重，没有对顾客服务的思想，说惯了的"不"字总要脱口而出。南辛支行是1994年初才成立的，当年8月最早提出了90句服务禁语和26句服务用语。他们有一句口号：视顾客为亲人、朋友。他们认为，说顾客是上帝，上帝你可以拜，也可以不拜；亲人、朋友来了，你就不能不理不睬。然而，改变积习，光靠教育是不够的。济南工行建立了一套监督制约制度，对职工"加压"。在营业网点公布服务用语、禁语内容和职工姓名、照片、胸卡号码；设立监督电话，聘请社会监督员。各支行都建立了服务保证金制度，年初每个职工交纳500元，发现问题就要扣掉。一位顾客来南辛支行段店分理处存款，其中有破币，储蓄员让顾客到出纳柜去换，出纳员又让顾客回储蓄柜换。顾客打了监督电话，分理处有关负责人和两位当事人都被扣罚了500元保证金和当月奖金。在正常的情况下要文明说话，在遇到委屈的情况下也不能犯禁。为鼓励职工这样做，不少支行设立了"委屈奖"。

服务时讲文明语言当然很重要，但顾客来银行是办事的，更需要快捷、优质的服务。济南工行以规范服务用语为突破口，全方位提高服务质量。过去，有些职工对顾客爱说"不"，确实是不懂、不熟悉业务。不许讲"禁语"，逼着职工多学业务知识，练好服务基本功。各专业部都规定了完成每项业务所需的时间，实行限时服务，不准耽误顾客时间。储蓄所3人临柜制改为1人临柜，省出人力，多开服务窗口，使业务厅不再见到顾客排队现象。仅1995年前7个月，全行收到的顾客表扬信有360封。

济南工行倡导文明用语的平凡小事在中央电台、人民日报等新闻单位报道后，引起了人们对加强职业道德建设的广泛关注，《光明日报》开展了"服务行业应该怎么说话"的讨论，全国各地窗口行业纷纷向济南工行取经，中国工商银行发出通知，要求所属单位向济南分行学习。

济南工行并没有在成绩面前陶醉，而是继续找不足、找差距。各级领导认为，只有文明规范的语言，没有文明规范的行为，还算不上优质服务。他们将文明服务用语活动进一步延伸，制定出了《规范化服务管理细则》，对不同专业和不同人员的服务环境、服务语言、服务质量、服务效率、服务纪律、工作流程等6个方面的行为规范提出了具体标准。在认真贯彻《细则》时，结合工作实际，又进一步制定出《员工日常行为规范》，在接待礼宾、着装仪容、称呼举止、工作环境、劳动纪律、操作程序等七个方面，对员工的一举一动进行严格规范。从每天迎接第一位客户到送走最后一位客户，工作的各个环节都有统一、详细、明确的标准，使员工做到接待客户"有礼、有节、有度"，操作程序"定点、定线、定位"，处理业务"规范、快速、准确"，服务环境"清新、整洁、舒适"，让客户感觉"和谐、友爱、温馨"，从而形成工行员工独特的服务艺术，营造良好的营行文化氛围。

从文明用语延伸到文明行动，济南工行的"凡人小事"，推动了整个社会文明的发展。

山东在孔繁森故乡建纪念馆 1995年9月10日，由江泽民总书记题写馆名的"孔繁森同志纪念馆"举行开馆仪式。纪念馆坐落在孔繁森的家乡——山东聊城东昌湖畔，占地10050平方米，总建筑面积1400平方米，馆高15米，为双重檐、四周环廊式结构。馆内设1个纪念厅和3个展览厅。纪念厅内安放着孔繁森同志大型半身塑像，塑像后红色屏风上镌刻着江泽民总书记和李鹏总理的题词。展览分为深切怀念、齐鲁赤子、汗洒雪域、情系高原、廉洁清正、光耀神州6个部分，共展出图片270多张，陈列实物1000余件，并配有3组电视录像片。

济南市开展"行风万人评"活动 济南市的精神文明建设，是从群众普遍关注而又与群众息息相关的"窗口"行业的行风抓起的。从1995年6月28日起，济南市在30多个商业服务业、垄断性行业和政府执法部门中，开展了"行风万人评"活动，动员全社会力量对这些行业的行风、服务质量、职业道德进行多种形式的监督和评议。30多个参评行业的职工群众，从改进服务工作入手，塑造了各自行业的新形象。如市卫生系统对每个医务人员都建立了医德医风档案，定期组织社会性测评，不好的，在晋级、晋职时实行一票否决。市煤气公司推出了强化现场管理30条考核标准，对脱岗、违反操作规程、言行不文明的员工，视情节轻重予以处罚。济南市还强化社会监督，从社会上聘请1000名"行风社会监督员"，设立监督电话、举报箱，建立督查、督办组织，并在报纸、电台、电视台分别设立了《读者热线》、《街头巷尾》、《社会传真》等监督性栏目。由于各参评行业积极响应，市民广泛参与，"行风万人评"取得了显著成效。

江苏推广张家港两个文明一起抓的经验 1995年5月，江苏省委在张家港市召开"以经济建设为中心，两个文明一起抓经验交流现场会"，向全省推广张家港市和无锡县两手抓，两手硬，两个文明共同发展的经验。近几年来，张家港市以经济建设为中心，坚持"两同步、两协调"，即物质文明建设和精神文明建设同步，社会事业发展同人的素质的提高同步；工业与农业协调发展，国有企业与乡镇企业及第三产业协调发展。城市管理严格，文明水平高，社会安定，风气良好，全市有20多项工作在全国及省单项评比中名列前茅。现场会议后，全省各地迅速出现学先进、找差距、订措施、抓落实的热潮。

南京开展清除"口污"特别行动 在一段时间里，南京出现了一种城市怪病：口污，或称"出口脏"，极大地影响了南京的声誉。1995年，南京人决定向这种"口污"宣战。市委宣传部首先发出号召，扫除"出口脏"，让语言文明起来。全市各新闻媒体纷纷以各种形式开展宣传活动，推动清除“口污”的深入进行。为巩固宣传效果，南京举办了规模浩大的万人签名活动，广大市民纷纷签名明志：不说脏话！南京城最繁华的新街口，一块大型的电子显示屏打出标语：“用文明语言，展都市风貌。”一些窗口行业相继推出了服务“礼貌用语”、“禁忌用语”。他们希望通过不懈的努力和全方位的综合治理，让语言文明起来。

江苏经常考核省级“文明单位” 江苏省摒弃省级“文明单位”一评包终身的做法，改为每两年评定一次。通过经常性的考核从严管理。1994 年初起，他们对 1991—1992 年评出的 780 家省级“文明单位”进行了检查，大部分单位珍惜荣誉，不断开拓进取，在本地区、本行业中继续保持领先地位，发挥了良好的示范和辐射作用。但也有一些单位在评上后出现滑坡现象，有的甚至出现了较严重问题，省文明委通过检查，分别情况作出严肃处理。有 6 家单位或在生产中造成严重环境污染，或连续发生工伤事故，或出现超计划生育，或发生恶性刑事案件，被撤销荣誉称号。有 13 家单位被命名后创建工作成绩平平，有的还发生了问题，被取消了参加新一届省级“文明单位”评选的资格。17 家在创建工作中存在各种问题被责令限期整改，省文明委将在适当时机对这些单位组织复查。

浙江实施“敬老工程” 1994 年底，由浙江省团委、老龄委、女记者协会和《浙江日报》联合实施的“敬老工程”，得到全省青少年的热烈响应。据统计，全省青少年与孤寡老人认亲结对已达 5.6 万对，使这些孤寡老人的晚年增添了温暖和欢乐。“敬老工程”活动开展后，广大青少年以各种方式向老人们送温暖，献爱心。杭州高校、厂矿、企事业单位、社区的 10 支青年志愿者服务队的 500 多名志愿者，上门慰问了全市近 200 名老教师、老教授及老科技工作者，给他们送上印有志愿者服务队名称、服务内容和联系电话的服务卡，并根据需要为老知识分子上门开展家电维修、医疗保健、科技咨询、家务料理等便民服务。湖州市各学校、工矿企业的青年志愿者为全市孤寡老人上门服务。全省各级少先队组织也积极开展了丰富多采的敬老活动。

井冈山市精神文明不断上档次 近些年来，革命圣地井冈山市围绕“旅游兴市、再创井冈辉煌”的战略目标，在精神文明建设实践中，形成了“一条红线（革命传统教育）、两个阵地（革命传统、爱国主义教育基地和风景旅游胜地）、三项共建（军警民共建、社区共建、城乡工农共建）、五个系列创建（文明单位、文明接待单位、文明环卫示范路、文明市场、文明楼院与文明家庭）、九大精神文明建设实体工程（争创旅游城、双拥城、体育城、文明城、卫生城、园林城、双基教育达标市、初级农村电气化达标市、社会治安综合治理先进市）”为载体的精神文明建设新格局，构造了井冈山精神文明建设的鲜明特色。截止 1995 年 7 月，井冈山市已经获得“中国旅游四十佳”、“全国双拥模范城”、“全国体育先进市”、“全国首批双基教育达标市”、“全国初级农村电气化达标市”、“全国造林绿化百佳县（市）”、“全国十佳优秀社会教育基地”等 10 多项殊荣。他们正抓住大京九铁路贯通的良机，不断深化创建内涵，拓宽争创渠道。他们的新目标是跨入“全国卫生城”和“全国社会治安综合治理先进市”。

河南省精神文明建设活动落在实处 河南省以邓小平建设有中国特色社会主义理论为指导，以提高人的素质和城乡文明程度为目标，以深入开展“三优杯”竞赛活动，建设文明城市为龙头，以创建文明单位、建设文明村镇为纽带，把精神文明建设活动落在实处。1. 坚持不懈地开展城市“三优杯”竞赛活动，实现了省委、省政府提出的 5 年上台阶的奋斗目标。从 1991 年起开展了以提高市民素质和城市文明程度为目标的城市“三优杯”竞赛活动，竞赛活动一开始，省委、省政府就提出“一年一小变，三年一大变，五年上台阶”的奋斗目标。经过 5 年的努力，全省各市县在加强教育、加强管理、完善设施等方面都作了很多工作，取得了显著成绩，使城市和县城的基础设施建设有了长足发展，城市功能日趋完善，市民的文明素质和城市的管理水平有了明显提高。在全国环境综合整治工作考评中，全省有 11 个城市被评为优秀城市和先进城市。郑州市先后被评为全国综合实力 50 强和投资环境 40 优。濮阳市被命名为国家卫生城市和全国综合整治优秀城市。2. 广泛开展了创建文明单位、文明系统、文明村镇和军民共建、双拥模范城等一系列精神文明建设活动，把两个文明建设任务落实到基层。1994 年和 1995 年共命名省级文明单位 581 个，使省级文明单位达到 1500 个，全省军民共建点达到 5314 个，基本做到了建制连以上单位都有军民共建点。1994 年 7 月省文明委、省委宣传部和省军区联合召开表彰会，表彰了郑州市第五棉纺织厂、解放军高炮学院二大队等 34 对军民共建先进单位，其中有 6 对单位被中央宣传部、解放军总政治部树为全国军民共建先进单位，郑州、洛阳、开封、商丘等市在 1994 年跨入了全国双拥模范城的行列。3. 搞好爱国主义、集体主义、社会主义和社会公德、职业道德、家庭伦理道德教育，提高公民文明素质、培养四有新人。从 1993 年开始用 3 年时间在全省 16 岁以上市民中开展了社会公德教育，到 1995 年共培训 300 余万人，其中有 160 万人参加了全省统一考试，取得了培训合格证书。1994 年，认真贯彻落实中央《爱国主义教育实施纲要》，通过多种形式对广大干部群众特别是青少年进行了爱国主义、集体主义和人生观、世界观、价值观的教育，激发了人们热爱祖国、建设祖国的热情。

武汉群众文化活动唱好四季歌 武汉市近两年加强了群众文化基础设施和阵地建设，在发挥现有场地、阵地、舞台作用的同时，按规定开发、新建了一批文化体育场地。全市81条街道已有73条建了文体站，各城区和企事业单位尽可能解决文体经费和场地建设问题，使群众文体活动有了广阔的空间和舞台。"坚持抓日常，唱好四季歌"，是武汉群众文化活动的特点。1995年，市里和7个城区共安排了470多项大的文体活动。这些活动随着时令变化各有侧重：春季有迎春月、庙会；夏季有5月歌会、渡江活动；秋季是金秋艺术节、登山活动；冬季有长跑、冬练等。每逢节假日，市里都举行大型广场文体表演和游园活动，从年初抓到年尾，好戏连台。1995年，在武汉三镇街区，万人歌会、万人长跑、万人广播操、万人太极拳，一幕接连一幕，参与文体活动的市民达200万人次。文体联手，是武汉市群众文化活动的新尝试。以文化壮大体育声势，以体育丰富文化内容。市委、市政府将文体联手活动纳入工作目标，当作老百姓办好事、做实事的具体任务，精心组织，落到实处，为精神文明建设创造良好的形式和载体。

湖南省精神文明建设跃上新台阶 1994—1995年湖南省认真贯彻党的十四届五中全会精神，把社会主义精神文明建设提到更加突出的地位。1. 领导重视。1994年，省委领导同志在全省宣传思想工作会议上，强调指出建立健全双文明建设责任制，是使精神文明建设由软变硬、由虚变实的关键，为全省精神文明建设的顺利发展指明了方向。省直工委率先成立文明办，在全省起了示范作用。在全国宣传思想工作会议后，全省意识形态专项经费和省直宣传系统的业务经费有不同程度的增加，使精神文明硬件设施的建设有较大发展。广播电视中心、湖南新闻大厦、国际电影城、潇湘友谊影视商贸城、湖南新闻出版大楼等5个投资上亿元的工程项目被列为"八五"期间精神文明 建设重点工程。1995年又批准立项新五大精神文明建设工程，即毛泽东文学院、图书城、文艺活动大楼、社科活动中心和方志馆，计划"九五"期间竣工。2. 坚持用邓小平建设有中国特色社会主义理论武装干部群众。1994年成立了湖南省邓小平建设有中国特色社会主义理论研究会，编辑出版了一批有分量的理论专著，组织了有45万人参加的理论知识竞赛。1995年全省共发行《邓小平同志建设有中国特色社会主义理论学习纲要》68万册，组织全省人民学习。为了进一步深化理论学习，省里举办了7期地厅级干部理论学习研讨班和理论报刊负责人培训班，有近200名地厅级干部和48名理论报刊负责人参加了学习。3. 精心组织群众性精神文明建设活动，广泛开展爱国主义、集体主义、社会主义教育，如在全省窗口行业开展"推行文明用语，杜绝服务忌语"活动；组织编写了《发扬新时代的艰苦创业精神》，开展新时期艰苦创业精神教育。1994年组织900多万中小学生观看100部爱国主义优秀影片；举办了有639万人参加、107万人登台演唱的"爱祖国、爱湖南、爱家乡"群众歌唱节和省会10多万人参加的"祖国颂"歌唱比赛活动。1995年全省以纪念抗日战争和世界反法西斯战争胜利50周年为契机，组织了图片书画美术展览，电影、电视剧、广播剧展映展播，文艺汇演，文学征文，参观抗战纪念地，访问抗日英雄，重温抗战历史等系列活动。群众性精神文明建设活动的开展，促进了全省各级创建文明单位的积极性。4. 抓先进典型的宣传学习。一是全省各地认真开展了向孔繁森同志学习的活动。二是突出宣传我省舍己救人英雄战士刘志艳事迹，产生了良好的反响。三是大力开展军民共建活动，全省共推荐、评选出典型35对，有4对被中央有关部门授予全国军民共建先进单位。四是全省向中宣部推荐了10个爱国主义教育先进典型，其中永顺县一中开展"五心"教育、桃源县一中进行教育基地建设的经验，编入了由中宣部组织编写出版的《爱国主义教育100例》。

广州市群众性精神文明建设活动形成八大骨干工程 改革开放以来，广州市坚持以党的基本路线为指针，以建设文明广州，培养四有新人为目标，组织开展一系列群众性精神文明建设活动，形成了"友爱在车厢"、"微笑在广州"、"美的家庭文化"、"双评"(基层评议机关、市民评议服务单位)、"职工读书自学"、"学习南华西街，创建文明街道"评比竞赛、"军警民共建文明中山路"、"诚暖顾客心"等群众性精神文明建设活动的"八大骨干工程"。这些活动坚持多年，不断得到丰富和发展，其基本经验和做法是：1. 坚持服从和服务于经济建设这个中心，促进物质文明建设的发展。2. 坚持从群众中来，到群众中去，发挥群众在精神文明建设中的创造性和主体作用。3. 坚持多办实事，造福群众，造福社会，不做表面文章。4. 建立制度，持之以恒，常创常新。由于这些活动主题鲜明，形式新颖，具有浓郁的地方特色，对提高广大群众的现代文明素质，塑造广州和广州人的美好形象，促进社会的文明进步起到了积极的作用。1994年秋，广州市社会主义精神文明建设委员会总结了"八大活动"的经验，并对发起单位颁发了"金笋"纪念奖，对他们予以表彰和鼓励。

海南省召开精神文明建设经验交流会 1995年9月12日—13日，海南在海口市召开全省精神文明建设经验交流会。会议交流了海口、琼山两市"领导重视，真抓实干"、"组织协调，齐抓共管"、"城乡一体，整体推进"等作法和经验；交流了三亚、琼海、东方等8个市县和国营东升农场的经验。会议强调，要在全省范围内坚持不懈地开展群众性的精神文明建设活动，努力提高活动的水平，把全省精神文明建设提高到一个新水平。会议指出，要用邓小平有特色的理论武装全党、全民思想；继续开展艰苦奋斗的优良传统教育，弘扬爱岗、敬业、创业精神；抓好思想道德教育；抓典型，树新风；开展群众性的精神文明创造活动；加强党风廉政建设，促进教育科学、文化事业的全面发展。

海口市精神文明建设活动形成系列化 1994年起，海南省海口市以"服务经济、培育新人、树立新风、塑造形象"为指导思想，以做文明市民为主题，开展精神文明建设活动，特别注意抓住契机，依托载体，认真规划，具体实施，有目的、有计划、有步骤地进行，使活动形成系列化。其主要内容是：1. 做文明市民，为"万绿园"献爱心。全市各单位和60万市民积极参与，用爱心行动，支持建设千亩面积的万绿园，以改善海口环境，塑造海口新形象，共为"万绿园"捐款1000多万元。2. 组织椰城青年志愿者'95新春热心行动。1万多团员和青少年在服务社会、整洁市容、美化椰城、塑造海口新形象活动中，受到了弘扬传统美德、为社会做贡献的教育。3. 开展"缅怀先驱功勋、开创椰城未来"活动。1995年清明节期间，组织全市学生到革命传统教育基地祭奠先烈，举行入团宣誓、过团日和主题队会等活动。4. 开展爱国主义教育月活动。以实施共筑热血丰碑—纪念海南解放45周年"百万营造行动"为载体，从4月5日到5月5日开展以"同铸爱国之魂，共建美好椰城"为主题的爱国主义教育月活动，以进一步落实《爱国主义教育实施纲要》，纪念海南解放45周年和中国抗日战争及世界反法西斯战争胜利50周年。

广西实施"素质工程"见成效 从1991年10月起，广西实施以提高广大农民科技文化素质的"素质工程"，自治区政府每年拨款50万元，开展针对性培训工作，并创造了不少新鲜经验。南宁地委和行署把地县各级领导的科技上岗培训纳入党校的教学内容，并对全地区的乡村团支部书记、新长征突击手、星火带头人、乡镇科协主席进行科技上岗培训，3年中，全地区农村党员科技万元户由原来的800户上升到4000多户，带动了26万人1年越过温饱线迈向小康水平。柳州地区为了更好地推广水稻科灌项目，举办培训班209期，培训技术骨干1万多人次，使科灌项目实施顺利，全地区水稻科灌面积达125.57万亩、节约用水5亿立方米，平均亩产增产达50公斤左右。到1995年5月初，全自治区共培训农村干部、党员和农民290多万人，运用科学技术帮助贫困户近10万户，其中80%的贫困户脱了贫。结合"工程"实施，全区重点推广实用技术700多项，经济效益达4亿多元，有力促进了农村经济的发展。

遵义会议纪念馆充分发挥爱国主义教育基地作用 遵义会议纪念馆于1957年7月1日建成开放。多年来，他向广大人民群众，特别是青少年进行爱国主义教育，为社会主义精神文明建设作出了积极的贡献，1993年被评为"全国十大优秀教育基地"。为了充分发挥纪念馆的教育作用，他们制定了相应的制度和措施。对专门到会址开展活动的团体一律免费参观；对中小学生实行半价优惠；对军人免票参观。由于观念中有60%是青少年，他们的讲解因人而异，对小学生、初中生，采取启发诱导，边讲边提问，由浅入深，把重大理论口语化，把史实故事化；对高中、中专和大学生及企事业单位的青年，则突出主题，夹叙夹议；对青年军人，不但把遵义会议精神讲透，还列举长征战例，介绍红军的丰功伟绩。另外，他们还注重史料的研究工作，大量征集文物资料，编辑出版了《红军长征在贵州》、《张闻天与遵义会议》、《毛泽东与遵义会议》、《遵义会议会址》、《遵义会议纪实》、《草地惊变》等书。其中《遵义会议纪实》已被改编成电视连续剧，列入贵州省"五个一工程"。

四川召开精神文明建设理论研讨会 1994年10月10—12日，四川省80多名专家学者、领导干部和精神文明建设的基层实际工作者聚集德阳，就社会主义精神文明建设如何适应市场经济的新课题进行了广泛的交流和研讨。本着解放思想、实事求是的原则，代表们各抒己见，对新形势下精神文明建设的目标、任务、内容和重点，提出了新的思路、对策和举措，并重点将两手抓、两手硬的思想变成实际的、可操作性的程序、办法落实到基层。他们指出，当前和今后一段时期，精神文明建设总体上要以邓小平建设有中国特色社会主义理论和中央两手抓、两手硬，把社会主义精神文明建设提高到新的水平的思想为指导，并结合党的十四届四中全会提出的将精神文明建设和民主法制建设作为1995年全党工作重点之一的要求，着重解决市场经济条件下培养四有新人的问题，要认真深入地进行"三个主义"（社会主义、爱国主义、集体主义）和"三德"（社会公德、职业道德、家庭美德）教育，特别是当前要抓好爱国主义教育这一精神文明建设的基础工程，在全社会树立起新型的道德观、价值观和现代文明风尚。

内江市开展"告别陋习，拥抱文明"系列活动 1995年6月下旬，四川省内江市在市区开展了"告别陋习，拥抱文明"主题系列活动，包括"让内江城区干净起来"、"让市民语言文明起来"、"让内江城区美化起来"三个方面的内容。市文明办要求各级文明单位，把创卫工作同文明单位的"塑形"活动有机结合起来，更进一步促进了文明单位的两个文明建设。他们还开展了"告别脏话，使用文明语言"万人签名活动，举办文明市民教育培训班，加强市区环境硬件、软件等建设工作。通过这些活动提高了市民素质，使城市文明环境不断得到巩固和提高。

云南省直机关多种形式抓精神文明建设 云南省委直属机关共有30个单位，针对各单位的不同情况，省直工委提出不同要求，采取多种形式，加强精神文明建设。一是抓根本，抓紧理论学习，具体做法是：建立健全中心组学习制度；以省直机关党校为阵地，着重抓好处级党员领导干部学习；举办专题报告会；办好小集中走读班；坚持每周学习日制度。通过学习提高了干部职工理论素质，加深了对建设有中国特色社会主义理论的理解。二是抓重点，加强职业道德建设。加强以爱党、爱国、爱社会主义为核心内容的思想道德教育。每逢重大节日都采取座谈会、茶话会、联欢会、歌咏比赛和瞻仰革命纪念地等多种形式进行宣传教育。他们还广泛开展立足本职向英模学习的活动，1995年开展了学习徐洪刚和孔繁森先进事迹的教育活动。三是抓特点，广泛开展健康有益的活动，如开展各种知识竞赛、举办"知我云南，爱我云南"、"党团知识"等竞赛和各种体育竞赛活动，不断营造良好的机关工作氛围。

陕西精神文明建设条块结合齐抓共管 1995年，陕西省在狠抓物质文明建设的同时，大力加强精神文明建设，坚持不懈地开展群众性的精神文明建设活动，在实践中产生了积极的效果。一、采取得力措施贯彻落实"两手抓、两手都要硬"的方针，提高各级领导重视加强精神文明建设的自觉性。1．抓部署，把精神文明建设任务列入经济和社会发展总体规划之中。2．抓落实，坚持年初表彰部署，年终评比总结制度。3．抓"窗口"，开展"创佳评差"竞赛活动，加强行业精神文明建设。4．抓关键、健全协调指导机构，充分发挥其在群众性精神文明建设中的组织协调指导作用。二、紧紧围绕培养"四有"新人这个根本任务，坚持不懈地对干部职工进行爱国主义、集体主义、社会主义和职业道德教育。三、不断探索两个文明建设紧密结合的新路子，更好地发挥精神文明建设在经济建设中的精神动力、思想保证作用。四、坚持不懈地开展群众性精神文明建设活动，把两个文明建设活动落实到基层。

临渭区设立文明城市建设专项奖励基金 近年来，陕西省渭南市临渭区文明城市建设，遵循"重在建设，总体发动"的思路，总体水平得到显著提高，1994年被省委、省政府授予文明城市。他们在创建文明城市中，涌现出了一大批文明城市建设先进单位和先进个人。1995年夏，渭南区对在1994年文明城市工作中做出显著成绩的27个先进集体和93名先进个人进行了重奖。区里还决定，从1995年起，每年拿出5万元做为文明城市建设专项奖励基金，重奖在文明城市建设中做出显著成绩的有功人士。

甘肃建设农村文化网 甘肃省针对农村文化站一度严重滑坡的情况，进行了一系列整顿巩固工作，狠抓了网络建设。根据地域特点，从1993年开始实施"丝绸之路文化长廊"工程，长廊东起平凉，西至敦煌，横穿25个县市区。该工程的实施，保住了长廊线上100多个农村文化站，而且向左右辐射，带动了一大批文化站建设。全省还通过创建社会文化先进县、先进乡镇及文化站达标活动，组织建设了"精神温饱工程"、"精神文明形象塑造工程"等。为满足不同地域、不同层次农民群众的文化需求，他们本着因地制宜、分类指导的原则，开展农村文化工作。如在陇南和中部干旱地区，重点进行智力开发，抓山区文化、文体活动；在甘南、临夏少数民族地区抓草原文化，进行流动服务；在经济条件较好的河西走廊，重点加强文化站建设。省里还组织了百团、百馆、千站、千队大规模文化下乡活动，为农民送去70多万册图书资料，2000多幅字画对联，放映电影317万场。截止1994年底，全省已发展乡镇文化站1253个，文化室7460个，文化个体户1717个，群众业余演出团队2148个，逐步形成了一个以县文化馆为龙头，乡镇文化站为枢纽，村文化室为基础，文化个体户、业余演出团队为补充的农村文化网络。

兰州创建全国文明城市工程全面启动 近几年来，兰州市持续开展创"四优"(优美环境、优良秩序、优质服务、优化管理)、建"三城"(文明城、卫生城、双拥城)活动，取得了一定成效，1991—1993年连续3年被评为全省"精神文明建设先进城市"，1994年被评为全省"文明城市"。1995年，又在反复调查研究的基础上，结合本市实际，制定了《兰州市创建文明城市实施方案》。9月10日，兰州市召开千人大会，正式宣布了《实施方案》，对创建全国文明城市竞赛活动进行总动员和总部署，号召全市人民继续发扬"团结、拼搏、奉献"和"争创一流"的精神，大力开展创建文明城市活动，力争首批进入"优胜城市"行列。创建活动迅速在兰州全市轰轰烈烈地展开。

宁夏青铜峡"四共"唤真情 宁夏回族自治区青铜峡市在开展军民共建精神文明活动中，把"共唤社会真情、共献社会爱心、共张社会正义、共培社会净土"为主要内容开展活动，有力地促进了全市的社会稳定、民族和睦、军民团结和经济发展。1994年夏，解放军某部在红柳沟一带驻训。这里是个回民村，他们根据回族群众日常生活中的忌讳，制订了"八不准"条款，成为驻军军规。与之相应，青铜峡市也制定了《爱护军人的六条规范》，要求市民共同遵守。据不完全统计，在共建活动中，驻军部队支援地方建设，共出动兵力近10万人次，车辆5万多台次，义务工日超过30万个，在各项重点工程建设中屡建奇功。青铜峡市在开展“四共”活动中，十分注意把“双学双比”、创建“文明单位”等行之有效的活动相结合。从1994年开始，他们把“十百千万”工程作为“四共”活动支柱工程的重中之重来培育。“十”即通过募捐，筹集10万元见义勇为奖励基金。“百”即救助百名贫困失学儿童重返校园。“千”即组织千名义务献血队，“万”即建立万名志愿者服务队伍。到1995年夏，见义勇为奖励基金已达9万多元，第一批337名失学儿童的救助工作已落实，3000多青年参加了义务献血，1.25万人参加了志愿者服务队伍。市委和市府抓住时机，树立典型，弘扬正气，先后表彰了近100名在“四共”活动中涌现出来的先进个人、“文明青年”、“优秀士兵”、见义勇为的先进典型。青铜峡市在1994年再次被命名为全国“双拥模范城”，还被授予全国“军民共建社会主义精神文明先进单位”、全国“文化先进市”等荣誉称号。

青海爱国主义影片译藏语 “百部爱国主义优秀影片”译制成藏语的工作在青海电影译制厂举行了开机仪式，这是青海省文化厅为贯彻爱国主义教育必须坚持重在建设方针的一项具体行动。青海省党政主要领导同志出席了开机仪式。青海省少数民族人口占全省总人数的40%以上，其中藏族人口就有91万多。青海省电影译制厂将力争在两年时间内，将105部爱国主义优秀影片译制成藏语片。

新疆拥军小组活跃在天山南北 1995年春节前夕，新疆各族群众组织数百个拥军服务小组，冒着风雪严寒，到天山南北的营区、哨卡，为边防官兵送温暖、办实事。这些边防部队长年驻守在风雪高原和人迹罕至的戈壁荒滩，驻地气候恶劣，生活条件艰苦。地方各级党委和政府把关心支持部队的建设、改善边防官兵的生活环境，当作义不容辞的职责，热心为部队办实事。各地政府和有关部门积极组织人力物力，将粮油、煤炭和牛羊肉、蔬菜、水果，送上风雪高原、边防哨卡。2100多名个体户组成服务小组，来到军营，义务为干部战士修理手表、收音机，为大家照相、理发、检查身体，并向边防官兵赠送电视机、收录机、卡拉OK机和文化科技书籍、学习用具等。

新疆农民增强科技意识 以往，要在新疆农村推广科学种田，难度很大。由于多年来科学技术普及活动稳步深入地开展，农民的科技意识终于被唤醒了，新技术在农村的推广速度一年比一年快，农民靠科学技术致富了，还出现了一批科技精明人，新技术、新品种一到，他们最先使用，成为科学技术的最先受益者和示范者。巴州和静县农民马木提开垦了30亩果园，他把县林业局的技术人员请到家里做技术指导，使他的果园不仅获得丰收，还成为当地“示范园”，他本人也被县里授予“十佳致富能人”称号。新疆农民正验证着一条真理：科学技术一旦变为农民的自觉行为，产生的经济效益是难以估量的。

深圳开展建设“文明安全小区”活动 1994年7月，深圳市以创建良好社会治安环境，整治脏、乱、差为目标的建设“文明安全小区”活动，在全市5个区内展开。这项活动重在打击刑事犯罪；健全和巩固基层组织；成立小区治安联防队、义务消防队、园林绿化组、清洁组；完善各项规章管理制度；进一步加强防范措施；治理脏、乱、差，绿化小区环境；进一步密切警民关系，加强两个文明建设等方面。通过这项活动的开展，全市已建成包括高层楼宇、住宅区、工业区、自然村、商业区、仓库区、综合区在内的7种类型的文明安全小区232个，面积达80平方公里，人口达80多万。

深圳开展与老区和山区“心连心”活动 1995年4月9日，中共深圳市委决定在全市范围内开展形式多样的特区与老区、山区“心连心”活动。活动以特区服务全国，实现共同富裕为指导思想，其内容共有5项：一是进一步开展援建“希望工程”活动；二是开展“1(家)+1助学活动”；三是运用经济合作发展基金支持对口地区经济发展，增强其“造血”功能；四是吸收对口地区劳务人口来深圳就业；五是为老区、山区培训适应社会主义市场经济需要的干部。除了同省内的对口扶持地区开展“心连心”活动外，他们还与陕西延安地区、江西井冈山地区和萍乡、四川阿坝州和巫山县、湖北红安县、湖南浏阳县和宁乡县、河北张北县等10个地市开展“心连心”活动。他们专门成立领导小组，具体组织各项措施的落实。活动采取对口扶持的方式。

如：市直机关对口扶持湖南宁乡县，活动内容主要有两项：单位捐款援建希望小学；干部、职工开展“1+1”助学活动。1995年5月，机关工委组织代表团赴宁乡县与当地政府签订对口扶持协议书，6月份由市领导带队赴宁乡县向当地政府移交捐赠款。

深圳支援三峡库区建设 1994年7月18日，深圳义务为三峡库区开办的第7期培训班在深圳市工业经济管理培训中心开学，有来自湖北、四川的102名经济管理干部参加学习。通过这七期培训，深圳已为三峡库区培训干部达579人。这是深圳在全国对口支援三峡库区建设工作中独树一帜的作法，得到国务院三峡建设委员会的充分肯定，认为这项作法比经济支援更有意义。与此同时，深圳还从经济上对三峡库区给予极大支援。深圳已向三峡库区投入资金1400多万元扶持37个经济项目，而且正在计划投资1200万元，支援巫山县库区建设，国务院三峡建设委员会移民局局长唐章锦指出，深圳对口支援三峡库区的工作，在全国是动作最快的，规模亦较大，充分体现了深圳“依靠全国，服务全国”

的精神。

深圳为延安援建12所希望小学 1994年10月18日，深圳市龙岗区捐资380万元在延安地区援建的12所希望小学在延安市枣园乡举行隆重的落成典礼。这12所希望小学分布在延安市和吴旗、志丹、安塞等7市县，总建筑面积7000多平方米，可解决5000名儿童入学。深圳市为延安援建12所希望小学是“希望工程”实施5年来最大的援建项目。

海南新话题“人为什么活着?” 1995年上半年，海南省针对社会上某些个人主义、唯利是图、金钱至上、权钱交易、贪图享乐等现象，围绕“人为什么活着，怎样活着才有价值?”这个主题，在全省广大干部、党员中展开了“全心全意为人民服务”的革命人生观教育。该项活动形式多样:1.围绕主题，在全社会展开各种形式的大家谈、大讨论活动，在报纸、广播、电台上开设讨论专栏等;2.召开各种形式的座谈会、报告会，让“人生过得有价值的人谈人生”;3.树立典型，宣传典型，组成11人的“弘扬时代精神”报告团到各市县作巡回报告;4.把人生观教育作为各种思想道德教育的基础工程，渗透到各种思想道德教育中去，统筹规划、协调进行;5.既“导”又“堵”，二者结合，在教育的同时，开展声势浩大的打击“黄、赌、毒”活动。通过上述活动，净化了社会空气，形成良好的社会环境。

海南召开工业企业精神文明建设现场会 1994年11月10日，海南省在海口市召开全省工业企业精神文明建设现场会。会上，海南海德纺织实业股份有限公司、海南电缆厂、海口罐头厂、海南白翔水泥厂、橙迈二轻工业总公司介绍了抓精神文明建设的经验。会议强调，全省的工业企业要充分发挥国有企业的党组织的政治核心作用，大力培养特区企业精神，增强职工主人翁意识，开展讲文明、讲理想、比贡献活动，增强企业的凝聚力和向心力。要把精神文明建设与厂长、经理的考核实绩挂钩，促进全省工业企业精神文明建设上新台阶。

海南开展“双百活动” 1995年4月11日，中共海南省委宣传部、组织部、团省委召开纪念海南解放45周年百万元营造动员大会。该行动是海南省配合“纪念抗日战争胜利和世界反法西斯战争胜利50周年”的一项重要活动。这次活动被命名为“不忘先辈业绩，共筑热血丰碑百万元营造行动”，之后有100万干部、党员、青年学生参加了活动。活动不仅实现了“百万人参加”，同时也实现了“百万元营造”即社会和个人捐资百万元建造“解放海南纪念雕像”和景观雕像。这项活动教育效果非常显著，引导和教育青少年缅怀了革命先烈，了解了历史，使他们更加热爱祖国、热爱共产党、热爱社会主义。

珠海举办“百歌颂中华”歌咏大赛 1994年9月26日，中共珠海市委宣传部、市文化局举办、由群众艺术馆承办的“百歌颂中华”歌咏大赛暨珠海第十三届“滨海之声”音乐会圆满落幕。这次活动是为了庆祝建国45周年和珠海市成立15周年举办的，旨在通过开展广泛的群众性活动，对广大干部、职工、学生进行爱国主义、集体主义和社会主义教育，弘扬时代精神和中华民族优秀文化艺术，增强民族自信心和自豪感。大赛由各县区、各战线初赛挑选出代表队参加全市决赛。参加决赛的节目101个，香洲区等8个单位获组织奖，市药检所阎小萍等人获独唱优秀演出奖，三灶建委系统等13个单位获大合唱优秀演出奖，市公共汽车公司等10个单位获小组唱优秀演出奖。

珠海表彰外来工先进个人和管理先进单位 1995年1月4日上午，中共珠海市委、市政府进行首届“十佳外来工”、“优秀外来工”和“外来工教育与管理先进单位”表彰大会。温胜娥等10名“十佳外来工”和封伟玲等20名“优秀外来工”获得“奉献之星”奖牌。这次评选的“十佳外来工”、“优秀外来工”是从全市30多万外来工中，经过基层酝酿，各县区、战线推荐，有关部门反复调查、审核后从40名候选人中，采取市民和评委投票相结合的办法，按得分高低产生的。他们中有工业战线的技术骨干;有为丰富珠海市民菜篮子工程作出贡献的农业技术人员;有窗口服务行业的服务员;有见义勇为的治安员;有默默耕耘、埋头苦干的清洁工;有自强不息从打工仔走上领导岗位的厂长、经理。会议还表彰了11个“外来工教育和管理先进单位”。

汕头开展建设高标准文明村活动 1994年6月10日，汕头召开建设高标准文明村先行点汇报交流会，10个被列为市高标准文明村的先行点即龙湖区内充公村、南澳县洋屿管理区、橙海市大衙管理区、橙海市信宁管理区、潮阳市董塘管理区、潮阳市新和管理区、升平区新乡村、潮阳市泗黄管理区等汇报交流了经验。会议要求，从汕头实际出发，学习上海、苏州经验，以跨世纪的眼光，建设有汕头特色、特区特色、侨乡特色，优美高雅、方便安全、文明、宁静的文明新村，以此带动村镇的建设和改造，力争3—5年建成各具特色的文明新村。

汕头开展有声有色的助残活动 1995年5月21日，汕头各界响应市委宣传部、总工会、团市委、市妇联联合发出的助残倡议书，走上街头，展开了系列的助残服务。龙湖乐园门前、金园区政府门口、汕头海关3个咨询点人来人往，桌椅一字排开，气氛热烈。龙湖乐园门前的活动声势颇为浩大，活动由邮局、第一技校、按摩理疗中心、假肢厂、残疾人用具供应站及酱油厂、纺织工业总公司等联合开展，广播了《残疾人保障法》等有关文件，残疾人艺术团也当场表演了节目。邮电助残业最受欢迎,不断有残疾人来办理该项业务。这次活动对良好社会风气的形成起到了极大的推动作用。

厦门厦港街道成为特区科技示范街 1992年6月,经福建省政府批准,厦门厦港街成为厦门特区第一个科技示范街道建设单位。几年来,街道有计划、有步骤地引进科技成果,提高劳动者素质,相继建立了3家科技示范企业,开发成功7项新产品、新工艺,使工业产值中依靠科技进步的份额达70%左右。街道办事处围绕建设科技示范街这个奋斗目标,扎扎实实开展了一系列工作,街道成立了科技领导小组和科协,从厦大选聘兼职科技副主任,街道骨干企业配备科技副厂长,各居委会也指定负责科技工作的副主任,从而形成街、居、企联动共济的科技网落。街道经常邀请专家教授举办科技讲座,开办科技基础知识学习班,定期出科普宣传栏,播放科技录像等。同时,街道还抓好企业职工的科技培训。招聘的职工由企业集中培训,做到培训合格后上岗;到街道办理就业的人员,统一由劳务公司培训。迄今,街道职工培训率达95%左右。在营造学科技、用科技氛围的基础上,街道加大对企业的扶持和投入,培植新的增长点。街道每年从财政收入中拨5%的款项,专门用于企业的技术改造、设备更新和新产品开发。

厦门新华书店重返中山路 1995年10月29日,斥资人民币900多万元装修一新的厦门市新华书店,在繁华的中山路向广大读者开放了。改造中山路新华书店,是该市为民办实事的项目之一,除了书店自筹100万元外,其余870万元均由厦门市政府负责出资,这在全国是少见的。改造后的新华书店大楼营业面积比原来增大近1000平方米,图书品种从8000多增到3万多,全部开架销售,为厦门人提供了一个精神食粮的“自选商场”。新华书店迁回原址试营业的第一天,图书销售额超过10万元,第二天增至13万元,相当于以前的3—4倍。

厦门开展“青年志愿者与春运同行”活动 1995年1月,共青团厦门市委、高校工委和厦门火车站团委联合开展“青年志愿者与春运同行活动”,他们提出:“放弃一个休息日,加一个夜班,用我们的心温暖45万人”。从6日起,他们头戴红帽子出现在火车站,义务为成千上万的返乡民工提供生活服务。每天早上8点到晚上11点,他们轮流在火车站协助维持秩序,免费向民工发放药品、送开水,接受民工的咨询。到14日。已有来自市直机关的团干部、大学生、大中型国营企业和区县的青年代表等2000多名志愿者参加了这一活动。

3. 企业文化活动

玉柴公司的“以人为本” 玉柴机器股份有限公司的前身是玉林柴油机总厂,创建于1951年。由于长期得不到技术改造,到1984年,设备落后,厂房衰败,人心涣散。玉柴人总结几十年的实践经验,认识到,威胁企业生存发展的重大因素之一,在于企业没有自身的理想抱负和奋斗目标,职工缺乏驱动力和凝聚力。1985年,“玉柴”提出了“以人为本”的思想,寻找和塑造企业之魂,树立职工队伍的坚强精神支柱。他们千方百计调动职工的积极性,同时更新观念,转换企业经营机制,提高产品质量,适应市场需要,使企业得到了高速发展。1984年至1993年,“玉柴”的销售收入、税利分别以年平均65%和96%的速度增长,1994年再上新台阶,实现产销6105型柴油机6.5万台、销售收入47.3亿元、税利6.3亿元,分别比1993年增长72%、84%和72%。

在玉柴人看来,以人为本,就是把人看成最活跃的生产力,把“尊重、爱护、发挥、发展”作为企业的灵魂。因为,企业管理最重要的是人的管理,是人的心态的管理。1994年,董事长王建明在干部考核总结会上有一个很具体的说明:“在贯彻‘以人为本’”的思想过程中,那些犯大忌的东西要注意。什么是犯大忌?就是心胸狭窄,小肚鸡肠,不能容人,不容能人,打击报复,压制别人,不准别人发展,尤其是动不动就拿‘炒鱿鱼’威胁职工,这是资本主义企业管理方式;社会主义企业管理方式应‘以人为本’”。

根据“以人为本”的思想,“玉柴”的用人育人方针是:“为每一个岗位的发展提供机会,为每一个阶层的攀登创造条件”。公司要求干部做到“顽强、开朗、民主、竭诚、约束”,把工厂的目标、方针、指令、日常工作向职工讲清楚,让绝大多数职工愿意达到要求。1994年,他们实施了《玉柴干部行为规范和道德标准》,成立了干部行为规范管理委员会,每年定期开展干部整风和干部考核工作,对每一个干部工作好不好,作风硬不硬,道德强不强,水平高不高,作出评定和公正的奖、惩、升、降。1994年12月的干部考核中,6名不称职的中层领导干部被调整。他们还下本钱花力气对职工培训,提高人的素质,每年提取一定数量的资金作为职教经费,并形成了三级培训网络。1989年至1994年,全公司用于职工培训投入1742万元,代培各类专业技术人员663人,代培技师80人,自培高级技术工人960人,吸收国内外高级人才60名,重奖了一批有突出贡献的科技人员。近几年,他们开展了有声有色的国情教育和厂情教育活动,以“更新意识观念,加速改革进程”为主题,引导职工树立高素质、敢进取、快节奏的观念,树立劳动者是主人翁的自觉意识,树立新时期建设者的价值观念和竭诚服务观念。教育职工在重新审视企业发展的同时，重新审视自己，自觉融入“振兴中华、振兴企业”的主旋律，使企业形成一个“献身、健康、奋进、向上”的优化环境。

中建三局一公司绽开两个文明建设之花 1995年12月26日，在武汉市楚天大厦，中建三局一公司总经理陈学锋从中国建筑协会会长手上接过“创鲁班工程特别荣誉奖”奖牌，这是该公司第四次获此殊荣，也是全国唯一获此殊荣的单位。

中建三局一公司是一个“老”字号国有企业，创建于50年代初，目前已是一个具有国家一级资质等级的大型建筑安装施工企业，拥有国内外25个单位，3个联合企业，3个中外合资企业，职工近万人。这个公司具有承担各类建筑安装工程及其相关服务的手段和能力。在强手如林，竞争激烈的建筑市场中，他们立于不败之地，几十个施工工地分布在7省13市，并且打入国际市场，在巴基斯坦和澳门等国家和地区承接建筑工程，饮誉海外。他们创造的深圳国贸、辽宁电视塔、上海国贸、上海太平洋4个鲁班奖工程为代表的一大批“高质量、高速度、高技术”含量的“高、大、新、尖”工程，显示了企业的实力。继80年代他们在深圳国贸大厦的建设中创造了“三天一层楼”的“深圳速度”之后，在1995年6月9日顺利封顶的亚洲第一、世界第四的深圳地王大厦(81层，高383.95米，建筑面积15万m^2)的建筑中，又创造了“九天四层楼”的新“深圳速度”。业主于元平先生高兴地宣布：“无论是质量，还是速度，地王大厦均达到世界一流水平。”1995年7月，他们获得了中国建筑业协会质量体系认证中心颁发的“质量体系认证证书”，标志着公司质量管理在国内是第一流的。目前，全国已建和在建的11项高层、超高层钢结构工程中，该公司独揽5项，成为我国钢结构建筑领域的一支劲旅。为了增强企业在市场竞争中的承受能力，为安排企业富余人员创造条件，公司按照“一业为主，多元化并举”的思路，大力开展多元化经营。到目前为止，公司已有多元化经营实体14个，从业人员近2000人。1995年，企业完成总产值(仅国内部分)达17.54亿元，其中主业产值13.03亿元，多元化营业额4.5亿元，实现综合效益9000万元，全员劳动生产率165371元/人，分别比1994年增长71.46%、80.72%、102.9%、113.5%和87.8%。从总产值和效益来看，在中建系统同级企业中均名列首位。

中建三局一公司其所以取得如此辉煌的业绩，同他们狠抓精神文明建设是分不开的。公司领导充分认识到，物质文明建设固然是基础，但如果精神文明建设搞不好，物质文明也要受破坏。因此他们紧紧地把精神文明建设作为“系统工程”来抓。他们的具体作法是，在企业最基层的单位——工程项目和施工现场开展创建精神文明活动，以各分公司为创建阵地，紧紧抓住“文明单位”评比条件，开展横向到边、纵向到底的创建竞赛活动。他们提出以创“双高”、“双高一优”、“小双高”为奋斗目标，狠抓文明工程现场管理。“双高”，即以分公司为单位，年产值过亿元，效益过1000万元，“双高一优”，即以工程项目为单位，项目年施工产值过亿元，效益过1000万元，“小双高”，即指多元化经营单位，年营业额过1000万元，效益过100万元。在轰轰烈烈的创建劳动竞赛热潮中，从公司到分公司到项目，月月有计划，月月有检查，每季考核一次，每半年表彰一次。辛勤的耕耘，获得了丰收的喜悦。1995年该公司涌现了5个“双高公司”，4个“双高一优”项目，3个“小双高”单位。在整个中建三局都处于领先地位。

作为建筑施工单位，战线那么长，要做到文明施工，难度是很大的。但公司领导认识到，恰恰这又是最重要的。他们认为“一个成功的建筑就是企业一座永久的广告牌”，建筑施工现场的文明施工上去了，就是为企业的门面“贴金”，反之，就是为企业抹黑。所以他们要求工地材料堆放要整齐，各种标识标牌要合乎规范，每个工地必须做到工完场清。由该公司承建的广州东山场，不仅速度快，质量好，而且被广州建委列为广州市“文明施工现场管理典范”，并在全市2800个工地推广他们的经验。上海网球中心不仅现场无灰尘，无噪音，连施工场地周围的绿树和水泥路面每天都要洒扫几遍，并响亮地提出“建筑工地军营化，建筑工人军人化”的口号。全公司大型、特大型项目全部都是“无烟工地”。该公司从文明施工中得出这样一个良性循环链：文明施工好——企业形象高——工程任务饱满——工人收入高——一切工作都好做。

中建三局一公司的精神文明建设能持之以恒，常抓常新，是因为他们已形成了一套完整的制度，始终坚持做到“四落实”，即领导机构落实，规划目标落实，创建措施落实，考查评比制度落实。全公司形成了书记经理主管，政工部门主抓，职能部门密切配合，全体职工积极参与，一级抓一级，层层落实，齐抓共管的有效创建网络。在全公司的统一部署下，各级党、团、工组织发挥各自的优势，一齐行动起来，为了一个共同的目标，分头发动群众，起到了有效的保证作用。如党组织开展“党员责任区”、“党员身边无事故”和“三比五赛”活动，团组织以“岗、队、手”为抓手，开展“岗位成才”、“岗位建功立业”活动，工会组织开展“立足岗位，争做立功个人”活动。通过这些活动，孕育着全体职工一致认同的道德行为和价值取向标准，即该公司的企业精神“争创第一——团结、拼搏、开拓、争先”。

近年来，中建三局一公司的精神文明创建活动获得很大成功，得到党和政府的充分肯定，在1989年和1993年两度荣获湖北省“文明单位”称号的基础上，1994年被建设部评为“全国建设系统精神文明建设先进单位”，同年，被中建总公司授予“1991—1993年度思想政治工作优秀企业”。1995年又被湖北省委、省政府授予“最佳文明单位”称号。公司总经理陈学锋也荣获“全国优秀施工企业家”和“全国优秀项目经理”等众多荣誉。

全国十大杰出职工评出 1994年“全国十大杰出职工”评出，他们是：勇攀科技高峰、无私奉献的抓斗大王、上海港务局高级工程师包起帆；造船行业的女铁人、大连造船厂电焊工郭玲华；心系祖国、教书育人的北京理工大学教授冯长根；乡邮路上辛勤耕耘者、湖北郧县邮电局乡邮员余国印；“时传祥式”的环卫工人、重庆市政养路管理处疏浚工孙春明；敬业爱业的新时代矿工、河南开滦赵庄矿侯振清；站在改革前列的杰出乡镇企业家、浙江万向集团公司董事长鲁冠球；在改革大潮中勇于开拓创新的优秀经营管理者、江苏春兰(集团)公司总经理陶建幸；荣获国际人道主义服务荣誉奖的白衣战士、山东曲阜市红十字医院副主任医师姜健；勇为企业增产创收的炼钢工人、天津钢厂第二炼钢厂炉长王振华。“十杰”是全国总工会经过各级工会举荐和评选的，是当代工人阶级的先进代表。由全国总工会副主席、书记处书记薛昭鋆4月11日在北京宣布的。

金融系统优质文明服务先进事迹报告会 中共中央宣传部和中国人民银行于1995年10月31日在北京联合举行金融系统优质文明服务先进事迹报告会，中国工商银行济南市分行、中国农业银行安徽省庐江县支行、中国银行上海市分行、中国人民建设银行石家庄市分行第二办事处的代表在会上分别介绍了他们开展优质文明服务活动的先进事迹。在报告会上介绍经验的四个先进单位，虽然具体经验和作法各不相同，但都有一个共同的特点，就是坚持以为人民服务、对社会负责为准绳，充分发挥思想政治工作的保证作用，把严格管理与爱国家、爱集体、爱岗位的思想教育有机结合起来，使职工在实践中逐步养成良好的职业习惯和正确的行为方式。中国人民银行行长戴相龙在报告会上说，在250多万金融职工队伍中，培育和涌现出了一大批英雄模范人物和先进集体，为社会主义精神文明建设作出了积极贡献。中宣部副部长刘云山在会上要求金融系统广大干部职工认真贯彻中共中央十四届五中全会精神，把社会主义精神文明建设提到更加突出的地位，切实加强思想政治工作，积极探索在社会主义市场经济条件下，搞好精神文明建设的新思路、新办法，大力宣传和弘扬一切有利于改革开放和现代化建设的思想和精神，逐步形成有利于社会主义现代化建设的舆论力量、价值观念、道德规范和文化条件。在大会上，中国人民银行、中国工商银行、中国农业银行、中国银行、中国人民建设银行、交通银行、中国农业发展银行和中国人民保险公司联合发出了关于在金融系统推广中国工商银行济南市分行文明服务用语活动的通知。

全国铁路系统评出“青年文明号”先进集体 全国铁路系统“青年文明号”首次命名授牌仪式，于1994年“五一”前夕，在北京南站和京九铁路颖河青年桥群施工现场举行。7个在我国铁路系统两个文明建设中作出突出贡献的先进集体代表，接过了由江泽民总书记题写的“青年文明号”牌匾。这7个被授予“青年文明号”的先进集体是：济南铁路局265/266次列车、哈尔滨铁路局三棵树机务段东风(3)114号机车、郑州铁路局西安站一楼东去候车室、乌鲁木齐铁路局哈密工务段红光养路工区、柳州铁路局柳州南站甲班三调、铁四局二处三段青年突击队。他们继承和发扬了工人阶级的优秀品质，在弘扬敬业精神、讲求职业道德、开展劳动竞赛、发扬集体主义精神等方面为全国340万铁路职工树立了榜样。

武钢大型轧钢厂为先进人物树“功臣碑” 武钢大型轧钢厂30多年来共轧出重钢、槽钢、工字钢等10个品种121种规格的大型材1250万吨，为国家作出了巨大贡献。30多年创造的总效益可以再建16个同样规模的轧钢厂。这些成绩凝聚着大型厂全体职工和几代大型人的血汗，记录着劳模们的功劳和荣誉。该厂为了进一步弘扬劳模精神，激发全厂职工学先进、赶先进，争当先进，为社会主义现代化再立新功，于1994年5月27日上午在厂内树起了一块“功臣碑”，以表彰劳模的功绩，激励职工的斗志。首批19位荣获全国、省、市和武钢公司劳模称号的职工名字被镌刻在“功臣碑”上。该厂还决定，今后凡获武钢公司以上劳模称号职工的名字，都将被刻在“功臣碑”上。

呼铁局工程处8年坚持“精神文明十佳”评选活动 呼和浩特铁路局工程处每半年各单位将本单位涌现出的反映时代风貌的新人新事上报，经层层筛选，最后评选出全处的“精神文明十佳”，将事迹张榜公布，并通过广播、报纸、图片、黑板报、宣传橱窗广为宣传，在全处职工中引起反响。三段副段长刘云飞在集通线施工，不仅和职工拼搏在艰苦地段，还在职工生命垂危时刻，主动献血。集体工徐立新为保护妇女，与歹徒搏斗的事迹，在职工中反应强烈。处里拿出5万元设立“见义勇为”奖励基金。到1994年底的8年中，处里先后评出十佳事迹160件，156名职工成为大家学习的楷模。该处已被内蒙古自治区命名为“文明单位”和“思想政治工作优秀单位”。

一面坡啤酒厂以人为本的精神文明建设 地处小兴安岭群山深处的黑龙江省一面坡啤酒厂，仅有两条自动灌装生产线，却创造出许多大厂五六条生产线才能达到的10万吨的年产量，并且资金利税率列同行榜首。这个厂始终把以人为本的精神文明建设当硬件来抓。1. 从提高职工文化入手。该厂原先的800名职工有70%原来是农民，文化较低，厂里从60万元利润中拿出一部分钱帮助职工补习文化。两年过去，职工“双补”合格率达到100%。到1995年，全厂具有高中文化的职工已占70%，大专以上文化程度的达到100多人。在文化补习的基础上，企业加强了对职工进行普法教育和职业道德、社会公德培训。2. 多层次的精神文明建设模式。该厂从上到下成立了精神文明建设领导体系，同时设立文明车间、文明班组、文明职工奖。在开展文明职工的活动中，除了“学雷锋讲贡献，学铁人拼命干”、“理想在岗位”等活动外，做的大量工作是领导与职工的感情交流，使广大职工真切地感到工厂就是自己的家。3. 追求高品位的企业文化。花园式厂区的一切景点，都是职工自己义务劳动建成的。工人的业余文化生活非常丰富。每逢节日或厂里重大活动，厂里都组织大型文体活动，高品位企业文化使职工生活既充实又自豪。

上海市政工程开展“文明工地”活动 上海市人民广场市政配套工程开展以文明施工为主要内容的“市政职工为上海大变样作贡献”主题活动，实施“两通三无五必须”的文明施工措施，修路想到行路人，把因施工而给群众带来的不便减少到最低限度。地处闹市中心的人民广场市政配套工程是一项工期紧、施工难度很大的市府实事重点二号工程，承担工程施工的市政工程管理处大修总队认真贯彻市政工程文明施工条例，制定了十条有力措施，包括：全面实施人行道和交叉路口畅通、无积水无坑塘无工伤事故、必须挂牌施工、佩卡上岗、施工现场文明整洁等。市政工程管理局日前在工地召开了现场办公会议，要求工程指挥部和全体建设者全力以赴，切实抓好文明施工，把市政工程工地都建成“文明工地”，把市政建设者队伍建成“文明之师”。

燕山石化创造催人奋进的舆论环境 北京燕山石化充分发挥公司、各厂电视、广播、报刊等现代化大众传播媒介的优势，加强宣传鼓动工作，在企业内形成了催人奋进的舆论环境。1993年年初，面对社会上“下海经商热”、“第二职业热”的冲击，公司在全体职工中开展“我与市场”的群众性教育活动。各个厂、院的电视台、广播站、报刊都围绕这一主题，开展了声势浩大的宣传教育工作。炼油厂先后在厂电视台、《燕炼报》上开辟了“现场连着市场”、“我与市场”专栏和征文，发动全厂职工各抒己见，谈自己对市场和市场经济的看法和认识，并组织职工观看《广东行》、《迎接市场挑战》等录像教育片，使职工明确个人与企业、国家三者之间的利益关系，树立安心生产一线做奉献的思想。有的操作工人说：“现场连着市场，岗位是战场，搞不好现场，就走不到市场，我们要在自己的岗位上，为提高企业产品竞争力尽职尽责。”从1993年到1994年，燕化电视台专门设立了“燕化人”、“360行”专栏，有100名一线干部职工和上百名行业的业务尖子的先进事迹被搬上银屏，《燕山石化报》将70名有突出贡献的科技人员事迹登在“科海撷英”专栏中，并配发了大幅照片。这些宣传举措，更加激发了职工群众的爱厂敬业精神。

新乡火电厂宣传鼓动工作生动活泼 河南新乡火电厂在精神文明建设中，十分重视宣传鼓动工作。厂里投资数十万元搞广播电视、办报纸，还投资兴建了大型宣传图文屏幕。晚上，在厂闭路电视台，职工们可看到“新火简讯”、“风流人物”、“新火人风采”等自办节目。在一次5号机特修中，汽机分场的一位班长的女儿高烧，他在现场干了一天一夜，直到第二天中午，才拖着疲惫的身体回家。他想妻子定会抱怨，没料到一进家门，妻子却端上热腾腾的饭菜，亲切地说：“你辛苦了，昨天广播里表扬了你们班，电视里也放了你们干活的图像。你放心忙厂里的事吧，孩子有我！”妻子的话使这位硬汉子情不自禁地流下了热泪。

天津碱厂15年坚持开办职工政治学校 天津碱厂从1980年以来，坚持了15年的职工政治学校，对全厂35岁以下的青年职工每年坚持脱产轮训，已有8000多名职工进行了“三史”（厂史、党史、社会发展史）、“三爱”（爱厂、爱国、爱社会主义）和“三观”（人生观、价值观、道德观）教育。在开展政治培训的同时，还开展了“月评企业十大新闻人物”、“季评企业精神奖”活动，用职工身边的先进人物、先进事迹进行生动的教育。1995年在开展“三观”教育时，厂里不仅组织了让先进人物讲“三观”的演讲会，还在厂电视台播放了厂退休高级工程师齐林祥在爱人长期患病、儿子弱智、家庭经济困难的情况下，拒绝外单位高薪聘请，坚持无偿将余热献给工厂的感人事迹，职工们深受教育。15年来职工政治学校为企业培养了一支思想过得硬的职工队伍。该厂已连续8年获全国思想政治工作先进单位称号。

金川公司“四个四”爱国主义教育 1994年甘肃金川有色金属公司在实施爱国主义教育过程中，重点通过“四个四”教育活动，即进行四史教育——社会苦难史，新中国发展史，金川创业史，个人成长史的教育；树立四自精神——自尊，自信，自立，自强精神；建设四有队伍——有理想，有道德，有文化，有纪律的队伍；增强四爱之情——爱共产党，爱国家，爱企业，爱岗位之情，使职工受到情理相融的爱国主义教育。在爱国主义教育中，该公司运用各种宣传工具，把宣讲历史教材同阐释现实问题结合起来；把时事政策教育同理论学习结合起来;引导职工进行自我教育。公司编写了《面对近代史的思考》、《没有共产党就没有新中国》、《幸福莫忘铺路人》3个专题的演讲材料;组织青年职工观看《让历史告诉未来》和百部爱国主义影片展播。组织影评会、演讲会、报告会200多场。在“金川创业史”和“个人成长史”的专题教育中,公司举办了《金川群英史》展览。“老金川”报告会和“知我金川、爱我金川、兴我金川”百题知识竞赛,开展了“我与父辈比同年”、“劳模作贡献,我该怎么办?”等专题讨论,使广大职工特别是青年职工感受到金川人的光荣、自豪及肩上的重担,激发职工继承优良传统,争取金川创业史上的更大光荣。

仪化公司职工教育有声有色 自江苏省总工会开展“在发展社会主义市场经济中创企业精神,树主人翁形象”主题教育活动以来,江苏省仪征化纤公司工会结合本企业实际,走出一条“学、赛、演、展、树”职工教育的新路子。他们的作法是:1. 以学启动。公司工会注重发挥职工读书协会的作用,积极开展职工读书活动。在学习中,他们注重不定期培训骨干,提供一些思考题,介绍一些读书方法,还联系仪化股份制改造的实际,帮助职工正确认识企业经营机制转换的必要性。2. 以赛鼓动。公司工会利用仪化集团报和电视台,开展多种形式的竞赛活动。1993年6月,公司工会与电视台举办了“主人与天职”专题演讲比赛,并举办了劳模、一等功臣事迹电视报告会以及“读书知识竞赛”等活动,把主题教育引向深入。3. 以演带动。利用文艺演出来弘扬企业精神,陶冶职工情操。该公司工会还成功地举办了第三届职工文艺汇演,男女老少干部工人同唱同演同乐。4. 以展促动。公司工会举办“主人翁礼赞”大型先进个人、先进集体事迹展览,通过展览,在职工中掀起学先进找差距,勤勉敬业热潮。5. 以树推动。公司工会把主题教育与优质服务窗口竞赛和评树“十佳服务标兵”结合起来,引导职工掌握过硬的职业技能,养成良好的职业道德。

浙建集团系列思想教育造就高素质农民工队伍 浙江建工集团总公司是浙江省重点骨干企业集团之一,拥有农民工7000名。农民工具有吃苦、勤劳、纯朴等优良美德,但他们中不同程度地存在着雇佣思想、自卑心理、临时观念,更有些人法制意识淡薄,行为散漫和文化水平普遍偏低等共性问题。为提高他们的素质,总公司对他们进行工人阶级的阶级意识、改革意识、法制纪律意识等一系列教育。与此同时,该公司还把解决思想问题与解决实际问题结合起来,在3个方面对农民工一视同仁:在吸收入团、入党,参加工会、职代会以及评优、提干等政治待遇上一视同仁;在工资、奖金、养老保险、企业津贴、医疗待遇等经济福利待遇上一视同仁;在职工住房、探亲假期等生活安排上一视同仁。从而,有效地实现了农民工思想的三个转变:由单纯赚钱变为既讲经济报酬又讲奉献精神;由低人一等、雇佣思想转变为理直气壮的主人;由行为散漫、利己主义转变为遵纪守法、争为企业作贡献。思想道德教育加上劳动技能培养,造就了一支能干有为的农民工大军。全公司85%的生产班组长是农民合同工,有95%的农民工被聘到各分公司副经理和项目经理管理岗位,在最近表彰的先进人物中45%是农民合同工。

147/148次列车学习“南京路上好八连” 长春至上海的147/148次列车车队领导在研究如何用人民铁路为人民的宗旨来塑造列车形象时感到:“南京路上好八连”是毛泽东等老一辈无产阶级革命家树立的一面光辉旗帜,八连的好思想、好作风、好传统,仍然闪烁着时代的光芒。列车每天往返上海,向南京路上好八连学习有着得天独厚的条件。车队党支部书记耿凤珍,先后带领有关人员三下江南,千里迢迢从长春专程到上海好八连驻地学习取经,聘请好八连首长担任车队名誉党支部书记、队长和路风监督员,并邀请他们经常对乘务员进行传统教育,车队提出了“走八连路,做八连人,用军魂塑造车魂”的口号。车队领导多次向全体乘务员宣讲好八连的先进事迹,组织乘务员座谈讨论,对照先进找差距订措施,引导大家树立正确的人生观和价值观。学习好八连前,部分年轻乘务人员由于受社会上拜金主义的影响,一度违章违纪,在金钱面前打了败仗,损害了列车的形象。学习好八连以来,乘务员们自觉地以好八连为榜样,用铁的纪律约束自己的一言一行,用高尚的职业道德树立良好的列车形象,身居列车,一尘不染。从1994年3月开始,开展向好八连学习活动到现在,半年来该次列车先后有120多人次拒收旅客的钱物。

盐城汽车运输总公司开展“党员先锋车”活动 1995年初,江苏盐城汽车运输总公司开展“党员先锋车”活动,得到了社会的广泛赞誉。2月8日,90车队党员驾驶员陈厚全驾车前往南京,当车到南京站乘客下完时,他突然发现一位老大爷晕倒在车厢过道里,老陈立即把老大爷扶到座椅上躺下来,用棉被盖好,随即将老大爷送到南京煤矿医院抢救。据不完全统计,仅两个月时间,先行挂牌的54辆党员先锋车的66名党员驾驶员就为旅客免费装卸行旅包13000余件,免费提供药物1560粒,拾金不昧30余次、价值2.6万元,慷慨解囊为失窃或困难的旅客代购车票85次,计人民币1260元,收到旅客表扬信250多封。“党员先锋车”挂牌之后,得到旅客的赞扬和信赖。争创“党员先锋车”的活动已在该公司1200多名驾驶员中产生了强烈的反响,还未挂牌的党员驾驶员都向单位提出申请要求挂牌,不是党员的驾驶员都积极向党员靠拢,主动要求与党员驾驶员配对承包车辆。与此同时,“党员先锋车”活动还波及整个苏北大地,一些集体、个体司机,纷纷仿效,也在车头挂起了“党员先锋车”的标牌。

南通一棉党员开展“双闪光”活动 1992年1月7日,南通第一棉纺厂召开“颁发党员上岗证章大会”,全体党员每人胸前都佩上有镰刀斧头图案及共产党员字样的证章。宣传开展“党徽在胸前闪光,形象在岗位闪光”的“双闪光”活动。厂党委首先要求每个党员做到“三有、三无、三清楚”。“三有”就是艰苦岗位有党员、困难地方有党员、突击任务有党员;“三无”就是党员身边无事故,党员身边无次品,党员身边无违纪;“三清楚”就是对品种结构调整情况清楚,对党员的责任清楚,对职工的思想状况清楚。接着,厂党委制定了一系列制度和措施保证“双闪光”活动深入持久地进行。从1992年到1994年,“双闪光”活动开展了三年,党员在岗位闪光的先进事迹大量涌现。全厂630名党员中589人次被评为各级先进生产者,68人次获局以上标兵、劳模、“五一”劳动奖章和“优秀党员”等称号。

烟台港职工捐款设立“特殊旅客”扶助基金 烟台港客运站每天过往旅客近万人,旅客中丢钱或生病等意外事件时有发生。领导、职工慷慨解囊,帮旅客买票、买饭已成惯例。时间一长,他们感到仅靠个人的帮助,一些大的困难往往解决不了。于是,“特殊旅客”扶助基金应运而生。“基金”由客运站职工自发捐献,共计5000多元,帮助特殊旅客。1995年5月28日即该基金正式建立的当天下午,旅客曲波从莒南经烟台要返回大连。在烟台港客运站候船室,他怀抱中的婴儿忽然发烧,这时他的口袋里仅剩20多元钱。急得他团团转。烟台港服务班的赵爱荷班长了解情况后,立即把孩子送到医务室,经检查需要转诊,她又买票和曲波赶到烟台山医院,为孩子打针拿药,替他交了挂号费和化验费。返回客运站时已是晚上8点多钟,值班主任宫锡文及时同“天鹰”轮联系,解决了曲波父子的乘船问题,曲波感动得流下了眼泪。截至1995年12月25日,这项基金已帮助13名旅客走出困境,他们之中有儿童、农民、工人、军人和大学生等。

北京王府井百货大楼坚持“一团火”精神 北京王府井百货大楼著名劳动模范张秉贵是“一团火”精神的创始人。为使这种热忱为顾客服务的崇高奉献精神发扬光大,该店制定了服务规范7项规定和文明礼貌用语,同时每年都根据顾客的需要,推出各具特色的服务项目和措施。1995年初,他们推出“一团火”满意系列工程,内容有50多项,目的是通过热情服务,让顾客满意。大楼12个商品部都根据自己的情况制定了热情为顾客服务的具体内容。如家电部制定了售出大件商品免费送货不超过48小时的规定。一次,他们的送货组为一顾客送冰箱,正赶上电梯停电。送货组的同志凭着惊人的毅力,用人力把冰箱搬到18层楼上。顾客十分感动。半年来,他们为顾客送货到家的大件商品就有7000多件。在送货组设计的“满意”单上,落满了“满意”的字样,许多顾客都用“非常满意”、“太满意了”等字句来表达对大楼人的感激之情。“一团火”精神温暖了顾客的心,也在顾客和售货员之间建立起一座相互理解、和谐友爱的桥梁。

西单购物中心以“四心”为企业之魂 北京西单购物中心开业5年来将“四心”作为企业之魂,规范企业行为,塑造企业形象,指导企业的运营发展。“四心”就是热心、耐心、诚心、爱心。热心体现服务态度,让消费者感到温馨;耐心体现服务质量,让消费者感到满意;诚心体现商业道德,让消费者感到放心;爱心体现新型的店群关系,与消费者共建精神文明。“四心”精神是一种全新的经营观念。以“四心”为主线,他们在企业形象的设计上突出一个“诚”字,立足一个“爱”字,推出“诚信为本,爱心永存”的企业形象。为体现诚信为本,他们将商品质量视为企业的生命线,建立售前、售中、售后三把关制度,来严把质量关;建立了退换商品损失基金和委屈奖,做到把满意留给顾客,把损失和委屈留给自己。为体现爱心永存,他们在服务工作中突出一个“情”字,力求一个“便”字,开业5年来先后经历了三个发展阶段。从最初的便民服务延伸到礼仪服务,又进一步推进到“四心”工程,将“四心”精神与企业日常经营管理服务有机融合,赋予其行为特征,使其具有可操作性,即购物(指接待顾客购买)热心,退换耐心,保质诚心,便民爱心。使“四心”精神家喻户晓,“四心”形象深入人心。该企业先后荣获了“全国文明经营先进单位”、“北京市双信企业”等诸多荣誉称号。

沈阳老年人用品商店待长者如亲人 沈阳群星商业集团老年人用品商店以“待老年顾客如亲人”的服务精神,热情地为老年顾客服务。对待腿脚不便的老人,营业员会主动走出柜台搀扶;对待耳聋眼花的老人,营业员会递上老花镜,一遍遍地介绍商品,不催促,不反感;商品暂时断档的,营业员会留下顾客地址、电话,货到后及时通知或送货上门。沈阳市有十几家干休所,商店坚持常年送货。老年人用品商店的营业员待老年顾客如亲人,靠有情的服务使商店在“无情”的市场竞争中兴旺起来。1994年1至10月,创利税91万元,比1993年同期增长26.7%。

天津滨江商厦别具一格办庆典 1995年11月12日是天津滨江商厦创建3周年纪念日,商厦原计划搞一次隆重的庆典活动。但当职工们看到市长张立昌在市政府常务会议上《关于发扬勤俭作风,关心群众疾苦,安排好冬季人民生活的讲话》后，深受感动。他们当即一致决定，商厦的庆典活动不搞了，把节省下来的钱，为社会上最困难的人送上一份温馨。连日来，商厦的全体职工以极大的热情响应市长号召，他们自愿捐资13万多元，并由千名青年职工组成百个服务小组，根据市民政局提供的困难户名单，利用休息时间，深入到困难职工家庭，为他们送去棉衣、棉裤、烟筒、炉子和煤等冬季生活必需品。

四川两企业为贫困地区订赠党报 四川沱牌实业股份有限公司是我国最大的白酒制造企业之一、成都恩威集团公司是四川的名牌企业，这两家企业各订1996年《人民日报》1000份，分赠给四川广安、仪陇、巴中等革命老区和贫困县。这两家企业的负责人说，扶贫要扶老。向贫困地区的人民赠送《人民日报》，使他们及时听到党中央的声音，了解党的方针政策，加强精神文明建设，增强克服困难的信心，这比物质上的支援，更有重大的意义。

长春电业局树立行业新风的"一把手工程" 长春电业局把行风建设作为"一把手工程"来抓。从局长到各级行政一把手，都被确认为行风建设的第一责任者，建立明确的包保责任制，自上而下，层层签订《包保合同书》。该局抓行风建设的具体做法如下：1.抓班子，发挥表率作用。该局对各级领导班子成员明确提出"五不、一带头"的要求，即"住房分配不超标，安排家属不开口，奖金分配不冒尖，福利待遇不特殊，金钱面前不动心，做优质服务的带头人"。2.抓队伍，功夫下在育人上。该局从1990年起，连续6年在职工中进行"三知、三爱、三为"为主要内容的主旋律教育和职业道德教育。即"知国情，爱祖国，甘为经济发展当先行；知局情，爱企业，誓为争创一流当窗口；知责任，爱岗位，愿为电力腾飞当尖兵。"对职工中发生的违纪事件，严肃查办，决不姑息。3.抓服务，功夫下在办实事上。该局多年来坚持开展各种形式的优质服务活动，使行业作风体现在有形的活动之中。4.抓制度，形成监督和自我约束机制。该局先后制定《电力职工服务守则》、《行风建设考核标准》等12个方面53项规章制度，并通过强化社会监督机制确保各项制度的落实。5.抓效益，以雄厚经济实力为精神文明建设提供坚实物质基础。"一把手工程"使该局成为电力部行风建设的典范。

太原煤气公司狠抓职业道德建设 太原煤气公司管辖着全市30多万户的煤气供应，一个时期，个别工作人员中存在"吃拿卡要"现象，造成用户"灶内无气心中有火"，影响了公司的形象与信誉。在职业道德建设实践中，公司领导认识到单就每个职工而言，优秀的个人品质可以带来良好的工作水平，但就公司整体而言，服务水平却不能靠职工个人品质来维持，必须倚重于严格的规章制度。于是他们制定了教育引导与制度约束"两手抓"的方针，在加强理想、信念、敬业、爱岗教育，宣传表彰先进典型的同时，逐步健全了从公司领导到每一个职工的岗位工作责任制，各工种各岗位的工作标准及《文明职工守则》、《文明公约》等一系列制度，使每个职工在职业活动中都有章可循。此外，他们还针对行业特点，公开了各项办事制度和收费标准，使公司的整个工作程序纳入"法制"轨道。为了保证这些制度的落实，煤气公司相应地加强了监督考核。公司在用户中聘请了54名义务监督员，建立社会监督网，每年向1%的用户发放意见征集卡，以加强用户监督；同时在当地新闻媒介刊登公告，在用户中开展"有奖举报"活动，接受群众批评监督。有效的监督网使得"吃拿卡要"等行业不正之风在煤气公司失去了立足之地。全公司形成了"制度严格不能犯，纪律严明不敢犯，处罚严厉不愿犯"的小气候，为职业道德建设提供了有力保证。

南钢抓廉政建设树文明形象

南京钢铁厂在总结1993年工作时，发动全厂近2万名职工对厂领导的廉政建设，以无记名投票方式进行评估，"满意"、"比较满意"的占92.5%。1993年以来，全厂党员上缴和拒收的礼金、礼品共6.27万元。有段时间，轧钢分厂的转运班个别同志示意前来提货的客户"烧烧香"。厂领导抓住这件事大做文章。不仅内部通报严肃处理，通过厂报、厂电视台予以披露，还以此为题，组织全厂职工开展了一场"加强行风建设，树立文明形象"的大讨论，进一步统一了全厂职工的认识。南钢狠抓行风建设，使它对市场的应变能力大为增强。1993年下半年，全国钢材市场滑坡，价格下跌，不少大型钢厂严重压库，南钢却一如既往，钢材销路看好。原因是120多家常年客户急南钢之所急，主动为他们排忧解难。这个厂已连续5年被江苏省评为"文明单位"和"思想政治工作优秀企业"。1994年"五一"前夕，又被授予"全国思想政治工作优秀企业"荣誉称号。

萍乡市公交职工立誓禁赌

1995年5月下旬，江西省萍乡市公交企业党政工团组织联手向900来名职工及其家属发出《禁赌宣言》，拉开了禁赌、查赌专项斗争的帷幕。该企业把查禁赌博作为企业加强自身文明建设，培养企业文化的一项重大"基础整治工程"。企业为此专门召开了群众性的禁赌大会。提出了"不能让赌博在企业藏身"的整治目标。企业把查禁赌博专项写进了《司规民约》以及《企业内部治安管理条例》，具体处罚细则也经企业职工代表大会审议通过后开始执行。同时，企业还建立了禁赌查赌举报监督网，请乘客监督举报，设立了"乘客查赌奖"。企业内部治安保卫部门还与当地公安机关通气联手，注重加强对企业生产工地、职工生活区的检查巡视，共同整治，从严禁赌。为把禁赌斗争引向深入，该企业专门给每个职工家庭发出了《禁赌公开信》,倡导人人从我做起,从自家做起,告别"方城",跳出牌桌,拒绝赌博。这样一来,使禁赌专项整治成为一场群众性的"人民战争"。不少家庭如今除自家人不沾赌博边,还对上门客人打出"家庭禁赌黄牌",给过去一上门凑一块就手生痒痒的"瘾客"亮了"拒绝赌博"的红灯。通过里应外合对赌博发起的强大攻势,使该企业一度猖獗的赌博风得到明显的遏止。不少过去的"瘾君子"纷纷告别了牌桌,与赌博"断交绝缘",企业风貌焕然一新。

长铁工人理论小组出成果出人才 长沙铁路总公司9年前由青年工人自发组建起百余个工人理论小组。他们以邓小平建设有中国特色社会主义理论和党中央的重大方针政策为指导,结合生产经营实际边学习边运用。各个理论小组还分头组成了质量管理、成本控制、材料管理、技术革新、理论探索等300多个兴趣小组,运用所掌握的理论和企业管理知识进行难题攻关。株洲机务段工人理论小组成员从段财务室了解到段里运输成本超支167万元的情况后,组长刘文林带领理论骨干唐红文利用工休时间搞调研,很快写出了一份有理论深度、有思考、有分析、有对策出路的调查报告,提出了开源节流的9项措施和建议,段里采纳实施后,仅半年就创利润近百万元,一举摘掉了这个段亏损大户的帽子。工人理论小组在搞社会主义市场经济中找到了大显身手的舞台,也实现了自身的价值。一批批理论骨干被输送走了,一批批青年职工又加入到这一行列中来。10个年头,长铁工人理论小组共为企业攻克各种难题300多个,提合理化建议4500余条,据测算,创价值达1.2亿元。为总公司实现经济良性循环作出了很大贡献。

大庆石化总厂万名职工10年读书成果斐然 大庆石油化工总厂有职工3.8万人,为鼓励职工自学成才,厂工会颁布了《关于重视和合理使用职工自学成才人员的规定》、《职工岗位自学成才奖励条例》等厂规,每年召开一次自学成才标兵奖励大会,如今已有3457名标兵受到表彰奖励。坚持读书自学,立志岗位成才,使该厂职工找到了奋进目标。10年来,该厂职工通过刻苦自学,涌现出一大批技术人才、革新能手。炼油厂原普通仪表修理工魏德华,经过10年自学,编写出《炼油仪表与自动化》一书,被国家有关单位选为全国石化系统工人技术培训教材。水气厂工人李述贵10年自学500多册化工机械书籍,攻关革新,为企业创效益1300多万元。该厂职工通过自学,获重大科技成果281项。有6348名职工通过自学获得了电大、函大、职大、中专等大中专文凭,职工文化素质有很大提高。

富吉集团公司自学热兴起

在青岛富吉集团公司的各个角落,经常可以看到这种可喜的景象:班前班后及空闲时间,一些人手捧书本读着英语、日语……一度冷却的自学热如今又悄然兴起。许多干部职工舍得花数百元,甚至上千元进行智力投资。有的参加高等院校的函授学习,有的则到夜大上课,特别是实行5天工作制,给自学者创造了更多的学习机会。1995年以来,该公司对外联系加强,外商纷纷来厂考察,不断洽谈业务及项目,更由于晋升高中级职称,大多数专业非过外语关不可,因此,外语已是自学的一大热门,人数也最多。另外,会计、审计、统计、经济、企管等学科也吸引了不少职工。许多自学者几乎将全部业余时间都用来学习。注重学习和运用高科技是当前该企业自学者的又一特点。重视真才实学,出成果、发论文已是自学者普遍追求的目标之一。仅1994年一年,发表在省市以上刊物及获奖论文等作品就达20余篇。许多自学者因成绩突出,被公司选拔到各级管理和领导岗位上。

湘钢涌现千人"自考族" 在1995年4月结束的全国高等教育自学考试中,湖南湘潭钢铁公司1106名干部职工应考,考场上出现了"胡子兵"与"娃娃兵"同室共考,夫妻、兄妹、上下级平等竞争的生动场面。这些通过自学又不约而同奔赴考场的职工们,被人们誉为钢城的"自考族"。湘钢有职工近3万人,面对市场经济的激烈竞争,广大职工渴求知识的欲望愈来愈强烈,尽管公司有较完备的教育体系,仍难以满足他们求知的需要。国家开始高等教育自学考试后,不少职工便纷纷报考,考生由开始的百余人发展到今天的1100多人。公司领导敏锐地察觉到干部职工中蕴藏的这种可贵的积极性,从尊重、爱护到采取多项措施进行引导和扶植。使当初的这一自发行动变成有组织的集体行动。如公司将自考生的组织管理工作交由公司职工培训中心负责,配备专职和兼职人员负责日常管理工作;针对部分自考生自学有困难的情况,还想方设法将高等院校的教授请到"湘钢",为自考生讲课;参加自考的职工,在专业对口的前提下,除未参考和考零分者外,均予以报销考试费;对获取自学考试单科合格证者,每科奖励15元等。"湘钢"卓有成效的组织管理工作,换来了职工队伍整体素质的提高,崛起了一大批专业人才。到1995年5月,全公司已有200多人通过自考,捧回大专以上文凭,更多的人拿到单科结业证。

莱钢职工涌现数百"小爱迪生" 山东省莱阳钢公司从1994年4月对职工进行创造力开发培训,先从班组长开始,后来又扩展到车间主任。主要结合企业实际,讲授创造性思维,创造技巧和方法、技术创造与管理创造,创造力实现等内容。到1995年5月底,参加培训人数已达1800多人。培训中涌现出两个没想到:没想到职工参培的积极性那么高,听课场场爆满,越听人越多;没想到见效这么快，成效这么大。在参加培训的职工中已有600多人有了革新成果，创造发明产生效益1000多万元，其中60项较大革新成果年效益就达800多万元。创造力开发培训打开了职工智慧的大门，激发出职工中蕴藏的巨大创造力。锻压厂轧钢班长于文波，一次走路踩在一块钢板上，谁知小小的钢板一翘，竟把他摔了一跤，他由此触发灵感，采用联想法，革新成自动翻钢坯装置，不仅大大减轻了劳动强度，而且月效益达35万元。职工经过创造力培训后，不仅单人搞革新创造，而且组合成革新小组，互相激发，运用集体智慧。现在全厂已出现549个革新小组，已有60%的小组搞出了大小不同的革新成果。目前，莱钢的创造力开发培训的重点，正向全厂3000多名高中级科技人员、管理人员延伸。

上钢三厂的"希望工程" 上海第三钢铁厂为了进一步推动青年人才培养和职工教育工作，实现"二次创业"和"跨世纪育才工程"的目标，决定在开展青年岗位能手活动的同时，在全厂筹集、建立"青年人才基金"和"职工教育基金"。1994年4月11日在厂党政干部扩大例会上宣布这一决定后，厂领导纷纷解囊，党委书记梁兆贤，厂长张世芳和党委副书记、厂青年工作委员会(筹)主任朱铧当场每人为基金捐款2000元，这几乎相当于他们每人两个月的工资。上钢三厂沸腾了，很快，职工的捐款从各个科室、分厂、车间、班组源源不断地汇聚到一起。1993年曾获第二届青年科技成果博览会金奖的青年工程师乐金涛，毫不犹豫地把厂团委刚发给他的650元奖金全部捐献给了"青年人才基金"。他说："我已近35岁了，可能没有机会当青年岗位能手了，但是，企业这样重视培养人才，我作为企业培养出来的科技人员，应该为青年人才的培养尽一份力量。"早已离、退休的老干部、老工人闻讯后，有的尽管经济并不宽裕，还是纷纷主动赶来捐款。其中63名离休干部不仅每人捐款100元，还从他们经营的综合技术咨询服务公司5年的利润积累中拿出了2万元。仅仅一个多月，上钢三厂职工的捐款总额就达到了90余万元，全厂99.16%职工捐了款，加上下属的三产以及联营企业的捐资，两个基金的集资总额很快就突破了200万元。青年们高兴地说："我们这里也有'希望工程'"。

南通国棉二厂文体活动龙腾虎跃 南通国棉二厂是拥有近6000名职工的大型纺织企业，在厂工会抓好俱乐部活动的同时，工厂还拨款10多万元建成760.5平方米的多功能球场。不仅可供职工开展篮、排、网球等球类活动，也给中老年职工晨练提供了场所。每逢厂休日，厂工会除经常组织舞会、歌会、棋类比赛、时装表演之外，还举办《家庭乐》、《女工乐》、《工会之友》、《贤内助》等各种有特色的娱乐活动，紧密结合各种技术练兵，开展了《打结》、《摆梭》、《消防》、《安全知识》等趣味练兵和趣味操作竞技接力赛活动。全厂参加业余文体活动的人越来越多。各类文体活动的积极分子就有1200多人。

一汽职工文学创作高奏主旋律 多年来，中国第一汽车集团把繁荣职工文学创作看作是企业精神文明建设的一件大事，倡导一汽人写一汽人，以一汽人的创业精神激励一汽人。他们从一支业余文学创作队伍起步，发展到总厂的文协组织，下设报告文学、散文、诗歌、小说、文艺评论等小组，发展了会员500多人。文协不但经常组织文学创作骨干学习党的文艺政策，交流创作经验和体会，而且还引导他们扎根基层，深入实际，在火热的生活中寻找创作素材。到1994年，文协先后出版了《创业先锋》、《一汽共产党员》、《奔向辉煌》等20多本报告文学和通讯专集，有几百人参加写作。一段时间里，社会上出现"追星热"，使一些青年盲目崇拜歌星、舞星、影星，而对企业中无私奉献的先进人物无动于衷。为了正确引导青年，工会组织创作人员深入到铸造分厂可造车间采访工会兼职生活委员李放生前鞠躬尽瘁，热心为职工服务的模范事迹。先后写出了报告文学和电视专题片等作品，在省、市及中央一级报刊、电视上发表和播出。很多青年看后认为，李放才是企业真正的明星，一汽人就应该向李放那样工作和学习。

集铁分局列车文工团为边远小站献歌舞 集宁铁路分局列车文工团自1986年组建以来，深入基层，为广大职工送戏上门。他们每次深入演出都要乘通勤车奔波数小时，有的边远小站不具备列车停靠条件，他们就拎起乐器，扛着道具步行十几公里，为职工做专场演出。既使这些站、区只有二三名职工，他们也坚持演出。他们还开设了观众点播节目。这个团还有即兴创作的好传统。每到一地演出，都抓紧时间收集素材，创作赞颂所在单位新人、新事、新气象的节目。他们编排的25个节目已在铁道部、自治区汇演中获奖，有的还被中央电视台播出。6年多来，他们到150多个沿线小站、工区，为职工和家属演出近500场，观众达30多万人次。

日资企业实行"雷锋卡"奖励制度 大连经济技术开发区日本独资企业原田工业有限公司自1994年3月5日起实行"雷锋卡"奖励制度。对以雷锋为榜样，工作上恪尽职守，生活上热心助人的员工奖励"雷锋卡"。持有此卡者享有出国外派学习，提高奖金、晋级、评选先进的优先条件。大连原田公司开展学雷锋活动已经有4年了。雷锋精神使全厂600多名职工精神面貌发生变化，经济效益以20%的速度增长。这个公司为什么对雷锋精神如此感兴趣呢？总经理藤田菊雄说："雷锋时时想着别人，处处为人民服务，这种无私奉献的精神，如果能在我们公司发扬光大，那么企业的整体素质就能提高，经济效益就能上去，可以说，这是我在中国的一大收获。”

4. 校园文化活动

中国大中学生志愿服务总队成立 1994年9月22日，中国大中学生志愿服务总队在北京师范大学宣布成立。它将协调和组织全国大中学校学生志愿深入城镇区街，奔赴山乡山寨，开展社会救助、支教扫盲、医疗诊治、科技支农等志愿服务活动，以倡导爱国奉献、团结互助、见义勇为的精神。来自全国各地的20多名大中学生志愿者代表和首都近千名大中学生志愿者及中央各部委的负责同志参加了成立大会。大会发表了《中国大中学生志愿者服务总队九月宣言》，号召广大青年学生不负时代重托，奉献火热的心，伸出温暖的手，为社会文明进步做出贡献。

百万大中学生兴起“科教兴国、扫盲起步”活动 参加团中央、国家教委组织的“扫盲与科技文化服务行动”的近百万大中学生志愿者从1995年7月10日起陆续启程。这天，团中央、北京团市委在清华大学隆重举行“首都大中学生志愿者出征仪式”，中共中央政治局委员、国务院副总理李岚清、团中央第一书记李志强、国家教委副主任王明达等参加出征仪式。李岚清说，大中学生利用暑期深入农村开展扫盲和科技文化服务活动，不仅可以帮助农民提高科技文化水平，促进我国实现到本世纪末基本扫除青壮年文盲的目标，而且可以使广大学生得到很好的实际锻炼。他希望广大学生牢固树立为基层群众服务的意识，在艰苦的环境中培养吃苦耐劳的良好品格，用自己掌握的知识为农民脱贫致富做出实际的贡献。首都大中学生志愿者开展“百校百乡结对互助奔小康”行动，通过支教扫盲、科技开发、师资培训、技术合作等方式，为北京山区提高科技文化水平，致富奔小康做贡献。湖南团省委把“扫盲与科技文化服务行动”纳入省政府到1998年基本扫除青壮年文盲的整体规划，组织了400多支志愿者小分队赴湘西等贫困地区开展扫盲活动。云南万名返乡的大中学生将开展“一助一识百字”扫盲活动。山东、四川、浙江、河北等地结合本省实际，也制定了扫盲的5年计划。各地大中学生除扫盲外，还开展科技推广、普法宣传、送医下乡、抗洪救灾等志愿服务活动。

首都大学生的社会公益活动 1994年以来，首都高校学生的社会公益活动蓬勃兴起。首都师范大学92级一班学生得知北京市城建职工部三喜壮烈牺牲的消息，立即组织若干小组定期到烈士家中，对三个遗孤进行义务教育，风雨无阻、节假日也不中断。清华大学物化一班学生得知年近八旬的中学特级教师郗禄和，退休后整理教学经验有困难，他们主动担当起他的集体助手。北农大经济法班学生定期到肖家湾农村敬老院服务。北大山鹰社学生专门上香山旅游区拾垃圾；博士俱乐部学生专程到八宝山烈士陵园，扫除革命先辈骨灰盒和墓碑上的灰尘，继而又到北京火车站开展科技咨询……，一个由三四万名博士、硕士研究生、本科生参加的社会公益活动正在扩展。首都高校学生的这些行动在社会上引起强烈反响。北大爱心社社长马洪恩对这种现象解释说：“因为爱心，是每个人具有，每个人都需要的，因而最容易为人们普遍接受，并传播开去。”近几年，首都高校在建设校园文化方面下了很大力气，各学生社团各类讨论会，以弘扬民族文化为主题，把学生引向加强精神文明建设轨道。同时，针对在社会主义市场经济下，价值观出现的新情况，各高校把道德作为修身的一项重要内容，普遍加大了思想政治工作力度，特别在第一课堂加重了德育的分量。许多专业课教师、研究生导师在教书的同时，负起了育人的责任。北农大学生德育《熔炉工程》进了课堂；北大《校园道德建设工程》进了教室和学生宿舍；清华大学根据不同年级、不同层次学生特点，制定的《德育大纲》贯穿教学全过程。北大著名学者季羡林、侯仁之、陈佳耳、张青莲等，更以自己的亲身经历、教导研究生要以最高的道德水准要求自己，不少教师甚至直接带领学生参加学校和社会的公益性服务活动。这些都是首都高校学生社会公益活动蓬勃兴起的内因。

陆军参谋学院努力营造爱国主义教育氛围 陆军参谋学院是一所具有光荣传统的军队院校。聂荣臻、叶剑英等老一辈无产阶级革命家先后在校担任过领导职务。该院十分重视发掘德育资源，营造爱国主义教育氛围。他们除修建了展览该学院56年光荣历史的院史馆外，还先后兴建了全军院校规模最大、史料最全的中共党史展览馆和全国第一个军事教育博物馆。每届新学员入学，学院便组织他们参观“三馆”，使爱国主义思想潜移默化地在学员心中扎根。到1994年10月，学院已先后在革命圣地西柏坡、华北烈士陵园、华能上安电厂等地建立了9个教学基地，聘请37名兼职教授，每年有计划地组织学员到基地参观访问，进行社会调查，了解驻地在改革开放中发生的巨大变化，从而增强了学员热爱党，热爱社会主义，献身国防事业的责任感。

国防大学将军学员赴赣闽接受传统教育 经中央军委批准，结合纪念中国工农红军长征胜利会师60周年，国防大学300余名中高级干部学员开赴赣闽革命根据地进行我党我军优良传统教育，联系中国革命历史和改革开放实际，学习领会党的十四届五中全会精神，进一步加强党性锻炼，提高政治素质，增强在全党全国工作大局下行动的自觉性和坚定性。中央军委副主席刘华清为这次活动题词："发扬长征精神，继承红军传统"；军委副主席张震为活动题名："追寻地球上的红飘带、长征路上新长征"。

兰州军区医高专学习孔繁森

解放军兰州军区医学高等专科学校的300多名应届毕业生，开展了"学习孔繁森，听从党召唤"的专题教育。孔繁森的催人泪下的动人事迹和崇高的思想情操，深深撼动当代军校学员的心灵，学员们纷纷向队里递交了"志愿书"、"申请书"。有的学员在志愿书中写道："面临人生选择的十字路口，我们也在思考着人生的价值是奉献还是索取？孔繁森这本人生教科书给了我们一个豪迈而响亮的回答，那就是'有志儿女能舍己，倾满腔热血建功边陲'。听从党的召唤，到艰苦地区建功立业是兰州军区医高专历届毕业生的自觉行动。该校学员大部分在青藏高原、河西走廊、陕北延安等高原、戈壁艰苦地区谱写着人生壮丽凯歌。

北大校园文化活动异彩纷呈

北大在1994年2月份开学后，校园里的文化活动十分活跃、异彩纷呈。至5月份已有20多个院、系及一些学生社会团体推出了15个"文化节"、"活动月"等大型校园文化活动。技术物理系推出的"科技与跨世纪青年学术活动月"首先在校园里兴起，接着心理系的"应用心理学活动月"，力学系的"跨世纪召唤文化活动月"、中文系的"人才月"，工商管理学院举办的"工商管理之春"，经济学院组织的"卡斯特—远大经济文化节"，计算机系与希望工程支持会联合举办的"共献一片爱心、支持希望工程活动"，青年发明协会、青年天文学会、博士俱乐部等5家联袂推出的"首届科技文化节"，地质系的"跨越山谷文化月"活动，还有东方学系的独具特色的"东方文化节"、体育教研室的"体育文化节"，哲学系的"美学月"、国政系的"世界与我们"、历史系的"五四艺术节"，政治系的"变革时代的思索"等等。形式多样、内容丰富的文化活动使每一位北大学生都或多或少地卷入其中。计算机系组织的"支持希望工程"活动中，共收到师生捐款近10万元，人口研究所91级研究生刘朝云两次共捐出自己的积蓄和奖学金3600元。北大青年博士志愿者服务队在"服务月"活动中，用自己所学的知识，义务为群众进行科技、教育、经济、法律心理咨询。心理学"文化月"的主题是：让心理学走向应用的春天。他们组织心理测评、北大学生心理及精神状态调查等活动，使心理知识走出了课堂、走向了实践。北大党委书记纪颜申说：北大校园的文化活动是有传统的，在新时期下已逐渐形成新的格局。广大学生既是组织者，又是参与者，因此，学生成为活动月的真正主体，其主动性积极性得到充分发挥。一些教授、专家学者的指导与参与，使得校园文化活动呈现出高品位、多层次、主旋律突出的新局面。

北师大延安精神研究会成立

北京师范大学延安精神研究会于1995年11月11日举行成立大会。该校党委书记周之良教授在大会上说，一流大学必须有一流的德育，没有坚实的思想基础，办不好大学，至少办不好社会主义的大学。北师大要培养中国革命精神精髓——延安精神的传播者，让宝塔山的光辉永照中华！中国延安精神研究会秘书长李鉴讲述了延安精神的主要内容和当前弘扬延安精神的迫切性。四位同学代表从几位老延安长者手中接过赠书、接过中国延安精神研究会会长马文瑞的贺词。法政所研究生会主席袁俊峰说，在改革开放的大潮中，实事求是、为人民服务、艰苦奋斗等延安时期的优良传统和作风仍具有现实意义，这个传家宝今天不能丢。

北林大女学生倡议农家姐妹我们帮 1993年7月，北林大学生部分女生参加了"首都女大学生和农村妇女手拉手"的活动。她们到农村去和当地的妇女同吃、同住、同劳动，进行了广泛的接触和交流。对当前农村妇女在经济和家庭中的地位、作用以及妇女们的生活、思想状况有了较多的了解，激发了她们向数以亿计的农村妇女特别是贫困地区妇女献爱心的热情。经过周密的准备与发动后，于1994年4月以全校女生的名义向全国女大学生们发出倡议，这个倡议的主要内容是：第一、更加努力学习。为帮助农村妇女致富和建设社会主义积累知识、增长才干和本领。第二、积极利用回乡返家的时间，自愿参加诸如对当地农村妇女进行社会调查、帮助她们扫盲、治疗疾病和提供各种形式的技术咨询与服务。第三，与当地农村妇女建立长期联系并做到"六个一"：交一个朋友；走访一个家庭；带一项技术；建立一个联络点；填一份调查表和写一份调查报告。北林大的女学生们说：大家一起走进农家、与广大农村的姐妹们手拉手、心连心，用科学知识帮助她们提高素质，走上致富道路，为造就一代自信、自强、自尊的农村妇女而作出贡献。

人大学生踊跃献血 1994年11月5日是中国人民大学学生义务献血的日子。上午8点钟，等待验血的同学在校医院化验厅里排起了长队。哲学系92级63名同学都参加了验血。外文系的小张身材矮小，体重刚刚超过献血标准，他乐呵呵地说："年轻人献点血没啥，谁没个需要血的时候，献血是人道主义的表现。"9点左右，能容纳300人的休息厅内已坐满了即将献血的学生。工业经济系的研究生黄伟同学这段时间的功课特别紧张，但他毫不犹豫地来献血，他说："我是党员，应起模范带头作用，尽管作业重、论文时间紧，也得来献血。"仅这一天，人大就有415名学生献血。

'95中日学生联合登山活动

1995年暑假，北京大学“山鹰社”与日本福冈大学“山岳会”联合向青藏高原的高达7206米的宁金杭沙峰发起冲击，经过近一个月的团结拼搏，战胜了冰川横布和滚石雪崩频繁的卡若拉南侧路线，将象征着中日友谊的队旗插上顶峰，取得了中日两国民间登山团体首次合作的成功，促进了双方思想与技术的交流，加深了两国青年的友谊。10月12日下午，在北京大学举行了登山成功的庆功大会，北大副校长李安模高度赞扬了这次联合登山活动，号召全体北大人要像登山队员那样在困境中求生存、求发展、求胜利的精神。北大的目标是不断征服世界上所有的“高峰”。据悉，北大“山鹰社”的勇敢者们已经征服了5座7000米以上的高峰。

上海高校的热门书——《邓小平文选》第三卷 截至1994年4月，上海高校有50%以上的学生读过《邓小平文选》第三卷，其中20%的学生作了系统、认真的学习。上海交大20123班的学生自费购买了《邓小平文选》，他们在通读原著的基础上举行学习报告会，引发了全校学生学习《邓小平文选》的热情。上海工业大学的500多个党章学习小组近1600名学生自发学习《邓小平文选》，还主动书写心得体会。其中计算机系收到学习心得300多篇。上海高校的大学生们通过学习《邓小平文选》，使他们的理论修养有了提高、精神风貌也有很大变化，其中要求入党的学生人数明显上升，在上海工业大学有4000多名大学生在学习《邓小平文选》后写了入党申请书。

福建高校的“文明居室”活动

福建省高校近年来每年都举办“文明居室”评选活动，大大减少了校舍的脏、乱、差，与此同时，各种精彩门饰成为学生们装点宿舍、美化居室、文明环境的一招。这些写的、画的、剪的、拼贴的门饰，改变了昔日单调的油漆门，也成为反映学生情操与智慧的“窗口”：一艘扬帆的航船，似乎在倾诉他们的志愿；一幅群雁朝阳图，表达了积极进取的精神；一幅对弈图，仿佛告诉这是棋迷之家……美丽、典雅、别致的门饰，把学生四年的“家”装扮得十分精神，更是由于赋予了现代化的内容，所以就像一股文明的清风吹进了学生们的心灵。福州大学团委书记认为：门饰文化展示了大学生的精神风貌，只要加强引导，有利于发挥同学们的创造力，增进宿舍间的团结，培养良好的情操。

中南工大半数学生要求入党

中南工业大学党委注重在学生中培养发展新党员，现有3000名入党积极分子通过党校培训已结业。中南工大共有学生8000多名，学校从新生入校起，就不失时机地通过多种形式加以引导，以马克思主义理论课和思想政治教育课为思想政治教育的主阵地、主渠道。在课余，各系党总支和团支部选派一批团员青年进入校团委举办的“青年共产主义大学”。从1993年以来，青年共产主义大学已连续举办8期培训班，学员达5000多人。学生还自发成立500多个马列学习小组。学校组织一系列专题讲座，请教师和学生中的优秀党员讲体会，请革命先烈的亲属讲先烈们对党的执著追求。全校各级团组织还积极向党组织进行入党积极分子“推优工作”，对重点发展对象送到校党校进一步深造。据统计，截至1995年上学期中南工大在校的3800名向党组织递交了入党申请书的学生中，854名学生已光荣入党；近几年，每年都有占在校学生人数10%左右的学生光荣加入党组织。

18尊伟人铜像矗立中山大学

广州中山大学爱国主义教育三大工程于1994年10月22日落成。这些工程分别为孙中山纪念馆新馆、黄遵宪画馆和近代中国18位先贤铜像广场。应中山大学校长曾汉民和三大工程捐建者南源永芳集团公司董事长姚美良的邀请，300多名嘉宾出席落成盛典。正在“永芳堂”出席“孙中山与近代中国第二次国际学术研讨会”的海内外学者也一同致贺。纪念馆与书画馆均列于近代中国研究中心，其外矗立的18尊铜像所塑造的人物是：林则徐、魏源、洪秀全、容闳、冯子材、邓世昌、黄遵宪、康有为、梁启超、严复、谭嗣同、孙中山、黄兴、章炳麟、秋瑾、蔡元培、詹天佑、张謇。专家们指出：这18位先贤是近代中国影响最大的人物，在同一地点树立他们的铜像是个创举，必将对今人和子孙后代产生深远影响。

南昌大学开展“三学”活动

江西南昌大学在全校学生中开展“学习邓小平理论，坚持社会主义方向；学习英雄品质，培养集体主义情操；学习优良民族传统，弘扬爱国主义精神”的“三学”活动，使学风校风建设和学生的精神风貌有了明显的改善。信息系90级学生唐英是一位聋哑残疾人，他以惊人的毅力，克服了常人无法想象的困难，连续四年获甲等奖学金、多次获“三好学生”、“优秀团员”称号，1993年光荣加入了中国共产党。他在学校组织的大会介绍了自己的经历与事迹，台下许多同学都感动得热泪满面。南昌大学的“三学”活动还注意了形式多样、生动活泼：组织学习《邓小平文选》第三卷；要求入党的积极分子参加党校培训；形势与政策课；各具特色的经验体会交流、知识竞赛；组织同学参观重点工程和重大建设成果。各种形式的学习活动和活生生的现实使学生进一步增强了对建设有中国特色社会主义理论的认识。校方还广泛收集历史资料，发掘教育资源，建设反映江西文化名人为主的“文化长廊”。中文系、物理系师生还联合举办“学习江西文化名人，弘扬中华民族精神”的座谈会和“赣文化传统”座谈会，使爱国主义教育融入其中。

西安建筑科大流行新“三热”

西安建筑科大校园里流行新的“三热”：学马列热、课外科研热和选修课热。该校学生学马列热开始于1989年，是同学们自发组织起来的。这支队伍越来越壮大，到1994年5月，经常性学马列小组的人数已达2200多人。校党委积极引导，成立了业余党校和50多个党课学习小组，238人参加了业余党校的培训，1068名学生参加了党课学习小组，1167人递交了入党申请书。学马列热进一步坚定了同学们走社会主义道路的信念，极大地鼓舞了同学们的爱国、爱校的热情。在整修黄帝陵工程中，他们发挥了特长，参与设计，并率先在陕西省掀起宣传热潮；学校里的一条马路年久失修，他们利用业余时间奋战8个月，修成了一条新路。学马列热也极大地调动了同学们的学习积极性，全校学生的晚自习率保持在80%以上，很多马列学习小组成员的学习成绩在班里是名列前茅的。近年来，该校的课外科研活动再次形成热潮，高年级大部分学生参与课外科技活动。1994年4月6日学校对20多名学生分别颁发了论文奖、设计奖和成果奖。选修课热是适应社会主义市场经济体制和新的就业分配方法出现的。几乎所有在校学生都选修了一门或几门课程。在学校组织的计算机等级考试中，参赛的及格率达70%以上。新“三热”使西安建筑科技大学的学生能在学校期间就形成良好的素质和较强的工作能力，毕业生普遍受到用人单位的欢迎。

哈尔滨建筑大学的助学基金会活动 哈尔滨建筑大学的助学基金会始于1994年4月，由管理工程系总支副书记、系副主任李仁福老师倡导，并由几名学生党员和非党积极分子自发成立了“管理工程系助学基金会”，凑集700余元作为基金会的启动资金。他们本着自己救自己和利用勤工集资的原则，在校内他们为实验室翻译外文，誊写书稿，砸夯混凝土，维修桌椅、清扫教室楼道厕所，挖坑植树，同时还成立了信息中介服务部、洗衣部、维修部等；在校外承揽了呼兰县几个城镇的工业小区规划及哈尔滨几个建筑设计部门的部分图纸设计，帮助某房地产公司进行地基勘探和测量等。经过基金会成员的共同努力，助学基金会很快发展壮大起来，不到半年，发展成为具有完善组织机构的校助学基金会，有固定成员32人，非固定成员(青年志愿者)百余人，已资助特困大学生36人，同时还积累资金4500余元。助学基金会的宗旨是用勤工俭学所得扶持那些特困大学生顺利完成学业。这一活动的开展也得到了全校师生的支持，一位副校长捐了546元讲课费，并嘱咐不要在任何场合以任何形式宣传他；管理系的朱久昌同学也捐出了刚刚拿到的70元奖学金；还有许多只留下钱而未留下姓名的老师和同学。学校领导和有关部门给予了大力支持和协助，校属企业、校办工厂与校助学基金会直接挂钩，而劳动报酬略高于普通职工；行政科把门前扫雪每次500元和楼道清扫每月每层350元等卫生打扫工作都交给了助学基金会。助学基金会还于1994年12月推出了“N+1”助学活动，即由若干个人(包括校内师生员工、社会企业团体或个人)每月固定资助一名特困生，负担其全部或部分生活费。通过助学基金会的一系列活动，有些特困生的自卑压力和精神束缚有所解脱，大部分特困生能协助基金会做工作。

首都15所中学接纳老区学生 1995年4月30日，北京市教育局、北京圆明园学院和北京15所中学的负责人，在人民大会堂签订《关于为14个省的15个革命老区义务培养60名家境贫寒的学生的协议》。协议规定：北京圆明园学院是60名老区学生的总监护人，并为他们每人每年提供2000元学习和生活费用；北京市教育局将每校4名老区学生纳入各校高中招生计划；北京15所中学免收这些学生的学费和住宿费。这些学生高中毕业后将回原籍参加高考，如升入高校学习，毕业后必须回老区工作。接纳这些学生的北京市著名中学是：四中、八中、实验中学、师大二附中、人大附中、清华附中、一〇一中学、景山中学、五中、二中、师大一附中、十五中、九中、汇文中学。

京津20所学校倡议为农村同学捐建“希望书库” 1995年7月20日，北京市东城区10所中学和天津市和平区10所小学的学生代表汇聚在北京中国儿童少年活动中心，共同发出开展“希望书库”1(校)+1(校)共同成长活动的倡议，动员全国大中城市中小学生为贫困地区学校捐建“希望书库”，让农村同学也拥有书籍，汲取知识，开拓视野，成长成才。“希望书库”是中国青少年发展基金会在1995年推出的文化扶贫项目，是希望工程的组成部分，通过社会集资、印制每套包括500册优秀图书的大型丛书，为农村中小学配置小型图书馆，以帮助解决广大农村学校学生极其缺乏课外书籍的困难。这一项目从3月实施以来、社会反响强烈，团体、个人捐款踊跃，国内120余家出版社予以积极支持，要在年内完成1万套“希望书库”的印制计划，捐赠给1万所农村学校。京津两地的中小学十分关注这一活动。北京二中、五中等10所中学，天津中心小学、实验小学等10所小学联合行动，集资6万元，捐建20套“希望书库”。这20所城市学校向20所农村学校捐建的书库，将分别以各个城市学校的名称命名，这些学校还将同各自的受赠学校结成1+1姊妹学校，开展长期广泛的教学交流与联谊活动。

北京、沂蒙山区中小学生“手拉手”互助活动 北京、沂蒙山区中小学“共有一个太阳”手拉手活动是由团中央少工委、国内贸易部主办，无锡小天鹅股分有限公司独家赞助的活动。它旨在让北京的孩子到沂蒙山区去，让沂蒙山区的孩子到北京来，达到沟通城乡孩子间的相互了解的目的。1994年5、6月间北京英才中学的29名学生乘车来到沂蒙山区的山东费县芍药山乡，从北京来的学生对芍药山乡的一切都充满了好奇心。但是，当孩子们去参观芍药中学时，发现学校的设施很简陋，图书馆里只有一张旧桌子、两个书柜。学生的生活也非常艰苦，而学生的学习都非常勤奋，每天早上5点就起床，一天上12节课。英才中学的学生对此感到住在首都的幸福环境中，更应奋发向上，并有责任帮助贫困山村的同学们。芍药中学的学生到北京参观英才中学和美丽的首都，使他们开阔了视野，增长了知识，他们了解到外面的世界很精彩，大大激发了他们努力学习，将来改造自己家乡的迫切愿望。心与心的交流，手拉手的友谊，不同环境的孩子们已经建立起了纯真的感情。

天津苏州道小学开展“雏鹰行动” 天津河西区苏州道小学的领导和教师们，基于对培养21世纪所需要的新型人才的思索，决定在本校五年级100多名学生中进行一次名为“雏鹰行动”的社会实践活动。活动的重点放在培养学生的吃苦耐劳精神和自主能力上，为此他们设计了“在农村小学上课”、“负重远足”、“学烧水做饭”、“吃饼子咸菜”、“喂鸡鸭放羊”、“认田间作物”、“交农村伙伴”等小主题活动。1994年春季的一天，由学校老师带领乘坐“大巴”到河北省肃宁县付佐乡进行为期三天的农村锻炼，这些城里的娃娃们几乎是第一次真正明白了，除了上课和写作业外，还有许多事也应该由自己做，并且也能够自己做。清晨，他们和小房东一样，早早起床，叠好被褥、扫院拾柴、帮大人烧火做饭；吃过早饭，像农家孩子一样，三五成群，走这曲曲弯弯、坑洼不平的乡间土路，到简陋的农村小学去上课；两节课后，背上2—6公斤的“行囊”，走7—13公里的路程“负重远足”；中午、晚上放学回“家”，一撂下书包，又得咬着牙关，学做农家活：拉风箱、填柴火、烧火坑、捡鸡蛋鸭蛋。尽管村民们像当年迎接八路军那样，拿出自认为是最好吃的东西招待他们，尽心竭力地照顾他们，但孩子们还是明显地感到了城乡生活的差异。在老师的鼓励下，他们付出了最大的努力去适应、去锻炼。难忘的三天很快地过去了，但留给孩子们的感受却难以忘怀。五年级四班一个学生在他的体会稿中写到：“自从这次磨练教育后，我觉得我比以前长大了。我从来没见过那一望无际的麦田，从来没感到那么心旷神怡，从来没吃过小葱蘸酱，从来没喂过猪、没放过羊……在这次活动之前，我的被子由奶奶叠、早点由爷爷做、碗筷由妈妈刷、衣服让老姑洗，只要饭菜不合口味就不吃，一定让妈妈重做。自打农村回来后，我自己的事情自己做，吃东西再也不挑剔了。曾经对这次行动产生不理解甚至误解的家长们，从孩子身上发生的变化，也纷纷写信给学校，感谢学校给自己孩子创造了一次难得的教育和锻炼的机会。

香港与深圳小朋友开展“手拉手”活动 1995年4月9日是星期天，上午九时许，香港沙头角中心小学的同学们在校长吕东明的带领下，步行来到深圳沙头角东和小学，同这里的小朋友进行“手拉手共创明天”的联谊活动。孩子们都自制了漂亮的“交友卡”。深圳东和小学的钟雯和香港沙头角中心小学的沈慧斯结成了一对“手拉手”的好朋友。这两个六年级的女孩子在各自的卡上填写了自己和对方的姓名、爱好、理想、最敬佩的人和喜欢的名言等。钟雯想成为一名设计师或舞蹈老师；慧斯想当教师。勤能补拙是良训，一分辛苦一分才和一分耕耘一分收获分别是她们的座佑铭——不仅仅语言而且她们的心灵也是相通的。这次联谊活动有25位小朋友和5对老师，高兴地结成了“手拉手”好朋友。

石家庄城乡学生的赠书交友活动 1993年下半年，河北石家庄市委向全市中小学倡导开展向乡下中小学生“赠书交友”活动。全市中小学校立即开展了“赠一本书、写一封信、交一个朋友”的活动，这是一次奉献爱的比赛。石家庄23中的雷明同学在交友信中写道：山区的朋友们，当得知你们经济困难无钱买书、甚至有人连课本费和学杂费都交不起时，我心里非常难过。同样生活在社会主义大家庭里，我们有责任和义务帮助你们，使你们分享到我们一样的幸福和欢乐，咱们永远是好朋友。赞皇县王家坪小学六年级学生刘彦峰在收到石家庄市一个叫陶彦辉的大哥哥寄来的信、书籍和文具后，心里十分高兴，学习成绩由后进一下子就跃入了前几名。石家庄市24中初一学生郭勇一次就赠书207本；实验小学的曾江把自己爱不释手的一套《十万个为什么》连同148本读物送给了乡里的朋友们。这次“赠书交友”活动，以生动的事实教育了孩子，牵动了城乡的老师、家长，在社会上引起了强烈的反响，其社会效应远远超出了原来的意料。

5. 军营文化活动

全军开展学习雷锋、苏宁、徐洪刚活动取得成效 1994年起，全军各部队大力开展学习雷锋、苏宁、徐洪刚活动，在学习中突出加强思想政治建设这个主题，努力促进部队全面建设。针对发展社会主义市场经济条件下官兵出现的现实思想问题，许多单位把学习活动同革命人生观教育、爱国主义教育、革命传统教育和改革开放形势教育结合起来，引导官兵认清奉献的社会价值，牢记我军宗旨和使命，像雷锋那样全心全意为人民服务，像苏宁那样想现代化、钻现代化、干现代化，像徐洪刚那样做人民的忠诚卫士。各部队还从青年官兵健康成长的实际需要出发，着力帮助他们培养良好的行为规范和高尚的道德情操，自觉抵制个人主义、拜金主义和腐朽生活方式侵蚀。尤其是徐洪刚的英雄事迹宣传后，全军上下迅速掀起学习徐洪刚的热潮，涌现出大批见难相助、见义勇为的先进个人，密切了军政军民关系，促进了社会的团结、稳定、进步。各部队把“三学”活动贯彻落实到《军队基层建设纲要》、开展“双争”(争创先进连队、争当优秀士兵)活动中。广大基层官兵根据所担负的任务，纷纷开展“学英模、练精兵”、“军事技能比武”、“军事技术革新”、“争当突击手”等争先创优活动，认真做好本职工作。1994年全军涌现出万余个先进基层单位和36万名优秀士兵，其中被各大单位树为标兵个人有40名，受到表彰的先进集体和先进个人307个。官兵们在“三学”活动中自觉履行我军全心全意为人民服务的宗旨，积极传播社会主义新风。全军数以万计的学雷锋小组长年活跃在乡村、车站、码头、工厂、学校、街道，广大基层单位同驻地5.5万多个困难户建立了定点包产服务联系。广大官兵积极支持希望工程，到1995年2月，已向希望工程捐款2000多万元，支援近千所小学校的建设，还有大批干部、职工、家属和离退休老同志参加了“1+1”助学活动，全军官兵积极投入到改革开放的大潮中，支援和参加了200多项国家重点工程建设。

全军深入开展“四个教育”

1994年年底中央军委扩大会议部署开展爱国奉献、革命人生观、尊干爱兵、艰苦奋斗四个教育，得到了全军指战员的热烈响应。军委和三总部领导多次深入沿海、内地、特区等不同类型的部队调查研究，对加强部队思想政治建设、搞好“四个教育”进行具体深入的指导，使“四个教育”成为近年来规模大、影响深远的一次思想教育活动。各部队坚持“四个教育”以领导干部和领导机关为重点，认真贯彻整风精神，把思想教育同加强党的建设紧密结合起来，着重解决“为谁当官，如何用权”的问题，进一步增强了党组织的战斗力、凝聚力。三总部机关和各大单位机关向形式主义、文牍主义、官僚主义开刀，大兴求真务实之风。1995年，总部机关和济南、兰州、沈阳、成都等军区都有大批领导干部和机关干部深入基层抓落实。在对基层官兵开展“四个教育”的过程中，各部队着重解决青年干部战士在成长中遇到的思想问题，引导官兵进一步懂得立身做人的基本道理，在军营形成了健康向上的思想氛围。通过学理论、学传统、学先进、辨是非、树正气，特别是结合纪念抗日战争胜利50周年，各部队广泛开展各种形式的爱国奉献教育，使艰苦奋斗、大公无私、讲理想、讲大局、讲奉献成为广大官兵的思想主流。“四个教育”活动使广大官兵精神面貌发生了可喜变化，促进了部队的全面建设。

全军文艺团体送歌送舞到基层

为了丰富基层部队文化生活，给部队提供健康向上的精神食粮，全军专业文艺团体自1995年初纷纷上海岛、到边防，为干部战士送歌送舞。总政歌舞团、总政歌剧团、总政话剧团、军乐团以及济南、广州、北京、沈阳军区的话剧团在完成纪念抗战胜利系列演出任务的同时，以最强的演员阵容将最好的节目送到部队。他们战胜各种困难，把许多以前认为只能在大剧院演出的节目送到边防哨所，使部队官兵深受教育和鼓舞。各专业文艺团体在为部队演出的过程中，还组织小分队深入基层连队进行辅导，开展文艺知识讲座，培训连队教歌员，教唱歌曲，传授锣鼓演奏技巧，办板报，进行文艺表演，收到很好效果。到1995年8月初，全军专业文艺团体已为部队和驻地观众演出1096场次，观众达98.7万人次。组织辅导小组117个，参加辅导人员达450多人，共培训教歌员、曲艺等文艺骨干近6700人，帮助编排晚会50多台。

全军医德医风建设成绩卓著

近年来全军医疗卫生单位深入开展以“白求恩杯”竞赛为主要内容的优质服务活动，在医德医风建设方面取得了很大成绩，服务质量和水平有了显著进步。近3年来全军医疗系统先后涌现出241个先进单位和4075名先进个人，各医疗单位先后与上千个部队基层单位建立了帮带关系，派出医疗队7000多批次，为基层部队官兵查体治疗29万余人次，深受部队欢迎。在总后勤部召开的全军各大单位卫生部门和驻京部队医院进一步加强医德医风建设和纠正行业不正之风的会议上，提出了今后全军医疗卫生单位医德医风建设的新目标，患者对医院医疗质量的信任度达到95%以上，患者对医务人员的技术水平和服务态度满意度达到90%以上，行业不正之风问题的结案率达到90%以上，坚决杜绝收受、索要“红包”和私分私收“回扣”现象，对医德医风和行业作风问题严重的单位，要列入不合格医院，并追究领导责任。

海军坚持爱舰爱岛爱海洋教育

1953年2月，毛泽东主席乘军舰首次视察舰艇部队，亲切勉励水兵们要“爱舰爱岛爱海洋”。从此，“三爱”便成为海军官兵实践爱国主义、献身海军事业的崇高精神，成为海军部队多年来思想政治教育的重要内容。每当海军成立日(海军成立于1949年4月23日)，新战士登舰上岛、新学员毕业分配以及战舰启锚远航等时刻，部队都要开展各种形式的“三爱”教育。适应海军现代化的发展，“三爱”教育的内容不断丰富：一是注重教育官兵树立强烈的海洋国土意识和现代海防观念，帮助官兵了解我国有哪些海洋国土、海洋资源、海洋权益和海洋事业，懂得它们对于国家发展与安全的极端重要性，激发官兵热爱海洋、献身海军的豪情壮志。二是组织部队直接参与地方重点工程建设，为维护祖国海洋环境的和平与安宁、保卫改革开放多作贡献。三是随着技术装备的逐步改进，在“爱舰”教育中更加强调精心爱护现代化装备，宣扬一批典型。四是要求大家在捍卫祖国海洋权益斗争中，大力弘扬南沙精神，组织南沙英雄报告团在部队内外作了上百场报告。“三爱”教育铸就“海军之魂”，激励了一代又一代海军官兵心系战舰、扎根海岛、驰骋海洋，为保卫祖国领海主权与安全、捍卫祖国海洋权益建功立业。据《解放军报》1994年4月27日报道，45年来，先后有“海空雄鹰团”、“海上猛虎艇”、“爱国爱岛天涯哨兵”中建岛守备队和“献身海军事业的模范干部”张达伍、“热爱海岛的模范战士”蔡德咏、“无私无畏的潜水尖兵”朱其华等45个英雄群体和模范个人，被中央军委、国防部和海军授予荣誉称号。还有5000余名在基层岗位服役30年以上的“老舰艇”、“老海岛”，常年与风浪为伴，作出了默默无闻的奉献。他们的业绩与精神，将永远与大海同在。

东北三军奋勇抗洪谱写新的爱民曲　1994年6月28日起，东北大部分地区集中降雨，洪水泛滥成灾，人民群众生命财产遭受严重损失。驻东北三省的陆海空部队和民兵预备役部队，在沈阳军区的统一指挥下，先后出动2万多人和数百台（架）次的车辆、飞机、舟艇，迅速投入抗洪救灾。7月12日，某集团军闻知阿城险情发生，部队领导迅速带领8000多人，50多台车辆，于凌晨5时出发，赶赴抗洪第一线。7月13日，辽西地区发生特大洪水后，各部队通过铁路输送和摩托化行进，迅速到达4个受灾地区，展开救援、护坝、抢险、疏散、医疗等工作，民兵预备役部队也迅速赶赴现场。大凌河水淹没了辽河油田，某师1700多名官兵与油田职工一起奋勇抗洪，确保了油田的安全。在阿城地区抗洪的某师工兵营官兵，在滔滔洪水中驾驶冲锋舟和橡皮艇奋战18个小时，把围困在树上和屋顶上长达9个小时的1200多名群众救到安全地带。在阿城二轮山水库抢险的某团官兵，42个小时只吃了一顿饭，用身躯组成人墙，堵住堤坝决口。在辽西抢险的某炮兵旅，冒雨开进，连续奋战两天两夜，从洪水中抢救遇险群众160人，转移群众2000人。辽西小凌河突发洪水，某团官兵两夜开进30多公里，奋战抢险11个小时，加固加高堤坝1000多延长米，使锦州市转危为安。仅到7月18日，东北三军就从洪水中救出遇险群众近2000人，转移被困群众8万余人，抢运粮、盐等3万多吨，运土石6.8万多立方米，修补水毁大堤近2000米，谱写出了一曲奋勇抗洪的爱民新曲。

一批学雷锋标兵走上领导岗位　近几年，走上我军各级领导岗位的学雷锋标兵越来越多。学习雷锋的光荣标兵朱伯儒，已担任广州军区空军副政委。国防科工委某基地司令员李凤洲少将，也曾是著名的学雷锋标兵。这些学雷锋标兵走上领导岗位，推动了部队学雷锋活动的深入发展。他们普遍做到了“我向雷锋看齐，大家向我看齐”、“台上讲雷锋、台下做雷锋”。他们继续保持当标兵时的好传统，为官兵们学雷锋树立了良好的榜样。被誉为“雷锋团长”的海军某团原团长刘德全，任某基地后勤部副部长后，仍然走到哪里把雷锋精神带到哪里。沈阳军区某师党委7名党委人人是学雷锋标兵，全师官兵学雷锋热潮经久不衰。这些走上领导岗位的学雷锋标兵们，很注意在实际工作中学习领导艺术，提高领导水平，使自己的工作能力与本职工作相适应。他们不仅是默默奉献的“老黄牛”，而且是有开拓精神的“千里马”。1991年被中央军委授予“学雷锋模范”的广州军区某部原协理员赵燕清，任师政治部副主任后，在新的岗位上，不断研究部队思想政治工作中出现的新情况、新问题，摸索出一系列做好新时期政治思想工作的新经验。总后军需装备研究所副所长、全军表彰的学雷锋先进个人周国泰，经常用雷锋精神教育所属人员，仅1993年，全所就为国家创利2000多万元，先后获国家科技进步奖一项，军队科技进步奖二项。他还被评为全国十大科技实业家。

徐洪刚张海迪共话人生　身残志坚的张海迪在轮椅上创造了有价值的人生，“见义勇为的英雄战士”徐洪刚用青春热血浇灌出人生的辉煌。1994年2月16日下午，两位青年楷模在济南某通信总站女兵八连驻地亲切会面。徐洪刚将一束鲜花献给女兵八连名誉指导员张海迪，张海迪则回赠给徐洪刚一艘自制的双桅帆船。徐洪刚紧紧握住张海迪的手说：“海迪姐，小时我就看了很多遍您的事迹，读过许多您写的书和文章，深为您那崇高的追求和自强不息的精神所感动。”张海迪眼里噙满泪花，动情地说：“这些天，每当从报纸上、电视里看到你的事迹，我心里都受到强烈的震撼。特别是看到你躺在手术台上的样子，我怎么也止不住眼里的泪水。相信每一个有良知的人都会从你的行为中受到教育，也都会思考这样一个问题：我遇到这种情况怎么办？人怎样活着才有价值？无私才能无畏，奉献才有价值。”在场的女兵八连连长金亚英、指导员毕海燕问：“在当前这‘潮’那‘热’的情况下，如何帮助青年战士树立正确的人生观？”徐洪刚联系自己的成长经历，说：“作为青年战士，就应该把心灵之窗向阳光敞开，自觉地吮吸科学理论和革命传统的雨露，不断净化自己的灵魂，点燃人生的火炬，使追求得到扶正与升华。”张海迪接过话茬说：“有些青年人为什么在社会转轨时期没有‘主心骨’，有的还陷入思想误区，最根本的就在于不愿承纳党的阳光雨露沐浴。老红军的传统就犹如‘生命乳汁’，哺育着一代又一代青年军人健康成长。”徐洪刚最后说：“荣誉是奖赏，更是起点。我们青年人的人生之路每一步都应该走得踏踏实实，都应有新的创造和贡献。”

雷锋生前所在团与全国470多个单位开展共建共学活动 1990年到1994年初，雷锋生前所在团与全国28个省、直辖市、自治区的476个单位建立了共建共学关系，通过走出去作报告、书信辅导交流、寄录音录像带、参观雷锋纪念馆(室)等多种形式，广泛传播雷锋精神。四年中，他们共作雷锋事迹报告580余场，走遍除西藏、台湾外的各省市区，行程40余万公里，写学雷锋辅导信2万余封，寄录音录像带数十盘，直接受教育者达1000多万人次。这些“共建共学”协议单位，全被评为县(区)以上的精神文明先进集体。抚顺市石油二厂与该团结成“共建共学”对子后，坚持用雷锋精神建厂育人，厂风正、效益好，连年为国家上缴利润9亿余元，多次被省市评为精神文明先进单位。雷锋先前所在团官兵在积极传播雷锋精神的同时，更注重坚持不懈地带头学雷锋，先后被沈阳军区树为“学习雷锋标兵团”，被评为全国“开展学雷锋先进单位”，并荣立集体二等功。

武警“沙头角模范中队”风范耀特区 武警广东边防总队驻深圳沙头角十三中队曾被武警部队命名为“沙头角模范中队”荣誉称号，他们是霓虹灯下的新哨兵。在隆重举行命名10周年纪念大会上，深圳市市长厉有为挥毫题词：“壮士难移节，青松不改柯”，表达深圳市120多万人民对十三中队官兵的敬意。十三中队在深圳沙头角中英街我方一侧担任边防执勤任务。他们坚持用我党我军的优良传统教育人，坚持开展与“南京路上好八连”对口学习的活动，“霓虹灯下的哨兵”的风范耀特区。官兵们不抽烟、不喝酒、不乱花钱、不看格调低下的刊物、不穿非部队发的服装。十三中队官兵近年来先后给灾区、希望工程等捐款1万元，拾金不昧达人民币170多万元。官兵们以维护社会稳定为己任，在与违法犯罪分子作斗争中英勇机智，自1994年以来共抓获各类刑事犯罪分子18宗25人次，有效地维护了辖区的社会稳定。10多年来，十三中队曾3次被授予荣誉称号，先后荣立集体一等功一次，集体二等功二次，集体三等功16次，30多次被总队以上单位评为先进单位。

某雷达站设义务“为民服务茶水站” 长年驻守风雪高原的成都军区空军某雷达站官兵，连续5年在川藏公路旁设立义务“为民服务茶水站”，这个雷达站驻守在海拔4000多米的高山上，营区离川藏公路仅100多米，这里人烟稀少，过往群众很难喝上一口水，针对这种情况，雷达站党支部决定设立“为民服务茶水站”，并把这件事作为拥政爱民和促进雷达站自身建设的大事来抓。1990年3月，茶水站在川藏公路旁正式开始服务，官兵们每天从6公里外的山沟里挑来一桶桶水，烧开后沏上茶，义务送给过往群众喝，雷达站多次被驻地甘孜藏族自治州评为“拥政爱民模范单位”，1993年被军区空军评为传播精神文明标兵连队，荣立集体二等功。

湖南省军区“扶贫大使”常驻桑植县 地处湘西山区的桑植县，居住着汉、土、苗、白等19个民族，是当年贺龙两把菜刀闹革命的地方。由于自然条件艰苦，这里经济发展一直缓慢，是全国有名的特困县。从1988年起，湖南省军区机关先后派选7名校官赴桑植长年蹲点，组织民兵和具体负责协调驻军部队在这里开展扶贫攻坚，一年一轮换。校官们在这里与老区人民同吃同住同奋斗，不仅帮老区人民搞一些硬件项目，还帮助老区人民解放思想，更新观念。到1995年，桑植县在子弟兵的助民扶贫下，已硕果累累：乡镇企业从无到有，收入可观；兴建了湘西最好的乡级中心小学，适龄儿童都已入学；几百年前踏出的山间马帮小道改修成柏油路；土家、苗家人从昔日栖身的茅棚、山洞迁入了新瓦房；世世代代熬油点灯打松明火把的山村，亮起了电灯，电视机也不再稀奇；部队援建的乡医院、水灌站，缓解了山区少数民族群众看病难、饮水难……当地群众感谢人民子弟兵，亲切地称蹲点校官为“扶贫大使”。

深圳特区好六连永葆纯洁军魂 驻守在深圳市中心的广州军区某通信总站六连官兵，积极汲取现代文明的精髓，努力提高官兵素质，始终保持我军政治本色，在改革开放的热土上，铸造了当代军人的瑰丽军魂，成为经受改革开放考验的一面鲜艳旗帜。面对特区的灯红酒绿，六连官兵始终保持军人草绿色的纯洁，营造军营特有的“绿色之洲”。然而，在军营内，他们同样有着精彩的世界：卡拉OK、健身房、桌球室、乐器室、游戏机室……琴棋书画都有场所，吹拉弹唱皆能施展。他们还有一支颇有影响的文艺演唱组，兵写兵，兵演兵，多次在联欢会中尽显风采。他们以训练值勤、一日生活为题材，采用现代舞蹈手法创作编排的军营迪斯科，把军人的阳刚之气、力量之美表现得淋漓尽致，倾倒众多观众。六连官兵知道，军人在执行纪律方面，不能有丝毫特殊，必须用更高标准要求。他们不参与经商，不给走私活动开绿灯，一言一行以军纪为标准。为了抵御腐朽思想的影响，官兵们把艰苦奋斗作为立身做人成就事业之本。他们收集废品卖钱购置文娱器材，修旧利废改装汽车，既创造了财富，又陶冶了思想。从特区的发展，他们看到了人才的重要。连队开办了电工、写作、书画、英语、电脑、经济管理等培训班，建起了图书馆。他们立足本职岗位，苦练技术。连队有8项通信专业，技术要求高，难度大。为了练出接转电话“一次通”、技术指标"一口清"和排除故障手到病除的硬功夫，大家比着劲搞训练。到 1995 年 6 月，连队涌现了 80 多名技术能手，60 多名优秀话务员、值机员，在各级专业比武中有 30 多人夺得名次。连队的训练值勤多次在军区和总站检查评比中名列前茅。同时，连队有 8 人考上军校，8 人拿到函授大专文凭，31 人获得单科结业证书，42 人退伍后被地方有关部门录用。六连的业绩在深圳和全国引起强烈反响，连队代表受到江泽民主席的接见，刘华清为连队题词，广州军区授予他们"深圳特区好六连"荣誉称号。

英雄八连用过硬作风建设过硬连队 兰州军区某团"英雄八连"，几十年来转战南北，驻防环境在变，执行任务在变，但培养摔打连队优良作风始终没有变。他们针对不同时期、不同环境下部队所担负任务的不同，在作风培养上不断赋予新的内容。他们把点滴养成与强度摔打相结合，坚持大处着眼，小处入手，把练技术战术与练思想作风结合起来，培养部队令行禁止、不畏艰险、勇猛顽强的作风，使过硬的作风转化为战斗力。在培养中，言传身教，做到既求真又务实。1994 年 6 月，该队在六盘山下进行国防光缆施工。一天中午刚下工地，驻地 312 国道突然滑坡，交通中断。部队接到抢险命令后，1 分钟集合完毕，不到 20 分钟就赶到现场，连续奋战 10 多个小时排除了路障。就在指战员们刚躺下休息时，约 500 米外的修建宝中铁路的铁道二局又突然失火，周围职工宿舍和原料仓库受到严重威胁。八连官兵迅速冲入火海，仅半个小时就扑灭了烈火。1995 年 9 月 28 日，在连队荣誉称号命名 30 周年之季，集团军、师、团领导下连考核，八连正在进行战术训练，军长突然命令以高强度、高难度、多课目、全员额、连续性考核的方式，在两个小时内，连续进行 35 公里越野等 4 个课目的检验，接受考核的 76 名官兵全部获得优秀。1995 年夏天，集团军爱国奉献事迹报告团首场报告在八连所在团进行。报告会在一个大礼堂进行，礼堂闷热难忍。台上的英雄事迹打动着台下的官兵；台下，八连官兵的良好形象也深深打动着台上做报告的成员。报告会进行了 3 个半小时，八连官兵始终双手放膝，目视台上，纹丝不动。整个连队就象一座群雕格外引人注目。报告结束后，报告团成员将一束由八连战士献给他们的鲜花，再献给英雄八连，说："你们才是真正的英雄，这鲜花应该献给英雄八连！"

6. 家庭文化活动

上海百万家庭投人"三学"活动 1994 年上海市的"学知识，学科学，学技术"的"三学"活动出现了向基层、班组、家庭全面渗透的大好形势。作为"三学"活动的"'阶梯杯'家庭英语知识大赛"、"'安乐杯'家庭百科知识竞赛"以及"家庭文化与家庭教育"等活动吸引了百万个家庭踊跃参加，其中年龄最大的 90 岁，最小的仅 8 岁。现在，家庭"三学"已经成为不少家庭生活的重要内容，并展示了上海市人民勤于学习、善于学习、学以致用的家庭新貌，促进家庭营造学习氛围，增加学习投资，不断提高家庭成员的思想、文化素质。同时，新闻单位也开展了"安乐杯"家庭爱"三学"好新闻竞赛，对热爱学习、学有成效的家庭进行了大力宣传。

上海双休日营造家庭文化氛围 上海市市民家庭自发形成的家庭文化活动已有 6 年，家庭文化节也举行了 4 届。上海人围绕着"温馨、多彩、勤俭、向上"的主题，探索着文明、健康、科学的生活方式，使家庭文化活动的样式不断出新，如家庭卡拉 OK 演唱赛、家庭运动会、烹调交流、组织交流休假日过法的征文活动等。据统计，最近一届家庭文化节共举办各类活动 506 场，闸北区各里弄的举办率达 88%。双休日制度的实行，促使家庭文化进一步深入开展。全市家庭文化节也从 10 月移到了 5 月的"国际家庭日"开幕。有些街道已开始双休日的家庭文化建设活动，把市民从爆满的旅游点分流，从耗神的麻将桌上引开，创造休闲生活的新境界。

北京人民重视家庭生活质量 1994 年初，北京市妇联等单位发起了一次别开生面的活动，即征集"'93 我家十大新闻"。短短几十天中，共收到北京市 1585 个家庭来函，共宣布 8251 条新闻。从这些新闻统计分析，现代北京家庭新闻的排行榜中，第一位是家庭生活环境和条件的明显改善，生活水平提高；第二位是家庭成员有了成就；第三位是家庭成员注意营造和睦氛围，追求家庭温馨；第四位是家庭追求多样化，业余生活充实丰富。征稿中几乎每个家庭都有一条涉及家庭文化生活的内容。"我家十大新闻"这一窗口，使人们触摸到了北京现代家庭生活的脉搏：在从温饱向小康转变的过程中，广大家庭在物质生活水平普遍提高的同时，家庭文化生活也日益丰富起来。现代家庭意识正在进入千家万户，家庭中的民主意识和平等观念在增强，家庭生活质量越来越受到都市人的重视。

天津"文化婚礼"成为新时尚 一种不摆酒席的"文化婚礼"正在天津兴起，成为青年人举行婚礼的新时尚。时下天津市部分青年在筹办自己终身大事时，厌烦了大吃大喝的做法，而为自己设计了既文雅又热闹的"文化婚礼"。举办"文化婚礼"只需准备一些饮料、糖果及一台卡拉 OK 伴唱机，由参加婚礼的来宾出些节目让新娘、新郎即兴表演，随后来宾们还可以自由出节目，为婚礼助兴。仅河东区，近期就有 45 对新人举行了这种“文化婚礼”,大多数为机关干部、教师及合资、独资企业员工。

遵化市两万家庭被评为“十星级文明家庭” 日前,河北省遵化市2万多家庭挂上了“十星级文明家庭”牌。“十星”有10项标准,即:爱党爱国、遵纪守法、计划生育、科技致富、重视文教、移风易俗、家庭和睦、勤俭持家、助人为乐、讲究卫生。每项用一个星表示,达到标准用红星显示,未达到标准用黄星告诫,每半年对各户进行一次评星挂牌。采用自己认星,群众评星,政府定星的办法,违反标准的随时变星。星级牌挂在每户的家门口,获得全红星的家庭最光荣。

泉城文化装饰居室 在泉城济南,文化正挺进家庭。许多家庭书刊数量大增,尤其是对有些刚刚组建家庭的青年来说,书不仅仅是用来读的,也可以用来装饰。把家庭布置得艺术一点,可以给人在劳作之余带来美的享受。济南的各种艺术挂毯、壁画、音乐首饰盒等饰品,美观实用、价格适中,受到一般工薪阶层的欢迎,成了许多新婚家庭的宠物。这些既有实用价值又可满足人们精神生活需要的情趣用品,随着市民生活水平和文化素质的提高,大量涌入居民家庭。家庭居室装饰文化热表明人民在物质生活水平提高之后,开始自己动手创造一个美好的文化生活环境。

温州100岁老人实现遗愿 浙江温州市区106岁的陈碎娇老人不久前逝世,她的后代遵照老人遗愿,将她的遗体火化并葬入雪山公墓。老人生于1890年(清光绪十五年),有后代160余人。这些年,温州市广泛开展敬老爱幼活动,使她充分享受到了生逢太平盛世的欢乐。当街道倡导移风易俗、殡葬改革时,这位在封建道德观下生活了几十年的老人当即表示,要听政府的话,并多次向儿孙们表达了身后火化的意愿。在百年华诞的那一年,她还要儿孙把亡夫的遗骨从墓中取出火化,并在雪山购买公墓安葬。老人弥留之际,一再交待遗体火化,丧事从简。

李毅耘家庭图书室启人心智 辽宁省海城市王石镇李毅耘家庭图书室开办了24年,已发展了万余名读者。1971年,下乡知青李毅耘目睹农民文化知识贫乏,便利用个人藏书办起了家庭图书室。24年来,无论家庭多么困难,工作如何繁忙,李毅耘的家庭图书室始终向读者敞开着大门。近几年,李毅耘的家庭图书室中科技图书的比重逐渐增大,已成为当地农民学科学、用科学、掌握信息的重要渠道和脱贫工程的阵地。到目前为止,已将百余户农民引上了致富之路。

天津评出60名“家庭劳动小能手” 1994年,天津从全市40余万儿童中选拔出来60名家庭劳动小能手。在这60名小能手中:有失去双臂后以顽强毅力学习,用脚、嘴、肩及头自理生活,在做简单家务的同时参加班里卫生值日和公益劳动的和平区保定道小学四年级学生刘涛;有既要帮患病母亲干农活、家务,还坚持三年照顾本村一位孤老的武清县大孟庄乡小班中心小学五年级学生张艳;还有蓟县贫困地区努力学习农业实用技术,为改变家乡贫穷落后面貌而奋斗的孩子们。

步德云“割发”教子 步德云是山东省邹城市太平镇西卫村人。为了供养子女上学,家里的日子紧巴巴的。一次,为了给长子交学费,步德云咬着牙剪下自己的大辫子。她对儿子说:“这条辫子卖不了几个钱,妈是想让你永远记住俺盼你成材的苦心。”这件事一直铭刻在孩子们的心里,激励着他们发愤学习。步德云发现幼子求知欲很强,往往新书一发下来,几个星期就“啃”完了。她和丈夫商量后,就一年级孩子买上两个年级的课本。就这样,小长春三年级就念完了小学课程。1987年跨进北京大学校门,现就读于研究生班。步德云的另两个孩子已相继大学毕业,走上教师、记者的工作岗位。

钱振娥“断炊”教女 钱振娥是山东邹城市尚河乡人。二十几年前丈夫不幸去世,撇给她的是一个半身不遂病卧在床的婆母和3个不懂事的女儿。沉重的家庭负担压得她喘不过气来,但她省吃俭用,把孩子一个个送进学校。1985年春,钱振娥挑水种花生不小心连人带桶从半山腰滚下来,身上十多处被碰破。三个女儿看到受伤的母亲仍在灶前为她们做饭,哭着跪在母亲面前,央求退学帮助母亲。钱振娥一边抽出正在锅底燃烧的柴火,一边对三个女儿说:“这饭煮了一半,底下没火能熟吗?”孩子们摇摇头,钱振娥又说:“一锅饭不熟瞎一顿,上学半途而废可要瞎一辈子呀!”就这样,她督促三个孩子从小学上到中学,年年领回三张“三好学生”奖状。如今她的大女儿已从东北师大毕业,二女儿正在大学深造,三女儿是邹城一中的高材生。

养鱼能手梁红艳的书籍嫁妆 1994年11月19日,是江苏省泗洪县刘庄村梁红艳新婚大喜的日子。全村的乡亲都来给她送行,并想看看这位远近闻名的养鱼能手的嫁妆有多大的排场。下午4时,迎亲的车来了,梁红艳的家人开始往车上抬嫁妆。几件普通的木制家具上车后,人们预料中的彩电、冰箱、洗衣机等高档电器一件都没有。正当人们惊讶之际,年近七旬的奶奶笑眯眯地走出来,她一边招呼大家帮忙将书箱装上车,一边高兴地告诉大家,梁红艳从小就爱看书,出嫁了说什么也要带走这些书。她不要家人买家电作嫁妆。她说带这些书到婆家,不用两年,就可靠知识挣到钱买回那些“电玩意”。

科技档案进农家 江西省乐安县湖坪乡竹园村农民王日新的

一架书橱上排放着20多捆鼓鼓囊囊的档案袋，袋里装着按年度、种类分开的一卷又一卷的科技档案。他自1983年引进了3个水稻良种进行对比实验，尝到甜头以后便坚持做这方面的记录。这些年他繁殖高产优质水稻良种4.9万公斤，经省种子部门鉴定，95%达到一级良种标准。这些良种大多销往全国10多个省的130多个县市。多年来，王日新总要把资料油印装订成册，分发到全村各家各户，让乡亲们按照他的高产栽培模式进行操作。近5年，全村水稻亩产大幅度增加，其他经济作物产量均有上升。乡亲们都说，王日新的科技档案为全村的增产增收立下了汗马功劳。如今，越来越多的乐安农民认识到建立农业科技档案的重要性，目前，全县已有500多户农民建立了家庭科技档案。

养猪大户熊金根兴办“助学屋” 江西省樟树市养猪大户熊金根看到学校不少学生一下课就往电子游戏室跑，有的甚至连课都不想上，心里又难过又着急。他一直琢磨怎样让学生收心，专心于学习。1994年3月，他说服妻子，拿出养猪的收益，一次购买了1000多册书刊，并腾出两间房子做藏书室和阅览室，办起了“助学屋”。学生只要凭学生证就可进入书屋看书或借书。5月他又在教育部门的协助下，购买了一批初中各科复习资料，供学生课外学习用。平时，来“助学屋”看书、借书的学生不少，到了暑假更是络绎不绝。有些人认为熊金根将自己的汗水钱买书供别人读不划算，但他却说：“我就是吃了没有文化的苦，后悔迟了。现在有些小伢子不懂事，不专心读书，办个小书屋能吸引他们，帮助他们学习，花再多的钱也值得。”

令人羡慕的丹青一家 1995年4月，在中国美术馆举办的“张若木、王东君画展”格外引人注目。“梅花”枝干苍劲、傲雪俏立，“牡丹”雍容华贵，丰韵清雅……人们欣赏着一幅幅构思独特、手法新颖的国画精品，不禁对一家三口同是丹青妙手表现了极大的兴趣。张政国（笔名若木）已年过花甲，出生于绘画世家。然而，他的人生之旅却非在绘画领域，而是在中国歌剧院当演员、教舞蹈、编剧本。经历了岁月的蹉跎，张若木才又拿起画笔。女主人王玉东（笔名东君）当过教师，写过许多文学作品。共同生活中的潜移默化，使得有着文学功底和艺术天赋的东君也拿起画笔，并一发不可收拾。他们经常切磋画法技艺，从一幅画的构思、调色、绘制，到裱糊，无不精心设计。作为一家主妇的东君，承担了全部家务，还要为女儿上美院奔波、操心。家中只有一张画案，她总是在丈夫午睡时才用画案作画。女儿是中央工艺美院的学生，是全家唯一的“专业人才”，自然也给全家带来现代绘画艺术启迪。通过切磋，全家各自的创作进展都很大。人们叹服这一家三口各具风格的绘画，赞美他们是令人羡慕的丹青一家。

莱阳农村党员开办家庭农技学校 山东省莱阳市积极组织广大党员，利用所掌握的致富本领开办家庭农技学校，全市已涌现这样的家庭农技学校600多所，传授各类种养加技术2000多项，培训农民30多万人次，带动全市农民从低效农业向现代高效农业转化，加速了农村经济的发展。1994年全市农民人均纯收入1500元，比上年增长479元。这个市首先对部分农村党员实行实用技术培训和全民文化教育，使部分党员先掌握两项先进生产实用技术或经营管理知识，然后引导党员发挥先锋模范作用，利用自家庭院，创办家庭农技学校，利用早晚和空闲时间，采取集中学习、实地传授、个别辅导等形式，开办了农作物栽培、蔬菜种植、畜牧水产养殖、果树高接换头及病虫害防治等各种实用技术培训班。形成创办一所，辐射一村，致富一方的致富效应。全市已涌现蔬菜、农作物制种、水果、养鸡、养蘑菇等专业村340个，涌现美国七彩鸡、鹦鹉、貂、甲鱼等特种养殖专业户1000多个，干鲜水果专业户2万多户，农副产品加工专业户3万多户。

7. 精神文明建设的理论研究

从社会全面进步看两个文明同步发展 王开玉、李抗美在《实与虚》1994年第12期上发表《从社会全面进步看两个文明同步发展》的论文，文中指出：在建设有中国特色社会主义理论中，邓小平不是从一般意义上阐述物质文明和精神文明互为因果关系，而是立足于社会的全面进步，揭示两个文明在建设社会主义市场经济体制过程中同步发展的客观必然性。历史发展表明，任何一场社会变革，都将引起人们思想、观念、道德、精神上的变革。任何时代文明的发展，都离不开物质文明和精神文明的协调发展。只有两个文明同步发展，才能为改革开放和现代化伟大实践提供强有力的思想保证、精神动力和智力支持，解决好从旧体制向新体制转换过程中出现的许多工作上、体制上的和认识上的问题，抵制并清除资产阶级腐朽思想侵蚀和消极丑恶现象蔓延，在建立社会主义市场经济体制的同时，建立起具有中国特色的社会主义精神文明。以马克思主义为指导的社会主义精神文明特别强调整体性和同步性，不仅物质文明和精神文明作为一个整体要同步发展，而且在社会主义精神文明内部，其各个方面之间也要同步发展。“两手抓，两手都要硬”，这是我们改革开放中抓好两个文明建设的基本经验。

《精神文明引论》——一部探索精神文明基本理论的新作 《社会科学》1994年第3期发表华

文的文章《精神文明的一项根本性建设——读蒋冰海主编的〈精神文明引论〉》。《精神文明引论》分上、中、下3篇，共17章。上篇的主题是精神文明与社会历史发展的联系，由"社会进步与精神文明"、"精神文明的系统结构"、"社会主义精神文明是人类历史上的新型文明"组成。中篇的主题是阐述要搞好精神文明建设必须处理好的几个基本关系，由"精神文明与物质文明的辩证运动"、"精神文明与商品经济"、"精神文明与民主法制建设"、"精神文明与传统文化"、"精神文明与爱国主义"、"精神文明与党的领导"等组成。下篇的主题是阐述精神文明最基本的理论内涵，由"理想：人的精神支柱"、"道德：精神文明的重要尺度"、"审美：人的精神自由境界"、"价值：精神文明建设的动因"、"科学：精神文明建设的强有力手段"、"人的全面发展：精神文明建设的出发点和归宿"组成。本书的一个重要特色是总论性、全面性。它从探源的角度，着重阐述精神文明是社会历史发展在一定阶段上的产物，是社会历史发展的重要内容，并随着社会历史的不断发展而不断地丰富和深化自身。从精神文明的内部结构与建设精神文明的客观条件角度，着重阐明了建立在一定社会物质生活基础上的社会精神文明，是由思想道德、科学文化、审美情感诸要素组成的，从而构成了人类精神生活的基本方面。本书的另一理论特色，是对精神文明的一些基本理论作了新的探索，提出了给人以启迪的新思想、新观点。该书指出，物质文明所指示的是人类有效地改造自然的物质成果，精神文明是人们改造客观世界与主观世界实践中所取得的精神成果。"两个文明"的关系，实质上是指这两种成果间的关系。精神文明是由"文化系统"、"思想系统"、"审美系统"三个子系统构成的。文化系统是人类社会精神文明造化历程的基石，从而组成了"文化——价值——创造——自由——艺术——理想——美"的链条。该书对社会主义精神文明建设的一些规律性问题，也作了有益的探索，提出人的全面发展是社会主义精神文明建设的立足点和归宿。可以看出，该书的各篇各章，都通过不同角度，揭示了人的活动（主要是精神活动）、人的精神生活、人的精神境界的发展规律性。

精神文明建设重点议题的理论探讨和对策研究 由首钢精神文明研究所和中宣部宣传局精神文明建设活动处、光明日报社国内政治部联合发起举办的"精神文明论坛"首次会议1994年3月24日在首钢举行。会议研讨主要围绕两个问题进行：1.社会主义市场经济与精神文明建设的关系。社会主义市场经济体系的培育与发展，不仅深刻地影响着社会主义的精神文明建设，而且也必须依靠后者为它提供思想保证、精神动力和智力支持。社会主义市场经济对精神文明建设具有双重作用、存在双重效应，而其正效应是主要的。表现在：①为了获取更多的利润，为了能在竞争中立于不败之地，企业必须采用新技术，改善经营管理，降低生产成本，提高劳动生产率，从而促进生产力的大发展，物质财富的丰富，为精神文明建设提供物质基础；②市场经济的竞争、等价交换、追求功利等特点，促使人们树立平等、自由、务实、开放、创新、重效益等观念，增强人的主体意识和积极进取精神；③市场经济带来的广泛而丰富的社会交往，大大开阔人们的眼界，有助于个性和个人才能的发挥和发展。其负效应表现在：①个人、企业、地区都追求自己局部利益的最大化，可能导致不顾整体利益优化的离心倾向，诱发极端个人主义、拜金主义及文化商品化倾向；②为了追逐利润，获取暴利，不择手段；权钱交易、营私舞弊，导致腐败。我们应以积极的态度兴利除弊，既要利用市场经济的价值规律这只无形的手，充分发挥市场功能，使之成为合理调节资源配置的自动调节器，改进技术、提高效益的强大加速器，推动社会生产力发展的巨大动力源；也要利用政府宏观调控和加强精神文明建设，克服消极影响，促进社会全面进步。2.精神文明建设对策研究。精神文明建设不单是一种使社会主义市场经济健康发展的思想保证，也不单是促进经济发展的一种手段，而且是一项目的性工作，是社会全面进步的基本组成部分之一。目前，我国的精神文明建设存在着滞后现象，必须化大力气把它搞上去。①要通过各种宣传手段和传播媒介，对市场经济条件下的价值观进行调控，发展其积极作用，限制其消极作用；②要探寻一些精神文明建设的新思路、新方法；③要转变观念，用历史的眼光观察问题；④理论工作者要深入实际，调查研究，回答现实提出的一些重大问题。

正确处理精神文明建设中的几个关系 潘竞春、潘昊在1995年3月8日《人民日报》上发表的文章中提出，开展精神文明建设，必须正确处理好几个关系。一是精神文明建设与物质文明建设的关系。一方面，物质文明是精神文明的基础，精神文明建设依赖物质文明的发展。另一方面，精神文明是社会主义物质文明健康发展的重要保证。社会主义精神文明对物质文明建设有巨大的推动作用。教育科学文化可以提高劳动者的素质，为物质文明的发展提供智力条件；科学技术可以通过一定的途径直接转化为生产力，推动物质文明的进步；思想理论建设为物质文明建设提供理论指导，为其正确发展提供思想保证；科学的理论和信念能够激发人们的积极性和创造性，为物质文明的发展提供精神动力；健康的道德和纪律可以规范和调节人与人之间的关系，调整社会生活中的各种矛盾，为物质文明的建设提供安定的社会环境等。二是软件与硬件建设的关系。我们在抓精神文明软件建设的同时，要重视精神文明建设中的硬件建设，尤其是要抓好文化设施建设。利用这些设施对群众进行教育,全面提高他们的文明素质,做到“软”、“硬”兼施。三是农村与城市的关系。精神文明建设,城乡并举,而城市是龙头,这是由城市所处的地位和作用所决定的。城市是一个地区的经济、政治和文化的中心,它对周围的农村有巨大的辐射作用。城市也是一个地区两个文明建设的“窗口”,集中反映了一个地区的文明程度。在城市的带动下,农村学有榜样,赶有目标。而社会主义新农村的崛起,缩小了城乡差别,反过来对城市的精神文明建设又起到促进作用。四是“长”和“短”的关系。精神文明建设工作是一项长期的任务,需要几代人的不懈努力。我们搞精神文明建设,是要全面提高人的现代文明素质,达到经济繁荣、文化发达、社会安定、道德高尚、环境优美、城乡一体,这是长规划、大目标。为此,我们又必须做出短期的安排,扎扎实实地开展创建活动,从一点一滴做起,循序渐进,而不能急功近利。要在抓好重点的同时,兼顾全面,把精神文明建设的各项任务落实到城乡的基层,形成多层次、全方位的共建格局。

第二次“精神文明建设论坛”讨论会在京举办 1994年6月9日,由首钢精神文明研究所与光明日报国内政治部联合主办的“精神文明建设论坛”第二次研讨活动,以“传统美德与现代精神文明建设”为主题进行了深入探讨。与会者认为,中国传统道德是中国传统文化的核心之一,它世代相传,永不泯灭,体现了中国人民的“民族精神”。传统道德中的积极因素,已经深刻地渗透到中国人的心理结构之中,在社会生活中发挥着广泛的影响。这是我们民族的宝贵财富,也是我们民族的骄傲。在加强社会主义精神文明建设过程中,应该而且必须把它作为宝贵的财富加以继承并发扬光大。我们构建社会主义道德,不能脱离中华民族的传统美德,建立新道德只有与传统美德相衔接,并赋予新的时代特色,才能富有经久不衰的生命力。在改革开放的今天,抵制享乐主义、拜金主义、极端个人主义等不良风气,迫切需要加强传统美德的教育,以此启迪人们的心智,净化人们的心灵,提高人们的精神境界。在研讨活动中,有的同志还从实际出发,提出切实可行、具有操作性的建议,如编写一些高质量、多层次的道德教育读物,采用多种手段普及推广;构建有中国特色的新道德规范体系,为道德建设做一些实事。这次研讨活动,与会者形成一个共识:在改革开放和建立社会主义市场经济体制进程中,必须坚持贯彻“两手抓、两手都要硬”的战略方针,大力弘扬中华民族的传统美德。

论新形势下精神文明建设的变与不变 吴标勋、陈依元在《文明建设》1994年第9期上发表《论新形势下精神文明建设的变与不变》,文章指出,改革开放、建立社会主义市场经济的新形势,使社会经济、政治、文化各领域面临千变万化的复杂态势。尽管如此,我们进行社会主义精神文明建设的战略决策与基本思路不能变。一是性质不变。我们的精神文明建设,是以马克思主义为指导的精神文明建设。我们的经济建设特别是市场经济建设的社会主义性质,要求为其服务的精神文明建设也必须是社会主义性质的。二是指导方针不变。现代化建设的指导方针是两手抓、两手都要硬。物质文明固然是精神文明的物质基础,但两个文明互为目的、互相促进,应同步发展。三是根本宗旨不变。社会主义精神文明建设的根本宗旨是为物质文明建设提供精神动力、智力支持和思想保证。四是最高价值目标和根本任务不变。社会主义精神文明建设的最高价值目标是人的全面发展,根本任务是适应社会主义市场经济与促进社会全面进步的需要与培养“四有”新人。五是“主旋律”不变。精神文明建设的主旋律是爱国主义、集体主义和社会主义,以及人民群众从事改革与现代化建设的创业精神。六是基本方式不变。我们从事精神文明建设行之有效的基本方式是重在建设、重在务实、以立为本、正面教育为主。但是,从微观的和具体层面上去考察,由于在社会主义市场经济新条件下出现了许多新情况新问题,精神文明建设也要有创新意识,应在思路与观念、建设内容等方面求变求新求发展。一是思路与观念应转轨更新。要有“敢为天下先”的精神,打破四平八稳亦步亦趋的思维惯势,探索新形式,争取精神文明建设有新突破,隔几年上一个新台阶。二是精神产品要出新。创造健康向上的乃至高品位的精神产品是精神文明建设的主干工程。三是建设内容应更新。在新条件下精神文明建设应当增加新内容,有新意、出新招。四是活动机制与组织形式应拓新路。在新的历史条件下,精神文明建设既面临挑战,又适逢难得机遇。我们应做好精神文明建设变与不变这篇大文章,争取精神文明建设在新时期跃上新台阶。

弘扬精神文明的主旋律 沙英在1995年12月19日出版的《人民日报》上著文指出,精神文明的主旋律,就是要在建设有中国特色社会主义理论和党的基本路线指引下,对广大干部群众进行爱国主义、集体主义、社会主义的政治思想教育,增强民族自尊、自信、自强的精神,并加强反腐倡廉教育,有力地抵制拜金主义等腐朽思想的侵蚀,树立起远大的理想、坚强的信念和高尚的道德品质。抓好社会主义精神文明主旋律,不仅能提高劳动者的素质,推动经济建设,而且可以带动精神文明建设其他方面的进步。把几千万党员、干部首先是各级领导干部动员和组织起来,学习马克思主义、毛泽东思想,特别是用邓小平建设有中国特色社会主义理论武装头脑,是做好各项工作的关键,也是弘扬精神文明主旋律的关键。只有广大党员、干部不断提高思想理论水平，站得高，看得远，有理想，有信念，才能掌握精神文明建设的主旋律，进而弘扬主旋律，发展主旋律，使主旋律占领文化思想阵地，提高群众的精神境界，把改革开放和现代化建设推向前进。精神文明建设如同物质文明建设一样，都要生产大量优秀的精神产品，来满足人民生活的需要。而要生产出大量优秀的精神产品，一方面要很好地继承和发扬祖国的优秀文化遗产与优良传统；另一方面，也要尊重外国的经验，加强文化交流，以科学的分析的态度，对他们先进的、科学的文明成果，包括发达的资本主义国家一些优秀的遗产和传统，加以吸收和借鉴。当然，不论对祖国的遗产和传统，还是对外国的文明成果，我们都要用马克思主义的立场、观点和方法，加以科学的分析，根据我们的国情和实际需要，加以批判地消化、吸收和借鉴，取其精华，弃其糟粕，做到“古为今用”、“洋为中用”，这样才能更有利于弘扬社会主义精神文明的主旋律。广大群众创造了许多喜闻乐见的活动形式，使主旋律有了许多载体。我们要不断总结群众创造的新鲜经验，把弘扬主旋律的精神转化成强大的物质力量。

论张家港精神 《半月谈》1995年第19期发表《论张家港精神》的评论员文章指出，张家港精神，就是“团结拼搏，负重奋进，自加压力，敢于争先”。这种精神是张家港人的自画像。在张家港人的眼里，市场经济的强者就是靠拼、争、抢。张家港人说得最多、叫得最响、干得最苦的也就是“拼、争、抢”三个字。张家港有地处长江经济开发带的区位优势。可是，在这个经济开发带里边，则是一种劣势。它占据的这片999多平方公里的地方，原是一片荒凉的沙滩，农业落后，工业一片空白，人称江阴、常熟两市的“边角料”。但就在这块土地上，他们凭借邓小平建设有中国特色社会主义的理论和党的基本路线，快速发展，后来居上，“拼、争、抢”的精神在张家港结出了光彩照人的果实。在张家港，消极腐败现象被一股“自加压力、敢于吃苦、乐于奉献”的正气清风所压倒，为改革开放和社会主义现代化建设吃大苦、耐大劳成了干部和职工的自觉行动。外地人参观张家港后普遍感到有“两个不容易做到”：一是张家港的各级主要领导干部，从市委书记到市委常委，从部、委、办、局到各乡镇，都自觉地不过星期天，也没有节假日；二是不论贡献多大，功劳多高，企业领导干部的奖金，都要同职工的平均收入挂起钩来，不能过于悬殊。张家港的干部认为，在改革开放和社会主义现代化建设中，多付出一份劳动，多奉献出一点本应属于自己的时间，就像革命战争年代革命先烈将自己的生命献给革命一样，这同样是他们的一种自由和权力。张家港领导班子成员间，以张家港改革和建设的大局为重，相互尊重和支持，相互谅解和信任，一个声音喊到底，这是张家港精神中最为珍贵的内容。张家港精神是张家港人的一笔巨大的财富，是渗透于各项事业发展中的张家港之魂，也是创造“张家港效率”的精神支柱和动力源泉。张家港精神也是中华民族自尊、自重、自强的民族精神，是共产党人革命英雄主义在新的历史时期的新的表现。可以说，所有领导干部、共产党员和广大群众，只要有了张家港精神，就可以结合自己的条件，建设成自己的“张家港”。

“徐洪刚效应”与精神文明建设 济南军区政委宋清渭在1994年3月17日《人民日报》上著文指出，在加快建立社会主义市场经济体制的新形势下，一些人的价值取向发生了新的变化，有的同志觉得体现无私奉献精神的先进典型难以产生轰动效应，可是发生在川南一个偏僻小镇的英雄壮举，却在短期间内传遍了军营内外、大江南北。徐洪刚这个只有3年军旅生涯的普通士兵，成了社会各界人们特别是青少年崇尚的一颗璀璨之星，以至形成了感人至深、催人奋进的“徐洪刚效应”。围绕徐洪刚正义之举发生的一连串动人故事，像一面多棱镜，折射出许多发人深省的社会现象，对于我们在建立社会主义市场经济体制条件下如何加强精神文明建设，提供了许多有益的启示。“徐洪刚效应”雄辩地证明，我们党领导的社会主义国家，在发展的征途中，尽管经历了许多风风雨雨，人们的思想观念发生了深刻的变化，但社会公共价值观的基调，仍然是健康的、积极的、蓬勃向上的。“徐洪刚效应”昭示我们，要加强和推进社会主义精神文明建设，就必须充分发挥我们特有的政治优势和文化优势，把我党我军的优良传统和中华民族的美德有机地融合在一起，使精神文明建设的内涵更加丰富，更具有先进性、科学性和广泛的群众基础。“徐洪刚效应”告诉我们，在当今社会还存在某些消极因素和丑恶现象的情况下，要推进和加强精神文明建设，既要有建设的思想，又要有奋斗的意识。在加强思想道德教育，大力弘扬正气的同时，必须坚持扶正与祛邪同时并举，在同人民群众深恶痛绝的丑恶现象作斗争中，推进精神文明建设。“徐洪刚效应”启示我们，军队应当坚决响应江泽民主席的号召，在精神文明建设中走在全社会的前列，这就要正确处理在精神文明建设中起带头作用与虚心向人民群众学习的关系，不断从群众中汲取力量和营养，赢得人民群众的真诚支持。我们的中华民族是英雄辈出的民族，我们的社会主义国家是英雄辈出的国家。我们的军队是英雄辈出的军队。举国上下方兴未艾的学习英雄活动，神州大地经久不衰的崇敬英雄的热潮，使我们欣喜地看到，当在15年改革开放中创造了举世瞩目的经济奇迹的中国人民，满怀信心构筑社会主义市场经济体制宏伟大厦的时候，一个与经济高速发展相适应的社会主义精神文明建设的新局面，将会以更为生动感人的景象，在我们这个充满生机与活力的国度中展示开来。

“五个一工程”与精品生产 《人民日报》1995年12月13日发表云德的文章认为，精神文明建设的“五个一工程”实施5年，评选4届，推出了一大批反映改革开放和现代化建设的现实，讴歌人民创造历史、追求美好生活的奋发精神，弘扬时代主旋律，受到广大人民群众喜爱的好作品，在社会上产生了广泛的影响。但是，与精神产品数量猛增的现实相比，真正可以视为精品的作品仍然不多。多出精品，是时代赋予宣传思想文化战线的光荣使命，是宣传思想文化工作者的重要职责。“五个一工程”作为精神产品生产的龙头工程，更应该发挥示范带头作用。首先要牢固树立质量意识。质量是产品的生命，物质产品如此，精神产品也同样如此。质量的高低不仅决定着精神产品的优劣，而且还会影响到“五个一工程”的声誉。树立质量意识，关键在于增加作者的生活积累，提高作者队伍的思想艺术素质，不断深化作品的思想蕴涵，增强作品的艺术表现力。其次要始终坚持群众观点。一方面要求把艺术植根于人民群众之中，自觉地用人民群众创造历史的奋发精神哺育自己，将人民群众的生活与实践作为文艺创作的主要源泉；另一方面，要求文艺忠实地为人民服务，真实地反映人民的生活，关注人民群众普遍关心的社会问题，表现人民的情感、愿望和要求，最大限度地满足人民群众日益增长的精神文化需要。同人民息息相关的内容与为人民喜闻乐见的形式相结合，加上思想深刻与艺术精湛相统一，我们的文艺作品才能具有强烈的吸引力和感染力，才能得到社会的承认和人民群众的喜爱，才能在文化市场的竞争中赢得优势，才能经得起历史的挑选和时代的检验。第三要立足当前，规划长远，保证精神产品持续生产的后劲。有了一定的规划，就可以按照规划设定的阶段性数量、质量指标，从容地安排精神产品的创作和生产，合理地利用现有的人力、财力和物力资源，发挥整体优化效益，找到实现目标的最佳途径，保持精神产品生产的连续性和持续发展的后劲。第四要整体推进，重点突破，形成精品生产的良性机制。一般文化产品与精品通常呈金字塔状态，不拓宽底边，打好基础，就难于提高顶点，多出精品。只有在精神产品生产整体质量普遍提高的前提下，才能做到多中选优，为精品的大量问世提供坚实的基础。

精神生产的地位、属性、作用、特点和规律的再认识 《齐鲁学刊》1994年第4期发表杨思基的《精神生产的地位、属性、作用、特点和规律再认识》。文章认为，精神生产在人类社会生产中自始自终都是以物质资料生产为基础、占主导地位、起决定作用的根本性社会生产。精神生产的一般生产目的是生产精神产品，以精神产品的具体有用的精神属性为产品使用价值满足人的某种精神需要，故其根本属性就在于它的精神属性。在精神生产中，由于人们的立场、观点和方法以及主观认识能力、客观条件等多方面的差别和局限，必然使主体的劳动具有多重属性，甚至对同一劳动对象的改造会有许多不同的结果。一种较为优秀的精神产品往往包含着多人甚至不知多少代人无数的劳动，经历过实践、认识的无数反复才得以形成。人类主观世界的改造是无止境的，将精神产品反复作为被动对象予以加工改造，是人类实践和认识的不断发展所必需，也是精神生产的重要属性和特点，还是精神生产特有规律的体现。精神产品的使用价值在于其精神的内容和作用，并不由它的物质形式和物质属性所决定。精神产品的生产和消费可以不受某种特定物质形式的绝对限制，甚至可以在不借助任何外在客体物质材料的条件下完全由主体来进行。精神产品除了其实体性物质载体在消费中要有损耗或者在自然因素作用下会被毁坏外，可以反复地、广泛地消费使用而毫无损耗。因而精神产品的生产和消费可以大大突破物质产品在生产和消费中的时空局限性。精神生产的经济效益和社会效益要通过人的经济活动和其他社会活动的成果来显示，但这种显示主要是人的精神力量、精神面貌及其作用的显示。由于精神产品消费的长期性和反复性特点，就使精神生产在具有巨大经济效益的同时还具有巨大社会效益，它对于人的改造和发展、对于社会进步具有重大意义。一种精神产品的生产和消费越是广为普及、大为发展，它的影响和作用就越大、越久远。优秀的精神生产是如此，颓废的、腐朽的精神生产也如此。但任何精神生产和消费都必须以其具有现实针对性和广泛的应用性才有可能适应社会需要，为众多的人们所接受并由此得到普及和发展。

传统文化与精神文明 全国政协常委、九三学社副主席金开诚在1994年3月30日《人民日报》发表的文章中指出，古代的思维经验只要包含客观真理的因素，就可以与现代相通，为社会主义所用。真理是不怕重复的，但不能是简单的重复，而必须在真理的发现与表述中包含创造性，那就能对人的心灵有渗透力，使之有所感悟。例如《论法》中的“己所不欲，勿施于人”，似乎其境界不高，甚至是老生常谈。但在西方却被视为“黄金法则”，是“人类行为的伟大法则”。因为它在指导人际关系的处理中，的确含有朴素唯物主义的因素，叫人不要那么主观，多为他人想想。又如“敬业乐群”也说得好。因为在任何社会，企事业的发展都要求从业者的责任心与凝聚力。而在中国的今天，它更意味着团结建设社会主义，并对现实中存在的不负责任、专搞摩擦等行为很有针对性。关于爱国主义，我们从文天祥的“人生自古谁无死，留取丹心照汗青”、林则徐的“苟利国家生死以，岂因祸福避趋之”等诗句中，仍然感到一种“惊天地、泣鬼神”的力量，心灵受到强烈的震动。这就因为他们对祖国的热爱与奉献能够做得完全，说得彻底。社会主义市场经济下的精神文明建设，首先必须在市场活动中抓起来。因为市场活动最有张力，影响到全社会的价值观。而在这个过程中，传统文化中的“以义为利”这句话便大有用处。因为它出于四书五经，在中国深入人心。当然，现在讲“义”已不是一般地指公道，而是指参与市场活动者在为自身谋利的同时，要做到对国家、对社会主义建设、对服务对象有利。“义”的含义发展了，但“以义为利”这句话，在建设市场文化、企业文化中，仍可以发挥其言简意赅、富有渗透力的作用。将优秀的传统文化用于精神文明建设，可使精神文明的内容丰富；而只有内容丰富了，才适用于处在不同情境中的人。

传统美德与社会主义精神文明 张岱年先生在1994年6月的“精神文明建设论坛”第二次研讨活动中，就“传统美德与当代精神文明”这一主题发表了自己的见解。他指出，在建设社会主义精神文明的事业中，必须正确解决批判继承传统美德问题，其中包括弘扬有益于社会发展的传统美德。1.正确理解传统美德。几千年来的传统道德含有复杂的内容，其中既有不利于社会发展的封建道德，也有有益于社会发展的传统道德。2.传统美德的思想基础。传统美德的思想基础，在于人之所以为人的自觉，亦即“人格意识”，也即古人对“为人之道”的认识。古代哲学家强调“为人之道”，即做人的道理。做人，首先要肯定自己是一个人，生活行为要遵守一定的原则；要坚持自己的独立意志与独立人格，也承认别人的独立意志与独立人格。人格的尊严在于道德的自觉，有道德自觉的人才是一个高尚的人。这种人格意识是传统美德的思想基础。3.传统美德的历史作用与现实意义。传统美德在历史上起了一定积极作用，如“忠”奠定了爱国主义传统的基础，“仁”奠定了民族团结民族凝聚力的基础，“以德服人”、“以和为贵”对于增强民族团结、提高民族的凝聚力起了巨大的作用。改革开放以来，我国经济迅速发展，但也出现了一些不良现象。纠正这些不良风气，必须加强社会道德教育，弘扬传统美德是一个重要的途径。弘扬传统美德，对传统美德进行重新解释，阐发其适合时代精神的内容，就能启迪人们的心智，净化人们的心灵，提高人们的精神境界。

精神文明建设是科学发展的翅膀 1994年7月12日的《精神文明报》发表了中国科学院院士、李四光地质科学奖获得者、国家级有突出贡献的专家、中国地质矿产部成都地质矿产研究所所长刘宝珺教授就精神文明建设与科学发展的关系对该报记者的谈话。刘教授认为，为世界提供文明成果，推动世界文明进程，是科学发展的初衷和终极目的。科学发展与精神文明建设之间有着不解之缘。欧洲文艺复兴创造的卓越的人文、思想、文化、艺术等成就，为欧洲近代科学发展提供了沃土，开辟了广阔前景，造就了一大批思想家、科学家。他们推动了近代欧洲科学发展，从而直接为提高人类生产力，供给世界文明成果，为加速欧洲工业化和世界文明进程，作出了划时代的贡献。反之，背离时代要求和发展趋势的意识形态、学术思想、环境，则阻碍科学事业的发展。中国古代科学技术有过震惊世界的辉煌成就，然而近代中国科学技术却大大落伍了。原因很多，其中重要的一条就是科学技术赖以生存发展的精神文明环境、氛围，包括滞后的学术思想窒息了科学发展。他认为，科学发展亟需精神文明有力的思想保证和舆论支持。科学没有国界，科学家却是祖国的。科学家们若是没有热爱祖国的情操，献身科学的精神，严谨踏实的学风和精湛的科学技术，他们就难以为科学、为社会、为祖国、为人类创造风靡世界的业绩。科学家的这种品格与素质，正是依傍于精神文明提供的思想保证、舆论支持所陶冶、所培养、所磨砺而形成的。

科学技术发展与精神文明建设 郑升在《社会科学》1995年第2期发表的文章中指出，精神文明建设是以一定的物质文明建设为基础的。物质文明决定精神文明。纵观人类精神文明历史发展长河，从古代文明到现代、当代文明，无一不渗透着人类物质文明进步和发展的足迹。物质文明建设是和科学技术发展紧密连在一起的。人类历史上生产力发展水平的每一次飞跃，劳动生产力的每一次巨大提高，无不体现着科学技术的巨大推动作用。正是由于科学技术的发展，促进了生产方式的改善和变革，才带动了物质财富的增长，从而促进了精神文明建设的变化。人类文明的历史表明，科学技术的进步、物质财富的增长和精神文明建设的发展这三者是密切联系在一起的。而在这三者中，科学技术又起着至关重要的作用。因此，加强社会主义精神文明建设，更需要大力发展科学技术，创造丰富的物质财富，给精神文明建设提供强大的支持。科学技术的进步和发展不但引起物质生产力的飞跃，间接推动精神文明建设的发展，而且，科学技术的成果还直接作用于精神文明建设，推动精神文明的发展。科学技术的成果使精神文明生产的对象、工具方法和过程等都发生了一系列变革，从而改变了精神生产方式本身，推动精神文明生产由低级向高级发展。科学技术的进步和发展有利于增加广大人民群众的文明健康的生活时间，提高整个中华民族的精神文明生活水平。科学技术的进步和发展还有利于消除愚昧，破除封建迷信，增强民主与法制意识，建立适应社会主义市场经济发展需要的新型的社会主义精神文明。科学技术不仅间接和直接推动精神文明发展，而且在创造物质文明的同时，不断创造新的精神文明。科学技术的发展为精神文明的发展提供新的认识世界的工具；科学技术创造的物质文明使人们产生对精神文明的巨大需求；科学技术的进步和发展，有利于建立社会主义的新型的精神文明。但是，精神文明建设对科学技术的发展，不是盲目的、被动的相适应，它给科学技术发展提供方向保证、良好的外部环境以及动力支持。

农村精神文明现状分析及对策研究 湖北省社科院吴祖明通过对农村精神文明建设的现状进行调查后，在1994年3－4期《社会科学动态》上发表文章说，以村为计算单位，综合分析精神文明建设的工作基础、客观条件、存在问题以及取得成效等诸多方面，湖北省农村精神文明建设处于先进水平的约占30%，后进行列的占20%，其余居中间状态。先进村的共同特点是，领导班子指导思想明确，重视思想政治工作和精神文明建设。在实践中成效显著。处于后进状态的村，总的情况是思想政治工作"声音小"，精神文明建设办法少，实际效果差，存在问题多。作者指出，在农村，尤其是在那些后进村，党的思想政治工作还相当薄弱，精神文明建设常常不被重视，致使道德水准下降，陈规陋习抬头，治安状况不良。他提出：一是突出主线，坚持用社会主义思想教育农民；二是加强基础，为有效开展农村精神文明建设创造物质条件；三是培育"细胞"，把思想政治工作做到千家万户；四是建设载体，不断完善农村思想工作的手段和阵地；五是扣紧"纽带"，使精神文明建设与物质文明建设协调发展；六是狠抓关键，充分发挥以党支部为核心的基层组织的保证作用。以上6个方面构成一个有机结合的整体，其中社会主义思想教育是灵魂和支柱，经济基础和活动载体是必要的物质条件，实行双目标管理和抓好家庭建设是使思想政治工作进村入户到人头、精神文明建设落到实处的有效措施，党支部的战斗堡垒作用是做好这一工作的根本保证。抓住了这几条，农村思想政治工作和精神文明建设就会出现新的局面。

要重视治愚 柴米河在1995年1月25日《人民日报》中发表文章认为，近几年，许多地方迷信、愚昧活动日渐泛滥，愚弄群众，毒害青少年，污染社会环境，严重阻碍两个文明的建设。富起来的地方，有些人手头的钱，不是用来发展生产和公益事业，而是用来修坟造墓，大办丧事。有些没有脱贫的地方，孩子们在危房里上课，学校旁边却修起了崭新的庙宇。有些迷信活动还有共产党员参加，并得到单位领导的支持。许多地方建起了或正修建着"鬼都"、"鬼城"、"鬼洞"、"十八层地狱"，制造迷信用品的行业也应运而生。谐音避讳、吉祥号码大行其道，有病不求医而找巫婆神汉，求签问卜，看风水等不一而足。有些领导思想上重视治穷，积极抓经济建设，但对上述问题，对抓精神文明建设，重视不够。革命是解放生产力，同时也要解放人的思想，提高人的科学文化素质。贫穷不是社会主义，愚昧也不是社会主义。我们建设有中国特色的社会主义，既要治穷，又要治愚。愚昧是由于无知。只有在广大群众中普及科学知识，才能战胜封建迷信和愚昧落后。而在我们这样一个群众文化程度比较低、且有着众多文盲的国家里，普及科学知识不是一件容易的事，必须在多方面做长期艰苦的工作。治穷和治愚是一致的。科学技术是第一生产力。我们生活在科学技术飞速发展的时代，只有积极发展文化教育，普及科学知识，才能造就适应社会主义现代化建设的一代新人，才能保证我国社会主义建设事业全面、健康、长足地发展。如果只抓治穷，忽视治愚，放任愚昧迷信活动泛滥，必然影响经济建设和社会稳定。

职业道德是精神文明建设的重要组成部分 罗国杰教授在《人民日报》1995年12月5日第九版著文指出，在建立社会主义市场经济体制的过程中，我们应当进一步明确，市场经济不仅仅是一种法制经济，而且还应当是一种道德经济。正像没有法制就不可能规范人的经济行为一样，没有道德规范，同样不可能规范人们的经济行为。因此，在强调市场经济是法制经济的同时，应当力求避免一种有意无意地忽视道德的片面性。在建设有中国特色的社会主义社会中，人和人的关系，既有市场关系，又有非市场关系，既有经济行为，又有非经济行为。我们必须注意区别这两种行为；防止一种泛市场经济行为的错误。从人和人的关系来看，不论在市场关系和非市场关系中，职业关系是一切人都必然要经历的一种最普遍、最重要的关系。一切职业活动都体现着个人同他人同社会同国家之间的职业责任。对职业的敬业精神和责任意识是最基本的做人之道，体现着一个人的忠于职守、尽职尽责的高尚品德，是一切事情取得成功的重要条件。职业道德的加强，不仅能使每个从业人员思想水平和道德水平的提高，从而达到对工作的精益求精和好上加好，而且能使整个社会主义社会中人和人之间的关系，更加和谐地向前发展。在人和人的职业关系中，每个人都将会感受到相互间的同志般的关心和照顾，感受到人对人的同情、爱护和献身精神，从而有利于人们的道德陶冶和整个社会风尚的改善。正是在这个意义上，我们认为，加强职业道德教育、培养高尚的职业道德品质，是加强精神文明建设的重要方面，是贯彻和落实精神文明重在建设和落实这一要求的重要环节，是真正做到两手都要硬的有力措施。

文明单位建设的内在规律性 《精神文明报》1994年10月18日发表哈尔滨市文明办刘刚在全国"精神文明重在建设"研讨会上

的发言。刘刚认为，文明单位建设是群众性精神文明建设活动的基本形式，是落实“精神文明重在建设”的指导方针的有效途径，是促进两个文明建设有机结合、协调发展的重要载体。文明单位建设之所以充满生机和活力，是因为顺应了经济和社会发展的客观规律，反映了基层单位自身建设的内在需要。概括起来主要有以下特点：一是群众参与性。文明单位建设这种群众性活动，最易于吸收和组织群众参与进来，并在参与中受到教育。二是有机结合性。文明单位建设是在各种因素的有机联系中发挥其效能的，其社会效应就在于两个文明建设的有机结合。三是综合协调性。“文明单位”作为综合性荣誉称号，反映的是一个单位各项工作都取得了优异成绩，两个文明建设得到了协调发展，总体水平达到了一定的程度。四是实践过程性。单位的文明建设得到命名和表彰固然是一种追求，但更重要的是寓教育于活动之中的创建过程。作为一个过程，不仅体现在“量”的积累上，还表现为“质”的飞跃上。五是目标确定性。在一个单位里开展创建文明单位活动，对于落实“精神文明重在建设”的指导方针不仅是一个手段，而且是一个目标，是与经济发展同样重要的非实现不可的目标。文明单位建设这些基本属性，反映了现阶段文明单位创建工作的一般规律。

文明的未来模式：生态文明

申曙光等在《浙江社会科学》1994 年第 1 期发表文章指出，脱胎于工业文明的生态文明，是人类社会发展过程中出现的较工业文明更先进、更高级、更伟大的文明。它遵循人与自然和谐相处、协调发展的原则，是一种建立在生态系统不断进化基础上的持久文明。虽然依赖于科学技术的进步，但为了避免科学技术在工业文明中产生的种种问题，生态文明强调必须进行科学技术的生态规范化。生态文明以生态能源为基础，即采用不造成生态资源破坏和环境污染的能源形式，它的价值观是一种以人为中心的价值观，一种经济价值观，强调满足人的生态需求，提高人的整体生活素质。在对自然环境的态度上，工业文明是一种灰色文明，而生态文明则是一种绿色文明。生态文明要求形成合乎自身需要的生产工艺与工程，即一种能同时获得最佳生态效益和经济效益的工艺。生态文明的发展意味着工业文明向生态文明的过渡，它包括价值观念、消费观念、城市发展模式、人口生产模式、文明程度、科技发展、平等观念等一系列方面的转变。

台港澳思想道德与科学文化信息

海峡两岸中国现代化学术研讨会　继第一届海峡两岸中国现代化学术研讨会之后，“中国现代化”这个炎黄子孙为之奋斗多年的主题，再次将两岸社会科学领域的60余位专家聚集在一起。由海峡两岸关系协会和中国社会科学院共同主办的第二届海峡两岸中国现代化学术研讨会在北京举行。在为期两天的研讨会上，来自两岸及香港、美国、新加坡等地的学者围绕国民现代化和管理现代化两个专题，提交论文近30篇。学者们坦诚相见，畅所欲言，共同为中国现代化献计献策。随着21世纪的日渐临近，中国的现代化问题已经越来越引起全世界的关注。这既是振兴中华的一个机遇，也是对中华民族的严峻考验。中国社会科学院副院长刘吉在开幕词中说，近几十年来，台湾和香港的经济发展取得了举世瞩目的成就。中国大陆自1978年实行改革开放以来，进入了经济的调整增长和社会结构的加速转型时期，人民生活水平有了显著的提高，其他社会发展指标也有明显提高。然而中国是个人口众多的国家，中国大陆以人均计算的国民生产总值还很低，人民生活还处于从温饱走向小康的阶段，还有8000万贫困人口有待脱贫致富，城乡之间和地区之间还存在着发展差距，人口增长的压力很大，教育和科技事业有待进一步发展。因此，中国的现代化是一项长期艰巨的工程，还需一代又一代人付出艰辛的努力。台湾及海外地区学术访问团的学者也都表示，中国的现代化目标，只要中国人团结起来，共同奋斗，化异求同，合作互补，一定可以在不远的将来获得辉煌的胜利。在两天的热烈讨论中，学者们不仅从公共政策、行政改革、机构改革、管理手段、政策现代化等各个方面探讨走向现代化的最佳途径，还从国民的衣食住行、道德伦理、生活礼仪，以及价值观念、人口质量、社会组织结构、社会日常生活等方面论述了国民现代化的过程。

台湾发现古脊椎动物化石证实万年以前两岸相连　最近，在台湾研究古脊椎动物的北京考古学家证实：大约1万年前，台湾和祖国大陆陆地相连，动物可以毫无阻碍地来回迁徙，10多年前，台湾突然掀起了收藏古脊椎动物化石的热潮，如今台中的台湾自然博物馆已收藏3000件，民间收藏估计2万至3万件。但是台湾没有古脊椎动物研究专家，因此人们始终未能解开这些化石之谜。直到1994年中国科学院古脊椎与古人类研究所的院士赴台访问时，与台湾自然博物馆合作，才初步认定这些化石中有不少是四不像、斑鹿等珍贵动物的化石。从1995年3月开始，中科院古脊椎与古人类研究所的几位研究人员又在台湾进行了6个月的研究。他们恢复了其中一个完整的动物化石，并确认是曾在祖国大陆出土的一种德氏水牛化石。这种德氏水牛过去只在远离台湾的华中、华北地区出现过。这次研究成果对研究台湾与大陆陆地的变迁，古代动物的迁移都有积极的帮助。

山西台湾合作开发太行山雕塑群　1994年11月3日，山西太行山雕塑艺术研究开发有限公司与台湾祐吉国际开发股份有限公司，就共同合作开发左权、黎城两县境内的太行山世界文化艺术雕像群达成协议，双方董事长和总经理在协议书上签了字。聘请有关专家学者对太行山进行全面考察，并详细论证规划。台湾祐吉国际开发股份有限公司总经理认为太行山是世界上最为理想的雕刻圣地，对合作开发及投资表示了极大的兴趣。

中央音乐学院培养出第一个来自台湾的音乐硕士　22岁的台

湾高雄姑娘林静慧，最近顺利通过中央音乐学院硕士论文答辩，成为我国音乐学府培养的第一位来自台湾的音乐硕士。林静慧毕业于台湾艺术专科学校，1991 年来到北京中央音乐学院进修，一年后考上研究生，师从著名的"浦东派"琵琶艺术大师林石城教授，在理论修养、演奏技巧、表演风格诸方面均有长足进步，其硕士毕业论文《试论琵琶的音色》获得了专家、学者的好评。

张学良为"中国梅花鹿之乡"题词 1995 年 11 月 2 日，辽源市台联会收到张学良将军为东丰县题词："中国梅花鹿之乡"。东丰县是我国人工饲养梅花鹿的发源地。这里原是清代皇家行猎的"盛京围场"，也是向清廷进贡活梅花鹿和鹿制品的基地。清廷为保证每年有足够的鹿贡品，光绪二十二年(1896)，拨出钱款，在东丰县的小四平乡建起了我国第一个人工养鹿场，从此开创了我国人工养鹿的历史。新中国成立以来，东丰县人工饲养梅花鹿得到迅速发展，被誉为"中国梅花鹿之乡"，驰名中外。

郑成功塑像纪念馆在台落成

一座建在郑成功巨型塑像内的郑成功纪念馆于 1995 年 12 月在台湾嘉义溪口乡落成。这座 53 米高的郑成功塑像，内藏丰富的郑氏文物，为台湾目前最大的郑成功塑像。

延平郡王郑成功一直被台湾嘉义溪口乡的郑姓村民所供奉，1971 年当地民众集资修建了纪念郑成功的开元殿。24 年后民众再集资 1.5 亿元新台币兴建了这座外形为郑成功塑像的纪念馆。塑像内的纪念馆共有 9 层，陈设着大量关于郑成功的文物和资料。郑成功收复台湾的历史功迹对台湾岛内影响深远，目前台湾供奉郑成功的庙宇共有 100 多处。

两岸书画名家联展在台举行

由 120 名大陆和 60 名台湾书画家通力合作的"海峡两岸名家书画联展"日前在台北举办。这项以"弘扬中华道德传统，促进两岸文化交流"为宗旨的联展，展出了台湾书画家的个人书法、国画作品以及大陆书画家的个人绘画、书法及篆刻作品 300 余幅。此外，大陆若干书画团体也将提供展品，其中包括："中国翰园碑林"的书法碑刻 5 幅"、"福州西湖宾馆广场"的书法碑刻 1 幅、"王羲之书画报"10 册、"太白碑林"和"黄河碑林"的书法碑刻各 1 幅，以及"国际文化交流书法集"作品 2 册。

两岸大学开展法学学术交流

1994 年 6 月 21 日，台湾辅仁大学和北京对外经济贸易大学，在北京签署了学术交流协议，并同时进行了法学研讨会。由 20 余位法学教授和学者组成的台湾辅仁大学代表团，与大陆的知名法学学者就合同法、证券法及商事仲裁等方面进行了深入的研究和探讨，充分地交换了意见。

两岸艺术家同演《黄河大合唱》 规模空前的"抗战胜利 50 周年纪念音乐会"在纽约林肯中心举行。海峡两岸艺术家和海外华人同台演出《黄河大合唱》等抗战时期优秀音乐节目。参加演出的包括中国著名指挥家严良堃、台北爱乐合唱团指挥杜黑以及来自北京、台北、新加坡和美国的 10 多位著名艺术家和海峡两岸及美国 20 多个华人音乐团体。他们将组成一个 250 人的青少年合唱团和一个 300 人的成人合唱团，这场音乐会将是美国历史上华侨、华人举办的最大规模的音乐会。音乐会上演出的节目还包括《长城谣》、《思乡曲》、《中国一定强》、《渔光曲》、《松花江上》等抗战时期的优秀歌曲和音乐作品。在此后举行的记者招待会上，严良堃说，《黄河大合唱》是中国抗战时期有名的音乐，也是中国最优秀的音乐节目之一，表现了中华民族的苦难与牺牲，歌颂了中华民族不屈不挠的斗争精神，也是号召全国人民奋进的号角。《黄河大合唱》问世以来，多次演出，已成为海内外中国人最喜爱的音乐节目。杜黑说，《黄河大合唱》自 1989 年 6 月在台湾正式上演之后，广为流传。1995 年 9 月，中央合唱团还到台湾演出两场。这场音乐会是纽约华侨、华人发起组织的。

上海京剧院首次赴台演出

应台湾《中国时报》时广文化事业有限公司的邀请，由 78 人组成的上海京剧院赴台演出团，于 1994 年 9 月 23 日经香港前往台北。这是上海京剧院首次赴台献艺，沪上京剧名伶这次几乎齐集在台湾登台亮相。他们中有尚小云之子、著名花脸尚长荣，著名梅派青衣李炳淑、夏慧华、著名尚派青衣马博敏，著名老旦王梦云，著名丑角艾世菊以及关怀、方小亚、何澍、奚中路、李军等中青年著名演员。上海京剧院这次在台北除上演由京剧院自己创作的保留剧目新编历史剧《曹操与杨修》、《乾隆下江南》、《盘丝洞》三出大戏外，还上演了三台传统戏《雁门关》、《杨门女将》、《龙凤呈祥》以及《将相和》、《挑滑车》等 8 个剧目组成的两台折子戏专场。

安徽黄梅戏首次赴台湾献艺

应台湾中华文化发展基金会的邀请，安徽省黄梅戏剧院一行 73 人于 1994 年 4 月前赴台献艺，这是 45 年来大陆黄梅戏首次到宝岛演出。此次赴台演出的有 4 台大戏，获国家文化大奖"文华奖"的 8 场新编黄梅戏《红楼梦》，具有浓郁民间风味的《梁山伯与祝英台》，以及久演不衰的《天仙配》、《女驸马》。同时，还有《戎牡丹》、《喜荣归》等人们喜闻乐见的折子戏。著名黄梅戏演员马兰、黄新德、吴亚玲等都将登台献技。

《中国历史人物列传》在台出版 海峡两岸学术界倾力合作的一部权威性的丛书《中国历史人物列传》，在台隆重推出。该书是海峡两岸出版界合作的空前创举。全书由大陆数十位史学专家执笔，搜集了中国历史上最具影响力的378位政治、军事风云人物，既有廉吏、奸臣、名臣、名将，也有名君、昏君，其种种忠奸功过，均被分门别类的一一加以评判，称得上是最完备的一部人物列传。该书摆脱了传统史书受时局影响的主观因素，力求公正、客观地分析书中人物毕生的是非成败，揭示许多不为人知的典故。这部书还打破了传统史书枯燥难懂的缺点，以现代人的观点，白话文的形式，将读者带入历史的殿堂，深入而不生涩，是一部通俗易懂的史书。

香港回归大型图片展在京举行 为纪念香港特别行政区基本法颁布5周年，迎接'97香港回归祖国大型图片展于1995年4月在中国革命历史博物馆举行。展览展出的200余幅图片，全面介绍了我国政府为解决香港问题采取的一系列方针，政策，再现了一些珍贵的画面。

香港今昔摄影展在京举行 由中华全国青年联合会、香港紫荆杂志社共同主办的香港今昔摄影展，于1995年10月6日至13日在中国革命历史博物馆举行。此次展出的照片共有300幅，绝大部分是上年在香港举行的香港今昔摄影大赛的11000余幅照片中精选出来的。照片选材广泛，时间跨度大，代表性强，既反映了香港的社会百态、民情风俗，又展示了今日香港作为国际金融、贸易、航运、信息、旅游中心的特色，形象生动地再现了百多年来香港历史的沧桑变化。紫荆杂志社社长陈洪女士介绍说，香港能够发展成为今天这样的现代化大都会，璀璨夺目的一颗东方明珠，不仅是靠全港人融汇着血与汗的辛勤耕耘，而且与祖国内地的发展和支持密不可分。她希望在北京举办的这次影展能够使内地各界对香港的历史和今天有更深的了解。从而在香港回归祖国的前夕，为香港的平稳过渡和繁荣发展奉献一份力量。为此次影展作了大量筹备工作的中华青年联合会也向记者表示，这个展览表达了香港民众爱国爱港的情怀，可增进内地各界人士，尤其是青年一代对香港的认识，促进香港与内地的更加广泛的交流。

香港电台举办中国文化常识比赛 为鼓励进一步认识中国文化，香港电台教育组与中华文化促进中心联合举办校际中国文化常识问答比赛。"中国语文及文化科"1994年已开始列入香港中学6年级高级补充程度考试的课程。

香港中文教育学会副会长田小琳热心推广普通话 在香港活跃着一位来自内地的语文教育专家、推广普通话工作的热心人，她就是香港中文教育学会副会长、香港文化教育出版社总编辑田小琳女士。她在香港大学举行的国际语文教育研讨会上作的题为《香港普通话教学今后的任务》的讲话引起了与会者的高度赞赏。田女士谈到，香港教育界对普通话教育的认识和实施有可喜的变化，开设普通话选修课的中小学逐年增多。但目前香港学生的普通话水平不如社会上的高，学生毕业后不能适应社会交际的需要。为了让普通话教学适应社会需要，必须解决好四个问题：第一是普通话的价值观问题，不仅是做生意和沟通的需要，也是民族大义的问题。对于一个统一的国家、团结的民族来说，交际语言的标准化是向心力、凝聚力的表现。第二是普通话的设置问题。第三是增加师资和提高师资水平问题。第四是教材编写问题。田女士为推广普通话，在香港创办了《普通话》杂志，并著有《语文和语文教学》的论文集。

香港中小学教师深造班在北京开学 为配合未来香港推行民族教育和母语教学的需要，香港中、小学教师参加了在北京举办的"中国近代史研修班"和"普通话进修班"。两个深造班分别由北京大学和清华大学主办，为期各一个月。47位香港中、小学教师成为两个班的首期学员。根据课程安排，历史班在京读完主要课程后，学员们将南下南京、上海及广东，沿途参观太平天国博物馆、"南京大屠杀"纪念馆、中共"一大"会址、黄埔军校、孙中山故居、虎门炮台等。普通话班除系统讲授语文和教学知识外，还安排了历史、地理、文化、艺术、宗教、伦理等题目广泛的讲座，组织参观工厂、学校、城乡，使学员学以致用，了解中华文化的博大精深。担任两个班的任课教师均为首都著名高校的教授，包括中国社科院的专家学者。

港台推出普通话新课程 为提高香港中学生的普通话水平，香港电台教育组将制作一个专为他们而设的全新的普通话课程《普通话传意应用》。据香港电台教育组总监魏便利表示，节目的对象主要是高中学生。因为现已在初中推行普通话课程，为使这些初中生升入高中后仍可以在一定程度上接触普通话，电台在制作该节目时，遂以高中生为对象。

粤港澳台文化研讨会在香港举行 1994年6月20日，香港文教传播联会举办了粤港澳台文化研讨会、文化展览等交流活动，引起有关专家学者的广泛兴趣。在这次文化交流活动中，专家和学者都认为，由于中国近代史上的种种原因，台港澳粤四地居民的生活习惯、思想语言和风尚略有差异，但是毕竟山水同源，人文同脉，关系同根。参加交流活动的代表试图通过研讨，求同存异，找到同文同根文化的整合点。文化比政治经济更能沟通人的心灵，应该架起团结理解的桥梁，推动四地间的文化交流；与此同时，以中国文化为本，吸收世界各地的优秀文化成果，海峡两岸达成共识，促进祖国统一和中华民族的振兴。与会的代表一致认为，下个世纪是中华文化大有作为的时期，中国特色的文化势必进一步整合相融，汇成一股适应时代发展的中华多元文化。

中医学术研讨会在香港举办 由广州中医药大学第一附属医院、国际中医中药总会及慈济中医学术交流中心联合举办的“穗港台中医学术研讨会”在香港举行。新华社香港分社教科部部长翁心桥在出席研讨会时致辞表示，近年来，世界各国都非常重视中医并加强研究，香港作为中西文化交汇点，中医中药研究应得到重视和加强。举办此次研讨会，有利于发扬中国医药事业，加强内地、香港、台湾中医学术交流，增进中医药界人士的了解以及提高中医科技的发展和推动中医现代化。

香港同胞热情捐资希望工程 1994年1月10日，在香港举行的《中国希望工程纪实》一书的发行仪式上，香港工会联合会和教育工作者联会再次将300万港币捐给希望工程。据悉，希望工程实施4年来，共救助54万名贫困地区的失学儿童，其中有13万名是由香港同胞资助的，香港同胞出资兴建的希望小学已达31所。新华社香港分社副社长张浚生在致辞中说：捐资办学历来是港、澳、台同胞和海外侨胞的优良传统。《中国希望工程纪实》一书在香港发行，必将进一步扩大希望工程在海外的影响。

李嘉诚捐资千万兴建50所小学 在港参加广东省’94高新科技项目贸易洽谈会的广东省副省长卢瑞华，及潮州市党政领导陈远睦等于1994年7月在香港和李嘉诚先生一起畅叙乡情，共商建设家乡大计。当向李嘉诚先生介绍潮州市最近筹建市教育基金会的举措时，李嘉诚对发展教育的举措十分赞赏，当即表示捐赠港币1100多万元，为潮州市贫困山区兴建50所初级小学。他深情地说，我是潮州人，潮州市是我的家乡。我真心实意要为社会、为祖国、为家乡的医疗和教育竭尽绵力。

香港实业家古胜祥捐资百万美元助教 全国政协委员、香港著名实业家古胜祥向上海杉达大学损资100万美元建造的胜祥教学楼，于1995年4月在该校奠基。此前，古胜祥曾向该校捐赠各类教学设备，合计捐赠人民币1135万元。上海市政府向古胜祥先生授予“荣誉奖牌”。

霍英东教育基金会资助奖励青年教师 霍英东教育基金会第四届高等院校青年教师基金及青年教师奖颁奖仪式在人民大会堂举行。全国共有230名青年教师获得青年教师基金及青年教师奖，其中获青年教师基金的80名，获青年教师奖的150名。霍英东教育基金会是香港著名爱国人士、全国政协副主席霍英东为了资助内地教育事业，于1986年捐资1亿港币与国家教委合作成立的。基金会旨在鼓励高等院校优秀青年教师脱颖而出、鼓励出国留学的优秀青年学者学成后及时回国任教。

世界华人摄影学会在香港成立 世界华人摄影学会于1995年1月17日在香港成立。这是本世纪第一个由知名华人华裔摄影家创建的世界性民间专业团体。这个民间团体是华人华裔摄影家以个人身份自愿结合的艺术和慈善机构。其宗旨在于促进世界各国、各地区华人华裔摄影家之间的联系和摄影理论与创作技艺的交流，使华人影艺得以提高和拓展，造福文化，造福社会。来自中国内地、美国、日本、新加坡、马来西亚、泰国、菲律宾、印度尼西亚等国家以及香港、澳门、台湾地区的120名创会会员出席了成立大会。105岁高龄的台湾摄影家郎静山也出席了成立大会。

敦煌艺术展在港开幕 香港开始出现一股“敦煌热”。继甘肃敦煌艺术剧院在这里成功举行《敦煌乐舞》演出后，一项大型活动——“敦煌艺术展”在香港中国文物展览馆隆重开幕。以莫高窟为主体的甘肃敦煌石窟艺术，由建筑、壁画、彩塑三方面构成，现存佛窟约500个、彩塑2000多身、壁画总面积4万平方米。这些艺术形象直接或间接地反映了我国古代各民族、各阶层的生产生活，以及中西文化交流等各种社会活动。1989年，联合国科教文组织已正式将敦煌莫高窟定为人类文化遗产保护单位。这次展览精选了敦煌艺术有代表性的部分，包括3个整窟模型，其中一窟中12米长的卧佛睡态洒脱，恬适沉静，非常引人注目；50幅维妙维肖的临摹壁画和10身形态逼真的仿制彩塑；24件根据敦煌壁画仿制的各代古乐器，此外，同时展出的有39件甘肃出土的珍贵文物。展出期间，还穿插表演古代乐舞。

港商兴建中国历史博览公园 由香港惠明发展有限公司投资一个中国历史博览公园——华夏春秋公园正在广东省增城市新塘镇兴建。全园设9个景区，以九州命名，共有72个景点。其中有炎黄像、大禹渡、九龙壁、钟鼓楼、四大发明，有北京猿人、远古恐龙的模拟再现，还有气势雄伟的秦时兵马俑、烈火熊熊的阿房宫、玲珑剔透的苏州园林等。

香港中国民俗节开幕 1995年11月24日晚，中国杂技团向香港市民献上一台精彩的“老北京天桥民俗杂技魔术汇演”，拉开了香港中国民俗文化节的序幕。中国民俗文化节共邀请了8个内地及10个本地演艺团体，在6所文娱中心及多个户外场地上演60多场丰富多采、民俗色彩浓烈的节目，让香港市民增进对中华民俗文化多元及其系统性的认识。

香港安子介被聘为清华大学名誉教授 清华大学举行隆重仪式，聘请香港著名社会活动家、学者安子介为该校名誉教授。清华大学校长王大中向安子介颁发了清华大学名誉教授证书。安子介多年来在从事工商和社会活动的同时，始终坚持进行学术研究，并在汉文字学方面作出了卓有特色的贡献。王大中校长致辞高度评价了安子介在学术上的贡献。他说，安子介担任清华大学名誉教授，“不仅会强有力地推动清华大学中文学科和对外汉语的教学和研究工作，而且会极大地促进清华大学人文社会科学的建设和发展。”安子介在致答辞中对自己被聘为清华大学名誉教授表示十分荣幸。他还向清华大学赠送了自己的《解开汉字之谜》、《劈文切字集》、《汉字科学的新发展》等专著。

金庸被授予北大名誉教授

1994年10月25日，香港知名人士金庸(查良镛)在北京大学被授予北京大学名誉教授。北京大学校长吴树青向金庸颁发了名誉教授证书。金庸是国际著名的武侠小说家，著有武侠小说36部，共1000余万字，在海内外广泛出版。同时，他又是著名的报业家。

香港公共图书馆全面电脑化

香港市政局所属31家公共图书馆全面实现电脑化，这是目前世界上最大的中英文功能兼备的电脑化图书馆系统。香港市政局图书馆委员会副主席徐尉玲说，从1995年3月28日开始，读者可在市内任何一家图书馆翻查所有的馆藏资料，并可借助图书馆系统已接通的全球资讯网络，检索当地和海外图书馆的目录，以及储存于各种资料库的资料。

香港3位科学家获中国国家自然科学奖 第六次中国国家自然科学奖港澳地区颁奖典礼于1994年5月18日在香港大学举行。香港城市理工学院郑耀宗教授、香港大学支志明教授和郑广生博士荣获中国国家自然科学奖三等奖。国家科学技术委员会代表、国家自然科学奖委员会秘书长孙枢院士受国家科学技术委员会的委托，专程到港为三位获奖者颁奖。中国国家自然科学奖是国家设立的自然科学基础性研究方面的最高奖励，在中国科学界享有极高的荣誉。该奖奖励科学家在从事自然科学研究中取得的优异成果，鼓励科学上的发现和发明，从而推动科学事业的繁荣和发展。国家自然科学奖每两年评定一次。这次全国共有52项优秀研究成果获奖，香港地区的科学家获得3项。三位学者获奖后均表示，要珍惜此项荣誉，今后更加努力提高自己的水平，以期在科学上争取更大的成就，为祖国和人类作出更多的贡献。

澳门发现新石器时代文物

澳门近日发现一处距今约有4000年历史的新石器时代玉石饰物作坊遗址。这个位于澳门路环岛黑河公园的遗址发掘面积只有32平方米，却发现了相当丰富的新石器时代文物。包括有距今3000年到4000年前当时人类生活的遗址和遗物红烧土和石彻火塘，在火塘附近散布相当多的陶器碎片，有炊煮用釜、器座和盛载用钵、罐等。更引人注目的发现是一套完整的制作玉石玦环的工具，包括石锤、石核、石片、胚、石磨、石芯、石钻等。专家断定，这里无疑是一处制作古代玉石饰物的作坊。此外，还发现有一些石斧、磨制骨枪用的砺石等。香港中文大学中国考古艺术研究中心主任邓聪说，这次在澳门发现的文物与在珠江三角洲、香港、台湾等地所发现的文物，以及在越南南部同奈省、北部海防市发现的文物十分相似，显示在3000至4000年前人类沿台湾海峡以至印支半岛南海沿岸，已形成一个具有一定文化关系的网络。他强调，澳门黑河的发现，提供了一个了解古代东南沿海海洋文化交流的重要环节。

澳门举行纪念活动弘扬中华“妈祖文化” 1995年农历3月28日是妈祖诞辰1035周年，连日来，澳门举行许多纪念活动，其中有“澳门妈祖文化国际学术研讨会”，传统民间习俗的“水陆演戏”、“神功宴”以及具有历史研究性质的“天后文化与澳门”图片展览会等。形式多样、内容丰富的活动，使人深深感受到“妈祖文化”是中华民族文化宝库中的一部分，自古以来紧紧联系着海峡两岸人民的心。如今弘扬妈祖文化，回顾两岸同一文化根，盼望祖国早日统一。妈祖文化起源于福建，由于许多台湾老居民祖籍福建，就把妈祖文化带到了宝岛。两岸关系打开后，“妈祖文化”进入了频繁交流的新阶段。每年“妈祖”诞辰时，来自台湾岛和世界各地的台湾人不断到澳门和福建拜祭；湄州和澳门民众也经常去台湾参拜北港及各地妈祖庙。“妈祖文化”不仅体现了中华民族的开拓性和凝聚力，而且也形成了海峡两岸以至全球炎黄子孙的精神纽带，在求同存异；共同发展的基础上，弘扬妈祖文化将有利于促进两岸统一大业。

澳门与内地加强文化交流

据澳门统计司和文化司公布的消息，澳门与内地的文化交流，不仅次数增多，而且交流的范围广泛，内容十分丰富。1995年1至8月间，两地相互合作交流的次数达65次，内容有戏曲、音乐、曲艺、摄影、画展、出版、文物、考古以及杂技艺术等。两地的文化交流向高深层次发展。澳门基金会同北京大学合作，出版了《澳门法律汇编》。澳门同上海社会科学院合编了《葡侨史》、澳门同福建合作研究了妈祖文化、澳门文学等。澳门政府文化司有关人员说，两地间频繁的文化交流，符合两地人民的共同愿望，丰富澳门居民的文化生活和活跃文艺舞台，对澳门的平稳过渡及繁荣经济有好处。

澳门陈继杰爵士捐款百万建希望小学 澳门陈继杰爵士热忱支持内地希望工程，捐款在长江、黄河源头兴建两所希望小学，并在万里长城沿线资助千名失学女童。在孕育了中华民族五千年文化的长江、黄河的源头，将建起两所希望小学；在象征着中华民族生生不已、自强不息的万里长城的沿线，又有1000名失学、辍学的女童获得了完成小学学业的机会。目前，澳门陈继杰爵士在北京人民大会堂青海厅把面额100万元人民币的支票牌发给了中国青少年发展基金会，希望工程“护花活动”正式拉开帷幕。将要兴建的两所“继杰希望小学”分别位于青海省境内长江源头地区的沿多县多彩乡聂卡村和黄河源头地区的玛多县扎陵湖乡多涌村。受到捐助的失学、辍学女童分布于甘肃、宁夏、内蒙、陕西、山西、河北等6省区的20个贫困县内。此外，陈继杰爵士还向上述20个县的1000名女教师每人颁发200元人民币作为“希望工程园丁奖”的特别奖。

澳门与内地大学合作培养法律和贸易人才 澳门同内地多所大学合作，加快培养法律和贸易人才，以保证1999年对澳门恢复行使主权后，实现法律和贸易人才本地化。由澳门大专教育基金会倡议并提供资助，广东汕头大学1994年9月为澳门开办法律专门班。汕头大学为办好澳门法律专门班，从招生、教学、管理、生活保障等方面进行了大量准备工作，力求培养熟悉中国内地法律、通晓中葡文的法律高级人才。

海外华人在精神文明方面的贡献

“华侨与抗日战争”图片展在世界各地展出 在世界各地侨胞的大力支持和参与下，由国务院侨务办公室、新华社、中国海外交流协会联合主办，中国新闻社与《瞭望》周刊社承办的“华侨与抗日战争”图片展，于1995年9月1日起在世界各地有关城市同时举行。根据这些照片印制的5000册纪念册也将同时面市。这是首次通过图片集中全面地反映和歌颂华侨在抗战中的作用。在半个世纪前的抗日战争和世界反法西斯战争中，3000多万海外华侨与祖国同胞一道共赴国难。此次图片展是为了纪念他们在此期间所作出的伟大历史贡献而筹办的。由于抗日战争空前激烈，华侨的处境异常艰辛，能保存至今的照片已极为罕见。此次影展，将从辗转收集到的400多幅照片中，精选出250幅进行展览。不少照片都是首次公开的珍贵资料。这些照片都包含着一个个悲壮的故事。这次展览从筹备到展出在海外引起强烈反响。一些侨胞在当地报纸义务刊登征集图片的消息。不少侨胞和华侨团体主动为筹办者搜集、邮寄资料。一些海外社团请求展后把这些珍贵的历史照片留下来，以便他们教育后人。

法国华侨举行纪念抗战胜利50周年音乐会 为纪念抗日战争胜利50周年，旅法华侨各界于1995年9月在巴黎举办了一场别开生面的音乐会。在法国的华裔歌唱家、钢琴家、小提琴家以及在德国、英国、比利时的华裔音乐家20多人为法国各侨团代表、中国驻法机构代表及法国朋友1000多人表演了从抗战到祖国建设各时期的节目。音乐会以《黄河大合唱》选段开始，浑厚雄壮的歌声把观众带到了烽火连天的抗日战场。当合唱团唱起《怒吼吧，黄河》时，台上台下的激情交织在一起，把中华民族同仇敌忾，抵御外敌的豪情壮志充分表现出来。音乐会最后以大合唱《我们伟大的祖国》结束。

海内外知名科学家联名倡议设立中华国际交流科学基金会 杨振宁、朱光亚等50位海内外知名华人科学家，最近联名倡议设立中华国际交流科学基金会。国家自然科学基金委员会负责人说，在科学研究越来越走向国际化的今天，要使中国的科技事业迅速赶上发达国家，参与国际交流与合作将是必然的选择。海外华裔科学家首先倡议的这一科学交流基金会，希望以民间集资捐助的形式为中国科学界参与国际交流筹措资金。他们的倡议得到了海内外华人科学界的响应。中国科学院、国家自然科学基金委、中国科学基金研究会、全国工商联等团体表示给予支持。据了解，中国国际交流科学基金会将是一个非盈利性民间科学基金组织，它将接受海内外团体、企业和个人的捐赠，用以资助自然科学国际合作研究与学术交流，宣传和扩大中国科学成就在国际上的影响，发现和培养人才，促进科学技术进步和经济、社会发展。

美国国家科学院“华星”灿烂

美国国家科学院是美国科学技术发展的总参谋部，于1863年根据美国国会提案而设立。其院士为美国科学界的最高荣誉之一。到目前为止，美国国家科学院已有1812名院士，其中华人院士25人。美国华人中的4位诺贝尔奖金获得者杨振宁、李政道、丁肇中、李远哲都是美国国家科学院院士，他们都在中国受过中等或高等教育，奠定了自己的知识基础，后在美国继续深造而取得巨大成就。老一辈的华人院士包括：美国物理学会首位女会长、因设计验证宇宙不守恒定律而享誉世界的吴健雄博士；发明避孕丸和被誉为“人工授精之父”的张民觉博士；圣地亚哥大学生物医学工程教授、著名心肺血管研究专家冯元桢博士；在拓扑转化酶中有重要发现的哈佛大学分子生物系教授王倬以及旧金山加大教授简悦华、柏克莱加大工学院院长葛守仁等。40—50多岁的华人院士比重最大，他们都曾经在中国大陆、台湾或香港受过教育，这些人包括：创下高温超导突破性纪录的得州超导研究中心主任朱经武(51岁当选)；堪称静压高温泰斗的华盛顿卡内基研究院地球物理学家毛河光(51岁当选)；发明分子速磊晶，对超高速电脑、镭射、微波有重大贡献的贝尔实验室主任卓以和；对冷凝固体和高温超导研究卓越贡献的麻省理工学院物理学教授李雅达(43岁当选)；对细胞成长过程中基因变化有重大发现的柏克莱加大化学教授钱泽南(41岁当选)；在研究银河系的变化中有重大发现的柏克莱加大著名天体物理学家、美国天文学会会长徐遐生(42岁当选)；哈佛大学教授、理论几何学报总编辑丘成桐(44岁当选)等。此外，中国科学院院士谈家桢、周光召是美国国家科学院的外籍院士。

4名华裔教授获'95美国总统奖 1995年9月白宫公布了1995年美国总统奖励30名教授的名单，4名华裔教授榜上有名。占获奖人总数的13%强，与约占美国人口1%的华人相比，这一比例充分显示了华裔青年教授在美国科学和工程领域茁壮成长和崭露头角的喜人形势。这4名华裔青年教授是：邓兴旺(湖北籍)、李静(女，湖北籍)、司捷(女，北京人)、刘胜(湖北籍)都是来自中国大陆的留学生，他们学有所成，进入美国名牌大学任教和从事科研工作。美国总统教授奖每年评选一次，以表彰在高等学府中任教和从事科研取得杰出成绩的年轻教授和科学工作者。每个获奖者可获得10万美元的研究基金，用于帮助设计和革新的教学和研究项目。华裔教授们获奖后，可以自行设计和建立自己的实验室，有助于在本研究和教学领域开创新的天地。这一奖的名声极佳，有助于取得同行的尊重和支持。

美籍华人萧艾克向北京图书馆赠书 美籍华人萧艾克先生向北京图书馆赠送其父萧一山先生著作《清代通史》仪式于1994年1月13日在北图举行。萧一山为中国近代著名学者，曾任清华大学、北京大学教授。1948年去台，1978年在台逝世。

世界华人陵园建成 经国家民政部批准，大型花园式陵园世界华人陵园于1994年1月建成启用。世界华侨陵园位于驰名中外的河北省易县清西陵一侧，依山面水，气势宏伟，风光秀丽。它采用先进的管理方法，为港澳台同胞、海外侨胞以及国内外知名人士服务。

纽约华人为修长城献画 在邓小平题词"爱我中华，修我长城"10周年之际，美国纽约华人捐赠28幅书画、名家作品及义卖所得款项，于1994年8月在京举行了捐赠仪式。纽约华人捐赠的28幅中国书画，多数为名家名作，其中特别引人注目的是圣若望大学亚洲学院副院长何平南所捐个人收藏的李苦禅国画和前"台北国立博物馆"馆长何诰天所绘国画"黄山归来"。这28幅书画中多幅画作已被收藏家高价收购，所得款项全部捐献给长城的修复工程。纽约华人艺术家此次"爱我中华，修我长城"献爱心活动，是由北京中国长城学会委托海外募捐活动的美国金利国际公司主办的。美国金利国际公司的总裁金晨代表纽约华人艺术家带来的28幅书画于1994年9月22日在中国历史博物馆展出。

庄升俦向中国华侨历史博物馆捐款500万 新加坡永固控股有限公司董事长、总经理庄升俦于1994年10月向筹建中的中国华侨历史博物馆捐赠500万元人民币。中国侨联主席杨泰芳在捐赠仪式上介绍说，在北京建一座国家级中国华侨历史博物馆是著名爱国华侨陈嘉庚先生在1960年首倡的，1991年12月全国人大常委会通过筹建议案，庄升俦先生是向中国华侨历史博物馆捐款的第一个热心人。

爱国华侨黄仲威捐资兴学，人称"南安陈嘉庚" 曾两次荣获福建省人民政府颁发金质奖章的爱国华侨黄仲威，最近又投资2000万元，在南安市城区兴建一座12层的"必利达"大厦。1995年5月竣工投入使用后，将其经济收入全部投入南安市教育事业。黄仲威出生在南安市码头乡仙都村，早年飘洋过海到南洋谋生。近年来，他创设了"南安市黄仲威教育基金会"，捐资4500多万元，先后资助南安市新建、助建40余幢教学楼和医院。5年来共捐款用于奖教奖学金350多万元，获奖的中小学优秀师生达1万多人次。他看到南安市山区教育落后，就为5个山区乡新建了7所中小学。由基金会拨款200多万元兴建了一座有36间教室，可容纳1800多名学生的柳城中学。他爱国爱乡，捐资兴学的事迹，在闽南侨乡广为流传，被誉为"南安的陈嘉庚"。

王东方向中山大学和实验中学捐赠价值3500万元计算机 北美计算机集成大公司之一的ONYX公司副总裁王东方先生于1995年4月向中山大学及北师大实验中学捐赠了价值3500万元的计算机设备。加拿大籍杰出的青年企业家王东方博士1994年10月曾随加拿大总理让·杰雷蒂安访华。其间，他考察了我国计算机教育情况，深感有责任支持祖国教育事业，于是慷慨解囊，将最先进的计算机设备赠送给以上两所学校。

张美娟荣获亚洲杰出艺人奖 上海著名京剧表演艺术家张美娟荣获1994年度"亚洲杰出艺人终身成就奖"。张美娟是中国第一位武旦女演员，她8岁登台演出，

11岁入上海戏剧学院，为京剧“正字辈”演员。张美娟在京剧武旦表演上有很大的突破，在《盗仙草》、《火凤凰》等剧中，创造了许多高难度的开打动作，尤其是她的踢枪动作，令人叹为观止。

陈其刚荣获法国“梅狄希斯别墅奖” 中国旅法作曲家陈其刚荣获法国外交部颁发的“梅狄希斯别墅奖”。“梅狄希斯别墅奖”的前身是“罗马大奖”。该奖分为“墙内”和“墙外”两种。“墙内”由法国文化部颁发，让获奖者在罗马的“梅狄希斯别墅”里居住一年，潜心创作。“墙外”奖由法国外交部颁发，由获奖者在法国本土之外实现其创作计划。陈其刚的计划是为法国国家交响乐团和法国广播合唱团创作一部从中国寺庙音乐取材的大型交响作品。

陈其刚1951年出生于上海，1984年由国家教委派赴法国深造。在法国相继获得巴黎高等音乐师范的高级作曲和巴黎大学的音乐硕士文凭，并在国际交响乐作曲音乐比赛中获奖。1991年当选为法国音乐版权组织理事。

我旅英学者崔占峰获埃索教学奖 在英国爱丁堡大学化学工程系担任讲师的中国学者崔占峰博士，因在教学和科研中有突出贡献，最近获得1993年英国埃索高等工程教育教师奖。1994年31岁的崔占峰是全英国获得这项奖金的6名年轻讲师之一，也是获得此奖的唯一一名中国人。他们是在全英近100名从事化工、石油和机械工程的讲师的竞争中获得这项奖的。今年是埃索教学奖颁发的第二年。此奖由英国皇家工程学院评选和颁发。崔占峰在大连理工大学获博士学位后，于1988年来英国作博士后研究工作，并于1991年到爱丁堡大学担任讲师，他已获得英国科学与工程研究委员会两项科学基金，正在进行膜分离的研究工作。

我旅美学者田刚获沃特曼奖 旅美中国学者、纽约大学教授田刚以其在复微分几何研究方面所取得的突出成就，获得在美国科学界有影响的沃特曼奖。该奖设立于1975年，专门用于表彰在科学和工程学领域有突出成就的35岁以下的青年科学家。该奖每年授予一次，每次评选出一名获奖者。35岁的田刚1982年毕业于南京大学，1984年在北京大学获硕士学位。赴美学习并在哈佛大学取得博士学位后，在普林斯顿大学担任助理教授，自1992年起受聘为纽约大学教授。田刚现在还兼任北京大学教授和中科院数学研究所研究员。田刚在复微分几何领域研究中取得的主要成果之一是证明了在复曲面上凯勒——爱因斯坦度量的存在。

海外华人资助的“希望工程”在江西实施 首次由海外华人资助部分贫困家庭女孩完成高中学业的“希望工程”计划，开始在江西省实施。这项“希望工程”由旅美老校友顾陈晋明发起，联络美国等地的校友，共同资助部分家庭贫困无力继续求学的女孩接受高中教育。上海市第三女子中学受上海中西女中（市三中前身）校友会委托，选择江西省私立育才中学开设中西女中海外校友会育英高中女子班，1995年秋在江西贫困地区招收40名初中毕业生。中西女中海外校友会规定所有学生不仅要品学兼优，还要有一定的组织能力和社会活动能力。因为校友会希望她们最终能回到家乡，帮助乡亲改变家园面貌。学校按国家教委高中教学大纲开设课程，并加强职业技术教育。每个学生每学年由中西女中海外校友会提供300美元资助，每个学生将直接与资助者通信，汇报学习、生活情况。

旅美华人创办《中国导报》 由在美国的中国学人创办的《中国导报》，在美国洛杉矶创刊。该报力求全面准确地介绍中国，尤其侧重介绍中国的改革开放形势、经济社会发展、商贸投资信息和机会，以期满足日益增长的在美华人、旅美学人、美国工商界以及美国主流社会迫切了解中国情况的需要，在美国社会的多个层面产生一定影响。《中国导报》的主要创办者和编辑记者队伍以学有所成的留学人员为主，他们对中国国情有所了解，具有爱国的赤子之心，也比较了解美国的社会经济。在美国建立介绍中国的窗口、沟通美中的桥梁，通过信息传媒有效地为中美工商企业界加强合作提供服务，正是他们以自己的优势用多种形式报效祖国的实际行动。《中国导报》为中英文版周报，在北美主要大都市设立了分社，还设有美中投资商务咨询中心，拥有25名具有经济、科技、工程等广泛知识背景和博士学位的研究咨询队伍。《中国导报》为翔实地、生动地报道中国，正着手组织中国经济开发部，配备活跃的编辑记者队伍，并在《中国导报》上开辟《中国经济开发区》、《中国企业家》、《杰出华人》、《中国市长》等专版和专栏。

美籍华人谢宗玲暨日本古流松扇会插花艺术展在京举办 美籍华人谢宗玲教授暨日本古流松扇会插花艺术展在中国革命博物馆举办。谢女士祖籍上海，生于韩国，20年前在日本古流松扇会学习插花艺术，获得日本古流华道及日本古流生花的教授资格。她10年前移居美国，继续对欧美及日本插花艺术进行研究。谢女士的插花艺术综合了东西方文化的特点。在她的插花作品中充分显示了日本插花的纤细性和欧美插花的大胆性，而又具有独特的美韵。她多次在日、美等地举办插花艺术展，受到很高的评价。为了充分展示插花艺术，提高我国插花水平，谢宗玲女士的《东西方插花艺术交流集》中文版已出版。

华裔女童张隽清荣获联合国儿童基金会圣诞卡设计赛首奖 洛杉矶6岁华裔女童张隽清所画的一幅三个不同肤色的小孩，共同骑乘白鸽在蓝天飞翔，用以象征“世界和平”的图画，被联合国儿童基金会选为年度圣诞卡设计比赛7岁以下儿童组首奖。这是联合国儿童基金会第三次举办“儿童帮助儿童”圣诞卡设计比赛。张隽清的设计在4000份参赛儿童的作品中脱颖而出。小艺术家的作品将被印成圣诞卡出售，售卡所得交由联合国儿童基金会作为帮助发展中国家贫困儿童之用。

巴塞罗那华侨子弟学校成立

为了弘扬中华民族文化、增进海外炎黄子孙与祖国的联系，巴塞罗那华人华侨自发组织的华侨子弟学校于1995年11月20日在巴塞罗纳宣告成立。来自祖国各地的侨胞代表50多人参加了成立会。著名华人林传舜先生在会上介绍了开办学校的经过。大会通过了《巴塞罗那华侨子弟学校董事会章程(草案)》和董事会成员名单。林传舜先生希望大家共同努力，把华侨子弟学校办好。

世界华人在京研讨航天科技

第二届海内外华人航天科技研讨会在京正式开幕。全国人大常委会副委员长李沛瑶出席了开幕式并为大会致词。此次历时4天的研讨会是由中国宇航学会主办的，旨在进一步加强海内外华人、学者和知名人士间的学术交流和相互了解，促进航天技术的发展，探索中国航天发展的未来。据介绍，经过将近40年的努力，中国着力发展了运载火箭、应用卫星和卫星应用技术。据了解，今后中将继续致力于航天技术的进步，计划在1995年前后将亚洲一号和二号通信卫星分别投入使用，从而使中国成为亚太地区使用卫星转发器最多的国家。同时，中国还计划在风云一号系列卫星的基础上，在2000年前后，继续发射风云二号和三号系列气象卫星。在本次研讨会上，来自中国、美国、加拿大、香港、台湾、澳门等国家和地区的近百名国际知名专家和学者将就卫星技术及其应用等课题进行广泛的学术交流。

欧洲华人华侨社团联合会第三届代表大会举行 第三届欧洲华侨华人社团联合会大会暨第三届欧华联华主席团、常务理事就职典礼，于1994年6月20日在苏格兰隆重举行。中国驻英国大使马毓真和夫人、香港驻英办事处副专员出席了大会。中国海外交流协会秘书长诸有钧专程前来苏格兰，代表钱伟长会长和国务院侨务办公室主任廖晖向大会表示热烈的祝贺。大会由英国华人社团联合总会会长叶煌兴主持。第三届欧华联会主席曾庆如首先发表献词。他说：欧华联会成立于1992年，在过去的两年中，欧华联会的理事们努力不懈，使联会不断扩展，并已初具规模。目前参加欧华联会的国家已有14个。曾庆如说：我们高兴地看到欧华联会稳步的发展，但前面的工作依然曲折、艰巨。首先我们要继续致力于增进会员社团之间的了解和建设性的合作，帮助欧洲华人解决面临的问题及努力争取会员们的共同利益，并力求提高欧洲华人政治、经济、文化素质和社会地位，鼓励华人积极融入当地社会。曾庆如在谈到欧洲联会的目标时说：欧华联会除愿意成为欧洲各国华侨华人社团之间沟通的桥梁之外，还希望成为一座横跨欧亚的桥梁，在互惠互利和平等的基础上，促进欧洲各国和中国各方面的合作和交流。我们希望协助弘扬中华文化，加强旅欧各国华侨华人对祖籍国的了解，为中国的经济建设大业、繁荣富强而出点绵力。马毓真大使和诸有钧秘书长也先后在会上发表了讲话。

国际交流活动

东方文化再次为世界瞩目 博大精深的东方文化造就了中华民族5000年文明史及东方诸国的发展史，在世界经济此消彼长，高新技术日新月异，社会发展千差万别的今天，东方文化再次像一团熊熊熠火举世瞩目。这是1994年9月在北京举行的'94东方文化与社会发展国际研讨会上，中外学者、专家、企业家的共识。以中华文化为核心的东方文化一直为世界人民所推崇。近二三十年来，东亚地区社会经济迅速发展所显现的超越西方的趋势，尤其是中国改革开放以来所取得的巨大成就，激发了中外学者研究东方文化与社会发展问题的浓厚兴趣。人们预言21世纪将是亚洲人的世纪，是中国人的世纪。来自美、德、日、印度、韩、新加坡、马来西亚及中国的近百名代表，就东方文化对东亚地区社会经济发展的影响。东西方文化与现代经济发展关系的比较等方面进行了交流和探讨。

中国国际广播电台国外听众来信逾50万件 中国国际广播电台1994年国外听众来信再创新纪录，从179个国家和地区来信达578744封。10年来，该台听众来信持续增长，1993年达到55.4万多封，跃居各国际广播电台的第二位。1994年，中国国际广播电台继续改进节目，仅《中国西藏知识竞赛》和《中国三峡工程知识竞赛》就收到答卷39万份。

国际儒学联合会在京成立 由各国、各地区与儒学有关的学术团体、机构和个人组成的国际儒学联合会于1994年10月5日在北京隆重成立。新加坡内阁资政李光耀任该会名誉会长，中国孔子基金会名誉会长谷牧任会长，韩国儒教学会会长崔根德任理事长。该会旨在研究儒学思想，继承儒学精华，发扬儒学精神，以促进人类之自由平等、和平发展与繁荣。其具体工作包括开展学术研究活动与评介学术研究成果、举办国际学术会议和学术讲座讲演、推广儒学教育、编纂出版学术著作与资料、促进国际学术交流与合作，开拓其他有助于学术发展的事业等。联合会章程规定，该会9个发起会员单位——中国孔子基金会、中华孔孟学会（台北）、韩国儒教学会、日本斯文会、美国国际中国哲学会、德国阿登纳基金会、新加坡国立大学汉学研究中心、香港人文科学学会、越南之团体代表等为常任理事，组成常任理事会，在理事会休会期间代行理事职责。常任理事会每3年轮流主办一次国际儒学联合会学术会议。该会永久会址设在中国北京。

国际儒道学术研讨会在淮阳举行 以弘扬中华文化、振奋民族精神为宗旨的首届国际儒道学术暨伏羲女娲文化研讨会，于1995年4月在河南淮阳召开，来自国内外的120多位专家、学者参加了这次研讨会，年龄最大的80多岁，最小的24岁。日本儒学泰斗冈田武彦等10多位知名人士发来了贺信和贺电。这次会议由古陈州孔子学会和香港孔教学院主办。

中国国际文化交流中心成立10周年 1994年10月，在庆祝中国国际文化交流中心成立10周年之际，江泽民、乔石、李岚清、钱其琛、任建新等党和国家领导人题词，勉励中心为对外文化交流和现代化建设做出新贡献。中国国际文化交流中心是我国实行改革开放后创建的第一个从事国际文化交流的全国性民间团体。10年来，中心共接待了来自50多个国家和地区的访华团组和个人800余批共1万余人次，组团出访了十几个国家。

中日专家研讨21世纪亚太前景 中国社科院日本研究基金会理事会和日本研究所1995年6月17日在北京联合召开"跨世纪、中国与日本——亚太地区经济合作发展与中日关系"研讨会，来自日本和中国的专家学者聚集一堂，以"世纪之交进一步发展和加强中日和平友好事业，把一个长期稳定的中日友好关系带进21世纪"为主题，深入探讨了两国如何在政治、经济和文化等各个领域进行合作与交流，共同为亚太地区的和平稳定与经济繁荣作出新的贡献。与会者指出，过去20年，东亚地区整体经济的年平均增长率为8%，远远超出世界发展中国家4.3%和工业发达国家3%的水平，其中中国为8.6%，"四小龙"为8.5%，东盟4国为6.8%，以上9个国家和地区加上日本，国内生产总值合计目前已达到5.16万亿美元，相当于目前美国经济规模的90%，这些情况说明，亚太地区的经济发展将在相当一段时间内保持旺盛的活力。但是，当前国际经济正向全球化和区域经济集团化加强，西欧出现了统一市场，并有容纳东欧而发展成泛欧集团的趋势，美国、加拿大、墨西哥的北美自由贸易区正式运作等，使亚太地区各国或地区之间的区域经济合作面临着挑战。与会的两国人士认为，中日两国的经济关系在整个亚太地区的经济关系中占有十分重要的地位，回顾以往、展望未来，有充分的理由相信，21世纪的中日关系将继续朝着健康的方向发展。这是因为，中日友邦正常化20多年来，两国已奠定了牢固的友好基础；从谋求和平与发展讲，发展经济是两国的一致目标；东亚形势空前良好，中日处在一个较好的周边环境中。会上，两国学者共同呼吁，为建构21世纪新的中日关系，两国知识分子应联手谱写各种各样中日友好的新篇章。

中韩日佛教代表举行祈祷世界和平法会 在世界反法西斯战争和中国人民抗日战争胜利50周年之际，出席中国、韩国、日本三国佛教友好交流会的代表，1994年5月底云集北京广济寺，举行盛大的祈祷世界和平法会，这在中韩日三国佛教友好关系史上是第一次。中韩日三国佛教友好交流会议组织委员会名誉主席、中国佛教协会会长赵朴初居士致词后，举行了隆重的诵经仪式。首先由中国佛教代表团团长、中国佛教协会副会长明旸法师主法，中国佛教代表诵经；然后由韩国佛教代表和日本佛教代表依次诵经，共同祈祷三宝慈光加被，中韩日三国人民世代友好，和平共处，世界各国风调雨顺，兵戈永息，人民安居乐业。首都佛教四众弟子300余人也参加了祈祷法会。日本茶道里千家献茶供佛。诵经仪式结束后，中韩日三国佛教代表团的领导人在广济寺共同种下了象征中韩日三国佛教友谊的"长青树"。

中日关系研讨会在京举行 1995年7月，为纪念世界反法西斯战争和中国人民抗日战争胜利50周年，中日两国老朋友和有关学者聚集一堂，以"前事不忘，后事之师"为题就中日关系举行研讨会。中日友好协会会长孙平化、中华日本学会会长刘德有、日中友好协会副会长清水正夫、日本前驻华大使鹿取泰卫等出席了会议。孙平化说，在我们充分肯定中日友好关系顺利发展的同时，也不能不承认战后50年来日中关系始终受到两个问题的影响和困扰。一是对侵华战争的认识，一是对台湾地位的认识。孙平化指出，6月9日日本国会通过的"不战决议"含糊其词，掩盖问题的关键，根本不能成为对侵略战争的反省，更谈不上道歉。关于台湾问题，近年来日台之间的变相官方往来有所增加，且有升级的势头。希望日本政府1995年在大阪召开的亚太经济合作组织领导人非正式会议上严格遵循西雅图和茂物会议的模式，不同台湾搞任何变相交易，否则，中日关系就会出现大倒退。

中国五千年文明展在巴黎开幕 由中国对外文化友好交流协会、法国丝绸之路协会、巴黎中国城集团等团体和公司联合举办的"中国五千年文明展"1995年11月17日在巴黎中国城展厅正式开幕。它通过200余件展品向观众展示了中国古代文化、古代科技、古代建筑和当代艺术。本次展览将持续到1996年3月3日。正在法国访问的国务委员兼国家体改委主任李铁映出席了展览会并剪彩。

中国十大世界文化遗产图片展在墨西哥展出 为庆祝中华人民共和国成立46周年，中国驻墨西哥蒂华纳总领事馆于1995年9月20日在墨下加利福尼亚州自治大学蒂华纳分部举办"中国十大世界文化自然遗产"图片展。图片内容包括列入世界文化和自然遗产名录的长城、故宫、秦始皇陵、黄山、九寨沟等遗址和风景名胜。

宋庆龄生平图片展在纽约展出 让美国人民了解宋庆龄，通过了解宋庆龄进一步了解中国为宗旨的宋庆龄生平图片展在纽约哥伦比亚大学正式展出。在哥大东亚图书馆底层两间宽敞的展厅里，墙上挂着160多幅反映宋庆龄为世界反法西斯战争、为中国的民族解放、为世界和平和为中国儿童事业而毕生奋斗的珍贵图片。出席展览仪式的近百位各方面知名人士有宋庆龄生前好友、反法西斯斗争的老战士爱泼斯坦和海伦·罗森女士。中国常驻联合国代表秦华孙、中国宋庆龄基金会副会长兼秘书长马联玉，美国哥伦比亚大学东亚图书馆馆长艾米女士等也出席了仪式。

西班牙出版中国当代诗集 用西班牙文、英文和中文出版的《中国当代诗歌集》，1995年10月24日同西班牙读者见面并受到热烈欢迎。西班牙费尔南多·里耶罗基金会和中国对外友协合作出版的这部诗歌集选辑了中国20位老、中、青诗人的85首诗歌,反映了中国70年代改革开放以来所呈现的新面貌。

中日合作出版《古典音乐精品系列》 中国唱片总公司上海公司1994年6月2日与日本胜利唱片公司(JVC)正式签订了合作出版"古典音乐精品系列"的协议。随着高雅艺术的推广普及,"古典音乐"热正在升温。中唱公司上海公司在进行了市场调查后,制定了一整套引进海外古典音乐精品的计划,拟构建一个海外古典音乐录音作品的集大成系列。首批10张《古典音乐精品》激光唱片于1994年8月在中国各地正式推出,其中包括贝多芬、莫扎特、巴赫、瓦格纳、柴可夫斯基、比才、德沃夏克、德彪西等世界著名音乐大师的代表作品。根据协议,在未来3年内,著名的日本胜利唱片公司将通过它在香港的子公司——香港名翠出版公司,按照中方公司的要求,向中方提供200张世界古典音乐精品专辑的高保真数字录音母带。

中美合拍《当代中国》 1994年11月13日,美国公共电视网与中国东上海国际文化影视有限公司正式签订了中美双方联合拍摄大型电视系列片《当代中国》的协定。《当代中国》将把镜头对准上海和长江三角洲地区,包括广东、福建、浙江、上海、江苏、北京等地,全面反映中国15年来改革开放中经济的腾飞和人民生活的改善,以及中国在改革中如何克服困难走向现代化的历程。《当代中国》全套节目共10集,每集1小时,分3年完成。节目将采用纪实手法,通过大量人物的采访和实地的拍摄来介绍当代中国。前3集于1995年9月分别在美国公共电视网和上海电视台播出。

可爱的中国摄影展在安卡拉开幕 中国驻土耳其大使馆和安卡拉大学共同举办的"可爱的中国"摄影展于1994年11月1日在安卡拉开幕。摄影展用大量照片介绍了我国成立45年来,特别是改革开放15年以来在工农业、教育、科学、文化、体育等各方面所取得的伟大成就,展示了我国56个民族团结一心,不断走向繁荣昌盛的光辉业绩。

日文周报《中国巨龙》创刊 由日本竹书房出版社、日本亚洲经济开发中心、日中文化体育交流协会和中国画报社、中华英才杂志社、经济日报合作出版的第一份报道中国和华人社会的日文周报《中国巨龙》创刊发行酒会1994年11月4日在东京大仓饭店举行。《中国巨龙》每周二出版发行,预计发行30万份。

中国又有4处名胜古迹被列为世界文化遗产 1995年12月15日,联合国教科文组织在巴黎发表新闻公报,中国又有4处名胜古迹被列为世界文化遗产。它们是中国西藏的布达拉宫、河北的避暑山庄、山东的孔府及孔庙和湖北的武当山古建筑。

中外咏梅诗书画迎春大联展在北京举行 由中外名人研究中心艺术委员会、北京南海实业发展公司联合主办的"首届中外咏梅诗书画迎春大联展"于1994年1月13日至17日在北京中国画研究院展览馆隆重举行。这次大展是从海内外7000余件来稿中经专家严格评审产生的获奖作品。作者有久负盛名的著名艺术家董寿平、梅阡、王成喜、郑发祥等,也有不见经传的书画爱好者。大展同时推出由中国大地出版社出版发行的首届《中外咏梅诗书画作品精选集》。

首次瑞典摄影作品展在京举行 1994年5月21日至25日,中国摄影家协会和瑞典驻华大使馆,将在北京中国革命博物馆举办"瑞典职业摄影家摄影作品展览"。这是我国举办的首次大型瑞典摄影作品展,展览作品题材广泛,以不同侧面,全面介绍了这个北欧国家丰富多采的现实生活和美丽多姿的山川风光。

意大利现代绘画展在京举行 中国国际文化书院、北京国际艺苑美术基金会等单位主办的意大利现代绘画展于1994年10月18日在北京国际艺苑美术馆开幕,展出意大利的14位知名画家的40余幅代表作品,展现了当今意大利画坛各流派的面貌和水平,促进了中意两国美术界的了解和交流。

清华举办当代法国建筑家作品展 以浪漫、奇异的想象和锐意创新精神而蜚声世界的法国建筑家们的作品,1995年4月在清华大学新落成的建筑学院大楼与中国广大群众见面,它拉开了中法两国建筑界在北京和巴黎举办的系列文化交流活动的序幕。

中菲著名歌唱家在京联袂演出 为纪念中国、菲律宾两国建交20周年,我国文化部和菲律宾共和国驻华大使馆于1995年6月在北京音乐厅联合举办庆祝音乐会,由两位中、菲著名歌唱家联袂登台演唱。参加演出的中国女中音歌唱家梁宁,曾在许多世界一流的歌剧院的舞台上扮演过重要角色;菲律宾旅美男高音歌唱家奥托尼尔·恭萨噶不仅在德国30多个歌剧院担当过重要角色的演出,同时还活跃在欧美及亚洲的音乐舞台。两位歌唱家在演出中受到观众的热烈欢迎。

敦煌古乐轰动日本 1994年4月,从敦煌壁画上走下来的中国民族乐器风靡日本伊丹、滨松两市。不久前在两市举行的中国古代音乐演奏会上,佛山音乐家使用北京民族乐器厂根据敦煌壁画的乐器原形复原制出的40余件民族乐器,演奏了10余首敦煌古乐和长安古乐,在日本音乐界、文化界引起了巨大轰动。大阪音乐大学教授西冈信雄先生在演出结束后说:"演出的成功超出了我的意料,对于熟悉唐朝音乐的日本人来说，庄重、严谨、肃穆又不失活泼、朝气、富有深情的演奏使人感到亲切、激动。”一位30多岁的观众在问卷调查中写道：“我从知道有敦煌复制乐器后就盼着这台演出，今天我才真正领略了中国传统文化的优秀和伟大。”50岁的高桥教授写道：“中国音乐仿佛是天上的音乐，我陶醉了，音乐使我达到了忘我的境界。”

日中友协筹资修南京古城墙 1995年1月，日中友协会长平山郁夫在京表示，日中友协正在积极筹款，修复被破坏了的南京古城墙，以弥补日本侵华战争造成的损失，促进两国人民世世代代友好下去。平山先生一直在为世界和平呼吁，为修复南京古城墙而到日本各地演讲募捐，仅1994年一次纪念联欢会上，当场募捐93万日元。南京古城墙修复计划到1997年完成，期间将召集募捐者到修复工地参加义务劳动。

日本京剧爱好者访华团来华演出 应中国对外文化交流协会邀请，由日本日中协会派遣的日本京剧爱好者访华团一行30人，于1994年9月7日至19日来华，在西安、北京演出中国传统京剧折子戏《霸王别姬》、《盗仙草》、《秋江》、《拾玉镯》、《扈家庄》和用中国戏曲形式表演的布莱希特的剧作《是与否》等剧目。日本京剧爱好者访华团由日本京剧研究会中热爱京剧艺术的话剧演员、教师、学生、会社人员组成。该会成立12年来，通过录像模仿、派员到中国戏曲学院留学、请到日本演出的中国京剧演员讲学等多种渠道，学习中国京剧，并组织爱好者集训、练功、吊嗓、学唱，从只能演出小戏《秋江》发展为今天能够演出十数个大小剧目，表现出对京剧艺术的执著追求。京剧研究会还深入到中、小学，各区民会馆办京剧讲座、讲演会、学习班，在没有任何报酬的情况下，以各种形式进行京剧的普及活动，为中国京剧在日本拥有日益众多的知音作出了贡献。1992年，该团曾到南京、上海访问演出，获得成功。担任该访华团顾问兼名誉团长的千田是也先生，是日本著名导演、戏剧大师，与梅兰芳、欧阳予倩、黄佐临等中国的戏剧家有着深厚的友情。千田是也先生曾4次率团到中国访演。此次日本京剧爱好者访华团来华，正值梅兰芳100周年诞辰，千田是也先生作为京剧研究会的顾问，不顾年届90的高龄，亲自挂帅，来京助阵。

万里获马里兰大学荣誉博士学位 美国马里兰大学1994年1月18日在人民大会堂授予全国人大常委会原委员长万里公共服务荣誉博士学位。马里兰大学校长威廉·科万博士在学位授予仪式上表示，授予万里荣誉博士学位是马里兰大学的荣幸。他赞扬万里在增进中美两国人民的友谊和了解，促进中国人民的福祉等方面都作出了卓越的贡献。万里对马里兰大学授予他公共服务荣誉博士学位表示感谢。他说，“这不仅是我个人所得的荣誉，而且还应看作是中美两国人民友好的象征。”国家教委副主任韦钰、美国驻华使馆衔参赞范国凯等出席了学位授予仪式。

吴阶平当选为世界泌尿外科学术界领导人 1995年4月27日，美国泌尿外科学会在第95届会员大会上一致选举中国的吴阶平为世界泌尿外科学术界领导人之一，并为该会荣誉会员。该会只授予少数国外泌尿外科学术领导人这一荣誉称号，吴阶平是我国第一位被授予这一荣誉的专家。

郭翔获美犯罪学学会国际杰出学者奖 中国政法大学教授郭翔荣获美国犯罪学学会1995年“国际杰出学者奖”，这是中国学者首次获此奖项。郭翔是我国最早从事犯罪学和青少年犯罪研究的著名学者之一，也是我国犯罪学和青少年犯罪研究的开创者之一。几年来，他出版学术著作(含与他人合作)20余部。

周光召获罗马尼亚科学院外籍院士称号 1994年10月20日罗马尼亚驻华大使罗明在北京使馆举行仪式，代表罗马尼亚科学院将外籍院士证书和徽章授予周光召。65岁的周光召教授是著名的理论物理学家。到目前为止，他已先后被美国、前苏联、捷克斯洛伐克、保加利亚、蒙古等7个国家或地区性科学院授予外籍院士称号。周光召在接受证书后说：“我把它不仅看成是给我个人很高的荣誉，而且是罗马尼亚科学界对中国科学界的友好象征。”

中国煤矿文工团在意大利获奖 1995年12月3日在意大利西西里岛闭幕的第32届皮蓝德娄戏剧节上，中国煤矿文工团表演的四幕话剧《高山巨人》荣获最高奖——《皮蓝德娄艺术奖》。

《民警故事》在西班牙国际电影节上获奖 在1995年9月23日闭幕的西班牙圣塞瓦斯蒂安第43届国际电影节上，中国影片《民警故事》获得国际电影新闻联合会奖。这部影片是本届电影节唯一获得此奖的参赛片，它同时还获得评委特别荣誉奖。

中国少年杂技节目在摩纳哥获金奖 在1994年2月26日摩纳哥举行的第6届“初登舞台”杂技节上，中国广州杂技团年仅10岁和13岁的沈佳妮、刘贝妮演出的参赛节目“对手转毯”，荣获本届杂技节评委会的唯一金奖——“金卡奖”，以及“摩纳哥斯特芬妮公主杯”和“摩纳哥煤气与电力公司杯”两项特别奖。参加本届“初登舞台”杂技比赛的有来自中国、法国、俄罗斯、丹麦、蒙古、瑞典、以色列等国的50多名18岁以下的青少年演员演出的17个节目。蒙古和俄罗斯的两个参赛节目“双人柔术”和“单人柔术”分别获得了“银卡奖”。

专题调查报告

我国宣传文化事业投入的基本趋势、主要问题和建议

熊振南等

改革开放以来，随着我国经济快速发展，国家和社会用于宣传文化事业的投入不断增加；为文化、新闻出版、广播电影电视事业取得长足进步创造了条件。

一、宣传文化事业投入明显增加

1. 国家对宣传文化的事业费投入增多。“八五”时期，我国财政对文化、出版、广播电影电视事业的经常性支出达285亿元，年均增长速度达15%；投入总量比“七五”时期增加了130亿元，增长84%，年均增长速度比“七五”高出2.1个百分点。

2. 宣传文化事业投资规模扩大。“八五”时期，我国在文化、广播电影电视方面的基本建设投资额累计达199.7亿元，年平均投资规模为39.9亿元，是“七五”时期年平均投资规模的2.4倍，是“六五”时期的5.5倍。比较这三个时期投资的年平均增长速度，“八五”为33.1%、“七五”为6.9%，“六五”为7.2%，扣除投资价格指数，“八五”时期的增幅是15%。

3. 宣传文化事业的预算外投入增长迅速。随着改革开放不断深入，宣传文化事业单位由预算外取得收入，用于事业发展的事业费和投资支出增长迅速。据广播电影电视部统计，“八五”时期的预算外支出达142亿元，比“七五”时期的26亿元和“六五”时期的3亿元，分别猛增了4.5倍和45.2倍。“八五”时期年均增长速度达41.6%，比“七五”时期的33.5%提高了8个百分点。1994年，全国文化部门中45.2%的机构开展了补文活动，年创纯收入4.9亿元，其中4.1亿元用于补助事业费支出。这表明国家投入和自我发展两条腿走路的格局已基本形成。

4. 城乡居民消费中的文化娱乐支出不断增加。1994年，我国城乡居民平均每人用于文化娱乐的支出分别为122.36元和29元，其中城镇居民的文化娱乐支出比1990年和1986年分别增长了45.8%和90.2%；农村居民的文化娱乐支出比1990年和1986年分别增长了74%和158%。据框算，1994年我国城乡居民对文化娱乐的消费支出总额达670亿元，较1986年增长1.6倍。

5. 文化商品和服务的购买力增加。1994年，在我国社会消费品零售额中，文化娱乐用品和图书杂志类商品的零售额达1126.4亿元，较1985年增长了2.3倍。其中图书销售金额14.6亿元，比1985年增长3倍。但从文化消费与社会消费品零售额的比重看，1994年为6.9%，较1985年的8.9%反有所下降。

投入的增加，在促进宣传文化事业较快发展的同时，也推动

了结构的调整和改革的深入。文化基础设施建设和文化市场管理得到加强，文艺的表演团体体制改革为重点的文化体制改革取得进展；广播、电视覆盖率分别达到79%和84%，比10年前提高了10个百分点以上，覆盖人口已近10亿；出版物产出量增长迅速，图书、杂志、报纸的总印张数1995年达到722亿印张，比1985年增长28%。出版用纸量1991—1994年合计达564万吨，年均增长11%。

二、宣传文化事业投入的主要特点

1. 转变投入观念。主要表现为：改变了过去那种只依赖国家财政拨款的单一投入观念，逐步树立了在文化事业建设和服务中开拓文化市场、发展文化产业、加强经营管理、多渠道筹集资金的多元投入观念。正是这一观念的转变，为解决困扰文化、新闻出版、广播电影电视事业发展的投入短缺问题开辟了道路；克服了事业发展动力不足，缺乏活力，“等、靠、要”，不能主动为经济建设和人民群众需要服务的状况；培养了一批既热爱文化、新闻出版、广播电影电视事业，又善于经营管理的新型文化事业管理人才。

2. 开辟投入来源。除国家和地方的财政拨款这一主渠道外，又开辟了新的事业建设和发展的投入渠道，通过开展多种经营和服务取得的收入、银行和金融机构的贷款，通过与有关部门、机构和企事业单位开展横向联合取得的资金，由集体和个人承担投入的资金、从国外和港澳台引进的资金、财政周转金等。

从文化、新闻出版、广播电影电视事业发展的趋势看，这种广筹资金的办法是适应社会主义市场经济发展需要的，是发展文化、新闻出版、广播电影电视事业的必由之路。

3. 改革投入管理。针对投入来源的变化，各部门都加强投入使用的管理和改革。主要表现为：积极探索艺术表演团体、出版社、影剧院、广播电视台站等各类机构的管理体制改革，增加投入；加强经费使用的管理、审计和监督，保证各类投入主要使用到事业发展和建设上来；加强宏观调控，缓解经营收入差距过大，通过经济手段支持短线项目，控制长线项目，促进事业发展结构合理。正是由于投入使用管理能力的提高，成功举办了文化节、艺术节、电视节、博览会等重大文化活动；尤其是圆满完成了第十一届亚运会和第四次世界妇女大会的宣传文化活动，标志着我国宣传文化的整体水平迈上新的台阶。

4. 国家政策扶持。党中央、国务院历来强调精神产品的特殊属性，强调一切精神产品生产部门都要坚持把社会效益作为最高准则。在文化、新闻出版、广播电影电视事业的投入中，国家除在财政支出中直接投入外，还以繁荣社会主义文化事业、加强社会主义精神文明建设为目的制订了扶持宣传文化事业发展的文化经济政策。主要体现在：对文化、新闻出版、广播电影电视机构在营业税、增值税、所得税、固定资产投资方向税等多方面给予了优惠。在实行新税制后，继续对宣传文化单位实行了财税优惠政策，并建立了宣传文化发展专项资金。近十几年文化、出版、广播电影电视投入的增加和事业的发展是各有关部门认真贯彻执行国家文化经济政策的结果。

5. 受经济周期影响明显。在“六五”至“八五”期间，我国经济发展出现两次周期性波动，其中尤以1989、1990年前后的波动最为突出。宣传文化投入与国内生产总值(GDP)和全国基本建设投资的变动趋势一致。只不过在降至谷底时，宣传文化投入的波动更为强烈。

文化、新闻出版和广播电影电视事业投入的增加和事业的发展，有力推动了社会主义思想道德建设和弘扬中华民族优秀思想文化传统，从主流上坚持了正确的舆论导向，为促进经济建设和社会稳定发挥了积极作用。但由于体制的转换、投入的制约、管理的薄弱和认识的纷纭，思想道德和文化建设中也存在着偏离社会主义、偏离人民群众、偏离国家和民族大义的倾向，宣传文化事业的改革和发展任务仍十分艰巨。

三、宣传文化事业投入存在的问题

对宣传文化事业的投入直接影响着宣传文化事业建设的规模、水平、质量和效益。在当前宣传文化投入不断增加，事业发展和改革不断前进的同时，投入方面存在的问题也较突出，严重影响了宣传文化事业的整体建设。

（一）投入总量偏少

1. 宣传文化事业投入低于经济增长。见表1（为口径可比，宣传文化事业投入的增长率扣除同期价格上涨因素）；

2. 宣传文化事业投入低于财政支出增长。见表2。

3. 宣传文化事业投入低于科教文卫事业投入增长。见表3。

4. 宣传文化事业投资低于全国基本建设投资增长。见表4。

上述资料表明，在经济和社会发展的大背景中，宣传文化事业投入的相对弱化趋势是较明显的。

（二）投入水平偏低

1. 宣传文化方面的事业投入水平偏低。见表5。

2. 宣传文化事业投资水平偏低。现代宣传文化事业是高科技与群众性相结合的事业，相应的建设与更新是事业发展的必然。从近十几年文化艺术与广播电影电视事业的基本建设和更新改造投资看，人均水平低，占建设总投资比例低的现象较为突出。1994年，全国人均文化艺术与广播电影电视事业的基本建设和更新改造投资额仅合5元，基本建设和更新改造分别仅占全国总投资的0.84%和0.16%，较“六五”时期的1.18%和0.30%降幅明显，而且下降趋势仍在继续。

3. 经费短缺仍是宣传文化事业单位较普遍的突出难题。投入不足仍是困扰事业发展的首要问题。作为特殊生产和服务的精神产品生产和文化服务，面对成本提高、物价上扬、商品市场冲击、管理体制不适应等多重因素影响，其经费投入经常陷入捉襟见肘、主业难保、主旋律难唱的矛盾中。一些文化出版单位单纯追求经济利益，不顾社会效益，生产不健康的精神产品，与经费短缺，投入不足不无关系。

表 1

年平均增长率(%)	“六五”时期	“七五”时期	“八五”时期
宣传文化事业费投入(A)	11.4	2.2	2.3
国内生产总值(B)	10.7	7.8	11.8
宣传文化事业费投入与国内生产总值增长率之差	+0.7	−5.6	−9.5

表 2

	“六五”时期	“七五”时期	“八五”时期
宣传文化事业费年增长率与财政支出年增长率之差(百分点)	+10.7	−1.7	−0.5
宣传文化事业费支出占财政支出的比重(%)	1.15	1.11	1.06

表 3

	“六五”时期	“七五”时期	“八五”时期
宣传文化事业费年增长率与科教文卫事业费年增长率之差(百分点)	+1.5	−2.3	−2.9
宣传文化事业费支出占科教文卫事业费的比重(%)	6.80	6.37	5.63

表 4

	“六五”时期	“七五”时期	“八五”时期
宣传文化事业基本建设投资年平均增长率(%)(A)	7.2	6.9	34.0
全国基本建设投资年平均增长率(%)(B)	4.4	10.7	37.8
(A)与(B)之差	+2.8	−3.8	−3.8

表 5

	“六五”时期	“七五”时期	“八五”时期
未扣除物价因素的年平均增长率(%)	15.3	12.5	14.4
扣除物价因素的年平均增长率(%)	11.4	2.2	2.3

4. 宣传文化事业的发展更新能力偏低。我国宣传文化事业的整体建设已进入由数量增长向质量提高转化的阶段。有能力、有条件、较容易建设的机构设施已经基本建立，尚需建设和发展的一般都需要投入多、难度大。例如农村文化机构、电影放映机构、县以下图书发行网点、出版发行少数民族文字书刊、扩大广播电视覆盖人口率、在宣传文化中研究使用高科技产品和技术等，都需要较大的投入。同时，新中国成立初建立的国家和省级宣传文化事业单位，大多数条件简陋，设施落后，设备陈旧，亟待更新改造。

上述资料和情况表明，单纯看宣传文化投入有较明显增加，但是把它放到整个社会经济发展中观察，可以清醒地看到宣传文化事业投入实际增长并不快、实际数量并不大、实际水平并不高。尽可能增加宣传文化事业投入，仍是国家和全社会的共同责任。

（三）投入结构不尽合理

1. 地区间投入差距扩大。东中西部地区的差距扩大趋势令人瞩目。

2. 单位间收益差距过大。主要表现为：因不同精神产品和服务的属性差异，形成不同单位间创收水平的较大差距。而较突出的是部分进入文化市场、从事商业文化活动的机构和个人，在文化市场管理尚不规范的条件下，获取了高额收益，引入了大量资金，他们与广大宣传文化事业单位和人员形成鲜明反差。产生这种现象的主要条件是：部分企业对文化宣传广告效益的追求、部分高收入者对流行文化的追求、部分国有和公共资产持有者对商业文化投机的追求、部分海外机构和人士对中国大陆文化市场的追求。近年来，此起彼伏的港台热、小报热、武侠、言情小说热、走穴热、歌厅热、以及宣扬黄色、封建迷信和非法盗版等，其主要驱动力均为高收益。从投入角度看，这些获取高收益的机构、活动和人员，大多数还占有国家投入、享受着文化优惠政策，这无疑是国家投入的浪费和国家税费的流失。

3. 宣传文化事业内部结构不尽合理。主要表现为国家支持、鼓励、倡导的宣传文化活动得不到有力保障，国家限制、反对、禁止的宣传文化活动不能有效抑制。低水平的文艺影视节目创作制作资金充裕，高层次、高水平的节目、图书却举步维艰；低层次、不够标准的出版社、报社、电视台、印刷厂、歌舞团越办越多，而一些高水准的出版社、印刷厂、艺术表演团体等却濒于破产、关门。

显然，有效调整宣传文化事业投入的使用结构，是解决宣传文化事业内部结构不尽合理的关键之一。

（四）居民文化消费偏轻

从我国居民生活由温饱向小康过渡和开拓宣传文化市场两个角度看，城乡居民的文化消费支出占生活消费支出的比重都应逐步有所提高。

据住户调查资料显示，扣除价格因素影响后，1986 年—1994 年 8 年间居民文化消费支出呈下降趋势，城镇居民文化消费实际支出 1994 年比 1986 年下降 25.7%，农村居民文化消费实际支出也仅增长 10.4%。城乡居民的文化消费支出占生活费支出的比重呈城镇下降、农村徘徊趋势。

上述问题的出现，主要原因在于：1. 重经济发展，轻文化建设；2. 宣传文化体制的改革滞后于经济体制的改革；3. 忽视市场经济条件下的宣传文化事业发展规律，缺乏调控手段和引导机制。如何扭转这种趋势，是宣传文化事业战略研究中的一个重要课题。

鉴于上述情况提出如下建议：

根据党的十四届五中全会和八届人大四次会议提出的我国今后 5 年至 15 年跨世纪的奋斗目标，宣传文化事业面临着统一全党全国人民思想、为改革和建设提供有力的舆论支持、加强思想道德教育、多出精品、推进改革、加强宏观调控等八项主要工作任务。要完成好这些任务，建立和完善与社会主义市场经济体制相适应，符合宣传文化事业发展规律的宣传文化事业投入体制和机制，加强和改善宣传文化事业投入是重要的基础工作。

1. 加大投入力度，完善文化经济政策

要尽力增加对宣传文化事业的投入，加大投入力度，逐步提高投入水平。要切实采取措施，扭转宣传文化事业费和投资比重不断下降的趋势。兼顾需求和可能，“九五”期间宣传文化事业费占财政支出的比重和宣传文化事业基本建设投资与全国基本建设投资的比重应分别不低于 1.3%和 1.1%，其中国有宣传文化事业单位基本建设投资占全国基本建设投资的比重不低于 0.6%。“九五”以后，要争取上述两个比重各提高 0.2 个百分点左右。

要继续坚持现行各项文化经济政策，对宣传文化给予必要的扶持和优惠，对贯彻落实现行文化经济政策中存在的问题，尤其是实行新税制后，宣传文化事业单位面临的突出矛盾和问题，要组织力量，加强调查研究，尽快提出解决意见和办法。要重点抓好各项经济政策的协调配套和可操作性。要引导城乡居民逐步提高对健康、有益的文化消费的支出，把文化消费作为衡量生活质量的重要内容。

2. 调整投入结构，保障重点发展

要针对各类宣传文化单位的特点，区别非盈利的公益性单位和盈利性单位、区别主流性精神产品生产与非主流商业性文化活动，针对不同的投入主体，采取不同的投入政策，调整投入结构。要保障发展重点，把投入增量主要集中到国家鼓励、倡导、急需的宣传文化机构和活动中去。在创作、演出、出版、制作、发行等活动中，无论国家投入还是社会投入，都要以国家是否鼓励为标准制订不同的税费标准。要增加宣传文化事业中的科学技术投入含量。在宣传文化重点项目建设中，既要抓重点工程、重点基础设施建设，也要加强重点软科学投入和软件应用。要逐步增加对中西部地区的投入，改变部分农村文化基础设施落后、买不上图书、听不上广播、看不上电视和电影的问题。要尽力增加民族地区宣传文化事业的投入。

3. 加强投入管理，深化体制改革

要进一步提高宣传文化事业单位增加收入、合理使用收入的能力，把“一业为主、多种经营、以主带副、以副补主”的活动推向新的水平。要在坚持社会效益第一的前提下，努力提高经济效益。要继续加强经济核算制，强化财务管理，严肃财经纪律，严格控制支出的不合理增长，确保各类投入的主体用在事业发展和建设上。

要继续深化宣传文化事业单位的体制改革，积极稳妥地发展各类文化产业，增强国有宣传文化事业单位的活力，扶持和帮助部分亏损严重、入不敷出的重点国有宣传文化事业单位尽快走出困境。文化市场不是单纯的经济市场，要改进文化市场管理，提高主流文化的市场占有率。

4. 加强宏观调控，建立指导机构

要强化国家和各级政府对宣

传文化事业的管理，把指令性管理和指导性管理有机结合起来，提高运用经济手段调控的能力和力度。要研究制订考核宣传文化质量的综合指标体系，建立定期监测评估和经常性检查制度。要加强分类管理和指导，对不同类宣传文化活动和不同地区采用不同的目标约束机制，克服一刀切和片面追求数量的倾向，要妥善解决电影发行放映管理上下错位等问题。加强书报刊和录像市场管理，保护合法精神产品生产的权益

建议中央成立精神文明建设指导委员会，把宣传文化事业与全社会各行各业、各方面的精神文明建设活动有效结合起来，并集中一定财力，用于宣传文化事业宏观管理，满足开展综合评估、组织协调、调查研究和全局性宣传文化重点活动需要。统筹规划、布署宣传文化事业的发展战略，统筹解决宣传文化事业中跨部门管理的现象。

天津开展“建文明城市做文明市民”活动调查

窦合义　刘庆禄　谢存礼

近年来，天津市在抓物质文明建设的同时，大力开展精神文明建设。市委书记高德占说，我们不仅要做到企业活，经济兴，人民富；还要做到风气正，秩序好，素质高。这两个方面加在一起，才是天津兴旺发达的标志。

干部率先垂范　党风带出民风

在“建文明城市，做文明市民”活动中，天津市委、市政府坚持不懈地用社会主义思想道德教育干部群众，在提高市民整体素质上下功夫。而狠抓党员干部的率先垂范，以好的党风带出好的民风，又被摆在首要位置。

天津的豪华车之少，恐怕在全国许多大城市中是不多见的。这里流传着这样一句话：“坐的车不好不丢人，干不好工作才难看。”近年来，天津市委、市政府的领导干部没有一个人更换过轿车，所坐车大都是前任领导的。

市领导的表率作用影响了下级领导干部。红桥区把35万元准备给区领导换车的款项用于区残疾人福利事业和城市绿化。濒于破产的色织四厂领导卖掉小汽车，以解工厂燃眉之急。他们与全厂干部工人同甘共苦，奋力开拓，使生产出现转机。

天津市历届领导都反复强调，群众的困难都是大事。为此，各级领导部门都成立了专门机构，解决市民在不同季节遇到的生活难题。为更广泛地开辟与市民联系的渠道，更好地为市民办实事，天津市各级政府及有关部门从去年开始向市民公布了200多部昼夜有人值班的专线电话，建立了遍及全市的为民服务网络。市民有了困难，只要拨通有关专线电话，就可及时得到解决或过问。各级专线电话开通一年多来，共受理群众反映的问题4万多件，其中96%已经办结。

以社区为阵地　在“家”字上作文章

天津市河西区体院北文明小区，是一处花园式居民区。齐全的商业、文化娱乐设施，公寓化的管理方式，使居民感到生活方便，具有安全感。老年晨练队、百人合唱团、服装表演队以及书画、集邮、摄影等兴趣小组的活动，使居民的业余生活丰富多彩。广泛开展的邻里互助活动为这里增加了和谐温馨。像这样的文明小区在该市市、区、街三级共有200个。

天津市在抓精神文明建设中，把社区作为重要阵地。他们的做法是，由政府机构协调，社区各部门、各单位发挥各自优势，共建精神文明；创建活动系列化，从文明家庭、文明楼院到文明小区、三优街、文明区，从文明市民到文明窗口、文明单位，分层次展开，融社区经济、管理、教育、文化与服务为一体，全面发展；既重视优美环境建设，更注重提高社区居民全员素质。

改革开放不仅促进了经济繁荣，也给家庭注入了活力，民主空气的活跃，平等观念的增强，文化素质的提高，对智力投资的重视，家庭成员的积极进取等，无一不是这种变化的反映。但与此同时，由于受拜金浪潮、利己主义的侵蚀，也出现了少数人不赡养甚至虐待老人、离婚率急剧上升、青少年犯罪增加、婚丧高消费等社会问题。天津市在精神文明建设中还十分重视家庭的作用，采取各种措施，不断优化家庭育人环境。面对由于家庭结构小型化和社会老龄化等因素引发的诸多社会矛盾，全市逐步展开了社会主义家庭伦理道德教育。率先开展这一活动的河北区制订了家庭伦理道德标准发给每个家庭，并编写了相关教材宣讲，开展了“节日晚辈给老人送一件礼品，召开一次家庭会颂扬老人养育之恩，制订一份赡养老人公约，带老人游览一次市容或名胜古迹，夫妻间互赠一段相勉座右铭，写一段教子格言”的活动。家庭伦理道德知识大奖赛、老年人居室设计大奖赛、

“还老人一个心愿”等活动也在全区展开。从区到街树立了上千个先进典型,通过报告会、演讲会向群众广泛宣扬。通过教育活动,全区数百户不和睦家庭和好如初,上千户家庭子女让出大房好房给老人居住,并争相为老人住房进行装修,因家庭不和到妇联上访的人数大为减少。去年以来,这个区又以“在家做个好成员,在单位做名好职工,在社会上做个好市民”为主题,开展了“奉爱心,献真情,争三好”活动,使家庭伦理道德教育进一步深化。

天津市把组织吸引市民参加社区服务作为精神文明建设的重要途径。如今,这种服务已成为市民乐于参加的进行自我教育的课堂。

1989年,正当人们慨叹“雷锋叔叔没户口,三月来,四月走”时,和平区新兴街朝阳里居民区在全市第一个成立了由13人组成的社区服务志愿者协会,之后这一组织又发展到全街。对这一新生事物,中央和天津市领导人及有关部门给予高度评价,市政府还把发展这种服务列入为人民办实事之中。这支队伍很快发展到12万人,并扩大到驻社区的机关、学校、企业等单位,进而出现了1.8万个以志愿者为主体的团结互助楼院。广大社区志愿者以“上为政府分忧,下为百姓解难”为宗旨,活跃在街道里巷,为居民代买物品、照顾老人小孩、请医看病、修理日用品、调解纠纷以及维护社会治安等,服务项目达数十种,解决了政府难以顾及而群众又急需解决的难题,形成了“官办”与“民办”相结合的新格局。服务对象也由过去的孤老户、军烈属扩大到全体市民。社区志愿者服务在解决群众物质生活困难的同时,把党和政府的温暖送到千家万户,成为一支政治思想工作队,同时在为他人服务和接受他人服务中,实现了自我教育。

在市场经济的条件下,如何使社区志愿服务广泛深入地开展起来并长期坚持下去?天津的做法是:

一、坚持群众自愿与政府部门倡导相结合。政府部门通过倡导,成立了相应的组织,制定规章,使这一活动逐步制度化、经常化。

二、无偿服务与有偿服务相结合。这样既满足了居民对社区服务的要求,又能使志愿者在经济上受益,保护了他们的积极性。

三、设施服务与志愿服务相结合。志愿者服务虽具有灵活、受益面广、解决问题及时等特点,但无力解决许多需要大量资金、设施的问题。天津市在大力发展志愿服务的同时,重视兴办社会福利设施,集中解决养老、助残、优抚等工作中较大、较难的问题。志愿服务与设施服务相互结合,取长补短,使社区服务更富于生命力。

正确舆论引导
开设“道德法庭”

今年国庆节,天津市在水上公园举办了盛大的“大地艺术走红”活动。一万多把红伞被装点在绿地、假山、湖面上,使节日的气氛愈加浓厚。可是布展不久,万把红伞便被少数游人偷拿、毁坏,致使活动中断。此事通过新闻媒介披露后,市民纷纷给报纸、电台写信,谴责这种不文明的行为。

天津市各新闻单位抓住这一机会,因势利导,以“建文明城市、做文明市民”为内容开办专栏或专题节目,让市民对这一事件发表自己的看法。20天之内,各新闻单位除对此事做了大量追踪报道外,共刊播读者来信达200多篇。一时间“红伞事件”成了街谈巷议的热门话题。广大群众在谴责这种“不讲文明,不讲公德”行为的同时,决心用自己的双手重塑天津人的形象。一位市民提出“每人捐一把红伞,让大地重新走红”的倡议,立即得到广大市民的响应。在全市人民共同努力下,大地艺术走红不仅再现水上公园,而且通过讨论,给人们上了一堂生动的公德教育课。人们从对这一事件的讨论中,联系到乱占道摆摊、乱堆乱放杂物、坐车不排队、随地吐痰、出言不逊、占公家便宜等不文明行为进行反思。

充分利用舆论工具,开设“道德法庭,让不道德行为公开曝光,在被告席上接受群众的“审判”,是天津市多年来在精神文明建设中一直坚持采取的一种有效方法。同时,重视大力弘扬正气,宣传群众身边的先进人物和先进典型,以高尚的精神塑造人。仅今年以来,天津日报就先后在《津门楷模》、《为党旗增辉》专栏中刊登了100多位英模的先进事迹,几乎天天都有先进人物见诸报端。由于这些典型可亲、可信、可学、可读性强,收到良好的宣传效果。前一时期,针对“公款炒星”、“自费追星”愈演愈烈的现象,天津新闻单位集中宣传了一批工人“技术明星”,之后又集中时间对有突出贡献的中青年专家和十大杰出青年进行报道,给读者留下了深刻印象。

由新闻单位牵头,开展全市性树新风的活动,已成为天津市近年来精神文明建设的一大特色。

依法规范市民行为

今年入冬后,一场大雪降临津门。尽管天津没有搞清除积雪的“大会战”,可第二天路面上的雪基本上已清除干净。在天津,“自扫门前雪”是“门前三包”规定的公民义务。从市委书记、市长到普通群众,都自觉地参加了这一义务劳动。

在“建文明城市,做文明市民”活动中,天津市委、市政府取得了这样一个共识:精神文明建设,不是靠一阵风式的运动能搞上去的,重在日常建设,特别要依法规范市民的行为。树立良好的社会风气,光靠教育、引导还不够,必须有法律的制约。从建文明城市、做文明市民的双8条标准到村规民约,天津市贴近群众生活立法,使市民的衣食住行既有法律保障,又有法律约束。

改革开放以来,天津的城区

面积扩大了近一倍，城市道路建设也快速发展，但由于私搭乱盖，商贩到处设摊、布点，曾使这座城市的市容显得十分混乱。治理这类问题，天津市过去的办法是突击清整。其结果是忽而好一阵子，忽而乱一阵子。城市管理部门自嘲为“抓反复反复抓”。近年来，天津市积极探索依法整治市容环境秩序的路子，先后颁布了几十项法规性文件，建立了一支由数千人组成的规划、土地、市容、环境卫生执法队伍。今年初，天津市颁布了严禁在道路两侧私搭乱盖的规定，清除违章占道建筑。市容委主任李占东说，市容管理的法规建设，使天津市民逐步树立了这样一个观念：破坏城市面貌，不是违章、违纪，而是违法。

拥有900多万人口的天津，城市空间小，行人、车辆流量又大，搞好交通秩序是十分重要的。在加强机动车行驶管理的同时，今年9月份，天津市颁布了对非机动车违章实行义务站岗30分钟的处罚办法。办法实行的第一天，接受处罚的就多达1万人次。路口上，违章者手执印有“违章”字样的小旗执勤，既是对个人的处罚，也是对广大市民的忠告。群众对这项新办法十分赞赏。随后，违章率迅速下降。

法规建设同样还能促进社会风气的转变。天津市在丧葬习俗中送花圈的风气一度愈演愈烈，成为一个公害。对此，天津市曾采取过多种宣传教育手法，但收效甚微。1992年，天津市政府颁布政令，明确规定在天津不准生产、经营、摆放、焚烧花圈，违者将予以处罚。把移风易俗纳入了法制轨道。政令颁布的第二天，全市就有85%以上的营销点自动停止销售花圈。不到三个月，天津市花圈基本绝迹。很多群众给市政府打电话，认为这件事办得好、管得对、合民情、顺民意。千户问卷抽样调查结果表明，群众的满意率达98%以上。

近年来人口老龄化带来诸多社会问题。针对社会上不赡养老人、甚至虐待老人的不良现象，天津市在全国率先颁布实施保护老年人合法权益的地方法规，对家庭、社会各方面应尽的义务和所负法律责任都作了明确规定。通过立法，不仅弘扬了中华民族尊老敬老的传统美德，也增强了老年人运用法律保护自身合法权益的意识和广大市民关心爱护老年人的责任感。法规颁布后的第二年，状告子女不尽赡养义务和虐待老人的案件就比上年增加了一倍多。全市兴建起大量为老年人服务的公用设施，设立了老年人法律咨询站、老年人案件合议庭，以及遍及各个街道和居民委员会的维护老年人合法权益小组，形成了为老年人进行生活和法律服务的网络。

山东省牟平县开展家庭建设的调查与思考

新时期农村工作面临的一个重要问题，是怎样使两个文明建设同步协调发展，推动广大农民尽快走上富裕文明之路。山东省牟平县从1992年开始，把家庭建设作为农村两个文明建设的基础工程，调动社会方方面面的力量同做优化家庭的大文章，取得了显著成效。该县连续两年进入全国综合经济实力百强县，党建、科技、体育、文化、卫生、计划生育、社会治安综合治理等近20项工作，均进入全省和全国先进行列。

加强农村两个文明建设必须优化家庭细胞

随着改革开放的不断深入，这个县的农村工作也出现了一些新的情况和问题。这些问题的存在，影响着全县两个文明建设健康深入发展。为了解决这些问题，县里组织干部深入基层调查研究，发现这些问题无一不与家庭这个社会细胞有着密切的关系。随着农村生产队的解体和家庭联产承包责任制的推行，家庭的地位和作用发生了很大的变化。要推动农村两个文明建设健康地向前发展，促进农民文明素质的提高，不研究家庭问题，不加强家庭建设是不行的。从道德法制建设的角度看，家庭具有十分重要的自律作用。家庭功能强化，可以成为社会稳定和进步的因素；弱化，则会成为滋生各种不良现象的土壤，影响社会肌体的健康运行。据调查，牟平县近几年发生的杀人和伤害两类刑事案件，50%以上是由家庭邻里矛盾激化引起的。赡养、婚姻、邻里、赔偿等四大民间纠纷，都直接与家庭邻里有关。因家庭原因导致青少年违法犯罪的高达70%。因此，改善社会风气，搞好社会治安，提高全社会的道德水平，必须抓好家庭建设，强化家庭的社会调节功能。从科学文化建设的角度看，家庭是农民自我教育、自我娱乐的主要场所，家庭教育、家庭娱乐是社会教育、社会文化活动的必要补充。减少和杜绝格调低下的文化消费以及赌博、封建迷信等不健康行为，必须从提高家庭成员的科学文化素质入手，倡导和建立文明生活方式。从社会管理的角度看，家庭建设搞好了，能够使农村基层组织形成一个由村—组—户构成的完整系统的工作链条，使党的路线、方针、政策及每项工作得到切实落实。从我国国情和历史传统看，尤其在农村，人们对家庭血缘伦理关系历来十分重视，看重并努力维护家庭的声誉。正确引导和发挥家庭的这一特殊作用，对于推动整个社会的全面进步是非常必要的。从经济上看，现阶段家庭成为农村最基本的相对独立的生产经营单位，其生产经营功能凸现出来，在某种意义上，家庭经济的发育程度，体现了一个村、一个乡镇乃至一个地区的经济发展水平。目前牟平县80%以上的村，生产经营方式都是以家庭为主，农民纯收入的3/4来自家庭经营。在调查研究的基础上，牟平县委、县政府认为，没有家庭的“双文明”，就没有农村的小康，因此，决定把家庭建设作为各级党委和政府的一件大事来抓，用这样一项“细胞工程”统揽农村两个文明建设的各项工作，并从1992年初开始实施。

把家庭建设作为农村两个文明建设的基础工程

牟平县家庭建设的基本思路，作一个概括性的表述，就是把家庭作为一个管理层次，融两个文明建设为一体，以家庭的道德建设、法制建设、文化建设和经济建设等四项建设为主线，以评选好党员、好团员、好干部、好村民、好家长、好学生、好婆婆、好媳妇、好妯娌、好邻里等“十好个人”和义务星、守法星、节育星、和睦星、养老星、教子星、新风星、文化星、卫生星、致富星等“十星家庭”。建立村民家庭档案、推行婚姻规范化管理、兴办家政学校、举办家庭文化节和开展庭院经济竞赛等活动为载体，形成家庭的自我教育、自我管理、自我发展机制，强化全党两手抓、分工负责、上下贯通的社会化工作体系，通过强化优化家庭细胞，推动整个农村两个文明建设水平的不断提高。两年来，牟平县开展家庭建设取得了明显成效，全县农村出现三股热潮。一是追“星”热。农户之间你追我赶，争当“十星”家庭。截止到1994年底，全县已有15%的户被评为“十星”家庭，六至九星家庭占83%，五星以下仅占2%。追“星”热的高涨，促进了社会风气的优化和社会秩序的稳定。二是家庭科技致富热，过去牟平人走亲访友大都带的是烟、酒、点心和大饽饽，而现在则大都带的是新科技、新品种、新农药。三是家庭文化热。家庭建设把文明、健康、科学的生活方式引进了万家农户，低级庸俗、格调低下的文化娱乐活动逐步被内容健康向上，群众喜闻乐见的活动所代替，赌博、封建迷信、淫秽物品泛滥之风大大收敛。广大农民摆脱日出而作、日落而息的传统习俗，自觉参与健康文明的文化活动。

家庭建设是农村两个文明建设的契合点

怎样解决农村两个文明建设一起抓的问题，牟平县的家庭建设探索走出了一条新路子。他们从千头万绪中抓住了家庭这个最根本、最基础、最重要的环节，找到了农村两个文明建设纽在一起的契合点，一下子牵住了农村基层工作的牛鼻子，他们的经验有助于解决农村精神文明建设和物质文明建设“两张皮”，农村两个文明建设各项任务“入户难”、“不到底”，精神文明建设难以量化，宣传思想部门“唱独角戏”等这样一些难题。

从牟平县的经验看，要把家庭建设切实抓好、抓出实效，还应当注意几个问题。一是既要搞好家庭建设，又要搞好村级组织建设和规范管理，尤其要建设好以党支部为核心的强有力的村级班子，这是搞好家庭建设的基本前提和组织保证。二是既要搞好家庭经济建设，又要搞好集体经济和社会化服务体系建设，把家庭建设作为深化农村改革的配套工程，统筹抓好。要完善统分结合的双层经营体制，在引导农民家庭脱贫致富的同时，发展壮大集体经济，走共同富裕的道路，增强集体的凝聚力。三是必须坚持认真扎实的工作作风和工作态度，严格标准、注重效果，防止庸俗化。特别是“双十”评选，必须从严掌握，不能单纯为评星而评星。四是既要搞好家庭建设，又要搞好其他各项文明建设。家庭细胞的优化很重要，社会有机体的优化更为重要，没有社会有机体的优化，家庭细胞的优化就比较困难，成果也难以巩固。因此，应把家庭建设放到两个文明建设的系统工程里去，在优化家庭细胞的同时，优化其他社会细胞，增强整个社会有机体的健康和活力，从而促进全社会文明水平的提高。

官清政廉　县富民安——本溪满族自治县廉政建设纪实

本溪满族自治县，县城四面环山，位于城中心的县政府大楼墙上，“为人民服务”5个彤红的大字一点也没褪色。全县30万人，这几年经济发展直线上升，1990年社会总产值才5.2亿元，1994

年就达到30.1亿元;1990年财政收入不足2000万元,1994年就达到6025万元。到这里考察的专家和领导干部,无不赞赏“本溪速度”,结论大同小异,一句话说到根上:官清政廉,县富民安。

管住自己与叫齐群众

本溪县委书记金伟、县长高茂新一上任就感到担子很重:这里一直是扶贫县,可小市镇一位镇长用公款给儿子买一套房子,干部群众不平。在偏岭镇则是另一番情景:这里原本很穷,新到的镇党委书记王殿斌廉洁奉公,不贪不占,走遍全镇山山水水,发现山石中含铁,带领农民办矿,全镇积极响应,年收入很快过亿。他们从中得到共识,从党政机关、领导干部做起,紧缩开支,艰苦奋斗,把不多的资金用在发展生产和改善人民生活上,产生精神和物质的“裂变效应”,一定能渡过难关。他们还从正反两方面的典型看到,只有管住自己,才能叫齐党员、叫齐群众,他们首先抓好县级领导干部,分别对县委、政府、人大、政协、纪委五套班子做工作,使大家认识一个朴实的真理:人民政府必须为人民服务,与人民同甘共苦,否则就不再是人民的政府。针对群众意见的热点,给自己约法三章:“八五”期间,县级领导干部坐车最高标准不得超过“桑塔纳”,住房建筑面积不得超过70平方米,因公请客不得超标准。有了约法三章,还要严格执行,他们指定县纪委副书记林春风负责,组成9人检查组,对乡镇、科局以上干部逐户、逐人检查,对违犯规定者一律按条文卡死,不允许一个例外。人心都是肉长的,全县人民见各级领导官清政廉,各项工作一呼百应。

干部旧房与职工新楼

在本溪县,人们看到一种十分少有的现象。县级领导干部的住房普遍不如中层领导干部,中层领导干部的住房又不如许多工人——原因简单却很深刻,县领导干部大都分房较早,又不许超过70平方米,自然是维持旧房,中层领导干部和职工分房晚,房屋设计自然新颖,也很宽敞,大家自己再出几个钱,就能得一套大一点的房子。但一部分领导干部和家属受旧观念影响,不断要求更新住房,县委、县政府算了一笔帐:一家更新房子按多花5万元计算,全县1000多名乡镇、科局以上干部更新一次房子,少说也得6000万元,用这些钱盖成楼房分给各行各业职工,将会解决多少人的住房困难!因此,不管任何人再吵再闹,领导干部一律不盖新房,分批分期给职工和一般干部盖宿舍楼。于是,由财政拨款2栋交通职工大楼、3栋公安楼、7栋教师楼、3栋环卫工人楼、18栋林业工人楼、2栋邮电楼、1栋水电职工楼相继拔地而起,让职工搬进供水供电供暖供煤气的宿舍楼,这些职工没有了后顾之忧。以水电局的职工为例,他们由此日夜奋斗在第一线,几年建成水利设施469项,水库9座,治理小流域面积214平方公里,造地5.14万亩,扩大水田3.47万亩,增强了抗灾夺丰收的能力,去年他们遭到和全省一样严重的灾害,可全省减产粮食30亿公斤,这里却增产15%。

旧办公楼与企业改造

本溪县干部、群众艰苦奋斗得到丰硕的报偿,财政收入上升,1992年3795万元,摘掉吃国家补贴的帽子。1993年达到7091万元,可县、乡、镇的办公楼还多是50年代、60年代的“作品”。因此,人们提议建新办公楼,县委、县政府领导算了一笔帐:一座办公楼按平均200万元计,全县更新一次,至少要5000万元,这些钱能筹齐,但县里工业急待技术改造,资金奇缺,县委书记金伟一锤定音:“盖一座大楼的钱可以引进一项技术、购买一套设备,救活一个企业。这几年一律不盖办公楼,把资金用在技术改造上,为企业创造一个好环境”。几年来,火柴厂一直不景气,连年亏损。县委、县政府把节约的钱投入500万元,改变了这里的生产条件,吸引外商到这里合作,对木材进行综合利用,多种经营给火柴厂带来生机,一举扭亏为盈。他们还对冶炼厂、特种钢厂、水泥厂、酒厂进行了改造,大都扭转亏损局面,全县工业销售产值已由1989年的3.5亿元上升到1994年的15.6亿元、利税由1036万元上升到1.5亿元。

一辆“奥迪”与一所“职高”

1993年秋季的一天,本溪冶炼厂开出一辆崭新的奥迪轿车,直奔县政府,车在政府大楼门前停下后,厂长郭庆成来到县长办公室,开门见山:“在县委、县政府支持下,我们的技术改造很成功,由亏损一下子变为赢利,我们赠送一辆车,收不收俺不管,车放在门口,我们走啦。”郭厂长这么说有个背景,在他之前,已有几家给县委、县政府送车、拨车碰了“钉子”。冶炼厂干部、职工想出了上述这一“绝招”。高茂新怕马上退回使大家太扫兴,叫驾驶员把车暂时开到车库保存。不久,县里职业高中盖教学大楼资金不够,高茂新与县委书记金伟合计,两人的意见一拍即合,全县的现代化建设,绝不仅是力的凝结,也是科技的延伸,教育十分重要。可至今我们的工作只注重眼前的利益所在,忽视长远才能显示出来的成果,舍不得在教育上花钱。想到这一层,他们把奥迪车卖给一家公司,40万元车款全部交给职业高中,保证了教学大楼按时开课,为第三产业培养了大批人才。高茂新说:“今天我们送孩子一座漂亮的学校,明天孩子们将还我们一个漂亮的本溪县。”各级领导干部纷纷响应,将准备买车、建办公楼的钱建学校,1992年教育经费已占到全县财政收入的22%。从1990年到1994年底,全县新建教学楼14栋。在本溪县,不管是县城还是乡镇，你看到最好的楼房就说是学校，保证没错。教师见县里如此重视教育，个个兢兢业业，尽职尽责，教育质量迅速提高。

新形势下党员思想和素质状况的调查与思考

最近，中共襄樊市委宣传部课题组采取问卷调查与谈访调查相结合的形式，对所辖部分县(市)、城区和市直机关、学校、企业等共计1552名党员进行了抽样调查。此次调查的主要内容是新时期党员的思想和素质状况。通过这次调查，我们对广大党员在思想和素质上出现的新变化有了更多的认识，对其中的一些问题也产生了更深的思考。同时，我们也试图在深入分析的基础上，提出几点建议与对策。

一

当前党员思想素质状况的主要特点。一是思想开放度高，认识空前活跃，但困惑点增多。二是政治觉悟较高，思想道德相对先进，但现实落差增大。三是党员队伍总体素质普遍较好，但差异性明显。

党员队伍的主流和先进性表现。第一，信念依然坚定。据综合分析，平均90%以上的党员在基本的立场和大是大非问题上认识明确，信念坚定。第二，宗旨比较明确。调查显示，80%左右的党员在市场经济条件下坚持党员标准不降低，把尽义务、讲奉献，全心全意为人民服务视为人生价值取向，而且大多数党员主体意识较强，有履行党员义务、发挥模范作用的良好愿望和相应行动。第三，思想尤为解放。近些年来，变化最大最快的当是人们的思想观念。比如，平均95%以上的党员表示要坚持解放思想、实事求是的思想路线，打破“左”的束缚。95%左右的党员拥护建设有中国特色社会主义理论和现阶段党的基本路线及方针政策。86%的党员赞同加快改革开放步伐和发展社会主义市场经济。第四，素质普遍良好。在被调查的党员中，现有中专以上文化程度的党员占65%左右，拥有各级各类业务技术职称的党员约占36%。平均94%的党员基本了解和掌握了党的基本理论、基本知识和基本路线，平均84%的党员对经济、法律知识和国际知识大致了解或有所了解。第五，进取心较强。这主要表现在许多党员紧跟形势，不满足现状，迫切希望接受党的教育培养，丰富知识，加强修养，完善自己。

存在的问题及原因。诚然，党员队伍就其总的状况而言，主流是好的，应予以充分肯定。但勿需讳言，通过调查，暴露出的思想和素质方面的问题也不少，值得我们注意和警惕。

第一，在市场经济大潮的冲击下，少数党员政治觉悟和道德思想上出现了“滑坡”现象。主要有三种情况：一是政治信念动摇，基本立场不坚定。二是不关心政治，党性观念淡薄。三是党员主体意识差，没有发挥应有的作用。

第二，伴随着深化改革开放和发展社会主义市场经济的进程，相当部分党员对现代化建设中的某些问题认识不清，或疑虑，或担忧，或困惑，甚至持有错误的观点和看法。综合调查数据，这些问题主要集中在六个方面：一是7%左右的党员对加快改革开放步伐，加快经济发展速度持谨慎、保守和观望态度。二是约14%的党员对我国选择社会主义市场经济有不同意见。三是18%的党员对特区、开发区、股份制等改革举措认识模糊和偏颇。四是18%左右的党员对改革开放的历史功绩视而不见、甚至持否定态度，不能正确对待十一届三中全会以来的17年。五是86%的党员对党内要警惕右、但主要是反对“左”的认识不一致，对“左”的危害性的认识和警惕还远远不够。六是许多党员对社会主义建设中若干问题感到担忧或信心不足。比如关于党的基本路线能否坚持100年，关于“三步走”战略目标和社会主义的本质(特别是共同富裕)能否最终实现，以及关于三个产业的问题，机构改革的问题，两极分化的问题，阴暗面问题，党风廉政问题等等，很多党员在相当广泛的问题上疑虑重重。

第三，党员队伍在素质上差异性增大，知识结构明显不合理。就个体知识结构而言，相当部分党员存在着业务素质、文化水平与先进的政治思想觉悟不相匹配的问题。另一方面又有相当比例的党员感到文化水平低、业务素质差、知识面狭窄，迫切希望加强教育。就党员群体而言，不同区域、不同类型、不同层次、不同年龄的党员素质上的差异性仍然存在，且有继续拉大的趋势。

二

重视党员思想和素质状况的研究，切实加强社会主义市场条件下的党员教育工作。通过此次调查，我们对目前党员思想和素质状况有了一个比较清晰的了解。诚然，其主流方面使人欣慰，但存在的诸多问题更令人深思和不安。各方面的情况表明，党员队伍的现状不容乐观。因此，建议有关方面特别是党员教育部门，应更加关注党员的思想动态和素质状况，加强对社会主义市场经济条件下党员队伍的跟踪研究，切准党员的思想脉搏，摸清党员的思想倾向，为有针对性地开展党员教育和思想政治工作奠定基础。其次，应坚持“着重从思想上建党”的原则，高度重视党员教育工作。对党员教育应站在党的建设和社会主义两个文明建设的高度来把握。在改革开放和发展市场经济的整个过程中，切不可把党员教育视为“虚事”和“软任务”，认为可有可无，可多可少，可轻可重。第三，采取措施，真抓实干，切实加强党员教育工作。建议把党员教育工作纳入本地区本单位党的建设、两个文明建设的总体布局，列为重要议事日程，同步规划，同步实施，同步考核，同步奖惩。调查中发现，当前许多地区和单位党员教育工作自身建设上存在一系列实际问题亟需解决，如阵地要巩固，设施要完善，教材要更新，队伍要充实、提高等等。因此，建议各级党委和政府在经济发展的同时，不断地增加经费投入和确保经费到位，以保证党员教育工作的正常开展。

紧跟时代和实际，及时调整和合理布局党员教育的内容格局。根据调查情况，建议党员教育内容的改革，要坚持“三个紧贴”的指导思想。一是紧贴时代和形势，适应新时期对党员提出的新要求；二是紧贴工作实际，适应各行各业党员工作和生产的需要；三是紧贴党员思想实际和素质状况，适应党员的不同要求。党员教育内容的具体改革，首先应根据十四大提出的党员条件和《党章》规范，按照共产党员“长、宽、高”的标准进行总体布局。一是围绕“长”（即工作业务专长）的要求，设置教育内容，加强对党员的业务技术、专业理论和相关知识的教育培训；二是围绕“宽”（即知识面要宽）的要求，加强党员的文化科学知识教育，加强经济学知识、经济管理知识、国际知识和其他社会科学知识的教育。三是围绕“高”（即思想境界高）的标准，加强马克思主义基本理论和基本知识教育，加强建设有中国特色社会主义理论、社会主义市场经济理论、党的基本路线和方针政策教育，加强党史党建和党的基本知识教育，加强爱国主义、社会主义和集体主义教育，加强人生观、价值观和道德观教育，加强国内外形势教育等等。其次，在合理布局的基础上，还需要根据当前的实际情况对内容进行结构性调整。业务培训方面，主要是加大份量，加大力度；知识面方面，主要是拓宽领域，充实内容和更新内容；政治理论教育，主要是学精管用，释疑解难和拾遗补缺。

坚持统分结合的原则，分别做好不同类型党员的教育工作。党员教育面向所有党员，应着眼于提高广大党员的思想水平和素质能力，但同时还要分清具体对象，切忌“一刀切”。因此，坚持统分结合的原则至关重要。就调查的情况看，目前党员教育还是统有余而分不足。建议有关方面采取措施进一步解决这一问题。这方面总的指导思想应是在统一规划、统一要求、统一部署的前提下，党员教育工作要坚持“分类指导、分层施教、因地制宜、因人而异”的16字方针。视不同的对象，确定不同的内容，提出不同的要求，采取不同方式和方法。

注重形式与效果的统一，在改革中探索把党员教育落到实处的新路子。实施党员教育需要通过一定的形式，切实有效的方式方法是开展好党员教育工作的重要保证。它的解决，显然有赖于党员教育部门和各级党组织的共同努力和探索。总的原则和思路应包括这样几点：首先，必须注重形式与效果的统一。党员教育要讲求形式，但不唯形式，重在效果。其次，正确处理继承与创新的关系。党员教育工作必须走改革创新之路，鼓励开拓和创造性工作，墨守陈规是不能适应形势发展需要的。但同时又要防止全盘否定，片面追求花样翻新、搞花架子的倾向。第三，大力倡导改革精神，探索一条“实”、“活”、“新”、“特”的党员教育新路子。所谓“实”，就是在教育中贯彻实事求是的原则；所谓“活”，即采用灵活多样的形式增强工作活力，克服单一性和呆板性；所谓“新”，即大胆探索新思路，采取一些新措施，创造一些新方法，从而不断提高教育效果；所谓“特”，即方式方法上不拘泥于一个模式，支持和鼓励各地各单位因地制宜，开动脑筋，探索一些简便可行、确有实效，又适合本地情况，能够推动本地区本单位工作的办法，形成各自的特色。

沿海开放城市和经济特区部队青年的思想状况调查

王　峰

在加快改革开放、发展社会主义市场经济的新形势下，部队青年的价值观念、生活方式、向往追求、思维方式、道德风尚有哪些新变化？我们带着这个问题，到驻沿海开放城市和经济特区的部队进行了调查。

一

调查情况充分表明，改革开放、发展市场经济给部队思想建设带来的积极因素是主导的，主要表现在：

一是青年干部战士更加拥护支持改革。这次我们对322名青年战士的家庭月平均收入进行了调查，60—100元的有121人，100元以上的有201人。青年干部战士从市场经济的发展给人民群众包括自己的家庭带来了切实的利益和实惠中，进一步认清了党的改革开放政策的正确性，更加衷心拥护党的路线方针政策。基层政工干部普遍反映，同前几年相比，青年干部战士在这方面反映的思想问题明显减少了。二是对改革中的困难和问题有一定的心理承受力。青年干部战士对党的十四届三中全会确定的关于财税、金融、计划等一系列重大改革方案真心拥护，认为党中央制定了好政策，意图是让民富国强，这场"攻坚战"胜利了，就会为我国经济的持续、快速、健康发展提供有力的保障。三是部队青年干部战士的思想情绪积极向上、安心服役、渴望成才是思想主流。我们所到的不同类型的11个连队，都反映近几年随着改革的不断深入，地方优抚政策的落实，战士中发生的问题比前几年减少了，"兵比过去好带多了"。战士的上进心又有回升，参加函授、自订各种学习资料、刊物的，要求进步的都比以前有所增加。四是伴随着市场经济的发展，青年战士中逐步树立了一些新的思想观念，如时效观念、竞争观念、价值观念、经济意识、民主意识等，这对于提高青年战士的思想素质，激励开拓进取精神产生了积极作用。

但是，发展市场经济的冲击，也使部分青年干部战士产生了一些新的现实思想问题，给部队青年思想教育带来了一些新的情况和问题：

一是部队与地方在经济收入上的反差和物价上张过快等因素，使部分青年干部战士中的攀比、吃亏、追求实惠等心理情绪加重。随着市场经济条件下利益关系的调整，军队干部战士的物质待遇也逐年有所改善。特别是部队工资制度改革后，部队干部工资的增长幅度较大。但地方一部分人的经济收入急剧增长，出现了一些十万元户、百万富翁，反而使军队干部的实际收入与地方一部分群众的反差呈拉大趋势。这种情况对基层干部战士有极大的诱惑力，一些干部羡慕地方上的高收入，认为"在部队辛辛苦苦干一年，不如个体户几天挣的钱"，从而涣散了思想，淡化了献身国防的意识和无私奉献精神。

二是致富意识日益增强，重物质、轻精神，重经济、轻政治的现象比较普遍。不少战士对学技术要求迫切，渴望在部队学到本事，为将来回家致富打下基础。据对349名青年战士问卷调查，55%的同志回答参军最大的愿望是学点民用技术，退伍回家致富。前些年，人们一直把政治荣誉视为第二生命，而如今，相当一部分战士的物质利益观念逐渐上升，政治荣誉感有所减弱，这些年，由于沿海开放地区市场经济迅猛发展，就业的机会和门路日益增多，相当一部分战士从入伍到退伍，始终都在考虑如何通过关系就地找到一个好工作，服役期间就在千方百计寻找就业致富的门路。有的战士为其家乡充当商品信息员，从中捞取好处费。还有的战士利用业余时间外出打工挣钱。

三是随着经济上的大进大出，一些淫秽的物品钻入青年干部战士精神生活中。从我们调查的这几个单位的情况看，看黄色录相、书刊的现象屡禁不绝，有的偷偷到地方看，有的花几十元钱买来看。某场站警卫连有个战士经常与地方不法分子混在一起，阅看香港色情刊物《龙虎豹》、《男子汉》。某旅还发生了3名战士开车在马路上嫖娼的问题。

四是商品等价交换的原则日益渗透到部队的人际交往中，部分青年战士搞庸俗关系学，产生"唯利交友"的心理。有些青年战士一到部队，首先打听哪个领导是老乡，目的是套近乎，找靠山。我们曾经问一些战士，你最羡慕什么样的人，不少战士答，最羡慕会拉关系、会赚钱的人。有些战士为了入党、请假、调换工作等问题，给干部送礼，不仅送烟酒等实物，有的还送"礼品券"。某团对300名战士进行问卷调查，回答送过礼的有40人次，金额达上千元。有些战士为达到学开车的目的，纷纷给"管事"的干部"进贡"。他们说，"在地方学驾驶，要掏两三千块，在部队学开车，送点东西划得来。"

五是片面追求消费心理的平衡。一些青年战士受高消费的影响，追求享受，讲吃穿摆阔气。不少基层干部战士在吃、喝、抽、穿方面与地方青年攀比，穿要时髦的，抽要高档的。

六是部队严格执行条令条例受到挑战，建立自觉的组织纪律性比过去有困难，受市场经济的影响，战士成份复杂、民主意识日益增强，但是遵纪守法的观念较淡薄。顶撞、超假、我行我素的在许多连队都能找到一两个。擅自出走、私自回家的现象也时有发生。另外，沿海开放城市和特区的中外合资企业中女工越来越多，给基层连队管理带来一定的复杂性。据有关同志讲，女工占职工总数的比例已接近80%左右。这些女工大都年轻，家在内地，希望在驻地找一个当兵的对象。某旅有2个连队周围的两家工厂分别有800—1000名女工，她们下班后，常围着部队营房转，有的到营房喝水，有的找战士认老乡。连队为此增派了哨兵，但总是给部队的管理带来新问题。

这些情况充分说明，我们改进青年的思想教育，就必须顺应市场经济的发展这个大环境，充分认清市场经济发展带来的双重影响，在充分吸收积极因素的同时，采取措施抑制其消极影响。

二

市场经济的迅速发展，日益广泛而深刻地影响着青年干部战士的思想，使得我们今天所面临的教育对象发生了明显的变化。一是战士入伍前的经历呈现多色彩。据对驻广州市和特区的339名战士的问卷调查，入伍前是工商个体户的12人，占3.5%，乡镇企业做工的32人，占9.4%，中外合资企业工作的8人占2.4%，集体、全民单位工作的41人，占12.1%，搞家庭养殖的6人，占1.8%，务农的59人，占17.4%，应届毕业生119人，占35.1%，待业的62人，占18.3%。二是入伍动机上的多层次。问卷调查的349名战士中，对“你为什么要当兵”的回答是：尽义务、保卫祖国的67人，学技术、回家致富的191人，到部队锻炼成才的80人，报考军校的13人，出来长见识的40人，退伍转全民正式工的30人，其他的8人。三是价值观念上的多类型。据对349名战士的思想意向调查，当问到“你认为人生最大的乐趣是什么”时，回答学习工作的92人，挣钱花钱的56人，对事业的追求的90人，与困难作斗争的41人，与世无争的10人，过好家庭生活的55人，其他5人。当问到“你对幸福的理解是什么”时，回答为共产主义奋斗的143人，建立美满家庭的94人，充裕的物质享受的48人，无病无灾的44人，升官发财的9人，其他11人。四是理想追求的多元性。据对349名战士的调查，当问到“你认为树立什么样的理想最适合自己的情况”时，回答实现共产主义的23人，建设具有中国特色的社会主义的81人，当一名合格的军人的113人，出人头地47人，挣更多的钱的67人，建立一个美满家庭的11人，享乐的7人，其他12人。

上述调查分析告诉我们，必须经常研究教育对象的思想变化特点，并据此对教育的目标、内容加以改进。一是要区分层次，科学地确定青年思想教育的目标。过去在青年思想教育上，存在一个严重的缺陷就是目标基点过高，缺乏层次性，习惯笼统地提培养“四有”青年军人，用一个理想的目标模式来规范所有的战士。我们对260名战士，就“你对提倡‘四有’的看法”为题进行调查，回答很有必要的179人，有必要、但行不通的74人，不适宜的5人，其他2人。这就告诉我们，在培养青年目标上应克服过高过急的倾向，要根据战士的理想结构、多价值取向、多入伍动机、多职业特点等方面，设置多层次的目标体系。

调查中，我们发现，一些基层政工干部、共青团干部，在思想观念上、基本素质上与青年干部战士对思想教育的要求，与改革开放、发展市场经济的新形势存在着一定的差距。我们就“你对目前所在单位思想教育的现状的看法”为题，对348名战士进行了问卷调查，回答基本满意的99人，满意的68人，回答“政治说教、大道理太多、说服不了人”的103人，“照本宣科、死板乏味”的69人，其他9人。就“你对团干部的看法”对318名战士调查，回答胜任本职工作的117人，群众关系可以、工作能力较弱的62人，有威信、活动能力强的77人，没有什么本事的50人，其他12人。战士说：“现在的政治课讲的都是体制改革共知的内容，报纸、电视、广播都已介绍过了，解答不了我们青年人的敏感问题，缺乏发人深思的力量，我们爱听的他们讲不清，他们讲的我们又不爱听。”

鉴于上述情况，我们感到，要增强青年思想教育的效果，尽管需要对教育的内容、目标、方法等环节加以改进，但最基本最关键的是要尽快提高教育者的素质，使他们的思想观念、工作能力、业务知识适应发展市场经济的需要。

一些青少年道德失衡与传统美德教育失调调查报告

翟　康

党的十四大以来，我国进一步深化改革、扩大开放，发展社会主义市场经济，为培养当代青少年成为新时期需要的建设者和接班人，创设了具有相当积极意义的社会氛围和成长环境。今天的广大青少年信息视野扩大、经济意识萌发、人际交往广泛；他们无论在学校、家庭、社会，独立意识和向上精神正在增强；人才价值观念、时间效率观念等也正在为他们所接受。这些，必将有利于我们造就亿万青少年具有适应发展社会主义市场经济需要的人才素质。

然而，我们更要清醒地看到，由于诸多原因，其中包括多年来中华传统美德教育的削弱，使得相当数量的青少年产生了诸多道德失衡现象。也令人焦虑和担忧。

本文结合几年来进行的有关调查，仅就当前一些青少年道德失衡及传统美德教育失调的情况报告如下。

一、一些青少年道德失衡之现状

1. 劳动观念失衡

从表1可以看出，在青少年

表 1　对青少年参加家务劳动情况的统计

（694 人）

内容 / 数字 / 项目	有时参加	基本不参加	根本不参加
人　数	236	249	209
百分比	34%	36%	30%

中基本或根本不参加家务劳动的为66%。中学生中几乎没有同学会生炉子；包括男生在内劳动时大多不会用铁锨。

2. 消费态度失衡

从表 1、表 2 看出，有 26%的中学生仅零食一项每月花去60元；27%的中学生有过随意抛扔饼干、糕点，甚至整个面包、整段火腿肠的行为。

3. 自律意识失衡

由于诸多影响，今天一些青少年道德认识模糊，道德行为随意。在家庭中有 34%的少年不同意“孝敬”父母的提法；在学校有22%的学生承认有考试作弊行为；在社会有 17%的中学生认为“路口红灯亮了，只要警察不在就可以闯过去”，18%的青少年认为“拾金不昧”是假的，纯属傻冒。

4. 知识涉猎范围失衡

据某校调查，当让学生写出领袖、科学家、古代名人名字时，答案分别是寥寥无几；但在“请写出歌星名字”时，少年们竟无重复地写出了 48 位港台歌星的名字。

表 2　中学生消费情况调查统计（694 人）

内容 / 数字 / 项目	日早点平均消费金额			日零食平均消费金额			现身穿服装、鞋金额			自行车档次		
	五角左右	一元左右	两元以上	一元以内	两元左右	三元以上	200 元以内	300～400 元	500 元以内	旧车	200 元左右	400 元以上
人　数	201	403	90	512	163	19	517	157	20	227	319	70
百分比	29%	58%	13%	74%	23%	3%	75%	21%	4%	33%	46%	10%

表 3　中学生浪费情况调查统计（694 人）

内容 / 数字 / 项目	乱扔食品现象			乱撕作业本现象			年钢笔、元珠笔耗费状况			书包更换状况		
	没有过	有时有	经常有	没有过	有时有	经常有	1～2 支	3～4 支	4 支以上	2～3 年一次	每年一次	半年一次
人　数	507	142	45	509	109	76	431	246	17	340	323	31
百分比	73%	20%	7%	73%	16%	11%	62%	36%	2%	50%	45%	5%

表 4　对某校初二 1 班“四个四”的调查统计（38 人）

内容 / 数字 / 项目	国家四大机关领导人		四个现代化内容		四有人才内容		（歌星）四大天王	
	知道	不知道	知道	不知道	知道	不知道	知道	不知道
人　数	10	28	3	35	17	21	29	9
百分比	26.3%	73.7%	8%	92%	44.8%	55.2%	77%	23%

表 5 青少年对古代名人了解情况统计(1963 人)

能写出三位的		能写出两位的		能写出一位的		写不出或全错的	
人数	百分比	人数	百分比	人数	百分比	人数	百分比
161	8.2%	306	15.59%	189	24.94%	1007	51.3%

5. 生活追求目标失衡

在对 1069 名青少年调查中,主张“金钱就是一切”,甚至以“不择手段赚大钱”为人生目标的共占 21%;26.7%的中学生不想入团,而“入团为了当干部”的又占申请入团的 31%,某校一学生会干部说:“面对一些不良风气,我无力回天,只想走好好学习,积极入团、准备资本走入党做官的道儿。”当前,一些青少年认为个人前途全凭“命运”,在这种消极思想影响下,竟有 2.9%的中学生对人生选择了“及时行乐”的态度;某重点校一团员说:“我并不信仰共产主义,我想加入天主教。”然后积极询问退团手续。看来,他真的要退团入教了!

6. 人际关系维系标准失衡

一些青少年受到“凡事都等价交换”的消极影响,以之为维系人际关系的准则。在学校,有的中学生居然标出了明码实价:替同学做一次卫生扫除五角,讲解一道难题一元,诸如借一次作业本、代抄一次作业、借用一次自行车都有“定价”。更有甚者,一女生竟花 200 元雇人(保镖)保护自己,一男生用 2900 元欲分班内同学每人 50 元买人缘。

二、青少年道德失衡与传统美德教育失调

研究一些青少年道德观念失衡的原因,除有社会中消极因素的影响和学校教育的某些随意性、家庭教育中非科学化等原因以外,当今青少年一代缺乏中华民族传统美德的营养也是一个重要的原因。

全国解放至文化大革命期间,中华民族传统道德屡遭批判。尤其在“文化大革命”期间,传统道德几乎被置于全盘否定的地位。其恶劣影响至今犹存。

当前在学校里开展传统美德教育,但也有一定难度。如,今天的中青年教师大部分是“文革”中上学而后参加工作的,由于历史的原因,他们本人就缺乏这方面的系统的教育,要求他们对学生进行此项教育,还要重新学习和认识。在调查中我们发现,当代青少年在家庭中接受传统道德教育的为数很少,即使听到过一些传统美德故事的片断,如“孔融让梨”、“程门立雪”、“岳母刺字”等,也多是从祖辈人口中讲出来的。

提高当今青少年一代的道德素质,要突出爱国主义、集体主义和社会主义教育,要进行中国共产党领导下的革命传统教育和现代意识教育。但是,为了更完整、更有效地完成道德教育任务,还必须真正地重视和加强中华传统美德教育,培养青少年形成中华民族的道德人格。因此,我们必须把加强中华民族传统美德教育作为解决青少年道德失衡,提高青少年道德素质的重大举措之一。

表 6 家庭对子女传递传统美德情况统计

学校类型	学生人数	在家中得到传递人数	传递率
某普通中学	12	0	0%
某普通中学	18	2	11.11%
某市重点中学	11	4	36.36%
总　　计	41	6	14.6%

有关精神文明建设的统计资料

1. 主要社会统计指标

(1)社会统计主要指标

项　　目	计量单位	1980 年	1985 年	1990 年	1994 年	1995 年
一、自然环境						
1. 人口密度	人/平方公里	103	111	119	125	126
2. 城市建成区面积	平方公里	7 438	9 386	12 856	17 940	19 264
3. 城市人均公共绿地面积	平方米	2.3	2.8	3.9	4.6	5.0
二、人口与家庭						
1. 总人口	万人	98 705.0	105 851.0	114 333.0	119 850	121 121
2. 性别比	以女性为 100	106.0	107.0	106.0	104.5	104.2
3. 市镇人口占总人口比重	%	19.4	23.7	26.4	28.6	29.0
4. 出生率	‰	18.2	21.0	21.1	17.7	17.1
5. 死亡率	‰	6.3	6.8	6.7	6.5	6.6
6. 结婚对数	万对	719.8	829.1	948.7	929.0	929.7
7. 离婚对数	万对	34.1	45.8	79.9	98.1	105.5
8. 平均寿命	岁	67.9	68.9			
三、劳动						
1. 劳动力资源	万人	56 683.0	62 114.0	69 732.0	82 500	83 182
2. 从业人员	万人	42 361.0	49 873.0	56 740.0	68 090	68 910
3. 从业人员占劳动力资源比重	%	79.9	80.3	81.4	82.5	82.8
4. 城镇失业人员	万人	541.5	238.5	383.2	476.4	519.6
5. 城镇失业率	%	4.9	1.8	2.5	2.8	2.9
6. 第三产业从业人员占从业人员总数比重	%	13.0	16.7	18.6	23.0	24.8
7. 职工人数	万人	10444	12358	14059	14849	14908

续表

项　目	计量单位	1980 年	1985 年	1990 年	1994 年	1995 年
8.女职工占职工总人数比重	%	35.4	36.4	37.7	38.0	38.6
四、居民收入与消费						
1.城乡居民家庭人均收入						
城镇	元	439.4	685.3	1 387.3	3 179.2	3 892.9
农村	元	191.3	397.6	686.3	1 221.0	1 577.7
2.职工年平均工资	元	762	1 148	2 140	4 538	5 500
3.居民年平均消费水平	元	236	437	803	1 781	2 311
城镇	元	496	802	1 686	3 979	5 044
农村	元	178.0	347	571	1 138	1 479
4.农民家庭平均每人生活消费支出占纯收入比重	%	84.8	79.8	85.2	83.3	83.1
5.城镇居民家庭平均每人消费支出中购买食品支出比重	%	56.7	52.3	54.3	49.8	49.9
6.城乡居民储蓄存款年底余额	亿元	399.5	1 622.6	7 034.2	21 518.8	29 662.3
五、住房与生活服务						
1.人均居住面积						
其中:城市	平方米	3.9	5.2	6.7	7.8	8.1
农村	平方米	9.4	14.7	17.8	20.2	21.0
2.每万人拥有电话机部数	部	49.5	59.9	111.0	240.9	475.7
3.每万人拥有邮电局数	处	0.5	0.5	0.5	0.5	0.5
4.每万人乘坐火车汽车轮船飞机次数	次	34 831.9	54 526.2	67 581.7	—	—
5.城市用水普及率	%	83.2	81.0	89.2	93.0	93.0
6.城市燃气普及率	%	19.4	23.2	42.2	61.7	70.0
六、劳动保险与社会福利						
1.劳动保险福利费用总额	亿元	136.4	327.4	937.9	1 958.1	2 361.3
2.退职退休离休职工人数	万人	816.0	1 637.0	2 301.0	2 929.0	3 094.1
4.城市社会福利事业单位数	个	839.0	924.0	1 086.0	1 241.0	1 264.0
5.城市社会福利事业单位收养人数	人	60 282.0	65 474.0	76 596.0	95 621	99 264
6.农村五保户人数	万人	294.4	300.8	283.7	247.6	249.4
七、教育						
1.各级学校数						
A.高等学校	个	675	1 016	1 075	1 080	1 054
B.中等学校	万个	124 760	104 848	100 777	96 562	95 216
C.小学	万个	91.7	83.2	76.6	68.3	66.9
2.各级学校教师数						
A.高等学校	万人	24.7	34.4	39.5	39.6	40.1
B.中等学校	万人	317.1	296.7	349.2	375.7	388.3

续表

项　　目	计量单位	1980年	1985年	1990年	1994年	1995年
C. 小学	万人	549.9	537.7	558.2	561.1	566.4
3. 各级学校在校学生数						
A. 高等学校	万人	114.4	170.3	206.3	279.9	290.6
B. 中等学校	万人	5 677.8	5 092.6	5 105.4	5 707.1	6 191.5
C. 小学	万人	14 627.0	13 370.2	12 241.6	12 822.6	13 195.2
4. 各级学校招生数						
A. 高等学校	万人	28.1	61.9	60.9	90.0	92.6
B. 中等学校	万人	2 011.8	1 789.8	1 815.8	2 157.6	2 354.1
C. 小学	万人	2 942.3	2 298.2	2 064.0	2 537.0	2 531.8
5. 各级学校毕业生数						
A. 高等学校	万人	14.7	31.6	61.4	63.7	80.5
B. 中等学校	万人	1 629.9	1 279.1	1 497.5	1 542.4	1 636.9
C. 小学	万人	2 053.3	1 999.9	1 863.1	1 899.6	1 961.5
6. 每万人口大学生数	人	11.6	16.4	18.0	23.4	24.0
7. 学龄儿童入学率	%	93.0	95.9	97.8	98.4	98.5
8. 小学毕业生升学率	%	75.9	68.4	74.6	86.6	90.8
9. 各级成人教育学习人数	万人	1 928.9	1 553.3	3 978.2	6 078.8	6 681.6
八、科学研究						
1. 国有单位专业技术人员数	万人	527.6	781.7	1 080.9	1 865.9	1 913.4
2. 重大科学技术研究成果	项	2 687	10 476	26 829	30 230	—
九、卫生						
1. 卫生机构数	万个	18.1	20.1	20.9	19.2	19.0
其中：医院	万个	6.5	6.0	6.2	6.8	6.8
2. 卫生机构床位数	万张	218.4	248.7	292.5	313.4	314.1
其中：医院床位	万张	198.2	222.9	262.4	283.1	283.6
3. 卫生技术人员数	万人	279.8	341.1	398.8	419.9	425.7
其中：A. 医生	万人	115.3	141.3	176.3	188.2	191.8
B. 护师、护士	万人	46.6	63.7	97.5	109.4	112.6
5. 新法接生率	%	91.4	94.5	94.0	—	—
十、环境保护						
1. 工业废水排放达标率	%	29.0	38.0	50.1	55.5	55.4
2. 工业废弃物综合利用率	%	19.0	26.2	29.3	41.8	44.2
十一、文化						
1. 艺术表演团体	个	3 533	3 317	2 805	2 698	2 684
2. 电影放映单位	万个	12.5	18.3	14.6	9.4	9.4
3. 广播电台	座	106	213	635	1 107	1 202
4. 电视台	座	38	202	509	766	837
5. 公共图书馆	个	1 732	2 344	2 527	2 596	2 615
6. 博物馆	个	365	711	1 013	1 161	1 194
7. 群众文化馆	个	2 912	2 965	2 955	2 887	2 886
8. 人均看电影次数	次	29.4	20.8	14.1	2.1	1.6
9. 书刊出版印数						
a. 图书	亿册	45.9	66.7	56.4	60.1	63.2

续表

项　　目	计量单位	1980年	1985年	1990年	1994年	1995年
b.杂志	亿册	11.2	25.6	17.9	22.1	23.4
c.报纸	亿份	140.4	199.8	160.5	177.9	178.9
十二、体育						
1.等级运动员发展人数	人	47 214	67 392	65 540	63 307	63 095
2.县以上体委举办运动会次	次	22 753	26 949	30 158	24 789	24 880
3.获世界冠军个数	个	3	46	54	79	102
4.创世界纪录次数	次	15	9	16	72	24
5.达到"国家体育锻炼标准"人数	万人	856	4 362	7 478	10 679	10 608
十三、社会秩序与安全						
1.律师数	人	11 389	13 403	34 379	83 619	90 602
2.公证人员数	人	6 028	10 369	15 786	16 925	16 949
3.人民调解委员会数	万个	86.0	97.7	102.1	100.9	101.0
4.刑事案件立案数	万件	89.0	54.2	221.7	166.1	169.0
5.交通事故件数	件		209 452	250 244	253 537	271 843
6.火灾事故件数	件	41 537	34 996	57 302	39 357	37 136
十四、社会活动参与						
1.工会基层组织数	万个	37.6	46.5	60.6	58.3	59.3
2.工会会员数	万人	6 116.5	8 525.8	10 135.6	10 202.5	10 399.6
3.共青团员数	万人	4 773.8	5 200.0	5 600.0	—	—
4.少先队员数	万人	8 555.8	12 321.0	12 700.0	—	—

2. 人口与劳动力

(2)人口年龄结构状况

单位:%

年龄组	1952年	1964年	1982年	1990年	1994年	1995年
0—14岁	36.3	40.7	33.5	27.7	26.8	26.7
15—64岁	59.3	55.7	61.7	63.7	67.0	66.6
65岁及以上	4.4	3.6	4.9	8.6	6.2	6.7

(3)婚姻登记和离婚情况

年 份	准予登记结婚(对)	初婚(人)	再婚(人)	离婚(对)	离婚率‰
1980	7197860	13903379	492341	340998	0.7
1985	8312837	16118979	506695	457938	0.9
1990	9510632	18233452	787812	800037	1.4
1991	9509849	18203226	816472	829449	1.4
1992	9545047	18320957	769137	849611	1.5
1993	9121622	17470092	773152	909195	1.5
1994	9290027	17793306	786748	980980	1.6
1995	9297061	17760657	833465	1055196	1.8

3. 居民收入、消费、住房与生活服务

(4)城乡新建住宅面积和居民居住情况

年 份	城镇新建住宅面积(亿平方米)(100 000 000sq. m)		农村新建房屋面积(亿平方米)(100 000 000sq. m)	人均居住面积(平方米)	
		城镇个人		城 市	农 村
1978	0.38		1.00	3.6	8.1
1980	0.92		5.00	3.9	9.4
1985	1.88	0.63	7.22	5.2	14.7
1990	1.73	0.65	6.91	6.7	17.8
1991	1.93	0.68	7.54	6.9	18.5
1992	2.40	0.86	6.19	7.1	18.9
1993	3.07	0.98	4.81	7.5	20.7
1994	3.57	1.23	6.18	7.8	20.2
1995	3.75	1.33	6.99	8.1	21.0

注:本表“人均居住面积”城市为建设部统计数字,农村为农村住户抽样调查资料。

(5)邮电事业基本情况

指标		1994	1995	指标		1994	1995
邮电业务总量	(亿元)	688.19	988.85	年末移动电话用户	(户)	1567780	3629416
函件	(亿件)	76.50	79.55	年末农村电话	(户)	4827477	8070047
包件	(万件)	15908.2	15641.2	邮电局所	(处)	60447	61898
邮政快件	(万件)	45224.8	45057.0	邮路及农村投递路线总长度	(公里)	5146517	5231930
特快专递	(万件)	4019.5	5562.7	汽车邮路		757931	849412
报刊期发数	(万份)	24095.6	21688.6	铁路邮路		187871	183036
电报	(万份)	18579.6	13287.6	长话电路	(路)	615809	735545
传真	(份)	3423651	4423080	电报电路	(路)	12607	12250
长途电话	(万张)	757639.1	1013966.4	邮电通信工具拥有量(部、门)			
年末直拨国际及港澳的用户	(万户)	1054.8	1709.7	市话交换机容量	(万门)	3723.39	5456.35
年末市内电话	(万户)	2246.8	3263.6	农话交换机容量	(万门)	1202.86	1747.24
住宅电话		1489.4	2358.4	电话机	(万部)	2887.44	5762.26
年末无线寻呼电话用户	(万户)	1035.0	1739.2	城市电话		2310.67	1709.26
				农村电话		576.77	1053.00

(6)城市公用事业基本情况

项目	单位	1957年	1965年	1978年	1980年	1985年	1990年	1994年	1995年
自来水年供水量	亿吨	9.6	26.3	78.8	88.3	128.0	382.3	489.5	496.6
#生活用水量	亿吨	5.5	10.3	27.0	33.0	61.0	100.1	142.2	158.1
平均每人生活用水	吨	16.2	19.7	44.0	46.8	55.1	67.9	70.8	71.3
用水普及率	%	56.6	74.0	81.0	81.4	81.0	89.2	93.0	93.0
公共汽(电)车总数	辆	6174	11060	25839	32098	45155	62215	108788	136821
平均每万人拥有	辆	1.0	1.6	3.3	3.5	3.9	4.8	6.1	7.3
铺装道路长度	公里	18259	24000	26966	29485	38282	94820	111058	130308
平均每万人拥有	公里	3.0	3.4	3.4	3.3	3.3	6.4	6.3	7.0
铺装道路面积	万平方米	14422	21000	22539	25255	35872	89160	118181	135810
平均每万人拥有	万平方米	2.4	3.0	2.9	2.8	3.1	6.0	6.6	7.3
下水道长度	公里	10107	12855	19556	21860	31556	57787	83647	110293
平均每万人拥有	公里	1.4	2.0	2.5	2.4	2.7	3.9	4.7	6.0

续表

项　目	单位	1957年	1965年	1978年	1980年	1985年	1990年	1994年	1995年
公用煤气、液化气									
人工煤气供气量	万立方米	20475	69628	172541	195491	249754	1747065	1262712	1266894
#家庭用量	万立方米	12696	32000	66593	83281	107060	274127	416452	456585
煤气管道长度	公里	2137	2412	4717	5619	10567	16312	27716	33890
天然气年供气量	万立方米		…	69078	58937	162099	642289	752436	673354
液化气家庭用量	万吨		…	17.6	27.0	54.7	142.8	281.7	370.2
用气普及率	%	1.5	3.0	13.9	16.8	22.4	42.2	61.7	70.0

注：人均拥有指标按城市人口中非农业人口计算。

(7)环境建设

项　目	单位	1957年	1965年	1978年	1980年	1985年	1990年	1994年	1995年
城市绿化									
绿地面积	公顷	…	26080	81735	85543	159291	474613	632882	678310
每万人绿地面积	公顷	…	4.3	10.6	9.6	13.7	32.2	35.8	36.7
公园、动物园个数	个	…	585	616	679	1026	1970	2912	3619
公园、动物园面积	公顷	…	13903	15229	16192	21896	40081	55468	72857
环境卫生									
清运垃圾	万吨	…	…	…	3132	4477	6767	9981	10748
清运粪便	万吨	…	…	…	1643	1731	2385	3408	3071
每万人有公厕	座				6.6	5.8	6.6	5.4	6.1

4. 劳动保险与社会福利

(8)职工保险福利费用总额　　单位：亿元

年份	合计	国有单位			城镇集体单位	其他单位	保险福利费用总额相当于工资总额的%
			单位支付	民政部门支付			
1978	78.1	69.1	66.9	2.2	9.0		13.7
1979	107.3	94.9	92.1	2.8	12.4		16.6
1980	136.4	119.3	116.0	3.3	17.1		17.7

续表

年份	合计	国有单位	单位支付	民政部门支付	城镇集体单位	其他单位	保险福利费用总额相当于工资总额的%
1985	331.6	273.6	269.9	3.7	56.8	1.2	24.0
1990	937.9	777.3	770.1	7.2	152.9	7.7	31.8
1991	1094.7	912.5	904.9	7.6	171.8	10.4	32.9
1992	1309.9	1096.2	1086.6	9.6	198.8	14.9	33.3
1993	1670.2	1386.5	1374.5	12.0	238.6	45.1	34.0
1994	1958.1	1646.2	1628.7	17.5	248.1	63.8	29.4
1995	2361.3	1980.4	1961.0	19.4	294.5	86.4	29.2

(9)保险福利费用总额及构成

年份	保险福利费用总额(亿元)	#退职退休离休费	#丧葬抚恤救济费	#医疗卫生费	总额增长速度(以1978年为100)	#退职退休离休费	#丧葬抚恤救济费	#医疗卫生费
1978	78.1	17.3	2.6	31.6				
1980	136.4	50.4	3.8	41.5	174.6	291.3	146.2	131.3
1985	327.4	145.6	5.3	78.1	419.2	841.6	203.8	247.2
1990	937.9	388.6	14.9	268.6	1 200.9	2 246.2	573.1	850.0
1991	1094.7	458.5	17.1	315.0	1 401.7	2 650.3	657.7	996.8
1992	1309.9	402.1	19.2	372.7	1 677.2	2 324.3	738.5	1 179.4
1993	1670.2	913.7	10.2	258.4	2138.5	5281.5	392.3	817.7
1994	1958.1	1218.9	14.3	365.6	2507.2	7045.7	550.0	1157.0
1995	2361.3	1541.8	14.5	351.5	3023.4	8912.1	557.7	112.3

(10)退职退休离休人数与在职职工人数的比例

年份	退职退休离休人数(万人)	在职职工人数(万人)	退职退休离休人数与在职职工人数之比(以退职、退休、离休人员为1)
1978	314	9 499	30.3
1980	816	10 444	12.8
1985	1 637	12 358	7.5
1990	2 301	14 059	6.1
1991	2 433	14 508	6.0
1992	2 598	14 792	5.7
1993	2 780	14 849	5.4
1994	2 929	14 849	5.1
1995	3 094	14 908	4.8

(11)社会福利事业单位基本情况(1995年)

	院数(个)	工作人员(人)	床位(张)	年末收养人数(人)
全国总计	**43074**	**176650**	**975572**	**747240**
民政部门办	2182	59484	173283	133574
优抚休、疗养院	918	19152	49217	34310
城市福利院	1264	40332	124066	99264
城镇集体办	17345	55259	373350	288975
光荣院	159	595	3670	3032
福利院	17186	54664	369680	285943
农村集体办	23547	61907	428939	324691
光荣院	346	1256	9064	7978
敬老院	23201	60651	419875	316713

5. 教　育

(12)教育事业基本情况

单位:万人

	1980	1985	1990	1994	1995
学校数(所)					
普通高等学校	675	1016	1075	1080	1054
中等学校	124760	104848	100777	96562	95216
#专业学校	3069	3557	3982	3987	4049
普通中学	118377	93221	87631	82358	81020
小学	917316	832309	766072	682588	668685
专任教师(万人)					
普通高等学校	24.7	34.4	39.5	39.6	40.1
中等学校	317.1	296.7	349.2	375.7	388.3
#专业学校	12.8	17.4	23.4	24.7	25.7
普通中学	302.0	265.2	303.3	323.4	333.4
小学	549.9	537.7	558.2	561.1	566.4
招生数(万人)					
普通高等学校	28.1	61.9	60.9	90.0	92.6
中等学校	2011.8	1789.8	1815.8	2157.6	2354.1
#专业学校	46.8	66.8	73.0	122.5	138.1
普通中学	1934.3	1606.9	1619.6	1859.8	2025.9
小学	2942.3	2298.2	2064.0	2537.0	2531.8
在校学生(万人)					
普通高等学校	114.4	170.3	206.3	279.9	290.6
中等学校	5677.8	5092.6	5105.4	5707.1	6191.5
#专业学校	124.3	157.1	224.4	319.8	372.2
普通中学	5508.1	4706.0	4586.0	4981.7	5371.0
小学	14627.0	13370.2	12241.4	12822.6	13195.2
毕业生数(万人)					
普通高等学校	14.7	31.6	61.4	63.7	80.5
中等学校	1629.9	1279.1	1497.5	1542.4	1636.9
#专业学校	41.0	42.9	66.1	72.9	83.9
普通中学	1581.0	1194.9	1342.1	1361.9	1429.0
小学	2053.3	1999.9	1863.1	1899.6	1961.5
每一教师负担学生数(人)					
普通高等学校	4.6	5.0	5.2	7.1	7.2
中等学校	17.9	17.2	14.6	15.2	15.9
小学	26.6	24.9	21.9	22.9	23.3
国家财政性教育经费(亿元)	**114.2**	**226.8**	**462.5**	**1018.8**	**1193.8**
#预算内支出	114.2	225.7	410.4	939.2	1081.0
#教育事业费	94.2	184.2	352.5	772.8	891.5
基建投资	11.4	27.2	29.6	55.2	58.0

(13)毕业的大专生、中专生和技术工人

单位:万人

项　　目	解放前累计数	1949—1995年合计	其中		
			1949—1965年	1966—1978年	1979—1995年
高等学校	18.5	1061.23	155.44	139.19	766.6
中等专业学校	54.67	1 473.65	295.85	224.80	953
技工学校		693.24	59.48	53.26	580.5

注:1.上表是普通高等学校、中等专业学校和技工学校毕业生数。2.解放前高等学校毕业生为1926—1947年20年的合计数,中专为1931—1946年16年的合计数。

(14)全国研究生数

单位:人

年　　份	在学人数	招生数	毕业生数
1952	2 763	1 785	627
1957	3 178	334	1 723
1965	4 546	1 456	1 665
1978	10 934	10 708	9
1980	21 604	3 616	476
1985	87 331	46 871	17 004
1990	93 018	29 649	35 440
1991	88 128	29 679	32 537
1992	94 164	33 439	25 692
1993	106 771	42 145	28 214
1994	127 935	50 864	28 047
1995	145 443	51 053	31 877

(15)分科研究生毕业生数

单位:人

	1985年	1990年	1993年	1994年	1995年
总　　计	**17 004**	**35 440**	**28 214**	**28 047**	**31 877**
哲　　学	340	805	447	454	460
经济学	787	1 960	1 935	1 967	2 165
法　　学	511	1 401	1 214	1 296	1 370
教育学	193	704	540	540	577
文　　学	944	1 952	1 498	1 575	1 607
历史学	598	812	511	506	593
理　　学	4 462	6 736	5 718	5 521	6 039
工　　学	7 183	15 413	12 607	12 463	14 675
农　　学	1 209	1 554	938	945	1 111
医　　学	777	4 103	2 806	2 780	3 280

(16)参加各级教育学习人数(1995年)

单位:万人

项　　目	合　　计	普通教育	成人教育
总　　计	**22 960.74**	**21 639.77**	**1 320.97**
一、高等教育	527.85	292.65	235.2
1.研究生	12.79	12.79	—
2.本专科	515.06	279.86	235.2
二、中等教育	6 218.63	5 894.2	324.43
1.中等专业学校	583.61	319.8	263.81
2.普通中学	5 042.32	4 981.7	60.62
3.职业中学	405.61	405.61	—
4.技工学校	187.09	187.09	—
三、初等教育	13 583.96	12 822.62	761.34
扫盲	463.36	—	463.36
四、学前教育(幼儿园)	2 630.3	2 630.3	—

(17)各级各类学校数

单位:所

年份	普通高等学校	中等学校				普通中学
			中等专业学校	中等技术学校	中等师范学校	
1952	201	6 059	1 710	794	916	4 298
1957	229	12 474	1 320	728	592	11 096
1962	610	24 756	1 514	956	558	19 521
1965	434	80 993	1 265	871	394	18 102
1970	434	106 041	1 087	685	402	104 954
1975	387	125 718	2 213	1 326	887	123 505
1980	675	124 760	3 069	2 052	1 017	118 377
1985	1 016	104 848	3 557	2 529	1 028	93 221
1990	1 075	100 777	3 982	2 956	1 026	87 631
1991	1 075	99 384	3 925	2 977	948	85 851
1992	1 053	97 784	3 903	2 984	919	84 021
1993	1 065	96 744	3 964	3 046	918	82 795
1994	1 080	96 562	3 987	3 093	894	82 358
1995	1 054	95 216	4 049	3 152	897	81 020

续表

年份			职业中学	小学	幼儿园	盲、聋哑学校
	高中	初中				
1952	1 181	3 117		526 964	6 531	
1957	2 184	8 912		547 306	16 420	66
1962	4 434	15 087	3 715	668 318	17 564	261
1965	4 112	13 990	61 626	1 681 939	19 226	266
1970				961 131		
1975	39 120	84 385		1 093 317	171 749	246
1980	31 300	87 077	3 314	917 316	170 419	292
1985	17 318	75 903	8 070	832 309	172 262	350
1990	15 678	71 953	9 164	766 072	172 322	555
1991	15 243	70 608	9 572	729 158	164 465	651
1992	14 850	69 171	9 860	712 973	172 506	754
1993	14 380	68 415	9 985	696 681	165 197	824
1994	14 242	68 116	10 217	682 588	174 657	871
1995	13 991	67 029	10 147	668 685	180 438	933

(18)各级各类学校毕业生数

单位:万人

年份	普通高等学校	中等学校	中等专业学校		
				中等技术学校	中等师范学校
1949	2.1	35.2	7.1	2.4	4.8
1950	1.8	37.1	7.5	2.2	5.3
1951	1.9	34.1	5.7	2.2	3.5
1952	3.2	28.9	6.8	4.1	2.7
1955	5.5	121.1	23.5	9.7	13.8
1960	13.6	212.9	26.8	16.3	10.5
1965	18.6	232.5	9.1	7.3	1.8
1970	10.3	689.3	2.8	1.7	1.1
1975	11.9	1 519.5	24.8	12.3	12.4
1980	14.7	1 629.9	41.0	20.1	20.9
1985	31.6	1 279.1	42.9	26.1	16.8
1990	61.4	1 497.5	66.1	42.8	23.4
1991	61.4	1 477.0	74.0	49.6	24.4
1992	60.4	1 499.4	74.3	50.7	23.6
1993	57.1	1 541.9	73.5	50.7	22.8
1994	63.7	1 542.4	72.9	50.4	22.6
1995	80.5	1 636.9	83.9	59.4	24.5

续表

单位:万人

年份	普通中学	高中	初中	农业中学职业中学	小学	盲、聋哑学校
1949	28.0	6.1	21.9		64.6	
1950	29.6	6.2	23.4		78.3	
1955	96.9	9.9	87.0		322.9	0.1
1960	171.0	28.8	142.2	14.9	734.0	
1965	209.8	36.0	173.8	13.6	667.6	0.2
1970	686.5	67.6	618.9		1 652.5	
1975	1 494.7	447.0	1 047.7		1 999.4	0.3
1980	1 581.0	616.2	964.7	7.9	2 053.3	0.4
1985	1 194.9	196.6	998.3	41.3	1 999.9	0.4
1990	1 342.1	233.0	1 109.1	89.3	1 863.1	0.5
1991	1 308.5	222.9	1 085.6	94.5	1 846.7	0.5
1992	1 328.4	226.1	1 102.3	96.7	1 872.4	0.5
1993	1 365.9	231.7	1 134.2	102.5	1 841.5	0.6
1994	1 361.9	209.3	1 152.6	107.6	1 899.6	0.7
1995	1 429.0	201.6	1 227.4	124.0	1 961.5	0.7

(19) 各级各类学校教师数

单位:万人

年份	普通高等学校	中等学校	中等专业学校	中等技术学校	中等师范学校	普通中学
1952	2.7	13.0	3.5	1.5	2.0	9.4
1957	7.0	29.4	5.8	4.3	1.5	23.4
1962	14.4	47.3	6.1	4.7	1.4	39.9
1965	13.8	70.9	5.5	4.4	1.1	45.7
1970	12.9	121.3	3.9	2.6	1.3	117.4
1975	15.6	216.5	7.3	4.8	2.5	209.2
1980	24.7	317.1	12.8	9.1	3.7	302.0
1985	34.4	296.7	17.4	12.8	4.6	265.2
1990	39.5	349.2	23.4	17.6	5.8	303.3
1991	39.1	355.7	23.2	17.5	5.7	309.0
1992	38.8	362.4	23.5	17.8	5.7	314.1
1993	38.8	366.8	23.9	18.1	5.8	316.7
1994	39.6	375.7	24.7	18.7	6.0	323.4
1995	40.1	388.3	25.7	19.5	6.2	333.4

续表 单位:万人

年份	高中	初中	职业中学	小学	幼儿园	盲、聋哑学校
1952	1.3	8.1		143.5	1.4	
1957	4.0	19.4		188.4	5.0	0.1
1962	8.1	31.8	1.3	251.1	7.0	0.2
1965	7.8	37.9	19.7	385.7	6.2	0.3
1970				361.2		
1975	53.0	156.2		520.4	23.7	0.3
1980	57.1	244.9	2.3	549.9	41.1	0.5
1985	49.2	216.0	14.1	537.7	55.0	0.7
1990	56.2	247.0	22.4	558.2	75.0	1.1
1991	57.3	251.7	23.5	553.2	76.9	1.2
1992	57.6	256.5	24.8	552.7	81.5	1.3
1993	55.9	260.8	26.2	555.2	83.6	1.5
1994	54.7	268.7	27.7	561.1	86.2	1.6
1995	55.1	278.4	29.2	566.4	87.5	1.8

(20)各地区在校学生数和教师数(1995年) 单位:万人

地区	在校学生数			教师数		
	普通高等学校	中等学校	小学	普通高等学校	中等学校	小学
全国总计	**290.6**	**6191.5**	**13195.1**	**40.1**	**388.3**	**566.4**
北京	18.2	79.0	100.7	3.7	5.9	6.1
天津	6.8	56.9	88.4	1.0	4.3	5.1
河北	12.6	352.5	851.3	1.5	20.9	27.0
山西	6.7	172.2	327.0	0.9	13.1	17.2
内蒙古	3.7	130.5	234.3	0.7	9.8	15.3
辽宁	17.9	233.2	375.2	2.3	16.3	19.9
吉林	10.1	155.2	269.0	1.5	10.8	15.3
黑龙江	11.4	201.3	372.9	1.7	14.8	21.5
上海	14.4	92.6	111.0	2.2	5.7	5.5
江苏	20.9	374.9	644.8	2.7	22.2	27.4
浙江	9.3	242.4	363.0	1.1	12.6	14.3
安徽	8.6	328.8	606.9	1.2	16.5	26.7
福建	7.2	181.3	380.0	0.8	10.8	16.6
江西	8.2	216.7	430.5	1.0	13.4	22.8
山东	16.0	537.8	940.4	2.0	32.2	42.3
河南	12.2	485.2	1039.6	1.6	28.4	39.2
湖北	18.3	294.5	674.2	2.5	20.1	30.6
湖南	13.0	323.9	736.7	1.5	20.4	29.8
广东	15.2	380.1	883.2	1.7	20.2	32.1
广西	6.0	217.1	639.9	0.8	11.2	19.5
海南	1.2	34.5	111.7	0.1	2.1	4.3
四川	20.1	420.0	998.9	2.6	29.6	43.8

续表

地　区	在校学生数			教师数		
	普通高等学校	中等学校	小学	普通高等学校	中等学校	小学
贵　州	3.5	123.0	475.3	0.6	7.5	16.8
云　南	5.1	147.4	462.4	0.7	9.3	18.1
西　藏	0.4	3.9	25.9	0.1	0.4	1.3
陕　西	12.8	166.5	451.6	2.0	11.4	18.3
甘　肃	4.5	101.6	273.7	0.6	7.3	13.0
青　海	0.7	21.9	44.8	0.1	1.8	2.7
宁　夏	1.1	29.4	61.8	0.2	2.0	3.1
新　疆	4.4	87.3	220.1	0.8	7.3	10.6

注:本表只包括各级普通教育。

(21)各地区高等学校分类别学校数(1995年)

单位:所

地　区	合　计	综合大学	理工院校	农业院校	林业院校	医药院校	师范院校	语言院校	财经院校	政法院校	体育院校	艺术院校	其他院校
全　国	**1054**	**78**	**286**	**56**	**10**	**126**	**236**	**15**	**77**	**27**	**14**	**31**	**98**
北　京	65	3	21	2	1	6	3	7	6	5	1	8	2
天　津	21	1	6	1		3	3	1	2		1	2	1
河　北	47	1	17	3		5	13		2	1	1		4
山　西	26	4	5	1		4	7		3	1			1
内蒙古	19	1	2	2	1	3	6		1				3
辽　宁	61	4	21	3		6	13	1	4	2	1	2	4
吉　林	43	3	14	3	1	5	8		4	1	1	1	2
黑龙江	38	4	10	2	1	5	7		4		1		4
上　海	45	2	20	2		4	4	1	6	2	1	2	1
江　苏	67	5	24	1	1	8	9		4	1	1	1	12
浙　江	37	2	7	2	1	4	10	1	3	1		1	5
安　徽	35	1	8	1		4	13		4				4
福　建	30	3	5	1	1	2	8		1	1			8
江　西	31	5	6	2		6	8		2	1			1
山　东	48	3	13	2		8	14		3	1	1	2	1
河　南	50	2	14	4		5	13		3	1			8
湖　北	56	3	17	2		7	8		4	2	1	2	10
湖　南	47	3	17	1	1	5	12		4	1			3
广　东	42	11	5	4		5	6	1	2	1	1	2	4
广　西	27	1	4	1		5	8	1	2		1	1	3
海　南	5	2		1		1	1						
四　川	64	4	21	5		5	16	1	3	1	1	2	5
贵　州	22	1	1	1		4	10		2			1	2

续表

地区	合计	综合大学	理工院校	农业院校	林业院校	医药院校	师范院校	语言院校	财经院校	政法院校	体育院校	艺术院校	其他院校
云南	26	1	3	1	1	3	11		1	2		1	2
西藏	4	1		1		1							1
陕西	46	3	18	1	1	4	8	1	4	1	1	2	2
甘肃	17	1	3	1		2	6		1	1			2
青海	7	1		1		1	3						1
宁夏	7	1	1	1		1	2						1
新疆	21	1	3	3		4	6		2			1	1

(22)高等学校分科招生数

单位:人

项目	1994			1995		
	合计	本科	专科	合计	本科	专科
合计	**899846**	**409599**	**490247**	**925940**	**447809**	**478131**
哲学	2043	1039	1004	1747	873	874
经济学	143882	56455	87427	152694	66685	86009
法学	30526	14027	16499	31939	15681	16258
教育学	40487	14049	26438	41258	15083	26175
文学	125070	36987	88083	131587	42058	89529
历史学	15513	5943	9570	15672	6298	9374
理学	99239	41285	57954	100295	43366	56929
工学	344105	187261	156844	352463	203018	149445
农学	32876	17102	15774	32590	17903	14687
医学	66105	35451	30654	65695	36844	28851

(23)高等学校分科毕业生数

单位:人

项目	1994			1995		
	合计	本科	专科	合计	本科	专科
合计	**637417**	**310291**	**327126**	**805397**	**325484**	**479913**
哲学	2117	1394	723	2110	1261	849
经济学	80891	29622	51359	119042	32075	86967
法学	17650	8270	9380	23170	9393	13777
教育学	35234	13084	22150	41898	14019	27879
文学	92928	28232	64696	115969	29835	86134
历史学	16794	6509	10285	18117	6385	11732
理学	87845	36726	51119	100566	38029	62537
工学	228922	141654	87268	295839	148844	146995
农学	27856	15445	12411	32975	16365	16610
医学	47090	29355	17735	55711	29278	26433

(24)高等学校分科专任教师数(1995年)

单位:人

项目	合计	教授	副教授	讲师	助教	教员
合计	**400742**	**31095**	**106520**	**166508**	**74946**	**21673**
哲学	13293	935	3511	5874	2388	585
经济学	28489	1705	6164	12574	6054	1992
法学	9058	593	1753	4138	1936	638
教育学	29139	952	5713	13081	7435	1958
文学	63918	3400	14803	26172	14850	4693
历史学	8316	702	2162	3661	1439	352
理学	79564	6123	24645	33518	11918	3360
工学	114969	10077	33646	46801	18477	5968
农学	16254	1656	4717	6271	2819	791
医学	37742	4952	9406	14418	7630	1336

(25)中等专业学校分科学生数(1995年)

单位:人

项目	1994			1995		
	毕业生数	招生数	在校学生数	毕业生数	招生数	在校学生数
合计	**729106**	**1225412**	**3197851**	**839167**	**1380928**	**3721529**
工科	173209	336919	904555	204977	400111	1090827
农科	35143	46950	151467	39828	47775	150261
林科	7830	10527	35443	10087	10835	36501
医药卫生科	80407	125815	358160	90855	131068	396551
财经	107464	203182	472328	124372	230368	578151
管理	47878	124568	283056	65205	146327	365730
政法	24802	34541	68490	28693	39071	78641
艺术	11272	30540	77711	14313	41703	106729
体育	10988	16825	47269	11422	18810	52231
师范	230133	295545	799372	249415	314860	865907

(26)各地区中等专业学校数(1995年)

单位:所

地区	合计	中等技术学校	工业学校	农业学校	林业学校	医药学校	财经学校	政法学校	体育学校	艺术学校	其他学校	中等师范学校
全国	**4049**	**3152**	**990**	**362**	**52**	**551**	**586**	**146**	**165**	**159**	**141**	**897**
北京	119	99	32	1	1	38	9	4	7	6	1	20
天津	75	65	25	3	1	8	9	3	5	4	7	10
河北	202	136	34	22	1	20	29	9	8	6	7	66
山西	129	105	25	16	1	15	22	4	7	11	4	24
内蒙古	104	82	27	11	2	16	15	5	1	3	2	22
辽宁	170	140	52	11	1	22	18	7	14	8	7	30
吉林	124	100	26	9	3	12	16	6	6	2	20	24
黑龙江	111	81	24	10	5	16	15	5	3	2	1	30
上海	100	89	38	3	1	23	11	3	3	6	1	11
江苏	213	177	76	10	1	22	35	5	12	12	4	36
浙江	158	129	37	11	2	19	23	8	4	6	19	29
安徽	152	111	44	13	2	20	22	4	2	3	1	41
福建	109	84	25	12	2	14	18	4	3	5	1	25
江西	105	79	25	12	2	13	15	5	3	3	1	26
山东	244	183	64	14	1	30	36	8	17	10	3	61
河南	182	137	39	6	3	23	33	7	8	15	3	45
湖北	241	204	70	23	5	36	33	9	7	14	7	37
湖南	150	118	41	22	1	15	24	3	3	5	4	32
广东	241	196	63	12	2	37	37	11	13	13	8	45
广西	123	97	25	18	3	19	19	4	1	2	6	26
海南	30	22	4	6		3	5	2	1	1		3
四川	298	190	59	28	1	38	36	5	4	6	13	108
贵州	110	82	21	15	2	14	20	3	2	2	3	28
云南	143	115	26	21	2	18	28	5	5	2	8	28
西藏	16	11	2	1	0	3	2	1	1	1		5
陕西	112	90	26	12	3	14	16	5	8	4	2	22
甘肃	113	91	29	13	2	14	14	2	10	2	5	22
青海	34	23	7	2	0	7	3	2	1	1		11
宁夏	26	22	5	3	1	3	5	2	0	1	2	4
新疆	115	94	19	22	1	19	18	5	6	3	1	21

(27)中等专业学校分类别专任教师数(1995年)

单位:人

项目	合计	高级讲师	讲师	助理讲师	教员
合计	**256777**	**36803**	**102283**	**103243**	**14448**
中等技术学校	195064	28965	81221	75388	9490
工业学校	75976	11902	32348	28192	3534
农业学校	23113	3345	8339	10034	1395
林业学校	3835	616	1530	1547	142
医药学校	31273	5417	13869	11159	828
财经学校	32403	4045	13401	13347	1610
政法学校	6478	697	2483	2847	451
体育学校	7108	872	3194	2590	452
艺术学校	9194	1332	3953	3244	665
其他学校	5684	739	2104	2428	413
中等师范学校	61713	7838	21062	27855	4958

(28)技工学校数和学生数

单位:人

年份	学校数(所)	在校学生数(万人)	毕业生数(万人)	招生数(万人)	教职工数(万人)
1985	3548	74.2	22.6	35.5	21.5
1990	4184	133.2	41.3	50.6	30.8
1991	4269	142.2	45.4	54.4	32.5
1992	4392	155.6	45.7	60.2	33.6
1993	4477	171.7	49.7	66.4	33.5
1994	4430	187.1	55.7	71.4	34.0
1995	4521	188.6	68.1	74.0	33.7

(29)各地区普通中学分城乡学校和在校学生数(1995年)

单位:万人

地区	学校数(所)							
	合计	高中	城市	高中	县镇	高中	农村	高中
全国	**81020**	**13991**	**13274**	**4991**	**19008**	**5888**	**48738**	**3112**
北京	710	286	321	196	162	62	227	28
天津	716	190	322	104	129	56	265	30
河北	5256	561	680	197	1339	305	3237	59
山西	3401	393	428	162	425	137	2548	94
内蒙古	1853	354	335	139	400	170	1118	45
辽宁	2459	397	765	209	362	129	1332	59
吉林	1819	289	532	151	617	134	670	4
黑龙江	2681	475	747	226	694	190	1240	59
上海	770	262	425	150	252	90	93	22
江苏	4439	963	645	215	1573	517	2221	231

续表

地区	学校数（所）							
	合计	高中	城市	高中	县镇	高中	农村	高中
浙江	3255	541	411	157	2016	375	828	9
安徽	4170	617	454	185	383	179	3333	253
福建	1771	404	228	97	790	239	753	68
江西	2790	524	331	157	718	271	1741	96
山东	5073	643	797	243	331	116	3945	284
河南	6367	641	796	231	1117	251	4454	159
湖北	3761	575	987	316	337	121	2437	138
湖南	4863	737	600	246	1042	283	3221	208
广东	3845	836	597	310	979	249	2269	277
广西	3077	437	211	78	479	200	2387	159
海南	478	113	39	21	58	40	381	52
四川	6259	1091	951	380	2543	666	2765	45
贵州	1783	334	251	78	280	136	1252	120
云南	2225	455	234	123	554	241	1437	91
西藏	86	19	17	9	67	10	2	0
陕西	2788	566	491	224	639	248	1658	94
甘肃	1626	444	228	140	235	152	1163	152
青海	471	176	73	49	135	88	263	39
宁夏	436	114	60	24	75	50	301	40
新疆	1792	554	318	174	277	183	1197	197

（30）各地区小学分城乡学校数和在校学生数（1995年）

地区	学校数（所）	城市	县镇	农村	在校学生数（人）	城市	县镇	农村
全国	**668685**	**32377**	**77693**	**558615**	**131951477**	**17108859**	**21780739**	**93061879**
北京	2867	762	728	1377	1007301	457382	256742	293177
天津	3216	515	436	2265	884476	401777	142374	340325
河北	47133	1716	4238	41179	8513146	856572	1139566	6517008
山西	40795	770	2465	37560	3270404	476635	416443	2377326
内蒙古	13645	624	612	12409	2343129	407149	327014	1608966
辽宁	14594	1505	655	12434	3751941	1185328	398133	2168480
吉林	10202	1208	1157	7837	2690280	762306	507886	1420088
黑龙江	16163	1148	1178	13837	3729337	883504	607761	2238072
上海	1826	698	303	825	1109627	666439	241122	202066
江苏	27062	2385	9069	15608	6447727	892211	2143391	3412125
浙江	22608	1292	13157	8159	3629838	551094	2249441	829303

续表

地　区	学校数(所)	城市	县镇	农村	在校学生数(人)	城市	县镇	农村
安　徽	29434	1057	1675	26611	6068810	574997	502185	4991628
福　建	15765	537	3818	11410	3799640	316532	1461390	2021718
江　西	24862	688	5142	19032	4305362	325538	1146149	2833675
山　东	47068	2314	1712	43042	9403584	1139125	566219	7698240
河　南	41698	1752	4274	35672	10395639	893395	1409219	8093025
湖　北	29422	3000	1387	25035	6741588	1299498	488988	4953102
湖　南	44105	1568	6569	35968	7366539	678637	1462457	5225445
广　东	24628	1924	1717	20987	8831914	1201385	1190127	6440402
广　西	16005	665	659	14681	6399187	362424	428050	5608713
海　南	4430	125	152	4153	1117457	69664	130255	917538
四　川	68436	2608	8107	57721	9988734	931976	2116950	6939808
贵　州	19702	568	1014	18120	4753439	260921	379513	4113005
云　南	24612	341	1688	22583	4624119	181861	531104	3911154
西　藏	3943	32	146	3765	258651	20416	37829	200406
陕　西	36471	1249	4082	30960	4515750	622715	974324	3018711
甘　肃	23718	493	667	22558	2737059	269984	234542	2232533
青　海	3437	104	293	3040	447978	63822	83815	300341
宁　夏	3843	108	108	3627	617547	69360	68608	479579
新　疆	7086	441	485	6160	2201274	286212	239142	1675920

(31)各地区幼儿园基本情况(1995年)

地　区	园　数(所)	班　数(个)	幼儿数(人)	教职工数(人)	教师
全　国	**180438**	**806070**	**27112328**	**1160285**	**875063**
北　京	3024	11576	315277	38549	16084
天　津	286	5006	157990	8007	4370
河　北	2319	45173	1553019	55437	47278
山　西	8477	34890	1026401	45760	37483

续表

地区	园数（所）	班数（个）	幼儿数（人）	教职工数（人）	教师
内蒙古	1576	15157	436379	22192	15546
辽宁	11220	35565	1021123	69346	44598
吉林	4869	18902	583584	31795	21567
黑龙江	3918	24034	651655	42219	28890
上海	1044	11195	311229	31384	20109
江苏	19716	60760	2147018	97317	81437
浙江	11794	31530	994277	49377	40220
安徽	2243	26094	1034758	26137	22148
福建	12748	30149	1032391	46263	40640
江西	4600	15104	525330	22284	18976
山东	48059	86027	2629275	128395	108173
河南	2575	52803	2305861	30886	18924
湖北	3486	29229	1081822	47833	35264
湖南	2226	42809	1315962	53360	45239
广东	7923	53643	2000082	90904	59344
广西	2555	29943	1000686	30102	22956
海南	477	3277	130780	5678	3674
四川	18531	68404	2354890	92074	75368
贵州	1368	10720	408519	13894	11506
云南	1340	16096	517436	22178	16330
西藏	29	130	4087	347	201
陕西	1380	25481	789110	23198	17708
甘肃	1235	11238	409893	13186	8959
青海	203	2218	72030	2694	1719
宁夏	337	2410	83444	3849	2369
新疆	880	6507	218020	15640	7983

(32)初中毕业生和小学毕业生升学率

年份	初中毕业生升学率			小学毕业生升学率		
	初中毕业生数（万人）	高级中等学校招生数（万人）	升学率（%）	小学毕业生数（万人）	初级中等学校招生数（万人）	升学率（%）
1952	18.5	31.2	168.6	149.0	143.0	96.0
1957	111.2	44.2	39.7	498.0	219.9	44.2
1962	158.4	47.5	30.0	559.0	253.3	45.3
1965	173.8	121.6	70.0	667.6	550.7	82.5
1970	618.9	239.0	38.6	1 652.5	1 176.3	71.2
1975	1 047.7	633.1	60.4	1 999.4	1 810.5	90.6
1980	964.7	442.8	45.9	2 053.3	1 557.6	75.9
1985	998.3	416.2	41.7	1 999.9	1 367.0	68.4
1990	1 109.1	450.4	40.6	1 863.1	1 389.2	74.6
1991	1 085.5	462.9	42.6	1 896.7	1 435.1	77.7
1992	1 102.3	478.1	43.4	1 872.4	1 491.7	79.7
1993	1 134.2	500.5	44.1	1 841.5	1 505.6	81.8
1994	1 166.4	541.1	46.4	1 899.6	1 644.9	86.6
1995	1 244.3	601.6	48.3	1 961.5	1 781.1	90.8

(33)小学学龄儿童入学率

年份	学龄儿童数（万人）	已入学学龄儿童数（万人）	入学率（%）
1952	6 642.4	3 268.1	49.2
1957	8 077.7	4 986.6	61.7
1962	10 836.0	6 082.0	56.1
1965	11 603.2	9 829.1	84.7
1975	12 261.9	11 868.5	96.8
1980	12 219.6	11 478.2	93.9
1985	10 362.3	9 942.8	96.0
1990	9 740.7	9 529.7	97.8
1991	9 806.6	9 594.8	97.8
1992	11 156.2	10 845.5	97.2
1993	11 432.0	11 170.9	97.7
1994	11 949.6	11 758.2	98.4
1995	12 375.4	12 192.5	98.5

(34)平均每万人口在学校学生数和大中小学学生构成

年份	各级学校在校学生数占全国人口%	平均每万人口中			大中小学学生占学生总数%		
		大学生(人)	中学生(人)	小学生(人)	大学生	中学生	小学生
1949	4.76	2.2	23	450	0.5	4.9	94.6
1952	9.47	3.3	55	889	0.4	5.8	93.9
1957	11.11	6.8	110	994	0.6	9.9	89.5
1965	18.09	9.3	197	1 602	0.5	10.9	88.6
1980	20.69	11.6	575	1 482	0.6	27.8	71.6
1985	17.60	16.1	481	1 263	0.9	27.3	71.8
1990	15.35	18.0	447	1 071	1.2	29.1	69.7
1991	15.19	17.6	451	1 050	1.2	29.7	69.1
1992	15.17	18.6	457	1 041	1.2	30.1	68.7
1993	15.24	21.4	454	1 048	1.4	29.8	68.8
1994	15.69	23.4	476	1 070	1.5	30.3	68.2
1995	16.25	24.0	511	1 089	1.5	31.5	67.1

(35)各级学校教师负担学生数

年份	高等学校		中等学校		小学	
	教师数(万人)	平均每个教师负担学生数(人)	教师数(万人)	平均每个教师负担学生数(人)	教师数(万人)	平均每个教师负担学生数(人)
1949	1.6	7.3	12.3	10.3	81.1	30.1
1952	2.7	7.1	13.0	24.2	143.5	35.6
1957	7.0	6.3	29.4	24.1	188.4	34.1
1965	13.8	4.9	70.9	20.2	385.7	30.1
1980	24.7	4.6	317.1	17.9	549.9	26.6
1985	34.4	5.0	296.7	17.2	537.7	24.9
1990	39.5	5.2	349.2	14.6	558.2	21.9
1991	39.1	5.2	355.7	14.7	553.2	22.0
1992	38.8	5.6	362.4	14.8	552.7	22.1
1993	38.8	6.5	366.8	14.7	555.2	22.4
1994	39.8	7.1	375.7	15.2	561.1	22.9
1995	40.1	7.2	388.3	15.9	566.4	23.3

(36)中等专业学校专任教师学历情况

单位:人

	合　计	高等学校本科毕业及以上	高等学校专科毕业及本专科肄业两年以上	高等学校本专科肄业未满两年	中专、高中毕业及以下
总　　计	**256777**	**161827**	**71886**	**2178**	**20886**
中等技术学校	195064	121410	54366	1617	17671
中等师范学校	61713	40417	17520	561	3215

(37)普通中学专任教师学历情况

单位:人

	合　计	大学本科毕业及以上	大学专科毕业	中专毕业	高中毕业及以下的
总　　计	**3334242**	**566452**	**1885802**	**666649**	**215339**
初　　中	2783721	262511	1661851	650031	209328
高　　中	550521	303941	223951	16618	6011

(38)小学专任教师学历情况

单位:人

	合　计	大学本科毕业及以上	大学专科毕业	中专毕业	高中毕业	高中毕业以下
人　数	5664057	15373	302912	3842470	871719	631583
%	100	0.27	5.35	67.84	15.30	11.15

(39)园长、专任教师学历情况

单位:人

	合　计	高师毕业及以上	中师毕业	职业高中幼教专业毕业	非师范专业毕业 D		合计中取得“专业合格证书的”
					高中毕业及以上	初中毕业及以下	
总　计	**945330**	**26943**	**313022**	**123608**	**256971**	**224786**	**129906**
园　长	70267	6812	31710	6644	15950	9151	6485
教　师	875063	20131	281312	116964	241021	215635	123421

(40)各级各类成人学校基本情况(1995年)

项　目	学校数(所)	毕业生数(万人)	招生数(万人)	在校学生数(万人)	教职工数(万人)	专任教师
总　计	**579027**	**8666.21**	**7050.32**	**6681.58**	**110.13**	**48.84**
成人高等学校	**1156**	**63.61**	**91.38**	**257.01**	**21.34**	**9.82**
广播电视大学	46	15.68	19.35	54.16	4.50	2.04
职工、农民高等学校	698	8.61	10.80	31.49	8.51	4.02
管理干部学院	166	4.63	6.24	14.77	3.73	1.46
教育学院	242	8.83	7.77	21.37	4.47	2.23
独立函授学院	4	0.41	0.48	1.35	0.14	0.07
普通高等学校办函授部或夜大学、干部专修科		25.44	46.74	133.87		
成人中等学校	**409720**	**7837.27**	**6277.31**	**5646.32**	**71.02**	**33.27**
中等专业学校	4904	75.09	103.68	242.94	21.29	11.27
广播电视中等专业学校	126	15.43	21.48	55.98	1.51	0.75
干部中等专业学校	238	4.20	6.49	13.08	1.41	0.70
职工中等专业学校	1988	21.57	33.96	81.52	8.20	4.17
农民中等专业学校	453	5.57	8.70	19.18	1.66	1.01
函授中等专业学校	68	6.86	8.89	21.55	1.12	0.41
教师进修学校	2031	21.47	24.15	51.63	7.39	4.24
成人中学	6020	63.99	61.17	74.23	4.30	2.33
职工中学	2199	25.63	27.06	33.53	2.53	1.45
农民中学	3821	38.36	34.11	40.69	1.76	0.88
成人技术培训学校	398796	7698.19	6 112.46	5 329.15	45.43	19.67
职工技术培训学校	13299	662.81	675.17	380.45	10.32	6.03
农民技术培训学校	385497	7035.38	5437.28	4948.7	35.11	13.64
成人初等学校	**168151**	**765.33**	**681.63**	**778.25**	**17.77**	**5.75**
职工初等学校	1078	11.29	12.23	14.52	0.31	0.16
农民初等学校	167073	754.04	669.40	763.73	17.46	5.59
扫盲班	116415	476.13	393.47	487.63	12.34	3.57

(41)少数民族教师与学生数

单位:万人

年份	少数民族教师数				少数民族学生数			
	合计	高等学校	中等学校	初等学校	合计	高等学校	中等学校	初等学校
1952	0.27	…	0.27		156.91	0.29	9.20	147.42
1957	9.21	0.19	0.91	8.11	352.47	1.61	31.43	319.43
1965	15.54	0.33	1.89	13.32	573.53	2.19	49.42	521.92
1980	45.64	0.78	11.92	32.94	965.66	4.29	209.15	752.22
1985	55.09	1.28	14.03	39.78	1209.07	9.41	244.85	954.81
1990	68.39	1.75	20.77	45.87	1409.46	13.67	326.27	1 069.52
1991	70.24	1.89	21.94	46.41	1338.56	14.18	343.73	980.65
1993	72.72	1.9	23.1	47.72	1510.78	16.3	354.31	1140.17
1994	73.8	2.1	23.8	47.9	1533.4	17.8	366.4	1149.2
1995	86.84	2.2	34.54	50.10	1612.26	18.6	397.66	1196.0

续表

占全国教师或学生总数的比重(%)

年份	少数民族教师数				少数民族学生数			
	合计	高等学校	中等学校	初等学校	合计	高等学校	中等学校	初等学校
1952	0.2		2.1		2.9	1.5	2.9	2.9
1957	4.0	2.8	3.1	4.3	4.9	3.6	4.5	5.0
1965	3.2	2.4	2.7	3.5	3.6	3.2	3.5	4.5
1975	4.8	2.9	3.6	5.9	4.8	4.2	3.8	4.3
1980	4.9	3.2	3.8	6.0	4.7	3.8	3.7	5.1
1985	6.5	3.7	4.7	7.4	6.5	5.3	4.8	7.1
1990	7.2	4.4	5.9	8.2	8.0	6.6	6.4	8.7
1991	7.4	4.8	6.2	8.4	7.6	6.9	6.6	8.1
1993	7.6	4.9	6.3	8.6	8.4	6.4	6.6	9.2
1994	7.6	5.3	6.3	8.5	8.2	6.4	6.4	9.0
1995	8.7	5.5	8.9	8.8	8.2	6.4	6.4	9.1

(42)文教卫生事业费及占财政总支出的比重

年　份	文教卫生事业费(亿元)	文　化	教　育	卫　生	体　育	占财政支出比重(%) 文教卫生合计	教　育
1952	13.47	0.68	8.95	2.97	0.30	7.7	5.1
1957	27.76	1.24	19.52	4.82	0.38	9.1	6.4
1962	36.74	1.08	24.07	7.60	0.54	12.0	7.9
1965	45.59	1.68	29.12	9.29	0.91	9.8	6.2
1970	43.65	2.06	27.56	10.47	0.37	6.7	4.2
1975	81.29	3.54	48.26	19.92	1.74	9.9	5.9
1980	156.26	5.74	94.18	36.84	3.03	12.9	7.8
1985	316.70	11.29	184.16	70.26	7.53	17.0	10.0
1990	544.77	17.50	319.58	127.99	14.63	22.5	12.6
1991	708.00	20.66	410.40	145.53	16.53	18.6	10.8
1992	792.96	23.84	452.52	167.23	18.65	18.1	10.3
1993	957.77	26.68	558.21	201.77	20.94	18.1	10.6
1994	1278.18	34.80	767.82	256.00	25.52	22.1	13.3

6. 科学研究

(43)全国县级以上政府部门所属研究与开发机构及情报文献机构数(1995年)　单位:个

地区	合计	自然科学技术领域	社会、人文科学领域	科技情报和文献机构
全国总计	**5 841**	**5 111**	**310**	**420**
北　京	474	378	52	44
天　津	157	141	5	11
河　北	148	136	1	11
山　西	196	166	18	12
内蒙古	146	120	12	14
辽　宁	358	328	14	16
吉　林	169	137	20	12
黑龙江	246	215	13	18
上　海	264	228	22	14
江　苏	339	308	14	17
浙　江	165	148	4	13
安　徽	204	175	10	19
福　建	129	109	5	15
江　西	129	115	1	13

续表

地区	合计	自然科学技术领域	社会、人文科学领域	科技情报和文献机构
山东	342	307	13	22
河南	199	169	13	17
湖北	259	238	9	12
湖南	194	179	2	13
广东	303	276	13	14
广西	171	142	9	20
海南	45	38	1	6
四川	326	277	16	33
贵州	118	106	2	10
云南	165	146	14	5
西藏	15	13	1	1
陕西	206	187	4	15
甘肃	136	121	7	8
青海	49	43	4	2
宁夏	60	50	6	4
新疆	129	115	5	9

(44)全国县级以上政府部门所属研究与开发及情报文献机构人员数(1995年)

单位:人

地区	合计	自然科学技术领域		社会、人文科学技术领域		科技情报和文献机构	
		职工人数	科学家工程师	职工人数	科学家工程师	职工人数	科学家工程师
全国总计	**1 012 804**	**968 910**	**428 788**	**18 497**	**13 183**	**25 397**	**14 478**
北京	190 920	174 254	92 475	5 130	3 986	11 536	6 316
天津	34 085	32 357	14 362	492	306	1 236	714
河北	22 662	21 888	10 377	314	245	460	309
山西	20 574	19 493	7 702	743	494	338	231
内蒙古	14 377	13 566	5 224	423	261	388	195
辽宁	52 593	51 182	23 670	679	487	732	465
吉林	28 398	27 320	11 897	764	554	314	198
黑龙江	23 826	22 821	10 533	564	416	441	271
上海	80 946	78 375	35 432	1 250	829	1 321	748
江苏	52 858	51 708	24 428	490	351	660	425
浙江	16 991	16 393	7 875	225	176	373	198
安徽	19 276	18 522	8 114	383	290	371	251
福建	8 217	7 513	4 066	298	229	406	268

续表

地区	合计	自然科学技术领域		社会、人文科学技术领域		科技情报和文献机构	
		职工人数	科学家工程师	职工人数	科学家工程师	职工人数	科学家工程师
江西	18 255	17 661	4 859	221	147	373	227
山东	35 801	34 366	14 464	619	462	816	477
河南	34 045	33 073	14 634	560	351	412	243
湖北	45 838	44 694	18 921	535	393	609	329
湖南	27 029	26 525	10 136	247	160	257	159
广东	29 426	28 293	12 127	692	486	441	262
广西	16 678	15 973	6457	300	225	405	252
海南	5 287	5 167	642	19	9	101	60
四川	97 713	95 103	35 061	1 064	759	1 546	882
贵州	10 638	10 159	4 355	207	155	272	150
云南	15 020	14 390	6 306	448	327	182	119
西藏	836	711	176	98	68	27	11
陕西	71 377	70 355	28 534	399	252	623	266
甘肃	21 031	20 186	8 481	556	263	289	168
青海	3 685	3 471	1 589	160	92	54	32
宁夏	5 250	4 872	1 667	240	176	138	93
新疆	9 172	8 519	4 224	377	234	276	156

(45)国有企事业单位分行业专业技术人员数 单位:万人

行业分类	1988年	1990年	1992年	1993年	1994年	1995年
全国总计	**966.2**	**1 080.9**	**1 759.7**	**1 812.4**	**1 865.9**	**1 913.4**
一、农、林、牧、渔、水利业	64.9	77.2	88.8	95.6	96.1	101.7
二、工业	248.9	290.6	340.8	342.6	352.8	351.2
三、地质普查和勘探业	17.7	18.0	19.1	18.2	16.8	15.7
四、建筑业	44.5	50.4	63.0	66.4	67.9	71.2
五、交通运输、邮电通讯业	35.8	41.5	46.6	50.3	51.9	54.9
六、商业、公共饮食业、物资供销和仓储业	16.3	23.2	26.8	28.5	29.4	27.5
七、房地产管理、公用事业、居民服务和咨询服务业	9.7	12.5	16.5	18.7	20.2	22.1
八、卫生、体育和社会福利	192.9	214.2	225.3	233.3	241.4	246.2
九、教育、文化艺术和广播电视事业	216.8	231.0	848.7	872.6	900.9	935.3
十、科学研究和综合技术服务事业	64.1	67.8	71.2	71.8	71.0	69.8
十一、金融、保险业	2.4	3.4	5.3	6.3	7.7	8.1
十二、国家机关、政党机关和社会团体	50.3	47.8				
十三、其他行业	1.9	3.3	7.6	8.1	9.8	9.8

(46)全国科技活动基本情况

指标		1990年	1993年	1994年	1995年
科技机构数	**(个)**	**18 772**	**20 735**	**23 613**	**24 259**
科研单位		8 990	7 920	7 805	7 721
大中型工业企业		8 116	10 449	12 499	13 107
高等院校		1 666	2 366	3 309	3 431
科技活动人员数	**(万人)**		**244.97**	**265.50**	**270.13**
科学家、工程师			135.50	153.19	154.58
科技活动经费收入总额	**(亿元)**	**403.26**	**685.84**	**718.48**	**875.56**
上级拨款		124.08	184.83	204.43	231.42
自筹资金		174.43	296.50	288.70	376.95
银行贷款		49.04	99.55	108.95	113.68
其他收入		55.71	104.96	116.40	153.51
科技活动经费支出总额	**(亿元)**	**369.13**	**652.70**	**695.38**	**802.19**
内部支出		340.52	632.96	671.98	769.03
劳务费			96.88	133.24	159.81
业务费			212.99	206.01	252.52
管理费			34.44	39.81	45.07
固定资产购建支出			138.33	208.95	219.92
研究与发展经费支出		125.43	196.00	222.00	286.00
研究与发展经费支出占国民生产总值(%)		**0.71**	**0.62**	**0.50**	**0.50**

(47)集体单位专业技术人员数(1994年)　　单位:人

部门	合计	工程技术人员	农业技术人员	卫生技术人员	科学研究人员	教学人员
总计	**654 320**	**325 839**	**29 584**	**246 497**	**1 271**	**51 129**
工交基建	317 663	289 640	1 817	19 282	782	6142
农林	31 988	5 771	25 558	461	47	151
文教卫生	266 876	2 471	360	220 501	249	43 295
商业	17 098	12 351	1 350	2 566	33	798
其他	20 695	15 606	499	3 687	160	743

注:本表数字包括县及县以上各级部门所属的集体所有制单位(不包括乡、镇、城市街道所属的集体所有制单位)的人员。

(48)重大科学技术研究成果及发明数

单位:项

项目 / 时间	重大科学技术成果	获国家奖励发明	获国家科技进步奖
1980	2 687	109	
1985	10 476	185	1 761
1993	32 916	175	441
1994	30 230		
1995	31 000	131	607

(49)全国县级以上政府部门所属研究与开发机构及情报文献机构经费收入总额(1995 年)

单位:万元

地区	合计	自然科学技术领域		社会、人文科学技术领域		科技情报和文献机构	
		经费收入总额	政府拨款	经费收入总额	政府拨款	经费收入总额	政府拨款
全国总计	**4 838 525**	**4 702 188**	**1 689 082**	**48 256**	**43 676**	**88 081**	**59 033**
北京	1 289 143	1 222 254	544 490	17 504	16 157	49 385	33 287
天津	140 557	136 353	39 653	1 135	931	3 096	2 398
河北	88 003	86 587	26 020	546	546	870	580
山西	64 495	62 777	24 612	1 140	1 125	578	486
内蒙古	28 180	27 104	13 786	643	622	433	394
辽宁	212 476	208 762	71 569	1 393	1 355	2 321	1 547
吉林	103 570	101 499	28 303	1 460	1 344	611	407
黑龙江	68 936	67 112	25 685	986	953	838	620
上海	525 541	516 103	136 341	3 728	3 148	5 710	4 039
江苏	284 688	280 467	73 243	1 225	1 087	2 996	1 397
浙江	72 275	70 463	26 263	764	610	1 048	658
安徽	64 158	62 799	20 042	776	566	583	424
福建	26 039	23 799	13 327	992	974	1 248	1 016
江西	47 957	47 090	14 238	448	448	419	375
山东	147 791	144 155	32 806	1 342	1 327	2 294	1 255
河南	144 717	142 923	34 126	953	701	841	629
湖北	217 141	214 537	66 124	1 073	959	1 531	937
湖南	147 131	146 040	28 652	593	502	498	322
广东	226 876	221 535	53 090	2 607	2 371	2 734	1 144
广西	63 077	61 030	15 740	545	538	1 502	488
海南	10 030	9 607	4 154	61	61	362	287
四川	410 225	404 566	194 787	1 709	1 597	3 950	2 927

续表

地区	合计	自然科学技术领域		社会、人文科学技术领域		科技情报和文献机构	
		经费收入总额	政府拨款	经费收入总额	政府拨款	经费收入总额	政府拨款
贵州	22 803	21 755	14 094	515	513	533	377
云南	60 789	58 884	31 402	926	914	979	725
西藏	2 372	1 989	1 933	339	369	44	44
陕西	247 353	245 570	104 155	842	706	941	818
甘肃	76 098	72 681	30 443	2 523	1 932	894	792
青海	7 437	7 004	4 912	342	342	91	70
宁夏	17 190	16 596	3 606	315	314	279	205
新疆	21 477	20 147	11 486	831	694	499	385

(50)全国县级以上政府部门所属研究与开发机构及情报文献机构经费支出总额(1995年)

单位:万元

地区	合计	自然科学技术领域		社会、人文科学技术领域		科技情报和文献机构	
		经费支出总额	基本建设支出	经费支出总额	基本建设支出	经费支出总额	基本建设支出
全国总计	**4 413 535**	**4 280 525**	**361 046**	**48 934**	**8 848**	**84 076**	**9 945**
北京	1 135 114	1 071 639	128 723	16 699	4 747	46 775	7 930
天津	131 243	127 210	12 225	1 157		2 876	6
河北	72 233	70 808	3 442	531		894	42
山西	57 495	55 784	5 750	1 160	78	551	
内蒙古	28 706	27 615	3 150	646		455	
辽宁	200 837	197 180	13 563	1 385		2 272	
吉林	99 806	97 729	2 734	1 490		587	
黑龙江	66 362	64 571	3 268	974	42	817	4
上海	483 859	474 301	27 979	3 804	218	5 754	
江苏	250 861	246 606	14 757	1 325		2 930	385
浙江	67 003	65 302	6 429	699	39	1 002	6
安徽	57 038	55 754	3 644	727		557	
福建	26 054	23 975	1 785	949	326	1 130	164
江西	46 996	46 148	3 140	452	223	396	6
山东	137 635	133 926	9 928	1 539	392	2 170	118
河南	132 274	130 506	6 506	955		813	
湖北	200 349	197 826	14 320	1 043	41	1 480	3
湖南	130 601	129 101	8 411	1 050	508	450	4

续表

地区	合计	自然科学技术领域		社会、人文科学技术领域		科技情报和文献机构	
		经费支出总额	基本建设支出	经费支出总额	基本建设支出	经费支出总额	基本建设支出
广东	215 392	210 307	16 011	2 568	235	2 517	
广西	58 449	56 429	4 559	569		1 451	
海南	10 772	10 371	801	62		339	9
四川	371 985	366 139	24 023	1 745		4 101	1 076
贵州	21 432	34 539	1 235	533	210	454	3
云南	58 960	57 224	8 867	939	32	797	140
西藏	2 373	1 990		339		44	
陕西	237 233	235 034	27 105	1 315	335	883	46
甘肃	71 059	67 679	6 999	2 536	1 100	844	3
青海	7 498	7 077	356	330		91	
宁夏	12 461	11 925	520	310		226	
新疆	21 454	19 922	817	1 103	322	429	

7. 卫　生

（51）卫生机构数

单位：个

年份	合计	医院	县及县以上医院	疗养院、所	门诊部、所	专科防治所、站	卫生防疫站	妇幼保健所、站
1949	3 670	2 600	2 600	30	769	11		9
1957	122 954	4 179	4 179	835	102 262	626	1 626	4 599
1965	224 266	42 711	5 445	887	170 430	822	2 499	2 795
1975	151 733	62 425	7 757	297	80 739	683	2 912	2 025
1980	180 553	65 450	9 478	470	102 474	1 138	3 105	2 610
1985	200 866	59 614	11 497	640	126 604	1 566	3 410	2 724
1990	208 734	62 454	13 489	650	129 332	1 781	3 618	2 820
1991	209 036	63 101	13 638	642	128 665	1 818	3 652	2 854
1992	204 787	61 352	13 917	639	125 873	1 845	3 673	2 841
1993	193 586	60 784	14 713	600	115 161	1 872	3 609	2 791
1994	191 742	67 857	14 762	587	105 984	1 905	3 611	2 857
1995	190 057	67 807	14 771	582	104 406	1 895	3 629	2 832
每万人口中机构数								
1949	0.07	0.05	0.05	…	0.01	…		…
1957	1.90	0.06	0.06	0.01	1.58	0.01	0.03	0.07
1965	3.09	0.59	0.08	0.01	2.35	0.01	0.03	0.04

续表

年　份	合　计	医　院	县及县以上医院	疗养院、所	门诊部、所	专科防治所、站	卫生防疫站	妇幼保健所、站
1975	1.64	0.68	0.08	…	0.87	0.01	0.03	0.02
1980	1.83	0.66	0.10	…	1.04	0.01	0.01	0.03
1985	1.92	0.57	0.11	…	1.21	0.01	0.03	0.03
1990	1.83	0.55	0.12	…	1.13	0.02	0.03	0.02
1991	1.80	0.54	0.12	0.01	1.11	0.02	0.03	0.02
1992	1.75	0.52	0.12	0.01	1.07	0.02	0.03	0.02
1993	1.63	0.51	0.12	0.01	0.97	0.02	0.03	0.02
1994	1.60	0.57	0.12	…	0.88	0.02	0.03	0.02
1995	1.57	0.56	0.12	…	0.88	0.02	0.03	0.02

注:1985年起医院数中不包括原列入医院的未设床位的农村区、乡卫生院、所。

(52)卫生机构、床位、人员数(1995年)

机构类别	机构数(个)	床位数(万张)	人员合计(万人)	卫生技术人员	管理人员
总　计	**190 057**	**314.1**	**537.3**	**425.7**	**45.0**
医院合计	67 807	283.6	400.4	319.8	33.1
县及县以上医院小计	14 771	205.3	288.4	222.5	25.2
综合医院	10 522	146.3	208.4	161.5	17.7
中医医院	2 371	20.7	30.9	24.9	2.7
医学院校	209	11.6	19.8	15.0	1.9
附属医院	129	2.7	3.0	2.1	0.3
传染病院	482	9.5	6.9	4.8	0.8
精神病院	101	2.6	2.4	1.6	0.3
结核病院	347	3.0	5.4	4.2	0.5
妇幼保健院	49	0.9	1.4	1.0	0.1
儿童医院	35	0.9	1.8	1.3	0.2
麻疯病院	46	0.9	0.2	0.2	
职业病院	44	0.7	0.7	0.5	0.1
肿瘤医院	58	1.5	2.0	1.5	0.2
其他专科医院	378	4.0	5.4	4.0	0.4
农村乡卫生院	51 797	73.3	105.2	91.9	7.3
其他医院	1 239	5.0	6.8	5.4	0.6
疗养院、所	582	11.6	5.3	2.6	0.9
门诊部、所	104 406	8.9	46.7	42.8	2.0
专科防治所、站	1 895	3.1	6.0	4.5	0.7

续表

机构类别	机构数(个)	床位数(万张)	人员合计(万人)	卫生技术人员	管理人员
结核病防治所、站	620	0.4	1.8	1.3	0.2
职业病防治所、站	106	0.3	0.7	0.5	0.1
卫生防疫站	4 000	0.1	21.1	16.7	1.9
妇幼保健所、站	2 832	2.2	8.1	6.7	0.8
药品检验所、室	1 995	0.0	2.4	1.8	0.4
医学科学研究机构	427	0.7	3.8	2.1	0.5
其他卫生机构	6 113	3.9	26.4	11.6	4.7
个体开业			17.2	17.2	

(53)卫生机构床位数

单位:张

年份	总计			总计中:医院床位数			每万人口拥有医院床位数		
		城市	农村	小计	城市	农村	小计	城市	农村
1949	84 625			80 000	59 867	20 133	1.48	6.34	0.45
1952	230 946			160 300	121 282	39 018	2.79	14.63	0.79
1957	461 802			294 733	220 609	74 124	4.56	20.78	1.37
1965	1 033 305			765 558	457 662	307 896	10.55	37.75	5.10
1970	1 261 514			1 104 984	590 846	595 138	13.39	41.76	8.46
1975	1 764 329			1 598 232	637 416	960 816	17.38	46.10	12.30
1980	2 184 423	903 323	1 281 100	1 982 176	767 794	1 214 382	20.17	46.96	14.83
1985	2 487 086	1 108 198	1 378 888	2 229 219	962 148	1 267 071	21.41	46.64	15.10
1990	2 925 390	1 580 989	1 344 401	2 624 086	1 386 746	1 237 340	22.95	45.93	14.71
1991	2 991 859	1 649 000	1 342 859	2 668 600	1 448 590	1 240 010	23.21	47.43	14.54
1992	3 049 381	1 728 309	1 321 072	2 744 085	1 524 291	1 219 794	23.42	47.09	14.38
1993	3 098 884	1 795 767	1 303 117	2 794 792	1 595 476	1 199 316	23.58	47.84	14.08
1994	3 133 617	1 913 217	1 220 400	2 831 452	1 707 159	1 124 293	24.10	36.00	16.10
1995	3 140 560	1 953 125	1 187 435	2 836 107	1 739 589	1 096 518	23.90	35.00	15.90
增长速度(%)									
1990年比1985年	17.6	42.7	−2.6	17.7	44.1	−2.3	7.2	−1.5	−2.6
1994年比1990年	7.1	21.0	−9.2	7.9	23.1	−9.1	5.0	−21.6	9.4
1995年比1990年	7.4	23.5	−1.2	0.8	25.4	−11.4	4.1	−23.8	8.1

(54)各地区卫生机构床位数(1995 年)

地　区	床位数（张）	医院床位数	各地区医院床位数占全国医院床位数%
全国总计	**3 140 560**	**2 836 107**	**100.0**
北　京	66 925	64 211	2.3
天　津	39 092	37 280	1.3
河　北	159 039	137 556	4.9
山　西	110 422	101 936	3.6
内蒙古	66 515	61 933	2.2
辽　宁	202 856	179 744	6.3
吉　林	96 645	87 768	3.1
黑龙江	126 466	115 747	4.1
上　海	70 976	66 932	2.4
江　苏	174 600	154 794	5.5
浙　江	104 957	95 652	3.4
安　徽	119 846	109 516	3.9
福　建	73 644	65 919	2.3
江　西	93 669	83 625	2.9
山　东	200 241	182 267	6.4
河　南	192 347	175 427	2.7
湖　北	157 817	130 778	4.6
湖　南	149 502	135 200	4.8
广　东	148 598	137 529	4.8
广　西	83 863	78 788	2.8
海　南	22 383	21 684	0.8
四　川	259 705	229 143	8.1
贵　州	60 295	54 505	1.9
云　南	95 548	83 958	3.0
西　藏	6 176	5 895	0.2
陕　西	98 836	90 544	3.2
甘　肃	56 378	52 788	1.9
青　海	17 165	16 148	0.6
宁　夏	13 099	12 144	0.4
新　疆	72 955	66 696	2.4

(55)卫生机构中的卫生技术人员数

单位:人

年份	卫生技术人员			医生			护师、护士		
	合计	城市	农村	小计	城市	农村	小计	城市	农村
1949	505 040	176 764	328 276	363 400	65 980	297 420	32 800	23 616	9 184
1957	1 039 208	381 889	6 57319	546 296	138 120	408 176	128 174	100 134	28 040
1965	1 531 595	651 538	880 057	762 804	268 758	494 046	234 546	175 644	58 902
1975	2 057 068	957 263	1 099 805	877 716	367 368	510 348	379 545	239 972	139 573
1980	2 798 241	1 313 493	1 484 748	1 153 234	526 828	626 406	465 798	299 561	166 237
1985	3 410 910	1 677 260	1 733 650	1 413 281	709 280	70 4001	636 974	392 103	244 871
1988	3 723 756	2 028 179	1 695 577	1 618 174	886 019	732 155	829 261	536 867	292 394
1989	3 809 097	2 121 295	1 687 802	1 718 018	949 806	768 212	921 687	599 445	322 242
1990	3 987 921	2 185 285	1 712 636	1 763 086	977 635	785 451	974 541	633 988	340 553
1991	3 984 974	2 263 600	1 721 374	1 779 545	1 002 932	776 613	1 011 943	665 707	346 236
1992	4 073 986	2 362 700	1 711 286	1 808 194	1 043 262	764 932	1 039 674	695 206	344 468
1993	5125 416	3 194 525	2 020 891	1 831 665	1 077 213	754 452	1 056 096	714 737	341 359
1994	4 199 217	2 589 438	1 609 779	1 882 180	1 150 443	731 737	1 093 544	761 786	331 758
1995	4·256 923	2 659 211	1 597 712	1 917 772	1 184 208	733 564	1 125 661	790 434	335 227
每万人口中卫生技术人员数									
1949	9.32	18.22	7.34	6.71	6.99	6.65	0.61	2.50	0.21
1957	16.07	35.97	12.16	8.45	23.01	7.55	1.98	9.43	0.52
1965	21.11	53.75	14.57	10.52	22.17	8.17	3.23	14.49	0.97
1975	22.37	69.23	14.07	9.54	26.57	6.53	4.13	17.35	1.79
1980	28.48	80.34	18.13	11.7	32.22	7.65	4.74	18.32	2.03
1985	32.76	81.30	20.77	13.58	34.38	8.43	6.12	19.01	2.93
1988	33.97	90.43	19.45	14.76	39.51	8.40	7.57	23.94	3.35
1989	33.80	92.03	19.33	15.24	41.20	8.80	8.18	26.01	3.69
1990	34.88	95.57	18.96	15.42	44.46	8.69	8.52	28.83	3.77
1991	34.41	74.11	20.18	15.36	32.84	9.11	8.74	21.80	4.06
1992	34.78	72.99	20.18	15.43	32.23	9.02	8.87	21.48	4.06
1993	44.01	95.78	23.73	15.45	32.30	8.86	8.91	21.43	4.01
1994	35.04	75.49	18.82	15.70	33.54	8.55	9.12	22.21	3.88
1995	35.15	75.60	18.59	15.83	33.67	8.54	9.29	22.47	3.90

(56)全国农村乡卫生院机构、床位、人员数

指　　标	单位	1975年	1980年	1985年	1990年	1994年	1995年
实有数							
机构数	个	54 026	55 413	47 387	47 749	51 929	51 797
床位数	张	620 281	775 413	720 619	722 877	732 390	733 064
人员数	人	860 773	1 037 543	905 871	889 219	1 029 478	1 051 752
卫生技术人员	人	749 912	900 400	784 070	776 925	898 428	918 870
医生	人	371 198	390 455	313 517	358 770	408 728	424 615
护师、士	人	69 698	66 237	74 731	115 884	136 540	141 954
平均每院							
床位数	张	11.5	14.0	15.2	15.1	14.1	14.2
人员数	人	15.9	18.7	19.1	18.6	19.8	20.3
卫生技术人员	人	13.9	16.2	16.5	16.3	17.3	17.7
医生	人	6.9	7.0	6.6	7.5	7.9	8.2
护师、士	人	1.3	1.2	1.6	2.4	2.6	2.7

(57)全国卫生机构中各类卫生技术人员情况

类　　别	绝　对　数　(人)					
	1949年	1980年	1985年	1990年	1994年	1995年
总　　计	**505 040**	**2 798 241**	**3 410 910**	**3 897 921**	**4 199 217**	**4 256 923**
中　　医	276 000	262 185	336 224	368 402	360 545	358 552
中药人员		106 963	151 174	169 652	168 558	167 217
高级卫生技术人员	38 875	502 022	750 198	1 747 478	2 418 993	2 503 305
西医师	38 000	447 288	602 237	1 058 460	1 159 434	1 186 038
护　师			68 265	431 542	596 285	633 845
西药师	484	25 241	32 995	103 799	127 919	133 153
中级卫生技术人员	103 277	1 174 435	1 339 488	1 153 003	1 259 890	1 252 900
西医士	49 400	443 761	472 784	331 229	354 064	364 789
护　士	32 800	465 798	568 709	542 999	497 259	491 816
助产士	13 900	70 843	75 517	58 397	50 721	48 997
西药剂士	2 873	83 901	89 685	90 455	78 631	77 968
初级卫生技术人员	86 888	752 636	833 826	459 326	520 334	500 718
总计中：医生	363 400	11 153 234	1 413 281	1 763 086	1 882 180	1 917 772

续表

类　别	各类人员占总计的%					
	1949年	1980年	1985年	1990年	1994年	1995年
总　计	**100.0**	**100.0**	**100.0**	**100.0**	**100.0**	**100.0**
中　医	54.6	9.4	9.9	9.5	8.6	8.4
中药人员		3.8	4.4	4.4	4.0	3.9
高级卫生技术人员	7.7	17.9	22.0	44.8	57.6	58.8
西医师	7.5	16.0	17.7	27.2	27.6	27.9
护　师			2.0	11.1	14.2	14.9
西药师	0.1	0.9	1.0	2.7	3.0	3.1
中级卫生技术人员	20.5	42.0	39.3	29.6	30.0	29.4
西医士	9.8	15.9	13.9	8.5	8.4	18.6
护　士	6.5	16.6	16.7	13.9	11.8	11.6
助产士	2.8	2.5	2.2	1.5	1.2	1.2
西药剂士	0.6	3.0	2.6	2.3	1.9	1.8
初级卫生技术人员	17.2	26.9	24.4	11.8	12.4	11.8
总计中：医生	72.0	41.2	41.4	45.2	44.8	45.1

(58) 全国医院诊疗人次及入院人数(1995年)

	诊疗人次数(亿次)		入院人数(万人)	每百诊次的入院人数	
	合　计	其中：门、急诊		合　计	其中：门、急诊
总　计	**21.90**	**20.67**	**5 033**	**2.3**	**2.4**
县及县以上医院	12.08	11.24	3 039	2.5	2.7
卫生部门					
工业及其他部门	7.76	7.49	2 358	3.0	3.1
集体所有制	4.02	3.46	635	1.6	1.8
私人开业及其他	0.29	0.28	43	1.5	1.5
乡卫生院					
中心卫生院	9.38	9.02	1 960	2.1	2.2
乡卫生院	0.44	0.41	34	0.8	0.8
其他医院					

(59)1995年部分市前十位主要疾病死亡专率及死亡原因构成

顺位	合计			男			女		
	死亡原因	死亡专率(1/10万)	占死亡总人数的%	死亡原因	死亡专率(1/10万)	占死亡总人数的%	死亡原因	死亡专率(1/10万)	占死亡总人数的%
1	脑血管病	130.48	22.18	恶性肿瘤	156.35	24.83	脑血管病	124.00	22.75
2	恶性肿瘤	128.58	21.85	脑血管病	136.66	21.70	恶性肿瘤	99.41	18.24
3	呼吸系病	92.54	15.73	呼吸系病	94.85	15.06	心脏病	92.00	16.88
4	心脏病	90.10	15.31	心脏病	88.30	14.02	呼吸系病	90.12	16.53
5	损伤和中毒	40.57	6.90	损伤和中毒	49.11	7.80	损伤和中毒	31.61	5.80
6	消化系病	19.49	3.31	消化系病	22.69	3.60	内分泌、营养、代谢及免疫疾病	16.87	3.10
7	内分泌、营养、代谢及免疫疾病	13.79	2.34	内分泌、营养、代谢及免疫疾病	10.85	1.72	消化系病	16.13	2.96
8	泌尿、生殖系病	9.15	1.56	泌尿、生殖系病	9.26	1.47	泌尿、生殖系病	9.03	1.66
9	精神病	7.16	1.22	精神病	6.52	1.04	精神病	7.83	1.44
10	神经病	5.06	0.86	肺结核	6.07	0.96	神经病	4.48	0.82
	10种死因合计		**91.26**	**10种死因合计**		**92.20**	**10种死因合计**		**90.18**

统计范围:包括北京等34个市全市或部分市区资料。

(60)1995年部分县前十位主要疾病死亡专率及死亡原因构成

顺位	合计			男			女		
	死亡原因	死亡专率(1/10万)	占死亡总人数的%	死亡原因	死亡专率(1/10万)	占死亡总人数的%	死亡原因	死亡专率(1/10万)	占死亡总人数的%
1	呼吸系病	169.38	26.23	呼吸系病	171.23	24.46	呼吸系病	167.43	28.42
2	恶性肿瘤	111.43	17.25	恶性肿瘤	138.60	19.80	脑血管病	102.58	17.41
3	脑血管病	108.05	16.73	脑血管病	113.28	16.18	恶性肿瘤	83.00	14.09
4	损伤和中毒	72.71	11.26	损伤和中毒	84.47	12.07	心脏病	61.38	10.42
5	心脏病	61.98	9.60	心脏病	62.55	8.94	损伤和中毒	60.40	10.25
6	消化系病	30.17	4.67	消化系病	35.28	5.04	消化系病	24.82	4.21
7	*新生儿病	932.11	1.86	肺结核	13.02	1.86	*新生儿病	924.87	1.90
8	肺结核	10.21	1.58	*新生儿病	938.28	1.82	泌尿、生殖系病	7.49	1.27
9	泌尿、生殖系病	8.47	1.31	传染病(肺结核除外)	9.65	1.38	肺结核	7.27	1.23
10	传染病(肺结核除外)	8.19	1.27	泌尿、生殖系病	9.41	1.34	传染病(肺结核除外)	6.66	1.13
	10种死因合计		**91.76**	**10种死因合计**		**92.89**	**10种死因合计**		**90.33**

统计范围:包括北京等88个县的资料。

注:*新生儿病死亡专率系以每十万出生人数为分母计算的。

(61)新法接生率 单位:%

年 份	新法接生占接生总次数的比重		
	合 计	市	县
1977	88.5	98.2	87.6
1980	91.4	98.7	90.3
1985	94.5	98.7	93.5
1990	94.0	98.6	93.9
1991	93.7	98.1	93.2
1992	84.1	91.2	82.0
1993	83.6	81.1	84.7
1994	…	…	87.4
1995	…	…	87.6

(62)住院分娩率 单位:%

年 份	合 计	市	县
1985	43.7	73.6	36.4
1990	50.6	74.2	45.1
1991	50.6	72.8	45.5
1992	52.7	71.7	41.2
1993	56.5	68.3	51.0
1994	65.6	76.4	50.4
1995	58.0	70.7	50.2

(63)县及县以上医院病床使用情况

医 院 类 别	病床周转次数(次)	病床工作日(日)	病床使用率(%)	出院者平均住院日(日)
1985 合计	**18.1**	**301.9**	**82.7**	**15.8**
卫生部门	19.8	320.8	87.9	15.4
工业及其他部门	14.2	253.7	69.5	16.5
集体单位	13.9	297.5	81.5	19.4
1990 合计	**17.6**	**295.3**	**80.9**	**15.9**
卫生部门	19.2	312.4	85.6	15.5
工业及其他部门	13.8	254.8	69.8	17.0
集体单位	13.8	253.7	69.5	16.9
1992 合计	**16.9**	**286.9**	**78.6**	**16.2**
卫生部门	18.5	303.3	83.1	15.8
工业及其他部门	12.9	245.6	67.3	17.4
集体单位	13.2	249.3	68.3	17.2
1993 合计	**15.8**	**259.5**	**71.1**	**15.5**
卫生部门	17.5	276.3	75.7	15.2
工业及其他部门	12.0	221.9	60.8	16.8

续表

医院类别	病床周转次数（次）	病床工作日（日）	病床使用率（%）	出院者平均住院日（日）
集体单位	12.3	208.8	57.2	15.0
1994合计	**15.7**	**251.9**	**69.0**	**15.0**
卫生部门	17.2	263.2	72.1	14.5
工业及其他部门	12.1	226.3	62.0	16.5
集体单位	12.3	211.0	57.8	14.8
1995合计	**15.5**	**244.2**	**66.9**	**14.7**
卫生部门	17.1	256.2	70.2	14.2
工业及其他部门	11.8	216.1	59.2	16.7
集体单位	12.4	199.7	54.7	13.9

8. 环境保护

(64)环保系统工作人员数　　单位：人

地区	1990年		1992年		1995年	
	人数	科技人员	人数	科技人员	人数	科技人员
全国总计	**65 561**	**40 961**	**74 915**	**40 566**	**90 143**	**43 016**
北京	1 396	899	1 415	867	1 424	673
天津	1 258	778	1 314	843	1 505	855
河北	2 676	1 645	3 075	1 559	4 387	1 566
山西	2 870	1 433	2 784	1 074	5 021	1 485
内蒙古	1 852	1 289	1 964	1 091	2 113	1 090
辽宁	4 941	3 255	5 288	2 926	5 189	2 903
吉林	2 196	1 391	2 902	1 716	3 572	1 678
黑龙江	2 813	1 635	3 400	1 665	3 579	1 616
上海	1 952	1 205	2 094	1 253	1 910	1 312
江苏	3 744	2 668	4 325	2 796	5 672	3 698
浙江	2 264	1 657	2 522	1 612	2 966	1 928
安徽	1 849	1 350	2 026	1 275	2 376	1 298
福建	1 295	902	1 784	1 108	2 320	1 311
江西	1 758	988	1 968	958	2 200	844
山东	5 168	2 818	6 145	2 929	7 763	3 094
河南	3 812	1 928	4 978	1 955	5 884	2 197
湖北	2 975	1 872	3 632	1 842	4 590	2 124
湖南	3 439	2 227	3 890	2 320	4 637	2 173
广东	3 337	2 086	4 130	2 134	5 335	2 359

续表

地区	1990年		1992年		1995年	
	人数	科技人员	人数	科技人员	人数	科技人员
广西	1 526	1 112	1 792	1 193	2 235	1 549
海南	551	282	672	310	1 002	241
四川	4 092	2 662	4 492	2 656	4 252	2 357
贵州	1 222	900	1 300	828	1 365	859
云南	1 389	1 006	1 377	915	1 811	1 113
西藏	49	19	57	5	127	30
陕西	1 822	978	2 109	984	2 764	711
甘肃	1 303	579	1 404	474	1 643	577
青海	377	268	397	225	399	239
宁夏	519	313	507	274	574	304
新疆	1 116	816	1 172	779	1 528	832

(65)环保系统机构及设施情况

项目	1985年	1986年	1990年	1992年	1993年	1994年
各级环保系统机构数(个)			6 334	6 773	7 227	7 583
环境监测站			2 039	2 172	5 555	2 222
机动车船拥有数(辆、艘)	2 686	3 656	5 852	6 077	6 705	7 198
仪器仪表拥有数(台、套)	33 983	38 509	56 947	101 277	106 248	116 936

(66)工业废水中排放的有害物质

单位:吨

项目	1985年	1990年	1992年	1993年	1994年	1995年
汞	32.84	25.45	21.81	16.28	12.38	13.44
镉	183.72	157.92	137.87	134.00	161.62	202.34
六价铬	1 547.90	712.26	382.88	376.89	343.40	330.93
砷	1 119.12	1 225.50	871.96	906.72	1 037.69	1 086.17
铅	1 825.22	1 293.82	972.72	1 093.41	1 180.03	1 250.54
酚	11 241.55	9 324.85	6 360.69	4 995.68	5 541.75	6 335.21
氰化物	5 689.57	3 890.58	3 483.50	2 479.98	2 548.36	2 502.12
石油类	62 433	66 560.44	65 075.89	71 399	55 748	64 150

(67)各地区工业废水排放处理情况

地　区	工业废水排放量(万吨/年)			工业废水处理率(%)		
	1988年	1990年	1995年	1988年	1990年	1995年
全国总计	**2 683 886**	**2 486 861**	**2 218 943**	**27.0**	**32.2**	**76.8**
北　京	39 001	40 641	36 997	29.7	31.5	87.7
天　津	28 275	22 865	21 897	25.2	28.3	90.4
河　北	96 651	99 181	82 825	34.7	31.2	88.5
山　西	61 019	58 430	40 656	22.2	21.3	77.1
内蒙古	31 558	26 225	28 239	17.9	26.0	72.2
辽　宁	168 277	163 714	140 193	31.5	30.1	82.5
吉　林	65 317	57 645	46 891	28.9	29.6	71.6
黑龙江	119 029	112 398	69 389	36.4	42.1	80.6
上　海	140 193	133 218	116 116	28.5	30.8	85.9
江　苏	243 388	233 503	220 184	26.1	25.3	73.5
浙　江	104 630	107 247	102 807	24.0	26.3	76.0
安　徽	108 960	98 620	87 006	26.4	32.7	69.2
福　建	75 964	76 217	66 381	29.3	36.1	64.1
江　西	81 799	77 123	66 880	27.2	34.5	69.6
山　东	97 871	87 631	95 343	28.3	37.0	84.8
河　南	108 741	104 934	98 364	26.9	36.8	84.3
湖　北	213 485	162 302	139 938	15.6	24.3	75.2
湖　南	193 704	188 633	145 251	33.1	39.3	83.2
广　东	137 251	140 250	128 259	36.2	42.0	81.1
广　西	109 832	105 248	96 563	27.3	47.8	69.8
海　南	7 391	8 041	6 985	23.4	24.1	58.4
四　川	247 164	196 499	191 593	18.9	24.4	55.6
贵　州	49 262	34 224	28 206	24.4	31.7	76.6
云　南	41 542	42 422	48 937	26.5	25.3	63.3
西　藏	67	129	2 155	1.5	15.5	2.2
陕　西	43 767	40 168	40 652	23.4	34.9	77.9
甘　肃	40 733	38 375	38 393	24.0	32.6	69.2
青　海	6 150	6 865	5 029	19.1	15.6	45.0
宁　夏	7 482	8 612	7 813	28.1	40.5	66.7
新　疆	15 383	15 501	19 001	39.5	43.6	58.1

(68)工业"三废"排放处理利用情况

项目	单位	1985年	1990年	1993年	1994年	1995年
工业废水排放总量	万吨	2 574 009	2 486 861	2 194 919	2 155 111	2 218 943
工业废水处理率	%	22.8	32.2	72.0	75.0	76.8
工业废气排放总量	亿标立方米	73 972	85 380	93 423	97 463	107 478
工业废气处理率	%	56.3	70.2	70.1	71.8	70.8
工业粉尘排放量	万吨	1 305	781	617	583	639
工业粉尘回收率	%	52.3	71.8	81.1	81.8	81.9
工业固体综合利用量	万吨	12 187	16 943	24 826	26 693	28 511
工业固体综合利用率	%	26.2	29.3	38.7	41.8	44.2

(69)企事业污染治理资金情况

单位:万元

年份	合计	基本建设	更新改造	综合利用利润留成	环境保护补助	贷款	其他
1981	196 966	73 974	67 458	9 019		12 065	34 450
1985	220 565	50 868	60 362	6 112	48 938	31 373	22 912
1990	454 465	109 214	134 647	11 353	68 282	75 208	55 761
1991	597 307	140 087	172 050	21 321	101 748	56 436	162 093
1992	646 626	140 025	179 357	21 594	108 990	60 413	196 659
1993	692 864	130 801	208 880	31 993	107 350	62 138	213 840
1994	833 500	188 251	248 006	33 343	103 225	60 030	260 674
1995	987 451	248 010	286 187	45 947	103 167	58 607	245 533

(70)自然保护区情况(1995年)

总个数(个)	其中		总面积(万公顷)
	国家级	地方级	
793	98	695	7 172

9. 文 化

(71)文化事业机构数

单位:个

年份	电影事业			艺术事业		图书出版社	博物馆	公共图书馆	群众文化事业			广播电视事业		
	电影故事片厂	电影放映单位	其中：电影院、影剧院、开放礼堂俱乐部	表演团体	剧场影剧院				群众艺术馆	文化馆	文化站	电视台	广播电台	县市有线广播站
1949	3	646	596	1 000	891	…	21	55	—	896	—	—	49	11
1952	4	2 285	746	2 084	1 510	426	35	83	—	2 430	4 107	—	72	331
1957	11	9 965	1 030	2 884	2 296	103	72	400	39	2 748	2 417	—	61	1 698
1962	16	18 583	2 398	3 320	2 249	79	230	541	61	2 514	1 192	14	94	2 029
1965	16	20 363	2 528	3 458	2 943	87	214	577	62	2 598	2 125	12	87	2 365
1970	15	26 569	2 599	2 541	1 432	…	182	323	29	2 303	1 794	31	80	2 346
1975	15	69 661	3 617	2 836	1 464	75	242	629	81	2 589	2 717	32	88	2 481
1985	20	182 948	18 360	3 317	1 673	374	711	2 344	335	2 965	52 858	202	213	2 568
1990	35	146 184	19 751	2 805	2 011	462	1 013	2 527	366	2 955	52 435	509	635	2 466
1991	35	139 639	19 771	2 772	2 024	464	1 075	2 535	371	2 894	51 959	543	724	2 464
1992	36	133 684	19 470	2 753	1 995	480	1 106	2 565	372	2 901	48 454	586	812	2 452
1993	36	—	—	2 707	1 980	505	1 130	2 579	370	2 886	46 212	684	987	2 382
1994	22	93 889	—	2 698	1 955	513	1 161	2 887	374	2 887	46 619	766	1 107	2 342
1995	30	93 889	—	2 684	1 932	527	1 194	2 886	373	2 886	45 038	837	1 202	2 592

(72)各地区文化事业机构数(1994 年)

单位:个

地区	艺术表演团体	艺术表演场所	公共图书馆数	群众文化事业		
				群众艺术馆	文化馆	文化站
全国总计	**2 691**	**1 990**	**2 596**	**374**	**2 887**	**8 015**
中　央	13	4	1	—	—	—
地　方	2 678	1 986	2 595	374	2 887	8 015
北　京	21	23	22	1	22	12
天　津	20	31	31	1	18	—
河　北	138	99	132	13	169	2

续表

地区	艺术表演团体	艺术表演场所	公共图书馆数	群众文化事业		
				群众艺术馆	文化馆	文化站
山西	163	57	118	12	118	—
内蒙古	118	36	107	13	101	447
辽宁	89	79	127	22	106	1 389
吉林	67	63	50	13	45	351
黑龙江	91	49	96	16	121	129
上海	35	47	31	3	40	1
江苏	137	140	94	12	110	1 059
浙江	87	101	82	12	84	163
安徽	92	110	83	14	99	167
福建	91	78	75	10	80	96
江西	81	69	104	12	101	—
山东	118	118	126	18	139	—
河南	216	169	132	23	201	—
湖北	104	88	101	15	181	1 020
湖南	89	111	116	15	122	—
广东	132	80	111	20	116	812
广西	116	33	99	14	96	3
海南	23	3	19	3	17	1
四川	140	132	161	24	211	9
贵州	32	15	86	8	85	463
云南	135	44	148	19	128	1 548
西藏	26	10	19	7	26	28
陕西	119	111	114	11	111	11
甘肃	79	46	86	15	83	—
青海	15	3	41	9	43	73
宁夏	15	17	20	4	22	177
新疆	89	24	64	15	92	54

(73)出版、文物、图书馆、群众文化事业机构和人员数(1995年)

项目	机构数（个）	人数（人）	项目	机构数（个）	人数（人）
出版、发行事业	13 279	351 205	文物商店	107	3 149
出版社	527	38 772	图书馆事业	2 615	45 323
书刊印刷厂	353	188 247	群众文化事业	48 297	130 843
书店	12 399	124 186	群众艺术馆	373	11 717
文物事业	3 242	56 133	文化馆	2 886	44 569
博物馆	1 194	28 126	文化站	45 038	74 557
文物机构	1 941	24 858	乡镇文化站	41 633	61 027

(74)电影放映场次与人均观看次数

年份	放映场次（万次）	人均年观看次数（次）
1949	13.9	0.1
1952	78.6	1.0
1957	246.5	2.7
1962	491.5	5.0
1965	655.5	6.5
1970	403.8	4.6
1975	1 398.1	13.3
1980	3 366.3	29.4
1985	3 131.1	20.8
1990	2 902.4	14.09
1991	2 757.9	12.54
1992	2 266.4	9.04
1994	971.5	2.1
1995	711.8	1.6

(75)广播电视普及情况

单位:%

年份	广播人口覆盖率（广播覆盖人数/总人口）	电视人口覆盖率（电视覆盖人口/总人口）	农村有线广播普及率（广播喇叭入户数/农村居民总户数）
1985	69.4	68.8	42.1
1990	74.7	79.4	37.3
1991	75.0	80.5	38.1
1992	75.6	81.3	39.0
1993	76.3	82.3	—
1994	77.5	83.4	—
1995	78.7	84.5	—

(76)对外文化交流情况

单位:部

年份	与外国签订文化协定数		文化交流来往项目		
	签订文化协定	签订文化协定执行计划	计	来华	出国
1985	5	17	804	381	423
1986	2	16	1 075	456	619
1987	8	32	880	378	502
1988	5	19	707	282	425
1989	4	18	484	182	302
1990	1	14	733	263	470
1991	4	29	736	227	509
1992	13	11	1 181	413	768
1993	8	30	1 534	480	1 054
1994	7	22	1 176	401	775

注:此表仅为文化部系统数。

(77)广播电视节目制作及采用情况

单位:小时

项目	1985年	1990年	1993年	1994年	1995年
广播节目制作	280 799	647 762	1 425 567	1 897 644	2 332 164
新闻	65 954	135 550	236 774	298 541	353 368
教育	26 336	39 590	57 698	82 771	91 240
广播节目采用					
本台	279 638	650 532	1 418 469	1 896 934	2 325 783
中央台	37 789	3 553	2 946	3 889	9 898
电视节目制作	38 056	91 572	218 260	280 841	383 513
新闻	7 444	28 593	55 766	65 118	80 799
教育	15 809	5 364	5 818	7 345	11 630
电视节目采用					
本台	37 586	89 264	211 575	272 251	378 657
中央台	3 019	1 277	2 076	2 560	1 993

(78)书报刊出版情况

年 份	出版种数(种)			出版印数(万册、万份)		
	图 书	杂 志	报 纸	图 书	杂 志	报 纸
1950	12 153	295	382	27 463	3 530	79 752
1952	13 692	354	296	78 566	20 424	160 896
1957	27 571	634	364	127 544	31 500	244 244
1962	16 548	483	273	108 526	1 9651	258 332
1965	20 143	790	343	217 148	44 066	474 108
1970	4 889	21	42	178 649	6 898	464 839
1975	13 716	476	180	357 624	43 928	1 096 774
1980	21 621	2 191	188	459 298	112 479	1 404 206
1985	45 603	4 705	698	667 328	255 999	1 997 560
1990	80 224	5 751	774	563 626	179 021	1 605 040
1991	89 615	6 056	813	613 940	206 200	1 765 900
1992	92 148	6 486	875	633 750	236 071	1 890 492
1993	96 761	7 011	943	593 000	235 000	1 926 000
1994	103 836	7 325	1 015	601 000	221 000	1 779 000
1995	101 381	7 583	1 049	632 000	234 000	1 789 000

(79)图书出版分类构成情况(1995 年)

类 别	种 数 (种)	印 数 (万册、张)	印 张 (千印张)
总 计	**101 381**	**632 179**	**31 678 208**
使用“中国标准书号”合计	98 987	627 234	31 286 930
马列主义、毛泽东思想	104	99	14 059
哲 学	1 068	904	113 004
社会科学总论	981	710	72 660
政治、法律	3 330	7 013	614 369
军 事	572	319	36 676
经 济	6 597	7 264	963 792
文化、科学、教育、体育	41 977	551 988	22 539 915
语言、文字	3 357	8 070	1 144 641
文 学	8 944	12 969	1 708 715
艺 术	4 846	7 902	461 169
历史、地理	3 775	5 710	431 010
自然科学总论	402	1 540	79 055
数理科学、化学	1 606	2 433	285 937
天文学、地球科学	556	197	15 026
生物科学	378	145	19 566
医学、卫生	3 690	3 711	576 728

续表

类别	种数（种）	印数（万册、张）	印张（千印张）
农业科学	2 374	2 205	164 651
工业技术	10 401	9 307	1 456 175
交通运输	895	1 343	158 490
航空、航天	100	51	4 498
环境科学	165	88	9 372
综合性图书	2 869	3 266	417 422
不使用“中国标准书号”图书	2 394	4 945	391 278
年画	1 341	2 444	74 668

(80)少数民族文字图书、杂志、报纸出版情况

年份	图书		杂志		报纸印数（万份）
	种数（种）	印数（万册）	种数（种）	印数（万册）	
1949	176	167.8	4	11.8	241.8
1952	621	661.2	15	168.6	2 933.3
1957	1 763	1 461.6	35	243.8	2 433.5
1962	942	910.0	27	170.0	2 252.0
1965	1 884	2 480.0	36	268.0	3 955.0
1985	2 759	3 629.0	109	1 035.0	11 402.0
1990	3 251	3 867.0	131	1 027.2	14 837.0
1991	3 575	4 922.0	142	1 005.8	11 983.0
1992	3 065	4 326.0	167	1 354.2	11 981.0
1993	3 500	5 090	173	1 291.3	11 513.0
1994	3 428	4 552	178	1 246.6	12 526

10. 体　育

(81)体委系统职工人数 单位：人

年份	合计	专职教练员	运动员	科技人员
1980	77 428	18 534	15 063	441
1985	101 415	21 374	18 545	1 003
1990	130 948	25 670	19 559	1 638
1991	131 336	26 405	18 926	1 852
1992	137 482	25 382	19 262	1 749
1993	137 693	25 009	18 509	1 876
1994	143 249	24 810	18 586	1 612
1995	144 915	25 160	17 921	1 538

(82)等级裁判员、运动员发展人数

单位:人

项目	1985年		1990年		1991年		1994年		1995年	
	合计	女	合计	女	合计	女	合计	女	合计	女
等级裁判员合计	**59 524**	**5 459**	**48 378**	**6 297**	**47 136**	**6 842**	**36 883**	**6 388**	**37 617**	**7 156**
国际裁判	85	20	46	9	45	7	29	5	8	—
国家级裁判	398	42	421	64	550	149	285	77	388	97
一级裁判	4 045	470	3 792	632	4 481	807	3 699	744	3 595	815
等级运动员合计	**67 392**	**26 422**	**65 540**	**27 114**	**68 305**	**28 913**	**63 307**	**27 116**	**63 095**	**26 569**
国际级运动健将	113	26	97	57	37	20	116	64	165	68
运动健将	852	302	827	366	1 297	566	762	367	982	445
一级运动员	1 079	336	1 539	587	2 028	780	2 149	993	1 937	992

(83)我国运动员历年创世界纪录情况

单位:项、人、次

年份	项数	女子	人数	女子	次数	女子
1965	28	12	66	28	41	20
1970	1		1		1	
1975	6	6	7	7	12	12
1980	7		17		15	
1985	5	1	6	1	9	1
1990	14	9	17	10	16	9
1991	31	26	29	24	50	44
1992	42	—	32	27	106	102
1993	57	47	55	28人7队	124	109
1994	41	39	26人4队	24人4队	72	69
1995	13	11	14人2队	12人2队	24	22

注:1991年以前各年的集体项目的队数折合在人数中。

(84)我国运动员分项创世界纪录情况(1995年)

单位:项、人、次

项目	项数	女子	人数	女子	次数	女子
总计	**13**	**11**	**14人2队**	**12人2队**	**24**	**22**
举重	5	5	7	7	8	8
游泳	1	1	1	1	1	1
射箭	2	2	2	2	2	2
蹼泳	1		1		1	

续表

项目	项数	女子	人数	女子	次数	女子
射击	1	1	1队	1队	1	1
田径	1	1	2	2	9	9
短道速滑	1	1	1队	1队	1	1
航海模型	1		1		1	

(85)我国运动员历年获得世界冠军情况

单位:项、人、个

年份	项数	女子	人数	女子	个数	女子
1965	5	2	9	4	5	2
1975	2	1	9	4	2	1
1980	3		3		3	
1985	42	20	70	41	46	23
1990	54	33.5	61	30	54	33.5
1991	88	57.5	86	51	93	61.5
1992	86	69.5	68	52	89	72.5
1993	101	66.5	106	70	103	68.5
1994	79	53.5	86	45	79	53.5
1995	98	49.5	187	86	102	51.5

注:男女混合运动项目,女子按半项和半个计算。

(86)我国运动员分项获得世界冠军情况(1995年)

单位:项、人、个

项目	项数	女子	人数	女子	个数	女子
总计	**98**	**49.5**	**187**	**86**	**102**	**51.5**
跳水	10	5.5	15	7	10	5.5
举重	21	16	12	8	21	16
乒乓球	7	3.5	11	5	9	4.5
技巧	8	1	10	3	8	1
田径	5	2	11	5	5	2
游泳	5	4	6	5	5	4
射击	2	1	2	1	2	1
体操	3	1	8	1	3	1
羽毛球	2	1.5	10	4	3	2.5
航海模型	7		6		7	4
短道速滑	3	3	5	5	3	3

注:男女混合运动项目,女子按半项和半个计算。

(87)我国运动员分项创全国纪录情况(1995年) 单位:项、人、队、次

项目	项数	女子	人数	女子	队数	女子	次数	女子
总计	**87**	**31**	**56**	**22**	**23**	**9**	**137**	**54**
田径	8	3	13	9	2		20	14
室内田径	6	4	3	2	3	2	14	7
游泳	2		2				2	
短池游泳	14	5	6	2	5	2	16	6
举重	12		10				23	
射击	8	1	4		6	1	11	1
射箭	26	12	10	5	5	3	37	18
自行车	2	2	2	2			4	4
室内短跑道速滑	6	3	2	1	2	1	6	3
蹼泳	1		1				1	
跳伞	2	1	3	1			3	1

注:人数栏中是指个人单项创全国纪录的运动员人数,队数是集体项目创全国纪录的队数,队中人数未计算在人数中。

(88)历年新建体育场地数

单位:个

年份	合计	主要体育场地				
		体育场	体育馆	游泳馆	游泳池	有固定看台的灯火球场
1980		10	9		44	96
1985		47	29	1	134	137
1990	3 681	27	34	4	101	60
1991	2 795	23	36	6	81	44
1992	8 297	51	45	5	123	94
1993	3 901	35	16	2	70	68
1994	3 303	56	49	—	87	49

(89)我国与外国体育活动交往情况

项目	单位	1985年	1987年	1988年	1989年	1990年	1991年	1994年	1995年
来我国的体育团体次数	次	466	324	244	211	364	518	1 476	1 929
人数	人次	3 537	2 849	2 049	4 128	3 171	5 437	29 237	38 700
我国派出的体育团体次数	次	476	554	563	597	607	876	2 212	2 787
人数	人次	5 381	5 526	6 785	5 685	5 227	6 826	13 656	18 033

11. 社会秩序与安全

(90)律师、公证、调解工作基本情况

	单位	1985年	1990年	1991年	1994年	1995年
一、律师工作						
律师事务所	个	3 131	3 716	3 748	6 419	7 263
律师	人	13 403	34 379	41 639	83 619	90 602
专职律师	人	6 830	23 727	19 919	40 730	45 094
兼职律师	人	6 573	10 652	10 662	20 171	17 994
聘请担任常年法律顾问的单位	处	39 453	111 899	128 921	203 320	234 496
民事诉讼代理	件	108 236	330 672	382 679	264 854	316 250
刑事辩护	件	101 707	252 344	230 967	208 806	204 382
非诉讼法律事务	件	41 136	110 139	236 707	403 544	452 021
涉外法律事务	件	4 324	9 980	11 214	26 718	20 444
解答法律询问	万件	122.4	275.7	244.2	290.7	196.0
代写法律事务文书	万件	31.6	51.7	49.86	52.8	54.4
二、公证工作						
公证处	个	2 674	2 921	2 933	3 114	3 148
公证人员	人	10 369	15 786	15 972	16 925	16 949
公证员	人	3 205	9 210	9 253	10 627	10 663
公证员助理	人	1 274	2 599	2 569	2 170	2 221
办理公证文书	万件	279.7	636.5	990.7	757.5	777.4
三、人民调解工作						
专职司法助理员	人	41 919	47 399	52 534	53 705	53 922
人民调解委员会	万个	97.7	102.1	104	100.9	101.0
调解人员	万人	473.9	625.6	991.4	999.8	1 025.9
调解民间纠纷	万件	633.3	740.9	712.6	612.4	602.8

(91)刑事案件立、破案情况

单位:起

年　份	刑事案件立案数	破案率(%)	每万人立案件数
1981	890 281	73.1	8.9
1985	542 005	77.8	5.2
1990	2 216 997	57.1	20.1
1991	2 365 709	61.7	20.8
1992	1 582 659	68.2	13.5
1993	1 616 879	75.0	13.6
1994	1 660 734	75.0	13.9
1995	1 690 407	79.9	14.0

附　录

1. 中国科学院及中国工程院院士名单

历届中国科学院院士(学部委员)名单

(自然科学部分,共 742 人)

1995 年(172 人)

数学物理学部(30 人)

马大猷　王竹溪　王淦昌　王湘浩　叶企孙
华罗庚　江泽涵　许宝騄　苏步青　李国平
严济慈　吴有训　余瑞璜　张钰哲　陆学善
陈建功　周同庆　周培源　柯　召　胡　宁
赵忠尧　段学复　饶毓泰　施汝为　钱三强
钱伟长　钱临照　黄　昆　彭桓武　葛庭燧

化学部(22 人)

卢嘉锡　庄长恭　纪育沣　杨石先　李方训
吴学周　江　猷　张大煜　张青莲　柳大纲
赵承嘏　侯祥麟　恽子强　袁翰青　钱志道
唐敖庆　黄子卿　黄鸣龙　梁树权　傅　鹰
曾昭抡　虞宏正

生物学部(60 人)

丁　颖　马文昭　王应睐　王家楫　贝时璋
邓叔群　叶桔泉　冯泽芳　冯德培　朱　洗
伍献文　刘承钊　高崇乐　汤佩松　杨惟义
李庆逵　李连捷　李继侗　肖龙友　吴英恺
吴征镒　沈其震　张孝骞　张景钺　张锡钧
张肇骞　陈　桢　陈凤桐　陈文贵　陈世骧
陈焕镛　林　镕　林巧稚　(女)　罗宗洛
秉　志　金善宝　周泽昭　郑万钧　承淡安
胡经甫　赵洪璋　钟惠澜　侯光炯　俞大绂
秦仁昌　钱崇澍　殷宏章　涂　治　诸福棠
黄家驷　盛彤笙　梁　希　梁伯强　章第周
蔡　翘　蔡邦华　潘　菽　戴芳澜　戴松恩
魏　曦

地学部(24 人)

尹赞勋　田　奇　乐森玙　许　杰　孙云铸
杨钟健　李四光　何作霖　张文佑　武　衡
竺可桢　孟宪民　赵九章　侯德封　俞建章
顾功叙　夏坚白　涂长望　黄汲清　黄秉维
斯行健　程裕淇　谢家荣　斐文中

技术科学部(36 人)

王大珩　王之玺　石志仁　叶渚沛　朱物华
刘仙洲　刘敦桢　孙德和　杨廷宝　李　强
李　薰　李文采　李国豪　严　恺　吴学蔺
汪胡桢　张　维　张光斗　张德庆　邵象华
茅以升　周　仁　周志宏　孟昭英　赵飞克

侯德榜　钱令希　陶亨咸　黄文熙　章名涛
梁思成　程孝刚　靳树梁　雷天觉　褚应璜
蔡方荫

1957年(18人)

数学物理学部(6人)

吴文俊　汪德昭　张文裕　张宗燧　钱学森
郭永怀

化学部(2人)

赵宗燠　蔡镏生

生物学部(5人)

王善源　冯兰洲　刘思职　汤飞凡　张香桐

地学部(3人)

王竹泉　冯景兰　傅承义

技术科学部(2人)

吴仲华　汪菊潜

1980年(283人)

数学物理学部(51人)

于　敏　王　元　王承书(女)　王绶琯　邓稼先
叶叔华(女)　卢鹤绂　冯　康　冯　端　曲钦岳
朱光亚　朱洪元　庄逢甘　关肇直　杨　乐
杨澄中　李　林(女)　李正武　李荫远　肖　健
吴式枢　何泽慧(女)　何祚庥　谷超豪　沈　元
陆启铿　陈　彪　陈景润　林同骥　周光召
金建中　郝柏林　胡世华　胡济民　洪朝生
姜伯驹　夏道行　徐叙瑢　唐孝威　谈镐生
黄祖洽　章　综　程开甲　程民德　谢希德(女)
谢家麟　管惟炎　戴元本　戴传曾　魏荣爵

注:另有方励之当选为数学物理学部学部委员,于1989年被撤消学部委员资格。

化学部(51人)

王　序　王葆仁　卢佩章　申泮文　田昭武
冯新德　邢其毅　朱亚杰　刘有成　苏元复
严东生　肖　伦　时　钧　吴征铠　吴浩青
何炳林　闵恩泽　汪家鼎　汪德熙　沈天慧(女)
张存浩　陈茹玉(女)　陈荣悌　陈冠荣　陈家镛
武　迟　查全性　顾翼东　钱人元　钱保功
倪嘉缵　徐光宪　郭慕孙　郭燮贤　高　鸿
高小霞(女)　高怡生　高济宇　高振衡　唐有祺
黄　量(女)　黄维垣　黄耀曾　曹本熹　梁晓天
彭少逸　蒋丽金(女)　蒋明谦　嵇汝运　蔡启瑞
戴安邦

生物学部(53人)

马世骏　王世真　王伏雄　王志均　王德宝
方心芳　朱壬葆　朱祖祥　朱既明　刘建康
庄孝僡　杨　简　李竞雄　吴　旻　吴中伦
吴阶平　邱式邦　邹　冈　邹承鲁　汪堃仁
沈允钢　沈善炯　张致一　陆宝麟　陈中伟
陈华癸　周廷冲　郑作新　郑国锠　赵善欢
钮经义　侯学煜　俞德浚　施履吉　娄成后
姚　鑫　徐冠仁　高尚荫　唐仲璋　谈家桢
黄祯祥　曹天钦　阎逊初　梁栋材　梁植权
曾呈奎　谢少文　蒲蛰龙　裘维蕃　鲍文奎
蔡　旭　熊　毅　黎尚豪

地学部(64人)

丁国瑜　马杏垣　王　仁　王　钰　王之卓
王曰伦　王恒升　王鸿祯　毛汉礼　方　俊
叶连俊　叶笃正　卢衍豪　业治铮　朱　夏
任美锷　刘东生　刘光鼎　池际尚(女)　关士聪
孙殿卿　杨遵仪　李春昱　李星学　吴汝康
谷德振　宋叔和　张伯声　张宗祜　张炳熹
陈永龄　陈述彭　陈国达　岳希新　周立三
周廷儒　周明镇　郝诒纯(女)　赵金科　侯仁之
施雅风　秦馨菱　袁见齐　贾兰坡　贾福海
顾和微　徐　仁　徐克勤　翁文波　郭文魁
郭承基　高由禧　高振西　涂光炽　陶诗言
黄绍显　董申保　程纯枢　曾庆存　曾融生
谢义炳　谢学锦　谭其骧　穆恩之

技术科学部(64人)

丁舜年　干福熹　王守武　王守觉　王补宣
支秉彝　毛鹤年　叶培大　史绍熙　毕德显
师昌绪　吕保维　任新民　刘恢先　刘盛钢
庄育智　杨　槱　杨嘉墀　李敏华(女)　肖纪美
吴自良　吴良镛　邹元曦　汪闻韶　沈　鸿
张　煦　张作梅　张沛霖　张钟俊　张恩虬
陆元九　陈芳允　陈宗基　陈学俊　陈能宽
陈新民　林为干　林兰英(女)　罗沛霖　周惠久
郑哲敏　孟少农　柯　俊　胡海昌　钱　宁
钱钟韩　徐士高　徐芝纶　徐采栋　郭可信
高庆狮　高景德　黄宏嘉　曹建猷　龚祖同
常　迵　梁守槃　慈云桂　蔡其巩　蔡昌年
蔡金涛　潘际銮　潘家铮　魏寿昆

1991年(210人)

数学物理学部(38人)

丁大钊　丁夏畦　万哲先　王业宁(女)　王梓坤
方守贤　石钟慈　甘子钊　白以龙　吕　敏
汤定元　杨立铭　杨福家　苏定强　苏肇冰
李家明　李德平　闵乃本　张仁和　张恭庆

张淑仪(女)　张涵信　陈建生　范海福　周毓麟
冼鼎昌　经福谦　胡仁宇　胡和生(女)　赵忠贤
徐至展　郭仲衡　席泽宗　黄胜年　蒲富恪
廖山涛　熊大闰　潘承洞

化学部(35人)

王　夔　王方定　王佛松　朱清时　刘元方
江元生　孙家钟　何国钟　余国琮　汪尔康
沈家骢　张　滂　张乾二　陆婉珍(女)　陆熙炎
陈俊武　陈敏恒　陈耀祖　周同惠　周维善
赵玉芬(女)　俞汝勤　姜圣阶　袁　权　徐　僖
徐如人　郭景坤　黄志镗　黄葆同　蒋锡夔
程镕时　游效曾　谢毓元　楼南泉　黎乐民

生物学部(34人)

毛江森　尹文英(女)　石元春　田　波　刘新垣
庄巧生　许根俊　阳含熙　孙曼霁　杨弘远
杨雄里　杨福愉　李振声　吴建屏　吴孟超
张广学　张树政(女)　张新时　陈子元　陈可冀
陈宜瑜　钦俊德　施立明　施教耐　洪孟民
洪德元　姚开泰　唐崇惕(女)　阎隆飞　谢联辉
强伯勤　翟中和　薛社普　鞠　躬

地学部(35人)

马在田　马宗晋　叶大年　朱显谟　刘宝珺
安芷生　许厚泽　孙　枢　孙大中　孙鸿烈
杨　起　苏纪兰　李　钧　李吉均　李德仁
李德生　肖序常　吴传钧　汪品先　沈其韩
张弥曼(女)　陈庆宣　陈运泰　陈俊勇　陈梦熊
欧阳自远　周秀骥　赵其国　赵柏林　袁道先
徐冠华　黄荣辉　盛金章　常印佛　傅家谟

技术科学部(68人)

王　选　王　越　王之江　王启明　王淀佐
王景唐　叶恒强　卢　强　卢肇钧　母国光
匡定波　刘广均　刘永坦　孙　钧　孙钟秀
孙家栋　杨芙清(女)　杨叔子　李志坚　李衍达
严陆光　吴全德　吴承康　吴德馨(女)　邱大洪
邹世昌　闵桂荣　汪　耕　沈志云　宋　健
李振骐　张兴钤　张效祥　陈俊亮　林秉南
苗永瑞　欧阳予　周干峙　周尧和　周炳琨
胡聿贤　赵仁恺　钟香崇　保　铮　侯　洵
俞鸿儒　闻邦椿　姚　熹　姚诵芬　夏培肃(女)
高为炳　高镇同　唐九华　唐稚松　黄克智
黄纬禄　曹楚南　屠守锷　蒋民华　童宪章
谢光选　路甬祥　阙端麟　窦国仁　蔡睿贤
颜鸣皋　戴汝为　戴念慈

1993年(59人)

数学物理学部(10人)

王乃彦　艾国祥　严志达　李方华(女)　吴杭生
应崇福　陈佳洱　林　群　周　恒　霍裕平

化学部(10人)

邓从豪　陈庆云　陈鉴远　林励吾　林尚安
胡　英　殷之文　黄本立　梁敬魁　戴立信

生物学部(11人)

王文采　卢永根　朱兆良　孙儒泳　李　博
吴祖泽　郝　水　龚岳亭　韩济生　曾　毅
裘法祖

地学部(10人)

王　水　文圣常　丑纪范　李廷栋　陈　颙
赵鹏大　殷鸿福　郭令智　章　申　程国栋

技术科学部(18人)

王大中　王希季　王崇愚　邓锡铭　石青云(女)
齐　康　许学彦　李依依(女)　宋家树　陈翰馥
周兴铭　周孝信　周巢尘　钟万勰　徐性初
梁思礼　董韫美　程庆国

中国工程院院士名单

(按姓氏笔划为序)

姓　名	专业或专长	单位及职称
丁德文	应用物理	国家海洋环境监测中心　研究员
丁衡高	惯性技术 精密机械	国防科工委　研究员
马福邦	反应堆工程	中国核工业总公司高级工程师(研究员级)
王　选	计算机及应用	北京大学　教授
王　涛(女)	育苗、造林	中国林业科学研究院　研究员
王　越	雷达与通讯系统	北京理工大学研究员
王大珩	应用光学	中国科学院　研究员
王永志	战略导弹与运载火箭设计	中国航天工业总公司　研究员

王光远	工程设计理论	哈尔滨建筑工程学院 教授
王明庥	林木遗传育种	南京林业大学 教授
王淀佐	矿物工程	北京有色金属研究总院 教授
王德民	采油工程	大庆石油管理局 高级工程师(教授级)
韦 钰(女)	生物电子	国家教育委员会 教授
文伏波	水工设计	水利部长江水利委员会 高级工程师(教授级)
石元春	土壤学	北京农业大学 教授
卢良恕	小麦育种、栽培	中国农业科学院 研究员
师昌绪	金属学 材料科学	国家自然科学基金委员会 研究员
朱光亚	原子核物理	中国科协、国防科工委 研究员
朱高峰	邮电通信技术与管理	邮电部主任高级工程师、教授
刘天泉	采矿 特殊开采技术	煤炭部煤炭科学研究总院 高级工程师(教授级)
刘永坦	雷达技术 制导技术 信号处理技术	哈尔滨工业大学 教授
刘先林	摄影测量与遥感	国家测绘局测绘科学研究所 研究员
刘更另	土壤肥料 植物营养	中国农业科学院 教授
刘鸿亮	环境工程	中国环境科学研究院 教授
关 桥	焊接	中国航空工业总公司第625研究所 研究员
阮雪榆	压力加工	上海交通大学 教授
严东生	材料科学	中国科学院 研究员
苏君红	红外热成像技术	兵器工业总公司第211研究所 高级工程师(研究员级)
李大东	石油炼制技术	中国石油化工总公司石油化工科学研究院 高级工程师(教授级)
李同保	计量测试	国家技术监督局中国测试技术研究院 研究员
李国豪	桥梁力学	同济大学 教授
李恒德	核材料 金属物理	清华大学 教授
李鸿志	兵器	南京理工大学 教授
李德仁	航测与遥感	武汉测绘科技大学 教授
杨奇逊	电力系统继电保护	华北电力学院 教授
吴中伟	土木工程	中国建筑材料科学研究院 高级工程师(教授级)
吴有生	水弹性力学 船舶结构力学	中国船舶工业总公司第702研究所 高级工程师(研究员级)
何继善	应用地球物理	中南工业大学 教授
何德全	信息技术	电子部科技委 研究员
邹 竞(女)	感光材料	化工部中国乐凯胶片公司 高级工程师(教授级)
闵桂荣	工程热物理空间技术	航天工业总公司中国空间技术研究院 研究员
闵恩泽	石油化工 催化剂	中国石油化工总公司石油化工科学研究院 教授
汪成为	计算机软件 人工智能技术	国防科工委 研究员
汪槱生	电力、电子技术	浙江大学 教授
沈志云	机车车辆	西南交通大学 教授
宋 健	控制论 航天技术 系统工程	国家科委 研究员
张 维	工程力学 结构工程	清华大学 教授
张光斗	水利及水力发电	清华大学 教授
张直中	雷达系统 信号处理	电子工业部第14研究所 研究员
张宗祜	水文地质 工程地质	地质矿产部水文地质工程地质研究所 研究员
张锦秋(女)	建筑设计及理论	中国建筑西北设计院 高级建筑师(教授级)
陆元九	陀螺及惯性导航	中国航天工业总公司 研究员
陈力为	计算机科学 中文信息处理	电子部计算机微电子发展研究中心 高级工程师(教授级)
陈俊亮	通信与电子系统	北京邮电大学 教授
范维唐	矿山压力及开采机械化	煤炭工业部 高级工程师(教授级)
林 华	化学工程 石油化工	国家计划委员会 教授
罗沛霖	电子学	电子工业部 高级工程师(教授级)
季国标	化纤工程技术	中国纺织总会 高级工程师(教授级)
金国藩	光学仪器	国家自然科学基金委员会 教授

金怡濂	计算机组织与系统结构	总参谋部第 58 研究所 研究员
周 镜	岩土工程	铁道部科学研究院 研究员
周 廉	超导稀有金属材料	西北有色金属研究院 高级工程师(教授级)
周干峙	建筑学和城市规划	建设部 高级建筑师(教授级)
周仲义	信号与信息处理	总参谋部 研究员
郑哲敏	力学、爆炸力学	中国科学院力学研究所 研究员
赵仁恺	核动力工程	中国核工业总公司核动力研究设计院 高级工程师(教授级)
胡启恒(女)	自动控制 信息科学	中国科学院 研究员
胡海涛	工程地质 环境地质	地矿部环境地质研究所 研究员
段镇基	皮革及化工材料	轻工部毛皮制革科学研究所 高级工程师(教授级)
侯祥麟	化学工程	中国石油天然气总公司 教授
姚福生	汽轮机	机械工业部 高级工程师(研究员级)
顾诵芬	飞机空气动力学	中国航空工业总公司航空科学技术研究院 研究员
钱 易(女)	环境工程	清华大学 教授
钱七虎	防护工程	解放军工程兵工程学院 教授
钱学森	应用力学 工程控制论 系统工程	国防科工委 研究员
钱皋韵	原子能科学技术同位素分离	中国核工业总公司科技委 研究员
倪光南	汉字信息处理	中国科学院联想集团公司 研究员
徐更光	爆炸与炸药应用技术	北京理工大学 教授
徐承恩	炼油工艺	中国石油化工总公司北京设计院 高级工程师(教授级)
殷瑞钰	钢铁冶金	冶金工业部 高级工程师(教授级)
郭孔辉	汽车设计	吉林工业大学 教授
黄旭华	船舶制造 核潜艇研究设计	中国船舶工业总公司核潜艇总体研究设计所 高级工程师(研究员级)
黄培云	金属材料 粉末冶金	中南工业大学 教授
戚元靖	钢铁冶金 建筑工程	冶金工业部 高级工程师(教授级)
常印佛	矿床地质	安徽省地质矿产局 高级工程师(教授级)
章基嘉	天气动力学	中国气象科学研究院 研究员
梁应辰	水道和港口工程	交通部三峡工程领导小组办公室 高级工程师(教授级)
屠善澄	自动控制	中国航天工业总公司第五研究院 研究员
彭士禄	核动力	中国核工业总公司 高级工程师(研究员级)
蒋新松	机器人 工业控制	中国科学院沈阳自动化所 研究员
傅熹年	建筑历史	中国建筑技术发展中心 高级建筑师(教授级)
谢友柏	机械学、摩擦学	西安交通大学 教授
谢礼立	地震工程 防灾工程	国家地震局工程力学研究所 研究员
路甬祥	流体传动及控制	中国科学院 教授
管 德	飞机气动弹性力学	中国民用航空总局 教授
潘家铮	土木工程 水力发电	电力工业部 高级工程师(教授级)

机械与运载工程学部(30 人)

姓 名	专业与专长	工作单位
王兴治	导弹总体	中国兵器工业总公司陕西青华机电研究所
乐嘉陵	空气动力学	四川绵阳中国空气动力研究与发展中心
朱英浩	变压器制造	沈阳变压器厂
朱能鸿	天文仪器与方法	中国科学院上海天文台
刘大响	航空发动机	中国航空工业总公司燃汽轮机研究所
刘兴洲	冲压发动机	中国航天工业总公司第三研究院第三十一所
孙敬良	液体火箭发动机与运载火箭设计	中国航天工业总公司上海航天局
李 明	飞机自动化	中国航空工业总公司沈阳飞机研究所
何友声	流体力学、船舶流体力学	上海交通大学

汪顺亭	惯性技术与导航设备	中国船舶工业总公司天津航海仪器研究所
张立同（女）	铸造、无机非金属材料及其复合材料	西北工业大学
张启先	机构学与机器人技术	北京航空航天大学
张贵田	液体火箭发动机	中国航天工业总公司〇六七基地
张炳炎	舰船研究设计	中国船舶工业总公司上海船舶及海洋工程研究所
张福泽（满）	飞机结构寿命与可靠性	中国人民解放军空军某研究所
陆孝彭	飞机设计	中国航空工业总公司南昌飞机制造公司
陈先霖	冶金机械	北京科技大学
陈秉聪	农业机械设计制造（拖拉机）	吉林工业大学
林尚扬	焊接	机械工业部哈尔滨焊接研究所
林宗虎	蒸汽工程	西安交通大学
杨士莪	水声工程	哈尔滨工程大学
周勤之	机械制造工艺与设备	上海机床厂
饶芳权	电机	东方电机厂
郭重庆	机械制造工艺与设备、设施规划与设计	机械工业部第六设计研究院
涂铭旌	金属材料及热处理	四川联合大学
顾懋祥	船舶及海洋工程	中国船舶工业总公司中国船舶科学研究中心
徐滨士	兵器运用工程	中国人民解放军装甲兵工程学院
黄文虎	机械动力学与振动	哈尔滨工业大学
屠基达	飞机设计	中国航空工业总公司成都飞机工业公司
潘镜芙	船舶工程	中国船舶工业总公司武汉船舶设计研究所

信息与电子工程学部（36人）

姓　名	专业与专长	工作单位
王小谟	雷达技术	电子工业部电子科学研究院
毛二可	雷达及制导信号处理	北京理工大学
叶尚福	微波技术、天线	总参谋部第五十七研究所
叶铭汉	核探测技术	中国科学院高能物理研究所
庄松林	光学及光学工程	上海光学仪器研究所
许国志	运筹学及系统工程	中国科学院系统科学研究所
许居衍	微电子技术	中国华晶电子集团公司
孙　玉	通信	电子工业部第五十四研究所
孙优贤	工业自动化	浙江大学
孙俊人	通信与电子工程	电子工业部
李三立	计算机组织与体系结构	清华大学
李国杰	计算机	中国科学院计算技术研究所
吴　澄	自动控制、计算机集成制造	清华大学
吴佑寿	数字通信与信号处理	清华大学
吴祖垲	电真空器件	陕西省电子工业局
沈昌祥	信息系统工程	海军计算技术研究所
张钟华	电磁计量	中国计量科学研究院
张履谦	通信与电子系统	中国航天工业总公司科学技术委员会
陆建勋	通信工程	中国船舶工业总公司七院
陈敬熊	电磁场理论与微波技术	航天工业总公司第二研究院
陈德仁	导弹控制与电子技术	航天工业总公司第二研究院
范滇元	激光技术	中国科学院上海光学精密机械研究所
林永年	密码学	总参谋部第五十一研究所
周炯槃	信息工程	北京邮电大学
赵梓森	多路通信（光纤通信）	邮电部武汉邮电科学研究院
侯德原	通信工程	邮电部
俞大光	电子、通信技术	中国工程物理研究院
姜文汉	光电工程	中国科学院光电技术研究所
徐元森	微电子及冶金	中国科学院上海冶金研究所
高鼎三	半导体物理与器件	吉林大学
郭桂蓉	通信与电子系统	国防科学技术大学
黄尚廉	光电技术及系统	重庆大学
龚惠兴	航天遥感、空间应用技术	中国科学院上海技术物理研究所
梁春广	半导体器件与微电子学	电子工业部第十三研究所
薛鸣球	应用光学和光学工程	中国科学院西安光学精密机械研究所

魏子卿	大地测量	总参谋部测绘研究所

化工、冶金与材料工程学部(31 人)

姓名	专业与专长	工作单位
丁传贤	无机涂层材料与材料科学及工程	中国科学院上海硅酸盐研究所
王震西	磁性与非晶态材料	中国科学院中科集团三环公司
毛炳权	高分子化工	化学工业部北京化工研究院
左铁镛	金属材料、塑性加工	国家教育委员会
朱永赠	核化学化工	清华大学
关兴亚	石油化工	中国石油化工总公司上海石油化工研究院
李正名	有机化学化工	南开大学
李东英	稀有金属、冶金及材料	中国有色金属工业总公司
李俊贤	有机合成	化学工业部黎明化工研究院
时铭显	化学工程与设备	石油大学
邱竹贤	冶金	东北大学
余永富	选矿工程	冶金工业部长沙矿冶研究院
汪旭光	工业炸药与爆破技术	中国有色金属工业总公司北京矿冶研究总院
汪燮卿	有机化工	中国石油化工总公司石油化工科学研究院
沈德忠	人工晶体	国家建材局人工晶体研究所
张寿荣	冶金	武汉钢铁集团公司
张国成	稀有金属冶金	中国有色金属工业总公司北京有色金属研究总院
陈清如	矿物加工工程	中国矿业大学
邵象华	钢铁冶金	冶金工业部钢铁研究总院
周光耀	无机化工	化学工业部中国成达化学工程公司
胡壮麒	金属材料	中国科学院金属研究所
钟　掘(女)	冶金机械	中南工业大学
侯芙生	炼油和石油化工	中国石油化工总公司科学技术委员会
袁晴棠(女)	石油化学工程	中国石油化工总公司
袁渭康	化学工程	华东理工大学
徐匡迪	钢铁冶金	上海市政府、上海大学
徐端夫	高分子物理、纤维科学	中国科学院化学研究所
殷国茂	轧钢工艺与设备	冶金工业部成都无缝钢管厂
高从堦	化学分离	国家海洋局杭州水处理技术开发中心
唐明述	无机非金属材料	南京化工学院
傅恒志	材料工程	西北工业大学

能源与矿业工程学部(29 人)

姓　名	专业与专长	工作单位
王思敬	工程地质学	中国科学院地质研究所
毛用泽	核电子学与核探测技术、辐射防护与保健物理	防化研究院
古德生	采矿工程	中南工业大学
朱建士	流体力学、爆炸力学	北京应用物理与计算数学研究所
刘广志	探矿工程	地质矿产部
汤中立	地质矿产勘察	地质矿产部甘肃省地质矿产局
汤德全	动力机械工程、矿山电器工程	煤炭工业部煤炭科学研究总院
阮可强	反应堆物理、核安全	中国核工业总公司中国原子能科学研究院
李庆忠	石油地球物理勘探	中国石油天然气总公司
杨裕生	核试验技术、分析化学	防化研究院
岑可法	工程热物理	浙江大学
何多慧	加速器物理及应用	中国科学技术大学
罗平亚	油田应用化学工程、石油工程	西南石油学院
周永茂	核反应堆工程	中国核工业总公司中国中原对外工程公司
周邦新	核材料、核燃料	中国核工业总公司中国核动力研究设计院
郑健超	高电压技术	电力工业部电力科学研究院
郑绵平	盐湖学与资源勘察工程	地质矿产部矿床地质所
胡思得	原子核物理	中国工程物理研究院
顾心怿	石油矿业机械	中国石油天然气总公司胜利石油管理局
钱绍钧	核试验及放化诊断技术	国防科学技术工业委员会
钱鸣高	采矿工程	中国矿业大学

徐旭常	热能工程	清华大学
翁史烈	热力涡轮机	上海交通大学
戚颖敏	矿进通风与防灭火	煤炭工业部煤炭科学研究总院抚顺分院
梁维燕	电工、大电机与水轮机制造工艺	哈尔滨电站设备集团公司
韩英铎	电子系统及其自动化	清华大学
韩德馨	煤炭资源与勘探	中国矿业大学
翟光明	石油地质	中国石油天然气总公司
薛禹胜	电力系统及其自动化	电力工业部电力自动化研究院

土木、水利与建筑工程学部(28 人)

姓　名	专业与专长	工作单位
王梦恕	隧道及地下铁道	铁道部隧道工程局
龙驭球	土木工程、结构力学	清华大学
叶可明	工业与民用建筑工程	上海建工集团总公司
冯叔瑜	工程爆破	铁道部科学研究院
宁津生	大地测量	武汉测绘科学技术大学
朱伯芳	水工结构	中国水利水电科学研究院
刘建航	地下工程	上海市市政工程管理局
刘济舟	土木工程、水运工程	交通部基本建设司
江欢成	土木结构	华东建筑设计研究院
关肇邺	建筑学	清华大学
严　恺	水利工程、海洋工程	河海大学
李圭白	给水排水工程	哈尔滨建筑大学
李鹗鼎	水力发电工程	电力工业部
杨秀敏	防护工程	总参工程兵第四研究所
陈　新	桥梁工程	铁道部大桥工程局勘测设计院
陈明致	水利工程	水利部松辽水利委员会
陈厚群	水工结构	中国水利水电科学研究院
吴良镛	建筑与城市规划	清华大学
汪菊渊	园林工程	北京市园林局
沙庆林	道路工程	交通部公路科学研究所
周君亮	土木、水利	江苏省水利厅
项海帆	桥涵工程	同济大学
容柏生	建筑结构	广东省建筑设计研究院
莫伯治	建筑设计	广州市城市规划局
黄熙龄	岩土工程、地基与基础	中国建筑科学研究院
崔俊芝	计算力学、计算数学	中国科学院计算中心
谢鉴衡	港口航道与治河工程	武汉水利电力大学
葛修润	岩土工学、水利工程	中国科学院武汉岩土力学研究所

农业、轻纺与环境工程学部(32 人)

姓　名	专业与专长	工作单位
山　仑	作物生理学、作物栽培学	中国科学院西北水土保持研究所
马建章	野生动物	东北林业大学
方智远	蔬菜遗传育种	中国农业科学院蔬菜花卉研究所
石玉林	土地资源与区域开发	中国科学院、国家计委自然资源综合考察委员会
刘　筠	鱼类繁殖和育种	湖南师范大学
郑君蔚(满)	水土保持、生态控制系统工程	北京林业大学
汤鸿霄	环境工程、给水排水	中国科学院生态环境研究中心
伦世仪	发酵工程	无锡轻工业学院
任阵海	大气环境科学	中国环境科学研究院
任继周	草原学	甘肃省草原生态研究所
向仲怀	蚕学、蚕遗传育种	西南农业大学
旭日干(蒙)	家畜胚胎工程	内蒙古大学
李光博	农业昆虫学	中国农业科学院植物保护研究所
李泽椿	天气动力、数值预报	中国气象局国家气象中心
辛德惠	土壤学、农业生态学	北京农业大学
汪懋华	农业工程、农业电气化与自动化	北京农业工程大学
沈国舫	林学(造林)	北京林业大学
沈荣显	动物病毒及免疫学	中国农业科学院哈尔滨兽医研究所
郁铭芳	华纤	上海市合成纤维研究所
周　翔(女)	染整工程	中国纺织大学

赵法箴	海水养殖	中国水产科学研究院黄海水产研究所
袁业立	物理海洋学、海洋环境工程	国家海洋局第一海洋研究所
袁隆平	作物育种	湖南省农业科学院
顾夏声	环境工程	清华大学
殷　震	兽医	中国人民解放军农牧大学
唐孝炎（女）	环境科学	北京大学
梅自强	纺织工程	中国纺织科学研究院
黄耀祥	水稻遗传育种及其应用基础理论研究	广东省农业科学院
曾士迈	植物病理学	北京农业大学
曾德超	农业工程、农业机械化	北京农业工程大学
傅廷栋	作物遗传育种	华中农业大学
管华诗	水产品加工、海藻综合利用与生物工程制品	青岛海洋大学

中国工程院医药与卫生工程学部遴选的首批院士（30人）

姓　名	专业与专长	工作单位
王正国	野战外科	第三军医大学
王忠诚	神经外科	北京天坛医院
王振义	内科血液学	上海第二医科大学瑞金医院、上海血液学研究所
巴德年（满）	肿瘤免疫	中国医学科学院
刘玉清	医学影像学	中国医学科学院阜外医院心血管病研究所
刘耕陶	生化药理学	中国医学科学院药物研究所
江绍基	内科学、消化疾病	上海第二医科大学仁济医院、上海市消化疾病研究所
汤钊猷	肿瘤外科	上海医科大学肝癌研究所
许文思	微生物制药	上海医药工业研究院
肖培根	药用植物学	中国医学科学院药用植物研究所
肖碧莲（女）	生殖内分泌学	国家计划生育委员会科学技术研究所
吴阶平	泌尿外科学	中国医学科学院
吴德昌	毒理学辐射防护	军事医学科学院放射医学研究所
何凤生（女）	劳动卫生学与职业病	预防医学科学院劳动卫生与职业病研究所
宋鸿钊	妇科肿瘤	中国医学科学院北京协和医院
周后元	药物化学	上海医药工业研究院
胡之璧（女）	中药细胞生物工程学	上海中医药大学
胡亚美（女）	儿科血液和肿瘤	北京儿童医院
侯云德	病毒基因工程	中国预防医学科学院病毒研究所
姜泗长	耳鼻咽喉科学	解放军总医院
秦伯益	药理学、新药评价	军事医学科学院毒物药物研究所
顾玉东（满）	手外科、显微外科	上海医科大学华山医院
顾健人	分子肿瘤学与基因治疗	上海市肿瘤研究所
高守一	微生物学	中国预防医学科学院流行病学微生物研究所
董建华	中医内科学	北京中医药大学附属东直门医院
程莘农	中医、针灸学	中国中医研究院针灸研究所
曾溢滔	医学遗传学、医学分子生物学技术	上海市儿童医院、上海医学遗传研究所
楼之岑	生药学	北京医科大学
黎　鳌	烧伤医学	第三军医大学
黎磊石	内科、肾脏病	南京军区总医院解放军肾脏病研究所

2. 1994—1995年全国英模及获奖者名单

全国劳动模范和先进工作者名单

全国劳动模范

北京市

郭玉明 首钢总公司第二炼钢厂炼钢车间炼钢甲班工长、技术员
王成明 首钢总公司电子公司总经理、高级工程师
陈厚棣(女) 北京市雕漆工厂雕刻工
朱志凌 北京铜材厂铜星公司钳工班班长
谢秦岭 北京第一机床厂铸造一分厂造型一段班长
张忠 北京重型汽车制造厂转向机车间车工
余兆英(女) 北京第四制药厂高级工程师
金洪山 北京光学仪器厂厂长、高级经济师
张秋华 北京印刷三厂胶印轮转机组领机
贾贵琛 中国北京同仁堂集团公司同仁堂药店售货员、药师
冯建余 北内集团总公司设备工具公司设备修理厂工人、高级技师
王纯善 北京铁路局局长、工程师
王洪英 北京矿务局大安山煤矿矿长、工程师
黄祖望 北京矿务局木城涧煤矿党委书记、高级政工师
金积铨 北京燕山石化公司研究院副总工程师、高级工程师
钱士文 国营第六一八厂设计所原所长、高级工程师
王志祥 北京铁路分局丰台机务段"毛泽东号"机车司机长
陈杰 北京牡丹电子集团公司总经理、高级工程师
陈伦芬(女) 北京飞行电子总公司机关党支部书记、工程师
邵锡全 北京乙烯工程建设总指挥部副总指挥、高级经济师
王振荣 北京轻型汽车有限公司副总经理、高级技师
鲁爱华(女) 北京清河毛纺织厂精织车间工人
董红(女) 北京衬衫厂工人
金德水 北京电力设备总厂铸造分厂铸钢清铲工段工段长
崔淑敏(女) 北京市煤炭总公司收购运输公司质检班班长
孙燕昌 北京百花集团党委书记、高级工程师
崔治安 北京一轻总公司董事长、高级经济师
杨嗣信 北京建工集团总公司总工程师、高级工程师
余孝德 中国建筑第一工程局三建公司余孝德青年突出队队长
魁建忠(女) 北京市交通局交通运输公司第二运输公司司机
张宝琴(女) 北京市公交总公司公汽一公司运营六场43路车队售票员
袁忠起 北京城建(集团)三公司市政管道分公司谢世权班班长
肖英晖 北京市地下铁道总公司古城车辆段运用车间司机长
许国富 北京市邮政管理局颐和园邮电局投递员
范进卯 北京市公用局液化石油气公司三所工人
张连生 北京市市政工程总公司总经理、高级工程师
张包铨 北京市房地产开发经营总公司董事长、高级工程师
黄文改(女) 北京市隆福大厦纺织商品部售货员
刘淑琴(女) 北京王府井百货大楼(集团)股份有限公司售货员
田惠燕(女) 北京饭店理发室副组长、特二级理发师
王权 北京西单商场集团总经理、高级经济师
冯静玉(女) 北京正大饲料有限公司副总经理、高级经济师
乔景 中国外运北京空运公司经理、高级经济师
解黔云 中国照相馆摄影师、特二级摄影师
孙喜燕(女) 北京市天桥百货股份有限公司天桥百货商场高级售货员
张力(女) 北京白广路百货有限责任公司董事长、总经理、经济师
王淑贞(女) 北京超市发商贸集团北太平庄副食商场售货员
麻亚利(女) 北京市丰台区丰台百货商场售货员
贺润科 北京市石景山区城市建设开发公司总经理、经济师
马秀芹(女) 通县交通局汽车二场氧气供应站站长
李福成 北京燕京啤酒集团公司总经理、经济师
郑孟琪(女) 中国工商银行东城区支行王府井储蓄

所主任、经济师
张全忠　北京市政一公司二分公司经理、助理工程师
见德胜　平谷县畜牧局种鸡场场长、兽医师
杨玉范　门头沟区供销社贸易大楼丝绸组组长
史静贤(女)　北京保温瓶工业公司总经理、高级经济师
吕晓军　北京市京易建设联营公司突击队长、技术员
李家栋　北京市农工商联合总公司北郊农场党委书记、高级政工师
刘长山　朝阳区三优诚实业总公司总经理兼董事长、经济师
邢仲山　通县梨园镇大稿村党总支书记、经济师
刘玉山　通县张家湾镇北京新兴企业集团公司总经理、经济师
田　雄　房山区韩村河实业总公司党委书记、总经理、工程师
仉振亮　房山区窦店镇窦店村党总支书记
张占林　大兴县留民营生态农场场长
张金海　北京第二汽车齿轮厂厂长
李德荣(女)　门头沟区龙泉镇城子村党支部书记
黄　礼　顺义县北小营镇前鲁鸭场场长、助理农艺师
程春博　北京高尔夫集团公司经理
左　权　北京北方企业集团公司党委书记、经济师
肖士太　北京平谷中燕实业集团公司总经理
陈宝元　北京市海淀区东升乡大钟寺村党总支书记
许志华　密云县密云镇宾阳村党总支书记

天津市

王振华　天津钢厂第二炼钢厂炉长、技师
李建绍　天津市轧钢厂厂长、书记、高级经济师
冯浩然　天津市软线总厂厂长、书记、高级经济师
杨志信　天津市锻压机床总厂研究所副所长、高级工程师
李津来　天津市电缆总厂工人、高级技师
孙志国　天津市中环科学仪器公司电子显示设备厂分厂厂长、高级工程师
林永宁　天津市天磁公司经理、经济师
刘振铭　天津市津京玻壳股份有限公司董事长、总经理、高级工程师
邓卫生　天津市东亚毛纺厂厂长、书记、高级工程师
刘媛媛(女)　天津第一棉纺织厂挡车工
温聚和　天津纺织品联合进出口公司董事长、总经理、高级经济师
史书芬(女)　天津市第六棉纺厂工人
马　昭　天津市华北氧气厂厂长、经济师
赵玉宽　天津市乳胶厂副科长
张国维　天津市第二轻工机械厂厂长、高级工程师
万桂芹(女)　天津市第三轻工机械厂工人
焦勃海　天津市制锁七厂技术员、工程师
王连金(女)　天津市天津皮件厂厂长、书记、高级工艺师
徐桂兰(女)　中国农业银行天津河东支行崂山道储蓄所储蓄员、助理会计师
龚文林　天津市宇华制衣实业公司经理、高级经济师
项金旗　天津银箭电子表业公司设备员、工程师
李克成　天津市专用汽车厂车间主任、助理经济师
牛世光　天津市汽车发动机制造厂工人、技师
杨均凤(女)　天津大港石油管理局第四采油厂工人
王　瑛(女)　天津市服装四厂厂长、工程师
刘振友　天津石油化工公司运输公司司机
尹庆志　天津长芦汉沽盐场科长、工程师
杨士平　天津市医院设备厂组长、技师
那大路　天津市送变电工程公司送电一处车间主任、经济师
田家玉　天津市电力公司军粮城发电厂总工程师、高级工程师
姚孟昌　天津市力生制药厂业务员
王希勇　天津市红桥区天宝集团公司总裁
于　江　天津港第一港埠公司装卸三队队长
程俊杰　天津市六号门汽车运输场司机
张立忠　天津市汽车运输二场司机
李樵民　天津航道局第三航道工程处304轮轮机长
范玉昶　天津市第三建筑工程公司项目长、工程师
张长明　天津市第六建筑工程公司经理、工程师
杨桂珍(女)　天津市煤气总公司和平营业所收费员
张桂兰(女)　天津市公共交通二公司48路车队乘务员
迟松青　天津市玻璃纤维总厂班长
刘洪武　天津市房管局二房建永瀛装饰工程处主任
李景才　天津市塘沽第一建筑工程总公司总经理、经济师
张书成　中石化第四建设工程公司三公司班长、技师
赵伯杰　天津市友谊宾馆餐务部副经理、高宴设计师
韩志平　天津市国泰粮食储运贸易公司经理、助理经济师
张高津(女)　天津华联商厦股份有限公司售货员
刘　婷(女)　天津市南开区晋宁道副食综合商店经理、经济师
刘建章　天津华联商厦股份有限公司董事长、高级经济师
刘　林　天津百货大楼股份有限公司总经理、高级经济师
赵嘉祥　天津市登瀛楼饭庄经理、特一级烹调师
孙汝泉　天津市鸿起顺饭馆经理、经济师
魏　伟　天津市美术印刷厂厂长、经济师
孙长亭　天津市长亭假肢公司总经理
徐文恒　中法合营王朝葡萄酿酒有限公司总经理、高级工程师

陆鸿飞　天津远洋运输公司总经理、高级工程师
杜宝山　天津环保产业集团有限责任公司总经理、高级经济师
黄秀齐　天津市北辰区青光乡青光村畜牧站技术员
李洪志　天津市渔网集团公司董事长、高级经济师
刘玉林　天津市环球企业集团公司总经理、高级经济师
聂秀康　天津市宏发集团公司董事长、高级经济师
陈立新　天津市华隆集团公司总经理、高级经济师
禹作尧　天津市大邱庄镇尧舜街党总支书记、高级经济师
邵福生　天津市宁河县大北涧沽乡独立村党总支书记
程　魁　天津市振华集团公司总经理、经济师
王洪生　天津市富强集团公司董事长、总经理、高级经济师
龚世权　天津港田集团公司总经理、经济师

河　北　省

崔志才　河北省石家庄第二印染厂厂长、高级经济师
陈贤丰　华北制药厂厂长、高级经济师
戢守山　河北省石家庄炼油厂厂长、高级工程师
吴砚田　河北省石家庄新华服装厂党委书记、高级经济师
崔云申　河北省石家庄市铜铝制品厂党支部书记、高级经济师
王旗文　河北省石家庄水泵厂工人、技师
周桃文　石家庄市井陉矿务局第三矿组长
芦丽华(女)　河北省石家庄第七棉纺织厂组长
甘　菊(女)　河北省石家庄食品总公司新华路回民饭店工人
默荣贵　河北省新乐市化肥厂班长
陈世增　河北省唐山豪门集团公司总经理、高级经济师、高级政工师
杜金弘　河北省冀东水泥厂厂长、高级工程师
李林春　邢台县皇寺信用社主任、经济师
赵　仁　中国农业银行张家口分行行长、高级经济师
王瑞祥　河北省唐山华美陶瓷有限公司高级经济师
么志义　河北省唐山义龙纺织企业集团书记、助理政工师
王成环　河北省京唐港务局总工程师、高级工程师
侯振清　河北省开滦矿务局赵各庄矿组长、高级工人技师
赵生民　河北省唐山钢铁股份公司烧结厂副作业长
刘文平(女)　河北省唐山棉纺厂工人
陈绍忠　河北省唐山发电总厂陡河电厂工人
刘素梅(女)　河北省唐山路北第一粮油公司24号小区粮店营业员、工人技师
李德芳(女)　中国耀华玻璃集团公司总经理、高级工程师

司　然　铁道部山海关桥梁工厂工人、高级技师
苏加林　交通部秦皇岛港务局第三港务公司工人、技师
刘　鹤　河北省邯郸第三棉纺织厂厂长、高级政工师、高级工程师
董培城　河北省广平县机械厂总经济师、经济师
韩本书　河北省永年县焦窑煤矿书记、高级政工师
赵秋山　河北省邯郸安装公司班长
李二太　河北省峰峰矿务局工程处工人
韩桂萍(女)　河北省邯郸第一瓷厂中级工、工人技师
李有祥　河北省邯郸马头发电总厂高级工、技师
黄庚辰　河北省邢台冶金机械轧辊股份有限公司总经理
赵继英　河北省新河钻机厂书记、高级工程师
靳保芳　河北省宁晋县供电局局长、经济师
王长林　河北省邢台晶牛玻璃股份有限公司总经理、工程师
尚金锁　柏乡县镇内粮库主任、技师
王廷堂　邢台矿务局邢台煤矿综放队队长
郑广银　中国保定天鹅化纤集团有限公司总经理、高级工程师
马恩华　保定市第一棉纺织集团有限公司党委书记、高级工程师
张振堂　河北新凯汽车制造有限公司经理、经济师
陈士斌　保定机床厂工人、高级技师
舒东升　保定燃料总公司楼南街煤厂门市部主任
张长河　保定市第一建筑公司预制构件厂班长
李明彬　定兴县建筑公司第二施工队队长
李国庭　张家口市卷烟厂厂长、高级工程师
李建良　宣化工程机械厂高级工、技师
王燕荣(女)　张家口市通用机械厂高级工、技师
沈爱民　张家口市邮电局投递员
金鼎玉　承德输送机总厂厂长、高级工程师
王　军　承德市京承科工联合机械总厂工人
李士伟　承德钢铁公司电炉炼钢厂工人
王志俭　河北华安汽车装饰装置公司研究所所长、工程师
邓永明　廊坊大城沈大电缆有限公司高级经济师
褚成禄　廊坊市安次区葛渔城中心道班班长、技术员
洪天敏　沧州化肥厂党委书记、高级工程师
王振明　河北华芝电池有限公司党支部书记、经济师
张宝玺　青县磷肥厂总工程师、高级工程师
胡金荣　孟村回族自治县电力局电管站站长
刘廷香　河北钢丝绳厂党委书记、高级经济师
吕吉泽　衡水市电机厂高级工程师
郭海秀(女)　武邑县工艺绣品总厂中级工
魏恭华　河北省送变电工程公司经理、经济师
孙宝铸　河北省公路工程局第一工程处工长
张　忠　河北凌云机械厂高级经济师

王德芳 北京铁路局石家庄分局分局长、高级工程师
高 森 华北石油管理局钻井四公司机修厂班长
高增海 石油物探局地质研究院组长、高级工程师
张海军 石油天然气管道局第一工程公司六队分队长
刘进辉 河北省国有芦台农场场长、高级农经师
罗书战 石家庄化肥厂厂长、高级经济师
陈占英 石家庄市第二制药厂厂长、高级经济师
田文华(女) 河北省石家庄乳业公司经理、高级乳业师
孙晓平 秦皇岛海燕安全玻璃有限公司总经理
范海庭 平山县平山镇东治村甲鱼养殖场场长
张其发 河北省邯郸市第一轧钢厂厂长、高级工程师
何胜国 河北省南高营企业集团公司总经理、经济师
唐顺义 玉田县顺义家庭农场场长
韩振国 唐山市开平区半壁店村总经理
冯利民 抚宁县抚宁镇北街村农民
申礼成 武安市磁山镇磁山二街党总支书记、经济师
王文义 肥乡县大西韩乡杜汤堡村支部书记
李长庚 河北省恒利集团公司总经理、经济师
宋永恒 清河县东高村企业集团有限公司总经理、高级工程师
王启发 河北启发纺织集团公司董事长、经济师
王万省 高阳县邢家南乡季朗村农民、高级农艺师
商玉卯 满城县顺民乡顺民村太行养猪场场长
刘金宝 怀来县土木乡西辛堡村蛋鸡联合公司经理
李元巨 蔚县南留庄镇西大烟寨村村支部书记
张焕余 宽城县大石柱子乡绊马河村村支部书记
冯万才 承德万达集团总公司总经理、经济师
王景涛 永清县北辛溜乡西场村村支部书记、高级经济师
秦树明 河间市新华线缆集团公司董事长、经济师
于天瑞 献县郭庄乡西双坦村村支部书记
杨振林 冀州市中国春风实业集团董事长、高级经济师
王小其 安平县南王庄乡南王庄村村支部书记
王宝银 河北八达集团有限公司董事长、高级经济师

山西省

李双良 太原钢铁集团公司渣场治渣顾问、技师
亢龙田 太原西山矿务局西曲矿综采一队采煤工、高级技师
石志高 太原重型机械集团公司焊接一厂气割工、高级技师
赵光晋(女) 太原市糖业烟酒公司双合成食品店经理、经济师
周凤玉 太原市古交钢铁厂厂长、高级工程师
王印科 太原市电信局局长、高级工程师
余志强 太原第一热电厂锅炉车间检修班检修工
于 坤 大同矿务局云岗矿机掘二队采煤工
田国枝(女) 山西省大同市公共交通总公司乘务员
宋永圮 山西大同矿务局马脊梁矿综采准备队检修工、技师
高建新 大同市蓝浪洗涤剂厂厂长、经济师
张博华 山西省大同糖厂厂长、高级工程师
白 棉 山西省大同市铸石厂厂长、高级工程师
赵宝玉 阳泉矿务局四矿综采二队采煤工
路公明 阳泉铝业总公司总经理、经济师
王立宾 阳泉市糖业烟酒公司经理、助理经济师
阎献忠 阳泉公路分局工程处筑路工
左保芝 长治钢铁公司第一炼钢厂炉衬工段工人、技师
梁吉祥 长治洗衣机股份合作有限公司总经理、高级工程师
柳玉红(女) 晋城市饮食服务公司泽州饭店经理、经济师
宋才旺 晋城市三八煤矿矿长、经济师
李学辉(女) 中国工商银行山西省分行工交信贷部主任科员、高级经济师
巩安库 晋城矿务局凤凰山矿矿长、高级工程师
徐秋元 山西平朔安太堡矿采矿部工人、技师
张腊梅(女) 山西平朔安太堡矿采矿部凤班卡车司机
乔 平 山西朔州市矿业公司经理、经济师
崔建新 山西省忻州地区粮油储运公司经理、经济师
贾光留 山西省兴县邮电局乡邮员
常贵明 山西杏花村汾酒厂股份有限公司董事长、高级工程师
刘春贵 山西榆次液压件厂铣工
梁 云 山西省介休纺织厂后纺车间工段长
魏虎仙(女) 山西省榆次市冷饮甜食商店经理、高级经济师
田巧玲(女) 山东省临汾市前进百货大楼营业员
仝立祥 山西维尼纶厂厂长、高级工程师
史新寅 山西临汾地区五交化总公司总经理、统计师
阎俊发 山西省乡宁县地方国营台头煤矿矿长、工程师
薛佩珍 山西焦化工业集团公司总经理、高级经济师
何立森 山西运城地区电业局线路工区巡线工、技师
董海水 山西省临猗化工总厂厂长、高级经济师
张和平 山西柴油机厂铸造分厂铸工
张天佑 航天工业总公司太行仪表厂七分厂工人
马忠喜 山西省关帝山森林局双家寨林场工程师
周信法 山西电力建设三公司经理、高级工程师
段月富 山西省第四建筑公司第五分公司经理、经

济师
张根清　太原铁路分局太原北机务段火车司机
徐敦墉　大同铁路分局分局长、高级工程师
黄晏清　铁道部第十二工程局第三工程处处长、工程师
丁原臣　铁道部第十七工程局局长、经济师
赵贵发　太原市清徐县赵家堡企业集团公司董事长
刘长富　太原市北郊区新城乡北固碾村农民、技师
范成忠　山西省大同县杜庄乡落阵营村农民
李　斌　大同市云城建筑安装总公司经理
王计所　阳泉市郊区韩庄村村委会主任
申纪兰(女)　山西平顺县西沟村党支部副书记
宋志龙　晋城市陵川县锡崖沟村党支部书记
刘耀堂　晋城市天鹅工贸总公司经理
邢志权　山西朔州万发新技术公司经理
李振富　山西省河曲县纸房沟村党支部书记
范尚怀　山西省定襄县卫村党总支书记
邢利民　山西省汾阳县贾家庄村党总支书记
郭凤莲(女)　山西省昔阳县大寨村党支部书记
李安民　介休市安泰国际企业股份有限公司董事长、工程师
宋本智　介休二机实业股份有限公司经理、经济师
李清生　山西省洪洞县赵城镇官庄村党支部书记、高级经济师
王　衡　山西省万荣县建华化工厂厂长
李海仓　山西省闻喜县海鑫钢铁有限公司董事长、工程师
史民志　山西省河津市樊村镇干涧村党支部书记
王春玲(女)　山西省永沂市开张镇民生村农民
智福德　山西省榆次市潇河铸造总厂厂长、工程师

内蒙古自治区

葛　健　内蒙古青松制衣有限公司总经理、高级工程师
郑俊怀　内蒙古伊利实业股份有限公司总经理、经济师
彭继远　食全食美股份有限公司西街菜市场书记、高级经济师
赵德顺　扎赉特旗公路段工人
康连祥　呼和浩特钢铁厂动力分厂车间主任、工程师
刘永财　呼和浩特市粮油供应公司东门外粮站主任
曾国安　包头钢铁公司书记、高级工程师、高级政工师
高　丰　包头鹿苑羊绒纺织(集团)公司经理、高级经济师
史九宽　包头铝厂厂长、高级工程师
赵继昌　包头市百货大楼总经理、高级经济师
布　和　包头市啤酒厂厂长、工程师
李如刚　包头市糖厂厂长、高级经济师
何建增　包头新兴集团公司书记、经济师
戎鹏强　内蒙古第二机械制造总厂深孔制件厂工人
程吉祥　内蒙古第一机械制造厂六分厂工人、技师
阎序秋(女)　包头市兴业股份有限公司工人
李国华　赤峰双马集团总公司书记、高级经济师
黄金财　赤峰第一建筑工程公司工人
滕永平　赤峰市元宝山区供销合作总社主任、经济师
李国栋　内蒙古西卓子山水泥厂工人
孟德春　内蒙古千里山钢铁厂烧结车间主任
李　顺　伊敏煤电公司总经理、高级工程师
初彩霞(女)　海拉尔宝马纺织集团公司工人
曲秀琴(女)　海拉尔市贝尔(集团)公司贝尔大酒店经理、经济师
陈宝岩　内蒙古汽车齿轮厂总工程师、高级工程师
佟惠文　通辽玻璃厂厂长、高级工程师
陈　品　乌兰浩特钢铁厂书记、高级会计师
王林祥　内蒙古鄂尔多斯羊绒衫厂厂长、高级经济师
张庆义　内蒙古河套酒厂书记、政工师
王贵嵘　内蒙古临河商业大厦书记
赵永恒　内蒙古临河恒丰食品集团股份有限公司总工程师、高级工程师
樊存娃　集宁铁路分局集宁工务段十八台养路工区工人
邵玉镇　包头铁路分局临河机务段司机长
色音德力格　科尔沁左翼后旗衙门营邮电支局乡邮员
乌力吉　内蒙古电力总公司总经理、高级工程师
牛玉铭　平庄矿务局西露天采掘场工人
张二毛　乌达矿务局黄白茨煤矿工人
张双旺　内蒙古自治区伊克昭盟煤炭公司总经济师、高级经济师
梅玉生　内蒙古阿龙山林业局司机
韩志坚　内蒙古阿里河林业局主任、工程师
智呼声　中国农业银行呼和浩特市支行鼓楼营业部保卫股长、经济师
王东晓　托克托县华蒙金河(集团)实业有限公司董事长、高级经济师
张耀堂　赤峰市元宝山区建昌营村农民、高级经济师
呼热巴雅尔　鄂温克族自治旗巴彦嵯岗苏木扎格德木丹嘎查牧民
田　英(女)　通辽市河西镇三家子村党支部书记
黄　甫　通辽市飓力恒实业总公司总经理、高级经济师
乌力吉巴雅尔　科尔沁右翼前旗桃合木苏木阿其郎图嘎查党支部书记
伊达木　东乌珠穆沁旗巴彦胡布日苏木吉林宝拉格嘎查牧民
陶格套　西乌珠穆沁旗杰仁苏木都日布尔吉嘎查党支部书记
李志强　达茂联合旗联营铁矿矿长、工程师
高占芳(女)　化德县德善乡农建村农民

李平江　卓资县复兴乡农民
高全孝　达拉特旗新民堡乡新和村农民
苏培礼　杭锦后旗查干乡甲一村农民
王　刚　阿拉善左旗厢根达来苏木巴音朝格图嘎查牧民

辽　宁　省

徐正新　沈阳机床股份有限公司中捷友谊厂工人
张景奎　沈阳黎明发动机制造公司工人、工人技师
刘桂琴(女)　沈阳特种环保设备制造厂党委书记、高级经济师
刘荣家　沈阳矿务局彩屯煤矿工人、技师
徐秀琴(女)　沈阳丝织厂工人
唐乾三　沈阳飞机工业(集团)有限公司总经理、研究员级高工
张绍阳　沈阳市手表厂工人、技师
杨福信　沈阳电机厂工人、技师
杨大勇　沈阳房天股份有限公司总经理、高级经济师
付正委　沈阳市第四建筑工程公司工人
徐振中　中兴——沈阳商业大厦营业员
李开明　沈阳五金商业集团股份有限公司总经理、高级经济师
纪云华(女)　沈阳公共汽车总公司乘务员
姜　伟　沈阳飞龙股份有限公司总经理、高级工程师
邹守元　沈阳变压器厂工人
郭玲华(女)　大连造船厂工人、工人技师
宋广谋　瓦房店轴承厂工人、高级工人技师
刘善环(女)　大连机车车辆厂工人、工人技师
刘丽春(女)　大连塑料彩印厂厂长、高级经济师
郭世宽　大连第五建筑工程公司经理、高级经济师
李有成　中国一汽集团大连柴油机厂总工程师、研究员级高工
孙建平　大连市市政工程总公司工人、工人技师
唐仕兴　大连市金州区供销联社供销联营公司书记、经济师
司胜战　大连港客运站服务员
戚其范　大连人民浴池服务员、一级修脚技师
牟传仁　大连群英楼股份有限公司特一级厨师、高级工人技师
张　毅　辽宁大连海洋渔业总公司总经理、高级工程师
张祥友　鞍山市一百股份有限公司总经理、高级经济师
刘士福　鞍山第一工程机械集团有限公司总经理、高级工程师
鞠幼华　鞍山钢铁(集团)公司高级工程师
白雪洁(女)　鞍山市轧钢厂教育干事、工程师
邢贵斌　鞍山钢铁(集团)公司工人
付广宽　鞍山钢铁(集团)公司工人
杨　斌　鞍山化纤毛纺织总厂工人
张荣昌　辽镁公司海城镁矿班长
张淑蓉(女)　抚顺石化公司石油二厂高级工程师
祁亚民(女)　抚顺市市政设施管理处班长
宋士元　抚顺挖掘机制造厂厂长、高级经济师
李　燕(女)　抚顺市第二纺织厂挡车工
杨恩富　抚顺水泥股份有限公司工人、技师
萧佩臣　抚顺矿务局老虎台矿矿长、高级经济师
关广生　本溪市半导体器件厂副所长、高级工程师
李连才　本溪重型汽车制造厂车工、工人技师
郭文杰　本溪钢铁公司第一炼铁厂工人、高级技师
谢永喜　本溪钢铁公司修建工程公司经理、高级工程师
安福江　丹东化纤工业(集团)总公司总经理、高级工程师
刘福泰　丹东汽车制造厂党委书记、高级工程师
陶建玲(女)　丹东纺织厂落纱工
杨学庄　锦州石油化工公司经理、高级工程师
刘　伟　锦州铁合金(集团)股份有限公司工人、高级技工
董焕双　锦州市第一建筑工程公司班长、高级技工
徐才善　锦州钢厂厂长、高级工程师
黄恩元　营口港务局局长、高级工程师
石玉红(女)　营口第二纺织厂挡车工、工人技师
纪仁兰(女)　营口市纺织品批发公司工人
姜殿军　大石桥市市政管理处工人
周久才　阜新市橡胶厂党委书记、高级经济师
刘会民　阜新矿务局机电总厂工人、高级工人技师
马丽新(女)　阜新毛纺织集团公司挡车工
高广铎　辽阳美月啤酒股份有限公司总经理、经济师
王玉学　辽阳三联钢管有限公司工程师
王常伟　辽阳市中华商店营业员
马学民　辽阳石油化纤公司化工三厂工人、工人技师
金连武　铁岭市清河啤酒厂厂长、高级工程师
曹伯奇　中国航空工业总公司宏大化工材料厂总工程师、高级工程师
张继双　铁法矿务局大隆矿班长
张国芳　东北电业管理局第一工程公司党委书记、高级政工师
宋士田　凌源钢铁公司总经理、高级工程师
潘云作　朝阳市市政工程公司工人
宋玉华(女)　朝阳酒厂总工程师、高级工程师
吴景春　东风朝阳柴油机公司总经理、高级工程师
冯恩良　盘锦辽河集团公司总经理、高级工程师
孙继中　盘锦乙烯工业公司总工程师、高级工程师
张跃仁　盘锦市盘山县沥青厂工人、工人技师
魏久定　盘锦化肥厂合成氨分厂工人
郭宗昌　葫芦岛锌厂厂长、高级工程师
刘宝林　中国石化锦西炼油化工总厂厂长、高级工程师
孙朝凡　葫芦岛市邮电局乡邮员

武玉山　沈阳铁路局沈阳分局沈阳建筑工程段段长、工程师
季立荣　沈阳铁路局丹东分局丹东车辆段检车员、高级技师
赵家书　沈阳铁路局大连医院科主任、主任医师
肖玉良　松辽汽车股份有限公司总经理、高级工程师
胡康振　鞍山钢铁(集团)公司炼铁厂检修工区配管工段班长
丛菊红(女)　中国船舶工业总公司大连造船新厂工人
李德权　沈阳市于洪区北陵乡沙河子村总经理、经济师
徐宝文　沈阳市东陵区前进乡望花村党总支书记、经济师
张维满　沈阳市辽中县新民屯镇张三家子村农民
陈玉圭　大连市金州区大魏家镇后石村党委书记
李桂莲(女)　大连市杨树房镇大扬企业集团总经理、高级经济师
潘兆魁　海城市感王镇范家村党总支书记
张永全　鞍山市旧堡区宁远镇轧钢厂厂长、高级经济师
董少文　海城市腾鳌镇建筑工程公司总经理、高级经济师
丁凤祥　本溪满族自治县南甸镇电缆厂厂长、高级经济师
李泽吉　抚顺县哈达乡上年村党支部书记
何文龙　辽宁省土产进出口公司黑山木制品厂厂长、经济师
李　凯　锦州市北镇县闾阳镇后城村农民、农艺师
马春歧　营口市老边区路南镇太和庄村党总支书记、经济师
王守彬　大石桥市官屯镇青花峪村组长、经济师
祝光发　盖州市城关镇农民村党委书记
王　祥　阜新蒙古族自治县阜新镇东关村烧结砖厂厂长、经济师
王国勋　辽阳市辽阳县五金结构厂厂长、经济师
魏保威　辽阳市灯塔县灯塔乡新纯村党支部书记、经济师
董克敏　铁岭市银州区龙山乡园艺村党总支书记、工程师
郑　祥　朝阳市双塔区孟克乡孟克村党总支书记
李正龙　盘锦市大洼县西安生态养殖实验场场长、畜牧师
张文成　兴城市四家屯乡四家村党支部书记、经济师
张文英　沈阳高压成套开关厂总工程师、高级工程师
许家魁　清原满族自治县南口前镇耿家堡村农民
张明玉　宽甸满族自治县红石砬子乡油泵厂厂长、高级工程师
李德申　葫芦岛市大台山果树农场场长、经济师

吉林省

屈伟健　长春客车厂转向架分厂高级技师
周　丽(女)　吉林省长春纺织厂挡车工
田贤民　长春市公交总公司售票员
宋振伦　长铁分局长春机务段管道工长
张贞泉　吉林化学工业公司化肥厂钳工班长
陶　铭　吉林纸业股份有限公司技师
王文富　舒兰矿务局吉舒煤矿三井副队长、技师
刘德申　吉林建设开发集团公司市一建四处瓦工班长
刘维杰(女)　吉林市蔬菜副食品公司龙华副食商场经理
宗玉春(女)　四平市人民副食商场营业员
褚　凡　辽源市金属结构厂工人
唐允山　辽源矿务局西安煤矿三区工人
孙洪礼　集安市邮电局清河支局乡邮员
耿玉杰(女)　通化市运输公司客运总站站务主任
郑贵举　通货矿务局湾沟煤矿一井252采煤队队长
孟春艳(女)　白山市邮电局话务员
王可军　吉林不二蛋白有限公司科长
傅文元　松原市扶余区货运公司车队长
陈宝昌　大安轴承厂车间副主任
任丽新(女)　洮南市毛纺织厂挡车工
任殿祥　通榆县新华供销社副主任
刘长君　敦华市邮电局农话科工人
李桂月(女)　延吉东北亚集团公司客运总站客运员
张天成　省林业工程公司多种经营公司工人
金仁山　图们铁路分局朝阳川工务段工长
于永来　第一汽车集团公司铸造厂灰清车间主任
王洪君(女)　吉林市木材总公司松滨建筑器材租赁公司经理
谭竹青(女)　长春市二道河子区东站十委主任
耿昭杰　中国第一汽车集团公司总经理、高级工程师
黄振山　长春摩托车集团公司总经理、高级经济师
范士良　长春百货大楼股份有限公司总经理、高级经济师
刘树林　吉林化学工业公司总经理、高级工程师
傅万才　吉林化纤股份有限公司总经理、高级工程师
李汝勤　四平维卡勃换热设备有限公司总经理、高级经济师
张今泰　通化钢铁公司总经理、高级工程师
曹志强　白山市喜丰塑料股份有限公司董事长兼总经理、高级经济师
谷　祥　白城机械总厂厂长、高级工程师
金虎德　延吉卷烟厂厂长、高级经济师
田增禄　长白山冰川实业股份有限公司总经理、高级经济师
曹和平　长春汽车城百货股份有限公司党委书记、高级政工师

刘亚钦(女)　长春电业局局长、高级工程师
孙树田　四平联化天华实业总公司党委书记、高级经济师
彭玉勤(女)　中国人民建设银行四平市中心支行行长、高级经济师
籍有顺　辽源市对外贸易进出口公司总经理、高级经济师
姚炳华　中国通化石油工具股份有限公司党委书记、高级经济师
李一奎　通化东宝实业集团公司党委书记、高级工程师
刘文德　松江河林业局党委书记、高级政工师
高立元　吉林省油田管理局局长、高级工程师
刘习全　白城通业集团公司党委书记、高级经济师
田同德　长春市文教锅炉厂厂长、高级经济师
王凤岐　长春国际贸易中心有限公司党委书记、高级政工师
廖立雄　吉林铁合金厂副总工程师、高级工程师
张海龙　四平工程机械厂总工程师、高级工程师
孙香民　辽源市塑料四厂总经济师
宁凤连　白山糖酒副食品采购供应站总经济师、高级经济师
时光远　安图县水利电力局总工程师、高级工程师
胡寿元　通化人造毛皮联合公司副总工程师、高级工程师
赵吉斌　长春铁路分局局长、工程师
刘凤英(女)　吉林市毛纺织厂挡车工
李玉江　沈阳铁路局通辽分局郑家屯机务段司机长
王玉发　吉林省营城煤矿机械厂厂长、高级经济师
盛世梅(女)　东辽县安恕镇依马村农民
赵贵林　白山市八道江区市郊乡卫国农工商联合公司经理、农艺师
赵志学　长岭县北正镇乡北正镇村党支部书记
刘　言　松原市乾安县让字镇号字村党支部书记
黄永洲　长春市宽城区奋进乡上台村党总支书记
于连江　农安县杨村林乡东白翎村村支部书记
李春盛　东丰县一面山乡永胜村农牧工集团公司总经理、助理技师
吴玉富　长春二道河子区英俊乡英俊村党总支书记
王遵明　永吉县双河水泥厂厂长
闻殿臣　吉林省盘环工贸总公司总经理
卢志民　四平红嘴集团总公司总裁
宋德中　辽源市工业硅厂厂长
程书文　辉南县辉发城镇综合厂厂长
张贵斌　白城市工贸企业集团总公司总经理
金淳哲　吉林省和龙市东城镇社会福利院院长
张　强　吉林省靖宇制材厂厂长

黑龙江省

毛俊达　哈尔滨制锅总厂工人
李树成　哈尔滨电机有限责任公司工人、高级技师
王永华　哈尔滨公共汽车总公司司机
杨　华(女)　哈尔滨第一百货商店股份有限公司营业员、技师
王化国　中国石化哈尔滨炼油厂厂长、高级工程师
阎喜绵　哈尔滨医药集团公司总经理、高级工程师
宋振雷　哈尔滨松雷实业集团公司董事长、经济师
方贻春　哈尔滨新阳企业集团公司总经理、高级经济师
任守宇　哈尔滨空调股份有限公司副总师、高级工程师
谢福亭　哈尔滨电影机械厂工人、技师
崔培禄　黑龙江玻璃厂厂长、高级工程师
张举彦　黑龙江雄鹰(集团)股份有限公司总经理、经济师
单亚文(女)　齐齐哈尔市汽车公司乘务员
胡小妹(女)　齐齐哈尔市建华粮食公司解放门粮店工人
丁长发　中国第一重型机械集团公司工人
孙振英　齐齐哈尔第二机床厂厂长、高级工程师
宋起铿　桦林集团总公司工人、技师
佟承全　黑龙江北方工具厂工人、技师
修成翠(女)　牡丹江市圆明餐厅工人、经济师
于忠涛　牡丹江石油化工厂厂长、高级经济师
侯金顺　牡丹江东大集团公司区办企业经理、经济师
周东祥　佳木斯啤酒厂厂长、高级工程师
路世有　佳木斯造纸股份有限公司工人、技师
陈大伟　佳木斯第一建筑工程公司工人
田茂华　佳木斯百货大楼股份有限公司党委书记、高级政工师
陶思国　伊春市友好林业局松园经营林场工人
冯永明　光明家具集团股份有限公司董事长、高级经济师
郭泗东　西林钢铁集团公司工人、技师
杜智梳　伊春市粮食局伊春分局团结粮店工人
马　军　大庆钻井三公司钻井一大队1202队队长
黄玉良　大庆第一采油厂五矿501队队长
赵纯义　大庆石油化工总厂炼油厂工人、高级技工
赵维民　中国石化林源炼油厂厂长、高级工程师
陶立华　大庆市三环企业总公司乳品厂党委书记、高级工程师
刘桂琴(女)　肇源县茂兴粮库工人
李　德　鸡西矿务局穆棱煤矿三井工人
杨　显　黑龙江北方门窗集团总公司总经理、高级工程师
王效清　黑龙江省牡丹江橡胶四厂党委书记、高级经济师
张秀国　鹤岗市供销建筑有限公司党总支书记、工程师
戴树华　鹤岗矿务局大陆煤矿开拓区712掘进队工人
李春印　鹤岗市植物油厂厂长、高级工程师
杨宝山　双鸭山矿务局双阳煤矿二井201掘进队工

人
马成果 双鸭山市锅炉总厂厂长、高级工程师
陈钟吉 佳木斯电业局双鸭山供电局局长、高级工程师
赵玉勤(女) 七台河市生产资料日杂公司党委书记、经济师
李月明 七台河矿务局铁东煤矿一采区工人
孙维俊 黑龙江省黑河地方铁路局局长、高级工程师
郑玲丽(女) 黑河市爱辉区地方道路管理站工人、高级工
张贵武 黑龙江省兴隆油脂股份有限公司总支书记、高级政工师
温安录 黑龙江省五常市中心商场业务员、高级经济师
赵　禹 黑龙江园宝纺织股份有限公司董事长兼总经理、经济师
赵永富 黑龙江省望奎糖厂厂长、经济师
范振杰 黑龙江省绥化燃料企业集团公司总经理、经济师
袁可夫 肇东市第一建筑工程公司党委书记、高级政工师
宋亚东 绥化市参美天然补品总厂总工程师
周有财 庆安澳利达新药特药有限公司业务员、副主任药师
李志丹 大兴安岭林管局西林吉林业局中心苗圃副主任、工程师
李清荣 大兴安岭地区新林林业局塔尔根林场工人
朱莲香(女) 哈尔滨铁路局哈尔滨站值班员
董振东 哈尔滨铁路局齐齐哈尔机务段工人
张　阳 哈尔滨铁路局佳木斯车辆段工人、技师
刘金山 哈尔滨铁路局鸡西车务段密山站工人
王树人 哈尔滨铁路局电子所总工程师、高级工程师
杨庆珠 黑龙江省苇河林业局多种经营场工人
刘关彬 黑龙江省兴隆林业局多种经营局局长、经济师
那基栋 国营牡丹江木材综合加工厂车间主任、工程师
王德胜 黑龙江省兴凯湖农场场长、高级农业经济师
张福山 黑龙江省友谊农场五分场二队队长
吴陆第 北安国营农场管理局科学研究所室主任、高级农艺师
张玉良 黑龙江省浩良河化肥厂厂长、高级经济师
赵瑞民 黑龙江省涤纶厂厂长、高级经济师
常　祯 哈尔滨长城建筑股份有限总公司总经理、高级经济师
侯　福 佳木斯发电厂燃料分场主任、助理工程师
郭永彬 哈尔滨邮政局局长、高级经济师
马玉峰 黑龙江省航运局佳木斯港务局第二作业区主任、助理经济师
赵世斌 黑龙江省地质建设公司总经理、高级工程师
王桂荣(女) 兰西县社会福利厂党委书记
王彩凤 黑龙江省一面坡啤酒厂销售员、经济师
高长荣 黑龙江肇东制药厂总工程师、高级工程师
孙俊福 黑龙江省宁安农场长丰林场工人
迟凤志(女) 哈尔滨石油化工总厂职工医院院长、主任医师
徐在山 哈尔滨市团结乡红光实业总公司总经理、经济师
邵玉峰 阿城钢铁集团公司总经理、高级政工师
姜开福 呼兰县孟家乡成功村农民
齐国栋 龙江县庆华实业总公司总经理、机械工程师
傅华廷 甘南县音河乡兴十四村党支部书记
张占学 拜泉县三道镇齐心村农民、农艺师
朱光华 讷河市拉哈酒厂厂长、经济师
邵德胜 牡丹江市郊区兴隆镇大湾村党支部书记
刘喜学 鹤岗啤酒厂厂长、高级经济师
孙立春 佳木斯市郊区长青乡范家村党支部书记
赵国良 鸡东县兴农乡红旗村农民
刘含贵 黑龙江省茂兴湖渔场场长、经济师
申佩怀 勃利县农机修造厂设计室主任、工程师
李沛军 黑河市爱辉区四嘉子乡小三家村党支部书记
王玉林 双城市乐群乡乐群村党支部书记
王学忠 巴彦县西集兴乡油脂股份有限公司总经理、工程师
王相军 通河县浓河镇民权村农民
王国双 肇东市东发乡一心村党支部书记、农民技术员
宋守勤 安达市万宝山镇一砖厂厂长
段余志 海伦市向荣乡向辉村米面加工厂农民
李永林 绥棱县泥尔河乡永发村农民
苏艳霞(女) 肇东市四站镇四站村农民、农艺师
陈云亭 尚志市老街基乡林场党支部书记、助理经济师

上海市

徐文俊 上海第一钢铁厂型钢分厂厂长、经济师
周国斌 上海第三钢铁厂中板分厂工长、高级技师
俞金星 上海第五钢铁厂第一炼钢分厂炼钢工、高级工
陈力生 上海市冶金建设公司施工员、高级起重工
丁国兴 上海重型机床厂组长、高级技师
冯耀华 上海电器股份有限公司金山电器厂技革组组长、高级技师
傅文彪 上海电工机械厂厂长、高级工程师
余云龙 上海电缆研究所副所长、副总工程师、高级工程师
罗　明 上海分析仪器厂室主任、高级工程师
陆德纯 上海贝岭微电子制造有限公司总经理、高

级工程师
顾孟懿　上海微型电机厂车工、高级技师
高善伟　上海无线电模具厂钳工
郭佩华(女)　上海正泰橡胶厂高级工
戴庆顺　上海吴淞化工总厂氧气厂技师
章　杰　上海染料公司总工程师、高级工程师
汤忠兴　上海市民光被单厂厂长、总工程师、高级工程师
倪建中　上海针织十一厂副总工程师、工程师
赵长法　上海市第五化学纤维厂保全组长、技师
陆丽萍(女)　上海市第九棉纺织厂挡车工、技师
赵松生　上海英雄股份有限公司董事长、总经理、高级工程师
刘维亚　上海人民印刷八厂副厂长、高级工艺美术设计师
袁国强　上海益民食品四厂工程师
桑乃荣　上海工业缝纫机股份有限公司缝纫机四厂中级工
黄旭初　上海华光工具厂技术科长、高级工程师
潘富生　上海实业马利画材有限公司董事长、总经理、高级经济师
郁　桦　上海上菱电器股份有限公司副科长、技师
杨苏鸣　上海华联制药公司副所长、工程师
杨松年　上海市燃料总公司调运员
李隆铭　上海华生化工厂厂长、经济师
王之珮　上海市区供电局总工程师、高级工程师
孙赵富　上海电力安装第二工程公司班长
曾　乐　宝山钢铁(集团)公司副总工程师、教授级高级工程师
李德陛　宝钢工程指挥部二十冶分指挥部电气安装工程公司工长
蔡增任　上海高桥石油化工设计院高级工程师
陈耀章　上海石油化工股份有限公司环境保护研究所高级工程师
谈胜利　中国石化金山实业公司上海石化机械制造公司高级工
陈贵彪　上海梅山冶金公司铁矿采矿场中级工
蔡国钧　上海电子计算机厂总工程师、高级工程师
林树英　上海有色金属压延厂组长
赵阿狗　上海新江机器厂高级技师
刘维新　上海江南造船厂高级技师
傅克明　上海船厂造船分厂车间副主任
陆海鸿　上海飞机制造厂技师
王立章　上海申日出租汽车公司总经理、经济师
刘炎生　上海大众汽车有限公司部门经理、教授级研究员、高级工程师
王国威　上海铁路分局上海列车段列车员
车朝纯　上海海兴轮船股份有限公司第二货运分公司高级船长
徐富德　上海港煤炭装卸公司工人、工程师
包起帆　上海港南浦港务公司副经理、高级工程师
袁立华　上海长江轮船公司江申4轮一级服务员
张刘宝　上海市化工物品汽车运输公司驾驶员、中级工
邵来发　上海市邮政局胜利村邮电支局投递退信员
马　峰　上海市电话局电信工程公司班长
管　辉　交通部上海航道局东方疏浚工程公司船长
赵忠英　交通部第三航务工程局第一工程公司分公司经理、工程师
张良保　上海远洋运输公司船舶轮机长、工程师
樊　儒　中国东方航空公司上海飞行队副队长、一级飞行员
朱志豪　上海远东国际桥梁建设总公司董事长、高级工程师
吴欣之　上海市机械施工公司总工程师、副经理、高级工程师
林辉旭　上海市基础工程公司经理、高级工程师
张西庚　上海市第三建筑发展总公司第一施工分公司组长
赵根祥　上海隧道工程股份有限公司队长、技师
李龙龄　上海市煤气公司总经理、高级工程师
吴培华(女)　上海市公交总公司第一电车公司售票员
黄文昌　上海市住乐建设发展总公司设备安装公司班长、中级工
陆静莉(女)　上海市房产经营公司销售员、助理经济师
夏林玉　上海可蒙(集团)公司总经理、经济师
刘进侠　鲁中冶金矿山公司小官庄铁矿一工区掘进段长
马桂宁　上海市第一百货商店营业员、商业经营师
贺　涛　上海粮油商品交易所局长助理、粮交所总裁、高级经济师
冯思学　上海远洋渔业公司开创轮船长、工程师
葛贤萼(女)　上海市东亚饭店技术顾问、特一级点心师、高级技师
张兰生　上海兰生股份有限公司董事长、总经理、高级经济师
孙培喜　上海海外公司上海国际贸易公司(汉堡)常驻代表、经济师
丁德富　上海前卫实业总公司总经理、高级农艺师
赵仁良　上海和平饭店厨师长、中菜高级技师
郭万棠　上海衡山宾馆厨师长、西菜高级技师
施柏兴　上海市徐汇区房产管理局枫林房管所中级工
徐　虎　上海市普陀区房产管理局中山北路房管所水电工、中级工
曹晓鹰　上海市第七百货商店总经理、经济师
朱旭东　上海海联运输服务公司经理、助理经济师
李贻明　上海证章纺织制品厂厂长、经济师
顾汉茂　上海市杨浦区物资总公司总经理、经济师
郑芬芬(女)　上海大都市总公司浴德池公司大观园浴室扦脚工、特级扦脚师
金建华　上海培罗蒙西服公司总经理、经济师

郁知非　上海申花(集团)公司董事长、总经理、高级经济师
高园芳(女)　上海金龙丝绸呢绒公司营业员、商业经营师
吴桃兴　上海梅龙镇(集团)公司梅龙镇酒家经营公司新梅龙镇酒店有限公司总厨、中餐烹饪高级技师
江玉森　上海开开(集团)股份有限公司董事长、经济师
苏寿南　上海三枪集团有限公司董事长、高级经济师
张永定　上海汇丽(集团)公司总经理、高级经济师
张生龙　上海市松江县种奶牛场场长、经济师
吴柳生　上海市崇明县海塘工程所组长
李培佩(女)　上海望春花实业股份有限公司董事长、总经理、高级经济师
方福林　上海市宝山区罗南镇富强村工贸公司总经理、经济师
高凤池　上海市闵行区马桥镇旗忠村党委副书记、经济师
沈　雯　上海紫江(集团)公司董事长、总裁、党总支书记、经济师
陆荣根　上海新陆牧工商总公司董事长、总经理、党支部书记、畜牧师
张正伯　上海市南汇县新场镇新卫村党支部书记、经济师
沈道贤　上海市奉贤县庄行镇潘垫村党支部书记、农业技术员
朱良才　上海市松江县洞泾镇花桥村村民委员会主任、经济师
宋秀华(女)　上海市金山县朱行镇胥浦村三组种桑养蚕专业户
孙顺清　上海市青浦县徐泾镇罗家村种粮专业户
朱卫星　上海市崇明县竖河电器元件厂科长、工程师

江　苏　省

杨小虎　南京江海航运集团公司船工
孟向前　江苏时花电器集团公司董事长、工程师
张礼发　南京铅锌银矿工人、中级工
彭哲春　中国石化扬子石油化工公司经理、高工
邵绪贵　南京市公共交通电车公司驾驶员
周劲光　扬州市邮电局局长、高级政工师
张　霓(女)　南京中央商场股份有限公司副经理
陈祥兴　熊猫电子集团公司总经理、教授级高工
卢义明　南京铁路分局南京西站货运车间副主任
邵渭敏　国营五二六厂厂长、高级工程师
唐金才　江苏维达机械集团公司工装组组长、技师
沈伟林　苏建二公司二〇四工程处主任、工程师
郜　诚　常熟被单厂技术开发部副主任、高级工艺师
周颂康　苏州人民商场营业员
丁素英(女)　江苏光明丝绸集团公司挡车工
王进法　苏州轮船公司旅游客运分公司轮船员
朱德坤　无锡小天鹅股份有限公司董事长、高级经济师
胡春山　江苏海鹰集团B超室主任、高工
桑　勤(女)　无锡市第三棉纺织厂挡车工
许忠兴　江苏锡钢集团公司第三炼钢分厂高级工、技师
朱业民　无锡商业大厦柜组长
周建松　江阴市钢绳集团公司总经理、高工
李守才　宜兴均陶工艺厂工人、高级工艺师
韩淑芳　常州飞天集团公司董事长、高工
陈焕仁　常州东方印染厂工人
包文霞(女)　常州市中联贸易公司中联商场营业员
蔡洪祥　武进建筑安装工程总公司施工队长、技师
宋勤华　江苏索普集团公司董事长、高工
张敏俐　江苏丹化集团公司工人
陶建幸　扬州春兰集团公司总经理、党委书记、高工
毛洪梅(女)　江苏通裕纺织集团公司工人
陈玉泉　江苏扬州市工业设备安装公司深圳工程处工人
严盛喜　扬州江佳电子有限公司总经理、工程师
范存明　江苏油田32728钻井队地质班班长
王立勤(女)　邗江县丝厂缫丝工
蔡正勤　如东县岔河油米厂炼油工
钱建萍(女)　通州棉纺织厂织布挡车工
茅　健(女)　南通第三棉纺织厂细纱挡车工
俞东明　南通天生港发电厂汽机运行班长、技师
鲁　伟　苏中建筑实业总公司青岛办事处副主任、工程师
崔家龙　南通港务局狼山港务公司高级工程师
吴美琴(女)　南通市百货大楼股份有限公司总经理、经济师
李从福　南通市玻璃一厂厂长(副局长)、高级工程师
何泽华　江苏淮阴卷烟厂厂长、经济师
罗玉玲(女)　淮阴市公共交通公司驾驶员
何明智　淮阴市清江石油化工厂班长
熊翠花(女)　江苏泗阳绢纺厂工人
李兰英(女)　江苏淮安市建淮供销合作社营业员
李大贤　江苏洋河酒厂厂长、高级经济师
胡友林　江苏悦达实业集团董事长
朱贤才　盐城汽车运输总公司驾驶员
葛传华　江苏飞驰股份有限公司董事长、经济师
李洪喜　盐城市第三建筑工程公司班长
徐桂英(女)　大丰县大中供销合作社营业员
贺兆勇　江苏气门厂班长
范淑敏(女)　徐州公交总公司乘务员
宋建华(女)　徐州纺织厂挡车工、技师
尉彭城　徐州卷烟厂厂长、经济师
崔桂亮　江苏维维集团总经理、高级经济师
谢国如　大屯煤电公司徐庄煤矿工人、技师

马德明　徐州铁路徐州北机务段工人
陆志昌　徐州工程机械集团公司总经理、高级工程师
阎俊荣　徐州饭店总经理、高级经济师
王绪之　连云港港务局第一装卸公司四队三十五班班长
顾金勇　东海县106客车运输队驾驶员
徐长余　江苏省徐州矿务局张集矿采煤一区工人
许赞有　连云港海苑工艺品有限公司总经理、高级工艺师
宋兴如　常州邮电局投递员、高级工
范广荣　常州戚机车辆厂副总工程师、高工
张旭升　淮阴市百货有限公司董事长、高级经济师
朱崇今　江苏国营新洋农场场长、高级农艺师
沈庆喜　江宁县铜山乡彭福行政村书记
孙宝林　六台县龙池乡四柳村书记
顾建平　太仓市归庄镇香塘村书记、经济师
殷进发　吴县渭塘镇渭南村书记、高级政工师
姚德荣　江苏艺龙集团公司董事长、高级经济师
唐涌祥　无锡县前洲镇西塘村党委书记
吴仁宝　江阴市华士镇华西村党委书记、高级经济师
范晓枫　江苏神鹰集团公司总经理、经济师
刘茂生　无锡新纺集团公司厂长、经济师
尹国新　江苏晨风丝绸集团公司总经理、助理工程师
王海清　溧阳周城镇洑家村党支部书记
蒋炳南　武进县村前乡岗角村农民
徐明法　丹徒县荣炳乡凡石桥村书记、经济师
余锁根　句容县袁巷乡戴庄村农民
夏汉初　华生电扇总厂靖江分厂厂长、高级经济师
张国林　江苏省泰兴减速机厂厂长、高级经济师
王庚贵　扬州市第一汽车齿轮厂厂长、高级经济师
李德剑　兴华市钓鱼乡檀木村三组农民
陈瑞仁　宝应县柳堡乡郑渡村农民
王秀珍(女)　如皋市新姚乡曹家桥村7组农民
张士新　海门市江滨乡富山村总支书记、工程师
王凤章　启东市万安乡副业场场长
刘梅清　江苏灌南县李集乡徐庄村书记
韩福焕　江苏省金湖县前锋乡同心村农民
徐保斌　涟水县高沟镇新闸村农民、农技师
厉祥凯　滨海县通榆镇通榆村七组农民
朱鹤兵　射阳县合德镇条心村农民
金庆才　新沂市炮车镇龙池村书记
高本吉　徐州市贾汪区紫庄镇经管站站长、农经师
祁德林　赣榆县城东乡下口村农民

浙　江　省

蒋培峰　杭州仪器仪表(集团)公司模具分厂工会主席、中级技工
任尧森　杭州东宝电器有限公司党委书记、高级经济师
陆正年　杭州热水瓶厂冲制分厂抛镀工
俞兴华　杭州制氧机集团公司总经理、高级工程师
徐　民　杭州凯地丝绸股份有限公司总设计师、高级设计师
陈善昌　杭州中华饭店总厨师长、特一级烹调师
吴甬浩　杭州市自来水总公司供水管道承装公司安装一队队长、技术员
李学光　杭州市长途汽车运输总公司驾驶员
宗庆后　杭州娃哈哈集团公司总经理、高级经济师
陈励君(女)　浙江华日集团公司总经理、高级经济师
蔡永绍　宁波市自来水公司总经理、经济师
张剑隼　宁波华联商厦家电商场修理员
张帆芳　宁波海运总公司服务员
陈世良　宁波水表厂江北分厂车间组长
张云德　宁波通达塑料机械有限公司第一金工车间车间副主任、技师
丁国聪　温州快鹿集团公司总经理、经济师
陈崇光　温州市长途汽车运输联合总公司驾驶员
吴作尧　苍南县金乡邮电局邮件转运员
曹如玉　海宁市纺织机械实业总公司课题组长、高级工程师
冯勤娃(女)　海盐丝织厂力织车间挡车工
娄建新　浙江平湖水泵厂车工
陆雅琳(女)　浙江兰宝国际毛纺集团公司织造车间挡车工
王吉林　嘉兴冶金机械厂减速机分厂操作工、高级工
陆忠岳　浙江金三塔丝针织集团公司总经理、高级工程师
朱荣荣　德清绸厂厂长助理
费花明(女)　浙江制丝二厂缫丝工、高级工
祁荣喜　湖州市航运实业总公司浙运713轮轮船驾驶员
郑富生　浙江正兴纺织品集团公司总经理、高级经济师
樊式洲　绍兴丝绸印花厂厂长、高级经济师
沈传信　绍兴机床集团公司技术员、高级工
赵关根　浙江省绍兴化工总厂机修车间车间主任、技师
葛其正　嵊县城关粮管所新市粮仓保验员
杜自弘　浙江尖锋集团股份有限公司党委书记、高级经济师
杜志根　浙江金华市造漆厂总工程师、工程师
陈燕忠　金华市公共交通公司修理班班长
贾礼相　武义县公路管理段油路施工队队长
徐湘华(女)　兰溪市棉纺织总厂挡车工
郑需璜　江山化工总厂工段长
汪林福　巨化集团公司龙游黄铁矿井下采掘工
廖月仙(女)　开化县丝绸总厂缫丝工
程绍宽　衢州通力实业总公司总经理、助理经济师
琚太顺　衢州电力局电力实业总公司输变电工程公

司线路班班长
占光荣　常山县国营商业总公司常山宾馆餐饮部厨师、二级厨师
孙信昌　中国水产舟山海洋渔业公司总经理、高级工程师
何伟国　舟山轻纺工贸总公司化纤纱厂设备维修工、工人技师
沃棉康　舟山港务管理局引航管理站站长、二级引航员
孙平俊　浙江真空设备厂镗床工
徐汝林　仙居县邮电局曹店邮电所投递员
白　骅　浙江海门制药厂厂长、高级工程师
陈立荣　浙江省青田电气控制设备厂厂长、高级经济师
张家仁　镇海炼油化工股份有限公司董事长兼总经理、高级工程师
孙永森　杭州钢铁集团公司总经理、高级经济师
舒天寿　浙江三狮水泥股份有限公司党委书记、高级政工师
张锁珍　宁波港务局引航站副站长、高级引航员
周方文　浙江省火电建设公司热机工程公司经理助理
陈茂根　杭州铁路分局杭州机务段机车司机
孙召友　浙江省第四建筑工程公司一分公司泥工、泥工技师
朱重庆　萧山市瓜沥镇航民村党总支书记、高级经济师
尚舒兰(女)　萧山市党山镇沙北村种养专业户、农民技师
吴永康　淳安县许源乡村坑村主任、农民助理技师
高利荣　杭州市江干区四季青镇五福村党委书记、助理经济师
郑智纯　杭州市西湖区转塘镇浮山村党支部书记
沈爱琴(女)　浙江万事利轻纺工贸(集团)公司总经理、高级经济师
陈华姣(女)　宁波一休集团股份有限公司总经理、经济师
傅嘉良　奉化市萧王庙镇滕头村党委书记
竺强国　鄞县古林镇施家村种粮专业户、农民助理技师
陈金娣(女)　宁波市江东区东郊乡甬升村禽畜专业户、农民技术员
王金连　瑞安市鲍田镇新坊村种粮专业户
朱炳新　永嘉县瓯北镇和二村种粮专业户
戴喜根　嘉善县里泽乡智果村种粮专业户
姚贯松　浙江天女集团公司总经理、高级工程师
朱义元　长兴县新塘乡南张浜村党支部书记、农民技术员
吴凯元　湖州市菱湖区和孚镇陶家墩村水产养殖场场长、农民技师
王永良　浙江小小企业总公司总经理、高级经济师
孟根岳　诸暨市应店街镇王家安村养猪专业户、兽医技术员
倪长生　金华县长山乡石门村养殖专业户
季慎水　义乌市稠城镇城西办事处黄杨梅村村民组长
夏汝清　龙游县塔石镇农场专业户
赵汉清　舟山市岱山县高亭镇闸口一村党支部书记
邱安全　舟山市普陀区朱家尖镇樟州村党支部书记、高级经济师
周振华　临海市城关镇泾头项村振华农业承包公司种粮专业户、农民助理技师
池幼章　浙江利民皮鞋总厂厂长、高级经济师
雷汤菊(女)　景宁畲族自治县鹤溪镇包凤村党支部副书记
陶皖云　缙云县瘦肉型猪实验场场长、畜牧农民技师
滕增寿　浙江东方集团公司总经理、高级经济师

安徽省

张巨声　合肥美菱集团公司董事长、总经理、高级经济师
陈荣珍　合肥荣事达集团公司董事长、总经理、高级经济师
朱桂根　合肥日用化工总厂厂长、党委书记、高级经济师
王海燕(女)　安徽第一棉纺织厂细纱车间乙班挡车工
王满鑫　芜湖仪表厂厂长、党委书记、高级经济师
肖国民(女)　芜湖市纺织厂北纺车间细纱工段工段长
刘先兰(女)　芜湖市百货大楼股份有限公司工艺品柜组组长
温光永　蚌埠浮法玻璃总公司总经理、党委书记、高级经济师
喻道成　安徽安庆石油化工总厂厂长、高级经济师
路洪祥　上海铁路局蚌埠铁路分局蚌埠站客运值班员
彭学山　蚌埠卷烟厂制丝车间大修组组长
朱耀武　安徽省圣泉啤酒厂厂长、党委书记、高级经济师
路凤鸣　蚌埠八一化工厂总工程师、高级工程师
孙自霞(女)　淮南矿务局望峰岗选煤厂三产办公室主任
王聚才　凤台县路桥公司总工程师、高级工程师
陶新建　淮南平圩发电厂运行四值值长
朱永国　皖北矿务局百善煤矿掘进队队长
邵传林　淮北矿务局朱仙庄煤矿总工程师、高级工程师
范亚彰　安徽口子酒(集团)公司党委书记、高级工程师
王伯平　安徽红方集团总工程师、高级工程师
郭忠礼　马鞍山马钢总公司第二建筑安装工程公司经理、工程师

程建国　马鞍山钢铁股份有限公司第二炼铁厂计量组组长、工程师
陈兆丰　马鞍山发电厂离退休办公室工人
虞　江　马鞍山市橡胶厂班长
李旺苗　中国十七冶金建设机电安装公司高级工
高贵祥　铜陵有色金属公司狮子山铜矿深孔队打眼工
戚贤训　铜陵市冶金矿山实业总公司汽修电工、技师
华冠雄　安庆纺织厂厂长、高级经济师
杨诗金　安庆市运输公司高级驾驶员
黄有盛　祁门县查湾采育场场长、党支部书记、经济师
汪治隆　黄山市建筑工程总公司第二分公司瓦工三班班长
宣中光　中国扬子电气集团公司总经理、党委书记、高级工程师
戴桂辉(女)　明光市粮油供应公司营业员
王效金　亳州古井酒厂厂长、高级经济师
明　炜　阜阳电业局局长、高级工程师
张益善　颍上县邮电局局长、高级经济师
夏省云(女)　安徽省芬格欣药业集团公司班长
锁　敏(女)　阜阳市针织厂班长
洪理芳　皖南机动车辆厂厂长、党委书记、高级经济师
王朝坤　宣城地区汽车运输公司第十二汽车队驾驶员
查小兰(女)　绩溪县缫丝厂缫丝车间挡车工
洪必钊　和县西埠供电所所长、助理经济师
陈巧玲(女)　庐江县色织厂班长
窦　强　含山县医药公司太湖山养鹿场场长
刘銮玉　灵璧县工艺厂工人、技师
王丽春(女)　中国工商银行宿州支行百货大楼储蓄所记帐员
潘申孝　安徽龙津啤酒厂灌装车间维修班班长
来守俭　寿县水泥厂厂长、党委书记、经济师
王根银　池州铅锌冶炼厂厂长、党委副书记、高级工程师
曹成林(女)　东至纺织厂一纺车间粗纱工段工人
唐志海　安徽省建筑工程总公司代总经理、高级经济师、高级政工师
陈新胜　铁道部第四工程局第五工程处二段二队高级工
孙业清　安徽省轻工业品进出口股份有限公司董事长、总经理、党委书记、高级经济师
汤守道　铜陵化工集团公司总经理
赵希良　安徽省良友建筑工程总公司总经理、高级经济师
周启成　合肥市郊区骆岗镇王卫村党总支书记
杨良金　芜湖县易太乡庆太村农民、农技师
汪中清　怀远县唐集镇汪街村党支部书记
赵开俊　淮北市杭淮丝绸集团公司总经理、经济师
张太祥　桐城县青草镇乔庄村农工商公司经理、农艺师
金成柱　岳西县姚河乡梯岭村党支部书记
汪旺家　休宁县秀阳乡汪溪村首村联合林场村支书、场长
马兴龙　凤阳县武店镇武店村党支部书记
范春来　天长市铜城镇铜南村党支部书记
张贺林　阜阳乡镇企业中专学校校长、经济师
张　伟　太和县旧县镇大张庄村委会主任
葛维连　蒙城县庄周乡马沟村三里丁庄农民
孟庆军　利辛县张村镇孟寨行政村党支部书记
潘太平　宁国县河沥溪镇津南村党总支书记
汪开发　安徽省江坝油脂化工总厂厂长、经济师
俞祥生　巢湖市环城乡灯塔行政村党总支书记
陈长乐　安徽省黄淮海农贸总公司总经理、经济师
刘湘盘　安徽龙盘集团公司董事长、总经理、经济师、政工师
王华友　霍邱县三元乡龙塘村党支部副书记
郭克巨　金寨县江店镇外岭村党支部书记
吴毛团　青阳县丁桥镇独龙村党总支书记

福　建　省

黄家瑶　福建省福州锅炉厂总工程师、高级工程师
林若潮　福建省福州第二化工厂工段长、技师
郑碧漪(女)　福建省福州棉纺织印染厂厂长、高级经济师
傅亚坚　福建省轮船总公司福州油运分公司船长、高级船长
唐文合　福建日立电视机有限公司总经理、高级经济师
陈明魁　福州东街口百货大楼股份有限公司总经理、经济师
张宗恩　福州糖酒副食品批发公司台江商店
陈加明　福建省第二建筑工程公司总经理、高级工程师
陈宝俤(女)　福建省建筑机械厂班长
黄玉亭　福建省福州人造板厂厂长、高级工程师
林铭铭　福建省厦门电化厂动力车间锅炉班班长
黄明黎(女)　福建省厦门华纶纺织有限公司副工段长
王炳章　福建省厦门市公共交通总公司总经理、经济师
谢永武　厦门经济特区贸易有限公司总经理、高级经济师
陈加进　福建省平和农用运输车厂厂长、工程师
邹甲乙　福建省华安县邮电局新圩邮电所乡邮员
李炳祥　福建省漳州糖厂起重班班长、技师
许炎平　福建省惠安啤酒厂工人
张华安　福建省金鹿集团公司董事长、高级经济师
李天仁　福建省泉州市公交公司经理、工程师
郭恩荣　福建省莆田县鞋革厂厂长、高级工艺师
林瑞云　福建省莆田县电力公司经理、高级工程师

徐锦灿　福建省莆田啤酒厂厂长、高级工程师
谢元潘　福建省大田岩城水泥(集团)公司总经理、高级经济师
林良全　福建省三明化工总厂副厂长、经济师
潘华丽(女)　福建省三明纺织厂挡车工
翁吓潭　福建永安矿务局斑竹坑煤矿采掘队队长
马文桂　福建省石油总公司三明分公司驾驶员
赵可敏　福建南纺股份有限公司董事长、高级经济师
高泽瑞　福建省南平铝厂厂长、高级工程师
陈元栋　福建省南平市公路局光泽分局桥亭公路站站长、高级工
李高银　福建省南平电机厂工人、技师
刘标标　福建省宁德地区公路局工程处施工员、高级技工
缪慧琴(女)　福建省福安市赛岐供销社统计员
叶石成　福建省闽东电机第一冲压件厂厂长、经济师
邱胜华　福建省龙岩卷烟厂厂长、高级经济师
李振营　福建省龙马集团公司总经理、工程师
金石根　福建省华龙工业集团公司总经理、高级经济师
徐诗战　福建省龙岩矿务局翠屏山煤矿工人
罗庆年　福建省龙岩地区汽车运输总公司上杭公司驾驶员
林知沂　福建省机械设备进出口公司总经理、高级经济师
黄主恩　福州铁路分局福州生活管理段主任、政工员
高溪树　福建省龙海造纸厂厂长、经济师
林梅燕　福建省长乐市金锋镇六林村党支书、助理经济师
陈德清　福建省福清市音西镇音西村党总支书记
陈清渊　福建省同安县新圩镇马塘村党支书
叶全庆　福建省长泰县岩溪镇五四农场场长
李传来　福建省漳浦县绥安镇绥西村党支书
王千万　福建省安溪县感德镇歧阳村电工、农民工程师
陈文通　福建省莆田市涵江区三江口镇后郭村党总支书记、经济师
苏景兴　福建省三明市三元区岩前镇星桥村农民、助理技师
李其清　福建省将乐县黄潭乡太村党支书
徐承云　福建省建阳市小湖镇马坑村农民
蔡星宝　福建省建瓯刨花板厂厂长、经济师
陈太纯　福建省古田县鹤塘镇东际村党支书
黄永勤　福建省拓荣县玻璃卡纸厂厂长、经济师
张柏江　福建省龙岩市曹溪镇马坑村村主任
黄其生　福建省平和县小溪镇联星村党支部书记

江西省

张泗存　九江石油化工总厂厂长、高级经济师
梅继友(女)　江西九江玻璃纤维厂挡车工
陈义华(女)　江西省九江一棉纺织有限责任公司工人
白　洁　江西省井冈山棉纺织厂总经济师、高级经济师
彭世行　江西浒坑钨矿爆破工
彭桂林　电子工业部第八三四厂工人、技师
陈维生　江西省大余县食品厂总经理
陈雪峰　江西江铃齿轮股份有限公司工人、高级工
肖平华(女)　江西省赣州市粮油商业公司三八粮油食品店主任
王兴城　江西盘古山钨矿采矿队长
汤水源　江西抚州丙纶厂厂长、经济师
马福茂　江西省抚州地区建筑工程公司班长、工人技师
黄美红(女)　江西省抚州第二棉纺织厂挡车工
姜细英(女)　江西省高安市农业机械修造厂班长、中级工
陈友太　江西丰城矿务局尚庄煤矿井下跟班区长、助工
范春生　江西省高安市大城供销社分店经理
章九根　江西特种电机股份有限公司党委书记、高级工程师
郑义强　江西省宜春地区汽车运输总公司工人
许正国　江西省新余钢铁有限责任公司炉前工、中级工
唐爱新　江西前卫化工厂厂长、高级工程师
刘学日　江西钢丝厂工人、高级工
李有章　江西铜业公司德兴铜矿组长、工人技师
张果喜　江西果喜实业(集团)公司董事长、高级经济师
吴彩云(女)　江西省景德镇市红光瓷厂班长、工人技师
袁耀辉　中国航空工业公司昌河飞机工业公司总经理、高级工程师
谢元藻　江西发动机集团公司总经理、高级工程师
王继承　江西萍乡钢铁厂炉长
张武政　江西省上饶市振达铜材工业集团总经理、高级经济师
魏长福　江西水泥厂工人、工人技师
胡达寿　江西有色冶炼加工总厂班长
郭和根　江西南昌钢铁有限责任公司工人、高级工
梁木森　南昌飞机制造公司高级技工、工人技师
熊林根　江西省南昌市亨得利钟表眼镜公司经理、高级经济师
方金旺　江西省南昌市自来水公司经理、高级经济师
颜　琴(女)　江西棉纺织印染厂挡车工
何恒心　南昌铁路分局鹰潭工务段线路工人、工人技师
曹罗生　江西省萍乡市邮电局邮递员
邵玉琴(女)　江西省火电建设公司景德镇分公司工

人、高级钳工
于龙江　江西省地矿局地质建设工程大队大队长、高级经济师
钱国文　江西省宜春钽铌矿矿长、高级工程师
凌敬刚　江西萍乡矿务局高坑煤矿采煤班长
陈嘉珍　中国铁道建筑总公司京九铁路赣州指挥部指挥、高级工程师
李咸龙　江西省都昌县万户乡塘美村农民、农艺师
黄德涛　江西省德安县木环乡岳山垅村农民
罗林妹　江西省安远县新园乡乌石村坪岗脑股份制果园场场长、技术员
胡新华　江西省会昌县湘江牛蛙发展公司副总经理
刘金林　江西省新干县沂江乡水西江村农民
项勤星　江西省遂川县秀州股份有限公司总经理、经济师
方水生　江西省乐平市众埠镇松柏村农民
万河保　江西省余江县河保畜牧科技开发公司经理、技师
张仁泉　江西省临川县温泉乡六岭村委会村支书
邹菊花(女)　江西省乐安县鹏洲乡上林村农民
王斗斌　江西省樟树市鹿江办事处西堡村委会村支书
郑森林　江西省上高县瓷厂厂长、高级经济师
熊焕逊　江西省新建县象山乡永丰村村支书
刘模祥　江西省南昌热心实业有限公司总经理、高级经济师
潘旺发　江西省弋阳县凤凰山种畜场场长
朱义财　江西省余干县古竹乡古竹村农民
张理高　江西省萍乡市种子管理站站长、技师
莫尚信　江西省分宜县新址乡新址村农民
万绪保　江西省南昌市郊区扬子洲乡三联村农民

山东省

王静侠(女)　济南成通纺织有限责任公司挡车工、技师
张秀玲(女)　济南市大观园商场营业员
赵平年　济南市四建集团有限公司班长
马俊才　济南钢铁集团总公司总经理、高级工程师
张才奎　山东水泥厂党委书记、高级经济师
李景章　四方机车车辆厂客车分厂班长、助理技师
徐旭东　青岛捷能动力集团公司叶片分厂班长
杨林贤　青岛无线电三厂工人、铣工技师
张　蓉(女)　青岛市公共交通总公司第三汽车公司乘务员
沙明宗　青岛远洋运输公司胶州海轮船长
邵立芬(女)　青岛崂山百货大楼股份有限公司高级经济师
姜玉玲(女)　青岛国货股份有限公司总经理、高级经济师
贺才林　青岛海珊制衣集团公司总经理、高级经济师
张守宴　青岛中大股份有限公司党委书记、高级经济师
杨积立　青岛钢铁集团公司总经理、高级经济师
常德传　青岛港务局局长、高级经济师
张明义　淄博矿务局龙泉煤矿班长
王开华　桓台县运输公司驾驶员
寇祖山　淄博沙发厂厂长、经济师
盛孝基　山东淄博华辰集团总公司党委书记、高级经济师
唐作森　山东淄博兰雁纺织(集团)股份有限公司总经理、高级经济师
陈　健　枣庄矿务局枣庄煤矿采煤工
赵海玲(女)　枣庄市第二棉纺织厂挡车工
姜兴奎　枣庄市泉上煤矿工程师、高级工程师
张金南　山东十里泉发电厂党委书记、高级工程师
陈　伶　东营汽车运输总公司驾驶员
李建华　东营市纸业集团股份有限公司董事长、高级经济师
于建友　烟台市建筑工程公司抹灰工、技师
赵金兰(女)　长岛县船业总公司电焊工
胡智圣　莱州市邮电局机线员
李国民(女)　山东烟台化工总厂副科长
王仟祥　山东烟台轴承仪器厂研究所所长、高级工程师
姜淑卿(女)　海阳县工艺品集团公司党委书记、高级经济师
刘永祯　烟台合成革总厂党委书记、高级经济师
于振声　烟台钢铁企业(集团)股份有限公司总经理、高级工程师
齐联郡　潍坊柴油机厂厂长、高级经济师
杜德富　山东潍坊纯碱厂厂长、高级经济师
陈永兴　寿光造纸集团股份有限公司党委书记、高级经济师
王晓明(女)　潍坊棉纺织厂挡车工
李口锐　昌邑市下营港务局航运公司船组长
方光路　兖州矿务局第七十工程处工人
王　荣(女)　汶上县城关供销社营业员、高级工
秦裕彦　山东曲阜市单家村煤矿矿长、高级工程师
常春发　山东济宁电化股份有限公司高级工程师
张传礼　山东泰山酿酒饮料(集团)股份有限公司董事长、高级经济师
刘天惠　新汶矿务局高级工程师
徐以学　山东光明机器厂钳工
董宜祥　肥城矿务局查庄煤矿采煤二区班长
丁玉华　山东轮胎厂厂长、高级经济师
郑维峰　山东成山橡胶(集团)股份有限公司高级工程师
许廷家　乳山市植物油厂工人
马成训　日照市五金工业集团股份有限公司总经理、高级政工师
王守东　山东泰山钢铁总公司总经理、高级经济师
黄永刚　山东莱芜发电总厂班长
董耐惠(女)　国营山东滨州第一棉纺织厂操作工、

工人技师
张士平　邹平县位桥棉纺织厂厂长、高级经济师
徐文凯　德州振华集团有限责任公司董事长、高级政工师
陈德兴　平原县张士府乡邮电支局邮递员
刘维鈷　山东东阿阿胶(集团)股份有限公司董事长、高级工程师
李银起　山东阳谷电缆厂高级工程师
胡均岭　冠县畜禽开发公司饲养场饲养员
楚德留　山东达驰集团公司高级工程师
杨天福　山东橡胶助剂厂厂长、高级经济师
王志中　临沂工程机械有限公司党委书记、高级经济师
尤洪宝　临沂地区丝绸抽纱(工贸)公司经理、高级经济师
陆人杰　胜利石油管理局局长、高级经济师
邢文敏　胜利石油管理局胜利采油厂工人、工人技师
付连智　胜利石油管理局井下作业公司司机、工人技师
王善卿　济南铁路局烟台车务段山前店站站长
邱为峥　济南铁路分局济南机务段电器钳工
王建明　济南铁路局工程总公司机械设备安装工程公司工长
孙茂才　齐鲁石油化工公司机械厂班长、技师
刘进森　齐鲁石油化工公司烯烃厂高级工程师
纪信栓　莱芜钢铁总厂炼钢厂总炉长、炼钢技师
姜学义　中国建筑第八工程局机械化施工公司第二分公司工人、技师
潘昌洪　铁道部第十四工程局第二工程处工人、技师
张永江　山东电力建设第一工程公司主任
王来元　潍坊市邮电局班长、工人技师
刘建民　山东省鲁南地质工程勘察院工人、钻探技师
林艳芬(女)　山东省食品进出口公司城阳食品加工厂工人
李伯涛　齐鲁制药厂总工程师、高级工程师
宋树森　招远市黄金工业集团总公司总经理、高级经济师
密长明　临沂矿务局汤庄煤矿采煤组长
江廷华　山东孔府宴酒厂厂长、高级经济师
李桂荣　山东高密化学纤维总厂厂长、高级经济师
王士范　山东塑料橡胶厂机械总厂厂长、高级工程师
隋元柏　烟台东方电子信息产业集团公司董事长、高级经济师
杨志魁　山东梁山水泥厂厂长、高级经济师
姚升平　济南市天桥区北园镇黄台村党支部书记、高级经济师
刘志汇　章丘市普集镇普西村党支部书记、经济师
高学奕　青岛市黄岛区黄岛街道办事处前湾村党支部书记、高级经济师
刘先耀　平度市郭庄镇瓦子丘村党支部书记
冯衍明　淄博市淄川区双沟镇孟机村党支部书记、工程师
张作祥　淄博市周村区贾黄乡李家村党支部书记、经济师
周凤先　滕州市级索镇姚庄村党支部书记、经济师
王孟梅　东营市广饶县丁庄镇王道村党支部书记
王景胜　烟台新华集团公司党委书记、高级经济师
李世勋　山东只楚集团总公司党支部书记、高级经济师
王建章　高密市高密镇南关村党委书记、高级经济师
袁文和　山东耶莉娅服装集团总公司总经理、高级经济师
郑学江　潍坊市大江企业集团总经理、经济师
孔凡鲁　泗水县中册乡中册三村党总支书记、经济师
张永亮　山东济兴医化(集团)有限责任公司董事长、高级经济师
韩卓曙　泰安市郊区角峪镇鲁西村党支部书记、工程师
王天栋　文登市装饰布厂厂长、经济师
马先富　莒县陵阳乡陵阳街村党支部书记、经济师
侯学法　莱芜市铁车乡团圆坡村党支部书记
韩安正　博兴县寨郝乡柳桥村党支部书记、高级经济师
范士芳　夏津县双庙乡范楼村主任
张富禄　柳城嘉明实业有限公司总经理、高级经济师
郭绪福　定陶县陈集镇中沙海村党支部书记、高级经济师
王廷江　临沂市罗庄镇沈泉庄村党支部书记
刘建志　苍山县兰陵镇王艾曲后街村党支部书记
唐厚运　山东邱家水产集团总公司总经理、高级经济师
郭良斋　菏泽市安兴镇船郭庄村党支部书记、经济师
刘加坤　山东省平邑县九间棚村党支部书记

河南省

刘民权　河南省郑州油脂化学厂工人、技师
王国英　河南省郑州第三棉纺织厂挡车工、中级工
郭艾生　河南省郑州市紫荆山百货大楼营业员
辛冬良　河南省郑州汽车客运总公司驾驶员、中级工
褚铁郑　河南省郑州市第一建筑工程公司瓦工、高级工
申保宏　河南省第五建筑安装工程公司工人、高级工
李晓鹏　中国工商银行郑州市分行行长、党委书记、高级经济师

李福乾　郑州百文股份有限公司(集团)董事长、总经理、党委书记、高级经济师
赵宗晋　河南省郑州矿务局局长、党委书记、教授级高级工程师
荆文超　河南省陆浑灌区郑州市管理局局长、高级经济师
刘效娅(女)　开封市邮电局长话班班长、技师
杨尚礼　河南省开封机械厂厂长兼党委书记、高级工程师
杨正军　河南柴油机厂工具分厂夹具车间车工班班长、技师
王永林　铁道部隧道工程局第二工程处修配厂钳工、中级工
姚　明　中国第一拖拉机工程机械公司汽车厂钣焊车间工人、技师
王安顺　中国石化洛阳石油化工总厂厂长、高级工程师
郭晓寰　洛阳浮法玻璃集团公司总经理、党委书记、高级经济师
高凤来　洛阳春都集团股份有限公司董事长兼总经理、高级工程师
邓志芳(女)　河南省洛阳白马企业集团公司挡车工
魏红梅(女)　中国神马帘子布(集团)公司一厂捻织车间挡车工、中级工
王川根　河南省平顶山矿务局一矿综采三队党支部书记
张成山　河南天使(集团)股份有限公司河南省第一绢麻纺织印染厂董事长、总经理、党委书记、高级经济师
尚丽霞(女)　河南省新乡市中原棉纺织厂挡车工、中级工
杨　霞(女)　河南省新乡市公交公司乘务员
孙立法　河南省石油总公司新乡分公司经理
孙中全　河南省新乡市长城矿山机械厂工人、技师
刘炳银　河南新飞电器(集团)股份有限公司董事长、总经理、党委书记、高级经济师
申书堂　河南省安阳市自行车二厂冲压工
鲁国亭　河南省安阳钢铁公司经理、高级工程师
李留恩　河南安阳彩色显像管玻壳有限公司总经理、党委书记、高级工程师
姚秀荣(女)　河南省焦作市起重运输机械总厂工人、高级工
冯生虎　河南省焦作市电业局工程师
吕茂盛　河南省焦作矿务局韩王矿采二区生产组长
薛兴国　河南省奔月集团公司总经理兼党委书记、高级经济师
张生林　河南轮胎厂厂长兼党委书记、高级工程师
纪　华(女)　河南省鹤壁市东方红商场营业员、高级营业员
高玉昌　河南省鹤壁市无线电四厂厂长兼党委书记、高级经济师
何　强　中原石油勘探局采油二厂采油二矿油五队工人
范国军　河南省中原化肥厂合成车间车间主任、高级工程师
庞秋英(女)　河南省许昌市棉织厂织造车间挡车工、高级工
张延明　河南省漯河市鞋业集团股份有限公司董事长兼总经理、党委书记、高级经济师
李　才　河南省义马矿务局常村煤矿综采队班长、技师
柴光旭　河南省三门峡百货大楼股份有限公司党委书记、董事长、总经理、党委书记、经济师
刘娜林(女)　河南省南阳棉纺织厂西细纱车间副主任、高级技工
李巧菊(女)　河南省南阳市镇平县百货大楼柜组组长、高级营业员
李玉桓　河南石油勘探局科技开发公司副总工程师、高级工程师
张晓阳　河南省南阳酒精总厂厂长、党委书记、高级经济师
孙进平　河南省信阳钢铁厂炼铁分厂炉前班长
张贻林　信阳市信阳百货大楼、友谊商厦总经理、高级经济师
李松武　河南省驻马店地区制药厂高级工程师
刘　保　河南省汝南牧工商联合总公司工程师
王艳丽(女)　河南省周口地区棉纺织印染厂布机车间丙班挡车工、初级工
石清友　河南省周口地区味精厂二精制车间精制工、中级工
王藏珠　河南省周口地区棉麻集团总公司总经理、高级经济师
张　云(女)　河南省第三毛纺厂挡车工
王　敏(女)　中国工商银行永城县支行红旗储蓄所主任
吕信贻　河南省张弓酒厂厂长、党委书记、高级会计师
丁文根　郑州铁路分局洛阳机务段机车司机、中级工
张海燕(女)　郑州铁路分局郑州车站客运员
成洪昌　郑州铁路分局开封车务段谢集车站站长
王济昌　河南省郑州饭店总经理、党委书记、高级经济师
李东福　河南安阳卷烟厂工人、中级工
梁晓民　河南省正阳县公路段施工队队长、中级工
王　录　河南省新乡新辉医药集团董事长兼总经理、经济师
周文昌　郑州市少林汽车厂厂长、高级经济师
景大军　郑州银河实业集团副董事长、高级经济师
赵茂胜　开封市第二粮食机械厂厂长、工程师
刘　嘉　河南平顶山市湛河区曹镇乡五虎刘村造纸厂厂长
刘志华(女)　河南省京华实业公司董事长兼总经理、高级经济师

史来贺　新乡县七里营乡刘庄村党委书记、高级经济师
李广元　河南省定角实业总公司总经理、高级经济师
丹文江　河南长城(集团)公司总经理、高级经济师
董存泽　河南濮阳市清丰县大流乡青石磙村党支部书记
程云岭　河南禹州市城关镇西街办事处(村)党委书记
郭自安　河南临颍县杜曲乡龙堂村党总支书记、经济师
刘天送　河南灵宝市东村乡姚院村果树技师
李道理　河南邓州市城郊乡十里铺小学校长、小教高级
李自才　河南唐河县郭滩乡李庄村党支部书记
徐焕亭　河南淮滨县马集镇龙泉村村委主任、助理兽医师
曾银霞(女)　河南罗山县铁卜乡北安村党支部书记
赵启功　河南西平县师灵镇马洼村党支部书记
戚　郎　河南上蔡县杨集镇敬老院院长
李秀莲(女)　河南西华县西夏镇张庄村农民、畜牧技师
崔庆义　河南鞋城皮革(集团)总公司董事长、高级经济师
张瑞连　河南民权县王庄寨乡吴岗村农民、农艺师
郭中奎　洛阳市郊区洛北乡烧沟村党支部书记兼环球实业总公司总经理、高级经济师
赵存献　河南焦作市孟县槐村乡汤庙村农民、高级园艺师
王清秀　河南浚县屯子乡王村党支部书记、经济师
王泽林　河南虞城县十侯乡大王庄村村委主任、农艺师
胡光周　河南巩义市小关镇丁烟村党支部书记、高级经济师

湖北省

邬洪胜　武汉钢铁(集团)公司第一炼钢厂铸锭车间工人、高级铸钢工
毛冬声　武汉市武商集团股份有限公司董事长、总经理兼党委书记、高级经济师
曹学琪　武汉石油化工厂工人
张怀亮　中国第一冶金建设公司三公司汽车队驾驶员
龚义剪　武汉宏基运输发展公司驾驶员、高级工
吴可薇(女)　武汉市公共汽车公司第五场五车队驾驶员
冯三九　武汉冰川实业(集团)股份有限公司董事长兼总经理、高级经济师
陈尔程　武汉东西湖啤酒(集团)股份有限公司董事长兼总经理、高级经济师
李方平　武汉机床厂高级造型工、技师
郭和平　武汉中心百货(集团)股份有限公司鞋帽商场高级营业员
胡　平　中国工商银行武汉市江汉区支行副科长、经济师
孙德树　武汉江岸车辆厂工程师
柯美莉(女)　中日合资美尔雅服饰有限公司科研所所长、高级服装设计师
周绍安　黄石市津晶商场总经理、高级经济师
刘明洲　武钢矿业公司大冶铁矿选矿车间电焊工、技师
黄西运　湖北省光化水泥厂厂长兼党委书记、高级工程师
王　波　中国人民建设银行襄樊市襄城支行支部书记、经济师
答邦贵(女)　湖北襄棉集团总公司细纱摇车长
蔡先斌　东风轮胎厂工人、中级工
陆　宏　郧西县汽车运输公司客车司机
陈守全　湖北省华阳企业集团公司总经理、党委书记、高级经济师
易继纯　猴王集团党委书记、总裁、高级经济师
徐国梅(女)　宜昌县鸦鹊岭镇信用社会计
刘厚明　湖北省秭归屈原轮船总公司客运主任
汪林瑞　湖北荆江股份有限公司董事长兼总经理、高级经济师
孙友元　湖北京山轻工机械厂厂长、高级经济师
张道铭　石首市水泵厂车间副主任
罗　莉(女)　荆沙市沙市商场(集团)股份有限公司柜组长、高级营业员
马金魁　中国石化荆门石油化工总厂厂长、高级工程师
郭桂华　湖北车桥股份有限公司党委书记、高级经济师
吴传英(女)　中国人民建设银行湖北省荆门市分行石化支行副行长、经济师
郭庆年(女)　中国工商银行荆门市石化专业支行存款部副主任、经济师
周德亮　武汉钢铁(集团)公司矿业公司程潮铁矿采矿工、工人技师
柯如煜　鄂州市八一钢铁厂线材轧钢分厂厂长
黄敏功　武穴市化工总厂厂长兼党委书记、高级经济师
韩德新　红安卷烟厂企管办主任、会计师
谭功炎　湖北省汉川钢丝绳股份有限公司总经理、经济师
黄少明　云梦县公路管理段伍洛道班班长、助理工程师
王东甫　湖北省嘉鱼钢管厂车间党支部书记
张春德　咸宁地区电力局铝厂车间主任、技师
邬　江　咸丰县建筑工程公司第二工程处处长、助理工程师
叶金堂　湖北仙桃毛毯集团公司党委书记、总经理、高级经济师
周怡庭　湖北省园林青(集团)股份有限公司董事长

兼总经理、高级工程师
李化平　东风汽车公司设备制造厂组装车间工人、高级技师
乔生祥　中国葛洲坝水利水电工程集团公司董事长兼总经理、教授级高级工程师
余达桃　中国石油天然气总公司江汉石油管理局钻井工程处培训队队长
张羽铮　水利部丹江口水利枢纽管理局水库调度处主任、高级工程师
熊　玮　中国三江航天集团设计所总体室副主任、高级工程师
黄正惠　郑州铁路公安局襄樊公安处所长、二级警督
郑　斌　铁道部第十一工程局电务工程处中南电信工程公司副处长、工程师
欧阳国钧　郑州铁路局武汉铁路分局江岸机务段电力司机长
郭际康　湖北省清江水电开发总公司副经理、党委副书记、教授级高级工程师
张幼琪(女)　华中华能武汉阳逻电厂工程指挥部质量监督员、高级工程师
陆炎南　中国长江轮船总公司武汉长江轮船公司长江 26001 轮船长、高级工程师
陈　蓉(女)　交通部长江航务管理局话务员
洪可柱　中国建筑第三工程局局长、高级经济师
吴才华　国营武昌造船厂特种船体分厂工人
王光兰(女)　湖北第二汽车电器厂工人、中级工
张长生　湖北省鄂城钢铁厂第三轧钢分厂热轧工段丙班班长
陈合坤　湖北省松宜矿务局尖岩河煤矿掘进队二班班长
夏文凯　湖北双环化工集团公司班长
王爱芳(女)　湖北省电力建设第一工程公司工人、技师
汪文华(女)　武汉探矿机械厂工人、高级工
苏　燕(女)　湖北蒲圻纺织总厂纺织厂工人
李远见　湖北省第一建筑工程公司第三工程处泥工班班长
张心俊　湖北省粮油食品进出口(集团)公司总经理、高级经济师
周尤志　中国石化销售中南公司武汉油库主任
刘再飞　湖北省人民大垸农场扬州分场第三生产队高级农艺师
王　燕(女)　沙市床单总厂轮班长
阎承模　宜昌市糖酒副食品总公司科长、助理经济师
马　跃　东风汽车公司总经理、高级经济师
田科荣　湖北省国营草埠湖农场五分场金坡队职工
侯广忠　葛洲坝水力发电厂厂长、高级工程师
戴文书(女)　武汉钢铁集团公司工人
孙太黑　新洲县双柳镇孙洪村副村长、农艺师
田化学　武昌县大屋陈乡张家湾六队农艺师
潘福安　湖北省黄石大冶市还地桥镇秀山村党总支书记、经济师
姬建强　湖北省襄阳县双沟镇双北村党总支书记
张厚生　湖北省宜城市新街乡珍珠村治调主任
方正杰　湖北省丹江口市均县镇关门岩村党支部书记
胡书英(女)　湖北省枝江县百里洲乡青峰山村妇女主任、农艺师
赵家富　湖北省荆沙市沙市区同心村养殖专业户
杨凤玲(女)　湖北省监利县福田寺镇薛庙村农民
欧阳德平　天门市东方实业集团总公司总裁、党委书记、工艺美术师
王勤秀(女)　荆门市团林镇小麻油厂厂长、经济师
刘维金　鄂州市工艺抽纱厂厂长、工艺师
郭新志　湖北省浠水县清泉镇十月村党总支书记、经济师
田洪先　湖北省武穴市武穴办事处二里半村党总支书记、经济师
余光恕　湖北省广水市长岭镇曙光农场长岭镇农技站副站长、助理农艺师
左新安　应城市制帽厂厂长、经济师
陈昌久　湖北省蒲圻市官塘驿镇石榴泉党支部书记
汪本移　湖北省咸宁市汀泗桥镇彭碑村党支部副书记、农技师
姚绍斌　湖北省鹤峰县八峰村党支部书记、经济师

湖南省

朱伯权　湖南省煤炭坝煤矿湘煤三十六队采煤大工、技师
杨茂生　湖南仪器仪表总厂离心机分厂工人、高级工
胡子敬　长沙友谊(集团)有限公司总经理、高级经济师
潘新姣(女)　长沙市新华楼削面馆餐厅部负责人、宴会设计师
何卫红(女)　长沙市公共交通总公司第二公共汽车公司驾驶员
黄明章　湖南省浏阳市出口花炮厂工艺美术师
邓文全　长沙中意集团股份有限公司董事长、总经理、高级经济师
谢自和　湖南省第六工程公司一分公司泥工
王泽云　湖南省宁乡石油化工总厂厂长、高级政工师
何宗鉴　株洲汽车齿轮厂厂长、高级工程师
孙明道　株洲车辆厂产品开发处、高级工程师
王爱国(女)　湖南省珠洲水泥机械厂金工车间车工班车工
路克难　株洲电力机车厂组装分厂钳工班工人、技师
廖秀秋　湖南省株洲化工厂建安公司机修车间容器班班长
曾维伦　株洲冶炼厂厂长、高级工程师

陈荣贵(女) 湘潭纺织印染厂二分厂准备车间挡车工
黄光华 湘潭钢铁公司炼铁厂高级工程师
文定国 湘潭市冶金化工厂高级工程师
王玉林 湖南省湘乡水泥厂厂长、高级经济师
龙碧玉(女) 湘潭市劳动服务公司莲城服装厂厂长、经济师
蒋铁生 衡阳有色冶金机械总厂金工三分厂班长
周鸿斌 衡阳拖拉机厂铸造车间工人、高级工
罗洪兵 白沙矿务局南阳煤矿前进工区采掘二队队长
申甲球 衡阳中药实业股份有限公司董事长兼总经理、高级经济师
杨碧霞(女) 衡阳电缆厂高级工程师
蒋宏元 湖南省湘衡盐矿矿长、高级政工师
程 方 国营邵阳第二纺织机械厂铸造分厂高级工程师
何琥云 新邵县邮电局工人、高级工
阳超伟 湖南省邵阳永久金笔厂班长
罗顺求 湖南省邵阳运输总公司邵东县余田桥车站工人
滕树沅 国营长江动力机械厂八车间车工班班长、助理技师
廖淑莲(女) 湖南省岳阳市公共汽车公司乘务员
沈新文 巴陵石化公司洞庭氮肥厂合成车间主任、工程师
张艳辉(女) 湖南省汨罗纺织印染厂细纱车间挡车工
雷光耀 湖南省常德石门磷肥厂班长、高级工
孙怀珍(女) 常德纺织机械厂摇架分厂冲二车间工人、高级工
武剑先 湖南省柘溪水电站教授级高工
梁艳红(女) 湖南省益阳公路总段安化公路段铁炉岭工班班长
余松泉 国营大通湖农场农科所甘蔗研究室农艺师
卜迪纯 益阳苎麻纺织印染厂动力分厂厂长
王德元 湖南雪峰水泥集团有限公司董事长、总经理、高级工程师
唐付清 湖南省涟邵矿务局洪山殿煤矿采掘工
伍平华 湖南涟源钢铁股份有限公司动力厂制氧车间工人、高级工
王抗援 湖南省郴州公路工程机械厂厂长、经济师
申元伟 湖南省资兴矿务局宝源煤矿采煤大工
张跃彩 湖南省地质矿产厅四〇八队“五四”青年号钻机队队长
武俊瑶 湖南零陵卷烟厂厂长、书记、高级经济师
陈作先 湖南省零陵电业局冷水滩电力局班长
朱法林 中国农业银行临澧县支行杉板乡信用社观山分社出纳员
彭叁元 零陵地区纺织厂厂长、工程师
周学信 湖南华峰电子集团公司工人、高级工
何述金 湖南安江塑料制品集团公司董事长兼总经理、高级工程师
唐启永 湖南省湘西金矿沃溪坑口采掘队长
向选坤 湖南省湘西土家族苗族自治州七一化工厂工人
向应宏 中国水利水电第八工程局白沙施工局修理工
张秀发 湖南省邮电管理局局长、书记、高级工程师
周子贵 长沙铁路总公司株洲机务段火车司机
宾中立 怀化铁路总公司总经理、工程师
曹国兴 湖南长沙郴梨汽车车身厂厂长、高级经济师
杨松荣 湖南省望城县黄金乡农技站站长、农艺师
刘方华 湖南省攸县高枧乡山关村党支部书记
包光良(女) 湖南省株洲县群丰镇长岭村农民
毛雨时 湖南省湘潭市韶山市韶山乡韶山村村主任
陆魁祝 湖南省衡阳市郊区岳屏乡北塘村村委主任、经济师
刘欢生 湖南省祁东县万福岭乡流泉甸村七组农民
游政明 湖南省隆回县高洲乡华群村农民
孙菊良 湖南省华容县新洲乡新强村七组农民、农艺师
刘瑞根 湖南省湘阴县寨头乡燎原村农民
江从新 湖南省安乡县安福乡花林村六组农民
钟儒华 湖南省常德市鼎城区冲天湖乡桃树嘴村党支部副书记
胡吉主 湖南省安化县文溪乡廖家村党支部书记
潘四喜 湖南省益阳市金花湖乡金银山村党总支书记、经济师
袁富仁 湖南省新化县曹家镇天竺村党支部书记
李常水 湖南省宜章县东风乡笠头村四组农民
朱日明 湖南省永州市桐梓坪乡朱家村农民
苏才美 湖南省靖州苗族侗族自治县太阳坪乡贯堡渡村村支委兼柑桔场经理
刘祖芳 湖南省湘西土家族苗族自治州吉首市马颈坳镇竹寨村党支部书记

广 东 省

张学铭 广东轻工业机械集团公司总经理、高级工程师
丁辛光 广东省广州轮胎厂党委书记、政工师
郑尧新 广州中药一厂高级工程师
卢启仕 广州市第二运输公司第一分公司司机
吴凤齐(女) 广州市第一公共汽车公司乘务员
谢荣钜 广州市第四建筑工程公司经理、高级工程师
黄振华 广州市广州酒家企业集团行政总厨、特一级厨师
朱东威 广州市食品公司采购员
刘铁儿 广州南洋电器厂运输班长、技师
何华驹 广州电池厂工段长、高级技工
谢慕贞(女) 广州市南方玉器珠宝实业公司工人
曾广杰 广州柴油机厂工人、技师

谭远德　广州市公路工程公司第五工程队队长、助理工程师
徐维博　深圳市深港实业发展总公司司机
张　宝　深圳市建设(集团)公司总经理、高级工程师
邓一辉　深圳市黎明电子工业公司分公司经理、高级工程师
曾晓风(女)　汕头市韩江机械厂电器组副组长
谢铭英　汕头市航运总公司潼湖轮轮机长、一级船舶轮机长
徐海山　广东省韶关供电局局长、党委书记、高级工程师
罗东元　广东省韶钢集团公司运输部工人、电工技师
彭少庭　广东省曲仁矿务局茶山矿工人
梁　湘　广东铝厂电解分厂工人、高级工
刘佛金　广东省大宝山矿凡洞铁矿汽车队司机、技师
刘振城　广东省龙川县水泥厂厂长、高级工程师
黄水佑　广东省紫金县矿山冶金总公司工人
廖亚木　梅州市汽车运输总公司平远汽车运输公司司机
蔡育民　惠州市纺织工业总公司总经理、高级政工师
李志标　广东省惠东县水泥二厂化验室主任、高级工程师
何永炸　海丰县第一建筑工程公司经理、政工师
许继海　中山威力集团公司党委书记、总经理、经济师
黄明耐　广东省新会市铸造厂班长
王灶坤　广东省江门浮法玻璃厂厂长、高级工程师
谭钊华　广东美雅集团股份有限公司科研所所长、高级工程师
梁国健　广东省恩平市供电局供电所班长
李　保　佛山市通宝股份有限公司总经理、经济师
狄渝俊　佛斯弟摩托车有限公司工人
陈仕荣　广东省石油企业集团佛山公司北村油库巡检员
王光池　广东石录铜业公司汽车司机
吴　晓　广东省湛江包装材料公司经理、党总支书记、高级政工师
林亚华　广东省湛江市霞山机械厂经济师
陈培林　广东省湛江港轮驳公司外轮航修厂组长
詹木生　广东省湛江市燃料总公司副总经理、经济师
李士民　广东省国营绿洲水泥厂高级工程师
梁帝庚　广东茂名石油化工公司炼油厂车间主任(工人)
李崇业　茂名永业(集团)股份有限公司董事长兼总经理、高级经济师
吴铁保　肇庆蓝带啤酒卢堡有限公司车间主任、工程师
潘柏泉　广东省清远市阳山县汽车站副队长、技术员
张旭强　广东金曼集团股份有限公司董事长、总经理、经济师
刘之券　广东省威达医疗器械(集团)公司董事长、总经理、高级经济师
秦贞泉　广东省普宁市白沙溪水电站生产组长
李艳芳(女)　福伊特中兴液力传动有限公司高级工程师
陈志全　云浮硫铁矿企业集团公司班长、高级工
徐惠兴　广州远洋运输公司船长
纪经利　广东省水利水电机械施工公司经理、高级工程师
黎海燕(女)　白天鹅宾馆“玉堂春暖”餐厅经理、高级技师
邓超强　广东省珠江航运公司轮机长、工程师
许洪江　广东省军区第一招待所(广州天虹宾馆)所长、高级经济师
姚明礼　广东省三茂铁路总公司总经理、高级经济师
侯伟俊　广东省轻工业品进出口(集团)公司总经理、经济师
陈妙汉　五华县桂田水库管理所工人
黄乐夫　珠海市中富工业集团公司总经理、经济师、政工师
谭灿辉　广东省东莞市太平港自来水公司总经理、高级政工师
潘　宁　广东科龙电器股份有限公司总经理、经济师
张仕怀　阳东县水产总公司总经理、助理政工师
李文芳　广州海运集团公司兴华船务公司高级船长
罗绍基　广东抽水蓄能电站联营公司总经理、教授级高级工程师
徐丽卿(女)　广州市大同酒家业务副经理、特一级点心师
梁宝煜　花都市新华镇三东村党总支书记
邝秀玲(女)　从化市城郊镇北星村农民
潘强恩　深圳市宝安区沙井镇万丰村党支部书记
刘照洪　深圳市龙岗区平湖镇平湖村党支部书记
罗寿棉　珠海市香洲区前山镇界冲村党支部书记
许楚珊(女)　潮阳市关埠镇路外管理区村妇女主任
陆带娣(女)　韶关市武江区西河镇什石元管理区农民
张天送　河源市源城区埔前镇上村管理区农民
严蕴开　梅州市蕉岭县新铺镇福岭管理区厂长、政工师
游秀强　惠东县白花镇太阳管理区农民
钟　叶(女)　陆丰县南塘镇星火养鸡场农民
邓望成　东莞市桥头镇桥头管理区村党支部书记
张炯福　中山市小榄镇东区八村村长
胡敦尧　新会市大敖镇东风管理区农民
李锐常　南海市里水镇沙涌管理区村党支部书记

梁建中　顺德市勒流特种水产养殖场场长
冯意锦(女)　阳江市海陵岛经济开发试验区海陵镇南村管理区村党支部书记
林文芳　吴川市林屋机械厂厂长、经济师
龙秀琼(女)　廉江市龙湾镇蓬山管理区村党支部书记
陈立坚　电白县博贺港南翔渔业有限公司经理、工程师
廖　昌　四会市东城街道办事处清塘管理区村党支部书记
盘　石　清新县新洲镇罗东管理区农民
苏应利　惠来县葵潭镇玄武管理区村党支部书记
李谜和　揭东县玉滘镇桥头村农民
温鹏程　广东温氏食品集团有限公司经理、农技师
王钧圻　广东省东莞市地方公路管理总站班长
陈菊芬(女)　中国工商银行中山分行出纳员、助理经济师
何有金(女)　南海市交通局地方公路管理站南庄道班班长
曾宪亭　广东省潮安县公路局凤凰道班班长
李　华　广东省邮电设计院室主任、高级工程师
蔡志刚　中国人民建设银行广东省分行科长、工程师

广西壮族自治区

饶　畅　广西南宁卷烟厂业务科主任、经济师
赖晓杨　广西南宁化学工业集团公司车间主任、工程师
廖冠生　广西南宁市电信局工人、高级工
梁光宗　广西南宁手扶拖拉机厂工人、技师
窦月娥(女)　广西柳州市百货股份有限公司高级营业员
金振华　广西柳州微型汽车厂厂长、高级工程师
胡良慧(女)　广西柳州市棉纺厂主任、高级工程师
朱其南　广西桂林机床股份有限公司工人、技师
王德息　广西桂林风动工具厂工人、高级工
黄水生　广西梧州锅炉股份有限公司班长、技师
周振龙　广西梧州日用化工股份有限公司科研所所长、高级工程师
王伟福　广西合浦县西场糖厂班长、技术员
黎旭贵　广西北海北部湾群鹰(集团)股份有限公司企管经营科科长、高级经济师
何耀胜　广西防城港务局装卸队队长
陈秀月　广西钦州市灵山县公路局班长
梁静娜(女)　广西隆安公路局古潭道班班长
欧卓奇　广西红水河水泥股份有限公司董事长、高级会计师
蒙志军　广西崇左糖厂技改办主任、高级工程师
韦继文　广西合山矿务局班长
蔡美思　广西荔浦罐头食品厂厂长、高级经济师
廖灵捷　广西灵川县氮肥厂工人
王建明　广西玉柴机器股份有限公司董事长、高级经济师
何报光　广西中林发展股份有限公司财务经营部主任、高级经济师
梁步明　广西贵糖(集团)股份有限公司班长
姚伟海　广西桂平市公路局班长
张秀明(女)　广西贵港钢铁总公司总经理、高级经济师
韦自强　广西红茂矿务局班长
张国辉　广西河池化学工业集团公司董事长、高级经济师
陈莲芬(女)　广西百色市民族毛巾厂挡车工
周天赐　广西柳州铁路局柳州铁路分局桂林机务段司机
覃焕芳　广西柳州铁路局第二线路大修段工长
梁海章　广西柳州铁路局南宁铁路分局南宁客运段列车长
汪师伦　广西平果铝业公司总经理、高级工程师
吴炳仕　广西区机电设备总公司供销科长、经济师
汤　仁　广西梧州地区水电局总工程师、高级工程师
张　强　中国建设银行广西岑溪县支行行员、经济师
黄建志　广西武鸣县城厢镇灵源村村主任
陆万仁　广西柳江县里高乡板六村农民
杨玉荣(女)　广西桂林市郊区二塘乡常家村农民
莫振英(女)　广西苍梧县沙头镇新村农民
梁启之(女)　广西灵山县新圩镇白泥岭村农民
黄建迎　广西马山县林圩乡黄潘村农民、技术员
曾宽荣(女)　广西来宾县大湾乡那谷村农民
黄振良　广西富川瑶族自治县城北乡城北村党支部书记
刘树仁　广西博白县东平镇付山村农民、农艺师
陈永华　广西平南县平南镇附城村农民
黄青元　广西东兰县太平乡板公村村主任、农业技术员
麻克利　广西田东县祥周乡九合村党支部书记
韦五八　广西百色市那毕乡大合村副村长

海南省

吴利森　海南省海口市邮政局司机
黄大礼　海南省通什市邮电局投递员
张建华　海口火电股份有限公司海口电厂工人、高级工
兰保才　海南省公路局琼中县公路分局三十三道班班长
陈宋华　海南省石油总公司海口油库副主任
黄瑞花(女)　海南省国营南海农场三区四队班长
张永顺　海南省农垦石碌水泥厂采运车间司机
韦秀娟(女)　海南省国营东太农场四队割胶工
王花兰(女)　海南省阳江农场十九队割胶工
郑建明　海南钢铁公司露天采矿部汽运车间班长
王光兴　海南省海口罐头厂厂长、高级经济师

吴伟雄　海南省海口市罗牛山农场高级畜牧师
梁基业　海南铸管厂高级工程师
翁宏平　海南省万宁县农电公司高级工程师
陈明深　海南省屯昌县水泥厂厂长、助理工程师
潘在明　海南省澄迈县二轻工业总公司总经理、经济师
赵保全　海南省建筑工程总公司总经理、工程师
王福生　中国寰岛(集团)公司总裁、高级经济师
陈恩光　海南省国营山荣农场高级农业工程师
李康华　海口港集团公司第二港埠公司调度室主任
王绥吉　海南省琼山市地方公路管理站工人
刘汉勇　海南省临高县尧龙水库工程管理所所长
刘明仲　海南省三亚市林旺镇凤塘管理区农民
蔡千光　海南省琼海市长坡镇文子管理区主任
郑积莲(女)　海南省定安县龙塘镇龙介管理区农民
黄业前　海南省儋州市和庆镇美万新村书记、村长、技术员
符惟康　海南省东方黎族自治县八所镇八所管理区书记
黄德平　海南省保亭黎族苗族自治县加茂镇加茂管理区农民
吴理文　海南省白沙黎族自治县白沙镇方香管理区书记
谭建平　海南省昌江黎族自治县太坡镇香岭管理区书记

四　川　省

付书林　成都无缝钢管厂平炉炼钢分厂工人
赵宗汉　成都市青白江区粮食仓库副科长
胡方智　重庆钢铁(集团)公司焦化厂二炼焦车间大班长
刘志荣　长安汽车有限责任公司工人、技师
郑洪炳　永荣矿务局曾家山煤矿一井采煤四队队长
王素芳(女)　重庆杨家坪饮食服务公司门市组长
钟家权　自贡东方锅炉厂手工焊组工人、高级工
李建平　自贡张家坝制盐化工厂六车间组长
邱祥贵　攀枝花市汽车运输总公司工人
雷　永　四川省攀枝花矿务局建材总厂工人、中级工
曾繁榕　四川泸州长江液压件厂金工四车间组长、技师
汪焕木　德阳市东方电机股份有限公司重金工分厂工人、高级工
帅　锋　四川省磷化工集团公司清平磷矿蜂桶岩工区主任兼党支部书记、助理经济师
胡茹兰(女)　遂宁丝绢厂前缫车间十二小组工人
朱兴陆(女)　内江百货集团总公司百货二店组长、经济员
王远生　四川威远钢铁厂炼钢车间主任
王英伟　四川金顶(集团)股份有限公司峨眉水泥厂工人、高级工
宋丰秀(女)　乐山市市中区百货公司中百商场经理、经济师
王嘉玲(女)　中国长江轮船总公司重庆长江旅游公司船长
唐大伟　万县市电池厂工人
罗加玉(女)　南充嘉丽华丝绸集团公司立缫车间缫丝工
李玉琴(女)　大竹县石桥铺区粮站营业员
陈定伍　四川渠江水泥厂值班长
胡凤珍(女)　四川海陵实业股份有限公司三厂磷化环车间组长
张志祥　黔江地区大河口水电站工程指挥部指挥长
徐长学　四川芙蓉矿务局杉木树煤矿采煤九队党支部书记
张清秀(女)　四川省巴中丝绸厂车间副主任、技师
刘树成　阿坝州汶川永磁器材厂机修车间主任
王顺山　凉山州木里林业局工人
党　科　四川锦江宾馆餐饮部副总厨师长、一级厨师
陈德华　甘孜州公路养护总段甘孜分段雀儿山五道班班长
钱　龙　中国西南航空公司成都飞行部飞行检查主任、二级飞行员
刘志明　成都市邮政局走马街邮电分局工人、高级工
宋　光　四川石油管理局川东开发总公司采输一公司采气七队队长
崔顺贤　地矿部西南石油地质局管子总站站长、工程师
钟　声　成都铁路局重庆客运段列车员
赵远朝　铁道部第二工程局新线铁路运输处班长
张世平　中国核工业总公司国营八一二厂三车间工程师
兰遂文　四川华西集团第十三建筑工程公司第四分公司砖抹工
向晓荣(女)　中国工商银行名山县支行主办科员、助理经济师
高建孝　铁道部眉山车辆厂备料车间压型班班长
杨从远　四川雅砻江木材水运局工人、中级工
李寿华　四川朝阳机器厂工人、高级工
何自玺　达川地区万福钢铁总厂副总工程师、高级工程师
彭汝华　甘孜州乡城县林业局农艺师、县政协副主席
杜世权　中国成达化学工程公司高级工程师
张柏林　四川省电力工业局试验研究院主任工程师
苏世怀　攀钢(集团)公司钢铁研究院材料品种研究所所长助理、高级工程师
王国春　四川宜宾五粮液酒厂厂长兼党委书记、高级经济师
周天勤　成都动力配件股份有限公司高级经济师
白云清　成都光明器材厂厂长、党委书记、高级经济师

邱世明　四川文君酒厂厂长、党委书记、高级经济师
陈子升　重庆建设工业(集团)公司党委书记、研究员级高级工程师
郝振堃　中国嘉陵工业股份有限公司(集团)董事长总裁、高级会计师
张　净　重庆万里蓄电池股份有限公司董事长兼总经理、高级经济师
陈洪忠　四川玻璃股份有限公司董事长兼总经理、高级工程师
赵忠玉　攀枝花钢铁(集团)公司董事长、高级经济师
田德举　四川剑南春股份有限公司党委书记、总经理、高级经济师
王源峰　成都铁路局局长、工程师
李家顺　四川沱牌实业股份有限公司董事长兼总经理、高级工程师
周文瑞　四川橡胶厂党委书记兼厂长、高级经济师
赵仲全　四川嘉华企业(集团)股份有限公司总经理、党委书记、高级经济师
徐启斌　四川槽渔滩水电股份有限公司党委书记、董事长、高级经济师
张铭泰　四川索特(集团)股份有限公司董事长兼总经理、高级经济师
吴应禄　四川涪陵卷烟厂厂长、党委书记、经济师
王绍清　四川岷山机械厂厂长、高级经济师
倪润峰　四川长虹电器股份有限公司董事长兼总经理、高级工程师
文凤鸣(女)　德阳外贸天府花生厂厂长、经济师
贺鼎元　四川石油管理局川西南矿区矿长、党委副书记、高级工程师
李国富　四川省西昌市茧丝绸总公司总经理、农艺师
高守伦　雅安地区天全县二郎山企业集团公司总经理、党委书记、高级经济师
陈仕全　中国农业银行苍溪县支行行长、党组书记、高级经济师
张长富　中国第十九冶金建设公司经理、高级经济师
贾正方　彭州市大宝镇宝山村党委书记、经济师
尹大荣　四川新兴集团公司总经理、高级经济师
王潘明　成都市永安养殖公司经理
郑圣春　重庆大足县龙水镇幸光村圣春农场场长
贾紫焰　重庆南山园艺养殖场场长
董德明　重庆新桥实业总公司总经理、经济师
戴德佑　江津市刁家乡半坡村第二经济合作社农民
邹美富　自贡市荣县来牟乡来牟村二组组长、经济师
李　德　攀枝花市仁和区鱼塘彝族乡混撒拉村党支部书记
闵弟聪　泸州市古蔺县护家乡马地村党支部书记
刘诗富　德阳市中江县竹编工艺厂厂长、技师
王乃俊　绵阳市涪城区城郊乡双碑村党总支书记、高级经济师
刘成富　广元市元坝区明觉乡利华村党支部书记
刘善堂　遂宁市蓬溪县隆盛镇黄土岭村党支部书记
韦志清　内江四川连续铸管厂厂长
周启隆　乐山市丹棱县双桥镇金藏村党支部书记、经济师
周儒清　万县市开县长沙镇回龙村党支部书记
何清瑞　南充市南部县升钟镇回龙场村党支部书记
唐纯久　达川地区宣汉县茶河乡武圣村党支部书记
熊运元　广安地区广安县协兴镇果山村党支部书记
龚在培　涪陵市白涛镇柏林村四社村委会主任
任洪勇　彭水苗族土家族自治县鹿箐乡大青村党支部书记
李　明　宜宾市沙坪镇火花村七社农民、农业技术员
孙友良　四川省巴中地区平昌县荔枝乡照灯村、农业技术员
姜树森　雅安地区宝兴县硗碛乡泽根村党支部书记
杨凤军　阿坝州理县通化乡卡子村农民
小公布　甘孜州新龙县如龙镇高山村党支部副书记
李和湘　凉山州西昌市月华乡农民、农业技术员
樊定礼　四川省巴中市恩阳镇青宝村治保会治保主任
彭斌茹(女)　四川军地双拥钢铁公司总经理、经济师

贵　州　省

熊亮清　贵阳市邮政局乌当区局野鸭塘邮政所投递员
汪家驹　贵州险峰实业总公司工人、技师
黄本勇　水城钢铁集团公司炼钢厂炉长
翟培卡　水城矿务局汪家寨煤矿掘进五队班长
朱方孝　遵义铁合金厂一分厂工人
胡宗进　贵州省茅台酒厂工人、酒师
柳生活　安顺公路养护总段工人
刘让书　开阳县水泥厂电工班长
赵德清　威宁公路养护段剪角冲道班班长
罗昭明　金沙县新化煤矿工人
吴清木　玉屏侗族自治县铁合金厂工人
戴泽远　印江土家族苗族自治县邮电局投递班长
何道明　贵定卷烟厂工人、助理技师
王立国　凯里市磁性材料厂班长、助理工程师
周泽洪　凯里造纸厂指导驾驶员
徐永刚　贵州省黔西南州邮电局投递员
张志惠(女)　兴义市贵州醇酒厂包装班班长
林菊凤(女)　贵航集团西南工具总厂特级刃磨工、技师
张仕武　成都铁路局贵阳铁路分局遵义机务段火车司机、高级工
谌秀英(女)　贵阳市百货大楼总经理、经济师
惠金根　铁道部贵阳车辆厂厂长、高级工程师
王勤华　遵义卷烟厂党委书记、厂长、高级经济师

李大学　赤水天然气化肥厂厂长、高级经济师
张　军　贵州红阳机械集团公司董事长、高级工程师
陈启川　贵州汽车配件厂总工程师、高级工程师
徐仲英　国营井岗山仪表厂高级工程师
吴志强　铁道部第五工程局第一工程处工程师
莫雨苍　六枝矿务局六十五处副处长
赵铁臣　中国水利水电第九工程局机电安装处处长、高级工程师
陈绍祥　贵阳市乌当区野鸭乡金关村农民、经济师
翟彩红　盘县特区淤泥乡双龙村农民
田茂碧(女)　遵义县桂花水泥厂农民
王治伦　桐梓县坡渡镇龙井村农民
向大忠　平坝县乐平乡养殖联合体农民
尚德坤　金沙县西洛乡申家街村农民
熊廷顺　毕节市顺弘建筑工程有限公司农民
张太洪　沿河县新景乡新仲村农民
何元亮　罗甸县云干乡大关村农民
吴秀忠　雷山县西江镇尧村农民、技师
张光全　麻江县龙山乡龙山村农民
董光华　兴义市马岭镇红星村农民

云 南 省

邵光灿　云南昆明机床股份有限公司装配厂工人、助理技师
杨淑芳(女)　云南机床厂丝杆分厂工人、技师
周启美(女)　云南昆明市盘龙区环卫管理处清运一队盘龙片组小组长
姜月珍(女)　云南省陆良丝绸厂工人、助理技师
李发亮　云南省楚雄州机床修造厂锻压车间工人、中级工
左安平　云南省丽江地区永胜瓷厂工人
赵万龙　云南省会泽铅锌矿运输处驾驶员
杨绪佳　云南省田坝煤矿四号井掘进二队班长
陈玉培　云南省化学工业建设公司车队工人、中级工
尹世才　云南省一平浪盐矿矿区掘进车间工人
陈建平　云南省思茅汽车运输经贸总公司客运旅游公司驾驶员
张保才　云南地质工程第二勘察院二〇三井队队长
杨开显　云南省凤庆县邮电局大寺邮电所乡邮投递员
连玉仙(女)　云南省第三建筑工程公司第六工程处钢筋班班长
姜云伟　云南省国营景洪农场三分场五队工人
沙　忠(女)　云南省国营勐棒农场三分场九队工人
张乔兰(女)　云南省曲靖市三宝供销合作社营业员
王荣华　成都铁路局昆明分局昆明机务段运用车间电力三队党支部书记
李桂芬(女)　成都铁路局开远分局开远生活段二级厨师
伍昌义　滇黔桂石油勘探局贵州油气勘探开发公司32334钻井队工人
蒋高成　云南东川矿务局滥泥坪矿三坑掘进四队队长
姚生亮　云南玉溪公路管理总段通海公路管理段段长、经济员
马玉康　昆明钢铁总公司总经理、党委书记、高级工程师
李斗龙　云南昆明国家高新技术产业开发区金鼎企业集团总裁、经济师
傅发武　云南省昭通卷烟厂党委书记、厂长、高级经济师
武　植　云南省文山壮族苗族自治州水泥厂厂长、党总支书记、工程师
李开顺　云南省耿马傣族佤族自治县糖厂厂长、党委书记、经济师
乔发科　云南玉溪卷烟厂副厂长、高级工程师
俞志尧　云南省开远水泥厂厂长、党委书记、高级工程师
武文宽　云南省机械进出口公司总经理、高级经济师
黄位森　云南锡业公司研究所所长、教授级高级工程师
全德斌　云南省漫湾发电厂总工程师、高级工程师
李俊良　国营云南燃料二厂副总工程师
朱才勋　云南省宣威医药采购供应站经理、党支部书记、经济师
袁绍富　云南省玉溪市电石厂厂长、经济师
周逞云　云南省龙陵县龙塘糖厂厂长、工程师
李政权　云南省怒江傈僳族自治州黄木供电公司经理、工程师
王和兴　中国水利水电第十四工程局第三工程公司经理
李福安　云南省甸尾贮木场场长、高级工程师
此里吾维　云南省德钦县石油公司经理、经济员
韩志英(女)　云南昆明市呈贡县洛羊镇倪家营办事处望朔村村委会副主任
何显昌　云南楚雄市东华镇新柳办事处第三合作社农民
汤发俊　云南文山县德厚乡德厚村农民
玉　恩(女)　云南景洪市嘎栋乡曼沙村公所曼令村农民
杨庭相　云南保山市西邑乡真峰村农民
和继华(女)　云南丽江县拉市乡海东村公所利见村农民
杨国银　云南祥云县沙龙乡芮家村公所村党支部书记
陈应阳　云南云县茂兰彝族布朗族乡温平村公所村党支部书记
李建枢　云南罗平县市政工程公司经理、高级工程师
许世德　云南澄江县龙街镇万海办事处企业管理委员会主任、工程师

聂景星　云南省个旧市焊料厂厂长兼党总支书记、高级工程师
李洪生　云南建水县永生实业总公司总经理、党委书记、经济师
郭远明　云南省思茅市三家村茶厂厂长、助理经济师
王定春　云南省保山市羊邑水泥厂厂长
恩　久　云南陇川县章风镇曼拉办事处曼拉二社农民

西藏自治区

德吉卓嘎(女)　拉萨市市政工程养护管理处队长
其美多吉　西藏自治区交通厅公路工程总公司第一工程公司工人
南木拉　西藏那曲地区粮食局粮油门市部工人、助理经济师
节　节　西藏林芝地区交通局察隅养护段工人
罗桑多吉　拉萨水泥厂烧成车间副主任、助理技师
次　仁　西藏日喀则地区商贸总公司工人、助理经济师
高　红　西藏山南地区供电所工人、助理工程师
王善禄　西藏昌都地区交通局第三汽运公司工人
欧　珠　拉萨市自来水公司经理、工程师
伦珠次仁　西藏日喀则江孜饭店总经理、经济师
泽丁多吉　西藏昌都地区建筑公司经理
帕巴公觉　西藏邮电管理局总工程师、高级工程师
耿双全　西藏交通厅格尔木运输总公司一公司工人
平措杰布　西藏林芝朗县洞嘎乡聂村党支部书记
晋　美　拉萨市堆龙德庆县羊达乡朗仲村党支部书记
拉　尼　西藏那曲地区班戈县青龙乡副乡长
群培次仁　西藏日喀则仁布县仁布乡建筑公司经理
吴　金(女)　西藏阿里嘎尔县索美乡妇联主席
巴　姆(女)　西藏昌都洛隆县达龙乡妇联主席
边觉伦珠　西藏山南浪卡子县白地乡扶贫建筑队队长

陕西省

王贵祥　陕西省西安绝缘材料厂覆铜箔板分厂压制组组长、技师
任天福　铁道部西安车辆厂副总工程师、高级工程师
苌春福　陕西省西安汉斯啤酒饮料总厂厂长、高级经济师
韩增荣　陕西省西安雁塔水泥厂厂长、高级经济师
傅迎春(女)　陕西省西安百货大厦股份有限公司金属厨具部柜组长、高级营业员
杨　琪(女)　西安福乐家具有限公司董事长、高级经济师
曹连芝(女)　陕西省宝鸡市公共交通公司特级乘务员
刘　忠　陕西省宝鸡机床厂厂长、高级工程师
温炳台　陕西省宝鸡灯泡厂总工程师、高级工程师
来辉武　中国咸阳保健品厂厂长、研究员
王　剑　陕西省乾县第二印刷厂工人
曹双虎　陕西省咸阳市汽车运输公司驾驶员、中级工
李有华　陕西省铜川市铝厂厂长、高级经济师
陈振英　陕西省富平联合收割机厂工人、技师
李经书　陕西商洛冶炼厂厂长、高级工程师
张利忠　陕西省安康地区第一缫丝厂厂长、经济师
周华俊　陕西省汉中公路管理总段留坝管理段工人、技师
贾印印　西安飞机工业公司33厂工人、高级技师
张西源　国营西安秦川机械厂七〇三车间工人、技师
曹化桥　航天工业总公司7103厂工人、助理技师
吴豪杰　陕西省延安卷烟厂二车间工人、高级工
刘长汉　陕西宝鸡有色金属加工厂班长、技师
林　平　陕西省汉川机床厂四车间八号工段工人
蔺春玉(女)　西北第四棉纺织厂织布值车工
申尔谦　西北第二棉纺织厂厂长、高级工程师
安怀忠　安康铁路分局安康工务段线路工
周殿雄(女)　陕西省机械施工公司南京分公司总工程师、高级工程师
刘德发　陕西省镇安县柴坪邮电支局乡邮员
曹献金　铁道部第一工程局五处十四队班长、高级工
王根生　陕西省宝鸡氮肥厂工人、高级工
王永红(女)　陕西省玻璃纤维总厂车间主任、高级经济师
诸葛谦　交通部西安筑路机械厂工人、中级工
阎百古　陕西省百隆(集团)股份有限公司董事长、总经理、高级经济师
易兰芬(女)　西安铁路分局略阳工务段朝天路基工区巡山工
杜金虎　郑州铁路局西安铁路分局西安车辆段乘务长、检车员
王允杰　陕西钢厂二轧车间轧机工段工段长、技师
王国永　西安钢铁厂厂长、高级经济师
李亚明　陕西省水利工程局水利机械厂三车间二班班长
居林华　陕西省铜川矿务局下石节煤矿掘进一队班长
王国春　铁道部第二十工程局铁路运输工程处内燃机车司机长
华　炜　陕西省印刷厂厂长、高级经济师
刘华国　西安银桥乳制品实业有限公司董事长兼总经理、经济师
刘玉萍(女)　中国工商银行陕西省富县支行储蓄所所长、经济师
高玉峰　陕西省临潼县西街村党总支书记、经济师
郭世英　陕西省西安市鱼化寨村企业集团总公司董事长

李俊山　陕西省宝鸡县杨家沟乡巩家泉村党总支书记、经济师
杜建文　陕西省咸阳市北杜乡后村酶法糊精厂厂长、工程师
王克勤　陕西省咸阳市秦都区古渡乡安村彩虹包装箱厂村党支部书记、厂长、经济师
李伯虎　陕西省耀县下高埝乡前申河村党总支书记、经济师
郝进录　陕西华县胜山乡桥上桥有限公司董事长、总经理、经济师
雷仁义　陕西省渭南市杜桥街道办事处五里铺村党总支书记
周百堂　陕西省商州市红门河乡小韩峪村党支部书记
牛玉琴(女)　陕西省靖边县东坑乡金鸡沙村农民
石掌雄　陕西省府谷县高石崖乡天桥化工集团公司总经理、助理经济师
高远璋　陕西省白河县前坡乡胜利村农民
王宏斌　陕西省城固县东方红村东方精制食品厂厂长、经济师
傅中耀　陕西省勉县高潮乡高潮村党总支书记
王久富　陕西省延安市枣园乡庙沟村党支部书记

甘　肃　省

韩正录　白银有色金属公司深部铜矿机运队工段长
邓代维　甘肃化工机械厂厂长、高级工程师
张　军　西北油漆厂厂长、高级工程师
李聚山　兰州连城铝厂党委书记、高级政工师
田云杰　兰州钢铁集团公司六五〇轧钢厂精整车间工人
刘家河　兰州橡胶制品厂工人
宋遂邦　兰州化学工业公司合成橡胶厂苯乙烯车间工人
陈宏章　兰州炼油化工总厂油品储运厂原油车间工人
许晓安　兰州市第一汽车运输公司驾驶员、技师
刘爱荣(女)　兰州百货大楼股份有限公司百货部大组长
朱俊东　天水星火机床厂铸木车间铸工
严世荣　金川有色金属公司龙首矿工人、高级工
王菊花(女)　酒泉钢铁公司修建部设备队"三八"女子焊工班电焊工
张景发　甘肃凉州皇台酒厂厂长、高级经济师
许福林　甘肃滨河酒厂厂长、副教授
李志信　甘肃省华亭县华亭煤矿矿长、高级工程师
张秉华　玉门石油管理局钻井处 32852 钻井队队长
李朝杰　甘肃省酒泉糖厂总工程师、高级工程师
史兴全　中国石油天然气总公司长庆石油勘探局局长、高级工程师
马险峰(女)　甘肃省庆阳地区毛纺织厂工人
杨万春　甘肃陇南春酒厂党委书记兼厂长、高级工程师
马明继　甘肃省临夏回族自治州汽车运输公司第二分公司驾驶员
局根海　兰州铁路局勘测设计院高级工程师
张寿烨　兰铁兰西机务段东电力运用车间天水驻在所机车司机
贺思贤　甘肃省金城建业股份有限公司班长
林大祥　甘肃省靖远矿务局红会一矿机采三队采煤工
王克忠　甘肃省电信传输局酒泉分局线务员
王　银　甘肃省水利水电工程局一处 102 队管道班班长
肖和中　甘肃省地质矿产局第三地质队副总工程师、高级工程师
李云山　甘肃送变电工程公司送电三处工程队队长、技师
任俊亭　甘肃省兰州第三毛纺织厂厂长、高级经济师
陆生财　中国核工业总公司四〇四厂一分厂工人、高级技师
吴永高　兰州手扶拖拉机厂厂长、高级工程师
谢庄应　中国核工业总公司五〇四厂总工程师、高级工程师
毛俊秀(女)　中国工商银行甘肃省分行陇西县支行行长、经济师
黄发胜　甘肃省甘谷县六峰建筑公司经理、工程师
高振华　甘肃省靖远县北湾乡金山村村委会主任、农技师
张严德　甘肃省武威荣华工贸总公司总经理、经济师
兰正国　甘肃省临泽县平川乡五里墩村农民、助理园艺师
张桂兰(女)　甘肃省临洮县康庄育种研究所(民办)所长、农技师
吕义清　甘肃省临泽县平川乡平川村农民
范登举　甘肃省敦煌市五墩乡苏家堡村一队农民、农艺师
许明学　甘肃省宁县焦村乡任村党支部书记
茅德贤　甘肃省成县黄渚铅锌选矿厂厂长、经济师
崔延兴　甘肃省永靖县刘家峡硅铁厂厂长、工程师
王文信　甘肃省兰州市西固区西固乡西固村党支部书记
陈泽栏　甘肃省永昌县新城子镇兆田村党支部书记
南木吉　甘肃省夏河县科才乡赞布宁村牧民

青　海　省

肖德明　西宁起重运输机械厂电焊班班长、技师
宋云燕(女)　青海毛纺织工业总公司长毛绒厂挡车工、技师
马国福　青海省民和县福利铁合金厂厂长、经济师
朱文旭　青海省乐都水泥厂书记、工程师
王正义　海西自治州巴音河化工厂厂长
姚红林　果洛藏族自治州斑玛县黄金开发总公司经

理、助理工程师
薛恩仁 青海石油管理局钻井工程处 32892 钻井队队长
王国础 青海铝厂第一电解厂工人、高级工
杨德仁 西宁钢厂工人、技师
寇玉友 青海钾肥厂第一选矿厂车间副主任
张以勇 青海第一机床厂二分厂工人、技师
杜金科 青海工具厂厂长、高级经济师
胡锁刚 青海省龙羊峡水力发电厂工人、高级工
王杏生 青海省公路局海东公路总段乐都公路段养路工、技师
陈文元 青海省第四建筑工程公司经理、高级工程师
黄益朝 青海省电信传输局果洛线务站达日线务段段长
周建民 西宁铁路分局西宁机务段司机长
赵永谦 西宁铁路分局格尔木工务段线务工长
张儒林 水利水电第四工程局机电安装分局分局长、高级工程师
周大潮 格尔木农场河东农工商公司十队书记兼队长、助理农经师
李生莲(女) 青海大通种牛场牧工
马启俊 青海省纺织品总公司杨家庄仓库保管员
黄家钦 青海省广播电视服务器材公司经理、高级经济师
蒋耀平 青海制药厂工人、技师
冯兴安 国家建材局茫崖石棉矿矿山采掘段挖掘机长
王琛远 西宁城东区中庄乡王家庄村村党支部书记、助理经济师
张有禄 青海省湟中县总寨乡逯家寨村党支部书记
王维民 海西州乌兰县希里沟镇北庄村农民
李存德 海北州门源县北山乡农机服务站站长
刘才成 青海省贵德县河阴镇大史家村党支部书记、经济师
扎 昂 青海省果洛藏族自治州玛沁县当前牧委会村党支部书记
张香玲(女) 青海省黄南州同仁县保安乡城内村农民
高 道 青海省海晏县青海湖乡同宝村牧民
刘 颖(女) 中国银行青海省分行格尔木支行行长、高级经济师
薛发德 中国工商银行青海省分行西宁市支行城中办事处出纳员、助理经济师

宁夏回族自治区

何 锋 银川化工厂分厂厂长、技师
田玉华(女) 银川市蔬菜果品公司富宁街菜市场经理(工人)、助理经济师
徐础桥 宁夏化工厂安装检修公司管工班班长、技师
王志强 宁夏青铜峡铝厂第一电解分厂车间主任、助理工程师
王吉宗 宁夏煤炭基建公司汽车队工人
杨廷军 灵武矿务局灵新矿采煤一队队长
孔繁兴 宁夏电力局石嘴山发电厂工人、中级工
周宗仁 西北地勘局 217 大队七车间工人、助理工程师
张志英(女) 银川橡胶厂中策(长城)橡胶有限公司七车间工人
阎宏伟(女) 银川毛纺厂挡车工、技师
孟广义 银川铁路分局石嘴山车辆段中卫列检所检车员
李行泉 自治区水利厅固海扬水管理处检修队班组长、助理工程师
田成金 中宁县邮电局乡邮递员
殷国阳 宁夏公路工程局第三工程队沥青拌合站站长
刘振民 吴忠红果清真食品工业集团总公司总经理(工人)、经济师
宋粉荣(女) 银川电焊条厂厂长、经济师
崔宝田 铁道部第十八工程局第五工程处指挥长、高级工程师
高续纯 西北轴承厂厂长、高级工程师
朱振林 宁夏大荣氰胺有限公司董事长兼总经理、高级经济师
卜兴泰 青铜峡市水泥厂厂长、经济师
程立绩 宁夏长城机床厂厂长、高级工程师
何季林 宁夏有色金属冶炼厂总工程师、高级工程师
蒋加钰(女) 长庆石油勘探局物探处研究所副所长、高级工程师
张文斌 宁夏国营灵武农场畜禽水产服务研究中心经理(科级)、高级畜牧师
阎翠梅(女) 永宁县杨和乡纳家户十队农民
卞占强 平罗县崇岗乡潮湖村党支部书记
赵兴成 盐池县城郊乡沟沿村党支部书记
鄢尚全 同心县城关乡南阳村村委主任
刘尚元 中卫县西元乡夹道村党支部书记
徐安万 彭阳县磷肥厂厂长(农民)及固原地区建筑公司彭阳分公司经理
许文杰 西吉县兴隆镇单北村党支部书记
邓向华 海原县海城镇城关村农民
祁国亮 银川市郊区掌政乡洼路村农民

新疆维吾尔自治区

李国斌 中国人民解放军第 9864 工厂(新疆伊宁啤酒厂)干部、工程师
王孝先 乌鲁木齐市建筑材料总厂书记、厂长、高级经济师
曹善民 新疆石河子宾馆干部
李宗汤 新疆四运集团公司书记、总经理、经济师
卡德·买买提 新疆水利水电建设工程局四分公司工人

赵兰英(女) 新疆石河子市邮电局工人
艾合买提 乌鲁木齐铁路局哈密车站运转车间连结员
章 英(女) 新疆民航局运输处机上供应处工人、一级厨师
秦书声 乌鲁木齐机务段鄯善机务分段内燃车司机
雪小召 哈密铁路分局柳园车务段工人
杜贤东 新疆兵团农一师工程团汽车队驾驶员
阿不来提·吐尔逊 天山西部林业局巩留林场巩西护林站护林员
米吉提·阿不力米提 新疆喀什地区水泥厂烧成车间甲班班长
王书莉(女) 新疆乌市公交一公司十一车队乘务员
陶跃德 新疆兵团农二师36团巴州石棉矿工人
吐尔逊·买买提 新疆伊犁建筑工程公司预制厂工人
阿巴斯·斯地克 乌鲁木齐矿务局六道湾煤矿工人
杨振军 新疆有色铜镍公司喀格通克铜镍矿矿柱班班长
范生高 新疆阿克苏公路总段路桥工程队队长、高级经济师
王再兴 新疆水泥厂扩建工程指挥部干部、高级工程师
魏荣义 新疆凯达物资供销工业公司干部
梁龙智 塔里木石油勘探开发指挥部工人
孟 征 新疆伊犁州第二毛纺厂副厂长、高级工程师
胡友国 乌鲁木齐石化总厂生服公司维修队工人
艾热提·吐尔逊 石油局钻井公司钻井一分公司4539队司钻
木尼热·托呼提(女) 新疆七一第一棉纺织厂工人、高级工
包力代 新疆库尔勒棉纺织厂前纺车间工人、高级工
苗宏生 新疆钢铁公司第一轧钢厂线材车间工人
关英奎 阿克苏地区石油公司干部、经济师
古丽巴哈尔(女) 中国工商银行新疆伊犁地区伊宁市支行干部
克然木·依明 新疆和田县罕艾日克乡优喀空村农民
李付忠 新疆米泉县铁厂沟镇铁厂沟村农民
库尔班兰(女) 新疆乌苏县车排子镇沙枣村农民
依沙克·买买提吾拉音 新疆乌恰县黑孜苇乡库力热克村农民
阿不都·安木都 新疆哈密市二堡乡头堡村农民
司马义·库尔班 新疆鄯善县连木沁镇霍加木阿迪里村农民
艾则孜·阿吾提 新疆麦盖提县央塔克乡结然墩村农民
松 嘎 新疆温泉县安格里格乡托斯呼尔图村农民
通古什汗·苏来曼 新疆阿勒泰市喀拉希力克乡萨尔库木村牧民
阎卫华(女) 新疆兵团农十师187团七连农民
苏尔坦·拉力 新疆兵团农四师61团畜牧连牧民
米吉提·马木提 阿瓦提县拜什艾日克乡上东湖西拉克村农民
冶占林 乌鲁木齐市新疆第一石油管道配件厂农民

中国人民解放军

杨德亭 中国人民解放军6409工厂厂长
姚建民 中国政通实业总公司鹿泉市集运站站长
范英俊 中国新兴铸管联合公司总经理
吴七生 中国人民解放军3517工厂工人
刘新海 海军安阳水泥厂副厂长
江崇年 空军南阳水泥厂总工程师
陈木林 中国人民解放军5714工厂厂长
陈立芳 第二炮兵装备修理厂技师
王福民 沈阳军区后勤部大连新德有限公司总经理
臧怀玉 中国人民解放军7212工厂厂长
荣根兰 中国人民解放军7421工厂车间主任
孙如贵 兰州军区后勤部建筑工程总队总队长
李文燕(女) 济南军区黄河三角洲生产基地农艺师
林发新 中国人民解放军7427工厂副厂长
丘旭辉 广州军区司令部嘉禾农场面粉厂厂长
刘英华 广州军区后勤部三寓宾馆总经理
梁春寿 昆明企业管理局9777工厂厂长、高级工程师

中央国家机关

权义鲁 机械工业部中国机床总公司总经理、高级工程师
赵 宏 核工业总公司原副总经理、研究员级高工
田忠义 国家旅游局中国国际旅行社总社东南亚部副部长、翻译
马学伦 中国建筑材料工业建设总公司爆破公司经理、工程师
柳传志 中国科学院联想集团公司总裁、高级工程师
孙文杰 建设部中建总公司中国海外集团有限公司总经理、高级工程师
李建红 交通部中国远洋运输集团总公司中远工业公司总经理、经济师
吕洪涛 农业部中国水产总公司副总经理
秦安民 石油天然气总公司石油工程建设公司总经理、高工
欧阳忠谋 电子工业部中国电子进出口总公司总裁、高级工程师
杨一萍(女) 对外贸易经济合作部中国医保进出口总公司副总裁、高级经济师
胡宗寅 航天工业总公司第三研究院二三九厂厂长、研究员级高工
金 翔 航天工业总公司二院699厂车间副主任、技术员
姚 进(女) 新闻出版署北京新华印刷厂车间副主

任

那宝恩　中国国际航空公司飞行总队队长、一级飞行员

全国先进工作者

北　京　市

罗　玲(女)　北京市市政设计研究院副总工程师、高级工程师

马国馨　北京市建筑设计研究院副总建筑师、高级建筑师

张永江　北京市东城区环境卫生管理局二队工人、工程师

李　烈(女)　北京第二实验小学副校长、特级教师

黄宗汉　中共北京市宣武区委员会区委顾问

马芯兰(女)　北京市朝阳区幸福村中心小学副校长、特级教师

王　选　北京大学计算机科学技术研究所所长、教授

吴良镛　清华大学建筑与城市研究所所长、教授

冯长根　北京理工大学力学工程系教授

巫昌祯(女)　中国政法大学法律系教授

孙毓敏(女)　北京市戏曲学校校长、一级演员

林明美(女)　北京市卫生局临床药学研究所所长、研究员

甘　雷　北京市公安局丰台分局六里桥派出所科员

苏俊栓　北京市公安局交通管理局西城大队西单中队副处级警员

王忠义　北京市公安局公共交通分局刑警一队正处级侦察员

谭晓光　北京市气象局研究所计算机室室主任、高级工程师

彭明友　怀柔县喇叭沟门中心小学党支部书记、高级政工师

陈　杭(女)　北京市农林科学院蔬菜研究中心主任、研究员

李彰明　北京市农业局种子公司(站)高级农艺师

天　津　市

孙丽华(女)　天津市河西区环卫局第四队扫道工

蔡开仕　中国船舶工业总公司七院七〇七研究所室主任、高级工程师

王淑训(女)　天津市市政工程设计研究院副总工程师、高级工程师

李向阳　天津市河北区城建局排水管理所班长

谈　遒　天津大学石油化工技术开发中心主任、教授

邓学孟　天津市轻工装备研究所总工程师、高级工程师

吕淑珍(女)　天津市农科院黄瓜研究所副所长、研究员

王培德　天津市第四中学教师、中学高级教师

杨学钧(女)　天津市河北区育婴里小学教师、中学高级教师

王希萍(女)　天津市和平区岳阳道小学校长

邱明才　天津医科大学总医院内科内分泌科副主任、研究员

金国威　天津铁路中心医院副院长、主任医师

何华英　天津市公安局河东分局看守所所长、二级警司

河　北　省

赵国忠　石家庄市农业科学研究院室主任、副研究员

傅爱学　石家庄市公安局桥东分局一级警督

张侦年　石家庄市公安局交警第一支队民警

高煜章　唐山工人医院院长、主任医师

刘　韧(女)　唐山市路南区南新道小学校长、特级教师

严正萍(女)　山海关区老龙头景区管理处主任、政工师

崔书军　邯郸市邯郸县公安局刑警队副队长、工程师

王光紫(女)　邯郸市第一中学教师、中学高级教师

赵爱君(女)　邯郸市丛台区地方税务局新华税务所专管员、会计员

何玉铭　邢台市实用技术开发研究所所长、翻译

刘光庭　保定市公安局侦察员、高级工程师

高尔泰　保定市第一医院主任、主任医师

王　健　河北农业大学教授

容惠忠　张家口市公安交警支队中队长

卢千林　尚义县水利水保局局长、工程师

林治先　隆化县审计局局长

戈照亮　沧州市公安交通警察支队副班长

吕德滋　河北省农林科学院粮油作物研究所所长、研究员

王锡伯　青县实验小学党支部书记

山　西　省

温桂花(女)　太原市殡仪馆殡仪工

李　玲(女)　太原市北城区新建路中学教师、小学高级教师

陈　�　太原市人民医院外科副主任、副主任医师

欧学联(女)　山西省大同市矿区永定庄街第十六居委会居委主任

马文有　山西省左云县综合技术学校校长、中学高级教师

赵雪芳(女)　山西省长治市人民医院副院长、主任医师

陈志贤　山西省农科院棉研所生物研究室室主任、研究员

董复兴　中国兵器工业第七〇研究所课题组长、高级工程师

田桂兰(女)　山西省晋剧院团长、一级演员
葛世培　中国科学院山西煤炭化学研究所课题组长、研究员
郭新志(女)　山西省残疾人康复中心脑瘫康复医院院长、副主任医师
赵岩平　山西省《童话大王》杂志社社长、编辑
徐　重　太原工业大学表面工程研究所所长、教授
吴继达　山西省大同市公安局西街派出所所长
郑忠德　太原市环境卫生五队清洁工

内蒙古自治区

洪　峡(女)　呼和浩特市土默特中学教师、特级教师
吕兰英(女)　呼和浩特市公安局回民区分局新华派出所副所长
武占卿　中国兵器工业第五二研究所主任、高级工程师
赵士莹(女)　包头市第四职业高中校长、特级教师
夏景阁　宁城县计划生育局局长
郑传昌　扎兰屯市殡葬管理所所长
吴日图　科尔沁左翼中旗蒙古族中学校长、特级教师
乌慧敏　乌兰察布盟行政公署公安处科长、工程师
李　武　伊克昭盟化工研究所总工程师、高级工程师
王金锐　伊克昭盟医院副院长、主任医师
齐俊梅(女)　阿左旗巴彦浩特镇回民小学教师、小学高级教师
旭日干　内蒙古大学校长、教授
王润喜　内蒙古体育工作第一大队助理教练员
范德元　内蒙古电子计算中心副主任、副研究员
赵　霞(女)　鄂尔多斯歌舞剧团演员、国家二级演员
吕守志　通辽市环境卫生管理处工人
孙泽民　内蒙古自治区农业科学院研究员

辽　宁　省

董令贻(女)　沈阳市和平区妇婴医院副主任医师
葛朝鼎　东北育才学校特级教师
刘积仁　东北大学软件中心主任、教授
关玉新　化学工业部沈阳橡胶工业制品研究所室主任、高级工程师
魏国良　沈阳市公安局沈河区公安分局惠工派出所所长
曹延风(女)　中国农业银行辽宁省沈阳市于洪区陵东信用社主任、高级经济师
郭大生　大连合成纤维研究所总工程师、研究员
王时宗　大连市西岗区八一路街道办事处主任、高级经济师
徐世政　大连市第十五中学教师、高级教师
王永海　大连人民广播电台记者
赵洪恩　大连市水产研究所副总工程师、高级工程师
吴　敏　鞍山市中心医院科主任、主任医师
张嘉琤　抚顺市中心医院神经外科主任、副主任医师
孙志强　本溪市公安交通警察支队副处调
周慧臣　丹东市水技术机电研究所总工程师、高级工程师
吴纪昌　丹东市农业科学研究所高级农艺师
马静娴(女)　锦州市第一中等职业技术专业学校教师、高级教师
张景达　辽宁省石油总公司阜新市公司经理、高级经济师
胡　勇　沈阳市皇姑区环卫局工人
金祥余　鞍山市自来水总公司班长
王立军　铁岭市公安局副局长
邹　义　朝阳市公路管理处处长、经济师
由景瑶(女)　兴城市妇幼保健院院长、主任医师
刘桂芬(女)　辽宁省气象局气象台副台长、工程师
李忠诚　辽宁国际经济技术合作公司外汇商品供应总公司总经理、高级工程师
顾永昌　辽宁省对外贸易经济合作厅华曦集团董事长兼总经理、高级经济师
李默然　辽宁人民艺术剧院名誉院长、一级演员
王义夫　辽宁省军事体育陆上运动学校运动员
王显骢　辽河石油勘探局局长、教授级高工
单维奎　铁岭市农业科学研究所所长、研究员
朱德贵　朝阳市农机公司经理、高级经济师

吉　林　省

孙昌璞　东北师范大学理论物理研究所所长、教授
李元昌　榆树市秀水二中校长、中教高级
林治富　吉林省蛟河市人民医院院长、主任医师
徐桂生　吉林市第二十九中学校长、特级教师
鄢亚零(女)　梅河口市中医院医生、主治医师
金成哲　前郭县中医院医生、副主任医师
张术良　镇赉县第一中学校长、高级教师
王成林　吉林省第一体育工作队女子举重队教练、高级教练
曹健林　中科院长春光机所常务副所长、研究员
王友新　吉林省梨树县总工会主席
杨贵生　四平市烟草专卖局局长、高级经济师
王凤林　吉林省洮南市畜牧兽医总站站长、高级畜牧师

黑龙江省

程晓莉(女)　哈尔滨第十八中学特级教师
马　军　哈尔滨市第一医院血研所所长、研究员
张雅君(女)　哈尔滨市公安局南岗分局革新派出所户籍员
陈晓君(女)　齐齐哈尔市第二中学特级教师
张金柱　齐齐哈尔市龙沙公安分局安顺派出所所长
杨玉庆　宁安市教育委员会主任

高红岩（女） 牡丹江市立新实验小学校长、中学高级教师
王启民 大庆勘探开发研究院高级工程师
乔淑芳（女） 大庆师范学校教师、高级讲师
许继强 鸡西市鸡冠公安交通警察大队教导员
杨宝琛 鸡西市文化局室主任、国家一级编剧
宁桂茹（女） 嫩江县人民医院医生、主治医师
张茂英（女） 大兴安岭地区人民医院科主任、主任医师
孙淑兰（女） 黑龙江省革志监狱副监狱长、高级政工师
姜天亮 黑龙江省交通征费稽查局牡丹江处林口所所长、经济师
张志权 黑龙江省寒地建筑科学研究院院长、高级工程师
李万兆 齐齐哈尔市龙沙区正阳牙科医院院长

上海市

郑吉园 上海市测试技术研究所总工程师、高级工程师
林元培 上海市政工程设计研究院总工程师、高级工程师
姚伟达 上海核工程研究设计院副主任工程师、高级工程师
顾玉祥 上海市环境卫生废弃物处置管理处工程师
杨怀仁 上海市税务局宝山区分局刘行税务所主任科员、经济师
徐爱芳（女） 建行上海第一支行派出柜主任、经济师
李家豪 中国工商银行上海市分行计算中心总工程师、高级工程师
马在田 同济大学海洋地质与地球物理系教授
王建磐 华东师范大学副校长、教授
闻玉梅（女） 上海医科大学基础医学院分子病毒教研室主任、教授
顾健人 上海市肿瘤研究所国家重点实验室主任、研究员
顾玉东 上海医科大学附属华山医院手外科主任、教授
陈　竺 上海第二医科大学附属瑞金医院研究所副所长、研究员
浦海清 上海市军事体育俱乐部主任
王芝泉（女） 上海昆剧团演员、一级演员
李蓓蓓（女） 上海东方广播电台播音员、一级播音员
左学金 上海社会科学院人口与发展研究所所长、研究员
黄重威 电子工业部第三十二研究所主管设计师、研究员
徐至展 中国科学院上海光学精密机械研究所所长、中科院院士、研究员
乐秀海 中国科学院上海技术物理研究所上海尼赛拉传感器有限公司中方总经理、高级工程师
徐福鑫 上海市公安局刑侦总队四支队侦察员
俞　雷（女） 上海市国家安全局一处副处长、助理研究员
徐善珍（女） 上海市儿童福利院保育员
冯恩洪 上海市建平中学校长、高级教师
马竹卿（女） 上海市长宁区中心医院主任、主任药师
孙幼丽（女） 上海市虹口区崇明路小学音乐教师、中学高级教师
黄静华（女） 上海市尚文中学高级教师
焦东海 上海市香山中医医院中西结合科主任、主任医师
沈晓宏（女） 上海金山县枫泾镇南星小学教师、小学高级教师
张鉴周 上海青浦中学常务副校长、中学高级教师

江苏省

张新年（女） 南京市钟阜医院院长、主任医师
宋平安 南京市白下区环卫所工人
于顺华 南京市公安局下关分局宝塔桥派出所主任科员
肖彩琴（女） 常熟市计划生育委员会主任、高级政工师
张祖望 江苏省苏州中学组长、中学高级教师
张学光 苏州医学院生物技术研究所副所长、教授
宣炳龙 江苏昆山经济技术开发区管委会主任、经济师
王允宜 苏州沧浪环卫所工人
顾金娣（女） 无锡市南长环卫所组长
朱士雄 无锡县中学校长、中学高级
庄玉明（女） 常州市实验中学教师、中教高级
顾汉萍（女） 常州市德安医院院长、副主任医师
翟万洪 镇江市政设施管理处班长
陈　钧 江苏理工大学农业机械学院农产品加工教研室教授
王庆涛 仪征物资局局长、高级经济师
冯祥华 高邮电子工业局副局长、高级经济师
马恩甲 扬州汶河中心小学校长、小学高教
张顺民 江苏省江都水利工程管理处西片闸坝党支部书记
刘邦杰 江苏沿江地区农业科学研究所副研究员
刘庚南（女） 南通市启秀中学高级教师
倪国祥 海门市殡仪馆馆长、工程师
李　杨 淮阴县公安局副局长、研究实习员
阎成米 泗洪县临淮镇二河船头小学教师、小学二级教师
宋长荣 江苏省淮阴市京剧团省剧协副主席、国家一级演员
叶永存 盐城市第一人民医院副院长
杨怀恩 建湖县近湖乡党委书记

安在勤 江苏丰县中学主任、高级教师
李尚亭 徐州市公安交警云龙大队副队长
王兴亚 连云港市公安局路南派出所所长
顾良圭 中国船舶工业公司第七研究院716研究所副所长、高级工程师
林 莉(女) 江苏省游泳队运动员
方 晞 江苏省交通科学研究所所长、高级工程师
鲁 洁(女) 南京师范大学教育科学研究所教授
陆作楣 南京农业大学教研室主任、教授
沈乃珠(女) 南京市中华中学教师、中学高级教师
钟建华 苏州市国家税务局四分局局长、经济师
花健武 镇江长江港航监督局局长
王兴土 江苏省盐城监狱政委、高级政工师
沈小梅(女) 江苏省京剧院演员、一级演员

浙 江 省

刘绥石 杭州第十一中学教师、中教高级
胡补菊(女) 临安县人民医院内科主任、主任医师
陈阿调(女) 慈溪市庵东镇人民政府计划生育办公室主任
何性善 宁波市镇海中学校长、中学高级教师
俞连富 宁波市海曙区环境卫生管理处清道工
楼森岳 宁波师范学院物理系现代物理研究室主任、教授
宋世能 慈溪市公安局治安科民警
曹吴芬(女) 泰顺县人民医院小儿科副主任医师
洪景椿 浙江省瑞安中学教师、中学高级教师
欧阳初 温州市公安局鹿城区分局海坦派出所民警
来乐春 嘉兴市郊区农业科学研究所副所长、农艺师
赵月庭 安吉县递铺镇环境卫生管理所驾驶员
黄镇发 绍兴市市容环卫管理处组长
葛英姿(女) 上虞市人民医院护士长、主管护师
徐美玲(女) 新昌镜屏乡安山中心完全小学教师、小学高级教师
裔根娣(女) 磐安县信用合作联社工会负责人、助理经济师
童克祖 浦江县堂头中学校长、特级教师
叶阿宝 舟山市农业科学研究所高级农艺师
潘春娟(女) 玉环县第二人民医院总护士长、主管护师
郑青岳 玉环县教育委员会教研室物理教研员、中学高级教师
叶加洪 浙江省台州医院院长、副主任医师
吴克甸 庆元县食用菌科学技术研究中心主任、高级农艺师
傅亚芹(女) 遂昌县王村口镇上垟小学校长、小学高级教师
刘玲英(女) 云和县云和镇信用社局村分社会计、助理会计师
严晓浪 杭州电子工业学院院长、教授
姚 克 浙江医科大学附属第二医院眼科副主任、教授
张一生 电力部华东勘测设计院第二地勘队队长、工程师
魏玉伦 浙江省地球物理地球化学勘查院技术应用研究所所长、高级工程师
周五一 浙江省水文总站遥测室主任、高级工程师
何传桂 中国人民银行浙江省分行货币发行处管库员、经济师
蒋彭炎 浙江省农业科学院栽培生理研究室主任、研究员
杨小青(女) 浙江小百花越剧团副团长、一级导演
黄 宪 杭州大学化学系教授、博士导师
谭文莹(女) 浙江省交通学校校长、高级讲师

安 徽 省

王宗信 合肥市殡仪馆工人、高级技工
刘学华 肥西县南分路乡鸽子笼小学校长、小学一级教师
庞定亚 芜湖市第一中学教师、高级教师
杨秀琴(女) 芜湖市市政工程管理处道桥养护所班长
朱江禄 淮南市公安局田东派出所所长
王经才 淮北市公安局法医血清研究所所长、副主任法医师
刘景宣 当涂县农业科学研究所副所长、高级农艺师
方晓顺 铜陵市第一中学校长、党总支书记、特级教师
陈道翼 望江县中医头针医院院长、党支部书记、副主任医师
许梅花(女) 安庆市杂技团演员、一级演员
高洪珍(女) 安庆市地方税务局二分局科员、助理经济师
肖正海 中共全椒县委副书记、高级经济师、工程师
查灿云 天长中学校长、高级教师
耿 直 阜南县黄岗镇人武部工人
郑文晖 宣州市公安局济川派出所所长
高献英 泗县城乡建设环境保护局局长、高级政工师、工程师
马苏芹(女) 淠史杭灌区淠河总干分局管理员
吴恩光 安徽省立医院院长、教授、主任医师
胡连翠(女) 安徽电视台导演、一级导演
姜宗仪(女) 安徽省优秀运动员第二训练中心教练员、高级教练
鲁炳香(女) 和县西梁山镇计生办公室主任
程韵珍(女) 安徽省九成劳改工作管理局医院住院部主任、副主任医师
张裕恒 中国科学技术大学结构中心主任、教授
丁超尘 安徽省农学院农学系党支部书记、教授

福 建 省

戴 俊 福建省福州第八中学校长、高级教师

陈　征　福建师范大学教授
王毓泉　福建省厦门双十中学校长、中学特级教师
郑兰荪　厦门大学化学系教授
吴惠天　福建省南靖县无线电厂(校办)厂长、经济师
许照临　福建省东山县人民广播电台工人
洪寒晴(女)　福建省晋江市农业银行金井信用社营业员
黄孙奎　福建省泉州市海滨城市信用社负责人、助理经济师
陈宇尊　福建省泉州高甲戏剧团团长
施天水　福建省莆田第一中学校长、中学特级教师
张美玉(女)　福建省仙游县环境卫生管理处工人
张孙榕　福建省沙县大洛乡财政所副所长、助理会计师
曾玉俊　福建省南平市公安局延平分局副政委
张健正　福建省中共南平市纪律检查委员会副书记、工程师
黄梅玉(女)　霞浦县海岛学区北霜小学教员、小学一级教师
郑惠英(女)　福建省妇幼保健院妇产科副主任、主任医师
沈鸿元　中国科学院福建省物质结构研究所副所长、研究员
李超龄　福建省区域地质调查队组长、高级工程师

江　西　省

邱安英(女)　江西省九江市浔阳区环卫处湓浦环卫所清洁工
甘大良　江西省南昌市殡葬管理处组长
曾美玲(女)　江西省上饶市环境卫生管理处清洁工
吴国林　江西省彭泽县第二中学教师、中学二级教师
左福士　江西省吉安市第一中学教师、中学一级教师
林列如　江西省崇义县看守所所长
张瑞祥　江西省赣州地区农科所室主任、高级农艺师
李盛光　江西省临川县第二中学校长、特级教师
陈少平　江西省奉新县第一中学教师、中学一级教师
杨思齐　江西省鹰潭市白蚁研究所副研究员
刘浩元　江西省景德镇市农牧渔业科研所高级兽医师
钱怀璞　江西省萍乡市芦溪区农牧渔业局副局长、高级农艺师
童报春(女)　江西省玉山县瑾山小学教师、高级教师
钟田力　江西省南昌市公安交警支队西湖大队民警
王运遂　江西省南昌市十九中学教师、中学一级教师
杜桂英(女)　江西省宜丰县总工会主席
彭宣宪　南昌大学教师、教授

山　东　省

卢信义　济南市第二人民医院技术顾问、主任医师
孙玉本　济南市公安局交通警察支队市中区大队民警
管华诗　青岛海洋大学校长、教授
赵经郊　青岛市市立医院主任医师
杨运德　淄博第一中学校长、特级教师
张则如　诸城市繁华中学校长、高级教师
朱长富　济宁电业局局长、经济师
傅国杰　德州市第一中学校长、中学高级教师
段树义　临清市水资源管理委员会办公室主任、高级工程师
亚　卉(女)　中国工商银行临沂市支行出纳员、经济师
李方瑞　临沂地区公路局工程处处长、高级工程师
邓从豪　山东大学博士导师、教授
王宝钰　山东省水利科学研究院高级工程师
郭跃进(女)　山东省戏曲学校高级讲师、一级演员
邵建华　山东省立医院主任、教授
尹承桐　临清市体育运动委员会主任
潘海昌　潍坊市公安局奎文分局东关派出所民警
高福林　冠县审计局局长、审计师
孙玉芳(女)　青岛市李沧区板桥坊街道办事处计生办主任
刘桂珍(女)　乐陵市寨头堡乡找顾小学教师、小学高级教师
葛福明　青州市环境卫生管理处清运工
王宜俊　威海市环境卫生管理处清洁工
庄茂林　日照市环境卫生管理处工人
宋焕云(女)　菏泽市环境卫生管理处保洁队队长
杨理民　山东省郓城县工商局李集工商所指导员

河　南　省

吴养洁　郑州大学化学系名誉系主任、教授
梁长俭　河南省农业厅研究员
邓亚萍(女)　郑州市体委运动员
石昆山　河南省地质矿产厅工程勘察施工处高级工程师
常香玉(女)　河南省文化厅原顾问
徐东坡　河南广播电视新闻中心开封记者站站长、主任记者
张　明　中国航空工业总公司第014中心6室型号副总设计师、研究员
朱慈源　河南省洛阳市第五中学教师、特级教师
周洛生　洛阳市公安交警支队六队队长(副科级)
买永玲(女)　河南省平顶山市第六中学教师、一级教师
周成德　河南省平顶山市盐业管理办公室主任、党组书记
王淑英(女)　河南省新乡市第十中学校长、高级教

师
杨三纪　河南省新乡市公安局交警支队副中队长（副科级）
姚文俊　河南省安阳市人民大道小学校长、中学高级教师
侯顺香　河南省汤阴县公安局党委书记、局长兼政委
王　庆　河南省焦作市第十三中学教师、一级教师
常文助　河南省濮阳县人民医院骨科主任、主治医师
赵学恩　河南省濮阳市残疾人联合会科员
陈建设　河南省许昌市公安局魏都区分局东大派出所所长
景金英（女）　河南省三门峡市第三中学教研组长、高级教师
张林学　河南南阳市眼科医院院长、眼科研究所所长、主任医师
贾明芳（女）　河南省邓州市植保植检站站长、高级农艺师
王立新　河南省固始县高级中学教研组长、一级教师
赵　玺　驻马店地区行政公署计划生育处处长兼党组书记
刘士欣　河南省扶沟县汴岗乡乡长、农艺师
吉三富　河南省柘城县国家税务局局长、经济师
贾沛林　河南省豫东监狱监狱长、党委书记、高级工程师
张保欣　河南黄河河务局黄河工程局工程师
张新芳　河南省总工会生产部部长、工程师
胡长诚　化工部黎明化工研究院原副院长、副总工程师、教授级高级工程师
薛随柱　河南省开封市顺河回族区环境卫生管理所清洁工、中级工
刘金娥（女）　河南省平顶山市城市管理处清洁一队清洁工、高级工
曹玉枝（女）　河南安阳市环境卫生清洁管理站清洁工、中级工
岳成新　河南省漯河市环境卫生管理处清洁工、初级工
魏士奇　河南省南阳市环卫处东城区环卫所党支部书记

湖　北　省

李文衡（女）　湖北省武汉市硚口区崇仁路小学校长、特级教师
胡正中　黄石市广播电视局（黄石电视台）助理记者
熊炼红（女）　湖北省松滋县计划生育委员会主任、助理研究员
陈鼎常　湖北省黄冈中学班主任、高级教师
杨腊明　湖北省安陆市殡葬管理所聘任副所长（火化工）
钱自强　湖北省随州市农业局副局长、高级农艺师
金升烈　湖北省天门中学教师、高级教师
杨　进　铁道部大桥工程局勘测设计院副总工程师、教授级高级工程师
吴治生　铁道部第四勘测设计院高级工程师
夏望麟（女）　水利部长江委员会综合勘测局地球物理勘测处高级工程师
葛文祺　中国船舶工业总公司第七研究院第七一二研究所研究室主任、高级工程师
常世琪　湖北省工艺美术研究所第二研究室主任、高级工艺美术师
李受祉　中南勘察设计院总工程师、高级工程师
傅廷栋　华中农业大学研究所所长、教授
卓仁禧　武汉大学化学系国家教委生物医用高分子材料开放研究实验室主任、教授、博士导师
殷鸿福　中国地质大学（武汉）地质学院院长、教授、博士导师、中科院院士
陈劲松　湖北省化学研究所研究员
朱世慧　湖北省京剧团一级演员
叶朝辉　中国科学院武汉物理研究所所长、研究员
李小双　湖北省体委体工三大队体操队运动员、国际级运动健将
沈贤新　湖北省十堰市水文水资源勘测局鄂西北水文水资源勘测一队副队长
周　鑫　湖北省荆沙市农业科学研究所棉花室副主任、教授级高级农艺师
骆东风　湖北省枣阳市实验中学副校长、一级教师
谢玉堂　邮电部武汉邮电科学研究院副总工程师、教授级高级工程师
孔　军　武汉市公安局汉阳区分局副科级民警、刑事技术员
肖大长　襄樊市环境卫生管理处工人、中级工
赵永兰（女）　十堰市环卫处茅箭所清扫班班长
许先林（女）　宜昌市环境卫生管理处工人、中级工
尹其潜　湖北省交通规划设计院总工程师、高级工程师

湖　南　省

吴贱安　长沙市公安局交警支队副县级侦察员
唐德尧　中国航空工业总公司第六〇八研究所研究室主任、研究员
赵修琪　湘潭市环境卫生管理处雨湖环卫所工人、中级工
陈业煌　衡阳市中心医院胸外科主任、主任医师
宁本能　衡阳县公安局看守所所长
李简梅（女）　湖南省邵阳市国家税务局第一分局税收专管员、助理经济师
欧阳恩成　隆回县建华乡中心小学教师、小教一级
何忠民（女）　湖南省岳阳县审计局局长
李筑光　岳阳市一人民医院外科副主任医师
陈建教　石门县九渡河乡人民政府副乡长、农艺师
邓威特　汉寿县血吸虫病防治站主任医师
张凤梅（女）　常德市武陵区城东街道红卫居民委员

会主任
李伊良 常德市农业科学研究所助理研究员
曾雁湘 张家界市环境监测站高级工程师
周　健 沅江市第二血吸虫病防治站放射主管医师
冷卫红(女) 益阳市资阳区体委运动员
杨玉声 湖南省冷水江市教委教研室主任、中学高级教师
黄忠英(女) 郴州市一中第一完全中学教师、中学高级教师
邓华凤 湖南省安江农业学校杂交水稻研究所助理研究员
胡明珠(女) 湘西土家族苗族自治州民族歌舞团副团长、国家二级编导
周坤炉 湖南省杂交水稻研究中心党支部书记、研究员
刘　筠 湖南省师范大学研究室主任、教授
何丽娟(女) 湖南省道县会潭乡中心小学教师、小学一级教师
范涤尘 湖南化工研究院院长、党委书记、高级工程师

广东省

黄景仁 广州日报社副总编辑、高级编辑
黄桂雄 广州市公安局十一处九大队副大队长(正科级)
曾干彤 广东省番禺市交通局副局长、工程师
郭永萍(女) 广州市白云区京溪小学校长、小学高级教师
宁焕美(女) 广州市公安局荔湾区分局昌华街派出所二级警督
钟南山 广州医学院院长、教授
宋东海 广东省增城市农业局种子站站长、高级农艺师
张小云(女) 深圳大学生命科学研究室主任、教授
冯芝绒(女) 深圳市福田区环境卫生管理局福田环卫所联组组长
唐理尧 广东省珠海市环境卫生管理处工人
李邦磐 广东省汕头市第一中学校长、中学高级教师
李壮科 广东省汕头市测试技术研究院院长、高级工程师
黄秀英(女) 广东省汕头市中心医院护士长、副主任护士
赵同杰 广东省曲江县水利电力局局长、工程师
卞益民 广东省粤北人民医院药剂科主任、主任医师
李燮尧 五华县城镇小学校长、小学高级教师
张荣林 广东省梅州市财政局局长、经济师
唐丽云(女) 潮州市湘桥区昌黎路小学教师、小学高级教师
黄蕴慧(女) 汕尾市城区凤山街道奎山小学教师、小学高级教师
江日亨 广东省台山市第一中学教师、中学高级教师
邓景玉(女) 广东省开平市中医院总护士长、副主任护师
谢子轩 广东省高明市荷城区沛明实验小学教导副主任、中学高级教师
黄学平(女) 广东省湛江市第八小学校长、特级教师
梁广坚 西江大学科长、副教授
徐　权 广东省肇庆市划船队副领队、教练
李鹏云 广东省信宜县委常委、政法委书记、公安局长
宋亚龙 中国人民保险公司茂名分公司高级经济师
邓远天 连山壮族瑶族自治县教师进修学校副校长、高级讲师
瞿金平 华南理工大学研究室主任、教授
王珣章 中山大学生命科学学院院长、教授、博士导师
李华梅(女) 中科院广州地球化学研究所实验室负责人、研究员
张光楚(女) 广东省林业科学研究所高级工程师
侯同芬 广东省公安厅刑事警察总队副总队长
周晓瑾(女) 广东电视台主任记者
普超英(女) 珠江电影制片公司剧团演员、二级演员
莫少强 广东省中山图书馆副馆长、副研究馆员
蔡许荣 广州铁路公安局广州公安处乘警长
袁　浩 广州中医学院第一附属医院科主任、教授
周鑫全 中华人民共和国拱北海关行李物品监督一处调查科副科长、助理关务监督
孙仲林 东莞市大朗镇文化站站长

广西壮族自治区

黄宜新 广西南宁市公安局交警支队四大队交警、技术员
李佑琳(女) 广西柳州市工人医院院长、主任医师
陈木秀 桂林市公安局七星分局三里店派出所长、助理政工师
徐宗伟 广西桂林市建筑设计院室主任、高级建筑师
梁美英(女) 广西柳州市第一中学特级教师
张俊玲(女) 广西钦州市妇幼保健院院长、副主任医师
吴雄军 广西融水苗族自治县公安局副局长、法医师
邓建民 广西资源县教育委员会主任、高级教师
成发群 广西藤县公安局局长、工程师
李继祥 广西玉林地区教育学院院长、高级政工师
黄广祥 广西河池地区技术开发中心主任、高级农艺师
黄定嵩 中共广西田阳县委员会书记、高级经济师
谈舒萍(女) 广西区体育工作大队运动员、国际健

将
苏新生　广西电视台记者主任记者
李丁民　广西农业科学院院长、研究员
叶国祯　广西大学化工系室主任、教授
张葆全　广西师范大学校长、教授
许　福　广西北海市劳动局局长、政工师
王大仁　广西北海市环卫站副站长
韩素云(女)　广西凭祥市财政局工人
张冬生　广西贺县殡葬管理所司机

海　南　省

潘正结　海南省文昌中学校长、中学高级教师
庞学雅(女)　海南省琼海市征税中心副主任、助理经济师
黎新王　海南乐东黎族自治县永明乡抱邱小学校长、小学一级教师
曾梅金　海南省陵水黎族自治县英州镇卫生院院长、主治医师
王国仁　海南省琼中黎族苗族自治县红毛镇派出所所长
张　本　海南大学研究员
邹福如　海南中学校长、中学高级教师
卢传新　海南省人民医院主任医师
周刘胜　中华人民共和国海口海关调查处副处长、关务监督
宋泽江　海南省公安厅刑侦处处长
郑学勤　中国热带农科院华南热带作物学院实验室主任、教授
林代兰(女)　海南省儋州市那大环境卫生管理站工人
韩玉玲(女)　海南省海口市第九小学校长、小学特级教师

四　川　省

杨明清　四川省人民医院检验科主任、主任检验师
唐永年　电子工业部第二十九研究所高级工程师
曾年永　成都龙泉镇政府农业经济办公室主任、助理农艺师
宁世伟　交通部重庆公路科学研究所室主任、副研究员
谭民化　南充市农业科学研究所研究员
李德忠　成都市锦江区环卫局汽车队队长
黄观武　四川省农业科学院棉花研究所研究员
王天年(女)　四川化工研究设计院高级工程师
潘小扬　四川电视台电视剧部一级导演
王洪溥　四川文艺出版社作家、编审
汤志凯　地矿部成都综合岩矿测试中心非金属开发应用研究室主任、高级工程师
莫文卿(女)　铁道部第二勘测设计院桥隧处副总工程师、高级工程师
孙春明　重庆市市政设施管理处第二所工人、中级工
刘大响　中国航空工业总公司第六二四研究所总工程师、研究员
胡思得　中国工程物理研究院院长、研究员
李伯刚　中科院成都生物研究所副所长、研究员
郝治聪　汉源县九襄计划生育宣传技术指导站站长、主治医师
刘晓梅(女)　四川省运动技术学院田径系运动员
郑昌琼(女)　四川联合大学化工系高新技术院院长、教授
黄尚廉　重庆大学光电精密仪器系主任、教授
王玉兰(女)　重庆北碚区朝阳幼儿园园长、高级教师
李良怀　四川省泸县第二中学教务处主任、高级教师
任久惠　四川省盐亭县金孔镇宗海小学校长兼书记、高级教师
牟学良　四川省苍溪县唤马镇小学党支部书记、校长、高级教师
梅国仁　四川省资中县第二中学校长、高级教师
张学钊(女)　四川省梁平中学教师、高级教师
罗清泉　四川省仪陇县文星乡小学教师、高级教师
任正隆　四川农业大学小麦研究所所长、教授
文国富　成都市新都县公安局局长
刘藻蓉(女)　中共合川市纪律检查委员会纪委书记、高级政工师
吴兴富　成都市公证处主任、一级公证员
唐绍林　攀枝花市公安局交通警察支队二大队副县级侦察员
杨清镐　四川省永川劳动改造管教总队队长、高级农艺师
康厚禄　江油市公安局刑警大队长

贵　州　省

张庆勤　贵州农学院教授
张菲菲(女)　贵阳市第一中学一级教师
朱　时　六盘水师范高等专科学校图书馆馆长、市政协常委、副教授
伍国珍(女)　安顺市第七小学校长、小学高级教师
胡清珍(女)　织金县第二中学校长、党支部书记
夏献禹　龙里中学校长、党支部书记、中学高级教师
谢世梅(女)　剑河县久仰乡民族学校教师、小学高级教师
汪大成　贵州科学院研究员
潘成杰　贵州省交通厅科技处处长高级工程师
胡建山　黔南州人民医院医生、副主任医师
侯国佐　贵州省油料科学研究所所长、研究员
柳泳江　铜仁地区植保技术服务公司经理、农艺师
肖　俊　贵州省体育运动学校运动员、国家级运动健将
邓兆湖　贵阳市公安局刑侦大队科长、副科级侦察员
占必成　贵州省公安厅刑侦处副处长

邹海燕(女) 贵阳市南明区国税局新华税务所所长、经济员

彭桂蓉(女) 中国人民银行铜仁地区分行稽核科科长、会计师

云南省

李　炽 云南省思茅地区林业科学研究所林化室主任、高级工程师

苏君红 中国兵器工业第二一一研究所所长、研究员级高级工程师

蒋志农 云南省农业科学院科技处研究项目组长、研究员

吴兴惠 云南大学物理系半导体教研室主任、教授

曾令柏 云南昆明医学院第一附属医院工会主席、教授

钟焕娣(女) 云南省呈贡体育训练基地运动员兼教练

曾云荣 云南省勐海县人民政府茶叶办公室主任、高级农艺师

杨志东 云南省大理市农牧局局长、农艺师

陈新民 云南省保山地区公安处缉毒大队副大队长

杨子荣 云南省德宏傣族景颇族自治州国家安全处处长、副研究员

杨文清 中国工商行云南省东川市支行烂泥坪分理处主任、经济师

颜金德 云南省电子技工学校校长、经济师

李奉忠 云南省峨山县岔河乡谢扎村小学教师、小学高级教师

西藏自治区

次仁多吉 西藏自治区体委登山队运动员

次仁栗措 西藏扎基监狱书记

徐凤翔(女) 西藏农牧学院西藏高原生态研究所所长、教授

白　珍(女) 拉萨市第一小学校长

祥尼日嘎 西藏桑伊监狱一支队政委

贡　嘎 中国人民银行西藏分行人事处处长、经济师

俄珠多吉 西藏自治区歌舞团团长、二级指挥

白玛仁增 人行西藏那曲地区中心支行行长、经济师

罗布顿珠 西藏山南地区公安处处长

李成松 西藏自治区第二人民医院院长、主任医师

荣　生 西藏昌都地区公安处处长

颜士华(女) 西藏自治区农科所农作物育种研究室副主任、副研究员

昂　则 西藏自治区地矿局地热地质大队工人、中级技工

孔繁森 原中共西藏自治区阿里地委书记

陕西省

朱秀萍(女) 陕西省西安市第一医院眼科医院院长、主任医师

云卫东 宝鸡市公安局交通警察支队金台大队交警、副主任科员

李万钰 陕西省陇县计划生育宣传技术服务站站长、主治医师

李小艾(女) 陕西渭南市北塘实验小学校长、中学高级教师

王志杰 陕西省兴平市茂陵博物馆馆长、副研究员

许继学 陕西省南郑县林业局局长

王思明 陕西省延长县罗子山乡下西渠小学教师、中学高级教师

冯培德 中国航空工业总公司第618研究所所长、研究员

沈　泉 西北电子设备研究所、高级工程师

毛凤麟 西北电管局电力试验研究院高级工程师

王尚锦 西安交通大学赛尔机泵成套工程研究中心主任、教授

乔志德 西北工业大学翼型研究中心主任、教授

贠恩凤(女) 陕西省广播电视民族乐团名誉团长、国家一级演员

王玉锦(女) 陕西省射击场运动员

李玉虎 陕西省档案馆科研所所长、研究员

张大田 陕西煤炭工业学校财务会计教研组组长、讲师

甘肃省

藏文顺 兰州市七里河区环卫局肥料管理所驾驶员

马存生 兰州市政工程管理处城关管理所工人

于国良 甘肃省碌曲县藏族中学党支部书记

刘仲奎 西北师范大学数学系教师、教授

秦富华 甘肃省农科院旱地农业研究所副所长、高级农艺师

魏宝文 中科院近物所兰州重离子加速器国家实验室主任、研究员

谢福禄 甘肃省西和县公安局局长

岳邦彦 甘肃省广播电视厅无线电台管理处处长、高级工程师

青海省

何海兰(女) 西宁市城中区环卫管理所北大街清扫组组长

鄂福宗 民和回族土族自治县国家税务局稽查队副队长、经济员

赵宗福 青海师范大学中文系副主任、副研究员

孙志新 青海省人民医院血液科主任、主任医师

李俊海 青海省公安厅刑事侦察处副处长

李正风 青海省委党校现代科技教研室副主任、讲师

宁夏回族自治区

胡怡芳(女) 宁夏自治区人民医院眼科主任、主任医师

白建斌　银川市公安局城区分局刑警队侦察员
龙锡富　石嘴山市公安交通警察支队车管科交通干警、助理工程师
安长忠　银川二中教师、高级教师
郑淑琴(女)　固原县第二中学教师、一级教师
刘士强　宁夏大学数学与电算工程系主任、教授
丁　峻　宁夏社会科学院副研究员
李兴发　中卫县地方税务局局长、会计师
郭常青　宁夏回族自治区总工会财贸工会主任干事、高级工程师
裴建平　宁夏建筑设计院副院长兼总工程师、副教授高级工程师

新疆维吾尔自治区

徐国谋　新疆兵团农五师八十五团中学校长、中学高级教师
伊弟利斯·阿不都热苏勒　新疆文物考古研究所干部、副研究员
努尔旦·博力斯别克　新疆兽医防疫总站干部、高级兽医师
吾守尔·斯拉木　新疆大学计算机科学系主任、教授
艾热提·阿不都拉　新疆和田地区交通处处长
殷玲丽(女)　新疆和田地区计生委副主任、主治医师
孙国城　新疆建筑设计研究院干部、高级经济师
谢春燕(女)　新疆霍城县国家税务局霍尔果斯分局干部
邹如清(女)　新疆石河子农业科技开发研究中心干部、研究员
阿布拉朱马　新疆和田地区石油公司经理、经济师
李文杰　新疆自治区体委训练二大队运动员
熊大立　新疆乌市公安局天山区分局刑警队队长
孙川生　新疆石油管理勘探开发研究院干部、高级工程师
陈德清　新疆吐鲁番地区电业局干部、工程师
加马力丁·明夏　新疆塔什库尔干县马尔洋乡皮力村教学点教师、小教一级
董连慧　新疆第一地质大队干部、高级工程师
周白石　新疆兵团第一汽车运输公司总经理、高级经济师
吴明珠(女)　新疆农业科学院技术干部、研究员
巴善铎　新疆维吾尔自治区人民医院消化科主任、主任医师

检察院系统

贾春梅(女)　河北省邯郸市人民检察院检察员
周　伟　辽宁省沈阳市铁西区人民检察院反贪污贿赂工作局局长
姜德志　吉林省桦甸市人民检察院检察长
曲汝柏　黑龙江省鸡西市人民检察院检察长
杨　毅　上海市虹口区人民检察院检察员
竺　彪　江苏省南京市鼓楼区人民检察院检察长
任启超　安徽省濉溪县人民检察院检察长
黄贤光　福建省福州市郊区人民检察院检察长
姚文淮　山东省淄博市淄川区人民检察院检察长
张传涛　湖北省潜江市人民检察院法纪检察科科长
梁桂洪　广东省顺德市人民检察院检察长
马燕灵(女)　四川省凉山彝族自治州人民检察院检察员
张先绍　湖南省洞口县人民检察院技术室主任、法医
洛　桑　西藏自治区人民检察院林芝分院副检察长

法院系统

王谊友　四川省重庆市沙坪坝人民法院院长
卢春龙　江西省高安市人民法院院长
刘山林　天津市蓟县人民法院下营人民法庭庭长
吴远瑞　湖北省大冶市人民法院铜矿人民法庭庭长
马占东　河北省平泉县人民法院城关人民法庭庭长
赵河清　河南省孟县人民法院经济审判庭审判员
董友泉　浙江省绍兴县人民法院告诉申诉庭副庭长
刘　春(女)　辽宁省沈阳市中级人民法院第三刑事审判庭庭长
蔡浩添　广东省南海市人民法院院长
樊连珍(女)　山西省吕梁地区临县人民法院三交法庭庭长
胡尔钺　青海省互助土族自治县人民法院院长
欧阳书强　安徽省萧县人民法院院长
朱生武　陕西省凤翔县人民法院院长
艾海提·铁力瓦尔德　新疆阿克陶县人民法院经济审判庭庭长
蒋守仁　宁夏永宁县人民法院院长

中国人民解放军

周国珍(女)　总参谋部通信指挥学院幼儿园园长
贾秀兰(女)　总后勤部五一幼儿园园长
刘维亮　中国人民解放军 89950 部队第二研究所技师

中央国家机关

闵恩泽　石油化工总公司石油化工科学研究院总工程师、高级工程师
钱贻简　卫生部北京医院主任医师
高宗泽　司法部中国法律事务中心主任、一级律师
屠丽南(女)　煤炭部煤炭科学研究总院北京建井研究所主任、教授级高工
潘复兰(女)　兵器工业总公司第五设计研究总院主任、研究员级高工
胡笑形(女)　化工部中国化工信息中心副总工程师、高级工程师
王　涛(女)　中国林业科学研究院林业研究所 ABT 中心主任、研究员(中国工程院院士)

戴自希(女) 中国地质矿产信息研究院研究员
李　兰(女) 中国银行总行国际清算部总经理、高级会计师
邵厚坤 铁道部专业设计院副总工、教授级高工
何广沂 铁道部建筑研究设计院室主任、教授级高工
崔应琦(女) 国家计生委科学技术研究所室主任、研究员
陆学艺 中国社会科学院社会学研究所所长、研究员
周志祥 国家海洋局东海分局"向阳红10号"船政治委员
尤桂兴 轻工业北京设计院第二设计工程部高级工程师
裘祖聿 邮电部北京设计院副院长、高级工程师
张　椿 有色金属总公司有色金属研究总院国家半导体材料工程研究中心主任、教授级高工
万选蓉(女) 残联中国聋儿康复研究中心主任、副研究员
侯永庚 中国科学院化学研究所研究员
高登义 中国科学院大气物理研究所副所长、研究员
马志明 中国科学院应用数学研究所主任、研究员
屠呦呦(女) 国家中医药管理局中国中医研究院研究员
李东生 中国航空工业总公司第六二一研究所副总工程师，研究员级高工
乌国庆 公安部刑事侦察局高级工程师
李雪健 文化部中央实验话剧院演员、一级演员
朱　静(女) 冶金部钢铁研究总院第十三研究室负责人、教授级高工
朱亚斌 石油天然气总公司石油勘探开发科学研究院油田化工研究所所长、教授级高工
蔡振华 国家体委训练局乒乓球队男队总教练、国家级教练员
安仲利 外交部国际司一处三等秘书
任新民 航天工业总公司高级技术顾问、研究员
程双才 纺织总会中国纺织科学研究院热辊技术开发中心主任、高级工程师
徐乃管 电力部电力建设研究所副总工兼室主任、高级工程师
李德功 中国人民银行清算总中心
张文正 中国水利水电科学研究院岩土所教授级高工
何万山 国内贸易部设计研究院第二设计室工程师
孙绿怡(女) 国家教委中央广播电视大学中心系副主任、教授
陈允昌 国家技术监督局中国计量科研院长度处副处长、研究员
许志琴(女) 中国地质科学院副院长、研究员
黄世英 地质矿产部文学创作室主任、一级作家
胡聿贤 国家地震局地球物理研究所研究员
冯国桢 国有烟草专卖局中国烟叶生产购销公司处长、高级农艺师
禹茂章 国家医药管理局科学技术情报研究所所长、研究员
赵西峰 国家气象中心计算机室副主任、高级工程师
黄锡璎 机械工业部设计研究院副总建筑师、高级建筑师

中共中央直属机关

焦国慧 中纪委监察部第八纪检监察室副主任科员
马淑桂(女) 中央档案馆(国家档案局)主任、副研究馆员
张贵实 中央组织部机关事务管理局上苑服务中心负责人
周亮勋 中共中央编译局研究员
董云虎 中央党校人权研究中心主任、研究员
杜泽泉 中国外文局人民画报社主任记者
张锦胜 新华通讯社国内部记者、主任记者
柯惠新(女) 广播电影电视部北京广播学院副主任、教授
吴兴华 人民日报社驻湖南记者站站长、主任记者
安志诚 中华全国总工会轻工业工会原副主席
吕敬人 中国青年出版社美术编辑室主任、编审

特邀代表名单

罗益锋 北京化工集团经济技术信息研究所副所长
刘宗杰 怀柔县北宅乡一渡河村党支部书记
叶　青 北京叶氏实业总公司董事长
刘庆喧 天津渤海化工集团天津碱厂工人、技师
孙儒良 天津市西青区王稳庄乡小孙庄村党支部书记
王贞琴(女) 河北省沽源县殡仪馆副主任
郭成志 河北省邢台县前南峪村党支部书记
马六孩 山西省大同市总工会原副主席
鲁建功 山西省襄汾县南贾镇下鲁村村委会名誉主任
武浩全 山西彩虹九姑娘贸易有限公司总经理
裴兰锁 内蒙古第三建筑工程公司瓦工班长
肖德新 内蒙古通辽市丰田乡建新村支部书记
席生梅(女) 内蒙古锡林浩特市个体协会副会长
张成哲 沈阳铸造厂副总机械师
王兴亚 沈阳市新城子区财落乡大辛二村党总支书记
刘桂荣(女) 长春机车厂工会主席
刘景德 松原市扶余区永平乡孤山村农民
马永顺 黑龙江省伊春铁力林业局顾问
朴三德 黑龙江省穆棱县河西乡普兴村农民
刘海珊 上海建设路桥机械设备有限公司高级技师
徐永清 上海虹田实业公司经理
任金良 南京港务管理局第二港务公司班长
谭三林 丹阳市行宫乡圩庄村五队农民

胡剑英(女)　浙江省湖州丝厂
鲁冠球　万向集团公司董事局主席
陈桂久　中国化学工程第三建设公司经理、高级工程师
张德发　广德县双河乡赵联村农民
马春英(女)　原福建市先锋粮店主任
王克明　福建省建宁县里心镇上里村农民技术员
薛妮珍(女)　江西师范大学教师、教授
曾荣苟　江西省南昌市郊区湖坊乡顺外村总支书记
陈宝昌　山东潍坊柴油机有限责任公司拆装团团长
王永幸　山东省龙口市下丁家镇下丁家村党支部书记
梁尤平　平顶山矿务局局长
李月波(女)　济源市梨林乡大许村农民
陈启发　武汉汽车零部件股份有限公司董事长兼总经理
周宝生　湖北省嘉鱼县官桥镇官桥八组组长
肖寿松　长沙卷烟厂厂长
瞿永寿　湖南省株洲市醴陵鳌仙村党支部副书记
张　剑　长沙远大实业公司总经理
陈光松　广州市轻工局局长兼广州味精厂厂长、工程师
李启光　广东鸿辉企业集团公司总经理
张达垣　肇庆市鼎湖区永安镇新朝一队农民
覃平兰(女)　柳州市公共汽车公司乘务员
吴华年　广西邕宁县苏圩农民
陈有信　海南省牛路岭水电站科长
李石南　海南省万宁县民营橡胶综合加工厂厂长
李中华　重庆机床厂磨工、技师
罗用之　四川省自贡市荣县龙潭镇幸福村农民
曾超文　贵州长寿长乐集团总裁
戴仁理　云南印染厂
岩温裴　云南省西双版纳傣族自治州勐海县勐遮乡曼弄村公所
龚兰芬(女)　曲靖远通实业有限公司个协副会长
次　珍(女)　拉萨市经委农机石膏厂
强　巴　拉萨市城关区八廊居委会个体工商户
李殿荣　陕西省农垦科研中心研究员
张候华　陕西省府谷县府谷镇前石畔村委主任
罗学信　兰州炼油化工总厂机械厂技师
杨纪强　兰州黄河企业集团公司总经理
阿德·保尔德　青海省玉树藏族自治州藏医院院长
郭维玉　青海省互助县双树乡新元村饲养厂厂长
朱福基　宁夏银川市制毡厂工人
马学良　宁夏石嘴山市惠农县礼和乡礼和村农民
阿衣木汉·黑力力(女)　乌鲁木齐纺织品公司副经理
许桂兰(女)　新疆玛纳斯县乐工驿镇农民
孙广信　新疆广汇集团总经理
吐拉洪·吾拉音　个体劳动者
拉　吉　西藏总队聂拉木边防检查站站长
曹文宽　北京总队六支队六中队政治指导员
潘发勤　河南总队三支队六中队中队长
郑学文　宁夏总队石嘴山市支队二大队教导员
朱留坤　江苏总队镇江市支队司令部参谋
管晓虎　安徽总队池州地区支队司令部参谋
甄万和　青海总队一支队政治处干事
王　璞　黑龙江总队双鸭山支队司务长
宾义华　广西总队来宾县中队中队长
肖兴华　江西总队鹰潭市支队余江县中队司务长
王兴水　海南总队海口市支队五中队副中队长
王明坤　浙江总队嘉兴市支队政治处副主任
毛进杰　新疆总队克州支队助理员
杨　露　云南总队二支队五中队中队长
李　东　天津总队警卫队队长
张培新　河北总队秦皇岛市支队司令部股长
周国山　内蒙古总队包头市支队副支队长
常婉莹(女)　吉林总队医院副院长
谢忠清　山西总队太原指挥学校学员
王录江　上海总队一支队九中队战士
刘志强　甘肃总队四支队参谋长
罗忠福　贵州总队干休所管理员
李文荣　陕西总队西安市支队支队长
张汉良　技术学院训练部法律教研室主任
马民书　武警专科学校政治系副主任
尹福东　北京市第二总队十八支队副支队长
刘三云　湖南总队长沙市支队警通中队班长
叶友杰　福建总队南平市支队二中队班长
符永健　广东总队深圳市支队机动大队副大队长
陈兆政　湖北总队机动支队司令部参谋
杨玉成　四川总队阿坝州支队二中队副指导员
张立军　山东总队临沂地区支队生产基地副主任
蒋俊栋　武警水电第二总队副总工程师
祝延修　武警黄金九支队总工程师
尚金峰　武警交通第七支队战士
周锦君(女)　解放军信息工程学院教授
毛用泽　57603 部队研究员
王飞玉　58309 部队飞行员
林永年　总参谋部某研究所研究员
王　涛　八一体育工作大队运动员
姜泗长　解放军总医院教授
赵新先　总后勤部三九企业集团总经理
阎保国　总后勤部嫩江基地三场场长
孔继明　89720 部队技师
王成富　89800 部队后勤部修理加工厂工人
雷云明　89955 部队汽车队高级工
麦贤得　38012 部队副司令员
刘志艳　38001 部队后勤部汽车营副指导员
李建新　37592 部队岸勤部副指导员
刘德全　37001 部队后勤部副部长
伍定奎　37792 部队警卫连连长
于志刚　37010 部队副参谋长
刘隆和　38642 部队电子工程系教授
周家柱　39231 部队参谋长

童天云　39362部队团长
吴朝安　39895部队副政委
梁有义　86124部队飞行大队中队长
徐亚东　39356部队技术部副主任
黄康钱　86791部队营长
王全洲　87130部队副团长
李小奇　第二航空学院飞行仿真技术研究中心副主任
丁宝良　北空通县生产基地分厂厂长
单　军　87022部队通县雷达站排长
曾　蛟　80404部队技术员
黄先祥　第二炮兵工程学院教授
李振虎　第二炮兵308工程指挥部助理员
左全颠　军事科学院战役战术研究部研究员
乔松楼　国防大学科技教研室教授
刁成敏　中国人民解放军7019工厂厂长
崔同山　81107部队团长
陈玉杰　81151部队连长
张　强　81387部队指导员
张道德　81200部队农场副场长
张子祥　81252部队教导员
高玉宝　81065部队离体干部
颜景军　黑龙江省军区第一巡逻艇大队指导员
申希红　52830部队连长
张万峰　51416部队指导员
崔建民　51030部队干事
廖开喜　52934部队协理员
董如泉　51392部队股长
冷杰松　51115部队副团长
张玉楼　山西省军区忻州军分区离休干部
赵勇明　51425部队大队长
库尔班·艾买提　新疆军区克孜勒苏军分区参谋
买托乎提　新疆维吾尔自治区民丰县人民武装部助理员
李润虎　84802部队后勤部副部长
张继东　84857部队教导员
赵卫国　西安陆军学院战术教研室教员
李存虎　84577部队助理员
丁化国　54699部队助理员
王　刚　54694部队卫生队军医
沈运田　54851部队副政委
孙兆群　54874部队副团长
成育进　55053部队政治处主任
白洪普　河南省军区濮阳军分区参谋
黄仲虎　83012部队指导员
金良米　83236部队教导员
颜仁龙　江苏省军区徐州军分区农场专业军士
江中银　金陵制药厂厂长
彭国斌　南京军区盐城副食品基地主任
倪文孝　中国人民解放军7315工厂质检员
李邦亮　54514部队营长
戴　谦　53205部队教导员
郑继泰　广东省军区第二招待所所长
隆志勇　54247部队副团长
杨　冬(女)　广州军区政治部战士杂技团演员
蔡建宇　广州军区后勤部净水研究所主任
李翠英(女)　成都军区司令部军事工作研究室研究员
夏柱玉　56038部队团长
杨　强　35207部队排长
龙成祥　56163部队助理员
吴应春　云南省军区扫雷一队班长
多木旦　56023部队干事
詹万才　军委办公厅职工
徐益明　国家体委训练局跳水队总教练
龚双瑾(女)　邮电部电信传输研究所副总工程师
江志强　国内贸易部物资信息中心软件处副处长
吴芸红(女)　团中央《辅导员》杂志社中国少先队学会副会长

3. 1994年度"五个一工程"获奖作品简介

电　影

《弹道无痕》(总政治部)

影片描写了一个炮兵战士接受部队锻造和考验的成长历程。普通士兵石平阳在老班长的带领下严格要求自己,苦练军事技术,很快成为连队的技术尖子。几年过去,石平阳经历了数次未能进军校深造的考验,始终没有提干。面对老班长的退伍和伙伴的提升,石平阳意志坚强,毫不动摇,仍一如既往爱炮、爱兵、爱部队。人民军队最终把一名普通农民的儿子锤炼得像大炮一样刚毅、坚韧和忠诚。影片结尾时,石平阳被破格提拔为中尉连长。

影片叙事简捷明快,刻画人物真实细腻,全片充满阳刚之气,集中体现了人民军队普通士兵默默奉献的可贵品质和我军在现代化建设过程中的精神风貌。

《警魂》(广东)

本片取材于被公安部授予"一级英雄模范"的广东省惠阳市治安警察彭宝林烈士的感人事迹。在改革开放前沿城市中,彭宝林从部队退伍后主动要求调任治安岗位,在一次围击香港重犯的战斗中,他为抢救战友身负重伤,但他以顽强的毅力用最后的一点力气击毙了流窜我内陆地区迄今最大的黑社会头目。影片真实地描写了彭宝林的成长历程,刻画了他廉洁奉公,全心全意为人民服务,勇于捍卫改革开放成果的赤胆忠心。

影片以现实主义手法展开叙事,同时又巧妙地揉合了纪实风格,在烈士牺牲前对他的人品和行为做了一系列平实疏淡的铺垫,从而使烈士英勇献身那一刻迸发出的火花更加光辉耀眼,给人以强烈的震撼,比较成功地塑造了新时期人民警察的光辉形象。

《被告山杠爷》(四川)

本片通过对一个偏僻穷困小山村堆堆坪党支部书记山杠爷的描写,塑造了农村老共产党员的可敬形象,也揭示了精神文明建设与物质文明建设具有相辅相成关系的深刻道理。

山杠爷作为堆堆坪的党支书,一心为公,一心为民,在群众中具有极高的威信,受到村民广泛的拥戴。但在处理一名虐待婆婆的妇女时,山杠爷采用了游街的办法,结果造成被惩治者难堪羞辱引颈身亡。在检察院下乡调查过程中,所接触的村民无不称赞山杠爷大公无私,办实事,办好事,敢于惩治歪风邪气,使堆堆坪多年来都能成为乡里的模范村。检察官对此深受感动,但在法律和情感的抉择中,检察官选择了前者。山杠爷乘坐的警车在山路上远去,背后响起了轰然震耳的喊声:"山杠爷……"本片真挚朴实,表演准确逼真,生动传神,富有魅力。

《步入辉煌》(陕西)

本片以东北抗日联军在1940年对日寇展开艰苦卓绝的斗争为主线,突出塑造了著名抗日将领杨靖宇将军的光辉形象。在艰难困苦的条件下,杨靖宇为保存抗日的有生力量,指挥大部队成功突围,仅率小部队牵制百倍于我的日军周旋于林海雪原中。日酋得知杨将军身边力量单薄,遂亲率重兵围追堵截,甚至动用了飞机和多种机动车辆,组织"快速讨伐队"。杨靖宇率领的小部队战至弹尽粮绝,由于民族败类的出卖,杨靖宇将军只身被围,但他大义凛然,誓死不屈,终于为国壮烈捐躯。

本片以昂扬悲壮的艺术处理,歌颂了抗联英雄惊天地泣鬼神的战斗业绩,在银幕上树起了一面革命英雄主义和中华民族气节的神圣大旗。影片艺术手法深沉凝重,具有较强的艺术感染力。

《留村察看》(吉林)

这是一部描写新时期农村基层党群关系的影片。县长简正因在妻子受贿案中负有领导责任而被免职留党察看一年。他反思自己当官为政的错误所在,毅然决定到全县最穷的哑巴村扶贫。到了村里,他密切联系群众,依靠党组织,扶正祛邪,带领大家开山引水,以彻底改变乡亲们因饮用有害水源造成失声的痛苦生活,为村民实实在在办好事,从而赢得了群众的拥戴,重建了党在群众中的威信。两年后,哑巴村脱贫致富,在新一届人代会上,简正重新当选县长。在离开哑巴村时,面对送行的村民,简正深有所悟,更加坚定了当好人民公仆的信念。

本片取材别开生面,对生活有较深的开掘,风格朴实凝重,耐人寻味。

《绝境逢生》(上海)

这是一部采用喜剧手法描写抗战时期我沿海渔民搭救美军潜艇官兵的故事影片。二战期间,美军一潜艇被日军击伤,以艇长托马斯为首的数名美军官兵逃至我一海岛渔村。村民铁匠、老万和莲妹子与众渔民为搭救美军,与日敌巧妙周旋,不仅识破了假扮的情报员,而且给前来抓捕美军的日军以重创。最终,渔民们顺利将美军送上接应的舰船,海面上唯有落水的日军西原少佐望洋兴叹。

本片在国产影片中是第一部尝试用喜剧手法处理战争题材的影片。影片构思巧妙,在小戏的处理上和人物的表演上适度夸张,达到引人发笑的效果。该片制作比较讲究,能够做到雅俗共赏。

《天网》(江苏)

本片通过一位县委书记彻底平反一件冤假错案的故事,塑造了党的基层干部的优秀典型。是一部发扬党的优良传统的形象教材。新任县委书记秦裕民了解到农民李荣才为20多年前被判贪污公款案而告状至今一事,觉得事出有因,决心查个水落石出。在调查过程中,秦裕民一方面目睹了李荣才一家一贫如洗,老伴生命垂危的悲苦处境,一方面又发现村支书贾仁贵居室气派讲究以及其他许多问题。他排除种种阻力,毅然根据调查组的调查结果宣布贾停职检查,并对其违纪行为给予通报。经过同党内腐败变质分子和党性不强、官僚主义严重者的斗争,李荣才冤案终得平反,在全县引起强烈的震撼。

影片讴歌了党的基层领导干部忠诚党的事业、勤政为民的斗争精神,颂扬了党的好风气、好传统,既令人感奋,也引人深思。

《花木兰传奇》(天津)

本片取材于我国著名的民间文学故事,将同名龙江剧改编成戏曲故事影片。农家女花木兰祖在军籍,世代忠勇,为替父从军而女扮男装。在血雨腥风的塞外战场,女性本能的羞怯感时而流露,被校尉金勇鄙视。后经两人比武谈兵,抒怀言志,金勇改变了对木兰的看法,二人结拜,誓同生死。十年征战,木兰升为大将军,与金勇的感情也日益深厚。在一次偶然的事件中,金勇发现木兰原是女儿身,令金勇由惊转喜,木兰也深恋金勇。决战前夜,二人洒酒定终身。鏖战中,金勇为救木兰壮烈阵亡。班师之日,木兰身着女装祭奠金勇。众将士对木兰十分崇敬。天子传喻命花将军晋京封赏,但木兰毅然辞封,回到家乡。

影片唱词精炼,情节曲折,表演生动传神,艺术地表现了中华民族巾帼英雄高尚的爱国情操和坚贞不渝的爱情。

《魔鬼发卡》(广播电影电视部)

本片以童话的形式,阐发了勤劳好学和培养良好品质的道理。三个聪明可爱的小学生文文、强强和小鲁觉得学习太辛苦,总想走捷径。快乐洞里的男魔和女魔想从孩子们身上吸取能量使自己年轻健康,结果选中了三个小学生。他们给孩子带上魔力发卡之后,一系列奇迹出现了,孩子们的功课不用动脑也得一百分,甚至连心算大赛上也连连夺魁。三个孩子没有听从蒙面人和小机器人的劝告,感到很得意。直到他们被骗进快乐洞,能量被吸走而变老时才感到恐慌和后悔。在蒙面人和小机器人的帮助下,魔力发卡被摘除了,男魔和女魔被战败,三个小学生终于找回了宝贵的童年,变成了勤劳好学的好孩子。

影片构思奇特,主题积极健康,对低幼龄儿童有心理针对性,符合儿童观赏特点。

《最长的彩虹》(福建)

本片通过一个创办在车厢里的铁路小学中孩子们的故事,抒写了勤劳勇敢、勤奋学习、团结友爱的主题。尚进是一个聪明而有音乐天赋的孩子,梦想当音乐家而不好好读书。在看过一场流行音乐演出后背上吉他离家出走,被火车带到了远方。在一节空车厢里,流动的铁路小学开始上课了,沿途上车就学的都是铁路工人的子弟。女教师的父亲因修铁路牺牲在这里,她不愿离开这所活动的希望工程小学。尚进加入到孩子们当中,和他们交上了朋友。尚进在车厢小学的经历使他认识到,要想成为一个音乐家就必须好好学习。尚进回到了北京,而由尚进帮助辅导的车厢小学歌咏队,不久也进京参加铁道部教育系统的歌咏比赛,实现了"唱到北京去"的愿望。

影片富有儿童情趣,同时也歌颂了铁路工人的奉献精神。与优美的画面相映衬,片中音乐也愉悦动听。

电视剧

《三国演义》84集(广播电影电视部)

作为电视历史故事剧的《三国演义》,对于文学原著进行了大量删繁就简的工作,重点突出地描述和渲染了官渡之战、赤壁之战和彝陵之战,并通过这三大战役以及大大小小的战斗展开了魏、蜀、吴三国的军事较量、政治斗争和智慧的角逐,形象地再现了三国时期逐鹿中原的波澜壮阔的历史画卷,从人物的内心世界和他们在谋略、韬略与运筹方面有力地塑造了曹操、周瑜和诸葛亮等一系列丰满的艺术形象。该片充分发挥了连续剧的优势,在场景、道具、服装和化妆等方面,按照特定的历史环境要求进行设计,精心组织多次庞大的群众场面,营造了气势磅礴的战争场面,造成了浓厚的历史氛围。演员表演精彩传神,电视画面自然流畅,主题歌曲画龙点睛,整体风格古朴凝重,在审美追求上突出了历史感、文化感和时代感的结合。该片播出后在海内外获得了广大观众的普遍称赞。

《沟里人》4集(山西)

该片以山西陵川县锡崖沟人民三十年如一日艰苦卓绝,打通道路,走出大山的故事为题材,真实生动地再现了以贺小庄为代表的沟里人不屈不挠,挖山不止的新一代"愚公"的坚强和风采,歌颂了生活在封闭大山中的贫困农民决心走出大山,铺筑富裕之路的雄心壮志和奋斗精神,成功地塑造了复员军人贺小庄这一富有时代精神的新型农民形象。该片纪实风格鲜明,具有浓郁的生活气息和地方特色,情节扣人心弦,充满阳刚之气,是一首新时代中国农民的高昂颂歌。

《雪震》12集(解放军总政治部)

该片以全国解放、国民党军队逃往台湾为大背景,以西南军区邓小平、贺龙、刘伯承等首长派出虎将郝国祥率领数万部队前往四川藏族地区剿灭国民党残匪为主线,围绕我方与藏族上层以及国民党残匪等各方的复杂关系和斗争,把军事斗争、政治斗争和群众工作融为一体,用栩栩如生的人物,跌宕起伏的故事情节,独特的少数民族风情和旖旎的雪域风光,真实地再现了发生在特殊年代、特殊地域的特殊战役,表现了我党处理民族事务的高超思想,歌颂了爱国主义和民族团结,有力地揭示了历史发展的必然规律。该片地域色彩浓厚,历史文化内涵丰富,艺术个性独特,有较高的艺术品味和可视性。

《上海大风暴》11集(上海)

该片以上海工人第三次武装起义为背景,真实具体地再现了当年上海工人运动的历史风貌,鲜明生动地塑造了以周恩来为代表的一大批无产阶级革命家和革命战士形象。全剧紧紧围绕着特定历史环境中的人物命运纠葛来展开剧情,在人物的观念冲突和性格发展的过程中折射出历史事件发展的进程,从而不仅使剧作获得了历史的震撼力,而且也具有较强的感染力和观赏性。

《苍茫》26集(天津)

该片描写了一家钢铁企业从解放前夕到改革开放年代其间40年的变迁历史和与之联系在一起的五个家庭、两代人之间的悲欢离合。它以编年史的形式表现了新中国钢铁事业的发展壮大,讴歌了几代钢铁工人爱国爱厂,艰苦奋斗,不断进取,无私奉献的光荣传统和高尚精神,塑造了以方国栋、蔡大兴为代表的两代钢铁工人的形象,显示出昂扬的大工业气势和丰厚的人生况味。该片在表现宏大题材的同时注重了作品的故事性和对人物性格的塑造,生动感人。

《农民的儿子》16集(广东)

该片是以全国著名劳动模范、全国人大常委、河南省新乡县七里营乡刘庄村党委书记史来贺的事迹及刘庄村脱贫致富的历史为创作依据,沿着共和国农村45年的曲折历程,运用积累式的纪实手法拍摄而成的传记体电视连续剧。该片没有简单地把史来贺描绘成一个英雄模范,而是根据史来贺几十年走过的风雨历程,塑造出一个普通的农民,一个和祖国命运紧密相联的农民,一个历尽磨难始终跟党走的农民,一个随着时代前进的农民。风格朴实、凝重,而又有历史感。

《走出黄土地》3集(中央党校)

该片是根据陕西省延长县下西渠小学教师王思明同志艰苦创业27年,在山沟里办出好学校的真实事迹创作的。它向人们展示了我国山区教育的真实现状,提出了在困难的条件下要不要发展教育和怎样发展教育这样一个尖锐的问题。剧中的主人公王子明,以他的坚韧和执著牢牢地把学生拢在身边,拢在学校,依靠勤工俭学改善办学条件,走出了一条山区办学的成功之路。该片风格朴素,主人公个性鲜明,富有动人的艺术魅力。

《马本斋》8集(河北)

该片真实生动地再现了回族义士马本斋成长为共产主义战士的动人事迹。全剧充满着爱国主义的激情,展现了燕赵大地乡风民俗,弘扬了中国人民反抗日本侵略者的不屈不挠的斗争精神,歌颂了回汉团结、民族团结的辉煌业绩。该片场面较大,风格清新,富有阳刚之气和传奇色彩。

《九·一八大案纪实》8集(公安部)

该片再现了开封市公安局侦破馆藏文物被盗案这一真实事件,展示了公安机关在打击刑事犯罪活动中的战斗场面,塑造了当代人民警察大智大勇的英雄形象。该片以纪实手法拍摄,有效地将电视观众拉进故事,同时,首次大胆启用参与破案的公安人员担任演员,从艺术上强化了故事的真实感,增强了艺术感染力。

《河弯弯,路弯弯》12集(吉林)

这是一部反映农村现实生活,有着强烈东北地域特色和浓郁生活气息的作品。它以质朴得近乎白描的手法,展现了东北偏远山村在改革大潮的冲击下,发奋图强,艰苦奋斗,逐步走上富裕之路的过程;真实动人地刻画了李志民、左玉明等一大批基层干部大胆开拓、惩腐倡廉、无私奉献的生动形象;提出了要改变农村面貌先要提高农民素质,尤其是提高干部素质的严峻的社会问题。

《大老板程长庚》9集(安徽)

该片以纪实手法生动地记叙了我国杰出的戏曲艺术家、京剧创始人之一程长庚率领徽班进京的艰难历程。全剧以人物命运为主线,通过曲折起伏、扣人心弦的故事情节,着力表现了程长庚对艺术的挚爱与痴迷,以及不计个人得失、不断改革创新的精神,突出了他刚正不阿、不畏权势、为艺术献身的高尚品格。剧中主要角色性格特色鲜明;剧情起伏跌宕,引人入胜;演员的表演细腻传神,唱念做打功夫俱佳;整体风格典雅朴实,清新明快。

《乌兰夫》10集(内蒙古)

该片通过对乌兰夫领导内蒙古人民革命斗争历史的记叙,真实地再现了乌兰夫同志在风云变幻的国际、国内形势下,处变不惊、足智多谋的革命胆略和斗争艺术,体现出了乌兰夫的重要领导作用,同时也突出展现了广大群众对乌兰夫的爱戴与拥护,塑造出了作为共产党员和少数民族领袖人物乌兰夫的光辉形象。该片用大量的历史事实说明:少数民族的解放与繁荣进步,只有在中国共产党的领导下,走民族区域自治的道路,才是唯一正确的途径。

《乡里故事》12集(河南)

该片以宋代著名理学家程颢、程颐的故里田芜镇为场景,描写了以老镇长程天民为家长的一个传统式大家庭在改革开放大潮中两代人的人生故事。二女婿许宝军凭"野心"塑起了自己的企业家形象,却最终在选举中难圆"村长梦",三女婿阎松伟历经磨难后走出了一条传统文化与现代意识结合的发展道路,成为新一代成功的农民企业家。他们两人和程天民之间的权力转移反映出农村变革的必然趋势。该片富有浓厚的乡土气息和地方特色。

《潮起潮落》20集(解放军总政治部)

该片以三个海军军官的人生命运为线索,以饱满丰富的情感讲述了一个发生在新中国人民海军中感人至深的故事,真实地再现了新中国海军从诞生到成长壮大的艰难而又辉煌的历程,表现了军人及其家属对海军建设的无私奉献,反映了人民海军官兵九死不悔的崇高志向和不朽业绩,讴歌了大海的儿女对爱情的忠贞以及对事业追求的忘我精神。该片时间跨度大，剧情曲折复杂，生活内容丰富，摄制优美流畅，艺术感染力强，有较强的可视性。

《年轮》45集（北京）

该剧以新中国几十年曲折经历为背景，以5位共和国的同龄人的经历为主线，在人物命运和社会事件的交织中展示了丰富的现实生活景观。该剧从剧中主人公王小松、刘振兴戴红领巾写起，在三年自然灾害、文革、下乡与返城、改革开放一系列重大历史事件的背景下，通过一个个生动的人物以及他们的奋斗和不同的命运，折射出人民共和国走过的道路和一代人成长的过程。该剧故事情节曲折，人物个性鲜明，有较强的观赏性。

《黄齐生与王若飞》14集（贵州）

该片在广阔的时空框架内，真实、生动地再现了黄齐生、王若飞舅甥为民族解放、国家独立，为民主革命和共产主义理想英勇奋斗、可歌可泣、历经坎坷的一生。它成功地塑造了黄齐生和王若飞的光辉形象，在浓墨重彩地展示他们不顾个人安危，不辞千辛万苦为革命忘我奋斗的同时，尤以丰富细腻的镜头语言，描绘了他们舅甥之间相依相勉，共渡艰难的至亲深情。该片创作严谨，叙述流畅，其事感人，其情动人。

《京九情》8集（江西）

该片以京九铁路吉赣施工段的建设为背景，通过一个青年突击队的组建、成长和建功立业的过程，把艺术的触角伸向社会，以生动的故事情节、鲜明的人物性格、丰富细腻的情感，形象地展现了新老铁路建设者们忘我劳动和无私奉献的精神，反映了老区人民对铁路建设的殷殷企盼和大力支持，表现了当代铁路建设者和人民群众水乳交融的情感联系。该片主题重大，人物生动，叙述流畅，富有时代感与地方色彩。

《秦川牛》8集（陕西）

该片以古老的教稼台旁的一个村子里不同的生产经营方式和生活观念的冲突为焦点，形象地再现了当代中国农民艰难而又痛苦的裂变更新过程，讴歌了一代农业科学家的献身精神，突出了科学技术是第一生产力，科技兴农的主题，表达了创作者以强烈的忧患意识对人与土地的关系的深刻关注。该片生活气息浓厚，地域风格鲜明，是一部展示浓郁关中风情的优秀剧作。

《走进香巴拉》3集（甘肃）

该片讲述了藏族青年、复员军人仁青用自己学到的现代化知识努力改变家乡面貌的故事，通过几位藏族青年和老一代牧民相互之间在观念、情感、理想方面的碰撞与纠葛，细腻地描述了当今牧民的心理状态，生动地勾勒了一幅富有现实意义的生活画卷，折射出了时代在草原上的投影，充分表现了改革开放大潮给牧区带来的令人振奋的勃勃生机。注重人物的心理刻画和氛围营造，富有浓郁的民族和地方色彩，自然流畅，清新明快，是该片的主要艺术特色。

《一个姑娘三个兵》2集（辽宁）

该片以送水姑娘翠巧的几次送水为叙事线索，展示了驻守在西北大漠中一个小小的护线站里三个士兵的生活和内心世界。班长带领赵三更、喜子在杳无人烟的荒漠中查线护线，默默地奉守着职责。送水姑娘每次到来，都在他们各自的心中激起涟漪。伴随着欢乐与痛苦、艰难与友情，战士们奉献着自己对祖国的忠诚。该片细腻传神地刻画出三位战士的性格，并使其平淡无奇的生活闪烁出迷人的光束。

《军嫂》2集（山东）

该片真实地再现了闻名全国的"好军嫂"、三八红旗手韩素云的感人事迹。作为一个军人的妻子，韩素云代替丈夫撑起一家人生活的重担。她的坚强忍耐，默默奉献都因她所支持的丈夫的事业而具有了更深远、重大的意义，中国妇女的传统美德在她身上得到了升华。该片风格质朴，凝重，韩素云的扮演者表演生动感人，是一部纪实性与艺术性结合得比较好的主旋律作品。

《朗莎雯波》2集戏曲电视剧（西藏）

该片是将藏戏经过电视艺术的再创造，搬上荧屏的，是传统藏戏中唯一直接取材于民间现实生活的社会生活剧。贯穿全剧的是善与恶的较量。美丽动人的主人公朗莎雯波作为古老藏戏中众多艺术形象的代表人物首次展示在广大的观众面前。该片故事情节曲折，人物形象鲜明，突出了藏戏特色，旋律优美，道白口语化，是古典民族艺术与现代技术手段相结合的一次成功的尝试。

少 儿 片

《多思年华》10集（福建）

该片的主人公是闽城中学高三文科毕业班的一群学生和他们年轻的班主任杜海。处在多思年华的高中生在迎接决定命运的高考的同时也无法回避市场经济大潮对各自生活和命运的冲击；名牌大学毕业的杜海面对商海也经历了一番去与留的选择。该片在表现中学生题材时没有将他们局限在校园、课堂之内，而是将时代、社会、家庭、学校联系起来，多角度地揭示了他们成长的烦恼和希望。该片风格清新活泼，充满青春气息。

《无声的歌》2集（湖南）

该片以一个偏远山区聋哑少年历尽波折求学的

真实感人的故事，展示了社会、领导、家庭、学校对残疾少年的一片爱心。像一首无声的歌，唱出了一个聋哑少年求学上进的渴望；也像一首希望的歌，唱出了全社会对残疾儿童的满腔热情和关怀。全片画面清新质朴，音乐流畅自然，故事情节生动感人。

《我的妈妈在西藏》2集（四川）

该片以内地的孩子西西到西藏寻母为线索，从侧面表现了西西的母亲，一个自愿从成都到西藏从事教育工作，为了抢救在雪崩中遇险的藏族学生牺牲了自己的生命的汉族女教师的感人事迹。歌颂了汉族女教师献身西藏教育事业的高尚精神和汉藏民族之间的团结。该片透过孩子的眼睛，以散文诗的笔触，展示了充满童话色彩的西藏风光。

专　题　片

《伟人周恩来》16集（江苏）

该片通过对与周恩来交往的中外各界人士的采访回忆，以丰富翔实的资料，多侧面、多角度地回顾了周恩来光辉的一生，生动形象地展现了周恩来在各个特定历史阶段的重大实践活动和崇高精神风貌，再现了"人民总理爱人民，人民总理人民爱"的感人情景，热情地歌颂了周恩来同志的光辉业绩和高尚品德。片中所述基本史实准确翔实，主题鲜明突出，艺术表现手法富有特色，感染力和可视性较强。解说词生动流畅，富有文采。

《解放》22集（广播电影电视部）

该片以拍摄与资料、纪实与评论相结合的艺术手法，形象地再现了解放以来特别是改革开放以来，我国工业、农业、科技等各条战线的社会主义革命和建设所取得的巨大成就，反映了全国各族人民从物质到精神生活的巨大变化，讴歌了党的改革开放路线。主题鲜明，重点突出，资料翔实，点面得当，气势恢宏，说服力强，洋溢着乐观进取的激情和强烈的爱国主义精神。

《青海湖之波》3集（青海）

本片用朴素、细腻的纪实手法，通过对秦本、歇日两个藏族牧民家庭日常生活和劳作的追踪拍摄，展示了青海环湖地区交织着古老文化传统和鲜活时代内容的今天。该片在反映改革开放的大潮给环湖地区在生产、生活、思想观念上带来的巨大变化的同时，还真实地揭示了随着改革开放的深入，环湖地区畜牧发展所面临的新的矛盾和问题。该片编导和牧民一起生活了四个多月，行程一万五千多公里，拍摄了大量素材，景与情交融，人和事交织，抒情写意，节奏舒缓轻松，内容充实生动。

话　剧

《鸣岐书记》（辽宁人民艺术剧院）

这部在锦州市委书记张鸣岐同志真实事迹基础上创作出来的话剧作品，通过张鸣岐到锦州任市委书记后，深入基层了解人民疾苦，倾听群众呼声，想百姓所想，急百姓所急，严惩腐败，严责弄虚作假，帮助群众解忧直到在抗洪一线英勇献身的许多动人故事，真实再现了他和广大人民群众水乳交融的深情，以及廉洁自律、改革进取、实事求是的精神风貌，展现了一个共产党人的忧患意识和高度责任感，开掘了他深挚博大的内心世界。全剧素朴流畅，感人至深。主要人物表演出色。上演后受到各界群众及专家热烈欢迎。

《同船过渡》（武汉话剧院）

该剧为小剧场话剧，表现的是当今社会生活中的难点问题——"团结户"如何相处。年轻夫妇刘强、米玲与终身未婚的退休教师方静娴共住两室一厅，在改革开放大潮的冲击下，他们的价值观念和价值取向都在不同程度地发生变化，由此产生了矛盾纠葛。该剧从日常生活的小角度切入社会的大变革，通过几个普通小人物的平凡故事折射出当今社会生活中的丰富内涵与深刻哲理，揭示了安定团结、社会进步的大主题。呼唤人际之间、邻里之间相互理解，相互沟通，齐心合力，同船过渡。全剧有较强的艺术感染力，语言质朴、流畅，编导演均颇具功力。荣获本年度文华大奖，受到专家好评。

《徐洪刚》（济南军区前卫话剧团）

这部根据济南军区某部"见义勇为的好战士"徐洪刚勇斗歹徒的英雄壮举和广大人民群众爱英雄、救英雄事迹创作的话剧，通过徐洪刚的英雄主义行为反映了新时代军人对敌人的恨，对人民的爱，对事业的执着，对理想的追求，并通过"徐洪刚现象"给社会带来的冲击和思考，展现人民群众对无私奉献和传统美德的呼唤，反映时代育英雄，人民爱英雄的鲜明主题，高扬了时代主旋律。全剧明快有序，具有强烈的时代特色和震撼人心的力量，演出后受到各界好评。

《周恩来在南开》（天津儿童艺术剧团）

这部根据周恩来同志1913年至1917年在天津南开学校矢志求学的生活经历创作而成的话剧，形象生动地再现了中学时代的周恩来为中华崛起而奋发读书的心志、才学与品德，细致刻画了少年周恩来与爱国教育家张伯苓、严洪孙以及南开师生之间至深至诚的崇高情谊；展示了周恩来与四伯母虽非母子胜似母子的深挚感情。该剧主题积极向上，催人奋进，情节感人，流畅质朴，表演出色，是向青少年进行爱国主义教育的好教材。演出后反响强烈，受到社会各界，尤其是广大青少年的好评。

《世纪风》(湖南省话剧团)

该剧围绕科技新产品“TOT”心脏治疗仪的专利权归属、生产实施、改进换代等事件，展开一系列戏剧冲突，深层次地表现了在社会主义市场经济大潮面前，人们在情、理、法之间，在传统观念与现代意识之间，在市场经济与法制建设之间的困顿、觉醒、成熟，预示了社会主义经济建设和法制文明建设的美好前景。该剧戏剧冲突紧凑强烈，人物心路历程转化鲜明真实，又有据可依，合情合理。该剧富有较强的时代感和艺术冲击力，上演后在湖南引起强烈反响，两度晋京演出得到领导和专家的较高评价。

《甘巴拉》(空军政治部话剧团)

这部取材于海拔5374米的世界最高人控雷达站——甘巴拉雷达站英雄事迹的话剧，通过连长与新战士在家庭困难、极端恶劣的自然环境面前，无私奉献，甘愿牺牲的英雄主义、爱国主义和集体主义事迹，艺术地再现了中央军委表彰的甘巴拉人“特别能吃苦，特别能忍耐，特别能创业”的精神风貌，形象地展现了军人仍是当代最可爱的人，体现出民族的崇高精神。全剧气势夺人，编、导、演均满怀激情，形成了强烈的艺术感染力，是近年军旅戏剧创作的重要收获，受到各界好评。

《沙洲坪》(重庆市话剧团)

《沙洲坪》是一部反映三峡工程库区大移民的话剧。沙洲坪是三峡库区的一个普通小村镇，该剧选取了从库区移民搬迁的角度来表现三峡工程的伟大意义和艰难，讴歌了开发性移民的良策和老百姓识大体、顾大局的善举，表现出为了千百万人美好的明天，必须开拓、必须建设的主题。该剧以对未来的理想和希望，来观照历史和现实，虽有历史的沉重但不哀伤，虽有现实的艰难但更透示着坚毅的力量。该剧既描写了移民心态的复杂与微妙，又开掘出了人物丰富的内心世界，突出了库区移民的献身精神和牺牲精神，使全剧跃动着时代的脉搏。

《极光》(甘肃省话剧团)

该剧为报告文学剧。选材于中国冰川学家秦大河1990年与其他国家的五名队员横穿南极的真人真事，生动地再现了秦大河勇于克服常人难以想象的困难，冒着生命危险，顽强坚持科学考察的献身精神和极力维护祖国尊严的崇高气节以及为全人类造福的博大胸怀。该剧高扬主旋律，热情地颂扬了中国知识分子淡泊名利、无私奉献的爱国热忱和敬业精神。该剧恰到好处地调动了音乐、声响和细节处理等手段，营造出南极冰山雪原的氛围和诗化意境，增强了戏剧的艺术魅力。

戏　曲

《今日梦圆》(上海沪剧院)

这是一部结构新颖，视角独特，及时反映上海地铁工程建设者精神风貌的现代沪剧。该剧以文艺工作者深入地铁生活为切入口，真实形象地展示了地铁人及其家属为建设地铁倾注满腔热情和无私奉献的精神。生动真切地表现文艺工作者通过深入生活，提高了艺术创作贴紧时代，反映生活，讴歌社会主义新人的自觉性。该剧生活气息浓郁，戏剧冲突发展入情入理，人物刻划深入细腻，形象鲜明生动。曲调委婉动听。演员表演投入，演唱出色。戏、曲、角相辅相成，具有较为完美的整体艺术感。该剧上演后得到观众喜爱和专家好评。

《乡里乡亲》(河北省唐山市实验唐剧团)

该剧通过小山村办企业，脱贫致富的故事，着力刻画出一位积极投入改革大潮的农村妇女形象。农村普通妇女石花带领村民办酒厂，企业的改革与传统的乡情发生激烈的矛盾冲突，全剧围绕一个情字展开情节。揭示了改革要成功，社会要进步，人们要富裕就必须解放思想，改变观念，建立起新的生产关系、人际关系，实现人的现代化这一深刻主题，具有深刻的现实意义。该剧具有鲜明的地方特色和浓郁的生活气息。编导将冀东皮影戏中皮影人的动作和剪影式的造形运用到剧中，形象地揭示和强化了剧作的诗情和内涵。演出大获成功。

《三醉酒》(吉林省双阳县评剧团)

该剧通过松辽平原的老龙沟村在党支部书记龙友的带领下建鹿场、改变穷困面貌的故事，以龙友为落实集体扶贫项目资金而三次醉酒为戏眼，将他的艰苦的创业和复杂的爱情交织在一起，塑造了淳朴诚实而又果敢有谋的农村党员干部的典型形象，揭示了农村改革开放的重大主题。热情歌颂了新时期优秀农村基层干部为改革事业不辞辛苦、勇于献身的精神风貌，有力地抨击了金德富之流滥用职权发不义之财，横行乡里的社会邪恶势力。对推进党风、社风建设有积极的社会意义。该剧情节曲折，唱腔优美，乡土气息浓郁。深得农民观众喜爱，已在农村演出一百多场。荣获本年度文华大奖。

《木兰传奇》(黑龙江龙江实验剧院)

新编大型龙江剧《木兰传奇》，在历史传说“木兰从军”这一古老故事的基础上，集中塑造了一个有血有肉的古代巾帼英雄花木兰的形象。充分展示了她的爱憎分明的感情世界和英勇无畏的奉献精神。同时，该剧也成功地探索了在继承古典题材的基础上如何提高和发展，以及把作品的思想性、艺术性和观赏性很好结合的问题。该剧表演风格豪迈，粗犷，细腻,女主角唱功扎实,表演出色。

《红果红了》(河南省豫剧三团)

该剧由豫北山区农村红果丰收滞销这一矛盾展开剧情,以两代农民的婚姻恋情的冲突为情节线索,反映了农村乡镇企业的发展历程,讴歌了具有开拓精神的当代农民,折射出改革开放时代中国农村和农民的巨大变化及其不可逆转的发展趋势。全剧散发着浓郁的生活气息和强烈的时代感。编导者将现代化艺术语汇与传统的戏曲手段有机地结合在一起,舞美设计新颖,旋律清新优美,既注重创新发展,又不失豫剧个性;既创造了氛围,又塑造了人物,描绘出一幅中原农村现实生活的美丽画卷。该剧荣获本年度文华新剧目奖,广受观众喜爱。

《爨碑残梦》(云南曲靖地区滇剧团)

《爨碑残梦》是以云南少数民族历史上爨姓家族兴衰为题材创作的一出大型历史滇剧。该剧选取了爨姓五百年治滇基业毁于一旦,至今只留下爨室子碑和爨龙颜碑这段令人感慨、发人深省的史实,总结出爨姓灭亡的深刻历史教训。以史为镜,讴歌国家的统一,民族的团结,贬斥了狭隘的利己私欲,以生动的舞台表演形式,展示出深沉凝重的历史内涵。该剧以古老的滇剧传统为基础,进行了全方位的改革,唱腔表演既保留了滇剧的韵味,又有突出的创新。

《范仲淹》(贵阳市京剧团)

该剧通过对北宋名臣范仲淹以中榜出仕为始,遭贬隐埋洞庭为结,历经几升几贬的坎坷人生的描写,表现了范仲淹“不以物喜,不以己悲”,无论远放江湖或身居庙堂,始终“先天下之忧而忧,后天下之乐而乐”的崇高品格和境界,褒扬了他“以天下为己任”的高度社会责任感和积极入世,锐意进取的人生追求。该剧简洁处理事件过程,着重刻划人物内心世界。人物形象厚重丰满,结构富有散文抒情诗的韵律风格,文词讲究,富于哲理,蕴味深长。该剧上演后各界评论一致认为是部具有艺术个性和文化品味的好戏。

《金凤与银燕》(浙江越剧团)

该剧以我国税制改革和实施新税制的伟大实践为背景,围绕江南某镇的收税、偷税、抗税等引起的矛盾冲突展开剧情,成功地塑造了一位心地坦荡、执法如山的基层税务干部的典型金凤,真实和艺术地反映了税收干部在工作、生活中的甜酸苦辣。该剧热情地歌颂了以金凤为代表的税务干部为了维护国家的利益,维护税法的统一性和严肃性,敢顶千斤压力,甘受万般委屈的高尚品德和为国聚财的敬业精神。以此唤起全社会对税收工作的理解和支持,对忍辱负重为国聚财的税收干部的理解和尊重。该剧为浙江越剧团进行男女合演改革后的越剧现代戏,舞台艺术完整,表演真切动人,唱腔清新流畅。广受好评。

《醒醉记》(江苏南京市京剧团)

这部新编历史剧描写唐贞观年间,唐太宗李世民欲将前隋洛阳故宫赐给公主作为陪嫁。长孙皇后多方劝谏,李世民却认为是区区小事,拒不采纳。公主的公公房玄龄受皇后之托,犯颜直谏,被李世民软禁于宫院。房以绝食相要挟。皇后设计将房灌醉,令众君臣误以为房已死。开国功臣尉迟恭入宫痛责太宗,李世民幡然醒悟,追悔不已。此时皇后出面说明真情,李世民收回成命。该剧批评了封建帝王将天下视为一己之物的思想,同时褒扬了李世民纳谏从善和长孙皇后、房玄龄、尉迟恭等人深明大义的行为。

《油灯灯开花》(山西省晋剧院)

该剧通过偏僻山村小学两位民办教师如何面对仅有的一个转正指标的故事,精心塑造了一个可钦可敬的民办教师苏耕田的生动形象,讴歌了人民教师强烈的社会责任感和呕心沥血,无私奉献,燃烧自己,照亮他人的敬业精神。该剧立足现实,紧贴时代,通过描写各级基层组织对教育工作由消极坐等到积极自力筹办的转变,揭示了全民办教育的深远意义,具有一定的现实作用。该剧凝重深沉,以情感人,撼人心魄。人物形象鲜明,曲调流畅动听,演员表演真实生动,作唱俱佳。公演后引起强烈反响,得到观众、同行、专家的一致好评。

《银碗》(内蒙古鄂尔多斯歌舞团)

本剧通过舞蹈学校学生乌热罕按养母嘱托来到草原以民间艺人、乌兰牧骑队长为师,创作毕业作品《银碗舞》并辅导乌兰牧骑过程中经历的悲欢离合,以及三代艺人对艺术的不同态度和不同表现,形象地展示了文艺创作只有植根于人民群众生活的沃土,积极弘扬民族优秀文化传统,并有鉴别地吸收外来文化才能不断获得成功和发展的主题。全剧以草原和牧民生活为背景,充分利用鄂尔多斯“歌乡舞海”的优势,表现了独特的民族风情和蒙古族乐观向上的精神风貌,在与民族特点和民族欣赏习惯相联系方面有所创新,并受到关注与好评。

舞 剧

《土里巴人》(湖北宜昌市歌舞团)

该舞剧以土家族青年凤妹和虎哥的爱情为主线,通过“摸灰”、“骂媒”、“织锦”、“背山”、“哭嫁”、“抢床”等片断,构成土家话恋爱、订亲、婚嫁的婚俗全景,艺术地展示了土家族独特的民俗风情和纯朴、健康、向上的传统美德,激发振奋人们追求创造更加幸福美好生活的热情。该剧民族风韵浓郁,地方特色突出,基调生动活泼,结构清新顺畅,表演自然朴实,生活美、心灵美与艺术美水乳交融,相得益彰。该剧雅俗共赏,公演后引起强烈反响,得到社会各界的一致赞誉，并荣获文化部“文华奖”大奖。

儿童剧

《雁奴莎莎》(上海中国福利会儿童剧院)

这是一个有关雁和鹅的儿童童话剧。生活在北方的灰鹅巧遇南飞的雁群，并结识了少女雁莎莎。因为误解，雁国法庭判莎莎终身为雁奴。被猎人打伤的雁奴在一个善良牧鹅少年的帮助下，终于重回雁群，灰鹅也跟着飞上了天空。该剧可使观众在戏剧营造的特殊环境中领略自然的力量，产生保护大自然的纯洁情感，以及在净化文明的过程中敢于与野蛮无畏斗争的正义感和责任感，具有美育、德育的现实意义。该剧公演后反响强烈，深得广大少年儿童们的喜爱和欢迎。

文章

1. 坚持社会主义，必须搞清楚什么是社会主义(北京　吴树青)

该文以邓小平同志建设有中国特色社会主义理论为指导，联系我国建设社会主义的历史经验，论述了为什么“坚持社会主义，必须搞清楚什么是社会主义”，阐明了如何全面、准确地理解邓小平同志关于社会主义本质的论述，阐发了坚持公有制为主体对坚持社会主义的根本意义，澄清了在社会主义本质问题上的一些模糊认识。文章观点鲜明，立论严谨，说服力强。

(原载《学习与研究》1994 年第 13 期)

2. 解放思想就是实事求是(中国社科院　刘奔)

该文论述了解放思想的根本在于端正思想路线、坚持实事求是必须注重规律性的探索、思想路线是真理观和价值观的统一，阐明了解放思想与实事求是的关系，分析了现实生活中违背实事求是思想路线的表现。文章对如何坚持实事求是的思想路线具有理论价值和实践意义。

(原载《毛泽东百周年纪念——全国毛泽东生平和思想研讨会论文集》上卷　中央文献出版社 1994 年 10 月)

3. 乡镇企业，中国农民的伟大创造(江苏　王霞林等)

该文密切联系我国乡镇企业特别是苏南地区乡镇企业发展的实际，以邓小平建设有中国特色社会主义理论为指导，比较系统地概括和总结了农民兴办乡镇企业的丰富经验，论述了这一伟大创造对推动我国农村工业化、农业现代化、城乡一体化进程，对开拓社会主义市场经济新路和企业运行机制的改革，对在新的历史条件下加快缩小三大差别和造就社会主义新型农民的巨大作用。文章选题好，立意高，文风清新，说服力强。

(原载《光明日报》1994 年 12 月 18 日)

4. 走向辉煌之路——关于洛阳石化总厂弘扬“三自”精神艰苦创业的调查(河南省委宣传部)

该文总结洛阳石化总厂艰苦创业的成功经验在于通过大力弘扬“三自”精神(“自加压力、自找苦吃、自强不息”)，增强了企业的凝聚力，改善了企业的经营管理，提高了企业竞争力和经济效益，有说服力地证明了社会主义精神文明建设在企业改革中极为重要的作用。文章比较深刻而生动地揭示了“三自”精神的内涵及其培育形成过程和原因，在此基础上提炼出通过弘扬“三自”精神使企业走向辉煌之路的启示。

(原载《河南日报》1994 年 4 月 11 日)

5. 农村两个文明建设的基础工程(山东　陈光林等)

该文在深入调查研究的基础上，系统地总结了山东牟平县把家庭建设作为农村两个文明建设依托的新鲜经验，认为优化家庭细胞的同时，优化其他社会细胞，增强整个社会有机体的健康和活力，从而促进社会全面进步，是搞好农村两个文明建设的一项重要工程。文章立意新颖，观点正确，思考深入，具有比较普遍的借鉴意义。

(原载《人民日报》1994 年 12 月 1 日)

6. 建立现代企业制度，再造微观经济基础(辽宁　张国光)

该文从把握宏观体制和微观基础的角度出发，论述了建立现代企业制度的迫切性和必要性；提出了“平衡过渡，分类指导，创造条件，稳步推进”的企业创新的总体思路；强调了在建立现代企业制度过程中应该处理好的 4 种辩证关系(“前”与“后”；“一”与“多”；“点”与“面”；“创新”与“稳定”)。文章选题意义重大，现实针对性强，有分析、有创见、有说服力，对搞好国有企业改革有重要的借鉴意义。

(原载《光明日报》1994 年 7 月 22 日)

7. 中国的改革实践和成功奥秘(中央党校　赵曜)

该文把中国改革成功的奥秘和特点概括为七条：以崭新的社会主义改革理论作为指导；在全面改革中坚持以经济体制改革为重点；实行渐进性的改革策略；国内改革和对外开放相结合；政治体制改革与经济体制改革相适应；牢牢把握改革的社会主义方向；正确处理好改革、发展、稳定三者之间相互关系。文章比较系统地总结了中国改革的成功经验，具有一定的理论价值和实践意义。

（原载《阵地》1994年第6期）

8. 中国共产党的伟大理论旗帜（江西　余品华）

该文从党的指导理论的形成和发展的角度，对邓小平建设有中国特色社会主义理论写上党的旗帜的历史过程、必然性、特点以及它和马克思列宁主义、毛泽东思想之间的继承、发展关系，作了比较全面、比较深入的论述，对于深刻理解邓小平同志建设有中国特色社会主义理论的历史地位和现实指导意义，具有一定的参考价值。

（原载《江西社会科学》1994年12期）

9. 从民族地区实际出发加强党员教育（内蒙古　冯秦）

该文从民族地区市场经济发展的实际需要出发，论述了如何加强党员教育。文章认为，在内容上要突出解放思想，突出党性、党的宗旨和马克思主义民族观的教育，突出经济、科技知识的教育；在形式上要采取面授与电化教育相结合，阵地教育与巡回教育相结合，灌输教育与制度约束相结合，集中教育与分散教育相结合，思想教育与典型激励相结合。

（原载《人民日报》1994年12月30日）

10. 论邓小平人民民主专政思想对武警部队履行职能的指导意义（武警总部　树久雪）

该文紧密联系武警部队实际，系统地论述了邓小平人民民主专政思想及其指导意义，阐明了坚持人民民主专政的必要性，以及武警部队履行职能所必须遵循的基本原则和新时期人民民主专政对武警部队的要求。文章论点鲜明，对坚持四项基本原则、指导武警部队履行职能具有一定的意义。

（原载《武警教育》1994年11期）

11. 邓小平的国格论（陕西　高尚斌）

该文从六个方面充分阐释了邓小平同志关于社会主义中国国格的深刻思想，具体论证了保持国格的极端重要性和社会主义中国国格的基本内容。文章选题比较新颖，观点正确，对于激励人们自觉维护国家的独立、主权、尊严与形象具有现实意义。

（原载《陕西日报》1994年12月14日）

12. 引导宗教与社会主义社会相适应的理论指南（宁夏　张永庆）

该文以马克思主义宗教观为指导，总结了新中国宗教工作的经验，以及前苏联在宗教理论和宗教长作中的教训；从中国的具体国情出发，论述了邓小平同志建设有中国特色社会主义理论是做好我国宗教工作的理论指南。文章立意新颖，针对性强，对掌握邓小平的宗教理论和正确执行党的宗教政策，具有一定的指导意义。

（原载《宁夏社会科学》1994年第6期）

13. 德阳市属国有工业企业七年无亏损调查（四川　喻克彬等）

该文从落实企业转机建制改革措施、为企业发展创造宽松的大环境、通过联合兼并发挥优势企业作用、选拔优秀治厂人才、大力培养优势拳头产品和开展多种经营这五个方面，总结了四川德阳搞好国有工业企业的经验。文章对于搞好企业改革、促进国有工业企业扭亏为盈具有较普遍的借鉴意义。

（原载《学习　研究　参考》1994年第9期）

14. 社会主义市场经济在广东的成功实践（广东　周燎刚等）

该文对广东十五年来从计划经济体制向市场经济体制过渡的五条基本经验进行了比较全面的总结，论述了社会主义市场经济体制对解放和发展生产力所发挥的巨大作用。文章资料翔实，内容丰富，有借鉴意义。

（原载《学术研究》1994年第6期）

15. 社会主义市场经济的伦理辩护（上海　赵修义）

该文以邓小平同志建设有中国特色社会主义理论为指导，从伦理观、价值观角度论述了社会主义市场经济的合理性和可行性，对市场竞争、分配公平、国家对市场宏观调控等问题从伦理学上作了剖析。文章角度新颖，观点鲜明，有一定的现实意义。

（原载《毛泽东邓小平理论研究》1994年第5期）

16. 人与自然的较量——'94广西特大洪涝灾害的理性思考（广西　李俊康）

文章在调查研究的基础上，对1994年广西特大洪涝灾害进行了深层次的剖析，从哲学的高度追索了洪涝灾害的成因和水利与水害的辩证关系，并对今后防洪减灾工作做了对策性研究，提出了城镇设防、兴修水库、疏浚河道和西江分洪等设想。文章选题新颖，理论密切联系实际，对我国防灾减灾工作具有较普遍的借鉴意义。

（原载《改革与战略》1994年第6期）

17. 邓小平东西部共富构想与长江开发战略（湖北　温强州）

该文比较准确地把握了邓小平同志关于东西部共富构想的精神实质，论述了邓小平关于东西部共富构想形成和发展的三个阶段，提出和阐明了长江开发战略与邓小平东西部共富构想的密切联系，并论证了长江开发战略在实现邓小平东西部共富构想中的重要地位，具有理论和实践意义。

（原载《长江日报》1994年12月30日）

18. 澜沧江——湄公河流域综合开发研究（云南　马树洪）

该文在大量调查研究的基础上，从当代澜沧江——湄公河流域国家及整个东南亚各国之间的经济、文化交流和加快发展我国西南地区社会主义现代化建设的需要出发，就澜沧江——湄公河流域综合开发的重大意义、开发的领域、开发的起点和开发的途径等问题作了系统、深入的分析，开拓了一个新的区域发展研究领域，对湄公河流域的综合开发有较重要的参考价值。

（原载《云南社会科学》1994年第5期）

19. "软"要素带来硬效益——冀东水泥厂两个文明都过硬的研究报告（河北　省委宣传部）

该文在调查研究基础上总结了冀东水泥厂把精神文明建设纳入企业的战略规划并作为重点工作来抓的成功经验，从理论与实践的结合上说明精神文明建设的成果可以通过实践活动转化为经济效益。从而论证了坚持两手抓、两手硬，不仅是可能的，而且是社会主义企业必须具备的品质。文章选题好，立意新，观点正确，有一定说服力。

（原载《河北日报》1994年12月29日）

20. 用社会主义与爱国主义的统一锻造当代中华民族的精神支柱（总政　王幸生）

该文从五个方面阐述了邓小平同志社会主义与爱国主义相统一的科学理论：社会主义的发展道路与民族自尊心、自信心的契合——按照自己国家的情况，走自己的路；社会主义的本质论与现阶段中国爱国主义主题的重奏——消灭贫穷，让中国人民富起来；当代社会主义历史命运与中华民族历史命运的交汇——抓紧时机，发展自己；社会主义旗帜与爱国主义旗帜并举——团结一致，着眼于民族振兴；维护社会主义制度的坚定性与维护国权、国格的坚定性的统一——独立自主，不怕鬼，不信邪。文章观点正确、有新意、有生气。

（原载《解放军报》1994年12月28日）

21. 论市场经济大潮中的严肃文艺（吉林　孙占国）

该文站在时代高度，运用马克思主义文艺理论，针对当前严肃文艺面临的问题，论述了严肃文艺的崇高追求在于历史价值，只有那些作为人生崇高导向的严肃文艺，才具有主流文化的性质，才具有真正永恒的价值；应当历史地看待严肃文艺的命运，严肃文艺的一时孤寂，是历史变革时期所必然出现的文艺阵痛；必须以高度的社会责任感对待严肃文艺。文章主题鲜明，针对性比较强，对市场经济条件下发展严肃文艺有一定指导意义。

（原载《人民日报》1994年2月24日）

22. 加强民族团结、促进发展和稳定（西藏　孔繁森）

该文作者怀着对西藏人民无限热爱的感情，从历史与现实统一的高度，论述了民族平等和民族团结这一马克思主义处理民族问题的总原则和总政策。文章从国家的大局和西藏的实际出发，实事求是地论述了实现民族平等和民族团结的根本途径及战略意义，从理论与实际的结合上回答了民族团结与发展、稳定的辩证关系，对加强我国各民族团结，维护祖国统一，具有重要的指导意义。

（原载《西藏日报》1994年10月10日）

23. 邓小平的社会稳定理论及其意义（山西　高健生）

该文以邓小平同志建设有中国特色社会主义理论为指导，从社会稳定的重要性、正确的社会稳定观、实现社会稳定的具体途径和可行方法四个方面，论证了稳定是一个经济、政治和思想等多方面内容的体系，是积极的、主动的稳定，其目标是国家的长治久安。文章选题意义重大，论述有新意。

（原载《陕西日报》1994年12月14日）

24. 邓小平运用矛盾理论的高超艺术（天津　张景荣）

该文分析和论述了邓小平同志运用矛盾理论的高超艺术，认为这一高超艺术主要表现是，既善于从总体上、战略上把握各种社会矛盾，并从对矛盾的准确把握中提出正确的路线和方针政策，又善于以实事求是的精神对新时期的具体矛盾进行具体分析，正确处理各种具体矛盾。文章选题比较新，有助于读者学习和领会邓小平同志的思想方法和工作方法。

（原载《天津社会科学》1994年第6期）

25. 正确处理人民内部矛盾的新思路（总政　章传家）

该文从四个方面阐述了邓小平在新的历史条件下处理人民内部矛盾的新思路：集中力量发展经济，

为从根本上解决好人民内部矛盾奠定物质基础；以鼓励"部分先富"促成共同富裕来合理解决人民内部矛盾；坚持民主与法制双管齐下；不搞群众运动，靠思想政治工作来解决人民内部矛盾。文章选题的现实意义比较强，观点正确，分析比较深入。

（原载《求是》杂志1994年第14期）

26. 稳定土地承包关系，实行"增加人口，不再分地"的方略（贵州　李菁等）

该文在调查研究的基础上，对贵州湄潭县农村改革试验区关于土地制度建设试验的经验进行了全面的总结，系统阐述了实行"增加人口，不再分地"的政策对稳定当地农业生产以及促进计划生育工作的意义，并就具体措施、实施效应、体会作了介绍，提出了存在的问题以及今后工作的建议。所提对策建议已在贵州省全面推广，并为中央有关文件所肯定。

（原载《战略与管理》1994年第2期）

27. 关于文化扶贫工程的思考与建议（作协　康世昭）

该文占有丰富翔实的调查材料，用马克思主义观点分析了贫困地区文化生活的现状及所存在的问题，从治贫必先治愚的思路出发，论述了在农村建设文化扶贫工程的必要性、迫切性，文化扶贫的内涵与目标，对策与措施。选题重要，对策与建议具有一定的可操作性。

（原载《中国社会科学》1994年第2期）

28. 落后地区人才战略初探（甘肃　陈宝生）

该文围绕落后地区人才问题，历史地、客观地分析了落后地区人才的现状和基本特征，比较深刻地揭示了人才大量流失的特点、形式和原因，明确提出了落后地区稳定人才、吸引人才的战略选择和对策建议。选题具有现实意义，论据较充分，对做好落后地区人才工作有重要的参考价值。

（原载《时代学刊》1994年增刊）

图　书

《国脉所系——现代化与稳定》

出版单位：福建人民出版社

作者：聂运林、李清泉

1994年4月第1版

该书以邓小平建设有中国特色社会主义理论为指导，紧紧扣住全党"抓住机遇，深化改革，扩大开放，促进发展，保持稳定"的工作大局，以当今我国社会发展的重大课题"现代化与稳定"为研究对象，运用历史唯物主义与辩证唯物主义的基本原理，从反思国际共产主义运动的历史和总结我国社会主义现代化建设的经验教训入手，比较深入地分析了改革、发展、稳定三者的辩证关系，特别是探索了稳定与现代化的关系，以及怎样实现社会稳定等重大问题。本书具有很强的现实指导意义。

《当代中国人口流动与城镇化》

出版单位：武汉大学出版社

作者：辜胜祖等

1994年11月第1版

该书是一部研究我国人口流动、非农业化、城镇化等现实问题的学术著作。全书由四篇组成：第一篇主要论述人口流动的国际经验，当代中国人口流动的原因、流向、模式、类型、选择性、就业、人口控制和地区差异，以及工程性人口流动——三峡移民等问题。第二篇主要论述农业现代化与非农业化城镇化的国际经验，中国非农业化与农业发展、兼业经营、规模经营、城镇化等问题。第三篇主要论述工业化与城镇化的国际经验，中国城镇化与工业化、第三产业、农村城镇化、区域差异、发展模式、城市基础建设等问题。第四篇主要论述人口流动和城镇化的合理化、对策和道路。

《新三字经》

出版单位：广东教育出版社

作者：于幼军等

1994年12月第1版

该书是由中共广东省委宣传部组织专家学者和从事宣传思想工作、精神文明建设、教育工作的同志，集思广益，反复修改，编写成的一部优秀少儿读物。全书以建设有中国特色的社会主义理论为指导，把中华民族传统美德、社会主义道德规范和现代文明修养熔于一炉，运用三字韵文的形式，将思想性、教育性、知识性、可读性有机地结合起来，并配有插图、拼音和注释，图文并茂，琅琅上口，易读易记，是一本对少年儿童进行爱国主义、集体主义、社会主义教育，加强自身思想道德修养的好教材。

《童规——少儿行为规范教育丛书》

出版单位：江苏美术出版社

编者：王世华等

1994年9月第1版

这是运用养成教育的思路为少年儿童出版的一套实用型丛书，包括《起居》、《保健》、《学习》、《安全》、《仪表》、《礼仪》、《尊长》和《爱国》8册。这套书有以下几个特点：(1)将少儿日常行为规范具体化为"童规"，内容准确，有针对性，在少儿素质教育中有积极的导向作用；(2)吸收中国传统教育形式的合理内核，以传统教育基本形式(三字韵文)为载体，反映现代少年儿童行为规范内容；(4)三字韵文的形式简洁凝炼，便于儿童记诵；(4)画面形象生动，给儿童以感性直观认识；(5)短小的解说文字，弥补了三字韵文在词义上的某些局限，便于讲解、教授；(6)丛书开本较小，售价不高，便于儿童携带、购买。

《生命之歌》

出版单位：浙江文艺出版社

作者：夏真

1994 年 12 月第 1 版

这是一部长篇报告文学，主要描写浙江省云和县一个农村信用社普通青年女职工刘玲英，为保护国家和人民财产安全勇斗歹徒的英雄事迹。作者以饱满的热情，细腻的笔触，刻画了刘玲英从一个普通人成长为英雄的过程，表现了她崇高的思想品格和道德情操。作者对生活素材作了认真的剪裁、调整、处理，采用层层深入的手法，描写了刘玲英思想不断成熟、升华的过程，使刘玲英的形象丰满、真实、感人。作者还运用对比的写法，对英雄人物的对立面——罪犯的精神变化过程作了有说服力的剖析，令人深思。该书不仅是对英雄人物的颂扬，还在深层次上对人生观、价值观的问题作了探讨，是一部思想性和艺术性结合得较成功的作品。此书出版后，在浙江掀起了"读《生命之歌》，学英雄精神"的读书活动，社会效果很好。

《北京通史》

出版单位：中国书店

作者：曹子西等

1994 年 10 月第 1 版

该书是由北京市社会科学院牵头编撰的一部系统叙述北京历史的学术专著。全书叙述的时间，自约 70 至 20 万年以前出现"北京人"起，至本世纪 80 年代末止。该书主要特点有：(1)较好地处理了北京史与中国史的关系，把北京历史与中国历史紧密结合起来，既显示了北京本身的特征，又显示了它在中国历史发展上的地位。(2)充分利用了北京出土文物及实地考察资料，并将其与文献记载相参照，论证有理有据，学术性较强。(3)突出地展现了北京由一个一般的城市发展为全国首都的过程，其中对契丹、女真、蒙古、满等少数民族在建设北京过程中发挥的重大作用做了较客观、充分的论述。(4)装帧设计、印刷质量达到较高水准。

《中国农村大写意》

出版单位：湖南文艺出版社

作者：李超贵

1994 年 12 月第 1 版

这是一部全方位描写中国农村改革的报告文学。作者先后走访了 11 个省市的近 20 个农村地区，如凤阳、华西村、窦店、大寨、七里营、刘庄、兰考、延安、顺德、大邱庄等，真实地描写了这些建国以来的农村典型在各个历史阶段所走过的曲折道路。作品着重反映十一届三中全会以后农村改革的飞速发展、农村面貌的日新月异，总结了这些地区的农民在战胜贫困、进行农村经济改革过程中的经验教训，表现了中国农民克服困难的勇气、艰苦奋斗的毅力和争取美好生活的信心。作品主题鲜明，选材精当，结构合理，文笔流畅，既有"大写意"式的笔调，又有较强的思辩色彩。

《中国母亲》

出版单位：江西人民出版社

主编：钟起煌

1994 年 12 月第 1 版

这是一部描绘从古到今中国母亲的群体形象，歌颂中国妇女优秀道德品质，弘扬中华民族传统美德的思想教育读物。该书选题角度新颖，选取自古迄今有代表性的 100 位中国母亲的事迹，描述了她们勤劳善良、母仪垂范、教子有方等优秀品质。通过中国母亲的群体形象，歌颂了中国妇女崇高的精神世界，展现了中华民族传统美德的巨大精神力量。本书选材典型，详略得当，在尊重历史事实的基础上进行大量艺术铺陈，如增加人物对话、合理的想象和细节描写，有较强的艺术感染力。

《跨世纪的一代——中国少年"五自"丛书》

出版单位：未来出版社

主编：孙云晓

1994 年 12 月第 1 版

这是一套针对少年儿童进行素质教育的报告文学和文艺通讯集。该书分为自学、自理、自护、自强、自律 5 卷，集中概括了少年儿童素质教育的基本内涵。本丛书取材于真人真事，主人公皆为在"五自"的某一方面有突出表现的优秀少年儿童，对同龄的小读者，既有榜样作用，又使他们感到亲切，受到鼓舞，从而产生良好的教育效果。该书对培养跨世纪的合格接班人具有重要意义。

《巴蜀情——邓小平与四川》

出版单位：四川美术出版社

主编：秦玉琴等

1994 年 12 月第 1 版

这是一本展现邓小平同志在四川革命历程的大型摄影画册。其内容分为四个部分：诞生广安，解放西南，心系天府，情满巴蜀。画册以邓小平同志在四川的革命斗争经历为线索，选择有重要历史价值和现实意义的代表性图片，真实地记录了邓小平同志在四川成长的历程及各时期的革命活动，展现了邓小平同志作为一代伟人的风貌。该画册重点突出了邓小平同志作为我国改革开放和社会主义现代化建设总设计师，对四川各项事业所起的重大作用和对四川人民的深厚情意，同时也表现了四川人民对小平同志的热爱。画册出版以后，受到海内外人士的高度关注。

《河南人口资源环境丛书》

出版单位：河南教育出版社

主编：李润田

1994 年 10 月第 1 版

该丛书共有 10 册，分别研究河南省人口增长与控制、能源矿产开发与利用、金属与非金属矿产、水资源、农业自然资源、自然灾害、旅游资源、生态环境的保护与建设、城市的整体发展与布局、人口资源环境与经济的协调发展等问题。丛书主要特点：(1)具有较强的时代特色，所探讨的问题都是当今社会普遍关注而又亟待解决的热点问题。(2)具有较强的实践性，不仅注重对人口、资源、环境的理论问题作系统阐述，更注重针对河南省存在的实际问题提出解决问题的途径与措施。(3)具有较强的可读性，通俗易懂。

《图片中国百年史》

出版单位：山东画报出版社

主编：张筱强

1994 年 12 月第 1 版

该书以历史图片的形式，向广大读者提供了一部利用中国近代史和现代史进行爱国主义教育的好教材。全书分为上下卷，收入 2700 多幅图片，配有 20 多万字的文字说明，内容涉及政治、军事、经济、文化和社会生活诸方面。本书不仅再现了近百年来中华民族屈辱和受难的历史，也充分展示了中华民族抗争和崛起的历史。该书图文紧密结合，使这段历史既直观、形象，又完整、生动。

《中国当代科技精华》

出版单位：黑龙江教育出版社

主编：卢嘉锡

1994 年 10 月第 1 版

这是一部反映中国当代科技成果及科学家的丛书，共分物理、化学、医学、生物学、地学、技术科学、数学与信息科学等 7 卷 8 册。丛书选取了 300 多位科学家，其中包括中国科学院院士，中国工程学院院士，国家科学技术进步奖、国家发明奖、国家自然科学奖获得者，国家跨世纪优秀人才专项基金获得者及中国科学院部分优秀青年科学家，向读者展示了中国当代科学技术专家的杰出成就和献身精神。丛书具有学术研究、科学普及和史料等多方面的价值，并且对人们了解各学科的研究情况和我国当代科学技术发展的水平，以及增强民族自信心和自豪感有独特的价值。

《中华文明史》

出版单位：河北教育出版社

作者：王祖武等

1994 年 6 月第 1 版

该书共 10 卷，是我国第一部以弘扬中华文明为宗旨、全方位展示中华文明五千年历史风貌的大型学术著作。全书以构成中华文明的各个文化学科为基本撰写单位，按照中国历史朝代为自然顺序划分卷册，每卷内容涵盖文化、地理、环境、经济、政治、法制、学术文化思想、教育、科技、军事、宗教、文学、文字、史学、美术、建筑、音乐、舞蹈、戏曲、体育等 21 个学科，是一部很好的爱国主义教材。它的出版，使读者进一步体会中华文明的灿烂辉煌，领会我们中华民族的聪明才智，从而激发人们对祖国的热爱。

《托起明天的辉煌
——当代中国十大杰出青年丛书》

出版单位：希望出版社

编者：俞贵麟等

1994 年 12 月第 1 版

丛书共分 5 册，分别汇集了 1990—1994 年每年度评选出的全国“十大杰出青年”的事迹。作者以报告文学的手法，比较详细地记述了这些来自各条战线的优秀青年在各自的岗位上奋发图强、辛勤耕耘的经历，展现了他们锐意进取的开拓精神和清正廉洁、公而忘私的高尚品质，以及卓越的才能和胆识。该书为广大青少年树立了榜样，对于在改革开放的时代进行青年思想教育，有积极的现实意义。

《中国大西南在崛起》

出版单位：广西教育出版社

主编：杨基常、刘咸岳

1994 年 12 月第 1 版

该书以邓小平同志建设有中国特色社会主义理论为指导，以中国改革开放为大背景，分析了大西南在当前及 21 世纪经济发展的重要地位和作用，阐述了党中央提出的开发和发展大西南战略方针的历史和现实意义，以及加快实现这一方针的重要性、紧迫性和可行性。该书由两大部分组成，一是对党中央、国务院关于发展大西南的战略构想、战略方针以及重大的战略措施作了详细描述。二是从不同的角度介绍了各省区的区位优势、资源投资环境、潜在发展动力，论述各省区联合开发开放、共建大道、发展大西南的新举措。

《百年风云丛书》

出版单位：天津教育出版社

编者：陈振江等

1994 年 3 月第 1 版

该丛书由《百年风云》、《中华英魂》、《沽上春秋》

三册组成，是一套面向青少年的爱国主义教育丛书。《百年风云》主要概括了近百年来在中国近现代史上发生的重大历史事件，以简明的记叙手法再现了自1840年鸦片战争到1949年中华人民共和国成立这段风云变幻的历史；《中华英魂》以生动的笔触塑造了林则徐、毛泽东、鲁迅等72位近现代史上风云人物的光辉事迹；《沽上春秋》则描述了古老而年轻的历史名城——天津自近代以来政治、经济、文化的变迁过程，讴歌了天津人民在百年沧桑中创造的可歌可泣的业绩。丛书把爱国主义教育具体融汇到地方史教育中，富有地方特色。

《西北灾荒史》

出版单位：甘肃人民出版社

作者：袁林

1994年11月第1版

该书是一部研究我国西北地区从上古至1949年灾荒史的学术著作和工具书。作者经过长期的研究，对我国西北地区灾荒发生的时间、特点、规律及破坏程度作了比较细致的分析、总结。这对于了解我国西北地区历史上的灾荒情况及其在特定的气候气象、地理环境、自然生态以至人类活动条件下发生和分布的规律很有意义，对于科学地研究西北地区的灾荒，预测将可能发生的灾荒，进而做到抗灾、防灾、减灾，开发建设西北地区，也很有价值。

《共和国领袖的故事》

出版单位：浙江人民美术出版社

主编：李琦、梁平波

1994年8月第1版

这是一套反映共和国缔造者们工作、生活的摄影画册，共分6册，包括《毛泽东的故事》、《刘少奇的故事》、《朱德的故事》、《周恩来的故事》、《邓小平的故事》、《陈云的故事》。这套画册精选了有关6位领袖人物工作、生活的照片，每册50幅，配以短小生动的文字，真实地反映了领袖们崇高的思想品格，严谨细致的工作作风，密切联系群众，鞠躬尽瘁为人民服务的工作精神和高尚的生活情趣。画册图文并茂，使人强烈感受到革命领袖的博大胸怀和人格魅力，尤其适合青少年阅读。这套画册编校装帧质量精良，具有较高的收藏价值。

《西藏畜牧业走向市场的问题与对策》

出版单位：西藏人民出版社

主编：肖怀远

1994年3月第1版

该书是专题研究西藏畜牧业改革和发展的一部专著。全书以改革统揽全局，围绕建立社会主义市场经济体制的目标，以国际、国内大市场为背景，深入分析了西藏畜牧业发展中的困难、问题和机遇，提出了走向市场的关键环节、途径和突破口。这本书的一大特点是并不从纯生产或技术角度去探讨畜牧业，而是从经济、产业化领域分析，提出观点和思路，这便大大丰富了西藏畜牧业经济理论的内涵。全书既注重理论研究，也注重实践总结，提出的政策建议和具体措施有较强的针对性和可操作性，对于今后西藏畜牧业走向市场具有较强的指导意义。

《马克思主义宗教观简明读本》

出版单位：新疆人民出版社

主编：李康宁

1994年10月第1版

该书是一部面向广大群众进行马克思主义宗教观教育的通俗理论读物。作者从新疆民族宗教工作的实际出发，运用马克思主义宗教理论，揭示了宗教产生、发展和自然消亡的客观规律，阐明了宗教的本质和社会作用等一系列重大问题。本书有三个特点：(1)对宗教的积极和消极社会作用作了正确的论述；(2)对社会主义条件下宗教问题存在的现实性作了清晰的分析，并提出了相应可行的对策；(3)认真贯彻党的各项宗教政策，尊重和保护宗教信仰自由，以平等态度对待信仰宗教的广大群众，对宗教的消极面也善意地给予指出。该书的出版，在新疆地区产生了较大的影响，对于维护民族团结、祖国统一和社会政治稳定具有一定的积极作用。

《中国人权丛书》

出版单位：辽宁人民出版社

编者：喻权域等

1994年12月第1版

该丛书包括《人权问题纵横谈》、《当代中国人权状况报告》、《中国百年人权史》和《人权基本文献要览》4卷。作者从理论与实践的结合上系统阐述和回答了当今国际人权领域中的新情况、新问题，尤其是对中国人权的历史与现状等一系列理论问题作了一定的探讨，对西方国家在人权问题上对我国的攻击作了有力的驳斥。丛书观点正确、史料丰富，具有较强的理论性、知识性、针对性和现实性。该丛书不仅有助于对外正面宣传中国人权的历史和现状，而且对国内学者深入研究人权问题及帮助人们正确理解人权问题，具有较高的参考价值。

《黑眼睛丛书》

出版单位：海南出版社、湖南少年儿童出版社

作者：孙幼军等

1994年12月第1版

这是一套由知名儿童文学作家创作、知名儿童画家绘画的童话集，从思想内容到艺术表现均有一定新意。该丛书的主要特点是：(1)拓宽了儿童文学创作的传统视角，把目光转向国际性、社会性的大主题，如热爱和平，对家庭和睦的企盼，对人与自然的

和谐及恢复大自然原生态的向往等等;(2)对幼儿文学和幼儿教育中具有永久性价值的主题给予了充分的关注,如对美的追求、互助友爱、乐于助人等等,这对幼儿素质教育十分重要;(3)在审美体验上十分注意用孩子的感受写重大的主题,绘画语言、文字语言运用得比较贴切,符合幼儿的阅读心理。

《邓小平理论与实践研究丛书》

出版单位:上海人民出版社

编者:陈至立等

1994 年 10 月第 1 版

该丛书共有 10 册,每册书都以邓小平的著述为指导和依据,联系历史的经验和党的十一届三中全会以来的实践,比较完整、准确、科学地阐述了邓小平建设有中国特色社会主义理论体系中一个方面的理论和观点,深入浅出,简明扼要。丛书逻辑严密,不仅基本抓住了邓小平建设有中国特色社会主义理论的一些核心内容,也反映了某一方面某一领域改革的发展脉络,以及社会关心的热点、难点问题。这套丛书的出版,有助于广大党员和干部系统地理解和掌握邓小平建设有中国特色社会主义理论科学理论体系的基本内容和精神实质。

《中国革命斗争长篇报告文学丛书》

出版单位:解放军出版社

作者:王宗仁等

1994 年 12 月第 1 版

该丛书以长篇报告文学的形式,反映了中国共产党领导中国人民为建立新中国而进行的艰苦卓绝的革命斗争历史。作者以历史唯物主义的眼光,现实主义的手法,选取中国革命斗争中重大的战役、战略行动和历史事件,通过革命领袖、将领以及普通士兵和人民群众等各种人物的活动,再现了中国共产党领导中国人民为争取革命胜利所走过的艰难曲折的道路。丛书规模宏大,全方位、多视角、深层次地表现了重大的历史题材,既尊重历史事实,又具有强烈的艺术感染力。

《长城万里图》

出版单位:人民文学出版社

作者:周而复

1994 年 12 月第 1 版

这是一部全面反映中国抗日战争的系列长篇小说,共分六部:《南京的陷落》、《长江还在奔腾》、《逆流与暗流》、《太平洋的拂晓》、《黎明前的夜色》、《雾重庆》,共 370 多万字。小说以中国抗日战争的进程为主线,结合世界反法西斯战争,以敌、我、友三方高层人物为主要描写对象,真实、全面、客观、生动地展现了中华民族抗日战争的壮丽图景。作品借鉴了中国传统历史演义小说的笔法,成功地描写了抗日战争时期各大政治集团间的矛盾,塑造了一批栩栩如生的人物形象。小说具有较高的认识价值、文学价值和文献价值,是一部进行爱国主义教育的好教材。

《我们的母亲叫中国》

出版单位:中国少年儿童出版社

作者:苏叔阳

1994 年 8 月第 1 版

这是一本向青少年介绍中国历史和文化知识的普及型读物。作者以世界大文化为背景,比较全面地介绍了我们伟大祖国的历史、地理、民族、文化传统等方面的情况。尤其突出了历史悠久的中华文化"生生不息"的强大生命力,并对这种生命力作了较深刻的分析。其原因:一是中华文化主体的合理性(科学性);二是善于融合本身各文化支系,保持"合而不同"的局面;三是容纳、消化、改造外来文化的强大能力。作者在阐述主题时,使用了一种散文的笔法,并插入许多神话传说,生动感人。

《论邓小平人民民主专政思想》

出版单位:群众出版社

主编:蒋先进

1994 年 10 月第 1 版

该书是一部对邓小平同志人民民主专政思想作系统研究的学术专著。本书比较全面地阐述了邓小平同志对马克思无产阶级专政学说和毛泽东人民民主专政思想的继承和发展,从理论地位、实践意义、主要特点、根本任务和具体职能等 11 个方面论述了邓小平关于人民民主专政思想的理论体系。本书的突出特点,是善于理论结合实际,运用邓小平同志人民民主专政的思想作为分析公安工作现状和制定有关方针政策的理论依据,有较强的针对性和指导性。

《光辉的旗帜,行动的指南
——学习邓小平同志建设有中国特色的
社会主义理论》(职工读本)

出版单位:中国工人出版社、学习出版社

作者:中共中央宣传部理论局、中华全国总工会宣教部

1994 年 3 月第 1 版

该书是一本引导和帮助广大职工深入学习《邓小平文选》第三卷和建设有中国特色社会主义理论的通俗读物。主要特点是对邓小平同志建设有中国特色社会主义理论作了准确、简明的阐释,紧密结合我国改革开放和社会主义现代化建设的实际,回答了广大人民群众关心的许多问题;在一些理论问题的论述上富有新意和创见,具有鲜明的时代感。该书的出版,有助于更加坚定广大人民特别是工人群众走社会主义道路的信念,激发他们投身于社会主义现代化建设的热情。

《邓小平新时期军事理论研究》

出版单位：军事科学出版社

主编：姚延进、刘继贤

1994年10月第1版

该书是一部对邓小平同志新时期军事理论作系统研究的学术专著。作者结合军队建设和国防建设的实际，较为全面、系统地阐明了邓小平新时期的军事思想和实践活动，不仅对邓小平新时期军事理论的科学体系做了系统的研究和概括，而且对邓小平新时期战争与和平、战争与战略、国防建设和军队建设的有关论述也做了颇具新意的归纳和阐述。该书对深化邓小平新时期军事理论的学习和研究，具有一定的推动和借鉴作用。

《中国历代艺术》

出版单位：人民美术出版社等5家出版社

编者：陈允鹤等

1994年9月第1版

这是一部关于中国历代艺术的精选图集，分绘画、雕塑、工艺美术、建筑艺术和书法篆刻等5类6卷，历史跨度6千年，荟萃了许多传世珍品和艺术瑰宝，具有丰富的知识含量和宝贵的研究价值。该书不仅展现了民族悠久文化传统的巨大魅力，而且激发民族自信心、自豪感和爱国主义热情有积极的作用。

《绿色年华丛书》

出版单位：解放军出版社

编者：邓正明等

1994年9月第1版

这是一套面向部队青年官兵的思想修养读物，共分8册。丛书从理想教育、道德教育、情感教育等多方面入手，对部队青年官兵经常遇到的各种人生课题进行探讨。比如，在如何树立正确的人生观、世界观，如何正确对待友情、爱情、婚姻家庭问题，以及如何看待金钱、名利等重大问题上，丛书作了有针对性的、寓情于理的论述。全书具有较强的时代气息，思想性、知识性、可读性结合得较好。

《论社会主义市场经济》

出版单位：中共中央党校出版社

作者：苏星

1994年11月第1版

该书全面回顾了社会主义市场经济理论产生和发展的历史，较为深入地探讨了在中国建设社会主义市场经济的几个主要问题，如社会主义经济是商品经济、如何建立社会主义市场体制、如何转换国有企业经营机制、怎样培育和发展市场体系、市场经济与宏观调控的关系等。作者在进行理论概括的同时，还提出了一些对策性建议，如宏观调控的任务和具体内容、计划管理的具体要求等，对有关决策部门具有一定的参考价值。

4. 国外思想道德和科学文化信息

1994年诺贝尔奖揭晓

物理学奖。1994年10月12日，瑞典皇家科学院将本年度诺贝尔物理学奖授予美国麻省理工学院的克利福德·沙尔和加拿大哈米尔顿麦克马斯特大学的伯特伦·布罗克豪斯，以表彰他们在40年前从事中子散射技术的开发。沙尔，1915年生于美国的匹兹堡，现为美国国家科学院院士。布罗克豪斯，1918年生于加拿大艾伯塔省，现为加拿大皇家学会和伦敦皇家学会会员。中子散射技术是对利用X射线和显微镜无法详细观测到的物质中进行分析的有效手段。沙尔开发的一种中子散射技术显示了怎样利用中子来确定物质的结构，从而帮助解答了物质原子位于何处的问题。布罗克豪斯设计的一种测量物质或晶体运动状态的三轴光谱仪，又帮助解答了原子起什么作用的问题。**化学奖**。1994年诺贝尔化学奖得主是匈牙利裔美国人乔治·欧拉。他因改革了“碳氧离子”的科学研究而获得此殊荣。欧拉，1927年生于匈亚利的布达佩斯，1957年移居美国，现为美国南加州大学克罗尔碳氢化合物研究所所长。欧拉的研究成果对炼油技术作出了贡献，在化学工业及其它行业中具有极大的应用价值。**医学奖**。本年度诺贝尔医学奖得主是美国两位细胞生物学先驱：68岁的马丁·罗德贝尔和53岁的艾尔弗雷德·吉尔曼。他们独立地发现了G蛋白质以及它们在向细胞传导信号方面的作用。他们的研究成果可能会彻底改革霍乱、哮咳和某些癌症的治疗。**文学奖**。日本作家大江健三郎获得本年度诺贝尔文学奖。大江健三郎1935年生于日本爱媛县。诺贝尔文学评审委员会在一项声明中说，大江的作品“展现诗的力量，创造了一个想象的世界，并在这个想象的世界中将生命和神话凝聚一起，形成今天人类困境中一幅令人不安的图像”。**经济学奖**。本年度诺贝尔经济学奖由美国加利福尼亚大学(伯克利)的约翰·豪尔绍尼、普林斯顿大学的约翰·纳什和德国波恩大学的莱因哈德·泽尔滕分享。他们三人分别将策略运筹论(博弈论)的研究运用于经济分析方面取得了卓越的成就,推动了经济学的发展。豪尔绍尼,1920年生于匈亚利的布达佩斯,战后赴美国学习,现为加利福尼亚大学教授。纳什,1928年生于美国西弗吉尼亚州。泽尔滕,1930年生于德国的布雷斯劳。**和平奖**。本年度诺贝尔和平奖授予以色列总理拉宾、以色列外长佩雷斯和巴勒斯坦解放组织主席阿拉法特,并为他们每人颁发一枚金质奖章和一份证书,以表彰他们为结束以色列人和巴勒斯坦人之间长达近半个世纪之久的冲突所作出的不懈努力;同时,也是对所有那些为在该地区建立持久和平而作出努力的以巴两国人民的一种鼓舞。

1995年诺贝尔奖揭晓

物理学奖。美国科学家马丁·佩尔和弗雷德里克·莱因斯两人因发现自然界中最小的粒子而分享1995年诺贝尔物理学奖。佩尔,68岁,斯坦福大学物理学教授。他发现的轻子与夸克一起组成的物质粒子是迄今发现的自然界中最小的物质。莱因斯,77岁,加州大学物理学教授。他证明了微中子的存在。这是一种看起来不存在而实际上存在的粒子,被科学家们称为"令人震惊的东西"。**化学奖**。本年度诺贝尔化学奖授予三位从事臭氧研究的科学家,他们是荷兰的保罗·克鲁芩,墨西哥的马里奥·莫利纳和美国的舍伍德·罗兰,以表彰他们"在大气化学特别是在涉及臭氧的形成和分解方面取得的研究成果"。克鲁芩,62岁,现在德国马克斯－普朗克化学研究所任教授。莫利纳,52岁,目前在美国麻省理工学院工作。罗兰,68岁,欧文加州大学化学系教授。**医学奖**。本年度诺贝尔医学奖授予美国的爱德华·刘易斯和埃里希·维绍尔以及德国的克里斯蒂安·尼斯莱因·福尔哈德(女)三位科学家,以表彰他们发现早期胚胎发育遗传机理。尼斯莱因·福尔哈德和维绍尔能够识别少数基因,并对它们进行分类。刘易斯则研究了基因如何能控制体节的进一步发育。三位"科学家的工作加在一起就构成了一项突破,这项成就将有助于解释人体先天性发育畸形病理"。**文学奖**。本年度诺贝尔文学奖授予爱尔兰诗人谢默斯·希尼。希尼,56岁,哈佛大学客座教授。希尼"以其具有抒情美和深刻道德美的诗作"获得此项殊荣。**和平奖**。本年度诺贝尔和平奖授予英国科学家约瑟夫·罗特布拉特和帕格沃希会议,以"鼓励世界各国领导人加紧为消除全世界核武器所作的努力。"罗特布拉特,86岁,伦敦大学物理学荣誉教授,斯德哥尔摩国际和平研究所和英国争取核裁军运动的创始成员。帕格沃希会议设在伦敦,是在爱因斯坦和罗素发表了提醒人们注意原子弹和氢弹的严重威胁的声明后于1957年开始举行的。**经济学奖**。本年度诺贝尔经济学奖授予美国经济学家罗伯特·卢卡斯,以肯定他在合理预期假说论方面取得的研究成果。卢卡斯,58岁,芝加哥大学经济学系教授。

1994年世界十大科技进展

(1)基本粒子研究的重大发现。1994年9月26日美国费米实验室宣布证实顶夸克的存在。为此,科学家们整整奋斗了17年。(2)1994年5月6日欧洲海底隧道正式建成通车,宣告了欧洲人两百年来想把英伦三岛与欧洲大陆连成一体的梦想变成现实。(3)人类首次成功预报宇宙天体碰撞。从1994年7月17日凌晨4时15分(北京时间,下同)一颗被称为苏梅克－列维9号彗星的第一块碎片撞击木星,至7月22日16时彗星最后一块碎片撞击木星,历时近6天。(4)1994年12月14日,中国政府总理李鹏在湖北省宜昌市三斗坪举行的长江三峡工程开工典礼大会上宣布,长江三峡正式开工。这将是中国兴建的世界上最大的水利枢纽工程。(5)全球兴起"信息高速公路"建设热潮。"信息高速公路"是当今高速大容量计算机数据传输网,是现代化的信息流通主干线。自美国政府"信息高速公路"计划出台后,1994年引发了全球建设"信息高速公路"热潮。"信息高速公路"正向"全球信息高速公路"的方向迅速发展。(6)"奔腾"微处理器设计有缺陷。1994年11月24日美国英特尔公司对外承认,该公司1993年5月推出的"奔腾"(亦称586)微处理器设计上存在一个缺陷。(7)宽体波音777客机面市。其最大载客量为440人,续航能力可达1.2万公里以上。(8)世界最长海底光缆开通。一条被称为SEA-ME-WE2号海底光缆于1994年10月18日在新加坡正式开通。它的开通将加速全球信息高速公路的建成。(9)考古学家发现最早人类化石。一个由埃塞俄比亚、美国和日本三国科学家组成的国际考察小组,在埃塞俄比亚发现了440万年以前人类最早祖先的遗骨化石,被命名为"南方始祖古猿"。这一发现将人类起源的时间推前了80万年。(10)1994年8月,美国国家航空和宇宙航行局的一个起名为"但丁2号"的机器人,首次进入人类无法涉及的活火山口内,成功地完成了对阿拉斯加州南部斯珀山活火山熔岩湖的探测工作,拍摄了珍贵的电视图象,还在火山口取回了正在喷放的气体样品。

1995年世界十大科技进展

(1)日本鸟取大学科学家于今年2月成功地从一患不育症男子的精囊中,取出精子细胞核,将其注入到一位妇女的卵子中,使这位妇女受孕。(2)美国费米实验室的两个科学小组3月2日宣布,他们最终发现了标准模型预言的夸克家族中最后一个成员顶夸克。(3)世界上首例抗大麦黄矮病毒的转基因小麦,由中国农科院和山东大学共同培育成功。黄矮病毒在流行年份,会使小麦产区减产20%至30%。(4)美国科学家文特尔等人于5月破译了由183万个碱基对组成的一个细菌的完整的基因序列。这是科学家首次破译非寄生生物的完整基因图谱。(5)7月间,美国博尔德天体物理所科学家在高于绝对零度1亿分之17开的环境下,成功获得了由大约2000个铷原子组成的“超级原子”,从而证实了爱因斯坦的一项预言。(6)美国微软公司8月24日向全球推出新软件“视窗95”。第一周销售额就高达1.08亿美元。人们认为这是高科技产业化的一个成功范例。(7)英国剑桥大学9月26日宣布,开发出激光脉冲时间为10万亿分之一秒的技术,这样可使信息高速公路传输信号的速度大为提高。(8)10月6日瑞士天文学家宣布,在银河系发现一颗行星。这是人类发现的太阳系以外的第一颗行星,被称为近10年来最重大的天文发现。(9)11月15日,美国“阿特兰蒂斯”号航天飞机与俄罗斯“和平”号轨道站对接成功。美国、德国、俄罗斯、加拿大四国宇航号在航天器中首次聚会。(10)韩国在世界上首先制成千兆位动态随机存贮器,其线宽约为0.16微米,可存储相当于8000张报纸文字的信息量。

改变未来的十大技术

在人类踏入新的1000年之际,今后10年将会出现的最有可能使社会发生翻天覆地变化的10项技术是:(1)氢燃料电池汽车。这是一种以氢为动力的汽车。美国、德国和日本的汽车制造厂家都在加紧研制这种无污染的汽车。工程师们说,不出10年氢燃料电池汽车就可能问世。(2)高温超导。美国科学家不久前宣布,他们已经设法把液态高温超导制成了无电阻的柔韧的细带状,这就是说,具有未来主义色彩的超导用途已近在咫尺。这些用途包括超高效电缆,体积小功率大的电动机,医生观察人体内部情况的手持扫描器等。(3)遗传工程。自70年代生物学家首次掌握怎样切割和拼接脱氧核糖核酸(DNA)片断以来,DNA已经呈现出无限的用途。随着人类对基因的深入研究,将使得医学和农业等方面发生深刻的变化。农业遗传目前正在设计的超高产粮食新品种(如水稻),无疑会导致第二次“绿色革命”。(4)仿生学。尽管目前还不知道何时才能制造出仿生人的大脑,不过,制造用来取代人体大部分器官的有用的备换件已为期不远了。过去的10年,科学家已经研制出甚至可以接通装假肢者神经系统的假臂。目前,世界各地的工程师们都在研究用以取代人体差不多所有器官的置换物,这就是说,由工厂大量制造仿生人的想法已不那么虚幻了。(5)环球个人电话。以往那种能在世界上任何地方通话的腕式电话只在小说中随处可见,不出几年,这种环球电话服务就能变成现实。它将成为国际商业往来的标准装置,并为不发达地区提供迅速便捷的电话服务。(6)声控计算机。专家们说,不出5年,一种能够听懂一般的会话,并考虑口音和音律区别的智能性计算机将投放市场。它足以理解人们的意思。届时,任何一种电子信息处理装置都可以使用它。(7)纳米技术。这是一种在分子甚至原子规模上生产材料和机器的技术。尽管迄今这一技术的实用装置尚未问世,但开发纳米技术的科学家认为,用不了几年,细胞大小的机器人就可以穿过人体,把血管内壁的脂肪沉积物清除干净。芯片上的超级计算机可以复制微小的机体等。就连钢铁厂一个原子一个原子地制造合金,也将不再是梦想。(8)光电子学。目前,美国和日本的计算机设计者正在争相开发全光操作计算机。不久,将用光取代电作为信息处理的媒介。科学家预言,不出10年,第一批商用光学计算机将出现在市场。(9)虚拟现实。使用虚拟现实程序,在浇铸混凝土之前,就让客户一览建筑内部情况;给酷爱寻求刺激心理的人们创造逼真的电子世界,这就是虚拟技术。即使虚拟技术只有部分虚拟时,它也能成为一项强大的技术。10年之内,人们就将到其他国家甚至另外的世界去渡过完全逼真的虚拟假期,也可以在没有接触到先进的机器就可以学会如何操作。(10)新材料。21世纪除将继续利用现已发明的新材料(如塑料等)外,有关高级材料的科学是不会停止发展的。工程师们正在利用铝来减轻发动机的重量。但不久将会使用更轻、更耐热的陶瓷。然而,科学家们希望最终能揭开生物材料之谜,这类材料的性能可能胜过人类想象过的任何一种材料。

1994年“世界人口钟”警示

1994年9月5日至13日,联合国在开罗召开了国际人口与发展会议,182个国家和地区、国际机构的1.5万多名代表和观察员出席了这次关系人类发展的重要会议。5日上午9时30分,摆在会议大厅的“人口钟”显示:全球人口5,677,336,522人。仅这次会议的8天期间,全球人口就将净增189万。生物学家警告说:到2025年全球人口将超过100亿,地球上的水、土壤及其它资源承受的沉重负担将达到极限。人类正面临自身的严重挑战。世界人口增长速度极为惊人。1830年全球人口约10亿,这是经历了漫长岁月才达到的;1930年全球人口达到第二个10亿,仅历时百年;到1960年的第三个10亿仅历时30年;1975年达到第四个10亿,就只用了15年;而1987年的第五个10亿时,才短短12年功夫。据联合国统计,1994年全球人口已达到56.655亿。世界银行预计,从1990—2000年,低收入国家年均人口增长率为1.9%,撒哈拉以南非洲国家的增长率达3.1%,而发达国家的增长率降至0.5%。另据联合国有关机构预测,到2025年全球人口将从1994年的56亿增加到83亿,其中新增加人口的95%以上在发展中国家。人口问题说到底,离不开地球的承受能力。事实上,人口剧增导致人类食物的三大来源的耕地、牧场和渔场的萎缩。从1950年到1990年,全世界遭到不同程度破坏的耕地面积相当中国和印度两国耕地面积之总和。过度开垦耕地和牧场,加之毁林,导致地球陆地沙漠化日益扩大。现在有近百个国家和地区面临沙漠化的威胁,土地沙漠化已成为世界十大环境问题之首。人口剧增还使得水资源短缺日益严重。目前,全世界每天约有6000至3.5万儿童因缺乏清洁饮用水而死亡。由于耕地、牧场和渔场萎缩,近8年来全球人均粮食产量减少8%,1993年全球谷物产量减少4%,1994年有20个国家严重缺粮。人口问题已引起国际社会的广泛关注。这次开罗会议通过的"行动纲领"指出,人类面临着严重的挑战,因此,人类必须有效地控制人口增长。发达国家不仅要协助发展中国家控制人口,也要帮助他们克服制约经济发展的困难。开罗会议将对今后20年世界人口与发展领域进行合作产生深远的影响。

1994年联合国"和平教育"奖

泰国僧人作家巴育·巴育多荣获1994年度联合国教科文组织"和平教育"奖。该奖设立于1980年。其宗旨是表彰"致力于提高人们对和平问题的关注的工作"。现年55岁的巴育·巴育多著作甚丰,他撰写了一百多部书籍,其中大多着眼于人类发展与20世纪的技术之间的关系。评委会称这位泰国高僧的作品"强调了内心平和的重要性",他的学说"代表了一种新的创新的方法"。

李光耀谈亚洲价值观

新加坡前总理、资深政治家李光耀在1994年9月同美国新闻界人士的谈话中,就有关亚洲价值观和美国价值观等问题发表了如下观点。李光耀在比较了这两种价值观后指出,西方新闻媒介,或是西方自由派试图将某种标准、某种准则强加给新加坡和亚洲其他发展中国家。美国那种靠损害社会而过分尊重个人的做法已经造成了很大的社会混乱,给公众带来了痛苦和不安全感,也使他们失去了快乐感。新加坡不希望出现这种情况。新加坡主张"社会第一,个人第二",我们宁肯要纪律。李光耀认为,民主可以带来增长和繁荣,然而,除了民主之外,更重要的是纪律和工作,以及一定的生产能力。这位被认为是"太平洋地区资格最老的政治家"还明确指出,由于技术,特别是通讯技术的进步,世界正在发生转变,这种转变将使它成为一个即时相互作用的世界。尽管没有任何东西能阻止这种情况发生,并且会带来对我们来说是格格不入的道德标准和行为模式,会对我们进行潜移默化。但是,这并不意味我们应当容许自己被同化;相反,世界上不同地区、各个民族都有不同的文明。新加坡能够保留充分的属于我们自己的特点。

马来西亚警惕西方价值观影响青少年

近年来,马来西亚城乡出现了一些令人担忧的现象,不少青少年无所事事,不求上进。城市青年在商业区四处闲逛,农村青年虚度光阴的更为普遍。在前不久对6110名12—15岁青少年的一次调查中发现,这些青少年平均每人每周在公共场所游荡的时间达16.3小时。这些现象引起马来西亚社会和有关当局的关注,并成为国内谈论的焦点之一。为了教育广大青少年,马来西亚青年和体育部发表了一项报告,要求政府审查人员为保护青少年免受与马来西亚格格不入的西方价值观的影响,应该进一步严格审查电影和电视节目,删去不利于青少年健康成长的镜头,不播放将未成年母亲和未婚同居者作为主人公的电影和电视,特别要注意节目的整体思想内容,同时加强对广大青少年灌输健康的价值观念,鼓励他们积极向上。

斯里兰卡人民竞相献爱心

斯里兰卡首都科伦坡建有一座眼库,库内存放着大批由该国人民自愿捐赠的眼角膜。世界上许多国家都有人捐赠角膜,但斯里兰卡捐赠角膜的人特别多,就连普通农民也都积极要求捐赠。因此,斯里兰卡国内的角膜供大于求,眼库里80%的角膜运往国外。不过不是出售,而是赠送。通常一个捐赠者的两个角膜可能使2名盲人见到光明。斯里兰卡国家领导人正式出访别国时,以角膜作为礼物相赠。据统计,斯里兰卡已经为60多个国家的3万多人送去了光明,从而表达了斯里兰卡人民对各国人民的友好之情和颗颗爱心。

韩国高校将社会服务列入必修课

近两年韩国各地广泛开展了志愿服务活动,高等学校在这一活动中发挥了重要作用。正当这一活动进入高潮时,各大学纷纷将社会服务活动纳入学校正式教学范畴,并使之制度化。韩国高校实施这一制度的目的主要在于从教育方面着手,重新唤起人们对他人的关心和爱护,使被利己主义所充斥的校园气氛能焕然一新。汉阳大学和同德女子大学1994年率先决定从新学年起,开始把社会服务活动列入必修课程,并实施"社会服务活动学分制",规定凡不学习该课程的学生,届时不能毕业。同德女子大学还规定,"社会服务活动"学分要求一学期参加48学时以上的社会服务活动,未达到要求者不得升级。该课程评定将依照献身性、诚实性、自觉性和工作态度四个方面进行。服务单位负责人将以校方事先准备的评价书为基础,按学生服务情况评分,其比例占总分的70%，其余由系主任和导师讨论决定。每个学生在学习社会服务课程前，要在开学时由校方指定的服务单位（孤儿院和养老院等）中选定一处，并在校事先学习有关服务单位的知识和注意事项。服务活动结束后，学生要写出感想和个人总结，使其认识到开展社会服务活动的目的不仅是为了取得学分，更重要的是让学生毕业后也能体会到开展这一活动的必要性。

科威特培养青年艰苦创业精神

暑假期间，一批经过挑选的青年参加了由科威特海洋俱乐部举办的1994年潜水采珠传统活动周的活动。这样一来，这些青年就要暂时告别平时驾驶的高速小汽车和舒适的家庭生活，登上木船去体验先辈们艰辛的创业生活。科威特有着悠久的采珠历史，采珠和捕鱼曾经是这个国家多年不衰的经济命脉。后来，石油带来了巨大的财富，才使得科威特人摆脱了贫困。然而，科威特人对昔日纯朴的价值观和具有生命力的文化传统仍念念不忘。现在，每年夏季有关部门和组织通过各种活动，使青年们牢记先辈们创业的艰辛。

美国传统价值观回归

美国官方年公布的调查显示，美国暴力犯罪一年达200万起，杀人事件2.4万起，离婚率高达40%。面对如此大量的社会问题，越来越多的美国人开始怀念传统的价值观。由前教育部长威廉·贝尔特编写的一本"道德读本"目前正走俏美国。该读本分为"自我修养"、"关心他人"、"责任"、"工作"、"忍耐"等10个章节。每个章节都记有普通家庭可教育孩子的古典道德生活。编者对每个佳话所获得的启示作出评论。在"忍耐"一节选有人们倍感亲切的伊索寓言中的"龟兔赛跑"，编者评论"忍耐可以改变不利条件"。1994年由明尼苏达大学倡议召开题为"父亲的作用"的专题讨论会，在社会上具有较大的影响，吸引了全美1000多名福利活动家参加。副总统戈尔到会并发表演说，他说，过去的美国，父亲负担家庭的责任是很普通的事情；但在今天，父亲的权威下降，结果让孩子们受到了不良的影响。戈尔指出，作父母的一定要照看好自己的孩子。与会者强调，社会必须教给年轻人以永恒的价值，父母一定要成为榜样。一个好的父亲，在道德上要绝对端正。冷战结束后，"家庭、邻近社会、宗教"这些传统的东西正在回到美国人身边。

英国向"无赖文化"宣战

英国广播公司一项关于道德问题对35岁以下的年轻人所作的调查表明，这一代青年处于道德危机之中。在被调查的人中，2/3的青年对于道德问题糊涂迷茫，正确与错误分辩不清。许多青年参与暴力、酗酒、吸毒和犯罪，公共场所被搞得乌烟瘴气，随处乱涂乱画，甚至在大街上为非作歹，就连市中心也变得令市民恐惧。对于这种被称为摧毁英国的"无赖文化"，迫使政府不得不采取严厉的措施进行打击。首相梅杰提出了包括为期3年的反吸毒贩毒计划的一系列措施，他呼吁警察、市政当局、地方法院、学校和社区动员一切力量，联合开展"一次全国性的大合作"，以"打击犯罪"，"打击无赖文化"。各地市政府应更多地使用权力消除公共场所的酗酒闹事现象。法院要对违法者从重处罚，可将其投进监狱。政府还特别呼吁教师和家长要向学生、子女灌输纪律和尊敬师长的意识，尽早采取措施使青年人走上正轨。为此，政府拨出更多的经费，用于学校进行指导防止学生吸毒等违法行为。

加拿大抵制美国文化渗透

面对美国近年来日益扩大的文化渗透，加拿大政府一方面采取措施加以抵制，同时又大力提倡本国文化。政府要员指出，美国可以与加拿大进行他所希望的自由贸易，但条件是不能让加拿大人感到美国人在侵犯自己的文化。加拿大人不会把文化产品的贸易视同于鸡和大豆的贸易。为此，加拿大政府采取措施抵制美国的文化入侵。这些措施包括：对在美国杂志加拿大版上所做的广告征收高达80%的税务；对播放美国歌曲的国内电台，播放者除向词曲作者、出版人支付版税外，还要向演奏者和制作公司支付版税。政府将以这笔钱建立一项特别基金，用以支付加拿大的演奏者和制作公司。酒吧、餐馆播放美国音乐也要支付版税，这笔钱也将用以上面提到的特别基金。同时，加政府还决定使用有线电视台播放一家新的加拿大乡村音乐的节目，以取代美国乡村音乐电视网的节目。

欧美联手打击贪污腐化

1994年，腐败的幽灵在欧洲继续徘徊，丑闻迭起。在意大利，截至7月已持续两年多的贪污受贿案使得400多名前议员，包括前总理和政府部长等下台或受到审查。法国上届政府的3名部长也因卷入贪污受贿行列而被迫辞职。德国几乎每周都有一桩有关商业交易中的肮脏勾当被披露，甚至连享有盛誉的德意志银行近来也因其主要职员为谋取私利而不断受到批评。英国国防部一名高级军官因从国外公司得到大笔回扣，被判处4年徒刑。波兰1994年1月至7月的贪污受贿案比前一年同期增加一倍。以往人们总认为腐败现象只会发生在不发达国家，其实工业化国家一直存在着这种现象，而且日益猖獗。现在，就连西方的专家也不得不承认，腐败现象的危险正威胁着西方国家的民主制度，腐败之风正在西欧政府部门蔓延，其严重程度前所未有。欧洲委员会秘书长洛普雷赫特指出:“贪污腐败正象毒疮一样蔓延到整个欧洲大陆。这种病已传到那些认为自己古老而地位稳固的民主国家”。他还指出,贪污腐败使消费者多支出商品总价值的10%到15%。面对这种严峻的事实,欧洲委员会的32个国家与美国、加拿大和俄罗斯的司法部长于1994男女6月在马尔他首都瓦莱塔召开会议,专门分析腐败行为泛滥的原因和应该采取的对策。会议提出加强反贪污受贿斗争,各国间要加强合作,并通过了一项呼吁制定有关反贪污腐败的国际公约,以授权成员国之间引渡贪污受贿嫌疑犯等。

柬埔寨开展反腐败兴廉政运动

1995年3月初,柬埔寨召开了有国会议员和各研究机构、新闻界知名人士以及外国驻柬使节参加的反腐败、兴廉政研讨会。政府第一首相诺罗敦·拉那烈的第二首相洪森出席会议并发表了重要讲话。与会者指出了反腐败的意义和作用,强调了当前全国上下应本着爱国精神来治理社会通病——腐败。因为腐败毁坏了人民对政府的信赖和政群关系,阻碍了国家经济发展,不利于外国投资者对柬埔寨提供援助,还有可能制造社会混乱。财经大臣吉春说,由于管理不善,政府和军队官员勾结不法商人走私,使国家蒙受重大损失。1994年仅在海关、税务方面,国家损失了约6000万美元的收入。在木材等产品出口方面,因逃税漏税就使国家损失3000多万美元。因此,反腐败不应该是权宜之计,而是长期的战略。会上,外国驻柬大使也明确指出,要落实国际社会贷款,要吸引外国投资,柬埔寨政府就必须下决心铲除腐败。第二首相洪森在讲话中着重指出,政府要制定反腐败法,严肃政府和议会内部工作条例,成立反腐败的中立委员会,专门调查腐败事件,惩治和打击腐败分子;实行政府官员财产公布制度,促使他们廉洁奉公,阻止腐败滋生蔓延。会议一致认为,开展反腐败是柬埔寨国内的当务之急。

法意两国惩处政坛腐败者

1995年5月,法国审理了三起涉及著名政治家的案件,他们是:前通讯部长阿兰·卡里尼翁、社会党领导人亨利·埃马纽埃利、前部长和马赛足球队老板贝尔纳·塔皮。卡里利翁曾利用职权给了他人一项私有化合同,从中收受贿赂2100万法郎,因而被判处10年徒刑。埃马纽埃利在担任社会党财务负责人时,非法为本党筹集竞选资助,被判有以权谋私罪,尽管他本人在经济上未捞到好处,仍被判处一年徒刑,并被判以3万法郎的罚款。塔皮因犯有贿赂和妨碍取证罪被判刑一年。在此之前,塔皮还曾因欺诈、逃税和商业犯罪而受到过起诉,这次是他第一次被判刑。舆论认为,这次审理的三起案件是对法国政治腐败的一次严重打击。1995年7月,意大利司法机关分别判处前外交部长詹尼·德米凯利斯4年徒刑和前运输部长卡洛·贝尔尼尼3年零7个月徒刑。他俩被控有严重和长时间的腐败行为。在修建威尼斯—帕多瓦高速公路的合同中拿过回扣,贝尔尼尼从中得到5亿里拉(30.8万美元),德米凯利斯得到3.4亿里拉(21万美元)。另外,德米凯利斯曾利用外交部的发展援助资金塞满他自己和意大利社会党的腰包。德米凯利斯是意大利迄今被全国净手运动击倒的最高官员之一。检察官卡洛·诺迪奥指出,此次审判和判决是意大利净手运动一个具有历史意义的阶段的结束,但是,意大利反腐败斗争还将继续下去。

美洲国家加强合作打击腐败

1995年11月,美洲国家组织和美洲开发银行在乌拉圭首都蒙得维的亚召开了关于诚实和公民道德的国际研讨会。美洲国家组织成员国司法部、外交部和检察院的高级官员出席了会议。会后发表了“蒙得维的亚研讨会决议”。与会者一致谴责了腐败行为给国家和人民造成的巨大损失,决定使此次会议成为美洲国家加强国际合作,打击腐败的起点,并确定了反腐败斗争的各国国内和国际合作方面的政策和战略。会议决定要求民主制度规定的避难权和其他保障不能被那些腐败者用来保护他们以逃脱法律的制裁。决议认为,加强各国反腐败组织的国际合作与经验交流是非常必要的,将于不久要组成一个美洲反腐败斗争的机构网。同时,鉴于预防腐败现象的发生是反腐败斗争的一个重要方面,决议认为,通过正规体制和各种宣传媒介进行反腐败教育,是一项有根本意义的活动。

英国鼓励青年参加义务工作

1995夏天,英国首相约翰·梅杰向全体国民发出呼吁,要求他们挤出时间去做一些义务工作,以便使英国变成一个更加友善和少一点自私的社会。有的国家提出鼓励人们为地方事业“捐出5美元或贡献5小时”的运动给梅杰留下了深刻的印象。梅杰首相发出这一呼吁的目的是想让更多的英国人挤出时间去参加他们所在社区的活动。在这一过程中,政府把年轻人作为重点对象,鼓励他们去承担一些志愿工作。为此,英国建立了一个专门负责介绍志愿工作的全国性网络。任何希望从事志愿工作的人,都可以事先同这个网络取得联系。同时,官方还鼓励雇主询问求职者有关他们从事志愿雇主的情况。政府认为这项战略将促进年轻人去为他们的社区福利效力,并有助于减少年轻人的不满情绪,提高他们的自尊心。政府内务部成立了特别小组,专门负责这项工作。

加拿大人爱义务工作

每年4月23日至29日，是加拿大的“全国义务劳动周”。1995年加拿大全国约有1300万人参加募捐、照料儿童、探访伤残人、照顾老年人等各种社会服务工作。他们在这一周贡献了约10亿小时，无偿为社会带来了相当于16亿加元的财富和服务。这种提倡奉献精神的社会公益活动，在加拿大得到越来越多的人的支持，并由过去只是城乡的社区性活动变成了全国性的正式公益活动。现在，加拿大人从事义务工作已不限于一年一度的义务劳动周。周末或平时人们都可以根据个人的具体情况，随意选择适合自己特点的义务工作。加拿大现有200多个中心可提供各种招聘信息，只要告知本人的意愿和特长，主管分配工作的官员就会向自愿者推荐多种工作，供各人挑选。根据最新统计，全加受过大学教育的人中，有46%曾参加过义务工作。有许多人每年参加义务工作的时间高达190多小时。安大略省一名叫巴比斯特的老人，她有10个儿女和23个孙儿女。她退休后从不在家闲着，除了照料自己的孙儿女外，还到附近的小学去从事义务工作，辅导孩子们做作业。她常说，“和孩子们在一起，我总是感到很快乐，这种快乐是金钱买不来的”。在加拿大参加义务工作，完全是一种自觉自愿的行为。参加义务工作的人用自己的时间和汗水，不计报酬地为别人做了事，这样有意义地支配了闲暇时间，而获得了一份发自内心的快乐和幸福。

1994年世界良好生活环境奖揭晓

按照传统，每年诺贝尔奖颁奖的前一天，即12月9日，瑞典议会大厦要举行良好生活环境奖颁奖仪式。该奖通常被称为另一个诺贝尔奖。1994年良好生活环境奖有三个：尼日利亚的作家肯·萨罗－维瓦和他的争取奥戈尼人生存权运动(MOSOP)、印度的苏达尔尚医生和他的VGKK组织、特立尼达和多巴哥的志愿服务组织。肯·萨罗－维瓦，53岁，尼尔利亚东南部奥戈尼部落首领，也是反对开采石油给这一地区造成环境污染运动的领导人。MOSOP组织是一个保护性组织，帮助解决在国外的奥戈尼妇女、教师、学生和专业人员的各种需要。苏达尔尚医生和他所创建的VGKK组织因为“向人们揭示了部落文化在保证个人的基本权利和基本需要、保护他们的环境、使他们既能自力更生又能为广大社会作贡献等方面所起的促进作用”而受到表彰。特立尼达和多巴哥的志愿服务组织是为学龄前儿童、青少年及其家长成立的。该组织因在揭示价值观念、合作和对家庭的责任感，以及勤俭治家的本领和成就对建设文明社会的重要性方面所作出的贡献而获得本年度良好生活环境奖。这项环境奖是由德裔瑞典集邮专家雅各布·冯·于克斯设立的。

法国农民重视环境保护

随着欧洲联盟将其农业政策改为“农业—环境”政策，法国农民开始了一场文化上的深刻变革。这一变革是将农民从前只是为了生产粮食在田野里劳作，变成今日大自然的园丁。这就需要他们重视保护环境。现在，农民逐渐看到，保护环境与从事生产同样是社会所追求的重要目标，他们自己在这方面所处的位置是值得考虑的。同时，农民也已感觉到，他们祖辈生活的乡村的风光景致已不再仅属于他们，因为有越来越多的人和机构都在考虑这个问题。首先是地方行政部门对那些明显可开发的场所负起了责任，建起了地区性天然公园。这些公园已覆盖了法国国土的十分之一。因此，在对待农村问题上，人们再也不能只考虑生产，而是要优先对整个乡村有全面的设想。沿海地带建立了保护区，以避免海岸边自然环境受到人类活动的威胁。保护区由农民负责管理。保护区农民的首要任务不再是从事农业生产，而是保护好大自然。这样一来，对农业生产往往会加以限制，例如，必须按每公顷土地规定的数量饲养牲畜，禁止使用除莠剂，等等，以此来维护好生态平衡。现在，法国农民的观念的确变了，农业这个古老的行业已经发生面向社会需求的变化。而且，农民们将会面对更加复杂的情况。他们必须学会生存，由农业经营转向农村经营，即从事农业生产，同时又要从事其它一些活动，如接待旅游者等。

澳大利亚重视亚洲文化

目前，澳大利亚国内正在开展一项名为“21世纪电信项目”的大型活动。这项活动是通过电讯设备，使澳大利亚的学校同亚洲的学校结成伙伴关系。1994年，澳大利亚首批的209所学校已经同中国、日本和韩国的一些学校开始往来。在这种新颖的环球课堂里，双方学校的学生通过电波相互交谈，共同开展各种课外活动，增进了解和友谊。澳大利亚政府此举是要让孩子们今天在学校里学习有关亚洲—太平洋地区的文化知识，以确保澳大利亚明天同亚洲各国的经济融为一体。为了实现这一目标，联邦政府已向墨尔本大学亚洲教育基金会提供经费，使其在这一活动中发挥带动作用。澳大利亚教育部着手修改教学课程，将以往侧重欧洲内容改为侧重亚洲，并在80所学校试用新教材。政府还决定在各校推行一项教授亚洲语言和文化计划，使澳大利亚学校不仅学习亚洲的语言，而且学习亚洲的文化。这样，到下一世纪，就会有大批澳大利亚青年到亚洲去有所作为。

人才外流困扰南亚国家

南亚国家中，印度和斯里兰卡的人才外流现象较为严重。据印度科学院1994年公布的统计表明，近年来，印度每年有5000多专业人员外流，其中大部分选择了美国。另据印度理工大学教授苏卡特姆的研究估计，由于美国法律规定，印度每年流入美国的人才在5000至6000人之间。在外流人才中，工程师约占35%到40%，医生为10%到15%，科学家15%到20%，其它主要是从事人文科学、社会学和商业管理方面的专业人员。影响印度人才外流的原因除国外良好的工作环境，事业上的提升机会和舒适的生活外，印度国内官僚机构对一切事情缺乏热情，也是造成人才外流的一个消极因素。此外，印度的种姓制度和宗教因素也对印度的大学和科研机构有着不利的影响。在斯里兰卡，高等学校和科研机构的人才外流现象也相当严重。科伦坡大学萨马拉纳亚教授在最近一份研究报告中指出，在过去的10年里，斯里兰卡人才外流现象进一步加剧。这期间，科伦坡大学曾获一等奖的28位学生，目前已有25人在美国和加拿大工作，剩下的3人中，只有2人留在国内，另一人现在加拿大学习。斯里兰卡从幼儿园到大学，一律实行免费教育。大量的人才外流，等于是该国出资为西方国家培养各种专业人才。斯里兰卡人才外流的原因在于专业人员的工资和其它津贴与外国相距甚远，而政府又缺乏鼓励政策，优秀的人才得不到社会承认；另外，在事业上发展机会不多，缺乏足够的从事研究工作所必须的科研设施。这些都是发展中国家亟待解决的一个重要问题。

尤利卡计划10年成绩斐然

尤利卡计划是欧洲为发展工业而组织的科技研究计划。从1985年开始，至今已有10年。10年来，该计划在不断地发展，项目增多，参与者也在增多，现已拥有25个成员国。自1988年以来，成员国已投资190亿美元，3500个公司和研究机构完成了1100多个科研项目。其中许多项目都处于国际先进水平，如西门子公司参与研制的“欧罗朗”自动翻译系统，已经可以用普通的个人电脑把文件翻译成20多种不同的语言。该系统软件现以投放市场。1995年尤利卡计划又批准了144个新的研究项目，其中最受重视的领域是生物医学、环境保护、新材料和信息技术。欧洲数百家银行对尤利卡计划在商业上取得的成功已表示认可，并同意对未来的尤利卡计划项目提供帮助。另外，现在有越来越多的中小型企业参加了尤利卡计划的科研项目。这就证明了该计划的正确性，也证明了科研—发展与合作的重要性。

教育行业十大全球性变化

现在，人们对教育的索取以及满足这些要求的方式都在发生着变化。首先，是全球出现了终生学习的趋势。教育正在变成一个持续不断的过程，而不是以前那样的只在5岁至25岁之间一次性完成的过程。人们可以不必返回学校学习，但每天都能从传媒和其他各种渠道学到新东西。第二，推动教育的力量来自消费者而不是生产者。在教育市场(尤其是高等教育)，消费者正在发生越来越大的作用。第三，教育和培训之间的界线正逐渐消失。第五，多媒体革命导致了全球性的变化。它会帮助人们找到既能削减经费也能改善教学服务的方法。第六，这一变化与前一种有关：平行学习取代系列连续学习，教师的传统作用将会发生改变。学生将可以按照自己的速度学习，而且可以根据自己的选择进行学习。第七，将出现新的成绩评估标准。第八，在消费者的压力下，教育机构将要谋求利用服务业的标准来确定自己的推销作用，如低成本，争取数量(讲求规模经济)等。第九，教育的出口问题。以往教育主要是国内的行业。今后高等教育就会有以外国留学生的形式体现的出口生意。现在已经有教育机构纷纷在海外设立分部。最后一种变化就是资金问题，这也许是最重要的变化，即不同的税收量将怎样变化的问题。如英国，不管靠补贴金维持的学校或是幼儿教育担保人制度发生什么变化，与其他税收量相比，这种税收量无疑将要增加。

韩国总统的“新教育宣言”

1995年4月27日，韩国总统金泳三在全国教育者大会上发表了题为“面向世界化的新教育”的演说。金泳三总统在演说中表示，韩国应该改革教育制度，减轻农民负担，实现学校范围和种类的多样化，改变为面向新时代的教育模式和方式。金泳三强调，大学应该走向更加特性化和多样化的道路；初等教育应该更加自主，教育课程也要实行改革，从现在以成绩为主的模式中摆脱出来，向兼备人性和创造性的方向发展。同时他还表示，在转换教育模式的过程中，政府将不惜大力投资，在他任期内要把对教育的投资提高到国民生产总值的5%。金泳三总统发表的这一“新教育宣言”，实际上提出了韩国教育改革方案的基本方向，它将改变韩国维持了近半个世纪的教育基本模式和教育方式。

欧洲联盟新的教育培训计划

从1995年起，欧洲联盟将实施两项新的为期4年的教育培训计划，即苏格拉底计划和列奥纳多(达·芬奇)计划。苏格拉第教育计划预计投资65亿法郎。主要涉及以下3方面内容：第一，高等教育。欧盟国家将大力促进建立大学的校际合作网络系统，共同开发教育计划；推行“欧洲学分转移制度”，互相承认各国的学制；开辟多种渠道，为大学生和教师到另一成员国深造和从事研究提供经费、住房等学习和生活条件。第二，普通教育。积极鼓励成员国的普通教育机构建立联系，联合实施教育计划，开展内容广泛的合作，特别是在继承文化遗产、语言教学和环境保护等方面的一体化合作。第三，其他各级各类教育。新教育计划将积极推动欧盟国家在语言教学方面的交流，为未来的语言教师到国外进修创造条件。同时，大力发展远距离教育，采用先进的多媒体技术，以满足欧盟国家潜在流动的6500万学生学习和其他人员知识更新、重新择业的需要。根据“马斯特里赫特条约”有关欧盟国家职业教育培训条款制定出的“列奥纳多计划”，经欧盟社会事务部长会议批准通过，预计投资40亿法郎。该计划除原有的“教育与技术培训计划”的内容之外，还将进一步调整欧洲大学之间的科学和工艺技术研究计划、青年的职业起始培训和继续培训交流等。其目的在于进一步加强成员国之间的产学合作，努力改进和提高欧盟各国职业教育的培训质量；引进新的技术革新；支持跨国的试验性先导计划等，以便增强欧盟的竞争能力，帮助解决各国所面临的日益严重的失业问题，尤其是青年的失业问题。这次欧盟国家制定的到本世纪末新的教育培训计划将会加强和扩大区域性合作，并将交流与合作扩大到整个教育领域，即包括各级各类的正规教育和非正规教育。这样，更有利于为下个世纪培养大批新一代的欧洲青年公民，使欧洲处于世界发展的主流之中。

美科学团体建议改革高教体制

由美国三大科学咨询团体（全国科学院、全国工程科学院和医学研究所）的19位科学家组成的专家小组，提出了一份题为“改进培养科学家和工程师的研究生教育”报告。报告指出，长期以来作为世界典范的美国科学和工程方面的博士教育体制应当加以改变，以培养“多面手科学家”，而不是专业很狭窄的研究人员。报告说，许多修博士学位的学生被分配去学习的学科，往往使他们在就业时无法驾轻就熟地从事有关新技术和新工业、全球性的市场、加剧的经济竞争、公共健康的需求和环境恶化等方面的职业。报告还说，冷战结束后，国防研究经费减少和国际高技术领域的竞争迅速增长是需求转移的原因。这个专家小组组长、普林斯顿大学高级研究所所长菲利普·格里菲斯说，在当前博士生在研究机构中的机遇减少的情况下，必须对科学家和工程师更多的“加以训练，使其扩大自己的知识面”。专家小组认为，肮ǎ泛而受过培训的经历”会使博士生对“与科学和技术专业知识相关的大量非传统职业”做好准备。

教育学发展新趋势

当前，在20世纪和21世纪交替之际，教育从根本上讲正处在两种教育学基本趋向的斗争和争论之中。一种是目前仍存在的传统的教育学，或曰知识教育学；另一种是新生的、注重教育人的教育学，可称之行为教育学。传统的知识型教育学，其主要目的是传授和积累各种知识，这是一种为了学校的考试而非为了生活的考试的学习。因此，这种教育重记忆，重教师对学生灌输知识，因而它限制甚至剥夺了学生的创造性。行为教育学则不同，它不是对人进行各种局部的、孤立的教育，而是通过一种可以调动、拓展和发挥其全部能力的生活和活动制度，重视对人进行全面培养，实现人的最高价值。因而这种教育是集中在受教育者身上，即个人和社会上。其指导原则是：教育集中在学生和他们与自己班组的关系上；以尊重、承认和爱护受教育者为基本态度；把学校与生活联系起来，实行两种方向的开放，即把学校带向生活，又把生活引入学校；学校应是一个准备未来生活的车间；要有自发的创造性，而不是教育者的独断专行；对人的教育要面向集体，面向社会，以形成人与人之间和睦共处；培养对社会的责任感，提倡有益于社会进步的行为。总之，行为教育学是一种建立在人的系统概念上的新的人文教育学。

韩国教育改革新课题

1994年9月，韩国教育改革委员会提出了教育改革的“三大课题”和中长期课题。作为优先推进的教改的“三大课题”的主要内容是：扩充教育财政，加强大学竞争和提高社会的自主性。第一，扩充教育财政，首先是大幅度提高地方教育财政的交付率（目前为国内税的11.8%），将中等教师的工资改由地方政府支付；同时，通过制定特别法律以保证学校建校用地和设置改善教育环境的特别资金。其次，提高综合土地税等与不动产有关的教育税，并把教育税纳入城市计划税。另外，鼓励企业对大学捐款和投资，容许学校接受学生家长的捐款。第二，加强大学的竞争力。今后由大学自行选择适合培养人才的多样的办学模式，废除一刀切的规章制度，进行大学改革；将政府对大学的资助改为以教授的研究成果为中心拨款，使大学教学和研究设施的水平提高到发达国家的程度；努力提高国立高校的办学效率。第三，提高社会自主性。应保证在学校管理、教学人员管理和财政方面的公开性和透明度，扩大教育人士参与大学的管理等。韩国教改委员会还提出了1996年开始逐步实施的中长期课题。其主要内容包括：改革大学入学制度；实现教育的正常化和学生选拔的公正性；实行学制的多元化，将幼儿园纳入基本学制，调整初、高中学习年限，使学校更加多种多样；高教体制本着面向21世纪的原则，实行多样化和特性化的战略；改革教师培养制度，提高师资水平，改善教师待遇。为培养能适应未来信息化社会的人才，改革实业界学校、专门大学和开放大学等的专业技术教育。

STS科学教育新概念

STS是英文“科学”（SCIENCE）、“技术”（TECHNOLOGY）和“社会”（SOCIETY）三个单词的缩写。STS教育，即为科学—技术—社会教育。这是当代教育科学发展的一个新方向。各国都编制各种各样的

STS课程。尽管名称和形式不尽相同，但其核心就在于全面地反映科学技术的知识本质与社会的关系，因而内容具有很强的针对性和现实性。英国、澳大利亚、美国、中国、荷兰等国相继提出了一批有影响的STS教程，如英国出版的"社会中的科学"丛书，就是由240名专家共同编制的。该教程共分10个单元，即："导言"、"保健与医药"、"人口"、"食品与农业"、"科学史实"、"能"、"资源"、"经济中的工业"、"土地与水"、"展望未来"。每一单元大体按照基本知识、应用、社会后果等次序编排，教程中贯穿物理学、化学、生物学、地理学、经济学、数学等多种学科的基础知识及其社会应用。这些都有利于青少年学习科学技术和了解社会。

奥林匹克精神与环境保护

1995年7月间，国际奥林匹克委员会在瑞士洛桑召开了关于体育与环境的首次会议。这是各国体育界、工业界、政治界和非政府组织第一次举行这样的会议。会议确定了把保护环境作为奥林匹克精神的支柱之一。今后，申请举办奥林匹克运动会的城市，必须首先检查自己在尊重越来越严格的环保标准的情况下举办奥运会的能力。国际奥委会主席萨马兰奇在1992年世界环境会议上，首先提出了自己在环境保护方面的主张。6个月后，他又提出要把保护环境作为奥林匹克精神继体育和文化之后的第三个方面。萨马兰奇指出，现在如果不考虑环境问题，就不可能举办奥运会这种大规模的运动会。国际奥委会顾问奥拉夫·米霍尔特说，在1996年亚特兰大举行的国际奥委会会议上将决定成立环境委员会。该委员会的成立是要表明我们已认识到环境问题的重要性。环境委员会还将拟定举办奥运会的环境"指标细则"。今后，所有申办奥运会的城市都必须考虑到奥林匹克运动与环境之间的这种"至关重要的联系"。

各国联手整治电脑"红灯区"

电脑及互联网络的普及给人们的工作和生活带来了极大的便利。然而，一些利益熏心的不法之徒把许多色情货色打入电脑网络中，致使大批青少年深陷其中，不能自拔，严重影响了他们的身心健康。美国匹兹堡的卡内基·梅隆大学的一个研究小组在对互联网络上的色情进行了长达18个月的详尽调查后，发表了题为"在信息高速公路上营销色情"的调查报告。该小组在调查中考察了917,410种赤裸裸的性照片、描述、短篇小说和影片剪辑，发现那些储有数字化的用户网上面，83.5%的图片都是色情的。小组调查发现，网络上的性形象大多数(71%)来自计算机公告牌系统。在美国，这个系统的经营者有数千种之多，实行收费服务，很能赚钱。最大的5家年收入超过100万美元。在英国，牛津大学的学生通过交互网络观看黄色录象的时间比用它进行学术交流的时间还多，严重影响该校的学术气氛。法国的"迷你"计算机网中，各种色情信息和图象不断渗透和蔓延，荷兰和挪威在这方面更为严重。另据对联机色情作品的第一次调查还表明，这些东西流行起来非常普遍，而且很顽固，没有容易的方法把它产除掉。这些乌七八糟的东西出现在全世界的男人、妇女和儿童都可以问津的互联网络上，这就提出了一个不容忽视的十分重要的问题，父母们对孩子看到的东西，以及反过来讲这些孩子可能失去的东西，感到异常担心是正当的。为此，各国政府都在采取相应的措施，包括制定有关法律，加紧整治电脑黄毒。有些国家还采取联合行动加以打击。美国参议院通过一项法案，决定根据内容把电影电视作品实行分级引入电脑网络，以帮助家长对青少年收视电视图文进行有选择的控制。法案还规定，对向未成年人传播色情图文者依法惩处。最高可判处10年监禁和1万美元罚金。法国政府成立了一个电讯高级委员会，专门负责电脑网络设置规定及道德观。该委员会成立后，已经取缔了"迷你"电脑网络上传播色情的几家公司的节目。法国已有64个市的市长下令在本市禁止张贴色情电脑节目的广告。法国警方还抓获了利用交互网络与国际上一批色情图文贩子勾结一起进行犯罪的不法分子。英国实施由一家公司推出的一种网络"过滤"技术，以限制孩子调阅交互网络中的不良信息。牛津大学决定禁止学生用交互网络看黄色录象，并切断了一条可看到这种录象的渠道。英国警察与欧美有关国家的同行，开展了一次代号为"星爆"的整治电脑网络"红灯区"的联合行动，一举抓获了多名罪犯，还在英国的伯明翰破获了一个专门向国际计算机网络推销色情产品的集团。正如新加坡前总理李光耀所说，"我们不能让社会受到传媒或互联网络送给我们的好坏不分的东西的影响。"他还说，"如果每个人都通过碟形卫星天线收看到色情镜头，那么，各国政府必须采取行动。否则，我们将毁灭我们的年轻一代和人类文明。"因此，打击高科技领域里的色情犯罪活动是摆在各国政府和人民面前一项新的艰巨任务。

Table of Contents

编后记

一、韶华易逝，《中国精神文明年鉴》第二卷改由中宣部学习出版社出版后，转眼又是两年。这两年中，中国共产党先后召开了十四届四中全会和五中全会，作出了具有重大历史和现实意义的《关于加强党的建设几个重大问题的决定》和《关于“九五”计划和2010年远景目标的建议》。江泽民总书记还作了《领导干部一定要讲政治》和《正确处理社会主义现代化建设中的若干重大关系》的重要讲话。在江泽民同志为核心的中共中央坚强领导和具体部署下，在全国范围内，先是掀起了规模宏大而又持续不断的爱国主义教育热潮，继而又掀起了一个从中央作起，高级干部带头，系统学习邓小平有中国特色社会主义理论的热潮。这一期间，以“两个文明一起抓，两个成果一起要”而闻名全国的江苏省张家港市，以两进西藏、历时十载、一尘不染、两袖清风、足迹踏遍阿里高寒地区98个乡、被誉为“领导干部的楷模”孔繁森等先进典型不断涌现，极大地教育和鼓舞了广大干部和群众，推动全国物质文明建设和精神文明建设的发展。这一大好形势，对我们是巨大的鞭策，《中国精神文明年鉴》(1995—1996)就是在这个大背景下编辑出版的。

二、在《中国精神文明年鉴》(1995—1996)编辑出版过程中，年鉴编辑委员会主任委员严济慈，顾问曹禺、熊复、梁斌等老同志先后谢世。再早一点，还有王任重、郭述申、王克文等顾问及江树峰、肖约之、夏邦新等编委也先后辞世。他们都曾为《中国精神文明年鉴》的筹备、诞生和发展而操劳心力，或倡导，或鼓励，或提示导向，或介绍宣传，或具体参与，不遗余力。在此我们表示深切的怀念和沉痛的哀悼。

三、本书在编写出版过程中，得到中宣部常务副部长刘云山等领导的关怀，得到中国职工思想政治工作研究会会长袁宝华以及梅益、李尔重、顾大椿、黄民伟、李宝光、谢滋群等老同志的关怀。中宣部宣教局、出版局、新闻局、精神文明建设活动办公室以及国家新闻出版署、新华社、国家统计局等单位都给予关心和帮助。在此表示深切的感谢。

四、全国各省、市、自治区精神文明委(办)和中央有关部委为年鉴提供资料，或委托有关人员撰稿。北京、上海、河南、福建、江苏、湖南、湖北、广西、海南等地精神文明办还协助作了大量的宣传发行工作。全国人大常委会、全国政协有关领导为年鉴的采访提供方便。中共湖北省委书记贾志杰等领导还亲自批示，对年鉴编辑部的工作给予热情支持。湖北省委党校在诸多方面为年鉴工作提供无私的援助。没有这么多单位和同志的关怀和支持，年鉴是难以坚持办下来的。

五、所有上述因素，再加上编辑部全体工作人员无私奉献，坚持“精神文明重在建设”的方针，不讲条件，不计报酬，坚韧顽强，勇于拼搏，在经费奇缺、甚至因欠债被逼迫上法庭当被告的困难条件下，仍然坚持战斗，终于把年鉴编好，奉献在读者诸君的面前。

六、《中国精神文明年鉴》在成书过程中，各地编写人员根据年鉴体例和条目需要，运用了一些报刊上的内容，谨向有关同志表示敬意。

七、我国正在建设有中国特色的社会主义，新旧交替，变化迅速。本年鉴所反映的事物，有些在后来发生了变化，这是可以理解的，相信广大读者能用历史的和发展的眼光看待问题。至于我们因水平限制和工作疏漏出现的问题，殷切希望海内外专家学者和广大读者多多提出批评建议，帮助我们不断地改进工作。

中国精神文明年鉴编辑部

1996 年 12 月

图书在版编目(CIP)数据

中国精神文明年鉴 1995～1996/《中国精神文明年鉴》编辑委员会编.-北京:学习出版社,1997.12
ISBN 7-80116-114-9

Ⅰ.中… Ⅱ.中… Ⅲ.社会主义-精神文明建设-中国-1995～1996-年鉴 Ⅳ.D648-54

中国版本图书馆 CIP 数据核字(97)第 26744 号

中国精神文明年鉴
ZHONGGUO JINGSHEN WENMING NIANJIAN
(1995·1996)
《中国精神文明年鉴》编辑委员会编

学习出版社出版发行
(邮政编码:100806 北京市西长安街 5 号)
河北省三河市艺苑印刷厂印刷

1997 年 12 月第 1 版 1997 年 12 月第 1 次印刷
开本:787×1092 毫米 1/16 字数:1029 千字
插页:11 页 印张:26.375 印数:1—2000 册
ISBN7-80116-114-9/G·4
定价: 80.00 元